GW01418024

LÉONARD DE VINCI

CARNETS

Édition présentée et annotée
par Pascal Brioist

Quarto Gallimard

CE VOLUME CONTIENT

LEONARDO
VINCI

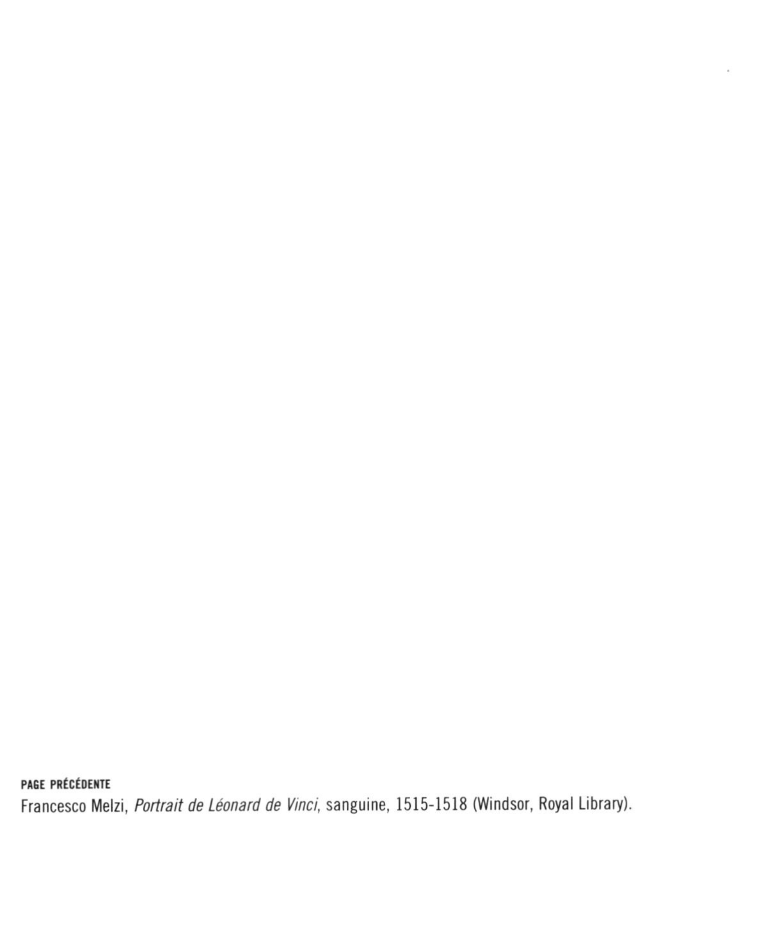

PAGE PRÉCÉDENTE
Francesco Melzi, *Portrait de Léonard de Vinci*, sanguine, 1515-1518 (Windsor, Royal Library).

Préface

LÉONARD À LA LETTRE

Pascal Brioist

Dans son *Traité de la peinture*, Léonard écrit : « La première peinture ne fut qu'une ligne qui entourait l'ombre de l'homme projetée par le soleil sur un mur. » Un folio du *Manuscrit A*[1] illustre cette anecdote empruntée à Pline et au poète grec Simonide : Léonard y dessine une silhouette qui s'encadre dans l'embrasure d'une fenêtre. Cette ombre mystérieuse est, pense-t-on, un autoportrait du peintre à quarante ans. La forme est imprécise mais évoque bien le mystère qui entoure l'identité de Léonard de Vinci. Cinq cents ans de concrétions de mémoire, alimentées par le mythe du génie ont en effet rendu le personnage à la fois totalement familier et difficilement accessible.

Léonard lui-même s'est amusé à construire une identité paradoxale en s'essayant à un double façonnage de soi : d'une part l'artiste de cour enjoué mais aussi étrange, le magicien-prophète qui étonne et effraye, retenu par Michelet au XIXe siècle, d'autre part l'ingénieur militaire et le savant profond[2]. Ses premiers biographes, dès le XVIe siècle, l'Anonyme Gaddiano, Giorgio Vasari et Gian Paolo Lomazzo jettent les bases de la légende[3]. Leur héros relève tout d'abord d'une surhumanité absolue par sa beauté physique, sa force herculéenne, sa dextérité insigne, sa sensibilité exacerbée, sa générosité magnifique, la grâce de sa conversation, sa curiosité universelle et ses dons « célestes » dans des domaines aussi divers que la peinture, la sculpture, la musique et la philosophie. Ombre portée au tableau : on le dit incapable d'achever ses œuvres. Si les peintures de l'artiste suscitent de son vivant l'admiration des princes, ses tableaux nourrissent la convoitise des collectionneurs tout au long des siècles suivants. Ce

1. Conservé à Paris, Bibliothèque de l'Institut, *Manuscrit A*, 97 v.

2. Jules Michelet, *Renaissance et Réforme, histoire de France au XVIe siècle* [1855], Robert Laffont, « Bouquins », 1982, p. 66-67.

3. Voir en fin de volume le dossier « Miroirs de Léonard, Léonard en miroir », p. 1425 et suiv. Ces textes y sont donnés intégralement, et pour certains, pour la première fois en français.

n'est toutefois qu'à la fin du XIXe siècle que l'on redécouvre ses manuscrits et qu'apparaît la diversité de ses recherches grâce à la publication de l'anthologie de Jean Paul Richter, un historien de l'art allemand, installé à Londres[1]. Les planches du *Codex Atlanticus* révèlent alors au public une nouvelle dimension de l'œuvre léonardienne : le travail de l'architecte ingénieur. Entre la fin du XIXe et le début du XXe siècle, une deuxième phase de l'engouement pour le génie toscan s'enclenche : le contexte d'un culte du progrès fait de lui celui qui a anticipé le futur par ses intuitions mécaniques. Char d'assaut, sous-marins, scaphandres ou machines volantes vus dans les manuscrits de Léonard construisent un mythe parfaitement en phase avec les ouvrages de Jules Verne. Quarante ans plus tôt, Jules Michelet, inventeur du concept de Renaissance, avait vu en Léonard un « frère italien de Faust », mais cette fois le magicien-prophète des sciences, mécanisé, n'est plus seulement un peintre inspiré par la nature[2].

Les philosophes, comme le physicien, épistémologue et historien des sciences Pierre Duhem (1861-1916), perçoivent à leur tour en Léonard le trait d'union entre la pensée médiévale et la modernité. C'est à peine si quelques voix s'élèvent alors, telle celle du chimiste Marcellin Berthelot, pour souligner qu'il avait des prédécesseurs chez les ingénieurs siennois[3]. En France et en Italie, les érudits s'attachent aux premières éditions savantes des grands *codices*. En Russie, le romancier symboliste Dmitri Merejkowski compose en 1900 son *Roman de Léonard de Vinci*, un ouvrage bien informé mais dont la fiction très nietzschéenne prend quelques libertés avec les sources et donne naissance, par exemple, à la légende du compagnon d'atelier Zoroastro qui aurait essayé une machine volante depuis la colline de Fiesole[4]. Ouvrage néanmoins d'importance puisque, après en avoir achevé la lecture, Sigmund Freud se lance dans l'analyse d'un *Souvenir d'enfance de Léonard de Vinci* (1910) à partir de laquelle il élabore sa théorie de la sublimation. Depuis lors, les biographies de Léonard se multiplient et se sédimentent tandis que l'homme disparaît derrière la légende. Quand, à la fin des années 1930, Giuseppina Fumagalli met l'accent sur la revendication par Léonard d'être « un homme sans lettres », elle ouvre le champ des critiques qui refusent de croire qu'un homme de modeste origine, sans formation universitaire, ait pu être un véritable savant[5]. L'ironie de l'expression ne fut alors pas comprise par tous et là où l'artiste-savant voulait surtout se présenter comme le disciple de l'ex-

1. J. P. Richter, *The Literary Works of Leonardo da Vinci Compiled and Edited from the Original Manuscripts*, Oxford, Oxford University Press, 1883.

2. J. Michelet, *Renaissance et Réforme, histoire de France au XVIe siècle*, p. 66.

3. Marcellin Berthelot, « Les Manuscrits de Léonard de Vinci et les Machines de guerre », *Le Journal des savants*, 1902, p. 116-119. Sur la controverse, voir notre « La Diffusion de l'innovation technique entre XVe et XVIe siècle : le cas Léonard de Vinci », *e-Phaïstos*, II, n° 1, juin 2013, p. 34-48.

4. D. Merejkowski, *Le Roman de Léonard de Vinci. La résurrection des dieux* [1900], trad. du russe par Michel Dumesnil de Gramont, Éditions Gallimard, 1958, chap. II.

5. G. Fumagalli, *Leonardo. Omo sanza lettere*, Florence, Sansoni, 1938.

périence et s'opposer aux lettrés de son temps, inféodés à la tradition livresque, certains auteurs s'engouffrèrent dans la brèche de cette pseudo-confession pour remettre en cause le « génie » du grand homme. Dans les années 1950, certains auteurs se sont placés comme détracteurs de la figure léonardienne, égratignant la statue érigée jusque-là, allant jusqu'à prétendre que Léonard n'avait pas pu lire les textes savants dont on disait qu'ils avaient nourri sa pensée[1]. Cette position critique est devenue discutable, car tous les textes sont à présent consultables, y compris ceux qui démontrent la familiarité de Léonard avec des auteurs comme Albert le Grand ou Nicolas Oresme. Aujourd'hui, l'heure est plutôt à une « réévaluation » mais il faut bien avouer que l'identité léonardienne reste partiellement énigmatique et même le prétendu *Autoportrait*[2] de Turin qui a acquis le statut d'icône planétaire n'est plus vraiment considéré comme tel par les spécialistes qui y voient plutôt une figure d'Aristote ou de Platon[3].

Léonard, aujourd'hui encore, fascine et fait l'objet d'une curiosité que les études sérieuses, les romans à succès comme les réinterprétations les plus excentriques ou encore les ventes aux enchères record continuent d'alimenter. Pourtant, brosser même à grands traits le portrait de l'homme relève de la gageure.

L'IMPOSSIBLE PORTRAIT

Au-delà de l'homme, il y a l'artiste. Contemporain et ami de Léonard, le poète florentin Giovanni Nesi (1456-1506) lui consacrait quelques vers où s'annonçaient déjà les talents extraordinaires du Toscan.

Au fusain, j'ai vu tracée d'un art parfait
L'image véritable de mon cher Vinci
Qui n'eut d'égal à Délos, en Crète ni à Samos.

Il est tel que si tu traces son portrait au pinceau
Qui que tu sois, quelles que soient les couleurs dont tu le peindras
Tu ne pourras le surpasser ni l'emporter sur lui.

1. Pierre Duhem (*Léonard de Vinci, ceux qu'il a lu, ceux qui l'ont lu,* Paris, Librairie Scientifique A. Hermann et fils, 1906-1913) fut en effet vivement critiqué par Giorgio de Santillana, dans « Léonard et ceux qu'il n'a pas lus » (*Léonard de Vinci et l'expérience scientifique au XVIe siècle*, Alexandre Koyré et Lucien Febvre [dir..], PUF, 1953, p. 43-57). Plus récemment Carlo Vecce (*La biblioteca perduta: i libri di Leonardo*, Rome, Salerno Editrice, 2017) a réévalué l'importance de la culture savante dans les lectures de Léonard de Vinci.
2. Bibliothèque royale de Turin, sanguine, ca. 1512-1513.
3. Daniel Arasse, *Léonard de Vinci. Le rythme du monde*, Hazan, 1997, p. 25-31.

Parce que son art est plus digne et d'une valeur plus grande,
Cet art dans lequel il semble absorbé
Alors qu'en lui réside sa plus grande valeur[1]

Les origines de Léonard demeurent obscures car si l'on sait qu'il fut déclaré aux institutions officielles en 1452 comme le petit-fils d'Antonio da Vinci[2], et comme le fils illégitime de ser Piero da Vinci, notaire florentin, on peine à identifier sa mère, une certaine Caterina, « de bonne naissance ». Est-elle Caterina di Meo Lippi, fille de Bartolomeo Lippi, pauvre orpheline ou bien Caterina di Antonio di Cambio, fille de petits propriétaires terriens[3] ? Caterina épouse en tout cas peu après la naissance de son aîné un briquetier du village, un certain Andrea di Giovanni Buti (dit *Accatabriga*, le querelleur) et Léonard se retrouve finalement élevé dans le hameau d'Anchiano par ses grands-parents paternels, un oncle nommé Francesco et la jeune épouse de ser Piero. Peu d'éléments documentent les jeunes années de Léonard car ses premiers écrits datent des années 1470. À l'âge de 14 ans, sa naissance lui interdit d'accéder aux études, de suivre la carrière paternelle. Il entre dans l'atelier d'Andrea Verrocchio qui le forme au métier de peintre et de sculpteur. Longtemps il nourrira regrets et amertume, sans toutefois jamais se résigner :

> Je me rends bien compte que, du fait que je ne suis pas un lettré, certains présomptueux croiront pouvoir me blâmer en alléguant que je suis un ignorant. Stupide engeance ! Ils ne savent point que je pourrais leur répondre comme Marius aux patriciens romains : « Ceux qui vont se parant des travaux d'autrui ne veulent pas me concéder les miens. » Ils diront que mon ignorance des lettres m'empêche de bien m'exprimer sur le sujet que je veux traiter. Mais mes sujets, pour être exposés, requièrent l'expérience plus que les paroles d'autrui. Et l'expérience ayant été la maîtresse de ceux qui écrivent bien, je la choisis pour maîtresse, et en tout cas, ferai appel à elle[4].

Privé des apprentissages livresques et de la culture savante, il fréquente le chantier du dôme de Florence, s'initie aux arts mécaniques et participe à la fabrication de décors de fêtes. Avant d'avoir terminé son grand projet d'une *Adoration des mages* où l'on croit reconnaître une représentation de l'artiste à

1. Giovanni Nesi, *Poema*, canto XII, 73-81, éd. Filippo Zanini, *L'incompiuto* Poema *di Giovanni Nesi: edizione critica*, thèse de doctorat de recherches, sous la direction d'Adele Dei, Université de Florence, 2013, p. 94-95. Sans indication, les traductions sont nôtres.

2. L'écrit, de la main de ser Antonio, est inscrit au bas du protocole de ser Pier (l'arrière-grand-père) à la date du 15 avril 1452 : Archives de Florence, Notarile Anticosimiano, 16912, 105 v.

3. Martin Kemp et Giuseppe Pallanti, *Mona Lisa. The People and the Painting*, Oxford, Oxford University Press, 2017, p. 85.

4. Bibliothèque ambrosienne de Milan, *Codex Atlanticus* (désormais *C. A.*), 327 v. ; voir dans la présente édition, p. 108.

30 ans (il a souvent été dit qu'à 14 ans, il avait déjà prêté ses traits au *David* en bronze de Verrocchio), Léonard décide de quitter Florence pour proposer ses services à Ludovic Sforza, maître et seigneur de Milan[1]. Ce changement de trajectoire n'est pas uniquement motivé par l'opportunisme. Le Toscan éprouve un puissant besoin de rechercher et de créer, d'approfondir sa culture. Se déploie alors une double tactique de façonnage de soi, qui le porte à se faire reconnaître comme artiste de cour, pour échapper au monde des corporations, et en même temps comme ingénieur, s'inspirant du modèle de ses prédécesseurs qui avaient fait fortune à Milan, tel Antonio Averlino, dit le Filarète.

Si la lettre de candidature de Léonard est célèbre, on oublie souvent qu'elle ne fut pas suivie d'effets car le Toscan n'était pas encore crédible. En quelques années, toutefois, il réalise le tour de force de devenir non seulement un artiste de cour reconnu à qui l'on confie la tâche de fondre une statue équestre, un organisateur des plus belles festivités, un portraitiste, un peintre de fresques, un architecte, mais aussi un ingénieur militaire spécialisé dans l'architecture et les armes à feu. Tout ici est affaire de curiosité, d'aptitudes mentales et de rencontres. Le rattrapage s'opère grâce à une rigueur obstinée car Léonard travaille sans relâche, acquiert des livres, en emprunte, apprend le latin, compile des pages de vocabulaire, de conjugaisons et de déclinaisons, recopie des ouvrages savants et fait ses gammes en mathématiques. Les rencontres de personnages importants constituent aussi des accélérateurs de sa nouvelle carrière. Celle du Sforza, tout d'abord, dont il parvient à se rapprocher, à intégrer la cour, ce qui lui offre enfin la possibilité d'acquérir la culture qui lui fait défaut et accéder aux textes savants en latin. S'ensuivent les rencontres cruciales de l'architecte Bramante, du condottiere Pietro Monte, des médecins de Pavie, des maîtres de métiers lombards ou du mathématicien Luca Pacioli qui comptent tout particulièrement. Ce dernier ainsi que le médecin et juriste Fuzio Cardano l'initient aux traités médiévaux de médecine, d'optique, de mathématique. Léonard rencontre également son jeune apprenti, Salai, et mène ses premières recherches scientifiques et aventures technologiques, notamment celles sur les premières machines volantes.

Bien que Léonard se proclame « disciple de l'expérience », le livre chez lui devient omniprésent et les listes d'ouvrages en sa possession établies dans ses manuscrits donnent l'aperçu d'une collection qui dépasse largement les bibliothèques des notables d'alors, et des dépenses relativement élevées consacrées à l'acquisition de nouveaux livres[2]. Au départ, sa culture se limite à des ouvrages en langue vernaculaire, qui distillent des miettes de philosophie, mais peu à

1. Voir la lettre adressée à Ludovic Sforza, ici p. 1379.

2. À signaler la mise en ligne prochaine par le musée Galilée de Florence de la reconstitution de la bibliothèque de Léonard, projet conduit sous la houlette du professeur Carlo Vecce, ainsi que la prochaine exposition qui se tiendra au même musée : *Leonardo e i suoi libri. La biblioteca del Genio universale* (9 juin-22 septembre 2019).

peu la collection s'enrichit de livres de médecine, d'optique, de physique et de mathématique. Leur lecture, difficile, est rendue possible par les passeurs cités plus haut. Ce sont des dizaines de livres nouveaux qui font à présent de sa bibliothèque privée un puissant outil de recherche : la *Chirurgie* de Guy de Chauliac, la *Perspective* de John Peckham, les *Éléments* d'Euclide, ou la *Physique* d'Albert de Saxe en sont de magnifiques fleurons. Plus tard, sur les routes de la guerre, Léonard fait tout pour acquérir la précieuse copie d'un Archimède en latin ; pour lui, le savoir est objet de désir et les textes rares sont des trophées. Impossible par ailleurs de distinguer art et science : dans les activités du maître, tout procède de la même réflexion. L'optique, la perspective, la botanique, la géologie, l'étude de l'atmosphère et l'anatomie nourrissent l'œuvre peint. Les sciences sont d'abord des outils mis au service de la représentation par la connaissance des diminutions géométriques, des lumières, des ombres ou des couleurs. Elles sont aussi le moyen de faire du peintre un véritable démiurge capable de comprendre aussi bien les formes de la nature que les mécanismes à l'œuvre dans sa transformation. *La Joconde*, par exemple, met en parallèle le temps humain qui altère la beauté, et le temps géologique qui a modelé les paysages de Toscane.

Autodidacte par contraintes, Léonard a su contourner les obstacles liés à sa naissance et façonner une culture propre fondée sur l'expérience et l'observation, caractéristique des métiers d'artisanat, et complétée par la lecture des traités anciens, lui conférant, en a-t-il bien conscience, une certaine singularité et supériorité vis-à-vis des moqueurs qui le déconsidéraient :

> Si comme eux, je n'allègue pas les auteurs, c'est chose bien plus grande et plus rare d'alléguer l'expérience, maîtresse de leurs maîtres. Ils vont, gonflés et pompeux, vêtus et parés non de leurs travaux mais de ceux d'autrui, et me contestent les miens. Et s'ils me méprisent, moi inventeur, combien plus blâmables eux, qui ne sont pas inventeurs mais trompeteurs et récitateurs des œuvres d'autrui[1].

Les années d'errance qui s'ouvrent avec l'arrivée des troupes françaises à Milan et la chute des Sforza en 1499 portent Léonard sur les routes de Mantoue, de Venise, du Frioul, puis à nouveau de la Toscane avant d'être de 1502 à 1503, au service du redoutable duc de Valentinois, César Borgia, et de recevoir le titre d'ingénieur général. Contre toute attente, la stratégie pour accéder au statut d'expert militaire a bel et bien fonctionné. Léonard accompagne les armées, cartographie le territoire, inspecte les forteresses et voit la guerre de près. En 1503, il abandonne son nouveau maître et, devenu riche, s'en revient à Florence. La République lui demande conseil dans une guerre contre Pise et il propose de dévier l'Arno, mais le chantier est confié à un

1. *C. A.* 323 r., p. 107.

autre. Il est aussi impliqué dans des travaux de fortification à Piombino et entame les portraits de *La Joconde* et de la *Léda*, puis s'engage dans la réalisation de *La Bataille d'Anghiari* pour le Palazzo Vecchio de Florence, une fresque grandiose où il entend représenter la guerre dans toute sa vérité, « une folie des plus bestiales », avec les tourbillons de poussière, le sang, le bruit furieux, la haine et la terreur des hommes. Agacé par les mesquineries de ses commanditaires, peut-être aussi par la concurrence de son rival, Michel-Ange, il accepte l'invitation de Charles d'Amboise, le gouverneur français de Milan. Dans la capitale lombarde, ses hôtes admirent sa créativité artistique (c'est l'époque où il commence une seconde *Vierge aux rochers* et où son atelier est très actif) mais aussi ses prouesses dans le domaine de l'architecture militaire et civile. Il projette pour le gouverneur une villa somptueuse dotée d'un jardin des merveilles et d'un autel de Vénus ; il met en scène avec des machines de théâtre l'*Orphée* de Politien. Ces nouvelles années milanaises lui permettent aussi de poursuivre ses études anatomiques. En 1511, la mort de Charles d'Amboise met fin à un mécénat généreux et Léonard se consacre à des études de génie civil sur l'aménagement de la rivière Adda et du canal de la Martesana, mais à l'hiver, les troupes suisses soutenant les héritiers de Ludovic Sforza franchissent les Alpes et menacent la Lombardie française. Léonard se réfugie dans la villa de Vaprio d'Adda appartenant aux parents de l'un de ses élèves, le jeune patricien milanais Francesco Melzi (1491/93-1570). En septembre 1513, Léonard, qui porte à présent la barbe blanche qui le fait ressembler à Platon sur un profil dessiné par Melzi[1], quitte la Milan des Sforza pour servir le frère du nouveau pape Léon X : Julien de Médicis. Il profite de cette protection pour approfondir ses recherches en peinture, en mathématiques, en anatomie et en sciences diverses, mais produit moins que dans les années précédentes. Julien lui confie cependant une réflexion sur l'aménagement des marais Pontins. Ses recherches sur la physiologie du fœtus et la jalousie manifeste de mécaniciens allemands qui espionnent son travail le mettent en difficulté dans sa relation aux autorités pontificales. Il se sent par ailleurs vieillir et, méfiant vis-à-vis des médecins, fréquente une confrérie religieuse pour apprendre à « bien mourir ». En 1515, après la bataille de Marignan (une défaite pour les armées du pape), Léonard accompagne Léon X et sa suite, partis rencontrer François Ier à Bologne. Sur le chemin, à Florence, l'artiste toscan participe à la discussion sur la réorganisation urbanistique de la ville des Médicis qui occupe tous les artistes florentins. À Bologne, il rencontre François Ier. Celui-ci le convie à venir résider en France à sa cour. À la mort de Julien de Médicis en mars 1516, Léonard fait le choix d'accepter un voyage sans retour pour la cour d'Amboise. On ignore son itinéraire, qui reste non documenté, mais à

1. Windsor, Royal Library (désormais *RL*) 12321 r. : *Portrait de Léonard de Vinci attribué à Francesco Melzi* ; voir ici p. 9.

l'automne, il arrive sur les bords de Loire. Louise de Savoie et François Ier le chargent alors d'un grand projet de palais et d'une ville nouvelle à Romorantin. Les travaux de terrassement avancent rapidement mais sont mystérieusement interrompus. En 1517, le cardinal d'Aragon rend visite à Léonard à Amboise au Clos-Lucé et le secrétaire du prélat, Antonio de Beatis, peut témoigner de l'activité du maître et des tableaux qu'il avait emportés avec lui. En 1518, Léonard et l'architecte Dominique de Cortone participent à l'organisation d'un grand spectacle militaire en l'honneur du mariage de Laurent II de Médicis et de Madeleine de La Tour d'Auvergne. Peut-être la collaboration des deux artistes avec le roi fut-elle à l'origine des idées léonardiennes qui se retrouvent par la suite dans le projet de Chambord ? En avril 1519, après avoir fait présent de ses tableaux à François Ier (l'apprenti Salai, qui effectue la transaction, reçoit un généreux contre-don), Léonard rédige un testament qui trahit ses angoisses face au purgatoire. Le 2 mai 1519, la mort survient et messire Léonard, premier peintre et ingénieur du roi, est enterré dans l'église Saint-Florentin d'Amboise, dans la cour du château royal[1].

LA FABRIQUE DE L'ÉCRITURE

La richesse et la variété des œuvres manuscrites de Léonard permettent d'appréhender la manière très inventive qu'il avait de prendre des notes[2]. Chacun sait, bien sûr, que Léonard écrivait de droite à gauche, avec sa main gauche, si bien qu'il est difficile de le lire sans un miroir. Cette habitude singulière, dite d'écriture « spéculaire », ainsi que l'ambidextrie avérée de Léonard, ne doivent pas pour autant être prises pour une marque de génie. Un pourcentage considérable de gauchers peut en effet écrire comme Léonard en évitant que la main ne passe sur l'encre encore humide. Cette aptitude résulte d'une spécialisation moindre des hémisphères cérébraux qui fait que le cerveau traite ses informations de différentes manières en même temps. Chez certains individus, assez rares, il est vrai (10/65 000), l'écriture spéculaire vient même naturellement. Il ne s'agit donc pas nécessairement au départ d'un code mais bien d'une habitude d'autodidacte à l'organisation cérébrale atypique.

1. Le document d'inhumation, daté du 12 août 1519, aujourd'hui égaré mais transcrit au XIXe siècle, porte : « M.e. [Messer] Lionard de Vinci, noble Milanois, Ier peintre et ingénieur du Roy, meschanicien d'estat, anchien directeur de peincture du duc de Milan » (cité par Carlo Pedretti, *Léonard de Vinci et la France*, Campi Bisenzio Florence, Cartei & Bianchi Editore, 2009, p. 16).

2. Fabio Frosini, « Nello studio di Leonardo », dans *La mente di Leonardo. Nel laboratorio del Genio universale*, cat. de l'exposition (Florence, 28 mars 2006-7 janvier 2007), P. Galluzzi (dir.), Florence, Giunti, 2006, p. 113-124.

Le premier problème rencontré par l'homme de la fin du Moyen Âge était de se procurer suffisamment de papier à un prix raisonnable pour développer sa pensée[1]. À ses débuts, Léonard récupère parfois de vieilles feuilles déjà utilisées, ayant servi par exemple à la Fabrique du dôme de Florence, ou de reconnaissances de dettes notariales. Toutefois, il achète aussi les produits des papetiers de Florence. Il y eut en effet dans la seconde moitié du xve siècle en Toscane un grand développement des battoirs à papier (*gualchiere*). Au xive siècle, de tels moulins à foulons existaient déjà à Colle di Val d'Elsa, au sud de Florence, ou à Prato, où l'on battait de vieux chiffons avec des marteaux actionnés par des arbres à cames[2]. Il est toutefois difficile d'identifier l'origine exacte du papier léonardien, car on ne connaît que seize filigranes dans toute l'œuvre du maître[3]. Ces filigranes (fleur à huit pétales, aigle dans un cercle, grappe de raisin, cercles concentriques surmontés d'une croix, etc.) gardent la trace de la façon dont la pâte à papier était mise à sécher sur des fils de laiton par des fabricants désireux de laisser leur marque propre sur leur produit. Des études en cours sur les manuscrits de Windsor ou de la Bibliothèque ambrosienne attestent que Léonard a successivement utilisé du papier toscan, milanais et français. Il se fournissait donc localement. S'il aimait écrire sur des feuilles individuelles qu'il réordonnait ensuite à sa guise, il lui arrivait périodiquement de souhaiter que ses notes soient reliées[4]. En certaines occasions spécifiques, il préférait disposer d'un carnet de feuilles blanches préalablement reliées afin de pouvoir prendre des notes de terrain : c'est le cas pour le *Manuscrit L* qu'il portait attaché à la ceinture en 1502-1503 lors des campagnes militaires de César Borgia[5]. Certaines notes sont prises en vitesse, d'autres relèvent de la logique des *zibaldoni*, carnets de notes, livres d'atelier ou aide-mémoire que l'on retrouve fréquemment dans

---

1. Sur le coût et les calculs faits par Léonard d'un livre de cent cinquante feuillets, voir *C. A.*, 696 v., cité par F. Frosini, « Nello studio di Leonardo », art. cit., p. 22.

2. Charles Moïse Briquet, *Papiers et filigranes des archives de Gênes 1154 à 1700*, Genève, H. Georg, 1888.

3. Peter Rückert, *La memoria della carta e delle filigrane dal medioevo al seicento*, Testo di accompagnamento e catalogo della mostra organizzata dal Landesarchiv Baden-Württemberg, Stuttgart, 2007 ; Ulisse Mannucci, *La gualchiera medioevale fabrianese*, Comune di Fabriano, 1992. Sur les filigranes, voir C. M. Briquet, *Les Filigranes : Dictionnaire historique des marques du papier dès leur apparition vers 1282 jusqu'en 1600*, Leipzig, 1924, vol. IV, et Ariane de La Chapelle, « Les Papiers utilisés par Léonard et son cercle », dans *Léonard de Vinci : dessins et manuscrits*, cat. de l'exposition (musée du Louvre, 5 mai-14 juillet 2003), Françoise Viatte et Varena Forcione (dir.), RMN, 2003, p. 442-448.

4. Par exemple British Museum, *Codex Arundel* (désormais *B. M.*), 190 v. : « *legare il mio libro* » (p. 1416), ou dans les carnets de Windsor, *RL* 19070 v. : « *fa legare li tua libri di notomia* » (instructions identifiées par Carmen Bambach, « On the Role of Scientific Evidence in the Study of Leonardo's Drawings », dans *Leonardo da Vinci's Technical Practice: Paintings, Drawings, and Influence / La pratique technique de Léonard de Vinci : peintures, dessins et influence*, Michel Menu [dir.], Hermann, 2014, p. 222-253).

5. *Manuscrit L*, 1 v. : « *libro di carte bianche per designare, carboni* » (p. 1415).

les archives toscanes, d'autres encore correspondent à des supports de réflexion théorique en cours, à des prises de notes sur des livres ou même à un brouillon de traité à venir.

La multiplicité des formats en dit long : 64,5 x 43,5 cm pour le *Codex Atlanticus*, 19,5 x 13,5 cm pour le *Codex Leicester*, format in-8° pour le *Codex Arundel*, 21,8 x 29,5 cm pour le *Codex Trivulzianus* ou le *Manuscrit B*, et parfois, pour bien des manuscrits de l'Institut de France, de tout petits formats in-16 (9,6 x 6,7 cm). L'emploi d'une même feuille à différents moments pose un problème de codicologie trop complexe pour être traité ici de façon satisfaisante, mais fournit toute une série d'indices sur une pensée en devenir[1]. Remarquons que Léonard, en bon gaucher, écrit d'abord sur la page de droite et qu'il continue sur la page de gauche (exemple : *Manuscrit F*, 16 v. et 15 r.). Le coût du papier le contraint à revenir à plusieurs reprises sur la même page, ce que prouve la diversité des encres, des plumes utilisées, et même des graphies (*ductus*). Il est aussi fréquent qu'une feuille soit retournée plusieurs fois pour pouvoir utiliser totalement les marges. Les dessins subissent le même sort et le chercheur doit souvent concevoir des hypothèses s'il souhaite les restituer dans un ordre chronologique plausible. Les outils utilisés pour écrire ou dessiner sont, eux aussi, variés : plumes et encre, crayons au charbon, pastels, stylets à pointe d'argent ou de plomb pour travailler sur des papiers préparés à l'avance, compas... Dans le *Codex Atlanticus*, Léonard a même représenté des modèles originaux de stylo-plume[2]. Seuls deux dessins nous permettent d'imaginer Léonard à sa table de travail : l'un se trouve dans le même codex et montre un artiste dessinant une sphère armillaire à l'aide d'un perspectographe[3], l'autre, dans le *Manuscrit A*, représente un atelier idéal sous forme d'une chambre cubique éclairée d'une grande fenêtre et d'un luminaire réglable avec une manivelle[4]. Une caisse semi-amovible peut être descendue à l'étage inférieur (la partie qui reste à l'étage supérieur sert alors de banc). Le dessinateur peut y ranger, le soir, le fruit de sa journée de travail.

Les techniques de prise de notes de Léonard varient également selon le lieu de l'écriture[5]. Parfois, ce sont de simples listes de tâches à accomplir :

> Va trouver Ligny et dis-lui que tu l'attendras à Rome et l'accompagneras à Naples.
> Aie soin de t'occuper de la donation et prends le livre de Vitolone et les mesures des

1. Pour un travail de codicologie récent et exemplaire, voir John Venerella, *The Manuscripts of Leonardo da Vinci in the Institut de France. Manuscript A*, Milan, Ente Raccolta Vinciana, 1999.
2. *C. A.* 513 v.
3. Outil mécanique permettant de reproduire un objet en perspective sans utiliser la méthode des points de fuite.
4. *C. A.* 615 r. e, et *Manuscrit A*, 84 v.
5. Ann Blair, « The Rise of Note-Taking in Early Modern Europe », *Intellectual History Review*, vol. 20, 2010-3, p. 303-316.

édifices publics. Aie deux coffres recouverts, prêts pour le muletier ; des couvertures de lit rempliront fort bien cet office ; il y en a trois mais tu en laisseras une à Vinci. Prends les poêles des Grazie. Fais-toi donner par Giovanni Lombardo la [maquette du] théâtre de Vérone. Achète quelques nappes et serviettes, chapeaux, souliers, quatre paires de chausses, un grand manteau en peau de chamois, et du cuir pour en faire de neufs. Le tour d'Alessandro. Vends ce que tu ne peux emporter[1].

Les recommandations que l'auteur se fait à lui-même sont souvent un moyen de gérer le temps à la manière d'un agenda comme lorsqu'il écrit en 1489 : « fais-toi montrer par le frère de Brera *De Ponderibus*[2] ». Certaines notes d'itinérance sont prises dans des carnets assemblés pour l'occasion ou sur des feuilles pliées afin de tenir dans sa poche[3]. Parfois la plume s'interrompt, nous laissant saisir le courant de conscience inquiet de l'auteur. Alors qu'il explore par exemple le Frioul afin de fortifier la province contre les Turcs, il note ainsi en 1500, sur les bords du fleuve Isonzo :

Ils approcheront de nuit s'ils soupçonnent que

Une force armée ne saurait prévaloir contre eux si elle n'est pas unie ; l'est-elle, ce ne peut être que sur un point particulier ; et si elle est ainsi concentrée sur un point particulier, elle est ou plus faible ou plus forte que l'ennemi ; si elle est plus faible et que l'adversaire le soupçonne, grâce à ses espions, ils passeront par traîtrise[4]

Sur le même feuillet, on le voit hésiter entre plusieurs versions d'une lettre à remettre aux conseils militaires de la République de Venise. De tels brouillons sont assez fréquents.

Les notes de travail sont toutes différentes. Il pouvait s'agir de listes de vocabulaire ou d'exercices de grammaire, de fiches de lecture ou de prises de notes préparatoires consignées dans les *zibaldoni*, voire de transcriptions, d'exercices de mathématiques, de calculs et même parfois d'annotations critiques (sur Albert de Saxe par exemple). Ce sont aussi parfois des réécritures de passages argumentatifs, de longues et belles démonstrations pratiquement écrites d'un seul jet, mais le lecteur/écrivain laisse à certaines occasions des blancs parce qu'il n'est pas sûr d'avoir compris certaines questions[5]. L'écriture est un moyen pour

1. *C. A.* 669 r., p. 1346.
2. *C. A.* 611 r. a, p. 1397.
3. Ainsi le *Manuscrit L* contient toute une série de notes sur les caractéristiques de la Romagne ainsi que des observations sur les fortifications d'Urbino tandis que le folio 638 v. du *C. A.* daté de 1500, plié en six, est couvert de notes sur le Frioul.
4. *C. A.* 638 v., p. 1366.
5. *C. A.* 543 v. : « *I moti sono di...* » (p. 628) ; ou *Manuscrit I*, 88 v. : « *Sono le onde di nature...* » (p. 860). Voir F. Frosini, « Nello studio di Leonardo », art. cit., p. 123, et du même auteur, « Il lessico filosofico di Leonardo in tre stazioni dello spirito », dans *I mondi di Leonardo. Arte, Scienza,*

Léonard d'organiser sa pensée, comme lorsqu'il promet d'écrire un traité et qu'il en donne le plan à l'avance pour être sûr de ne rien oublier. Le plan du livre sur le vol établi dans le *Manuscrit K* participe de cette logique :

> J'ai divisé le « Traité des oiseaux » en quatre livres ; le premier étudie leur vol par battements d'ailes ; le deuxième, le vol sans battement d'ailes, à la faveur du vent ; le troisième, le vol en général tel celui des oiseaux, chauves-souris, poissons, animaux, insectes ; le dernier, le mécanisme de ce mouvement[1].

Malgré les tensions entre les différents types d'écriture relevant du registre de l'immédiateté ou de celui de l'élaboration lente d'un livre dans le calme du *studiolo*, Léonard est bel et bien devenu un auteur en se frottant à l'écriture des autres et souvent en la copiant. Toutefois, l'hybridité même de sa culture, mélange d'inculte et de savant, et sa volonté de saisir la totalité du monde en se fondant sur une expérience directe, a aussi produit une matrice intellectuelle d'une grande originalité.

POUR UNE BRÈVE HISTOIRE DES MANUSCRITS DE LÉONARD

Le 23 avril 1519, Léonard dictait son testament à un notaire d'Amboise, Guillaume Boreau, précisant que ses livres et manuscrits deviendraient, après sa mort, la propriété de son disciple Francesco Melzi[2] :

> *Item*, le présent testateur donne et concède à messer Francesco del Melzo, gentilhomme de Milan, pour rémunération des services qu'il lui a rendus gracieusement de par le passé, tous et chacun des livres que ledit testateur possède à présent et les autres instruments et portraits qui regardent l'art et l'industrie de la peinture.

Après le décès du maître, des milliers de feuillets sont soigneusement rangés par le fidèle légataire dans deux caisses qu'il expédia, en 1520, dans la villa familiale de Vaprio d'Adda. On ignore la quantité et même la nature exacte de

Filosofia, actes du colloque de Milan (2002), Carlo Vecce (dir.), Milan, IULM Edizioni Università di Milano, 2005, p. 173-208.

1. *Manuscrit K*, 3 r., p. 591.

2. « Le Testament de Léonard de Vinci », *Réunion des sociétés des Beaux-Arts des départements*, Paris, Plon, 1893, p. 781 et suiv. La copie du traité sur le mouvement se trouve dans le *Codex Huygens* conservé à la Morgan Library & Museum de New York. Voir Erwin Panofsky, *Le Codex Huygens et la théorie de l'art de Léonard de Vinci*, [1940], Flammarion, « Idées et Recherches », 1996.

ces pages. Certaines avaient été présentées en octobre 1517 au cardinal Louis d'Aragon venu rendre visite à Léonard. Le secrétaire du prélat, de Beatis, atteste dans ses Mémoires de la diversité des thèmes abordés : planches d'anatomie, représentations de machines, écrits sur la nature de l'eau et « sur d'autres sujets[1] ». On soupçonne que beaucoup de feuillets ont disparu au cours des siècles. On sait par exemple que certains manuscrits demeurèrent en France, comme ce traité sur la sculpture, la peinture et l'architecture qu'un gentilhomme français désargenté vendit à Benvenuto Cellini en 1542 qui, lui-même, le céda à l'architecte Sebastiano Serlio. D'autres manuscrits étaient peut-être restés en Italie avant le départ de Léonard pour Amboise, ce qui expliquerait, par exemple, que le duc d'Amalfi, à Naples, en possédait un, ou que le peintre milanais Guglielmo Della Porta en ait acquis un autre (plus tard désigné sous le nom de *Codex Leicester* ou *Hammer*). On sait aussi que Léonard avait écrit un traité d'escrime pour l'offrir au maître d'armes des Sforza, Gentile Bori, et qu'il existait un traité du mouvement humain dont nous ne connaissons qu'une copie tardive de la main du graveur Carlo Urbino[2]. Il arrive souvent que les manuscrits dont nous disposons portent des mentions énigmatiques :

> Comme il est prouvé à la 21e [proposition] du 4e [livre] de ma théorie[3].

Le traité sur l'eau auquel fait référence ici Léonard nous est aussi inaccessible que tant d'autres, également référencés, tel un traité sur les éléments de machines, ou d'autres encore sur la mécanique, sur les oiseaux, ou sur les choses de la nature. Une mention laisse entendre dans un codex que, parfois, Léonard réarrangeait lui-même ses feuilles volantes en les regroupant :

> Commencé à Florence, en la maison de Piero di Braccio Martelli, le 22e jour de mars 1508. Ceci sera un recueil sans ordre, fait de nombreux feuillets que j'ai copiés avec l'espoir de les classer par la suite dans l'ordre et à la place qui leur conviennent, selon les matières dont ils traitent [...] les sujets sont multiples, et la mémoire ne saurait les retenir ni dire : « Je n'écrirai pas ceci, parce que je l'ai déjà écrit[4] ».

---

1. « Messire Léonard a également écrit sur la nature des eaux, les diverses machines, et sur d'autres sujets qu'il nous a indiqués, une quantité de volumes ; tous ces livres, écrits en italien, seront une source précieuse d'agrément et de profit lorsqu'ils viendront au jour » (Don Antonio de Beatis, *Voyage du Cardinal d'Aragon en Allemagne, Hollande, Belgique, France et Italie* [1517-1518], trad. de l'italien par Madeleine Havard de La Montagne, Paris, Perrin, 1913, p. 193).

2. Giovanni Paolo Lomazzo, *Trattato dell'arte della pittura, scoltura e architettura*, Milan, 1585, p. 335. Sur le traité perdu de Léonard, voir Marco Versiero, « "Risistere alla furia de'cavagli e degli omini d'arme". A Lost Book for a "Condottiere" by Leonardo da Vinci », dans *Books for Captains and Captains in Books. Shaping the Perfect Military Commander in Early Modern Europe*, Marco Faini et Maria Elena Severini (dir.), Wiesbaden, Harrassowitz Verlag, 2016.

3. Il s'agit ici d'un traité sur l'eau auquel il est fait référence dans le *Codex Leicester*, 35 r.

4. *B. M.*, 1 r., p. 109.

Il lui arrivait aussi de transférer ses brouillons sur des traités mis au propre :

> Occupe-toi demain de toutes ces matières et de leur copie ; puis biffe les originaux et laisse-les à Florence, en sorte que si tu perds ceux que tu emportes avec toi, l'invention ne soit pas perdue[1].

En 1503, déjà, Léonard recense ses manuscrits et compte « 25 petits carnets, 2 carnets majeurs, 16 carnets plus grands, 6 carnets en parchemin, 1 carnet en couverture verte de peau de chamois[2] », soit infiniment plus de volumes que ce dont nous disposons de nos jours, à savoir dix-neuf carnets. L'historien des sciences Carlo Maccagni estime que si l'on disposait de tous les traités auxquels Léonard fait allusion dans son œuvre, on pourrait reconstituer aujourd'hui un corpus organisé en cent vingt volumes[3]. Les treize mille pages autographes actuellement répertoriées ne présenteraient par conséquent que la partie émergée d'un immense iceberg.

Une fois rapportés en Italie, ces volumineux manuscrits furent jalousement protégés par Melzi qui les mit à l'abri de l'intérêt un peu trop pressant du duc de Ferrare. En bon philologue, il organisa les feuilles éparses en les dotant de marques alphabétiques ou en recopiant au propre les passages peu lisibles, notamment pour le *Traité de peinture* qu'il tenait absolument à recomposer en huit sections pour une future édition. Des O barrés sur certains manuscrits indiquent qu'il a recopié certaines lignes pour pouvoir les publier. Cependant, des textes avaient déjà été perdus puisque, initialement, comme le note Melzi lui-même, le traité voulu par Léonard contenait dix-huit volumes. Le travail de sauvegarde des deux tiers de cet ensemble, réalisé par Melzi, est précieux car il forme la base du *Codex Vaticano Urbinate Latino 1270* conservé à Rome[4].

Après 1570, date de la mort de Francesco Melzi, son neveu Orazio fut un peu moins dévoué à l'héritage léonardien. Avec lui commença la dispersion du précieux matériau littéraire jusqu'alors religieusement conservé. Les frères Guido et Ambrogio Mazzenta en récupérèrent une partie et en tirèrent profit, vendant certains documents au cardinal Frédéric Borromée, d'autres au duc de Savoie et l'un au peintre Ambrogio Figino.

---

1. *C. A.* 571 r. a, p. 541.
2. Bibliothèque nationale d'Espagne, *Codex de Madrid II*, 3 v.
3. Carlo Maccagni, « Riconsiderando il problema delle fonti di Leonardo », dans *Leonardo da Vinci: letto e commentato da Marinoni et al. (Letture vinciane I-XII, 1960-1972)*, Florence, Giunti-Barbèra, 1974.
4. Léonard de Vinci, *Libro di pittura. Codice Urbinate lat. 1270 nella Biblioteca apostolica vaticana*, Carlo Pedretti (dir.), Florence, Giunti, 1995, p. 21 et suiv.

Des collectionneurs à l'œuvre : Pompeo Leoni et ses successeurs

Le précepteur de la famille Melzi, un certain Lelio Gavardo, mit la main à Milan sur treize *codices* qu'il voulut vendre au grand-duc de Toscane, sans succès[1]. Quand Gavardo récupéra ses livres prêtés au grand-duc, les héritiers de Melzi lui permirent de les garder et c'est alors qu'en 1589, un sculpteur et collectionneur milanais nommé Pompeo Leoni (1531-1608), qui avait déjà acheté aux Mazzenta trois volumes, s'y intéressa et les acquit. Il les démembra en plusieurs recueils dont celui des *Disegni di machine e delle arti secreti,* qui regroupait les dessins scientifiques et techniques, et celui des *Disegni di Leonardo da Vinci restaurati,* qui concernait plutôt l'anatomie et la botanique. Alors qu'il servait le roi Philippe II d'Espagne à Madrid, Leoni voulut faire don de son importante collection au souverain, mais face au désintérêt de celui-ci, il s'en abstint et vendit douze volumes au duc Charles-Emmanuel de Savoie.

Les héritiers de Leoni offrirent trois cartons restants au comte Galeazzo Arconati. L'aristocrate finit par déposer à la Bibliothèque ambrosienne de Milan en 1637 ce que nous connaissons sous le nom de *Codex Atlanticus* (ses mille cent dix-neuf pages et son grand format, proprement titanesque, expliquent la référence à l'Atlas de la mythologie grecque), ainsi qu'une série d'autres *codices.*

En 1904-1906, la maison d'édition Hoepli participa pour le compte de la plus ancienne académie scientifique d'Europe, l'Accademia dei Lincei, à la première transcription scientifique des feuillets de l'*Atlanticus.* Ces derniers, produits entre 1478 et 1519, contenaient à la fois des dessins, des études scientifiques et des écrits très hétérogènes, et furent paginés par Hoepli dans leur ordre du XVIIe siècle[2].

À la fin des années 1960, les originaux, restaurés par le laboratoire de l'abbaye Santa Maria de Grottaferrata, près de Rome, furent reliés en douze volumes. En 1975, l'érudit Augusto Marinoni produisit une nouvelle transcription et remit en ordre le codex en insérant des feuillets supplémentaires retrouvés lors de la restauration, imposant ainsi une nouvelle foliotation. Aujourd'hui, dans l'édition nationale publiée par Giunti en l'an 2000 sous la direction de Carlo Pedretti à partir du travail de Marinoni, les deux méthodes de classification sont indiquées : l'antique (de 1906) et la moderne (d'après 1975)[3].

---

1. Antonio Forcellino, *Leonardo, genio senza pace*, Rome-Bari, Editori Laterza, 2016.
2. Paolo Galluzzi, « La Commissione per l'Edizione nazionale dei disegni e dei manoscritti di Leonardo da Vinci, un secolo di storia », dans *Leonardo da Vinci. La vera immagine. Documenti e testimonianze sulla vita e sull'opera*, cat. de l'exposition de Florence (Archivio di Stato, 19 octobre 2005-28 janvier 2006), Edoardo Villata, Vanna Arrighi et Anna Bellinazzi (dir.), Florence, Giunti, 2005, p. 29-38.
3. *Il Codice Atlantico della Biblioteca ambrosiana di Milano*, éd. Augusto Marinoni, Florence, Giunti-Barbèra, 1975-1980. Cette édition nationale a été republiée en trois volumes plus aisément consultables par Giunti en 2000, avec la présentation et les commentaires de Carlo Pedretti. De ce

Un autre codex important de la collection de Pompeo Leoni déposée à la Bibliothèque ambrosienne est le *Codex Trivulzianus*. Acheté par le comte Arconati qui l'offrit à l'institution de conservation, ce volume témoigne de la volonté de Léonard d'enrichir son vocabulaire italien et latin, mais aussi des intérêts qu'il portait à l'architecture. En 1674, le codex disparut de la grande bibliothèque milanaise, mais réapparut en 1750, lors d'une vente par un gentilhomme de Novare au collectionneur le prince Carlo Trivulzio. En 1935, la ville de Milan s'en porta acquéreuse et le déposa à la Bibliothèque trivulzienne du château des Sforza où il est encore actuellement consultable.

Le troisième ensemble de manuscrits de Pompeo Leoni récupéré par le comte Arconati pour l'Ambrosienne est constitué de trois volumes de taille assez modeste. Leurs trois cent cinquante-quatre pages sont rassemblées sous l'appellation *Codex Forster*. Les écrits extrêmement divers qu'ils contiennent correspondent aux années 1487-1505. Au XVIIIe siècle, ces manuscrits furent volés et se retrouvèrent à Vienne quand Edward Robert Bulwer-Lytton, poète et diplomate britannique en poste à la légation à Vienne en 1868, en fit l'acquisition avant de les offrir au critique, romancier, ami intime et biographe de Charles Dickens, John Forster. Celui-ci en fit don au Victoria & Albert Museum de Londres en 1873, où ils sont toujours conservés.

Un autre ensemble formé de douze manuscrits provenant de la collection de Leoni fut versé au fonds de la Bibliothèque ambrosienne grâce à la générosité du comte Galeazzo Arconati en 1636, et d'Orazio Archinti en 1674[1].

De la dispersion des manuscrits : Espagne, Angleterre, États-Unis, France…

Seuls quelques volumes de la collection de Leoni restèrent en Espagne entre les mains du musicologue Juan de Espina (1568-1642)[2]. Deux d'entre eux entrèrent dans la collection royale au XVIIe siècle, sous Philippe IV, raison pour laquelle on les a retrouvés à la Bibliothèque nationale d'Espagne. Toutefois, pendant des siècles, ces textes, mal référencés, étaient devenus invisibles et seul le hasard, en 1967, fit qu'un chercheur américain spécialiste de littérature espagnole, Jules Picus, les identifia pour le plus grand bonheur des experts internationaux

dernier, voir aussi *The Codex Atlanticus of Leonardo da Vinci. A Catalogue of its Newly Restored Sheets*, Johnson Reprint Corporation – Harcourt Brace Jovanovich Publishers, 1978-1979, 2 vol. Bien que fondée sur le texte établi par E. MacCurdy à la fin des années 1930, la présente édition a pris en compte la nouvelle foliotation du manuscrit (voir la note sur l'édition, p. 35 et suiv.).

1. Aujourd'hui connus sous le nom de « Manuscrits de l'Institut de France ». Sur leur histoire et leur entrée quai Conti, voir plus loin, p. 28.

2. Victor Carducho, *Dialogos de la pintura, su defensa, origen, essencia, definicion, modos y diferencias*, 1633, « Octavo Dialogo », p. 156.

comme André Corbeau et Ladislao Reti qui étaient alors à leur recherche. Ces *codices* désormais connus sous le nom de *Codex Madrid I* et de *Codex Madrid II*, qui contiennent des pages sur la mécanique, sur l'architecture militaire et sur la fusion du cheval Sforza, ne trouvent pas leur place dans les anthologies et recueils publiés au cours de la première moitié du xxe siècle.

Les autres manuscrits détenus par Espina furent achetés en 1637 par Thomas Howard, deuxième comte d'Arundel, riche et puissant collectionneur anglais qui, en s'appuyant sur un réseau d'ambassadeurs, était tenu informé des marbres antiques, des peintures et des ouvrages disponibles sur le marché pour son palais londonien[1]. Un premier ensemble de trente-six feuillets fut réuni dans un codex nommé d'après son nouveau propriétaire. Ce *Codex Arundel,* après avoir été confié en 1666 à la Royal Society dont les premières séances se tenaient à Arundel House, est conservé aujourd'hui au British Museum. En 1991, la Commissione Vinciana en a autorisé le démontage permettant ainsi à Carlo Pedretti et à Carlo Vecce de procéder à la classification de ses deux cents quatre-vingt-trois feuillets en ordre chronologique pour constituer l'édition critique qui fait aujourd'hui référence[2].

Un dernier ensemble de dessins entré en possession du comte d'Arundel constitue le cœur de la collection de la reine d'Angleterre : les manuscrits de Windsor sur l'anatomie et la botanique (notamment). Pendant la guerre civile, Arundel était parti en exil et on peine à savoir ce que devinrent alors ces feuillets avant leur achat par Charles II au moment de la Restauration. En 1690, en tout cas, les six cent cinquante-cinq documents et dessins de la collection se trouvaient au palais de Whitehall et furent transférés par la suite à la bibliothèque du château de Windsor. Vers 1910, ils furent réassemblés en trois albums siglés A, B et C, l'ensemble C étant constitué de six *quaderni*. En 1994, les conservateurs de Windsor ont choisi de démembrer ces albums en feuillets individuels (numérotés de 12000 à 19152) afin d'en permettre un classement thématique[3].

Un autre codex, qui fut entre les mains de Guglielmo Della Porta jusqu'en 1577, fit aussi voile vers l'Angleterre puisqu'il fut acheté en 1717 par Thomas Coke, futur comte de Leicester. Ce n'est toutefois qu'en 1887 qu'on baptisa le volume *Codex Leicester.* En 1980, quand le milliardaire Armand Hammer emporta les enchères chez Christie's, le volume fut renommé *Codex Hammer* et conservé au musée Hammer de Los Angeles. Quatorze ans plus tard, Bill Gates s'en porta acquéreur et le volume retrouva alors son nom de *Codex Leicester.*

1. Lorenzo Fatticioni, « La figura di Thomas Howard, conte di Arundel », dans *Il Codice Arundel di Leonardo: ricerche e prospettive*, Andrea Bernardoni et Giuseppe Fornari (dir.), Poggio a Caiano, CB Edizioni, 2011, p. 23-37.

2. *Il Codice Arundel 263 nel Museo britannico*, éd. Carlo Pedretti, transcript. Carlo Vecce, Florence, Giunti, 1998.

3. Comme pour le *Codex Atlanticus*, le référencement moderne aujourd'hui en vigueur est très différent de celui établi dans l'édition de MacCurdy. Voir la note sur l'édition, p. 35 et suiv.

L'histoire de l'ensemble des douze manuscrits versés à la Bibliothèque ambrosienne au XVIIe siècle recèle des péripéties, puisqu'ils se trouvent désormais conservés à l'Institut de France. Il faut tout d'abord se rappeler qu'en 1796, les troupes du Directoire entrèrent dans Milan et saisirent la collection ambrosienne. Sur les ordres de Bonaparte, celle-ci fut envoyée à Paris où elle arriva le 8 frimaire, an V, comme le rapporte la *Gazette nationale*. Là, Giovanni Battista Venturi, un député de la toute nouvelle République cisalpine, également diplomate et spécialiste de mécanique des fluides, membre de l'Institut de France, fut chargé de la classification des manuscrits léonardiens pour l'Académie française. C'est à lui, auteur d'un très informé *Essai sur les ouvrages physico-mathématiques de Léonard de Vinci* (1797), que l'on doit la dénomination des *codices* parisiens à partir des lettres de l'alphabet (de *A* à *M*). Le *Manuscrit A* (en deux parties car certains de ses cent quatorze folios avaient été conservés à la Bibliothèque nationale sous la cote Mss. It. 2038) est consacré à la peinture (s'y trouve l'esquisse du traité sur le sujet), à l'architecture, à la physique, à la mécanique et contient des éléments d'un traité sur l'eau à présent égaré[1]. Le *Manuscrit B* avait été, comme le *Manuscrit A*, partiellement démembré au XIXe siècle par le secrétaire de la commission du Catalogue général des manuscrits des bibliothèques publiques de France, Guglielmo Libri. L'indélicat personnage vendit certains des feuillets au comte d'Ashburnham en Angleterre, mais les premiers folios furent par la suite rendus à la Bibliothèque nationale puis à l'Institut de France (1891), tandis que le *Codex sur le vol des oiseaux*, initialement relié à la fin du *Manuscrit B*, retourna en Italie après bien des péripéties et fut enfin déposé à la Bibliothèque royale de Turin[2].

Même s'il ne s'agit pas à proprement parler de carnets, il convient de signaler ici l'existence de feuillets, en majorité des dessins, éparpillés de par le monde, dont il n'est pas toujours aisé de retracer l'*iter* jusqu'à nos jours. Ainsi John Guise (1682-1765), collectionneur de tableaux, légua les dessins de Léonard acquis au cours de sa vie à son ancien collège de Christ Church en 1765. Il fut suivi en cela en 1855 par un autre collectionneur (Chambers Hall, 1786-1855) qui fit don des siens à la collection de l'université d'Oxford. Le trésor oxonien fut augmenté des dessins issus du cercle de Léonard, offerts à la Bodleian Library par Francis Douce (1757-1834). D'autres donateurs anglais comme les peintres Peter Lely (1618-1680), Jonathan Richardson (1667-1745) et Joshua Reynolds (1723-1792) enrichirent à leur tour la collection à l'Ashmolean Museum. Les dessins les plus importants figurent des allégories, des têtes grotesques, une tête de guerrier ou le carton de la *Madone à l'enfant*[3]. Il convient également ici de mentionner

1. *Ente Raccolta Vinciana, The Manuscripts of Leonardo da Vinci in the Institut de France, Translated and Annotated by John Venerella*, Milan, Castello Sforzesco, 1999.

2. *Il codice sul volo degli uccelli nella Biblioteca reale di Torino*, éd. Augusto Marinoni, Florence, Giunti-Barbèra, 1976.

3. *I disegni di Leonardo da Vinci e della sua cerchia nelle collezioni della Gran Bretagna*, Martin Kemp et Juliana Barone (dir.), Florence, Giunti, 2010.

la collection vénitienne de dessins : au décès de Giuseppe Bossi, secrétaire de l'Académie de Brera, à Milan en 1815, ce dernier laissa derrière lui une importante collection de dessins de la main de Léonard de Vinci, issus de l'héritage qu'avait reçu Francesco Melzi. Le président de l'Académie à Venise, Leopoldo Cicognara, en fit l'acquisition en 1822 auprès du marchand d'art Luigi Celotti. Aujourd'hui, l'Académie possède vingt-cinq feuillets autographes de Léonard qui comprennent des études pour *L'Adoration des mages*, pour *La Sainte Anne* ou *La Bataille d'Anghiari*, le très célèbre feuillet de *L'Homme de Vitruve* ainsi que des figures de femmes qui dansent datant de la période d'Amboise[1]. Le musée du Louvre conserve également des feuillets. Certains d'entre eux ont été acquis par Louis XIV auprès du banquier allemand Everhard Jabach en 1671, tandis que d'autres encore proviennent de séquestres postrévolutionnaires (1796) ou de l'album Vallardi acheté en Italie en 1856. Parmi les œuvres dessinées les plus célèbres conservées au Louvre, on compte notamment un portrait d'Isabelle d'Este et des dessins préparatoires de la *Madone à l'enfant* ou de la *Madone Lita*. Le musée des Beaux-Arts de Paris dispose également de quatre feuillets donnés par des collectionneurs français entre 1875 et 1907 : des archers et des feux d'artifice militaires ainsi que des croquis de tête de vieillard ou d'éléments de *L'Adoration des mages*. Enfin, l'autre grande collection française de dessins léonardiens se trouve au musée Bonnat de Bayonne qui récupéra en 1891 des feuillets de la collection Bossi de Venise, parmi lesquels figurent notamment le dessin d'un pendu florentin, ennemi des Médicis, nommé Baroncelli, ainsi que les carton d'un *Saint Sébastien* et de la *Madone à l'enfant et au chat*[2].

LES ÉDITIONS DES *CARNETS* DE LÉONARD DE VINCI

Le premier moderne à avoir eu accès à ce fonds pratiquement oublié fut Venturi, à la toute fin du XVIIIe siècle, mais à partir des années 1860, l'âge de la reproduction photographique mécanique changea complètement la donne en rendant disponibles les premiers fac-similés. Ce mouvement s'accompagna des premières transcriptions diplomatiques et critiques du corpus léonardien en Italie entre 1885 et 1905 par Giovanni Piumati, Gilberto Govi et Luca Beltrami pour le compte de la Commissione Vinciana de l'Accademia dei Lincei et, en France

1. *I disegni di Leonardo da Vinci e della sua cerchia alle gallerie dell'Accademia di Venezia*, Augusto Marinoni et Luisa Cogliati Arano (dir.), Florence, Giunti, 1980.

2. *I disegni di Leonardo da Vinci e della sua cerchia nelle collezioni pubbliche in Francia*, Pietro C. Marani (dir.), Florence, Giunti, 2008.

entre 1881-1891, par Ravaisson-Mollien, pour le compte de l'Académie française[1]. En 1883, Jean Paul Richter publia à Londres une première anthologie de plus de cinq mille pages qui connut un succès considérable[2]. Richter, très bien introduit dans la société victorienne, ami notamment de lord Ashburnham, du comte de Leicester, du critique d'art Giovanni Morelli et de l'industriel collectionneur Ludwig Mond, consulta les fonds documentaires léonardiens en Italie, en France et en Angleterre[3]. Pour sa traduction des textes de l'artiste ingénieur toscan dans la langue de Shakespeare, il s'appuya sur les compétences linguistiques d'un frère et d'une sœur, Clara Bell (née Poynter) et sir Edward Poynter, dont le travail fut coordonné par lady Eastlake, l'épouse du conservateur de la National Gallery. Une équipe aussi réduite ne pouvait que rencontrer des problèmes, car Léonard n'était pas seulement un peintre, mais aussi un connaisseur avéré des sciences aristotéliciennes, des techniques militaires et de la mécanique de son temps, disciplines qui utilisaient un vocabulaire particulier mal connu de la famille Poynter[4]. Ces manques épistémologiques conduisirent immanquablement à des erreurs d'interprétation et à des confusions, mais le travail effectué ouvrit bien des pistes. L'ambition de Richter était au demeurant d'aller au-delà du travail de Raphael Trichet Dufresne qui, en 1651, avait publié simplement une sélection des écrits de Léonard sur la peinture. Richter souhaitait en effet compiler des textes couvrant une grande diversité de thématiques[5]. Sur les vingt et un livres qu'il retint avec son équipe, seuls les douze premiers concernent l'art du peintre. Le livre XIII traite de l'architecture en général, le XIV de l'anatomie, de la zoologie et de la physiologie, le XV de l'astronomie, le XVI de la géographie physique et de l'eau, le XVII de notes topographiques, le XVIII de guerre navale et d'applications mécaniques, le XIX de maximes philosophiques, le XX d'humour, de fables et de prophéties, et le XXI de lettres et de notes diverses. L'historien d'art allemand était surtout passionné par la peinture et avouait d'ailleurs à ses correspondants, tel Morelli, n'être que superficiellement intéressé par les mathématiques et les sciences de la vie. Toutefois son choix d'extraits fut à l'origine de l'idée largement reçue en Europe selon laquelle Léonard avait été un inventeur universel de génie[6].

1. Charles Ravaisson-Mollien, *Les Manuscrits de Léonard de Vinci, le Manuscrit A de la Bibliothèque de l'Institut*, Paris, A. Quantin, 1881-1891, 6 vol.

2. Voir plus haut, n. 1, p. 12.

3. J. Pope-Hennessy, « Morelli and Richter », *Times Literary Supplement* (26 mai 1961), repris dans *On Artists and Art Historians: Selected Book Reviews of John Pope-Hennessy*, W. Kaiser et M. Mallon (dir.), Florence, Leo S. Olschki Editore, 1994, p. 327-329.

4. Claire Farago, « Re-reading Richter and MacCurdy in Conversation with Carlo Pedretti: Lessons in Translation », dans *Leonardo in Britain, Collections and Receptions*, à paraître en 2019, p. 341.

5. Anna Sconza, « Recognizioni degli studi sulla tradizione manoscritta Leonardesca », dans *Leonardo « 1952 » e la cultura dell'Europa nel dopoguerra*, Romano Nanni et Maurizio Torrini (dir.), Florence, Leo S. Olschki Editore, « Biblioteca Leonardiana. Studi e documenti », 2013, p. 416-426.

6. C. Farago, « Re-reading Richter and MacCurdy in Conversation with Carlo Pedretti: Lessons in Translation », art. cit., p. 336.

Les filles de Jean Paul Richter furent également historiennes de l'art et l'une d'entre elles, Gisela, fut même conservatrice du Metropolitan de New York. Toutefois, c'est à sa sœur Irma que l'on doit la sélection des extraits qui constitue le fonds des carnets (*notebooks*) publiés en 1952 aux presses universitaires d'Oxford. Irma Richter et sa collègue Theresa Wells ont choisi de simplement regrouper les textes en sept thèmes : la science et la nature, l'univers, le vol, les histoires et les écrits, la réflexion sur le mode de vie de Léonard. Ce découpage reposait en partie sur les catégories retenues par Edward MacCurdy en 1938, dont la traduction en français par Louise Servicen a paru aux Éditions Gallimard en 1942.

Un travail à quatre mains : de l'édition d'Edward MacCurdy à la traduction par Louise Servicen

Érudit écossais né en 1871, MacCurdy avait produit en 1904 une biographie de Léonard, suivie deux ans plus tard d'une première édition des carnets. En 1928, il écrivit un essai sur l'esprit du maître[1]. Ce n'est qu'en 1938 que fut publiée à Londres, en deux volumes, une seconde version des carnets, définitive à l'époque[2]. À l'intérieur de chacun des cinquante chapitres, les extraits tirés de Léonard sont classés par noms de codex ou de cahiers factices et par ordre de folio.

Dans son introduction, MacCurdy justifiait ses choix thématiques par une familiarité acquise en un quart de siècle avec les feuillets léonardiens.

> Il y a plus d'un demi-siècle à l'époque où fut commencée la première transcription des manuscrits de Léonard, une controverse s'éleva entre érudits, au sujet d'établir si la meilleure méthode consistait à les publier séparément ou à les réunir en essayant de les sérier. Le temps, qui démontre excellemment l'inanité de la plupart des controverses, a prouvé dans ce cas particulier, aussi, la justesse des deux points de vue. La publication des transcriptions avec fac-similés des manuscrits originaux a servi de base à toutes les études postérieures. Toutefois, il a été nécessaire d'opérer un certain tri des matériaux, en raison de l'extraordinaire diversité des sujets traités le plus souvent dans un seul et même texte, diversité que Léonard lui-même reconnaît dans la notice liminaire du manuscrit qui se trouve actuellement au British Museum *(Arundel 263)*. Pompeo Leoni, avec sa compilation du *Codex Atlanticus* empruntée à différents manuscrits à l'aide des ciseaux et de la colle, n'a fait qu'ajouter à la confusion. J'ai donc classé les matières sous

1. D'Edward MacCurdy, voir *Leonardo da Vinci*, Londres, Bell, 1904 ; *Leonardo da Vinci's Note-Books: Arranged and Rendered into English with Introductions*, Londres, Duckworth & Co, 1906 ; « Leonardo da Vinci's Notebooks », *Burlington Magazine*, XLVI, n° 267, juin 1925, p. 260-266 ; et *The Mind of Leonardo da Vinci*, New York, Dodd, Mead & Company, 1928.
2. *The Notebooks of Leonardo da Vinci*, Londres, John Cape, 1938.

des titres différents, mais ceci mis à part, leur ordre n'a point été modifié ; les extraits de chaque chapitre se succèdent comme dans le texte original, ceux de Milan en premier, suivis de ceux de Paris, Londres et Windsor. Toutefois, en certains cas, quand la totalité ou la quasi-totalité d'un manuscrit ressortit au même sujet, je lui ai donné la priorité, par exemple dans « Anatomie », « Vol », « Peinture » et « Optique ». [...]

L'emploi de son temps demeurerait donc une énigme, n'était l'existence des *Carnets*. Ceux-ci, en effet, comptent plus de cinq mille pages dont j'ai cherché à répartir le contenu sous quarante rubriques. Je sais ce que mon classement a forcément de sommaire et d'incomplet, étant donné la variété infinie de la matière. Car de cet homme qui exécuta quelques œuvres d'art avec la plus divine perfection, on peut dire que toutes les branches du savoir lui furent familières et que ses travaux ont résumé tous les aspects d'une époque. Pour qui les a étudiés – par intermittence – durant plus d'un quart de siècle, ces manuscrits, produits de milliers d'heures d'activité cérébrale, attestent le travail de la plus puissante machine intellectuelle que fut jamais cerveau humain. Nous sommes en présence d'ébauches d'un plan immense, approfondi, médité, mais jamais réalisé, et dont les *Traités*, – somme de recherches anatomiques, physiologiques et géologiques, – ne forment qu'une partie, l'esquisse d'une vaste encyclopédie de la connaissance humaine[1].

Il esquisse ensuite les grands traits de la personnalité de son héros. Certaines exclusions sont assumées, par exemple celles concernant les exercices grammaticaux de Léonard, d'autres, comme le thème de la mécanique, sont liées à l'absence des *codices* de Madrid (puisqu'ils étaient alors perdus) dans le corpus considéré. Certains regroupements portent des titres approximatifs ; ainsi le chapitre « Balistique » traite-t-il à la fois d'armes blanches anciennes, de fortification, de la fabrication de canons et de considérations sur la trajectoire des boulets. D'autres en revanche, comme les lettres personnelles et les notes datées, sont extrêmement bien contextualisés et trahissent la culture acquise par MacCurdy à la lecture des grands auteurs qui le précédaient et qui avaient réuni des informations biographiques importantes sur le maître toscan, tels Gustavo Uzielli, Edmondo Solmi, Giuseppina Fumagalli, Luca Beltrami ou Gerolamo Calvi[2]. MacCurdy suivit d'ailleurs les préceptes méthodologiques de Calvi pour classer les écrits de Léonard en fonction des évolutions de la graphie de ce

1. E. MacCurdy, « Introduction », dans Léonard de Vinci, *Carnets* (1942), Gallimard, « Tel », 1987, t. I, p. 17-18.

2. Gustavo Uzielli, *Ricerche intorno a Leonardo da Vinci*, Florence, 1896 ; Edmondo Solmi, *Edmondo Solmi*, « Le fonti dei manoscritti di Leonardo da Vinci » (1908), dans *Scritti vinciani, Le fonti dei manoscritti di Leonardo da Vinci e altri studi*, Florence, Nuova Italia, 1976 ; Giuseppina Fumagalli, *Leonardo prosatore, scelta di scritti Vinciani*, Milan, Albrighi, Segati & co, 1915 ; Luca Beltrami, *Documenti e memorie riguardanti la vita e le opere di Leonardo da Vinci*, Milan, Fratelli Treves Editori, 1919 ; Gerolamo Calvi, *I manoscritti di Leonardo da Vinci dal punto di vista cronologico storico e biografico*, Bologne, Nicola Zanichelli, 1925.

dernier, d'une période à l'autre. Si les choix thématiques de MacCurdy relèvent d'une logique parfois un peu étonnante, ils furent repris à l'identique dans la première traduction en français des *Carnets*, réalisée par Louise Servicen[1], parue aux Éditions Gallimard en 1942 et préfacée par un Paul Valéry dithyrambique[2].

Dans la note introductive de l'édition, la traductrice L. Servicen indiquait qu'elle avait travaillé à partir de l'original italien, sans préciser dans quelle version, mais on peut supposer qu'il s'agit des transcriptions diplomatiques réalisées pour la Commissione Vinciana par Giovanni Piumati, Gilberto Govi et Luca Beltrami au début du XXe siècle, mises en perspective avec la traduction de MacCurdy. Elle connaissait également très bien les travaux de Ravaisson-Mollien sur les manuscrits de l'Institut de France qu'elle cite en note de bas de page. Il est cependant difficile de comprendre totalement la méthode de sa traduction qui utilise des allers-retours entre plusieurs langues (italien, anglais, français). Le principe est néanmoins affiché chez elle de garder un écart précautionneux entre deux écueils : la traduction trop littérale qui trahirait l'esprit et une pratique trop libre qui trahirait la lettre.

> Nous avons respecté le classement établi par M. MacCurdy et fait état de ses notes. Pour le reste, nous nous sommes appliqués à travailler directement d'après le texte de Léonard, en nous efforçant de nous tenir à égale distance de la littéralité de Ravaisson-Mollien, vénérable pionnier, et de l'adaptation brillante mais singulièrement libre de Péladan. Par endroits, le lecteur pensera que nous avons serré le texte de trop près ; disons à notre décharge que le tour elliptique de l'écriture léonardienne, toujours très mystérieuse malgré les abondantes répétitions, en rend parfois l'interprétation laborieuse et malgré notre souci de faire passer l'esprit avant la lettre, il y a eu des cas où l'esprit nous demeurant impénétrable, nous avons cru devoir nous en tenir humblement à la lettre, en attendant que la découverte de quelque document nouveau permette de donner un sens précis à des phrases cryptiques. N'oublions pas que, dans sa pensée, les notations qu'il jetait sur le papier n'étaient pas destinées au public ; sans doute comptait-il les revoir et les mettre au point. Mais chercheur génial, toujours sollicité par des sujets nouveaux, son insatiable curiosité élargissait sans cesse le champ de ses investigations. D'autre part, comme il ne disposait que du vocabulaire scientifique fort restreint de son temps, et que les mots dont il aurait

1. D'origine arménienne, Louise Servicen (1869-1975) était née à Constantinople au sein d'une famille de la haute administration de l'Empire ottoman. Elle y fut formée aux humanités et parlait couramment cinq langues : le turc, le français, l'anglais, l'italien et l'allemand. Le génocide arménien la força à émigrer avec les siens en France et elle s'installa à Paris en 1930 (Jacques Brenner, « Les Cent Livres de Louise Servicen », *Le Figaro*, 24-25 février 1973). La modestie de son nouveau statut social la contraignit à devenir traductrice de profession. Ses premières grandes œuvres dans ce domaine furent des textes de Bertrand Russell, Luigi Pirandello et Thomas Mann à côté de romans plus populaires et de textes techniques. Pendant l'Occupation, alors que Thomas Mann était mis au ban de la littérature par les nazis, elle fut forcée à certaines concessions peu glorieuses pour survivre.

2. Voir p. 101 et suiv.

> eu besoin n'étaient pas encore forgés, ses exposés scientifiques sont à la fois très simples et très compliqués, et Paul Valéry les définit avec bonheur quand il parle de la « curieuse précision du mot à mot des phénomènes propre à notre auteur ». Sa pensée était en avance de plusieurs siècles, mais il usait du langage des hommes de son temps. Il nous a fallu en tenir compte en plus d'un endroit pour éviter de commettre un anachronisme en prêtant à Léonard le langage d'un savant moderne[1].

Malgré tous ses talents, Louise Servicen rencontra les mêmes difficultés que ses prédécesseurs : pour rendre vraiment compte de la langue à la fois très technique et très imagée de Léonard, il faut maîtriser la vaste culture du Toscan qui, à cinq cents ans de distance, nous semble parfois d'autant plus exotique que ses domaines d'application sont nombreux.

À bien des égards, notamment l'attention nouvelle qu'elle prêtait aux domaines scientifiques et techniques, cette anthologie joua indéniablement un rôle majeur dans la diffusion de l'œuvre de Léonard, non seulement en mettant à disposition des sources pour le public lettré, mais aussi en offrant l'occasion d'une plongée dans « l'esprit de Léonard ». Son prix la rendait plus accessible que la collection de Richter consultable uniquement en bibliothèque.

Seul un travail d'équipe difficile, réunissant de multiples spécialistes, pourra un jour prochain proposer à nouveaux frais une traduction en français de la totalité des manuscrits léonardiens. En attendant, la réédition de la belle anthologie traduite par Louise Servicen, renvoyant désormais aux références nouvelles de chaque feuillet avec leur date de composition, et augmentée d'une riche iconographie accessible en couleurs, rendra de précieux services au lecteur curieux comme au chercheur, à tous ceux désireux de se plonger dans les méandres de cet esprit hors du commun, et de suivre le cheminement d'une pensée exceptionnelle couchée sur papier.

1. L. Servicen, « Note de la traductrice », Léonard de Vinci, *Carnets* (1942), t. I, p. 15-16.

NOTE SUR L'ÉDITION

Établissement du texte

La présente édition se fonde sur l'établissement par Edward MacCurdy des textes des manuscrits connus en 1938, et dont la seule traduction disponible aujourd'hui en français réalisée par Louise Servicen a paru en 1942, aux Éditions Gallimard. Dans les grandes lignes, les principes qui régirent alors l'édition du texte, lorsqu'ils donnent à lire un texte conforme aux manuscrits originaux, ont été ici respectés :

— Les mots ou passages entre crochets droits ont été restitués par l'éditeur ; les points de suspension compris entre crochets droits indiquent un passage indéchiffrable ou perdu. Sur les compléments et corrections apportés aux textes, voir ci-dessous.

— Les titres et les numéros des chapitres ont été donnés par MacCurdy qui, on l'a vu, a classé les manuscrits d'après une cinquantaine de thèmes[1]. Dans le corps du texte, plusieurs niveaux de titres sont à distinguer : d'une part, les titres en lettres capitales et les intertitres en italiques figurent sur les manuscrits de Léonard, à qui on en attribue la paternité ; d'autre part, les titres donnés en italiques, entre crochets et en bas de casse sont de l'éditeur écossais. Enfin, les mentions en italiques, entre crochets, placées au fer à droite et en corps réduit, indiquent, de manière non exhaustive, la présence des dessins de Léonard. Toutefois, certains dessins placés par Léonard au cœur même d'un texte seront mentionnés, dans ce cas précis, dans le texte courant, à l'endroit où ils se trouvent dans le manuscrit (voir par exemple, p. 241, 585, etc.).

— Quelques feuillets ou passages ont été reproduits plusieurs fois dans des chapitres différents (notamment dans le chapitre « Notes datées »).

1. Voir la Préface, p. 31 et suiv.

— Les notes de bas de page sans indication contraire sont d'Edward MacCurdy, traduites par Louise Servicen. La mention (*N.d.T.*) concerne les notes de la main de L. Servicen et, en de rares cas, la mention (*N.d.É.*) indique une note ajoutée ou complétée pour la présente édition.

La rédaction des *Carnets* présentés a été faite de manière discontinue. De par la nature même de ces textes, et afin se conformer à la manière dont Léonard de Vinci les a rédigés, des disparates présentes dans les manuscrits ont été maintenues, notamment lorsqu'il s'agit de l'orthographe de noms de lieux (par exemple, *Mon Boso* et *Mon Roso* désignent le *mont Rose*). Enfin, Léonard a parfois souligné certaines phrases ; elles sont données ici en italiques.

Tout en respectant l'esprit du travail de MacCurdy, la présente édition a toutefois amendé le texte en quelques endroits :

— Dans la marge, et pour chaque extrait, figurent deux annotations. La première, ajoutée à l'occasion de la présente édition, est celle de la date de rédaction exacte ou estimée ; la seconde est la cote archivistique (ou foliotation) actuelle renvoyant aux manuscrits édités ici.

— Les foliotations renvoient désormais au système d'inventaire établi depuis les années 1970 : ainsi ont été modifiées une à une les foliotations du *Codex Atlanticus*, du *Codex Trivulzianus* et des manuscrits de Windsor. Elles correspondent aux références établies pour l'« Edizione nazionale dei manoscritti e dei disegni » de Léonard de Vinci publiée par Giunti, à Florence depuis 1975, ainsi qu'aux cotes utilisées par le site de la Biblioteca leonardiana (*E-Leo. Archivio digitale di storia della tecnica e della scienza*), qui donne accès en ligne à l'ensemble des manuscrits léonardiens numérisés. Les feuillets des manuscrits de Windsor étaient classés au moment de l'édition de 1942 sous les références : *Feuillets A*, *Feuillets B* ou *Quaderni I-VI*. Parfois appelé aujourd'hui « Manuscrits de la Royal Library, château de Windsor », l'ensemble est consultable sur *E-Leo* sous le nom de *Disegni anatomici*. Dans les éditions de référence, comme dans la présente édition, il se trouve désormais sous la cote *RL* (de *12000* à *19152*).

— Dans la mesure du possible, la ponctuation a été respectée, mais en de rares endroits, lorsqu'un ajout de guillemets est apparu nécessaire, cela a été fait afin de faciliter la compréhension du texte.

— Les textes présentés s'interrompent parfois brutalement, sans ponctuation finale, parti qui a été ici respecté, alors que l'édition de 1942 ajoutait des points de suspension.

— Les précisions (d'ordre linguistique, par exemple) ou bien les hésitations de lecture de MacCurdy se trouvaient dans l'édition de 1942 dans le corps même du texte, se mêlant ainsi aux mots de Léonard. Ces indications figurent désormais en note de bas de page, permettant ainsi une lecture continue du texte léonardien.

— Enfin, certains passages illisibles au moment de l'édition de MacCurdy ont été complétés grâce aux transcriptions disponibles sur le site *E-Leo* et traduits par nos soins, visant à restituer au mieux l'intégralité des *Carnets*.

L'illustration de l'édition

Les milliers de pages de notes et dessins de Léonard ne pouvaient trouver ici leur place dans leur ensemble. Les choix opérés pour l'illustration de ce volume répondent à une double logique : d'une part, évoquer les dessins les plus connus de Léonard (comme le char d'assaut, certains modèles de machines volantes, certaines planches anatomiques, botaniques ou cartographiques) pour chaque catégorie sélectionnée par MacCurdy et, d'autre part, clarifier certains textes par des planches associées à des réflexions complexes, par exemple sur l'optique et la mécanique.

Le lecteur curieux pourra se servir des différents sites Internet qui permettent l'accès en ligne aux milliers de pages constituant les *Carnets* de Léonard de Vinci, afin de consulter l'ensemble des dessins non reproduits[1].

Index

En fin de volume, ont également été repris, amendés et complétés, le cas échéant, les index des noms (de personnes et de lieux) et des notions établis par Edward MacCurdy. Ils constituent un outil précieux pour aborder les écrits de Léonard de Vinci.

1. Voir la liste des sites aujourd'hui disponibles à la fin de la Bibliographie, p. 1616-1617.

NOTE SUR LES MANUSCRITS DE LÉONARD DE VINCI

L'ensemble des manuscrits de Léonard de Vinci sont consultables en ligne, sur le site de la Biblioteca leonardiana, sise à Vinci : *E-Leo. Archivio digitale di storia della tecnica e della scienza.* Les textes peuvent être librement consultés en fac-similé (en miroir et son inverse) ainsi que, pour la plupart, en transcription en langue originale[1].

En raison du contexte d'écriture, les indications fournies ici, notamment celles portant sur les datations ou le contenu des volumes, sont données à titre informatif et ne prétendent aucunement à l'exhaustivité. Enfin, elles portent sur l'ensemble des manuscrits de Léonard de Vinci connus à ce jour et conservés de par le monde.

Codex Arundel :

— Conservation : British Museum (Londres), Codex Arundel 263.

— Format et pagination : format in-8° (21 x 29 cm) ; 283 folios.

— Date de rédaction : 1494.

— Thèmes : notes personnelles, mathématiques, physique, optique, astronomie, alchimie, machines.

Codex Atlanticus :

— Conservation : Bibliothèque ambrosienne (Milan), Codex Atlanticus.

— Format et pagination : 64,5 x 43,5 cm ; 1 119 folios.

— Dates de rédaction : ca. 1478-1519.

— Thèmes : l'extrême hétérogénéité de cette collection de dessins empêche d'en donner une description complète, on y trouve des machines civiles

1. Sur les sites proposant la consultation des manuscrits de Léonard, voir la Bibliographie en fin de volume, p. 1616-1617.

et militaires, des projets architecturaux, des études scientifiques mais aussi des notes personnelles des plus diverses.

Codex Forster I :
— Conservation : Victoria & Albert Museum (Londres), Codex Forster I.
— Format et pagination : 13,5 x 10,3 cm ; 54 folios.
— Dates de rédaction : ca. 1487-1505.
— Thèmes : géométrie dans l'espace, mesures des corps, mathématiques, ingénierie hydraulique, mouvement de l'eau.

Codex Forster II :
— Conservation : Victoria & Albert Museum (Londres), Codex Forster II.
— Format et pagination : 9,5 x 7 cm ; 160 folios.
— Dates de rédaction : ca. 1495-1497.
— Thèmes : théorie des proportions, mécanisme de la cloche, peinture et posture de personnages, poids, mesures, balance, armement.

Codex Forster III :
— Conservation : Victoria & Albert Museum (Londres), Codex Forster III.
— Format et pagination : 9,4 x 6,5 cm ; 88 folios.
— Dates de rédaction : ca. 1487-1490, puis 1493-1497.
— Thèmes : géométrie, poids, hydraulique, ébauche de jambe équine, dessins de costumes, anatomie, urbanisme.

Codex Leicester :
— Conservation : Collection privée B. et M. Gates (Seattle).
— Format et pagination : 19,5 x 13,5 cm ; 36 folios.
— Dates de rédaction : ca. 1506-1508.
— Thèmes : étude de l'eau, géographie, fossiles marins, astronomie.

Codex Madrid I :
— Conservation : Bibliothèque nationale d'Espagne (Madrid), ms. 8937.
— Format et pagination : 14,8 x 21,2 cm ; 184 folios.
— Dates de rédaction : 1490-1499.
— Thèmes : mécanique, statique, mathématiques, architecture militaire.

Codex Madrid II :
— Conservation : Bibliothèque nationale d'Espagne (Madrid), ms. 8936.
— Format et pagination : 14,8 x 21,2 cm ; 157 folios.
— Dates de rédaction : 1503-1505.
— Thèmes : mécanique, statique, mathématiques, architecture militaire.

Codex Trivulzianus :
- — Conservation : Bibliothèque trivulziana (Milan, château Sforza), ms. N 2162.
- — Format et pagination : 21,8 x 29,5 cm ; 55 folios.
- — Dates de rédaction : 1487-1490.
- — Thèmes : grammaire latine, caricatures, architecture militaire et religieuse.

Codex sur le vol des oiseaux :
- — Conservation : Bibliothèque royale (Turin), Codice sul volo degli uccelli.
- — Format et pagination : 21,3 x 15,3 cm ; 13 folios.
- — Dates de rédaction : 1505-1506.
- — Thèmes : vol et mouvement des oiseaux (avec dessins).

Manuscrit A[1] :
- — Conservation : Institut de France (Paris), ms. 2172.
- — Format et pagination : 21,2 x 14,7 cm ; 64 folios.
- — Date de rédaction : ca. 1490.
- — Thèmes : peinture, architecture, physique, mécanique, pages d'un traité sur l'eau (aujourd'hui perdu).

Manuscrit B[2] :
- — Conservation : Institut de France (Paris), ms. 2173.
- — Format et pagination : 23,1 x 16,7 cm ; 84 folios.
- — Dates de rédaction : ca. 1487-1489.
- — Thèmes : machines de guerre, machines volantes, dessins d'architecture civile et militaire, dessins d'armes.

Manuscrit C :
- — Conservation : Institut de France (Paris), ms. 2174.
- — Format et pagination : 31 x 22,2 cm ; 41 folios.
- — Dates de rédaction : ca. 1490-1491.
- — Thèmes : optique appliquée à la peinture (ombre et lumière), physique de l'eau.

Manuscrit D :
- — Conservation : Institut de France (Paris), ms. 2175.
- — Format et pagination : 15,8 x 22 cm ; 10 folios.
- — Dates de rédaction : ca. 1508-1509.

---

1. Voir aussi *Manuscrit 2185*.
2. Voir aussi *Manuscrit 2184*.

— Thèmes : anatomie de l'œil, question de la vision (en lien avec les théories d'Avicenne et d'Alhazen).

Manuscrit E :
— Conservation : Institut de France (Paris), ms. 2176.
— Format et pagination : 15 x 10,5 cm ; 96 folios.
— Dates de rédaction : ca. 1513-1514.
— Thèmes : mécanique, physique des poids, géométrie, peinture, mouvement, technologie, hydraulique, oiseaux.

Manuscrit F :
— Conservation : Institut de France (Paris), ms. 2177.
— Format et pagination : 14,5 x 10 cm ; 96 folios.
— Dates de rédaction : ca. 1508-1509.
— Thèmes : phénomènes atmosphériques, d'hydraulique, de géométrie et d'astronomie.

Manuscrit G :
— Conservation : Institut de France (Paris), ms. 2178.
— Format et pagination : 13,9 x 97 cm ; 93 folios (96 à l'origine).
— Dates de rédaction : ca. 1510-1516.
— Thèmes : botanique, vol des oiseaux, géométrie, physique du mouvement, navigation à voile, hydraulique, soleil.

Manuscrit H :
— Conservation : Institut de France (Paris), ms. 2179.
— Format et pagination : 12,8 x 9 cm ; 142 folios (trois carnets de poche autonomes).
— Date de rédaction : ca. 1494.
— Thèmes : hydraulique, mécanique, grammaire latine.

Manuscrit I :
— Conservation : Institut de France (Paris), ms. 2180.
— Format et pagination : 10 x 7,5 cm ; 139 folios (deux carnets de poche).
— Date de rédaction : ca. 1497.
— Thèmes : hydraulique, mécanique, géométrie.

Manuscrit K :
— Conservation : Institut de France (Paris), ms. 2181.
— Format et pagination : 9,6 x 6,5 cm ; 128 folios (trois carnets de poche).
— Dates de rédaction : ca. 1503-1505 (pour les deux premiers carnets), puis 1506-1507 (pour le troisième carnet).

— Thèmes : géométrie euclidienne, anatomie, techniques de canalisation et architecture.

Manuscrit L :
— Conservation : Institut de France (Paris), ms. 2182.
— Format et pagination : 10,9 x 7,2 cm ; 94 folios.
— Dates de rédaction : ca. 1502-1504.
— Thèmes : art et architecture militaire.

Manuscrit M :
— Conservation : Institut de France (Paris), ms. 2183.
— Format et pagination : 9,6 x 6,7 cm ; 94 folios.
— Date de rédaction : av. 1500.
— Thèmes : géométrie euclidienne, physique de la chute des corps, botanique, études de ponts.

Manuscrit 2184 :
— Conservation : Institut de France (Paris), ms. 2184.
— Format et pagination : 23,1 x 16,7 cm ; 33 folios.
— Date de rédaction : ca. 1490.
— Thèmes : complément du *Manuscrit B*.

Manuscrit 2185 :
— Conservation : Institut de France (Paris), ms. 2185.
— Format et pagination : 21,2 x 14,7 cm ; 26 folios.
— Date de rédaction : ca. 1490.
— Thèmes : complément du *Manuscrit A*.

Manuscrits de Windsor :
— Conservation : Royal Library (château de Windsor), 12275-12727, 19000-19152.
— 655 documents et dessins épars.
— Thèmes : anatomie, paysage, cartographie, chevaux et autres animaux, grotesques, caricatures, allégories.

LÉONARD DE VINCI

VIE & ŒUVRE

1452-1519

PAGE PRÉCÉDENTE
Cosimo Colombini, *Portrait de Léonard de Vinci*, gravure extraite de *Serie degli Uomini i più illustri nella pittura, scultura e architettura* de Sante Pacini, 1769-1775.

1452

Telemaco Signorini, *Vue de Vinci*, aquaforte sur carte, 1872.
Au centre de ce village de Toscane où est né Léonard, l'église de Santa Croce et le château des comtes Guidi.

15 avril. Naissance à Vinci, dans un bourg de Toscane blotti au cœur de collines d'oliviers, de Leonardo, fils illégitime de messire Piero di ser Antonio di ser Piero di ser Guido da Vinci (1427-1504), notaire – une tradition familiale –, et de Caterina, fille de bonne famille d'un fermier toscan. L'événement est consigné par son grand-père paternel dans un livre de famille (*zibaldone*). L'année suivante, sa mère épouse Accatabriga di Piero del Vacca, tandis que son père s'est uni, quelques mois après la naissance de Léonard, à Albiera di Giovanni Amadori, une Florentine de seize ans issue d'une famille de notaires et de fabricants de chaussures. Albiera n'aura jamais d'enfant et élèvera le jeune Léonard comme son propre fils.

1457

28 février. Léonard apparaît sur la déclaration de patrimoine (*catasto*) de son grand-père paternel, Antonio di ser Piero da Vinci, résidant dans le quartier (*popolo*) de Santa Croce à Vinci. L'enfant est désigné comme étant l'enfant illégitime de Piero et Caterina. Le grand-père est un paysan aisé qui fait vivre sa maisonnée de la culture du blé, des olives et de la vigne.

Nicolas de Larmessin, *Portrait d'Andrea del Verrocchio*, gravure extraite de l'*Académie des sciences et des arts, contenant les vies & les éloges historiques des hommes illustres, qui ont excellé en ces professions depuis environ quatre siècles parmy diverses nations de l'Europe*, d'Isaac Bullart, Bruxelles, François Foppens, 1695 (Washington, Library of Congress).

CI-DESSOUS
Vue de Florence (*Carta della Catena*) par l'École italienne du XVe siècle, 1490 (Florence, Musée de la ville).

1461

Avril. Le sculpteur florentin Andrea del Verrocchio (1434/37-1488), client de ser Piero et futur maître de Léonard, figure sur les listes d'artistes indépendants.

1462-1463

Léonard reçoit sans doute à cette époque des cours particuliers en mathématiques d'un certain Pietro Banco.

1464

Au décès de son grand-père Antonio di Piero, à Vinci, Léonard quitte son bourg de 350 habitants pour rejoindre son père à Florence, ville de 40 000 habitants peuplée de marchands et d'artisans, de riches familles adeptes du luxe, de bâtiments gigantesques et de machines de chantier. Au rez-de-chaussée des palais : échoppes, ateliers et tavernes.

À cette époque, Léonard reçoit probablement les leçons d'astronomie, de cartographie et de mathématiques du grand maître Paolo dal Pozzo Toscanelli

(1397-1482) qui a connu Brunelleschi et a été un ami de Leon Battista Alberti. Quatre ans plus tard, il réalisera un gnomon original composé d'une ligne méridienne tracée sur le pavement de l'église florentine et d'un trou percé dans la carapace du Dôme laissant ainsi filtrer le soleil.

Léonard lit de la littérature populaire en langue vulgaire : chansons de geste, fabliaux, romans, contes fantastiques, vers de Dante, Boccace, Pétrarque.

Cette année-là, l'épouse du père de Léonard, Albiera, meurt en couches à l'âge de 28 ans.

1465

Remariage de son père, Piero di Antonio da Vinci, avec Francesca di ser Giuliano Lanfredini.

1466

L'illégitimité de Léonard empêchant toute habilitation à la guilde des notaires, il ne peut prétendre embrasser la carrière de ses aïeux. Il a 14 ans et commence probablement à cette époque son apprentissage dans le vaste atelier de Verrocchio, situé via dell'Agnolo (paroisse de Saint-Ambroise), à l'écart du centre-ville, près des remparts. On y travaille la peinture mais aussi le marbre, le bronze, la terre cuite, le bois et les métaux précieux. Léonard y apprend le dessin, la perspective géométrique (héritée de Piero della Francesca [1412-1492] et d'Alberti [1404-1472]), les proportions du corps, l'anatomie, la sculpture (bien qu'aucune sculpture autographe authentifiable de Léonard n'ait survécu).

Une statue de bronze de Verrocchio commandée par Pierre de Médicis pour les jardins de la villa de Careggi, représentant le jeune David vainqueur de Goliath, pourrait avoir eu pour modèle le jeune Léonard.

À l'atelier, il fréquentera, quelques années plus tard, Lorenzo di Credi (1459-1537), Pietro Vanucci, dit le Pérugin (1446-1523) et Agnolo di Polo (1470-1528). Il croisera certaines connaissances du maître : Sandro Botticelli (1445-1501), Antonio del Pollaiuolo (1429-1498),

Andrea del Verrocchio, *David*, sculpture en bronze, fondue à la cire perdue, v. 1476 (Florence, Musée du Bargello).

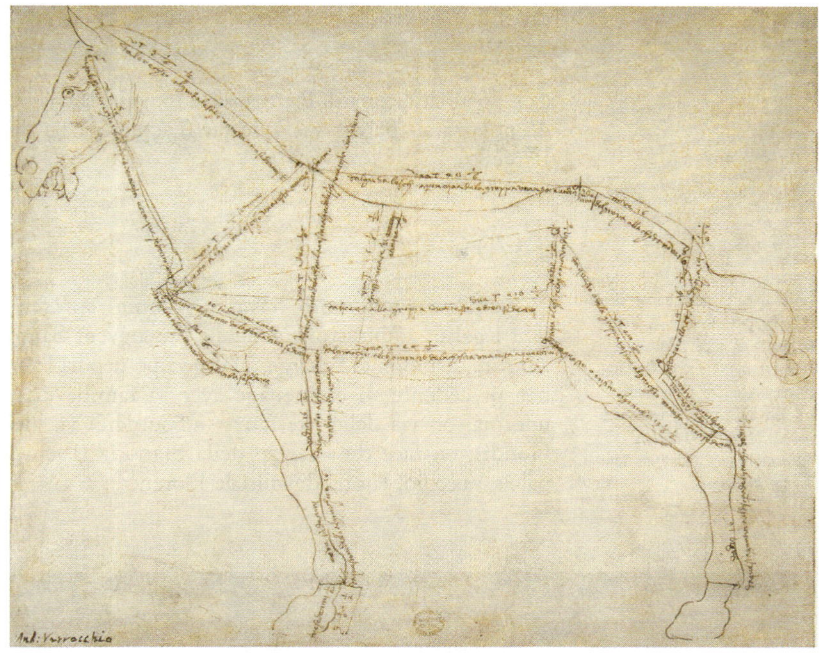

Andrea del Verrocchio, *Les Proportions du cheval*, crayon et encre brune, traces de craie noire, v. 1480-1488 (New York, Metropolitan Museum).

Domenico Ghirlandaio (1448-1494), Francesco Botticini (1446-1498), Francesco di Simone Ferrucci (1437-1493) ou encore Biagio d'Antonio (1466-1516).

Jeune homme assez excentrique, il s'intégrera difficilement dans cet univers où la concurrence entre artistes est féroce.

1467

15 janvier. Verrocchio travaille à la sculpture de bronze figurant *Le Christ et saint Thomas*, commandée par la guilde des marchands (*Università della Mercanzia*) pour la niche de l'église d'Orsanmichele, à Florence. Il achèvera ce groupe au terme de douze années et la sculpture finale ne sera installée qu'en 1483.

22 octobre. Verrocchio achève le tombeau de Côme de Médicis, dit l'Ancien, situé dans la basilique San Lorenzo.

1469

Le père de Léonard, Piero, exerce toujours la charge de notaire au palais du Podestat (l'actuel palais du Bargello).

1470

Piazza della Signoria au XVIe siècle et son palais (Vecchio), à droite. Au centre de la perspective, la via delle Prestanze (via dei Gondi) où vécut Léonard. Cette huile sur bois du XVIe siècle représente *Savonarola (1452-1498) au bûcher* (Florence, Musée de San Marco). Voir p. 70.

Jusqu'en avril. Piero travaille comme représentant légal et administrateur public du couvent Santo Martire, à Florence, charge qu'il occupe depuis l'année précédente. Il emménage avec sa famille dans une maison via delle Prestanze (aujourd'hui via dei Gondi), en face du Palazzo della Signoria (l'actuel palais Vecchio, l'hôtel de ville de Florence).

1471

27 mai. Verrocchio construit et fait installer le globe de cuivre doré au sommet de la lanterne du dôme de la cathédrale florentine, Santa Maria del Fiore, qui avait été commandé trois ans auparavant. Léonard mentionnera dans une note de 1515 ce projet d'ingénierie sans précédent (*G*, 84 v.). Parallèlement, une réflexion sur les courbes paraboliques de certains miroirs, indique que des miroirs ardents ont permis de fondre les baguettes d'étain servant à solidariser les morceaux de la sphère. Pour soulever l'énorme charge, on a prévu un grand treuil à engrenages que Léonard a reproduit avec soin dans son carnet (*C. A.*, 112).

1472

Octobre. Âgé de 20 ans, Léonard est inscrit dans le registre de la Compagnia di San Luca, de Florence, une guilde de peintres, ce qui laisse penser qu'il exerce désormais professionnellement comme *dipintore* en son propre nom. Il y figure aux côtés de Verrocchio « peintre et sculpteur ». Ce dernier réalise le tombeau de Pierre de Médicis et de son frère Jean, entre l'ancienne sacristie et la chapelle dédiée aux saints Côme et Damien, en la basilique San Lorenzo.

1473

5 août. Léonard dessine à l'encre un paysage représentant la vallée de l'Arno, près de Florence, avec une vue du Montalbano depuis le Val d'Arno et le Val di Nievole (voir p. 1110). Il s'agit de la première œuvre datée connue de Léonard de Vinci. La perspective de ce dessin est complexe. En réalité, il n'existe aucun point de vue réel d'où l'on pourrait saisir cette vue. Le jeune Léonard a opéré une synthèse de mémoire, rassemblant volontairement plusieurs points de fuite.

1473-1475

À cette période, Léonard s'adonne à la peinture et réalise plusieurs œuvres : l'*Annonciation* (Florence, Offices) et la *Madone à l'œillet* (Munich, Alte Pinakothek). Il collabore au retable du *Baptême du Christ* de Verrocchio (Florence, Offices), commandé par les moines de San Salvi, pour leur monastère hors les murs de Florence. « Léonard peignit un ange porte-vêtement ; bien qu'il fût très jeune, il exécuta cette figure bien supérieure à celles d'Andrea, et ce fut la raison pour laquelle celui-ci ne voulut plus toucher aux couleurs, humilié de voir qu'un enfant en savait plus que lui » (Vasari, « La Vie de Léonard » ; voir p. 1434). En réalité, Léonard n'était plus un enfant…

Andrea del Verrocchio et Léonard de Vinci, *Le Baptême du Christ* (détail), détrempe et huile sur bois, 1472-1475 (Florence, Galerie des Offices).
On reconnaît déjà les portraits de Léonard au sourire radieux, son art du mouvement, et une technique de la transparence obtenue par de multiples couches.

1475

Le père de Léonard se remarie avec Margerita di Francesco di Jacopo Giulli, après le décès de sa deuxième épouse, Francesca. Margerita mettra au monde sept enfants entre 1476 et 1486.

1475-1478

Léonard aurait peint le *Portrait de Ginevra de' Benci* (Washington, National Gallery of Art).

1476

Léonard travaille toujours dans l'atelier de Verrocchio, mais désormais comme collaborateur plutôt que comme assistant.

Avril. Léonard est signalé aux autorités et à la police du Bargello pour crime de sodomie. Un certain Jacopo Saltarelli, jeune orfèvre de 17 ans, se serait rendu coupable de commerce charnel avec différents hommes, dont Léonard parmi quatre cités. Léonard prétendit

que Saltarelli n'était qu'un modèle auquel l'atelier faisait appel.

15 mai. Laurent et Julien de Médicis vendent le bronze de *David* réalisé par Verrocchio, au Palazzo della Signoria. Le même jour, Verrocchio remporte le concours de la ville de Pistoia pour le cénotaphe de marbre qui doit être érigé dans la cathédrale San Zeno, en hommage au cardinal Niccolò Forteguerri, décédé en 1473. Verrocchio laissera cette œuvre inachevée à sa mort en 1488.

Léonard de Vinci, *L'Annonciation*, huile sur bois, v. 1473-1475 (Florence, Galerie des Offices). L'Annonciation, thème très prisé des peintres, n'exprime le plus souvent qu'un seul sentiment de Marie. Léonard, lui, montre à la fois son inquiétude, sa réserve, sa réflexion, la soumission à son destin, et aussi une certaine béatitude dans la douceur du visage. Autant d'attributs discutés par les théologiens. Dans les drapés, les ombrages, les décorations en volutes et le respect d'une perspective régulière centrée, on reconnaît l'enseignement de Verrocchio. Léonard a aussi tiré profit du traité d'Alberti sur la perspective, il connaît la nature, les plantes, les paysages, il saisit avec intelligence l'enjeu de la narration d'une histoire sacrée, mais il doit encore progresser en anatomie. L'apprenti de Verrocchio a commis quelques maladresses comme le raccourci raté du bras droit de la Vierge ou encore la présence d'un cyprès à l'angle de la maison qui, en bonne logique mathématique, ne devrait pas être là. Des détails qui trahissent une certaine inexpérience du peintre. On retiendra, cependant, sa manière unique et précoce de capter un moment singulier : celui où Marie, lisant la prophétie de la venue du Messie, est arrachée à sa méditation par la visite de l'ange Gabriel.

1478

10 janvier. Première commande enregistrée dans la carrière de Léonard : un retable destiné à la chapelle San Bernardo, à l'intérieur du Palazzo della Signoria, dont la décoration a été confiée à Piero del Pollaiuolo. Léonard n'achèvera jamais le retable bien qu'il ait perçu des émoluments pour ce travail au cours de l'année (en mars, la somme de 25 florins lui est versée). Le projet prévoyait sans doute la représentation d'une Vierge à l'enfant, entourée de saints.

13 janvier. La corporation du Change et de la Laine (*Calimala*) confie à Verrocchio la tâche de décorer l'autel en argent du baptistère de Florence avec la *Décollation de saint Jean-Baptiste*, un relief achevé en 1480 mais installé seulement en 1483.

Cette année-là, Léonard commence à consigner ses notes qui formeront le *Codex Atlanticus* et le *Codex Arundel* jusqu'en 1518.

Léonard de Vinci, *Portrait de Ginevra de' Benci*, huile sur bois, v. 1475-1478 (Washington, National Gallery of Art). « [Léonard] fit d'après nature le portrait de Ginevra d'Amerigo Benci, qu'il acheva si bien que le portrait ne semblait pas en être un mais Ginevra elle-même » (Anonyme Gaddiano, voir p. 1430). La jeune fille réservée de 17 ans, représentée à l'ombre d'un genévrier, emblème de son prénom, était issue d'une riche famille de banquiers dont le père, Amerigo Benci, servait les intérêts des Médicis. Sa beauté et son intelligence étaient louées par les poètes proches du néoplatonisme de Marsile Ficin, et le diplomate vénitien Pietro Bembo, qui s'éprit platoniquement de la jeune poétesse, commandita son portrait au meilleur disciple de Verrocchio, demandant au peintre de représenter le mystère de la beauté de celle qui va se retirer à la campagne dans une pieuse solitude. Au revers de l'œuvre, sous des rameaux de laurier, de palmier et de genévrier, on lit la devise « *Virtutem For/ma Decorat* » (« La beauté orne la vertu »).

Il commence également le tableau de la *Madone Benois* (Saint-Pétersbourg, L'Ermitage), dont l'achèvement daterait de 1482.

Pour honorer la mémoire de l'évêque Donato de Médicis disparu en 1474, Verrocchio reçoit la commande d'un retable pour la cathédrale de Pistoia et esquisse quelques dessins préparatoires à la *Madonna di Piazza* dont il confie la réalisation à son assistant Lorenzo di Credi (œuvre achevée en novembre 1485).

1479

Décembre. Léonard réalise un croquis du corps pendu de Bernardo di Bandino Baroncelli. Celui-ci avait été un des instigateurs de la conjuration des Pazzi (26 avril 1478) et avait assassiné Julien de Médicis.

1480

Léonard a 28 ans. Il n'apparaît plus sur la déclaration de revenus de son père (alors âgé de 53 ans), ser Piero da Vinci, qui vit désormais via Ghibellina à Florence.

Sous la protection de Laurent de Médicis, le jeune Léonard est invité à travailler dans les jardins de San Marco, où l'on peut s'adonner à l'imitation des marbres antiques collectionnés par la famille des Médicis.

Dans les années 1480, il lit l'*Histoire naturelle* de Pline dans la traduction en toscan par Cristoforo Landino.

Début d'une exploration obsessive : les machines volantes.

1481

Mars. Léonard entreprend la réalisation du retable *L'Adoration des mages* (Florence, Offices), destiné à l'autel principal de l'église du couvent San Donato de Scopeto. La commande lui est accordée par l'entremise de son père.

Léonard de Vinci, *L'Adoration des mages*, détrempe et huile sur bois, v. 1481 (Florence, Galerie des Offices). Marie se tient au centre avec l'enfant. Derrière elle, Joseph en vieil homme barbu. Au premier plan, les trois rois agenouillés se prosternent. Autour de cette scène centrale se déploient d'autres figures, hommes et animaux – Léonard en prévoyait soixante-trois, en tout – chacune caractérisée par une attitude particulière : certains lèvent les yeux vers l'étoile de Bethléem, d'autres montrent la lumière divine, d'autres encore se frappent le front de stupeur ou regardent avec joie. C'est la réaction des bergers visités par un ange de lumière miraculeuse (selon Luc) qui intéresse Léonard, plus que celle des rois qui suivent une étoile. Seul un personnage en manteau, en bas, à droite, regarde dans une autre direction ; il pourrait être un autoportrait de Léonard, à l'âge de 28 ans, dans la mesure où la représentation de soi commençait à devenir à cette époque une sorte de signature. La comparaison de son visage avec celui du David de Verrochio, ou un croquis rapide dans le folio où est mentionné Fioravanti, semble cautionner cette interprétation. À l'arrière-plan à gauche, un palais en ruine d'où descendent des escaliers en gradins, représente avec ses arcades et ses colonnes brisées la maison de David détruite à partir de laquelle Jésus-Christ construira son Église. Et à droite, des chevaux qui s'affrontent, rappelant que les mages n'ont pas toujours été amis : la Nativité les a réconciliés. La scène se déroule donc dans le temps autant que dans l'espace. Deux dessins préparatoires, une étude générale de composition et une étude de perspective pour l'arrière-plan (voir p. 1188-1189), montrent que Léonard a particulièrement soigné la perspective. Il a peint le ciel, les feuillages des arbres, une partie des ruines et ébauché quelques personnages, mais la couche brun-rouge qui couvre le reste du panneau est très certainement d'une main tardive. Le projet laissé inachevé fut repris par Filippino Lippi.

Juillet. Le contrat de commande du retable par les chanoines réguliers de l'ordre de Saint-Augustin prévoit un délai de remise de 24 mois, le versement de 300 florins ainsi que le bénéfice d'une terre dans le Val d'Elsa à qui réalisera la tâche dans les délais. Léonard y travaille sans interruption de juin à septembre.

28 septembre. Dernier paiement à l'ordre de Léonard pour *L'Adoration des mages.* C'est également la dernière mention du peintre à Florence.

Septembre. Départ pour Milan, accompagné du musicien Atalante Migliorotti. Les deux hommes sont chargés par Laurent le Magnifique de remettre une lyre au régent du duché de Milan, Ludovic Sforza, dit le More. Dans une lettre – devenue célèbre – adressée au futur duc de Milan, Léonard lui offre ses services comme ingénieur militaire, architecte, sculpteur et peintre, et propose de travailler à l'immense statue équestre en l'honneur de Francesco Sforza, père de Ludovic et premier duc de Milan de la dynastie Sforza. Le projet ne se fit pas, mais à cette occasion, Léonard conçut la synchronisation de fours, la fabrication de moules renforcés ainsi que des systèmes de coulées à contrôle pyrotechnique et quantité d'appareils de levage sophistiqués pour extraire et redresser la statue.

Portrait de Ludovic Marie Sforza dit le More, miniature extraite du *Grammatica* d'Aelius Donatus, XVe siècle (Milan, Archivio Storico Civico e Biblioteca Trivulziana).

Entre 1481 et 1485, Léonard peint *Saint Jérôme*, qui demeure inachevé (Rome, Musées du Vatican), mettant à profit ses travaux de sculpture réalisés dans le jardin-laboratoire de San Marco où il a pu former son œil à l'arrangement des formes anatomiques dans l'espace.

1482

À 30 ans, Léonard commence à étudier le latin.

1483

25 avril. Léonard, avec les frères Evangelista et Giovan Ambrogio de' Predis, deux peintres milanais reconnus, conclut un contrat pour un somptueux retable qui devait inclure, en panneau central, *La Vierge aux rochers*. La congrégation de l'Immaculée Conception (*Confraternità della Concezione*), qui est commanditaire, destine le retable à la chapelle de l'église San Francesco Grande de Milan. La charpente du retable a été confiée un an plus tôt au sculpteur sur bois Giacomo del Maino ; l'intervention de Léonard et des frères Predis consista en un travail de dorure et d'ornementation, et en la création des peintures sur les panneaux.

Léonard de Vinci, *Dessins sur la Vierge adorant l'Enfant Jésus, avec et sans l'Enfant Jean-Baptiste*, pointe d'argent, en partie retravaillé au crayon et à l'encre brune, v. 1480-1485 (New York, Metropolitan Museum).

Léonard de Vinci, *La Vierge aux rochers*, huile sur bois, transposé sur toile, v. 1483-1486 (Paris, Musée du Louvre). La contrainte imposée par les Franciscains commanditaires, soucieux de contrôler un discours théologique lourd d'enjeux pour eux sur l'Immaculée Conception, n'empêcha pas Léonard de se lancer dans une interprétation très personnelle de la rencontre au désert entre l'Enfant Jésus et Jean-Baptiste, sous l'œil protecteur de la Vierge. Léonard choisit de transposer le mystère de la pureté de Marie en une vision naturaliste de la genèse. La mère du Christ sort du ventre de la terre, elle émerge de l'obscurité d'une caverne dévoilant ainsi les mystères botaniques et géologiques de la nature. *La Vierge aux rochers* du Louvre est tant une réflexion sur les éléments et la forme du monde qu'un petit herbier puisqu'on y reconnaît l'ancolie commune, la violette, la valériane grecque, le cyclamen pourpre, le jasmin officinal, le millepertuis ou encore un petit palmier asiatique nommé rhapis…

1485

16 mars. Léonard assiste à une éclipse totale de soleil.

23 avril. Ludovic le More adresse à Maffeo da Treviglio, ambassadeur à la cour de Matthias Corvin, roi de Hongrie, une lettre dans laquelle il lui annonce avoir commandé une Vierge à Léonard à la demande du roi.

Cette année-là, Léonard commence probablement à consigner ses notes et ses dessins dans le *Manuscrit B* et s'en servira jusqu'en 1488.

1487

Un projet de *tiburio* (tour au-dessus de la croisée de transept) pour la cathédrale de Milan met Léonard en compétition avec plusieurs architectes : Donato Bramante, Francesco di Giorgio, Giovanni Battagio, Luca Fancelli, Giovanni Antonio Amadeo et Gian Giacomo Dolcebuono. Léonard prépare des croquis dudit *tiburio* (voir p. 1242) et embauche Bernardino de' Madis, assistant du charpentier, pour en construire un modèle réduit en bois. Pour ce travail, il perçoit une rémunération dont les versements sont étalés entre le 30 juillet et le 30 septembre.

Dessins et notes sont consignés dans le *Codex Trivulzianus* et dans la seconde partie du *Codex Forster I*.

1488

Janvier. Léonard perçoit de nouvelles sommes pour le projet du *tiburio* de la cathédrale de Milan.

Fin juin. Son maître, Andrea del Verrocchio, s'éteint à Venise.

Au cours de cette année, on sait que Léonard travaille à la statue équestre des Sforza. Son ami, architecte et peintre, Donato Bramante (1443/44-1514), entreprend son projet le plus ambitieux en Lombardie, celui de reconstruire la cathédrale de Pavie. Ils se sont probablement rencontrés à l'arrivée de Bramante à Milan, à la fin des années 1470.

Léonard commence probablement *La Dame à l'hermine* (Cracovie, Musée Czartoryski).

Léonard de Vinci, *La Dame avec l'hermine (Cecilia Gallerani)*, huile sur bois de noyer, 1496 (Cracovie, Musée Czartoryski).
Fille d'un riche ambassadeur milanais, Cecilia Gallerani (1473-1536) est confiée à Ludovic, à la mort de son père. Très vite, Ludovic s'éprend de la belle adolescente dont la beauté illumine le château de la Porta Giovia. En 1489, il commande à Léonard un portrait de la jeune fille, avec le sourire modeste de *La Vierge aux rochers*. Pourquoi l'hermine ? Bellincioni, dans un poème attribuait à Léonard un portrait de Cecilia Gallerani et nommait le More « blanche hermine », toujours prêt à déchirer ses ennemis de ses griffes et à se sacrifier plutôt que perdre son honneur, comme l'hermine préfère mourir plutôt que fuir, selon la légende. D'autres interprétations reprennent l'idée antique selon laquelle les traits marquants d'un animal, lorsqu'ils sont présents chez l'homme ou la femme, révèlent un trait de caractère dominant : la bosse nasale du lion indique le courage, ou le profil fuyant du lièvre la couardise. Ainsi, il se peut que l'hermine désigne non pas Ludovic le More, mais Cecilia Gallerani. L'hermine étant aussi symbole de pureté comme se doit de l'être la maîtresse d'un *condottiere*. En outre, il se trouve qu'« hermine », en grec se dit *galè* – comme *Galle*-rani. Enfin, au moment où elle a posé, Cecilia était déjà enceinte de son amant (auquel elle donne un fils, Cesare, l'année suivante). Or, dans l'Antiquité, l'hermine était considérée comme l'animal protecteur des femmes prêtes à accoucher. Autant de symboles qu'on imagine volontiers Léonard glisser secrètement dans sa toile, si l'hypothèse qu'il partageait les secrets de Ludovic était vérifiée.

1489

2 avril. Série d'études anatomiques, notamment sur le crâne, dans un carnet intitulé « De la figure humaine ».

22 juillet. Piero Alamanni, ambassadeur florentin auprès de la cour des Sforza à Milan, informe Laurent le Magnifique du projet de Ludovic Sforza de rendre hommage à son père Francesco Sforza par la réalisation d'un gigantesque cheval de bronze, monté par le duc Francesco en armes. La lettre précise que Ludovic Sforza a déjà confié le modèle du cheval à Léonard et que le duc souhaite confier la réalisation de la statue à un maître ou à deux apprentis florentins capables d'une telle œuvre. Ludovic Sforza semble douter de la capacité de Léonard lui-même à fondre le « Grand Cheval ».

1490

13 janvier. Léonard réalise le décor de la pièce *La festa del paradiso* (*La Fête du paradis*) de Bernardo Bellincioni, qui est jouée au château Sforza de Milan à l'occasion du mariage de Gian Galeazzo Sforza avec Isabelle d'Aragon.

23 avril. Léonard commence la rédaction du *Manuscrit C* et y résume ses travaux sur le « Grand Cheval » des Sforza.

Mai. Léonard continue de rassembler des fonds pour son modèle réduit du *tiburio* de la cathédrale de Milan.

8 juin. L'artiste, architecte et ingénieur siennois Francesco di Giorgio (1439-1501) arrive à Milan, invité par Ludovic Sforza pour conseiller Amadeo sur la construction de la lanterne du *tiburio*.

21 juin. En tant qu'experts, Léonard et Francesco di Giorgio sont dépêchés à Pavie dans le cadre du projet de la reconstruction de la cathédrale.

27 juin. Léonard perd le concours pour le *tiburio*, qui est remporté par Giovanni Antonio Amadeo (v. 1447-1522) et Gian Giacomo Dolcebuono (apr. 1465-1504), deux architectes sculpteurs d'origine lombarde et qui travaillent ensemble. Le *tiburio* de la cathédrale sera achevé en 1500 et il est clair que la puissance de la guilde n'aurait permis à aucun des autres architectes, étrangers (c'est-à-dire non lombards) – pas même Léonard –, de remporter le concours.

22 juillet. Arrivée de Salai (Gian Giacomo Caprotti di Oreno), âgé de 10 ans, à l'atelier de Léonard comme apprenti. Il se fait rapidement la réputation d'être menteur et voleur.

7 septembre. Salai dérobe une pointe d'argent d'un des assistants de Léonard, Marco (sans doute le peintre Marco d'Oggiono).

Cette année-là, Léonard commence la rédaction de *Paragone* (*Comparaison des arts*).

Dans les années 1490, sa bibliothèque est riche d'une quarantaine de volumes en langue vernaculaire et en latin. Des grammaires, des dictionnaires, et principalement des ouvrages scientifiques (sciences naturelles, médecine, mathématiques – auxquels s'ajouteront plus tard les textes de Luca Pacioli, notamment son édition latine des *Éléments* d'Euclide –, philosophie, géographie, botanique, anatomie et optique).

Après 1490, le père de Léonard, veuf pour la troisième fois, se remarie avec Lucrezia di Guglielmo Cortigiani qui donnera six nouveaux demi-frères et demi-sœurs à Léonard.

1491

26 janvier. Léonard est présent dans la demeure de Galeazzo Sanseverino, afin de préparer les festivités et le tournoi en l'honneur du mariage de Ludovic Sforza et de Beatrice d'Este. Dans son carnet (*Madrid II*), il note ses idées pour l'assemblage du « Grand Cheval » (voir p. 1205).

2 avril. Salai vole de nouveau une pointe d'argent d'un autre assistant de l'atelier de Léonard, Giovan Antonio (sans doute identifié comme le peintre Giovanni Antonio Boltraffio).

À cette époque, Léonard et Giovan Ambrogio de' Predis (son frère Evangelista est décédé) adressent une lettre à Ludovic Sforza dans laquelle ils se plaignent d'avoir été sous-payés par la congrégation de l'Immaculée Conception pour le panneau de *La Vierge aux rochers* et les deux panneaux latéraux. Leur art n'a pas été compris des commanditaires ; les deux artistes demandent à ce que leurs œuvres soient réévaluées.

1492

29 mars. Bramante débute le projet de la nouvelle tribune de Santa Maria delle Grazie, commandée par Ludovic Sforza. La même année, avec la collaboration de Léonard, Bramante expose les plans du nouveau parc de Vigevano, au sud-ouest de Milan (le projet sera achevé en 1496).

8 avril. Laurent le Magnifique meurt à Florence.

11 août. Rodrigo Borgia devient pape, sous le nom d'Alexandre VI (il occupera la fonction jusqu'au 18 août 1503).

Octobre. Date présumée des discussions entre Giuliano da Sangallo et Léonard autour des problèmes de moulage de la statue équestre Sforza.

Au cours de sa quarantième année, Léonard voyage au lac de Côme, visite la Valteline, la Valsassina, Bellagio, Ivrée, peut-être à la découverte des ouvrages d'ingénierie civile réalisés par son rival Gian Antonio Amadeo entre 1480 et 1490.

Il commence probablement ses dessins et ses notes dans le *Manuscrit A*.

1493

Léonard utilise à cette période plusieurs de ses carnets : les *Codex Madrid I* et *II*, le *Manuscrit H* et le *Codex Forster III*.

16 juillet. Une femme nommée Caterina (sa mère ?) rejoint la maisonnée de Léonard.

Novembre. Une statue équestre à l'effigie de Francesco Sforza – peut-être le modèle de la statue en cours de réalisation par Léonard ou bien une réplique faite à partir de ses dessins – est placée sous une arche triomphale à l'intérieur de la cathédrale de Milan lors des festivités organisées à l'occasion du mariage de la nièce de Ludovic Sforza, Bianca Maria Sforza, avec le futur empereur Maximilien Ier de Habsbourg. Un poème de Baldassare Taccone, pour célébrer l'événement, témoigne que Léonard travaille toujours à un modèle en terre dans son atelier de la Corte Vecchia.

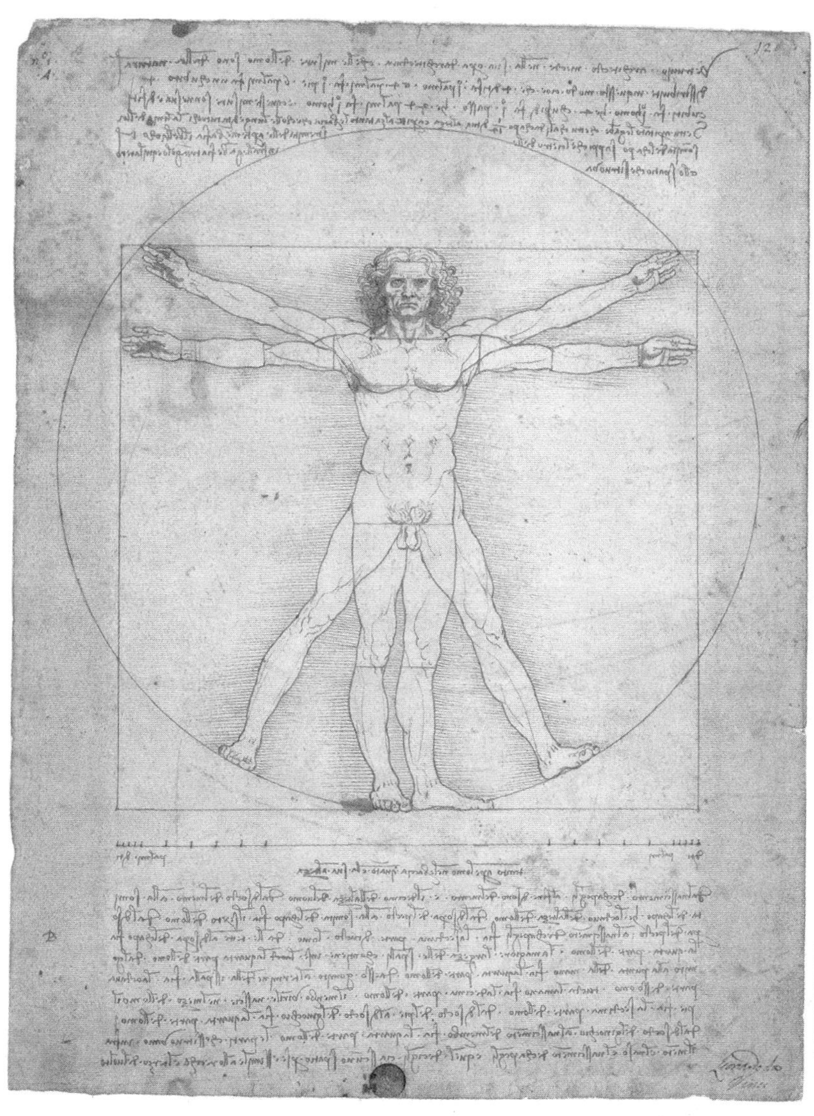

Autoportrait présumé de Léonard de Vinci à 40 ans.
Les Proportions du corps humain selon Vitruve, dessin au crayon et à l'encre, v. 1492 (Venise, Galerie de l'Académie).

20 décembre. Léonard décide de mouler le « Grand Cheval » sans la queue, ce qui sous-entend que le modèle en terre est achevé.

Léonard de Vinci, *La Cène*, détrempe et huile sur enduit, entre 1494 et 1498 (Milan, couvent de Santa Maria della Grazie).
« Léonard de sa main sublime avait exprimé le superbe simulacre de l'ardent désir de notre salut dans le digne et respectable lieu de la spirituelle et corporelle réfection du saint temple des Grâces, auquel désormais doivent céder tous ceux d'Apelle, de Myron et de Polyclète » (Fra Paciolo, cité par Stendhal, *Histoire de la peinture en Italie*, éd. V. Del Litto, Gallimard, 1996, p. 188).

1493-1495

Ludovic Sforza ou peut-être les moines dominicains de Santa Maria delle Grazie de Milan commandent à Léonard la peinture de *La Cène*, fresque murale sur le côté nord du réfectoire du couvent, surmontée de trois lunettes vermillon ornées de couronnes de feuillage et des armoiries ducales des Sforza. Les blasons résument les événements principaux de la vie de Ludovic : son mariage avec Béatrice d'Este, l'union de sa nièce Blanche-Marie Sforza avec l'empereur Maximilien, l'élévation au titre ducal et la participation à la victoire de Fornoue.

1494

Janvier-mars. Léonard entame un court séjour à Vigevano et établit des notes à propos d'architecture et de vignobles.

17 novembre. Ludovic Sforza envoie le bronze qui a été fait pour le moulage du « Grand Cheval » à son beau-père, Ercole d'Este, duc de Ferrare, qui le fit fondre pour en faire un canon.

Cette année 1494 est sur le plan politique mouvementée : Ludovic Sforza devient duc de Milan à la mort de son jeune neveu Gian Galeazzo (1469-1494), sans doute empoisonné. Son allié politique, Charles VIII (1470-1498), roi de France, se lance dans l'invasion de l'Italie. En novembre, les Florentins bannissent Pierre II de Médicis, après qu'il a cédé le territoire toscan aux envahisseurs français. Le mois suivant, Pierre II et sa famille sont contraints à l'exil. La République florentine est proclamée. La guerre entre Florence et Pise reprend et durera jusqu'en 1509.

1495

14 novembre. Léonard s'attelle à la décoration des salles du château Sforza à Milan.

Il séjourne quelques jours à Florence où, appelé comme consultant sur la construction de la salle du Grand Conseil, à l'étage principal du Palazzo della Signoria, il travaille avec l'architecte de la salle, Simone Pollaiuolo dit Il Cronaca (1457-1508).

Giovanni da Montorfano signe et date la fresque *La Crucifixion* sur le mur opposé à *La Cène*, dans le réfectoire de Santa Maria delle Grazie. Au premier plan de cette fresque, ont été ajoutés Ludovic Sforza et Beatrice d'Este avec leurs deux jeunes enfants, vraisemblablement par Léonard.

Commence le *Codex Forster II*, le *Manuscrit M* et probablement le *Portrait d'une dame de la cour de Milan*, dit *La Belle Ferronnière* (Paris, Louvre).

Léonard de Vinci, *Portrait d'une dame de la cour de Milan*, dit *La Belle Ferronière*, huile sur bois de noyer, v. 1495 (Paris, Musée du Louvre).
Ludovic le More, vers 1495, a jeté son dévolu sur une nouvelle favorite, dame de compagnie de son épouse Béatrice, Lucrezia Crivelli, fille du capitaine de la garde personnelle du More. Celle-ci donne d'ailleurs en 1497 un nouveau fils à Sforza. Un poète anonyme, auteur de rimes latines qui figurent dans le *Codex Atlanticus*, laisse supposer que Lucrezia Crivelli est le personnage qui pose pour le tableau de *La Belle Ferronnière*, aujourd'hui au Louvre : « Combien l'art du maître correspond à la nature ! Le Vinci aurait pu montrer ici l'âme, comme il a rendu le reste. Il ne l'a point fait afin que son tableau fût plus ressemblant : car l'âme de l'original est en la possession du More, son amant. La dame a nom Lucrèce et les dieux la comblèrent de leurs dons. La beauté des formes lui fut impartie, Léonard la peignit, le More l'aima – l'un le plus grand des peintres, l'autre, des princes. En la faisant aussi ressemblante, le peintre offensa la Nature et les déesses d'en haut. La Nature déplora que la main de l'homme pût atteindre à une telle perfection ; et les déesses, que l'immortalité fût impartie à une forme aussi belle, destinée à périr. Pour l'amour du More, Léonard commit cette offense, et le More le protégera. Hommes et dieux craignent à l'envi d'offenser le More. » (*C. A.* 456 v.). Il n'est plus aussi certain aujourd'hui que *La Belle Ferronnière* soit son portrait car rien ne prouve que le poème fasse spécifiquement allusion au tableau de la dame en rouge.

1496

Léonard rédige le brouillon d'une lettre détaillée à propos de la fabrication des portes de bronze aux administrateurs (*fabbricieri*) de la cathédrale de Plaisance.

8-13 juin. Des lettres conservées évoquent que le peintre (Léonard ?) en charge de la décoration des salles du château Sforza a abandonné – fâché – le projet et qu'on suggère le nom de Piero Perugino pour le remplacer.

Arrivée à Milan du moine franciscain, théoricien, mathématicien et écrivain fra Luca Pacioli (v. 1445-v. 1514). Il y demeurera jusqu'en 1499 et tout au long de son séjour, il collabore avec Léonard aux études de proportions, de géométrie et de mathématiques.

1497

29 juin. Ludovic Sforza envoie à son secrétaire Marchesino Stanga une lettre et un *memorandum* dans lesquels il exprime son souhait de voir Léonard achever *La Cène* pour qu'il puisse ensuite se consacrer à la décoration d'un autre mur du réfectoire de Santa Maria delle Grazie. Les registres de compte mentionnent le paiement de 37 lires et 16 sous et demi « pour le travail au réfectoire où Léonard est en train de peindre les Apôtres, avec une fenêtre ».

La même année, Matteo Bandello écrit une nouvelle (*novella*) sur l'emprisonnement de Filippo Lippi, qui sera publiée en 1554 à Florence. L'auteur y décrit Léonard sur les échafaudages dans le réfectoire de Santa Maria delle Grazie, travaillant à *La Cène* et se consacrant au modèle monumental en terre du « Grand Cheval » à la Corte Vecchia de Milan (aujourd'hui remplacé par le Palazzo Reale), quartier de la fonderie où il a été transféré (voir p. 1540-1544).

Léonard dessine la villa de Mariolo de' Guiscardi, proche de la Porta Vercellina à Milan.

28 septembre. Il date la couverture du *Codex Madrid I* et débute les *Manuscrits I* et *L*.

Entre 1492 et 1497, Léonard a étudié plusieurs solutions pour la mécanisation du filage, du tissage et de la finition de produits textiles, contribuant à une amélioration considérable de la machinerie textile.

1498

9 février. Fra Luca Pacioli dédie le traité *De Divina Proportione* à Ludovic le More (le texte est publié à Venise en 1509). Il fait état du travail de

Léonard, suggérant que celui-ci a achevé *La Cène*, et que le modèle du « Grand Cheval » mesure 12 *braccia* (un peu plus de 7 mètres) et qu'il est fait d'une masse de bronze pesant 200 000 livres (environ 68 tonnes).

17 mars. Léonard se rend à Gênes et prend des notes sur les ruines du port.

22 mars. Lettre adressée à Ludovic Sforza dans laquelle il est précisé que les travaux du réfectoire de Santa Maria delle Grazie se font sans perdre de temps.

7 avril. Décès de Charles VIII, roi de France, auquel succède Louis XII (1462-1515). Ce dernier ne s'allie pas avec Ludovic Sforza.

20-21-23 avril. Léonard travaille à la décoration des parois de la *Saletta Negra* et de la *Sala delle Asse*, dans la tour nord-ouest du château Sforza de Milan, qu'il achèvera dans l'année.

26-29 avril. Isabelle d'Este, marquise de Mantoue et célèbre collectionneuse d'art, demande à Cecilia Bergamini Gallerani (qui était jadis la maîtresse de Ludovic Sforza et une figure littéraire reconnue) de lui céder le portrait que Léonard avait fait d'elle (*La Dame à l'hermine*) et qui est en sa possession. Cecilia Bergamini Gallerani décline l'offre.

Compilation de dessins et de notes dans les *Manuscrits L* et *M*.

23 mai. Girolamo Savonarola, moine dominicain qui a contribué à l'instauration de la nouvelle république de Florence, est exécuté à Florence.

Cette année-là, Niccolò Machiavel (1469-1527), qui fut un des protecteurs de Léonard, devient chancelier de la république de Florence.

1499

Avril. Louis XII conclut avec les Vénitiens le traité de Blois, en vue de récupérer le duché de Milan. Il s'allie également avec la Papauté.

Léonard élabore des dessins pour décorer la salle de bains d'Isabelle d'Este et prépare des notes sur un pont que doit réaliser Bramante.

Santi di Tito, *Portrait de Nicolas Machiavel*, peinture, XVIe siècle (Florence, Palazzo Vecchio).

26 avril. Le cadeau de Ludovic Sforza à Léonard constitué d'un vignoble sis près de la Porta Vercellina, entre les monastères de San Vittore et de Santa Maria delle Grazie à Milan, est enregistré officiellement dans les registres de la cour.

1er août. Léonard débute ses notes sur « mouvement et poids » (*moto e peso*).

Août. Avec l'avancée des troupes françaises dans le nord de l'Italie, au cours du mois de juillet, Ludovic le More est déposé et contraint à s'enfuir.

9-10 septembre. Les troupes françaises de Louis XII prennent d'assaut la ville, conduites par le maréchal Jacques de Trivulce (qui sera le protecteur de Léonard par la suite). En entrant par la Porta Vercellina, elles passent non loin du vignoble de Léonard, où le modèle de son « Grand Cheval » est posté. Le prélat Sabba da Castiglione, dans ses *Ricordi* (livre de mémoires), raconte – avec fureur – la destruction par les troupes du « Grand Cheval » auquel Léonard avait consacré seize ans de sa vie.

Octobre. Louis XII entre dans Milan et, selon les *Vies* de Vasari, regrette de ne pouvoir rapporter *La Cène* de Léonard en France. « Il chercha à tout prix des architectes qui puissent l'armer de traverses de bois et de fer, pour permettre le transport sans danger ; il n'aurait regardé à aucune dépense, tant il la désirait, mais la peinture adhérait au mur et sa Majesté resta avec son désir, les Milanais avec l'œuvre » (voir p. 1437).

14 décembre. Léonard est contraint de quitter Milan, tombé aux mains des Français. Anticipant son retour à Florence, il transfère son argent à l'hôpital de Santa Maria Nuova. Fra Luca Pacioli et Léonard quittent Milan ensemble pour gagner Florence.

1500

Au début de l'année, d'après le récit codé qu'il en fait dans un manuscrit (*Memorandum Ligny*), Léonard aurait accompagné le comte Louis de Luxembourg, comte de Ligny (courtisan de Charles VIII, puis de Louis XII) dans un voyage mystérieux à Rome, puis à Naples.

Février. Ludovic Sforza revient brièvement à Milan, mais après sa défaite finale et sa capture en avril, il est envoyé en prison en France, où il meurt en 1508.

Sur la route de Florence, Léonard est reçu comme invité de la famille Gonzague à Mantoue.

13 mars. Le joueur de luth, Lorenzo Gusnasco de Pavie, envoie une lettre à Isabelle d'Este affirmant que, tandis qu'il était à Venise, Léonard lui a montré un portrait d'elle. Il pourrait s'agir du portrait d'Isabelle d'Este, dessin sur papier aux grandes dimensions (aujourd'hui conservé au Louvre ; voir p. 1503). À Venise, Léonard a pu rencontrer Giorgione (v. 1478-v. 1510) tandis qu'il travaille pour le compte de la République vénitienne sur une proposition d'un système de défense pour contrer l'invasion turque par le Frioul. À Bologne, il est probablement reçu, avec Giovanni Antonio Boltraffio, par le poète Gerolamo Casio, qui mentionnera les deux hommes ainsi que le tableau de Léonard, *La Vierge, l'Enfant-Jésus et sainte Anne* dans son livre publié en 1525.

24 avril. Léonard arrive à Florence, réside au couvent de la Santissima Annunziata (couvent des Servites), où il réalise le dessin de *Notre-Dame, sainte Anne et le Christ* (aujourd'hui perdu), dont Vasari vante l'admiration qu'il suscite. Il dispense des conseils quant aux dommages de la fondation de l'église San Salvatore dell'Osservanza (San Francesco al Monte) au-dessus de Florence et sur la construction du campanile de l'église de San Miniato (à partir des dessins de Baccio d'Agnolo).

11 août. Léonard envoie à Francesco Gonzaga un projet architectural pour la villa d'Angelo del Tovaglia, près de Florence.

À cette époque, la bibliothèque personnelle de Léonard compte plus de cent vingt volumes dont majoritairement des sciences et des techniques. Un quart de ces livres sont en latin.

1501

20 mars. Bref séjour à Rome.

29 mars. Depuis Mantoue, Isabelle d'Este s'enquiert auprès de fra Pietro da Novellara, vicaire général des Carmélites à Florence, de nouvelles de Léonard, elle demande où l'on peut trouver ce dernier à Florence, s'il travaille à quelque œuvre. Elle souhaite en effet que Léonard brosse un autre portrait d'elle puisque son mari a donné celui que l'artiste avait réalisé plus tôt.

3 avril. Réponse de fra Pietro da Novellara à Isabelle d'Este que Léonard travaille actuellement à un dessin grandeur nature pour une Vierge à l'enfant (probablement le dessin à la craie sur papier brun d'environ 1,40 mètre de hauteur, conservé à la National Gallery, à Londres).

14 avril. Nouveau courrier de fra Pietro da Novellara à Isabelle d'Este, pour l'informer que Léonard est en train de peindre un petit tableau (*quadrettino*) de

La Madonne aux fuseaux (peinture aujourd'hui disparue mais connue par plusieurs copies). La peinture est destinée à Florimond Robertet (1459-1527), secrétaire de Louis XII depuis 1499.

Printemps. Piero Soderini, qui plus tard commandera *La Bataille d'Anghiari*, accède au pouvoir comme *gonfaloniere di giustizia* (officier du gouvernement en chef) de la République florentine.

16 août. Michel-Ange remporte la commande de l'immense *David* en marbre, que Soderini avait pensé confier à Léonard.

19 et 24 septembre. Lettres de Giovanni Valla, ambassadeur auprès d'Ercole d'Este, duc de Ferrare, demandant aux autorités françaises à Milan si le duc peut utiliser les moules du « Cheval Sforza », laissés à l'abandon et voués à disparaître, afin de les utiliser pour mouler sa propre statue équestre monumentale à Ferrare. Le projet semble ne pas avoir abouti, même si le roi de France a été informé de la requête du duc.

1502

12 mai. Léonard expertise des dessins de vases antiques provenant des collections de Laurent de Médicis, destinés à être offerts à Isabelle d'Este.

Entre mai et le 18 août. César Borgia, duc de Valentinois (1475-1507), capitaine général des armées pontificales, nomme Léonard, alors âgé de 50 ans, « architecte de la famille et ingénieur général » pour les régions des Marches et de Romagne.

Juillet-septembre. Léonard se rend à Urbino, Cesena, Porto Cesenatico, Pesaro et Rimini au service de César Borgia. Il étudie l'architecture militaire, la défense du territoire et la cartographie. Il ébauche une carte de présentation d'Imola, ainsi que des cartes de Toscane, Ombrie, Val di Chiana, Castiglion Fiorentino, et entreprend des études hydrauliques en Toscane, Ombrie et dans les Marches (*Manuscrit L*).

Septembre. Piero Soderini devient *gonfaloniere* à vie de la République florentine.

Altobello Meloni, *Portrait de Cesar Borgia*, huile sur toile, XVIe siècle (Bergame, Galleria dell' Accademia Carrara).

1503

Février. Léonard achève probablement son service auprès de César Borgia et rentre à Florence. Il écrit au sultan Bajazet II (1447-1512) pour lui proposer ses services, en lui promettant notamment de réfléchir à un projet de pont au-dessus du Bosphore.

9 mars et 23 juin. Le notaire de la congrégation de l'Immaculée Conception établit un résumé des événements relatifs à la commande de *La Vierge aux rochers*, mentionnant l'appel fait par Giovan Ambrogio de' Predis et l'absence problématique de Léonard de Milan. La plainte de De' Predis à Louis XII semble indiquer que le tableau n'est pas achevé.

Juin-juillet. Pendant le siège de Pise, Léonard réside au Camposanto de la ville et réalise des relevés topographiques et des dessins de machines de guerre et de

Léonard de Vinci, *La Bataille d'Anghiari*, fresque, commencée entre 1504 et 1506 (Florence, Palazzo Vecchio).
Le présent carton détaille la scène particulière où les Florentins s'emparent de l'étendard du *condottiere* des Milanais, Niccolò Piccinino. On y voit que la guerre transforme les hommes en bêtes, submergés qu'ils sont par la peur et la rage. Par l'artifice de la composition et les torsions des corps, le porteur de l'étendard devient presque un centaure. Cette animalisation est redoublée par les pièces d'une armure évoquant un monstre marin, plus visible encore sur la copie tardive de Peter Paul Rubens (Paris, Musée du Louvre ; voir p. 1475). Les chevaux eux-mêmes ont un regard fou, leurs antérieurs se heurtent en duel, piétinant des fantassins. Un éclairant passage du *Manuscrit A* aide à comprendre cette scène ainsi que les quelques dessins préparatoires conservés au musée des Beaux-Arts de Budapest, tel celui d'un visage de jeune capitaine

fortifications pour la Seigneurie (*Signoria*) de Florence.

24 juillet. Une lettre de Francesco Guiducci affirme que Léonard et d'autres se sont présentés à lui et au gouverneur pour leur soumettre un dessin portant sur des aménagements (déviation et canalisation) du fleuve Arno.

26 juillet. Léonard est officiellement payé par la Signoria de Florence pour niveler l'Arno à Pise ; il note lui-même les projets (*Madrid II*).

Vers le 18 octobre. Léonard réapparaît comme membre dans les registres de comptes de la guilde des peintres de la Compagnia di San Luca de Florence.

24 octobre. Léonard reçoit les clés de la salle du Pape et des salles adjacentes du grand cloître de Santa Maria Novella à Florence, où il installe son atelier et ses appartements pendant toute la durée de la préparation de l'esquisse de *La Bataille d'Anghiari*.

1er novembre. Giuliano della Rovere devient pape sous le nom de Jules II et règne jusqu'en 1513.

11 novembre. Dans une lettre adressée à Niccolò Machiavel, le capitaine Luca Ugolino vante le portrait de « Mona Marietta », affirmant que Léonard n'aurait pas pu mieux la représenter.

Léonard dresse un inventaire des livres du couvent de Santa Maria Novella.

16 décembre. Des travaux de réfection du toit ont lieu dans l'atelier qu'il occupe à Santa Maria Novella.

Fin de l'année. Léonard réalise probablement l'esquisse du *Neptune* pour Fabio Segni et le tableau *Salvator Mundi* (tous deux perdus mais connus par des copies). Il réfléchit également à la composition *Léda et le cygne* (aujourd'hui disparue) ainsi qu'à celle de *Mona Lisa*, *La Joconde*, figure qu'il retravaillera jusqu'en 1516-1517.

Entame également, au cours de l'année, notes et dessins du *Manuscrit K*.

1504

8 janvier. De nouvelles réparations ont lieu dans l'atelier de Léonard.

25 janvier. Léonard participe avec vingt-neuf autres artistes et artisans à une discussion pour décider de l'emplacement final du géant de marbre *David* de Michel-Ange. À l'issue des débats (Léonard, à la suite de Giuliano de Sangallo, plaidait pour la Loggia dei Lanzi), le *David* est placé à l'entrée du Palazzo della Signoria.

Février-octobre. Léonard est rémunéré régulièrement pour son travail sur le carton de *La Bataille d'Anghiari*.

28 février. Des paiements sont enregistrés pour l'ingénieux échaffaudage mobile que Léonard a inventé pour travailler sur le carton d'*Anghiari*, ainsi que pour une grande quantité de cartons.

4 mai. Les *Signori* de la République florentine, conduits par le chancelier Machiavel, signent un document contractuel qui résume l'état d'avancement du travail de Léonard sur le carton de *La Bataille d'Anghiari*. Ce contrat rappelle son salaire mensuel de 15 florins pour le projet et prononce l'ordre d'exécution, tant de dessin que de peinture sur la paroi murale de la salle du Grand Conseil du Palazzo della Signoria. L'échéance pour l'achèvement du carton est fixée à février 1505.

hurlant un ordre (voir p. 1167) : « Fais les vaincus pâles et défaits, les sourcils hauts et froncés, avec la peau au-dessus sillonnée de rides douloureuses. Des rides allant des narines à la naissance de l'œil arqueront les côtés du nez ; montre la dilatation des narines, cause de ces plis, les lèvres arquées, découvrant la mâchoire supérieure, les dents écartées à la façon de qui hurle des lamentations. L'une des mains fera bouclier aux yeux terrifiés, la paume tournée vers l'ennemi ; l'autre s'appuiera au sol pour soutenir le poids du buste ; des hommes en déroute crieront, la bouche béante. Mets toutes sortes d'armes entre les pieds des combattants – boucliers brisés, lances, tronçons d'épée et diverses choses semblables ; des cadavres, les uns à moitié ensevelis dans la poussière, d'autres dont le sang jaillit et mêlé à elle se change en boue rouge ; et l'on discernera à sa couleur la traînée de sang ruisselant en filets sinueux dans la poudre terreuse. Les mourants grinceront des dents, les prunelles révulsées, labourant leur corps du poing, et les jambes tordues. Tu pourras figurer un combattant désarmé et terrassé qui, tourné vers son adversaire, le mord et le griffe, par vengeance féroce et cruelle [...] » (p. 1074).
L'intrigue initialement commandée à Léonard par la République de Florence consistait en l'évocation géante (sur plus de quarante mètres) héroïque et soldatesque d'une victoire des Florentins contre les Milanais, obtenue en 1440, montrant la façon dont les braves citoyens florentins, inspirés par saint Pierre et menés par leur patriarche, ont réussi à défaire l'armée lombarde (voir p. 1203-1206). Mais Léonard décide de procéder autrement. Il sait que toute bataille n'est que l'expression de la fortune et de la folie des hommes. Dans ses dix-sept mètres de cartons, l'affrontement est montré dans sa cruauté et sa réalité les plus crues.

École de Léonard de Vinci, *Léda debout*, huile sur bois, v. 1505-1510 (Florence, Galerie des Offices). Cette Léda debout fait partie des toiles que Léonard lèguera à son serviteur Salai, à sa mort.

14 et 27 mai, 31 octobre. Des lettres rappellent l'intention d'Isabelle d'Este de commander à Léonard une peinture dévotionnelle d'un jeune Christ, âgé de 12 ans environ.

30 juin. De nouvelles factures sont payées à différents artisans pour le travail sur *La Bataille d'Anghiari*, notamment le remboursement d'un boulanger qui a fourni 88 livres de farine blanche tamisée pour faire de la colle destinée au carton.

9 juillet. Décès dans la soirée de ser Piero di Antonio da Vinci, père de Léonard, qui a continué d'exercer sa charge de notaire au palais du Podestat. Ser Piero était alors le père de dix fils et de deux filles, et l'héritage qu'il laissa fut longuement disputé entre Léonard et ses sept demi-frères (légitimes) encore en vie.

30 août. Paiement fait aux maréchaux-ferrants pour la fabrication des roues en fer de l'échafaudage mobile de Léonard.

Août-septembre. Michel-Ange reçoit la commande d'une peinture murale, *La Bataille de Cascina*, destinée à figurer comme pendant de *La Bataille d'Anghiari* de Léonard, dans la salle du Grand Conseil du Palazzo della Signoria. À partir de la fin du mois d'octobre, des factures sont réglées pour l'achat de papier et pour le travail d'assemblage du carton de Michel-Ange, que l'artiste dessine dans une pièce de l'Ospedale dei Tintori in Sant'Onofrio à Florence.

Vers le 1er novembre. Léonard se rend à Piombino pour travailler sur les murs de la ville, citadelle, porte principale et d'autres projets d'ingénierie militaire à la demande de Jacopo IV D'Appiano, seigneur de Piombino, allié de Florence durant la guerre contre Pise.

30 novembre. Léonard note avoir résolu le problème de la quadrature du cercle. Il ajoute des notes et quelques *marginalia* à un codex de son ami Francesco di Giorgio.

31 décembre. De nouveaux règlements sont effectués, qui suggèrent que Léonard fait des dépenses supplémentaires pour du matériel.

1505

28 février et 14 mars. Les dépenses qu'a nécessitées l'échafaudage de Léonard pour *La Bataille d'Anghiari* dans le Palazzo della Signoria sont remboursées.

Vers le 14 mars. Léonard semble commencer le *Codex sul volo degli uccelli*, composé de notes et d'esquisses du vol des oiseaux (voir p. 515, 517).

14 avril. Lorenzo âgé de 17 ans, entre dans la maisonnée d'artistes de Léonard.

30 avril. *La Bataille d'Anghiari* engendre de nouvelles dépenses portant sur différents matériels pour l'échafaudage, des bâtisseurs, une grande quantité de papier de carton, et des assistants affectés à la peinture de la paroi. Les assistants sont Raffaello d'Antonio di Biagio (qualifié de « peintre »), Ferrando Spagnolo (aussi « peintre ») et Tommaso di Giovanni qui broie les couleurs.

6 juin. Léonard note : « En ce jour du 6 juin 1505, vendredi, à la 13e heure, j'ai commencé à peindre dans le palais. Au moment où j'ai appliqué le pinceau, le temps s'est gâté, et la cloche a sonné appelant les hommes à se rassembler. Le carton s'est déchiré. L'eau ruisselait et le récipient qui la contenait s'est brisé. Et tout à coup, le temps est devenu très mauvais, et il plut tellement que les eaux étaient abondantes. Le temps était sombre comme la nuit. »

31 août et 31 octobre. Enregistrements de dépenses supplémentaires pour *La Bataille d'Anghiari.*

1506

Léonard a 53 ans. Cette année-là, il passe la majeure partie de l'année à Florence.

13 février. Léonard et l'héritier d'Evangelista de' Predis (mort en 1491) choisissent Giovan Ambrogio de' Predis pour les représenter dans le conflit qui les oppose à la congrégation de l'Immaculée Conception à propos du retable *La Vierge aux rochers.*

4 avril. Des arbitres sont désignés pour régler la controverse sur le prix de *La Vierge aux rochers*, et il est précisé que Léonard est absent de Milan.

27 avril. Giovan Ambrogio de' Predis, à la demande de Léonard qui se trouve à Florence, trouve un compromis avec la congrégation de l'Immaculée Conception à propos de *La Vierge aux rochers*, qui semble être encore inachevée. Les artistes ont deux ans pour terminer en personne l'œuvre, en échange de la somme de 200 livres impériales.

3 et 12 mai. Des lettres échangées entre Isabelle d'Este et Alessandro Amadori (le frère de la première femme de ser Piero da Vinci) mentionnent les « figures implorées à Léonard ».

30 mai. Un contrat entre Léonard et la Signoria de Florence stipule qu'avant le départ de Léonard pour Milan, ce dernier doit assurer de son retour avant trois mois pour achever *La Bataille d'Anghiari*, sous peine d'une forte amende.

18 août. Charles II d'Amboise (1473-1511), gouverneur de Milan devenu maréchal de France en 1504, écrit à la Signoria de Florence réclamant les services de Léonard à Milan.

Andrea Solario, *Portrait de Charles II d'Amboise*, huile sur bois, XVIe siècle (Paris, Musée du Louvre).

19 et 28 août. Lettres échangées entre la cour de France à Milan et la Signoria de Florence rappelant les négociations autorisant Léonard à aller à Milan sans encourir de pénalité.

Début septembre. Léonard part pour Milan, accompagné de son apprenti Salai et de Lorenzo. Ils sont hébergés par Charles d'Amboise qui a commandé à Léonard les plans d'une villa dans le faubourg et son jardin. Léonard entreprend également des études sur la rivière Adda et sur les environs de la villa de Charles, près de San Babila.

9 octobre. Dans une lettre devenue célèbre, Piero Soderini, le *gonfaloniere* frustré de la république de Florence, accuse Léonard de malversations, d'avoir touché une somme d'argent trop importante par rapport au peu de travail fourni.

16 décembre. Dans une lettre adressée à la Signoria de Florence, Charles d'Amboise exprime sa satisfaction et son admiration pour le travail de Léonard.

Léonard commence vraisemblablement la rédaction du *Manuscrit M.*

1507

Léonard est toujours à Milan.

12, 14 et 22 janvier. Dans un échange de lettres entre Francesco Pandolfini, la Signoria de Florence et la cour de France à Blois, il est entendu que Léonard devra rester à Milan au service des Français.

27 avril. Un décret restitue à Léonard son vignoble à San Vittore, près de la Porta Vercellina, dont il avait été exproprié lors de la chute de Milan en décembre 1499.

23 juillet. Léonard nomme des représentants pour un procès non identifié (peut-être la controverse relative à *La Vierge aux rochers*) et semble vivre dans la paroisse de San Babila à Milan.

26 juillet. Florimond Robertet intervient dans l'affaire qui oppose Léonard à la Signoria de Florence à propos de l'inachevée *Bataille d'Anghiari*, et réclame la présence de Léonard à Milan.

3 août. Un frère dominicain est désigné comme arbitre dans la dispute qui oppose Léonard et Giovan Ambrogio de' Predis probablement au sujet de la commande faite à De' Predis d'exécuter une copie de *La Vierge aux rochers*.

Léonard réalise une vue aérienne et un plan schématique de Milan. Il produit également des études pour le décor d'*Orfeo*, une pièce d'Ange Politien.

15 août. Charles d'Amboise demande à la Signoria de Florence la confirmation de la venue de Léonard à Milan, pour répondre à son obligation de peindre un tableau pour Louis XII.

20 août. Léonard trouve quelqu'un pour le représenter à Milan.

Léonard de Vinci, *Étude préparatoire à « La Vierge, l'Enfant Jésus et saint Anne »*, avec quelques interventions tardives d'une autre main, craie (noire, rouge et blanche) et charbon de bois, v. 1506-1512 (New York, Metropolitan Museum).

Léonard de Vinci, *La Vierge, l'Enfant Jésus et saint Anne*, huile sur bois de peuplier, v. 1507-1519 (Paris, Musée du Louvre).

26 août. Un long rapport détaille l'ensemble des décisions d'arbitrage autour de l'affaire de *La Vierge aux rochers*.

18 septembre. Depuis Florence, Léonard écrit une lettre au cardinal Ippolito d'Este à Ferrare, affirmant qu'il est arrivé depuis quelques jours à Milan, et que l'un de ses frères n'a pas honoré sa promesse de don faite trois ans auparavant, à la mort de leur père, et demande une lettre de recommandation de la part du cardinal à produire en cas de procès.

En 1507-1508, Léonard commence vraisemblablement le carton de *La Vierge, l'Enfant-Jésus et sainte Anne* (Paris, Louvre), et à Milan, il rencontre Francesco Melzi (1491/93-vers 1570), un noble de Vaprio d'Adda, qui sera un de ses élèves les plus dévoués, son compagnon et l'héritier principal de sa production artistique. Francesco, l'oncle de Léonard, meurt et le désigne comme son seul héritier.

1508

Léonard retourne à Florence.

Au cours de l'hiver. Léonard procède à la dissection du corps d'un homme supposément âgé de 100 ans (le « centenaire », lit-on dans les notes de Léonard), à l'hôpital de Santa Maria Nuova de Florence.

22 mars. Léonard réside dans la maison de Piero di Braccio Martelli, où il commence la rédaction du *Codex Arundel*, dépeint comme un « recueil de notes sans ordre, composé de nombreuses pages que j'ai rédigées, espérant alors pouvoir les assembler dans un ordre approprié, selon les sujets qu'elles abordent ».

23 avril. Léonard semble être revenu à Milan, au service du roi Louis XII. Il continue à vivre dans la paroisse de San Babila.

27 mai. Le plus important des protecteurs de Léonard, Ludovic Sforza, meurt en France, après dix ans d'emprisonnement au château de Loches, en Touraine.

Entre juillet 1508 et avril 1509. Léonard note les paiements qu'il reçoit du roi de France.

18 août. Giovan Ambrogio de' Predis et Léonard reçoivent la permission de décrocher le retable *La Vierge aux rochers*, récemment installé à San Francesco Grande à Milan. Ainsi Giovan Ambrogio peut le copier, sous la supervision de Léonard (peut-être aujourd'hui la version conservée à la National Gallery, à Londres). Il est également stipulé dans l'accord que la rémunération perçue pour la vente de cette seconde version serait partagée entre les deux hommes, de manière juste et équitable.

12 septembre. Léonard note qu'il commence le *Manuscrit F* à Milan (1508-1513).

12 octobre. Il autorise la délivrance d'une quittance portant sur *La Vierge aux rochers.* Dans une note, il indique être à Milan.

23 octobre. Giovan Ambrogio de' Predis reçoit le solde de 100 livres impériales pour la copie de *La Vierge aux rochers* et Léonard confirme le terme de la dette à la congrégation pour le retable.

Durant son séjour à Milan, Léonard compile ses notes dans le *Livre A*, désormais perdu, sur la peinture, et partiellement copié par Francesco Melzi pour réaliser son *Libro della pittura*, traité de peinture (*Codex Urbinas Latinus*, 1270, Rome, Bibliothèque vaticane). Léonard a probablement commencé à travailler sur le monument funéraire équestre de Jacques de Trivulce, destiné à l'église de San Nazaro, et compile les notes et dessins du *Manuscrit D.* Il entreprend aussi la rédaction du *Codex Leicester.*

Dans le *Manuscrit F*, il dessine une plaque de verre montée sur un piédestal, marquée de l'inscription : « Lentille ayant l'épaisseur du cristal et, latéralement, le douzième d'un pouce » (*F*, 25 r.). Il ne s'agit pas encore de la lunette à deux lentilles, mais d'une lunette à simple lentille concave qui aurait peut-être anticipé la lunette d'approche que Galilée emprunta aux Hollandais.

1509

Début probable de la rédaction du *Manuscrit K.* Léonard prend des notes sur son voyage en

Savoie. Il effectue des études hydrauliques et géologiques des vallées de Lombardie et du lac d'Iseo.

28 avril. Léonard note qu'il a résolu le problème géométrique de la quadrature de deux courbes.

3 mai. Il enregistre la construction du canal (*naviglio*) de San Cristoforo à Milan (voir p. 923).

14 mai. Les Français défont les Vénitiens à Agnadel. Léonard prépare les célébrations de triomphe de Louis XII de France.

1510

À Milan, Léonard reçoit un salaire de 104 livres par an, versé par l'État français.

6 mars. Il est autorisé à construire un mur séparant son vignoble du jardin des moines de San Vittore.

14 août. Francesco Melzi, 17 ans, signe son premier dessin.

21 octobre. On demande à Léonard de concevoir au dessin les stalles du chœur de la cathédrale de Milan.

Hiver. Il travaille avec Marcantonio della Torre, brillant professeur d'anatomie à l'université de Pavie, pour affiner sa technique de recherches anatomiques et réalise les plus précis des dessins anatomiques de sa carrière.

Cette année-là. Léonard entreprend la rédaction des dessins et des notes du *Manuscrit G.*

Publié en 1510, le manuel de Francesco Albertini fait état du « dessin de Léonard » (sans doute pour *La Bataille d'Anghiari*) dans le second cloître de Santa Maria Novella, aussi bien que « des chevaux de Léonard de Vinci et des dessins de Michel-Ange » dans la salle du Grand Conseil du Palazzo della Signoria. Les « chevaux » font probablement référence à une partie de la peinture murale de *La Bataille d'Anghiari* que Léonard est en train de réaliser pour le mur, et les « dessins de Michel-Ange » aux esquisses du carton de *La Bataille de Cascina*. Albertini liste également *Le Baptême du Christ*, à San Salvi, parmi les plus beaux panneaux peints, avec un ange de Léonard (voir p. 52).

1511

5 janvier. Léonard écrit que la carrière près de Saluzzo produit un marbre de la dureté d'un porphyre, et que son ami maître Benedetto a promis de lui en donner un morceau pour l'utiliser comme palette pour mixer les couleurs.

Au cours de l'année, le peintre Bramantino est chargé d'exécuter l'architecture du monument funéraire équestre de Jacques de Trivulce, réalisé par Léonard.

16 et 18 décembre. Léonard note que les soldats suisses ont envahi et incendié Milan, mettant ainsi un terme à la domination française sur la ville.

18 décembre. Cette date apparaît inscrite sur un des dessins de paysages réalisés par Léonard, à la sanguine (Windsor, Royal Library).

Léonard et sa maisonnée sont contraints d'abandonner la ville tombée aux mains des Suisses et se réfugient un temps, plus à l'est, auprès de la famille Melzi à Vaprio d'Adda.

1512

Léonard a 60 ans (voir p. 9). Il réalise des études supplémentaires sur les paysages, rivières et canaux de Lombardie.

Chute de la république de Florence et retour au pouvoir de la famille de Médicis.

1513

9 janvier. Léonard rassemble ses dessins anatomiques en carnets, conservés aujourd'hui à la Royal Library de Windsor.

11 mars. Giovanni de Médicis est élu pape sous le nom de Léon X, et régnera jusqu'au 1er décembre 1521.

25 mars. Léonard regagne Milan, et est enregistré dans la liste des œuvres de maçons de la cathédrale de Milan.

30 avril. Convaincus que Léonard n'achèvera jamais *La Bataille d'Anghiari*, les administrateurs du Palazzo della Signoria à Florence ont demandé à un charpentier de fabriquer une structure de bois pour protéger la petite portion du mur peinte par Léonard dans la salle du Grand Conseil.

24 septembre. Léonard quitte Milan pour Rome, accompagné de Francesco Melzi, Salai, Lorenzo et le Fanfoia. Il commence les notes et esquisses du *Manuscrit E*.

Octobre. En route vers Rome, Léonard s'arrête probablement à Florence.

Sandro Botticelli, *Julien de Médicis*, détrempe sur bois, v. 1478-1480 (Washington, National Gallery of Art).

1er décembre. Léonard est à Rome, et fait sans doute partie de la maison de Julien de Médicis (frère de Léon X), qui installe l'artiste dans un atelier du palais du Belvédère (Vatican). Un livre de comptes enregistre les dépenses pour le travail et les matériaux demandés pour meubler les appartements de vie de Léonard dans la même aile.

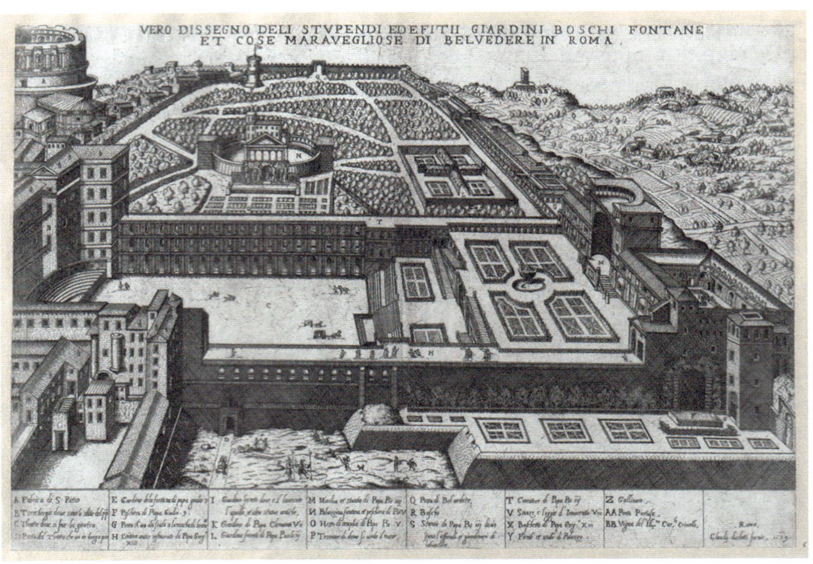

Attribué à Giovanni Ambrogio Brambilla, Vue aérienne du Belvédère et ses jardins, gravure extraite de *Speculum Romanae Magnificentiae (Le Miroir de la grandeur romaine)* de Claudio Duchetti et Antoine Lafréri, 1579 (New York, Metropolitan Museum).

1514

11 avril. Bramante meurt à Rome.

7 juillet. Résolution d'un problème de géométrie, à 23 heures au Belvédère, dans le studio qu'a aménagé pour lui Julien le Magnifique.

25 septembre. Léonard est à Parme.

27 septembre. Il est sur les bords du Pô.

Il visite également Civitavecchia, pour entreprendre une étude sur le port et les ruines archéologiques. Pour Léon X, il réalise une carte délicatement colorée mettant en lumière un projet d'assèchement des marais Pontins.

8 octobre. Léonard figure sur la liste des membres de la guilde de San Giovanni dei Fiorentini à Rome.

Cette année-là, Léonard travaille sur ses notes pour le *Libro di pittura*, un traité sur la peinture. Il écrit quelques brouillons de lettres à Julien de Médicis dans lesquelles il expose sa querelle avec Giovanni le miroitier, un fabricant allemand de miroirs.

1515

1er janvier. Louis XII meurt, et François Ier (1494-1547) devient roi de France.

D'après Jean Clouet, *Portrait de François Ier au début de son règne*, peinture, v. 1515-1520 (Chantilly, Musée Condé).

9 janvier. Léonard note que son maître, Julien de Médicis, est parti pour la Savoie pour son mariage. Il écrit probablement sur *Le Déluge* (descriptions du Déluge).

12 juillet. Lors d'un banquet en l'honneur de l'entrée de François Ier dans la ville de Lyon, à son retour d'Italie, un lion mécanique, inventé par Léonard, est présenté comme cadeau de Laurent II de Médicis, duc d'Urbino et gouverneur de Florence, neveu de Léon X.

30 novembre. Le pape fait une entrée triomphale dans Florence. Léonard et son protecteur Julien de Médicis (frère de Léon X) font partie de la suite du pape. À Florence, Léonard dresse les plans d'un nouveau palais pour Laurent II de Médicis, en face du palais majestueux des Médicis, réalisé par Michelozzo.

7-17 décembre. Léonard quitte Florence, passe à Firenzuola en allant à Bologne, où le pape s'apprête à rencontrer le roi de France. Pour ce voyage à Bologne, Léonard reçoit 40 ducats de la part de Julien de Médicis. L'artiste et son mécène rentrent bientôt à Rome.

1516

Château de Cloux – le Clos-Lucé – par Séraphin-Médéric Mieusement, épreuve sur papier albuminé, av. 1893 (Paris, Service des collections de l'École Nationale Supérieure des Beaux-Arts).

3 mars. Léonard enregistre la résolution d'un problème mathématique.

17 mars. Mort de Julien de Médicis, et Léonard note : « Les Médicis m'ont créé et m'ont détruit. »

Août. Il prend les mesures de l'imposante basilique paléochrétienne de Saint-Paul-hors-les-Murs, à Rome.

20 octobre. Le vieil ami et collègue influent de Léonard, Giuliano da Sangallo, meurt à Rome.

Cette année-là. Léonard se rend en France, invité comme « peintre du roi » François Ier, qui lui offre la jouissance du château du Cloux – le Clos-Lucé –, non loin de la cour royale d'Amboise. Léonard est accompagné de Francesco Melzi et de son serviteur Salai.

Francesco Melzi, *Le Château d'Amboise*, craie sur papier, v. 1517-1519 (Windsor, Royal Library).

1517

21 mai (jour de l'Ascension). L'artiste écrit qu'il se trouve à Amboise et à Cloux.

1er octobre. Une lettre de Rinaldo Ariosto à Frédéric de Gonzague à Mantoue décrit une célébration en l'honneur de François Ier à Argentan, mentionnant le lion mécanique de Léonard.

10 octobre. Léonard reçoit la visite du cardinal Louis d'Aragon et de son secrétaire Antonio de Beatis, qui raconte longuement l'événement dans son journal. De Beatis présente l'artiste comme « un vieil homme de plus de 70 ans » et affirme qu'il a présenté trois peintures « presque parfaites » au cardinal : un mystérieux portrait d'une « certaine Florentine, faite sur le motif, commandée par Julien de Médicis » – est-ce *La Joconde* ? –, un saint Jean-Baptiste jeune et une Vierge à l'enfant assise près de sainte Anne. Selon de Beatis, Léonard a parfaitement formé son élève Francesco Melzi, qui travaille très bien. Comme Léonard souffre de paralysie du côté droit, il ne peut plus peindre avec la douceur qui fut la sienne, et peut désormais seulement faire des dessins et enseigner aux autres. De Beatis s'émerveille aussi des recherches anatomiques de Léonard, notant que l'artiste dit avoir disséqué plus

de trente corps, hommes et femmes de tout âge. Les deux visiteurs ont également accès aux carnets de notes sur la nature de l'eau, sur les questions hydrauliques, machines et autres sujets. Apparemment, au cours de cette année, Léonard réorganise ses manuscrits et dessins, dans le but de constituer des traités.

11 octobre. Dans le journal de De Beatis, on lit que la veille a eu lieu une visite royale à Blois, au cours de laquelle a été exposée une peinture à l'huile représentant une Lombarde, très belle, mais moins – dit le journal – qu'Isabella Gualanda. Le prétendu portrait d'Isabella Gualanda est-il celui de la Florentine vu par de Beatis ? Ce n'est pas certain puisque l'Isabella Gualanna historique était une jeune veuve du cercle de Vittoria Colonna à Rome.

29 décembre. Une autre entrée du journal de De Beatis enregistre la visite de celui-ci à *La Cène* de Léonard, au réfectoire de Santa Maria delle Grazie, à Milan : « Bien que très excellent, il commence à se détériorer, je ne sais si c'est à cause de l'humidité que produit le mur ou à cause de quelque autre problème inaperçu. »

Fin de l'année. Un registre atteste que Léonard est au travail à Romorantin en lien avec un projet de palais destiné à François Ier (voir p. 1232, 1235).

En 1517-1518, la pension royale du « maître Léonard de Vinci, peintre italien », s'élève à deux mille écus soleil pour deux ans. « Francesco Melzi, noble italien » reçoit huit cents écus pour deux ans, et « Salai, serviteur de maître Léonard de Vinci », cent écus.

PAGE DE GAUCHE
Léonard de Vinci, *La Joconde. Portrait de Monna Lisa*, huile sur bois de peuplier, v. 1503-1513/1514 (Paris, Musée du Louvre).

1518

Jusqu'au 16 janvier. L'artiste de soixante-six ans reste à Romorantin, où il continue de travailler aux plans du palais royal et aux canaux qui doivent irriguer les territoires entre la Loire et la Saône. Il exécute également des études topographiques de la

PAGE DE DROITE
Léonard de Vinci et atelier, *Saint Jean-Baptiste – Bacchus dans un paysage*, détrempe et huile sur bois, transposé sur toile, v. 1513-1516 (Paris, Musée du Louvre).

vallée de la Loire et dessine une fontaine royale à Amboise.

3-6 mai. Le mariage de Laurent II de Médicis et de Madeleine de La Tour d'Auvergne, une cousine de François Ier, est célébré à Amboise. Léonard dessine un anneau muni des emblèmes de la famille des Médicis, probablement à la demande de Pierre de Médicis durant une visite à la cour de France.

19 juin. Également aux fins de célébration du mariage, la pièce musicale *Fête du Paradis*, à l'origine mise en scène par Léonard pour le château des Sforza de Milan en 1490, est jouée à Cloux, accompagnée d'un décor mécanique.

24 juin. Léonard écrit qu'il a quitté Romorantin et s'est rendu à Amboise, au château de Cloux.

Cette année-là, il prépare aussi des études pour une arène, des analyses volumétriques d'églises, dont la basilique Saint-Pierre de Bramante, et des études de perspective et d'architecture.

1519

23 avril. Léonard, âgé de 67 ans et souffrant, apparaît à la cour royale d'Amboise pour faire reconnaître ses volontés. Francesco Melzi est l'exécuteur testamentaire des biens de Léonard et reçoit en donation tous les dessins, manuscrits, outils et « travaux du peintre » (instruments et portraits), que Melzi rapportera en Italie en 1520 et gardera jalousement dans sa villa familiale de Vaprio d'Adda. Parmi les autres héritiers, il y a les serviteurs Salai et Battista de Vilanis, ainsi que les demi-frères et demi-sœurs de l'artiste. Salai hérite du vignoble de Léonard à Milan, où il bâtit lui-même une maison et obtient certaines des plus importantes peintures du maître : *Léda et le cygne*, *La Vierge, l'Enfant-Jésus et sainte Anne*, *La Joconde*, *Saint Jean-Baptiste – Bacchus* et *Saint Jérôme.*

2 mai. Léonard meurt au château de Cloux. Suivant son vœu, il est enterré dans le cloître de l'église Saint-Florentin à Amboise.

1er juin. Son compagnon bien-aimé et héritier artistique, Francesco Melzi, écrit au demi-frère de Léonard, Julien de Vinci, pour informer la famille du décès du maître : « Monsieur Julien et ses frères, très honorables, je vous crois informés de la mort de maître Léonard, votre frère, et mon excellent père : il me serait impossible d'exprimer la douleur que j'ai sentie. Tant que mes membres se soutiendront ensemble, j'en garderai le triste souvenir. C'est un devoir, car il avait pour moi l'amitié la plus tendre, et il m'en donnait journellement des preuves. Tout le monde ici a été affligé de la mort d'un tel homme […]. Il sortit de la présente vie le 2 de mai, avec tous les sacrements de l'Église ; et, parce qu'il avait une lettre du Roi Très Chrétien, qui l'autorisait à tester, il a fait un testament que je vous enverrai par une occasion sûre, celle de mon oncle qui viendra me voir ici, et qui ensuite retournera à Milan […]. Léonard a dans les mains du camerlingue de *Santa Maria Nuova…* quatre cents écus au soleil, lesquels ont été placés au cinq pour cent, il y aura six ans le 16 octobre prochain. Il possède aussi une ferme à Fiesole. Ces choses doivent être partagées entre vous […]. *Dato in Ambrosia, die primo junii 1519.* Faites-moi réponse par les Pondi *tanquam fratri vestro.* FRANCISCUS MENTIUS. »

Trad. Stendhal, dans *Histoire de la peinture en Italie*, éd. Vittorio Del Litto, Gallimard, 1996, p. 225.

RÉFÉRENCES BIBLIOGRAPHIQUES

BRIOIST (Pascal), *Audaces de Léonard (Les)*, Stock, 2019.

FAGNART (Laure), *Léonard de Vinci à la cour de France*, Rennes, Presses universitaires de Rennes, 2019.

Leonardo da Vinci Master Draftsman, cat. de l'exposition de New York (Metropolitan Museum, 22 janvier-30 mars 2003), Carmen C. Bambach (dir.), New York, The Metropolitan Museum of Art, et New Haven-Londres, The Yale University Press, 2003.

CARNETS

1478-1519

Texte établi et annoté par Edward MacCurdy,
traduit de l'italien par Louise Servicen

LISTE DES ABRÉVIATIONS
ET DES SIGLES UTILISÉS

r. recto
v. verso
ca. circa

Pour les manuscrits de Léonard reproduits dans la présente édition :

A, B, C, D, E, F, G, H, I, K, L, M :	Institut de France (Paris), *Manuscrit A, Manuscrit B, etc.*
B. M. :	British Museum (Londres), *Codex Arundel 263.*
Mss. 2184 et 2185 :	Institut de France (Paris), *Manuscrits 2184 et 2185.*
C. A. :	Biblioteca ambrosiana (Milan), *Codex Atlanticus.*
Forster I, II, III :	Victoria & Albert Museum (Londres), *Legs Forster, Mss. I, II, III.*
Leic. :	Coll. privée B. et M. Gates, *Codex Leicester.*
RL 12000 à 19152 :	Royal Library of Windsor, *Manuscrits.*
Sul Volo :	Biblioteca reale (Turin), *Codex sul volo degli uccelli.*
Tr. :	Biblioteca del Castello sforzesco (Milan), *Codex Trivulzianus.*

Préface de l'édition de 1942

LÉONARD DE VINCI

Voici un conte merveilleux, dans lequel tout est vrai, et non seulement vrai, mais vérifiable. S'il était imaginaire, ce serait un chapitre de la mythologie de l'esprit humain, et le personnage dont je vais vous entretenir se rangerait parmi les héros et les demi-dieux de la Fable intellectuelle. Mais toutes les preuves de sa prodigieuse existence sont à la disposition de quiconque les exige, et ses hauts faits, sous les yeux de qui veut les voir.

*

Il y eut une fois Quelqu'un qui pouvait regarder le même spectacle ou le même objet, tantôt comme l'eût regardé un peintre, et tantôt en naturaliste ; tantôt comme un physicien, et d'autres fois, comme un poète ; et aucun de ces regards n'était superficiel.

S'il s'arrêtait dans une campagne à contempler autour de soi, il pouvait analyser le paysage en artiste, en saisir la figure, les effets d'ombre et de lumière, les perspectives et les transparences, aussi bien que méditer sur la formation de ce site par les actions des forces naturelles concurrentes qui font de tous les lieux de la terre autant de monuments accidentels de leurs conflits. Une coquille ramassée lui révélait les mouvements énormes qui changent en montagnes les vallées sous-marines ; et tous les êtres vivants excitaient en lui une sorte de passion de concevoir et de représenter la vie. Personne ne s'est intéressé (et personne, je crois, ne l'aurait pu comme lui) à tous les aspects de la vie avec une ardeur si soutenue de l'intelligence : il s'attachait à la fois aux formes, aux actions, aux attitudes, à la structure intime, au fonctionnement organique de l'animal et de l'homme, dont il dessinait, disséquait, mesurait les systèmes de chair et d'os, raisonnait les équilibres et les allures, composait les expressions, observait toutes les différences d'état ou d'âge ou de caractère ; l'enfant, depuis le sein de sa mère, le vieillard dans ses timides mouvements.

Cette quantité de regards de précision et de remarques nettes ne s'accumulait pas dans cet esprit comme une collection d'acquisitions séparées et de connaissances spéciales classées par catégories. Le trésor qui s'amassait en lui n'était pas une somme de vérités qui demeurent distinctes et étrangères les unes aux autres. Mais toutes ces observations si diverses se combinaient incessamment entre elles, et comme la variété des aliments se compose dans le sang et dans la substance unique d'un vivant, elles concouraient à la formation d'un pouvoir intellectuel central, capable des applications et des créations les plus imprévues.

Usant indifféremment du dessin, du calcul, de la définition ou de la description par le langage le plus exact, il semble qu'il ignorât les distinctions didactiques que nous mettons entre les sciences et les arts, entre la théorie et la pratique, l'analyse et la synthèse, la logique et l'analogie, distinctions tout extérieures, qui n'existent pas dans l'activité intime de l'esprit, quand celui-ci se livre ardemment à la production de la connaissance qu'il désire.

Mais l'homme extraordinaire dont je parle, pareil aux princes de la terre qui couraient leurs proies à travers les domaines sans s'inquiéter des clôtures et des bornes, poursuivait en seigneur souverain de l'intellect son plaisir de comprendre et de forcer le mystère des choses, sans égard aux catégories qui conviennent aux écoles et au commun des esprits.

Enfin, il ne concevait pas de savoir véritable auquel ne correspondît pas quelque pouvoir d'action. Créer, construire étaient pour lui indivisibles de connaître et de comprendre.

Mais son action qui est production d'ouvrages, réalisation des volontés de l'esprit, le mène à rechercher les conditions d'exécution parfaite. Notre héros méditera donc les mécanismes et l'économie de notre faculté d'agir. Il analyse les actes, ces actes que nous exécutons sans penser à tout ce qu'ils supposent de problèmes résolus, d'énergies différentes associées, d'antagonismes concertés, de coïncidences exactes, et pourtant, de vivante souplesse d'adaptations.

Il vise à je ne sais quelle totale possession de sa machine à agir, à l'élégance idéale de l'action créatrice. Il se rend maître du concours de ses sens et de ses mains. Il pratique avec une admirable liberté presque tous les arts et plus d'un métier, qu'il ne laisse pas d'enrichir du fruit de ses réflexions et de ses expériences, et sa pensée se développe de plus en plus sous le contrôle perpétuel des résistances extérieures. Rien de réel ne lui paraît indigne d'occuper sa puissante attention. Il apprend, par cette étude constante, rigoureuse et amoureuse des choses de la nature qu'il n'y a point de détail dans la réalité, et que, si l'infirmité de notre esprit nous oblige à abstraire, et à simplifier, à confondre des êtres innombrables sous quelques pauvres noms, et à substituer à leur variété infinie des « concepts », des classes et des entités, ce n'est là qu'une nécessité de notre entendement, qui ne peut guère faire mieux. Nous percevons bien plus que nous ne pouvons concevoir.

Dans cet homme complet la connaissance intellectuelle ne suffit pas à épuiser le désir, et la production des idées, même les plus précieuses, ne parvient pas à satisfaire l'étrange besoin de créer : l'exigence même de sa pensée le reconduit au monde sensible, et sa méditation a pour issue l'appel aux forces qui contraignent la matière. L'acte de l'artiste supérieur est de restituer par voie d'opérations conscientes la valeur de sensualité et la puissance émotive des choses – acte par lequel s'achève dans la création des formes le cycle de l'être qui s'est entièrement accompli.

Ce chef-d'œuvre d'existence harmonique et de plénitude des puissances humaines porte le nom très illustre de Léonard de Vinci.

Tout le monde sait ce que fut Léonard, qu'il commence par se vouer à la peinture, se révèle grand peintre, et de grand peintre, par un total développement des recherches de son art, se fait grand en toutes choses ; passe et repasse de l'art plastique à l'analyse la plus profonde des formes et de leur génération, et du dessin à la géométrie, à la mécanique, à la géologie, à l'anatomie, à la dynamique animale ; invente quantité de machines, s'offre à construire ce que l'on veut, à fortifier les places, à creuser des canaux, à jeter des ponts, à établir des écluses. Il sait aussi organiser de grands spectacles et des fêtes.

Il y a quelque chose d'éblouissant dans cette variété vertigineuse de pouvoirs sur laquelle aucun doute n'est possible. On a pu voir, à l'Exposition Vinci à Milan, la reconstitution des machines qu'il a inventées.

Tout est merveille dans cet homme. Le bref portrait d'apparence fabuleuse que je viens d'esquisser de lui ne contient rien que d'authentique. Mais si extraordinaire qu'ait été sa carrière, celle de sa gloire et de sa destinée posthume est peut-être plus étonnante encore.

Léonard de Vinci meurt en 1519, à l'âge de 67 ans, célèbre dans toute l'Europe cultivée. Ses tableaux admirés de tous marquent une époque de la peinture. Il n'y a personne au-dessus de lui dans son art, et ses talents innombrables le placent à la tête de tous les grands hommes d'une période éclatante de l'Italie.

Il laisse après soi, et comme dans l'ombre de son œuvre peint, un lot d'étranges manuscrits qui se dispersent. Les uns s'égarent ; les autres sont conservés comme des objets de curiosité. Ce sont des cahiers couverts d'écriture et de croquis. Cette écriture est inversée ; il faut la lire par réflexion dans un miroir. Quant aux croquis, ils manifestent, avant toute lecture, une multitude de soucis et de recherches différentes mêlées. Figures géométriques, ou mécaniques, magnifiques dessins d'anatomie de l'homme ou du cheval, projets d'architecture, ustensiles ou armes, personnages en action, ébauches de compositions, études des mouvements des fluides – que sais-je !

Or l'examen de plus en plus approfondi de ces fragments donne de son génie une idée de plus en plus haute et imposante.

On découvre d'abord qu'il est grand écrivain ; et même, singulièrement grand, car son style est d'une force, d'une précision, parfois d'une grâce et parfois d'un pathétique qui n'appartiennent qu'à lui.

Dans l'ordre des sciences, il apparaît un précurseur. En géologie, en hydraulique, ses vues sont prévisions, la direction de ses pensées est bien souvent celle-là même où s'engagera la science qui va se constituer au XVIIe siècle. Il soupçonne, et presque il formule, des principes de mécanique qui ne seront dégagés et établis que bien plus tard.

Mais il y a bien plus étonnant encore. Dans ces mêmes cahiers, parmi quantité de croquis et de notes relatives au vol des oiseaux, à la sustentation et à la propulsion combinées des créatures ailées, on trouve le projet d'un appareil qui permettrait à l'homme de s'élever et de se déplacer dans l'air.

L'oiseau vole. Il a ce qu'il faut pour voler : des forces, des leviers, des surfaces portantes. Cela se raisonne. Le raisonnement, bien appuyé sur un grand nombre d'observations et bien conduit, doit permettre de construire un oiseau de bois et de toile. Léonard s'y met avec une étonnante ardeur et une confiance incroyable dans ses observations et ses inductions, et voici qu'à la fin du XVe siècle, avant la dynamique et ses formules, avant l'algèbre, avant la physique, avant les lois de Galilée et les expériences sur la pesanteur de l'air, avant tout ce que sait le moindre écolier de nos jours, un homme s'enhardit à vouloir inventer une machine à voler. Il en étudie les conditions générales. Il entre dans le détail. Il y dépense un temps et un travail considérables, prodigue calculs, analyses, croquis ; dissèque volatiles, chauves-souris, pour leur ravir les secrets de l'aile et de la carène ; il essaie de se représenter et il dessine les formes du fluide aérien, les filets de molécules gazeuses le long des surfaces qui attaquent le milieu.

Tout ceci s'accumule dans une quantité de notes secrètes. Ses contemporains pensent que cet homme perd son temps, que ce grand peintre devrait peindre, au lieu de se laisser égarer dans ses divagations. Michel-Ange lui reproche violemment ce qu'il prend pour paresse, stérilité, fantaisies ou rêveries de l'impuissance. Et pendant quatre cents ans, les quelques érudits qui auront pu feuilleter ces mystérieux cahiers et en déchiffrer l'écriture inversée n'ont vu, et ne pouvaient voir, que chimères, imaginations à la

Cyrano, dans ce fouillis de remarques et de projets. Enfin le moment vient que le problème de la machine à voler se propose, et puis s'impose, à l'ambition de l'ingénieur moderne. La question est étudiée avec toutes les ressources de nos sciences et de notre technique. On trouve alors que les recherches merveilleusement prématurées de Léonard sont dans la voie de la solution du problème. La première machine volante qui ait volé, cette machine d'Ader qui a franchi près de 100 mètres, et qui se voit au Conservatoire des arts et métiers porte la voilure même du type chauve-souris que Léonard avait minutieusement étudiée et dont il a dessiné et calculé tous les éléments de construction.

Il a donc fallu quatre siècles pour illuminer un peu plus la figure de notre grand homme. La puissance de son génie n'a pu se concevoir que moyennant d'immenses progrès accomplis par les efforts d'une dizaine de générations.

Je vous le disais bien que la carrière de sa gloire offrait un développement sans exemple.

J'achèverai cette esquisse très sommaire en accusant quelques traits tout particuliers de sa nature que je trouve assez remarquables.

J'observe en Léonard ce que j'appellerai SES INDIFFÉRENCES ROYALES.

D'abord, il ressort de l'examen même le plus rapide de ses manuscrits qu'il est comme indifférent à l'espèce des problèmes, car tout lui est problème. Non point problème au sens des philosophes qui sont problèmes qui se traitent par voie de raisonnements et de systèmes d'idées. Mais problèmes définis pour lui par la possibilité de les résoudre par quelque construction ou fabrication. Tout semble exciter également son appétit de connaissances effectives, et il n'y a pour lui ni grandes ni petites questions. (Il est clair qu'évaluée en travail de l'esprit, l'étude d'un mécanisme peut ne pas coûter moins que l'analyse d'un système du monde.)

De même, Léonard est différent (comme je l'ai déjà indiqué) à nos distinctions scolaires entre l'œuvre scientifique et la production artistique. Il se meut dans tout l'espace du pouvoir de l'esprit.

Il l'est aussi aux tentations de la gloire immédiate. Il ne sait pas sacrifier sa curiosité généralisée, les excursions de sa fantaisie, qui est profondeur, aux exigences d'une production suivie et de rapport certain. Il commence des œuvres qu'il abandonne…

Enfin, rien, ou presque rien, dans ces manuscrits, n'a trait à sa vie même. Ce trésor de confidences intellectuelles ne nous livre rien des sentiments personnels, rien des expériences affectives de l'auteur. Il ignore la faiblesse des aveux et des vanteries qui emplissent tant d'écrits prétendus intimes. Il n'y a que des légendes sur ses amours, et nous ne surprenons de lui que de sublimes ambitions et d'admirables secrets qui ne sont que des secrets de l'univers.

La traduction de Mlle Servicen, la plus complète de celles déjà offertes au public français, donnera une idée aussi exacte que possible de la variété léonardienne et de la curieuse précision du mot à mot des phénomènes qui est caractéristique de l'analyse propre à notre auteur.

PAUL VALÉRY

PRÉAMBULE

Si comme eux, je n'allègue pas les auteurs, c'est chose bien plus grande et plus rare d'alléguer l'expérience, maîtresse de leurs maîtres. Ils vont, gonflés et pompeux, vêtus et parés non de leurs travaux mais de ceux d'autrui, et me contestent les miens. Et s'ils me méprisent, moi inventeur, combien plus blâmables eux, qui ne sont pas inventeurs mais trompeteurs et récitateurs des œuvres d'autrui. *[ca. 1490] C. A. 323 r.*

Et doivent être jugés, et non autrement estimés les inventeurs et interprètes entre la nature et les hommes, par rapport aux récitateurs et trompeteurs des œuvres d'autrui, tout comme l'objet devant un miroir comparé à son reflet dans ce miroir : l'un étant quelque chose en soi et l'autre rien. Engeance qui n'a pas beaucoup d'obligations à la nature, car elle semble n'avoir revêtu qu'accidentellement la forme humaine sans laquelle on pourrait la confondre avec le troupeau des bêtes.

⁂

Voyant que je ne puis choisir une matière de grande utilité ou plaisance, parce que les hommes nés avant moi ont pris pour eux tous les thèmes utiles et nécessaires, je ferai comme celui qui, par pauvreté, arrive le dernier à la foire, et, ne pouvant se fournir à sa guise, choisit toutes les choses déjà vues des autres et non acceptées, mais refusées en raison de leur peu de valeur. De cette marchandise dédaignée, refusée – le rebut de beaucoup d'acheteurs –, je chargerai mon modeste bagage, et ainsi irai-je non par les grandes cités mais par les *[ca. 1490] C. A. 327 v.*

pauvres bourgades, distribuant et recevant le prix que mérite la chose que j'offre.

Je me rends bien compte que, du fait que je ne suis pas un lettré, certains présomptueux croiront pouvoir me blâmer en alléguant que je suis un ignorant. Stupide engeance ! Ils ne savent point que je pourrais leur répondre comme Marius aux patriciens romains : « Ceux qui vont se parant des travaux d'autrui ne veulent pas me concéder les miens. » Ils diront que mon ignorance des lettres m'empêche de bien m'exprimer sur le sujet que je veux traiter. Mais mes sujets, pour être exposés, requièrent l'expérience plus que les paroles d'autrui. Et l'expérience ayant été la maîtresse de ceux qui écrivent bien, je la choisis pour maîtresse, et en tout cas, ferai appel à elle.

Beaucoup croiront qu'ils ont motif de me blâmer, en alléguant que les preuves par moi avancées contredisent l'autorité de certains auteurs que leur jugement dépourvu d'expérience tient en grande révérence, sans considérer que mes conclusions sont le résultat de l'expérience simple et pure, laquelle est la vraie maîtresse.

Ces règles vous permettront de distinguer le vrai du faux, et ainsi de ne placer devant vous que des choses possibles et raisonnables ; et elles vous interdisent de faire usage d'un manteau d'ignorance, par quoi vous n'arrivez à aucun résultat et, de désespoir, vous vous abandonnez à la mélancolie.

Le désir de savoir est naturel aux bons.

Bien des gens, je le sais, trouveront ce travail inutile ; Démétrius disait d'eux qu'il ne faisait pas plus cas du vent que les mots produisaient dans leur bouche, que de celui qui s'échappait de leurs parties inférieures ; hommes avides des seules richesses et jouissances matérielles et complètement privés du désir de la sapience, unique nourriture et véritable richesse de l'âme. Car tout de même que l'âme a plus de prix que le corps, les richesses de l'âme surpasseront celles du corps. Et fréquemment, quand je vois un de ces hommes prendre cette œuvre en main, je doute s'il ne va pas la porter à son nez comme un singe et me demander si elle est comestible.

Préambule

Commencé à Florence, en la maison de Piero di Braccio Martelli, le 22e jour de mars 1508. Ceci sera un recueil sans ordre, fait de nombreux feuillets que j'ai copiés avec l'espoir de les classer par la suite dans l'ordre et à la place qui leur conviennent, selon les matières dont ils traitent ; et je crois qu'avant d'être à la fin de celui-ci, j'aurai à répéter plusieurs fois la même chose ; ainsi, ô lecteur, ne me blâme point, car les sujets sont multiples et la mémoire ne saurait les retenir ni dire : « Je n'écrirai pas ceci, parce que je l'ai déjà écrit. » Et si je ne voulais pas tomber dans cette erreur, il serait nécessaire pour éviter les répétitions, que chaque fois que je désire transcrire un passage, je relise tout le fragment qui l'a précédé, d'autant plus que de longues périodes de temps se sont écoulées entre les moments où j'ai écrit. *[1508] B. M. 1 r.*

I

PHILOSOPHIE

« La nature est pleine de causes infinies que l'expérience n'a jamais démontrées. »

Nous ne manquons point de systèmes ou de moyens pour diviser et mesurer nos misérables jours ; nous devrions prendre plaisir à ne pas les gaspiller, ni souffrir qu'ils se passent sans louange, sans laisser aucun souvenir dans la mémoire des mortels, afin que leur misérable cours ne s'écoule pas en vain.

[ca. 1480]
C. A. 42 v.

⁂

Notre jugement n'évalue pas dans leur ordre exact et congru les choses qui se sont passées à des périodes différentes ; car maints événements eurent lieu il y a bien des années, qui semblent toucher au présent, et beaucoup de choses récentes nous font l'effet d'être anciennes et de remonter à l'époque lointaine de notre jeunesse. Et il en est ainsi de l'œil, en ce qui concerne les objets distants qui nous paraissent proches quand le soleil les illumine, alors que les objets proches semblent lointains.

[ca. 1509-1510]
C. A. 81 v. a

⁂

Le bonheur suprême sera la plus grande cause de misère, et la perfection de la sapience une occasion de folie.

[ca. 1487]
C. A. 112 r. a

⁂

[ca. 1508-1510]
C. A. 166 r.

Toute partie tend à se réunir à son tout, pour échapper ainsi à sa propre imperfection.

L'âme désire résider avec le corps parce que sans les membres de ce corps, elle ne peut ni agir ni sentir.

[Dessin : un oiseau en cage.]

[ca. 1508]
C. A. 190 v.

Les pensées se tournent vers l'espoir[1].

[ca. 1480]
C. A. 195 r.

Ô Temps, consumateur de toute chose ! envieuse vieillesse qui consumes toute chose peu à peu, avec la dure dent de la vieillesse, en une lente mort ! Hélène, quand elle se regardait dans son miroir et voyait la flétrissure des rides que l'âge avait inscrites sur son visage, se demandait en pleurant pourquoi elle fut deux fois enlevée.

Ô Temps, consumateur de toute chose ! Ô vieillesse envieuse, par quoi toute chose est consumée[2].

---

1. L'esquisse tracée en regard de cet axiome nous rappelle que, selon G. Vasari, Léonard avait accoutumé de payer le prix demandé par les propriétaires d'oiseaux captifs, pour le seul plaisir de les libérer.

2. G. Calvi a démontré dans un article de l'*Archivio Storico Lombardo*, année XLIX (1916), fasc. III, que la source de ce passage se trouve dans les *Métamorphoses* d'Ovide, vol. XV, lignes 232-236 : « *Flet ovoque, ut in speculo rugas aspexit aniles / Tyndaris, et secum, crusit bis rapta, requirit / Tempus edax rerum, tuque, invidiosa vetustas, / Omnia destruitis, viviata que dentibus sevi / Paulatim lenta consumitis omnia morte.* » « Hélène aussi pleure quand elle voit ses vieilles rides dans le miroir, et se demande en pleurant pourquoi elle fut deux fois la proie d'un amant. Ô Temps, grand dévorateur, et toi Vieillesse envieuse, ensemble vous détruisez toute chose, et rongeant lentement de vos dents, vous consumez finalement toute chose dans une mort lente » (Loeb). Ce passage, tel qu'il figure au *Codex Atlanticus*, établit comment Léonard a enrichi d'une mélodie musicale la pensée du poète latin, en introduisant l'apostrophe au temps et à l'envieuse vieillesse comme prélude aussi bien que comme finale : « *O Tempo, consumatore delle cose, e o invidiosa antichità tu distruggi tutte le cose et consumi tutte le cose da duri denti della vecchiezza a poco a poco, con lenta morte / Elena quando si specchiava, vedendo le vizze grinze del suo viso, fatte per la vechiezza, piagne et pensa seco perchè fu rapita due volte. / O Tempo, consumatore delle cose, e o invidiosa antichità per la quale tutte le cose sono consumate.* » Immédiatement au-dessous de ce passage, Léonard écrivit ces mots : « Ce livre appartient à Michele di Francesco Bernabini et sa famille. » Il est permis raisonnablement de penser qu'ils se réfèrent à l'exemplaire d'Ovide auquel les livres furent empruntés. Plus bas, dans un écrit de la même époque, on trouve ce fragment : « Dis, dis-moi comment les choses se passent là-bas et si Caterina désire faire… » Caterina était le nom de la mère de Léonard. Il traça son nom alors que sa pensée venait de se reporter à la description du poète à propos des changements opérés par le temps dans

L'âge, qui s'envole, glisse en secret et leurre l'un et l'autre ; et rien ne passe aussi rapidement que les années ; mais qui sème la vertu récolte l'honneur. *[ca. 1480] C. A. 195 v.*

C'est à tort que les hommes se lamentent sur la fuite du temps, l'accusant d'être trop rapide, sans s'apercevoir que sa durée est suffisante ; mais la bonne mémoire dont la nature nous a dotés, fait que les choses depuis longtemps passées nous semblent présentes. *[ca. 1490] C. A. 207 r.*

Celui qui voudrait voir comment l'âme réside dans le corps n'a qu'à regarder comment ce corps use de son habitacle de tous les jours ; s'il y règne confusion et désordre, l'âme maintiendra le corps en état de désordre et de confusion.

Ô toi qui dors, qu'est-ce que le sommeil ? Le sommeil ressemble à la mort. Oh, pourquoi n'accomplis-tu pas une œuvre telle, qu'après ta mort tu représentes une image de vie parfaite, toi qui, vivant, le fais, dans le sommeil, semblable aux tristes morts ? *[23 avril 1490] C. A. 207 v.*

L'homme et les animaux ne sont qu'un passage et un canal à aliments, une sépulture pour d'autres animaux, une auberge de morts, qui entretiennent leur vie grâce à la mort d'autrui, une gaine de corruption.

Considère une chose que l'on rejette d'autant plus qu'elle est nécessaire : c'est le conseil, écouté à contrecœur par ceux-là qui en ont le plus besoin, à savoir les ignorants. Considère une chose qui se rapproche de toi d'autant plus que tu as peur d'elle et que tu l'évites : c'est la misère ; plus tu la fuis, plus elle te rend malheureux et t'ôte tout repos. *[ca. 1487] C. A. 217 v.*

L'expérience, truchement entre l'ingénieuse nature et l'espèce humaine, nous enseigne que ce que cette nature effectue *[ca. 1490-1492] C. A. 234 r.*

---

la beauté d'Hélène. De là l'hypothèse – et rien de plus – que la phrase se rapporte à elle et qu'il était en train de prendre quelque disposition pour assurer sa vieillesse.

parmi les mortels contraints par la nécessité ne saurait se produire autrement que de la façon que lui enseigne la raison, laquelle est son gouvernail.

[ca. 1515]
C. A. 249 r.

Aux ambitieux que ni le don de la vie ni la beauté du monde ne suffisent à satisfaire, il est imposé comme châtiment qu'ils gaspillent la vie et ne possèdent ni les avantages ni la beauté du monde.

[ca. 1490]
C. A. 303 v.

L'air, dès que point le jour, est rempli d'innombrables images auxquelles l'œil sert d'aimant.

[ca. 1505-1508]
C. A. 310 r.

Acquiers dans ta jeunesse ce qui compensera les misères de ta vieillesse. Et si tu entends que ta vieillesse ait la sapience pour aliment, étudie pendant que tu es jeune, pour que cette vieillesse ne manque point de nourriture.

[ca. 1500]
C. A. 398 v.

Dans la nature, point d'effet sans cause ; comprends la cause et tu n'auras que faire de l'expérience.

[ca. 1508-1510]
C. A. 417 r.

L'expérience ne trompe jamais ; seuls vos jugements errent, qui se promettent des résultats étrangers à notre expérimentation personnelle Car étant donné un principe, il faut que sa conséquence en découle naturellement à moins d'un empêchement ; alors que, s'il est affecté par une influence contraire, l'effet qui devait résulter du principe procédera de cette influence contraire, plus ou moins, selon que celle-ci s'exercera avec plus ou moins de puissance sur le principe posé.

[ca. 1508-1510]
C. A. 417 r.

L'expérience n'est jamais en défaut. Seul l'est notre jugement, qui attend d'elle des choses étrangères à son pouvoir.

Les hommes se plaignent injustement de l'expérience et lui reprochent amèrement d'être trompeuse. Laissez l'expérience tranquille et tournez plutôt vos reproches contre votre propre ignorance qui fait que vos désirs vains et insensés vous égarent au point d'attendre d'elle des choses qui ne sont pas en son pouvoir. Les hommes se plaignent à tort de l'innocente expérience et l'accusent de mensonge et de démonstrations fallacieuses !

⁂

Ô mathématiciens, faites la lumière sur cette erreur ! L'esprit n'a pas de voix, car là où la voix existe, il y a un corps et là où il y a un corps, il occupe dans l'espace une place qui intercepte les objets situés derrière cet espace ; donc ce corps en soi emplit tout l'air environnant, c'est-à-dire par les images qu'il présente.

[ca. 1508]
C. A. 519 v.

⁂

Le corps de la terre est de la nature du poisson, dauphin ou cachalot, qui au lieu d'air aspire l'eau.

[ca. 1503-1505]
C. A. 544 r.

⁂

Comment les mouvements de l'œil, du rayon solaire et de l'esprit, sont les plus rapides qui soient.

Le soleil, dès qu'il paraît à l'orient, projette aussitôt ses rayons à l'occident ; et ceux-ci se composent de trois forces immatérielles, à savoir : le rayonnement, la chaleur et l'image de la forme qui les produit.

L'œil, dès qu'il s'ouvre, contemple tous les astres de notre hémisphère.

L'esprit passe en un instant de l'orient à l'occident ; et toutes les grandes choses immatérielles ressemblent beaucoup à celles-ci, sous le rapport de la vélocité.

[ca. 1490]
C. A. 545 v.

⁂

Lorsque tu veux produire un résultat avec un instrument, ne te permets pas de le compliquer en recourant à des nombreux moyens subsidiaires, mais procède le plus brièvement que tu peux, et n'agis point comme ceux qui ne sachant comment exprimer une chose à l'aide du vocabulaire approprié, recourent à des circonlocutions, avec grande prolixité et confusion.

[ca. 1497]
C. A. 549 v.

⁂

Deux faiblesses qui s'appuient l'une à l'autre créent une force. Voilà pourquoi la moitié du monde en s'appuyant contre l'autre moitié, se raffermit.

[ca. 1506-1508]
C. A. 663 v.

*

[ca. 1503-1504]
C. A. 680 r.

Alors que je croyais apprendre à vivre, j'apprenais à mourir.

*

[ca. 1495]
C. A. 737 r.

Chaque partie d'un élément séparé de sa masse désire y faire retour par le chemin le plus court.

*

[ca. 1508-1510]
C. A. 784 v. a

Le néant n'a point de centre, et ses limites sont le néant.

Mon contradicteur me dit que le néant et le vide sont une seule et même chose ; on les désigne il est vrai de deux noms différents, mais dans la nature ils n'existent pas isolément.

La réponse est que partout où il existe un vide, il y a aussi un espace qui l'entoure, mais le néant existe indépendamment de l'espace ; en conséquence, le néant et le vide ne sont point pareils, car l'un peut se diviser à l'infini, alors que le néant ne saurait être divisé, puisque rien ne peut être moindre que lui ; et si tu pouvais en distraire une partie, cette partie serait égale au tout, et le tout à la partie.

*

[ca. 1487-1490]
C. A. 785 v. b

Aristote, dans le troisième [volume] de l'*Éthique* : l'homme mérite la louange ou le blâme uniquement en raison des actions qu'il est en son pouvoir de faire ou de ne pas faire.

*

[ca. 1515]
C. A. 820 r.

Qui attend de l'expérience ce qu'elle ne possède point, dit adieu à la raison.

*

[ca. 1485-1487]
C. A. 881 r.

Pour quel motif les bêtes qui sèment leur semence la sèment-elles avec plaisir, et celle qui l'attend la recueille-t-elle avec plaisir et enfante-t-elle dans la douleur ?

*

[ca. 1487]
C. A. 994 v.

La passion intellectuelle met en fuite la sensualité.

*

[ca. 1514-1515]
C. A. 1040 v.

La connaissance du temps passé et de la position de la terre, est ornement et nourriture pour l'esprit humain.

Des grandes choses qui se trouvent parmi nous, l'existence du néant est la plus grande. Il réside dans le temps, et prolonge ses membres dans le passé et dans l'avenir – et ce faisant accueille en soi toutes les œuvres passées et futures, aussi bien celles de la nature que des animaux. Il ne possède rien du présent indivisible. Toutefois, il n'atteint pas l'essence même des choses.

[ca. 1503-1504]
C. A. 1109 r. b

CORNELIUS CELSUS[1]

La sagesse est le bien suprême, la souffrance physique le pire des maux. Or nous sommes un composé de deux éléments, l'âme et le corps, dont le premier est le meilleur et le corps le moindre. La sagesse ressortit au meilleur des deux éléments, le plus grand mal ressortit au pire et il est ce qu'il y a de pire. Ce qu'il y a de meilleur dans l'âme est la sagesse, et de pire dans le corps, la souffrance. Donc, comme le plus grand mal est la douleur physique, ainsi la sagesse constitue le suprême bien de l'âme, c'est-à-dire du sage, et rien ne saurait lui être comparé.

[ca. 1487-1490]
Tr. 2 v.

L'amant est attiré par l'objet aimé, comme le sens par ce qu'il perçoit ; ils s'unissent et ne forment plus qu'un. L'œuvre est la première chose qui naît de cette union. Si l'objet aimé est vil, l'amant s'avilit. Si l'objet avec lequel il y a eu union est en harmonie avec celui qui l'accueille, il en résulte délectation, plaisir et satisfaction. L'amant est-il uni à ce qu'il aime, il trouve l'apaisement ; le fardeau déposé, il trouve le repos. La chose se reconnaît avec notre intellect.

[ca. 1487-1490]
Tr. 6 r.

Comme une journée bien remplie apporte un paisible sommeil, ainsi une vie bien employée apporte une mort paisible.

[ca. 1487-1490]
Tr. 27 r.

1. Cornelius Celsus, *De medicina liber incipit*, VIII, Florence, 1478, Milan, 1481, Venise, 1493 et 1497.

[ca. 1487-1490]
Tr. 23 v.

Plus grande est la sensibilité, plus grand le martyre.

[ca. 1487-1490]
Tr. 20 v.

Toute notre connaissance découle de notre sensibilité.

[ca. 1487-1490]
Tr. 17 v.

Connaissance scientifique des choses possibles, soit présentes, soit passées. Prescience de ce qui pourrait être.

[ca. 1487-1490]
Tr. 14 v.

Démétrius avait accoutumé de dire qu'il n'existe point de différence entre les mots et propos des sots et des ignorants, et les sons et bruits causés dans l'estomac par l'excès des vents. Il ne parlait pas sans raison, n'estimant pas qu'il fallût établir une différence entre le côté d'où sort la voix, que ce soit de la partie inférieure ou de la bouche, l'une et l'autre ayant une valeur et une importance équivalentes.

[ca. 1487-1490]
Tr. 14 r.

Rien ne peut être inscrit comme étant le résultat de recherches nouvelles.

[ca. 1487-1490]
Tr. 33 r.

Jouissance – aimer l'objet pour lui-même et pour nul autre motif.

Les sens ressortissent à la terre ; la raison, à l'écart, reste contemplative.

[ca. 1487-1490]
Tr. 34 v.

Bien remplie, la vie est longue.

Dans les fleuves, l'eau que tu touches est la dernière des ondes écoulées et la première des ondes qui arrivent : ainsi du temps présent.

[ca. 1487-1490]
Tr. 36 v.

Toute action doit nécessairement trouver son expression dans le mouvement.

Connaître et vouloir sont deux opérations de l'esprit humain.

Discerner, juger, réfléchir sont des actes de l'esprit humain.

Notre corps est soumis au ciel, et le ciel à l'esprit.

•◆•

Souvent une seule et même chose est soumise à deux violences : nécessité, puissance.

[ca. 1487-1490]
Tr. 39 r.

L'eau tombe en pluie et la terre l'absorbe par besoin d'humidité ; le soleil l'évapore, non par besoin, mais par puissance.

•◆•

L'âme ne peut jamais être infectée par la corruption du corps, mais elle agit dans le corps à la manière du vent qui fait naître le son de l'orgue ; un des tuyaux vient-il à s'abîmer, le résultat sera fâcheux en raison du vide produit.

[ca. 1487-1490]
Tr. 40 v.

•◆•

Si tu maintenais ton corps en harmonie avec la vertu, tes désirs ne seraient pas de ce monde.

[ca. 1487-1489]
B, 3 v.

Tu grandis en réputation comme le pain s'étire aux mains des enfants.

•◆•

Il ne saurait y avoir de son où il n'y a pas mouvement ou percussion de l'air. Il ne saurait y avoir percussion de l'air où il n'y a pas d'instrument. Il ne saurait y avoir d'instrument sans corps. Dans ces conditions, un esprit ne peut avoir ni voix ni forme ni force, et s'il prenait un corps il ne pourrait pénétrer ni entrer où les portes sont closes. Et si quelqu'un disait qu'au moyen de l'air rassemblé et comprimé, un esprit peut emprunter diverses formes et ainsi parler et se mouvoir avec force, ma réponse sera que là où il n'y a ni nerfs ni os, aucune force ne saurait être produite par le mouvement d'esprits imaginaires. Fuis les préceptes de ces spéculateurs dont les arguments ne sont pas confirmés par l'expérience.

[ca. 1487-1489]
B, 4 v.

•◆•

DE LA NATURE DE LA FORCE

Je définis la force comme une puissance spirituelle, immatérielle et invisible, animée d'une vie brève laquelle se manifeste dans les corps qui, par suite de violence accidentelle, se trouvent hors de leur état ou inertie naturels.

[ca. 1487-1489]
B, 63 r.

Je dis spirituelle, parce qu'une vie active, immatérielle,

réside dans cette force, et je l'appelle invisible parce que le corps où elle se manifeste n'augmente ni de poids ni de volume ; et de brève durée, parce qu'elle cherche perpétuellement à vaincre la cause qui l'a suscitée, et celle-ci vaincue, elle en meurt.

[ca. 1513-1514] E, 31 v.

Ne point désirer l'impossible.

FIGURE DES ÉLÉMENTS

[ca. 1508-1509] F, 27 r.

De la figure des éléments ; et avant tout contre ceux qui nient l'opinion de Platon disant que si ces éléments se recouvraient l'un l'autre sous les formes que leur a attribuées Platon, un vide se produirait entre eux, ce qui est inexact. Je le prouve ici, mais avant tout il importe de proposer quelques conclusions.

Il n'est point nécessaire qu'aucun des éléments qui se recouvrent soit en toute sa quantité d'une épaisseur égale à celle qu'il a entre la partie qui revêt et celle qui est revêtue. Nous voyons que la sphère de l'eau a manifestement différentes épaisseurs, de sa surface au fond, et que non seulement elle couvrirait la terre si celle-ci avait la forme du cube, c'est-à-dire huit angles comme veut Platon, mais qu'elle couvre cette terre avec ses innombrables angles de rochers submergés et divers creux ou protubérances, sans qu'il en résulte aucun vide entre la terre et l'eau. En outre, pour ce qui est de l'air qui revêt la surface aqueuse, et en même temps les monts et les vallées qui dépassent cette sphère, il ne subsiste aucun vide entre la terre et l'air. Ainsi, quiconque a dit qu'il s'y produit du vide a fait un triste discours.

À Platon, on répondra que la surface des figures qu'auraient selon lui les éléments ne pourrait exister. Tout élément flexible et liquide a par nécessité une surface sphérique. On le prouve avec la sphère de l'eau, mais d'abord il faut exposer quelques conceptions et conclusions. Cette chose est plus haute qui est la plus éloignée du centre du monde, et celle-là est plus basse, qui est plus rapprochée de ce centre. L'eau ne se meut pas d'elle-même, à moins qu'elle ne descende, et en se mouvant elle descend. Ces quatre conceptions placées deux par deux me servent à prouver que l'eau qui ne se meut pas d'elle-même a sa surface équidistante du centre du monde, et je ne parle pas des gouttes ou autres petites quantités qui s'attirent, tel l'acier, la limaille, mais des grandes masses.

•◆•

Conception : la nécessité veut que l'agent physique soit en contact avec celui qui l'emploie. *[ca. 1508-1509] F, 36 v.*

•◆•

Observe la lumière et considère sa beauté. Cligne des yeux et regarde-la. Ce que tu vois n'y était pas au début, et ce qui y était n'est plus. Qui donc la renouvelle, si celui qui l'a faite meurt continuellement ? *[ca. 1508-1509] F, 49 v.*

•◆•

L'autre preuve donnée par Platon à ceux de Délos ne relève pas de la géométrie, car elle procède au moyen d'instruments, règle et compas, et l'expérience ne la démontre pas. Mais celle-ci est toute mentale, et par conséquent géométrique. *[ca. 1508-1509] F, 59 r.*

•◆•

L'homme a une grande puissance de parole, en majeure partie vaine et fausse. Les animaux en ont peu, mais ce peu est utile et vrai et mieux vaut une chose petite et certaine, qu'un grand mensonge. *[ca. 1508-1509] F, 96 v.*

•◆•

Toi qui médites sur la nature des choses, je ne te loue point de connaître les processus que la nature effectue ordinairement d'elle-même, mais me réjouis si tu connais le résultat des problèmes que ton esprit conçoit. *[ca. 1510-1516] G, 47 r.*

•◆•

Les mots qui n'arrivent pas à satisfaire l'oreille de l'auditeur le fatiguent ou l'ennuient ; et tu t'en apercevras maintes fois à ce que ces auditeurs bâillent fréquemment. Par conséquent, quand tu t'adresses à des hommes dont tu recherches le suffrage, abrège ton discours si tu surprends ces signes évidents d'impatience, ou change de conversation ; car autrement, au lieu de la faveur désirée, tu t'acquerrais leur aversion et leur inimitié. *[ca. 1510-1516] G, 49 r.*

Et si, sans l'avoir entendu parler, tu veux savoir de quoi un homme se délecte, entretiens-le de sujets divers et quand tu le verras attentif, sans bâillement ni froncement de sourcils ni aucun autre geste, sois certain que la chose dont il s'agit est celle qui lui plaît, etc.

[ca. 1494] H, 33 v. Tout mal laisse une tristesse dans la mémoire, hormis le mal suprême, la mort, qui détruit la mémoire en même temps que la vie.

[ca. 1494] H, 40 r. Rien n'est à craindre autant qu'une fâcheuse réputation. Cette fâcheuse réputation est due aux vices.

[ca. 1494] H, 60 (12) r. Si la nature a donné aux organismes animés, doués de mouvement, la faculté de sentir la douleur – afin de préserver les membres susceptibles d'être amoindris ou détruits dans l'accomplissement de ces mouvements –, les organismes qui ne se peuvent mouvoir ne risquent donc pas de se heurter à des objets ; dès lors les plantes n'ont pas à être sensibles à la douleur ; de sorte que si tu les brises, elles ne ressentent pas de souffrance en leurs membres, comme les animaux.

[De l'âme.]

[ca. 1494] H, 67 (19) r. La terre quand elle heurte la terre la refoule et provoque un très léger mouvement des parties heurtées.

L'eau frappée par l'eau forme des cercles concentriques qui s'étendent jusqu'à une grande distance de l'endroit où elle a été frappée ; la voix, dans l'air, va plus loin et, plus loin encore, à travers le feu ; l'esprit plane au-dessus de l'univers, mais étant fini, il ne s'étend pas dans l'infini.

[Parallèle entre l'organisme de la nature et celui de l'homme.]

L'eau qui sourd dans la montagne est le sang qui maintient la montagne en vie. L'une de ses veines vient-elle à s'ouvrir, soit en elle, soit à son flanc, la Nature, désireuse d'aider ses organismes et de compenser la perte de la matière humide qui s'écoule, prodigue un secours diligent, comme aussi à l'endroit où l'homme a reçu un coup. On voit alors, à mesure que le secours lui vient, le sang affluer sous la peau et former une enflure, afin de crever la partie infectée. De même, quand la vie est retranchée au sommet [de la montagne] la nature envoie ses humeurs, depuis ses plus basses assises jusqu'à l'extrême hauteur de l'endroit démuni ; et, celles-ci s'y déversant, elle ne la laisse pas privée, jusqu'à la fin de sa vie, du fluide vital. *[ca. 1494] H, 77 (29) r.*

Tout tort sera redressé. *[ca. 1494] H, 99 (44 v.) r.*

Le mouvement est le principe de toute vie. *[ca. 1494] H, 141 (2 v.) r.*

Qui n'attache pas de prix à la vie, ne la mérite pas. *[ca. 1497] I, 15 r.*

La nature est pleine de causes infinies, que l'expérience n'a jamais démontrées. *[ca. 1497] I, 18 r.*

Qu'est-ce que les hommes désirent vivement mais ne connaissent point quand ils l'ont ? Le sommeil. *[ca. 1497] I, 56 (8) r.*

Le vin est bon mais à table l'eau est préférable. *[ca. 1497] I, 122 (74) v.*

La science est le capitaine, la pratique est le soldat. *[ca. 1497] I, 130 (82) 2*

LE LIN ET LA MORT

[ca. 1502-1504]
L, 72 v.

Le lin est dédié à la mort et à la corruption humaine ; à la mort, par les lacs dont les mailles capturent les oiseaux, les bêtes et les poissons ; à la corruption, par les draps de lin dans lesquels sont ensevelis les morts qu'on enterre ; car dans ces linceuls ils sont soumis à l'œuvre de corruption.

De plus, le lin ne se détache pas de sa tige avant qu'il n'ait commencé à mollir et pourrir ; il devrait former les guirlandes et ornements des processions funèbres.

*

[av. 1500]
M, 58 v.

Seule la vérité fut fille du temps.

*

[ca. 1492]
Ms. 2185, 16 r.

Les petites chambres ou habitations maintiennent l'esprit dans le droit chemin, les grandes sont cause qu'il dévie.

*

[ca. 1492]
Ms. 2185, 34 r.

De même que la nourriture prise sans appétit est nuisible à la santé, ainsi l'étude sans désir altère la mémoire et l'empêche d'assimiler ce qu'elle absorbe.

*

[ca. 1492]
Ms. 2185, 34 v.

N'appelle point ces richesses qui peuvent se perdre ; la vertu est notre richesse véritable, et la vraie récompense de qui la possède. Elle ne saurait être perdue ; elle ne nous abandonnera qu'avec la vie. Pour la propriété et les biens matériels, tu dois toujours les redouter ; souvent ils laissent leur possesseur dans l'ignominie, et vient-il à les perdre, il est moqué.

*

[1508]
B. M. 19 r.

Le poids d'un petit oiseau qui s'y pose suffit à déplacer la terre.

La surface de la sphère liquide est agitée par une minuscule goutte d'eau qui y tombe.

*

[ca. 1506-1508]
B. M. 85 v.

La nature, pour accomplir un acte, prend toujours le chemin le plus court

Où la descente est le plus facile, l'ascension est le plus difficile.

[ca. 1506-1508]
B. M. 120 r.

Ce que l'on nomme néant ne se rencontre que dans le temps et le discours. Dans le temps, il se trouve entre le passé et le futur et ne retient rien du présent ; de même dans le discours, quand les choses dont il est parlé n'existent point ou sont impossibles.

[ca. 1503-1505, et ca. 1506-1507]
B. M. 131 r.

Dans la nature, le néant ne se rencontre point : il s'associe aux choses impossibles, raison pour laquelle on dit qu'il n'a pas d'existence. Dans le temps, le néant se trouve entre le passé et le futur et ne possède rien du présent ; et dans la nature il s'associe, aux choses impossibles, ce pourquoi l'on dit qu'il n'a pas d'existence. Car là où le néant existerait, il y aurait le vide.

Parmi l'immensité des choses qui nous environnent, l'existence du néant tient la première place et sa fonction s'étend sur ce qui n'a point d'existence ; dans le domaine du temps il se trouve, par essence, entre le passé et le futur, sans rien posséder du présent. Les parties de ce néant sont égales au tout et le tout est égal aux parties, le divisible à l'indivisible, et son pouvoir ne s'étend pas aux choses de la nature, car la nature a horreur du vide, et ce néant perd son essence, puisque la fin d'une chose marque le commencement d'une autre.

Il est possible de considérer tout [ce qui a une] substance comme divisible en une infinité de parts.

Parmi la grandeur des choses qui nous environnent, l'existence du néant occupe la première place, sa fonction s'étend parmi celles qui n'ont point d'existence, et dans le domaine du temps, il se trouve par essence entre le passé et le futur sans rien posséder du présent. Les parties de ce néant sont égales au tout et le tout est égal aux parties, le divisible à l'indivisible ; et que nous le divisions ou le multipliions ou l'additionnions ou y opérions une soustraction, tout cela revient au même, ainsi que le démontrent les arithméticiens par leur dixième signe qui représente ce néant. Et son pouvoir ne s'étend point aux choses de la nature.

[De la fin du monde.]

[ca. 1478-1480]
B. M. 155 v.

L'élément liquide demeurant enclos entre les berges surélevées des fleuves et les rives de la mer, il adviendra, avec le volume augmenté de la terre que, de même que l'air environnant doit lier et circonscrire la machine amollie de la terre, ainsi sa masse qui était comprise entre l'eau et l'élément du feu se trouvera étroitement comprimée et privée de l'eau nécessaire.

Les fleuves resteront à sec ; la terre fertile ne produira plus ses bourgeons ; le champ ne connaîtra plus l'ondulation des blés. Tous les animaux périront faute d'herbe fraîche pour se nourrir ; les lions dévorants, les loups et autres bêtes rapaces n'auront plus de pâture pour vivre ; et après beaucoup d'expédients désespérés, les hommes seront forcés de renoncer à la vie et la race humaine cessera d'être.

Ainsi abandonnée, la terre fertile et féconde demeurera aride et stérile, et grâce à l'humeur aqueuse enfermée en son ventre et par sa vivace nature, elle continuera de suivre en partie sa loi de développement jusqu'à ce que, ayant traversé l'air froid et raréfié, elle soit forcée d'achever sa course dans l'élément du feu. Alors sa surface se consumera en cendres et ce sera la fin de toute terrestre nature.

[Une controverse.]

[ca. 1480]
B. M. 156 v.

Contre. Pourquoi la nature n'a-t-elle pas interdit qu'un animal vive de la mort d'un autre ?

Pour. La nature, capricieuse et se plaisant à créer et produire une continuelle succession de vies et de formes dont elle sait qu'elles concourent à l'accroissement de sa substance terrestre, est plus prête et prompte à créer que ne l'est le temps à détruire ; voilà pourquoi elle a prescrit que beaucoup d'animaux serviront de nourriture les uns aux autres ; et ceci ne suffisant pas à la satisfaire, elle souffle fréquemment certaines vapeurs nocives et pestilentielles (et de continuels fléaux) sur les vastes agglomérations et troupeaux de bêtes, et en particulier des hommes, qui se multiplient très rapidement parce que les autres animaux n'en font pas leur pâture ; et les causes supprimées, les effets cesseront.

Contre. Voilà pourquoi la terre cherche à se défaire de sa vie, tout en souhaitant la reproduction continuelle pour la raison qui a été exposée et démontrée. Souvent les effets ressemblent à leurs causes. Les animaux sont un exemple de la vie universelle.

Pour. Considère l'espoir et le désir (pareils à l'élan du phalène vers la lumière) qu'éprouve l'homme de se rapatrier et de retourner au chaos primordial. Avec un désir continuel, il attend joyeusement chaque printemps nouveau et chaque nouvel été, et les mois nouveaux et les années nouvelles, et trouve que les choses souhaitées sont trop lentes à venir, sans comprendre qu'il aspire à sa propre destruction. Mais la quintessence de cette aspiration compose l'esprit des éléments, lequel se trouvant captif dans la vie du corps humain, veut perpétuellement retourner à son mandant.

Et sache que ce même désir est, dans sa quintessence, inhérent à la nature, et que l'homme est le modèle du monde.

*

[ca. 1506-1508]
B. M. 159 v.

Voilà pourquoi la fin du rien et le commencement de la ligne sont en contact réciproque, mais ils ne se rejoignent pas, et leur point de contact est le point qui sépare la continuation du rien et la ligne.

Il s'ensuit que le point est moins que rien, et si toutes les parties du néant sont égales à l'une, nous n'en pouvons que davantage inférer que tous les points équivalent à un point unique et qu'un seul est égal à tous.

Et il s'ensuit donc que beaucoup de points imaginaires en contact continu ne constituent pas la ligne, et en conséquence beaucoup de lignes en contact continu, en ce qui concerne leurs côtés, ne constituent pas une surface, non plus que beaucoup de surfaces en contact continu ne forment un corps, parce que parmi nous, les corps ne sont point formés d'éléments immatériels.

Le point est ce qui n'a pas de centre parce qu'il est tout centre, et rien ne saurait être moindre.

Le contact du liquide avec le solide constitue une surface commune à l'un et à l'autre, la même pour les plus légers comme pour les plus lourds.

Tous les points sont équivalents à l'un et l'un à tous.

Le néant a une surface en commun avec une chose, et la chose a une surface en commun avec le néant, et la surface d'une chose ne fait pas partie d'elle. Il s'ensuit que la surface du néant n'est pas une partie de ce néant ; il faut donc, en conséquence, admettre qu'une simple surface constitue la frontière commune entre deux choses qui sont en contact ; ainsi la surface de l'eau ne fait pas partie de l'eau, ni par conséquent de l'atmosphère, et nul autre corps ne s'interpose entre elles. Qu'est-ce donc alors qui sépare l'atmosphère de l'eau ? Il faut nécessairement qu'il existe une frontière commune, qui n'est ni air ni eau, mais qui est sans substance, attendu qu'un corps interposé entre deux autres empêche leur contact, ce qui n'est pas le cas entre l'eau et l'air, car ils se touchent sans aucun intermédiaire. Voilà pourquoi ils sont joints et tu ne pourras soulever ou agiter l'air sans l'eau, ni ne pourras soulever un objet plat posé sur un autre, sans passer au travers de l'air. Par conséquent une surface constitue la frontière commune de deux corps qui ne sont pas continus, et elle ne fait pas partie de l'un ou de l'autre, car en ce cas elle aurait un volume divisible alors qu'il ne l'est pas et que seul le néant sépare ces deux corps.

•◆•

DU TEMPS EN TANT QUE QUANTITÉ CONTINUE

[ca. 1506-1508] B. M. 173 v. et 190 v.

Bien que le temps soit rangé parmi les quantités continues, du fait qu'il est invisible et immatériel, il ne tombe pas intégralement sous la puissance géométrique qui le divise en figures et corps d'une infinie variété, comme on le voit constamment des choses visibles et corporelles ; mais il s'accorde avec elles simplement sous le rapport de ses premiers principes, à savoir le point et la ligne. Le point, si on lui applique les termes réservés au temps, se doit comparer à l'instant, et la ligne à la longueur d'une grande durée de temps. Et tout comme les points constituent le commencement et la fin de ladite ligne, ainsi les instants forment le principe et le terme d'une certaine portion de temps donné. Et si une ligne est divisible à l'infini, il n'est pas impossible qu'une portion de temps le soit aussi. Et si les parties divisées de la ligne peuvent offrir une certaine proportion entre elles, il en est de même pour les parties de temps.

•◆•

Étant donné une cause, la nature produit l'effet par la voie la plus brève.

[ca. 1506-1508]
B. M. 174 v.

Écris sur la nature du temps, distincte de sa géométrie.

[ca. 1506-1508]
B. M. 176 r.

DISCOURS

[ca. 1506-1508, ou après]
B. M. 204 r.

La chaleur et le froid dérivent de la proximité et de l'éloignement du soleil.

La chaleur et le froid engendrent le mouvement des éléments.

Aucun élément n'a en soi de gravité ou de légèreté.

Gravité et légèreté sans accroissement naissent du mouvement d'un élément en soi, au cours de sa raréfaction et de sa condensation ; comme nous le constatons dans l'atmosphère, quand des nuages se forment, par l'humidité qui se diffuse à travers elle.

La gravité et la légèreté, quand elles augmentent, passent, en suivant une ligne perpendiculaire, d'un élément à un autre. Et ces phénomènes imprévus ont d'autant plus de puissance qu'ils ont plus de vie, et d'autant plus de vie qu'ils ont plus de mouvement.

Le mouvement naît de ce que le rare ne peut ni résister au dense ni le soutenir au-dessus de lui.

La légèreté naît de la pesanteur, et réciproquement ; payant aussitôt la faveur de leur création, elles grandissent en force dans la proportion où elles ont d'autant plus de vie qu'elles ont plus de mouvement. Elles se détruisent aussi l'une l'autre au même instant, dans la commune vendetta de leur mort.

Car la preuve est ainsi faite : la légèreté n'est créée que si elle est en conjonction avec la pesanteur, et la pesanteur ne se produit que si elle se prolonge dans la légèreté. Mais la légèreté n'a pas d'existence si elle n'est pas au-dessous de la pesanteur, et la pesanteur n'est rien à moins qu'elle ne soit au-dessus de la légèreté. Et il en est ainsi des éléments. Si par exemple une certaine quantité d'air se trouve sous l'eau, il s'ensuit que l'eau acquiert immédiatement de la pesanteur ; non qu'elle soit devenue différente de son état primitif, mais parce qu'elle ne rencontre plus la somme de résistance requise ; et pour ce motif, elle descend dans la place occupée par l'air qui était au-dessous d'elle, et l'air remplit le vide qu'a laissé la pesanteur ainsi créée.

⁂

[ca. 1506-1508, ou après]
B. M. 204 v.

Toute quantité continue est divisible à l'infini ; en conséquence, la division de cette quantité n'aboutira jamais à un point donné comme l'extrémité de la ligne. Il s'ensuit que la largeur et la profondeur de la ligne naturelle sont divisibles à l'infini.

On demande si tous les infinis sont égaux ou s'il en est de plus ou moins grands. La réponse est que tout infini est éternel et les choses éternelles ont une permanence égale mais non une égale durée d'existence. Car ce qui a fonctionné tout d'abord a commencé à se diviser et a vécu une existence plus longue, mais les périodes à venir sont égales.

⁂

[ca. 1506-1508, ou après]
B. M. 205 r.

Nul élément, s'il ne se meut, n'a en soi gravité ou légèreté. La terre en contact avec l'eau et avec l'air n'a en soi aucune gravité ou légèreté. Elle n'a aucunement conscience de l'eau ou de l'air qui l'entourent, à moins de quelque accident né de leur mouvement. Et les feuilles des plantes nous l'enseignent, qui poussent sur la terre quand elle est en contact avec l'eau ou l'air, car elles ne s'inclinent que par le mouvement de l'air ou de l'eau.

Nous déduirons de ce qui précède que la pesanteur est un incident que crée le mouvement des éléments inférieurs dans les éléments placés au-dessus.

La légèreté est un incident qui se produit quand l'élément le moins dense est attiré au-dessus du plus dense lequel alors se meut, étant incapable de résister, et acquiert du poids ; phénomène que l'on constate dès que l'élément n'a plus de pouvoir de résistance ; et cette résistance étant vaincue par le poids, il ne change pas sans que sa substance se modifie ; et, en changeant, il prend le nom de légèreté.

La légèreté ne se produit que conjointement avec la pesanteur, et la pesanteur avec la légèreté. Ceci peut être provoqué : en effet, insuffle de l'air sous l'eau au moyen d'un tuyau ; et cet air acquerra de la légèreté parce qu'il est sous l'eau, et l'eau acquerra de la pesanteur, parce qu'elle a au-dessous d'elle l'air, corps moins dense et plus léger.

Voilà pourquoi la légèreté naît du poids et le poids de la

légèreté, et ils se donnent naissance réciproquement et simultanément, payant ainsi la faveur de leur existence, et dans le même instant ils se détruisent l'un l'autre, comme pour venger leur mort.

Légèreté et pesanteur sont causées par le mouvement immédiat.

Le mouvement est créé par la chaleur et le froid.

Le mouvement est un incident créé par l'inégalité du poids et de la force.

L'atmosphère n'a pas un emplacement qui lui soit naturel, elle se referme toujours sur tout corps plus épais qu'elle, jamais sur le plus léger quand il est en contact avec elle, sauf par violence.

Le mouvement des éléments naît du soleil.

La chaleur de l'univers est produite par le soleil.

La lumière et la chaleur de l'univers proviennent du soleil, et son froid et son obscurité du retrait du soleil.

Tout mouvement des éléments dérive de la chaleur et du froid.

Pesanteur et légèreté sont créées dans les éléments.

•◆•

[ca. 1506-1508, ou après] B. M. 266 v.

La terre est en contact avec l'eau et l'air et tire autant de poids de l'eau que de l'air ; et ceci n'est rien à moins qu'ils ne soient en mouvement.

Les feuilles des plantes nées au fond de l'eau qui s'étale sur les prairies nous l'enseignent, et aussi le fait que les plantes nées dans les lits des rivières ne se courbent pas : il est manifeste que le poids de l'air et de l'eau ne pèse pas sur la terre.

•◆•

EXEMPLES DU CENTRE DU MONDE

[ca. 1506-1508, ou après] B. M. 267 r.

Suppose que la terre soit attirée à la place où est la lune, ainsi que l'eau, et que l'élément de l'air comble à lui seul le vide qu'a laissé dans l'air la terre en se détachant et que de l'air tombe un vase rempli d'air ; il est certain que ce vase, après les nombreuses oscillations provoquées par la chute et le rebond, finira par s'arrêter au centre des éléments. Et le centre des éléments demeurera dans l'air [qui est] à l'intérieur du vase et il ne touchera pas le vase. Suppose donc que la terre soit vide et creuse comme une balle pleine de vent ; tu peux être certain que ce centre n'est pas dans la terre, mais dans l'air que la terre revêt.

⁂

[ca. 1504] B. M. 278 v.

Pourquoi l'œil voit-il une chose plus nettement en rêve, que l'imagination à l'état de veille ?

⁂

[ca. 1487-1490, et ca. 1493-1497] Forster III, 14 r.

La sagesse est fille de l'expérience, laquelle expérience

⁂

[ca. 1487-1490, et ca. 1493-1497] Forster III, 17 v.

Cet homme excelle dans la folie car il se prive continuellement afin d'être à l'abri du besoin ; et sa vie s'écoule, cependant qu'il attend sans cesse le moment de jouir de la richesse qu'il a acquise par un labeur acharné.

⁂

[ca. 1487-1490, et ca. 1493-1497] Forster III, 20 v.

Ici la nature semble, chez beaucoup et pour beaucoup d'animaux, avoir été plutôt une cruelle marâtre qu'une mère, et, pour quelques-uns, non point marâtre, mais une mère pleine de compassion.

⁂

[ca. 1487-1490, et ca. 1493-1497] Forster III, 29 r.

Je t'obéis, ô Seigneur, d'abord à cause de l'amour que je te dois raisonnablement porter ; et secondement, parce que tu sais abréger ou prolonger la vie des hommes.

⁂

[ca. 1487-1490, et ca. 1493-1497] Forster III, 55 r.

Fuis l'étude qui donne naissance à une œuvre appelée à mourir en même temps que son ouvrier.

⁂

[ca. 1487-1490, et ca. 1493-1497] Forster III, 74 v.

Vois, nombreux sont ceux qui pourraient s'intituler de simples canaux pour la nourriture, des producteurs de fumier, des remplisseurs de latrines, car ils n'ont point d'autre emploi en ce monde ; ils ne mettent en pratique aucune vertu ; rien ne reste d'eux que des latrines pleines.

⁂

[ca. 1510-1511] RL 19001 r.

Et toi, homme, qui grâce à mes travaux, contemples les œuvres merveilleuses de la nature, si tu estimes que l'acte de les détruire est atroce, réfléchis qu'il est infiniment plus atroce d'anéantir une vie humaine. Tu devrais songer que ce conglomérat qui te semble d'une subtilité merveilleuse n'est rien comparé à l'âme qui habite cette construction, et en vérité, quoi que celle-ci puisse être, c'est une cause divine qui lui permet de loger ainsi dans son ouvrage, à sa guise ; et elle ne veut pas que ta rage ou ta malignité détruise une telle vie, car qui ne lui accorde pas de prix ne la mérite vraiment pas.

En effet, nous nous séparons de notre corps avec une répugnance extrême, et je crois que ses pleurs et sa douleur ne sont pas sans cause.

•◆•

[1489 et ca. 1508]
RL 19019 v.

L'idée ou la faculté d'imaginer est à la fois gouvernail et frein des sens, dans la mesure où la chose imaginée émeut le sang.

Pré-imaginer, c'est imaginer les choses à venir.

Post-imaginer, c'est imaginer les choses passées.

•◆•

[Des besoins nouveaux.]

[1489 et ca. 1508]
RL 19038 v.

Ne te promets ni ne fais aucune chose dont la privation entraînerait pour toi une souffrance matérielle.

•◆•

DE LA NÉCROMANCIE

[ca. 1508]
RL 19048 v.

Le plus stupide des discours humains, et qui doit être tenu pour tel, est celui qui affirme sa crédulité dans la nécromancie, sœur de l'alchimie génératrice de choses simples et naturelles ; mais la nécromancie est beaucoup plus répréhensible que l'alchimie, parce qu'elle n'accouche jamais de rien, hormis d'une chose pareille à elle-même, à savoir le mensonge ; et ce n'est point le cas pour l'alchimie, qui administre les simples produits de la nature, mais dont la fonction ne peut être remplie par la nature elle-même, parce qu'elle ne possède pas d'instruments organiques avec lesquels elle puisse faire le travail que l'homme exécute avec ses mains, et grâce auxquels il a fabriqué le verre, etc. Mais cette nécromancie, étendard ou bannière claquant au vent, guide une folle multitude, qui sans cesse atteste par ses clameurs les effets illimités d'un tel art. Ils ont rempli des livres entiers pour affirmer les magies, et que les esprits peuvent opérer et parler sans langue et sans les instruments organiques indispensables au langage, qu'ils peuvent soulever des poids écrasants, produire la tempête et la pluie, et que les hommes se changent en chats, loups et autres bêtes, bien que ceux-là deviennent bêtes les premiers, qui affirment pareilles choses.

Sans nul doute, si la nécromancie existait comme le croient ces bas esprits, rien sur terre ne l'égalerait pour le service de l'homme ou pour sa perdition, s'il était vrai que cet art a la puissance de troubler la tranquille sérénité de l'air et de lui donner l'aspect nocturne, de déchaîner des coruscations et tempêtes avec coups de tonnerre effroyables et fulguration d'éclairs dans les ténèbres et, au moyen d'ouragans, d'abattre les édifices et déraciner les forêts, frapper les armées, les disperser et les terrasser et, en outre, fomenter les tempêtes dévastatrices qui privent les cultivateurs du fruit de leurs fatigues. Oh ! quelle méthode de guerre pourrait infliger à l'ennemi un dommage aussi considérable que celle qui a la puissance de le frustrer de ses récoltes ? Quelle bataille navale est comparable à celle où l'on commande aux vents et qui crée des tempêtes destructrices capables d'anéantir et d'engloutir une flotte ? En vérité, celui-là qui gouverne des forces aussi irrésistibles sera seigneur des peuples et aucun art humain ne pourra résister à sa puissance implacable. Les trésors cachés, les gemmes enfouies dans le sein de la terre lui seront révélés ; nulle serrure, nulle forteresse, si imprenable soit-elle, ne prévaudra contre la volonté d'un tel nécromant. Il se fera porter à travers les airs, d'Orient en Occident, et jusqu'aux points les plus opposés de l'univers. Mais pourquoi m'étendre davantage ? Quelle chose ne pourrait être réalisée par de tels artifices ? Presque aucune, hormis la suppression de la mort.

Nous avons partiellement démontré les méfaits et l'utilité qui dérivent d'un tel art, si toutefois il est réel. Et s'il l'est, pourquoi n'est-il pas resté parmi les hommes qui le désirent tant, au mépris de toute déité ; le nombre est infini de ceux qui pour satisfaire un appétit aboliraient Dieu et l'univers entier ?

Si donc la magie n'est jamais restée parmi les hommes tout en leur étant si nécessaire, c'est qu'elle n'a jamais existé et n'existera jamais, selon la définition de l'esprit, lequel est invisible et immatériel ; en effet dans les éléments il n'entre point de chose immatérielle, car où il n'y a pas de corps il y a vide, et le vide n'existe pas dans les éléments, parce qu'il serait aussitôt comblé par eux.

•◆•

Par conséquent, ô vous, étudiants, étudiez les mathématiques et n'édifiez point sans fondations. *[ca. 1511-1513] RL 19066 r.*

•◆•

Les choses mentales qui n'ont pas passé par la compréhension sont vaines et ne donnent naissance à aucune vérité qui ne soit nuisible. Et parce que semblables discours dérivent de l'indigence de l'intellect, ceux qui les tiennent sont toujours pauvres, et s'ils sont nés riches, ils mourront pauvres dans leur vieillesse. Car la nature, semble-t-il, se venge de ceux qui voudraient faire des miracles, et ils finissent par avoir moins que les autres hommes plus tranquilles. Et ceux-là qui aspirent à s'enrichir en un jour vivront un long temps dans une grande pauvreté, comme il advient et adviendra éternellement aux alchimistes, à ceux qui prétendent créer l'or et l'argent, et aux ingénieurs qui veulent que l'eau morte s'anime d'elle-même en un mouvement perpétuel, et à ces souverains sots, le nécromant et l'incantateur. *[ca. 1508-1510] RL 19070 v.*

•◆•

[La certitude des mathématiques.]

Qui méconnaît la suprême certitude des mathématiques se repaît de confusion et ne réduira jamais au silence les contradictions des sciences sophistiques, qui font un bruit perpétuel. *[ca. 1511-1513] RL 19084 r.*

Les abréviateurs d'œuvres font injure à la connaissance et à l'amour, car l'amour de quoi que ce soit est issu de la connaissance et [il est] d'autant plus fervent qu'elle est plus certaine ; et cette certitude naît d'une connaissance approfondie de toutes les parties qui, réunies, forment [l'ensemble de] cette chose digne d'amour.

Que vaut, je te prie, celui qui aux fins d'abréger les choses sur lesquelles il prétend renseigner intégralement, supprime la plus grande partie de ce qui compose le tout ?

Il est vrai que l'impatience mère de la sottise, loue la brièveté ; comme si ces gens n'avaient pas une durée de vie suffisante pour acquérir la connaissance complète d'un objet unique, tel le corps humain. Et ensuite, ils veulent embrasser l'intelligence divine dans laquelle l'univers est inclus, et la pèsent et la dissèquent comme pour une expérience anatomique. Ô stupidité humaine ! Ne t'aperçois-tu pas que tu as vécu toute ta vie avec toi-même, et pourtant tu ne t'avises pas de ce que tu as de plus évident, à savoir ta folie ? Et ensuite, avec la foule des sophistes, tu veux te tromper et tromper les autres, méprisant les sciences mathématiques qui renferment la vérité sur les matières qu'elles contiennent ; et après tu veux passer au miracle, et écrire que tu as sur ces matières des connaissances que l'esprit humain n'est pas capable de posséder, et qui ne se peuvent démontrer par aucun exemple naturel. Tu crois avoir opéré un miracle quand tu as abîmé l'œuvre d'un esprit spéculatif ; et tu ne t'aperçois pas que tu tombes dans l'erreur de celui qui dépouille la plante de sa parure de branches couvertes de feuilles, mêlées à des fleurs odoriférantes et à des fruits. Ainsi fit Justin, épitomateur des histoires de Trogue Pompée, lequel avait écrit les hauts faits des ancêtres, qui se prêtaient à d'admirables fioritures ; il composa une œuvre nue et n'offrant d'intérêt qu'à ces esprits impatients qui croient perdre leur temps quand ils l'emploient utilement à l'étude des œuvres de la nature et des choses humaines.

Laisse ceux-là en compagnie des bêtes et qu'ils aient pour courtisans les chiens et autres animaux voraces, et leur tiennent compagnie ; toujours courant après ce qui fuit devant eux, ils font cortège aux animaux inoffensifs qu'à la saison des grandes neiges la faim amène aux portes de tes maisons pour quémander une aumône comme à leur tuteur.

Si, comme tu le prétends, tu es le roi des animaux (tu ferais mieux de t'intituler le roi des bêtes, étant la plus grande de toutes !), pourquoi ne leur viens-tu pas en aide, de façon qu'elles te donnent leurs petits, afin de satisfaire ton palais, pour l'amour duquel tu as cherché à faire de toi la sépulture de tous les animaux ? Je pourrais en dire plus long s'il m'était permis de proclamer toute la vérité.

Mais ne quittons point ce sujet sans mentionner une suprême forme de malignité qui n'existe guère parmi les animaux dont aucun ne dévore ses congénères – sauf par défaut de raison, car il en est d'insanes chez eux comme chez les humains, bien qu'en nombre plus restreint. Encore ceci n'arrive-t-il que chez les rapaces comme le lion, les léopards, panthères, lynx, chats et autres créatures similaires, qui parfois dévorent leurs petits. Mais toi, non seulement tu manges leurs petits, mais tu manges, père, mère, frères et amis ; cela même ne te suffisant pas, tu fais des expéditions dans des îles lointaines et captures des hommes de différentes races et après les avoir ignominieusement mutilés, tu les engraisses et les ingurgites. La nature ne produit-elle pas assez de choses simples qui rassasient ? ou si tu ne t'en contentes point, ne peux-tu, en les mélangeant, obtenir une infinie variété de mets composés comme l'ont écrit Platine et d'autres auteurs qui ont traité de la gastronomie ?

Et si quelqu'un est vertueux et bon, ne le chasse pas, fais-lui honneur afin qu'il ne te fuie pas et ne se réfugie pas dans des ermitages, des cavernes et autres lieux solitaires pour échapper à tes embûches ; et si tu en rencontres un, révère-le, car ceux-là étant comme des dieux sur cette terre, méritent des statues, des simulacres et des honneurs. Mais je voudrais bien te persuader que tu ne dois pas manger leurs images, comme c'est le cas dans certaine région de l'Inde où, quand les prêtres estiment que ces images ont opéré des miracles, ils les coupent en morceaux (car elles sont en bois) et les distribuent aux gens de la localité, non sans rétribution.

Chacun d'eux alors râpe très fin sa portion et en saupoudre le premier aliment qu'il mange ; et ainsi ils considèrent que sous une forme symbolique, ils ont mangé leur saint et croient qu'il les préservera de tout danger. Que te semble, Homme, de ton espèce ? Es-tu aussi sage que tu le prétends ? Sont-ce là des actes dignes d'un homme, Justin ?

•◆•

Que nul ne me lise dans mes principes qui n'est pas mathématicien. *[ca. 1511-1513] RL 19118 r. et 19119 r.*

•◆•

La nature tend à accomplir tout acte par la voie la plus brève. *[ca. 1510-1513] RL 19120 v.*

•◆•

Toi, ô mon Dieu, tu nous vends toutes les bonnes choses, au prix de l'effort[1]. *[ca. 1506-1508] RL 12642 v.*

---

1. Ms : « *Idio ci vende tutti li beni per prezzo di faticha.* » Au-dessus figure le

·◆·

JOHANNÈS ANTONIUS DI JOHANNÈS AMBROSIUS DE BOLATE

[ca. 1492-1493] RL 12349 v.

Celui-là qui laisse s'écouler le temps sans grandir en vertu, plus on pense à lui, plus on s'afflige.

Nul homme n'est capable de vertu, qui sacrifie l'honneur au gain. La fortune est impuissante à aider qui ne s'évertue pas lui-même. L'homme devient heureux qui suit le Christ.

Point de don parfait sans grande souffrance Nos triomphes et nos pompes passent ; la gloutonnerie, la paresse et le luxe énervant ont banni la vertu du monde ; en sorte que notre nature se dérègle et se soumet à l'habitude. À présent et désormais, il convient que tu te guérisses de ta paresse. Le Maître a dit[1] qu'être sur le duvet ou étendu sous les courtepointes ne te mènera point à la renommée.

Celui qui, sans elle, a gaspillé sa vie, ne laisse pas plus de traces sur terre que la fumée dans l'air ou l'écume sur l'eau.

·◆·

[ca. 1506-1508] Leic. 34 r.

Rien ne naît là où il n'existe ni fibre sensitive ni vie rationnelle. Les plumes poussent sur les oiseaux et se renouvellent tous les ans ; le poil pousse sur les animaux, et change chaque année sauf en certaines parties, comme la moustache des lions, des chats, et créatures de même espèce. L'herbe croît dans les prés, les feuilles sur l'arbre, et chaque année elles se renouvellent en grande partie. Nous pouvons donc dire qu'un esprit d'accroissement anime la terre ; sa chair est le sol ; ses os sont les stratifications successives des rochers qui forment les montagnes ; ses cartilages sont le tuf ; son sang, les eaux jaillissantes. Le lac de sang qui se trouve autour du cœur est l'océan. Son souffle se traduit par l'élévation et l'abaissement du sang dans le pouls, comme pour la terre le flux et le reflux

---

mot *oriato*, et *tu*, à sa droite, est peut-être relié par un tiret à *idio*. *Oratio* peut être interprété soit comme « prière » (oraison) soit comme une référence au poète Horace. Cette dernière interprétation semble assez fondée du fait de la similarité de pensées entre la phrase qui suit et un passage des *Satires* d'Horace, livre I, IX, 58-59 : « *Nil sine magno vita labore dedit mortalibus.* »

1. La phrase qui commence par « Le Maître a dit » semble indiquer que ces préceptes de Léonard furent notés de la main d'un élève, qui, apparemment, écrivit d'abord son propre nom.

de la mer. La chaleur vitale du monde est le feu, infus par toute la terre et son esprit créateur réside dans les feux qui sur divers points du globe s'exhalent en sources thermales, en mines de soufre et en volcans, comme le mont Etna en Sicile, et en plusieurs autres endroits.

⁂

[ca. 1505]
Sul Volo, II (12) r.

Le mensonge est d'une abjection telle, que dût-il célébrer les grandes œuvres de Dieu, il serait une offense à sa divinité. La vérité est d'une telle excellence que si elle loue la moindre chose, celle-ci s'en trouve ennoblie.

La vérité est au mensonge ce qu'est la lumière par rapport aux ténèbres ; et la vérité est, en soi, d'une excellence telle que même quand elle traite de matières humbles et terre à terre, elle l'emporte incommensurablement sur les sophismes et les faussetés qui se répandent en grands discours redondants ; car bien que notre esprit ait fait du mensonge le cinquième élément, il n'en demeure pas moins que la vérité des choses est la pâture essentielle pour les intellects raffinés – mais non, il est vrai, pour les esprits qui errent.

Mais toi qui vis dans les songes, tu te complais davantage aux raisonnements spécieux et aux feintes dignes des joueurs de *palla*, pour peu qu'ils traitent de choses vastes et incertaines, qu'aux choses sûres et naturelles qui n'ont point d'aussi hautes visées.

II

APHORISMES

« Le fer se rouille faute de s'en servir, l'eau stagnante perd sa pureté et se glace par le froid. De même, l'inaction sape la vigueur de l'esprit. »

[ca. 1490]
C. A. 207 r.

Quiconque dans une discussion invoque les auteurs, fait usage non de son intellect mais de sa mémoire.

La bonne littérature a pour auteurs des hommes doués de probité naturelle, et comme il convient de louer plutôt l'entreprise que le résultat, tu devrais accorder de plus grandes louanges à l'homme probe peu habile aux lettres qu'à un qui est habile aux lettres mais dénué de probité.

*

[23 avril 1490]
C. A. 207 v.

De même que le courage met la vie en péril, la crainte la préserve.

La menace ne sert d'arme qu'aux menacés.

Qui marche droit tombe rarement.

Tu fais mal si tu loues ce que tu ne comprends pas bien, et pis encore si tu le blâmes.

*

[ca. 1490]
C. A. 303 v.

Concevoir est l'œuvre du maître, exécuter, l'acte du serviteur.

Qui possède plus de biens, doit avoir plus grande peur de les perdre.

Le désir de savoir est naturel aux bons. *[ca. 1490] C. A. 327 v.*

Aristote dit que chaque chose doit conserver sa nature propre. *[ca. 1495-1497] C. A. 340 r.*

Un corps en mouvement acquiert dans l'espace autant de place qu'il en perd. *[ca. 1508-1510] C. A. 411 r.*

Qui ne chemine pas toujours dans la peur, subit mainte injure et souvent se repent. *[ca. 1516] C. A. 463 r.*

L'acquisition d'une connaissance, quelle qu'elle soit, est toujours profitable à l'intellect, parce qu'elle lui permet de bannir l'inutile et de conserver le bon. Car on ne saurait rien aimer ou haïr qui ne soit d'abord connu. *[ca. 1515] C. A. 616 v.*

L'inégalité est la cause de tout mouvement local. Il n'est point de repos sans égalité. *[ca. 1508-1510] C. A. 782 v.*

Les mots gèlent dans ta bouche et tu ferais de la gelée jusque sur le mont Etna. *[ca. 1505-1507] C. A. 766 v.*

Le fer se rouille faute de s'en servir, l'eau stagnante perd sa pureté et se glace par le froid. De même, l'inaction sape la vigueur de l'esprit. *[ca. 1487-1490] C. A. 785 v. b*

Heureux le domaine qui est sous l'œil de son maître. *[ca. 1487-1490] C. A. 945 r.*
L'amour triomphe de tout.
L'expérience prouve que celui qui n'a jamais confiance en personne ne sera jamais déçu.

[ca. 1487]
C. A. 994 v.

Les instruments des voleurs sont semence de blasphèmes humains contre les dieux.

ANAXAGORE

[ca. 1513]
C. A. 1067 r.

Toute chose naît de toute chose, et toute chose se fait de toute chose, et toute chose redevient toute chose parce que tout ce qui existe dans les éléments est composé de ces éléments.

[ca. 1487-1490]
Tr. 1 v.

Sauvage est qui se sauve.

[ca. 1487-1490]
Tr. 14 v.

La sottise est le bouclier de la honte comme l'importunité celui de la pauvreté.

[Croquis.]

[ca. 1508-1509]
F, couverture, 2 r.

Ici la vérité a fait que le mensonge affecte les langues menteuses.

[ca. 1494]
H, 16 v.

La mémoire des bienfaits est fragile au regard de l'ingratitude.

Reprends un ami en secret, mais loue-le devant autrui.

Qui chemine dans la crainte des dangers ne sera point leur victime.

Ne mens pas sur le passé.

[ca. 1494]
H, 17 v.

Rien n'est plus à craindre qu'une fâcheuse réputation.

La fatigue fuit, emportant dans ses bras la renommée presque cachée.

[ca. 1494]
H, 32 r.

Luxure est cause de génération.

L'appétit est le soutien de la vie.

Crainte, ou timidité, prolonge la vie.

Le dol préserve l'instrument.

•◆•

La modération refrène tous les vices. *[ca. 1494] H, 48 v.*

L'hermine préfère la mort à la souillure.

De la prévoyance.

Le coq ne chante pas qu'il n'ait battu trois fois des ailes. Le perroquet, en passant de branche en branche, ne pose jamais la patte où il n'a d'abord mis le bec.

Le vœu naît quand meurt l'espoir.

Le mouvement tend vers le centre de gravité.

•◆•

[Dessins.]

Supprimer la douleur. *[ca. 1494] H, 100 (43 v.) r.*

Mieux connaître la direction des vents.

D'une petite cause, naît une grande ruine.

•◆•

À l'épreuve nous reconnaissons l'or pur. *[ca. 1494] H, 100 (43 r.) v.*

Tel moule, tel moulage.

•◆•

Le mur croule sur qui le sape. *[ca. 1494] H, 118 (25 v.) r.*

L'arbre se vengera de qui le coupe en tombant sur lui.

Évite la mort au traître ; d'autres châtiments s'il les subit ne lui conféreront pas une distinction[1].

•◆•

Prends conseil de qui se gouverne bien. *[ca. 1494] H, 118 (25 r.) v.*

La justice requiert de la puissance, de l'intelligence et de la volonté ; elle ressemble à la reine des abeilles.

Qui néglige de punir le mal, le sanctionne.

Qui prend le serpent par la queue est ensuite mordu par lui.

La fosse s'écroulera sur qui la creuse.

1. Ch. Ravaisson-Mollien propose : « […] pour que, s'il subit les autres punitions, elles ne le graduent pas (parce que les autres punitions ne l'élèveront pas en grade, c'est-à-dire ne le réhabiliteront pas, ce que ferait la peine de mort). » (*N.d.T.*)

[ca. 1494]
H, 119 (24 r.) v.

Qui ne refrène pas la volupté s'égale aux bêtes.

Point de seigneurie plus grande ou moindre que sur soi-même.

Qui pense peu erre beaucoup.

La résistance est plus facile au début qu'à la fin.

Nul conseil n'est plus loyal que celui qui se donne sur un navire en péril.

Que celui-là s'attende au désastre qui règle sa conduite sur les conseils d'un jouvenceau.

[ca. 1494]
H, 139 (4 r.) v.

Pense bien à la fin, considère en premier lieu la fin.

[La peur.]

[ca. 1502-1504]
L, 90 v.

La peur naît à la vie plus vite que toute autre chose.

[av. 1500]
M, 4 v.

Qui nuit aux autres ne se préserve pas soi-même.

[ca. 1495-1497]
Forster II, 15 v.

Cite à ton maître l'exemple du capitaine : ce n'est pas lui qui remporte la victoire, mais les soldats, grâce à ses conseils, et cependant, il mérite la récompense.

[ca. 1495-1497]
Forster II, 41 v.

L'erreur est aussi grande de bien parler d'un homme indigne que de mal parler d'un homme vertueux.

[ca. 1487-1490, et ca. 1493-1497]
Forster III, 43 v.

Nécessité est maîtresse et tutrice de la nature.

Nécessité est le thème et l'artificier de la nature – le frein, la loi et le thème.

[ca. 1487-1490, et ca. 1493-1497]
Forster III, 66 v.

Pauvre élève qui ne surpasse point son maître.

[Esquisse, tête de vieille femme.]

Belle chose mortelle passe et ne dure point[1]. *[ca. 1487-1490, et ca. 1493-1497] Forster III, 72 r.*

•◆•

La poussière cause des dégâts. *[1508] RL 19104 v.*

•◆•

Le grave ne peut être créé sans être joint au léger, et ils se détruisent l'un l'autre. *[ca. 1510] RL 19106 v.*

•◆•

[Études d'emblèmes avec devises.]

Les obstacles ne peuvent me ployer. *[ca. 1502] RL 12284 r.*
Tout obstacle cède à l'effort.
Ne pas quitter le sillon.
Qui règle sa course sur une étoile, ne change pas.

•◆•

[Dessins, également avec devises.]

Effort persistant. *[ca. 1508-1510] RL 12701.*
Effort prédéterminé.
Qui règle sa course sur cette étoile n'en est pas détourné.

•◆•

Puissé-je être privé de la faculté d'agir, avant de me lasser d'être utile. *[ca. 1508-1510] RL 12700 r.*
Le mouvement me fera défaut plutôt que l'utilité.
La mort plutôt que la lassitude.

1. Le texte de cette phrase, « *Cosa bella mortal passa e non dura* », ainsi que l'a signalé sir Eric Maclagan dans une lettre adressée au *Times Literary Supplement* (8 mars 1923), forme un vers du sonnet de Pétrarque, « *Chi vuol veder quantunque può natura* », CXC, 8e ligne. Dans les précédentes éditions des *Carnets* de Léonard, j'ai traduit cette phrase par : « Dans la vie, la beauté périt, et non dans l'art », ayant, dans sa lecture du texte, suivi le Dr Richter, qui a supposé que le dernier mot est « dart » pour *d'arte*. Un nouvel examen de la photographie de la page, communiquée par sir Eric Maclagan, m'a convaincu de l'erreur. C'est sous cette forme erronée, « *Cosa bella mortal passa e non d'arte* », due uniquement à une erreur de transcription, que l'aphorisme sert d'épigraphe à la tragédie de G. D'Annunzio, *La Gioconda*.

Je ne me lasse point de bien faire, est une devise de carnaval.

Sans fatigue.

Nul labeur ne parvient à me fatiguer.

Les mains dans lesquelles tombent, comme la neige, ducats et pierres précieuses, celles-là ne se fatiguent jamais de servir, mais ce service n'est rendu que parce qu'il est profitable et non pour notre propre avantage.

Je ne me lasse jamais d'être utile.

La nature m'a naturellement disposé ainsi.

*

[ca. 1492-1494]
RL 12351 r.

Qui souhaite s'enrichir en un jour est pendu dans un an.

III

ANATOMIE

« Je révèle aux hommes l'origine de la première – la première ou peut-être la seconde – cause de leur existence. »

« Plût à notre Créateur que je fusse capable de révéler la nature de l'homme et ses coutumes comme je décris sa figure. »

[Préceptes pour l'étude du pied.]

Tu feras ces deux pieds avec contours identiques tournés du même côté, et ne t'inquiète pas qu'ils restent l'un le droit et l'autre le gauche, car ainsi ce sera plus compréhensible. *[ca. 1510-1511] RL 19000 r.*

Tout d'abord tu feras tous ces os séparés, disposés de telle façon que chaque partie de chaque os se tourne ou soit tournée vers le côté de cet os dont elle est disjointe et auquel elle devra être réunie quand tu assembleras tous les os de ces pieds dans leur premier état. Et cette démonstration est faite afin de pouvoir mieux connaître la forme véritable de chaque os en soi ; et de même feras-tu pour la démonstration de chaque membre, de quelque côté qu'il soit tourné.

[Méthode pour l'étude de l'avant-bras.]

Tu feras d'abord ces os sciés dans le sens de leur longueur, et après transversalement, afin que l'on voie à quel endroit ils *[ca. 1510-1511] RL 19000 v.*

sont gros ou minces ; puis représente-les entiers ou disjoints, comme ci-dessus, mais sous quatre aspects, pour qu'on puisse comprendre leur figure véritable ; ensuite revêts-les graduellement de leurs nerfs, veines et muscles.

[Méthode pour l'étude des parties du corps humain.]

La véritable connaissance de la structure du corps humain s'acquerra en le considérant sous des aspects différents ; ainsi, pour faire connaître la vraie forme d'un membre de l'homme, la première bête parmi les animaux, j'observerai la règle précitée en présentant quatre démonstrations pour les quatre côtés de chaque membre, et pour les os j'en ferai cinq, en les sciant par le milieu et en montrant le creux de chacun, dont l'un est médullaire, l'autre spongieux, ou vide ou solide.

[Des os du bras.]

Le bras qui a deux os interposés entre la main et le coude sera un peu plus court en tournant la paume de la main vers le sol que lorsqu'elle est tournée vers le ciel, quand l'homme est debout, le bras tendu. Et il en est ainsi parce que les deux os, si l'on tourne la paume de la main vers la terre, viennent à s'entrecroiser de telle sorte que celui qui part du côté droit du coude s'en va vers le côté gauche de la paume, et celui qui part du côté gauche aboutit au côté droit de la paume de cette main.

Le bras se compose de trente pièces d'os, car il y en a trois dans le bras et vingt-sept dans la main.

[De l'attache des muscles.]

[ca. 1510-1511]
RL 19001 r.

Les muscles susmentionnés ne sont fixés qu'aux extrémités de leurs réceptacles et de leurs tendons ; et ainsi a procédé le Maître, afin que les muscles soient libres et prêts à grossir ou se contracter, à s'amincir ou s'allonger selon les besoins de l'objet qu'ils meuvent.

[ca. 1510-1511]
RL 19002 r.

Commence ton anatomie par la tête, finis-la par la plante des pieds.

[La production de la voix – mécanisme.]

Règle pour voir comment l'émission de la voix se produit dans la partie supérieure de la trachée. On s'en convaincra en extrayant cette trachée ainsi que le poumon de l'homme ; et si ce poumon est rempli d'air et ensuite promptement refermé, on verra aussitôt de quelle manière le tube appelé trachée, produit ce son ; et ceci se verra et s'entendra bien dans le cou du cygne ou de l'oie, qui souvent continue de chanter après sa mort.

On ne peut à la fois avaler et respirer, ou émettre un son.

On ne peut respirer simultanément du nez et de la bouche ; et celui-là le constate qui veut souffler simultanément dans un sifflet ou dans une flûte avec le nez, et dans une autre avec la bouche.

POURQUOI LA VOIX S'AFFAIBLIT CHEZ LES VIEILLARDS

La voix s'affaiblit chez les vieillards parce que, comme les autres boyaux, tous les passages de la trachée se resserrent.

⁂

Le pied se compose de vingt-sept os, en comptant les deux qui se trouvent au-dessous de la base du gros orteil. *[ca. 1510-1511] RL 19002 v.*

Nature des veines.

L'origine de la mer est le contraire de celle du sang ; la mer absorbe tous les fleuves, lesquels sont entièrement produits par les vapeurs de l'eau élevées dans les airs ; mais la mer du sang est la source de toutes les veines.

⁂

DU NOMBRE DES VEINES

La veine forme un tout qui se divise en autant de rameaux principaux qu'il existe d'endroits essentiels à nourrir, rameaux qui vont se subdivisant à l'infini. *[ca. 1510-1511] RL 19003 r.*

[Mouvements du cou.]

Le cou a quatre mouvements, dont le premier consiste à lever le visage, et le second à l'abaisser, le troisième à le tourner soit à droite soit à gauche, et le quatrième à incliner la tête soit à droite soit à gauche [... Ce] sont des mouvements mixtes qui consistent à élever et baisser le visage avec l'oreille près de l'épaule, et de même, à élever ou baisser le visage après l'avoir tourné vers une des épaules, en ayant un œil plus bas ou plus haut que l'autre et ceci se nomme mouvement décomposé.

Et l'on assignera à ces mouvements les cordes et les muscles qui les déterminent et dès lors, si par suite de quelque blessure, l'homme se trouve incapable d'un de ces mouvements, on pourra déterminer avec certitude quelle corde ou quel muscle est empêché.

[Conception exacte des figures.]

[ca. 1510-1511]
RL 19003 v.

Si l'on connaît la largeur, la longueur et l'épaisseur de toutes les figures, on en a la notion réelle. Si donc je note ces particularités de la figure de l'homme, j'en aurai donné la véritable notion à tout esprit sain.

Commente ces paroles, car elles sont confuses.

[Ordonnance des muscles du cou et du thorax.]

Fais la [figure] deux fois plus grande, avec des côtes et des muscles d'une grosseur correspondante et elle sera plus intelligible.

Encore cette figure serait-elle confuse si tu ne faisais au préalable trois démonstrations avec des fils qui soient pareils. Démonstration dont la première doit uniquement se rapporter aux os ; continue ensuite par les muscles qui naissent dans le sein, au-dessus des côtes, et enfin les muscles qui partent du thorax avec ses côtes et en dernier lieu, celle qui est ci-dessus.

Fais les côtes si minces que dans la démonstration finale exécutée au moyen des fils, l'emplacement de l'omoplate soit indiqué.

[Précepte pour l'étude des muscles.]

Avant de représenter les muscles, figure-les au moyen de fils qui serviront à indiquer leur emplacement ; leurs extrémités aboutiront au milieu de l'attache des muscles sur leurs os.

Et ceci donnera une connaissance plus rapide quand tu voudras représenter tous les muscles, l'un au-dessus de l'autre. Et si tu procèdes autrement, ta représentation sera confuse.

⁂

[Précepte pour l'étude des vertèbres cervicales.]

Ces trois spondyles doivent être dessinés sous trois aspects, ainsi qu'on en a usé pour les trois de l'épine dorsale. *[ca. 1510-1511] RL 19007 v.*

Les spondyles du cou sont au nombre de sept ; le premier du dessus et le second, diffèrent des cinq autres.

Tu représenteras ces os du cou réunis, sous trois aspects, et séparés, sous trois aspects également ; et ensuite sous deux autres aspects, c'est-à-dire vus par-dessus et par-dessous ; et ainsi tu donneras la notion exacte de leur forme, notion que les écrivains anciens, non plus que modernes, n'ont jamais été capables de donner sans prolixité infiniment fastidieuse et confuse d'écriture et de temps.

Mais par cette méthode très rapide de les représenter sous des aspects divers, on en donnera la notion complète et précise ; et quant à l'avantage dont je gratifie la postérité, j'enseigne la manière de réimprimer tout cela avec ordre, et je vous prie, mes successeurs, que l'avarice ne vous contraigne pas à faire les estampes en

⁂

L'acte de la copulation et les membres qui y concourent sont d'une hideur telle que, n'étaient la beauté des visages, les ornements des acteurs et la retenue, la nature perdrait l'espèce humaine. *[ca. 1510-1511] RL 19009 r.*

[Mouvements et forces animales soumis aux lois mécaniques.]

Fais en sorte que le livre des « Éléments de mécanique », avec les exemples qu'il contient, précède la démonstration du mouvement et de la force de l'homme et des autres animaux, et ainsi tu pourras fournir la preuve de toutes tes propositions.

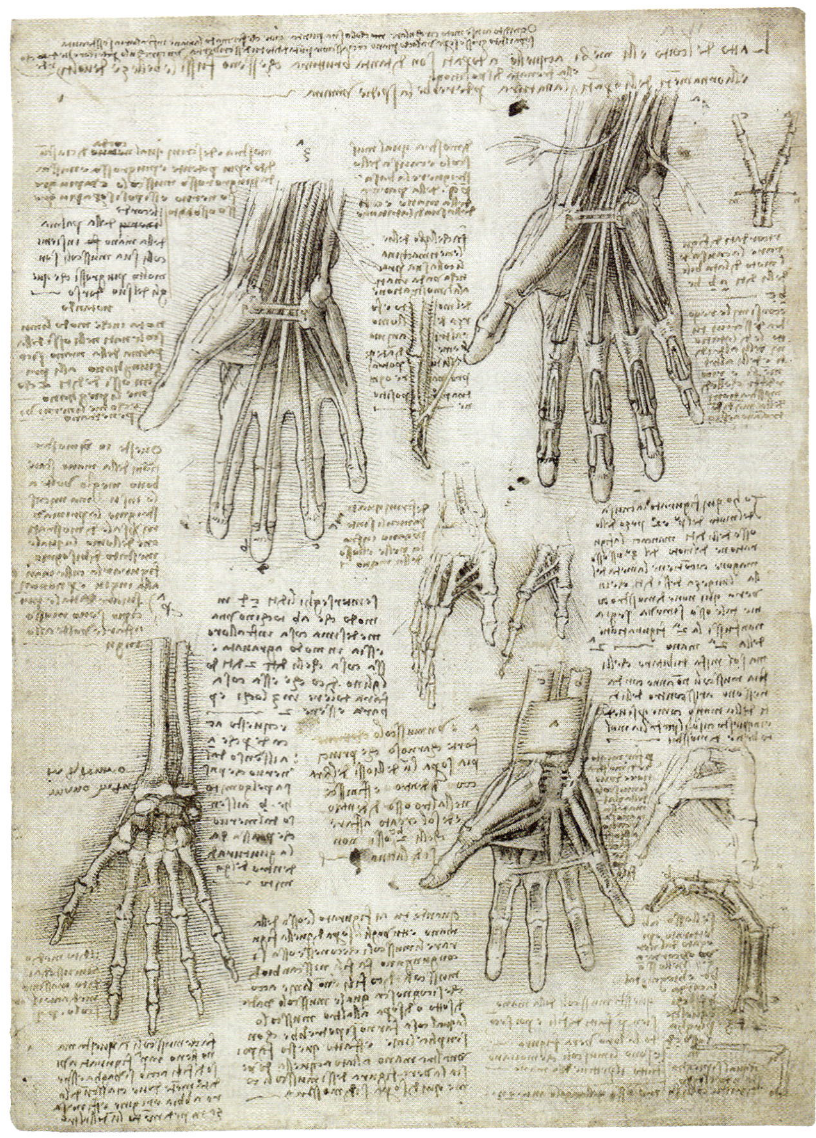

Os, muscles et tendons de la main (*RL 19009* r.).

[Anatomie de la main.]

Décris le nombre de membranes qui s'interposent entre l'épiderme et l'os de la main.

[Préceptes pour l'étude des muscles de la main.]

Ces muscles de la main seront faits d'abord avec des fils et ensuite selon leur figure véritable.

Les muscles actionnent toute la paume de la main.

Quand tu auras représenté les os de la main et que tu voudras dessiner, par-dessus, les muscles qui s'unissent à ces os, dessine des fils à la place des muscles. Je dis des fils et non des lignes, afin que l'on reconnaisse quel muscle passe au-dessus ou au-dessous de l'autre, ce qui ne saurait être démontré au moyen de simples lignes ; après quoi, tu feras une autre main à côté de celle-là, indiquant la véritable forme de ces muscles, ainsi qu'il est démontré ci-dessus.

•◆•

[Représentation de la main.]

[ca. 1510-1511]
RL 19009 v.

La première démonstration de la main sera faite simplement par ses os. La seconde par ses ligaments et diverses chaînes de nerfs qui les joignent. La troisième sera faite avec les muscles qui naissent sur ces os ; la quatrième, avec les premiers tendons qui se posent sur ces muscles et transmettent le mouvement aux extrémités digitales. La cinquième aura trait à la seconde série de tendons, ceux qui meuvent l'ensemble des doigts et aboutissent à leurs avant-derniers os. La sixième montrera les nerfs qui rendent sensitifs les doigts de la main ; la septième fera voir les veines et artères qui alimentent les doigts et leur donnent leur force. La huitième et dernière sera la main revêtue de la peau ; et pour celle-ci on fera une main de vieillard, une de jeune homme, et une d'enfant ; et pour chacune, on indiquera les mesures de longueur, grosseur et largeur de toutes leurs parties.

•◆•

[Préceptes pour l'étude du pied.]

[ca. 1510-1511]
RL 19010 r.

Fais une démonstration de ce pied avec les simples os, puis laissant la membrane qui les recouvre, une simple démonstration des nerfs ; ensuite, sur ces mêmes os, fais-en une des tendons, puis une des veines et artères conjuguées. Et enfin, une seule, comprenant l'artère, les veines, nerfs, tendons, muscles et os.

Les muscles qui font mouvoir les pointes des orteils par en haut et par en bas, apparaissent tous dans la jambe entre le genou et la jointure du pied ; et ceux qui meuvent l'orteil entier, en haut et en bas, apparaissent au-dessus et au-dessous du pied et comme la main avec le bras, ainsi travaille le pied avec la jambe.

[Préceptes pour l'étude du pied.]

[ca. 1510-1511]
RL 19010 v.

Fais une démonstration de ces pieds sans la membrane qui revêt les os, laquelle membrane prend possession d'eux en s'interposant entre eux et les muscles et tendons qui les meuvent ; et ainsi tu seras en mesure de montrer sous quels tendons, nerfs, veines, ou muscles sont les jointures de ces os.

[Représentation des membres en activité.]

Après la démonstration de toutes les parties des membranes de l'homme et autres animaux, tu représenteras le bon fonctionnement de ces membres : c'est-à-dire dans l'acte de se lever après s'être couché, remuant, courant et sautant en des attitudes variées, soulevant et portant de gros poids, lançant des objets au loin et nageant ; et ainsi pour chaque mouvement tu démontreras quels membres et quels muscles le déterminent, et notamment le jeu des bras.

RAISON DE L'UNION DE DEUX MUSCLES

Il arrive fréquemment que deux muscles sont joints ensemble, qui doivent servir deux membres ; et ceci a été fait afin que si l'un des muscles est mis en état d'incapacité par suite de quelque lésion, l'autre puisse suppléer partiellement celui qui fait défaut.

⁂

[Préceptes pour l'étude des os du pied.]

Tu feras ces os du pied tous également écartés, pour que leur nombre et leur forme se comprennent plus distinctement. Et tu représenteras leurs différences sous quatre aspects, afin que la véritable figure de ces os soit mieux connue sous ses divers aspects. *[ca. 1510-1511] RL 19011 r.*

Fais les os du pied un peu écartés les uns des autres, afin qu'on puisse les distinguer aisément, et ainsi tu connaîtras le nombre de ces os et leur forme.

À la fin de chaque représentation du pied, tu indiqueras la mesure de la grosseur et de la longueur de chaque os et son emplacement.

Les aspects du pied sont six, à savoir : dessous, dessus, dedans, dehors, derrière et devant ; à ceux-ci s'ajoutent les six démonstrations des os séparés entre eux ; et il y a celle des os sciés dans le sens de la longueur de deux façons, c'est-à-dire sciés par le côté et tout droits, afin de montrer toute la grosseur des os.

⁂

[Muscles moteurs de la main et des ailes.]

Aucun mouvement de la main ou des doigts n'est produit par les muscles qui sont au-dessus du coude ; il en est de même pour les oiseaux, et c'est la raison de leur puissance, car tous les muscles qui fléchissent les ailes prennent naissance dans la poitrine ; et par eux-mêmes ils ont un poids plus grand que celui de tout le reste de l'oiseau. *[ca. 1510-1511] RL 19011 v.*

⁂

[Insertion des muscles.]

Tu feras une seconde figuration des os, dans laquelle tu montreras comment les muscles s'attachent à eux. *[ca. 1510-1511] RL 19012 r.*

⁂

[Préceptes pour l'étude des os et des muscles de l'homme et du cheval.]

[ca. 1510-1511]
RL 19012 v.

Note où se fixent les parties tout à fait inférieures des muscles de l'épaule *a b c d*, et quelles sont celles qui s'attachent sur l'os appelé humérus, et celles qui s'attachent sur les autres muscles.

Fais, pour chaque os, pris isolément, ses muscles, c'est-à-dire les muscles qui naissent sur lui.

Montre toutes les causes du mouvement de l'épiderme, de la chair et des muscles d'un visage, et si ces muscles tirent ou non leurs mouvements des nerfs qui partent du cerveau.

Et fais ceci, tout d'abord, avec le cheval qui a de grands muscles et des parties très évidentes.

Vois si le muscle qui retrousse les naseaux du cheval est le même que celui qui figure ici chez l'homme en *f* et qui sort du trou de l'os *f*.

[Disposition des vaisseaux et nerfs du doigt.]

As-tu vu ici avec quel soin la nature a disposé les nerfs, les artères et les veines, non au centre des doigts mais latéralement, afin que dans les mouvements des doigts ils ne risquent pas de se percer ou de se couper ?

[Nerfs de la sensibilité et mouvements des doigts, et l'indépendance de leurs fonctions.]

Vois si ce sens est impressionné chez le joueur d'orgue, cependant que l'esprit est sollicité par le sens de l'ouïe.

⁂

[Nécessité de dessiner et de décrire.]

[ca. 1510-1511]
RL 19013 v.

Toi qui veux par des mots révéler la figure de l'homme avec ses membres dans leurs diverses attitudes, bannis cette idée, car plus ta description sera minutieuse, plus tu jetteras de confusion dans l'esprit de ton lecteur, et plus tu t'éloigneras de la connaissance de la chose décrite. Donc, il est nécessaire de figurer en même temps que de décrire.

Si la chose réelle, du fait de son relief, te semble plus reconnaissable que celle dessinée ici – impression qui tient à ce que tu peux regarder l'objet sous différents aspects –, tu dois comprendre que dans la figuration que j'en donne, les mêmes résultats seront obtenus sous les mêmes aspects ; et ainsi, aucune partie de ces membres ne te sera cachée.

[Préceptes pour l'étude des muscles de l'épaule.]

Décris chaque muscle, à quel doigt il sert, et à quel membre, dessine-le tout dépouillé, sans qu'il soit gêné par la superposition d'un autre muscle, et ainsi l'on pourra par la suite reconnaître les parties endommagées.

Sans cette règle, tu ne connaîtras jamais la forme de l'épaule.

Écris de combien chaque muscle peut s'allonger ou se contracter, ou s'amincir, ou grossir, et lequel a plus ou moins de puissance.

Représente ici, toujours ensemble, les veines et les nerfs ainsi que les muscles, afin qu'on puisse voir comment ces veines et nerfs embrassent les muscles, et supprime les côtes pour mieux permettre de voir comment le plus grand des muscles s'attache à l'omoplate.

•◆•

[Des muscles.]

[ca. 1510-1511] RL 19014 r.

Fais une démonstration avec des muscles minces et maigres, de manière que l'intervalle qui les sépare forme une fenêtre, pour montrer ce qui se trouve derrière.

[Dessin d'épaule.]

Les muscles sont de deux formes, avec deux noms différents : le plus court s'appelle muscle, et le plus long, cordon.

Nature des muscles.

Les tendons des membres ont une longueur plus ou moins grande selon que l'homme a plus ou moins de chair. Et dans la maigreur, cette chair se retire toujours vers le point où elle a pris naissance, du côté charnu. Et à mesure qu'elle engraisse, elle s'étend vers la naissance du tendon.

Comment les muscles s'attachent aux jointures des os.

La fin de chaque muscle se change en un tendon, qui lie la jointure de l'os avec laquelle se conjugue le muscle.

Du nombre des tendons et des muscles.

Les muscles qui successivement se recouvrent l'un l'autre, et tous ensemble recouvrent et lient l'articulation des os auxquels ils se rattachent, sont en aussi grand nombre que ceux qui convergent vers la même jointure.

Si la jonction du muscle *b* s'opère avec l'os de la cuisse, et, en fait, avec le muscle *a* ou le muscle *b* puisqu'ils sont joints, ils s'unissent et s'établissent sur cet os de la cuisse. Et cette troisième manière est d'une plus grande utilité et efficacité pour produire le mouvement de la cuisse, car si le muscle *a* était sectionné ou subissait quelque autre lésion, le muscle *b* ferait mouvoir la cuisse, ce qui lui serait impossible s'il était disjoint d'avec l'os entre *b a*.

⁂

[Action des muscles dans la respiration.]

[ca. 1510-1511]
RL 19014 v.

Ces muscles ont un mouvement volontaire et involontaire, attendu que ce sont eux qui ouvrent et referment les poumons ; quand ils l'ouvrent, ils suspendent leur fonction, laquelle est de se contracter, car les côtes qui étaient d'abord tirées vers le haut et comprimées par la contraction de ces muscles se trouvent alors en liberté et reprennent leur distance naturelle à mesure que la poitrine se dilate. Et comme il ne saurait y avoir de vide dans la nature, le poumon, qui du dedans touche les côtes, doit nécessairement suivre leur expansion ; et en s'ouvrant comme un soufflet de forge, il attire l'air pour remplir l'espace ainsi formé.

⁂

[Préceptes généraux.]

[ca. 1510-1511]
RL 19015 r.

Commence ton « Anatomie » par l'homme qui a atteint son plein développement ; puis montre-le âgé et moins musculeux ; ensuite dépouille-le graduellement jusqu'aux os.

Et enfin, tu feras l'enfant, avec la démonstration de la matrice.

[Relation entre le volume des muscles et leur fonction.]

Dans toutes les parties de l'homme appelées à fournir un plus grand effort, la nature a fait les muscles et les tendons plus larges et plus épais.

OÙ IL EST TRAITÉ DE L'HOMME SELON LA MÉTHODE INSTRUMENTALE, ET LE CONTRAIRE

[Fonction des muscles dans la respiration.]

[ca. 1510-1511] RL 19015 v.

Il arrive presque toujours que les muscles ne meuvent pas le membre auquel ils sont fixés, mais qu'ils meuvent le membre à l'endroit où s'attache le tendon parti du muscle, sauf celui qui soulève et meut les côtes pour faciliter la respiration.

Tous ces muscles servent au soulèvement des côtes ; ainsi la poitrine se trouvant élargie, entraîne la dilatation des poumons, laquelle provoque l'aspiration de l'air qui, par la bouche, pénètre dans le poumon.

DÉMONSTRATION DE LA MANIÈRE DONT L'ÉPINE DORSALE EST FIXÉE DANS LE COU

Dans cette démonstration du cou, on fera autant de figures de muscles et de tendons qu'il y a d'emplois des mouvements de ce cou ; et le premier que l'on note ici, c'est comment les côtes, dans leur vigueur, maintiennent droite l'épine du cou, grâce aux tendons qui remontent vers cette épine ; ces tendons servent à un double usage, qui est de soutenir l'épine au moyen des côtes et les côtes au moyen de l'épine.

Et cette duplicité de forces placées aux extrémités opposées du tendon agit avec lui de la même façon que la corde par rapport aux extrémités de l'arc.

Mais cette convergence des muscles dans l'épine la maintient droite, comme les cordages attachés au mât soutiennent aussi en partie les bords du navire auquel ils sont fixés.

MÉTHODE DE REPRÉSENTATION DES CAUSES MOTRICES D'UN MEMBRE

Fais d'abord les muscles moteurs de l'os appelé humérus ; puis, fais dans l'humérus les muscles moteurs du bras qui le redressent et le plient ; montre ensuite séparément les muscles qui naissent sur cet humérus et ne servent qu'à faire tourner le bras en même temps que la main. Représente ensuite dans le bras seulement les muscles qui meuvent la main de haut en bas, d'un côté et de l'autre, sans en agiter les doigts ; figure ensuite les muscles qui actionnent les doigts serrés, étendus, écartés ou rapprochés, mais d'abord représente la tonalité, comme on fait en cosmographie, et puis divise-la pour former les susdites parties ; et tu procéderas de même pour la cuisse, la jambe et le pied.

DES MUSCLES QUI PARTENT DES CÔTES, CI-DESSUS REPRÉSENTÉS

J'ai longtemps et non sans motif, douté si les muscles qui naissent sous les omoplates, au-dessus de la troisième, de la quatrième et de la cinquième côte droite, et aussi ceux du côté gauche, ont pour mission de maintenir droite l'épine du cou à laquelle les rattachent leurs tendons ou si, en se contractant, ils se tirent, avec les côtes, vers la nuque, au moyen desdits tendons attachés à la colonne vertébrale ; et la raison m'incline à croire que ces muscles sont destinés à soutenir l'épine dorsale pour qu'elle ne fléchisse pas en supportant la lourde tête de l'homme quand il la courbe ou la relève ; car ni les muscles de l'épaule ni ceux de la clavicule ne lui viennent en aide, attendu que l'homme relâchera ces muscles qui partent des épaules ou de la clavicule, lorsqu'il remonte les épaules vers les oreilles, et ainsi il enlèvera de la force à ces muscles ; et ce relâchement et cette contraction n'empêcheront pas le mouvement du cou non plus que la capacité de l'épine dorsale à soutenir la tête.

Et je suis confirmé dans cette opinion par la forme puissante de ces côtes, à l'endroit où sont les muscles ; elle les rend tout à fait aptes à résister à n'importe quel poids ou force qui entraînerait dans la direction opposée le tendon *a*, *b*, lequel, en tirant contre la côte *br*, la fixe plus puissamment

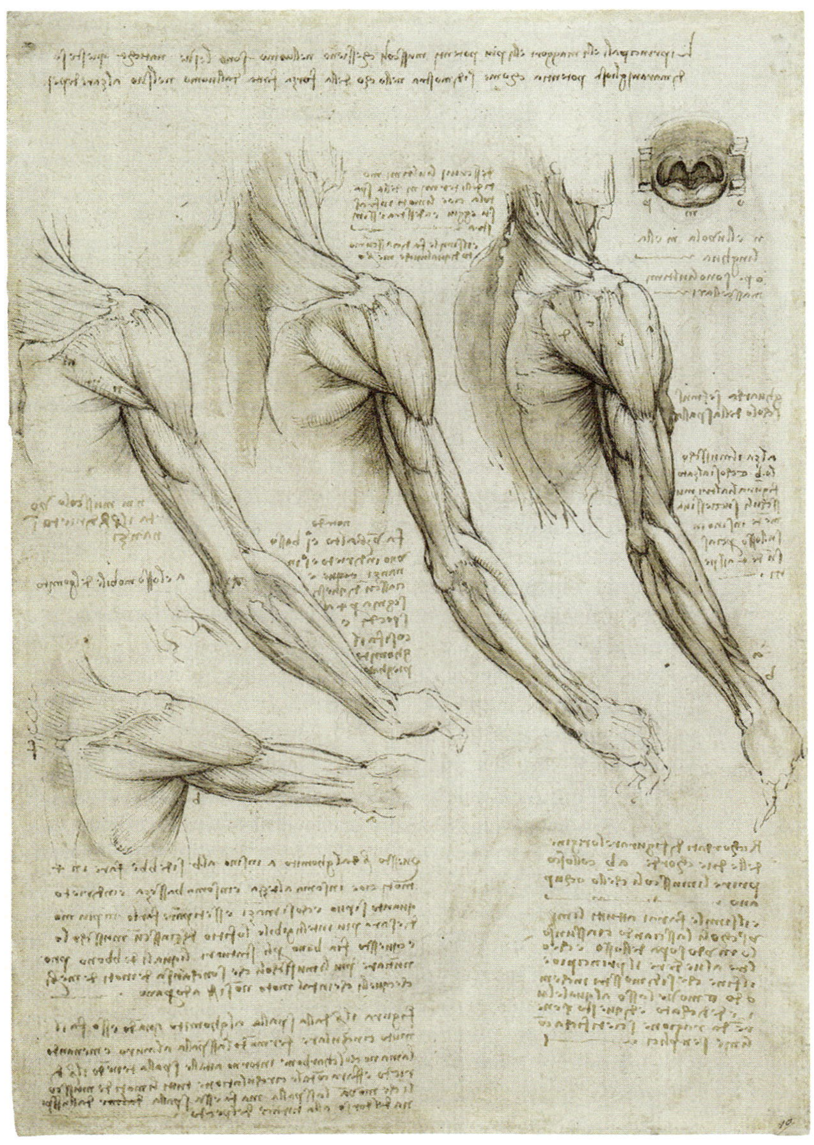

Muscles de l'épaule et du bras (*RL 19005* v.).

dans la position *r*. Et si ce tendon était destiné à soulever la côte pour augmenter et faciliter la respiration, la nature ne l'aurait pas placé obliquement en *a*, *b*, mais dans la position encore plus inclinée de *a c*. Et lis à ce sujet les propositions inscrites ci-dessous et dans la marge.

•◆•

[Muscles de la main, de la jambe et du pied.]

[ca. 1510-1511]
RL 19016 r.

Quand tu représentes la main, dessine avec elle le bras jusqu'au coude, et avec le bras, les nerfs et les muscles qui jouent pour le détacher du coude. Et fais-en autant pour la démonstration du pied.

Tous les muscles partant des épaules, de l'omoplate et de la poitrine concourent au mouvement d'un bras depuis l'épaule jusqu'au coude. Et tous les muscles qui naissent entre le coude et le bras servent au mouvement de la main. Et ceux qui prennent naissance dans le cou concourent au mouvement de la tête et des épaules.

Quand tu représentes les muscles de la cuisse, montre en même temps l'os de la jambe, pour qu'on sache à quel endroit ces muscles s'y attachent. Tu feras ensuite la jambe avec les muscles attachés à ses os, ensuite tu dessineras les os dénudés. Et tu en useras de même pour tous les nerfs.

Les muscles du pied concourent au mouvement des orteils, à l'aide des tendons qui partent des muscles de la jambe.

Quels sont les muscles de la jambe qui ne servent qu'au simple mouvement des pieds, et quels sont ceux de cette jambe qui ne servent qu'au simple mouvement des orteils. Et quand tu revêtiras de ses muscles l'os de la jambe, souviens-toi de représenter d'abord ceux qui meuvent le pied, et joins-les à ces pieds.

Représente ici la patte de l'ours, du singe et des autres animaux, et en quoi ils diffèrent du pied de l'homme ; et ajoute aussi les pattes de quelques oiseaux.

Entre le genou et la jointure du pied, il y a autant de muscles que de tendons se rattachant à la partie supérieure des orteils, et il en va de même au-dessous, en ajoutant ceux qui meuvent le pied vers le haut et vers le bas, d'un côté et de l'autre ; et parmi lesquels figurent ceux qui soulèvent les orteils et qui sont cinq. Et le nombre des muscles au-dessus et au-dessous du pied équivaut au double du nombre des doigts. Mais comme je n'ai pas encore achevé ce discours, je le délaisserai pour l'instant, et je pense terminer cette « Anatomie » au cours de cet hiver de l'an 1510.

Les tendons qui font se baisser les orteils sont issus des muscles qui partent de la plante des pieds ; mais ceux qui soulèvent ces orteils prennent naissance non dans la partie supérieure du pied appelée cou-de-pied. Que si tu désires t'en assurer, presse ta cuisse entre tes mains, un peu au-dessus du genou, et soulève les doigts de pied, et tu remarqueras que la chair de ta cuisse n'a aucun mouvement en soi, dans ses tendons ou muscles. Mais c'est bien vrai.

[Préceptes pour l'étude du pied.]

[ca. 1510-1511] RL 19017 r.

Applique au pied la règle dont tu t'es servi pour la main, c'est-à-dire dessine d'abord les muscles sous six aspects, à savoir derrière, devant, dessous et dessus, en dedans et en dehors.

[Considérations sur l'origine des muscles du pied.]

Mondino dit que les muscles qui soulèvent les orteils se trouvent dans la partie extérieure de la cuisse ; il ajoute que le dos du pied n'a pas de muscles, la nature ayant voulu le faire léger pour qu'il pût se mouvoir avec aisance, car trop charnu il serait plus pesant, et ici l'expérience démontre que les muscles *a b c d* meuvent les deuxièmes pièces des os des orteils, et que les muscles de la jambe *r s t* actionnent les pointes des orteils. Il s'agit donc de rechercher pourquoi la nécessité ne les a pas fait tous naître dans le pied, ou tous dans la jambe ; ou pourquoi ceux de la jambe, qui meuvent l'extrémité des orteils, ne sont pas nés dans le pied au lieu de faire un long parcours pour atteindre la pointe de ces orteils ; et aussi comment ceux qui actionnent les secondes jointures des orteils doivent naître dans la jambe.

[Préceptes.]

Figure d'abord les deux os de la jambe, depuis le genou jusques au pied, puis montre les premiers muscles qui naissent sur ces deux os, et continue ainsi, en mettant un muscle sur l'autre, en autant de démonstrations variées qu'il y a de degrés dans leurs superpositions ; et tu agiras de même, jusqu'à ce que tu aies terminé un côté ; et ainsi pour quatre côtés intégralement, avec le pied entier, car il se meut au moyen des tendons issus des muscles de la jambe ; mais le côté de la plante est mû par des muscles nés dans cette plante ; et les membranes des jointures des os partent des muscles de la cuisse et de la jambe.

Après cette démonstration de l'os, montre comment le revêtent les membranes interposées entre les tendons et les os.

Pour t'assurer de l'origine de chaque muscle, souviens-toi de tirer le tendon qui l'engendre, de manière à voir comment le muscle se meut, et sa naissance sur les ligaments des os.

Avicenne. Les muscles moteurs des orteils sont soixante.

[En note.]

Tu ne feras que de la confusion dans ta démonstration des muscles et de leur emplacement, naissances et aboutissements, si tu ne commences par faire une démonstration des muscles minces au moyen de fils. Et tu pourras les représenter superposés comme les a placés la nature et ainsi les désigner selon les membres qu'ils servent, c'est-à-dire : le moteur de la pointe du gros orteil, et de l'os du milieu, et du premier, etc.

Et quand tu auras donné ces détails, tu montreras à côté la forme véritable, la dimension et l'emplacement de chaque muscle ; mais souviens-toi de faire les fils qui indiquent les muscles au même endroit que les lignes centrales de chacun d'eux, et ainsi ces fils montreront la forme des jambes et leur écartement dans le mouvement rapide comme au repos.

[Les muscles extenseurs et fléchisseurs du pied.]

Les muscles qui ne servent qu'à mouvoir le pied pour l'élever par-devant sont : *m n* qui naissent dans la jambe, à partir du genou vers le bas ; et ceux qui le tournent vers l'extérieur de la cheville sont les muscles *f n*. Donc, *n* est commun à ces deux mouvements.

[Atrophie des muscles.]

J'ai écorché le cadavre d'un homme qui avait tant maigri à la suite d'une maladie, que ses muscles étaient consumés et comme réduits à l'état de mince pellicule, en sorte que les tendons, au lieu de se convertir en muscles s'étaient transformés en une peau flasque ; et les os même revêtus de leur peau ne se trouvaient guère augmentés.

[Topographie des muscles et des nerfs moteurs et sensitifs des membres inférieurs.]

Tu montreras d'abord les os séparés et un peu disloqués, pour qu'il soit possible de mieux distinguer la forme de chaque pièce d'os prise en soi. Ensuite, réunis-les de façon qu'ils ne s'écartent pas de la première démonstration, sauf dans la partie où s'opère leur contact. Après quoi tu feras la troisième démonstration de ces muscles qui relient les os. Tu passeras ensuite à la quatrième, relative aux nerfs transmetteurs de la sensibilité. Continue par la cinquième, sur les nerfs qui meuvent les premières jointures des orteils. Et dans la sixième, tu feras les muscles qui sont sur le pied, où se distribuent les muscles sensitifs. Et la septième se rapportera aux veines qui alimentent ces muscles du pied. La huitième aura trait aux nerfs qui font mouvoir les pointes des orteils. La neuvième figurera les veines et artères interposées entre la chair et l'épiderme. La dixième et dernière montrera le pied terminé, avec toutes ses forces sensitives. Tu pourras faire la onzième sous la forme d'un pied transparent, dans lequel on verra toutes les susdites choses.

[Préceptes pour l'étude de la jambe.]

Mais fais d'abord la démonstration des nerfs sensitifs de la jambe et de leurs ramifications sous quatre aspects, pour qu'on puisse voir exactement d'où dérivent ces nerfs ; et représente ensuite un pied jeune et délicat, avec peu de muscles.

Tous les nerfs des jambes, par-devant, servent aux pointes des orteils, ainsi qu'il est démontré pour le gros orteil.

[En note.]

Après avoir fait tes démonstrations des os sous divers aspects, fais les membranes interposées entre les os et les muscles ; en outre, quand tu auras représenté les premiers muscles, et décrit et montré leur fonctionnement, fais la seconde démonstration sur ces premiers muscles, et la troisième sur la seconde, et ainsi de suite.

Dessine ici d'abord simplement les os et puis recouvre-les graduellement, de la même façon que les a revêtus la nature.

Pour ta définition du pied, il faudra nécessairement qu'il soit joint à la jambe jusqu'au genou, car c'est dans cette jambe que naissent les muscles moteurs des extrémités des orteils, c'est-à-dire les derniers os.

Dans la première démonstration, il faut que les os soient un peu disjoints, pour qu'ils révèlent leur forme exacte. Dans la deuxième, on montrera les os sciés pour faire comprendre quelles sont leurs parties creuses ou solides. Dans la troisième, ces os seront joints ensemble. Dans la quatrième figureront les ligaments qui les relient l'un à l'autre. Dans la cinquième, les muscles qui fortifient ces os. Sixièmement, les muscles seront montrés avec leurs tendons. Septièmement, les muscles de la jambe avec les tendons qui aboutissent à ces doigts. Huitièmement les nerfs de la sensibilité. Neuvièmement, les artères et les veines. Dixièmement, la peau musculeuse. Onzièmement, le pied dans son ultime beauté.

Et il faut que chacun des quatre aspects comporte ces onze démonstrations.

[Notes.]

[1489 et ca. 1508]
RL 19018 r.

Nerfs qui élèvent les épaules et la tête, et ceux qui la penchent, et ceux qui la font se retourner, et l'inclinent de biais.

Baisser le dos. Le courber. Le contorsionner. Le redresser.

Tu traiteras de la physionomie.

Je trouve que les veines n'ont d'autre fonction que de chauffer, de même que les nerfs et les choses conductrices de sensations.

[Fonctions vitales du corps.]

[1489 et ca. 1508]
RL 19018 v.

Cause de la respiration.
Cause du mouvement du cœur.
Cause du vomissement.
Cause de la descente de la nourriture dans l'estomac.
Cause de l'évacuation intestinale.
Cause du mouvement des matières superflues à travers l'intestin.
Cause de la déglutition.
Cause de la toux.
Cause du bâillement.
Cause de l'éternuement.
Cause de l'engourdissement des divers membres.
Cause de la perte de la sensibilité d'un membre.
Cause de l'impression de chatouillement.
Cause de la sensualité et autres besoins du corps.
Cause de l'urination.
Et ainsi de tous les actes naturels du corps.

[1489 et ca. 1508]
RL 19019 r.

Le sens tactile est répandu sur tout l'épiderme de l'homme.

COMMENT LES CINQ SENS SONT LES MINISTRES DE L'ÂME

L'âme réside apparemment au siège du jugement, et le jugement semble être à l'endroit où tous les sens concourent et qui est appelé le sens commun ; et il n'est pas tout entier répandu par tout le corps, comme d'aucuns l'ont cru, mais entièrement concentré dans cette partie ; car s'il était tout entier dans le tout et tout entier en chaque partie, il n'était point nécessaire que les instruments des sens convergeassent tous vers un point particulier ; au contraire, il suffisait à l'œil d'enregistrer ses perceptions à sa surface, sans transmettre au sens, par la voie des nerfs optiques, les images des objets vus, car, pour la raison susdite, l'âme les aurait saisies à la surface même de l'œil.

Pareillement, pour l'ouïe, il suffisait que la voix résonne dans la concavité du rocher qui se trouve à l'intérieur de l'oreille, sans autre canal menant de cet os au sens commun où la bouche peut s'adresser audit sens commun.

On constate que le sens de l'odorat aussi est contraint, par la nécessité, de recourir au jugement.

Le tact passe par les tendons perforés et se transmet à ce sens ; ces tendons s'étendent en infinies ramifications sous la peau qui recouvre les membres du corps et les viscères. Les tendons perforants véhiculent l'impulsion et la sensation jusqu'aux membres qui leur sont soumis ; passant entre les muscles et les nerfs, ils dictent leur mouvement à ceux-ci, qui obéissent et se contractent, parce que le gonflement réduit leur longueur et tire en arrière les nerfs, lesquels sont enchevêtrés dans le réseau des particules des membres ; et aboutissant à la pointe des doigts, ils transmettent au sens l'impression tactile reçue.

Les nerfs avec leurs muscles servent les tendons comme les soldats leur condottiere, et les tendons obéissent au sens commun contre les condottieri à leur capitaine, et ce sens commun à son tour sert l'âme comme le capitaine son seigneur.

Ainsi les articulations des os obéissent au nerf, le nerf au muscle, le muscle au tendon et le tendon au sens commun ; le sens commun est le siège de l'âme, la mémoire est son moniteur[1], et la sensibilité est sa référence.

Comment le sens sert l'âme et non l'âme le sens, et comment, quand le sens qui devrait assister l'âme lui fait défaut, l'âme qui régit la vie ne peut concevoir la fonction de ce sens, cela se voit dans le cas d'un muet ou d'un aveugle de naissance.

[1489 et ca. 1508]
RL 19019 v.

Comment les nerfs travaillent parfois d'eux-mêmes, sans le commandement d'autres agents ou de l'âme.

Ceci apparaît avec évidence, car tu verras les paralytiques ou ceux que le froid fait frissonner ou engourdit, remuer leurs membres tremblants, tête ou mains, sans la permission de leur âme qui, malgré tout son pouvoir, ne saurait empêcher ces membres de s'agiter. Ce phénomène s'observe aussi dans les cas d'épilepsie ou de membres coupés ; tels que la queue du lézard.

1. On a suivi ici l'interprétation de E. MacCurdy. (*N.d.T.*) Ms. : *ammunizione*.

FONCTION DU FOIE, DE LA BILE ET DES INTESTINS

Le foie distribue et dispense la nourriture vitale à l'homme.

La bile est la familière ou la servante du foie ; elle balaye et nettoie toutes les impuretés et superfluités après que le foie a distribué leur nourriture aux membres.

Les intestins. Pour ceux-ci, tu te rendras compte de leurs circonvolutions si tu les gonfles. Et souviens-toi qu'après que tu les auras présentés sous quatre aspects, ainsi disposés, tu les feras ensuite sous quatre autres aspects, dilatés de telle sorte que leurs intervalles et orifices te permettent de comprendre l'ensemble, c'est-à-dire de saisir les variations de leur volume.

⁂

[Chyle, mésentère.]

Par les ramifications des vaisseaux chylifères dans le mésentère, la nourriture est tirée de la corruption alimentaire des intestins, et, en dernière instance, elle retourne, par les ramifications terminales de l'artère, à ces intestins où ce sang mort se corrompt et acquiert la puanteur des matières fécales. *[ca. 1508] RL 19020 r.*

Le mésentère est une épaisse membrane nerveuse et adipeuse dont les ramifications contiennent douze veines principales, et il est joint à la partie inférieure du diaphragme.

Vois si le mésentère a des artères ou non. Dans le mésentère sont plantées les racines de toutes les veines, qui se rejoignent à l'entrée du foie et purifient son sang, lequel pénètre ensuite dans le vaisseau chylifère ; et celui-ci va au cœur et purifie le sang qui s'introduit dans les artères comme un sang spiritueux.

⁂

DE LA FORCE DU MUSCLE

Si un muscle est étiré dans le sens de la longueur, une faible force brisera son tissu de chair ; et si les nerfs sensitifs sont étirés dans le sens de la longueur, une faible puissance suffira à les arracher des muscles où leur réseau s'enchevêtre, s'étend et se consume ; et de même pour l'enveloppe ner- *[ca. 1508] RL 19020 v.*

veuse des veines et les autres, enchevêtrées avec ces muscles. Quelle est donc alors la cause qui produit la grande force des bras et des jambes que l'on observe dans les mouvements de l'animal ? La seule explication, c'est qu'elle dérive de l'épiderme qui les revêt ; et que lorsque les nerfs sensitifs bombent les muscles, ceux-ci se contractent et tirent après eux les tendons qui sont le prolongement de leurs extrémités, et dans ce processus de grossissement ils enflent la peau, la tendent et la durcissent ; et elle ne peut être étirée à moins que les muscles ne redeviennent minces ; et tant qu'ils n'ont pas diminué de grosseur, ils sont une cause de résistance et raffermissent la susdite peau sous laquelle les muscles bombés font office de coin.

Préceptes pour démonstrations.

[Dessin.]

Ne représente dans cette démonstration que la première côte supérieure ; elle suffit pour montrer à quel endroit le col se sépare du buste.

Figure la longueur et la grosseur proportionnée qu'ont les nerfs des bras et des jambes, les uns par rapport aux autres.

[Du col.]

Tu apporteras une extrême diligence à faire cette démonstration du cou, intérieur, extérieur et profil – en indiquant les proportions respectives des tendons et des nerfs, ainsi que les endroits où ils commencent et aboutissent ; car sinon, tu ne serais capable ni de traiter ce sujet, ni de démontrer l'office ou l'usage que leur assigne la nature ou la nécessité. En outre, tu décriras les distances qui séparent les nerfs, à la fois sous le rapport de leur profondeur et de leur largeur, et les différences que présentent les hauteurs et les profondeurs de leur point de départ ; et tu feras de même pour les veines et artères des muscles ; et ceci sera fort utile à ceux qui sont appelés à panser des plaies.

[Veine ombilicale.]

Note si les veines ombilicales sont quatre, chez les mâles comme chez les femelles. *[ca. 1508] RL 19021 r.*

La veine ombilicale *x v* forme la vie et le corps de tous les animaux à quatre pattes, hormis ceux qui sortent de l'œuf, tels les grenouilles, tortues, lézards verts, caméléons et leurs pareils.

Je crois que ces quatre nerfs sont ceux des veines ou des artères.

J'ai découvert qu'ils sont ceux des plus grandes veines rénales.

Le nombril est la porte par laquelle notre corps est formé au moyen de la veine ombilicale.

⁂

Cette démonstration est aussi nécessaire aux bons dessinateurs que les dérivés des mots latins aux bons grammairiens car, forcément, on représente mal les muscles des figures dans leurs mouvements ou actions, si l'on ne connaît les muscles qui les déterminent. *[ca. 1508] RL 19021 v.*

⁂

[Raison de la position des veines du genou.]

La nature a placé les principales veines de la jambe au milieu de l'épaisseur de l'articulation, parce que dans l'acte de plier cette articulation les veines sont moins comprimées que si elles étaient placées devant ou derrière le genou. *[ca. 1508] RL 19022 r.*

[Relation des nerfs avec les muscles.]

Il existe autant de ramifications nerveuses qu'il y a de muscles, et il ne saurait y en avoir ni plus ni moins, car les muscles ne peuvent se contracter ou se détendre qu'en raison des nerfs, grâce auxquels ils perçoivent les sensations. Et il existe autant de tendons actionnant les membres, que de muscles.

⁂

[Nerfs.]

[ca. 1508] *RL 19023 r.* En certaines parties de l'homme, les nerfs sont ronds, et plats en d'autres.

Les nerfs partent d'un point plus bas que les veines rénales.

Il y a dans la cuisse autant de nerfs que de muscles.

•◆•

[ca. 1508] *RL 19023 v.* Les vertèbres du dos derrière les reins sont cinq.

[Liste de démonstrations anatomiques.]

Trois hommes entiers.
Trois avec os et veines.
Trois avec os et nerfs.
Trois avec les os seuls.
Ce sont là douze démonstrations de figures entières.

•◆•

[ca. 1508] *RL 19025 r.* La veine saphène avec ses autres collatérales et adhérentes, qui servent à alimenter la cuisse, devrait être incluse dans les lignes qui délimitent la jambe entière.

•◆•

[ca. 1508] *RL 19025 v.* La structure de l'homme est plus compliquée vers le centre de sa hauteur, de sa largeur et de sa grosseur que partout ailleurs ; et plus encore chez la femme qui, dans la même partie, loge vessie, matrice, ovaires, rectum, veines hémorroïdes, nerfs, muscles, cartilages et autres choses analogues.

•◆•

[ca. 1508] *RL 19027 r.* Dessine le bras de Francesco le miniaturiste, qui présente des veines nombreuses.

[Préceptes pour dessins et démonstrations anatomiques.]

Dans des démonstrations de ce genre, tu indiqueras les contours exacts des membres par une seule ligne ; au centre, place les os à leur distance exacte de la peau, c'est-à-dire de la peau du bras ; puis tu feras les veines qui seront tout entières sur un fond clair ; et ainsi on concevra exactement la position de l'os, des veines et des nerfs.

[Modification des artères avec l'âge.]

À mesure que vieillissent les veines, leurs ramifications perdent leur direction rectiligne et elles deviennent d'autant plus flexibles ou sinueuses, leurs parois s'épaississent d'autant plus que les années s'accroissent.

Tu trouveras presque généralement que les veines et les nerfs suivent le même parcours, se dirigent vers les mêmes muscles et se ramifient de la même manière dans chacun de ces muscles ; et que chaque veine, chaque nerf, passe avec l'artère entre un muscle et l'autre, et s'y scinde en ramifications identiques.

[Extensibilité des vaisseaux.]

Les veines sont extensibles et expansibles, et de ceci j'eus confirmation par un homme que j'ai vu et qui accidentellement s'était blessé à la veine commune ; il y avait aussitôt fait une ligature serrée, et en l'espace de quelques jours, une tumeur couleur de sang avait poussé, de la grosseur d'un œuf d'oie et pleine de sang, et elle est demeurée ainsi plusieurs années ; et j'ai découvert aussi, dans le cas d'un homme décrépit, que les veines mésentériques ont obstrué le passage du sang et doublé de longueur.

[Modification des artères, des veines hépatiques et des organes abdominaux chez les vieillards.]

[ca. 1508] RL 19027 v.

Les artères et les veines qui, chez le vieillard s'étendent entre la rate et le foie, acquièrent une épaisseur de paroi si grande qu'elle obstrue le passage du sang venu des veines mésentériques, à travers lesquelles ce sang passe dans le foie et dans le cœur et les deux veines plus grandes et, en conséquence, dans le corps entier ; outre l'épaississement de leur paroi, ces veines se développent en longueur et se tordent comme un serpent[1], le foie perd l'humeur sanguine que lui

1. Selon G. Fumagalli, en croyant décrire l'évolution des veines, Léonard a décrit la cirrhose du foie. (*N.d.T.*)

apportait cette veine et finalement il se dessèche et devient semblable à du son gelé, tant par sa couleur que sa substance ; en sorte que lorsqu'elle se trouve soumise à la plus légère friction, cette substance s'éparpille en menus flocons comme la sciure de bois et quitte les veines et les artères.

Les veines biliaires et celles du nombril qui pénétraient dans le foie par son orifice, se trouvent toutes privées de la substance hépatique, à la manière du maïs ou du millet indien quand ses grains ont été ôtés.

Chez les personnes âgées, le côlon et les autres intestins subissent une grande constriction, et dans les veines qui passent au-dessous de la fourche de la poitrine, j'ai trouvé des cailloux aussi gros que des châtaignes, ayant couleur et apparence de truffes ou de scories de fer ou de mâchefer ; ils étaient extrêmement durs tout comme le mâchefer, et avaient formé des poches qui pendaient à ces veines, à la manière de goitres.

Quelques heures avant sa fin, ce vieillard me dit qu'il avait vécu cent ans et qu'il ne ressentait aucun mal physique autre que la faiblesse ; et ainsi assis sur un lit de l'hôpital de Santa Maria Nuova à Florence, sans aucun mouvement ni symptôme de malaise, il quitta doucement cette vie.

Je pratiquai l'autopsie pour vérifier la cause d'une aussi douce mort et découvris qu'elle était consécutive à la faiblesse produite par la défaillance du sang et de l'artère qui nourrit le cœur et les autres membres inférieurs, que je trouvai tout parcheminés, ratatinés et flétris ; et je notai le résultat de cette autopsie avec beaucoup de soin et de facilité, car le corps était dépourvu de la graisse ou des humeurs qui constituent le principal empêchement à la connaissance de ses parties.

L'autre autopsie fut faite sur un enfant de deux ans, et là je découvris que le cas était exactement à l'opposé de celui du vieillard.

Les vieillards qui jouissent d'une bonne santé meurent par manque de nutrition. Et ceci se produit parce que le passage aux veines mésentériques est continuellement restreint par l'épaississement des parois de ces veines ; et le processus va s'accusant jusqu'à affecter les veines capillaires qui sont les premières à se fermer complètement ; il s'ensuit donc que les vieux redoutent le froid plus que les jeunes et que ceux qui sont très avancés en âge ont la peau couleur de bois ou de châtaigne racornie, parce qu'elle est presque complètement privée d'aliments.

Le réseau veineux agit dans l'homme comme dans les oranges dont la peau s'épaissit et la pulpe se réduit à mesure qu'elles vieillissent. Et si tu dis que le sang cesse de couler dans les veines en s'épaississant, cela n'est point vrai, car le sang des veines ne s'épaissit pas, parce qu'il meurt continuellement et se renouvelle.

•◆•

[Principaux vaisseaux du thorax.]

Tu feras les veines qui sont dans le cœur et aussi les artères qui lui dispensent vie et nourriture. *[ca. 1508] RL 19028 r.*

[Cœur et vaisseaux.]

Le cœur est le noyau qui produit l'arbre des veines ; celles-ci prennent racine dans le fumier, à savoir les veines mésentériques qui déposent le sang qu'elles ont reçu dans le foie, d'où les veines supérieures du foie tireront leur aliment.

[Préceptes pour dessins anatomiques.]

Fais d'abord les ramifications des veines isolées et assemble ensuite les os et les veines.

[Cœur et vaisseaux provenant du cœur, et comparaison avec les racines des plantes.]

La plante ne jaillit jamais des rameaux car elle existe avant eux, et le cœur existe avant les veines.

Toutes les veines et artères partent du cœur ; voilà pourquoi leur maximum de grosseur se trouve à leur point de jonction avec ce viscère ; et plus elles en sont éloignées, plus elles s'amenuisent et se divisent en ramifications ténues. Et si tu me dis que les veines partent de la protubérance du foie parce qu'elles ont des ramifications comme les racines des plantes dans le sol, ma réponse à cette comparaison sera que les plantes ne tirent nullement leur origine de ces racines, mais que les racines et autres ramifications prennent naissance dans la partie inférieure de ces plantes, laquelle est située entre l'air et la terre ; et toutes les parties de la plante, au-dessus et plus bas, sont toujours moindres que celle qui touche à la terre ; il est donc évident que la plante entière dérive de cette grosseur et, par conséquent, les veines partent du cœur, siège de leur maximum de grosseur. On ne saurait trouver de plante ayant pour origine les pointes de ses racines ou autres ramifications, et l'on en voit l'exemple dans le développement de la pêche, qui procède de son noyau, comme nous l'avons montré ci-dessus.

[Préceptes pour la mensuration des doigts.]

[ca. 1508]
RL 19028 v.

Indique les mesures des doigts de l'homme disséqué de chaque membre, et ses positions.

[Altération du tissu interne des vaisseaux sanguins chez les vieillards.]

On demande pourquoi, chez les vieillards, les veines acquièrent une grande longueur ; celles qui étaient droites s'infléchissent, et la paroi s'épaissit au point de se refermer et d'entraver le mouvement du sang, et pour ce motif ils s'éteignent sans aucun malaise.

Je considère que plus une chose est rapprochée de son foyer de nutrition, plus elle se développe ; et voilà pourquoi ces veines étant la gaine du sang qui nourrit le corps, il les nourrit d'autant mieux qu'elles sont plus rapprochées de lui.

[Artères abdominales. Causes de la mort chez les vieillards.]

Les veines *a b* finissent par subir chez les vieillards un rétrécissement tel que le sang perd son pouvoir de circulation et en général se corrompt et ne peut plus pénétrer le sang nouveau qui le balaye comme il avait accoutumé de le faire en sortant de la porte de l'estomac ; voilà pourquoi ce sang pur s'altère en s'éloignant des entrailles, et c'est pourquoi les vieillards, quand ils atteignent un âge très avancé, s'éteignent sans fièvre.

Et pourquoi leurs boyaux sont très rétrécis.

[De l'impossibilité de pratiquer sur un être vivant l'ablation de la rate.]

Je démontre ici qu'il est impossible d'ôter la rate à l'homme, comme se le figurent ceux qui ignorent la substance dont elle se compose ; car ainsi qu'il est expliqué ici, elle ne pourrait être extraite d'un corps sans causer sa mort, et ceci en raison des veines au moyen desquelles elle alimente l'estomac.

[Vaisseaux qui assurent la nutrition des organes abdominaux.]

La veine qui s'étend entre l'entrée du foie et celle de la rate a des racines à cinq ramifications, lesquelles sillonnent les cinq enveloppes du foie, et, du milieu de son tronc, une branche part et s'étend qui sert à la nutrition depuis la base du péritoine, et sillonne toutes ses parties. Un peu plus loin, une branche se lève qui rejoint la partie gauche au-dessous de l'estomac, et à quelque distance de là, aboutit, par deux rameaux, à la rate dont elle parcourt en se ramifiant toute la substance.

[Cause de la mort chez les vieillards.]

Chez les vieillards, l'épaississement des tuniques veineuses obstrue le passage du sang et, en raison de ce manque de nutrition, ils vont s'affaiblissant et une lente mort les consume sans fièvre. Et ceci se produit à cause du manque d'exercice, parce que le sang ne se réchauffe pas.

•◆•

Raison de la chaleur du sang.

La chaleur est produite par le mouvement du cœur, et la chose est manifeste, car à mesure que le cœur bat plus vite, la chaleur augmente, comme le prouve le pouls des fiévreux, lequel est mû par les battements du cœur. *[ca. 1508] RL 19029 r.*

[Dessin du cœur.]

Instrument merveilleux, inventé par le Maître suprême.

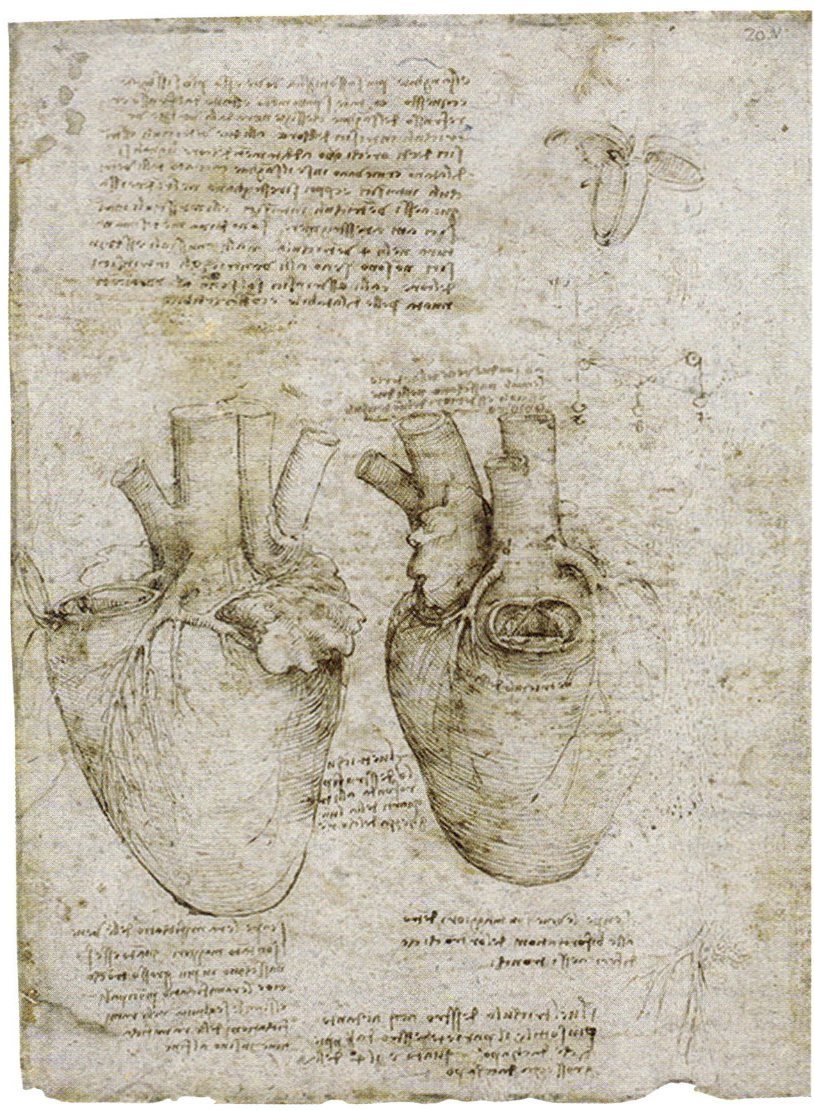

Étude des artères coronaires et des valves du cœur (*RL 19073* v., détail).

[Mécanisme de l'action du cœur.]

Le cœur s'ouvre dans le réceptacle des esprits, c'est-à-dire l'artère ; en *m* il prend ou plutôt distribue le sang à l'artère ; par l'orifice *b* il se rafraîchit grâce à l'air des poumons, et en *c* il remplit les oreillettes du cœur *s*.

n, le muscle ferme, est tiré en arrière, et c'est la première cause du mouvement du cœur, car ainsi tiré, il grossit, et grossissant, il raccourcit et entraîne dans sa régression tous les muscles inférieurs et supérieurs ; il ferme la porte *m*, réduit la distance entre la base et le sommet du cœur, et dès lors il arrive à le vider et à attirer l'air frais.

•◆•

Du cœur. Celui-ci se meut de lui-même et ne s'arrête point, sinon pour toujours. *[ca. 1508] RL 19030 r.*

[Fonction du poumon par rapport à la circulation.]

Du poumon. Celui-ci est mû par d'autres, à savoir le premier moteur, le cœur, qui, en se contractant entraîne après soi les veines par lesquelles il restitue au poumon l'air chauffé et le dilate ; et ce poumon peut s'arrêter soit volontairement, soit par oubli, c'est-à-dire par un oubli résultant d'une trop grande absorption de la pensée ; et ainsi le cœur lui retire l'air chauffé qu'il lui avait donné ; mais cet acte ne pourrait se renouveler plusieurs fois, car le poumon, s'il ne se rafraîchissait au moyen d'un air renouvelé, finirait par suffoquer.

Testicules, témoins de la copulation. Contiennent en eux de l'ardeur, c'est-à-dire augmentent l'humeur querelleuse et la férocité des animaux ; l'expérience nous le démontre clairement chez les animaux que l'on châtre, tels le taureau, le sanglier, le bélier et le coq, bêtes très féroces qui, une fois privées de ces organes, restent fort couardes ; ainsi l'on voit un bélier chasser devant lui un troupeau de moutons, et un coq mettre en fuite une bande de chapons, et j'ai vu la même chose se produire dans le cas d'une poule, et aussi de bœufs.

De la verge. Celle-ci a des rapports avec l'intelligence humaine et parfois elle possède une intelligence en propre ;

en dépit de la volonté qui désire la stimuler, elle s'obstine et agit à sa guise, se mouvant parfois sans l'autorisation de l'homme ou même à son insu ; soit qu'il dorme, soit à l'état de veille, elle ne suit que son impulsion ; souvent l'homme dort et elle veille ; et il arrive que l'homme est éveillé et elle dort ; maintes fois l'homme veut se servir d'elle qui s'y refuse ; maintes fois elle le voudrait et l'homme le lui interdit. Il semble donc que cet être a souvent une vie et une intelligence distinctes de celle de l'homme, et que ce dernier a tort d'avoir honte de lui donner un nom ou de l'exhiber, en cherchant constamment à couvrir et à dissimuler ce qu'il devrait orner et exposer avec pompe, comme un officiant.

[Organes qui fonctionnent indépendamment de la volonté.]

Le poumon excepté, nul instrument inférieur du corps humain n'est capable de suspendre à volonté son activité. Tu vois le cœur continuer à fonctionner automatiquement, ainsi que l'estomac et les autres viscères qui le touchent et même le foie, la vésicule biliaire, la rate, les testicules, les reins et la vessie.

⁂

[ca. 1508]
RL 19030 v.

En effet, l'homme ne diffère point des animaux, sauf en ce qui est accidentel, et c'est en cela qu'il révèle son essence divine ; car au point où la nature s'arrête de produire ses espèces, l'homme, avec les choses naturelles, crée à l'aide de cette nature une variété infinie d'espèces, et comme elles ne sont point nécessaires à ceux qui se gouvernent justement, comme les animaux, il n'est point dans la disposition de ceux-ci de les rechercher.

[Dessin du rein droit.]

Sectionne-le en son milieu et représente la constriction des voies urinaires et leur égouttement.

Note la distance séparant les reins du flanc et des fausses côtes.

⁂

[Passage de l'urine du rein dans la vessie par les uretères.]

Les autorités soutiennent que les uretères chargés de porter l'urine dans la vessie n'y pénètrent pas directement, mais entre deux couches de peau, par des voies qui ne se rencontrent point, et que plus la vessie s'emplit, plus ils se contractent. On dit que la nature a fait cela uniquement pour que la vessie, quand elle est pleine, refoule l'urine vers sa source, et de telle façon que, ayant trouvé le moyen de cheminer entre deux membranes pour déboucher à l'intérieur par des voies étroites et non en face de celle de la première membrane, plus la vessie sera pleine et plus l'urine comprimera une membrane contre l'autre et, en conséquence, elle ne risquera pas de se répandre et de retourner en arrière. Cette assertion, néanmoins, ne tient pas debout, étant donné que si l'urine dans la vessie montait plus haut que son orifice lequel est placé vers le milieu de sa hauteur, il s'ensuivrait que cet orifice se refermerait soudain et la quantité de liquide n'excéderait jamais plus de la moitié de la capacité de cette vessie et, par conséquent, le reste de la vessie ne servirait à rien ; or la nature ne crée jamais rien de superflu. Nous établissons donc, comme il ressort de la cinquième partie du sixième [livre] relatif aux eaux, que l'urine pénètre dans la vessie par un chemin long et tortueux, et qu'une fois cette vessie pleine, les canaux des uretères demeurent pleins d'urine, et celle que contient la vessie ne peut atteindre à un niveau plus haut que leur surface quand l'homme est debout ; mais s'il est étendu, elle peut régresser en arrière par ces canaux, et encore plus s'il pouvait se mettre tête en bas, ce qui n'arrive guère ; mais la position horizontale est très fréquente, dans laquelle, si un homme est couché sur le flanc, un des uretères se trouve plus haut que l'autre ; et celui d'au-dessus ouvre son orifice et déverse l'urine dans la vessie, et l'autre canal, celui d'au-dessous, se ferme à cause du poids de l'urine ; en conséquence, un canal unique transmet celle-ci à la vessie. En outre, il suffit qu'une des veines rénales purifie le sang du chyle en le débarrassant de l'urine qui y est mélangée, car ces veines sont en face l'une de l'autre et ne proviennent nullement de la veine chylifère. Et si l'homme est étendu le dos tourné vers le ciel, les deux canaux des uretères déverseront l'urine dans la vessie, et pénétreront dans sa partie

[ca. 1508]
RL 19031 r.

supérieure car ils se rejoignent dans la partie postérieure de la vessie, laquelle se trouve être en haut quand le corps est à plat ventre, et en conséquence les orifices de l'urine peuvent rester ouverts, et fournir à la vessie toute l'urine qu'il faut pour l'emplir.

Quand l'homme est tête en bas, l'entrée des urines est fermée.

⁂

[Du motif de l'agencement de l'intestin humain par rapport à la nutrition.]

[ca. 1508]
RL 19031 v.

Les animaux sans pattes ont l'intestin droit ; voilà pourquoi il reste toujours à plat, car l'animal sans pattes ne peut se dresser, ou, même s'il le fait, il retombe aussitôt à sa position horizontale ; mais, pour l'homme, il n'aurait pu en être ainsi, car, du fait qu'il se tient dans la position verticale, son estomac se viderait brusquement si l'enchevêtrement des intestins n'opposait une barrière à la descente des aliments ; en outre, si ses boyaux étaient rectilignes, toutes les parties de sa nourriture ne se trouveraient pas également en contact avec eux comme c'est le cas dans les boyaux sinueux.

En conséquence, dans les déchets de cette nourriture, il subsisterait beaucoup de matière nutritive qui n'arriverait pas à être assimilée par la substance de ces boyaux et véhiculée dans les veines mésentériques.

[Défécation. Mouvements intestinaux par rapport au diaphragme.]

Quand, sous la pression des muscles transversaux du corps, l'intestin évacue les déchets, ces muscles ne sauraient remplir leur fonction avec efficacité si le poumon n'est plein d'air ; car si ce poumon n'était pas gonflé d'air, il ne remplirait pas à lui seul tout le diaphragme ; le diaphragme demeurerait donc flasque et les intestins comprimés par les muscles transversaux précités, seraient refoulés de côté où ils ne rencontreraient pas de résistance, et qui serait le diaphragme. Mais si le poumon reste gonflé d'air et que tu ne laisses pas cet air s'échapper par en haut, alors le diaphragme sera tendu et ferme et il opposera une résistance au soulèvement des intestins pressés par les muscles transversaux ; ainsi donc, les intestins sont forcés de se débarrasser par l'intestin droit d'une grande partie du déchet qu'ils contiennent.

[Préceptes pour l'étude du foie.]

Je désire couper le foie, lequel recouvre l'estomac, dans la partie qui revêt l'estomac jusqu'à la veine qui pénètre dans le foie et qui en ressort ensuite, afin de voir comment cette veine se ramifie en lui. Mais d'abord, j'aurai représenté la position exacte de ce foie, et comment il revêt l'estomac.

⁂

Tous les muscles du corps sont enveloppés dans des cartilages extrêmement ténus et se transforment ensuite en cartilages plus épais, et c'est l'aboutissement de leur substance. *[ca. 1508] RL 19032 r.*

[Action des muscles transversaux de l'abdomen sur la défécation.]

Les muscles transversaux compriment l'intestin mais non les muscles horizontaux, car sinon, quand l'homme est courbé et détend ses muscles, il n'aurait pas la force de les comprimer au besoin ; mais les muscles transversaux ne se relâchent jamais quand l'homme s'incline, et tout au contraire, plutôt se raidissent.

[Muscles de la paroi antérieure de l'abdomen et leur fonction.]

[Dessin n r b a s h m.]

a b sont des muscles longitudinaux terminaux ; les membranes en lesquelles ils se transforment passent à angle droit au-dessous des longitudinaux *a m*.

Les muscles *n r s h* sont quatre et ont cinq tendons ; ils ne sont pas d'une seule pièce comme les autres, en sorte que chacun est plus court, bien que partout où il y a vie et consistance, il y a aussi force ; et là où la longueur de mouvement est grande, il est nécessaire de diviser le moteur en plusieurs parties, et son maximum d'extension excède son minimum d'extension du tiers de l'un de ses bras, et d'autant plus qu'il forme un arc d'une plus grande concavité dans sa partie postérieure, ainsi qu'on le constate chez ces acrobates qui se renversent au point que leurs mains rejoignent leurs pieds par-derrière ; et cette extraordinaire capacité est due à la contraction de leurs pieds, ainsi que de leurs mains ; et ces muscles sont placés sur deux rangs, c'est-à-dire à droite et à gauche, en raison de la nécessité de se pencher à droite et à gauche.

Les muscles transversaux *c d* sont ceux dont l'étirement rétrécit et soulève les intestins, et remonte le diaphragme en chassant l'air du poumon ; ensuite, à mesure que se relâchent ces muscles, les intestins s'affaissent et provoquent le retrait du diaphragme, et le poumon s'ouvre.

a b est entièrement composé de cartilages qui bordent le sifac[1] et par des muscles charnus *c d*, lesquels muscles pénètrent sous les côtes et sont horizontaux ; ils naissent dans l'os médullaire et c'est eux seuls qui expulsent les déchets du corps.

Au-dessus de la membrane *a b* descendent les muscles horizontaux *n m* mentionnés plus haut, qui partent des dernières côtes, à côté de la pomme d'Adam et se terminent en bas dans la région pubienne.

Muscles du tronc.

[ca. 1508]
RL 19032 v.

Note comment la chair augmente sur l'os quand on engraisse et décroît quand on maigrit, et la forme qu'elle prend et

Le muscle *a b* est charnu à l'endroit où il se termine, au-dessous du bras et dans les parties supérieures et latérales ; ou plus bas, dans le flanc ; et derrière, dans l'os du dos ; et devant, dans la section médiane longitudinale du corps, pour aboutir aux vertèbres de l'épine dorsale.

Les muscles *n m o p q* sont situés au-dessus des côtes ; leurs angles se convertissent en cartilages courts et épais et rejoignent les côtes où ils s'arrêtent ; et aussitôt d'autres muscles y naissent, à savoir *a m n* ; ce que l'on en voit apparaît après que la peau a été ôtée.

a b c est recouvert par le muscle *a*, en haut, dans la seconde démonstration.

1. Sifac, nom du péritoine dans les ouvrages médicaux du Moyen Âge. (*N.d.T.*)

Tous les muscles qui prennent naissance dans le corps se convertissent en membranes, lesquelles membranes se prolongent avec le muscle opposé, passant au-dessus de la partie inférieure de l'abdomen, comme c'est le cas pour les muscles transversaux et obliques ; mais les muscles verticaux ou droits sont charnus depuis la hauteur de la pomme d'Adam jusqu'au pubis ; et le muscle des mamelles qui part de tout le milieu du thorax et aboutit à l'os de l'épaule, quand il a passé un peu au-dessous des seins, se change en une membrane et revêt le corps entier.

•◆•

[ca. 1508] RL 19033 r.

Dans sa partie supérieure, le premier muscle du bas-ventre part de la sixième côte du thorax et se termine du côté des bras, à la façon d'une scie, dans les muscles qui partent au-dessus des côtes ; et au-dessous, s'étant mué en cartilage, il aboutit à l'os de la hanche, aussi bas que le pubis.

Le muscle *n m* est le muscle transversal placé plus bas, qui prend naissance dans les vertèbres derrière le nombril, traverse les parties tendres du flanc et finit dans la fausse côte pénultième ; et mué en cartilage au-dessus des muscles verticaux, il devient charnu et se prolonge jusqu'à la région pubienne.

•◆•

[Préceptes pour la démonstration des muscles du thorax.]

[ca. 1508] RL 19033 v.

Pour la démonstration de la région costale, il faut dessiner tout d'abord simplement les côtes, nues, ouvertes par intervalles ; ensuite les muscles joints à elles, par quoi elles sont reliées ; puis les muscles qui s'enchevêtrent au-dessus d'elles et servent au mouvement d'expansion et de contraction de ces côtes ; en outre les autres muscles croisés au-dessus desdits muscles, à des angles différents, servant à divers mouvements.

[Raison du mouvement des côtes.]

Du maximum de soulèvement et d'abaissement des épaules, lequel refrène le mouvement des côtes. Parce que le maximum de soulèvement ou d'abaissement des épaules au moyen des muscles du cou qui ont leur base dans les vertèbres de l'épine dorsale entrave – quand ces épaules remontent – le mouvement des côtes dans leur descente et quand ces épaules s'abaissent, le soulèvement des côtes se trouve empêché.

Voilà pourquoi la nature y a pourvu au moyen des muscles du diaphragme, qui l'abaissent au centre de sa concavité ; et s'il se relève, c'est grâce au vent comprimé que renferment les intestins, vent produit du fait que les excréments, en séchant, dégagent des gaz ; et si les épaules levées maintiennent haut les côtes au moyen du muscle *b*, le diaphragme, simplement en se mouvant par le jeu de ses muscles, accomplit la fonction d'ouvrir *et de fermer* le poumon ; les intestins comprimés ainsi que le vent condensé qui en eux s'engendre refoulent vers le haut le diaphragme, lequel en opérant une pression sur le poumon, expulse l'air.

[Muscles de la paroi antérieure du thorax et de l'abdomen.]

Le muscle *a* contient la poitrine, et descend, charnu, jusqu'à la septième côte, près de la pomme d'Adam ; puis s'étant changé en membrane, il enveloppe toute la partie inférieure du ventre et finit par se joindre à l'os du pubis ; et ce muscle pectoral se compose de plusieurs muscles qui, partant de tous les points du thorax, convergent et se terminent dans la partie des muscles de l'humérus.

a d c aboutit à l'os de l'épaule et part du milieu du thorax ; au-dessous, il ne s'étend pas assez loin pour recouvrir *b* figuré ci-dessus, sauf par son cartilage, avec lequel il enveloppe tout le bas-ventre ; et il se termine dans le flanc et dans l'os du pubis.

[Poumon.]

[ca. 1508]
RL 19034 r.

Quand le poumon ayant expiré l'air qu'il contient, se trouve diminué de volume à proportion du vent exhalé, il faudrait examiner par où la cavité du poumon ainsi réduit attire à soi l'air qui la remplit lorsque le poumon expire de nouveau, attendu que dans la nature, le vide n'existe point.

On se demande aussi, étant donné que le poumon, après qu'il a été dilaté chasse l'air de son réceptacle, par quelle voie cet air s'échappe et où il va quand il a été expiré.

[Mécanisme de la respiration.
Action des muscles intercostaux.]

Le poumon est toujours plein d'une quantité d'air, même après avoir chassé celui qui était nécessaire à l'expiration ; et quand l'air frais l'a revigoré, il presse sur les côtés de la poitrine, les dilate un peu et les pousse vers l'extérieur, car en mettant la main sur la poitrine tandis que le poumon respire, on peut voir et palper l'extension et la contraction de cette poitrine et plus encore quand on exhale un grand soupir. Car la nature a voulu que cette force se créât dans les côtés de la poitrine et non dans la membrane qui termine la substance du poumon, de crainte que par une excessive ingurgitation d'air, consécutive à un soupir très profond, cette membrane ne se rompe et n'éclate.

[Fonction du diaphragme.]

Le diaphragme, c'est-à-dire la large membrane placée sous l'extrémité du poumon, n'est modifié ni refoulé sur aucune de ses parties par l'accroissement de volume du poumon, ce dernier se dilate en largeur et non en longueur, à moins que le diaphragme ne se trouve comprimé par le vent ou l'air que déplace l'augmentation de volume du poumon ; auquel cas il serait possible à ce diaphragme, refoulé par l'air, de céder la place au poumon dilaté, à l'air de faire pression sur le foie, et au foie de peser sur l'estomac auquel il sert de couverture, et ainsi se produirait une pesée sur tous les intestins et ce mouvement continuel entraînerait l'évacuation des entrailles, avec d'autant plus de rapidité que l'effort de l'homme aura été plus vigoureux.

[Cause de la formation des gaz dans l'intestin.]

Nous pouvons dire du vent qui se produit dans les intestins qu'il est causé par les déchets rassemblés dans le rectum, lesquels se dessèchent à mesure que leur humidité s'évapore ; et cette vapeur, sous forme d'air, détend les entrailles et provoque des douleurs quand elle se trouve confinée dans le côlon.

[Dilatation du poumon pendant la respiration. Comment son expansion agit sur les fonctions de l'estomac.]

L'accroissement de volume du poumon, quand il se remplit d'air, se produit dans le sens de sa largeur et non de sa longueur, ainsi qu'on le peut constater en insufflant de l'air dans le poumon d'un porc. L'air interposé entre le poumon non gonflé et les côtes qui l'entourent, s'échappe dans la partie d'en dessous, à mesure que se dilate le poumon entre ce dernier et le diaphragme qu'il oblige à se gonfler vers le bas, en pesant contre l'estomac, lequel, pressé, se décharge de son contenu dans les intestins.

[Action de l'expansion du poumon sur le péricarde et fonction du fluide péricardien.]

En outre, l'air comprimé entre le poumon et le diaphragme repose dans la gaine qui enveloppe le cœur, et la petite quantité de fluide qui est au fond de cette gaine se soulève et baigne le cœur entier, et ainsi, le baignant continuellement, elle humecte le cœur échauffé et empêche que son mouvement le dessèche.

[Le corps tire son origine du cœur.]

[ca. 1508]
RL 19034 v.

Quant à la création primitive du corps, il tire son origine du cœur ; et en conséquence le sang, les veines et les nerfs en font autant, encore que tous ces nerfs semblent manifestement dériver de la moelle épinière et être éloignés du cœur, et que la moelle épinière semble être de la même substance que le cerveau dont elle dérive.

[Origine des nerfs spinaux.]

Arbre de tous les nerfs ; il est démontré que tous ont leur origine dans la moelle épinière et celle-ci dans le cerveau

[Préceptes pour ta démonstration des nerfs.]

Dans chaque démonstration de l'ensemble des nerfs, fais les linéaments externes qui indiquent la forme du corps.

[Préceptes pour démonstrations anatomiques.]

[ca. 1508]
RL 19035 r.

Souviens-toi de ne jamais modifier les contours d'aucun membre en enlevant un muscle pour en découvrir un autre ; et si tu enlèves seulement des muscles dont l'une des lignes de contour est aussi celle d'une partie du corps duquel tu l'as détaché, tu devras indiquer par un pointillé le contour du membre supprimé du fait de l'amputation d'un muscle ; et si tu procèdes ainsi, la forme du membre que tu décriras ne sera pas dépourvue de naturel, bien qu'amputée en quelques-unes de ces parties. Et en outre il en résultera une connaissance plus grande de l'ensemble, car après qu'une partie aura été enlevée, tu verras dans l'ensemble l'exacte forme de la partie d'où elle a été ôtée.

[Des muscles.]

[ca. 1508]
RL 19035 v.

Le long muscle *a b* et le long muscle *a c* servent à tendre la cuisse en avant.

En outre, ils permettent à cette cuisse des mouvements latéraux, extension et contraction ; le grossissement et la contraction du muscle *a c* interviennent pour l'extension, et celui du long muscle *a b* pour la contraction.

[Du mouvement tournant de la cuisse.]

Cette partie du mouvement tournant de la cuisse à droite et à gauche est causée par les muscles précités ; le muscle *a c* tourne la cuisse vers le dedans et le long muscle *a b* vers le dehors et les deux conjointement soulèvent la cuisse.

[Raisons des attaches des muscles.]

Les muscles commencent et finissent dans les os qui se touchent et ils ne commencent et ne finissent jamais dans le même, car il serait incapable de mouvoir aucune chose sauf lui-même à l'état de rareté ou de densité.

Quels sont les muscles qui commencent et finissent d'un côté sur un os et de l'autre côté sur un autre muscle ?

[Topographie des muscles de la région crurale.]

Je désire séparer le muscle ou tendon *a b* et montrer ce qui vient au-dessous de lui.

[Insertion des muscles de la cuisse, au genou.]

Au genou aboutissent tous les muscles de la cuisse ; ils se changent d'abord en nerf, puis, au-dessous du nerf, chacun se transforme en un mince cartilage auquel est reliée l'articulation du genou, avec autant de pelures ou de couches membraneuses qu'il y a de muscles descendant de cette cuisse au genou, et ces ligaments s'étendent sur un espace de quatre doigts au-dessus de l'articulation du genou et quatre au-dessous.

•◆•

[Muscles de la cuisse par rapport à la nutrition.]

[ca. 1508]
RL 19036 v.

Quels muscles, décharnés, se divisent en plusieurs, et charnus, n'en forment qu'un seul composé de plusieurs ?

•◆•

[Divers thèmes anatomiques.]

[ca. 1508]
RL 19037 r.

Ramification des veines à partir des épaules et au-dessus, et depuis la rate jusqu'au poumon.

Ramification des nerfs et des nerfs réversifs du cœur.

De la forme et position des intestins.

Où s'attache le cordon ombilical.

Des muscles du corps et des reins.

[Origine et insertion des muscles du pied.]

Les muscles qui soulèvent et abaissent le pied partent de la jambe ; c'est-à-dire que ceux qui soulèvent le devant partent du côté extérieur de la jambe et s'arrêtent à la naissance du gros orteil.

[Précepte pour l'étude des tendons.]

Note les principaux ligaments, ceux qui font le plus souffrir un animal s'ils sont coupés, et ceux qui ont le moins d'importance ; et ainsi feras-tu pour chaque membre.

[Préceptes pour la démonstration des os et muscles du pied.]

Observe la proportion des os, l'un par rapport à l'autre.

Et à quelles fins chacun d'eux sert ?

Dans cette démonstration faite sous différents aspects, tu tiendras compte de tous les muscles moteurs de la jambe attachés aux extrémités du pelvis, dans lequel prennent également naissance les muscles moteurs de la cuisse au-dessus du genou.

Et aussi de ceux qui déterminent la flexion de la jambe quand on s'agenouille.

[Note relative aux muscles qui se montrent et à ceux qui se cachent dans leur mouvement.]

Les muscles qui se montrent dans les divers mouvements des animaux ne sont pas les mêmes que ceux qui se cachent dans la diversité de mouvements ; à ce propos, un long traité serait nécessaire en vue de reconnaître les endroits meurtris par des plaies, et aussi pour la commodité des sculpteurs et des peintres.

[Origine des mouvements de la jambe et du pied.]

Tous les mouvements de la jambe partent des muscles de la cuisse et déterminent la flexion de la jambe, son redressement quand elle est courbée, et son tournement à droite ou à gauche.

Les mouvements du pied sont causés par les muscles partant de la jambe, et quant aux mouvements des orteils, certains partent de la jambe et certains du pied.

[Emboîtement des muscles moteurs de la jambe.]

Quant aux muscles moteurs de la jambe, quelques-uns partent de la hanche et se séparent dans la cuisse ; et de tous, tu indiqueras la position exacte.

DE L'ORDRE DU LIVRE

[ca. 1508]
RL 19037 v.

Cet ouvrage devrait commencer par traiter de la conception de l'homme, et décrire la nature de la matrice et comment le fœtus l'habite, à quel stade il y réside, son mode de nutrition et de croissance, quels intervalles séparent les diverses étapes de sa croissance, ce qui l'expulse hors du corps de sa mère, et pour quelle raison il en émerge parfois avant terme.

Ensuite, tu décriras les membres qui se développent plus que d'autres après la naissance de l'enfant : et tu indiqueras les dimensions d'un enfant âgé d'un an.

Puis décris l'homme adulte, ainsi que la femme, et mentionne leurs mesures et la nature de leurs complexion, coloration et physionomie.

Après quoi, tu décriras comment il se compose de veines, de nerfs, de muscles et d'os. Ceci, tu devras le faire à la fin du livre.

Et puis, représente en quatre scènes quatre états universels de l'humanité, à savoir : la joie avec diverses façons de rire, ainsi que le motif de l'hilarité ; les larmes et les diverses façons de pleurer ainsi que leur cause ; la dispute avec divers mouvements évocateurs de tueries, fuites, crainte ; des actes de férocité, l'audace, l'homicide, et tout ce qui se rattache à des cas analogues.

Fais ensuite une figure représentant le travail, dans l'acte de traîner, de pousser, de porter, de retenir, de supporter et autres états analogues.

Puis, décris les attitudes et le mouvement.

Puis, la perspective au moyen de la vue et de l'ouïe. Il faudrait aussi faire mention de la musique et indiquer les autres sens.

Ensuite, la nature des cinq sens.

Nous décrirons cette structure mécanique de l'homme au moyen de diagrammes : les trois premiers traiteront de la ramification des os ; l'un les représentera de face et montrera les positions et les formes des os dans le sens horizontal ; le second de profil, et indiquant la profondeur du tout et des parties, ainsi que leur position. Le troisième figurera les os vus par-derrière. Puis nous ferons trois autres diagrammes de ces mêmes aspects, après avoir scié les os de façon à faire voir leur épaisseur et leur creux ; et trois autres diagrammes encore, pour les os et les nerfs qui partent de la nuque et nous montrant dans quels membres ils se ramifient ; et trois autres, pour les os et veines et le point où ils se divisent ; puis trois pour les muscles et trois pour la peau et les dimensions ; et trois pour la femme, qui montreront la matrice et les veines menstruelles aboutissant aux mamelles.

[Thèmes physiologiques et anatomiques.]

[ca. 1508]
RL 19038 r.

Figure pour montrer d'où dérive le catarrhe.
Larmes.
Éternuement.
Bâillement.
Tremblement.
Haut mal.
Folie.
Sommeil.
Faim.
Sensualité.
Colère quand elle fermente dans le corps.
Peur, pareillement.
Fièvre.
Maladie.
Où le poison est nocif.
Décris la nature de tous les membres.

Pourquoi la foudre tue l'homme et ne le blesse pas ; et si l'homme se mouchait il ne mourrait point, parce que cela lui atteindrait les poumons.

Écris ce qu'est l'âme.

De la nature qui, par nécessité, crée les instruments vitaux et actifs, avec leurs formes et positions convenables et nécessaires.

Comment la nécessité est la compagne de la nature.
Figures représentant la provenance du sperme.
D'où vient l'urine.
D'où le lait.
Comment la nourriture se distribue dans les veines.
D'où vient l'ébriété.
D'où le vomissement.
D'où la gravelle et la pierre.
D'où la colique.
D'où le rêve.
D'où le délire causé par la maladie.
Pourquoi l'homme s'endort quand on comprime les artères.
Pourquoi une piqûre au cou peut faire tomber un homme raide mort.
D'où viennent les larmes.
D'où la giration des yeux dont l'un entraîne l'autre avec lui.
Du sanglot.

[Relation des mamelles et des omoplates dans différentes positions du tronc.]

DE LA CAMBRURE DES REINS

Quand les reins ou le dos sont cambrés, les seins sont toujours plus bas que les omoplates du dos.

Si la poitrine se bombe, les seins seront toujours plus hauts que les omoplates du dos.

Quand les reins sont droits, les seins se trouveront toujours à la hauteur des omoplates.

⁂

[Connexion entre l'objet et le sens.]

[ca. 1508] *RL 19038 v.* L'objet émeut le sens.

[Contraste chez certains, entre la perfection du corps et la grossièreté de l'esprit.]

Il me paraît que les hommes grossiers, de mœurs viles et de peu d'esprit, méritent non point un organisme aussi subtil ni une aussi grande variété de rouages que ceux qui sont doués d'idées et d'une grande intelligence, mais un simple sac où leur nourriture entrerait et d'où elle ressortirait. En vérité, on doit les assimiler à un canal d'alimentation, car il ne me semble point qu'ils aient rien de commun avec l'espèce humaine, hormis le langage et l'apparence ; et pour tout le reste, ils sont fort au-dessous des bêtes.

[Attitude pendant la montée.]

Plus l'homme lève le pied en montant, plus sa tête sera en avant du pied qui est en premier.

[Attitude d'arrêt pendant la course.]

Quand l'homme en pleine course désire s'arrêter et qu'il refrène son élan, la nécessité le contraint à se pencher en arrière et à faire des pas brefs et rapides.

[Mécanisme de certains mouvements du corps humain et base de la statique humaine.]

Le centre du poids d'un homme qui détache un de ses pieds du sol, porte au-dessus du centre de la semelle du pied.

[Mécanisme de la montée.]

L'homme qui monte un escalier fait porter son poids en avant et à côté de son pied le plus élevé, tout autant qu'il en met comme contrepoids dans la jambe inférieure, et en conséquence le travail de cette jambe supérieure se borne à se mouvoir.

L'homme qui monte un escalier commence par libérer du poids de son buste la jambe qu'il veut lever ; en outre, il charge la jambe opposée de tout le reste du poids du corps joint à celui de son autre jambe ; puis, levant celle-ci, il place le pied sur la marche qu'il désire atteindre ; après quoi, il fait de nouveau peser sur le pied le plus haut tout le reste du poids du buste et de la jambe, appuie sa main sur sa cuisse, avance la tête et fait un mouvement vers la pointe du pied le plus élevé, en levant rapidement le talon du pied le plus bas ; et grâce à l'élan acquis, il monte et en même temps, étend le bras appuyé sur son genou, mouvement qui soulève le buste et la tête, et ainsi redresse la courbe du dos.

·◆·

DU VIEILLARD

[Veines.]

[ca. 1508]
RL 19039 r.

Veines qui çà et là marquent de leurs lignes principales la base de l'estomac et se ramifient à travers le réseau recouvrant les intestins.

b a c est la veine qui s'étend de la rate à l'entrée du foie et passe derrière l'estomac ; et à partir de *a* la veine et l'artère se divisent et se ramifient dans le réseau couvrant l'intestin ; c'est-à-dire, à partir de *a* deux veines continuent qui passent sous l'estomac, l'une entre lui et les côtes, l'autre devant, et ainsi qu'il fut dit, se ramifient à travers le péritoine postérieur et le péritoine antérieur, lequel est double, comme l'indique la figure ; et l'artère se trouve remplir l'office des veines.

[Modification des vaisseaux chez les vieillards.]

J'ai trouvé que dans les organismes décrépits, la veine porte du foie passe derrière l'estomac et se ramifie dans la rate ; et alors que les veines des jeunes sont droites et pleines de sang, celles des vieillards sont tordues, aplaties, ratatinées et exsangues.

[Modification du foie avec l'âge.]

Ainsi, le foie qui dans la jeunesse est habituellement de couleur foncée et de consistance uniforme, est dans la vieillesse, pâle, dépourvu de sang rouge, et les veines demeurent vides dans le foie, qui, en raison de son mince tissu, peut être comparé à du son infusé dans un peu d'eau ; et ainsi il se désagrège promptement quand on le lave en laissant le réseau interne de ses veines libéré de toute substance hépatique.

·◆·

[Préceptes sur la topographie des intestins.]

[ca. 1508]
RL 19039 v.

Souviens-toi d'indiquer la hauteur de l'estomac au-dessus du nombril et par rapport à la pomme d'Adam, et comment sont placés la rate et le cœur par rapport au sein gauche, et les rognons ou reins par rapport aux hanches, et le côlon, la vessie et les autres viscères intestinaux, et à quelle distance plus ou moins grande ils sont de l'épine dorsale plutôt que des muscles transversaux ; et décris ainsi tout le corps avec ses veines et ses nerfs.

[Ténuité du côlon chez les vieillards.]

Chez les vieillards, le côlon devient aussi mince que le médius de la main, et, chez les jeunes, il est égal au diamètre maximum du bras.

[Rétraction de l'épiploon.]

Chez les vieillards, le réseau qui sépare le sifac des intestins les met à découvert et il se retire entre le fond de l'estomac et la partie supérieure des boyaux.

•◆•

[Moelle épinière et nerfs.]

Ces deux écorces qui recouvrent la moelle épinière sont les mêmes qui enveloppent le cerveau, à savoir la pie-mère et la dure-mère. *[ca. 1508] RL 19040 r.*

Vertèbres du cou sectionnées et extraites de la partie médiane antérieure, position de la moelle épinière, et comment elle vit et se ramifie en dehors de ces vertèbres.

[Relations anatomiques et fonctionnelles entre nerfs et muscles.]

La substance de la moelle épinière pénètre sur un certain parcours à l'intérieur du centre nerveux, après quoi elle suit le nerf creux jusqu'à ses dernières ramifications ; ce faisant, elle transmet la sensation à chaque muscle, lequel se compose d'autant d'autres muscles très ténus qu'il y a de filaments en lesquels ce muscle peut se résorber ; et chacun de ces muscles, jusqu'au plus infime, est enveloppé dans des membranes presque imperceptibles, en lesquelles se changent les ramifications terminales des nerfs précités ; ceux-ci ont pour fonction, en se retirant, de contracter le muscle et de le faire se dilater de nouveau chaque fois que l'exige la sensation qui traverse la vacuité du nerf. Mais revenons à la moelle épinière, enveloppée dans deux membranes dont une seule recouvre sa substance pareille à une sève et se transforme en nerf au sortir du creux des vertèbres ; l'autre membrane revêt le nerf en même temps que ses principales branches, et se ramifie conjointement avec chacune d'elles, formant ainsi la seconde enveloppe de la moelle épinière et s'interposant entre l'os des vertèbres et la première membrane de ladite moelle.

La moelle épinière est la source des nerfs qui permettent le mouvement volontaire des membres.

La pie-mère et la dure-mère revêtent tous les nerfs qui partent de la moelle épinière.

⁂

[Préceptes pour la démonstration des nerfs du bras.]

[ca. 1508]
RL 19040 v.

Tu feras la ramification des nerfs avec tous les muscles qui s'y rattachent.

Puis tu feras cette ramification avec les muscles attachés aux nerfs et aux os, qui forment l'ensemble du bras.

Ici chaque nerf du bras est joint aux quatre nerfs issus de la moelle épinière.

Ici seront montrés tous les muscles du bras avec les nerfs et les veines.

Figure l'homme les bras ouverts, en montrant tous ses nerfs et l'usage auquel ils sont destinés conformément à la liste ; et tu devras apporter le plus grand soin aux nerfs réversifs, avec toutes leurs ramifications.

[Liste de démonstrations de différentes parties du corps humain.]

Une démonstration du péritoine sans les boyaux.
Une démonstration d'os sectionnés au moyen d'une scie
Une démonstration d'os simples.
Une démonstration d'os et de nerfs.
Une démonstration d'os et de veines.
Une démonstration de nerfs et de muscles.
Une démonstration de veines et de muscles.
Une démonstration d'os et d'intestins
Une démonstration du mésentère.

Une démonstration des membres et muscles qui servent de truchements à l'esprit.

Une démonstration de la femme

Une démonstration d'os, de nerfs et de veines.

Une démonstration des nerfs seuls.

Une démonstration des os seuls.

Une démonstration de nerfs dans des os sectionnés à la scie.

Une démonstration de nerfs dans des os fermés

Une démonstration des os et des nerfs qui se rejoignent, nerfs extrêmement courts, en particulier ceux qui relient les vertèbres à l'intérieur

ORDRE DE L'ANATOMIE

[ca. 1508]
RL 19041 r.

Fais d'abord les os, c'est-à-dire les bras, et montre la puissance motrice en allant de l'épaule au coude, dans toutes ses lignes ; puis du coude au bras ; puis du bras à la main et de la main aux doigts. Pour le bras, indique, à part, comment les doigts s'ouvrent. Dans la démonstration suivante, montre ces muscles habillés, avec les seconds mouvements digitaux ; procède par étapes, pour être précis. Place d'abord sur les os les muscles qui s'y rattachent sans les confondre avec d'autres ; joins-y les veines et nerfs qui les nourrissent, après avoir figuré l'arbre des veines et nerfs sur les simples os.

Des dents.

La dent a une moindre force pour mordre, qui est le plus éloignée du centre de son mouvement. Supposé que le centre de mouvement des dents soit *a*, l'axe de la mâchoire, je dis : proportionnellement, plus elles seront distantes de ce centre *a*, moins elles auront de force pour mordre ; en conséquence *d e* a moins de force pour mordre que les dents *b c ;* d'où le corollaire suivant : la dent a le plus de force qui est le plus rapprochée du centre de son mouvement ou de l'axe de son mouvement ; autrement dit, la morsure des dents *b c* est plus puissante que celle des dents *d e.* La nature les a faites moins aptes à s'enfoncer dans les aliments, et pourvues de pointes plus fortes, d'une puissance supérieure. En conséquence les dents *b c* auront des pointes d'autant plus émoussées qu'elles sont mues par une force plus grande ; et voilà pourquoi les dents *b c* seront d'autant moins aiguës par rapport aux dents *d e* qu'elles seront plus proches de l'axe *a* des mâchoires *a d* et *a c* ; pour cette raison, la nature a donné aux molaires de larges couronnes leur permettant de broyer les aliments sans s'y enfoncer ou les couper ; et par-devant, elle a fait les dents aiguës et pénétrantes et inaptes à broyer la nourriture, et elle a placé la canine entre les molaires et les incisives.

·◆·

[Réactions de la pupille sous l'action de la lumière ; dilatation et contraction.]

[ca. 1508]
RL 19042 r.

Chez les animaux nocturnes, la pupille va s'agrandissant selon le degré d'obscurité de la nuit.

Chez ces nocturnes, la pupille se rétrécit selon que le jour est plus ou moins éclatant.

De ce qui précède, il résulte que ces nocturnes ont toujours la même puissance visuelle adaptée à tous les genres d'éclat ou d'obscurité qui se peuvent produire de jour ou de nuit.

La faculté visuelle est tout entière dans toute la pupille, et tout entière en chacune de ses parties.

Il s'ensuit que la moitié de la pupille perçoit l'objet intégralement, comme si elle était entière : plus grande est la pupille, plus l'objet lui apparaîtra grand et net, et ainsi inversement elle verra l'objet plus petit et plus obscur dans la mesure où elle sera réduite.

Conséquence : un des yeux étant fermé, l'acuité de vision diminue de moitié ; et ceci peut se prouver à propos des corps lumineux tels le soleil, la lune et les étoiles, et aussi au moyen d'une lumière ou d'un feu.

Cette diminution d'éclat peut s'observer sans fermer un œil ; au lieu de le fermer, tu interposeras la main ou le doigt devant l'une des pupilles, entre l'air et l'œil, et tu verras, avec tes deux pupilles, une étendue qui aura les mêmes limites que celle que tu vois avec une seule ; perçue par une pupille, elle sera de moitié plus sombre que celle qu'embrassent les deux. Et la raison est celle qu'indique le diagramme.

·◆·

Préceptes pour les démonstrations des muscles du dos.

Tu établiras la loi et les dimensions de chaque muscle et tu exposeras la raison de toutes leurs fonctions, la façon dont elles s'accomplissent et ce qui les met en mouvement. *[ca. 1508] RL 19044 r.*

Tu feras d'abord l'épine dorsale ; puis tu la vêtiras par couches superposées de chacun de ses muscles, et tu placeras isolément les nerfs, artères et veines de chaque muscle ; en outre, note à combien de vertèbres ils sont reliés et quels sont les intestins placés en face d'eux, et quels os et autres rouages organiques.

Les parties supérieures des maigres sont plus hautes chez ceux qui ont les muscles bien développés, et de même chez les gras ; mais la différence entre les muscles des gens gras comparés à ceux qui ont une musculature bien développée sera décrite ci-dessous.

⁂

[De la fonction des muscles intercostaux.]

Aux trois muscles qui relèvent les côtes, nous donnons le nom de muscles tracteurs. *[ca. 1508] RL 19044 v.*

Aux cinq[1] muscles *c d e f* créés pour la dilatation de la poitrine, nous donnons le nom de muscles extenseurs.

Les intercostaux sont les menus muscles interposés entre les côtes, qui servent à leur dilatation et à leur contraction ; et ces deux mouvements diamétralement opposés sont ordonnés de façon à recueillir et exhaler l'air du poumon enclos dans la région costale ; la dilatation costale provient des muscles externes des côtes disposés comme sur le plan incliné *m n* à l'aide des trois muscles *o p q*, lesquels en relevant les côtes avec une grande force, déploient leur capacité à la manière dont on voit fonctionner les ventricules du cœur ; mais les côtes, qui doivent redescendre, ne pourraient le faire d'elles-mêmes si l'homme était étendu, sans le secours des muscles internes qui forment un plan incliné opposé aux muscles externes, lequel s'étend le long de la ligne *f n*.

1. Quatre ?

DU POUVOIR DES [MUSCLES] INTERCOSTAUX

La fonction des muscles intercostaux internes consiste à soulever et à dilater les côtes et ils s'en acquittent avec une puissance admirable dans leur position ; car ils adhèrent par leurs extrémités supérieures à cette même colonne vertébrale où commencent les fausses côtes, et descendent obliquement vers le nombril.

•◆•

[Des doigts et des orteils.]

[ca. 1508]
RL 19045 r.

Chaque protubérance que forment les jointures des orteils et des doigts présente à côté d'elle, dans les doigts et les orteils, un creux correspondant, où s'insère cette rondeur ; la nature a fait cela afin qu'ils ne soient pas d'une largeur difforme, car si lesdites protubérances avaient été en contact réciproque, le pied eût acquis une largeur extrême et il eût fallu également, soit que les doigts fussent tous d'égale longueur, soit que l'un eût deux jointures et l'autre une seule, ainsi qu'il sera démontré à propos des os, en son lieu.

COMMENT LE CORPS DE L'ANIMAL MEURT ET SE RENOUVELLE CONTINUELLEMENT

Tout corps qu'on alimente meurt et se renouvelle continuellement ; car une nourriture ne peut pénétrer qu'aux endroits où la précédente se trouve épuisée, et donc si elle est épuisée, il [le corps] n'a plus de vie. En conséquence, à moins que tu ne lui fournisses une sustentation équivalente à celle qu'elle a perdue, la vie vient à défaillir ; et si tu la prives de nourriture, elle est complètement détruite.

Mais si tu lui donnes une ration exactement équivalente à sa perte quotidienne, la vie se renouvelle au fur et à mesure qu'elle se détruit ; ainsi la lumière de la chandelle s'alimente de sa graisse et son feu se renouvelle sans cesse grâce au prompt secours qui lui vient d'en bas ; mais à mesure que se consume et meurt la partie supérieure, de lumière éclatante elle se mue en fumée obscure. Et cette mort se prolonge aussi longtemps que continue la fumée, laquelle a même durée que son aliment ; et à chaque instant, la lumière tout entière meurt et renaît, grâce au mouvement de ce qui la nourrit. Sa vie en tire son flux et son reflux, comme nous le montre la vacillation de sa pointe. Le même phénomène se reproduit dans le corps des animaux, au moyen des battements du cœur qui font affluer une onde de sang dans toutes les veines ; elles se dilatent et se contractent continuellement, car la systole a lieu lorsqu'elles reçoivent le surplus du sang et la diastole est due au départ de l'excédent sanguin qu'elles ont reçu ; et le battement du pouls nous l'enseigne, quand nous touchons du doigt les susdites veines en une partie quelconque du corps humain. Mais, pour en revenir à notre propos, je dis que la chair des animaux se renouvelle grâce au sang qui se forme sans cesse sous l'action de la nourriture ; puis cette chair se détruit, et s'en retournant par les artères mésentériques, elle passe dans les intestins où elle se corrompt en une mort infecte et fétide, ainsi qu'il appert de leurs déjections et de la vapeur exhalée, tout de même que la fumée et le feu qui nous ont servi de comparaison.

DES MUSCLES MOTEURS DE LA LANGUE

[ca. 1508]
RL 19045 v.

Aucun membre ne met en jeu un aussi grand nombre de muscles que la langue. Il en est vingt-quatre de connus, en dehors de ceux que j'ai découverts ; et parmi tous les membres qui se meuvent délibérément, le nombre des mouvements de celui-ci excède les autres.

Si tu dis que c'est là plutôt l'office de l'œil, lequel consiste à percevoir toutes les infinies variétés de forme et de couleur des objets placés devant lui, et de l'odorat à l'égard de l'infini mélange des odeurs, et de l'ouïe au milieu des sons, nous pourrions dire que la langue aussi perçoit un nombre infini de saveurs simples et composées ; mais cela n'est point notre objet car nous nous proposons de traiter uniquement du mouvement particulier à chaque membre.

Considère attentivement comment, grâce au mouvement de la langue, à l'aide des lèvres et des dents, la prononciation des noms de toutes choses nous est connue ; et comment, au moyen de cet instrument, les vocables simples et composés du langage parviennent à nos oreilles ; et à supposer qu'un mot existât pour tous les phénomènes naturels, leur nombre en serait accru à l'infini si l'on y ajoutait les innombrables choses qui sont dans la nature, soit en réalité, soit en puissance. Tout cela s'exprimerait non en un langage unique, mais en plusieurs, lesquels à leur tour s'étendraient indéfiniment, puisqu'ils varient constamment de siècle en siècle, et de pays à pays, en raison du mélange des peuples que les guerres et autres accidents brassent continuellement ensemble. Ces mêmes langages sont susceptibles de tomber dans l'oubli, étant mortels comme toute chose créée ; et si nous concédons que notre monde est éternel, nous dirons qu'ils furent et devront être d'une infinie variété, à travers les siècles innombrables qui constituent l'infini du temps.

Or il n'en va point ainsi des autres sens qui ne sont en connexion qu'avec les choses continuellement produites par la nature ; et celle-ci ne modifie pas les types de ses créations à la façon dont se modifient de temps en temps les créations humaines. En vérité, l'homme est le principal instrument de la nature, car elle ne s'occupe que de la production des corps élémentaires dont l'homme extrait un nombre illimité de composés, bien qu'il n'ait pas le pouvoir de créer des corps naturels hormis d'autres semblables à lui-même, c'est-à-dire ses enfants. Et de ceci, les vieux alchimistes me seront témoins, qui n'ont réussi ni fortuitement, ni au moyen d'expériences faites de propos délibéré, à créer la moindre chose qui puisse égaler la nature ; leurs productions, à vrai dire, méritent d'être louées sans réserve, pour l'utilité des inventions qu'ils ont mises au service des hommes ; elles le mériteraient plus encore si parmi elles il n'y en avait de nocives, tels les poisons et autres du même acabit qui détruisent la vie ou l'intellect ; mais ces alchimistes ne laissent pas d'être blâmables, en ce qu'au moyen de beaucoup d'expériences, ils s'évertuent à fabriquer non point le plus infime des produits naturels, mais le plus excellent de tous, à savoir l'or, lequel est engendré par le soleil, attendu qu'il lui ressemble plus qu'à tout au monde, et nulle chose créée ne le surpasse en résistance. Il échappe aux atteintes du feu, qui exerce son pouvoir sur le reste de la création et la réduit en cendres, en verre et en fumée. Si néanmoins une avarice insensée t'entraîne à cultiver pareille erreur, que ne vas-tu pas plutôt dans les mines où la nature produit cet or, et ne te fais-tu son disciple ? Elle te guérira complètement de ta démence en te montrant que rien de ce que tu emploies dans ton four ne figure parmi les éléments dont elle se sert pour fabriquer cet or. Car là, point de vif-argent ni de soufre d'aucune sorte, ni de feu ni de chaleur autre que celle de la nature qui donne vie à notre monde ; et elle te montrera l'or veinant la pierre, le lapis-lazuli bleu, dont la nuance ne s'altère pas sous l'action du feu.

Considère attentivement ce filon d'or, et tu verras que ses extrémités se développent continuellement par un lent mouvement, transmutant en or tout ce qu'elles touchent, et remarque qu'il y a là-dedans une âme végétative qu'il n'est point en ton pouvoir de produire.

DES MUSCLES MOTEURS DES LÈVRES DE LA BOUCHE

[ca. 1508] RL 19046 r.

Les muscles moteurs des lèvres de la bouche sont plus nombreux chez l'homme que chez tout autre animal ; et cet agencement est pour lui une nécessité, en raison des nombreux cas où ces lèvres ont à s'exercer, comme pour la prononciation des quatre lettres de l'alphabet *b*, *f*, *m*, *p*, ou pour siffler, rire, pleurer et autres actions similaires. Et aussi pour les étranges contorsions des pitres, quand ils font des grimaces.

QUEL MUSCLE PINCE LA BOUCHE AU POINT DE RAPPROCHER SES COMMISSURES ?

Les muscles qui pincent la bouche et réduisent ainsi sa longueur, sont dans les lèvres mêmes, ou plutôt ces lèvres sont les muscles mêmes, qui se resserrent. Il est vrai que le muscle modifie la position de la lèvre au-dessous des autres muscles qui y sont joints, et dont une paire a pour fonction de la détendre et de la faire rire ; ce muscle qui la contracte forme également la lèvre inférieure, qui la bride en tirant ses extrémités vers son centre. La même opération s'effectue simultanément avec la lèvre supérieure ; d'autres muscles permettent aux lèvres de former une pointe ; d'autres les aplatissent, d'autres les retroussent, d'autres les redressent, d'autres les contractent et les font sinuer, et d'autres encore les ramènent à leur position primitive ; et ainsi, toujours, on trouve un nombre de muscles correspondant aux diverses positions de ces lèvres et beaucoup d'autres qui servent à produire le mouvement contraire. J'ai le propos de les décrire et de les représenter ici en détail et démontrerai ces mouvements grâce à mes principes de mathématique.

DES MOUVEMENTS DES MUSCLES DE LA BOUCHE AVEC SES MUSCLES LATÉRAUX

En mainte circonstance, les muscles qui forment les lèvres actionnent les muscles latéraux auxquels ils sont joints, et, en un nombre équivalent de cas, ces muscles latéraux mettent en mouvement les lèvres de la bouche et lui restituent la position qu'elle ne saurait reprendre seule, la fonction du muscle consistant à tirer et non à pousser, sauf pour ce qui est des parties génitales et de la langue. Mais si la contraction de la bouche tire en arrière les muscles latéraux, la bouche ne pourra pas non plus récupérer d'elle-même sa longueur perdue, aussi longtemps que lesdits muscles latéraux ne seront pas retournés à leur place : et s'ils créent le rire au moyen de l'élongation de la bouche, ils devront être ramenés en arrière par sa contraction quand l'hilarité a cessé.

[Cordon ombilical et veine.]

[ca. 1508] RL 19046 v.

Ces quatre nerfs ne renferment pas en eux le moindre sang ; mais en entrant dans le nombril, ils se changent en une grosse veine qui se prolonge jusqu'à l'entrée du foie et va se divisant à travers ses parties inférieures, où chacune des ramifications se termine sans aller plus outre.

Des quatre veines ombilicales précitées, la paire extérieure forme le sifac, membrane adjacente du péritoine, puis s'infléchit vers le bas et aboutit à la première ramification de la veine et de l'artère principale qui passe sur la colonne vertébrale du dos.

La ramification extérieure du cordon ombilical est enclose entre la première et la seconde membranes, avec lesquelles fréquemment l'enfant naît.

[Origine de la veine ombilicale ; ses relations avec l'artère et son parcours.]

Cette veine ombilicale est à l'origine de toutes les veines de l'être en formation dans la matrice, et elle n'est pas issue d'une veine de la femme enceinte, chacune étant complètement séparée et distincte de celles de l'engrossée ; les veines et artères vont par paires et il est extrêmement rare de trouver l'une sans l'autre. L'artère est presque toujours au-dessus de la veine parce que son sang véhicule l'esprit vital tandis que celui des veines a pour mission d'alimenter la créature en formation. Des ramifications représentées, celles qui sont dressées vers le haut sont agencées en vue de la nutrition de la troisième membrane fine de la matrice ; les veines obliques, situées plus bas, alimentent la dernière membrane en contact avec l'animal qu'elle enveloppe ; et souvent l'une et l'autre émergent de la matrice maternelle en même temps que la créature. Ceci se produit dans le cas où l'animal n'étant pas assez robuste pour la déchirer, il jaillit avec son enveloppe ; et ainsi qu'il a été dit plus haut, c'est facile car ces deux membranes très minces sont indépendantes de ladite matrice, laquelle est également équipée de deux membranes d'une épaisseur considérable, charnues et sillonnées de nerfs.

[Muscles intercostaux.]

RELATIF AUX NERFS QUI COMMUNIQUENT LES SENSATIONS AUX MUSCLES INTERCOSTAUX (MÉSOPLÈVRE)

Les petits muscles obliques qui descendent de la partie supérieure de l'épine dorsale et se terminent vers la pomme d'Adam tirent leur nom de la plèvre, et sont interposés entre une côte et l'autre uniquement pour produire une contraction des parties intermédiaires. Les nerfs qui communiquent la sensation à ces muscles, prennent naissance dans la moelle épinière qui traverse l'épine dorsale ; et leur point de départ le plus bas dans la moelle épinière, est celui où elle avoisine les reins. *[ca. 1508] RL 19047 r.*

DES ESPRITS

Au verso de la page, nous venons de définir l'esprit comme une force unie à un corps, attendu que par lui-même il ne saurait offrir la moindre résistance ni se mouvoir ; et si tu dis *[ca. 1508] RL 19048 r. et 19047 v.*

qu'il résiste en soi, cela ne peut être dans les éléments parce que l'esprit est une quantité immatérielle ; on appelle cette quantité le vide et il n'existe point de vide dans la nature ; et, supposé qu'il s'en formât un, il serait aussitôt comblé par la chute de l'élément où il se serait produit. Ainsi, en vertu de la définition du poids qui dit que la gravité est une puissance accidentelle créée par un élément attiré ou poussé vers un autre, il s'ensuit qu'un élément, même s'il ne pèse pas en soi, acquiert du poids dans l'élément supérieur, plus léger que lui. Ainsi, on voit qu'une partie d'eau n'a pas plus de gravité ou de légèreté qu'une autre, mais si tu l'attires dans l'air, elle acquerra du poids, et ce poids ne se pouvant soutenir, sa descente est inévitable, et elle retombe dans l'eau à l'endroit précis où elle avait laissé un vide. Il en serait de même pour l'esprit s'il se trouvait parmi les éléments ; il créerait un vide continuel dans celui où il serait, et pour ce motif, il lui faudrait sans cesse fuir vers le ciel, jusqu'à ce qu'il sorte de la zone de ces éléments.

SI L'ESPRIT A UN CORPS PARMI LES ÉLÉMENTS

Nous avons prouvé que l'esprit ne peut exister dans les éléments sans un corps ni se mouvoir par un acte volontaire, sauf pour s'élever. À présent, nous dirons qu'en prenant un corps aérien, l'esprit doit nécessairement s'infuser dans l'air ; car s'il demeurait uni, il serait séparé de l'air et tomberait, créant ainsi un vide comme il est dit précédemment. Il est donc nécessaire, pour qu'il puisse y rester en suspens, qu'il se répande dans une certaine quantité d'atmosphère ; et s'il se mêle à elle, deux inconvénients s'ensuivent : il raréfiera la quantité d'air avec laquelle il s'est confondu et qui le soulèvera par soi-même et il ne pourra se maintenir dans l'air plus lourd que lui ; en outre, à mesure que se dispersera cette essence éthérée, les parties dont elle se compose s'éparpilleront également et sa nature ainsi modifiée perdra un peu de sa puissance originelle. À cela s'ajoute un troisième inconvénient : ce corps aérien emprunté par l'esprit est exposé à la pénétration des vents qui sans cesse divisant et déchirant les parties unies de l'air, les font tournoyer et tourbillonner dans l'autre air ; et l'esprit infus dans l'atmosphère serait démembré ou lacéré et rompu par suite du déchirement de l'air où il est infus.

SI L'ESPRIT AYANT PRIS UN CORPS AÉRIEN PEUT SE MOUVOIR SEUL OU NON

Il est impossible que l'esprit diffus dans une certaine quantité d'air puisse le mouvoir ; et cela ressort du passage précédent où il est dit que l'esprit raréfie la quantité d'air dans laquelle il a pénétré. Cet air, en conséquence, s'élèvera au-dessus de l'autre air – déplacement dû à sa propre légèreté et non à l'acte volontaire de l'esprit ; et s'il subit l'action du vent ainsi qu'il est exposé dans la troisième partie de ce chapitre, il sera agité par le vent et non par l'esprit infus en lui.

SI L'ESPRIT PEUT PARLER OU NON

Pour prouver si l'esprit peut parler ou non, il est nécessaire de définir d'abord la voix, et comment elle se produit. Nous en donnerons donc la définition suivante : la voix est un mouvement de l'air frotté contre un corps compact, ou d'un corps dense frotté contre l'air, ce qui revient au même ; cette friction du compact avec une substance raréfiée la comprime et ainsi la rend apte à la résistance ; en outre, une matière raréfiée qui se meut rapidement et une matière similaire douée d'un mouvement plus lent se compriment à leur mutuel contact et produisent grand bruit et tapage ; et le son ou murmure d'une substance raréfiée se mouvant à travers l'autre à une allure modérée, [est] comme une grande flamme génératrice de sons dans l'air ; et le plus grand bruit que fait une substance raréfiée conjuguée avec l'autre, a lieu quand la rapide pénètre l'immobile, comme par exemple la flamme du feu jaillissant des nuages, qui percute l'air pour engendrer la foudre. Nous dirons donc que l'esprit ne saurait émettre de voix sans mouvement de l'air ; or, il ne contient point d'air et, n'en ayant pas, ne peut en exhaler ; et s'il désire mouvoir cet air où il est infus, il faudrait que l'esprit se multipliât, ce qu'il ne peut s'il n'a pas de quantité. Et il est dit dans la quatrième partie que nul corps raréfié ne peut se mouvoir s'il n'a un lieu stable d'où prendre son mouvement, en particulier quand il s'agit d'un élément qui doit se déplacer dans son propre élément, et qui ne se meut pas de lui-même, hormis par évaporation uniforme au centre de la matière évaporée, comme il arrive à l'éponge qu'on presse dans la main sous l'eau – l'eau fuyant de toutes parts avec un mouvement égal, à travers les ouvertures des doigts qui la pressent.

Si l'esprit a une voix articulée ; si l'on peut l'entendre et quelle chose est entendre et voir ; comment l'onde de la voix traverse l'air ; et comment l'image des objets se transmet à l'œil.

[Crâne et colonne vertébrale.]

[ca. 1508]
RL 19049 r.

Si la nature avait ajouté le muscle *a c* afin de courber la tête vers l'épaule, il aurait fallu que l'épine dorsale du cou s'infléchît comme se recourbe l'arc sous l'action de sa corde ; par conséquent, la nature, pour obvier à cet inconvénient, a créé le muscle *a b* qui tire vers le bas le côté du crâne *a*, avec une légère flexion de l'os cervical, car le muscle *a b* entraîne le côté *a* du crâne vers *b*, racine de la colonne vertébrale du cou, et le crâne étant fixé sur un petit axe au-dessus de la partie antérieure de l'os du cou, il s'incline très facilement à droite ou à gauche sans que l'os du cou s'arque trop.

[Préceptes pour une démonstration des vaisseaux du cou et leur importance vitale.]

[ca. 1508]
RL 19049 v.

Mais fais cette démonstration sous trois aspects différents, à savoir : de face, de côté et par-derrière.

Si tu comprimes les quatre veines de chaque côté où elles se trouvent dans le cou, celui dont les veines sont ainsi pressées tombera soudain à terre, endormi et comme mort, et ne s'éveillera jamais tout seul ; et s'il est laissé dans cet état la centième partie d'une heure, jamais plus il ne s'éveillera, ni de lui-même ni avec l'aide d'autrui.

[Dessin.]

a indique la ramification des artères.

b est la ramification des veines.

c est la veine céphalique.

n figure les deux veines qui pénètrent dans les vertèbres du cou pour les nourrir.

o est la veine basilique.

s sont les veines apoplectiques.

•◆•

[Trachée, œsophage, estomac.]

Comment les anneaux de la trachée ne se rejoignent pas pour deux motifs : premièrement, à cause de la voix, et secondement, pour laisser à la nourriture assez de place entre eux et l'os du cou. *[ca. 1508] RL 19050 r.*

Nerf vague, sa fonction,
et structure compliquée du cerveau.

Note dans quelle partie tourne le nerf gauche réversif, et quelle est sa fonction.

Et note si la substance cérébrale est plus ténue ou plus épaisse au-dessus du point de départ des nerfs qu'ailleurs ; et de quelle façon les nerfs réversifs communiquent les sensations aux anneaux de la trachée, et quels sont les muscles qui actionnent ces anneaux et provoquent l'émission de la voix, grave, moyenne ou aiguë.

Les nerfs réversifs partent de *a b* et *b f* est le nerf réversif qui descend vers le gardien de la porte de l'estomac, et le nerf gauche son compagnon descend à la gaine qui enclôt le cœur ; je crois que c'est ce nerf qui pénètre dans le cœur.

[Le cœur, muscle nourri comme les autres
par des artères et des veines.]

Le cœur en soi n'est pas le principe de la vie ; c'est un vaisseau formé de muscles épais, vivifié et nourri par les artères et veines, tout comme les autres muscles. Il est vrai que le sang et l'artère qui se purge en lui sont la vie et la nourriture des autres muscles, et il est d'une densité telle que le feu ne parvient guère à l'endommager. Cela s'est vu dans des cas où des hommes ayant été brûlés, leur cœur a continué de saigner après que les os étaient réduits en cendres. La nature l'a doté d'une grande capacité de résistance afin de ne pas se laisser entamer par la forte chaleur qui naît dans le côté gauche du cœur grâce au sang de l'artère, qui s'amoindrit dans ce ventricule.

Les variations de la voix proviennent de la dilatation et

de la contraction des anneaux de la trachée ; la dilatation est provoquée par les muscles qui se joignent à ces anneaux ; et la contraction, je crois, par la trachée elle-même, car elle est formée par un cartilage qui s'incline de son propre mouvement pour reprendre sa forme primitive.

⁂

[Relations variables de l'artère et de la veine cervicale.]

[1508]
RL 19051 r.

Note si l'artère est plus grosse que la veine ou inversement, et fais la même expérience sur des enfants, des jeunes gens et des vieillards, hommes et femmes, animaux terrestres, aériens ou aquatiques.

⁂

[Origine de toutes les veines
dans la partie gibbeuse du cœur.]

[ca. 1508]
RL 19051 v.

La racine de toutes les veines se trouve dans la partie gibbeuse du cœur, c'est-à-dire la peau du sang ; et ceci est évident, car c'est là qu'elle est la plus grosse et elle va se ramifiant une infinité de fois à travers chaque membre de la créature.

[Veines du foie et de la rate et leur fonction.]

Des deux grosses veines qui vont du foie à la rate et partent des plus larges veines de l'épine dorsale, je crois que celles-ci amassent le sang superflu, qui, chaque jour évacué par les veines mésentériques, se dépose dans les intestins où il dégage la même fétidité que les morts dans les sépulcres, et c'est la fétidité des excréments.

[Figure.]

Ramifications du nombril, de la veine et de l'artère dans la porte du foie.

Représente d'abord toutes ensemble les ramifications des veines qui arrivent à la porte du foie, puis chacune prise isolément, en trois, ou si tu préfères quatre démonstrations ; j'ai dit trois parce que la veine et l'artère suivent le même parcours.

[Nerfs olfactifs et optiques, et leurs relations.]

[Figures.]

a b c d sont les nerfs qui transmettent les odeurs. *[ca. 1508] RL 19052 r.*

Les nerfs partent de la dernière membrane qui vêt le cerveau et la moelle épinière.

Les nerfs *e n* sont les nerfs optiques situés au-dessous des nerfs dits caronculaires ; mais le nerf optique sert la faculté visuelle, et le caronculaire la faculté olfactive.

Processus de l'examen du cerveau et des nerfs basiliques.

Tu disséqueras la substance cérébrale jusqu'aux confins de la dure-mère qui s'interpose entre cet os basilaire et la matière cérébrale. Puis note tous les points sur lesquels la dure-mère pénètre l'os basilaire, avec les nerfs qui le vêtent ainsi que la pie-mère ; tu acquerras cette connaissance avec certitude si tu soulèves soigneusement la pie-mère petit à petit, en commençant par les extrémités, et si tu notes, d'une partie à l'autre, la position des perforations susmentionnées, en commençant d'abord par le côté droit, ou gauche, et en le représentant dans son intégrité ; tu suivras ensuite le côté opposé, qui t'enseignera si le précédent est bien placé ou non, et te permettra de comprendre si la partie droite est identique à la gauche ; et si tu trouves qu'elle en diffère, tu chercheras à nouveau dans d'autres anatomies si cette différence est commune à tous les hommes et femmes.

Note à quel endroit les parties externes rejoignent les internes.

[Préparation des veines hémorroïdales.]

Sectionne le sujet au milieu de l'épine dorsale ; mais commence par bander le chyle[1] et l'artère, afin qu'ils ne s'écoulent point au-dehors, et ainsi tu pourras voir les veines hémor- *[ca. 1508] RL 19053 v.*

1. C'est-à-dire la veine.

roïdales en coupe, c'est-à-dire dans chacune des divisions de ce sujet.

DE LA NOURRITURE GÉNÉRATRICE DE CORRUPTION

Je dis que les extrémités des veines mésentériques qui attirent à elles la substance alimentaire incluse dans les intestins, se dilatent sous l'action de la chaleur naturelle de l'homme, attendu que la chaleur divise et dilate, et le froid contracte et resserre ; mais cela ne suffirait pas, si à cette chaleur ne s'ajoutait la fétidité formée par la corruption du sang que les artères ont restitué aux intestins, et où elle exerce la même action que dans les corps qui ont été enterrés. Cette puanteur dilate les viscères intestinaux, et pénétrant par tous les interstices, elle enfle et boursoufle les corps en forme de tonneau ; et si tu dis qu'elle naît de la chaleur des corps, on démontrera que ce n'est pas le cas des corps enflés couverts de neige ; et la puissance de la puanteur est beaucoup plus active et se développe bien plus que celle de la chaleur.

DÉMONSTRATION DE LA VESSIE DE L'HOMME

[Reins, uretères, vessie et urètre.]

Première démonstration.

[ca. 1508] RL 19054 r.

Des trois démonstrations de la vessie, la première représente les pores urétériques et comment se séparant des reins *l h* ils se rejoignent dans la vessie, à deux doigts au-dessus de la naissance de son col ; et à une faible distance à l'intérieur de ce point de jonction, ces pores déversent l'urine dans la vessie, de *p b* en *n f*, comme il est montré en partie dans le canal *s* d'où elle s'écoule ensuite à travers le tuyau du pénis *a g*.

Il me reste, en l'occurrence, à représenter et décrire la position des muscles qui ouvrent et ferment le passage de l'urine jusqu'à l'entrée du col de cette vessie.

Deuxième démonstration.

Dans la seconde démonstration, on représente les quatre ramifications, la droite et la gauche, des veines qui alimentent cette vessie, et l'artère de droite et celle de gauche qui lui donnent la vie, c'est-à-dire les esprits.

La veine est toujours située au-dessus de l'artère.

Troisième démonstration.

La troisième démonstration explique comment la veine et l'artère entourent le commencement du pore urétérique *m n* dans la position *n* et montre l'entrelacement des ramifications de la veine avec celles de l'artère.

[Entrée de l'urine dans la vessie.]

Sortie des reins, l'urine pénètre dans les pores urétériques et de là, passe dans la vessie, vers le centre de sa hauteur ; elle y entre grâce aux petites perforations transversales qui sont entre une membrane et l'autre ; et la perforation oblique ne fut pas pratiquée parce que la nature était dans le doute au sujet de savoir si l'urine pourrait retourner aux reins, car c'est impossible si l'on se réfère à la quatrième [proposition] relative aux conduits[1] où il est dit : « L'eau qui d'un point élevé descend par une mince veine et pénètre sous le fond d'une couche d'eau ne peut lui être comparée quant à son mouvement réfléchi, à moins que la couche d'eau n'ait la même épaisseur que la veine descendante, et que la hauteur de l'eau n'y soit pas plus grande que dans la profondeur de la couche aqueuse. » Et si tu disais que plus la vessie se remplit, plus elle se referme, on répondrait : « Du fait que ces perforations seraient comprimées les unes contre les autres par l'urine qui ferma les parois, le passage se trouverait barré au reste de l'urine quand elle descend » ; or ceci est impossible, étant donné la quatrième [proposition] précitée, laquelle établit que le mince filet d'urine haute est plus puissant que la basse et large couche d'urine qui se trouve dans la vessie.

1. Ms. : *de condotti.*

.◆.

[ca. 1508]
RL 19054 v.

Tu feras cette démonstration
Trachée par où passe la voix.
Œsophage[1] par où passent les aliments.
Nerfs[2] par où passent les esprits vitaux.
Colonne vertébrale où commencent les côtes.
Vertèbres d'où partent les muscles qui se terminent dans la nuque et qui dressent la face vers le ciel.

[Préceptes pour la démonstration des intestins.]

Décris toutes les hauteurs et largeurs des intestins, et mesure-les en doigts, demi et tiers de doigt d'une main du mort, et pour tous indique la distance qui les sépare du nombril, des mamelles, ou des flancs du mort.

[La relation des poumons avec les tuyaux des bronches.]

La substance pulmonaire est expansible et extensible, elle se place entre les ramifications de la trachée, de sorte que ces dernières ne peuvent être délogées de leur position ; et elle s'interpose entre ces ramifications et les côtes de la poitrine à la manière d'un moelleux lit de plume.

Souviens-toi de représenter la cavité du cœur[3] avec la gaine du cœur, en quatre démonstrations, sous quatre aspects, comme il est écrit ci-dessous.

[Comment décrire les organes du thorax.]

Représente d'abord la ramification du poumon, puis celle du cœur, c'est-à-dire ses veines et ses artères ; ensuite, une troisième, composée du mélange des deux ; tu feras ces mélanges sous quatre aspects, et tu procéderas de même avec lesdites ramifications, ce qui portera leur nombre à douze ; ensuite, tu feras un dessin de chacune vue d'en haut et une autre fois vue d'en bas, ce qui portera à dix-huit le nombre total des démonstrations.

1. Ms. : *meri.*
2. Ms. : *ipopletiche.*
3. Ms. : *mediastino.*

Tu figureras d'abord le poumon entier sous quatre aspects, dans sa perfection intacte ; ensuite, tu le représenteras sous quatre autres aspects, de façon qu'on le voie perforé simplement avec les ramifications de sa trachée. Après quoi, tu procéderas de même pour la démonstration du cœur, d'abord entier, puis avec les ramifications de ses veines et de ses artères.

Ensuite, tu montreras sous quatre aspects, comment veines et artères du cœur s'enchevêtrent avec les ramifications de la trachée ; puis tu dessineras le réseau des nerfs seuls, sous quatre aspects, puis tu les intercaleras dans quatre autres aspects du cœur et du poumon réunis ; applique la même règle au foie et à la rate, aux reins, à la matrice et aux testicules, au cerveau, à la vessie et à l'estomac.

*

[Description de la région buccale.]

Ici, les lèvres se changent en muscles et leurs mouvements actionnent les muscles latéraux. *[ca. 1508]*
RL 19055 v.

Puis les muscles latéraux font mouvoir les lèvres.

Il importe de noter avant tout, à propos des os faciaux, dans quelle partie naissent et d'où proviennent les nerfs qui tout d'abord ouvrent et ferment les lèvres de la bouche, et où se trouve l'attache des muscles qu'ils pénètrent.

[Nerfs et muscles de la bouche, et leurs fonctions dans divers mouvements.]

Le nerf *n m* de la lèvre inférieure et le nerf *o p* de la lèvre supérieure font que la bouche se ferme à l'aide des muscles qui forment les lèvres.

Les muscles appelés lèvres de la bouche, lorsqu'ils sont comprimés vers leur centre, tirent avec eux les muscles latéraux ; et à mesure que ceux-ci se replient sur eux-mêmes en se contractant, ils ramènent en arrière les lèvres de la bouche qui s'élargit.

L'extrême contraction de la bouche rend sa longueur égale à la moitié de sa plus grande élongation, et correspond à la plus grande largeur des narines du nez et à l'intervalle qui s'interpose entre les conduits lacrymaux des yeux.

DES NERFS QUI SERRENT LES LÈVRES

Les mouvements que font les lèvres quand elles se pincent sont au nombre de deux ; l'un consiste à les presser et à les serrer l'une contre l'autre, le second à comprimer ou réduire la longueur de la bouche ; mais le mouvement qui presse une lèvre contre l'autre ne s'étend pas au-delà des dernières molaires de la bouche ; quand les lèvres sont tirées, ces molaires ont une force si grande, qu'en maintenant les mâchoires un peu disjointes, elles feront rentrer les lèvres jusqu'à l'intérieur des dents, ainsi qu'il est montré dans la bouche *g h*, que les muscles *r* tirent latéralement.

Quels muscles serrent la bouche transversalement.

Les muscles qui serrent la bouche transversalement comme ci-dessus, constituent les lèvres mêmes, et celles-ci tirent les côtés de la bouche vers le milieu ; voilà qui nous est démontré par la quatrième [loi] relative à ceci, qui dit : les rides de la peau formant la couverture des muscles tracteurs se dirigent toujours vers le point où réside la cause motrice ; et par la cinquième : aucun muscle n'utilise son pouvoir pour pousser, mais toujours pour tirer à soi les parties qui lui sont jointes ; voilà pourquoi le centre musculaire appelé lèvres de la bouche tire à soi les commissures avec une partie des joues ; aussi la bouche dans cette position est-elle toujours ridée.

•◆•

[Crâne.]

[1489]
RL 19057 r.

Souviens-toi, quand tu représentes le côté interne de cette coupe de tête, d'en faire une autre montrant le côté externe tourné dans la même direction, pour que tu puisses mieux saisir l'ensemble.

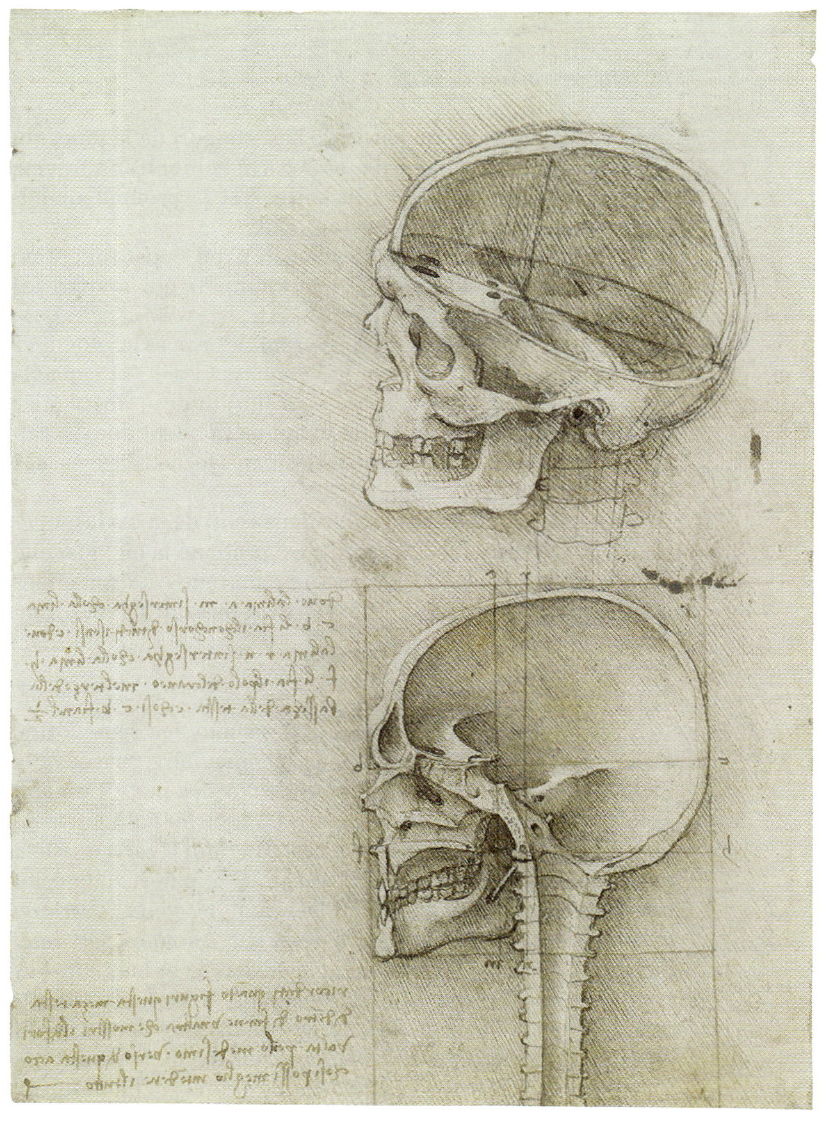

Deux sections de crâne (*RL 19057* r.).

•◆•

[1489]
RL 19057 v.

[Cavité des orbites. Antre de Highmore.]

Je voudrais ôter cette partie de l'os, support de la joue, qui se trouve entre les quatre lignes *a b c d*, et montrer à travers l'ouverture ainsi pratiquée, la largeur et la profondeur des deux cavités dissimulées derrière elle.

Dans la cavité du dessus est caché l'œil, l'instrument de la vue, et dans celle du dessous, l'humeur qui nourrit les racines des dents.

La cavité de l'os de la joue ressemble, par sa profondeur comme sa largeur, à l'orbite qui enchâsse l'œil ; sa capacité présente avec elle de nombreuses similitudes ; des veines pénètrent en elle par les trous *m* qui descendent du cerveau à travers le conduit qui décharge dans le nez l'excès des humeurs de la tête.

Il n'y a pas d'autre trou visible dans celui de la cavité supérieure qui entoure l'œil. Le trou *b* est pratiqué là où la faculté visuelle se transmet au sens, le trou *n* marque l'endroit où les larmes montent du cœur aux yeux en passant par le canal du nez.

•◆•

[1489]
RL 19058 r.

Au-dessous du point où concourent tous les sens, à une distance de deux doigts en ligne perpendiculaire, se trouve la luette grâce à laquelle on goûte la saveur des mets. Ce point s'élève d'environ un pied au-dessus du tube du poumon et de l'orifice du cœur ; et la jonction de l'os cranien est à une tête environ au-dessus. Par-devant, sur une ligne horizontale, au tiers de la tête, se situe le canal lacrymal des yeux ; derrière, la nuque est à deux tiers de tête, et sur les côtés, les deux pulsations temporales sont à égales distance et hauteur. Les veines qu'on voit à l'intérieur du crâne, avec leurs ramifications, inscrivent la moitié de leur épaisseur dans l'os du crâne et l'autre moitié se dissimule dans les membranes qui recouvrent le cerveau ; et la disette de veines à l'intérieur de l'os est compensée extérieurement par la veine *am*, qui après être sortie du crâne, passe dans l'œil puis dans la

•◆•

[Cavités de la face et leurs rapports.]

La cavité de l'orbite de l'œil et la cavité de la pommette, et celles du nez et de la bouche, sont d'égale profondeur et aboutissent au-dessous du siège des sens[1], selon une ligne perpendiculaire. La profondeur de chacune de ces cavités correspond au tiers du visage humain, lequel s'étend du menton aux cheveux. *[1489] RL 19058 v.*

[Les différentes sortes de dents et leurs fonctions.]

Six molaires de la mâchoire supérieure ont trois racines chacune, dont deux du côté externe de la mâchoire et une du côté interne, et les deux dernières molaires mettent environ de deux à quatre ans à percer.

Ensuite viennent les deux prémolaires, pourvues chacune de deux racines – l'une à l'intérieur et l'autre à l'extérieur de la mâchoire, puis les deux canines[2] à racine unique, et devant se trouvent les quatre incisives qui n'ont qu'une racine.

La mâchoire inférieure se compose également de seize dents comme la supérieure, mais ses molaires n'ont que deux racines ; les autres dents sont pareilles à celles de la mâchoire supérieure. Chez les animaux, celles des dents qui sont deux s'agrippent à la proie, les quatre autres la lacèrent, les six autres la broient.

LE 2ᵉ JOUR D'AVRIL 1489,
LE LIVRE INTITULÉ « DE LA FIGURE HUMAINE »

[Veines du visage.]

La veine s'élève et pénètre sous l'os de la joue et par le trou de l'orbite de l'œil passe entre la partie inférieure de la prunelle et l'os qui la supporte ; au milieu dudit passage, elle perce l'os et tombe d'environ un demi-doigt, ayant traversé l'os à sa surface sous le bord de l'orbite *m* mentionnée plus haut ; puis elle remonte, et ayant souligné le bord de l'œil sur *[2 avril 1489] RL 19059 r.*

1. Ms. : « *il senso comune* ».
2. Ms. : *maestre*.

un certain espace, elle passe par le canal lacrymal et enfin dans les paupières, après s'être élevée de deux doigts ; et là commence la ramification qui s'étend à travers la tête.

[Divers thèmes d'anatomie et de physiologie.]

[1489] *RL 19059 v.* Quel est le nerf qui détermine le mouvement des yeux et fait que l'un entraîne l'autre ?

De la fermeture des paupières.

Du soulèvement des sourcils.

De l'abaissement des sourcils.

De la fermeture des yeux.

De l'ouverture des yeux.

Du retroussement des narines.

Du desserrement des lèvres quand les dents sont serrées.

De la moue.

Du rire.

De l'étonnement.

Applique-toi à décrire le tout commencement de l'homme, quand il se crée dans la matrice.

Et pourquoi un enfant de huit mois ne vit point.

Ce qu'est l'éternuement.

Ce qu'est le bâillement.

Haut mal.

Spasme.

Paralysie.

Du tremblement que cause le froid.

Transpiration.

Lassitude.

Faim.

Sommeil.

Soif.

Luxure.

Du nerf qui détermine le mouvement depuis l'épaule jusqu'au coude.

Du mouvement qui va du coude à la main.

Du poignet à la naissance des doigts.

De la naissance des doigts à leur milieu.

Et du milieu à la dernière jointure.

Du nerf qui produit le mouvement de la cuisse.

Et du genou au pied, et de la cheville aux orteils.

Et ainsi jusqu'à leurs centres.
Et du mouvement tournant de cette jambe.

[Comment la nature dispense aux animaux la puissance du mouvement.]

DES MACHINES

Pourquoi la nature ne peut donner la faculté du mouvement aux animaux dépourvus d'instruments mécaniques, comme je l'ai démontré dans ce livre sur le mécanisme des mouvements qu'elle a créés chez les animaux. Et pour cette raison, j'ai énoncé les lois des quatre forces de la nature sans lesquelles rien ne saurait impartir spontanément à ces animaux le mouvement local. Nous décrirons donc ce mouvement local, comment il se produit et comment il est produit par chacune des trois autres puissances. Ensuite, nous décrirons la pesanteur naturelle, car bien qu'on ne puisse dire d'aucune pesanteur qu'elle est autre chose qu'accidentelle, il nous a plu de la désigner ainsi afin de la distinguer de la force qui, dans toutes ses opérations, est de la nature de la pesanteur et que, pour ce motif, on appelle pesanteur accidentelle. C'est cette force que produit la troisième puissance de la nature, c'est-à-dire la puissance inhérente ou naturelle. La quatrième et dernière puissance sera appelée percussion, c'est-à-dire l'arrêt ou le refrènement du mouvement. Nous commencerons par établir que tout mouvement local insensible est produit par un moteur sensible, de même que dans l'horloge, le contrepoids est soulevé par l'homme qui l'actionne. En outre, les éléments se repoussent ou s'attirent, car on voit l'eau expulser l'air de son sein, et le feu, entré sous forme de chaleur au-dessous d'une marmite, s'échapper en bulles à la surface de l'eau bouillante ; et aussi la flamme attirer l'air et la chaleur du soleil aspirer l'eau sous la forme d'une vapeur humide qui retombe en lourde pluie. Du reste, la percussion est l'immense puissance des choses, engendrée parmi les éléments

[ca. 1510-1513] RL 19060 r.

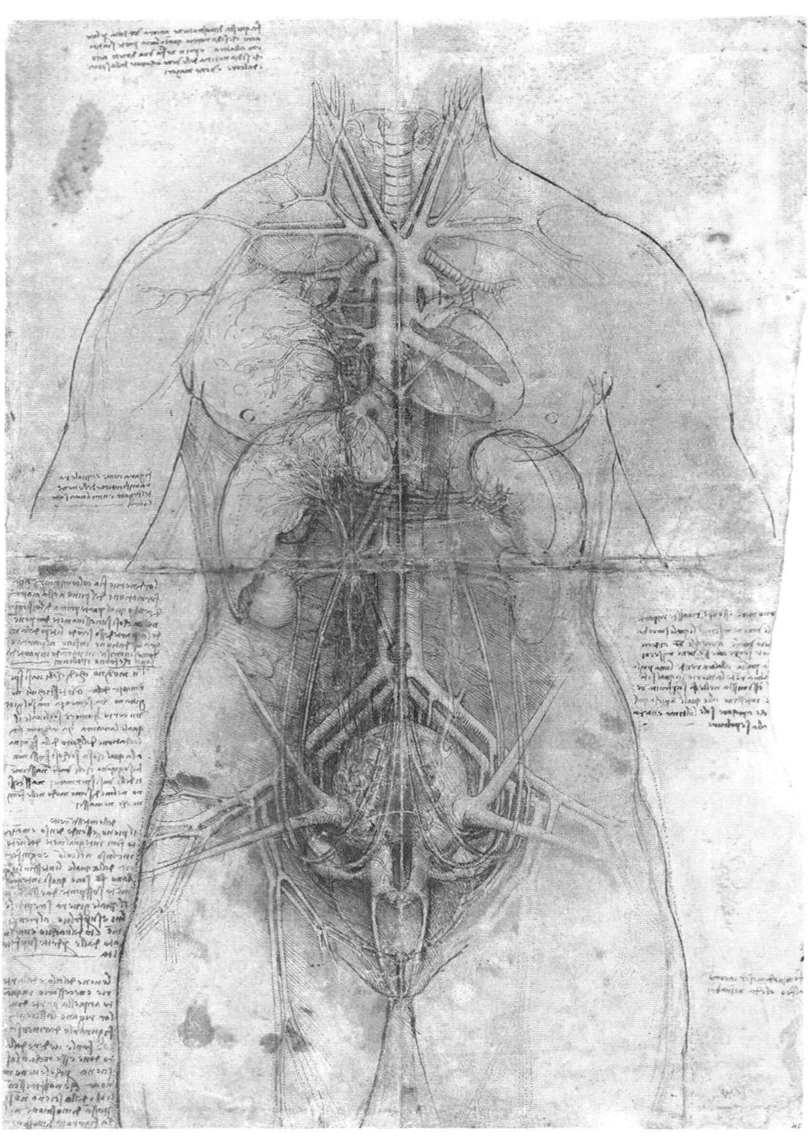

Schéma général des principaux organes et vaisseaux d'un corps de femme (*RL 12281* r.).

[Description du corps humain pendant la dissection.]

L'ORDRE DU LIVRE

[ca. 1510-1513]
RL 19061 r.

Ce plan que j'ai dressé du corps humain te sera exposé exactement comme si tu avais devant toi l'homme véritable. La raison en est que si tu désires connaître à fond les parties d'un sujet disséqué, tu dois déplacer soit son corps soit ton œil, de façon à l'examiner sous différents aspects, d'en bas, d'en haut, de côté, en le retournant et en étudiant l'origine de chaque membre. C'est ainsi que l'anatomie naturelle a satisfait ton désir de t'instruire, mais tu dois comprendre que ce genre de connaissance te prépare des déboires, à cause de la très grande confusion qui résultera de l'enchevêtrement des membranes avec les veines, artères, nerfs, tendons, muscles, os, et le sang qui teint toutes les parties de la même couleur – la sienne – les veines par où il se déverse étant imperceptibles en raison de leur ténuité. L'intégrité des membranes se trouve détruite par le processus d'investigation des parties qu'elles enveloppent, et le sang qui souille leur substance transparente empêche l'identification congrue de ces parties à cause de la similarité qu'offre la couleur du sang ; car tu ne saurais arriver à connaître l'une si tu ne confonds et détruis l'autre.

Voilà pourquoi il est nécessaire de se livrer à plusieurs dissections ; tu en pratiqueras trois pour acquérir la connaissance complète des veines et artères, en détruisant tout le reste avec grand soin ; trois autres pour connaître les membranes[1], trois pour les tendons, muscles et ligaments, trois pour les os et cartilages, trois pour l'anatomie des os, qui devront être sciés afin de montrer lesquels sont creux et lesquels ne le sont pas, lesquels pleins de moelle, ou spongieux, ou épais de l'extérieur à l'intérieur, ou minces. Quelques-uns sont très gros en certaines de leurs parties, et, en d'autres, creux ou entièrement formés d'os remplis de moelle, ou spongieux. Il se peut que toutes ces particularités se trouvent réunies en un même os, et qu'un autre n'en présente aucune. Il faudra aussi consacrer trois dissections au corps féminin, qui recèle un grand mystère – matrice et fœtus.

1. Ms. : *panniculi.*

Ainsi, grâce à mon plan, tu feras connaissance avec chaque partie et chaque tout, au moyen d'une démonstration de chacune vue sous trois aspects différents. Car après que tu auras regardé un membre de face, avec les nerfs, tendons et veines qui naissent du côté opposé, on te le montrera de côté, ou par-derrière, comme si tu tenais le membre même dans ta main et si tu le retournais en tous sens, jusqu'à ce que tu aies nettement compris ce que tu désires savoir.

Et pareillement seront mises sous tes yeux trois ou quatre démonstrations de chaque membre sous différents aspects, de sorte que tu garderas une connaissance exacte et complète de tout ce que tu veux apprendre au sujet de la structure de l'homme.

Donc, la cosmographie du *minor mondo*[1] te sera révélée en quinze figures entières, selon l'ordre qu'observa Ptolémée dans sa *Cosmographie*. Aussi, je diviserai les membres comme il a fait pour sa division en provinces ; et je définirai les fonctions des parties de chaque côté, plaçant sous tes yeux la représentation de toute la figure et puissance de l'homme et le mouvement local qui anime ses parties.

Et plût à notre Créateur que je fusse capable de révéler la nature de l'homme et ses coutumes comme je décris sa figure.

Si tu dissèques ces corps dans l'eau courante ou l'eau de chaux, je te rappellerai que la dissection des nerfs ne te révélera pas la position de leurs ramifications ni en quels muscles ils se divisent, car bien que le point d'où ils dérivent se puisse discerner aussi facilement à sec qu'avec emploi d'eau, leurs ramifications tendent à se réunir dans l'eau courante, en faisceau, comme le lin et le chanvre cardés pour être filés ; de sorte qu'il devient impossible de retrouver dans quels muscles les nerfs sont distribués, ou avec quelles ramifications ils y pénètrent et quel en est le nombre.

[Dissection de la main humaine.]

DE LA PAUME

Quand tu figures la main en commençant de l'intérieur, sépare d'abord légèrement tous les os les uns des autres, pour

1. Le « microcosme » ou « monde mineur ».

pouvoir reconnaître rapidement la véritable forme de chacun d'après la paume de la main et aussi leur vrai nombre et leur position respective, et sectionnes-en quelques-uns dans le milieu de leur épaisseur, c'est-à-dire dans le sens de leur longueur, pour montrer lesquels sont creux et lesquels pleins. Après quoi, rajuste-les comme ils étaient dans la réalité, et représente la main entière grande ouverte, vue du dedans. Puis, inscris les figures complètes des premiers ligaments osseux. La démonstration suivante sera consacrée aux muscles qui relient le poignet au reste de la main. La cinquième représentera les tendons qui actionnent les premières jointures des doigts ; la sixième, les tendons moteurs des secondes jointures ; la septième, ceux qui font mouvoir les troisièmes jointures de ces doigts. La huitième reproduira les nerfs qui créent le sens tactile ; la neuvième, les veines et les artères. La dixième montrera la main complète avec son épiderme et ses dimensions, et il te faudra aussi prendre les mesures des os. Et tout ce que tu feras pour ce côté de la main, tu le referas pour les trois autres, à savoir la partie intérieure ou palmaire, la partie dorsale et la partie des muscles extenseurs et fléchisseurs.

Dans le chapitre sur la main tu procéderas donc à trente démonstrations ; et il te faudra en faire autant pour chacun des membres.

Ainsi, tu acquerras la connaissance complète.

Tu disserteras ensuite des pattes de chaque animal, afin de montrer en quoi elles diffèrent, comme chez l'ours où les ligaments des tendons des orteils se rejoignent au-dessus du cou-de-pied.

⁂

[ca. 1511-1513]
RL 19063 r.

Il faudrait qualifier non pas d'abréviateurs mais d'oublieurs[1] ceux qui abrègent des œuvres comme celles-ci.

⁂

[ca. 1511-1513]
RL 19063 v.

Fais un discours sur le blâme mérité par les savants qui suscitent des obstacles à ceux qui pratiquent l'anatomie, et par les abréviateurs de leurs recherches[2].

1. Ms. : *obbliatori.*

2. Peut-être faut-il voir ici une allusion dans l'emploi du mot *abbreviatori* ; terme qui s'appliquait également aux secrétaires de la chancellerie vaticane. Léo-

[Rien n'est superflu dans la nature.]

Nul superflu et nulle lacune dans aucune espèce animale ou aucun produit de la nature, à moins que le défaut ne dérive des moyens qui l'ont suscité.

SI LE VENT QUI S'ÉCHAPPE DE LA TRACHÉE SE CONDENSE EN COURS DE ROUTE OU NON

[ca. 1511-1513]
RL 19064 v.

Tout l'air qui pénètre dans la trachée a une quantité égale, en tous les degrés de ses ramifications, comme les branches nées durant la croissance saisonnière des plantes, qui, chaque année, si l'on additionne les différentes épaisseurs de tous les rameaux nouveaux, égalent l'épaisseur du fût de l'arbuste.

Mais dans le larynx, la trachée se contracte pour condenser l'air qui semble une chose vivante quand il sort du poumon, afin de créer les différentes sortes de voix, et aussi pour presser et dilater les différents conduits et ventricules du cerveau ; car si la trachée était aussi dilatée à sa partie supérieure que dans la gorge, l'air ne pourrait se condenser et remplir les devoirs et offices nécessaires à la vie et à l'homme, c'est-à-dire parler, chanter et autres fonctions du même genre. Et le vent qu'expulse brusquement le poumon, quand il exhale de profonds soupirs, opère à l'aide de la paroi abdominale[1] qui serre les intestins ; et ceux-ci soulèvent le diaphragme, lequel comprime le poumon.

SI LE CŒUR CHANGE OU NON DE POSITION APRÈS LA MORT

[ca. 1511-1512]
RL 19065 r.

Le changement du cœur, une fois mort, est analogue à celui qu'il subit pendant l'expulsion de son sang, et même un peu moindre. Ceci s'observe sur les porcs en Toscane où le cœur de ces bêtes est percé au moyen d'un instrument appelé perçoir qui sert à tirer le vin des barriques. Donc,

nard, dans une lettre, se plaint que ses recherches anatomiques aient été empêchées à la suite d'un rapport présenté au pape.

1. Ms. : *mirac.*

après avoir retourné et bien ligoté le porc, on lui fend, du même coup direct de perçoir, le côté droit et le cœur. Et si le cœur est percé dans l'instant où il s'est dilaté, il se contracte aussitôt en expulsant le sang, et entraîne vers son sommet la blessure ainsi que la pointe du perçoir ; ensuite, en se dilatant, il refoule cette blessure vers sa base, et la partie du perçoir restée dehors suit une impulsion inverse de celle de la partie qui est dedans, dont le mouvement s'accorde au mouvement du cœur. Ceci se renouvelle à plusieurs reprises, de sorte qu'à l'expiration de la vie, la partie du perçoir restée dehors demeure à égale distance des deux points extrêmes entre lesquels oscillaient les mouvements contradictoires du cœur vivant. Une fois refroidi, ce cœur se recroqueville un peu et se contracte dans la mesure où il s'était dilaté quand il était chaud, attendu qu'un corps augmente ou diminue selon que la chaleur y pénètre ou le quitte ; et ceci, je l'ai constaté fréquemment et j'ai observé ces mesures, ayant laissé l'instrument dans le cœur jusqu'à ce que l'animal soit découpé...

Du plus grand au plus petit mouvement de ce cœur, il y a environ un doigt d'épaisseur, et à la fin, la pointe du cœur reste à environ un demi-doigt de sa position naturelle ; et veille à ne pas te tromper en prenant ces mesures, car parfois le manche du perçoir ne se déplace point, que le cœur soit vivant ou mort ; ceci se produit quand le viscère ayant reçu la blessure au beau milieu de sa contraction, il conserve cette position dans la mort ; parfois le manche subit une oscillation plus grande selon que le cœur est blessé pendant sa période de plus ou moins grande extension ; la position du manche variera donc entre des distances correspondant au degré de dilatation ou de contraction de l'organe à l'instant où il est blessé. En outre, elle se modifiera plus ou moins selon que l'extrémité du perçoir est plus ou moins enfoncée dans le cœur ; car si la pointe du fer le transperce, il s'écartera moins du centre de son mouvement que si le fer a simplement atteint la partie de devant de sa paroi antérieure ; et je ne m'appesantirai pas davantage là-dessus, attendu qu'un traité complet sur ces mouvements a été composé dans le vingtième volume sur les forces du levier. Et si tu estimes que, après que le cœur est transpercé, la longueur du perçoir ne pourrait suivre le susdit mouvement, étant gênée par la paroi antérieure du cœur, tu devrais comprendre qu'en se dilatant et en se contractant, ce cœur entraîne ou refoule avec lui la pointe du fer ; et le fer qui se trouve dans la paroi antérieure agrandit la blessure, à la fois par le haut et par le bas, ou, pour mieux dire, la déplace, puisque la grosse partie ronde de l'instrument n'étant pas tranchante, ne saurait élargir : mais le perçoir entraîne avec lui la blessure de devant, en comprimant la partie du cœur en contact avec lui tantôt par la partie supérieure de la blessure, tantôt par sa partie inférieure ; et le cœur provoque aisément cette raréfaction et compression lorsqu'il est chaud, parce que alors il est moins dense.

[Notes anatomiques.]

[ca. 1511-1513]
RL 19069 r.

Tu feras le foie du fœtus différent de celui de l'homme, c'est-à-dire avec les côtés gauche et droit égaux.

Mais procède d'abord à l'anatomie des œufs couvés.

Dis comment à quatre mois l'enfant a la moitié de la taille et le huitième du poids qu'il aura à sa naissance.

Décris quels sont les muscles moteurs du larynx pour l'émission de la voix, et leur nombre.

[Développement du fœtus.]

[ca. 1509-1510]
RL 12281 r.

Fais aussi cette démonstration de profil, afin d'indiquer à quel point une des parties peut être en retrait de l'autre ; puis fais-en une postérieure, pour renseigner sur les veines qui recouvrent la colonne vertébrale, le cœur et les veines majeures.

L'ordre que tu suivras commencera par prendre l'enfant en formation dans la matrice, en disant quelle partie se forme tout d'abord et en plaçant successivement ces parties selon les époques de la grossesse, jusqu'à la naissance ; et comment il est nourri, en t'instruisant, dans une certaine mesure, au moyen des œufs de la poule.

[ca. 1508-1510]
RL 19070 v.

Toi qui juges préférable de regarder des démonstrations anatomiques que des dessins, tu aurais raison, s'il était possible d'observer tous les détails que ces dessins te montrent, en une seule figure dans laquelle, avec tout ton talent, tu ne verras ni ne connaîtras que quelques veines ; alors que moi, pour en avoir une connaissance exacte et complète, j'ai disséqué plus de dix corps humains, en détruisant les divers membres, et en enlevant jusqu'aux moindres parties de la chair qui se trouvait autour de ces veines, sans causer d'autre effusion de sang que l'imperceptible saignement des vaisseaux capillaires. Et comme un seul corps ne dure pas le temps qu'il faut, il m'a fallu procéder par étapes, sur autant de corps qu'il en fallait pour arriver à l'entière connaissance ; et j'ai souvent recommencé deux fois pour découvrir les différences.

Mais si tu as l'amour de cette chose, tu en seras peut-être empêché par une répugnance de l'estomac ou, si cela ne t'en détourne pas, peut-être auras-tu la crainte de passer les heures nocturnes en compagnie de cadavres tailladés et lacérés, horribles à voir ; et si cela encore ne te rebute pas, peut-être manqueras-tu de l'habileté requise pour dessiner, indispensable à une telle figuration ; et si tu as le dessin, peut-être cet art ne s'alliera-t-il pas à la science de la perspective ; ou encore, si tu la possèdes, ignoreras-tu l'ordre des démonstrations géométriques et la méthode du calcul des forces et comportements des muscles ; ou peut-être la patience te fera-t-elle défaut et ne seras-tu pas diligent.

Ces choses, si je les ai en moi ou non – les cent vingt volumes que j'ai composés l'attesteront ; pour ces livres, je ne me suis laissé arrêter ni par l'avarice, ni par la négligence, mais seulement par le temps. *Vale.*

•◆•

[Les dessins mieux que les mots décrivent les choses naturelles.]

[Note en marge d'un dessin du cœur montrant les dispositions des veines et artères.]

[ca. 1511-1512] RL 19071 r.

Par quels mots, ô écrivain, pourras-tu égaler la perfection de toute l'ordonnance dont le dessin se trouve ici ?

Faute de connaissances voulues, ta description est si confuse qu'elle ne donne qu'une faible idée de la vraie forme des choses, et tu t'illusionnes à leur égard en te persuadant que tu peux satisfaire entièrement l'auditeur, quand tu parles de la représentation d'une chose qui possède une substance et qu'entoure une surface.

Je te conseille de ne pas t'encombrer de mots à moins que tu ne parles à des aveugles. Si néanmoins tu tiens à une démonstration verbale qui s'adresse aux oreilles plutôt qu'aux yeux des hommes, que ton discours porte sur les choses substantielles ou naturelles, et ne t'occupe pas de faire entrer par les oreilles des choses qui ont un rapport avec les yeux ; dans cette entreprise, tu serais surpassé de loin par l'œuvre du peintre.

Comment, avec des mots, pourrais-tu décrire ce cœur sans remplir tout un volume ? Pourtant, plus tu accumuleras les détails, plus tu rempliras de confusion l'esprit de l'auditeur. Et [alors] tu auras toujours besoin de commentateurs ou de recours à l'expérience ; et celle-ci, en ce qui te concerne, est très courte et n'a trait qu'à peu de chose, comparée à l'étendue du sujet dont tu désires avoir la connaissance complète.

⁂

[Louange du Créateur, en anatomie.]

[Planche anatomique représentant l'action des muscles du cœur, suivie d'une note descriptive où se trouve la phrase :]

[ca. 1511-1513] RL 19074 r.

« Et l'Inventeur a fait ceci pour la raison indiquée dans la figure ci-dessus, qui révèle comment le Créateur ne crée rien de superflu ou d'imparfait. »

⁂

[Anatomie du cou. Louange du Créateur.]

[ca. 1512-1513] RL 19075 v.

Chacune des vertèbres cervicales a dix muscles joints à elle. Tu montreras d'abord, sans la tête, l'épine dorsale de la nuque munie de ses tendons pareils au mât d'un navire avec ses haubans, puis tu représenteras la tête avec ses tendons qui la font pivoter sur son axe. Les muscles *a b* redressent la tête ; de même, les clavicules *c b* jointes au pubis par les muscles longitudinaux.

Montre, dans la seconde démonstration, les nerfs qui communiquent les sensations et le mouvement aux muscles cervicaux, et indiques-en le nombre. *n* est une des vertèbres cervicales auxquelles sont joints les points de départ des trois muscles, c'est-à-dire de trois paires de muscles qui se font vis-à-vis, de manière que l'os où ils naissent ne se rompe pas.

Ô toi qui te livres à des spéculations sur cette machine qui est nôtre, ne t'afflige pas d'apprendre à la connaître au moyen de la mort d'autrui, mais réjouis-toi que notre Créateur ait gratifié l'intellect d'une telle excellence de perception.

•◆•

[ca. 1511-1513] RL 19081 r.

Pourquoi le cœur ne bat pas et le poumon ne respire pas pendant la période où l'enfant est dans la matrice pleine d'eau ; car s'il respirait une fois, il serait instantanément noyé. Mais le souffle et le battement du cœur de la mère agissent sur la vie de l'enfant qui lui est relié au moyen du cordon ombilical, tout comme ils influent sur les autres membres.

En conséquence, pendant la durée d'une harmonique ou, comme tu pourrais dire, d'un temps musical, le cœur opère trois mouvements, comme il est énoncé ci-dessous, et une heure contient mille quatre-vingts de ces temps. Le cœur se dilate et se contracte donc trois mille cinq cent quarante fois par heure. Cette fréquence de mouvement réchauffe les gros muscles cardiaques, lesquels réchauffent le sang, qui bat continuellement en lui. Sa chaleur est plus développée dans le ventricule gauche, aux parois très épaisses, que dans le droit dont les cloisons sont minces. Cette chaleur fait perdre de son épaisseur au sang ; elle le transforme en vapeur et le change en air, et le muerait aussi en feu élémentaire, n'était que le poumon lui porte secours dans cette crise, en lui dispensant la fraîcheur de son air.

Mais le poumon ne peut envoyer de l'air dans le cœur, la nécessité ne s'en fait d'ailleurs pas sentir, car, on l'a dit, l'air est engendré dans le cœur et à mesure qu'il se mélange à la moiteur chaude et dense, il s'évapore sous forme de sudation par les extrémités des veines capillaires qui sont à la surface cutanée ; de plus, l'air aspiré par le poumon y entre constamment sec et froid pour en sortir humide et chaud ; mais les artères qu'un contact continuel relie au réseau de branches de la trachée, s'étalent à travers le poumon et captent la fraîcheur de l'air quand il y pénètre.

•◆•

[Équilibre du cœur chez l'homme et les oiseaux.]

[ca. 1511-1513] RL 19087 r.

Et si tu dis que la paroi externe gauche [du cœur] a été faite épaisse pour peser davantage et servir de contrepoids au ventricule droit, lequel contient un grand poids de sang, tu n'as pas réfléchi que cet équilibre n'était point nécessaire, attendu que tous les animaux terrestres, sauf l'homme, ont le cœur posé à plat ; et le cœur de l'homme aussi est dans cette position quand il est couché dans son lit. Mais ta conclusion ne tiendrait pas un compte suffisant des données, parce que le cœur a deux supports, qui descendent de la clavicule ; car d'après la quatrième [proposition] du *De Ponderibus*, il ne peut se tenir en équilibre s'il n'a pas un support venant d'en haut ; et ces deux [supports] sont l'artère aorte et la veine cave ; en outre, si le cœur était privé du poids de son sang, à mesure qu'il se contracte et le dépose dans les ventricules supérieurs, son centre de gravité se trouverait alors du côté droit, et ainsi le côté gauche serait allégé. Mais cette théorie de l'équilibre n'est point la vraie, ainsi qu'il est dit plus haut, car les animaux couchés ou qui marchent à quatre pattes ont le cœur couché selon leur propre inclinaison, et chez eux il n'y a nulle recherche d'équilibre de cet organe.

Dans le cas de la chauve-souris qui dort toujours tête en bas, comment le cœur s'équilibre-t-il avec le ventricule de droite et de gauche ?

POURQUOI LES PRINCIPALES VALVES DU VENTRICULE DROIT SONT FAITES AVEC SI PEU DE MEMBRANE ET UN TEL RÉSEAU DE CORDES

[ca. 1511-1513]
RL 19087 v.

La nature en a ainsi ordonné, pour qu'à mesure que se referme le ventricule droit, l'échappement du sang ne vienne à cesser subitement si la valve bloquait la sortie d'une portion de ce sang qui doit être donné au poumon ; mais ce ventricule se referme quand le poumon a reçu sa ration de sang, et ainsi [du] ventricule droit le sang a pu s'infiltrer à travers les pores de la paroi médiane dans le ventricule gauche[1] ; en même temps, l'oreillette droite devient la dépositaire de la surabondance du sang qui passe au poumon, et celui-ci soudain le déversant à l'orifice du ventricule droit se revivifie grâce à l'apport sanguin du foie.

1. Le ms. porte « droit ».

COMBIEN DE SANG LE FOIE PEUT-IL FOURNIR AU CŒUR À TRAVERS SON ORIFICE

Il en restitue autant qu'il en brûle ; c'est-à-dire une partie minime, car en une heure, le cœur s'ouvre environ deux mille fois. Le poids est lourd.

Le ventricule droit a été fait plus pesant que le gauche pour que le cœur puisse se tenir dans la position oblique ; et quand le sang monte du ventricule gauche et l'allège, ce sang s'en va vers le côté gauche avec son centre de gravité, lorsqu'il est dans les ventricules supérieurs.

Le cœur a quatre ventricules – deux supérieurs appelés oreillettes, et deux inférieurs qu'on nomme ventricules droit et gauche.

•◆•

[Définitions.]

Définitions des instruments. *[ca. 1511-1513] RL 19088 v.*

Discours sur les nerfs, muscles, tendons, membranes et ligaments.

L'office des nerfs est de transmettre la sensation. Ils sont l'équipe conductrice de l'âme, car ils ont leur origine en son siège et commandant aux muscles, ils actionnent les membres à son gré.

Les muscles, ministres des nerfs, tirent à eux les cordons joints à ces membres, de façon similaire.

Les tendons sont des instruments mécaniques qui n'éprouvent pas de sensations par eux-mêmes, mais exécutent tout le travail dont ils ont la charge.

Les membranes jointes à la chair s'interposent entre elle et le nerf ; et très fréquemment, elles s'unissent au cartilage.

Les ligaments, unis aux tendons, sont de la nature des membranes qui relient les articulations des os et se changent en cartilages ; pour chaque articulation ils sont aussi nombreux que les tendons qui la font mouvoir et que les tendons opposés qui se rattachent à elle ; ces ligaments se rejoignent et s'enchevêtrent, s'assistent, se renforcent et se relient mutuellement.

Le cartilage, substance dure comme le serait, par exemple, un tendon durci ou un os amolli, est toujours placé entre l'os et le tendon, car il procède de ces deux à la fois ; il est flexible et incassable, et sa flexibilité agit en lui comme un ressort.

Les pellicules sont certaines parties musculaires faites de chair, de tendons et de nerfs, dont l'union forme une substance susceptible de s'étendre dans toutes les directions ; la chair est un mélange de muscles, tendons, nerfs, sang et artères.

L'os est une matière dure impossible à fléchir, faite pour la résistance, dépourvue de sensibilité et aboutissant aux cartilages qui forment ses extrémités ; sa moelle se compose d'une matière spongieuse, de sang et de graisse molle, revêtue d'un tissu très ténu. La matière spongieuse est un mélange d'os, de graisse et de sang.

Les membranes sont de trois sortes, c'est-à-dire faites soit de tendons, soit de nerfs, soit de nerfs et tendons ; et la membrane composite est un enchevêtrement de tendons, nerfs, muscles, veines et artères.

Les membranes entre les tendons et les cartilages sont formées de manière à unir le tendon au cartilage en un joint épais et sans solution de continuité, afin qu'il ne risque pas de se rompre par excès de vigueur ; le muscle vient-il à grossir, il n'attire pas à soi le tendon, ou aucun autre membre, mais le tendon l'entraîne vers la membrane et vers le cartilage, comme il arrive pour les muscles internes des ventricules du cœur quand ils ferment leurs orifices. Mais les muscles des autres membres sont tirés vers l'os où ils se rencontrent, en entraînant derrière eux leur tendon ainsi que le membre qui y est joint.

Les larmes viennent du cœur et non du cerveau.

Définis toutes les parties dont se compose le corps, en commençant par l'épiderme avec sa couche extérieure qui souvent se détache sous l'action du soleil.

·◆·

[Six parties composent le mouvement.]

[ca. 1511-1513]
RL 19083 r.

Six éléments entrent dans la composition des mouvements ; os, cartilage, membrane, tendon, muscle et nerf, et tous les six, par conséquent, se trouvent dans le cœur.

·◆·

[Profils de dessins « in congressu ».]

Je révèle aux hommes l'origine de la première – la première ou peut-être la seconde – cause de leur existence. *[ca. 1490-1492] RL 19097 v.*

Ces figures indiqueront l'origine de nombreux dangers d'ulcères et de maladie.

Séparation entre les parties spirituelles et corporelles.

Comment l'enfant respire et comment il est nourri par le cordon ombilical ; et comment une âme unique gouverne deux corps, comme c'est le cas lorsque la mère ayant eu envie d'un aliment, l'enfant en porte le signe.

Et pourquoi l'enfant [né] à huit mois ne vit pas.

Ici, Avicenne prétend que l'âme donne naissance à l'âme et le corps au corps et à tous les membres, mais il est dans l'erreur.

•◆•

L'enfant ne respire pas dans le corps de sa mère, car il est dans l'eau ; et qui respire sous l'eau est aussitôt noyé. *[ca. 1511] RL 19101 r.*

L'enfant dans le sein maternel est-il capable de pleurer ou d'émettre un son ?

La réponse est non ; car s'il n'a pas le souffle, il n'a aucune sorte de respiration ; et sans respiration, point de voix.

Demande à la femme de Biagino Crivelli comment le chapon élève et couve les œufs de la poule, à la saison des amours.

On fait éclore les poussins près de l'âtre, en utilisant les fours.

Les œufs de forme ronde donneront des cochets, et les oblongs des poulettes.

Leurs poussins sont confiés à la garde d'un chapon dont les parties inférieures ont été plumées, et qu'on place dans un panier après l'avoir piqué avec une aiguille. Quand les poussins se blottissent sous lui, leur chaleur lui procure une sensation agréable et apaisante ; il les promène et lutte pour les défendre, allant à l'occasion jusqu'à sauter en l'air pour affronter le milan en des combats acharnés.

•◆•

LIVRE SUR L'EAU À MESSER MARCO ANTONIO[1]

[Dessin de fœtus dans la matrice.]

[ca. 1511]
RL 19102 r.

Chez cet enfant, le cœur ne bat pas et il ne respire point parce qu'il est constamment dans l'eau. S'il respirait, il se noierait, et le souffle ne lui est pas nécessaire puisqu'il tire vie et subsistance de la vie et de l'alimentation maternelle. Cette alimentation le sustente exactement comme elle nourrit les autres parties de la mère – mains, pieds, et autres membres. Une âme unique gouverne les deux corps, et les désirs, frayeurs et souffrances sont communs à cette créature et à tous les autres membres animés. D'où il résulte qu'une chose désirée par la mère se trouve souvent marquée sur les parties de l'enfant que la mère recelait en elle à l'époque de son envie ; et une soudaine frayeur tue à la fois mère et enfant.

Nous en concluons qu'une âme unique gouverne les corps et les nourrit tous deux.

[Comment un seul esprit gouverne deux corps.]

[ca. 1511-1513]
RL 19102 v.

Comme un esprit régit deux corps – en ce que les désirs, les terreurs et les peines de la mère font un avec les peines, c'est-à-dire les souffrances et envies physiques de l'enfant logé dans l'habitacle maternel –, ainsi l'alimentation profite également à l'enfant. Il est nourri au même titre que les autres membres de la mère, et sa force vitale dérive de l'air, principe vivant commun à la race humaine et aux autres choses animées.

[Pigmentation de la peau due aux parents ;
l'influence de l'hérédité maternelle égale celle du père.]

Les races noires d'Éthiopie ne sont point des produits du soleil, car si en Scythie un Noir fait un enfant à une Noire, le rejeton est noir ; mais si un Noir engrosse une Blanche, le

1. Marcantonio della Torre. Le contexte indique qu'il s'agit de la présence de l'eau dans l'utérus, pendant la gestation.

rejeton est gris. Preuve que la race de la mère a autant de pouvoir sur le fœtus que celle du père.

⁂

[Sur une feuille avec dessins et notes relatives au fœtus dans l'utérus.]

Vois comment les oiseaux sont nourris dans l'œuf. *[ca. 1511] RL 19103 v.*

⁂

[Représentation des poumons avec bronches et vaisseaux.]

Quand tu représentes le poumon, perfore-le pour qu'il n'intercepte pas ce qui est derrière lui ; veille à ce que ces ouvertures montrent toutes les ramifications de la trachée, et les veines de l'artère[1] et de la veine cave ; ensuite, cerne les contours pour indiquer les véritables forme, position et étendue de ce poumon. *[ca. 1508] RL 19104 r.*

⁂

[Dessins relatifs à l'action des poumons.]

Figure d'abord toutes les ramifications de la trachée dans le poumon, puis celles des veines et artères prises séparément, et ensuite toutes ensemble. Mais suis selon l'ordre inverse la méthode de Ptolémée dans sa *Cosmographie* ; commence par la connaissance des parties et tu comprendras mieux le tout. *[ca. 1508] RL 19104 v.*

⁂

[Dessin.]

Voici le poumon dans sa gaine. *[ca. 1512-1513] RL 19109 r.*

Le problème est de savoir à quel endroit le poumon devient plus froid ou plus chaud, et le même se pose pour le cœur.

Il convient de vérifier si la paroi du cœur interposée entre les deux ventricules est plus mince ou plus épaisse, selon que le cœur s'allonge ou se raccourcit, ou, pourrait-on dire, se dilate ou se contracte.

Selon nous, pendant la dilatation, sa capacité s'accroît, et le

1. C'est-à-dire l'aorte.

ventricule droit tire du sang du foie, cependant que le gauche tire du sang du ventricule droit.

Autant il y a de pulsations, autant de fois le cœur se dilate et se contracte.

[Des muscles.]

[ca. 1510-1515] RL 19111 r.

Aucun ne peut mouvoir les autres s'il ne se meut lui-même.

[Relations des nerfs réversifs avec le cerveau. Siège de l'âme. Origine des puissances vitales. Action du cœur. Relation du mouvement du cœur et du poumon.]

[ca. 1508-1510] RL 19112 r.

Remonte avec les nerfs réversifs jusqu'au cœur et observe s'ils l'actionnent, ou si le cœur se meut de lui-même. Si son mouvement provient des nerfs réversifs qui prennent naissance dans le cerveau, tu démontreras clairement comment l'âme a son siège dans les ventricules cérébraux, et comment les puissances vitales tirent leur origine du ventricule gauche du cœur. Si ce mouvement du cœur dérive de lui-même, tu diras que le siège de l'âme est en lui et pareillement celui des puissances vitales ; tu seras donc très attentif à ces nerfs réversifs, de même qu'aux autres, car le mouvement de tous les muscles prend sa naissance en eux qui, avec leurs ramifications, les pénètrent.

Mainte fois le cœur attire un peu de l'air qui se trouve dans le poumon et le lui restitue après l'avoir chauffé, sans que ce poumon ait recueilli un autre air du dehors.

Il est prouvé que les choses doivent nécessairement se passer comme il est exposé ici ; le cœur qui se meut de lui-même, ne se meut qu'en s'ouvrant et en se refermant ; et l'acte de s'ouvrir et de se refermer provoque un mouvement le long de la ligne qui s'étend entre la pointe et la base ou *corona* du cœur ; il ne peut s'ouvrir sans aspirer l'air venu du poumon et il le lui restitue aussitôt ; on verra ensuite que ce poumon sera revigoré par une forte aspiration, soudaine et profonde, qui lui permet de se rafraîchir par une nouvelle bouffée d'air frais ; ceci se produit quand une idée fixe absorbant l'esprit, la respiration se trouve reléguée dans l'oubli.

En se refermant, le cœur avec ses nerfs et muscles tire

en arrière les puissants vaisseaux qui le relient au poumon. Telle est la principale cause de la dilatation du poumon, mouvement qui lui serait impossible si le vide n'augmentait pas ; et le vide ne pourrait augmenter s'il ne se remplissait de nouveau et si, trouvant l'air plus propice à ce rétablissement du vide, il n'en absorbait ; à mesure qu'il se contracte, le cœur en vient à se rouvrir ; et se rouvrant, relâche les nerfs et vaisseaux du poumon qu'il avait tirés ; alors le poumon se referme et en même temps il comble le vide dans le cœur grâce au vent qu'il exhale, et il expulse en partie, par la bouche, l'air superflu pour lequel il n'y a place ni chez lui ni dans le cœur.

[Vaisseaux sous-cutanés de l'aine et de l'aisselle.]

[ca. 1508-1510]
RL 19113 r.

Les parties intérieures des bras et des cuisses donnent naissance à des veines formant des rameaux qui s'écartent des tiges principales et sillonnent tout le corps, entre cuir et chair.

Souviens-toi de noter où ces artères se séparent des veines et des nerfs.

[Amygdales.]

[ca. 1508-1510]
RL 19114 v.

Les deux amygdales sont placées aux côtés opposés à la base de la langue ; elles ont la forme de deux petites pelotes interposées entre l'os maxillaire et cette base, de manière à créer entre les deux un espace qui d'un côté corresponde à la rondeur latérale de la convexité de la langue, déterminée par sa courbure ; et pour que sa partie convexe puisse déloger la nourriture de l'angle maxillaire, autour des parois latérales à la base de la langue.

Vingt-huit muscles dans les racines de la langue.

[Des langues.]

Espèces léonines et bovines.

Ceci est l'envers de la langue *[dessin]* ; sa surface est rugueuse chez beaucoup d'animaux, notamment chez les espèces léonines telles que lions, panthères, léopards, lynx, chats et autres analogues, dont la langue très rêche est comme couverte de pointes minuscules, légèrement flexibles ; se lèchent-ils, ces pointes s'enfoncent jusqu'aux racines des poils, et à la manière des peignes, ratissent les animalcules parasitaires.

J'ai vu une fois un agneau que léchait un lion, en notre cité de Florence où il y en a toujours environ vingt-cinq ou trente ; et ils ont des petits de bonne heure. En quelques coups de langue, le lion dépouilla l'agneau de sa toison et l'ayant ainsi écorché, il le mangea ; et les langues des espèces bovines aussi sont rugueuses.

[Prononciation des voyelles.]

[ca. 1508-1510]
RL 19115 r.

La membrane interposée en travers du passage que parcourt l'air, moitié dans le nez et moitié dans la bouche, est la seule qui sert à l'homme pour prononcer la lettre *a*, c'est-à-dire la membrane *a n* ; et langue et lèvres auront beau faire, elles n'empêcheront jamais l'air qui s'exhale de la trachée de former le son *a*, pendant qu'il est dans cette concavité *a n*. En outre, *u* se forme à la même place, à l'aide des lèvres qui se serrent et avancent un peu ; et plus elles se projettent en avant mieux elles prononceront la lettre *u*. Il est vrai que l'épiglotte *m* remonte légèrement vers le palais.

Si elle ne faisait ainsi, le *u* se changerait en *o* et cet *o*

[La question est de savoir] si quand *a o u* sont articulés distinctement et rapidement, il est nécessaire qu'en les prononçant tout d'un trait, les ouvertures des lèvres se contractent sans cesse, c'est-à-dire qu'en disant *a*, elles s'écartent largement, se rapprochent en prononçant *o* et encore davantage en disant *u*.

Il est prouvé que toutes les voyelles sont énoncées avec la partie postérieure du voile du palais qui couvre l'épiglotte ; d'ailleurs, cette prononciation tient à la position des lèvres qui forment un passage pour l'air lorsqu'il s'échappe en emportant avec lui le son de la voix, qui, même lorsque les lèvres sont closes, fuit par les narines ; mais quand il s'évade par ce canal, il ne peut servir à l'émission d'aucune de ces voyelles.

D'une telle expérience on peut conclure avec certitude que la trachée ne crée aucun son de voyelle et n'a pour office que l'émission de la voix, particulièrement dans *a o u*.

[Les muscles de la langue.]

La langue se trouve avoir vingt-quatre muscles, correspondant aux six muscles dont se compose la masse qui s'agite dans la bouche.

La tâche présente consiste à découvrir de quelle façon ces vingt-quatre muscles sont divisés ou répartis au service de la langue, dans l'accomplissement de ses mouvements nécessaires, lesquels sont nombreux et variés ; en outre, il faut voir comment les nerfs descendent jusqu'à elle depuis la base du cerveau et comment ils pénètrent en elle, pour se distribuer et se ramifier. Il convient aussi de noter comment et de quelle manière lesdits vingt-quatre muscles se convertissent en six, dans la formation de la langue. De plus, tu montreras à quel endroit ils prennent naissance, c'est-à-dire dans les vertèbres du col [à leur point de contact avec l'œsophage], et quelques-uns dans le maxillaire du côté intérieur, d'autres dans la trachée, des côtés extérieurs et latéraux. De même, tu montreras comment les veines les sustentent et les artères les animent, et comment les nerfs leur communiquent la sensation.

Par surcroît, tu décriras et représenteras en quoi les variations, modulations et articulations de la voix dans le chant sont simplement fonction des anneaux de la trachée, mûs par les nerfs réversifs ; et dans ce cas aucune partie de la langue n'entre en jeu.

Ceci est prouvé par mes précédentes démonstrations au sujet des tuyaux d'orgue ; ce n'est pas en changeant la *fistola*[1], en l'élargissant ou en la rétrécissant, qu'ils rendent un son plus grave ou plus aigu ; mais seulement en changeant le tuyau, qui sera large ou étroit, ou long, ou bref, ainsi qu'il appert de la dilatation ou de la compression de la trompe torse, et comme on le voit aussi pour le tuyau, qui est d'une largeur ou longueur constante, le son variant selon qu'on laisse le vent y pénétrer avec plus ou moins de violence. Cette quantité de variations ne se rencontre pas quand les objets sont soumis à une percussion plus ou moins forte, comme les cloches frappées par des battants très grands ou très petits. La même chose s'observe avec les pièces d'artillerie de longueurs

1. Le point d'émission du son.

identiques mais de largeurs différentes ; mais en ce cas, la pièce plus courte produit un bruit plus violent et plus grave que la pièce plus longue. Et je ne développe pas davantage tout ceci, qui est amplement traité dans le livre sur les instruments d'harmonie. Je reprendrai donc mon discours relatif aux fonctions de la langue, au point où je l'ai laissé.

La langue prononce et articule les syllabes qui sont les parties constituantes des mots. Elle s'emploie également dans l'acte de la mastication des aliments, et pour le récurage intérieur de la bouche et des dents, après leur passage. Ses principaux mouvements, au nombre de sept, sont : l'extension, le resserrement, la traction en arrière, l'épaississement, le raccourcissement, la dilatation et l'effilement ; de ces sept mouvements, trois sont composés, l'un ne pouvant se créer sans le concours indispensable d'un autre ; c'est le cas en ce qui concerne le premier et le deuxième – extension et resserrement –, car tu ne saurais allonger une matière extensible sans qu'elle se contracte et se rétrécisse latéralement ; il en va de même avec les troisième et quatrième mouvements opposés aux deux premiers, c'est-à-dire l'épaississement et le raccourcissement. Après quoi viennent les cinquième et sixième mouvements qui conjointement forment le troisième, composé de trois mouvements : dilatation, rétrécissement et raccourcissement.

Bien que la subtilité humaine produise des inventions variées, qui par des moyens différents concourent à une fin identique, elle n'en découvrira jamais de plus belle, de plus simple et de plus directe que celles de la nature où il n'y a aucune lacune, aucun superflu. Elle n'a pas besoin de contrepoids pour créer, dans le corps des animaux, les membres propres au mouvement. Elle met en eux l'âme du corps qui les crée, c'est-à-dire de la mère, qui commence par construire dans la matrice la forme de l'homme, et en temps voulu, éveille l'âme destinée à l'habiter. Car celle-ci est tout d'abord restée endormie sous la tutelle de l'âme maternelle qui la nourrit et lui donne vie au moyen de la veine ombilicale, avec tous ses organes spirituels. Il en va ainsi jusqu'à ce que le cordon ombilical la rejoigne par les secondines et les cotylédons qui unissent l'enfant à la mère. Voilà pourquoi l'enfant ressent tout désir intense, toute frayeur ou autre souffrance morale de sa mère, avec plus de force qu'elle-même, puisqu'en bien des cas, il en meurt.

À vrai dire, ce discours n'est pas ici à sa place, mais il est nécessaire, dès lors qu'il s'agit de la structure des corps animés ; et pour le surplus de la définition de l'âme, j'en laisse le soin aux moines, ces pères du peuple, lesquels, par révélation, savent tous les mystères. Je ne parle point contre les Livres sacrés, car ils sont la vérité suprême.

⁂

CE QUI SUIT [TRAITE DE] L'ARTICULATION DE LA VOIX HUMAINE

[ca. 1508-1510] RL 19115 v.

L'extension et le rétrécissement de la trachée conjointement avec sa dilatation et sa contraction, déterminent les variations de la voix des animaux, qui passe de l'aigu au grave et du grave à l'aigu ; pour ce second acte, le raccourcissement de la trachée n'étant pas suffisant quand la voix s'élève, elle se dilate légèrement vers sa partie supérieure, qui ne reçoit les sons à aucun degré mais provoque la hausse de la voix dans le restant de ce tuyau raccourci. D'ailleurs nous en ferons l'expérience à propos de l'anatomie des animaux en insufflant, avec une pompe, de l'air dans leurs poumons et en les comprimant, pour rétrécir et dilater la *fistola* qui produit leur voix.

⁂

[ca. 1511-1513] RL 19116 r.

Ici un doute s'élève, à propos des pannicules qui enferment le sang dans l'antichambre du cœur, à la base de l'aorte, au sujet de savoir si la nature aurait pu se passer d'eux ou non, étant donné que les trois parois ou charnières où ces valves panniculaires du cœur sont établies, sont celles qui en se gonflant barrent au sang l'accès du cœur lorsqu'il se rouvre sur le côté placé au-dessous d'elles. La nature effectue cette dernière opération de fermeture afin que la grande force qu'emploie le cœur dans ce ventricule gauche, lorsqu'il s'ouvre pour attirer le sang qui filtre à travers les interstices étroits le séparant du ventricule gauche, ne soit point, par un retour du vide, forcée d'entraîner avec soi les plus délicats pannicules desdites valves du cœur.

La révolution du sang dans l'antichambre du cœur, à la base de l'aorte, a deux effets ; tout d'abord, multipliée sous plusieurs aspects, elle opère un grand frottement qui chauffe et allège le sang, accroît et vivifie les esprits vitaux, qui se tiennent toujours dans la chaleur et la moiteur. Le second effet de cette révolution est de clore à nouveau les portes du cœur, au moyen d'un système complet de fermeture, par son premier mouvement réflexe.

Autant de fois cette porte expulse le sang, autant de fois le cœur bat ; et c'est pour cela que les fiévreux souffrent d'inflammation.

·◆·

[ca. 1511-1513]
RL 19119 r.

Entre les cordons[1] et filaments des muscles du ventricule droit, s'enchevêtrent une quantité de fils ténus, de même nature et forme que les muscles ténus dont est fait le cerveau, et de ceux qui tissent la *rete mirabile*[2] ; ceux-ci s'enroulent autour des nerfs les plus minuscules et imperceptibles et s'enchevêtrent à eux. Ces muscles très capables d'expansion et de contraction sont exposés aux atteintes furieuses du sang entrant et sortant parmi les minuscules cordes avant qu'ils se soient convertis en membranes des valves.

Avant d'ouvrir le cœur, gonfle ses ventricules en commençant par l'artère aorte, puis attache-les et examine leurs dimensions. Ensuite, procède de même avec le ventricule ou *orecchio* droit ; et ainsi tu découvriras sa forme et sa fonction ; il fut créé pour se dilater et se contracter et pour permettre la circulation du sang quand il traverse ses cellules pleines de passages tortueux que séparent des parois arrondies, de sorte que le sang, ne rencontrant pas d'angles gênants, peut plus facilement effectuer sa révolution, dans sa course tourbillonnante. Il s'échauffe d'autant plus qu'est plus rapide la pulsation du cœur. Ainsi, il atteint parfois à une température telle que le cœur suffoque ; et j'ai vu ce cas d'un homme fuyant devant ses ennemis, dont le cœur éclata, tandis qu'une sueur de sang coulait par tous les pores de sa peau ; c'est cette chaleur qui forme l'esprit vital. Ainsi elle donne la vie à toute chose ; de même celle de la poule ou des dindes donne vie et chaleur aux poussins et le retour du soleil fait fleurir et bourgeonner les fruits.

·◆·

1. Ms. : *cordae*.
2. Appelé également réseau admirable. (*N.d.T.*)

Division de la surface du cœur par les vaisseaux. Écorchement de la chair pour trouver certains vaisseaux.

La surface du cœur est divisée en trois parties par trois veines qui partent de sa base. Deux d'entre elles sont aux extrémités du ventricule droit et ont au-dessous d'elles deux artères en étroit contact. Pour la troisième veine, je n'ai pas encore constaté si elle s'accompagne d'une artère et me prépare donc à ôter un peu de chair de la surface, afin de satisfaire ma curiosité. Mais la superficie du cœur enclose entre ses artères occupe la moitié de sa superficie circulaire et forme la paroi extérieure du ventricule droit. *[ca. 1511-1513] RL 19119 v.*

[Chaleur causée par le barattement et par l'opération qui s'accomplit dans le cœur.]

Observe si, quand on fait le beurre, le lait se chauffe en tournant ; et ainsi, tu pourras démontrer l'efficacité des ventricules du cœur, qui reçoivent et expulsent le sang de leurs cavités et autres passages, faits uniquement pour réchauffer et épurer le sang et le rendre plus apte à pénétrer la paroi à travers laquelle il passe du ventricule droit au gauche, où, grâce à l'épaisseur de cette cloison – c'est-à-dire du ventricule gauche – la chaleur apportée par le sang peut se conserver.

•◆•

Tendons.

Décris les tendons de chaque membre sous quatre aspects, et comment ils se diffusent à travers les muscles, comment les muscles produisent les tendons, et ceux-ci les jointures, etc. *[ca. 1510-1513] RL 19120 r. et 19121 r.*

•◆•

[L'arbre des vaisseaux.]

ANATOMIE DES VAISSEAUX

[Dessin.]

Ici sera représenté l'arbre des vaisseaux en général, comme fit Ptolémée pour l'univers dans sa *Cosmographie* ; *[ca. 1506-1510] RL 12592 r.*

puis les vaisseaux de chaque membre isolément, sous différents aspects.

Dessine les ramifications des vaisseaux vus de derrière, de face et de côté ; sinon, tu ne pourrais donner la notion exacte de ces réseaux, de leur forme et de leur position.

Les ventricules du cerveau et ceux de la semence sont à égale distance des ventricules du cœur.

[Muscles représentés par des fils de cuivre rougis au feu.]

[ca. 1510]
RL 12619 r.

Fais cette jambe en relief, et les tendons en fil de laiton chauffé au feu ; ploie-les selon leur forme naturelle ; puis tu pourras les dessiner de quatre côtés, les disposer comme dans la nature et discourir de leurs fonctions.

Les causes immédiates qui déterminent les mouvements des jambes sont entièrement distinctes de celles qui déterminent le mouvement de la cuisse, et en cela consiste la force.

Quand tu auras fini les os des jambes, indique leur nombre à tous. De même pour les tendons, muscles, nerfs, veines et artères, en disant : cette cuisse en a tant, et tant la jambe, et tant le pied, et tant les doigts ; et puis tu diras : voici le compte des muscles qui naissent et se terminent dans les os, et de ceux qui partent des os et aboutissent à un autre muscle ; ainsi tu décriras chaque membre en son moindre détail, et notamment les ramifications que font certains muscles pour produire divers tendons.

Il faut que ces quatre jambes figurent sur une seule et même feuille de papier, pour te permettre de mieux comprendre l'emplacement des muscles et de les reconnaître sous leurs différents aspects.

[Anatomie du cerveau : forme des ventricules.]

[ca. 1508]
RL 19127 r.

Ayant nettement constaté que le ventricule *a* est à l'extrémité du cou où passent tous les nerfs qui communiquent avec le sens tactile, nous pouvons inférer que ce sens du toucher traverse ledit ventricule, car la nature prend, en toute circonstance, la voie la plus brève et agit dans le minimum de temps ; le sens s'émousserait donc si la durée de son parcours était plus longue.

[Expérience.]

Perce deux évents dans les cornes des grands ventricules et insères-y, au moyen d'une seringue, de la cire fondue, en pratiquant un trou dans le ventricule de la mémoire ; remplis par ce trou les trois ventricules du cerveau ; puis, quand la cire s'est solidifiée, enlève le cerveau et tu verras exactement la forme des trois ventricules. Mais commence par introduire de minces tubes dans les évents afin que l'air qui se trouve dans les ventricules s'échappant, cède ainsi la place à la cire qui y entre[1].

[Dessin.]

Nom des parties : *imprensiva*[2], *sensus communis, memoria.* Modèle du *sensus communis.* Coulé en cire par le trou *m*, au bas du crâne, avant de le scier.

•◆•

[Anatomie de l'intestin.]

Dessine les intestins dans la position qu'ils occupent, et détache-les, aune par aune, en commençant par lier les extrémités des parties enlevées et de celles qui restent. Après quoi, il te faudra tracer les contours du mésentère, duquel tu as détaché ce fragment d'entrailles ; puis, ayant indiqué la position de l'intestin, tu dessineras les ramifications de ses vaisseaux ; et procède ainsi de suite, jusqu'à la fin. *[ca. 1506-1508] RL 12642 r.*

Tu commenceras par l'intestin droit, mais en l'attaquant du côté gauche, par le côlon. Aie d'abord soin d'ôter avec ton ciseau l'os du pubis et les os des hanches, pour observer avec exactitude l'emplacement des viscères intestinaux.

•◆•

1. Selon les éditeurs d'une partie de la collection de la Royal Library à Windsor (Vangenstan, Fonahn et Hopstock, Oslo, 1911-1916), Léonard fut le premier à relever l'empreinte des ventricules du cerveau et plusieurs siècles s'écoulèrent avant qu'un autre anatomiste s'en avisât.

2. Sur le terme *imprensiva*, voir chap. IX : « Optique », p. 297.

[ca. 1506-1508]
RL 12623 r.

La nature a rattaché tous les muscles qui sont en connexion avec le mouvement des orteils, à l'os de la jambe et non à la cuisse ; car s'ils étaient rattachés à l'os crural, ils se replieraient quand fléchit l'articulation du genou, et se fixeraient sous le joint du genou, incapables de desservir ces orteils sans grande difficulté et fatigue ; il en va de même pour la main, au moyen de la flexion du coude du bras.

[ca. 1506-1508]
RL 19143 r.

Découvre graduellement toutes les parties de la face antérieure d'un homme, quand tu fais son anatomie ; et continue ainsi jusqu'aux os.

DE LA FORME HUMAINE

[ca. 1506-1510]
RL 19141 r.

Quelle est la partie de l'homme qui ne grossit jamais à mesure qu'il engraisse ?

Quelle est cette partie qui, lorsqu'un homme maigrit, ne se réduit jamais par un amaigrissement trop perceptible ?

Parmi les parties qui engraissent, laquelle engraisse le plus ?

Parmi les parties qui s'émacient, laquelle s'émacie le plus ?

Chez les hommes puissamment robustes, quels muscles sont les plus gros et les plus proéminents ?

Tu représenteras, dans ton « Anatomie », tous les membres à leurs divers stades, depuis la formation de l'homme jusqu'à sa mort, et jusqu'à la mort de ces os, et [montreras] quelle partie d'eux se détruit en premier et laquelle se conserve le plus longtemps.

Et de même pour l'extrême degré d'étisie jusqu'à l'extrême degré d'embonpoint.

DE LA PEINTURE

Quels sont les muscles qui saillent avec l'âge, ou chez les jeunes quand ils maigrissent ?

Quels sont, dans les muscles humains, les endroits où la chair ne s'accroît jamais à proportion du degré d'embonpoint, ni ne diminue à proportion du degré de maigreur ?

Ce qui doit être cherché dans ce problème se trouvera dans toutes les jointures superficielles – épaule, coude, articulations des mains et des doigts, hanches, genoux, chevilles, orteils et autres similaires dont il sera parlé en leur temps.

Le maximum de grosseur qu'acquièrent les muscles est à la partie musculaire la plus éloignée de leurs attaches.

La chair n'augmente jamais sur les parties des os qui avoisinent la surface des membres.

Dans l'agencement des mouvements de l'homme, la nature a placé par-devant toutes les parties qui, lorsqu'elles subissent un choc, provoquent une sensation douloureuse ; ainsi, elle est ressentie dans les tibias des jambes, dans le front et le nez ; ceci fut ordonné pour la préservation de l'homme, car si la faculté de souffrir n'était pas inhérente à ces membres, les nombreux coups qu'ils reçoivent causeraient leur destruction.

⁂

Avicenne est d'avis que l'âme donne naissance à l'âme et le corps au corps ; et chaque membre, respectivement.

[ca. 1490-1492]
RL 19097 r.

⁂

Mondino dit que les muscles élévateurs des orteils sont dans la partie extérieure de la cuisse ; il ajoute que le dos des pieds n'a pas de muscles, parce que la nature a voulu les faire légers de façon qu'ils puissent se mouvoir avec aisance ; car s'ils étaient charnus ils seraient plus lourds, et ici l'expérience démontre

[ca. 1510-1511]
RL 19017 r.

⁂

MOUVEMENT DES DOIGTS DES MAINS

[ca. 1510]
C. A. 273 r. a

Les principaux mouvements digitaux sont l'extension et la flexion. Extension et flexion s'effectuent de diverses façons : tantôt en pliant [les doigts] tout d'une pièce à la première articulation, tantôt en les fléchissant ou en les redressant à mi-chemin, à la deuxième articulation, et d'autres fois en pliant de toute leur longueur, et simultanément, les trois phalanges. Empêche-t-on la flexion des deux premières, la troisième se pliera encore plus facilement, mais elle n'y réussira jamais toute seule si les autres sont libres, et il faudra, en ce cas, que toutes les trois s'infléchissent en même temps. Outre les mouvements précités, il en est quatre autres principaux, dont deux vers le haut et vers le bas et les deux autres latéraux, chacun d'eux régi par un tendon unique. Ils donnent naissance à un nombre infini de mouvements divers, invariablement produits par deux tendons ; et quand l'un d'eux fonctionne mal, l'autre le supplée. Les tendons sont gros à l'intérieur du doigt et fins à l'extérieur ; et du dedans, mais non du dehors, ils sont attachés à chaque joint.

⁂

DES MUSCLES

[ca. 1490]
C. A. 327 v.

La nature a pourvu l'homme de muscles fonctionnels, tracteurs des nerfs, et ceux-ci ont la faculté de manœuvrer les membres selon la volonté et le désir du sens commun, à la manière des officiers qu'un seigneur délègue dans diverses cités et provinces pour le représenter et faire exécuter ses commandements. Cet officier, qui plus d'une fois s'est acquitté des ordres qu'il reçut de la bouche même de son seigneur, accomplira ensuite, de sa propre autorité, un acte qui ne relèvera pas de la volonté du maître. Ainsi les doigts, ayant appris avec grande docilité à tirer d'un instrument des accords, selon les prescriptions du jugement, finiront par en jouer sans sa participation. Les muscles moteurs des jambes ne remplissent toutefois pas leurs fonctions sans que l'homme en ait conscience.

⁂

[ca. 1493-1494]
C. A. 832 v.

Scie une tête en deux, entre les sourcils, pour découvrir par l'anatomie, la cause de la parité de mouvement des deux yeux ; ceci confirmera que le siège de cette cause est à l'intersection des nerfs optiques – j'entends la parité du mouvement lorsque les yeux observent minutieusement les parties d'un cercle ; et certains nerfs leur font exécuter un mouvement giratoire.

⁂

Des artères.

[ca. 1513-1514]
C. A. 1031 v. c

Il existe trois sortes d'artères ; l'une est grosse du bas et étroite à son orifice, l'autre grosse à son orifice et étroite du bas, et la troisième de grosseur uniforme.

⁂

[ca. 1513-1514]
C. A. 1064 r.

Le nombril est le point de jonction du rejeton avec la gaine qui le revêt, il se ramifie et il est attaché à la matrice comme un bouton à une boutonnière, une ronce à une ronce, ou la meule à la meule.

[Des nerfs.]

La main qui tient la pierre en son creux, si elle reçoit un coup de marteau, ressent un peu de la douleur qu'éprouverait la pierre si elle était un corps sensible. *[ca. 1490] A, 33 r.*

DU SANG QUI SE TROUVE AU SOMMET DE LA TÊTE

Il semble évident que si on brisait le haut de la tête d'un homme, rien ne s'écoulerait par cette fracture que le sang qui se trouve entre ses bords. En effet, toute chose lourde cherche les lieux bas ; le sang a du poids et il paraît impossible qu'il puisse de lui-même s'élever comme une chose légère et aérienne. Et si tu voulais dire que l'extension qu'acquiert le poumon dans le lac du sang – lorsqu'en aspirant il se remplit d'air et en se dégonflant, il refoule du lac le sang, lequel s'échappe dans les veines –, les fait croître et gonfler, et que c'est ce gonflement qui provoque l'échappement du sang par la rupture du haut de la tête, cette opinion sera aussitôt réfutée, du fait que les veines sont parfaitement aptes à servir de réceptacle commode à l'accroissement du sang, sans que celui-ci ait à se déverser par la rupture de la tête comme s'il était privé de réceptacle. *[ca. 1490] A, 56 v.*

POURQUOI CE SANG S'ÉCHAPPE PAR LE SOMMET DE LA TÊTE

Les parties spirituelles ont le pouvoir de mettre en mouvement et d'entraîner avec elles les parties matérielles. Nous voyons que le feu, en raison de sa chaleur spirituelle, exhale par la cheminée, en même temps que la vapeur et la fumée, des matières qui ont un corps et un poids, telle la suie, qui, si tu la brûles, se réduit en cendres. Ainsi la chaleur mêlée au sang, s'évapore par la fracture de la tête, et tend à retourner à son élément, en entraînant avec elle le sang auquel elle s'est infu- *[ca. 1490] A, 56 v. et 57 r.*

sée et mêlée. Si la fumée s'élève avec tant de fureur, et emporte avec elle des matières, la raison en est qu'à mesure que le feu s'attaque au bois, une légère humidité le nourrit et l'alimente ; et plus elle acquiert une densité supérieure à la capacité d'absorption de la chaleur incluse dans le feu, plus ce feu aspire à faire retour à son élément et emporte avec lui les vapeurs chauffées comme tu le constateras si tu distilles du vif-argent dans une cornue. Tu verras que lorsque cet argent d'un poids si lourd est mêlé à la chaleur du feu, il s'élève puis retombe en fumée dans le second récipient et reprend sa nature primitive.

[ca. 1513-1514]
E, 17 r.

Observe comme l'épaule change avec les mouvements du bras, montant, descendant, vers le dedans, vers le dehors, en arrière, en avant, et par surcroît avec les mouvements tournants, ou tous autres. Et observe de même le cou, les mains, les pieds et le buste au-dessus des hanches.

[ca. 1513-1514]
E, 19 v. et 20 r.

Ô peintre habile en anatomie, prends garde que la trop grande saillie des os, nerfs et muscles ne fasse de toi un peintre ligneux dans ton désir que tes figures expriment leurs émotions. Et si tu veux y remédier, tu considéreras de quelle façon les muscles des gens âgés ou maigres recouvrent ou vêtent les os ; note en outre la règle selon laquelle ces mêmes muscles remplissent les espaces superficiels qui les séparent, et quels sont ceux que l'embonpoint n'efface jamais, et ceux dont les tendons deviennent impossibles à distinguer à la moindre apparition adipeuse. En bien des cas, plusieurs muscles semblent n'en former qu'un, par suite de l'augmentation de la graisse ; en d'autres cas, chez certaines personnes, sous l'action de l'âge et de l'amaigrissement, un seul muscle se divise en plusieurs. Dans ce traité, toutes leurs particularités seront indiquées en leur lieu, particulièrement en ce qui concerne les intervalles qui séparent les jointures de chaque membre. De plus, ne manque pas d'observer les modifications de ces muscles autour des articulations des membres de chaque animal, dues à la diversité des mouvements des membres ; car autour de ces jointures, l'indication des muscles ne s'efface pas complètement à la suite de l'augmentation ou de la diminution de la chair.

Il te faudra procéder de même pour un enfant, depuis sa naissance jusqu'à sa caducité, aux divers stades de l'existence, tels que la première enfance, l'enfance, l'adolescence, la jeunesse, etc. Pour chacun, tu décriras la modification des membres et articulations et indiqueras ceux qui grossissent et ceux qui maigrissent.

⁂

Décris quels sont parmi les muscles et tendons ceux qui saillent ou se dissimulent à la suite des divers mouvements de chaque membre. Souviens-toi que c'est là chose très importante et nécessaire pour ces peintres et sculpteurs qui font profession d'être des maîtres.

[ca. 1513-1514]
E, 20 r.

⁂

Quels sont les nerfs ou cordons de la main [ou du pied] qui rapprochent et séparent les doigts et les orteils des mains et des pieds ?

[ca. 1508-1509]
F, 95 v.

⁂

Le cœur est un muscle essentiel sous le rapport de la force et beaucoup plus puissant que les autres.

[ca. 1510-1516]
G, 1 v.

J'ai décrit la position des muscles qui descendent de la base à la pointe du cœur, et celle des muscles qui s'élancent de la pointe et vont au sommet.

Les oreillettes sont les antichambres qui reçoivent le sang du cœur quand il s'échappe de son ventricule depuis le commencement jusqu'à la fin de la pression ; car si une partie de cette quantité de sang ne s'échappait pas, le cœur ne pourrait se fermer.

⁂

Reproduis l'anatomie de la jambe en remontant jusqu'à la hanche, sous tous ses aspects, dans tous ses mouvements, de façon à tout représenter, veines, artères, nerfs, tendons, muscles, épiderme et os ; ensuite, montre une coupe des os, afin de faire voir leur épaisseur.

[ca. 1506-1507]
K, 108 (28) r.

⁂

[Nerfs et muscles.]

Le nerf qui actionne la jambe et qui rejoint la rotule fait un effort d'autant plus grand pour dresser l'homme, que la jambe est plus ployée. Le muscle qui agit sur l'angle formé

[ca. 1502-1504]
L, 27 v.

par la cuisse à sa jonction avec le buste, a moins de difficultés, un moindre fardeau à soulever, n'ayant pas le poids de la cuisse ; celle-ci a des muscles plus robustes car ce sont ceux qui forment la croupe.

•◆•

[ca. 1495-1497]
Forster II, 65 r.

Piscin de Mozania, à l'hospice de Brolio, a beaucoup de veines. Pour les bras et les jambes.

•◆•

[ca. 1487-1490, et ca. 1493-1497]
Forster III, 27 v.

Les membres simples sont au nombre de onze : cartilages, os, nerfs, veines, artères, membranes, ligaments et tendons, épiderme, chair et graisse.

DE LA TÊTE

Les parties du vaisseau de la tête sont dix : cinq externes et cinq internes.

Les externes sont : cheveux et épiderme, chair musculaire, grande membrane et crâne. Les internes sont : dure-mère, pie-mère, cerveau. Au-dessous reviennent la pie-mère et la dure-mère entre lesquelles s'insère le cerveau, puis la *rete mirabile*, puis l'os fondamental du cerveau ; et c'est de là que partent les nerfs.

•◆•

[Dessin d'une coupe médiane de la tête.]

[ca. 1487-1490, et ca. 1493-1497]
Forster III, 28 r.

a cheveux, *n* épiderme, *c* chair musculaire, *m* grande membrane,

o crâne, c'est-à-dire os du crâne.

b dure-mère, *d* pie-mère, *f* cerveau.

r pie-mère du dessous, *r* dure-mère, *l rete mirabile*, *s* os fondamental.

•◆•

[ca. 1487-1490, et ca. 1493-1497]
Forster III, 75 r.

Hippocrate dit que l'origine de notre semence est dans notre cerveau et dans les poumons et testicules de nos ancêtres, où se fait le brassage final ; et tous les autres membres transmettent leur substance à cette semence au moyen de la sudation, car il n'existe pas de canaux apparents pour parvenir jusqu'à elle.

IV

ANATOMIE COMPARÉE

> *« Seconde démonstration interposée entre l'anatomie et la vie.*
>
> *Pour cette comparaison, tu représenteras des pattes de grenouilles, car elles offrent une grande analogie avec les jambes de l'homme, à la fois par leurs os et par leurs muscles. »*

[Anatomie comparée.]

Figure ici le pied de l'ours, du singe et d'autres animaux, pour autant qu'ils diffèrent du pied de l'homme ; et ajoutes-y aussi la patte de certains oiseaux. *[ca. 1510-1511] RL 19016 r.*

⁂

[Anatomie comparée.]

[Dessin de bras.]

Homme *a b m n.* *[ca. 1508] RL 19026 v.*

[Dessin de bras.]

Singe *c d p o.*

À mesure que le nerf *c d* rapproche de la main l'os *o p*, cette main soulève un poids plus grand ; et c'est le cas du singe, qui a proportionnellement plus de force dans les bras que l'homme.

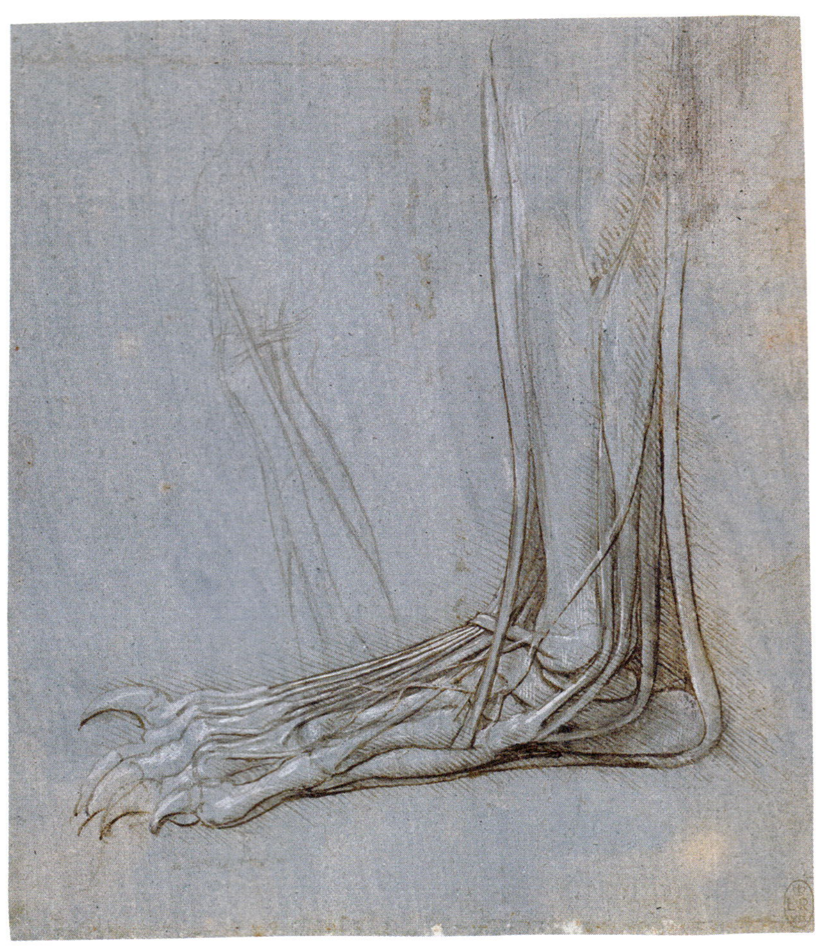

Étude anatomique d'une patte d'ours (*RL 12372* r.).

[Homme, lion, cheval, taureau.]

Homme. Description de l'homme où figurent ceux qui appartiennent presque à la même espèce, tels le babouin, le singe et autres analogues – et ils sont nombreux. *[ca. 1508] RL 19030 r.*

Lion avec son cortège : lions, tigres, léopards, lynx, panthères, chats d'Espagne, *gannetti*[1], chats ordinaires et leurs pareils.

Cheval et ceux de sa suite, la mule, l'âne et autres analogues, qui ont des dents en haut et en bas.

Taureau et ceux de sa suite qui ont des cornes et point de dents à la mâchoire supérieure, tels le buffle, le cerf, le daim, le chevreuil, le mouton, les chèvres, le bouquetin, les vaches laitières, le chamois, les girafes.

[Organes des sens chez l'homme, comparés à ceux des autres animaux.]

J'ai trouvé qu'entre toutes les constitutions animales, celle du corps humain est douée de la sensibilité la plus obtuse et la plus grossière ; elle est formée d'un instrument moins ingénieux et partiellement moins apte à subir le pouvoir des sens. J'ai vu chez l'espèce léonine comment le sens de l'odorat faisant partie de la substance cérébrale, celle-ci, par un très large réceptacle, descend à la rencontre du sens olfactif qui s'introduit parmi de nombreuses cellules cartilagineuses à travers divers conduits rejoignant le cerveau. *[ca. 1508] RL 19030 v.*

Les yeux des espèces léonines tiennent une grande place dans la tête, afin que les nerfs optiques puissent se trouver en conjonction immédiate avec le cerveau. Chez l'homme, on constate le contraire : les orbites n'occupent qu'une petite partie de la tête et les nerfs optiques sont minces, longs et frêles ; dès lors, on le conçoit, ils fonctionnent faiblement le jour et encore plus mal la nuit, tandis que la vision desdits animaux est plus perçante la nuit que le jour. La preuve en est qu'ils chassent la nuit et dorment le jour comme font aussi les oiseaux nocturnes.

1. Terme non identifié dans les dictionnaires. (*N.d.É.*)

La lumière ou pupille de l'œil humain augmente ou rétrécit de moitié, selon qu'elle se dilate ou se contracte. Chez les bêtes nocturnes, elle s'accroît ou décroît de plus du centuple. On peut le constater par les yeux de la chouette, oiseau de nuit, si l'on approche d'elle une torche allumée, et mieux encore si on lui fait fixer le soleil, car alors tu verras la pupille qui occupait l'œil tout entier, se réduire aux dimensions d'un grain de mil, et par cette réduction, devenir pareille à la pupille de l'homme ; les objets clairs et brillants lui apparaissent de la même couleur qu'à l'homme, d'autant plus que le cerveau de cet animal est plus petit que le sien ; il s'ensuit donc que, tout comme sa pupille s'accroît la nuit cent fois plus que celle de l'homme, elle perçoit également la lumière au centuple. Sa puissance de vision ne se trouve donc pas atténuée par l'obscurité. La pupille humaine, qui ne fait que doubler de volume, ne perçoit qu'une faible clarté, à peu près comme la chauve-souris dans les moments où l'épaisseur des ténèbres l'empêche de voler.

[Différence entre les intestins de l'homme et ceux des autres animaux.]

[ca. 1508] RL 19054 r.

Traite des diverses variétés d'intestins des espèces humaine, simiesque, et analogues ; puis, des différences qu'on trouve chez l'espèce léonine, ensuite bovine, et enfin chez les oiseaux. Donne à cette description la forme du discours.

[ca. 1510-1513] RL 19061 r.

Ensuite, tu feras un discours sur les pattes de chaque animal, pour montrer en quoi elles diffèrent, comme chez l'ours qui a les ligaments des tendons des orteils réunis sur le cou-de-pied.

[ca. 1508-1510] RL 19070 v.

Décris la langue du pivert et la mâchoire du crocodile.

[ca. 1511-1513] RL 19076 v.

Prends le foie d'un taureau pour le disséquer.

[ca. 1513] RL 19077 v.

Observe sur le chien ses muscles lombaires, son diaphragme et le mouvement de ses côtes.

•◆•

Analyse le mouvement de la langue du pivert. *[ca. 1508-1510] RL 19115 r.*

•◆•

[Dessins d'oignons et une coupe de tête humaine.]

Si tu fends un oignon en son milieu, tu pourras voir et compter toutes les tuniques ou pelures qui forment des cercles concentriques autour de lui. *[ca. 1490-1492] RL 12603 r.*

De même, si tu sectionnes une tête humaine par le milieu, tu fendras d'abord la chevelure, puis l'épiderme, la chair musculaire et le péricrâne, puis le crâne, avec, au-dedans, la dure-mère, la pie-mère et le cerveau, enfin de nouveau la pie-mère et la dure-mère, et la *rete mirabile*[1] ainsi que l'os qui leur sert de base.

•◆•

[Anatomie comparée. Os et jointures.
Contours musculaires dans l'obésité et dans l'émaciation.]

[Figures.]

Jonction des muscles charnus avec les os, sans tendon ni cartilage – et tu en feras autant pour beaucoup d'animaux et oiseaux. *[ca. 1506-1508] RL 12625 r.*

Montre l'homme sur la pointe des pieds, pour pouvoir mieux le comparer aux autres bêtes.

Représente un genou humain, plié comme celui du cheval.

Pour comparer la structure des os du cheval avec celle de l'homme, tu montreras l'homme dressé sur la pointe des pieds, quand tu figureras les jambes.

De la relation entre l'agencement des os et muscles des animaux et celui des os et muscles de l'homme.

Montre d'abord les os isolément, avec les charnières qui les relient, puis joins-les, et notamment l'articulation coxale ou jointure de la cuisse.

Décris les muscles qui disparaissent à mesure qu'on grossit, et ceux qui apparaissent quand on s'émacie.

1. Aussi appelé réseau admirable. (*N.d.T.*)

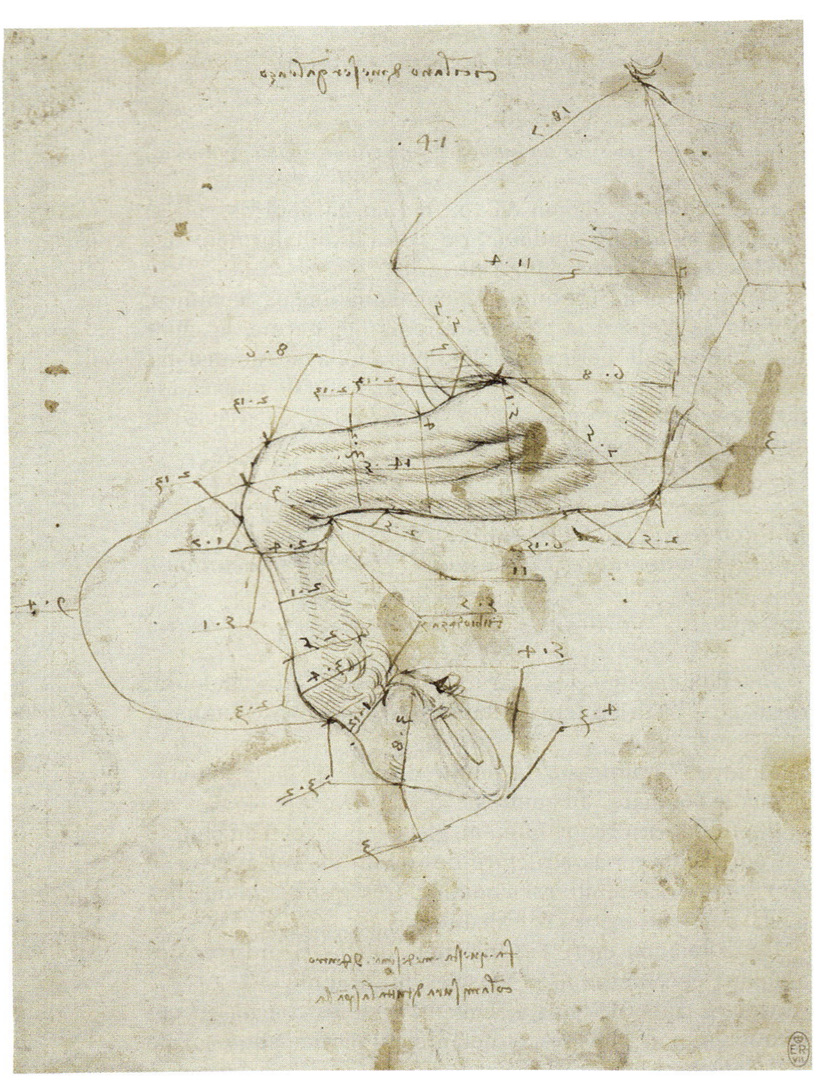

Proportions de la jambe antérieure gauche du cheval (*RL 12294* r.).

Note que les portions les plus proéminentes de la surface adipeuse feront le plus saillie en cas d'amaigrissement.

Là où les muscles sont séparés, tu indiqueras les contours, et aussi là où ils sont étroitement attachés l'un à l'autre ; et tu dessineras uniquement à la plume.

·◆·

SECONDE DÉMONSTRATION INTERPOSÉE ENTRE L'ANATOMIE ET LA VIE[1]

[ca. 1506-1508] RL 12631 r. et 12633 v.

Pour cette comparaison, tu représenteras des pattes des grenouilles, car elles offrent une grande analogie avec les jambes de l'homme, à la fois par leurs os et par leurs muscles ; tu continueras ensuite par les pattes postérieures du lièvre, car elles sont très musclées et les muscles sont très marqués, n'étant pas embarrassés de graisse.

·◆·

[Diagrammes : pupille de la chouette, pupille de l'homme.]

[ca. 1506-1508] C. A. 704 r. c

La pupille *c* représente la dimension qu'elle a en plein jour, c'est-à-dire pendant la plus grande clarté diurne.

a c montre comment elle se dilate dans le maximum d'obscurité nocturne ; et ainsi s'accroît-elle ou diminue-t-elle, selon la plus ou moins grande obscurité de la nuit.

PUPILLE

Si l'obscurité de la nuit est de cent degrés plus intense que celle du soir, et que la pupille de l'homme s'agrandisse du double dans les ténèbres, ces ténèbres sont diminuées de moitié dans l'œil, dont la puissance visuelle a augmenté de moitié. L'intensité des ténèbres se trouve donc réduite de cinquante degrés. Et si la pupille du hibou grandit de cent fois dans les ténèbres, son acuité de vision s'accroît au centuple, de sorte qu'elle atteint à une capacité visuelle de cent degrés ; et comme, de deux choses égales, l'une ne saurait l'emporter sur l'autre, l'oiseau voit dans l'obscurité, avec sa pupille

1. Les éditeurs des Mss. de la Royal Library, Vangenstan, Fonahn et Hopstock, voient dans ce passage la preuve que Léonard connaissait parfaitement la différence entre la dissection anatomique scientifique et l'anatomie des contours.

dilatée, cent fois plus que dans la journée où sa pupille est réduite de quatre-vingt-dix-neuf pour cent.

Et si tu disais que cet animal ne voit pas la lumière diurne et demeure caché pour ce motif, je répondrais qu'il ne se dissimule le jour qu'afin d'éviter les attaques des oiseaux qui toujours l'entourent en grand nombre avec des cris perçants et souvent le mettraient à mort s'il ne se dissimulait dans les grottes et cavernes des hauts rochers.

Parmi les bêtes nocturnes, seule chez l'espèce léonine la pupille change de forme quand elle se dilate ou diminue ; car elle est allongée au point extrême de son rétrécissement, circulaire quand elle a atteint au maximum de dilatation, et elliptique entre les deux.

*

[Croquis de tête de cheval.]

[ca. 1490]
A, 62 v.

La distance d'une oreille [de cheval] à l'autre égalera la longueur d'une de ces oreilles.

La longueur de l'oreille représentera la quatrième partie de la face.

*

[ca. 1508-1509]
F, 1 r.

Dans la sénilité, la mort sans fièvre est causée par le tissu des veines allant de la rate à la porte du foie, et, à ce point épaissi qu'elles s'obstruent et ne livrent plus passage au sang nourricier.

La continuelle circulation du sang dans ces veines les épaissit et les durcit en sorte qu'elles se referment et lui barrent le chemin.

Les espaces ou concavités dans les veines des animaux, et la longue course de l'humeur qui les alimente, les durcissent et finalement les contractent. Les cavités des veines de la terre s'agrandissent par suite du continuel passage de l'eau.

*

MUSCLES DES ANIMAUX

[ca. 1510-1516]
G, 26 r.

Les concavités interposées entre les muscles ne doivent pas être décrites comme si l'épiderme recouvrait deux bâtons en contact ainsi qu'il est figuré en *c* ; ni de manière à ressembler à deux bâtons peu éloignés l'un de l'autre, avec la peau pendant négligemment en une courbure lâche, comme en *f* ; il faudrait que la peau fût comme en *i*, tendue sur la graisse spongieuse qui sépare les angles, comme dans l'angle *n m o*, formé à l'extrémité du point de contact des muscles. La peau ne pouvant descendre dans un angle pareil, la nature l'a rempli d'un peu de graisse spongieuse, ou, comme je préfère l'appeler, vésiculaire, avec de petites vessies pleines d'air, qui se condense ou se raréfie selon l'accroissement ou la raréfaction de la substance musculaire ; dès lors la concavité *i* a toujours une plus grande courbure que le muscle.

DES YEUX DES ANIMAUX

[ca. 1510-1516]
G, 44 r.

Fais l'anatomie de différents yeux, et vois quels muscles dilatent et contractent les pupilles des animaux.

Les yeux de tous les animaux ont des pupilles qui s'agrandissent ou diminuent spontanément, selon la lumière plus ou moins grande du soleil ou de quelque autre luminaire. Chez les oiseaux, toutefois, la différence est plus accusée, en particulier chez les nocturnes du genre de la chouette, tels les ducs, chats-huants et hiboux, dont la pupille se dilate jusqu'à remplir l'œil presque en entier, ou se réduit aux dimensions d'un grain de mil, en conservant cependant sa forme ronde. Mais dans l'espèce léonine, comme les panthères, léopards, lionnes, tigres, loups, lynx, chats d'Espagne et autres, si la pupille diminue, le cercle parfait se mue en figure elliptique *[figure]* ainsi qu'il est montré dans la marge. La vue de l'homme étant plus faible que celle des autres animaux, sa pupille est moins blessée par une lumière excessive et subit une moindre augmentation dans l'obscurité. Quant aux yeux de ces animaux, chez le grand-duc – le plus grand des oiseaux de nuit – la puissance de vision s'accroît tellement que même par la plus faible lueur nocturne que nous appelons obscurité, il voit plus distinctement que nous dans la splendeur du soleil, à l'heure où ces oiseaux restent cachés en de sombres repaires ; ou, s'ils sont forcés de sortir en plein jour, leur pupille se contracte et sa puissance visuelle diminue en même temps que sa dimension.

[Dessins d'un fragment d'un squelette de cheval.]

[ca. 1506-1507]
K, 102 (22) r.

Des muscles qui s'attachent à l'os. Cheval.

[Dessins d'une partie de squelette de cheval.]

[ca. 1506-1507]
K, 109 (29-30) v.

Ici, je fais une note pour montrer la différence entre l'homme et le cheval, et de même avec les autres animaux.

Je commence par les os, je continue par tous les muscles qui partent des os sans tendons et y aboutissent, puis ceux qui partent des os avec tendons et aboutissent à eux, et enfin ceux qui n'ont qu'un tendon d'un seul côté.

[ca. 1507-1508]
B. M. 64 v.

Quand l'œil de l'oiseau se voile de ses deux paupières, il ferme d'abord la seconde ; celle-ci le recouvre depuis la glande lacrymale jusqu'au coin de l'œil, et la première [paupière] le clôt de bas en haut.

Ces deux mouvements se croisent, et l'œil se recouvre d'abord du côté de la glande lacrymale ; car se sachant déjà préservés par-devant et par-dessous, ils [les oiseaux] ne réservent que la partie supérieure, en prévision des dangers dont les menacent les oiseaux de proie, qui s'abattraient d'en haut et par-derrière. Ils découvriront tout d'abord la membrane du côté du coin, car si l'ennemi surgissait par-derrière, l'oiseau aurait la possibilité de fuir en avant. En outre, la membrane appelée secondine est d'un tissu transparent. Sans cet écran, [l'oiseau] ne pourrait, dans la fureur de son vol rapide, garder les yeux ouverts pour supporter le choc du vent. Et sa pupille se dilate ou se contracte selon le plus ou moins de lumière, c'est-à-dire d'éclat.

[Croquis de bustes d'homme et mesures.]

[ca. 1490]
RL 12304 r.

Le tronc *a b* mesurera un pied dans sa partie la plus étroite ; et de *a* [jusqu'à] *b*, il y aura deux pieds qui formeront deux carrés.

Et la partie la plus étroite du cheval est contenue trois fois dans sa longueur, ce qui fait trois carrés.

V

PHYSIOLOGIE

« La grenouille meurt instantanément aussitôt qu'est piquée sa moelle épinière ; auparavant, elle vivait, sans tête, sans cœur, sans boyaux ni entrailles, écorchée : c'est donc là que semble être le foyer du mouvement et de la vie. »

[Études expérimentales de l'épine dorsale et des boyaux de la grenouille.]

[ca. 1485-1490]
RL 12613 r.

Sens tactile.
Cause du mouvement.
Origine des nerfs.
Transmission des forces animales.

POUVOIR DE REPRODUCTION

La grenouille continue de vivre quelques heures encore après que lui ont été enlevés sa tête, son cœur, et tous ses boyaux. Et viens-tu à piquer sa moelle épinière, elle se convulse instantanément et meurt.

Tous les nerfs des animaux dérivent de là : est-elle piquée, ils meurent instantanément.

[Étude expérimentale de la moelle épinière de la grenouille.]

[ca. 1485-1490]
RL 12613 r.

La grenouille meurt instantanément aussitôt qu'est piquée sa moelle épinière ; auparavant, elle vivait, sans tête, sans cœur, sans boyaux ni entrailles, écorchée : c'est donc là que semble être le foyer du mouvement et de la vie.

Main de singe.

[Dessin.]

De cette manière prennent naissance les nerfs de tout le corps, à chaque nœud de l'épine dorsale.

[Dessin.]

Quel que soit celui qu'on pique, on perd l'usage du bras.

*

[ca. 1490-1492]
C. A. 218 r.

Où il y a vie, il y a chaleur ; où il y a chaleur vitale, il y a mouvement des humeurs aqueuses.

*

[Le sens commun est mis en mouvement par les impressions que lui communiquent les cinq sens.]

[ca. 1490]
C. A. 245 r.

Le sens commun juge les impressions que lui transmettent les autres sens.

Ces sens sont émus par les objets, lesquels envoient leurs images aux cinq sens qui les transmettent à l'organe de la perception[1] et de celui-ci, au sens commun ; puis, de là, après avoir été jugées, elles passent à la mémoire où, selon leur degré de force, elles se conservent avec plus ou moins de netteté.

1. Ms. : *imprensiva.*

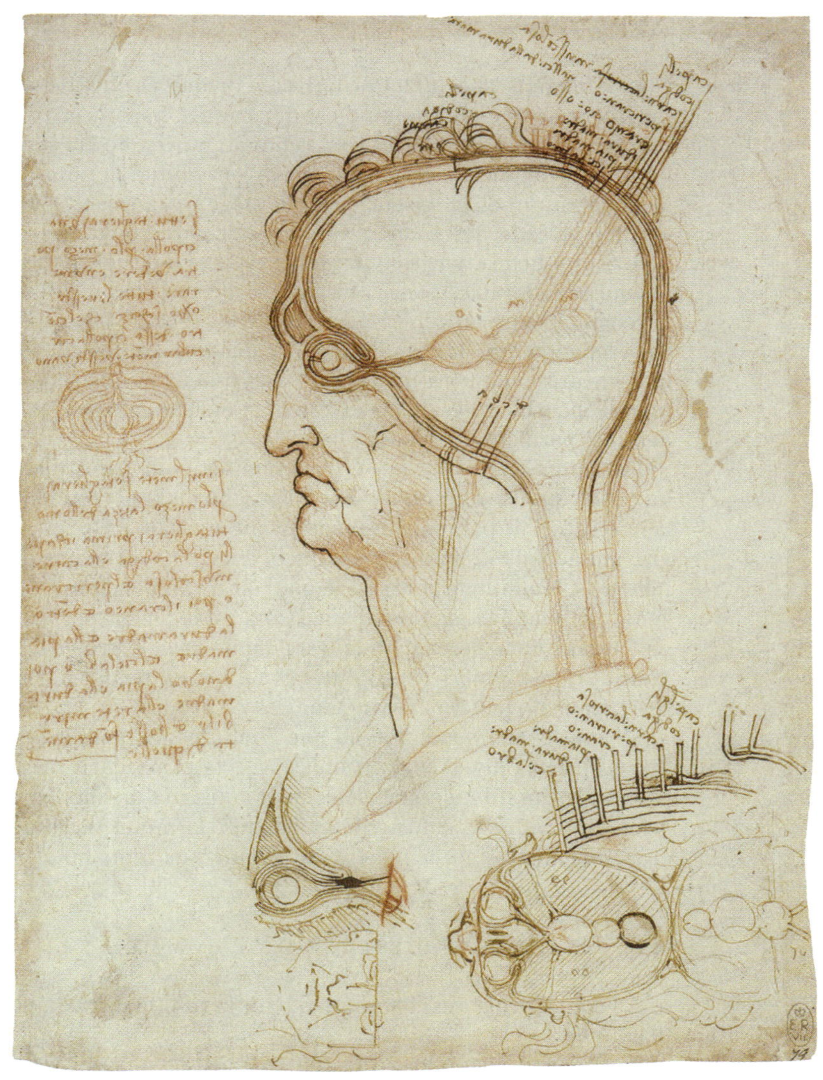

Système nerveux central et nerfs crâniens, comparés à un oignon (*RL 12603* r.).

[Les cinq sens sont : la vue, l'ouïe, le toucher, le goût, l'odorat.]

Les anciens spéculateurs ont conclu que la faculté de jugement dévolue à l'homme est déterminée par un instrument auquel les cinq autres sont reliés au moyen de l'organe de la perception ; à cet instrument ils ont donné le nom de sens commun, et ils disent que son siège est au centre. Ils emploient cette désignation simplement parce que c'est le juge commun aux cinq sens, à savoir la vue, l'ouïe, le toucher, le goût et l'odorat. Le sens commun est mû par l'organe de la perception, situé au centre, entre lui et les sens. L'organe de la perception agit par l'intermédiaire des images des choses que lui présentent les instruments superficiels – les sens – placés entre lui et les objets extérieurs ; et de même, les sens agissent par l'entremise des objets.

Les images des choses environnantes sont transmises aux sens qui les communiquent à l'organe de la perception ; celui-ci les fait parvenir au sens commun, par qui elles se gravent dans la mémoire et s'y fixent avec plus ou moins de netteté, selon l'importance ou le pouvoir de l'objet donné. Le sens fonctionne le plus rapidement, qui est le plus rapproché de l'organe de la perception ; il est l'œil, le chef, le prince des autres ; nous ne parlerons donc que de lui, en négligeant le reste, pour ne pas trop nous étendre à ce propos.

L'expérience nous enseigne que l'œil a connaissance des dix propriétés diverses d'un objet : clarté et obscurité – la première servant à percevoir les neuf autres, et la deuxième à les dissimuler –, couleur et substance, forme et position, éloignement et rapprochement, mouvement et immobilité.

⁂

DE LA CROISSANCE DE L'HOMME

[ca. 1490]
C. A. 327 v.

À l'âge de trois ans, l'homme atteint la moitié de sa taille [d'adulte].

À dimensions égales, une femme pèsera moins qu'un homme. Dans l'eau, une femme morte a la face tournée vers le fond, un homme en sens contraire.

⁂

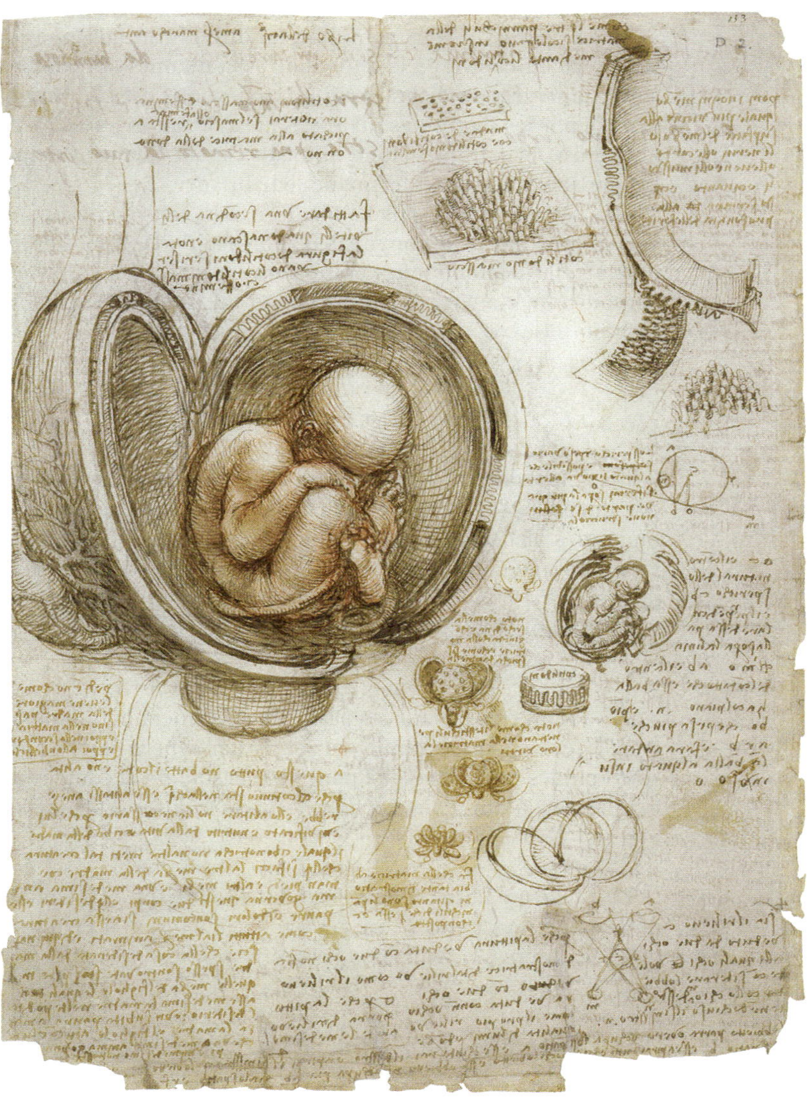

Étude de fœtus et de placenta (*RL 19102* r.).

[ca. 1490]
C. A. 729 v.

Comment des lignes lumineuses transportent la puissance visuelle jusqu'au point qu'elles atteignent.

Notre esprit, ou sens commun, au dire des philosophes, a son siège au centre de la tête, mais ses antennes spirituelles sont à une grande distance de lui. Cela nous est clairement prouvé par les lignes des rayons visuels, lesquels après avoir atteint un objet, transmettent immédiatement, à leur principe, les particularités de la forme de leur brisure.

De même, dans le sens tactile dérivé du sens commun, ne voit-on pas que son pouvoir s'étend jusqu'à l'extrémité des doigts ? Car dès que leurs pointes ont touché l'objet, le sens perçoit immédiatement s'il est chaud ou froid, dur ou mou, aigu ou lisse.

DE LA DÉMARCHE DE L'HOMME

[ca. 1490]
C. A. 815 r.

La démarche de l'homme est toujours identique à celle des quadrupèdes en général ; car de même que les mouvements des pieds du cheval s'entrecroisent lorsqu'il trotte, ainsi l'homme agite ses quatre membres par croisement, c'est-à-dire que s'il avance, en marchant, le pied droit, il avance simultanément le bras gauche, et ainsi de suite.

[ca. 1495-1497]
C. A. 1090 v.

Les hommes nés dans les pays chauds aiment la nuit parce qu'elle leur apporte la fraîcheur et ils haïssent la lumière du soleil qui les échauffe. Voilà pourquoi ils sont de la couleur de la nuit, c'est-à-dire noirs ; et dans les pays froids, c'est l'opposé.

[ca. 1490]
C. A. 1100 r.

La cause qui fait mouvoir l'eau dans sa source à l'encontre de la pente naturelle de sa gravité est identique à celle qui meut les humeurs dans tous les corps animés.

[ca. 1487-1490]
Tr. 7 v.

Quatre sont les forces : mémoire et intellect, appétit et concupiscence. Les deux premières ressortissent à la raison, les autres aux sens. Des cinq sens, la vue, l'ouïe, l'odorat peuvent être partiellement refrénés, mais non le tact ni le goût.

Chez le chien et autres animaux gloutons, l'odorat s'accompagne du goût.

⁂

Toutes les forces spirituelles, dans la mesure où elles sont plus éloignées de leur cause, première ou seconde, occupent un plus grand espace et perdent de leur pouvoir.

[ca. 1487-1490]
Tr. 11 v.

⁂

Relatif aux flexions des articulations et à la manière dont la chair augmente sur elles pendant leur contraction et leur extension. De cette étude extrêmement importante, fais un traité à part dans la « Description des mouvements des quadrupèdes » parmi lesquels figure l'homme qui, dans l'enfance, marche également à quatre pattes.

[ca. 1513-1514]
E, 16 r.

⁂

L'homme, quand il marche, porte la tête en avant par rapport à ses pieds.

L'homme qui traverse une étendue plate, se penche d'abord en avant, et puis, d'autant, en arrière.

[ca. 1508-1509]
F, 83 r.

⁂

Impossible de respirer simultanément du nez et de la bouche. On le constate à voir quelqu'un respirer la bouche ouverte : il absorbe l'air par la bouche mais l'exhale par le nez, car toujours on entend le bruit que fait en s'ouvrant et en se fermant, la porte située près de la luette.

[ca. 1510-1516]
G, 96 v.

⁂

Dans l'eau, les cadavres des mâles flottent sur le dos et ceux des femelles tournés vers le fond.

[ca. 1494]
H, 31 v.

⁂

Si en montant un escalier, tu presses tes genoux avec les mains, l'effort que tu imposes à tes bras allège d'autant les nerfs au-dessous des genoux.

[ca. 1494]
H, 75 (27) r.

⁂

Nous tirons notre vie de la mort d'autrui.

Dans la matière inerte, une vie insensible existe qui, assimilée par l'estomac des vivants, reprend la vie des sens et de l'intellect.

[ca. 1494]
H, 89 (41) v.

•◆•

[ca. 1487-1490, et ca. 1493-1497] Forster III, 38 r.

Tout corps se compose des membres et humeurs nécessaires à son entretien ; nécessité bien connue et prévue par l'âme qui a choisi cette forme corporelle pour son habitat temporaire.

Considère le poisson : en raison de son continuel frottement contre l'eau, sa propre vie – fille de la nature – l'incite, grâce à la porosité qui existe entre les jointures de ses écailles, à se délester d'une matière gluante qui se disjoint malaisément de lui et remplit, par rapport à lui, l'office de la poix à l'égard du navire.

•◆•

[ca. 1510-1511] RL 19002 r.

Si tu aspires avec le nez et que tu rejettes l'air par la bouche, tu percevras le bruit à travers la cloison que constitue la membrane dans

VI

HISTOIRE NATURELLE

> *« Pourquoi le poisson est-il plus rapide dans l'eau que l'oiseau dans l'air, alors que le contraire devrait se produire, attendu que l'eau est plus pesante et plus dense que l'air, et le poisson plus lourd et muni d'ailes plus petites que l'oiseau ? »*

[ca. 1515]
C. A. 450 r. a

Les homards et crabes sont vides pendant le décours de la lune, faute de lumière suffisante pour pouvoir se nourrir ; leur en montre-t-on, la nuit, ils se précipitent vers elle.

À la pleine lune, ils distinguent nettement la nourriture et mangent abondamment.

*

[ca. 1516-1517]
C. A. 460 v.

Pourquoi le poisson est-il plus rapide dans l'eau que l'oiseau dans l'air, alors que le contraire devrait se produire, attendu que l'eau est plus pesante et plus dense que l'air, et le poisson plus lourd et muni d'ailes plus petites que l'oiseau ? Pour ce motif, le poisson n'est point entraîné par les rapides courants de l'eau comme l'oiseau par les vents furieux ; en outre, nous voyons le poisson remonter à toute vitesse une eau dont la pente est très inclinée, d'un mouvement rapide, comme l'éclair parmi les continuels nuages, ce qui semble chose merveilleuse ; résultat dû à la vitesse considérable avec laquelle il se déplace et qui surpasse la cadence de l'eau au point que celle-ci semble immobile par comparaison. La proportion entre ces mouvements est comme de un à dix, celui de l'eau étant égal à un, celui du poisson à dix – et donc le surpassant de neuf. En conséquence, bien que le poisson ait une puissance égale à dix, sa puissance n'est plus égale qu'à neuf car, tandis qu'il remonte d'un saut la pente, avec sa force égale à dix, l'eau lui retirant un, il ne lui reste plus que neuf.

Ceci se produit par le fait que l'eau étant en soi plus dense que l'air, elle est par conséquent plus lourde et plus prompte à combler le vide qu'a laissé derrière lui le poisson, à l'endroit quitté ; de plus, l'eau qu'il percute devant lui, en avançant, n'est pas comprimée comme l'est l'air devant l'oiseau, mais plutôt elle fait naître une onde qui fraye le chemin et, accélérant le mouvement du poisson, le rend plus rapide que l'oiseau devant lequel l'air se condense.

COMMENT LES BŒUFS SE NOURRISSENT DE PLANTES HAUTES

[ca. 1490]
C. A. 815 r.

Pour atteindre aux feuilles des plantes élancées, tels que les jeunes peupliers et autres similaires, les bœufs ont l'habitude de se dresser en entourant de leurs jambes le tronc de l'arbre, et exercent sur lui un mouvement continu de pression et une poussée ; de telle sorte que l'arbre, incapable de résister au poids qui l'oppresse, est forcé de céder et incline sa haute cime.

[Dessin de phalène.]

[ca. 1483-1485]
C. A. 1051 v.

La *pannicola*[1] vole au moyen de quatre ailes et quand se lèvent celles de devant, les postérieures se baissent.

Mais chaque paire est assez forte pour porter, à elle seule, le poids intégral.

L'une se baisse-t-elle, l'autre se lève.

Pour voir celle qui fait usage des quatre ailes, va dans les fossés, tu y verras les *pannicole* noires.

1. Terme non identifié dans les dictionnaires. (*N.d.É.*)

VII

PROPORTIONS DE L'HOMME

« La taille d'un homme est égale à l'espace compris entre ses deux bras étendus. »

[Proportions de la figure humaine.]

Du menton à la naissance des cheveux, il y a un dixième de la figure. *[ca. 1487] C. A. 994 r.*

Depuis la jonction de la paume de la main jusqu'au sommet du majeur, un dixième.

Du menton au sommet de la tête, un huitième.

Du creux de l'estomac au sommet de la poitrine, un sixième.

Et de la fourche des côtes au sommet de la tête, un quart.

Et du menton aux narines, le tiers de la face.

Et autant des narines aux sourcils et des sourcils à la naissance des cheveux.

Et le pied représente un sixième ; la distance de l'avant-bras au bras, un quart. La largeur des épaules, un quart.

⁂

De l'attache d'une oreille à celle de l'autre, la distance est la même que des sourcils au menton. *[ca. 1490] A, 62 v.*

La dimension de la bouche, dans un visage de belles proportions, est égale à l'intervalle entre la séparation des lèvres et le bas du menton.

•◆•

[Croquis de tête.]

[ca. 1490]
A, 63 r.

La coupe où l'angle de la lèvre inférieure est à mi-chemin entre le bas du nez et le bas du menton.

La face forme un carré, dont la largeur va d'une extrémité de l'œil à l'autre, et la hauteur va du sommet du nez au bas de la lèvre supérieure ; ce qui subsiste au-dessus et au-dessous de ce carré a la hauteur d'un carré similaire.

L'oreille a la longueur exacte du nez. La fente de la bouche vue de profil pointe vers l'angle de la mâchoire.

La longueur de l'oreille doit être égale à la distance de la base du nez au haut de la paupière.

L'intervalle entre les yeux est égal à la dimension d'un œil.

De profil, l'oreille se trouve au-dessus du milieu du cou.

•◆•

[Proportions.]

[ca. 1487-1489]
B, 3 v.

Le pied de l'orteil au talon est contenu deux fois dans l'espace qui va du talon au genou, c'est-à-dire là où l'os de la jambe rejoint celui de la cuisse.

La main, jusqu'à l'endroit où elle rejoint l'os du bras, entre quatre fois dans l'espace qui va de l'extrémité du médius à l'articulation de l'épaule.

•◆•

[ca. 1494]
H, 31 v.

À trois ans, tout homme a atteint la moitié de sa taille future.

•◆•

[Poids et mouvements de l'homme.]

[ca. 1502-1504]
L, 28 r.

La jambe, jusqu'à son point de jonction avec la cuisse, forme le quart du poids total de l'homme.

Le poids de l'homme tire davantage vers le bas que vers le haut, d'abord parce qu'il en fait porter une plus grande partie hors de son axe central, ensuite parce qu'il dépasse de tout le pied cet axe, et en troisième lieu, parce qu'il ne glisse pas sur ses pieds.

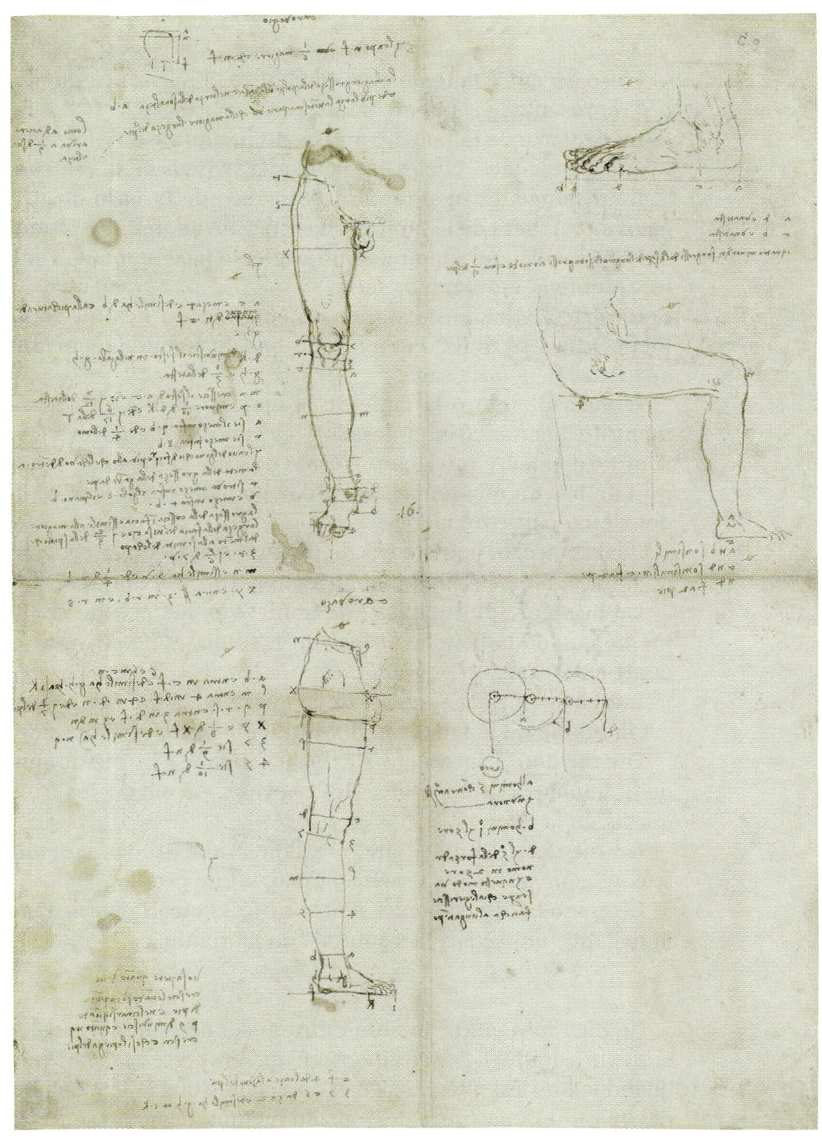

Proportions de la jambe et du pied (*RL 19138* v., *19139* v., *19136* v. et *19137* v.).

⁂

[ca. 1490]
RL 12304 r.

L'espace entre la ligne de la bouche et la naissance du nez *a b* représente le septième de la face.

La distance de la bouche au bas du menton *c d* représente le quart de la face, et elle est égale à la largeur de la bouche.

La distance du menton à la naissance de la base du nez équivaut au tiers de la face, et elle est égale au nez et au front.

L'intervalle entre le milieu du nez et le bas du menton *g h* représente la moitié de la face.

L'espace entre la naissance du sommet du nez où commencent les sourcils, *i k*, jusqu'au bas du menton, équivaut aux deux tiers du visage.

L'intervalle entre la ligne de la bouche et le commencement du menton *l m* ci-dessus – c'est-à-dire l'endroit où il confine à la lèvre inférieure – est le tiers de la distance séparant du bas du menton la ligne de la bouche, et représente la douzième partie de la face.

La distance du haut au bas du menton *m n* forme le sixième de la face, et la cinquante-quatrième partie de l'homme.

De la pointe du menton à la gorge *o p*, l'intervalle est le même que de la bouche au bas du menton, et il constitue le quart du visage.

L'espace entre le sommet de la gorge et sa naissance *q r*, est la moitié de la face et la dix-huitième partie de l'homme.

Du menton à la nuque *s t*, la distance est la même que de la bouche à la naissance des cheveux – à savoir les trois quarts de la tête.

Du menton à la mâchoire, *v x*, l'intervalle est d'une demi-tête, et équivaut à l'épaisseur du cou, vu de profil.

Le diamètre du cou entre pour une fois et trois quarts dans la distance qui sépare les sourcils de la nuque.

⁂

[ca. 1490]
RL 19129 r.

Le pied tout entier tiendra entre le coude et le poignet, et entre le coude et l'angle intérieur du bras vers la poitrine, quand le bras est plié. Le pied est aussi long que la tête entière de l'homme, à partir du dessous du menton jusqu'au sommet de la tête, comme il est montré ici.

Le pied est compris trois fois, depuis la pointe du long doigt jusqu'à l'épaule, c'est-à-dire jusqu'à sa jointure.

Le nez formera deux carrés ; c'est-à-dire que la largeur du nez, prise aux narines, sera contenue deux fois entre la pointe du nez et la naissance des sourcils ; et pareillement, de profil, la distance qui s'étend de l'endroit où l'extrémité de la narine rejoint la joue, jusqu'à la pointe du nez, égalera la largeur du nez vu de face, d'une narine à l'autre.

Si tu divises en quatre parties égales la longueur du nez, depuis sa pointe jusqu'aux sourcils, tu trouveras que l'une d'elles s'étend du sommet des narines au bas de la pointe du nez, et que la partie supérieure va du canal lacrymal aux sourcils ; et les deux parties du milieu sont égales à la longueur de l'œil, depuis le canal lacrymal jusqu'à son coin.

⁂

De la racine des cheveux au sommet de la poitrine *a b*, il y a le sixième d'une hauteur d'homme et cette mesure ne varie jamais. *[ca. 1490] RL 19130 r.*

Il y a aussi loin de la partie extérieure d'une épaule à l'autre, que du sommet de la poitrine au nombril, et cette mesure entre quatre fois dans la distance qui sépare la plante du pied de la base du nez.

Le bras, à partir de l'endroit où il se scinde de l'épaule, par-devant, entre six fois dans la distance qui sépare les deux extrémités des épaules, trois fois dans une tête d'homme, quatre dans la longueur du pied, et trois fois dans la main, que ce soit du côté intérieur ou extérieur.

⁂

Le pied, depuis le point où il part de la jambe jusqu'à l'extrémité du gros orteil, est égal à l'espace compris entre le commencement du haut du menton et la naissance des cheveux *a b* et il équivaut aux cinq sixièmes de la face. *[ca. 1490] RL 19131 v.*

⁂

Qui s'agenouille réduit sa taille du quart. *[ca. 1490] RL 19132 r.*

Si un homme est à genoux, les bras croisés sur la poitrine, son nombril se trouvera à mi-hauteur, ainsi que la pointe de ses coudes.

La moitié du corps d'un homme assis, c'est-à-dire depuis le siège jusqu'au sommet de la tête, se trouvera à partir du bras, au-dessous de la poitrine et de l'épaule. Cette portion assise qui va du siège au sommet de la tête, dépassera la moitié de la hauteur de l'homme de la largeur et la longueur des testicules.

⁂

[ca. 1490] RL 19132 v.

Une coudée représente le quart de la hauteur d'un homme, et elle est égale à la plus grande largeur de ses épaules. La distance qui va de l'extrémité d'une épaule à l'autre équivaut deux fois à la face, et égale celle qui sépare du nombril le sommet de la poitrine. De ce sommet au commencement du pénis, il y a la longueur d'une tête.

⁂

[ca. 1490] RL 19133 r.

Le pied a la longueur de la main augmentée de l'épaisseur du bras au poignet – c'est-à-dire à l'endroit où il est le plus mince, vu de face.

De même tu constateras que le pied est plus long que la main de la longueur du côté intérieur prise depuis la phalange du petit orteil jusqu'à la dernière saillie du gros orteil, en mesurant dans le sens de la longueur du pied.

La paume de la main, moins les doigts, entre deux fois dans le pied, moins les orteils.

Si tu tiens ta main avec les doigts aplatis et rapprochés, tu verras qu'elle est aussi large que la plus grande largeur du pied à l'attache des orteils.

Et si tu mesures la distance depuis la pointe de la cheville, du côté intérieur, jusqu'à l'extrémité du gros orteil, tu trouveras qu'elle a la longueur de la main entière.

Du sommet de la jointure du pied à l'extrémité de l'attache des orteils, il y a aussi loin que du commencement de la main à la pointe du pouce.

La partie la plus étroite de la main est égale à la partie la moins large du pied, entre son point de jonction avec la jambe et la naissance des orteils.

La largeur du talon, par-dessous, est égale à la grosseur du bras – à l'endroit où il rejoint la main –, et à la jambe à l'endroit où, vue de face, elle est la plus mince.

La longueur du plus long orteil depuis l'endroit où il commence à se scinder du gros orteil jusqu'à son extrémité, représente le quart du pied, c'est-à-dire depuis le milieu de l'os de la cheville vue du côté intérieur jusqu'à sa pointe ; et elle équivaut à la largeur de la bouche. La distance entre la bouche et le menton est égale à celle qui s'étend entre les articulations, des trois doigts médians et leurs premières phalanges, quand la main est allongée ; elle égale aussi la distance qui sépare la jointure du pouce de la naissance de l'ongle quand la main est étendue ; et elle représente la quatrième partie de la main et du visage.

L'intervalle entre les extrémités intérieure et extérieure des pôles des pieds, appelé talon ou cheville ou bande du pied *a b*, est égal à l'espace compris entre la bouche et le conduit lacrymal de l'œil.

·◆·

Le gros orteil est la sixième partie du pied si on le mesure de profil, du côté intérieur où cet orteil s'élance du renflement de la plante vers son extrémité *a b*, et il est égal à la distance entre la bouche et le bas du menton. Si tu dessines le profil extérieur, fais commencer le petit orteil aux trois quarts de la longueur du pied, en remontant vers le haut, et tu trouveras la distance depuis la naissance de cet orteil, jusqu'à l'extrême saillie du gros orteil. *[ca. 1490] RL 19133 v.*

·◆·

Largeur des épaules, un quart de l'ensemble. De la jointure de l'épaule à la main, un tiers ; de la ligne labiale jusqu'au-dessous de l'omoplate, il y a un pied. Du sommet de la tête au bas du menton, un huitième. De la naissance des cheveux au menton, il y a le neuvième de la distance qui sépare du sol ces racines capillaires, la plus grande largeur du visage correspond à l'espace compris entre la bouche et la racine des cheveux ; et c'est le douzième de la hauteur totale. Du haut de l'oreille au haut de la tête, la distance est la même que du bas du menton au conduit lacrymal des yeux. Et la même que la distance de la pointe du menton à celle de la mâchoire, et c'est la seizième partie du tout. Le fragment de cartilage, *pincirolo*, qui se trouve à l'intérieur de la cavité de l'oreille, vers le nez, est à mi-chemin entre la nuque et le sourcil. *[ca. 1490] RL 19134 r. et 19135 r.*

La plus grande épaisseur d'un homme, de la poitrine à l'épine dorsale, entre huit fois dans sa hauteur et équivaut à l'espace qui sépare le menton du sommet de la tête.

Le maximum de largeur est aux épaules, et entre quatre fois [dans sa hauteur].

De profil, la largeur du cou est égale à la distance qui va du menton aux yeux et à celle qui sépare le menton de la mâchoire, et elle est comprise quinze fois dans l'homme entier.

Le bras, quand il est plié, représente quatre têtes.

Le bras, en se pliant depuis l'épaule jusqu'au coude, gagne en longueur, je parle de la longueur qui sépare l'épaule du coude ; cet accroissement correspond à la grosseur du bras au poignet, quand tu le vois de profil, et il égale la distance du bas du menton à la ligne de la bouche. Et la grosseur des deux doigts médians de la main, et la largeur de la bouche, et la distance depuis la naissance des cheveux jusqu'au sommet de la tête – toutes ces choses que j'ai mentionnées sont identiques entre elles, mais non identiques à cet accroissement du bras.

Le bras, du coude à la main, ne s'accroît jamais quand il est plié ou redressé.

Le bras plié aura deux fois la mesure de la tête depuis le haut de l'épaule jusqu'au coude, et deux depuis ce coude jusqu'à l'endroit où commencent les quatre doigts sur la paume de la main. La distance depuis la naissance de ces quatre doigts jusqu'au coude ne varie jamais ; quelque changement que subisse le mouvement du bras.

La partie la moins grosse de la jambe, vue de face, entre trois fois dans la cuisse.

La grosseur du bras au poignet entre douze fois dans le bras entier, à savoir depuis la pointe des doigts jusqu'à l'articulation de l'épaule, c'est-à-dire trois fois dans la main et neuf fois dans les bras.

De profil, le minimum de grosseur du bras *m n*, est compris six fois depuis la jointure de la main jusqu'à la fossette du coude étendu, quatorze fois dans le bras entier, et quarante-deux fois dans l'homme entier.

Le maximum de grosseur du bras vu de profil est le même que le maximum de grosseur du bras vu de face. Mais l'une est placée dans le tiers du bras qui va de la jointure à la poitrine, l'autre dans le tiers qui va de la jointure à la main.

·◆·

[ca. 1490] RL 19136 r., 19137 r., 19138 r. et 19139 r.

L'homme est aussi large au-dessous des bras qu'aux hanches. La largeur de l'homme, d'une hanche à l'autre, égale la distance du sommet des hanches au bas des fesses, quand il est debout et que son équilibre porte également sur ses deux pieds ; et la distance est la même depuis le haut des hanches jusqu'à l'attache des épaules. La taille ou la partie au-dessus des hanches sera à mi-chemin entre l'attache des épaules et le fond des fesses.

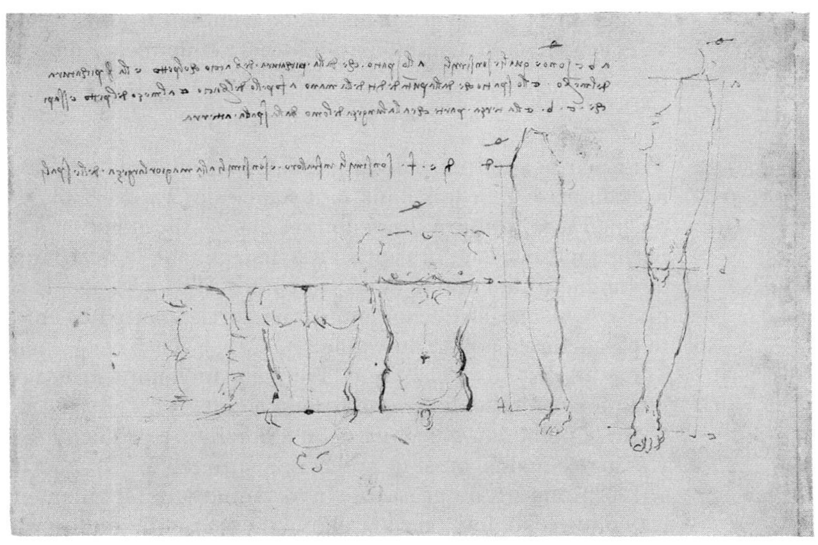

Proportions du buste et de la jambe (*RL 19130* v.).

•◆•

[ca. 1490]
RL 19136 v.,
19137 v., 19138 v.
et 19139 v.

Le maximum de grosseur du mollet représente le tiers de sa hauteur *a b* et il est plus large d'un vingtième que le maximum de largeur du pied.

Couché, l'homme perd le neuvième de sa hauteur.

La grosseur de la face antérieure de la cuisse est égale au maximum de largeur du visage tel qu'on le voit, à savoir deux tiers de la distance du menton au sommet de la tête.

Je voudrais savoir de combien on grandit lorsqu'on se dresse sur la pointe des pieds ; et de combien *p q* décroît en se courbant, et de combien grandit *n q* ; et de même pour la flexion du pied.

•◆•

[ca. 1485-1490]
RL 19140 r.

La partie antérieure de la jambe en sa moindre grosseur est comprise huit fois dans la distance qui va de la plante du pied à la jointure du genou, et elle est la même que la partie antérieure du bras pris au poignet et que le maximum de longueur de l'oreille et les trois intervalles en lesquels se divise le visage et cette largeur est comprise quatre fois entre le poignet et la pointe du coude.

Le pied est aussi large que la largeur du genou entre *a b* ; la patella est aussi large que la jambe entre *r s*.

De la pointe du plus long doigt à la jointure de l'épaule, il y a quatre mains, ou si tu préfères, quatre têtes.

Le minimum de grosseur de la jambe vue latéralement est compris six foix entre la plante du pied et la jointure du genou ; il équivaut à l'intervalle entre le coin de l'œil et l'orifice de l'oreille, au maximum de grosseur du bras vu de profil, et à la distance du conduit lacrymal de l'œil à l'attache des cheveux.

•◆•

[ca. 1488-1490]
RL 12632 r.

Les nus vigoureux sembleront musclés et gros.

Ceux qui ont peu de robustesse seront flasques[1] et maigres.

•◆•

1. Ms. : *laciertoso.*

VII. Proportions de l'homme

[ca. 1490]
Académie de Venise, R 343

Dans son ouvrage sur l'architecture, l'architecte Vitruve déclare que la nature a agencé les dimensions de l'homme de la façon suivante : quatre doigts font une paume, et quatre paumes un pied ; six paumes font une coudée, quatre coudées une hauteur d'homme, et quatre coudées font aussi une enjambée ; vingt-quatre paumes font une hauteur d'homme, et ces mesures se retrouvent dans ses édifices. Si tu écartes les jambes au point de réduire ta taille d'un quatorzième, et que tu ouvres les bras et les lèvres, jusqu'à toucher le sommet de ta tête, avec tes doigts médians, sache que le nombril sera au centre du cercle formé par les extrémités des membres étendus, et l'espace entre les jambes formera un triangle équilatéral.

La taille d'un homme est égale à l'espace compris entre ses deux bras étendus.

De la naissance des cheveux au bas du menton, il y a la dixième partie d'une hauteur d'homme ; du bas du menton au sommet de la tête, le huitième de la hauteur d'un homme ; du sommet de la poitrine au haut de la tête, le sixième ; du haut de la poitrine à la naissance des cheveux, il y a le septième de l'homme entier ; des mamelons au sommet de la tête, le quart. La largeur extrême des épaules représente en soi le quart de l'homme ; du coude à la pointe du médius il y a un cinquième ; du coude à l'extrémité de l'épaule, un huitième ; la main entière constituera un dixième. Le pénis commence au milieu du corps. Le pied est la septième partie de l'homme. De la plante du pied au point qui est juste au-dessous du genou, il y a le quart de l'homme. De ce point à la naissance du pénis, également le quart.

Les parties qui se trouvent entre le menton et le nez, et entre les points de départ de la chevelure et des sourcils, équivalent à la superficie de l'oreille, et représentent un tiers de la face.

VIII

MÉDECINE

« La médecine est le remède apporté à des éléments en conflit ; la maladie est la discorde des éléments infus dans un corps vivant. »

[ca. 1490]
C. A. 730 r.

« Vous savez que les médicaments bien administrés rendent la santé aux malades ; ils seront bien administrés quand le médecin, en même temps qu'il aura la compréhension de leur nature, comprendra ce qu'est l'homme, ce qu'est la vie, ce que sont la constitution et la santé. Connaissez-les bien, et vous connaîtrez leur contraire ; et, le cas échéant, vous saurez trouver le remède. »

Pour casser un calcul dans la vessie.

[ca. 1490]
C. A. 729 v.

Prends une coquille d'aveline, des noyaux de datte, de la saxifrage, des graines d'ortie par parties égales, réduis-les en fine poudre et mélange-les à tes aliments à la manière d'épices ; ou, si tu veux, prends-les sous la forme d'un sirop de vin blanc chauffé.

Également, des asperges ou du troène, ou une décoction de pois chiches rouges.

[ca. 1487-1490]
Tr. 4 r.

La médecine est le remède apporté à des éléments en conflit ; la maladie est la discorde des éléments infus dans un corps vivant.

⁂

Quiconque souffre du mal de mer doit prendre de la sève d'absinthe. *[ca. 1487-1490] Tr. 18 v.*

⁂

Tout homme désire acquérir la fortune pour en faire profiter les docteurs, destructeurs de vie ; aussi doivent-ils être riches. *[ca. 1508-1509] F, 96 v.*

⁂

Fais-toi indiquer par eux leur diagnostic et leur traitement dans le cas de Sancto et de l'autre ; et tu verras qu'on choisit comme guérisseurs des hommes qui n'entendent rien aux maux qu'ils traitent. *[ca. 1504] B. M. 147 v.*

⁂

Tâche de te maintenir en santé ; tu y réussiras d'autant mieux que tu éviteras les médecins – car leurs drogues sont une sorte d'alchimie au sujet de laquelle il n'existe pas moins de livres que de remèdes. *[ca. 1510-1511] RL 19001 r.*

IX

OPTIQUE

« Voilà les miracles, [...] les formes déjà brouillées, confondues en un si petit espace, il a le pouvoir de les recréer et de les reconstituer en se dilatant. »

Pourquoi la nature n'a pas doué d'uniformité de puissance la faculté visuelle.

[ca. 1508-1509] D, 1 r.

La nature n'a pas doué d'une puissance uniforme la faculté visuelle, mais elle lui a donné une force d'autant plus grande qu'elle se rapproche de son centre ; et ce, afin de respecter la loi selon laquelle toutes les autres puissances augmentent dans la mesure où elles sont plus près de leur centre. On le voit dans l'acte de la percussion d'un corps et dans les supports des bras de la balance où le poids perd de sa gravité d'autant plus qu'il se rapproche ; on le voit dans les colonnes, murs et piliers, dans la chaleur et dans tous les autres phénomènes naturels.

Pourquoi la nature fit la prunelle convexe, c'est-à-dire bombée comme une fraction de boule.

La nature a fait convexe la surface de la prunelle[1] placée dans l'œil, afin que les objets environnants puissent impri-

1. Ms. : *luce.* Note de Ch. Ravaisson-Mollien dans son édition des *Manuscrits*

mer leurs images avec des angles plus grands que si l'œil était plan.

•◆•

DE L'ŒIL

Pourquoi les rayons des corps lumineux croissent d'autant plus qu'ils s'éloignent de leur foyer.

Les rayons des corps lumineux croissent d'autant plus qu'ils s'éloignent de leur point de départ. En voici la preuve : soit *a* le corps lumineux dont l'image s'imprime sur la pupille du spectateur, et nous dirons que *c* est la pupille dans laquelle se fait cette impression : la même image s'imprimera également sur l'épaisseur de la paupière supérieure *b* et sur la paupière inférieure *o*. Par les paupières supérieure et inférieure, les secondes images se réfléchissent dans la pupille de l'œil *c*. Mais en ce qui concerne la pupille réceptrice des trois images susdites, lesquelles sont divisées par celles des paupières – en ce cas presque fermées –, il semble que les images des corps lumineux imprimés dans l'épaisseur des paupières sont comme subdivisées et que leurs divisions ont la forme d'une pyramide, les intervalles entre les paupières étant également pyramidaux. Et puisqu'il semble à la pupille réceptrice de ces trois images que les deux images réfractées par les paupières se joignent, dessus et dessous, à l'image médiane qui représente le corps lumineux, cette pupille aura l'impression que l'image *b* est en *a n*, l'image *o* en *a m*, et que toutes deux sont séparées par celle du corps lumineux *a*. *[ca. 1508-1509] D, 1 v.*

Et comme il est nécessaire, lorsqu'on ferme les paupières, que la substance liquide les maintienne dans une constante humidité, tandis qu'elles frottent contre l'œil, cette humidité remplit l'angle qui se forme à leur contact avec la pupille, et la surface de cette substance aqueuse est concave, comme il est démontré dans la quatrième [proposition] du huitième [discours] des eaux, où il est dit que « le contact de l'eau avec sa rive humide formera toujours une surface concave » et que « si cette rive est sèche, la surface de l'eau qui la limite sera convexe ».

---

de Paris : « Le mot *luce* est souvent pris pour prunelle, mais signifie proprement toute la partie de l'œil qui luit, la prunelle avec l'iris. »

Donc, cet angle se trouvant créé par le contact entre la paupière de l'œil et la pupille, la surface de l'humeur aqueuse qui le remplira sera concave. Et comme tout miroir concave montre, au-dedans de la pyramide formée par ses rayons convergents, l'image renversée de son objet, il s'ensuit que les poids ou couvercles des yeux, réfléchis dans cette concavité en même temps que l'image de la lumière, présenteront ces paupières inversées ; raison pour laquelle, quand la pupille se trouve à l'intérieur du concours des rayons pyramidaux du miroir concave, les pyramides formées par les rayons des intervalles entre les paupières lui apparaissent renversées.

Et telle est la vraie cause des rayons des corps lumineux qui, à mesure qu'ils s'élargissent, semblent se rapprocher de notre œil. Il importe néanmoins de diviser cette démonstration en plusieurs parties, pour la rendre plus intelligible en exposant d'abord les conceptions et autres propositions nécessaires à pareille preuve.

⁂

Si les images des objets sont enregistrées par la faculté visuelle à la surface de l'œil ou si elles passent au-dedans.

[ca. 1508-1509] D, 2 r.

Les verres des lunettes nous montrent que les images des objets s'arrêtent à la surface de ces verres et ensuite, s'infléchissant, passent de cette surface à celle de l'œil, par où il est possible à l'œil de voir les formes des objets.

La preuve en est que cette surface forme la limite commune entre l'air et l'œil, puisqu'elle sépare de l'air l'humeur vitrée et inversement. Et si nous voulions affirmer que les images des objets s'arrêtent à la surface des lunettes, on dirait que dans les verres des gens âgés, les objets semblent beaucoup plus grands qu'en réalité, et que si cela ne tenait pas à l'interposition du verre entre l'œil et l'objet, cet objet se montrerait de grandeur naturelle ; or – ceci n'étant pas le cas –, voilà la preuve évidente que la convergence des images d'un objet qui sera coupée par l'interposition de corps transparents, s'imprimera à la surface de ces corps et engendrera un nouveau concours qui transmettra à l'œil les images de ces objets.

⁂

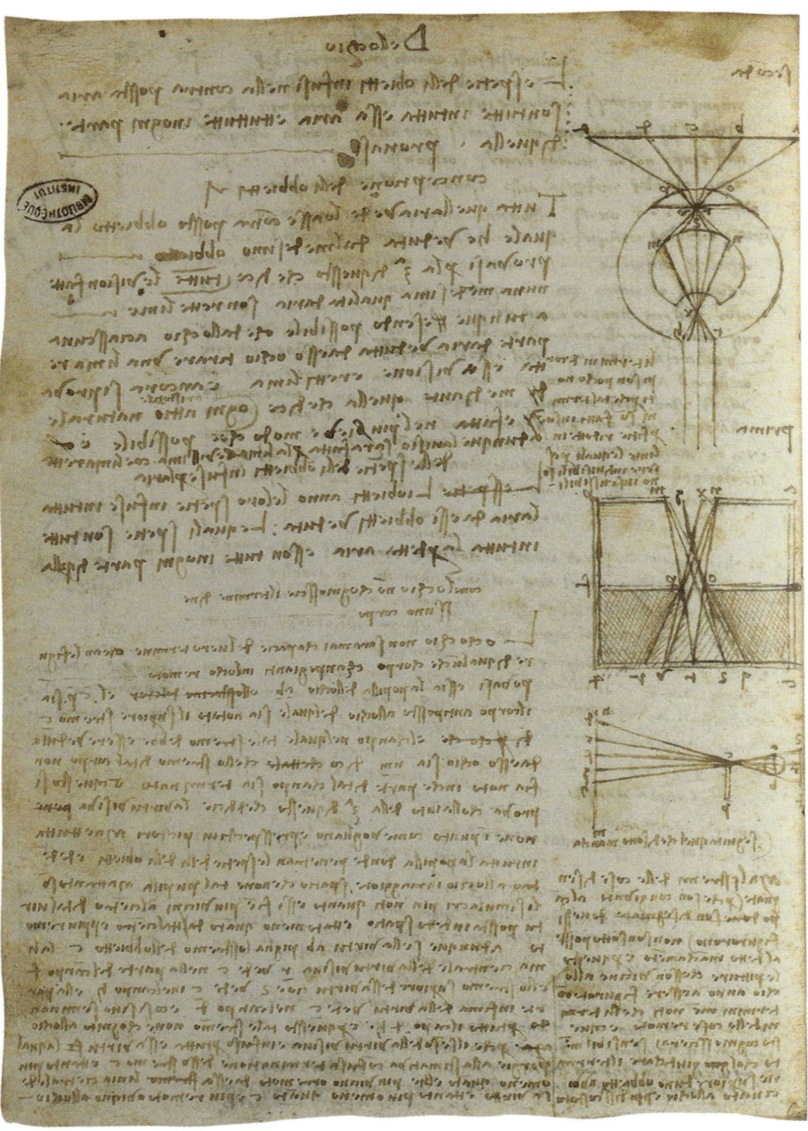

Rayons de lumière pénétrant dans l'œil et *camera oscura* (*D*, 10 v.).

Comment les images d'un corps, transmises à l'œil par quelque ouverture, s'impriment renversées sur sa pupille et sont redressées par l'intellect.

[ca. 1508-1509]
D, 2 v.

La pupille de l'œil qui reçoit par un très petit trou rond les images des corps situés au-delà de ce trou, les perçoit toujours renversées, alors que la faculté visuelle les voit toujours droites, telles qu'elles sont. Ceci tient au fait que lesdites images traversent le centre de la sphère cristalline située au milieu de l'œil ; et dans ce centre, elles s'unissent en un point et s'étendent ensuite sur la surface opposée de cette sphère sans dévier de leur cours. Les images se dirigent, sur cette surface selon l'objet qui les a causées, et captées par l'impressionnabilité, sont transmises au sens commun, où elles sont jugées. On le prouve ainsi : soit *a n* la pupille de l'œil *k h*, et *p* un petit trou percé dans le papier au moyen de la pointe acérée d'un stylet, et soit *m b* l'objet placé au-delà de cette ouverture : je soutiens que la partie supérieure de cet objet ne peut parvenir à la partie supérieure de la pupille par la ligne droite *m a*, car en *v* l'interposition du papier empêche son passage. Mais cette extrémité supérieure *m* passe tout droit par le trou, à *n*, partie inférieure de la pupille, ou autrement dit, de la sphère cristalline, et de là se dirige vers le centre de cette sphère, puis monte à la partie supérieure du côté opposé, d'où, comme il a été dit, elle court au sens commun.

•◆•

Pourquoi le miroir, en reflétant les objets, change le côté droit en gauche et inversement.

[ca. 1508-1509]
D, 4 r.

L'image de chaque objet se transforme dans le miroir en sorte que son côté droit est en face de la gauche de l'objet réfléchi, et de même son côté gauche en face de la droite. On prouve qu'il en est ainsi parce que la nature accomplit tout acte naturel par la voie la plus brève et dans le temps le plus court. Soit *a b* un visage qui envoie son simulacre au miroir *c d*, ce visage aura un autre visage dans le miroir, tourné vers lui, en sorte qu'il aura l'œil gauche *c* en face du droit *a* et l'œil droit *d* en face de l'œil gauche *b*.

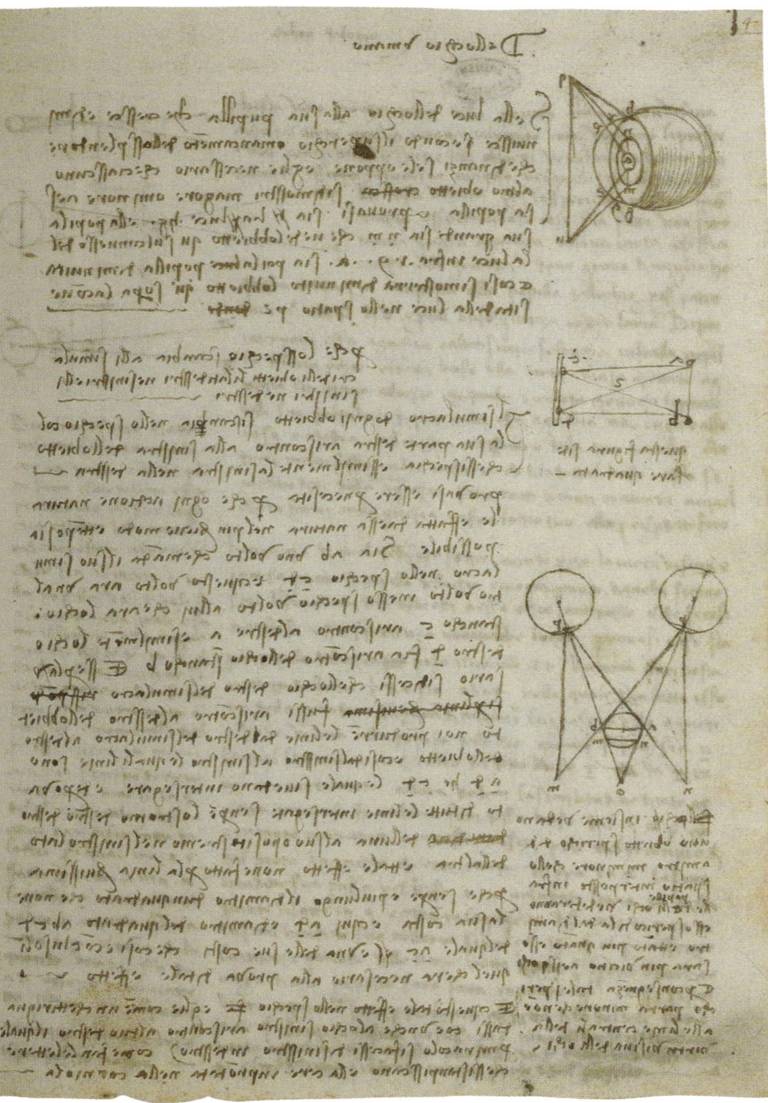

Dilatation et rétrécissement de la pupille et renversement des images dans le miroir (*D*, 4 r.).

Et si mon contradicteur arguait que l'œil droit de l'image est en face de la droite de l'objet, nous pourrions conduire les lignes partant de l'œil droit de l'image jusqu'à l'œil droit de l'objet, et semblablement de l'œil gauche au gauche, ces lignes étant *a d* et *b c* qui, on le voit, se coupent ; et il est prouvé que dans tous les croisements de lignes, l'extrémité droite de l'une est toujours en face de l'extrémité gauche de l'autre ; or un tel résultat ne se produit pas suivant la ligne la plus courte, parce que le diamètre d'un carré est toujours plus long que son côté, et ici *a d* est le diamètre du carré *a b c d* dont *a c* est un des côtés ; et ainsi on a tiré la conclusion nécessaire à la preuve de ce résultat.

L'effet produit dans le miroir est celui de quelqu'un qui te regarderait, et dont l'œil gauche serait en face de ton œil droit, transposant par un miracle la gauche et la droite, comme c'est le cas pour les lettres qui s'impriment et pour la cire qui prend l'empreinte de la cornaline.

•◆•

DE L'ŒIL HUMAIN

La pupille de l'œil adopte autant de dimensions différentes qu'il y a de différences dans les degrés d'éclat et d'obscurité des objets qui se présentent devant elle.

[ca. 1508-1509]
D, 5 v.

En l'occurrence, la nature a remédié à l'irritation qu'éprouverait la faculté visuelle offusquée par un excès de lumière, en contractant la pupille de l'œil et en l'agrandissant comme l'ouverture d'une bourse, lorsqu'elle est soumise à divers degrés d'obscurité. La nature agit donc comme quelqu'un qui ayant trop de lumière dans sa maison, ferme la fenêtre à moitié ou davantage, selon la nécessité et qui, à la tombée de la nuit, l'ouvre tout entière pour voir plus clair dans son logis. Ici, elle procède par équation continuelle, tempérant et égalisant sans cesse la pupille, au moyen de la dilatation ou de la contraction, selon l'obscurité ou la clarté qui se présentent constamment à l'œil. Tu constateras ce phénomène chez les animaux nocturnes : chats, chats-huants, hiboux et autres similaires, dont la pupille, petite à midi est très dilatée la nuit. Et il en va de même pour les bêtes terrestres, aériennes et aquatiques, mais incomparablement davantage pour les nocturnes.

Et si tu désires en faire l'expérience sur l'homme, observe attentivement la pupille de son œil en tenant une chandelle allumée à une faible distance de lui, et fais-lui regarder la lumière tandis que peu à peu tu la rapproches : tu verras la pupille se contracter au fur et à mesure que la lumière sera plus près.

Si l'œil voit simultanément les choses claires et obscures : L'humeur cristalline qui se trouve dans la pupille se condense quand elle rencontre des objets brillants et se raréfie quand elle en rencontre d'obscurs ; on le démontre en fermant l'œil, car alors les images retenues des corps lumineux semblent obscures, et lumineuses celles des corps obscurs ; ceci se produit plus fréquemment pour les yeux faibles que pour les forts, et j'en parlerai plus longuement en son lieu.

Puis vient le discours relatif à l'œil des nocturnes, lesquels voient plus distinctement la nuit que le jour. Cela tient à la dimension de leurs yeux, supérieure à celle du cerveau entier, particulièrement dans le cas des hiboux, chats-huants, chouettes, ducs et autres, similaires ; mais non chez l'homme qui a le cerveau plus grand par rapport à ses yeux, que tout autre animal terrestre, et qui ne perçoit à la tombée du jour, qu'une clarté confuse.

•◆•

Vient ensuite l'œil des animaux nocturnes qui voient plus clair la nuit que le jour ; cela tient en grande partie à ce que, comme il a été dit plus haut, la différence entre les dimensions de leur pupille, selon qu'elle est dilatée ou contractée, est bien plus marquée que chez les animaux diurnes ; car si la pupille de l'homme double de diamètre la nuit et devient quatre fois plus grande que de jour, le diamètre de la pupille du duc ou du chat-huant croît dix fois par rapport à ses dimensions en plein jour, autrement dit elle est cent fois plus grande. *[ca. 1508-1509] D, 5 r.*

En outre, le ventricule placé dans le cerveau de l'homme et qu'on appelle *imprensiva*, représente plus de dix fois la totalité de l'œil humain ; la pupille, où la vue prend naissance, représente moins de sa millième partie ; et dans le cas du chat-huant, la pupille est, la nuit, considérablement plus grande que le ventricule de l'*imprensiva* situé dans le cerveau. D'où il résulte que l'*imprensiva*, chez l'homme, est plus grande par rapport à sa pupille, étant en fait dix mille fois supérieure alors que chez le duc elles sont presque égales.

Et cette *imprensiva* de l'homme, comparée à celle du hibou, est comme une grande pièce recevant la lumière par un trou minuscule, par rapport à une petite pièce entièrement découverte. Dans la grande pièce il fera nuit à midi, et dans la petite, ouverte, il fait jour à minuit si le temps n'est pas nuageux.

Ainsi, on expliquera les effets de causes plus puissantes au moyen de l'anatomie des yeux, et l'*imprensiva* de ces deux animaux, l'homme et le grand-duc.

L'objet semblera plus lumineux et de dimensions supérieures, qui sera vu par une plus grande pupille. On peut expérimenter ceci avec nos yeux en pratiquant un trou aussi petit que possible dans une feuille de papier et en l'approchant de l'œil ; si ensuite tu regardes une étoile par ce trou, tu ne fais usage que d'une minime partie de ta pupille, qui apercevra l'astre entouré d'un vaste espace de ciel, et si réduit que presque rien ne saurait être moindre. Et si tu fais le trou près du bord de ton papier, tu pourras simultanément voir l'étoile avec ton autre œil, et elle te paraîtra grande ; ainsi, dans le même temps, tu verras avec tes deux yeux cette étoile deux fois, et une des fois elle sera minime et l'autre grande. Tu pourras aussi contempler le corps entier du soleil, et son éclat sera modéré, car son rayonnement s'atténuera dans la mesure où ses dimensions diminueront, comme il a été proposé plus haut. D'où il résulte que les grandes prunelles voient peu de jour, l'excès de lumière troublant la vue.

•◆•

[ca. 1508-1509]
D, 6 r.

L'image du soleil est unique dans toute la sphère de l'eau qui voit le soleil et en est vue ; mais elle semble divisée en autant de parties qu'il y a d'yeux d'animaux regardant, de positions différentes, la surface de l'eau.

Cette proposition se démontre ; car si loin que puisse s'étendre la vue des navigateurs que les navires portent à travers le monde, ils voient en un même temps l'image du soleil dans toutes les eaux de leur hémisphère, dans tous les mouvements, sous tous les aspects.

Si l'œil était aussi grand que la sphère liquide, il verrait l'image du soleil occuper une grande partie de l'océan.

On le démontre, car si tu te déplaces d'environ vingt-cinq

brasses[1], sur un pont d'où tu peux voir l'image du soleil, dans les eaux de son fleuve, tu verras le simulacre du soleil se déplacer d'autant à la surface de cette eau. Et si l'on mettait ensemble toutes les images qui ont été vues au cours du mouvement en question, tu obtiendrais une image unique, en forme de poutre enflammée. Imagine à présent que tu traces un cercle dont cette poutre constitue le diamètre, et que le cercle tout entier soit plein de ces images : nul doute que tu verras une image unique, dont le diamètre sera de vingt-cinq brasses. Or, tu dois comprendre que si une pupille avait ces mêmes vingt-cinq brasses de diamètre, elle verrait sans se mouvoir, dans cette eau, une image du soleil qui tournerait en soixante-dix-huit brasses et quatre septièmes.

Si, en raison de la longue distance séparant l'œil de la sphère aquatique, cette sphère se réduisait à la dimension d'une image ordinaire du soleil, comme nous le montre la perspective, tu verrais la sphère de l'eau vue par le soleil, ne former qu'une image unique de ce soleil.

Il est prouvé en perspective que, même extrêmement grands, les objets éloignés de l'œil semblent d'un volume très petit, et ceci se peut constater sans trop de démonstrations : si tu lèves les yeux vers le ciel étoilé, tu y verras des astres plusieurs fois plus grands que la terre qui paraissent très petits en raison de leur éloignement considérable ; leur lumière ne leur est pas propre, ils reflètent simplement l'image du soleil. Car, en soi, ces étoiles n'ont pas de foyer lumineux, mais elles ont une surface comme celle de l'eau, apte à recevoir et à réfléchir l'éclat du soleil qui se reflète en elles.

DE L'ŒIL HUMAIN

[ca. 1508-1509]
D, 6 v.

La faculté de vision réside intégralement dans toute la pupille de l'œil et intégralement en chacune de ses parties ; une chose placée devant l'œil et moindre que sa pupille, n'occupe pas dans l'œil la place d'un autre objet distant, et bien que dense, elle fait office de corps transparent.

Ici mon contradicteur dit que la vertu visuelle se réduit à un point, d'où il s'ensuit que tout objet placé en face de la pupille et qui serait plus grand que ce point, occupera l'at-

1. Une brasse équivaut à environ 1,62 m.

tention de l'œil. Je lui réplique que s'il était vrai que la vertu visuelle fût réduite a un point, la convexité de l'œil lequel, avec toutes ses parties, se tourne vers une grande portion de l'univers qu'il a en face de lui, ne pourrait avoir cette courbe si elle n'était pas équidistante de ce point et que sa surface ne fût pas coupée à distances égales de lui, afin que chacune de ces parties avec les mêmes proportions réelles, corresponde, dans les coupures des angles, aux proportions des images des corps qui se rencontrent à ce point.

À celui-là, on démontre la nécessité de l'expérience, et qu'elle est concluante ; et d'abord quant à l'expérience, si tu mets devant la pupille, le plus près possible, le gros bout d'une aiguille à coudre de grosseur moyenne, tu verras qu'elle n'empêchera la perception d'aucun corps placé derrière elle, à n'importe quelle distance.

Mes dires sont entièrement fondés sur l'expérience et la nécessité les confirme ; car si cette vertu visuelle se pouvait réduire à un point, tout objet, si petit fût-il, placé en face de lui, occuperait une grande portion de ciel, attendu que si une portion de ciel transmet les images de ses étoiles à la pupille, un objet proche de cette pupille et égal à la moitié de son diamètre, obstruerait presque la moitié du ciel. Voilà pourquoi la nature, afin que rien ne manquât aux yeux des animaux, a fait que cette pupille ait le moins possible d'empêchements, parmi lesquels la faculté de vision serait le plus grand, parce que ainsi qu'il a été dit, tout objet, si petit soit-il, placé juste en face d'elle, occuperait une grande portion d'espace.

En outre, l'expérience prouve qu'un treillis fait de gros crins de cheval et placé devant les yeux, ne dissimule rien de ce qui se trouve au-delà de lui et d'autant moins qu'il est plus près des yeux ; or, si la faculté visuelle était concentrée en un seul point, plus les crins en approcheraient, plus ils occuperaient d'espace. L'expérience démontrant le contraire, il est exact que la faculté visuelle est infuse dans la pupille entière ; elle en utilise toutes les parties et voit au-delà de ce crin, le débordant, le traversant dans sa partie la plus épaisse, et formant des pyramides auprès des crins.

[ca. 1508-1509]
D, 7 r.

Tout lieu concave semblera plus sombre vu du dehors que du dedans.

Ceci tient à ce qu'en plein air la pupille de l'œil rétrécit fortement et que dans un lieu obscur elle se dilate ; la puissance visuelle décroît en même temps que la pupille. De même, cette faculté s'accroît avec l'agrandissement de la pupille ; et quand celle-ci n'a qu'une faible puissance, la moindre obscurité lui paraît ténébreuse, et à mesure que sa puissance augmente, toute grande obscurité lui semble éclairée.

L'excès de lumière offusque l'œil, et pour le protéger, la faculté visuelle se garantit à la manière de qui ferme une partie de la fenêtre pour atténuer l'éclat excessif du soleil dans son habitation.

Pourquoi l'objet de droite ne semble pas à gauche pour l'œil.

Les images des objets qui pénètrent dans l'œil dévient leurs rayons d'une façon qui est démontrée en perspective, lorsque ces images passent de la densité de l'eau à la rareté de l'air. Mais pour en revenir à notre proposition sur l'objet de droite qui ne semble point à gauche dans l'œil, l'expérience nous démontre clairement que les images qui entrent dans l'humeur vitrée, par la pupille de l'œil, se rencontrent dans la sphère de l'humeur cristalline ; ce pourquoi nous avons le choix entre deux hypothèses ; ou la faculté visuelle réside en elle, ou elle est à la pointe du nerf optique, qui capte les images et les transmet au sens commun, comme font les nerfs de l'odorat ; si cette faculté a pour siège le centre de l'humeur cristalline, sa surface reçoit les images retransmises par la surface de la prunelle où les objets sont réfléchis ou renvoyés par la surface de l'uvée qui termine et revêt l'humeur vitrée ; et celle-ci a de l'obscurité derrière sa transparence – tout de même que derrière la transparence du verre il y a l'obscurité du tain, afin que les objets se puissent mieux réfléchir dans ce verre. Mais si la faculté visuelle est au centre de la sphère cristalline, tous les objets qui lui sont présentés par la surface de la prunelle lui apparaîtront dans la véritable position qu'ils occupent en réalité, sans se déplacer de droite à gauche et sembleront plus grands, comme il est montré en perspective. Si cette sphère cristalline reçoit ces images réfléchies par la concavité de l'uvée, elle les recevra droites, encore que l'uvée soit un miroir concave ; et si elle les reçoit droites, c'est que le centre de la sphère cristalline coïncide avec celui de la sphère de l'uvée.

[ca. 1508-1509]
D, 7 v.

Il est vrai que les images qui vont dans cette uvée étant extérieures à l'œil, elles y accèdent par le centre de la sphère cristalline et, arrivées à l'uvée, se renversent comme celles qui y pénètrent sans traverser cette humeur. En admettant donc que la faculté visuelle réside à l'extrémité du nerf optique, nous conjecturons que dans la sphère cristalline les objets qu'elle saisit sont tout droits ; car elle capte ceux qui, dans l'uvée, sont renversés, et les renverse une fois encore ; et donc cette sphère cristalline présente, redressées, les images qui lui ont été données inversées. À tel maître opticien, on dira peut-être que la surface sphérique du cristallin unie à la sphère de l'humeur vitrée ne changeant point de nature, c'est comme si le tout était albugineux ; et que pour ce motif, la sphère vitrée ne remplit pas la même fonction que si elle était entourée d'air. La réponse à ceci, toutefois, est que ce résultat ne se pourrait produire puisqu'une boule de cristal placée dans l'eau remplit le même office que dans l'air.

[ca. 1508-1509]
D, 8 r.

Les images des objets placés devant l'œil passent à la sphère vitrée par la porte de la pupille et elles s'entrecroisent à l'intérieur de cette pupille de telle sorte que la sphère vitrée est frappée sur le côté gauche par le rayon droit de la sphère droite ; et il en va de même du côté opposé ; ensuite, l'image pénètre dans cette sphère vitrée, et les rayons se contractent et se trouvent beaucoup plus resserrés lorsqu'ils sont dans la partie opposée de cette sphère que lorsqu'ils la frappent au commencement.

Et ce resserrement tient au fait que les rayons des images approchent de la perpendiculaire en passant du rare au dense, et que l'humeur albugineuse est ici beaucoup moins rare et plus subtile que l'espace inclus dans la surface de la sphère vitrée. Ensuite, [l'image] devrait s'élargir en retournant dans l'humeur albugineuse, mais elle n'observe pas cette règle, étant obligée d'obéir à la nature de la sphère vitrée, d'où elle vient, plutôt qu'à celle de l'humeur albugineuse qu'elle traverse.

Et voilà pourquoi elle forme une pyramide en sortant de la sphère vitrée et en passant à travers l'humeur albugineuse ; ses côtés s'entrecoupent au point *f* et elle atteint à la faculté visuelle *g* à l'extrémité du nerf optique *g s*.

De l'intersection des images des objets perçus par l'œil dans l'humeur albugineuse.

L'expérience qui démontre que les objets transmettent leurs images ou ressemblances croisées à l'intérieur de l'œil, dans l'humeur albugineuse, indique ce qui se passe quand les images d'objets éclairés pénètrent par un petit trou rond dans une habitation très sombre. Tu les recevras alors sur une feuille de papier blanc placée à l'intérieur de l'habitation, assez près du petit trou, et tu verras tous les susdits objets sur ce papier, avec leurs formes et couleurs véritables, mais réduits, et renversés en raison de cette intersection.

Ces images, si elles proviennent d'un lieu qu'éclaire le soleil, sembleront peintes sur le papier, qui devra être très fin, et regardé à l'envers ; et le petit trou sera percé dans une très mince plaque de fer. Soient *a b c d e* lesdits objets qu'illumine le soleil, *o r* la façade de la maison obscure où se trouve ledit petit trou *n m*, *s t* le papier où les rayons des images de ces objets inversés se coupent, car leurs rayons étant droits, *a* qui est à droite passe à gauche en *k* et *e* qui est à gauche passe à droite en *f* et il en va de même dans la pupille.

Pourquoi la pointe du style, placée en travers de la pupille, projette une grande ombre sur l'objet.

[ca. 1508-1509] D, 9 r.

Lorsque la pointe du style est placée par le travers devant la pupille de l'œil, le diamètre de son épaisseur étant considérablement inférieur au diamètre de cette pupille, il occupera d'autant plus ou moins d'espace par rapport à d'autres objets, qu'il sera plus près ou plus loin de l'œil ; cette interposition obscurcira mais n'empêchera pas le passage de leurs images.

Pourquoi les rayons des corps lumineux augmentent à proportion de l'espace interposé entre eux et l'œil.

[ca. 1508-1509] D, 9 v.

La longueur des rayons émanant des corps lumineux s'accroît avec l'accroissement de l'espace qui s'interpose entre eux et l'œil. Il est nécessaire de définir d'abord ici ce que sont les rayons des corps lumineux et s'ils naissent dans l'œil qui regarde ces corps ou s'ils émanent d'eux ; et si nous devons conclure qu'ils émanent de l'œil, il convient de définir pourquoi et comment.

Pourquoi les corps lumineux présentent des contours chargés de rayons droits lumineux.

Les rayons indiquant les contours des corps lumineux naissent non en ces corps mais en leurs images, lesquelles s'impriment sur l'épaisseur des paupières des yeux qui regardent ces corps. Ceci, nous l'apprenons d'abord par la méthode d'induction ; elle nous enseigne que l'œil grand ouvert ne nous montre pas des rayons de ce genre autour des corps lumineux, et que si l'image d'un astre ou toute autre lumière parvenait à l'œil par le plus minime trou pratiqué dans un papier placé devant l'œil, ces [images] lumineuses seraient toujours sans rayons ; mais la véritable preuve nous est fournie par la neuvième [proposition] de la « Perspective » où il est dit : « L'angle d'incidence est toujours égal à l'angle de réflexion. » Aussi les rayons qui semblent s'étendre du corps lumineux pour prendre contact avec l'œil qui les contemple, naissent-ils quand l'œil presque fermé, à travers l'étroite fissure qui se produit entre les paupières, regarde ce corps lumineux dont l'image se réfléchit dans les parties épaisses des paupières qui terminent ces couvercles, et après avoir produit cette impression, se reflète sur la pupille ; laquelle pupille reçoit trois images du même corps lumineux, à savoir deux dans les épaisseurs des paupières – les couvercles – de l'œil, et une dans la pupille ; et ces trois images étant très proches l'une de l'autre, semblent à l'œil sans solution de continuité et en conjonction avec l'image de la pupille.

Et la preuve que l'expérience nous apporte à l'appui de cette hypothèse, est établie quand tu lèves ou baisses ton visage en tenant l'œil fixé sur le corps lumineux ; car lorsqu'on lèvera le visage, l'œil perdra tous les rayons inférieurs du corps lumineux, du fait que [l'image de ce corps lumineux ne va pas s'imprimer sur l'épaisseur de la paupière inférieure[1]], là où le corps lumineux ne la voit pas ; il ne peut donc y imprimer son image ; et là où le rayon incident ne le frappe pas, il ne produit pas de rayon réfléchi ; en conséquence la pupille ne

1. Passage biffé dans le ms.

le reçoit pas. Et c'est ce qui arrivera si le visage est abaissé, car en ce cas la partie épaisse du couvercle supérieur de l'œil ne voit pas le corps lumineux, non plus qu'elle n'est vue par lui, ce pourquoi l'image, comme il a été dit, ne peut s'y imprimer et en conséquence l'œil ne saurait discerner ce qui ne s'y trouve pas ; mais il voit cette image dans le couvercle inférieur, et ce dernier voit le corps lumineux et en est vu ; et ainsi nous avons prouvé notre propos.

Mon contradicteur dit que le rayon s'infléchit parce qu'il arrive au sens en passant du rare au dense.

•◆•

[ca. 1508-1509]
D, 10 v.

Les images des objets infuses dans l'air opposé, sont toutes dans la totalité de cet air et toutes en chacune de ses parties. Ceci se prouve :

Conception des objets.

Tout l'air qui voit l'objet placé en face de lui est vu par ce même objet. On le prouve, en vertu de la troisième [proposition] de ce discours qui dit que dans une même qualité d'air toutes les visions sont rectilignes.

Donc, puisqu'il est possible de mener une droite, de l'œil à chacune des parties de l'air qui voit cet œil, cette vision est rectiligne. Et Aristote le prouve également, qui dit : « Toute action naturelle s'accomplit par la voie la plus brève. » En conséquence, la vision s'effectuera par la ligne la plus courte, à savoir la droite.

DES IMAGES DES OBJETS INFUSES À TRAVERS L'AIR

Les objets ont leur image infuse dans tout l'air qui est vu par eux : ces images sont toutes dans l'air susdit, et toutes en chacune de ses parties.

Comment l'œil ne connaît les limites d'aucun objet.

L'œil ne sera jamais capable de [percevoir] la limite exacte d'un corps quelconque lorsqu'il se détache sur le lointain. Ceci peut être prouvé : soit *a b* la pupille de l'œil et *c p* le corps placé en face de lui dont nous avons noté que *c* est l'extrémité supérieure, et soit *n m* le champ sur lequel l'œil devrait apercevoir cette extrémité. Je maintiens qu'il n'est pas possible de vérifier en quelle partie du champ se termine l'extrémité de ce corps et ceci est prouvé à l'aide de la troisième [division] de ce [traité] où il est dit que la faculté visuelle ne réside pas en un point, comme le soutiennent les peintres qui ont traité de la perspective, mais tout entière dans toute la pupille où les images des objets s'intègrent, et qu'elle est aussi à l'intérieur de l'œil dans un espace plus grand que n'en occupe ladite pupille. Mais ces images sont d'autant plus clairement perceptibles qu'elles sont plus proches du centre de la faculté [visuelle] située dans cet espace, et d'autant moins claires qu'elles en sont plus éloignées.

Si donc la faculté visuelle *a b* enregistre l'extrémité de l'objet *c*, sa ligne centrale *r* voit *c* dans le champ *f*, et l'extrémité supérieure de cette faculté visuelle qui est *s* voit *c* dans le champ *h*, et la partie inférieure de la faculté visuelle voit *c* dans le champ *d* ; elle s'étend à travers tout le champ *d h* ; et ainsi cette extrémité n'est pas connue de l'œil, car le sens de la faculté de vision s'étend dans toute cette faculté qui présente au jugement une vague perception de l'extrémité *c*, et d'autant plus ou d'autant moins qu'il [l'objet] est plus proche ou plus éloigné de cette ligne centrale de la faculté visuelle, et d'autant plus ou moins qu'il est plus loin ou plus proche de l'œil.

[ca. 1515-1516]
C. A. 215 r.

Une pierre lancée en l'air laisse dans l'œil qui la regarde l'impression de son mouvement, et les gouttes d'eau font de même, lorsqu'elles descendent des nuages quand il pleut.

DE LA NATURE DE LA VUE

[ca. 1490]
C. A. 245 r.

Je dis que la vue s'exerce chez tous les animaux par l'intermédiaire de la lumière ; et si, pour me contredire, quelqu'un me citait en exemple les bêtes nocturnes, je rétorquerais que celles-ci sont soumises aux mêmes lois de la nature, exactement de façon identique. Car on le comprend aisément, les sens qui reçoivent les images des objets ne diffusent point par eux-mêmes une puissance effective ; au contraire, l'air interposé entre l'objet et le sens, servant d'intermédiaire, incorpore en soi l'image des choses et, par son contact avec le sens, les lui présente quand les objets se projettent – soit par le son, soit par l'odeur – jusqu'à l'œil ou au nez, par la vertu de leur puissance immatérielle. Ici la lumière n'est point requise ni utilisée.

Les formes des objets ne pénètrent pas dans l'air sous l'aspect d'images, à moins d'être lumineuses ; donc, l'œil ne peut les recevoir de cet air qui ne les contient pas mais qui simplement effleure leur surface.

Si tu veux parler des nombreux autres animaux qui chassent la nuit, je te répondrai que quand la faible clarté qui leur suffit pour distinguer leur chemin vient à faire défaut, ils utilisent leurs facultés auditives et olfactives sur lesquelles l'obscurité n'a pas de prise, en quoi ils dépassent grandement l'homme. Si en plein jour tu observes un chat sautant au milieu d'un tas de vaisselle, tu verras qu'elle demeure intacte ; mais s'il fait la même chose la nuit, il en brisera une grande partie. Les oiseaux nocturnes ne volent qu'à la clarté de la lune, qu'elle soit pleine ou non ; mais l'heure où ils se nourrissent se place entre le coucher du soleil et l'obscurité totale de la nuit.

Aucune substance ne saurait se concevoir sans lumière ni ombre. Lueur et ombre sont issues de la lumière.

DE L'ŒIL

[ca. 1490]
C. A. 327 v.

Parce que l'œil est la fenêtre de l'âme, celle-ci a toujours peur de le perdre ; de sorte qu'en présence d'une chose qui lui cause une subite épouvante, l'homme ne protège de ses mains ni son cœur, source de la vie, ni sa tête, habitacle du seigneur des sens, ni son ouïe ni son odorat ou son sens du goût mais plutôt immédiatement, le sens terrifié ; et non content de fermer les yeux en serrant les paupières avec la plus grande force, il se retourne du côté opposé ; et ne se sentant pas encore rassuré, l'homme y porte une main et étend l'autre pour faire écran contre l'objet de sa terreur.

Préambule à la « Perspective », concernant les fonctions des yeux.

Considère à présent, ô lecteur, quelle confiance nous pouvons faire aux Anciens qui se proposèrent de définir la nature de l'âme et de la vie – choses improuvables, alors que les choses qui peuvent toujours être connues et prouvées clairement grâce à l'expérience sont restées tant de siècles inconnues ou méconnues. L'œil, qui offre la preuve si évidente de ses fonctions, a été, jusqu'à nos jours, défini par d'innombrables écrivains, d'une certaine façon, mais l'expérience me démontre qu'il fonctionne d'une façon différente.

⁂

[ca. 1504 ou 1506-1507] C. A. 331 r.

Toutes les images qui sont en face de l'œil convergent en lignes lumineuses vers sa surface et s'y entrecroisent sous des angles égaux.

L'atmosphère, en son tout et en chacune de ses parties, est pleine des images des corps qu'elle contient.

⁂

[ca. 1490-1492] C. A. 345 r.

Je constate par expérience que la bordure de couleur noire ou presque noire[1] qui cerne la pupille, n'a d'autre utilité que d'en accroître ou d'en réduire la dimension ; de l'accroître quand l'œil regarde vers un lieu obscur, et la diminuer quand il contemple la clarté ou quelque objet lumineux.

Et tu te livreras à l'expérience qui consiste à approcher une lumière de l'œil ; fais cela quand tu regardes dans les ténèbres et tourne ensuite ton œil vers cette lumière, et l'expérience te convaincra.

⁂

[ca. 1490] C. A. 372 v.

Si l'objet qui se trouve en face de l'œil lui envoie son image, l'œil lui retourne la sienne propre, en sorte qu'aucune portion de l'un ou l'autre ne se perd par la faute de l'œil ou par celle de l'objet. Nous sommes donc fondés à croire que la nature et la puissance de l'atmosphère lumineuse attirent et accueillent en elle les images des objets qu'elle contient, plutôt que la nature de ces objets ne transmet leurs images à travers l'atmosphère.

Si l'objet placé devant l'œil lui envoyait son image, l'œil devrait user de réciprocité, d'où il résulterait que ces images seraient des puissances immatérielles. En ce cas, il faudrait que la dimension de chaque objet diminuât rapidement ; car chaque corps apparaît comme une image dans l'air qui est devant lui, c'est-à-dire que le corps entier est inclus dans

1. Ms. : « *colore crispo ovver rasposo* ».

l'atmosphère entière et le tout est également contenu dans la partie, et tous les corps sont dans l'air entier et tous dans la partie, entendant par là les portions de l'atmosphère susceptibles de recevoir en elles les lignes directes et rayonnantes des images que transmettent les objets. Dès lors, il faut admettre que la nature de l'atmosphère qui baigne les objets lui fait attirer à soi, comme un aimant, les images des corps parmi lesquels elle se trouve.

Preuve que tous les objets situés en un même emplacement sont inclus tout entiers dans la totalité [de l'atmosphère] et tout entiers dans chacune de ses parties :

Je soutiens que si, vis-à-vis de la façade d'un édifice ou quelque place ou champ illuminé par le soleil, une habitation s'élève, et que dans la partie de sa façade soustraite au soleil, tu pratiques un petit trou arrondi, tous les objets qu'illumine le soleil transmettront leur image à travers ce trou et seront visibles à l'intérieur de la maison, sur le mur opposé qui devra être blanc. Ils seront là exactement, mais inversés ; et si tu pratiques des trous semblables en différentes parties du mur, tu obtiendras, pour chacun d'eux, le même effet.

Donc, les images des objets éclairés sont toutes partout sur ce mur, et toutes en chacune de ses moindres parties. Voici pourquoi : nous savons manifestement que ce trou doit dispenser la lumière à cette habitation, et que la lumière qui le traverse est causée par un ou plusieurs corps lumineux ; si ces corps sont de couleurs et de formes différentes, les rayons qui composent leur image seront de nuances et formes variées, ainsi que les représentations sur le mur.

La puce et l'homme peuvent approcher l'œil et y pénétrer sous des angles égaux. Dès lors, le jugement ne se leurre-t-il point quand l'homme ne lui paraît pas plus grand que cette puce ? Enquiers-toi de la cause. *[ca. 1508] C. A. 519 v.*

Plus le corps sphérique est grand, plus minime est la proportion qu'il présente à l'œil lorsque celui-ci ne change pas de position. *[ca. 1493] C. A. 577 r.*

[ca. 1506-1508]
C. A. 663 r.

Une preuve de la façon dont les verres aident la vue :

Soit *a b* les verres et *c d* les yeux, et supposé que ceux-ci aient vieilli. Ils étaient habitués à voir aisément un objet en *e*, en s'écartant considérablement de la ligne du nerf optique ; à présent, la faculté de flexion s'étant affaiblie avec l'âge, celui-ci ne peut plus se tordre sans causer une grande douleur aux yeux, en sorte qu'ils sont forcés d'éloigner d'eux l'objet, c'est-à-dire de le placer de *e* en *f*, et ainsi le voient-ils mieux, mais avec moins de détails. Toutefois, grâce à l'interposition des lunettes, ils peuvent le distinguer nettement même à la distance où il se trouvait quand ils étaient jeunes, c'est-à-dire en *e* ; et ceci tient à ce que l'objet *e* arrive à l'œil par divers intermédiaires de plus ou moins d'épaisseur, le ténu étant l'air interposé entre les lunettes et l'objet, et l'épais formé par l'épaisseur des verres ; la ligne de direction s'infléchit donc dans l'épaisseur du verre, et cette ligne est tordue de telle sorte qu'en voyant l'objet en *e*, il lui apparaît en *f*, avec cet avantage que la position de l'œil par rapport au nerf optique n'étant pas soumise à une tension, il voit l'objet tout proche et le distingue mieux en *e* qu'en *f*, et particulièrement en ses parties très minimes.

[ca. 1490]
C. A. 676 r.

Dans la mesure où l'œil, quand il fonctionne, est plus rapproché [d'eux] que l'oreille, il conservera mieux les images des objets qui s'impriment sur lui.

[ca. 1490]
C. A. 704 r. a

Parmi les images solaires conservées à l'intérieur de l'œil, celle qu'il aura retenue le moins longtemps semblera la plus lumineuse.

[ca. 1490]
C. A. 729 v.

Je dis qu'au moyen des rayons visuels la puissance de vision s'étend jusqu'à la surface des corps opaques, et la puissance que possèdent ces corps s'étend jusqu'à la faculté de vision, et tout corps similaire remplit de son image l'air ambiant. Chaque corps isolément et tous pris ensemble font de même, et non seulement ils emplissent l'air de la ressemblance de leur forme mais aussi de celle de leur puissance.

Exemple.

Tu vois le soleil quand il est au centre de notre hémisphère, et comment des images de sa forme existent en tous les endroits où il se manifeste ; et tu vois comment, dans ces mêmes lieux, il existe aussi des images de son rayonnement, auxquelles s'ajoute l'image de sa puissance calorique ; et toutes ces forces proviennent des mêmes sources au moyen de lignes rayonnantes qui émanent de son corps et aboutissent aux objets opaques, sans subir de ce fait aucune diminution.

L'étoile polaire ne cesse d'irradier les images de sa puissance et s'incorpore non seulement dans des corps ténus mais en des corps épais, dans les transparents comme dans les opaques, sans pour cela perdre aucunement sa forme.

Réfutation.

Donc, ces mathématiciens disent que l'œil ne détient pas une puissance spirituelle capable de s'exercer à distance puisque cela ne se pourrait sans entraîner une grande diminution de sa faculté visuelle, et que, l'œil fût-il aussi grand que le corps de la terre, elle se consumerait nécessairement en regardant les étoiles ; pour ce motif, ils soutiennent que l'œil est réceptif mais ne projette au loin rien de lui-même.

Exemple.

Que diront donc ceux-là du musc, qui toujours charge de son odeur une grande partie de l'atmosphère et, fût-il emporté à un millier de milles, imprégnerait un millier de milles d'un air lourd, sans subir la moindre déperdition ? Ou diront-ils que le son de la cloche en contact avec le battant, qui tous les jours emplit la campagne entière, doit nécessairement épuiser la cloche ?

Certes, il me semble qu'il existe des gens comme ceux-là – et que c'est tout ce qu'il y a lieu d'en dire.

Les paysans ne voient-ils pas chaque jour le serpent appelé lamie, attirer vers lui, en le fascinant du regard comme l'aimant attire le fer, le rossignol qui avec un chant de deuil se hâte vers sa mort ?

Il est dit aussi que le regard du loup a le pouvoir de rendre rauque la voix des hommes.

On affirme que le regard du basilic peut priver de vie toute chose vivante.

On dit de l'autruche et de l'araignée qu'elles couvent leurs œufs en les regardant.

Les jeunes filles sont censées avoir dans les yeux le pouvoir d'attirer l'amour des hommes.

Les pêcheurs ne voient-ils pas le poisson appelé *linno*, que d'aucuns nomment d'après saint Ermo, et que l'on trouve au large des côtes de Sardaigne, projeter la nuit de la lumière sur une grande étendue d'eau, au moyen de ses yeux, comme avec deux chandelles ? Tous les poissons qui entrent dans le champ de cette lueur, montent immédiatement à la surface de l'eau et se retournent, morts.

[ca. 1490]
C. A. 729 r.

Si tu prends une lumière et la places dans une lanterne teintée de vert ou de toute autre couleur transparente, tu verras par expérience que les objets qu'elle éclaire semblent emprunter leur couleur à la lanterne.

Tu auras également vu à l'église comment la lumière, en traversant les vitraux teintés, prend la couleur du vitrail. Si tu n'en es pas convaincu, observe le soleil à l'heure du couchant, où il apparaît rouge, à travers la brume, et comment il teint en rouge tous les nuages qui de lui reçoivent leur lumière.

Opinion.

Tous ces exemples sont donnés pour prouver comment toutes choses, ou assurément, maintes choses, transmettent l'apparence de leur puissance ainsi que l'image de leur forme sans subir aucune altération.

Et ceci peut aussi se produire en ce qui concerne la puissance de l'œil.

Opinion contraire.

En outre, si quelqu'un objectait que l'œil n'est pas apte comme l'oreille à recevoir les images des objets sans transmettre en échange une force quelconque, ceci peut être démontré par l'exemple du petit trou pratiqué dans une fenêtre, qui renvoie toutes les images des corps placés en face de lui. Donc, on pourrait dire que l'œil fait ainsi.

Réfutation.

Si le petit trou cité en exemple, sans rien renvoyer hormis sa forme dépourvue de puissance immatérielle, restitue à la maison les images des objets avec leur couleur et leur forme, et une fois là, les présente inversées, l'œil devrait donc faire de même, de telle sorte que tout y apparaîtrait inversé.

Preuve du contraire.

Le cercle de la prunelle qui se trouve au milieu du blanc de l'œil est par sa nature apte à saisir les objets. Ce même cercle a en lui un point qui semble noir – un nerf qui le traverse et se rend à l'intérieur du siège des forces chargées de recevoir les impressions et de former le jugement ; et ceci pénètre jusqu'au sens commun. Or les objets qui sont juste en face des yeux se comportent avec les rayons de leurs images à la manière de nombreux archers désireux de tirer dans l'âme d'une escopette ; c'est celui qui se trouve en ligne droite dans le prolongement de l'âme de l'escopette qui en touchera vraisemblablement le fond avec sa flèche ; de même, les objets placés juste en face de l'œil seront transmis au sens d'autant qu'ils se trouvent davantage dans la ligne du nerf transmetteur.

L'humeur aqueuse qui est dans la lumière encerclant le centre noir de l'œil, remplit le même office que les chiens à la chasse ; ils lèvent le gibier et les chasseurs le capturent. Il en est de même de cette humeur qui provient de la puissance de l'*imprensiva* ; elle voit beaucoup de choses sans les saisir ; mais qu'arrive soudain le rayon central, par la ligne aboutissant au sens, celui-ci s'empare des images et les enferme à son gré dans la geôle de la mémoire

•◆•

Pourquoi les objets, en s'inscrivant sur la surface exiguë de l'œil, semblent grands du fait que la pupille est un miroir concave ; ainsi, par exemple, au moyen d'une boule de verre emplie d'eau, on voit que tout objet placé à côté, soit au-dedans soit au-dehors, paraît plus grand.

[ca. 1480]
C. A. 847 r.

⁂

[ca. 1508]
C. A. 949 r.

Rien ne peut être vu qui ne transmette son image à travers l'air.

Par conséquent, rien de ce qui est immatériel ou diaphane ne voit l'objet placé en face de lui, car il faudrait pour cela qu'il fût doué d'épaisseur ou d'opacité, auquel cas on ne saurait le qualifier d'esprit.

Démontre comment rien ne peut être vu que par une petite fissure à travers laquelle passe l'atmosphère chargée des images d'objets qui s'entrecroisent entre les côtés épais et opaques desdites fissures. Pour ce motif, rien d'immatériel ne peut discerner la forme ou la couleur d'un objet, attendu qu'un instrument épais et opaque est nécessairement requis pour que par sa fissure les images des objets puissent revêtir couleur et forme.

⁂

[ca. 1508]
C. A. 949 v.

Attendu que les images des objets sont éparses dans l'air qui les entoure, et toutes incluses en chacune de ses parties, il faut donc que les images de notre hémisphère entrent et passent en même temps que celles de tous les corps célestes, par le point naturel où elles se confondent et s'unissent en s'interpénétrant et s'entrecroisant ; et en ce point naturel, les images de la lune à l'orient et du soleil à l'occident s'unissent et se confondent avec notre hémisphère.

Ô merveilleuse Nécessité, toi dont la raison suprême oblige tous les effets à dériver directement de leurs causes, toute action naturelle t'obéit par la voie la plus brève en vertu d'une loi suprême et irrévocable.

Qui croirait qu'un si petit espace peut contenir les images de l'univers entier ? Ô phénomène insigne ! Quel talent peut se vanter de pénétrer ainsi la nature ? Quelle langue pourra exposer un si grand prodige ? Aucune, en vérité. Voilà ce qui guide le discours humain vers la considération des choses divines.

Ici les figures, ici les couleurs, ici toutes les images de toutes les parties de l'univers sont concentrées en un point.

Ô quel point est aussi merveilleux ?

Ô miraculeuse, ô stupéfiante Nécessité, toi dont la loi contraint tous les effets à naître de leurs causes, par la voie la plus brève !

Voilà les miracles, ces merveilleux [...] les formes déjà brouillées, confondues en un si petit espace, il a le pouvoir de les recréer et de les reconstituer en se dilatant.

Comment des causes indistinctes peuvent naître d'effets manifestes et immédiats, tels que les images qui ont passé par le susdit point naturel.

Écris dans ton « Anatomie » les proportions qui existent entre les diamètres de toutes les lentilles de l'œil et la distance qui les sépare des lentilles du cristallin.

[ca. 1490]
C. A. 955 r.

Le point est en soi une partie indivisible, à la fois distincte du tout et similaire au tout, et possédant la capacité du tout ; et toutes les parties indivisibles sont pareilles à l'une, et de nature à pouvoir être toutes contenues dans l'une, comme le démontre l'expérience relative aux pointes des aspiraux : lorsque les rayons du soleil ont traversé ces aspiraux, les angles se trouvent former la terminaison et la pointe de la pyramide primitive et de la pyramide dérivée.

La pyramide dérivée, bien qu'ayant une force moindre, n'en est pas moins capable de se prolonger très loin en s'élargissant et se dilatant avec le concours de ses rayons, beaucoup plus que la [pyramide] primitive.

Ce même phénomène s'observe avec les miroirs concaves : après avoir accueilli les rayons solaires selon leur capacité, ils les mènent, en forme de pyramide, jusqu'à la partie divisible de la pointe ; bien que ce soit la moindre partie du soleil ou plutôt des rayons solaires qui éclaire et réchauffe toute la surface du miroir, ce point contient néanmoins en soi toute la somme et la puissance de chaleur ou de rayonnement dont est susceptible la surface totale du miroir. La pyramide dérivée, quand elle est d'un volume équivalent, est semblable en toutes ses puissances à la [pyramide] primitive, et quand cette équivalence est dépassée la pyramide s'affaiblit dans la mesure où sa dimension dépasse le volume de la pyramide primitive.

DE L'ŒIL

[ca. 1490]
C. A. 955 v.

La chose vue par une ouverture plus petite que la base de la pyramide visuelle sera perçue suivant une ligne transversale ; l'objet qui se trouve à droite ira à l'œil gauche et ne pourra être distingué par les deux simultanément, ou s'il est vu, sera imparfaitement discerné.

DE L'ŒIL ET DE LA LUMIÈRE

[ca. 1495-1497 ?]
C. A. 973 v.

Si par un petit trou tu regardes un corps lumineux éloigné, il te semblera diminuer, et si tu le regardes de près, il ne subira aucun changement. Si tu observes cette lumière à une ou deux brasses dudit trou, elle ne subira aucun changement soit que tu l'observes par le trou soit en dehors.

[ca. 1508-1510]
C. A. 1004 r.

Comment et pourquoi bien des choses vues dans un miroir arrivent inversées à l'œil.

Pourquoi un objet vu dans un miroir paraît plus grand qu'il ne l'est.

Pourquoi un objet réfléchi dans un miroir apparaît moindre.

Quel genre de miroir montre les objets exactement.

Quel genre de miroir les montre extérieurs à lui.

Comment le miroir est le maître des peintres.

Pourquoi l'œil varie d'heure en heure, s'agrandissant et se rétrécissant.

Pourquoi la pupille se rétrécit dans la mesure où elle a en face d'elle plus de lumière, et pourquoi, d'autre part, elle grandit dans les ténèbres.

Pourquoi les choses regardées avec continuité sont petites à l'intérieur de l'œil et semblent grandes.

Pourquoi une chose vue des deux yeux à travers une fente, se dédouble et se transpose : l'objet vu à droite va à l'œil gauche, et de même celui qui est à gauche va à l'œil droit.

Pourquoi un édifice environné de nuages paraît plus grand.

Pourquoi l'œil ne peut voir parfaitement qu'en ligne droite.

Pourquoi les lignes pyramidales partant des yeux arrivent en forme de pointe à l'objet regardé.

Pourquoi, quand ladite pyramide part des yeux et aboutit en pointe jusqu'à un objet immergé, les lignes s'infléchissent en atteignant l'eau et ne conservent pas leur rectitude.

Comment les choses vues forment dans l'œil une pyramide.

Comment les deux yeux forment une pyramide dans l'objet vu.

Cet œil retiendra en lui le plus grand nombre d'images solaires, que le soleil regarde le plus souvent. *[ca. 1490] C. A. 1031 r. d*

Un lieu obscur semblera semé de taches de lumière, et un endroit lumineux, de taches sombres et rondes, si l'œil qui le voit vient de regarder plusieurs fois et rapidement le corps du soleil. *[ca. 1490] C. A. 1031 v. d*

Méthode pour observer le soleil pendant l'éclipse, sans douleur pour l'œil : prends une feuille de papier, pratiques-y des trous avec une aiguille à tricoter, et par ces trous regarde le soleil. *[ca. 1487-1490] Tr. 6 v.*

L'œil, qui se trouve au milieu, entre les ombres et les lumières entourant les corps ombragés, verra les plus grandes ombres qu'ils contiennent se rencontrer sous des angles égaux, c'est-à-dire l'angle de l'incidence visuelle. *[ca. 1487-1490] Tr. 10 v.*

Chaque homme se trouve toujours au centre de la surface terrestre, au-dessous du centre de son hémisphère et au-dessus du centre de cette terre. *[ca. 1487-1490] Tr. 29 r.*

La mobilité d'un objet voisin d'un objet immobile fait souvent que l'immobile semble se transformer et adopter le mouvement du mobile, et le mobile paraît stable et fixe. *[ca. 1487-1490] Tr. 38 v.*

PEINTURE

Les objets en relief vus de tout près, d'un seul œil, produiront l'effet d'un tableau parfait.

[Diagramme.]

Si avec les yeux en *a b*, tu observes le point *c*, il t'apparaîtra en *d f*.

Mais si tu regardes avec un seul œil, il te semblera être *h* en *m o* ; et une peinture ne présentera jamais d'elle-même ces deux variations.

•◆•

[ca. 1487-1490]
Tr. 39 r.

L'intermédiaire placé entre l'œil et l'objet vu transforme cet objet en lui conférant sa propre couleur. Ainsi la teinte bleue de l'atmosphère bleuit les montagnes lointaines ; le verre rouge fait paraître rouge tout ce que l'œil regarde au travers. La lumière que les étoiles créent autour d'elles est obscurcie par les ténèbres de la nuit qui s'étend entre l'œil et l'éclat de l'astre.

•◆•

PERSPECTIVE ET MOUVEMENT

[ca. 1490]
A, 26 v.

Tout corps qui se meut rapidement semble teinter son parcours de sa propre couleur.

L'expérience démontre l'exactitude de cette proposition ; ainsi, quand l'éclair se meut parmi les nuages sombres, la vitesse de sa fuite sinueuse fait que sa course entière semble un serpent lumineux ; de même si tu agites un tison enflammé, le cercle que tu lui fais tracer semblera un anneau de feu. Cela tient à ce que l'organe de perception agit plus rapidement que le jugement.

•◆•

Pourquoi le mouvement de l'eau, bien que plus lent que celui de l'homme, paraît toujours plus rapide :

[ca. 1490]
A, 58 v.

Parce que si tu regardes le mouvement de l'eau, ton œil ne pourra se fixer sur rien, mais son action est comme celle des choses que tu vois dans ton ombre en marchant. Car si l'œil essaye de distinguer la nature de ton ombre, les brins de paille ou autres choses qu'elle contient te paraîtront de mouvement rapide et te sembleront fuir hors de l'ombre beaucoup plus vite que celle-ci n'avance.

•◆•

[ca. 1490-1491]
C, 6 v.

Si l'œil regarde la lueur d'une chandelle à une distance de quatre cents brasses, sa lumière lui paraîtra accrue au centuple par rapport à son volume véritable ; mais si tu interposes entre eux un bâton un peu plus grand que cette lumière, le bâton qui te semblait large de deux brasses, la cachera. Donc, l'erreur provient de l'œil qui enregistre les images lumineuses, non seulement par le point de sa prunelle mais aussi avec l'ensemble de cette prunelle, et de ceci, je donnerai l'explication autre part.

L'œil retiendra et conservera mieux les images des choses lumineuses que des choses obscures. La raison en est que l'œil en soi est complètement obscur, et comme le pareil ne saurait se distinguer parmi ses pareils, la nuit ou d'autres choses obscures ne peuvent être retenues ou perçues par l'œil. La lumière est entièrement son contraire, et plus elle se divise, plus elle tend à détruire et à altérer l'habituelle obscurité de l'œil, et ainsi elle y laisse son image imprimée. *[ca. 1490-1491] C, 7 v.*

Une verge ou une corde mue avec vitesse semble double. *[ca. 1490-1491] C, 15 r.*

Ceci se produit quand un couteau est fiché et qu'on le tire de côté avec force par son manche puis qu'on le lâche de sorte qu'il oscille plusieurs fois. Le même phénomène s'observe pour la corde de luth dont on veut éprouver la qualité. Cette double oscillation a lieu parce que le mouvement qui s'étend jusqu'à l'extrémité de l'objet mû est beaucoup plus rapide que ladite extrémité. En effet, il s'arrête et revient en arrière quand part celui qui l'a déclenché ; et l'arrêt ayant lieu d'abord à l'une et puis à l'autre extrémité du mouvement, l'œil a nécessairement l'impression de deux images d'une même chose mue. Mais dis-moi pourquoi une corde de luth fausse produit, en vibrant, deux ou trois images, et parfois quatre.

EFFET SUR L'ŒIL D'UNE LUEUR SOUDAINE

L'œil accoutumé à l'obscurité est blessé s'il contemple soudain la lumière, et il se ferme aussitôt, incapable de la supporter. Cela tient à ce que la pupille, pour distinguer une chose dans les ténèbres auxquelles elle s'est habituée, se dilate et emploie toute sa force à transmettre à sa partie réceptrice l'image des corps dans l'ombre. Et la lumière, en y pénétrant *[ca. 1490-1491] C, 16 r.*

subitement, fait qu'une trop grande partie de la pupille restée jusque-là dans l'obscurité est meurtrie par l'éclat projeté sur elle – cet éclat qui représente exactement l'opposé des ténèbres dont elle avait pris l'habitude, et qui, cherchant à se maintenir dans la pupille, ne se laisseront pas déloger sans lui infliger une douleur. On pourrait dire aussi que la souffrance que l'œil dans l'obscurité éprouve sous l'action soudaine de la lumière, naît de la brusque contraction de la pupille par suite du choc subit et de la friction des parties sensibles de l'œil. Si tu veux un exemple, observe et considère soigneusement la dimension de la pupille de qui regarde un endroit obscur, et présente-lui ensuite une chandelle que tu approcheras vivement de l'œil ; tu verras la pupille se contracter instantanément.

·◆·

PEINTURE

[ca. 1513-1514]
E, 17 v.

Premièrement : La pupille de l'œil se contracte à mesure qu'augmente la lumière qui s'y imprime.

Deuxièmement : La pupille de l'œil croît d'autant plus que diminue l'éclat du jour ou de tout autre lumière qu'elle reflète.

Troisièmement : L'œil voit et connaît les objets de sa vision avec d'autant plus d'intensité que la pupille est plus dilatée. À preuve les animaux nocturnes, chats et autres, et les oiseaux comme le hibou et ses pareils, dont la pupille varie très sensiblement du grand au petit, dans les ténèbres et dans la clarté.

Quatrièmement : L'œil placé dans une atmosphère éclairée peut discerner l'obscurité à l'intérieur des fenêtres des maisons qui sont elles-mêmes dans la lumière.

Cinquièmement : Toutes les couleurs dans l'ombre semblent également obscures.

Sixièmement : Mais l'essence de toute couleur placée en lumière demeure immuable.

·◆·

[ca. 1508-1509]
F, 28 v.

Si l'objet interposé entre le champ et l'œil est moindre que la pupille, il ne couvrira aucune partie de ce champ.

·◆·

[ca. 1508-1509]
F, 29 r.

Les rayons des corps lumineux éloignés de l'œil sembleront d'une grande longueur, parce que aucun objet qui envoie une image ne se trouve plus rapproché de la pupille que l'objet imprimé au bord de l'œil, qui touche la pupille et de là lui transmet l'image.

Les rayons des corps lumineux sembleront plus courts quand ces corps sont rapprochés de l'œil que s'ils en sont éloignés, car si les paupières des yeux sont mi-closes, comme chez ceux qui veulent voir des rayons tout autour de la lumière, et si elles embrassent peu d'espace au-dessous et au-dessus de cette lumière, le déploiement des rayons ne pouvant être plus grand que le champ qu'embrasse l'œil, on voit forcément dans ce bref espace des rayons brefs, et à une grande distance des rayons longs, comme il est démontré plus haut.

[Diagramme.]

[ca. 1508-1509]
F, 30 r. et 29 v.

Comment les rayons qu'on voit autour d'un corps lumineux, en contractant les paupières, naissent dans les yeux et non ailleurs : les miroirs convexes réfléchiront les rayons qu'ils reçoivent d'un corps lumineux en tous les endroits qui voient le miroir là où le voit le corps lumineux.

Le corps lumineux envoie trois images de soi à l'œil : l'une va tout droit à la pupille ; les deux autres frappent la convexité des paupières et de là, rebondissent par des mouvements contraires, jusqu'aux bords opposés des yeux, d'où elles ricochent jusqu'à la prunelle et se joignent, au-dessus et au-dessous, à la première image, avec l'éclat brillant qui leur a été imprimé sur les paupières, sous forme de rayons ; et le corps lumineux fait ainsi quand l'œil est plissé comme pour viser une cible.

Ceci se démontre : qu'on donne à l'œil une position inclinée comme il a été dit, et tu verras, autour du corps lumineux lointain, deux groupes de rayons dont une partie se dirige vers le haut et l'autre vers le bas ; et si tu tiens ton doigt levé, entre toi et la lumière, légèrement de biais, au-dessous du corps lumineux, et que tu le lèves lentement vers elle jusqu'à ce que tu aies atteint le foyer lumineux par en bas, tu observeras qu'aussitôt le corps lumineux perdra tous ses rayons du dessus ; et si tu fais le mouvement inverse avec ton doigt de biais, en commençant au-dessus de la lumière, et que lentement tu l'abaisses jusqu'à ce qu'il atteigne le sommet de cette lumière, tu constateras alors que tous les rayons de dessous font défaut, et ceci démontre notre propos ; car soit *a* le corps lumineux, le premier rayon du milieu, *a o*, va droit à la pupille de l'œil ; celui d'au-dessous, *a m*, frappe la convexité des paupières sous les cils et y laisse plusieurs images, qui, aussitôt formées, se réfléchissent sur la paupière *n*, laquelle constitue l'épaisseur du couvercle de l'œil ; et de là, ressautent d'un bond dans la prunelle avec toutes les images créées dans les poils des paupières qui ont forme un peu longue et séparée, et leurs pointes remontées vont s'élargissant vers les extrémités, comme les vrais cils[1].

Maintenant, pour conclure, j'appelle *t s* la partie située entre le commencement de la lumière et ton œil ; tu couperas le rayon *a m*, qui en conséquence n'impressionnera pas les convexités ou courbures des paupières inférieures, de sorte que le rayon de dessus fera défaut en *n* et par conséquent dans la prunelle, attendu que la cause de ces images venant à manquer, les effets du rayon *m n* feront [également] défaut. Voici donc expliqué le motif pour lequel, quand le rayon couvre la lumière en dessous, le rayon de dessus se perd entièrement.

Ici mon contradicteur dit qu'il lui semble que ce simulacre produit par des corps lumineux s'infiltre entre les paupières et s'imprime dans l'épaisseur de leurs bords, d'où il saute dans la pupille ; et il émet des rayons parce qu'il est divisé par les cils entre lesquels il passe.

À ceci on répond qu'en ce cas, et quelle que soit la chose qui intercepterait l'image du dessous, les rayons supérieurs ne feraient pas défaut.

·◆·

[ca. 1508-1509]
F, 31 v.

Il y a même rapport entre les espaces qui séparent les images des étoiles à la surface de l'œil qu'entre ceux qui séparent les astres, au ciel.

Bien que les images des étoiles soient toutes en toute la surface de l'œil et toutes en chacune de ses parties, et que chaque image puisse se superposer à chacune des précédentes, comme il apparaît à un autre œil qui la regarderait, ainsi qu'une surface de miroir, il n'en demeure pas moins que du côté intérieur de la pupille, qui lui intercepte l'arrivée de

1. Ms. : *palpebre* (« paupières »). (*N.d.T.*)

toute image de l'étoile, venue du dehors, cette image n'ira pas s'imprimer en une autre partie de l'œil et n'y laissera aucune impression, l'accès de l'endroit vers lequel elle se dirigeait lui étant barré.

Les images des corps opaques ne se superposent pas quand l'œil qui les scrute est immobile. *[ca. 1508-1509] F, 32 r.*

Dans un même miroir ou une même pupille, il y a l'image de tous les objets placés devant, et chacun de ces objets est tout en toute la surface du miroir et tout en chacune de ses moindres parties.

Le mouvement de l'œil nous en fournit un exemple ; si dans ce miroir il voit la lune avec toutes les étoiles, et qu'il les enregistre à sa surface, et ensuite se déplace un peu, il lui sera loisible de les distinguer autant de fois dans ce miroir, clairement imprimées l'une sur l'autre ; et il pourra faire ainsi une infinité de fois.

La pupille entière de l'œil, laquelle, avec chacun de ses cercles, du plus grand au plus petit, va diminuant une infinité de fois, peut contempler le corps entier d'un astre ; mais elle le verra d'autant plus petit qu'elle est moins dilatée. *[ca. 1508-1509] F, 32 v.*

Si tu regardes le ciel, tu vois beaucoup d'étoiles d'une grande splendeur ; et en les observant par un trou minuscule pratiqué dans une feuille de papier en contact avec l'œil, tu verras toujours le même nombre d'étoiles, mais elles seront fort réduites.

DE LA VERTU VISUELLE

Si les images qui viennent à l'œil concouraient en un angle, par la définition de cet angle, elles se rencontreraient au point mathématique dont il est prouvé qu'il est indivisible ; donc, toutes les choses vues dans l'univers sembleraient n'en former qu'une, indivisible, et il n'y aurait plus d'intervalle entre une étoile et l'autre qui puisse être évalué par un tel angle. *[ca. 1508-1509] F, 34 r.*

Et si l'expérience nous montre toutes les choses séparées, avec des intervalles proportionnés et définis, cette puissance qui imprime l'image des objets est également divisible en autant de parties plus ou moins grandes et petites qu'il y a d'images des choses vues. Nous en concluons que le sens s'empare des images réfléchies à la surface de l'œil et ensuite les juge à l'intérieur ; elles ne se rencontrent donc pas en un point, ni par conséquent en un angle.

Toute surface d'un corps transparent, tant du dedans que du dehors, est née apte à recevoir les images de ses objets.

La puissance de recevoir ou de créer une image ne fait défaut dans aucune partie des corps transparents circonscrits dans leur surface, mais chacune de ces parties est apte à livrer passage aux images de la surface.

[ca. 1508-1509]
F, 37 r.

À distance égale, ce corps lumineux semblera de moindre dimension, qui perd le plus de son éclat.

Ceci se démontre au moyen d'une barre de fer chauffée à blanc en une partie de sa longueur, dans un lieu obscur ; bien que de grosseur uniforme, elle semble considérablement plus grosse en sa partie incandescente, d'autant plus qu'elle est plus chaude. En voici la raison : tout corps lumineux émet des rayons visibles dans l'image qu'il transmet à l'œil ; rayons d'autant plus longs qu'il est plus resplendissant, et inversement.

[ca. 1508-1509]
F, 36 v. et 37 r.

Souvent les images d'un seul et même corps lumineux se trouveront deux ou trois fois en un même temps dans le même œil.

Elles y seront deux fois quand l'œil se ferme un peu comme pour regarder une lumière trop forte et que la tête se courbe légèrement comme sur la figure *a* ; car ainsi deux rayons se produisent dont l'un frappe la circonférence humide de la paupière inférieure puis de là rebondit à la pupille et dont l'autre y va tout droit. Et elles y seront trois fois, comme dans la figure *b* ; l'une sur la paupière du dessus, l'autre sur celle d'en bas, et la troisième au centre de la pupille. Les deux ou trois susdites images de la lumière parvenant au même sens semblent une image unique, toutefois plus grande que celle qui correspond à l'image du même corps transmettant aux yeux deux images – et le sens les prend pour une image unique.

•◆•

Pour la pupille des yeux de tous les animaux, les terrestres comme les aquatiques, la nature a ordonné que selon qu'ils sont affectés par une clarté plus ou moins grande, la pupille, c'est-à-dire la portion noire de l'œil, se contracte ou se dilate. Cela tient à ce que l'excès de clarté provoquant dans l'œil un changement, l'œil ou la pupille se resserre alors à la manière d'une bourse, en sorte que l'excessive clarté se réduit et perd de sa splendeur dans la mesure où la pupille se contracte ou se réduit. Dans les ténèbres ces pupilles s'agrandissent et l'éclat s'atténue ; elles croissent donc à proportion de l'accroissement de la lumière et de ce fait le volume des objets qu'elles voient s'accroît. Voilà qui nous explique pourquoi, à mesure que l'on éloigne de l'œil une chandelle, l'éclat de sa lumière s'atténuant, la pupille grandit et provoque ainsi l'agrandissement de l'image lumineuse.

[ca. 1508-1509]
F, 39 v.

•◆•

L'image du soleil imprimée sur la surface de l'eau, crée des rayons, qui s'étendent à une grande distance, à la fois au-dedans et au-dehors de l'eau, comme la vraie lumière.

Pourquoi quand l'image de la lumière diminue sur la prunelle, lorsque cette chandelle est emportée très loin de l'œil, elle ne décroît pas pour le jugement des spectateurs, sauf par le degré de son éclat.

[ca. 1508-1509]
F, 40 r.

•◆•

L'œil qui regarde un corps lumineux contracte et réduit tellement sa pupille, qu'ensuite les choses moins brillantes lui semblent obscures.

Si l'œil qui a été dans un lieu ténébreux voit ensuite des objets d'un éclat modéré, ils lui sembleront brillants à l'extrême.

La raison en est que la pupille se dilate tellement dans les endroits obscurs que sa vision des objets modérément brillants s'en trouve ensuite faussée.

[ca. 1508-1509]
F, 50 r.

•◆•

En tous lieux où le soleil voit l'eau, l'eau voit également le soleil, et en chacune de ses parties elle peut présenter à l'œil l'image du soleil.

[ca. 1508-1509]
F, 61 v.

•◆•

[ca. 1508-1509]
F, 63 v.

Tiens ton œil aussi près que possible de la surface de la mer ; tu verras dans la vague l'image du soleil, et l'ayant mesurée, tu la trouveras fort petite.

Si tu approches ton œil de la surface de la mer ou d'un étang se trouvant entre ton œil et le soleil, tu constateras que l'image du soleil sur cette surface y apparaît fort réduite. Mais si tu te retires à plusieurs milles de la mer, tu percevras un accroissement proportionnel de l'image solaire ; et si la première image conserve la figure et l'éclat véritables du soleil, à la manière des miroirs, la seconde n'en retiendra ni la forme ni l'éclat, mais une figure aux contours brisés et moins radieuse.

La figure de l'image aux contours brisés et brouillés est formée par le mélange de plusieurs images du soleil que réfléchissent à ton œil les nombreuses vagues de la mer ; l'atténuation de l'éclat dérive du fait que les images ombreuses et lumineuses des ondes arrivent à l'œil toutes confondues, et en conséquence, leurs lumières sont affectées par leurs ombres.

Ceci toutefois ne se peut produire à la surface d'une vague unique quand tu en approches ton œil de très près.

•◆•

[ca. 1508-1509]
F, 76 r.

L'image du soleil dans le miroir convexe grandit à mesure qu'elle s'éloigne de ce miroir, et le corps solaire disparaît au fur et à mesure de son éloignement.

•◆•

[ca. 1508-1509]
F, 94 v.

Montre d'abord comment toute lumière éloignée de l'œil émet des rayons qui semblent agrandir la figure de ce corps lumineux ; d'où il résulte que

À aucune distance l'œil ne réduit sa lumière, car l'image de cette lumière en s'imprimant à la surface de l'œil, illumine l'intérieur à la manière des fenêtres de papier qui diffusent la lumière reçue aux endroits qui voient ce papier et tout d'abord ne pouvaient apercevoir la cause de l'illumination lorsque le papier n'y était pas. Le soleil aussi, en se réfléchissant dans les miroirs, fait que l'image, sans passer à l'intérieur, se réfléchit à l'extérieur, telle une lumière réelle ; et n'était le tain placé derrière la glace, l'image solaire qui s'imprime à sa surface pénétrerait à l'intérieur et projetterait sa lumière dans ou derrière ce miroir. Ainsi de l'œil, qui accueille la lumière de cette image et la répand à profusion dans la faculté visuelle.

⁂

[Lumières et lointaines réflexions.]

Pourquoi, lorsque diminue l'image de la lumière d'une chandelle emportée à une grande distance de l'œil, la dimension de cette lumière ne se réduit pas et pourquoi elle ne perd que la puissance et l'éclat de son rayonnement. *[ca. 1508-1509] F, 95 r.*

Une lumière de quantité moindre a également une moindre puissance éclairante, mais si elle ne change pas de place, elle ne perd sa quantité de rayonnement première dans aucun des endroits où elle a lui jusqu'alors. Ceci est prouvé : la lumière du soleil à la surface de l'eau est réfléchie et elle émet des rayons comme une lumière réelle, à la fois au-dedans et au-dehors, illuminant les objets qui lui sont opposés tout comme ceux du dedans.

⁂

[Presbytisme.]

Pourquoi les personnes avancées en âge voient mieux de loin. *[ca. 1510-1516] G, 90 r.*

Chez ceux qui avancent en âge, la vision est meilleure de loin que de près, parce que le même objet transmet de soi une moindre impression à l'œil quand il est éloigné que lorsqu'il est proche.

⁂

Les objets proches de l'œil sembleront d'un volume plus grand que s'ils sont éloignés. *[ca. 1494] H, 49 (1) v.*

Vus des deux yeux, les objets sembleront plus ronds que vus d'un seul.

Les choses vues entre la lumière et l'ombre sembleront avoir plus de relief.

⁂

[Homme et hibou.]

[ca. 1494]
H, 86 (38) r.

Toute chose paraîtra plus grande à minuit qu'à midi et le matin qu'à midi.

Ceci tient à ce que la pupille de l'œil est considérablement plus réduite à midi qu'à toute autre heure.

Dans la mesure où l'œil – ou la pupille – du hibou est plus grande par rapport à l'animal que ne l'est celui de l'homme, il perçoit plus de lumière la nuit que l'œil humain ; en conséquence, à midi, il ne voit rien s'il ne contracte sa pupille et de même, la nuit, il voit les objets plus grands que de jour.

[ca. 1494]
H, 88 (40) r.

Plus la pupille est grande, plus les objets qu'elle voit lui sembleront grands.

Ceci est évident quand nous regardons des corps lumineux, en particulier les célestes. Quand l'œil émergeant de l'obscurité aperçoit soudain ces corps, ils lui sembleront tout d'abord plus grands et ensuite diminueront. Et si tu regardes ces corps par un petit trou, tu les verras moindres, attendu qu'une moindre partie de la pupille s'emploiera dans cet acte.

[Optique.]

[ca. 1494]
H, 91 (43) v.

Quand l'œil, émergeant des ténèbres, aperçoit subitement un corps lumineux, il lui semblera beaucoup plus grand à première vue qu'à la longue.

Un corps lumineux paraîtra plus grand et plus lumineux vu des deux yeux que d'un seul.

Ce corps lumineux semblera d'autant plus petit que l'œil le regardera par un plus petit trou.

Le corps lumineux de forme allongée paraîtra d'autant plus rond qu'il sera plus loin de l'œil.

[ca. 1494]
H, 109 (34 v.) r.

Quand, la nuit, l'œil se trouve placé entre la lumière et l'œil d'un chat, cet œil lui apparaît comme du feu.

Des objets vus par le même œil sembleront parfois grands et parfois petits. *[ca. 1494] H, 133 (10 r.) v.*

•◆•

Expérience de l'accroissement et de la réduction de la pupille par suite du mouvement du soleil ou de quelque autre corps lumineux. *[ca. 1497] I, 19 v.*

Plus le ciel est obscur, plus les étoiles semblent grandes ; et si tu éclaires l'atmosphère, les astres seront moins visibles. Ce changement tient uniquement à la pupille, laquelle se dilate ou se contracte selon la clarté de l'atmosphère qui se trouve entre l'œil et le corps lumineux. Fais cette expérience avec une chandelle placée au-dessus de ta tête, tandis que tu regardes l'astre ; ensuite, abaisse graduellement la chandelle jusqu'à ce qu'elle frôle le rayon qui va de l'étoile à l'œil, et tu verras alors celle-ci diminuer au point qu'elle deviendra presque imperceptible.

•◆•

En plein air, la pupille de l'œil varie de grandeur à chaque degré de mouvement du soleil. Et selon les variations, le même objet regardé lui paraîtra de dimensions différentes, encore que souvent la comparaison avec les objets environnants ne permette pas de discerner ce changement quand tu regardes un objet unique. *[ca. 1497] I, 20 r.*

•◆•

Aucun corps opaque de forme sphérique, vu des deux yeux, ne semblera jamais parfaitement rond. *[ca. 1497] I, 43 r.*

[Diagramme.]

a est la position de ton œil droit ; *b* la position du gauche ; fermes-tu l'œil droit, tu verras ton corps sphérique autour du centre *b* et si tu fermes l'œil gauche, ledit corps entourera le centre *a*[1].

•◆•

Plus un objet se rapproche de l'œil, plus grand est l'angle sous lequel il se montre ; et l'image de cet objet fait le *[ca. 1497] I, 49 (1) v.*

1. Le manuscrit porte *b*.

contraire, car plus on le mesure près de l'œil, plus sa forme semble réduite.

•◆•

PRUNELLE DE VERRE

[ca. 1506-1507]
K, 118 (38) v.

Pour voir l'office de la prunelle dans la pupille, fais fabriquer un objet de cristal semblable à une prunelle.

•◆•

Structure et anatomie de l'œil.

[ca. 1506-1507]
K, 119 (39) r.

La pupille de l'œil est située au centre de la prunelle, laquelle affecte la forme d'une portion de sphère ayant la pupille au milieu de sa base.

Cette *luce* formant une portion de sphère recueille toutes les images des objets et, par la pupille, les transmet au-dedans, à l'endroit où se forme la vision.

Pour l'anatomie de l'œil, afin de bien voir l'intérieur sans répandre son humeur aqueuse, tu placeras l'œil entier dans du blanc d'œuf et le feras bouillir et se solidifier, en coupant l'œuf et l'œil transversalement pour qu'aucune partie de la portion médiane ne puisse s'écouler au-dehors.

•◆•

ILLUSIONS D'OPTIQUE. TISONS EMBRASÉS

[ca. 1506-1507]
K, 119 (39) v.

Il faut autant pour mouvoir l'œil quand l'objet lumineux reste fixe, que pour mouvoir l'objet quand l'œil est fixe.

Ce qui est dit dans la première partie est prouvé par la précédente, et je démontrerai la seconde partie à l'aide de cette même précédente.

Car si quand l'œil est fixe, on agite un tison enflammé soit en cercle, soit en partant de dessous l'œil et en allant vers le haut, ce tison semblera une ligne de feu qui s'élève de bas en haut, et pourtant il ne peut être simultanément en plus d'une partie de cette ligne.

De même, le tison restant fixe, si l'œil se meut de bas en haut, il semblera à l'œil que le tison s'élève de bas en haut, en ligne continue.

•◆•

ILLUSIONS D'OPTIQUE. TISONS EN FEU. ÉTOILES

[Diagramme.]

Si l'œil qui regarde une étoile se tourne rapidement vers une direction opposée, il lui semblera que l'étoile dessine une ligne de feu courbe. *[ca. 1506-1507] K, 120 (40) r.*

Soit *a b c* la prunelle de l'œil qui regarde l'étoile *d* ; je dis que si la prunelle fait mouvoir rapidement sa partie *a* en *c*, *b*, venant à l'emplacement *a*, aura l'apparence d'une ligne continue, de la couleur de l'astre. En effet, l'œil conserve pendant un certain temps l'image de la chose brillante ; et comme cette impression de l'éclat de l'étoile est plus persistante dans la pupille que le fut la durée de son mouvement, elle se prolonge, conjointement avec le mouvement, dans toutes les positions qui passent en face de l'étoile.

⁂

Mais si l'œil, étant fixe par rapport à un objet proche, change de position, il aura l'impression que les objets lointains sont très rapides, que le premier est immobile et que l'astre se meut suivant la ligne de l'œil. *[ca. 1506-1507] K, 122 (42) v.*

[Diagramme.]

Supposons que l'œil *a* se soit fixé sur l'objet *c*, et que tout en ayant son objectif fixé sur *c*, il se meuve en réalité de *a* en *b* ; l'étoile *d* vue par des lignes de l'œil autres que les lignes centrales, lui paraîtra très rapide et dans le temps que l'œil ira de *a* en *b*, il aura l'impression que l'astre a traversé toute la partie du ciel *d e*.

⁂

Mais si l'œil qui change de position reste rivé sur l'étoile, il aura l'impression que tous les objets vus sur des lignes qui ne sont pas centrales sont rapides et fuient en un mouvement opposé à celui de l'œil. *[ca. 1506-1507] K, 122 (42) r.*

[Diagramme.]

Disons que l'œil *b*, ayant sa vision fixée sur l'astre *d e* se meut réellement de *b* en *a* ; il lui paraîtra alors que ses lignes non centrales ayant échangé tant de fois les images de l'objet *c*, cet objet s'est déplacé en sens contraire à celui de l'œil, de *n* en *c*.

•◆•

[ca. 1506-1507]
K, 123 (43) r. et 122 (42) v.

Autant la descente d'un corps s'effectue de plus haut, autant il semblera, au début de son mouvement, devoir descendre plus près de l'œil qui le regarde, que ne le fait l'objet descendant d'un point peu élevé.

[Diagramme.]

Ce qui vient d'être dit tient au champ de l'objet mobile qui est le ciel sur lequel il se détache et plus le mobile est bas sur ce champ, plus l'œil le voit sur un champ lointain : comme si l'œil *p* voyait le mobile en *e* et occupant la partie du ciel *d* qui lui semble presque au-dessus de lui ; et si le mobile lui apparaît au-dessous en *h*, cet œil lui voit occuper la partie du ciel *a*, et autant il y a de distance de *a* à *d*, autant il semblera à l'œil qu'il est plus au zénith lorsqu'il est en *e* qu'en *h* ; c'est-à-dire que lorsque le mobile tombera de *d*, l'œil aura l'impression qu'il tombe plus près que s'il tombe de *a*.

•◆•

[ca. 1506-1507]
K, 123 (43) v.

S'il y a proportion entre le mouvement de deux mobiles et leur distance de l'œil prise dans le même sens, les mouvements de ces mobiles paraîtront toujours égaux, bien qu'ils puissent être d'une diversité presque infinie.

Si la base d'une pyramide à la moitié de son diamètre, vaut les trois quarts de son hypoténuse, rien ne pourra se maintenir stable sur l'hypoténuse ; mais si cette dernière est plus longue, elle pourra soutenir n'importe quoi.

•◆•

[ca. 1506-1507]
K, 124 (44) r.

Parmi les corps de mouvement égal, celui-là paraîtra plus rapide qui sera plus proche, et plus lent celui qui sera plus lointain.

[Diagramme.]

Comme toute chose qui se meut est vue dans le champ où elle se termine, la chose distante, mue par un mouvement pareil à celui de la chose proche occupera une moindre portion du champ que celle-ci pendant le même temps ; ce pourquoi, occupant une portion de champ plus grande, la proche semblera d'autant plus rapide que le champ qu'elle a couvert est plus grand.

[Corps sphériques.]

Si le corps sphérique est égal à la pupille qui le voit, fût-il à des distances variant à l'infini, pour peu qu'il puisse être déterminé, et que l'œil le puisse discerner, on n'en verra jamais ni plus ni moins que la moitié. Cela tient à ce que les extrémités de son diamètre s'achèvent toujours entre des angles égaux, entre des lignes visuelles parallèles. *[ca. 1506-1507] K, 124 (44) v.*

Mais si la pupille est moins grande que le corps sphérique situé en face d'elle, elle ne pourra jamais, quelle que soit la distance, en voir la moitié ; et elle en verra une partie d'autant moindre qu'il sera plus près d'elle, et d'autant plus grande qu'il en sera plus loin.

Placé devant l'œil, un objet moindre que la pupille ne lui masquera pas la vue d'un objet distant. *[ca. 1506-1507] K, 125 (45) r.*

Une seule pupille ne pourra jamais voir aucun corps sphérique plus petit qu'elle, si elle n'en voit plus de la moitié, quelle que soit la distance ; elle en distinguera une portion d'autant plus grande que le milieu est plus voisin et d'autant moindre qu'il sera plus loin de l'œil qui le regarde.

[Mouvements.]

Dans le cas de l'objet qui se meut entre l'œil et le papier perforé, tu pratiqueras de très petits trous et tireras la chose qui se meut, fine comme un brin de paille, et dans ce mouvement, tu toucheras tes cils avec cette chose ; il faudra que *[ca. 1506-1507] K, 125 (45) v. et 126 (46) v.*

le papier soit devant toi à un quart de brasse de ton œil, et que l'air soit visible par toutes les ouvertures. En outre, si tu rapproches davantage le papier, de façon que tes cils le frôlent presque, et que tu bouges ton visage en *d*, vers la droite et la gauche, d'un mouvement bref, tu verras que les cils qui sont au-delà de cette ouverture sembleront se mouvoir en sens contraire au mouvement de ton œil. Mais si le mouvement de l'objet s'effectue au-delà du papier perforé, l'œil aura alors perception du mouvement réel de cet objet.

[Vision simultanée de mouvements contraires.]

[Diagramme.]

[ca. 1506-1507] K, 127 (47) r.

Il est également possible que la même pupille voie un même objet suivre en même temps deux mouvements opposés sans que la pupille se modifie.

Ce qui est exposé ci-dessus est vu par la pupille à travers un petit trou percé dans un papier avec la pointe d'une aiguille ; si tu tiens l'œil tout contre ce trou, et que tu interposes entre lui et cette ouverture un fétu de paille très mince que tu feras bouger de droite à gauche, ton œil percevra le mouvement exact du fétu entre le trou et lui, dans la véritable position où ce fétu se meut en réalité ; et au-delà du trou, il le verra se mouvoir en sens contraire de son mouvement véritable, en sorte qu'en même temps, il verra le mouvement vrai et le trompeur, séparément.

[Optique, faculté visuelle.]

[ca. 1506-1507] K, 126 (46) v.

La raison en est que toute vision se transmettant par une ligne droite, si le milieu est homogène, la partie *a* de la pupille voit *o* au-delà du trou en *s* et il serait impossible de le voir par ce trou en *q* par *a b q*, c'est-à-dire par une ligne qui ne serait pas droite. Suppose à présent que *o* s'abaisse en *n* ; *p* verra *o* en *r*, et si *o* est abaissé jusqu'en *m*, la partie inférieure de l'œil *c* aura l'impression que *o* est monté à l'extrémité *q*.

La pupille qui regarde au-delà de l'ouverture un objet un peu plus petit qu'elle et tout proche, verra avec sa partie droite la partie gauche de l'objet, et avec sa partie gauche la droite ;

et avec le centre de la pupille, elle verra le centre de la surface de l'objet, à condition qu'il soit visible et que le centre de la pupille possède la faculté visuelle.

•◆•

PUPILLE QUI VOIT UN OBJET DEUX FOIS

Il est possible à la même pupille de voir le même objet dédoublé, simultanément en deux endroits. *[ca. 1506-1507] K, 127 (47) v.*

[Diagramme.]

La partie inférieure *b* de la pupille *a b* voit l'objet *c* couvrir *d* et la partie supérieure *a* de la même pupille voit le même objet *c* couvrir le mur *g f*, au-delà du trou *e*, dans la position *g*.

Voilà pourquoi l'objet *c* est vu simultanément en *d* et en *g*, et c'est ce que je voulais démontrer.

•◆•

À mesure que la lumière diminue, la pupille qui la contemple se dilate. Aussi l'œil qui regarde une sarbacane a une pupille plus grande que l'autre, et verra l'objet plus grand et plus nettement que ne le fait l'autre œil. Tu en auras la preuve en regardant avec les deux yeux une ligne blanche qui se détache sur un fond noir, et que l'un la regarde par la sarbacane et l'autre à travers l'air lumineux. *[ca. 1502-1504] L, 13 v. et 14 r.*

•◆•

[Optique.]

Quand, dans l'air lumineux, l'œil regarde un endroit dans l'ombre, il lui paraîtra beaucoup plus obscur qu'il ne l'est. Cela tient simplement à ce que la pupille de l'œil exposé à l'air se rétrécit d'autant plus que l'air réfléchi en elle est plus lumineux : et à mesure que la pupille se contracte, l'objet qu'elle voit lui semble perdre de son éclat. *[ca. 1502-1504] L, 41 v.*

Mais quand l'œil pénètre dans un endroit ombreux, l'obscurité de ce lieu semblera immédiatement diminuer.

Parce qu'à mesure que la pupille pénètre dans l'air plus obscur, son contour augmente, et en raison de son accroissement la grande obscurité semble diminuer.

[ca. 1503-1505]
B. M. 86 v.

Entre des miroirs concaves d'égal diamètre, le moins concave réunira la plus grande somme de rayons au point où ils convergent, et en conséquence allumera un feu avec plus de rapidité et de force.

[ca. 1504-1505]
B. M. 93 v.

Il est impossible que le reflet de quoi que ce soit sur l'eau ait la forme exacte de l'objet réfléchi, attendu que le centre de l'œil est au-dessus de la surface liquide.

[ca. 1505-1506]
B. M. 220 r.

Si le siège du jugement visuel est à l'intérieur de l'œil, les lignes droites des images se brisent à sa surface parce qu'elles passent du moins épais au dense.

Si tu te tiens sous l'eau et que tu regardes une chose qui est à l'air, tu la verras déviée de sa position, et de même sera-t-il d'une chose immergée vue de l'air.

[ca. 1505-1506]
B. M. 221 v.

À leur point de jonction dans l'œil, les lignes créées par les images des objets placés en face de lui ne se rencontrent pas en lignes droites.

[ca. 1495-1497]
Forster II, 101 r.

Traitons ici du mouvement réel, car en ce qui concerne les mouvements virtuels, ce sujet a été traité par d'autres.

Le mouvement réel, exécuté dans un vif élan, ne dissimulera jamais à l'œil l'objet qui est derrière le corps mobile si ce dernier est proche de l'œil et guère plus grand que lui, comme dans le mouvement de certains instruments qui permettent aux femmes d'assembler leur fil, et qu'on nomme « rouets » chez les Florentins et « tours[1] » chez les Lombards : leur rotation est si rapide, qu'étant ajourés, ils ne cachent pas la vue de ce qui se trouve derrière eux.

1. Respectivement *arcolai* et *bicoccle*.

[Ligne centrale et autres de l'œil.]

L'œil n'a qu'une ligne centrale et voit distinctement toutes les choses qui lui parviennent sur cette ligne. *[ca. 1511-1513] RL 19117 r.*

Autour d'elle, il en existe une infinité d'autres qui adhèrent à celle du centre, et leur force est d'autant moindre qu'elles sont plus éloignées de la ligne centrale.

•◆•

[Phénomène du soleil brillant sur les gouttes de pluie.]

L'œil a l'impression que la goutte de pluie qui tombe est illuminée par le soleil et son cours semble continu sur un espace d'autant plus grand qu'elle présente toutes les couleurs de l'arc-en-ciel, et ceci plus ou moins, selon la distance. *[ca. 1511-1513] RL 19117 v.*

[Le tison agité en rond semble former un cercle ininterrompu.]

Le tison qu'on fait tournoyer passe par un nombre infini de lignes adjacentes, ce pourquoi le cercle semble ininterrompu dans l'air.

•◆•

La nécessité a veillé à ce que toutes les images des corps placés en face de l'œil se coupent en deux endroits ; l'une de ces intersections se forme à l'intérieur de la pupille et l'autre dans la sphère du cristallin ; sinon, l'œil ne pourrait embrasser en aussi grand nombre les choses qu'il voit. La preuve en est que toutes les lignes qui se coupent forment cette intersection en un point, attendu que rien n'est visible des corps hormis leur surface, dont les bords sont des lignes, en vertu de l'inverse de la définition de la surface ; chacune des moindres parties de la ligne est égale à un point, car on dit d'une chose qu'elle est la moindre quand rien ne saurait être plus minime, définition qui concorde avec celle du point. Il est donc possible à la circonférence totale d'un cercle de transmettre son image à son intersection, ainsi qu'il est démontré dans le quatrième de ce discours, où il est dit : toutes les plus petites portions des images s'interpénètrent sans empiéter l'une sur l'autre. Ces démonstrations servent d'exemple *[ca. 1508] RL 19150 v.*

pour l'œil : aucune image d'un corps, si minime soit-elle, ne pénètre dans l'œil sinon renversée ; et en passant dans la sphère du cristallin elle est redressée de manière que l'image dans l'œil devient droite comme est l'objet extérieur à l'œil.

⁂

[ca. 1508]
RL 19151 r.

Comment toute grande masse projette au loin ses images, lesquelles ont la capacité de diminuer à l'infini :

Les images de toute grande masse divisible à l'infini peuvent être diminuées à l'infini.

⁂

DE LA LIGNE CENTRALE DE L'ŒIL

[ca. 1508]
RL 19152 r. et v.

Il n'y a qu'une seule ligne des images pénétrant jusqu'à la faculté visuelle qui n'ait pas d'intersection, non plus que de dimension sensible, car c'est une ligne mathématique et elle prend naissance en un point mathématique, lequel n'a pas de dimensions.

À en croire mon contradicteur, il faut nécessairement que la ligne centrale de toutes les images qui pénètrent dans la chambre noire par des ouvertures fines et étroites soit renversée comme toutes les images des corps qui l'environnent.

DE L'INTERSECTION DES IMAGES DANS LA PUPILLE DE L'ŒIL

Les images qui s'entrecroisent à l'entrée de la pupille ne se confondent pas à leur point d'intersection et ceci est évident, car lorsque les rayons du soleil traversent deux vitres en contact mutuel, dont l'une est bleue et l'autre jaune, le rayon qui les pénètre ne prend pas la teinte du bleu ou du jaune, mais devient du plus beau vert. Le même phénomène se produirait avec l'œil si les images de couleurs jaune et verte se mélangeaient à leur point d'intersection, à l'entrée de la pupille, mais le fait qu'il n'en est rien prouve qu'un tel mélange n'a pas lieu.

DE LA NATURE DES RAYONS FORMÉS PAR LES IMAGES DES CORPS ET LEURS INTERSECTIONS

La ligne droite des rayons qui transmettent à travers l'air la forme et la couleur des corps dont ils proviennent ne teinte pas elle-même l'air, non plus que ces rayons ne se colorent par contact mutuel à leur intersection, ils colorent simplement l'endroit où ils cessent d'exister, car cet endroit voit la source originelle des rayons et en est vu, et nul autre objet, dans les entours de cette source originelle, ne peut être vu de l'endroit où ce rayon a été coupé et détruit, en y laissant la dépouille qu'il avait emportée. On le démontre par la quatrième, sur la couleur des corps, où il est dit que la surface de tout corps opaque emprunte la couleur des objets environnants ; nous en concluons donc que l'endroit qui, au moyen du rayon porteur de l'image, voit la source de cette image et en est vu, se teinte de la couleur de l'objet.

Comment les innombrables rayons d'images innombrables peuvent converger en un point :

De même qu'en un point, toutes les lignes passent sans que l'une empiète sur l'autre, du fait qu'elles sont sans corps, ainsi peuvent passer toutes les images des surfaces ; et de même que tout point donné se trouve en face de tout objet placé vis-à-vis de lui, et que tout objet est en face du point opposé, ainsi, par ce point, peuvent passer les rayons convergents des images, qui, après l'avoir traversé, se reformeront et grandiront de nouveau pour reprendre les dimensions de ces images. Mais leur impression apparaîtra renversée, comme il est montré dans la première ci-dessus, où il est dit que toutes les images s'entrecroisent à l'entrée des étroites ouvertures pratiquées dans une substance ténue à l'extrême.

Dans la mesure où l'ouverture est plus petite que le corps ombragé, les images transmises par cette ouverture s'interpénétreront moins. Le point d'intersection des images qui entrent par les ouvertures dans une chambre obscure, est d'autant plus proche de cette ouverture qu'elle est moins large.

Il est impossible que les images des corps soient visibles entre les corps et les ouvertures par où elles pénètrent. Cela est évident, car là où l'atmosphère est éclairée, elles ne sont pas visibles.

Quand des images se doublent en s'interpénétrant, la valeur de leur tonalité s'accroît du double.

•◆•

[ca. 1511-1513]
RL 19076 r.

Décris comment aucun objet n'est défini en soi dans le miroir ; mais il est défini par l'œil qui l'y voit, car si tu regardes ton visage dans la glace, la partie ressemblera au tout, attendu qu'elle se trouve tout entière incluse dans l'ensemble du miroir et tout entière en chaque partie dudit miroir ; et la même chose se produit pour l'image entière de tout objet placé en face de ce miroir.

X

ACOUSTIQUE

« Si tu arrêtes ton embarcation et que tu places la tête d'un long tube dans l'eau, et l'autre extrémité à ton oreille, tu entendras les navires à une grande distance. »

[Acoustique.]

Des sons qui peuvent se produire dans les eaux, comme là-bas, dans le fossé, à Sant' Angelo. *[ca. 1508] C. A. 183 r.*

LA NOTE DE L'ÉCHO

La note de l'écho est soit continue, soit intermittente, elle se produit seule ou accompagnée, elle est de durée longue ou brève, de son fini ou infini, immédiat ou lointain. *[ca. 1507] C. A. 211 v.*

Elle est continue quand la surface qui renvoie l'écho est uniformément concave. La note de l'écho est intermittente quand le site qui le produit présente des brisures et des solutions de continuité. Elle est accompagnée quand elle naît en plusieurs lieux divers. Elle est soit brève, soit prolongée, comme lorsqu'elle s'enroule au-dedans d'une cloche qui vient d'être percutée, ou dans une citerne ou autre endroit creux, ou dans les nuages où la note se reproduit à des distances déterminées, à intervalles réguliers, en s'affaiblissant petit à petit, uniformément, telle la vague qui s'étend sur la mer en formant des cercles.

Le son semble fréquemment venir de la direction de l'écho et non de l'endroit d'où il part en réalité. Ainsi en fut-il à Ghiera d'Adda, quand un incendie éclata qui provoqua dans l'air douze répercussions sur douze nuages, et la cause n'en fut point perçue.

⁂

[ca. 1490-1493]
C. A. 536 r.

Si le cercle entier formé dans l'air par la voix d'un homme emporte avec lui toutes les paroles prononcées, étant donné que la partie de ce cercle, quand elle a frappé l'oreille d'un autre homme y laisse non un fragment de ce discours mais sa totalité :

Ce qui a été énoncé est prouvé dans le cas de la lumière, et tu pourrais dire si la totalité de la lumière éclaire la totalité d'un édifice, alors qu'une partie de la lumière ne suffirait pas à l'éclairer en partie.

Désires-tu discuter ce point et me dire que ce n'est pas la totalité de cette lumière, mais seulement une partie, qui éclaire la portion du bâtiment, je te citerai l'exemple d'un ou deux miroirs placés dans des positions différentes, en cet endroit : chaque partie du miroir contiendra en soi la totalité de la lumière. Preuve que la lumière est tout entière dans la totalité et tout entière en chacune des parties de cette habitation ; et il en est de même pour la voix dans son cercle.

⁂

[Diagramme.]

[ca. 1495]
C. A. 721 r.

Pour ces deux règles du choc et de la force, on peut employer les proportions dont Pictagoras[1] se servit dans sa musique.

⁂

DU SON QUI SEMBLE DEMEURER DANS LA CLOCHE APRÈS LE COUP

[ca. 1490]
C. A. 907 v.

Le son qui demeure ou semble demeurer dans la cloche après qu'elle a été frappée, réside non en elle, mais dans l'oreille de l'auditeur, laquelle retient l'image du coup de clo-

1. Allusion probable à la découverte de Pythagore relative aux intervalles musicaux qui dépendent de certaines proportions arithmétiques.

che entendu et ne la perd que lentement et graduellement, comme l'impression du soleil créée dans l'œil ne se perd et ne devient invisible que par une lente progression.

Preuve du contraire :

Si la susdite proposition était vraie, tu ne pourrais, surtout au début de la vibration, arrêter brusquement le son de la cloche en la touchant avec la paume de la main ; car il n'arriverait pas, lorsque tu touches la cloche, que l'oreille simultanément refuse le son ; tandis que nous voyons que si la main est placée sur l'objet frappé après que le coup s'est produit, le son s'arrête net.

Ventriloquie.

L'oreille est leurrée par la perspective de la voix, qui lui semble venir de loin sans pourtant avoir changé d'emplacement. *[ca. 1513-1514] C. A. 987 v.*

Si un homme saute sur la pointe des pieds, son poids ne fait aucun bruit. *[ca. 1487-1490] Tr. 3 v.*

Je demande si un léger bruit très rapproché peut sembler aussi fort qu'un grand bruit lointain. *[ca. 1487-1490] Tr. 7 v.*

DU GRONDEMENT DU CANON : NATURE DE SES EFFETS

Le fracas du canon a pour cause l'impétueuse violence des flammes refoulées par la résistance de l'air ; et la poudre provoque cet effet parce qu'elle se trouve enflammée à l'intérieur du corps du canon ; et comme elle n'est point en un lieu où il lui soit loisible de se dilater, la nature la pousse à chercher avec fureur un endroit propice à son extension, et brisant ou chassant devant elle l'obstacle plus faible, elle se fraye un chemin jusqu'à l'air libre. Celui-ci, incapable de s'enfuir aussi rapidement qu'il est attaqué – le feu étant plus volatil que lui –, il s'ensuit que l'air, moins volatil que le feu, ne peut livrer passage avec autant de vélocité et de rapidité qu'en met *[ca. 1487-1490] Tr. 18 v.*

le feu à l'assaillir : d'où une résistance qui provoque le grand fracas et grondement du canon.

Mais si le canon était pointé contre des rafales impétueuses, ce serait l'occasion d'un vacarme plus grand en raison de la plus grande résistance de l'air à la flamme ; et de même sa détonation serait moins bruyante s'il était pointé dans le sens du vent, car alors il rencontrerait une résistance moindre.

Dans les pays de marais ou autres vastes étendues, le canon fera entendre de près une bruyante détonation ; et à une distance moindre, on s'apercevra qu'au sommet des montagnes et en autres lieux où l'air est raréfié, s'il est dense, ou rare et point agité par les vents, la détonation est également perceptible tout alentour de la cause déterminante, et elle continuera à se propager de cercle en cercle, comme les cercles de l'eau où l'on a jeté une pierre ; et là où seront employés pareils engins, l'air avoisinant brisera ou éparpillera tous les objets dépourvus de résistance. Tous les grands vaisseaux à larges orifices seront rompus et de même, les carreaux de papier et autres choses analogues, et les toits voisins frémiront sur leurs supports. Ceci arrivera, bien que de nombreuses portes et fenêtres soient ouvertes ; et les murs peu épais et sans contreforts constitueront un danger.

La raison en est que l'air enfle et se presse vers la sortie, cherchant à fuir dans toutes les directions où le mouvement est possible. Portes, fenêtres, arbres et autres similaires seront ébranlés, et si tu fiches dans le sol une flèche légèrement maintenue par un petit caillou, la vibration de l'air l'emportera à une distance d'environ six milles.

QU'EST-CE QUE LE SON CAUSÉ PAR PERCUSSION

[ca. 1487-1490]
Tr. 36 r.

L'instant de la percussion figure l'acte le plus bref que puisse accomplir l'homme ; et nul corps n'est si grand, qu'une fois suspendu il ne fasse un mouvement immédiat sous un coup soudain ; ce mouvement provoque dans l'air un choc en retour et l'air résonne au contact de l'objet mû.

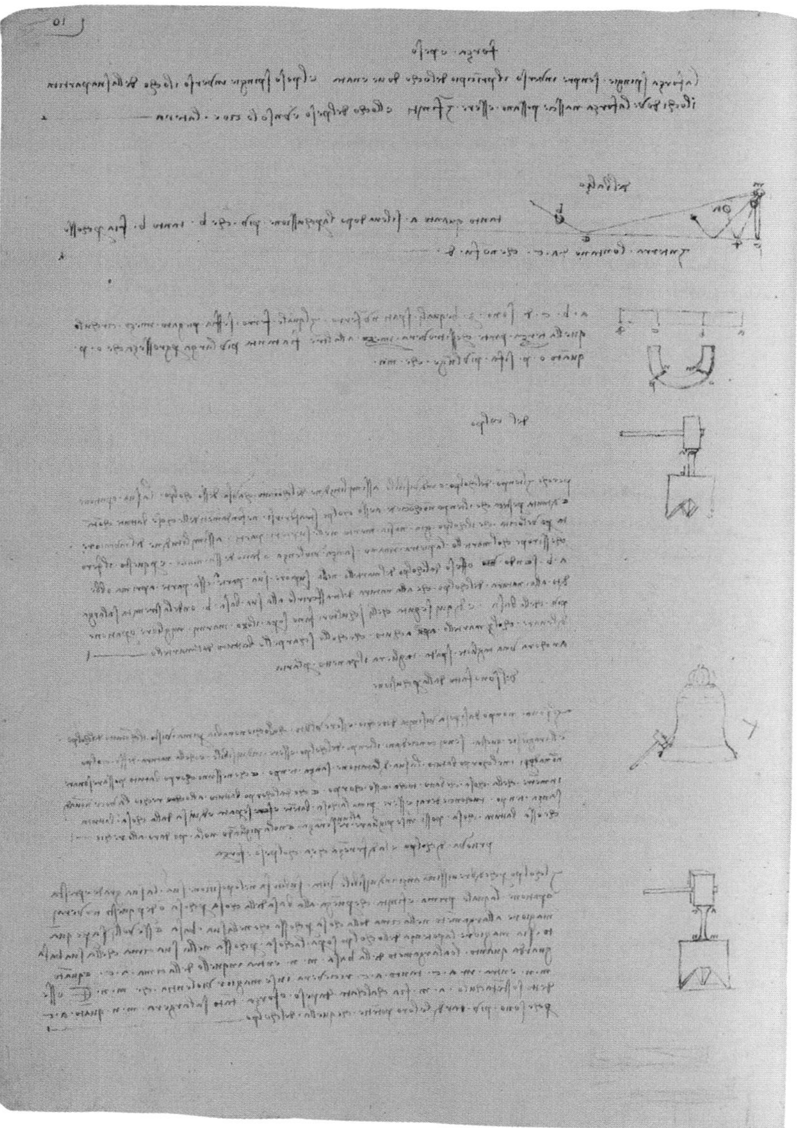

Dessins sur la force et le poids, les coups, le son, dont celui produit par la percussion d'une cloche (*C*, 6 v.).

SI LE SON RÉSIDE DANS LE MARTEAU OU DANS L'ENCLUME

Je dis que l'enclume n'étant pas suspendue, elle ne saurait résonner. Le marteau résonne pendant le soubresaut consécutif au coup ; et si l'enclume répercutait le son que produit sur elle chaque petit marteau, à la manière de la cloche – laquelle à chaque objet différent qui la frappe, fait entendre une note d'une profondeur de ton constante –, l'enclume ferait de même sous le heurt de marteaux différents ; or, comme les marteaux de dimensions diverses produisent des notes variées, il s'ensuit que la note est dans le marteau et non dans l'enclume.

Pourquoi l'objet qui n'est pas suspendu ne résonne pas, et, pourquoi, lorsqu'il est suspendu, tout contact léger lui ôte le son : heurtée, la cloche a un soudain frisson qui lui fait immédiatement frapper l'air environnant et aussitôt l'air résonne. Si elle est empêchée par un léger contact, elle ne frémira ni ne frappera et ainsi, l'air ne résonnera point.

Si l'oiseau frappe soudain l'air, celui-ci résonne-t-il ou non ?

Je soutiens qu'il ne résonne pas, car l'air pénétrant dans le corps qui le frappe, il ne reçoit pas le coup et donc ne peut résonner.

DE LA BOMBARDE OU DE LA FLÈCHE

Les mouvements de l'air y bruissent avec plus de puissance que l'air résistant.

•◆•

DE LA VIOLENCE

[ca. 1487-1490]
Tr. 43 r.

Je dis que tout corps mû ou heurté conserve pendant un moment la nature de ce coup ou mouvement, et ce d'autant plus ou d'autant moins que la force du coup ou mouvement est plus ou moins grande.

Exemple.

Observe un coup frappé sur une cloche, combien il conserve le bruit de la percussion. Observe une pierre projetée d'une bombarde, combien elle conserve la nature du mouvement.

Le coup asséné sur un corps épais conservera le son plus longtemps que sur un corps ténu, et celui-là aura plus longue durée qui sera produit sur un corps suspendu et de peu d'épaisseur.

L'œil conserve un certain temps les images des corps lumineux.

•◆•

Quand on a vu d'abord l'éclair, il est ensuite possible d'évaluer avec l'oreille la distance du coup de tonnerre, par son analogie avec la voix de l'écho. *[ca. 1490] A, 19 r.*

La voix est tout entière dans toute la paroi, et toute dans la partie de la paroi qu'elle frappe. Cette partie apte à renvoyer la percussion, restitue la voix en autant de petites parcelles différentes qu'il y a de positions différentes parmi les auditeurs.

L'oreille reçoit les images des sons par des lignes droites, courbes et brisées, et aucune torsion ne peut l'empêcher d'exercer son office.

•◆•

Après avoir percuté l'objet, la voix fait retour à l'oreille par une ligne d'une obliquité égale à celle de la ligne de l'incidence ; c'est-à-dire la ligne qui porte la voix depuis sa cause jusqu'à l'endroit où elle peut se reformer ; et cette voix agit à la manière d'un objet vu dans un miroir, qui est tout entier dans tout le miroir et tout entier en chacune de ses parties. Ainsi soit *a b* le miroir et *c* l'objet vu ; de même que *c* voit toutes les parties du miroir, toutes les parties du miroir le voient ; *c* est tout entier dans tout le miroir, parce qu'il est dans toutes ses parties ; et il est tout entier en chacune des parties parce qu'il se voit en autant de parties différentes qu'il y a différentes positions des spectateurs. *[ca. 1490] A, 19 v.*

Prenons le soleil en exemple : si tu chemines le long d'un fleuve et que tu voies le soleil s'y réfléchir, autant tu longeras la rive, autant il te semblera que le soleil chemine avec toi, attendu qu'il est tout entier dans le tout et tout entier dans la partie.

•◆•

DU COUP

Le coup frappé dans la cloche laisse derrière lui sa ressemblance imprimée comme celle du soleil dans l'œil ou du parfum dans l'air ; mais nous voulons voir si la ressemblance du coup demeure dans la cloche ou dans l'air, et tu le vérifieras en plaçant ton oreille contre la cloche, après qu'elle fut heurtée. *[ca. 1490] A, 22 v.*

Le coup donné dans la cloche provoquera un léger son et un mouvement dans une autre cloche semblable ; et la corde d'un luth, en résonnant, ébranlera et fera répondre une corde semblable, de voix identique, dans un autre luth ; et tu le constateras en mettant un brin de paille sur la corde pareille à celle qui a vibré.

•◆•

DE LA VOIX

[ca. 1490]
A, 23 r.

Si beaucoup de petites voix réunies feront autant de bruit qu'une grande. Je soutiens que non ; car si tu réunissais dix mille voix de mouches, elles ne porteraient pas aussi loin que la voix d'un homme ; et si cette voix humaine était fragmentée en dix mille parties, aucune d'elles n'aurait le même volume que la voix d'une mouche.

•◆•

DU SON

[ca. 1490]
A, 43 r.

Si un son qui est le double d'un autre, sera perçu au double de la distance. Je dis que non, car alors deux hommes qui crient s'entendraient deux fois plus loin qu'un seul ; or l'expérience ne le confirme pas.

•◆•

[ca. 1487-1489]
B, 6 r.

Si tu arrêtes ton embarcation et que tu places la tête d'un long tube dans l'eau, et l'autre extrémité à ton oreille, tu entendras les navires à une grande distance.

Tu peux aussi faire de même en plaçant la tête du tube contre le sol et tu entendras alors le passant à une grande distance de toi.

•◆•

[De l'écho.]

[ca. 1487-1489]
B, 90 v.

La voix émise par l'homme et répercutée par une paroi, s'élèvera. Si au-dessus de cette paroi il existe une saillie formant un angle droit, la surface du dessus renverra la voix vers sa cause. Comment il faudrait faire la voix de l'écho qui, quoi que tu puisses dire, te le répétera en plusieurs voix :

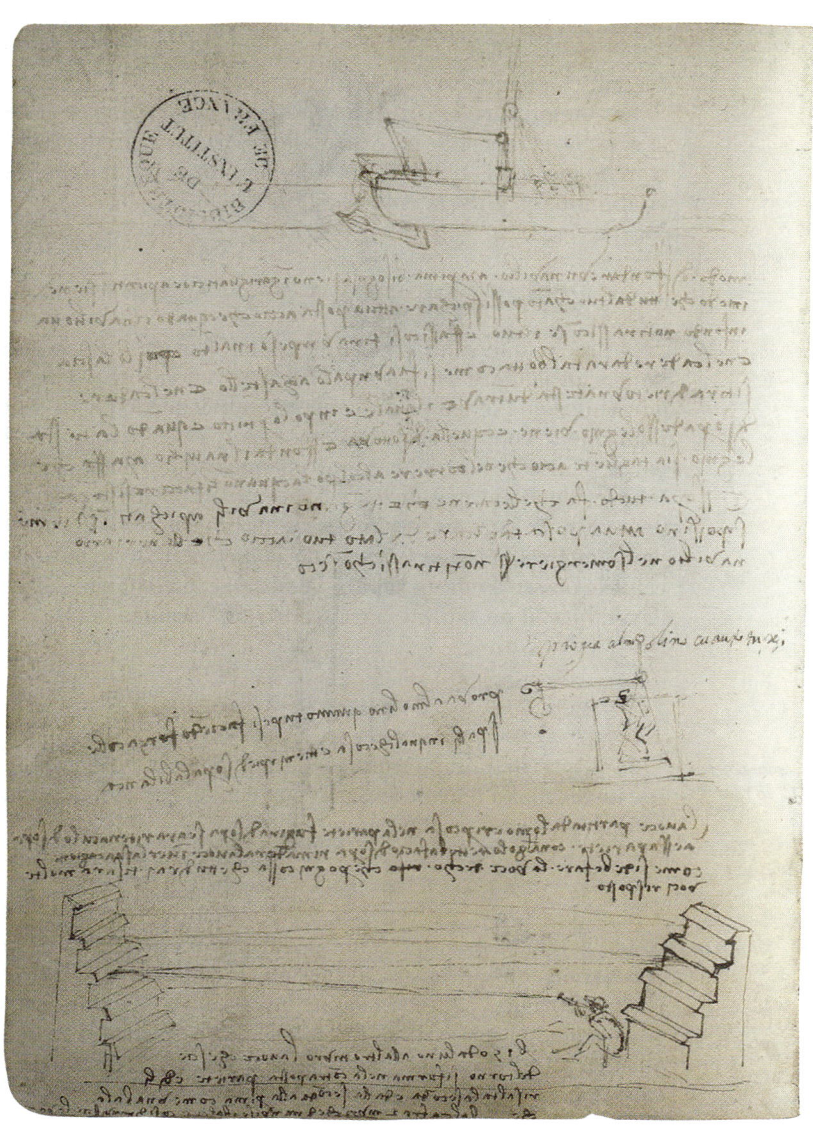

Diminution pyramidale du son (*B*, 90 v.).

[Dessin.]

Cent cinquante brasses[1] d'un mur à l'autre.

Le son qui sort du cor se forme sur la paroi opposée et de là ricoche à la seconde paroi, d'où il retourne à la première. Et comme les bonds d'une balle rebondissent entre deux murs en diminuant, ainsi la voix s'affaiblit.

DU SON PRODUIT PAR LA PERCUSSION

[ca. 1490-1491]
C, 6 v.

Si proche que soit l'oreille, le son ne peut être perçu que l'œil n'ait d'abord vu le coup. En voici la raison : si nous admettons que le temps du coup est indivisible, qu'il en faut pour que le coup se propage dans le corps percuté ; que nul corps heurté ne saurait résonner pendant que l'objet percuteur le touche et que du corps percuté à l'oreille le son ne peut voyager sans un certain temps, tu concéderas que l'objet percuteur est séparé et écarté de l'objet percuté avant que celui-ci puisse avoir en soi une résonance quelconque ; et ne l'ayant pas, il ne saurait la transmettre à l'oreille.

DES MOUVEMENTS RÉFLÉCHIS

[ca. 1490-1491]
C, 16 r.

Je désire définir pourquoi les mouvements corporels et spirituels, après leur percussion sur l'objet, rebondissent en arrière, entre des angles égaux.

DES MOUVEMENTS CORPORELS

Je dis que la voix de l'écho se réfléchit à l'oreille après la percussion comme les images des objets frappent le miroir et là sont réfléchies à l'œil. Et de même que ces images tombent de l'objet au miroir et du miroir à l'œil entre des angles égaux, ainsi la note de l'écho frappera, et rebondira entre des angles égaux, dans la concavité qu'elle a tout d'abord touchée, à l'oreille.

1. Une brasse équivaut à environ 1,62 m.

DES SONS

Pourquoi le vent rapide en passant par un roseau, produit un son aigu.

Le vent passant par un roseau fera entendre un son d'autant plus grave ou aigu qu'il sera plus lent ou plus rapide. Et on le voit au changement des sons que produisent les trompettes ou cors sans trous, et aux vents qui hurlent par les fissures des portes ou fenêtres. Ceci naît dans l'air où le son jailli de l'instrument traverse la vallée et se répand selon que l'air est chassé par une force plus ou moins grande. On peut le prouver. *[ca. 1513-1514] E, 4 v.*

Pourquoi le mouvement réfléchi de la pierre fait plus de bruit dans l'air que son mouvement incident – le mouvement réfléchi étant moins puissant que l'incident – et si ce mouvement réfléchi fait un bruit plus ou moins grand selon que l'angle de l'incidence est plus ou moins obtus. En ce qui concerne la première question, le mouvement réfléchi est produit par le mouvement composé du projectile et le mouvement incident est formé par le même mouvement dudit projectile ; voilà pourquoi le son est dans le mouvement réfléchi du projectile et non dans le mouvement incident. Pour la seconde question, autant l'angle sera obtus, autant le projectile sera plus porté à la giration que lorsque la percussion a lieu entre deux angles aigus. *[ca. 1513-1514] E, 28 v.*

[Acoustique.]

Le son causé par le vent ou par une percussion s'affaiblira à mesure que par suite du temps ou de la distance, il s'éloignera davantage de sa cause. *[ca. 1494] H, 72 (24) v.*

Le coup donné à la cloche ira diminuant à mesure que passe le temps et l'effet sera le même, de loin comme de près.

[Des forces séparées : fleuves, cloches, cordes.]

[ca. 1497] Division des forces des fleuves :
I, 111 (63) r. Si l'excessive grandeur des fleuves endommage et détruit les rivages de la mer, et qu'ils ne puissent être détournés vers d'autres lieux, il faudrait les diviser en menus ruisseaux.

Comparaison.

Si une cloche résonne et s'entend à six milles, et pèse six mille livres – six mille livres équivalant à dix-huit mille brasses… Mais pour ne pas me perdre dans trop de calculs, je dis que si je la morcelais en petits grelots, on ne l'entendrait pas à un huitième de mille, encore que tout le métal sonne dans ces grelots en même temps.

Et pareillement, si une corde soutient cent mille onces, et que tu la défasses en cent mille torons, chaque toron isolément ne soutiendra pas un huitième d'once. Et ainsi en va-t-il pour toutes les forces disjointes.

SON DE L'ÉCHO

[ca. 1497] Si le son de l'écho à trente brasses répond en deux temps, en
I, 129 (81) v. combien de temps répondra-t-il, à une centaine de brasses ?

Si le son de l'écho me répond en deux temps, à une distance de trente brasses, avec deux degrés de puissance de bruit, en combien de degrés de bruit se révélera-t-il à moi à une distance de cent brasses ?

[Lois du son.]

[ca. 1502-1504] Pourquoi un vase sonore à petit goulot aura-t-il, quand
L, 63 r. il est frappé, un son beaucoup plus grave et plus bas si cet orifice est étroit que s'il est large ?

Comment le son de la voix se perd en raison de la distance.

[Diagramme.]

À la distance *a b*, les deux voix *m n* sont réduites de moitié ; dès lors, bien qu'elles soient deux demi-voix, elles ont la puissance non d'une voix entière, mais d'une demie. *[ca. 1502-1504] L, 79 v.*

Et si un nombre infini de demies se trouvaient à cette même distance, elles n'équivaudraient qu'à une demie.

À la même distance, la voix *f* qui était le double de *n* et de *m*, ayant perdu le quart de sa puissance, se trouve donc équivaloir à une voix et demie, et surpasse du triple la puissance, en sorte qu'à une distance triple, c'est-à-dire en *g*, *f* sera aussi forte que le sont *m n* à la distance *a b*

⁂

[Voix dans le lointain.]

Là où une voix ne porte pas, des voix multiples dont chacune serait égale à la susdite, ne porteront pas. *[ca. 1502-1504] L, 80 r.*

⁂

[Bruit de la bombarde.]

[Dessin.]

Cet exemple prouve comment le bruit de la bombarde n'est autre qu'une désagrégation d'air comprimé. *[ca. 1502-1504] L, 89 v.*

⁂

[Bruit des bombardes ; comment il se produit.]

C'est la déflagration provoquée par le feu mis aux poudres de la bombarde qui, en percutant l'air opposé, crée le bruit. *[av. 1500] M, 82 r.*

⁂

Si les mouches faisaient avec leur bouche le bruit qu'on entend lorsqu'elles volent, en ce cas, comme il est très long et soutenu, elles auraient besoin d'un grand soufflet en guise de poumons, pour expulser un vent aussi considérable et *[ca. 1500-1505] B. M. 257 v.*

aussi prolongé ; et ensuite il y aurait un long silence qui leur permettrait d'aspirer un volume d'air équivalent ; en conséquence, à une longue durée de son succéderait une longue interruption.

[ca. 1495-1497]
Forster II, 32 v.

Si une cloche se faisait entendre à deux milles et qu'elle fût ensuite fondue et coulée en plusieurs petites cloches, certes, même si on les sonnait toutes à la fois, elles ne seraient jamais entendues à une distance aussi grande que lorsqu'elles ne formaient qu'une cloche unique.

[ca. 1487-1490, et ca. 1493-1497]
Forster III, 5 r.

Si tu fais deux cloches de même forme, et que l'une soit le double de l'autre, mais pèse le même poids, la plus grande rendra un son deux fois plus grave.

Du bourdonnement des mouches.

[ca. 1510-1511]
RL 19014 v.

Que le bruit produit par les mouches provient de leurs ailes, tu le remarqueras en les coupant un peu, ou mieux en les enduisant légèrement de miel de façon à ne pas les empêcher complètement de voler ; et tu constateras que leurs ailes en se mouvant font un bruit rauque et que la note passera de l'aigu au grave exactement dans la mesure où le libre usage des ailes se trouvera entravé.

XI

ASTRONOMIE

« La lune a chaque mois un hiver et un été. Ses froids sont plus intenses, ses chaleurs plus fortes, et ses équinoxes sont plus froids que les nôtres. »

Fais des verres pour voir la lune en grand. *[ca. 1513-1514] C. A. 518 r.*

•◆•

Connaissant la distance d'un corps, tu connaîtras la dimension de la pyramide visuelle si tu y fais une coupe près de ton œil, sur une paroi et qu'ensuite tu l'éloignes de l'œil de façon à doubler la dimension de cette coupe. Note ensuite la distance de la première à la seconde coupe et demande-toi : si dans cet espace, le diamètre de la lune s'accroît pour moi de tant, au-dessus de la première coupe, que fera-t-il dans l'espace entier qui sépare l'œil de la lune ? Il représentera le diamètre exact de cette lune. *[ca. 1513] C. A. 662 r.*

[Diagramme.]

Connaissant sa distance, mesure la dimension du soleil.

•◆•

Si l'eau de la lune avait son centre de gravité au centre de la terre, elle dépouillerait la lune et tomberait sur nous. [Mais elle pèse] au centre de sa sphère. *[ca. 1513] C. A. 661 v.*

Si tu te diriges vers le soleil en suivant la ligne d'eau qui s'étend entre lui et son reflet, tu vogueras le long d'une image continue qui aura la longueur de ton parcours.

Pourquoi la lune, quand elle est ceinte par la partie lumineuse du soleil au ponant, a-t-elle plus d'éclat au centre de ce cercle que lorsqu'elle éclipse le soleil ? La raison en est que lorsqu'elle éclipse le soleil, elle projette une ombre sur notre océan, ce qui ne lui arrive pas au ponant, car alors le soleil illumine cet océan.

Pourquoi, pendant l'éclipse du soleil, quand le corps de la lune est en face de nous et nous apparaît au milieu de l'astre, une partie de son éclat nous fait un peu penser à du fer en fusion. Ceci tient à la lune, qui emprunte cet éclat aux étoiles, et non à la terre obscurcie

⁂

[ca. 1513]
C. A. 662 v.

L'image du soleil est tout entière dans toute l'eau qui la voit et tout entière en chacune de ses moindres parties.

On le prouve par le fait qu'il y a autant d'images du soleil que de positions d'yeux qui voient l'eau entre eux et le soleil.

En outre, à mesure que se meut l'œil, emporté le long de la ligne du vaisseau, il voit l'image solaire se mouvoir suivant la ligne de son propre mouvement ; mais elle ne sera pas parallèle, car tandis que le soleil se meut vers le ponant, la ligne des images se déplace en traçant une courbe vers lui, de telle sorte qu'elle semble finalement s'unir à l'image du soleil quand elle a atteint l'horizon.

Si le navire fait route vers le sud et que le soleil soit au milieu du ciel, la ligne de l'image solaire sera courbe, et ira toujours s'étendant, si bien qu'à la fin elle rejoindra le soleil à l'horizon, et la dimension du simulacre semblera égale à celle du soleil.

⁂

[ca. 1490]
C. A. 729 v.

Comment les corps diffusent leur forme, chaleur et puissance.

Pendant une éclipse, quand le soleil affecte la forme d'un croissant, prends une mince plaque métallique, perce-la d'un petit trou et tourne la plaque face au soleil, en tenant derrière elle une feuille de papier à une distance d'une demi-brasse[1] ;

1. Une brasse équivaut à environ 1,62 m.

tu verras l'image du soleil apparaître sur cette feuille, sous la figure d'un croissant, semblable de forme et de couleur, à sa cause.

QUALITÉ DU SOLEIL

Le soleil a substance, forme, mouvement, rayonnement, chaleur et puissance génératrice ; et toutes ces propriétés émanent de lui sans entraîner sa diminution.

•◆•

Les rayons solaires, après avoir pénétré par les petits trous qui sont entre les diverses molécules rondes des nuages, suivent un cours rectiligne et continu jusqu'au sol qu'ils frappent en illuminant de leur éclat tout l'air traversé. *[ca. 1515] C. A. 816 r.*

•◆•

Si la lune en son plein est le miroir de notre terre, la terre sera moitié obscure et moitié éclairée, ou, peut-être, plus qu'à moitié obscure. *[ca. 1508-1510] C. A. 821 r.*

Et pour les choses obscures, nous ne pouvons distinguer la forme des objets qui sont dans leurs limites.

Mon contradicteur dit : La lumière du soleil éclaire la portion de la terre qu'elle voit, et pour ce motif, la terre étant entourée d'eau, seule cette eau reflète la lumière de la lune ; et la terre dont la surface n'est point lisse ou polie comme l'eau, ne transmet pas à celle-ci sa propre image et ainsi elle demeure obscure ; et voilà pourquoi notre eau luit sous la lune avec l'obscurité des îles qu'elle environne.

•◆•

La lune a chaque mois un hiver et un été. *[ca. 1508 ou ca. 1513-1514] C. A. 829 r.*

Ses froids sont plus intenses, ses chaleurs plus fortes, et ses équinoxes plus froids que les nôtres.

•◆•

Comment il est possible aux images du soleil de passer par le point indivisible de la pyramide primitive, à la pyramide dérivée : *[ca. 1490] C. A. 955 v.*

Le soleil se compose d'un très grand nombre de parties indivisibles ; et bien qu'il possède une substance matérielle, ses forces sont immatérielles et consistent en chaleur et en éclat ; or – attendu qu'une force immatérielle est dépourvue de substance, et n'en ayant point, n'occupe pas d'espace, et, n'occupant pas d'espace, ne bouche pas l'ouverture –, en conséquence le passage par cette ouverture dans l'un ou l'autre sens est permis à chaque esprit dans un même temps.

Il est possible que les rayons solaires réduits en un point à travers la pyramide, par le miroir concave, redoublent de chaleur et d'éclat ; quand ces rayons sont dans la pyramide dérivée, ils sont rejetés en arrière par un miroir similaire, à égale distance du point.

•◆•

DES CERCLES DE LA LUNE

[ca. 1490]
C. A. 968 r. a

Je découvre que ces cercles qui, la nuit, semblent environner la lune, et dont varient la circonférence et le degré de rougeur, sont attribuables aux différents degrés d'épaisseur des vapeurs, à différentes altitudes entre la lune et nos yeux. Le plus large et le moins rouge se trouve dans la première partie, plus bas que lesdites vapeurs ; le second, moindre, est plus haut et paraît plus rouge, étant vu à travers deux couches vaporeuses ; et plus les cercles sont hauts, plus ils sont petits et paraissent rouges, car entre eux et l'œil, les nappes de vapeur ont augmenté ; ce qui tend à démontrer que la quantité de vapeurs augmente en proportion de la rougeur.

•◆•

MIROIR ARDENT

[Croquis.]

[ca. 1490]
A, 54 r.

Autant de fois la pointe de la pyramide coupée en une partie quelconque est contenue dans sa base, autant de fois elle est plus chaude que cette base.

•◆•

CE QU'EST LA LUNE

[En marge, un diagramme représentant la terre avec le soleil dans deux positions.]

La lune n'est pas lumineuse par elle-même, mais elle est apte à emprunter les caractéristiques de la lumière à la manière du miroir ou de l'eau, ou tout autre corps luisant. Elle grandit à l'orient et à l'occident, comme le soleil et les autres planètes, et la raison en est que tout corps lumineux grandit à mesure qu'il s'éloigne. *[ca. 1490] A, 64 r.*

On comprendra aisément que toute étoile et planète est plus éloignée de nous quand elle se trouve à l'occident qu'au-dessus de notre tête, d'environ trois mille cinq cents [milles], selon la preuve donnée en marge [de la page]. Si dans l'eau toute proche tu vois les reflets du soleil et de la lune, ils te semblent aussi grands qu'au ciel ; éloigne-toi d'un mille, et ils te paraîtront cent fois plus grands ; et si tu vois dans la mer le reflet du soleil couchant, son image te semblera avoir plus de dix milles de long, attendu qu'elle couvrira plus de dix milles marins. Et si tu étais transporté à la place de la lune, tu aurais l'impression que le soleil se réfléchit dans une étendue de mer aussi vaste que celle qu'il éclaire dans sa course quotidienne ; et la terre ferme t'apparaîtrait au milieu de cette eau comme les taches sombres de la lune, qui, vue de la terre, fait aux hommes l'effet que produirait notre terre à des habitants de la lune.

DE LA NATURE DE LA LUNE

Quand toute la partie pour nous visible de la lune, est éclairée, elle nous dispense son maximum de lumière, et ensuite, les rayons du soleil la frappant et rebondissant vers nous, son océan nous jette moins d'humidité ; et moins elle luit, plus elle nuit.

EXPLICATION DE LA RAISON POUR LAQUELLE LE SOLEIL SEMBLE PLUS GRAND À L'OCCIDENT

Certains mathématiciens démontrent que le soleil semble plus grand au coucher, parce que l'œil le voit à travers une *[ca. 1490] A, 64 v.*

atmosphère toujours plus dense, et allèguent que les objets vus à travers la buée et dans l'eau paraissent plus grands.

À ceci je réponds non ; car les objets vus à travers le brouillard, encore que de couleur semblable à ceux qui sont éloignés, ne subissent pas le même processus de diminution, et paraissent plus grands.

De même, aucune chose ne paraît grandir dans l'eau plane, et tu peux le démontrer en calquant un ais sous l'eau.

La véritable raison pour laquelle le soleil grandit est que tout corps lumineux semble d'autant plus grand qu'il est plus éloigné.

LOUANGE DU SOLEIL

[ca. 1508-1509]
F, 5 r. et 4 v.

Si tu regardes les étoiles privées de leurs rayons, et tu le peux par un petit trou pratiqué avec l'extrême pointe d'une fine aiguille et placé de façon à presque toucher l'œil, tu les verras si petites que rien ne te paraîtra moindre ; et vraiment, la grande distance leur confère une diminution naturelle, encore que beaucoup d'entre elles dépassent infiniment en grandeur l'étoile qu'est notre terre jointe à l'eau. Songe alors à quoi ressemblerait notre étoile à distance pareille, et considère ensuite combien on pourrait intercaler d'étoiles, dans le sens de la longueur et de la largeur, entre ces astres disséminés dans l'espace obscur. Je ne puis que blâmer ces nombreux Anciens qui ont dit que le soleil n'est pas plus grand qu'il ne paraît ; parmi eux fut Épicure ; et je crois qu'il fondait cette théorie sur l'idée d'un luminaire placé dans notre atmosphère équidistant du centre [de la terre] ; qui le voit ne le voit jamais moins grand, quelle que soit la distance ; et les raisons de sa grandeur et vertu, je les réserverai pour le quatrième livre.

Mais je m'étonne fort que Socrate ait dénigré ce corps céleste, et dit qu'il ressemblait à une pierre ardente ; assurément qui s'oppose à telle erreur ne saurait avoir tort. Je voudrais trouver des mots qui me permettent de blâmer ceux qui mettent le culte des hommes au-dessus de celui du soleil ; car je ne vois pas dans l'univers de corps plus grand et plus puissant que lui, et sa lumière éclaire tous les corps célestes épars dans l'univers.

De lui procèdent tous les principes vitaux, car la chaleur qui est dans les créatures vivantes dérive de lui, principe vital ; et il n'y a point d'autre chaleur ni lumière dans l'univers, comme je le montrerai dans le quatrième livre. Et certes, ceux qui ont voulu adorer les hommes comme des dieux, Jupiter, Saturne, Mars et autres, ont commis une très grave erreur ; attendu qu'un homme, fût-il grand comme notre monde, ne serait qu'un point dans l'univers telle une des plus petites étoiles, et aussi que les hommes sont mortels, putrescibles et corruptibles en leurs tombeaux.

La Spera[1], et Marullo et beaucoup d'autres louent le soleil.

•◆•

Les étoiles sont visibles de nuit, et non de jour, parce que nous sommes sous l'épaisseur de l'atmosphère, pleine d'infinies molécules humides. Chacune d'elles s'illuminant quand la frappent les rayons du soleil, ces splendeurs sans nombre voilent les étoiles : et, n'était cette atmosphère, le ciel montrerait toujours les étoiles, au milieu des ténèbres.

[ca. 1508-1509]
F, 5 v.

•◆•

Épicure a peut-être vu que les ombres des colonnes sur les murs placés en face d'elles, avaient un diamètre égal à celui de la colonne qui les projetait. Et comme la masse d'ombre, d'une extrémité à l'autre, formait un parallélogramme, il en inféra que le soleil aussi était en face de ce parallélogramme, et en conséquence, ne devait pas être plus gros que la colonne, sans s'aviser que cette diminution d'ombre serait inappréciable à cause de l'éloignement du soleil.

[ca. 1508-1509]
F, 6 r.

Si le soleil était moindre que la terre, les étoiles d'une grande partie de notre hémisphère seraient sans lumière ; ceci contredit Épicure qui soutient que le soleil n'est pas plus grand qu'il paraît.

•◆•

Épicure dit que le soleil est aussi grand qu'il paraît ; donc, comme il semble mesurer un pied, nous devons le tenir pour tel.

[ca. 1508-1509]
F, 8 v.

Il s'ensuivrait que lorsque la lune obscurcit le soleil, il ne la surpasserait pas en grandeur comme il le fait ; la lune étant plus petite que le soleil, elle mesurerait donc moins d'un pied,

1. Goro Dati, *La Spera* (ou *La Sfera*), Florence, 1478 ; Michele Marullo, dit Tarchaniota, *Hymni naturales*, Florence, 1497.

et par conséquent, lorsque notre monde l'obscurcit, elle serait moindre de la largeur d'un doigt. En effet, si le diamètre du soleil est d'un pied et que notre terre projette une ombre en pyramide vers la lune, il est nécessaire que le corps lumineux, cause de la pyramide d'ombre, soit plus grand que le corps opaque qui projette cette pyramide.

·◆·

Calcul pour établir combien de fois le soleil pourrait tenir dans son cours de vingt-quatre heures.

[Diagramme.]

[ca. 1508-1509]
F, 10 r.

Trace un cercle et tourne-le vers le midi à la manière des cadrans solaires. Place au milieu une baguette dont la longueur sera pointée vers le centre du cercle et observe l'ombre que le soleil projette, depuis cette baguette, sur la circonférence du cercle, et admettons que la largeur de l'ombre soit *a n* tout entier. À présent, calcule combien de fois cette ombre entrera dans la circonférence du cercle et autant de fois le corps solaire s'intercalera dans sa course en vingt-quatre heures.

Ainsi l'on peut voir si Épicure avait raison de dire que le soleil est aussi grand qu'il paraît, car son diamètre apparent étant d'environ un pied, et le soleil pouvant entrer un millier de fois dans sa course de vingt-quatre heures, son parcours serait de mille pieds, à savoir cinq cents brasses – un sixième de mille ; ainsi donc, son parcours entre le jour et la nuit représenterait un sixième de mille et ce vénérable escargot, le soleil, aurait cheminé à raison de vingt-cinq brasses à l'heure.

·◆·

ORDRE POUR PROUVER QUE LA TERRE EST UNE ÉTOILE

[ca. 1508-1509]
F, 25 v.

Commence par expliquer le mécanisme de l'œil, puis montre comment le scintillement de chaque étoile provient de l'œil et pourquoi celui de l'une est plus vif que celui de l'autre. Et comment les rayons des étoiles naissent dans l'œil. J'affirme que si le scintillement stellaire était, comme il le semble, dans les étoiles mêmes, il semblerait avoir autant d'extension que le corps de l'astre. Et comme il est plus grand que la terre, on s'apercevrait bientôt que ce mouvement instantané fait paraître l'astre deux fois plus grand. Vois ensuite comment c'est dans la surface de l'air, aux confins du feu, et en la surface du feu à son terme, que pénètrent les rayons solaires portant l'image des corps célestes, grands à leur lever et à leur coucher, et petits au milieu du ciel.

EXPÉRIENCE DESTINÉE À DÉMONTRER COMMENT LES RAYONS PÉNÈTRENT LES CORPS LIQUIDES

[Dessin.]

Fabrique deux vaisseaux, chacun pourvu de côtés parallèles, l'un de quatre cinquièmes inférieur à l'autre, et de hauteur égale. Ensuite, fixe l'un dans l'autre, comme tu le vois sur le dessin, recouvre de couleur l'extérieur ; laisse une ouverture aussi grande qu'une lentille, et fais-y passer un rayon de soleil qui sorte d'un autre trou obscur ou de la fenêtre. Observe ensuite si le rayon qui traverse l'eau enfermée entre les deux vaisseaux, conserve la rectitude qu'il a au-dehors, ou non ; et de ceci, tu déduiras ta règle. *[ca. 1508-1509] F, 33 v.*

Pour voir comment les rayons solaires pénètrent cette courbure de la sphère aérienne, fais fabriquer deux boules de verre, l'une deux fois plus grande que l'autre, et aussi rondes que possible. Puis, coupe-les en leur milieu, mets l'une dans l'autre, ferme-les par-devant et remplis-les d'eau ; ensuite, fais passer le rayon solaire à l'intérieur, comme ci-dessus, remarque si ce rayon se plie ou se courbe, et déduis-en ta règle. Et ainsi, tu pourras procéder à un nombre infini d'expériences.

Observe, quand tu te places avec ton œil au centre de la boule, si la lumière d'une chandelle conserve ou non ses dimensions.

DU SOLEIL

Ils disent que le soleil n'est pas chaud parce qu'il est non point de la couleur du feu, mais beaucoup plus pâle et clair. Nous leur objecterons que le bronze liquéfié, à son maximum de chaleur, est plus semblable à la couleur du soleil et, refroidi, il a davantage la couleur du feu. *[ca. 1508-1509] F, 34 v.*

[ca. 1508-1509]
F, 38 v.

Les rayons solaires réfléchis par la surface de l'eau onduleuse, font que l'image du soleil semble sans solution de continuité sur toute cette eau qui est entre l'univers et le soleil.

[ca. 1508-1509]
F, 39 r.

Pourquoi l'image du soleil est tout entière dans toute la sphère de l'eau qui voit le soleil et toute en chacune des parties de ladite eau :

Tout le ciel qui voit la partie de la sphère liquide que regarde le soleil, voit toute cette eau occupée par l'image solaire, et chaque partie du ciel voit le tout.

La surface de l'eau lisse dispense également sa clarté aux endroits que l'image du soleil dans l'eau frappe de rayons réfléchis.

Le simulacre du soleil est unique dans la sphère aqueuse qu'il voit ; il se montre d'ailleurs à tout le ciel devant lui ; chaque point de ce ciel voit une image et celui qui en voit une dans une position est vu par une autre dans une position différente, de telle manière qu'aucune partie du ciel ne la voit tout entière.

Le simulacre du soleil couvrira une portion de la surface liquide d'autant plus grande qu'elle sera vue d'un lieu plus éloigné de lui.

[ca. 1508-1509]
F, 41 v.

Comment la terre n'est pas au centre du cercle du soleil, non plus qu'au centre de l'univers, mais au milieu de ses éléments qui l'accompagnent et lui sont unis. Et si quelqu'un se trouvait dans la lune, plus elle serait au-dessus[1] de nous, tout de même que le soleil, plus cette terre, avec l'élément de l'eau, lui semblerait au-dessous d'elle et elle remplirait l'office de la lune pour nous.

[ca. 1508-1509]
F, 56 r.

Tout ton discours tend à conclure que la terre est une étoile presque semblable à la lune et ainsi tu prouveras la noblesse

1. Le ms. porte *sotto* (« au-dessous »). On a adopté ici l'interprétation de Ch. Ravaisson-Mollien et d'E. MacCurdy. (*N.d.T.*)

de notre monde ; et tu pourras faire un discours relatif à la dimension de beaucoup d'étoiles, en accord avec les auteurs.

Si le frottement des cieux fait du bruit ou non.

Tout son est causé par la percussion de l'air contre un corps dense, et si elle se produit entre deux corps lourds, c'est au moyen de l'air ambiant ; et cette friction consume les corps frottés ; il s'ensuivrait donc que les cieux, dans leur frottement, n'ayant pas d'air entre eux, n'engendreraient aucun son. Cependant, si ce frottement existait réellement, les cieux, depuis les nombreux siècles qu'ils accomplissent leur révolution, auraient été consumés par leur immense vitesse de chaque jour. S'ils émettaient un son, il ne se propagerait pas, le son de la percussion sous l'eau n'étant guère perceptible, et moins encore, ou point, dans les corps denses. En outre, comme le frottement n'engendre pas de son entre les corps lisses, il n'y en aurait pas dans le contact ou frottement des cieux. Et si ces cieux ne sont pas lisses au [point de] contact de leur frottement, ils seront donc globuleux et rugueux ; en conséquence leur contact n'est pas continuel, et en ce cas, le vide se produirait, dont nous avons établi qu'il n'existe pas dans la nature. Nous en concluons que le frottement aurait consumé les extrémités de chaque ciel et, dans la mesure où son mouvement est plus rapide vers le centre que vers les pôles, il se consumerait davantage au milieu qu'aux pôles ; après quoi, il n'y aurait plus de frottement et le son cessant, les danseurs s'arrêteraient à moins que l'un des cieux ne virât à l'orient et l'autre au septentrion.

[ca. 1508-1509] F, 56 v.

SI LES ÉTOILES TIRENT LEUR LUMIÈRE DU SOLEIL OU D'ELLES-MÊMES

Ils disent qu'elles ont leur foyer lumineux en elles, alléguant que si Vénus et Mercure n'avaient pas de lumière propre quand ils s'interposent entre notre œil et le soleil, ils obscurciraient le soleil dans la mesure où ils le cachent à notre œil. C'est faux, car il est prouvé qu'un corps obscur contre un corps lumineux est entouré et entièrement couvert par les rayons latéraux du reste de ce corps lumineux, et ainsi

[ca. 1508-1509] F, 57 r.

il demeure invisible. Ceci se démontre quand on voit à distance le soleil à travers les ramifications des arbres dénudés dont les branches ne dissimulent à nos yeux aucune de ses parties. De même en va-t-il avec les planètes dont il est parlé plus haut. Encore que n'ayant pas de lumière propre, elles ne cachent, comme il est dit, aucune partie du soleil à notre vue.

Ils disent que la nuit les étoiles semblent d'autant plus brillantes qu'elles sont plus hautes et que, si elles ne possédaient pas d'éclat propre, l'ombre que projette la terre en s'interposant entre elles et le soleil les obscurcirait, attendu que ces étoiles ne voient pas le corps solaire et n'en sont pas vues.

Mais ils n'ont pas considéré que l'ombre pyramidale de la terre n'atteint pas beaucoup d'étoiles ; et pour celles qu'elle rejoint, la pyramide est si diminuée qu'elle ne couvre qu'une faible partie du corps de l'astre, dont le soleil illumine tout le reste.

[ca. 1508-1509]
F, 60 r.

Pourquoi les planètes paraissent plus grandes à l'orient qu'au-dessus de nos têtes, alors que le contraire devrait se produire, attendu qu'au milieu du ciel, elles sont de trois mille cinq cents milles plus proches de nous qu'à l'horizon.

Tous les degrés des éléments qui traversent les images des corps célestes pour parvenir à l'œil sont courbes, et les angles sous lesquels la ligne centrale de ces images y pénètre, sont inégaux ; et la distance est plus grande comme le démontre l'excédent de *a b* sur *a d* ; et en vertu de la neuvième du sixième, la dimension des corps célestes à l'horizon est démontrée.

[ca. 1508-1509]
F, 63 r.

Explique la terre, avec son jour plus long et plus court en septentrion et au midi ; fais de même pour la lune et définis-les avec vérité.

OBSCURCISSEMENT DU SOLEIL, DES ÉTOILES ET DE LA LUNE

[ca. 1508-1509]
F, 64 v.

La lune a ses jours et ses nuits comme la terre ; la nuit dans la partie qui ne brille pas, et le jour dans celle qui brille.

Ici, la nuit de la lune voit s'affaiblir la lumière de la terre

– c'est-à-dire de ses eaux – et l'eau obscurcie voit s'obscurcir le soleil ; et à la nuit de la lune manque la réverbération des rayons solaires réfléchis par la terre.

Sur cette autre figure, il est montré que le jour de la lune est obscurci et la nuit de la terre reste privée des rayons solaires que réfléchissait la lune.

Quand la lune est au levant et le soleil au ponant, tout le jour dont la lune a joui quand elle était avec le soleil à l'occident, se change en nuit.

La clarté de la lune qui, de l'orient, regarde le soleil à l'occident, ne sera plus que nuit, quand cette lune sera avec le soleil à l'occident.

⁂

DE L'ARC-EN-CIEL

L'arc-en-ciel est-il produit par l'œil – c'est-à-dire sa convexité – ou par le soleil au moyen du nuage.

Le miroir n'enregistre que les images des corps visibles, lesquelles ne se manifestent pas sans eux ; si donc l'arc est vu dans le miroir et que les images qui y convergent prennent naissance dans cet arc-en-ciel, il s'ensuit qu'il est engendré par le soleil et par le nuage. *[ca. 1508-1509] F, 67 v.*

Les yeux qui ont le soleil derrière eux et le nuage en face, distinguent l'arc-en-ciel dans les pluies fines ; et une ligne imaginaire, constamment droite, partie du centre du soleil et traversant le milieu de l'œil, aboutira au centre de l'arc.

L'un des yeux ne verra jamais cet arc à l'endroit où le voit l'autre œil ; il sera vu en autant d'endroits du nuage où il se forme, qu'il y aura d'yeux pour le regarder.

En conséquence, l'arc est tout entier dans tout le nuage où il se produit, et tout en chacun des emplacements où il peut se trouver, et ainsi il paraîtra plus ou moins grand, réduit de moitié, entier, double, triple.

Si deux sphères de métal projettent les rayons solaires en un lieu obscur, l'eau en s'évaporant donnera au spectre solaire[1] une forme allongée. Ceci se produit également avec

1. On a suivi ici l'interprétation de Ch. Ravaisson-Mollien. Le ms. porte « *arco iris* ».

l'eau vaporisée quand le rayon solaire passe dans un lieu obscur, en ayant le soleil derrière soi, et aussi avec la lueur des torches ou de la lune.

Comment la terre, en remplissant l'office de la lune,
a perdu une quantité considérable de l'antique lumière
dans notre hémisphère, du fait de l'abaissement des eaux,
ainsi qu'il est prouvé au livre quatre « Du monde et des eaux ».

[ca. 1508-1509]
F, 69 v.

La terre est lourde dans sa sphère, mais d'autant plus qu'elle se trouve dans un élément plus léger.

Le feu est léger dans sa sphère et d'autant plus qu'il est dans un élément plus grave.

Nul élément simple n'a de gravité ni de légèreté dans sa propre sphère, et si une vessie gonflée d'air pèse plus lourd dans la balance qu'une vessie vide, c'est parce que l'air est condensé ; et le feu pourrait se condenser de telle sorte qu'il aurait un poids plus lourd que l'air ou égal à l'air ; et peut-être plus lourd que l'eau, et devenant égal à la terre.

[ca. 1508-1509]
F, 77 v.

Ceci suivra le « Traité de l'ombre et de la lumière ». Les extrémités de la lune seront plus éclairées et sembleront plus lumineuses parce que rien n'y apparaît que les sommets des ondes de ses eaux ; et les profondeurs ombreuses de creux de ces vagues ne modifieront pas les images des parties lumineuses qui, des crêtes des vagues, parviennent à l'œil.

Omne grave tendit deorsum nec perpetuo potest sic sursum sustineri, quare jam totalis terra esset facta sperica[1].

LES TACHES DE LA LUNE

[ca. 1508-1509]
F, 84 r.

D'aucuns ont dit que la lune exhale des vapeurs semblables à des nuages et qu'elles s'interposent entre elle et nos yeux. Si cela était, ces taches n'auraient jamais une position ou une forme stable ; et en regardant la lune de points de vue

1. « Toute substance lourde incline vers le bas et ainsi ne peut être maintenue haute perpétuellement ; voilà pourquoi la terre a été faite sphérique. » (*N.d.T.*)

différents, même si elles ne changeaient pas de place, elles varieraient de forme, comme un objet vu sous divers aspects.

⁂

TACHES DE LA LUNE

D'autres ont dit que la lune se compose de parties plus ou moins translucides, comme si l'une était une sorte d'albâtre et l'autre une espèce de cristal ou de verre. Il s'ensuivrait que, lorsque les rayons du soleil frappent la partie moins transparente, la lumière s'arrêterait à la surface et ainsi la partie plus opaque serait éclairée et la transparente révélerait les ombres de ses obscures profondeurs. Ainsi définissent-ils la nature de la lune, opinion qui a trouvé crédit auprès de maints philosophes, notamment Aristote, mais elle n'en est pas moins fausse, car dans les différentes phases que la lune et le soleil présentent fréquemment à nos yeux, nous devrions voir ces taches se modifier et nous apparaître tantôt sombres et tantôt claires. Elles seraient sombres quand le soleil est à l'occident et la lune au milieu du ciel, parce que les creux transparents se trouvant alors dans l'ombre jusqu'au sommet de leurs bords, les rayons ne pourraient pénétrer par leurs orifices ; et elles sembleraient claires à la pleine lune, quand celle-ci à l'orient regarde le soleil à l'occident ; car alors il illuminerait jusqu'au fond les parties transparentes et, aucune ombre ne se produisant, la lune ne nous présenterait pas, à ces moments, lesdites taches ; et ainsi plus ou moins, selon les changements de position du soleil par rapport à la lune et de la lune par rapport à nos yeux, comme je l'ai énoncé plus haut. *[ca. 1508-1509] F, 84 v.*

⁂

Il a été dit aussi que les taches de la lune se créent en elle-même, parce qu'elle est de rareté ou densité variables. S'il en était ainsi, les rayons du soleil pourraient, pendant les éclipses de lune, pratiquer une percée en quelqu'une de ses parties ténues, comme il a été affirmé ; mais le fait que nous ne constatons rien de semblable démontre l'inanité de cette théorie. *[ca. 1508-1509] F, 85 r.*

D'autres soutiennent que la surface de la lune est lisse et polie et que, comme un miroir, elle reçoit le reflet de la terre. Opinion erronée, puisque la terre, quand elle n'est pas couverte d'eau, présente des formes différentes sous différents aspects. La lune, à l'orient, réfléchirait d'autres taches que lorsqu'elle est au zénith ou à l'occident ; or, ses taches, ainsi qu'il apparaît à la pleine lune, ne changent jamais durant sa course dans notre hémisphère. La deuxième raison est qu'un objet réfléchi par une surface convexe ne remplit qu'une partie minime du miroir, comme il est démontré en perspective. La troisième est que la lune en son plein ne voit que la moitié de l'orbe de la terre éclairée où l'océan et les autres eaux brillent d'un vif éclat, tandis que la terre forme des taches dans cette clarté, et donc la moitié de notre terre serait ceinturée par la splendeur de la mer, qui emprunte sa lumière au soleil ; et dans la lune, ce reflet ne serait que la moindre partie de celle-ci. La quatrième raison est qu'un corps radieux ne peut se refléter en un autre ; dès lors, la mer tout comme la lune, tirant son éclat du soleil, ne pourrait présenter l'image réfléchie de la terre, à moins qu'on n'y vît aussi se réfléchir, séparément l'orbe du soleil et de chaque étoile qui d'en haut s'oppose à elle.

·◆·

RAYONS SOLAIRES

[ca. 1508-1509]
F, 86 r.

Les rayons traversent la région froide de l'air sans que se modifie leur nature, et leur passage dans des verres pleins d'eau froide ne les influence en rien, et quel que soit le lieu transparent par où ils passent, c'est comme s'ils traversaient autant d'air.

Et si tu prétends que les frigides rayons du soleil incorporent la chaleur du feu lorsqu'ils traversent son élément – de même qu'ils prennent la couleur du verre qu'ils pénètrent –, il s'ensuivrait qu'en entrant dans la zone froide, ils mettraient ce manteau de froid après s'être déjà revêtus du manteau de chaleur, et ainsi, le froid annulant le chaud, les rayons solaires nous parviendraient privés de calorique ; or, l'expérience ne le confirmant point, ce raisonnement sur la frigidité du soleil est vain.

Mais si tu disais que le froid traversé par les rayons ardents du soleil tempère un peu leur excessive chaleur, il en faudrait induire qu'on aurait plus chaud sur les hautes cimes du Caucase, mont de Scythie, que dans les vallées, car ce mont s'élève au-dessus des régions médianes de l'air, où il n'est point de nuages et où nulle chose ne prend naissance.

Et si tu dis que par mouvement local, ces rayons solaires refoulent vers nous l'élément igné qu'ils ont traversé, on ne saurait davantage l'admettre, parce que le mouvement local d'un tel [volume] d'air requiert un laps de temps d'autant plus grand que le soleil inclinera davantage vers l'horizon, où il se trouve à trois mille cinq cents milles plus loin de nous que lorsqu'il est au milieu de notre ciel. S'il se comportait ainsi, il refroidirait la portion d'horizon qu'il a devant lui, puisqu'il emporterait dans ses rayons les parties opposées de l'élément du feu qu'il a pénétrées. Or, si comme le démontre l'expérience, le feu moindre est attiré et infléchi par le plus grand feu, il faut donc forcément que le soleil attire à lui l'élément igné, plutôt que de le repousser et le refouler vers nous.

La chaleur du feu ne descend que si elle suit une matière en combustion, et ainsi elle se matérialise et donc devient visible.

*

Comment, la lune étant polie et sphérique, l'image du soleil sur elle est puissamment lumineuse, et seulement sur une petite partie de sa surface : *[ca. 1508-1509] F, 93 r.*

Tu en auras la preuve en plaçant dans l'obscurité une boule d'or bruni à quelque distance d'une lumière. Bien que celle-ci éclaire environ la moitié de la boule, l'œil ne la verra reflétée qu'en une petite partie de sa surface, dont le reste réfléchira l'obscurité ambiante ; et pour ce motif l'image de la lumière n'est apparente que là, tout le reste demeurant invisible du fait que l'œil est éloigné de la boule.

Il en irait de même avec la surface de la lune si elle était polie, scintillante et dense comme les corps pourvus d'une surface réfléchissante.

Montre comment, si tu étais dans la lune ou dans une étoile, notre terre te semblerait remplir le même office à l'égard du soleil que la lune actuellement. Et montre comment le reflet du soleil sur la mer ne peut paraître un soleil, comme il paraît dans un miroir plan.

*

Mon livre se propose de montrer comment, grâce à la lumière du soleil, l'océan avec les autres mers font de notre *[ca. 1508-1509] F, 94 v.*

monde une sorte de lune, et, pour les mondes plus lointains, une étoile. Et je le prouve.

Lune froide et humide.

L'eau est froide et humide.

Notre mer exerce sur la lune la même influence que la lune sur nous.

⁂

EXPLICATION DE LA LUNE PAR L'IMAGE DU SOLEIL

[ca. 1510-1516]
G, 20 r.

Si le soleil *f* réfléchi à la surface de l'eau *n m* semble être en *d* (autrement dit autant sous l'eau qu'il est au-dessus d'elle) et que l'œil *b* lui attribue la dimension *a*, et que l'image double à mesure que l'œil se déplace de *b* en *c*, combien de fois cette image grandirait-elle si l'œil se transportait de *c* à la lune ?

Applique cette règle de trois, et tu verras que la lumière qui est dans la lune à son quinzième jour, ne pourra être celle que la lune reçoit, en raison de sa forme sphérique ; donc, il faut forcément que cette lune contienne de l'eau.

⁂

[Nature de la chaleur du soleil.]

PREUVE QUE LE SOLEIL EST CHAUD PAR NATURE ET NON PAR VERTU

[ca. 1510-1516]
G, 34 r.

Que le soleil est chaud par nature et non par vertu la splendeur du corps solaire dont l'œil humain ne peut soutenir longuement la vue en est une preuve manifeste. En outre, les rayons que réfléchissent les miroirs concaves le démontrent avec évidence, car lorsque l'éclat de leur percussion devient insoutenable à l'œil, sa fulgurance est semblable à celle du soleil dans sa vraie position. La vérité de ceci se prouve ; en effet, si un tel miroir a la surface concave requise pour produire ce rayon, nulle chose créée ne résistera à la chaleur d'une pareille percussion des rayons réfléchis par un miroir. Et si tu dis que le miroir aussi est froid et pourtant émet des rayons chauds, je réponds que le rayon vient du soleil et doit traverser le miroir pour ressembler à sa cause, et qu'il peut passer par n'importe quel milieu à sa guise.

Le rayon du miroir concave ayant passé par les fenêtres des fours où l'on coule les métaux n'a pas grande chaleur et a perdu sa blancheur.

⁂

RAYONS SOLAIRES

Là où le milieu est plus subtil et plus rare, les rayons du soleil rencontrent moins de résistance, et là où la résistance est moindre, il est moins influencé par la nature de l'agent. Donc, on peut inférer que là où l'air est plus rare, la percussion desdits rayons solaires transmet moins d'éclat et, en conséquence, il est plus obscur et ainsi inversement. *[ca. 1506-1507] K, 118 (38) r.*

⁂

Preuve que plus tu es à proximité de la source des rayons solaires, plus grand te paraîtra le soleil réfléchi dans la mer : *[ca. 1492] Ms. 2185, 16 v.*

Si le rayonnement du soleil est produit par son centre, fortifié par la puissance de tout son corps, il faut donc forcément que plus les rayons solaires s'en éloignent, plus ils aillent s'écartant. Ceci posé, quand ton œil est près d'une eau où se mire le soleil, tu vois une très petite partie des rayons porter à la surface de l'eau la forme de ce soleil réfléchi. Et si tu en es encore plus près, comme par exemple lorsqu'il est au méridien et la mer au ponant, tu verras que le soleil reflété dans la mer sera très grand, car, étant plus près de lui, ton œil en enregistrant les rayons près du point en absorbe davantage, d'où s'ensuit un plus grand éclat. Pour ce motif, on pourrait prouver que la lune est un autre monde semblable au nôtre, que sa partie brillante est une mer qui reflète le soleil, et la partie privée d'éclat est de la terre.

⁂

Si tu observes avec attention les taches de la lune en leurs détails, tu relèveras fréquemment de grandes différences entre elles, et je l'ai moi-même prouvé en les dessinant. La cause en est que les nuages s'élèvent des eaux de la lune et s'interposent entre elles et le soleil, dont leurs ombres interceptent les rayons ; dès lors, l'eau demeure sombre, étant dans l'impossibilité de refléter le corps solaire. *[ca. 1508] B. M. 19 r.*

DE LA LUNE

[ca. 1506-1508] B. M. 94 r.

Désirant traiter de la nature de la lune, il me faut premièrement décrire la perspective des miroirs – plats, concaves et convexes – et d'abord ce qu'on entend par un rayon lumineux et comment il est réfracté par diverses sortes d'intermédiaires. Puis, note si le rayon réfléchi est plus puissant selon que l'angle d'incidence est aigu ou droit ou obtus – ou si la surface est convexe, plate ou concave, ou la matière opaque ou transparente. En outre, à quoi il tient que les rayons solaires qui frappent les vagues de la mer paraissent avoir la même largeur à l'angle rapproché de l'œil qu'à la crête la plus lointaine des vagues à l'horizon ; nonobstant, le rayonnement solaire reflété par les vagues a la forme d'une pyramide et sa largeur s'accroît à chaque degré de distance, encore qu'à notre vue elle puisse sembler parallèle.

Rien n'est opaque de ce qui est extrêmement léger.

Jamais le plus léger ne reste au-dessous du moins léger.

Si la lune a une position au milieu de ses éléments ou non.

Si elle n'a pas de position particulière comme la terre parmi ses éléments, pourquoi elle ne choit pas au centre des nôtres. Si elle n'est pas au milieu de ses éléments et ne descend pas, elle est donc plus légère que l'autre élément.

Et en ce cas, pourquoi elle est compacte et non transparente. Pour les choses de différentes dimensions qui, à des distances variées, semblent égales, il y aura même rapport entre leurs distances qu'entre leurs dimensions.

DE LA LUNE

[ca. 1506-1508] B. M. 94 v.

La lune n'a pas de lumière propre, mais seulement dans la mesure où le soleil l'illumine. De cette partie éclairée, nous voyons celle qui nous fait face. Et sa nuit emprunte sa splendeur à nos eaux qui lui renvoient l'image du soleil, reflétée dans toutes les eaux où se mirent le soleil et la lune.

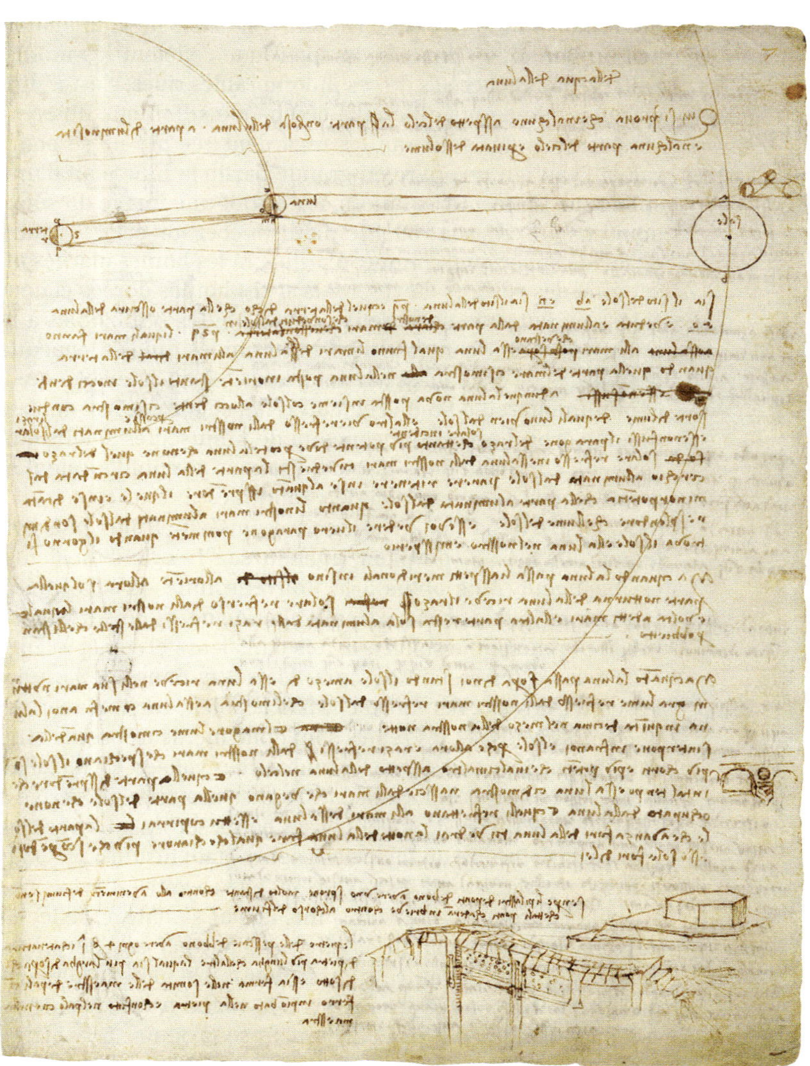

De la présence d'eau sur la lune (*Leic.* 7 r.).

La croûte ou surface des eaux dont se composent la mer de la lune et la mer de notre terre est toujours ridée, peu ou prou, plus ou moins ; cette rugosité est cause de la dilatation des innombrables images du soleil que reflètent les monts, vallées, flancs et crêtes de ces innombrables rides, c'est-à-dire en autant de points différents de chaque sillon que diffèrent les positions des yeux qui les regardent ; ce qui ne se pourrait si l'eau qui recouvre en grande partie la lune était d'une sphéricité uniforme, car alors, il y aurait une image du soleil pour chaque œil, son reflet serait distinct et son éclat toujours de forme sphérique, comme le prouvent les boules placées au sommet des édifices élevés. Mais si ces boules dorées étaient ridées ou faites de nombreux petits globules semblables à la mûre – fruit noir composé de petits granules ronds –, chacune des parties de cette masse arrondie, visible au soleil et à l'œil, communiquerait à l'œil l'éclat du reflet solaire. Ainsi, dans le même corps, on verrait beaucoup de minuscules soleils qui, souvent, en raison de la grande distance, se confondraient et sembleraient sans solution de continuité.

Le lustre de la nouvelle lune est plus vif et plus puissant quand elle est en son plein, attendu que l'angle d'incidence est beaucoup plus obtus à la nouvelle lune qu'à la pleine lune où les angles sont extrêmement aigus, et où les vagues lunaires reflètent le soleil à la fois dans leurs creux et à leurs crêtes, les côtés restant obscurs. Mais aux flancs de la lune, les creux des vagues ne voient pas le soleil, car il n'aperçoit que leurs crêtes ; et les reflets sont donc moins fréquents et se confondent davantage avec les ombres des vallées. Ce mélange d'images obscures et lumineuses, toutes brouillées, n'arrive à l'œil qu'avec un éclat modéré et ses bords seront plus obscurs encore, la courbure du flanc des vagues étant insuffisante pour renvoyer jusqu'à l'œil les rayons qu'elle reçoit.

Voilà pourquoi la nouvelle lune, de par sa nature, réfléchit davantage les rayons du soleil vers l'œil par ses dernières vagues que par tout autre endroit, comme le montre la figure de la lune frappant de ses rayons *a* la vague *b*, et réfléchie en *b d* où est situé l'œil *d*. Ceci ne peut se produire à la pleine lune, où le rayon solaire se trouvant à l'occident, il frappe les derniers rayons de la lune à l'orient de *n* à *m*, sans envoyer son reflet à l'œil placé à l'occident ; mais il ressaute en arrière jusqu'à l'orient, en imprimant un léger fléchissement à ce rayon solaire ; et ainsi, l'angle d'incidence est très grand.

Les innombrables images reflétées par les vagues sans nombre de la mer, et émanant des rayons solaires qui les frappent, provoquent une splendeur continue, et qui se propage au loin à la surface de la mer.

La lune est un corps opaque et solide, et si au contraire elle était transparente, elle ne recevrait pas la lumière du soleil.

•◆•

Il te faut démontrer comment la terre remplit le même office à l'égard de la lune que la lune à l'égard de la terre : *[ca. 1506-1508] B. M. 104 r.*

La lune, avec sa lumière réfléchie, ne brille pas à la manière du soleil, car elle reçoit uniformément la lumière du soleil[1] non sur sa surface, mais sur les crêtes et au creux des vagues de ses eaux, attendu que le soleil se reflète indistinctement en elle, à cause du mélange des ombres qui sont au-dessus des vagues dispensatrices de ce rayonnement. Sa lumière n'est donc pas vive et claire comme celle du soleil.

•◆•

Pour observer la nature des planètes, fais pratiquer une ouverture dans le toit et montre à la base une planète isolée ; le mouvement reflété sur cette base rappellera la structure de l'astre, mais fais en sorte qu'elle n'en reflète qu'un à la fois. *[ca. 1515] B. M. 279 v.*

•◆•

Les cercles des sphères célestes, conjointement avec les éléments, chassent et repoussent également loin d'eux tout ce qui a du poids ; il faut donc concéder que les centres de ces sphères doivent nécessairement se rencontrer et s'immobiliser. *[ca. 1487-1490, et ca. 1493-1497] Forster III, 6 v.*

On conviendra que les choses qui tombent vers le centre reçoivent leur propulsion d'en haut plutôt qu'elles ne sont attirées par lui vers le bas ; car s'il était possible d'écarter partiellement la terre, de manière que l'espace qu'elle occupe se remplît d'air, tu verrais une pierre, lancée de notre monde dans cet air, s'immobiliser au milieu des deux éléments et des sphères.

1. Ms. : « *il lume della luna* » (« la lumière de la lune »).

•◆•

[ca. 1487-1490, et ca. 1493-1497] Forster III, 7 r.

Le centre du monde ne peut être celui des cercles universels que trace la trajectoire des astres scintillants car, en l'occurrence, on ne saurait admettre avec certitude que les parties universelles de la terre, réceptacle et enveloppe de ce centre, n'ont pas un poids égal quand elles sont à égale distance de lui.

Naturellement, tout corps grave est poussé vers le centre, attendu que le centre est ce qu'il y a de plus éloigné de ces forces refoulantes et rotatoires.

Conclusion : le centre du poids de la terre avec l'eau forme le centre des sphères, et non celui de la masse de ce monde.

•◆•

[ca. 1487-1490, et ca. 1493-1497] Forster III, 8 r.

Ces parties graves précipitées d'en haut ont d'elles-mêmes déjà créé des corps qui éprouvent le continuel désir de s'en retourner.

•◆•

[ca. 1510-1512] RL 12669 r.

Le soleil est immobile.

•◆•

[ca. 1492-1494] RL 12350

Entre le soleil et nous il y a les ténèbres, ce pourquoi l'air semble azuré.

•◆•

[ca. 1503-1504] RL 12326 v.

Si tu veux prouver qu'à l'horizon la lune paraît plus grande qu'elle ne l'est, prends une lentille convexe d'un côté et concave de l'autre ; porte sa concavité à ton œil et regarde l'objet situé au-delà de la surface convexe ; ainsi tu auras fait la véritable imitation de l'atmosphère enclose entre la sphère du feu et celle de l'eau, car cette atmosphère est concave du côté de la terre et convexe du côté du feu.

•◆•

[ca. 1504-1506] Leic. 1 r.

Se remémorer que je dois d'abord montrer la distance du soleil à la terre et, grâce à l'un de ses rayons passant par un petit trou dans une chambre obscure, découvrir ses dimensions exactes ; en outre, par la sphère de l'eau, calculer la grandeur de la terre.

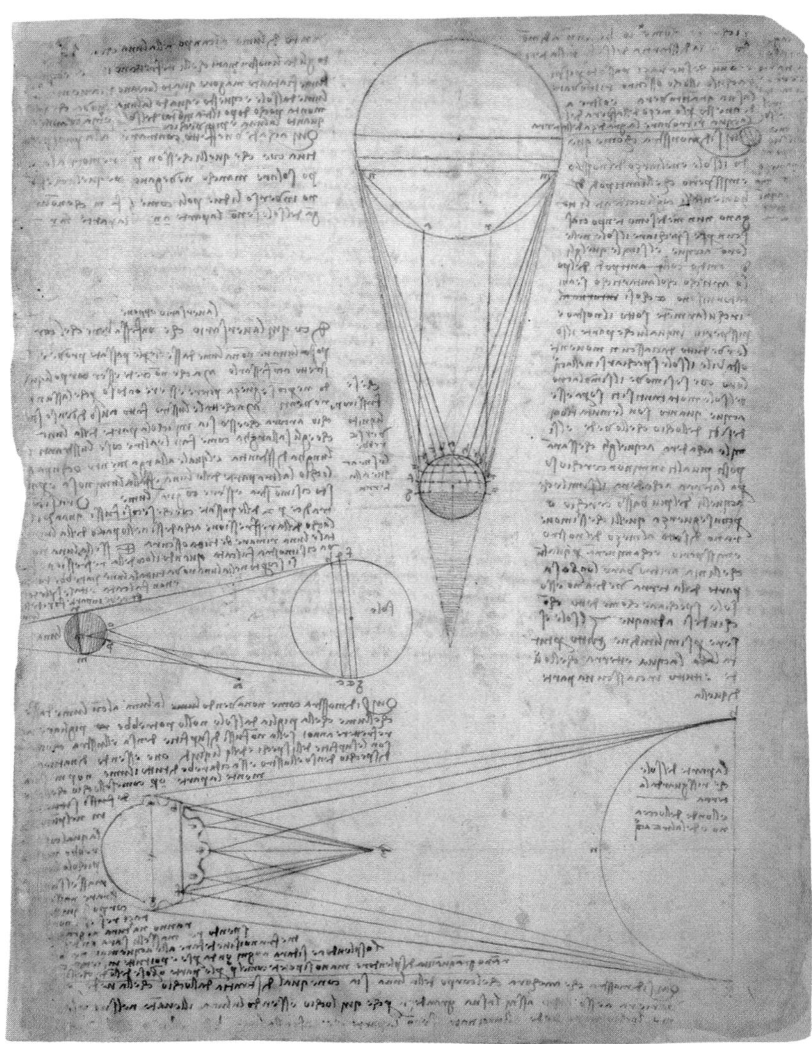

Rapports du soleil, de la terre et de la lune (*Leic.* 1 r.).

Et je découvrirai la dimension de la lune comme j'ai découvert celle du soleil, c'est-à-dire au moyen de son rayon, à minuit, quand elle est en son plein.

[ca. 1504-1506]
Leic. 1 v.

Réponse à maître Andrea da Imola qui dit que les rayons solaires réfléchis par la surface du miroir convexe se confondant et se perdant à brève distance, il faut absolument nier que le côté lumineux de la lune soit de la nature du miroir ; et en conséquence, que cette lumière n'est point engendrée par les innombrables vagues de la mer dont j'ai démontré qu'elles forment la partie de la lune illuminée par les rayons solaires.

DE LA LUNE

[ca. 1506-1508]
Leic. 2 r.

Nul corps solide n'est plus léger que l'air.

Ayant prouvé que la partie lumineuse de la lune se compose d'eau et sert au corps solaire de miroir où réfléchir sa splendeur, et que cette eau, si elle était sans vagues, semblerait petite mais d'un éclat presque égal à celui du soleil, il convient à présent de montrer si la lune est un corps lourd ou léger. S'il était lourd – attendu qu'à mesure qu'il s'élève au-dessus de la terre il acquiert de la légèreté à chaque stade de son ascension, l'eau étant plus légère que la terre, l'air que l'eau et le feu que l'air, et ainsi de suite –, il semblerait que si la lune avait de la densité, comme c'est le cas, elle aurait du poids ; et qu'ayant du poids, l'espace où elle se trouve ne pourrait la soutenir ; elle devrait donc descendre vers le centre de l'univers et se joindre à la terre ; ou sinon la lune elle-même, ses eaux, du moins, la quitteraient et seraient perdues pour elle, et tombant vers le centre, la laisseraient dépouillée et privée de lustre. Le fait que ces accidents ne se produisent pas comme il eût été logique de s'y attendre, est un signe évident que la lune est vêtue de ses propres éléments – l'eau, l'air et le feu – et ainsi se soutient toute seule dans l'espace, comme notre terre avec ses éléments dans une autre partie de l'espace ; et les corps lourds remplissent le même office dans ses éléments que les autres corps lourds dans le nôtre.

[Diagramme.]

Soleil, lune, terre.

Quand l'œil est à l'orient et voit la lune à l'occident près du soleil couchant, il constate que sa partie lumineuse entoure sa partie ombreuse ; les portions latérales et supérieures de cette lumière sont empruntées au soleil, et la portion inférieure provient de l'océan occidental qui reçoit encore les rayons solaires et les réfléchit dans les mers inférieures de la lune ; et il confère autant d'éclat à toute la partie ombreuse de la lune que celle-ci en dispense à la terre, à minuit, ce pourquoi la terre ne s'obscurcit pas tout entière. D'aucuns en ont inféré que la lune, outre la lumière que lui octroie le soleil, en a une en propre due à la cause susdite, à savoir que nos mers sont illuminées par le soleil.

[Diagramme.]

Lune, corps solaire, terre.

En outre, on pourrait dire que le halo radieux de la lune, quand elle est à l'occident conjointement avec le soleil, provient entièrement de celui-ci, lorsque sa position, par rapport au soleil et à l'œil, est comme ci-dessus.

Certains pourraient objecter que l'air – qui est un des éléments de la lune – en captant la lumière du soleil comme fait notre atmosphère, parachève le cercle lumineux du corps de la lune.

D'aucuns ont cru que la lune avait une lumière propre ; opinion erronée, car ils l'ont fondée sur la lueur qu'on voit entre les cornes de la nouvelle lune – sombre lorsqu'elle jouxte la partie brillante, et si brillante là où elle rejoint l'obscurité, que beaucoup l'ont prise pour l'anneau d'un nouveau rayonnement complétant le cercle à l'endroit où cesse l'éclat des cornes pointues illuminées par le soleil.

La différence dans le fond tient au fait que sa partie qui frange la portion éclairée de la lune, comparée à cet éclat, semble plus sombre qu'elle ne l'est : et dans la partie supérieure où apparaît une portion du cercle lumineux de largeur uniforme, il arrive que la lune y ayant plus d'éclat que le milieu ou fond sur lequel elle se détache, elle se montre, par comparaison avec l'obscurité, plus lumineuse à cette extrémité qu'elle ne l'est réellement, car sa clarté est alors empruntée à notre océan et aux autres mers intérieures, éclairées à cette heure par le soleil au déclin ; ainsi la mer remplit pour le côté sombre de la lune le même office que la pleine lune à notre égard après le coucher du soleil ; et il y a même rapport entre cette faible quantité de lumière sur la surface obscure de la lune et la clarté de la face illuminée, qu'entre

Si tu veux voir combien la partie ombreuse de la lune est plus éclatante que son arrière-plan, cache à ton œil, avec ta main ou au moyen de quelque objet plus éloigné sa partie lumineuse, afin que

[ca. 1506-1508]
Leic. 30 r.

Je dis que la lune étant lumineuse bien qu'elle n'ait point de lumière propre, il faut forcément que cette clarté provienne de quelque autre corps ; ainsi elle a la nature d'un miroir sphérique ; et s'il est sphérique, il reçoit la lumière en forme de pyramide ; de cette pyramide le soleil forme la base, et son angle aboutit au centre du corps de la lune ; il est coupé par la surface de ce corps et n'en prend que ce qui correspond à cette section de la pyramide sur sa surface. Et, à l'œil humain, la lune semblera n'avoir que la dimension de cette section de la pyramide. D'où il s'ensuivrait que la lumière de la lune aurait un effet opposé à celui que l'expérience nous montre ; car c'est à mesure que la lune opère sa rotation que son orbe entier devient lumineux, ainsi qu'il nous est démontré ; ceci nous indique avec évidence que plus de la moitié de l'orbe lunaire est éclairé. Mais il n'en irait pas ainsi si c'était un corps poli comme les miroirs ; nous sommes donc obligés d'admettre, en vertu de la cinquième relative à ce discours, que la surface de la lune est traversée de sillons – plissements qui n'existent que dans les corps liquides agités par le vent. Nous avons vu, à propos de la mer, comment le soleil est réfléchi par des vagues minuscules, près des yeux, et comment graduellement, sur une distance de plus de quarante milles, ces vagues illuminées vont s'amplifiant. Voilà pourquoi nous concluons que la partie brillante de la lune est formée par l'eau, qui, si elle n'était pas en mouvement, ne pourrait atteindre à ce même degré de luminosité ; mais grâce au mouvement des vents qui l'agitent, cette eau se plisse de vagues, dont chacune emprunte sa lumière au soleil et leur multitude innombrable reflète le corps solaire une infinité de fois ; ce reflet aura autant d'éclat que le soleil lui-même, car ainsi qu'on le peut voir quand l'eau est immobile, il restitue à l'œil le soleil, dans la splendeur originelle que la nature lui impartit.

Mais les ombres aussi sont innombrables comme les vagues et dispersées parmi elles ; leurs formes se confondant avec celles des images du soleil qu'elles roulent, et chaque forme ombreuse se mêlant à une forme lumineuse, elles en viennent ainsi à obscurcir les rayons lumineux et à les affaiblir, comme nous le démontre avec évidence la lumière de la lune. Quand les vents déchaînent des tempêtes sur la mer de la lune, les vagues sont plus considérables, et moins fréquentes les lumières, et les ombres agrandies s'enchevêtrent davantage avec les images du soleil éparses sur les ondes ; et pour ce motif, l'éclat de la lune est amorti. Mais quand le disque de la lune est situé à peu près au centre de notre hémisphère, chaque vague nous montre le reflet du soleil, à la fois au milieu des creux interposés entre elles, et à leur crête ; voilà pourquoi la lune paraît plus brillante que jamais, le nombre de ses parties éclairées étant doublé.

Elle nous apparaît aussi fort brillante peu après sa révolution, parce que le soleil qui se trouve au-delà d'elle, en frappant les vagues à leurs sommets – rapprochés les uns des autres, presque au point de se heurter quand l'œil regarde de ce côté – fait que les ombres interposées entre elles ne transmettent pas à l'œil leurs images mêlées aux images lumineuses ; et voilà pourquoi, la lumière de la lune est plus puissante.

Et ce qui est prouvé d'un corps lumineux vaut pour tout le reste.

De la lune : toutes les objections du contradicteur, pour réfuter l'existence de l'eau dans la lune.

[ca. 1506-1508] Leic. 36 v.

Objection : tout corps plus épais que l'air est plus lourd que lui, et ne peut s'appuyer sur lui seul ; et plus il s'élève, et moins il trouve de résistance en son milieu ; dès lors, s'il y avait de l'eau dans la lune, elle s'en détacherait et viendrait recouvrir notre terre, car dans cette lune, l'eau serait placée au-dessus de l'air. À ceci, la réponse est que s'il y a de l'eau dans la lune, il s'y trouve aussi de la terre sur laquelle est posée cette eau, et en conséquence, les autres éléments aussi : et elle est maintenue là-haut, parmi les trois autres éléments, comme ici-bas chez nous, parmi les éléments qui l'accompagnent. Si néanmoins mon contradicteur prétend que l'eau devrait tomber de la lune, c'est plutôt la lune qui devrait choir, attendu qu'elle est plus lourde que l'eau ; donc, le fait qu'aucune chute ne se produit prouve manifestement que l'eau d'en haut et la terre sont soutenues, ainsi que leurs autres éléments, de la même façon que les éléments graves et légers se soutiennent ici-bas dans l'espace plus léger qu'eux.

Mon contradicteur dit que la lune possède une lumière propre, fût-ce partiellement ; et qu'elle semble plus ou moins éclairée selon que l'œil voit plus ou moins ses parties d'ombre, c'est-à-dire selon qu'elle est plus à l'orient qu'à l'occident.

Ici, l'on réplique que si le

XII

BOTANIQUE

« Toutes les graines ont un cordon ombilical qui se rompt quand la graine est mûre. De même, elles ont une matrice et une secondine, comme on en voit aux herbes et graines qui poussent dans des gousses. »

Quand un arbre est dépouillé d'une partie de son écorce, la nature, pour y suppléer, fournit à la partie écorchée une quantité plus grande de sève nourricière ; ainsi donc cette indigence fait qu'à l'endroit meurtri l'écorce pousse plus épaisse qu'ailleurs. Et telle est l'activité de la sève, qu'après avoir atteint le point où doit se porter son secours, elle s'élève un peu – comme une balle qui rebondit – avec des bourgeonnements et gonflements, un peu à la façon de l'eau bouillante. *[ca. 1490] C. A. 207 r.*

Beaucoup d'arbres plantés de manière à se toucher, apprennent, la seconde année, à se passer d'une écorce mitoyenne et se greffent les uns aux autres. Tu obtiendras ainsi des clôtures de jardin ininterrompues et même, au bout de quatre ans, tu auras des haies très épaisses.

Quand beaucoup de grains ou graines, semés de manière à se toucher, sont recouverts d'une planche perforée de trous dont la dimension concorde avec la leur, et qu'on les laisse pousser dessous, les graines, en germant, s'aggloméreront et formeront une belle touffe ; cette touffe aura l'apparence du jaspe, si tu as mélangé des variétés différentes.

•◆•

[ca. 1508-1510]
C. A. 831 v.

Les branches des plantes sont dans deux positions différentes : soit opposées, soit le contraire. En cas d'opposition, le fût central n'est pas incliné ; il l'est si elles ne se font pas face.

•◆•

Des arbres à écorce.

[ca. 1487-1489]
B, 17 v.

Si tu prélèves un anneau d'écorce sur l'arbre *d*, il se desséchera au-dessus de l'anneau et toute la partie au-dessous restera en vie.

Si, ayant fait ton cercle sans adresse, tu coupes ensuite la plante avec dextérité, près du pied, la partie habilement traitée sera préservée, le reste abîmé.

•◆•

DES RAMIFICATIONS DES PLANTES

[ca. 1513-1514]
E, 6 v.

Chez les plantes qui s'étendent beaucoup, les angles des divisions séparant leurs ramifications sont plus obtus dans la mesure où leur point d'origine est plus bas, c'est-à-dire plus rapproché de la partie la plus épaisse et la plus caduque de l'arbre ; tandis que dans la partie neuve, les angles sont plus aigus.

•◆•

[ca. 1510-1516]
G, 1 r.

Les troncs des arbres ont une surface globuleuse à cause des racines qui les alimentent ; la surface corticale de ces excroissances est crevassée çà et là, avec des creux dans les intervalles où l'écorce est desséchée – la nourriture y parvenant moins abondamment.

•◆•

[ca. 1510-1516]
G, 3 v.

Sur les feuilles transparentes regardées à l'envers, les ombres sont comme à l'endroit, car l'ombre ressort en transparence à l'envers aussi bien qu'à la partie lumineuse ; mais le lustre ne se voit jamais en transparence.

•◆•

Étude d'ornithogale en ombelle, d'anémone sylvie et d'euphorbe réveil-matin – ou petite éclaire (*RL 12424* r.).

[ca. 1510-1516] *G, 5 r.* Les branches inférieures des arbres, chargées de grandes feuilles et de fruits lourds, tels le cacaoyer, le figuier et autres similaires, s'inclinent toujours vers le sol.

Les branches naissent toujours au-dessus de la feuille.

[ca. 1510-1516] *G, 8 r.* Les plantes jeunes ont le feuillage plus transparent et l'écorce plus lisse que les vieilles ; le noyer, en particulier, est de couleur plus claire en mai qu'en septembre.

[ca. 1510-1516] *G, 13 r.* Cette plante continuera de croître en ligne plus droite qui engendre de plus minces rameaux.

DE LA STRUCTURE DES BRANCHES

[ca. 1510-1516] *G, 14 r.* Toujours le commencement du rameau, à la ligne centrale de son épaisseur, suit la ligne centrale de l'arbuste.

DE LA NAISSANCE DES FEUILLES SUR LEURS BRANCHES

[ca. 1510-1516] *G, 16 v.* La grosseur d'une branche ne se réduira dans l'espace qui sépare une feuille de l'autre que de la grosseur de l'œil qui est au-dessus de la feuille, et qui fait défaut à la branche suivante jusqu'à la nouvelle feuille.

Chez beaucoup de plantes, la nature a disposé les dernières feuilles des branches de telle sorte que la sixième se trouve toujours au-dessus de la première, et ainsi de suite, si rien ne vient contrarier cette règle. Il en résulte double avantage pour les plantes : le premier est que le rameau ou le fruit naissant l'année d'après du bourgeon, ou œil qui est, au-dessus, en contact avec l'aisselle de la feuille, l'eau qui humecte cette branche peut descendre et alimenter cet œil, les gouttes se trouvant retenues dans l'aisselle où naît la feuille ; le second avantage consiste en ceci que lorsque, un an plus tard, ces branches croissent, aucune ne couvrira l'autre, car les cinq rameaux poussent en cinq sens différents ; et le sixième jaillit au-dessus du premier, mais à une distance assez prononcée.

[De la structure des branches.]

Entre une ramification et l'autre, s'il n'existe point d'autres rameaux particuliers, l'arbre sera de grosseur uniforme. Ceci a lieu parce que la somme d'humeur qui alimente la branche, à sa naissance, continue à l'alimenter jusqu'à ce qu'elle ait donné la branche suivante. Cette nourriture, ou cause égale, produit un effet égal. *[ca. 1510-1516] G, 17 r.*

⁂

Les arbres qui se scindent près du sol, poussent rarement des rameaux dans les intervalles qui les séparent ; et si néanmoins il s'en trouvait un, il serait voué à une existence précaire et ne croîtrait guère à cause de l'ombre que projetterait l'un sur l'autre. *[ca. 1510-1516] G, 24 v.*

Il arrive maintes fois que les flexions des branches sont dépourvues des six petits rameaux qui les entourent à l'ordinaire ; ceux-ci leur ayant fait défaut dès leur jeunesse, la mort a passé sur leurs protubérances et a gagné les parties vitales. Les branches maîtresses de l'arbre, celles qui s'élèvent le plus, sont toujours plus rapprochées de son centre qu'aucune de leurs sœurs ou filles.

⁂

Les petites branches de l'année poussent sur toutes les parties de l'arbre aux seuls endroits où se trouvaient ses anciennes ramifications lesquelles se produisirent selon l'ordre de naissance de leurs feuilles, autrement dit, chacune superposée à l'autre. *[ca. 1510-1516] G, 25 r.*

Les saillies qu'on voit parfois aux branches majeures des arbres ne sont pas soumises au même ordre que celui qui préside à la naissance des feuilles avoisinantes. Ses petits rameaux ne passant jamais, dans leur enfance, au travers de ces bosses, la branche maîtresse, qui charrie plus de sève, se maintient droite sur un long espace.

⁂

Description de l'orme.

La plus importante branche de l'orme est par-devant ; lorsque la branche maîtresse est droite, les plus petites sont la première et la pénultième. *[ca. 1510-1516] G, 27 r.*

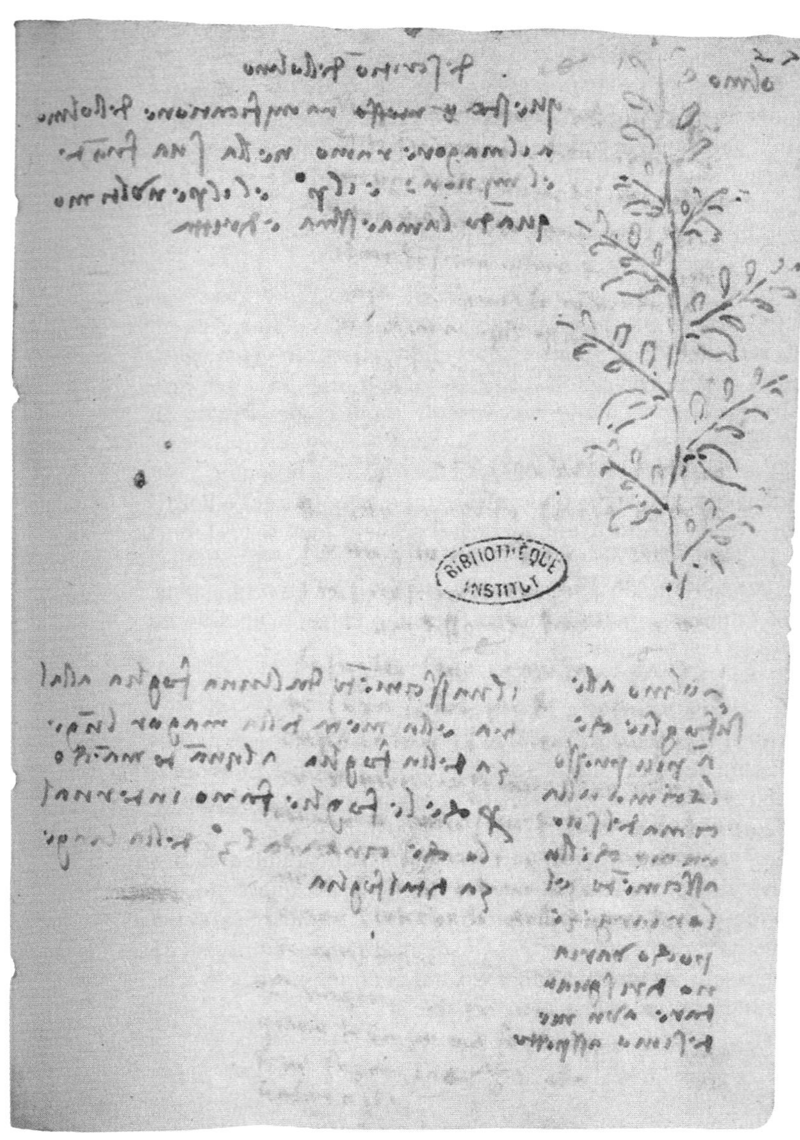

Ramifications de l'orme (*G*, 27 r.).

Du point de départ d'une feuille à l'autre, il y a la moitié de la plus grande longueur de la feuille – un peu moins, car les feuilles forment un intervalle qui représente environ le tiers de leur largeur.

Les feuilles de l'orme sont plus pointues à l'extrémité qu'à la naissance de la branche ; vues d'un même côté, leur largeur ne varie guère.

⁂

La feuille est toujours tournée à l'endroit vers le ciel, afin de mieux recevoir, sur sa surface entière, la rosée qui tombe de l'air, en un lent mouvement ; ces feuilles disposées sur l'arbuste de manière à se recouvrir le moins possible, alternent l'une au-dessus de l'autre, comme le lierre qui tapisse les murs. Cette alternance se propose deux fins : ménager des intervalles pour que l'air et le soleil puissent passer entre eux – et secondement, permettre aux gouttes tombant de la première feuille d'arriver à la quatrième, ou la sixième, quand il s'agit d'autres essences. *[ca. 1510-1516] G, 27 v.*

⁂

[Structure du noyer.]

Les feuilles du noyer se répartissent sur tous les rameaux de l'année, d'autant plus distantes les unes des autres, et plus nombreuses, que la branche d'où jaillit la pousse est plus jeune ; d'autant plus rapprochées à leur naissance et clairsemées, que le rameau qui les porte est issu d'une branche plus vieille. *[ca. 1510-1516] G, 28 r.*

Ses fruits croissent à l'extrémité de la pousse et les plus grandes branches sont en dessous de celle qui leur donna naissance. Cela tient à ce que le poids de sa sève la porte à descendre plutôt qu'à monter, d'où il résulte que les branches qui naissent au-dessus, pointées vers le ciel, sont petites et ténues. Quand le rameau regarde le firmament, ses feuilles s'écartent de son extrémité, leurs pointes réparties également ; et si la pousse est tournée vers l'horizon, les feuilles restent étalées, par le fait qu'elles présentent invariablement leur envers au sol.

Les rameaux sont d'autant plus petits qu'ils sont plus rapprochés de la naissance de la branche qui les a produits.

[ca. 1510-1516]
G, 29 r.

Observe la branche inférieure du sureau qui pousse ses feuilles superposées, deux par deux, l'une croisant l'autre ; si la tige monte vers le ciel, d'un jet droit, cet ordre est infaillible. Les grandes feuilles sont à la partie épaisse du tronc, les petites vers la partie mince, le faîte. Mais revenons à la branche inférieure : je dis que les feuilles qui se croisent par rapport à celles du rameau supérieur, étant soumises à la loi qui commande aux feuilles de présenter au ciel une partie de leur surface afin de recueillir la rosée nocturne, elles doivent forcément s'infléchir dans cette position et cesser de se croiser.

DES RAMIFICATIONS DES ARBRES AINSI QUE DE LEURS FEUILLES

[ca. 1510-1516]
G, 30 v.

Les ramifications de certains arbres, tel l'orme, sont larges et fines, à la manière d'une main ouverte en raccourci et l'œil les embrasse dans leur totalité. Celles de dessous montrent leur face et les plus hautes leur envers ; celles du milieu se présentent moitié par-dessous, moitié par-dessus ; la partie supérieure se trouve à l'extrémité de la ramification et celle du milieu est plus en raccourci que les autres dont la pointe est tournée vers toi. Des parties situées à mi-hauteur de la plante, la plus longue sera vers les extrémités.

Ces feuilles forment des ramifications comme chez le saule commun qui croît au bord des rivières. D'autres ramifications sont arrondies comme celles des arbres dont les rameaux et les feuilles poussent de manière que la sixième se trouve au-dessus de la première. D'autres encore sont ténues et diaphanes, tels le saule et les arbustes similaires.

DE LA NAISSANCE DES BRANCHES SUR LES ARBRES

[ca. 1510-1516]
G, 33 r.

Les ramifications des arbres sur leurs principales branches naissent comme les feuilles sur les rameaux de la même année qu'elles ; et ces feuilles ont trois façons de monter l'une plus haut que l'autre : la première, et la plus commune, consiste en ce que la sixième du haut soit toujours au-dessus de la sixième du bas ; la seconde façon, c'est que les deux tiers des feuilles supérieures soient au-dessus des deux tiers des inférieures ; enfin, que la troisième du haut se trouve au-dessus de la troisième du bas.

POURQUOI FRÉQUEMMENT LES VEINES DU BOIS NE SONT PAS DROITES

Quand les branches qui poussent la seconde année au-dessus de celles de l'année précédente ne sont pas d'égale grosseur et que leur croissance s'opère dans le même sens, la branche d'en dessous se tord pour alimenter de sa vigueur, encore qu'elle soit un peu déjetée, celle qui est au-dessus.

Mais si ces ramifications sont égales en croissance, les veines de leurs branches seront rectilignes et situées à distance égale, à chaque stade de hauteur de la branche.

Or donc, toi peintre qui n'as pas la connaissance de telles lois, si tu as le souci d'échapper au blâme de qui en fit son étude, apporte ton zèle à représenter toute chose selon la nature, et ne méprise pas cette étude, comme celui qui ne travaille qu'avec l'idée du lucre.

•◆•

Chaque branche, chaque fruit naît à l'insertion de sa feuille, qui lui sert de mère en lui apportant l'eau des pluies et l'humidité de la rosée nocturne et souvent aussi en le préservant de l'excessive chaleur des rayons du soleil. *[ca. 1510-1516] G, 33 v.*

•◆•

Les branches n'ont point de saillies, sauf aux endroits où l'une d'elles a fait défaut. Les pousses inférieures des branches d'arbre croissent plus que les supérieures ; cela tient simplement à ce que la sève qui les alimente descend, en raison de son poids, plus volontiers qu'elle ne monte. Et aussi parce que celles qui se dirigent vers le bas échappent à l'ombre qui baigne l'arbre en son milieu. *[ca. 1510-1516] G, 34 v.*

Plus vieilles sont les branches, plus grande sera la différence entre leurs rameaux supérieurs et inférieurs et entre ceux de la même année ou période.

Étude d'une branche de mûrier (*RL 12419* r.).

DES CICATRICES DES ARBRES

Les cicatrices des arbres grossissent plus que ne l'exige la sève qui les parcourt et les nourrit.

[ca. 1510-1516]
G, 35 r.

Les branches inférieures après avoir formé un angle de séparation avec leur tronc, se courbent toujours de manière à ne point peser sur les autres branches du même tronc qui se suivent au-dessus d'elles, et mieux recevoir l'air nourricier.

[ca. 1510-1516]
G, 35 v.

Chez l'orme les dernières branches de l'année ont une longueur supérieure à celle de leurs contemporaines, plus basses. La nature procède ainsi parce que les branches supérieures sont destinées à augmenter la dimension de l'arbre, alors que celles de dessous tendent à se dessécher par le fait qu'elles sont à l'ombre et que leur développement empêcherait les rayons du soleil d'arriver jusqu'aux maîtresses branches.

Les maîtresses branches inférieures se courbent plus que celles de dessus, à la fois pour acquérir une obliquité plus marquée que la leur, et aussi parce qu'elles sont plus grandes et plus vieilles ; et en outre pour chercher l'air et se soustraire à l'ombre.

[ca. 1510-1516]
G, 36 r.

[La structure des branches et le soleil.]

Généralement, presque toutes les lignes droites des arbres s'infléchissent légèrement en présentant leur convexité au midi. Les branches sont plus longues, plus épaisses et plus nombreuses quand elles sont plus orientées vers le midi que vers le nord, le soleil attirant la sève dans la partie de la surface de l'arbre la plus rapprochée de lui. La preuve en est fournie par les arbres fréquemment élagués qui donnent des pousses tous les trois ans – à moins toutefois que d'autres arbres ne leur masquent le soleil.

[ca. 1510-1516]
G, 36 v.

[ca. 1510-1516]
G, 37 v.

Toutes les fleurs qui voient le soleil amènent à maturité leur semence ; ce n'est pas le cas de celles qui ne voient que le reflet du soleil.

[ca. 1510-1516]
G, 51 r.

Le cerisier est de la nature du sapin, en ce que ses rameaux s'étagent autour de son fût. Ils poussent par quatre, cinq ou six, les uns opposés aux autres et dans son ensemble, leur faîte forme une pyramide équilatérale depuis son centre jusqu'à l'extrémité. Le noyer et le chêne forment une demi-sphère du centre au faîte.

[Symétrie de la nature.
Ramifications des arbres et de l'eau.]

[ca. 1497]
I, 12 v.

Toutes les branches d'arbre, à quelque degré de leur hauteur qu'on les réunisse, sont égales à la grosseur du tronc.

Toutes les ramifications des eaux, douées d'un mouvement égal, à chaque degré de leur longueur égalent la grosseur du fleuve, leur père.

[Loi du développement des plantes.]

[av. 1500]
M, 78 v.

Tous les ans, quand les branches des arbres ont achevé de se développer, leur grosseur – si on les réunit toutes – équivaut à celle de leur tronc ; et à chaque stade de leur ramification, tu trouveras l'épaisseur dudit tronc, comme dans *i k*, *g h*, *e f*, *c d*, *a b*. Toutes seront égales entre elles si l'arbre n'a pas été émondé. Sinon, il ne faillira pas à la règle.

[av. 1500]
M, 79 r.

La plante *n* poussant à travers l'épaisseur *m*, ses branches opéreront leur conjonction entière *a b*, par le gonflement de celles qui sont au-dedans aussi bien que de celles qui sont au-dehors.

Les branches des plantes forment une courbe à la naissance de chaque petit rameau, et elles bifurquent quand se produit cet autre rameau. La bifurcation a lieu au centre de deux angles dont le plus important est du côté de la plus grosse branche – et la proportion sera constante, sauf accident.

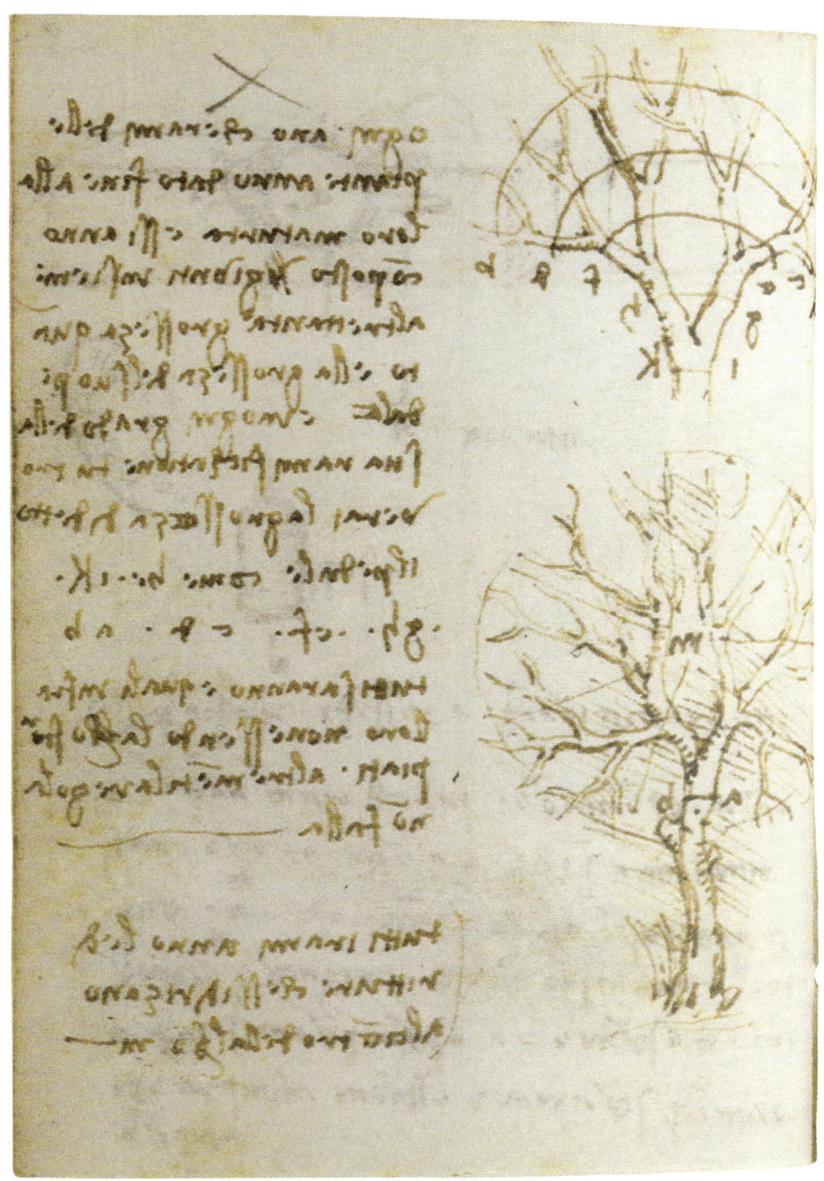

Formes ramifiées (*M*, 78 v.).

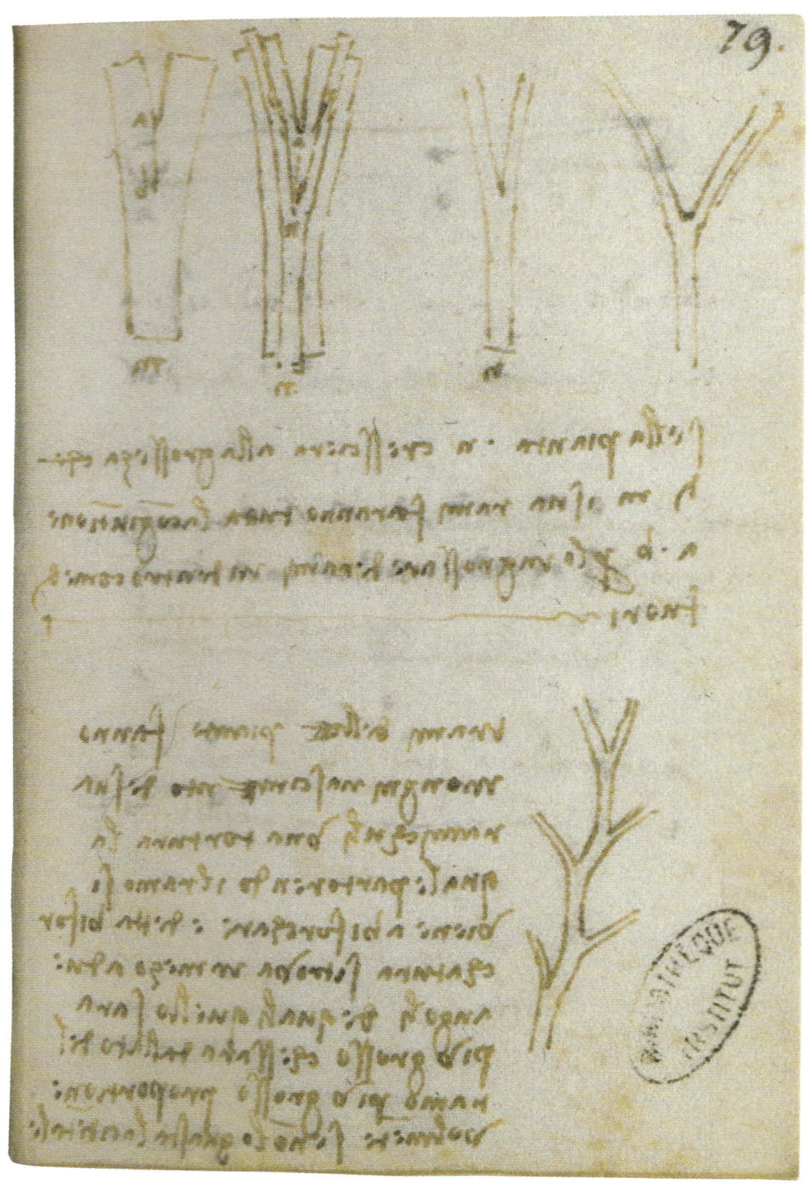

Croissance des arbres (*M*, 79 r.).

•◆•

Toutes les branches nées vers le milieu de l'arbre se flétrissent et tombent, à cause de l'excès d'ombre ; seules subsistent celles qui se trouvent aux extrémités de l'arbre. *[ca. 1510-1511] B. M. 180 v.*

•◆•

[Unité dans la nature ;
toutes les graines ont un cordon ombilical.]

Toutes les graines ont un cordon ombilical qui se rompt quand la graine est mûre. De même, elles ont une matrice et une secondine, comme on en voit aux herbes et graines qui poussent dans des gousses. Mais pour celles qui poussent avec une coque – noisette, pistache et autres –, le cordon ombilical est long et apparaît dans leur enfance. *[ca. 1511] RL 19103 v.*

•◆•

Discours relatif aux herbes dont quelques-unes ont leur première fleur au sommet même de la tige, et d'autres à sa base. *[ca. 1510-1513] RL 19121 r.*

XIII

GÉOLOGIE

« Quand la nature est en veine de créer des pierres, elle produit une sorte de pâte gluante, qui en séchant forme une masse compacte avec toutes les choses qu'elle contient ; toutefois elle ne les change pas en pierre, mais les conserve en elle sous leur forme primitive. »

[23 avril 1490]
C. A. 207 v.

Les fallacieux interprètes de la nature prétendent que le mercure est un élément commun à tous les métaux ; ils oublient que la nature varie ses éléments selon la variété des choses qu'elle veut créer dans le monde.

[ca. 1507]
C. A. 211 v.

Les courants des fleuves charrient des matières diverses, de poids variable, entraînées au loin à proportion de leur légèreté ; elles resteront d'autant plus près du fond qu'elles seront plus lourdes, et seront emportées d'autant plus loin que l'eau qui les pousse aura plus de pouvoir.

Mais quand ce pouvoir n'est plus capable de vaincre la résistance du gravier, celui-ci se fixe et arrête le mouvement direct de l'eau qui l'a véhiculé en ce lieu. Alors, heurtant le gravier ainsi accumulé, cette eau ricoche en arrière, de biais, frappe d'autres endroits qui lui étaient inhabituels, et balaye, jusqu'en leurs soubassements, d'autres dépôts de terre.

Et ainsi, les endroits où le fleuve avait accoutumé de passer primitivement sont désertés et de nouveau comblés de limon par de nouveaux sédiments des eaux turbides, et, avec le temps, celles-ci s'engorgent aux mêmes endroits.

⁂

Des fleuves grandement enflés par l'affaissement de montagnes le long de leurs rives, ce qui provoque la formation de très grands lacs à de hautes altitudes. *[ca. 1515] C. A. 227 r.*

Les avalanches de montagnes, en croulant sur leurs bases, érodées par les continuels courants des fleuves dont le flot rapide déferle à leurs pieds, ont obstrué les bouches des grandes vallées situées à de hautes altitudes.

Voilà pourquoi les lacs, quand ils se forment, font monter la surface des eaux et pourquoi de nouveaux torrents et fleuves se créent aux endroits haut situés.

⁂

Le flux et le reflux de la mer entraînent continuellement la terre avec tous ses éléments loin du centre des éléments. On le prouve par le premier [chapitre] de ce [traité] établissant que le centre du monde tient compte de ce qui est plus haut que lui, aucun creux n'étant situé plus bas. Le centre du monde est immuable en soi, mais l'endroit où il se trouve est en perpétuel mouvement vers des aspects différents. Le centre du monde change sans cesse de position et certains de ces changements s'effectuent plus lentement, les uns se produisant toutes les six heures et d'autres s'étendant sur de nombreux millénaires. *[ca. 1503-1505] C. A. 280 r.*

Mais celui de six heures provient du flux et du reflux de la marée, et l'autre de l'érosion des montagnes, due au mouvement de l'eau des pluies et au courant incessant des fleuves. Le site change par rapport au centre du monde, et non le centre par rapport au site, car ce centre est immuable et son site se meut continuellement selon un mouvement rectiligne, qui jamais ne sera curviligne.

⁂

De très grands fleuves coulent sous terre.

Plus que leurs sommets, les pluies érodent la racine des monts, et cela pour deux raisons : d'abord, la percussion de la pluie tombant d'une même hauteur est plus puissante à la base des monts qu'à leur cime, en vertu de la sep- *[ca. 1515] C. A. 433 r.*

tième [proposition] de ce [traité] qui dit : « Un corps lourd est d'autant plus rapide qu'il descend davantage dans l'air et son poids augmente à proportion de sa vitesse. » Donc, l'espace étant plus considérable entre les racines des monts et le nuage, qu'entre ces nuages et le sommet du mont, la pluie, comme on l'a dit, s'abat sur ces racines avec plus de poids et de puissance qu'aux cimes, et ainsi, progressivement, son pouvoir d'usure décroît à mesure qu'elle tombe de moins haut.

La seconde raison est que la majeure masse d'eau descend du centre de la montagne à sa base plutôt que du sommet au centre ; et ce disant, nous avons rempli notre propos.

Si les vallées s'élargissent avec le temps, leur profondeur n'augmente que peu ; car les pluies apportent à la vallée presque autant de terre qu'en emporte le fleuve, davantage en certaines parties et moins en d'autres.

Les sédiments des fleuves sont plus considérables dans les endroits peuplés qu'aux lieux inhabités. Car en ces endroits les monts et les collines sont labourés et les pluies balayent plus facilement la terre retournée qu'un sol dur et herbeux. Les cimes des monts offrent plus de pérennité et de résistance quand durant tout l'hiver elles sont couvertes de neige.

[ca. 1497]
C. A. 1023 v.

Entre l'eau et la pierre, en quantité égale, il y a un nombre presque infini de poids de différents degrés, c'est-à-dire autant de variété de poids que d'épaisseurs ; il y a l'eau pure, puis l'eau additionnée d'un peu de terre qui va augmentant petit à petit jusqu'à former de la vase ; ensuite, la vase se solidifie et prend la consistance de la terre et ainsi continuant, elle devient pareille à la pierre la plus dure et même se transforme en divers métaux.

Je dis cela parce que je dois enlever des matières semblables pour extraire l'eau de ses vaisseaux.

De la montée de l'eau jusqu'aux montagnes : elle se comporte à la façon de l'eau qui s'élève dans les plants depuis la racine jusqu'au faîte, comme on le voit aux ceps de vigne qu'on sectionne : de même que le sang circule dans tous les animaux, ainsi l'eau dans le monde, organisme vivant.

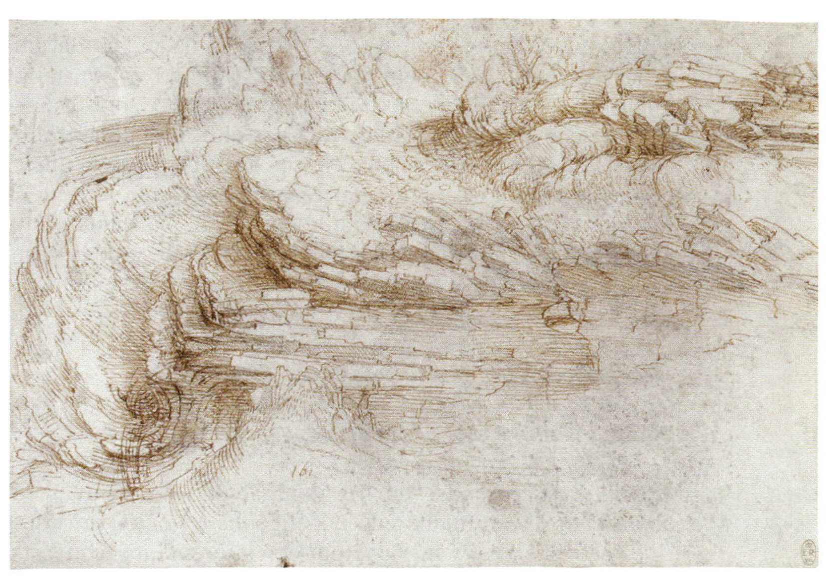

Formations rocheuses (*RL 12394* r.).

[ca. 1508-1509]
F, 11 v.

Si la terre des antipodes qui soutient l'océan, s'élevait et se découvrait beaucoup hors de cette mer, en restant presque plane, comment, au cours des âges, les montagnes, vallées et roches avec leurs différentes stratifications, pourraient-elles se former ? À cette question, le limon ou le sable d'où l'eau s'écoule quand ils sont restés à découvert après les inondations des fleuves, nous fournissent une réponse.

L'eau drainée loin de la terre qu'a délaissée la mer – lorsque cette terre s'est soulevée un peu au-dessus de la mer tout en restant presque plane –, a sillonné de ruisseaux les parties basses de la plaine ; ceux-ci creuseront un lit pour les eaux d'alentour ; et tout le long de leur parcours, ils augmenteront de largeur et de profondeur, leurs eaux ayant grossi constamment jusqu'à écoulement complet ; et ces creux sont les lits des torrents qui reçoivent les eaux des pluies. Et ainsi irontelles usant les flancs des fleuves jusqu'à ce que les rives interposées se muent en monticules escarpés ; et l'eau entraînée, ces montagnes se dessécheront et formeront des couches de pierre plus ou moins épaisses selon la profondeur de la vase que les grandes crues des fleuves ont déposée dans la mer.

•◆•

Des animaux qui ont une ossature externe,
tels les coques, escargots, huîtres, pétoncles,
bouoli *et autres, dont les variétés sont innombrables.*

[ca. 1508-1509]
F, 79 r.

Quand la fine vase qui troublait l'onde des fleuves se déposa sur les animaux qui vivaient sous les eaux, près des rives océanes, ils s'y incrustèrent et, entièrement recouverts d'un grand poids de vase, furent condamnés à périr faute de pouvoir se procurer les bêtes dont ils faisaient leur nourriture habituelle.

Au cours des âges, le niveau de la mer s'abaissa et l'eau salée s'écoulant à mesure, cette vase se pétrifia et celles des coques qui avaient perdu leurs habitants s'emplirent de boue ; pendant que s'opérait ce changement de la vase ambiante en pierre, la vase à l'intérieur des coquilles entrouvertes se trouvant en contact avec le reste du limon par suite de l'ouverture des valves, se transforma également en pierre ; ainsi, les formes de ces coquilles s'imprimèrent entre deux substances pétrifiées : celle qui les environnait et celle qu'elles contenaient.

On les trouve encore en maints endroits ; et presque tous les mollusques pétrifiés dans les rochers des montagnes ont conservé autour d'eux leur empreinte naturelle, notamment ceux qui étaient assez avancés en âge pour avoir été préservés par leur dureté, alors que les plus jeunes, déjà calcifiés en grande partie, furent perméables à l'humidité visqueuse et pétrifiante.

DES ARÊTES TROUVÉES DANS LES POISSONS FOSSILES

[ca. 1508-1509] F, 79 v.

Tous les animaux à ossature interne, une fois recouverts par la vase des crues des fleuves sortis de leur lit habituel, sont aussitôt enfermés dans un moule de boue. Ainsi, avec le temps, à mesure que les lits des fleuves s'abaissaient, ces animaux incrustés et prisonniers de la vase – leur chair et leurs organes s'étant consumés et les os seuls subsistant, lesquels même avaient perdu leur agencement naturel –, sont tombés au fond du moule formé par leur empreinte ; la vase s'écoule à mesure qu'elle s'élève au-dessus du niveau du fleuve, de sorte qu'elle se dessèche et forme d'abord une pâte gluante, puis changée en pierre, se ferme sur tout ce qu'elle contenait, remplissant de soi tous les creux ; et ayant trouvé la concavité de l'empreinte de ces animaux, elle pénètre graduellement à travers les menues fissures de la terre – d'où l'air qui s'y trouvait s'échappe par les parties latérales, car il ne peut fuir vers le haut à cause de l'humeur descendue dans la cavité, ni par le bas parce que l'humeur déjà tombée a bouché les porosités. Restent donc les ouvertures latérales, par où l'air, condensé et pressé sous l'action de l'humeur qui descend, s'évade avec la même lenteur que l'humeur qui s'y dépose ; et cette pâte devenue pierre en séchant, et dépourvue de pesanteur, conserve les formes précises des animaux qui y ont laissé leur empreinte, et renferme en elle leurs os.

Écussons symétriques ou asymétriques s'inspirant de la faune et de la flore. Un des écussons rappelle un nid d'abeilles. D'autres des mollusques à coquille : le nautile et le murex (*I*, 24 v.-25 r.).

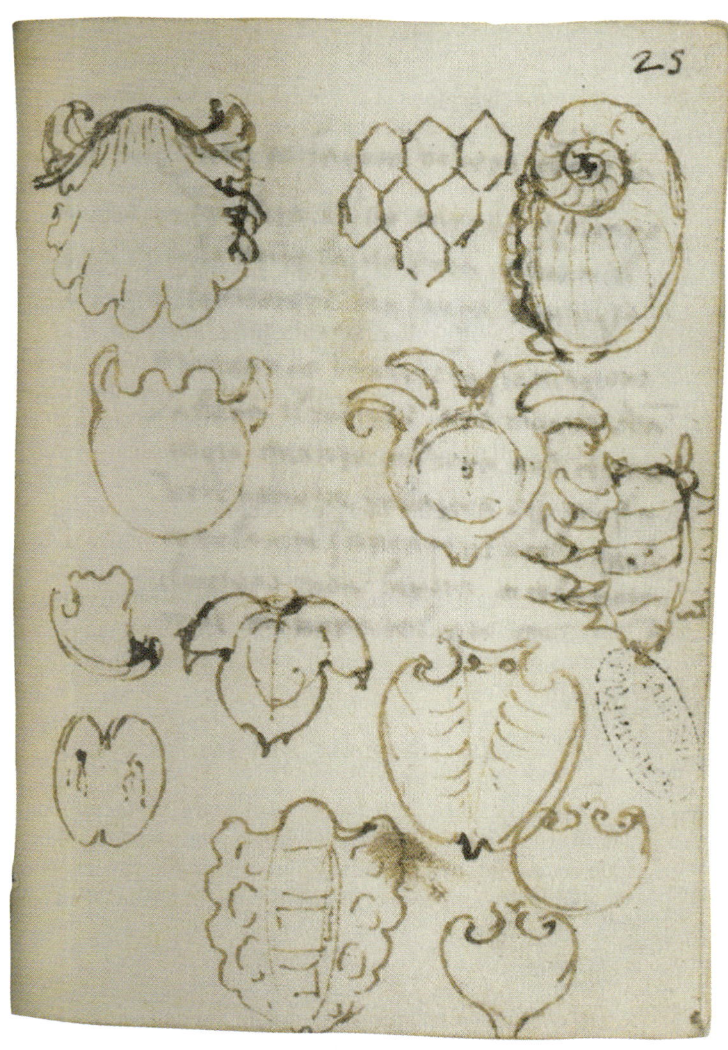
25

LES COQUILLES ET LA RAISON DE LEURS FORMES

[ca. 1508-1509] F, 80 r.

L'animal logé dans la coque construit son habitacle avec des charnières, des sutures, une toiture et autres parties, tout comme fait l'homme en sa demeure ; il agrandit maison et toit à proportion de sa croissance et s'attache aux parois de ces coquilles.

En conséquence, l'éclat et le poli que ces coquilles ont au-dedans sont parfois ternis à leur point de contact avec la bête qui y loge, et leur creux, devenu rugueux, est prêt à recevoir le blottissement des muscles quand l'animal veut se retirer à l'intérieur pour s'enfermer chez lui.

Quand la nature est en veine de créer des pierres, elle produit une sorte de pâte gluante, qui en séchant forme une masse compacte avec toutes les choses qu'elle contient ; toutefois elle ne les change pas en pierre, mais les conserve en elle sous leur forme primitive. Voilà pourquoi on découvre des feuilles en leur entier dans les rochers qui se forment au pied des monts, tout de même qu'un mélange de matières diverses, exactement comme les y ont laissées les crues automnales des fleuves. La vase des crues successives les recouvrit d'abord, puis s'agrégeant à la pâte susdite, elle se changea en stratifications pierreuses qui correspondent aux couches fangeuses.

LES COQUILLES DES MONTAGNES

[ca. 1508-1509] F, 80 v.

Et si tu veux dire que la nature a fait naître les coquilles dans ces montagnes sous l'influence des étoiles, comment expliqueras-tu que cette influence produise en un même endroit des coquilles de dimensions variées et différentes quant à l'âge et à l'espèce ?

GRAVIER

Et comment expliqueras-tu que le gravier soit aggloméré et étendu par couches superposées à différentes altitudes, sur les hautes montagnes ? Car on y trouve du gravier de provenance diverse que le courant des fleuves a charrié de régions différentes, en un même endroit ; et ce gravier n'est autre chose que des débris de pierre émoussés pour avoir longtemps roulé et subi des heurts et chutes durant la course des eaux qui les amenèrent en ce point.

FEUILLES

Et comment expliqueras-tu le très grand nombre de différentes espèces de feuilles congelées dans les hautes roches de ces montagnes, et [la présence de] l'*aliga*, l'algue que l'on trouve mêlée aux coquilles et au sable ?

Et de même tu verras toutes sortes de choses pétrifiées, ainsi que des crabes de l'océan, brisés en morceaux, divisés et mélangés avec leurs coques.

⁂

Au sommet des montagnes, dans chaque creux, tu trouveras toujours des replis de stratifications rocheuses. *[ca. 1508]* *B. M. 30 v.*

XIV

GÉOGRAPHIE PHYSIQUE

« L'eau érode les montagnes et comble les vallées, et si elle en avait le pouvoir, elle réduirait la terre à l'état de sphère parfaite. »

[ca. 1515]
C. A. 180 r.

La vague voyage au-dessous de la pellicule de la mer et laisse derrière elle toute l'écume qui s'est formée devant elle.

La pellicule d'eau qui s'interpose entre les vagues quand elles arrivent au rivage, est polie et lisse ; cela tient à ce que la plus grande onde est plus rapide que les ondes mineures dont elle se compose à la surface universelle de la mer ; et cette onde majeure tire en arrière la pellicule liquide ; la première écume de la vague s'affaisse à mesure qu'elle s'ouvre, à l'endroit où se disperse le reste.

La figure de l'écume qui reste en arrière, dans la vague, est toujours triangulaire et son angle se compose de la première écume et de celle qui était devant le point où la vague est tout d'abord descendue.

[ca. 1490-1492]
C. A. 218 r.

Les parties les plus basses du monde sont les mers où affluent tous les fleuves.

Le mouvement du fleuve ne cesse qu'il n'ait atteint la mer ; la mer est donc la partie la plus basse du monde. L'eau ne se déplace pas si elle n'est attirée par une position plus basse. Dès lors, la faiblesse du niveau aimante l'eau.

•◆•

Fais un dessin pour montrer où se trouvent les coquilles à Monte Mario. *[ca. 1514-1515] C. A. 253 v.*

•◆•

DE LA MER QUI CEINT LA TERRE

Je remarque qu'anciennement les eaux salées emplirent et recouvrirent entièrement les plaines plates de l'écorce terrestre, et que les montagnes, ossature du monde, avec leurs larges bases, pénétrèrent l'air et s'y élevèrent, vêtues de beaucoup de terre haut située. Plus tard, les pluies incessantes ont grossi les fleuves, et par des lavages répétés, dénudé une partie des sommets, laissant le site de la terre de telle sorte que le roc s'est trouvé exposé à l'air, et la terre a déserté ces lieux. Et la terre, abandonnant les pentes et les hautes cimes des monts, est déjà descendue à leur base, elle a élevé les lits des mers qui les encerclent, découvert la plaine, et, en certaines régions, refoulé les mers à une grande distance. *[ca. 1490-1492] C. A. 350 r.*

•◆•

DOUTE

Ici un doute naît au sujet de savoir si le Déluge, au temps de Noé, fut universel ou non. Il semble que ce ne fut pas le cas, pour les raisons que nous exposerons. Il est dit dans la Bible que le Déluge dura quarante jours et quarante nuits de pluie continuelle et universelle, et que l'eau s'éleva de dix coudées au-dessus de la plus haute montagne du monde. Mais si la pluie avait été universelle, elle aurait formé une couverture autour de notre globe, lequel est sphérique : or, toutes les parties de la circonférence étant à égale distance du centre et la sphère liquide se trouvant dans cette condition, il est impossible que l'eau de sa surface se meuve, parce que l'eau ne se meut pas de son propre mouvement, hormis pour descendre. Alors, comment les eaux d'un aussi grand déluge se sont-elles écoulées, s'il est prouvé qu'elles n'avaient pas la puissance de se mouvoir ? Si elles ont disparu, comment se sont-elles mues, à moins de s'élever ? Ici, les raisons naturelles nous font défaut et, pour sortir de ce doute, il nous faut *[ca. 1515] C. A. 418 r. a* soit invoquer un miracle, soit dire que l'eau s'évapora grâce à la chaleur du soleil.

⁂

[Diagramme.]

[ca. 1513-1514]
C. A. 457 r.

Trois est le nombre des vents qui inclinent les fleuves vers l'occident, quand ils se déversent dans la mer Méditerranée, sur les rives qui regardent le sud. En voici la preuve : le sable que les vents chassent dans la mer ne leur est plus soumis du fait qu'il est refoulé vers le bas par le poids de l'eau qui le recouvre et forme un écran contre eux.

Le fleuve *n m* qui coule dans la mer esquissera donc, à mi-chemin de son cours, un mouvement vers l'ouest, quand il sent le souffle des vents connus sous le nom de Greco, Levant et Sirocco, qui à certains moments font tourbillonner le sable sec du rivage et le lancent à la mer où, submergé, il se dépose au fond ; mais la tramontane appelée Greco le jette au sud-ouest, le Sirocco le précipite au nord-ouest, et les vagues du sud, en battant le rivage, renvoient ce sable au fleuve qui le restitue à la mer ; et quand les vagues refoulées du rivage viennent à la rencontre de celles qui s'avancent, leur mouvement cesse soudain, sa puissance venant à faillir. Voilà pourquoi le sable, quand il a troublé l'eau, descend au fond, et c'est ce même sable qui forme un banc et incline le fleuve vers le ponant. Pourquoi, alors, n'incline-t-il pas le cours du fleuve vers l'orient tout de même que vers l'occident ? Parce qu'il a été prouvé que la mer court vers le ponant, et non vers le levant.

Donc, avec de grandes planches, construisons un pont aussi large et bas que le rivage.

⁂

[ca. 1515]
C. A. 508 v.

L'eau érode les montagnes et comble les vallées, et si elle en avait le pouvoir, elle réduirait la terre à l'état de sphère parfaite.

⁂

EXEMPLES ET DÉDUCTIONS RELATIFS À L'ACCROISSEMENT DE LA TERRE

[ca. 1480-1482]
C. A. 715 r.

Prends un pot, emplis-le de terre pure, et mets-le sur un toit. Tu verras immédiatement pousser le gazon vert, et comment, une fois atteint son développement complet, il jettera des graines ; et après que les enfants seront ainsi tombés aux pieds des parents, tu verras les herbes, dépouillées de leurs graines, se flétrir et faire retour à la terre et au bout d'un temps elles s'amalgameront avec la substance terrestre et l'accroîtront ; tu verras les graines germer et passer par les mêmes phases, et ainsi tu constateras toujours que les générations successives, une fois achevé leur cours naturel, accroissent la terre par leur mort et leur corruption. Et si tu laisses passer dix ans et que tu mesures ensuite l'augmentation du sol, tu découvriras de combien la terre en général s'est accrue et au moyen d'une multiplication tu constateras combien considérable a été son accroissement dans le monde depuis un millénaire. D'aucuns diront que cet exemple du pot que j'ai cité ne justifie pas la déduction que j'en tire ; car on voit, dans le cas de ces pots, que pour augmenter le prix des fleurs soignées, une partie de la terre est souvent enlevée et remplacée par un terreau riche et frais ; or, je leur réponds que la terre ajoutée étant un mélange de matières riches et grasses et de débris de toutes sortes, on ne saurait l'appeler de la terre pure ; et cette masse de substances se décomposant et perdant en partie sa forme, se change en un riche humus, qui nourrit les racines de la plante au-dessus de lui ; voilà pourquoi il peut te sembler que la terre est diminuée ; mais si tu permets aux plantes qui y poussent de mourir et à leurs graines de germer, tu constateras avec le temps son augmentation.

Ne remarques-tu donc pas comment, entre les hautes montagnes, la terre accrue recouvre et dissimule les murs des antiques cités ou les ruines ?

Au surplus, n'as-tu pas vu comment avec le temps, sur les sommets rocheux des montagnes, la pierre vive elle-même a englouti, dans son développement, la colonne qu'elle soutenait et l'a dénudée comme avec une tondeuse et étroitement enlacée, en laissant dans le roc l'empreinte de ses cannelures ?

[ca. 1506-1508]
C. A. 784 v. a

Quand les montagnes s'affaissent au-dessus d'une cavité, elles enferment dans leurs cavernes de l'air qui pour s'échapper se fraye une issue à travers le sol et ainsi provoque les tremblements de terre.

Mon contradicteur dit que cela ne se peut, attendu que c'est ou la montagne entière recouvrant la caverne qui s'écroule, ou simplement sa partie interne ; si c'est la totalité, l'air s'échappe par l'orifice de la caverne qui est à découvert ; mais si seule la partie intérieure s'effondre, l'air comprimé s'échappera dans le vide qu'a laissé la terre en s'affaissant.

⁂

[ca. 1493-1495]
C. A. 846 v.

De même, les mouvements des eaux qui parcourent tous les passages de la terre stérile sont sa force vivifiante. Et tout comme l'humeur éparse dans la vigne s'élève et se répand à travers les membres tranchés (les plus hautes cimes des montagnes, à travers les veines tranchées), ainsi en va-t-il de l'eau qui monte aux plus hautes altitudes et s'écoule à travers les brèches.

Ainsi, les eaux de la base s'élèvent vers les hauteurs et par les brèches se déversent dans les montagnes, aux plus extrêmes altitudes.

Et tout comme l'humeur qui se répand à travers la vigne coupée tend uniquement à gagner le centre de la terre et s'y dirige, ainsi les eaux des cimes se dirigent de leur propre gré vers ce centre.

Et comme l'eau de la vigne coupée tombe sur ses racines et, s'y infiltrant, s'élève et de nouveau s'écoule à l'endroit de la coupure, ainsi l'eau tombant des sommets montagneux et pénétrant par les conduits de la terre, s'en retourne en haut.

⁂

[ca. 1515]
C. A. 901 r.

La surface de la mer Rouge est au même niveau que l'océan.

Ceci a allégé la Méditerranée à la fois dans son lit devenu plus bas et dans la surface primitive de l'eau.

N'ayant plus le poids des eaux de la Méditerranée diminuée, la terre s'est donc élevée et a modifié en soi son centre de gravité. Les eaux de la mer qui de la Méditerranée descendent à l'océan, ont, par la force du choc contre le fond, creusé considérablement ce lit au-dessous de la surface océane ; et dans leur chute, cet évidage s'est porté vers le point où il atteint l'extrémité du canal de Gadès où il est visible aujourd'hui.

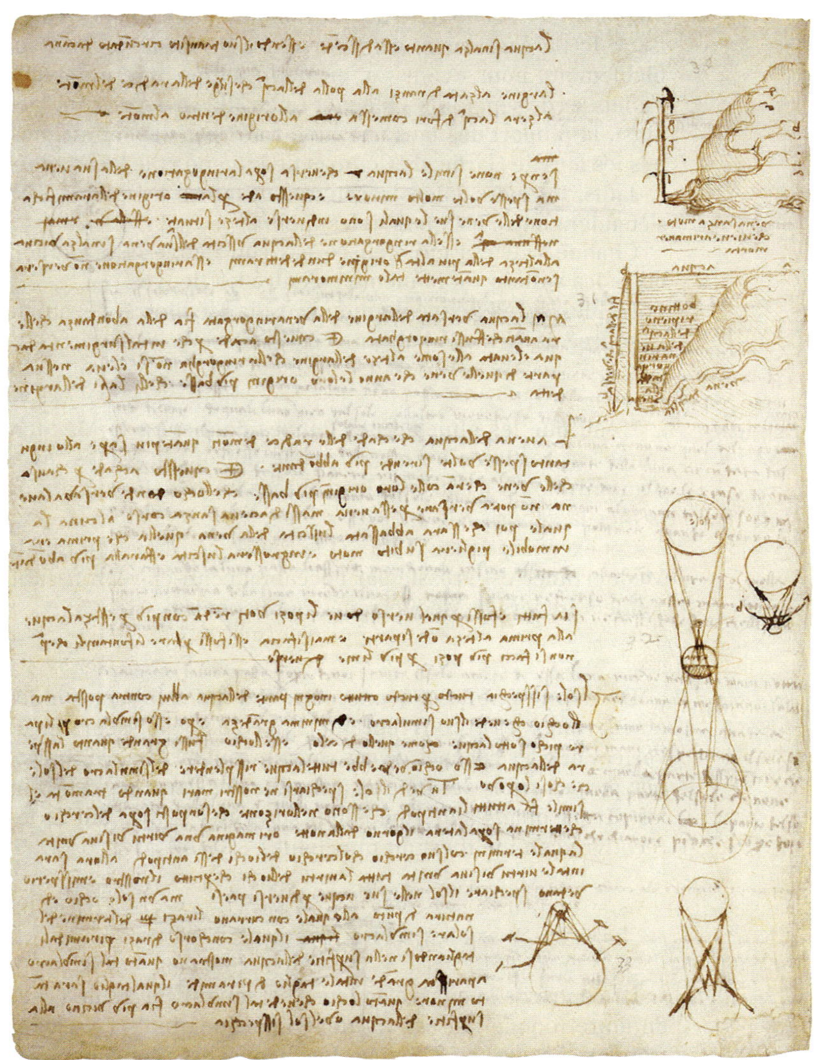

Comment l'eau monte au sommet des montagnes (*Leic.* 7 v.).

Il se peut que l'affaissement d'une montagne ait bloqué l'entrée de la mer Rouge et empêché son débouché dans la Méditerranée ; et donc, le flot tourbillonnant de celle-ci a pour issue le passage entre les montagnes de Gadès ; car semblablement, nous avons vu, en notre temps, une montagne s'affaisser de sept milles, bloquer une vallée et former un lac ; ainsi, la plupart des lacs ont été formés par des montagnes, tels les lacs de Garde, de Côme et de Lugano et le lac Majeur.

Jadis, les eaux salées recouvraient toutes les plaines qui s'étendent entre les mers et les monts.

Chaque vallée a été creusée par son fleuve et le rapport entre les vallées est le même qu'entre les fleuves.

Le plus grand fleuve du monde est la Méditerranée, qui de la source du Nil va à l'océan occidental.

*

[ca. 1513-1514]
C. A. 978 v. b

L'eau que les pluies et les fleuves donnent à la Méditerranée est restituée à l'océan par le détroit de Gadès[1] avec d'autant moins d'eau que les sources en bénéficient et que la mer la vaporise.

Cet excédent cause le flux et le reflux, car dans son flux la Méditerranée est grossie par l'océan et celui-ci, rebroussant, reflue à travers la Méditerranée qui l'expulse.

*

[ca. 1513-1514]
C. A. 1061 v.

De même que les flocons de neige qui tombent sur les objets ronds les recouvrent, mais avec des épaisseurs aussi variées que les courbes de ces rondeurs, ainsi la terre, entraînée par les crues des fleuves à la suite des eaux, descend sur les divers objets sphériques qui se trouvent au fond et les recouvre comme il est dit plus haut.

*

DU CENTRE DE L'OCÉAN

[ca. 1490]
A, 58 v.

Le centre de la sphère aqueuse est le vrai centre de l'orbe de notre monde qui est un globe terraqué ; mais si tu veux trouver le centre de l'élément terrestre, il est situé à un point équidistant de la surface de l'océan et non équidistant de la surface de la terre ; car il est facile de comprendre que le

---

1. Détroit de Gibraltar.

globe terrestre n'a pas de rotondité parfaite, sauf dans les parties où sont la mer, les lacs ou autres surfaces d'eaux tranquilles ; et toute partie du sol qui s'élève au-dessus de l'eau s'éloigne davantage du centre.

DU MOUVEMENT DE L'AIR ET DE L'EAU

[ca. 1490-1491]
C, 6 r.

L'air qui borde cette terrestre machine et continuellement se meut au-dessus d'elle, est mêlé à une humidité semblable à celle de la terre et dont la superfluité retombe toutes les vingt-quatre heures ; puis elle rebondit en arrière, un peu élevée par la chaleur du soleil qui la soutient aussi longtemps qu'il demeure dans notre hémisphère.

Ensuite, abandonnée au départ du soleil, elle s'abat sur la terre en raison de la pesanteur qu'elle a conservée.

L'été, cette humidité s'appelle rosée ; et l'hiver, quand le froid la condense et la congèle, on la nomme gelée blanche.

COMMENT LA MER MODIFIE LE POIDS DE LA TERRE

[ca. 1513-1514]
E, 4 v.

Les coquilles des huîtres et autres animaux analogues nés dans la vase de la mer témoignent du changement qui s'opère dans la terre, autour du centre de nos éléments. On le prouve ainsi : le flot des fleuves puissants est toujours trouble à cause de la terre qu'agite le frottement de leurs eaux contre leur lit et leurs rives, et ce processus de destruction découvre les bords supérieurs des sillons que forment les couches de coquillages incrustés dans la vase marine, où ils étaient nés quand les eaux salées les submergèrent. Ces sillons furent de temps en temps recouverts par les diverses épaisseurs de vase que les fleuves, en leurs crues plus ou moins importantes, entraînaient vers la mer et ainsi les coquilles restèrent emmurées et mortes sous cette vase, qui s'est trouvée élevée à une telle hauteur que le lit de la mer a surgi à l'air.

Actuellement ces lits sont à une si grande altitude qu'ils sont devenus des collines ou d'altières montagnes, et les fleuves qui usent les flancs des monts mettent à nu les stratifications contenant ces coquilles. Ainsi la légère écorce terrestre est continuellement soulevée, les antipodes se rapprochent du centre de la terre et les anciens lits de la mer sont devenus des chaînes de montagnes.

•◆•

[ca. 1513-1514]
E, 5 r.

Les marais seront détruits quand des fleuves bourbeux y couleront.

Ceci est prouvé par le fait que le fleuve, dans sa course rapide, balaye le sol et laisse des sédiments partout où il s'attarde. Ainsi, tout à la fois pour ce motif et parce que l'eau ne circule jamais aussi lentement dans les fleuves que dans les marécages des vallées, le mouvement des eaux y est imperceptible. Mais dans les marécages, le fleuve est forcé de pénétrer par un long canal étroit et sinueux et de se répandre sur une aire vaste mais peu profonde ; et ceci doit se produire forcément parce que son eau est plus dense et plus chargée de terre en sa partie inférieure qu'en sa partie supérieure ; et ainsi en va-t-il des eaux paresseuses des marais, mais la différence entre la légèreté et la lourdeur de leurs couches profondes ou superficielles dépasse de loin celle des courants fluviaux où la légèreté de la partie supérieure ne diffère guère de la lourdeur de la partie inférieure.

Conclusion : le marais sera détruit parce qu'il reçoit l'eau bourbeuse en sa partie basse alors qu'en haut, à l'opposé, seule s'écoule l'eau claire ; dès lors, le lit s'élèvera à cause du perpétuel apport de terre.

•◆•

Comment, en utilisant les eaux courantes, on devrait transporter la terre des montagnes dans les vallées marécageuses, et ainsi les fertiliser et assainir l'air environnant.

[ca. 1508-1509]
F, 14 r.

Les ramifications des canaux amenés des hautes collines en suivant leur cours naturel, charrient, dans leurs changements, le sol de ces collines jusqu'aux bas marécages qu'ils comblent de terre et fertilisent.

Soit *a* le fleuve principal qui pénètre dans les marais en *b f s* ; supposons que le canal parte du haut des collines *a c n* et que plusieurs branches en soient détachées et en diverses parties le modifient, là où il est tout entier ; ainsi leur fureur ravine le sol et après qu'elles ont suivi leur cours, elles le déposent dans les bas marécages ; tu pourras de la sorte modifier la pente du canal entier – abondant en eau – au point que tu nivelleras le sol resté à découvert hors des marais.

Pourquoi les étangs se forment près de la mer et pourquoi leurs grands débordements s'y déversent par un canal extrêmement étroit, sur les côtés duquel, entre l'étang et la mer, un grand banc s'est formé.

Les tempêtes marines jettent au rivage une grande quantité de sable qui s'amoncelle tout le long de la rive à l'embouchure de l'étang et ailleurs ; et quand la tempête se calme, l'embouchure reste bloquée par les matières qu'a rejetées la mer. L'eau que l'étang reçoit des fleuves avoisinants, monte, faute d'une autre issue et acquiert poids et puissance ; et ainsi, elle rompt le banc de terre interposé entre elle et la mer, ou déborde par-dessus, et dans sa course détruit tout ce qu'elle touche de la berge, poursuivant jusqu'à ce qu'elle ait balayé de son chemin tout obstacle à sa dispersion nécessaire. *[ca. 1508-1509] F, 40 v.*

Au surplus, elle ne détruit que ce qu'il faut ; très large au début, parce que l'eau qui coule vers son embouchure est claire, son cours se rétrécit à la fin, attendu qu'elle s'est épaissie en acquérant de la profondeur ; et voilà pourquoi les étangs accèdent toujours à la mer par un goulot étroit.

Parfois les vagues sont plus rapides que le vent, et parfois il est beaucoup plus véloce qu'elles. Les navires en mer le démontrent. Les vagues peuvent être plus rapides quand ayant commencé par grand vent et le vent ayant ensuite cessé, elles ont conservé beaucoup de force impulsive. *[ca. 1508-1509] F, 48 v.*

On demande si le fleuve qui traverse un lac modifie la distance uniforme qui séparait la surface de ce lac du centre de la terre avant que le fleuve eût traversé le lac. *[ca. 1508-1509] F, 68 v. et r.*

La question offre de l'intérêt ; et on prouve que l'uniformité de distance de cette surface au centre de la terre se modifie pour livrer passage audit fleuve, par la quatrième [loi] démontrant que l'eau ne se meut point sinon pour descendre. Ici, il importe de savoir si la sortie du fleuve a une largeur égale à celle de l'entrée, et s'il en est ainsi, il faut nécessairement que l'eau ait un cours uniforme, en vertu de la septième [règle], qui démontre que le mouvement de tout fleuve, dans un temps égal, donne à chaque partie de sa longueur un égal poids d'eau. Or, si le fleuve débitait de l'eau requérant une chute d'une brasse[1] par mille, la largeur de la sortie étant, on l'a dit, égale à celle de l'entrée, il faudrait que tout le fleuve qui traverse le lac eût aussi une chute d'une brasse par mille ; et ainsi, la distance de la surface de ce lac au centre de la terre serait variable. Mais l'eau veut suivre un tel cours

Cette partie de l'eau du lac sera de mouvement plus lent, qui se trouve le plus loin de la ligne la plus courte allant de l'entrée à la sortie du fleuve qui traverse le lac.

Il s'ensuit que la mer d'Azov qui confine au Don, forme la partie la plus élevée de la mer Méditerranée ; elle est à plus de trois mille cinq cents milles du détroit de Gibraltar, ainsi que le montre la carte de navigation, et elle a une descente de trois mille cinq cents brasses, à savoir un mille et un sixième ; cette mer est donc plus haute que n'importe laquelle des montagnes occidentales.

DU VENT

[ca. 1497]
I, 130 (82) v.

Étant donné que les tourbillons des vents existent en haut et en bas aussi bien que transversalement, les paysans ne peuvent connaître la nature du vent qui souffle ; c'est-à-dire que ceux qui habitent au pied des collines, près des rives de la mer, ignorent si le vent est tourbillonnant ou droit.

Le vent qui frappe les rivages de la mer ou les côtes et flancs des montagnes, s'élève jusqu'au sommet où il se heurte au cours d'un autre vent direct, puis se déploie, en rejoignant la côte opposée.

[ca. 1506-1507]
K, 110 (30) v.

Pourquoi le tonnerre dure plus longtemps que sa cause ; et pourquoi, aussitôt créé, l'éclair devient visible à l'œil, alors qu'il faut du temps au tonnerre pour voyager à la façon d'une vague, et qu'il fait le plus de bruit là où il rencontre le plus de résistance.

1. Une brasse équivaut à environ 1,62 m.

•◆•

VENTS ET FOUDRE

Les vents qui s'élèvent du nuage continuent à se mouvoir de telle sorte que plus ils se meuvent, plus ils montent dans l'air raréfié, où ils rencontrent moins d'obstacles. Et s'ils se heurtent mutuellement, ils rebondissent en arrière et ces chocs engendrent les coups de foudre. *[ca. 1506-1507] K, 113 (33) r.*

Si le vent naît à une basse altitude, qu'est-ce qui le pousse plutôt vers le levant que vers le ponant ?

•◆•

[Sphère liquide et centre du monde.]

La surface de la sphère liquide s'éloigne toujours davantage du centre du monde. *[ca. 1502-1504] L, 13 v.*

C'est dû aux alluvions qu'ont charriées les fleuves bourbeux dans leurs crues. Ils déposent sur les rives océanes la terre qui cause leur turbidité, rétrécissant ainsi les grèves de la mer ; en outre, leur lit s'exhausse, et forcément, la surface de cet élément s'en trouve élevée.

Le centre du monde se déplace continuellement dans le corps de la terre et fuit vers notre hémisphère.

Cela est démontré par les terres susdites, constamment entraînées loin des déclivités ou les flancs des montagnes, et portées à la mer ; et plus loin elles en sont emportées, plus il y a allègement, et par conséquent plus il y a alourdissement à l'endroit où les vagues océanes les déposent : ce pourquoi il faut nécessairement que le centre change de place.

•◆•

[Surface de la terre et centre de gravité.]

La partie de la surface d'un corps lourd s'éloignera d'autant plus de son centre de gravité qu'elle sera plus légère. *[ca. 1502-1504] L, 17 r.*

Donc, la terre, élément au moyen duquel les fleuves emportent les versants des montagnes et les charrient vers la mer, est le lieu d'où s'éloigne cette gravité ; elle se fera plus légère et dès lors plus distante du centre de gravité de la terre, c'est-à-dire du centre de l'univers qui toujours coïncide avec le centre de gravité de la terre.

[Modifications dans les montagnes et les vallées.]

[ca. 1502-1504] L, 76 r.

Au cours des âges, les sommets des montagnes s'élèvent continuellement.

Les flancs opposés des montagnes vont toujours se rapprochant.

Les profondeurs des vallées qui sont au-dessus de la sphère aqueuse se rapprochent constamment du centre du monde, avec le temps.

Durant la même période, les vallées s'enfoncent beaucoup plus que ne s'élèvent les monts.

Les bases des montagnes vont toujours se rapprochant.

À mesure que se creuse la vallée, ses flancs s'usent en un moindre laps de temps.

*[*Cosmographie *de Ptolémée.]*

[av. 1500] M, 5 v.

Une ligne commencée à l'extrémité du monde peut être équidistante et parallèle à une autre ligne qui part du côté opposé du globe, ainsi que le prouve Ptolémée dans sa *Cosmographie*, où il démontre que des cités situées aux points opposés de la terre sont sur le même parallèle.

[L'eau sur le sable.]

[av. 1500] M, 41 r.

Pourquoi le sable lisse se composant de grains inégaux de forme et de dimension, l'eau qui coule sur eux les pousse avec des degrés de mouvement variables. Tout comme les corps de poids et de forme variables font des mouvements différents dans l'air immobile, ainsi de l'air et de l'eau parmi les corps immobiles. Le sable cesse donc d'être lisse à cause de l'action de l'eau qui passe sur lui ; et l'eau remuée fait le même office sur le sable que l'air agité sur l'eau. Si tu prouves que le lit de sable lisse provoque ces vagues et devient inégal en raison de l'inégalité de ses granules, et que ces rugosités ne pourraient exister à la surface de l'eau – corps battu et uniforme –, je soutiendrai que l'air est plein de parties mues par un mouvement inégal, et voilà pourquoi les parties agitées au contact de l'air se meuvent sans uniformité.

•◆•

La cause qui fait se mouvoir l'eau des sources contrairement au cours naturel de sa gravité, agit de même sur toutes les humeurs de toutes les espèces de corps animés. Et tout comme le sang venu d'en bas monte et ensuite retombe si une veine vient à éclater au front, ainsi l'eau s'élève des plus basses profondeurs de la mer aux sommets des montagnes, où, rencontrant les sources qui ont crevé le sol, elle s'écoule à travers elles, et retourne aux profondeurs marines. As-tu jamais vu comment l'eau qui s'égoutte des branches coupées de la vigne, et qui retombe sur ses racines, les pénètre et de nouveau monte ? Ainsi de l'eau qui retourne à la mer ; elle pénètre les pores de la terre et, retombée au pouvoir de son moteur, elle s'élève de nouveau avec violence, descend selon son cours accoutumé, pour s'en retourner ensuite. Ainsi, en une union et une révolution continuelles, elle opère une giration, en avant et en arrière ; à certains moments elle monte tout entière par un mouvement fortuit, d'autres fois, elle descend avec une naturelle liberté. Et se mouvant vers le haut, vers le bas, reculant, avançant, elle ne demeure jamais tranquille, soit dans son cours, soit dans sa propre substance ; et de même que le miroir emprunte la coloration des objets qui passent devant lui, elle n'a pas de caractère propre, et agite ou accueille toute chose, en adoptant autant de natures diverses que sont différents les lieux par où elle passe. *[ca. 1493-1494, et ca. 1500-1503] B. M. 58 v.*

•◆•

Le principe qui meut les humeurs aqueuses contrairement au cours naturel de leur gravité dans toutes les espèces vivantes, meut aussi l'eau à travers les sources dans le sol, et avec une continuelle sollicitude porte secours à tous les endroits où la nécessité s'en impose. Et celle qu'on voit tomber d'endroits élevés et former le commencement du cours d'une rivière, agit comme le sang qui s'élève des parties inférieures et s'écoule par une entaille du front. *[ca. 1493-1494, et ca. 1497-1500] B. M. 59 r.*

•◆•

À en juger par les doubles rangées de coquilles, on doit forcément inférer que la terre dédaignée fut plongée sous la *[ca. 1478-1480] B. M. 156 v.*

mer et forma ainsi la première couche, dont le Déluge, par la suite, forma la seconde.

*

[ca. 1508-1510] B. M. 168 v.

Comment les fleuves élargissent les vallées et sapent les bases de la montagne le long de ses flancs :

Les sinuosités des fleuves à travers leurs vallées quand ils rebondissent d'une montagne à l'autre, sont cause que la rive forme des courbes, et ces méandres se modifient selon le courant de l'eau et avec le temps gagnent la vallée entière, à moins qu'ayant augmenté de longueur et de profondeur et diminué de largeur, il ne les entrave.

*

[ca. 1493-1494, et ca. 1495-1497] B. M. 233 r.

Et de même que par la partie inférieure de la vigne l'eau monte aux branches amputées, retombe sur ses racines, et les pénétrant, remonte de nouveau au point où elles sont brisées pour retomber encore, ainsi fait l'eau.

Des plus basses profondeurs de la mer, l'eau s'élève et monte jusqu'au sommet des montagnes, et de même qu'elle se répand par les branches sectionnées de la vigne et retombe sur ses racines en les pénétrant, de même l'eau qui

*

[ca. 1493-1494] B. M. 233 v.

Ainsi fait l'eau, qui des profondeurs de la mer monte jusqu'au faîte des montagnes ; et par les veines éclatées elle retombe aux parties basses de la mer et de nouveau s'élève à la hauteur où elle a jailli au-dehors puis revient par la même pente. Ainsi, courant alternativement vers le haut et vers le bas, tantôt elle obéit à sa propre inclination, tantôt à celle du corps qui la tient enfermée.

*

[ca. 1495-1497] Forster II, 16 r.

La base d'un amas de sable, qu'il soit sur terrain plan ou déclive, aura deux fois la longueur de son axe.

*

DE LA MER

[ca. 1510-1513] RL 19089 r.

Si la mer est tellement salée parce que la terre est calcinée par le soleil, il devrait s'ensuivre que lorsque la terre bout dans l'eau, cette eau devient sel.

[Influence du soleil et de la lune sur les courants.]

Cette puissance se montre la plus grande, qui s'exerce sur la moindre résistance. Conclusion qui vaut universellement ; et nous pouvons l'appliquer au flux et reflux pour prouver que le soleil ou la lune impressionne davantage son objet, c'est-à-dire les eaux, lorsque celles-ci ont moins de profondeur. Dès lors, les eaux basses des marécages accueilleront plus fortement la cause du flux et reflux que les grandes profondeurs océanes.

[ca. 1513]
RL 19092 v.

[Emplissage des empreintes de pas avec du sable.]

Quand le pied s'est retiré du sable humide, l'eau affleure de nouveau à la surface du sable et ceci tient à ce que l'eau qui s'y mélange est plus prompte à remplir le vide laissé par le pied que ne l'est le sable ; et l'air serait encore plus rapide qu'elle, s'il y pouvait pénétrer ; mais le sable humide maintient toujours bouché le chemin par lequel la jambe s'est enfoncée, et ainsi empêche l'air de combler le vide.

[ca. 1510-1513]
RL 19121 r.

Comment les vallées étaient jadis en grande partie recouvertes par les lacs parce que leur sol forme toujours une rive aux fleuves – et aussi par les mers qui ensuite, sous l'action incessante des fleuves qui forme la réserve d'eau dans les [montagnes] se frayent un chemin à travers elles ; et les fleuves dans leur course errante, ont emporté les larges plaines que les montagnes ont laissées à découvert ; et ces coupures des montagnes sont perceptibles aux stratifications rocheuses, qui correspondent aux sections opérées par les cours desdits fleuves.

[ca. 1506-1508]
Leic. 1 v.

La chaîne du Haemus qui traverse la Thrace et la Dardanie et rejoint à l'occident la chaîne de Sardonius, change, vers l'ouest, son nom de Sardus en Rebi, à mesure qu'elle approche de la Dalmatie ; elle continue ensuite vers le ponant et traverse l'Illyrie, à présent appelée Slavonie, où son nom de Rebi se change en Albanus, et, poursuivant toujours plus avant vers l'occident, le troque contre [celui de la] chaîne d'Ocra.

Au nord et au midi, au-dessus de l'Istrie, elle se nomme Caruancas[1] et à l'ouest, au-dessus de l'Italie, elle s'unit à la chaîne d'Adula[2] où naît le Danube[3], lequel coule sur un parcours de quinze cents milles et, sur environ un millier de milles, en ligne absolument droite ; juste à cet endroit ou dans ces parages, l'éperon de la chaîne de l'Adula change son nom contre celui des montagnes précitées.

Au nord, la chaîne des Carpathes englobe la large vallée du Danube, qui, je l'ai dit, s'étend vers le levant sur un parcours d'environ un millier de milles et dont la largeur atteint parfois deux cents et parfois trois cents milles. En son milieu coule le Danube, le premier fleuve d'Europe par l'importance, et ce Danube, dans son cours, laisse au midi l'Autriche et l'Albanie, et au septentrion la Bavière, la Pologne, la Hongrie, la Valachie et la Bosnie. Le Danube, ou comme on l'appelle le Donau, se déverse ensuite dans la mer Noire qui jadis s'étendait jusqu'à l'Autriche et recouvrait la plaine où il passe aujourd'hui – à preuve les huîtres, coques, pétoncles et arêtes de grands poissons qu'on trouve aujourd'hui encore, en maints endroits, sur les hautes pentes de ces montagnes. Cette mer, en se formant, a recouvert les éperons de la chaîne de l'Adula qui se prolongent vers l'orient et s'unissent à ceux des monts du Taurus, qui s'étendent vers l'occident. Près de la Bithynie, les eaux de la mer Noire, en se déversant dans la Propontide se jetèrent dans la mer Égée, c'est-à-dire la Méditerranée, où, au terme de leur long voyage, les éperons de la chaîne de l'Adula se séparent de ceux du Taurus ; et la mer Noire, s'affaissant, mit à nu la vallée du Danube avec les susdites provinces, et l'ensemble de l'Asie Mineure au-delà du massif du Taurus au nord, et la plaine qui se déploie du Caucase à la mer Noire à l'occident, et la plaine de Tanaïs[4] en deçà des monts Oural, c'est-à-dire à leur pied.

Ainsi, la mer Noire dut s'affaisser d'environ mille brasses pour découvrir d'aussi vastes plaines.

•◆•

1. Carusadius ?
2. Alpes lépontiennes. (*N.d.T.*)
3. Le ms. porte « Rhin ».
4. Nom grec antique du fleuve Don.

Dans cette œuvre que voici, tu dois d'abord prouver comment, à la hauteur de mille brasses, les coquilles n'y furent pas apportées par le Déluge, car on les trouve à un seul et même niveau et l'on voit aussi des montagnes qui dépassent considérablement ce niveau ; et tu chercheras si le Déluge eut pour cause la pluie ou la montée tourbillonnante de la mer en crue ; puis, tu montreras que ni la pluie qui grossit les fleuves et provoque leur débordement, ni le gonflement de la mer n'ont pu faire que les coquilles, choses lourdes, aient été poussées par la mer en haut des monts, ou jetées là par les fleuves, en sens inverse du cours de leurs eaux. *[ca. 1506-1508] Leic. 3 r.*

Lorsqu'un fleuve quitte les montagnes, il dépose dans son lit de gravier de larges pierres qui conservent encore certaines parties de leurs angles et côtés ; et à mesure qu'il avance dans sa course, il emporte avec lui les pierres plus menues aux angles plus émoussés, et ainsi les grandes pierres rapetissent ; plus loin, il dépose un gravier d'abord grossier, puis fin ; ensuite de grands galets qui se réduisent, suivis d'un sable épais, enfin plus ténu ; et ainsi continuant, l'eau turbide, avec son chargement de cailloux et de sables, atteint la mer. *[ca. 1506-1508] Leic. 6 v.*

Le recul des vagues salées dépose les graviers sur les rives marines, jusqu'à ce que le sable finisse par devenir si fin qu'il semble presque liquide. Il ne s'attarde d'ailleurs pas sur les grèves mais s'en retourne avec la vague car il est très léger et formé de feuilles pourries et autres choses extrêmement ténues ; dès lors, étant, nous l'avons dit, presque de la nature de l'eau, il tombe par temps calme et se dépose au fond de la mer où, en raison de sa finesse, il se condense et résiste aux vagues qui glissent au-dessus de lui, devenu lisse ; l'on y trouve des coquilles, et c'est cette terre blanche qui sert à la fabrication des jarres.

DE L'INONDATION ET DES COQUILLES MARINES

Si tu dis que les coquilles qui sont visibles à l'heure actuelle aux confins de l'Italie, loin des mers et à de grandes hauteurs, y furent déposées par le Déluge, je réponds qu'en admettant que le Déluge dépassât de sept coudées la plus haute *[ca. 1506-1508] Leic. 8 v.*

montagne, comme l'écrivit celui qui l'a calculé, ces coquilles toujours proches des rives marines auraient dû se trouver aux flancs du mont et non si près de sa base, et partout à un même niveau, couche par couche.

Si tu dis aussi que la nature de ces coquilles les incite à rechercher les bords de la mer et que, la mer ayant augmenté de hauteur, elles quittèrent leur place primitive et suivirent l'ascension des eaux jusqu'à la plus grande altitude – je réponds [qu'elles n'auraient pu voyager en quarante jours[1]], qu'une coquille sortie de l'eau ne se meut pas plus vite qu'une limace, et parfois même moins, attendu qu'elle ne nage pas mais trace un sillon dans le sable et ainsi, en s'appuyant aux côtés de ce sillon, elle avancera de trois ou quatre brasses en un jour ; à cette cadence, elle n'aurait donc pu voyager de la mer Adriatique jusqu'à Montferrat en Lombardie, à une distance de deux cent cinquante milles, en quarante jours – comme a dit celui qui a calculé ce temps.

Et si tu dis que les vagues les y transportèrent – elles n'auraient pu se mouvoir, en raison de leur poids, sinon sur leur base. Et si tu ne m'accordes cela, conviens du moins qu'elles ont dû rester sur les cimes des plus hautes montagnes et dans leurs lacs tels le lac de Lario ou Côme, et le lac Majeur[2] et celui de Fiesole et de Pérouse et autres semblables.

L'eau des mers tangentes forme la sphère liquide qui a le centre du monde pour centre de sa surface, mais non pour centre de sa gravité ; car en maint endroit elle est d'une grande profondeur et en maint autre, peu profonde, ce pourquoi elle n'a pas de poids, n'ayant pas d'épaisseur uniforme. Mais – simplement du fait que la chose la plus haute est la plus éloignée du centre du monde –, cette surface n'étant pas en mouvement ne saurait nulle part être plus haute en une partie qu'en une autre, car l'eau la plus haute tend toujours à combler sa partie la plus basse.

Si le Déluge, comme il a été dit, déferla au-dessus des montagnes de notre hémisphère, il en est résulté, sans nul doute, que la gravité de notre zone habitable a surpassé celle des antipodes, et dès lors elle s'est trouvée plus rapprochée du centre du monde qu'elle ne le fut au début ; et ainsi la partie

1. Passage biffé dans le ms.

2. Ms. : « *come lago di Lario e'l Maggiore e di Como* ». Larius était le nom latin du lac de Côme.

opposée s'éloigna encore plus de ce centre ; le Déluge submergea donc des étendues plus vastes que si la gravité n'avait été acquise de ce côté-ci.

Dis-tu que les coquillages étaient vides et morts quand les eaux les portèrent, je dis que, là où allaient les morts, les vivants ne devaient pas être bien loin ; et dans ces monts on découvre tous les vivants, reconnaissables à ce que leurs valves vont par paires et qu'ils forment une rangée où il n'y a pas de morts ; un peu plus haut se trouve l'endroit où les ondes ont jeté tous les morts avec leurs valves disjointes. Près de ce lieu, les fleuves plongèrent dans la mer à une grande profondeur ; tel l'Arno qui tomba de la Gonfaline près de Monte Lupo et y laissa des sédiments de gravier encore visibles, agglomérés et formant une masse compacte avec des pierres de provenance diverse, de couleur et de dureté variables. Un peu plus loin, là où le fleuve s'infléchit vers Castel Fiorentino, le durcissement du sable a formé le tuf ; plus bas, il a déposé la vase où vivaient ces coquillages et elle s'est élevée par couches, à mesure que les crues du trouble Arno se déversaient dans la mer ; et ainsi, de temps en temps, le lit de la mer a monté.

Voilà pourquoi ces coquilles se produisent par paires, comme le montre la brèche du Colle Gonzoli, dont l'escarpement est dû au fleuve Arno qui ronge sa base ; car dans cette brèche, les couches de coquilles se peuvent voir distinctement dans l'argile bleuâtre, et l'on y trouve diverses choses de la mer.

La terre de notre hémisphère s'est élevée plus qu'autrefois, à mesure qu'elle s'allégeait graduellement de l'eau qui s'écoulait par le canal de Gibraltar ; elle est montée d'autant plus que le poids de l'eau qui s'écoulait, s'ajoutait à celui de la terre emportée vers l'autre hémisphère.

Et si les coquilles avaient été dans l'eau troublée d'un déluge, elles se trouveraient mêlées et disjointes l'une de l'autre, dans la boue, et non en rangs réguliers, par couches comme nous le voyons de nos jours.

⁂

[ca. 1506-1508]
Leic. 9 r.

À ceux qui disent que ces coquilles existent sur une vaste aire créée à distance de la mer par la nature du site et la disposition des cieux qui influencent ces lieux et les incitent à la création d'une vie animale, on pourra répondre qu'à supposer une semblable influence sur ces animaux, il ne se pourrait qu'ils fussent alignés, sauf ceux de même âge et de même espèce ; et non le vieux avec le jeune ou l'un avec son couvercle et l'autre sans sa couverture[1], ni l'un rompu et l'autre entier, l'un rempli de sable, et des fragments grands et petits d'autres [coquillages] à l'intérieur de coques intactes restées béantes ; ni les pinces des crabes sans un débris de leurs corps, ni les coquilles d'autres espèces collées à eux comme une bête qui sur eux rampe parce que le vestige de son cheminement subsiste encore sur l'écorce qu'elle a rongée comme un ver le bois ; pas plus qu'on ne trouverait parmi eux des arêtes et des dents de poisson que d'aucuns appellent des flèches, et d'autres des langues de serpent ; ni autant de fragments d'animaux divers unis ensemble, s'ils n'avaient été projetés des rives de la mer.

Et le Déluge ne les aurait point portées là-haut, car les choses plus lourdes que l'eau ne flottent pas à sa surface ; et elles ne pourraient se trouver à de semblables altitudes si elles n'y avaient été portées en flottant sur les ondes, ce qui est impossible en raison de leur poids.

Là où les eaux salées de la mer n'ont jamais recouvert les vallées, ces coquilles ne se rencontrent point, comme on le constate avec évidence dans la grande vallée de l'Arno, au-dessus de Gonfolina, rocher jadis uni au mont Albano, qui affecte la forme d'un très haut remblai ; il endigua le fleuve de telle sorte que celui-ci, avant qu'il se déversât dans la mer qui par la suite atteignit au pied de cette roche, formait deux grands lacs – le premier à l'endroit où fleurit aujourd'hui la cité de Florence, avec Prato et Pistoia ; et le mont Albano suivit le reste du remblai jusqu'au lieu où s'élève à présent Serravalle. Dans la partie supérieure du Val d'Arno, jusqu'à Arezzo, un second lac se forma, qui versa ses eaux dans le lac précité ; il était enchâssé à l'endroit où nous voyons Girone et occupait toute la vallée supérieure sur une distance de quarante milles. Cette vallée accueillait en son creux toute la terre qu'apportaient les eaux turbides, et qu'on voit encore à sa plus grande hauteur, au pied de Prato

Magno, où les fleuves ne l'ont pas balayée.

Dans cette terre subsistent les profonds sillons des fleuves qui ont passé là en descendant de la grande montagne de

1. Ms. : « *E l'altro essere colla sua copritura* » (« et l'autre *avec* sa couverture »).

Prato Magno ; et ces sillons ne contiennent aucun vestige de coquilles ou de terre marine. Le lac rejoignait celui de Pérouse.

On voit une grande quantité de coquilles là où les fleuves se jettent à la mer, parce que les eaux n'y sont pas très salées en raison de leur mélange avec les eaux douces qui s'unissent à elles. La preuve s'en manifeste au lieu où jadis les Apennins déversaient leurs fleuves dans l'Adriatique ; là, parmi les montagnes, en maint emplacement, de nombreuses coquilles sont visibles avec l'argile marine azurée ; et tous les rocs que l'on extrait de ces endroits en sont pleins.

Nous savons qu'il en fut de même pour l'Arno, quand il se précipitait du roc de Golfolina dans la mer qui n'était pas très en contrebas ; en ces temps elle dépassait la cime de San Miniato al Tedesco, puisque aux plus hautes cimes de ce [mont] l'on trouve des rocs pleins de coquillages et d'huîtres ; les coquilles ne s'étendirent pas du côté du Val di Nievole car les eaux douces de l'Arno n'atteignaient pas jusque-là.

Comment les coquilles ne quittèrent pas la mer à la suite du Déluge : les eaux qui allaient de la terre à la mer – tout en tirant la mer vers la terre – heurtaient son fond, car l'eau qui vient de la terre a plus de courant que celle de la mer, et donc plus de force, et pénètre sous l'autre eau qui vient de la mer et en remue le fond, en entraînant toutes les choses mobiles qu'elle trouve, telles les coquilles et autres analogues ; et autant l'eau qui vient de la terre est plus trouble que celle de la mer, autant elle est plus puissante et plus dense. Je ne vois donc pas comment ces coquilles auraient pu venir si loin à l'intérieur des terres, si ce n'est qu'elles y sont nées.

Si tu me dis que le fleuve Loire qui traverse la France, s'étend sur plus d'ottante milles de pays quand la mer est accrue, parce que la contrée formant une grande plaine, la mer s'y élève de vingt brasses, et l'on trouve parfois les coquilles dans cette plaine à ottante milles de la mer ; la réponse sera que dans nos mers méditerranéennes, la marée ne produit pas de si grands changements, car dans le golfe de Gênes elles ne varient point, guère à Venise et aussi en Afrique ; et là où elle ne varie que peu, elle couvre peu de pays.

Réfutation opposée à ceux qui soutiennent que les coquilles furent entraînées par le Déluge à plusieurs journées de distance de la mer.

[ca. 1506-1508] Leic. 9 v.

Je dis que le Déluge n'a pu apporter sur les monts les choses nées dans la mer, à moins que la mer n'ait enflé au point de provoquer une inondation considérable dépassant même ces endroits – phénomène qui n'a pu se produire, car il aurait créé le vide.

Et si tu dis que l'air s'y précipiterait, nous avons déjà conclu que le lourd ne se soutient pas sur le léger ; nous en concluons nécessairement que ce Déluge fut causé par l'eau des pluies, auquel cas, toute cette eau courut à la mer et non la mer à la montagne ; et si elle courut à la mer, elle poussa les coquilles le long du rivage, vers la mer et ne les attira donc point à elle. Et si tu dis : la pluie ayant fait monter l'eau de mer, elle porta ces coquilles à cette hauteur, nous avons déjà établi que ce qui est plus lourd que l'eau ne surnage pas mais reste au fond, et n'en bouge que sous la pression des flots.

Et si tu dis que les ondes les ont apportées en ces lieux élevés, nous avons prouvé que les ondes des grandes profondeurs se meuvent dans le fond en sens contraire au mouvement de la surface ; à preuve la turbidité de l'eau de mer produite par la terre qui a été emportée près du rivage.

Un objet plus léger que l'eau se meut avec son onde et il est laissé à l'endroit le plus élevé du rivage, par la plus haute onde. Un objet plus lourd que l'eau ne se meut que poussé par son onde à la surface de son lit. De ces deux conclusions, qui en leur lieu seront pleinement démontrées, nous inférons que l'onde superficielle ne peut porter de coquilles, celles-ci étant plus lourdes que l'eau. Elles seront donc poussées par l'onde inférieure, quand le vent souffle de terre ; car en ce cas la lame de fond se meut en sens inverse du vent prédominant.

Au surplus, ce ne serait pas là une raison pour que les coquilles aient été charriées vers les montagnes, car l'eau du fond qui se meut à l'opposé du vent sera plus lente que l'onde de la surface, dans la mesure où elle aura une profondeur supérieure à la hauteur de cette onde. Ceci est évident ; en effet, si l'onde de la surface est haute d'une brasse et qu'elle ait une centaine de brasses d'eau au-dessous d'elle, l'onde d'en bas sera sans aucun doute cent fois plus lente que celle d'en haut, comme il est démontré dans la septième proposition. L'onde supérieure ne retournera jamais à son fond avec une très grande force à moins que la profondeur de l'eau au-dessous d'elle ne soit égale à la sienne.

La vaguelette qu'on voit sur les hautes mers, voyageant contre le vent, ne passe pas sur son fond, c'est-à-dire, ne le touche pas mais se dissout au contact de l'onde superficielle. Je dis que ce mouvement de l'eau passant alternativement de la surface au fond, est analogue à celui qui se produit à la surface entre deux rives ; car si un tiers de l'étendue du fleuve se dirige vers l'occident, un autre tiers ira vers l'orient, et le reste à l'occident ; et s'il y avait encore une autre portion similaire, elle retournerait vers l'orient. Les mouvements latéraux des fleuves ralentiront dans la mesure où ils sont plus éloignés du premier courant. Je soutiens que ce n'est pas le cas pour la friction de l'eau à l'intérieur d'une autre eau et animée d'un mouvement plus rapide, soit qu'elle se sépare immédiatement, si les bords de ce corps aqueux se consument, soit que l'une [eau] suive l'autre, la plus rapide entraînant la moins rapide ; en effet, si elle entraînait avec elle plus d'eau qu'à l'accoutumée, elle grossirait le long de son parcours au point de charrier avec elle toute celle du fleuve.

Si l'on trouve rarement des huîtres mortes sur les rivages de la mer, c'est que d'habitude elles vivent fixées aux roches du fond, et sont incapables de mouvement, sauf en leur moitié sensible et légère. L'autre valve est fixée à la pierre ; ou si elle n'est pas fixée, du moins la nature a fait qu'elles grandissent et ainsi s'alourdissent au point que la faible ondulation [de l'eau] dans les vastes profondeurs marines ne peut les déloger facilement. Mais la valve douée de la faculté de mouvement est fort légère et remplit près de l'autre l'office du couvercle pour le coffre. La nourriture de l'huître pénètre spontanément dans son habitacle, car elle consiste en animalcules en quête d'aliments autour des coquilles des huîtres mortes, et qui ainsi se rencontrent là où ces coquilles abondent. Si le Déluge les avait charriées à trois et quatre cents milles de la mer, il les y aurait entraînées avec d'autres espèces, pêle-mêle ; or, même à cette distance de la mer, nous voyons les huîtres ainsi que les coques, le calmar et tous les autres coquillages, par compagnies, morts tous ensemble ; et les coquillages isolés, distants l'un de l'autre, comme nous le voyons tous les jours, sur les rives de la mer.

Et nous trouvons les huîtres réunies avec très grande parentèle, quelques-unes ayant leurs couvercles toujours joints ; preuve qu'elles y furent laissées par la mer, encore vivantes, quand fut taillé le détroit de Gibraltar.

Dans les monts de Parme et de Plaisance, on voit des multitudes de coquilles et de coraux piquetés de trous, encore soudés aux rochers ; et au temps où je faisais le grand cheval, à Milan, des paysans m'en apportèrent un grand sac dans mon atelier ; ils les avaient trouvées dans ces parages et nombre d'entre elles s'étaient parfaitement conservées dans leur état primitif.

Sous terre et dans les profondes excavations des carrières de pierre, des bois travaillés, déjà noircis, furent découverts, de mon temps, dans les fouilles de Castel Fiorentino. Ils y avaient été enfouis avant que le sable déposé par l'Arno dans la mer, qui alors couvrait cet endroit, se fût élevé à pareille hauteur, et que les plaines du Casentino eussent baissé de niveau, par suite du déplacement de la terre que l'Arno entraînait continuellement au loin.

À Candie, en Lombardie, près d'Alexandrie de la Paille, des hommes en forant un puits pour messer Gualtieri qui a une maison par là, trouvèrent à environ dix brasses de profondeur sous le sol, la carène d'un très grand navire ; et le bois étant noir et en excellent état, messer Gualtieri jugea bon de faire élargir l'orifice du puits de façon à découvrir les extrémités de la nef.

La pierre rouge des montagnes de Vérone est toute mélangée avec des coquilles qui ont fini par faire corps avec elle ; le ciment dont elle se compose a scellé leurs ouvertures et des parties d'elles sont demeurées isolées du reste de la masse pierreuse qui les tenait encloses, le couvercle extérieur de la coquille s'interposant et les empêchant de se réunir au tout ; en d'autres cas, ce ciment a pétrifié l'ancien couvercle extérieur, brisé.

Et si tu disais que ces coquilles ont été créées et continuent à l'être, en de tels lieux, par la nature du site et l'influence des cieux, cette opinion ne saurait être fondée pour des cerveaux capables de grand raisonnement ; car les années de leur croissance se comptent sur leurs écorces extérieures ; et l'on en voit de grandes et de petites, qui n'auraient pu croître sans s'alimenter ni se nourrir sans bouger ; or en l'occurrence, ici, elles eussent été incapables de se mouvoir.

⁂

Comment les bases septentrionales de certaines Alpes ne sont pas encore pétrifiées, on le voit clairement, là où les fleuves, qui se frayent un passage à travers elles, coulent vers le nord ; car ils se le frayent à travers la roche vive stratifiée dans les hauteurs de la montagne ; et là où elles s'unissent avec les plaines, ces stratifications sont toutes de l'argile dont on fait les pots, comme il apparaît au Val de Lamona où le fleuve Lamona, en sortant des Apennins, se comporte de même entre ses rives. *[ca. 1506-1508] Leic. 10 r.*

Comment les fleuves ont tous scindé et séparé les uns des autres les membres des grandes Alpes ; ceci se révèle par la disposition des roches stratifiées, où de la cime du mont au fleuve, on voit les strates d'un côté de la rive correspondre à celles de l'autre. Comment ces roches stratifiées des montagnes sont toutes parmi des couches de vase que les crues des fleuves ont superposées. Comment les diverses épaisseurs de roches stratifiées sont dues aux diverses crues, plus ou moins importantes, des fleuves.

Comment entre les diverses couches de la pierre se trouvent encore les traces des vers qui rampaient sur elles quand elles n'étaient pas encore sèches. Comment toutes les argiles marines contiennent encore des coquilles pétrifiées avec l'argile. De la sottise et de la simplicité de ceux qui s'imaginent que ces animaux furent portés par le Déluge en ces lieux éloignés de la mer.

Une autre secte d'ignares affirme que la nature ou les cieux les avaient créés en ces lieux par influx céleste ; comme si l'on n'y trouvait pas des arêtes de poissons qui ont mis longtemps à grandir ; comme si l'on ne pouvait supputer, d'après les écorces des coques et des escargots, le nombre des mois ou des années de leur vie, tout de même que sur les cornes des taureaux et moutons et sur les ramifications des plantes jamais taillées.

Ayant par de tels signes démontré avec évidence la durée de leur vie, il nous faut admettre que ces animaux ne peuvent subsister s'ils sont privés de la faculté de se mouvoir, en quête de nourriture ; et l'on ne découvre en eux aucun instrument propre à pénétrer la terre ou la pierre où ils se trouvent incrustés. Mais comment pourrait-on trouver dans la coque d'un grand limaçon des fragments et des parties d'autres coquilles diverses et de nature variée, si à ce limaçon déjà mort sur la rive marine, elles n'avaient été jetées par les flots de la mer, comme les autres corps légers qu'elle rejette à la terre ?

Pourquoi trouverait-on tant de débris et de coquilles entières, entre les diverses couches de pierre, si auparavant celles qui étaient sur le rivage n'avaient été recouvertes d'une terre vomie par la mer, et ensuite pétrifiée ? Si c'était le Déluge qui les avait transportées de la mer en ces endroits, tu découvrirais les coquilles au bord d'une seule couche pierreuse et non de quantité d'autres qui permettent de dénombrer tous les hivers des années où la mer multipliait les couches de sable et de vase venues des fleuves voisins et qu'elle dispersait sur ses rivages. Si tu dis qu'il a fallu plusieurs déluges pour produire ces sédiments, coquilles et fossiles, tu devras aussi prétendre qu'un tel déluge se produisait chaque année.

Au demeurant, pour ce qui est des débris de coquilles, on peut présumer qu'en ces sites une grève marine existait, où elles furent toutes jetées en morceaux et scindées, et jamais par paires comme on les trouve vivantes dans la mer, avec les deux valves qui se font couvercle mutuellement. Dans les couches que forment les rives des fleuves et des grèves marines, on les trouve brisées ; elles sont plus rares aux bords des rochers et leurs deux valves sont appareillées comme celles que la mer abandonna, enlisées toutes vives dans la vase, qui par la suite se sécha et avec le temps se pétrifia.

*

[ca. 1506-1508]
Leic. 10 v.

Si tu disais que ce fut le Déluge qui entraîna ces coquilles loin de la mer, à des centaines de milles, cela ne se peut, car le Déluge fut causé par la pluie ; or les pluies poussent naturellement les fleuves vers la mer, avec les choses qu'ils charrient, et ne tirent pas des rives les choses mortes vers les montagnes.

Et si tu disais que le Déluge éleva ensuite ses eaux jusqu'au-dessus des montagnes, le mouvement de la mer inverse au cours des fleuves aurait été si lent qu'il n'aurait pu soutenir à sa surface les corps plus lourds qu'elle ; ou, s'il avait pu les y maintenir, il les aurait, en s'abaissant, disséminés en divers endroits. Mais comment expliquerons-nous que dans les parages de Montferrat en Lombardie, on découvre tous les jours des coraux tout vermoulus que le courant des fleuves a fixés aux rochers dénudés ? Et ces rochers sont tous couverts de parentèles et familles d'huîtres qui, nous le savons, sont privées de mouvement et y restent toujours attachées par une de leurs valves, l'autre s'ouvrant pour happer les animalcules qui nagent dans l'eau et qui, croyant trouver bonne pâture, deviennent aliment à leur tour.

Ne voit-on pas que le sable mêlé à l'algue marine s'est pétrifié quand s'est réduite l'algue qui le divisait ? De ceci le Pô nous offre tous les jours des exemples, dans les débris de ses rives.

À Alexandrie de la Paille, en Lombardie, il n'y a d'autre pierre dont on puisse tirer de la chaux que celle qui se compose d'une infinité de choses nées dans la mer ; mais elle en est actuellement à plus de deux cents milles de distance.

En [14]89 il y eut dans la mer de Satalie[1], près de Rhodes, un tremblement de terre qui ouvrit les abîmes de la mer ; et dans cette ouverture, un tel torrent d'eau se déversa que durant plus de trois heures le lit de la mer fut à nu, en raison de la déperdition de l'eau ; puis il se referma à son niveau habituel. Quelles que soient les variations que puisse subir le poids de la terre, la surface de la sphère aqueuse ne cessera jamais d'être à égale distance du centre du monde.

Telle une mer, le sein de la Méditerranée reçoit ses principales eaux d'Afrique, d'Asie et d'Europe ; tournées vers lui, elles sont venues avec leurs eaux jusqu'à la base des monts qui l'encerclaient et formaient ses rives.

Les pics des Apennins s'érigèrent dans cette mer sous la forme d'îles entourées d'eau salée. L'Afrique, derrière ses monts de l'Atlas, ne montrait pas encore la terre de ses grandes plaines nues sous le ciel, une étendue d'environ trois mille milles ; sur les rivages de cette mer, se dressait Memphis, et au-dessus des plaines d'Italie, où volent aujourd'hui des troupes d'oiseaux, les poissons, jadis, se mouvaient par bancs.

⁂

[ca. 1506-1508]
Leic. 11 v.

Certaines sources jaillissent par suite d'un tremblement de terre ou d'une autre cause accidentelle, et tout aussi soudainement tarissent. Ceci advint dans une montagne de Savoie où des bois s'affaissèrent, creusant un abîme très profond ;

1. La moderne Adalia. (*N.d.T.*)

à quelque quatre milles de là, la terre s'ouvrit au flanc d'un mont et projeta subitement un flot d'eau immense qui balaya toute une vallée de cultures, vignes et habitations et causa d'irréparables dégâts partout où il déferla. Beaucoup de sources cessent brusquement de couler parce qu'un affaissement de caverne ayant provoqué une obstruction dans le corps de la terre, elles sont bloquées et empêchées dans leur passage.

Beaucoup de sources jaillissent tout à coup et sont permanentes : ceci a lieu quand quelque fleuve, dans sa longue course, a tellement érodé la montagne, qu'elle éclate et fait sourdre des sources d'eau qui, à travers elle, se frayent une issue ; il se peut aussi, comme je l'ai dit précédemment, qu'une caverne, en s'écroulant, bloque une source dont l'eau forcée de s'élever jusqu'au niveau d'une faille, s'échappe et ainsi crée un fleuve nouveau.

Beaucoup de sources d'eau salée se rencontrent à une grande distance de la mer : c'est peut-être dû à ce qu'elles ont traversé quelque mine de sel, comme la mine de Hongrie où le sel est extrait d'immenses carrières, à la façon des blocs de pierre.

Au-dedans des rochers entourés d'eau salée et même à l'intérieur de ces eaux salées, des sources d'eau douce s'élèvent également en maints endroits.

En beaucoup d'endroits, des sources jaillissent durant six heures et durant six heures retombent ; et moi-même j'en ai vu une, au-dessus du lac de Côme, nommée Fonte Pliniana, laquelle croît et décroît ainsi ; en coulant elle fait tourner deux moulins et quand elle décline, elle tombe si bas qu'on croit voir l'eau au fond d'un puits.

*

[ca. 1506-1508]
Leic. 12 r.

La tempête sur mer est beaucoup plus violente près du rivage qu'en haute mer ; la raison en est que le ressac frappant la mer d'un côté et le vent la flagellant de l'autre, la vague sera plus haute et plus crêtée d'écume.

*

[ca. 1506-1508]
Leic. 13 r.

Comment le flux et le reflux de la marée ne sont pas uniformes, car sur la côte de Gênes, il n'y en a point ; à Venise, ils varient de deux brasses ; de dix-huit brasses, entre l'Angleterre et la France. Comment le courant qui traverse le détroit de Sicile est très puissant parce que toutes les eaux des fleuves qui se déversent dans l'Adriatique passent par ce détroit.

Quand, à la surface de l'eau, des vaguelettes ombreuses forment des lignes qui se rencontrent en un angle[1], c'est signe que le lit du fleuve n'est pas très loin ; il peut être également attribué au sable qu'a rejeté l'eau en traversant un espace resserré comme l'arche d'un pont ou autre similaire. Quand les lignes de la surface forment une figure incurvée ou en croissant, cela indique peu de profondeur et tient au sable apporté par le plus grand courant dans le moindre, autrement dit par le moins paresseux au plus paresseux, tous deux n'ayant que peu de rapidité ou de profondeur. Quand la surface de l'eau présente une ligne droite ou peu plissée, avec de petites vagues, de faible lustre ou éclat, la profondeur est insensible ; et ceci est causé par deux courants, l'un plus lent que l'autre, qui se rejoignent plus bas que l'île qui les avait scindés en amont ; car ainsi le sable que chacun d'eux charriait s'est tassé en se déposant à leur point de jonction, attendu qu'à cet endroit leur mouvement a pris fin.

•◆•

[ca. 1506-1508]
Leic. 20 r.

Pourquoi les os des grands poissons, et les huîtres, coraux et autres coquilles et escargots de mer se trouvent sur les hautes cimes des montagnes bordant la mer, tout comme dans les profondeurs marines.

Comment les roches et promontoires de la mer sont continuellement détruits et corrodés.

Comment les mers méditerranéennes découvriront leurs profondeurs, ne gardant que le canal du plus grand fleuve qui y coule, lequel court à l'océan et y déversera ses eaux avec celles de tous les fleuves, ses tributaires.

Comment l'éclat de l'atmosphère est dû à l'eau dissoute en elle, qui elle-même se transforme en imperceptibles particules ; celles-ci, après avoir reçu la lumière du soleil venant du côté opposé, restituent en retour l'éclat visible dans cette atmosphère ; et l'azur qu'on y voit a pour cause les ténèbres cachées derrière elle.

1. Ces mots illustrent exactement le traitement des vagues dans *La Naissance de Vénus*, de Botticelli.

Pourquoi l'Adige monte tous les sept ans et baisse tous les sept ans, provoquant ainsi la disette ou l'abondance.

Pourquoi à la suite de grandes pestilences, les fleuves deviennent plus profonds, et coulent clairs même si, auparavant, ils étaient larges, peu profonds et toujours troubles.

[ca. 1506-1508]
Leic. 31 r.

La mer se circonscrit entre les grandes vallées de la terre ; et cette terre lui sert de coupe ; les rives marines sont les lèvres de la coupe ; si elles lui étaient ôtées, la mer se répandrait sur toute la terre ; mais les parties découvertes du sol dépassant le niveau le plus élevé de la mer, celle-ci ne peut couler par-dessus et se borne à recouvrir la terre qui lui sert de lit. Nombreux néanmoins sont les ignorants qui ont écrit présomptueusement que la mer s'élève plus haut que la plus haute montagne ; bien qu'ils voient la rive plus haute que l'eau, ils sont aveugles à l'extrême, ceux qui disent que c'est miracle si l'eau du milieu de la mer est plus haute que son rivage ou que les promontoires qui avancent dans la mer. Mais cette illusion naît du fait qu'ils imaginent une ligne droite de longueur indéfinie, se prolongeant sur la partie médiane de la mer, qui sans nul doute sera plus haute que lesdites rives, puisque la terre étant une sphère et sa surface une courbe, plus cette surface s'éloigne de son centre, plus elle s'écarte de la ligne droite ; son abaissement les induit donc en erreur, et c'est cet argument qu'allèguera le contradicteur : « Cette partie de l'eau sera la plus haute, qui est la plus éloignée du centre du monde. »

Remarque ici qu'il n'y a point place pour l'*a b* droit et infini du contradicteur, car *b g* dépasse la ligne *e g* de toute la partie *b n* ; ceci confirme que la surface des mers communicantes est également distante du centre de la terre. « Les plus hautes montagnes s'élèvent autant au-dessus de l'eau que les plus basses profondeurs de la mer sont au-dessous de l'air. »

Pendant longtemps, les eaux de la Méditerranée s'écoulèrent par la mer Rouge, large d'environ cent milles, longue de quinze cents milles et, pleine de récifs ; elle a rongé les flancs du mont Sinaï, circonstance qui ne semble pas indiquer qu'une crue de l'océan Indien ait battu ces rivages, mais plutôt un grand déluge d'eau entraînant avec soi les très nombreux fleuves qui environnent la Méditerranée, et aussi le reflux de la mer. Plus tard, le mont Calpe[1] fut coupé à l'occident à trois milles de ce lieu, et séparé du mont Abyla ; et ce scindement se fit dans la partie la plus basse des vastes plaines qui s'étendent entre Abyla et l'Océan, au pied de la montagne, et se trouva facilité par le creusement d'une vallée, dû à un fleuve qui devait y couler. Hercule ayant ouvert la mer à l'ouest, les eaux commencèrent à se déverser dans l'océan occidental, et à la suite de cette grande chute, la mer Rouge resta la plus haute ; voilà pourquoi les eaux ont cessé de suivre cette direction et se sont toujours, depuis lors, frayé un chemin par le détroit d'Espagne.

Trois cents fleuves se déversent sur les rives de la Méditerranée, où il y a environ quarante mille deux cents ports, et cette mer a trois mille milles de longueur. Souvent les eaux grossies de la mer se sont amassées sous l'effet du reflux, du souffle des vents occidentaux, de l'inondation du Nil et des fleuves qui se jettent dans la mer Noire. Ainsi les mers furent tellement élevées qu'elles débordèrent de nombreuses contrées, en provoquant d'immenses inondations ; et ces débordements se produisent à l'époque où le soleil fait fondre les neiges des hautes cimes d'Éthiopie qui s'érigent dans les régions froides de l'air ; il en va de même quand le soleil approche des montagnes de Sarmatie, d'Asie et d'Europe ; en sorte que ces afflux, provenant des trois facteurs susdits – reflux de la mer, vent d'ouest et fonte des neiges – sont et ont été la cause des plus grandes inondations. Et tout fut submergé, par une crue tourbillonnante, en Syrie, Samarie, Judée entre le Sinaï et le Liban, et dans le reste de la Syrie entre le Liban et le mont Taurus, en Cilicie dans les montagnes d'Arménie, en Pamphylie, en Lycie dans les monts de Célénie, et en Égypte jusqu'au mont Atlas. Le golfe Persique, jadis vaste lac formé par le Tigre, et qui débouchait dans l'océan Indien a érodé à présent la montagne qui lui servait de rive et il est au même niveau que l'océan Indien. Et si la Méditerranée avait continué à trouver une issue par le golfe d'Arabie, le résultat eût été identique, autrement dit son niveau eût égalé celui de l'océan Indien.

1. Calpe et Abyla formaient les deux colonnes d'Hercule, au promontoire de Gibraltar. (*N.d.T.*)

[Dessin.]

Ici, il convient d'imaginer la terre sectionnée par le milieu ; et ceci montrera la profondeur de la mer et de la terre [et comment] les sources partent du fond des mers, se frayent un chemin sinueux à travers la terre, s'élèvent jusqu'au faîte des monts, puis rebroussant, s'écoulent par les fleuves et retournent à la mer.

Les choses étant beaucoup plus anciennes que les lettres, il n'y a pas lieu de s'étonner si de nos jours il n'existe aucune relation indiquant comment les mers s'étendaient sur tant de contrées ; d'ailleurs, à supposer qu'une relation de ce genre ait jamais existé, les guerres, les conflagrations, les modifications du langage et des mœurs, les déluges des eaux, ont détruit tout vestige du passé. Mais il nous suffit de posséder le témoignage des choses nées dans les eaux salées qu'on retrouve sur les hautes montagnes, parfois à une grande distance de la mer.

[ca. 1506-1508]
Leic. 31 v.

Cette partie du flux et reflux de la mer qui sera la plus rapprochée de sa cause, subira le plus de variations entre son niveau le plus élevé et son niveau le plus bas.

Le flux et le reflux de la mer présentent de grandes variations dans les parages où les sources des eaux quittent les profondeurs marines pour fournir un continuel courant aux fleuves qui par la suite descendront des hautes montagnes.

Ces sources sont de deux sortes ; les unes se déversent continuellement dans les fleuves ; d'autres se jettent à la mer, et douces, surnagent au-dessus des eaux salées ; cela tient à ce qu'elles sont issues des lacs qui s'étendent en plein air à un niveau plus élevé que celui de la mer, sans quoi cette montée de l'eau ne se produirait pas. Et encore, on peut dire que de même que les sources des monts se déversent à leur pied, elles pourraient se déverser au-dessous de la mer.

Il est en Sicile une source qui, lorsqu'elle jaillit en certaines saisons de l'année, rejette une grande quantité de feuilles de châtaignier. Or, le châtaignier ne poussant pas en Sicile, elle a dû, à l'origine, venir de quelque lac souterrain d'Italie et, passant par-dessous la mer, elle a trouvé ensuite une issue en Sicile[1].

Par le Bosphore, la mer Noire se jette toujours dans la mer Égée, jamais la mer Égée en elle. En effet, la mer Caspienne, à cinq cents milles à l'orient – conjointement avec ses affluents –, se déverse toujours par des canaux souterrains dans la mer Noire ; et de même le Don, et aussi le Danube ; ainsi, les eaux de la mer Noire sont toujours plus hautes que celles de la mer Égée, d'où il s'ensuit que les plus hautes descendent toujours dans les plus basses, et jamais les plus basses dans les plus hautes.

D'aucuns disent que les eaux qui s'élèvent au faîte des hautes montagnes, sont une partie de l'eau de la mer, qui surpasse les sommets des plus grandes altitudes ; ils en infèrent que la surface de la mer est plus basse que n'importe quelle partie de la surface d'un fleuve aboutissant à cette mer.

D'autres disent que les eaux qui coulent sur les hautes cimes des monts descendent des montagnes encore plus hautes du monde, couvertes d'une neige qui fond en été. Mais cette opinion est controuvée, car si les neiges qui fondent l'été pénétraient dans des cavernes souterraines, et par les sources du sol envoyaient de l'eau dans les cimes montagneuses inférieures aux bouches de ces sources, celles-ci contiendraient plus d'eau l'été que l'hiver – or l'expérience démontre le contraire.

Toutes les eaux des montagnes qui débouchent dans la mer y charrient des cailloux ; et le ressac de l'océan rejette les cailloux à la montagne ; et tandis que les eaux allaient vers la mer, puis s'en revenaient, les pierres s'en retournaient avec elles, et, roulant en arrière, leurs angles se heurtaient, et leurs parties les moins résistantes s'usèrent et formèrent des pierres dépourvues d'angles, arrondies, comme on en voit sur les rives de l'Elbe. Et celles-là demeurent plus grandes, qui sont entraînées à une moindre distance de leur lieu d'origine ; de même, cette pierre se réduit, qui est transportée le plus loin dudit lieu, car, au cours de son voyage, elle se change en mince galet, puis en gravier et enfin en vase.

1. Le Dr Richter fait observer que le châtaignier est un arbre commun en Sicile et suggère que Léonard a pu écrire « Cicilia » par erreur au lieu de « Cilicia » (Cilicie).

Après que la mer s'est retirée de ces montagnes, le dépôt de sel qu'elle avait laissé derrière elle, ainsi que d'autres résidus humides de la terre, s'est amalgamé avec les galets et le sable, de sorte que ceux-ci se transformèrent en rochers, et le sable en tuf. Et nous en voyons un exemple, dans l'Adda, là où elle émerge des montagnes de Côme ; et dans le Tessin, l'Adige, l'Oglio, et l'Adriano des Alpes autrichiennes ; et de même l'Arno, du mont Albano, tout autour de Monte Lupo et Capraia, où les plus gros rochers sont tous formés de gravier solidifié, et de pierres d'espèce et de couleur diverses.

La chose la plus légère sera celle que les fleuves charrieront le plus loin de l'endroit d'où ils l'ont ravie ; de même, la plus lourde sera emportée à une moindre distance de l'endroit d'où elle fut détachée. Plus la percussion de l'eau atteindra la rive à angles droits, plus grande sera la quantité qu'elle en emportera ; et de même, inversement, elle en emportera d'autant moins que les angles seront plus inégaux.

•◆•

[ca. 1506-1508]
Leic. 32 v.

Il y a autant de différence dans la résistance qu'oppose l'eau au-dessous des corps qu'elle soutient, que de gradations dans sa chaleur ou son froid.

Étant donné deux fleuves ayant à leur source un volume d'eau égal, leurs issues seront égales ; c'est-à-dire, à supposer qu'ils débitent un égal volume d'eau, dans une égale durée de temps – encore qu'ils puissent varier de longueur, de largeur, de pente et de profondeur, et que l'un puisse être sinueux, l'autre rectiligne ou, tous deux étant sinueux, que leurs méandres présentent des courbes différentes ; ou que la largeur de l'un soit uniforme et celle de l'autre, variable ; et si tous deux diffèrent, leurs divergences peuvent n'offrir aucune similitude ; l'un aura une profondeur constante et l'autre variable ; et si les deux profondeurs sont variables, leurs différences peuvent ne présenter aucune analogie, le cours de l'un pouvant être uniformément rapide et celui de l'autre, uniformément lent ; ou la lenteur et la rapidité de l'un peuvent être conjuguées, c'est-à-dire les endroits où il court et ceux où il s'attarde, où les eaux tombent à pic et où elles s'élèvent en flux tourbillonnant ; et le fait qu'il existe dans ces deux fleuves une infinie variété de courants, de largeur, de longueur, de pente et de profondeur, n'empêchera pas que l'entrée égale de l'un ne soit égale à sa sortie, et que les entrées égales des deux ne soient égales à leurs sorties. Si la mer Méditerranée quittait son site, elle élèverait la sphère de l'eau et occuperait des vallées nouvelles ; dès lors, le centre de gravité de cet accroissement sera autour des antipodes ; ainsi, de ce côté-là, le poids augmente, et de ce côté-ci il s'allège du poids de l'eau qui en est partie ; et bien que cette place puisse être occupée par la terre que les fleuves ont charriée dans la Méditerranée, son centre de gravité sera à l'opposé de celui de la sphère qui s'est accrue aux antipodes ; ainsi, la terre entraînée pour suppléer la mer expulsée, n'a pas accru le poids de ce côté-ci, attendu que cette terre reste dans notre hémisphère – c'est-à-dire son centre de gravité – mais il n'en est pas moins vrai qu'ici tout le poids de l'eau se trouvera diminué. Voilà pourquoi le centre du monde se rapprochera de nos antipodes, en s'allégeant ici du poids de l'eau qui en est partie ; et les sommets des montagnes s'érigeront encore plus haut au-dessus de ce centre ; à tel point que les fleuves qui font cortège au Nil, après avoir beaucoup cheminé à travers la grande plaine où se scinde la Méditerranée, entraînent par le détroit de Gibraltar toute la terre qui trouble son flot ; et avec le temps, ils accumuleront, dans l'océan au-delà du détroit de Gibraltar, autant de terre qu'il s'en trouve entre la Libye et la mer, et entre les Alpes et la mer ; et de nouveau, le centre du monde se rapprochera du centre du poids accru de l'océan, et les parties allégées s'éloigneront davantage de ce centre. On en conclut donc que plus il y a de terre charriée loin de nous, plus nos contrées s'allègent ; et dès lors, plus elle s'éloigne du centre du monde plus les eaux l'érodent et plus elle s'allège de nouveau ; et ceci continuera jusqu'à ce que toute la terre mise à découvert soit entraînée à la mer par le Nil ou par les fleuves qui s'y jettent.

Et ainsi le Nil charriera la terre des fleuves qui se déversent à présent dans la Méditerranée, conjointement avec l'eau trouble qui y est demeurée.

Alors, la mer reviendra couvrir les lieux qui furent jadis les racines et les bases de ses montagnes, et elle s'étendra sur toute la terre

Il est incontestable que le Nil est toujours trouble quand il se jette dans la mer égyptienne, à cause de la terre que le fleuve charrie continuellement sur son passage ; et elle ne retourne jamais en arrière, non plus que la mer ne la reçoit, sauf pour la rejeter au rivage ; vois l'océan de sable au-delà du mont Atlas, région jadis baignée d'eau salée.

L'eau qui se trouve sur les plus hautes montagnes n'y fut pas attirée par la chaleur du soleil dont seule une faible partie descend vers leur base, comme on le constate au-dessous de la Vernia, où la puissance du soleil ne suffit pas à fondre la glace au plus fort de l'été ; et elle reste aux creux où elle gisait depuis l'hiver. Sur les pentes septentrionales des Alpes, aux lieux que les rayons du soleil ne frappent point, la glace ne fond jamais, la chaleur solaire ne pouvant pénétrer la faible épaisseur des montagnes ; et encore moins, traverser le vaste espace qui s'étend entre les hauts sommets et les profondeurs de la sphère liquide, puisqu'il faudrait passer par-dessous la base de la montagne. Si tu disais : la terre se comporte à la façon d'une éponge partiellement immergée, qui aspire l'eau en sorte qu'elle monte jusqu'à sa partie supérieure, la réponse sera que même si l'eau s'élève jusqu'en haut, elle ne peut se répandre si elle n'est exprimée de l'éponge ; or, en ce qui concerne le sommet des monts, on constate tout le contraire, car l'eau s'y écoule toujours d'elle-même sans être soumise à aucune pression.

Peut-être diras-tu que l'eau ne peut monter que dans la mesure où elle est descendue ; et que le niveau de la mer dépasse le faîte des plus hautes montagnes. Ma réponse sera que le cas présent prouve exactement le contraire, car la surface de la mer est la plus basse partie visible sous le ciel, attendu que l'eau ne se meut pas d'elle-même, sinon pour descendre, et donc, descend lorsqu'elle se meut ; dès lors, les fleuves qui, des cimes montagneuses vont à la mer, en un mouvement sans fin, descendent partout ; et une fois arrivés à la mer, ils s'arrêtent et leur mouvement s'achève ; ainsi doit-on inférer qu'ils sont stationnaires en leurs parties les plus basses. Mais si tu disais que plus la mer est loin du rivage, plus elle s'élève et en vient à égaler le niveau des plus hautes montagnes, il est démontré ici qu'une chose est d'autant plus haute qu'elle est plus éloignée du centre de la terre ; et si l'élément de l'eau est sphérique, la définition des corps sphériques est que chaque partie de leur surface est à égale distance du centre. Dès lors, le rivage de la mer est aussi haut que son centre et tout ce qui peut se discerner du rivage est plus haut que n'importe quelle partie de la mer ; la distance entre les sommets des hautes montagnes et le centre de la terre est donc supérieure à la distance de ce centre aux rives marines ; et c'est là notre conclusion.

Et si tu soutenais, comme il a été dit, que le soleil pompe et tire les eaux des racines, de leurs monts jusqu'à leurs cimes, alors, la chaleur aspirant l'humidité, la chaleur la plus forte attirerait une plus grande quantité d'eau que la moins forte. Ainsi, l'été, pendant les chaleurs ardentes, les sources des eaux devraient s'élever aux sommets des monts plus haut qu'en hiver ; mais nous voyons le contraire, puisque l'été les fleuves sont privés d'une grande partie de leurs eaux.

DE L'ORIGINE DES FLEUVES

[ca. 1506-1508] Leic. 33 v.

Le corps de la terre, comme celui des animaux, est sillonné d'un réseau de veines, toutes jointes ensemble et destinées à nourrir et vivifier cette terre et ses créatures ; elles prennent naissance dans les profondeurs de la mer où, après maintes révolutions, il leur faut retourner par les fleuves issus de l'éclatement de ces veines. Et si tu voulais dire que les pluies en hiver ou la fonte des neiges en été sont la cause originelle de ces fleuves, on pourrait citer comme exemple les fleuves qui naissent dans les régions torrides de l'Afrique où il ne pleut ni ne neige, parce que la chaleur excessive toujours dissout et change en air les nuages que les vents y poussent. Et si tu disais : ces fleuves qui grossissent en juillet et août proviennent de la fonte des neiges en mai et juin, quand le soleil se rapprochant des champs neigeux des montagnes de Scythie, la neige ainsi fondue s'agglomère en certaines vallées et crée des lacs où elle pénètre par des sources et cavernes souterraines, pour émerger ensuite et former la source du Nil, ceci serait erroné, car la Scythie se trouve en aval de la source du Nil, et n'est, en outre, qu'à quatre cents milles de la mer Noire, alors que la source du Nil est à trois mille milles de la mer égyptienne où se déversent ses eaux.

[ca. 1506-1508] Leic. 35 r.

Dans les régions occidentales proches des Flandres, la mer monte et retombe d'environ vingt brasses toutes les six heures ; et de vingt-deux, quand la lune lui est favorable ; mais vingt brasses constituent sa variation habituelle, qui, comme il est manifeste, n'est pas déterminée par la lune.

Cette variation dans la crue et décrue de la mer, toutes les six heures, tient peut-être au gonflement des eaux qui conduisent à la Méditerranée les nombreux fleuves tributaires d'Afrique, d'Asie et d'Europe. Et celle-ci restitue à l'océan, par le détroit de Gibraltar entre les promontoires d'Abyla et de Calpe, les eaux reçues de ces fleuves.

L'océan qui s'étend entre l'île d'Angleterre et d'autres îles plus au nord, enfle et forme un mascaret à l'entrée de divers golfes, qui pareils à des mers, avec une surface séparée de celle du corps central du monde, ont acquis de la pesanteur. Ce [mascaret], étant plus fort que l'afflux d'eau qui l'a provoqué, est cause que cette eau reprend un élan contraire à celui de son arrivée ; et ainsi il exerce une pression opposée au courant des détroits, en particulier du détroit de Gibraltar lequel, pendant tout ce temps, demeure à l'état de flot tourbillonnant et retient toute l'eau qu'il vient de recevoir de ces fleuves ; et il semble que ce soit là une des raisons qu'on peut assigner à ce flux et reflux, comme il est prouvé dans le vingt et unième [discours] du quatrième [chapitre] de mon livre sur la théorie. Or, ceci se produirait, si l'eau qui forme les veines des rivières avait pour cause la pluie ou la fonte des neiges. Mais si ces sources naissaient dans les profondeurs de la mer, cette raison n'existerait pas ; car à leur naissance, la mer leur donnerait autant d'eau que les fleuves lui en ont donné, autrement dit toute celle qu'ils reçurent des sources à leur terme, et ainsi la mer n'augmenterait ni ne diminuerait.

Les roches stratifiées se créent dans les vastes profondeurs de la mer, parce que les vagues, en se retirant, entraînent dans la mer profonde la vase que les tempêtes ont détachée des grèves ; et l'orage passé, elle se dépose au fond de la mer et nulle tempête ne pouvant pénétrer celle-ci en raison de la grande distance qui s'étend au-dessous de sa surface, la vase reste immobile et se pétrifie ; et parfois elle demeure sous forme d'une argile blanche qui sert à fabriquer des jarres ; ainsi, en blocs disposés selon des inclinaisons diverses, elle se compose de couches présentant autant d'épaisseurs différentes que diffèrent les tempêtes, plus ou moins fortes.

SI LA TERRE EST MOINDRE QUE L'EAU

[ca. 1506-1508]
Leic. 35 v.

D'aucuns affirment que la terre non recouverte par les eaux est bien moindre que la partie qu'elles recouvrent ; mais comme le diamètre de la terre est de sept mille milles, on peut en inférer que l'eau ayant presque partout une faible profondeur, son poids n'est pas comparable à celui de la terre. La réponse à ceux-là est que l'eau répandue dans l'air qui s'est condensée en s'élevant à la région froide de l'air, pèse très lourd et retombe en grands déluges et inondations. Et savons-nous si la terre contient d'énormes cavernes avec des réservoirs d'eau ?

Et les innombrables sources qu'alimentent tous les torrents d'eau que nous voyons dans la formation des fleuves ? Prends pour exemple la mer Caspienne, qui est fort grande.

Toujours, le centre de la sphère de l'eau – mais non de son poids, car son épaisseur n'est pas également répartie sur toute la terre – coïncidera avec le centre du monde ; et il en est de même pour le centre de gravité de la terre et des eaux conjuguées, mais non pour le centre de sa gravité ou sa grandeur. Et si la terre en soi était sphérique et ne contenait point d'eau, l'eau lui ferait un revêtement de dimensions et de poids uniformes ; le centre du monde resterait le centre de la sphère et de la grandeur de l'eau et de son poids, et ainsi il resterait le centre de la grandeur de la terre et le centre de sa gravité ; la terre étant donc mêlée aux eaux et emplie du réseau aqueux – là où elle est rare, et là où elle est dense, là où elle est terre, et là où elle est pierre –, n'a pas en soi un centre de sphéricité ou de gravité, et ce, notamment, du fait qu'elle a de l'eau et de la terre au-dessus de la sphère liquide qui pèse sur elle comme le poids de la terre.

On conclut donc que le centre de gravité de la terre et de l'eau conjuguées et mélangées, coïncide généralement avec le centre du monde, lequel est aussi le centre de la surface sphérique de l'eau, et non de son poids, ainsi que je l'ai déjà dit ; et cette surface de la sphère de l'eau est interrompue et divisée par la terre qui touche à l'air.

Si la terre était entièrement submergée par l'eau, bien qu'étant de forme variée et irrégulière, le centre de sa gravité naturelle coïnciderait avec le centre du monde et de la surface de la sphère liquide mais non avec le centre de sa gravité naturelle ou même accidentelle.

La terre que les eaux ne recouvrent pas sera beaucoup plus lourde que celle qui est immergée.

Les corps pesants ont trois centres et diversement situés, attendu que parfois ils sont joints ; et dans ce cas la gravité accidentelle meurt. Parfois, deux sont réunis, le troisième est à part ; et la gravité accidentelle naît ; parfois ils sont placés dans trois positions différentes les uns par rapport aux autres ; et le premier est le centre de la grandeur, le deuxième le centre de sa gravité naturelle, et le troisième le centre de la gravité accidentelle.

Le centre de la grandeur est celui qui est également séparé des extrémités opposées du corps – uniforme ou non – qui le contient et il suffit qu'il soit à égale distance des bouts opposés d'un bâton comme d'une étoffe de n'importe quelle matière. Et ceux-ci coïncident s'il s'agit d'un corps d'une sphéricité parfaite et d'une substance et densité uniformes, parce que là ils ne sont que deux et qu'ils sont concentriques.

Par nécessité, la machine terrestre est vide de terre et remplie d'eau à la façon d'un vase. Ceci est confirmé par la proportion de un à dix, qu'ont les quatre éléments entre eux, laquelle se vérifie à propos de l'air avec la terre où la proportion est de un à cent, car l'épaisseur de l'air a été mesurée entre la comète qui est dans la plus haute partie de l'air et la surface de la sphère de l'eau qui est dans la partie la plus basse de la sphère aérienne. Or, on peut dire qu'autant de terre découverte saillit au-dessus de la surface de la sphère, qu'il en manque entre la surface de cette eau et le centre du monde ; autrement dit, j'estime que la plus haute montagne du monde dépasse autant la surface de la sphère de l'eau, que la plus grande profondeur de la mer est au-dessous de la surface marine. Il s'ensuit que si l'on comblait la partie manquant dans la mer avec la superfluité de la terre, cette terre resterait sphérique et entièrement couverte par la sphère de l'eau. Mais autant qu'on en peut juger, la sphère de l'eau – tu pourrais dire l'élément – ne serait pas dix fois plus grande que la sphère terrestre, et loin d'être dix fois plus grande, n'arriverait même pas à l'égaler ; car il ressort clairement que la sphère de l'eau ne s'élèverait pas d'un mille au-dessus d'elle-même, c'est-à-dire n'atteindrait pas l'altitude de la plus haute montagne ; phénomène qui, néanmoins, aurait lieu si toute la terre découverte était partout aussi haute que cette montagne.

On conclut donc que le reste de cette eau demeure dans le corps et dans les sources de la terre, en laquelle elle a peut-être chu sur une large surface en allégeant ainsi l'endroit d'où elle s'est détachée, comme il est représenté ci-contre, en *b*.

Le centre de gravité de la terre peut coïncider de deux façons avec celui du monde, soit que les eaux le submergent entièrement, soit que son côté opposé, émergeant des eaux, ait le même poids.

Le centre de gravité de l'eau et de la terre pourrait coïncider avec le centre du monde, si la terre était d'une sphéricité parfaite. En ce cas, le centre du monde serait le centre de la sphère terrestre, comme de la sphère aquatique. Mais il ne naîtrait point d'animaux terrestres.

DE LA TERRE EN SOI

[ca. 1506-1508]
Leic. 36 r.

Le fait que les sommets des montagnes se dressent si haut au-dessus de la sphère de l'eau, tient peut-être à ce qu'une très grande partie de la terre qui était remplie d'eau, c'est-à-dire une immense caverne, a dû s'affaisser sur une étendue considérable depuis sa voûte jusqu'au centre du monde, ayant été percée par les cours des sources qui érodent continuellement leurs lieux de passage, parce qu'elles contiennent en elles un peu de l'air du dessus ; car l'eau n'a de pesanteur que lorsqu'elle projette une vague hors de son niveau, à travers l'air, et seule cette vague a du poids, qui retombe et use la base. Or, cette grande masse a le pouvoir de tomber, étant le centre du monde à l'intérieur de l'eau ; elle s'équilibre grâce à des contrepoids tout autour du centre du monde et allège la terre dont elle se sépare ; immédiatement détachée du centre du monde, elle s'est élevée vers la hauteur ; et c'est ainsi qu'on voit aux sommets des hautes montagnes les couches rocheuses formées par les changements qu'a subis l'eau.

Affaissement des terres, comme pour la mer Morte de Syrie, autrement dit Sodome et Gomorrhe.

Il doit y avoir plus d'eau que de terre et la partie laissée à découvert par la mer ne le décèle point. Une grande quantité d'eau doit donc se trouver dans la terre en plus de celle qui est répandue dans les parties basses de l'atmosphère et qui court par les fleuves et les sources.

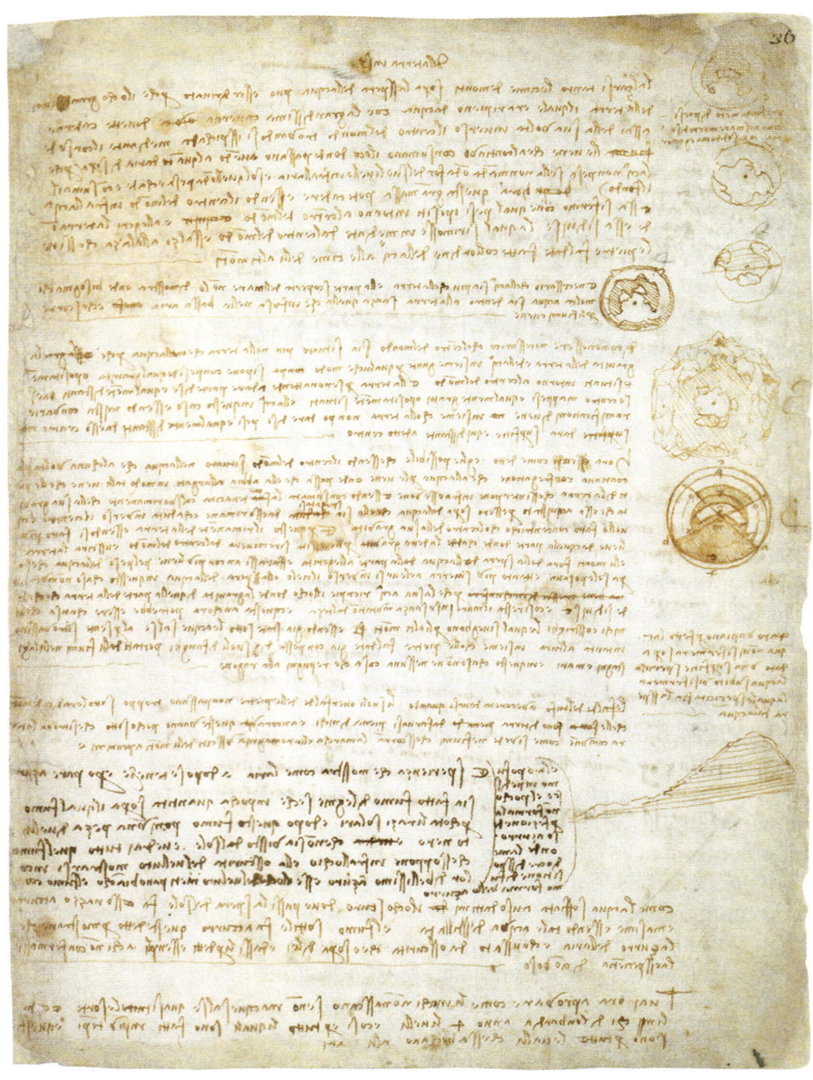

« De la terre elle-même » (*Leic.* 36 r.).

Je dis que le centre du monde n'est pas nécessairement dans la terre plutôt que dans l'eau, parce que la gravité de la terre et de l'eau conjuguées, de quelque façon que ce soit, réside en des poids d'égale gravité situés à l'opposite, autour du centre du monde ; la terre ne s'attend pas à avoir des parties d'elle-même équidistantes de ce centre, mais des poids également lourds, placés à l'opposite ; et en ce cas, dans diverses ramifications des sources, l'eau mélangée avec la terre ne peut donner d'elle-même des poids également distants de ce centre, mais elle aura une surface équidistante de lui.

Or, s'il en est comme il a été dit, il est possible – le centre du monde étant situé dans l'eau – qu'en certaines occasions le constant frottement de l'eau en passant à travers les sources, les ait tellement élargies, que la partie de la terre interposée entre elles usant la résistance du reste, la gravité qu'elle a acquise en étant au-dessus de l'eau, soit détachée de ce restant et que, tombée vers le centre, elle ait fait coïncider ce centre avec le centre de sa gravité. Et ainsi, le reste de la terre, allégé de la partie d'où est tombée cette gravité, se détachera nécessairement du centre du monde, et la terre avec les montagnes émergera de la sphère de l'eau, allégée de cette partie, et s'allégera également du poids de l'eau reposant sur elle ; et elle s'élèvera d'autant vers le ciel. Et la sphère de l'eau, en ce cas ne change pas de position, attendu que son eau comble la place d'où s'est détachée la gravité de la partie de la terre qui est tombée ; et ainsi la mer reste elle-même sans changement de hauteur. Peut-être est-ce pour cela que les coquilles marines et les huîtres que l'on voit sur les hautes montagnes, précédemment recouvertes par les eaux salées, se trouvent à présent à une aussi grande altitude, tout de même que les roches stratifiées, jadis formées par des couches de vase qu'apportèrent les fleuves dans les lacs, marécages et mers ; et ce processus n'a rien qui offusque la raison.

Supposé une surface parfaitement lisse, l'eau ne reposera pas dessus ; supposé une surface sphérique, l'eau reposera aussitôt dessus : et cette sphéricité sera la sphère de l'eau.

Les stratifications ou couches de pierre ne se prolongent pas très avant sous les racines des montagnes, car elles sont faites de cette terre employée pour la fabrication des vases et où abondent les coquilles ; celles-ci, au surplus, ne sont que peu enfoncées, car on y trouve de la terre ordinaire, comme dans les fleuves qui arrosent les Marches et la Romagne, à leur sortie des Apennins.

Il te faut maintenant prouver que les coquilles ne naissent nulle part ailleurs que dans les eaux salées, et qu'il en va ainsi de presque toutes les variétés ; et comment les coquilles de Lombardie se rencontrent à quatre niveaux différents. De même pour toutes celles qui naquirent à différentes époques ; et on les trouve dans toutes les vallées qui conduisent à la mer.

XV

NOTES TOPOGRAPHIQUES

« Comment tout voyage peut être instructif. La bénigne nature a fait en sorte que dans le monde entier tu trouves quelque chose à imiter. »

[Dessins.]

Quatre brasses[1] de longueur, deux brasses et demie de largeur, deux brasses et quart d'épaisseur. *[ca. 1515] C. A. 180 v.*

Ainsi sont les pierres devant le môle, dans le port de Civita Vecchia.

Projection.

Une demi-brasse. Façade du mur du port de Civita.

EN SARDAIGNE, ANTENORO

[Dessin a b.]

Ici, les deux courants des eaux se heurtent dans la ligne *a b* et dans cette percussion elles opèrent un tour complet l'une vers l'autre, en frappant de la surface à la base. *[5 mars 1507] C. A. 211 r.*

Cette masse en giration, une fois formée, est chassée de la position où elle avait été créée, par l'élan des eaux au-dessus

1. Une brasse équivaut à environ 1,62 m.

d'elle ; dans ce changement, la masse giratoire a acquis deux mouvements : le mouvement naturel autour de son axe et celui qu'elle accomplit d'un endroit à l'autre. Ceci sera donc un mouvement tournant direct, qui, quand il se produit dans l'eau ou dans l'air, déplace le sol avec force creusements et grattements.

Quand les courants sont équivalents[1], les révolutions opérées par les eaux qui se rencontrent s'effectuent en ligne droite ; mais s'ils sont inégaux, leur choc poussera les remous vers la rive du courant le moins puissant ; en se frayant un chemin, avec ses deux jeux de mouvements – le droit et le tournant – il déchausse la base de ces rives ; les parties supérieures qu'elles maintenaient tombent à pic, quand s'écroulent leurs fondations, et le remous les sape de nouveau.

En cas d'inégalité des courants, les eaux en se rencontrant tournent en rond, les branches des remous inférieurs du courant moins puissant pénétrant celles du remous supérieur créées par le plus puissant.

Quand l'eau animée d'une grande force frappe une eau de force moindre, le remous décrit une courbe en pénétrant en ligne convexe dans le corps de celle dont la puissance est supérieure.

Quand dans sa convexité la ligne courbe de ces remous pénètre une eau de moindre puissance, celle-ci demeure immobile à l'intérieur de ses limites ; à ce stade, elle enfle et se soulève, acquiert de la gravité, et grâce au poids acquis, sa puissance se multiplie et elle fonce contre l'eau qui au début l'avait dominée, en sorte que la ligne de remous s'infléchit en sens contraire, et devient concave ; et ainsi l'eau moindre est souvent chassée par la plus grande et la plus grande par la moindre, mais la moindre est chassée à une distance inversement proportionnelle à sa puissance[2].

*

[ca. 1515-1516]
C. A. 215 r.

Bombarde de Lyon à Venise, avec le mode de transport que j'ai décrit à Gradisca au Frioul et en [...][3]

---

1. Ms. : « *non sono equali* » (« *ne sont pas* équivalents »).

2. L'interprétation la plus naturelle de ce passage jointe à la note topographique et au dessin, incite à y voir un souvenir de voyage. En ce cas, Léonard a dû visiter la Sardaigne.

3. Ms. : « *Bombarde da Lion a Vinegia col modo che io detti a Gradisca nel Frigoli e in* [...] »

⁂

Le mont Caucase, les montagnes de la chaîne du Komodoï[1] et du Parapanisos se rejoignent entre la Bactriane et l'Inde et donnent naissance au fleuve Oxus, car c'est dans ces montagnes qu'il jaillit ; pendant cinq cents milles il coule vers le nord, et autant vers l'ouest, et déverse ses eaux dans la mer Hyrcanienne ; et il est accompagné par l'Osus, le Dragodos, l'Artamis, le Xariaspis, le Dragamaim et le Margus, tous fleuves très larges. À l'opposite, vers le midi, jaillit le grand fleuve Indus qui roule ses vagues pendant six cents milles vers le sud, et, sur ce parcours, reçoit ses tributaires, les fleuves Zaradrus, Bibasis, Vadris, Vandabal et Bilaspus, du levant, Suastus et Coe du ponant ; et les ayant recueillis dans ses eaux, il tourne et coule vers le ponant sur huit cents milles ; arrêté par les montagnes d'Arbeti, il fait un coude et bifurque vers le midi et après un autre parcours de cinq cents milles, il atteint l'océan Indien où il se jette par sept embouchures. *[ca. 1499-1500] C. A. 263 r.*

En vue de cette même montagne, jaillit le Gange majestueux et ce fleuve coule vers le midi sur cinq cents milles et au sud-est sur un millier de milles et le Sarabus, le Diamuna, le Soas et le Scilo lui font cortège de leur flot puissant. Il se déverse dans l'océan Indien, par des embouchures nombreuses[2].

⁂

[Dessin.]

Canal d'Ivrea, formé par le fleuve de Dora. Montagnes d'Ivrea, dans leur partie sauvage, elle se prolonge vers le nord. *[ca. 1495] C. A. 563 r.*

---

1. Ms. : *Comedorum.* Ptolémée parle des Komodoï comme des habitants de la région montagneuse située à l'est de la Bactriane.

2. Léonard a évidemment emprunté ses listes d'affluents à Ptolémée. Ceux de l'Oxus figurent chez Léonard sous les noms d'Osus, Dragodos, Artamis, Xariaspis, Dragamaim et Margus, et Ptolémée les appelle Okhos, Dargoïdos, Artamis, Zariaspis, Dargamanes et Margos. Pour l'Indus, Léonard a le Zaradrus, le Bibasis, le Vadris, le Vandabal et le Bilaspus. Ptolémée dit Zaradros, Bibasis, Adris, Sandabal et Bidaspes (voir J. W. McCrindle, *Ptolémée, Ancient India,* Calcutta, Majumbar, 1927).

Le grand poids du chaland passant sur le fleuve que supporte l'arche du pont, n'ajoute pas de poids à ce pont car le chaland pèse juste autant que l'eau qu'il déplace.

LAC DE CÔME

Val de Chiavenna.

[ca. 1490-1492]
C. A. 573 r. b

Au-dessus du lac de Côme du côté de l'Allemagne, s'étend la vallée de Chiavenna où le fleuve Mera pénètre dans le lac. Les montagnes y sont nues et très hautes, avec d'immenses rochers. On y trouve les oiseaux aquatiques appelés cormorans ; là poussent des sapins, des mélèzes et des pins, et il y a des daims, des chèvres sauvages, des chamois et des ours féroces. On ne peut y faire des ascensions sans s'aider de ses mains ni de ses pieds. À la saison des neiges, les paysans s'y rendent avec un grand piège pour faire trébucher les ours par-dessus ces rochers. Le fleuve traverse une gorge très étroite ; et la montagne se prolonge ainsi à droite et à gauche, pendant vingt milles. De mille en mille, on rencontre de bonnes auberges. Plus en amont du fleuve, il y a des chutes d'eau hautes de six cents brasses, très belles à voir, et tu pourras faire bonne chère en payant quatre sols ta note. Le bois de construction descend en grande quantité sur ce fleuve.

Val Sasina.

Le Val Sasina fuit vers l'Italie. Il a presque la même forme et les mêmes caractéristiques. Le *mappello*[1] y croît en abondance ; il y a de grandes inondations, et des chutes d'eau.

Vallée de Trozzo.

Dans cette vallée, les sapins, les pins et les mélèzes poussent à profusion ; c'est de là qu'Ambroise Fereri a fait venir son bois.

À la tête de la Valteline se trouvent les montagnes de Bormio, terribles et toujours couvertes de neige. Là naissent les hermines.

1. Le sens de ce mot est inconnu.

À Bellagio.

En face du château de Bellagio, il y a un torrent insignifiant qui, de la source où il naît, tombe à pic dans le lac, d'une hauteur de plus de cent brasses, avec vacarme et tapage inouïs. Cette source coule seulement en août et septembre.

La Valteline.

La Valteline, comme il a été dit, est une vallée environnée de hautes et terribles montagnes ; elle produit en quantité un vin capiteux, mais si nombreux sont ses bestiaux, que selon l'estimation des paysans, elle donne plus de lait que de vin. Par cette vallée passe l'Adda, qui traverse d'abord l'Allemagne sur un parcours de plus de quarante milles. On y trouve l'omble[1] qui se nourrit d'argent, et le sable en contient beaucoup.

Tout le monde dans la région vend du pain et du vin, et une jarre de vin ne coûte jamais plus d'un sol, le veau est à un sol la livre, et le sel à dix deniers ; de même le beurre et des œufs en quantité pour un sol.

•◆•

À Bormio.

[ca. 1490-1492]
C. A. 573 v. b

À Bormio il y a les bains ; à huit milles au-dessus de Côme, se trouve la Pliniana, qui monte et décroît toutes les six heures ; lorsqu'elle monte, elle fournit assez d'eau pour alimenter deux moulins, et il en reste un excédent ; diminue-t-elle, la source se dessèche sur un parcours de plus de deux milles. En cette province, un fleuve tombe d'un vif élan dans la montagne, à travers un énorme gouffre. Les voyages doivent s'y effectuer au mois de mai. Les plus grands rochers dénudés de la région sont les montagnes de Mandello près de celles de Lecco et de Gravidonia ; vers Bellinzona, à trente milles de Lecco, s'élèvent les monts de la vallée de Chiavenna ; mais le plus considérable de tous est celui de Mandello ; à sa base, un ravin se dirige vers le lac et descend de deux cents pieds ; en toute saison, il y gèle et il y vente.

1. Ms. : « *il pescio temere* ». C'est la version du Dr Richter, *temolo*, qui a été ici adoptée.

Au Val Sasina.

Au Val Sasina, entre Vimognio et Introbbio, à main droite quand tu t'engages sur la route qui conduit à Lecco, tu rencontres la Trosa, fleuve qui tombe d'un roc très élevé et va se perdre sous terre. Trois milles plus loin, tu trouves les bâtiments des mines de cuivre et d'argent, dans le voisinage du pays connu sous le nom de Prato San Pietro, ainsi que des mines de fer, et diverses choses étranges. La Grignia est la plus haute montagne de ces parages, et elle est dépourvue de végétation.

POURQUOI LE COURANT D'ESPAGNE EST TOUJOURS PLUS GRAND VERS LE LEVANT QUE VERS LE PONANT

[ca. 1490-1492]
C. A. 576 v. b

La raison en est que si tu réunissais les bouches des fleuves qui se jettent dans la mer Méditerranée, tu trouverais un volume d'eau plus considérable qu'elle n'en précipite dans l'océan, par le détroit. Tu vois que l'Afrique y déverse ceux de ses fleuves qui coulent vers le septentrion, notamment le Nil, qui arrose trois mille milles d'Afrique, le fleuve Bragada, le Mauretanus, et autres similaires. L'Europe y apporte le Don et le Danube, le Pô et le Rhône, l'Arno et le Tibre. De toute évidence, ces fleuves, joints à une infinité de rivières moins connues, représentent une largeur, une profondeur et un courant plus considérables qu'on n'en trouve sur l'étendue de dix-huit milles du détroit océanien qui sépare l'Europe de l'Afrique à leurs confins occidentaux. Et si tu voulais dire que les fleuves qui aboutissent à l'océan se comportent autrement, il est certain qu'ils naissent presque tous dans les montagnes avoisinantes ; et si ces montagnes les y déversaient, il n'y aurait pas, dans ces régions, de cours d'eau de l'importance du Nil et du Danube ; et s'il y en avait à leur ressemblance, considère que ces fleuves, en se jetant dans l'océan, ne pourraient l'accroître qu'un peu, de façon à rétablir le courant vers l'orient, à moins que les nuages ne contiennent toujours un volume d'eau plus grand que l'apport fluvial, et que ces nuages, en se condensant, ne compriment l'air d'un mouvement rapide, au-dedans de l'autre air, comme une main presse une éponge imbibée d'eau dans une autre eau, de telle sorte que celle qui fuit cède la place au reste.

L'eau se meut dans l'eau avec la même facilité que l'air dans l'air, encore qu'elle soit plus [lente] comme on le voit dans ses cercles.

Les courants n'existent que dans les mers en communication avec l'océan ; la mer Caspienne et les marais n'ont point de courant ; alors que l'océan Indien coule vers l'orient, la Méditerranée occidentale coule vers l'occident.

Écris à Bartolomeo le Turc, au sujet des marées de la mer Noire, et demande-lui si à sa connaissance ces marées existent dans la mer Hyrcanienne ou Caspienne. *[ca. 1508-1510] C. A. 697 r.*

DE LA CONSOMPTION OU ÉVAPORATION DE L'EAU DE LA MER MÉDITERRANÉE

La mer Méditerranée, vaste fleuve entre l'Afrique, l'Asie et l'Europe, recueille environ trois cents fleuves principaux, et, en outre, elle reçoit les pluies qui tombent sur un espace de trois milliers de milles. Elle restitue au puissant océan ses propres eaux et celles qu'elle a reçues, et sans doute lui rend-il moins qu'elle ne lui a donné, car plusieurs sources en proviennent qui coulent dans les entrailles de la terre et vivifient la terrestre machine. Cela arrive nécessairement, du fait que la surface de cette Méditerranée est plus éloignée du centre du monde que celle de l'océan, comme il est prouvé par ma deuxième [règle] ; en outre, la chaleur du soleil fait continuellement s'évaporer une partie des eaux méditerranéennes ; le volume de cette mer n'est donc que peu accru par les susdites pluies, et peu diminué par l'eau qui, après s'y être ajoutée, se déverse dans l'océan, ou s'évapore sous l'action de la chaleur solaire ou des vents desséchants. *[ca. 1510-1515] C. A. 711 r.*

La sphère aqueuse aspire à une rotondité parfaite, et la partie qui se projette au-dessus de sa surface générale ne peut se maintenir et bientôt s'aplanit ; et si tu voulais dire que l'eau *[ca. 1497-1500] C. A. 713 r.*

s'écarte pour laisser place à la terre et la découvrir, et que, ce faisant, elle demeure sphérique, cela serait impossible, car l'eau qui coule de Syrie serait basse et à l'île d'Aritella que quatre cents milles séparent du détroit de Gibraltar, ce serait la haute mer, qui est à trois mille quatre cents milles des rives syriennes ; et devant cette île, l'eau n'a guère de profondeur, et fort peu au-delà.

*

[ca. 1517-1518]
C. A. 810 r.

Amboise a une fontaine royale dépourvue d'eau.

*

[Dessins de mécaniques, avec divers nombres : « minutes de l'heure », « heures », « lune ».]

[ca. 1490-1493]
C. A. 1111 v.

Horloge de la tour de Chiaravalle montrant la lune, le soleil, les heures et les minutes.

*

[ca. 1508-1509]
F, 50 r.

Pourquoi il y a de l'eau dans les parties hautes des montagnes.

Du détroit de Gibraltar au Don, il y a trois mille cinq cents milles c'est-à-dire un mille et un sixième, en admettant une chute d'une brasse par mille, pour toute eau qui se meut à une cadence modérée. La mer Caspienne est considérablement plus haute, et aucune montagne d'Europe ne dépasse d'un mille le niveau de nos mers. On serait donc fondé à dire que l'eau du sommet des monts vient des hauteurs de ces mers et des fleuves qui s'y jettent et qui sont plus hauts.

*

[Des monticules de sable. Libye.]

[ca. 1508-1509]
F, 61 r.

Décris les montagnes de « corps flexibles et secs ».

Autrement dit, traite de la formation des vagues de sable qu'engendre le vent, et de ses monticules et collines, comme il s'en trouve en Libye ; tu en verras des exemples dans les grands bancs de sable du Pô et du Tessin, et autres vastes fleuves.

*

Carte d'Éléphanta[1] aux Indes, appartenant à Antonello le marchand.

[ca. 1508-1509]
F, couverture, 2 r.

⁂

À Sainte-Marie d'Aò, dans la vallée de Ravagnate, dans les monts de Brianza[2], les baguettes de châtaignier mesurent neuf brasses et quatorze : cinq lires pour une centaine de neuf brasses.

[ca. 1510-1516]
G, 1 r.

À Varallo Pombia, près de Sesto sur le Tessin, les coings sont grands, blancs et fermes.

⁂

[Eau d'un moulin à Florence.]

[Dessin.]

Petit moulin à Florence.

[ca. 1497]
I, 75 (27) v.

Cette eau, dans sa pente générale, tourne à angle droit ; mais pendant les crues, son cours est rectiligne. Et si forte est sa percussion qu'en creusant elle emporte les pierres dans son flot, quand elle roule sur la grève formée par les autres pierres ; ainsi, l'eau, suivant le bond qu'elle a fait hors de sa surface, abandonne les pierres chassées à l'extrémité de la montagne. Mais quand le fond ou les crues font défaut, l'eau ne pouvant franchir les monticules des cailloux accumulés, retourne à son premier cours dû à la chute de l'autre eau qui se trouve en surabondance dans la pêcherie formant ce creux à l'endroit où elle tombe.

1. Éléphanta est le nom d'une île du port de Bombay, ainsi appelée d'après une statue colossale qui s'y érigeait et contenant de vastes cavernes rupestres qui servent de temples aux hindous ; les plus grandes, taillées dans le tropp dur, mesurent 130 pieds de large, et sont décorées de colonnes et de sculptures. Cette note indique peut-être qu'une description de ces cavernes était parvenue à la connaissance de Léonard. Un passage du manuscrit Arundel (*B. M.* 155 r.) témoigne de son intérêt pour les grottes rupestres.

2. Ms. : « *Nella valle di ranvagnan ne monti brigantia* ». J'ai suivi l'interprétation du Dr Richter. Ch. Ravaisson-Mollien signale toutefois que Léonard, à la page suivante du manuscrit, mentionne Monte Viso, situé non loin des montagnes de Briançon (Brigantio) et hasarde l'hypothèse qu'il existe une localité dont le nom ressemblerait à Ranvagnan, dans une vallée de cette région.

Carte de la Toscane vue à vol d'oiseau (*RL 12683* r.).

⁂

[ca. 1503-1505]
K, 2 r.

Les bergers de Romagne pratiquent dans les montagnes, au pied des Apennins, certains énormes trous en forme de corne et placent à côté un cor, de sorte que ce petit cor ne fait plus qu'un avec la cavité déjà formée ; et ainsi un grand vacarme se produit.

⁂

[ca. 1502-1504]
L, couverture, v.

Rhodes contient cinq mille habitations.

⁂

[Notes prises en Romagne.]

[1502]
L, 6 r.

Pigeonnier à Urbino. 30 juillet 1402[1].

⁂

[Croquis de vague.]

[ca. 1502-1504]
L, 6 v.

Fait à la mer, à Piombino.

L'eau *a b c* est une vague qui a traversé la pente du rivage et, en rebroussant, rencontre une vague qui fond sur elle ; après s'être entrechoquées, elles sautent en l'air et la plus faible, cédant à la plus forte, retraverse la pente du rivage.

⁂

[ca. 1502-1504]
L, 10 v.

Acquapendente dépend d'Orvieto.

⁂

[Dessin.]

[ca. 1502-1504]
L, 15 v.

Forteresse de Césène.

⁂

[Dessin de cloche.]

[ca. 1502-1504]
L, 19 v.

Sienne.

⁂

1. 1502.

[Dessins architecturaux.]

Marches d'Urbino. *[ca. 1502-1504] L, 19 v.*

Le soubassement doit être aussi large que l'épaisseur du mur sur lequel il repose. *[ca. 1502-1504] L, 20 r.*

[Dessin.]

Cloche de Sienne, c'est-à-dire mécanisme de son mouvement et position de l'attache de son battant. *[ca. 1502-1504] L, 33 v.*

[Dessin architectural.]

Le jour de Sainte-Marie, mi-août, à Césène, 1502. *[ca. 1502] L, 36 v.*

[Dessin.]

Escalier du comte d'Urbino – rude. *[ca. 1502-1504] L, 40 r.*

À la foire de San Lorenzo, à Césène, 1502. *[ca. 1502] L, 46 v.*

[Dessin.]

Fenêtre à Césène.
a pour le châssis de toile, *b* pour la fenêtre de bois, et l'écornure est d'un quart de cercle. *[ca. 1502-1504] L, 47 r.*

Porto Cesenatico, le 6e jour de septembre 1502 à 15 heures.
Comment les bastions devraient faire saillie hors des remparts de la cité pour protéger les glacis extérieurs, de façon que l'artillerie ne les atteigne point. *[ca. 1502] L, 66 v.*

[ca. 1502-1504]
L, 67 r.

La forteresse du port de Césène est à Césène, à quatre points au sud-ouest.

⁂

[ca. 1502-1504]
L, 77 r.

Raisins portés à Césène.

Le nombre des hommes qui creusent les fossés affecte la forme d'une pyramide.

⁂

[ca. 1502]
L, 78 r.

Compose une harmonie avec différentes chutes d'eau, comme tu l'as vu à la fontaine de Rimini, comme tu l'as vu le 8e jour d'août 1502.

⁂

[Plan.]

[ca. 1502-1504]
L, 78 v.

Forteresse d'Urbino.

⁂

[Dessin.]

[ca. 1502-1504]
L, 82 r.

Carte de Césène.

⁂

[ca. 1502]
L, couverture, r.

1er jour d'avril 1502.

À Pesaro, la bibliothèque.

⁂

[L'Arno.]

[ca. 1502-1504]
L, 31 r.

Aucun mouvement réfléchi simple n'est jamais aussi haut que le commencement du mouvement incident.

Se défendre contre le choc de l'Arno à Rucano et le détourner avec une gracieuse courbe vers Ricorboli, et faire la berge si large que la chute de son saut soit au-dessus d'elle.

⁂

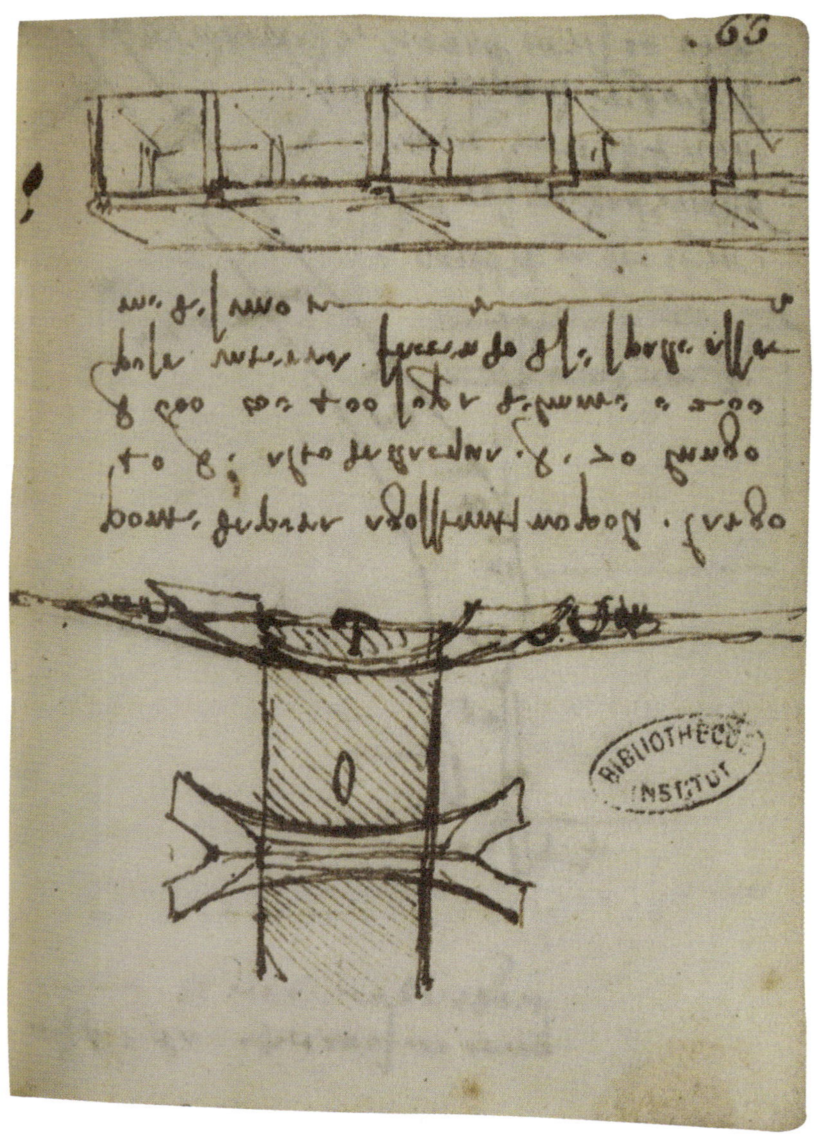

Pont de Péra à Constantinople et une série de cases (probablement celles d'un colombier) (*L*, 66 r.).

PONT DE PÉRA À CONSTANTINOPLE

[ca. 1502-1504]
L, 66 r.

Largeur, quarante brasses, hauteur au-dessus de l'eau, soixante-dix brasses, longueur six cents brasses, c'est-à-dire quatre cents au-dessus de la mer et deux cents posant sur la terre ferme, formant ainsi des aboutements[1].

*

[ca. 1502-1504]
L, 72 r.

Dans la Romagne, capitale de tous les imbéciles, on se sert de chariots munis de quatre roues pareilles, ou deux basses devant et deux hautes derrière, et ceci entrave beaucoup le mouvement, un poids lourd portant sur les roues de devant plus que sur celles de derrière, comme je l'ai montré dans la première [proposition] du cinquième [discours], intitulé « Des éléments ».

Et ces premières roues se meuvent moins facilement que les grandes en sorte qu'en augmentant le poids par-devant on diminue la puissance motrice et ainsi la difficulté est double.

[Diagramme.]

Ici, le levier de *a*, la plus grande roue, est trois fois supérieur à celui de la petite roue ; par conséquent, la petite rencontre trois fois plus de résistance ; et pour y ajouter cent livres, [il faut ajouter] deux cents de plus à la petite [roue]. Vois ce que cela fait.

*

[Note sur les positions respectives de villes entre Bologne et Forli.]

[ca. 1502-1504]
L, 88 v.

Imola voit Bologne à cinq rumbs[2] au nord-ouest à une distance de vingt milles.

Castel San Pietro est vu d'Imola à mi-chemin entre l'ouest et le nord-ouest, à une distance de sept milles.

Par rapport à Imola, Faenza est exactement entre l'est et

1. Il semble que le projet n'eut pas de suite. Le Dr Richter rappelle comment, quatre ans *après*, quand Michel-Ange quitta brusquement Rome, il entretint l'idée de se rendre à Constantinople où G. Vasari et Condivi déclarent tous deux que ses services avaient été requis pour construire un pont reliant Constantinople à Péra.

2. Ms. : « *5/8 di ponente inver maesstro* ». (*N.d.T.*)

le sud-est à dix milles. Forli est, par rapport à Faenza, juste entre le sud-est et l'est, à deux milles d'Imola et dix de Faenza.

Forlimpopoli est dans la même direction, à vingt-cinq milles d'Imola.

Bertinoro est, par rapport à Imola, à cinq rumbs entre l'est et le sud-est, à vingt-sept milles.

⁂

De Bonconvento à Casanova, dix milles ; de Casanova à Chiusi, neuf milles ; de Chiusi à Pérouse, douze milles ; de Pérouse à Sainte-Marie-des-Anges et de là à Foligno. *[ca. 1502-1504] L, 94 v.*

⁂

[Dessins.]

Roc massif de Mugnone, que l'eau a creusé en forme de vasque. On dirait une œuvre faite de main d'homme, tant elle est exacte. *[1508] B. M. 29 v.*

⁂

[De la brèche d'Abila et de Calpe dans le détroit de Cadix.]

La brèche d'Abila et de Calpe dans le détroit de Cadix réduit considérablement les fleuves qui descendent des Alpes et courent au septentrion. Et cela est prouvé du fait qu'avant la formation de cette brèche dans les montagnes de Cadix, le niveau de la mer Méditerranée était très élevé et surpassait la hauteur de trois parties des Alpes, et la mer qui pénétrait par les passages et veines de la terre, était très haute et abondante ; après cette coupure de Cadix, le niveau de la Méditerranée en cet endroit s'abaissa, lesdits passages élevés demeurèrent vides de leurs eaux et les fleuves perdirent l'abondance de leur flux. *[ca. 1508-1510] B. M. 168 v.*

⁂

[Dessins.]

Quand deux fleuves s'entrecroisent, celui-là sera de moindre profondeur, dont le courant est plus lent. *[ca. 1504] B. M. 271 r.*

Quand le Rifredi *b* rencontre le paresseux Arno, le lit de cet Arno s'élève ; et le torrent de Rifredi le consume et provoque une soudaine profondeur.

Vue du Val d'Arno à vol d'oiseau (*Madrid II*, 22 v. et 23 r.).

·◆·

[ca. 1503-1504]
RL 12279

On ignore pourquoi l'Arno ne reste jamais dans son lit. C'est que les fleuves qui le traversent déposent à leur entrée de la terre qu'ils emportent de l'autre côté, déterminant ainsi un coude du fleuve à cet endroit.

Le parcours de l'Arno est de six milles, de la Caprona à Livourne, et douze à travers les marais qui s'étendent sur trente-deux milles, et seize au-dessus de la Caprona, ce qui fait quarante-huit ; par l'Arno, depuis Florence, la distance est de seize milles ; jusqu'à Vico seize milles, et le canal en a cinq ; de Florence à Fucechio, il y a quarante milles par les eaux de l'Arno.

Cinquante-six milles, par l'Arno, de Florence à Vico ; et par le canal de Pistoia, il y a quarante-quatre milles ; donc, la route est plus courte de douze milles par le canal que par l'Arno[1].

·◆·

[Carte d'Imola.]

[1502]
RL 12284

Imola, par rapport à Bologne, est à cinq rumbs nord-ouest-ouest, et la distance est de vingt milles ; Castel San Pietro, à sept milles d'Imola, entre l'ouest et le nord-ouest.

La direction de Faenza, depuis Imola, est exactement à mi-chemin entre l'est et le sud-est et à une distance de dix milles ; et il en est de même pour [la direction] d'Imola à Forli où la distance est de vingt milles, et de Forli à Forlimpopoli, à vingt-cinq milles l'une de l'autre. La direction de Bertinoro, depuis Imola, est : cinq rumbs sud-est-est, à une distance de vingt-sept milles.

·◆·

1. G. Vasari fait allusion à l'intérêt que Léonard portait à un plan de canal allant de Pise à Florence. Des documents attestant son activité relative au projet de détourner l'Arno dans une guerre contre Pise, en 1503, ont été publiés dans Gaye, *Carteggio inedito*, et par Milanesi, *Archivio Storico Italiano*, série III, tome XVI.

POUR L'AUTEL DE VÉNUS

[ca. 1508-1510]
RL 12591 r.

Tu feras des degrés de quatre côtés, pour accéder à un plateau formé par la nature au sommet d'un roc ; fais creuser ce roc, et que des piliers l'étayent par-devant. Au-dessous, sera percé un grand portique, où, à l'intérieur de niches en demi-lune, l'eau coulera dans des bassins de granit, de porphyre et de serpentine, et toujours débordera. En face de ce portique, vers le septentrion, qu'il y ait un lac avec une petite île au milieu, et sur cette île, un bosquet touffu et ombreux.

L'eau qui se trouve au sommet des colonnes se déversera dans des vases dressés à leur pied d'où s'écouleront de petits filets d'eau.

De la côte. En quittant la côte de Cilicie dans la direction du midi, tu découvres la beauté de l'île de Chypre, qui

⁂

[ca. 1508-1510]
RL 12591 v.

Du littoral méridional de la Cilicie, on peut voir au sud la belle île de Chypre, jadis royaume de la déesse Vénus ; nombreux sont ceux qui, attirés par son charme, eurent leurs vaisseaux et haubans brisés sur les récifs, dans le bouillonnement des vagues. Ici, la beauté de quelque douce colline invite les mariniers errants à se récréer parmi ses verdures fleuries, où passent et repassent sans cesse les zéphirs qui embaument de parfums suaves l'île et la mer environnante. Hélas, combien de navires y ont sombré ! Que de vaisseaux se sont brisés sur ces écueils ! L'on peut y voir d'innombrables navires ; quelques-uns en pièces et à moitié enfouis dans le sable ; ici la poupe de l'un, là une proue, ici une quille, là une carène ; et si grande est la masse qui couvre toute la rive septentrionale qu'on dirait un jugement dernier, avec la résurrection des navires morts. Les bruissements des vents nordiques, en y résonnant, produisent des sons étranges et terribles.

⁂

[ca. 1506-1508]
Leic. 18 r.

Des eaux du lac de Viterbe qui se changent en vapeur.

Comment le feu de Mongibello[1] est alimenté à des milliers de milles de sa bouche.

1. Le mont Etna.

⁂

[ca. 1506-1508]
Leic. 27 v.

Comment à Bordeaux, qui est près de la Gascogne, la mer monte d'environ quarante brasses avant de se retirer, et les eaux salées inondent le fleuve sur plus de cent cinquante milles ; et les navires qu'on radoube y sont laissés, hauts et secs, au sommet d'une montagne élevée, au-dessus du lieu d'où la mer s'est retirée.

Comment au-dessus de Tunis, le reflux est plus prononcé qu'[ailleurs] en Méditerranée, d'environ deux brasses et demie ; et à Venise, la diminution est de deux brasses ; et dans toutes les autres parties de la Méditerranée elle est insignifiante ou nulle.

Comment, à brève échéance, le fleuve Pô sera cause que la mer Adriatique se desséchera tout comme il a desséché une grande partie de la Lombardie.

XVI

ATMOSPHÈRE

« L'air se meut comme un fleuve et emporte avec lui les nuages, comme l'eau courante charrie tout ce qui flotte à sa surface. »

La surface est le nom donné aux frontières qui séparent le corps de l'air, ou, plutôt, l'air des corps, autrement dit ce qui est inclus entre le corps et l'air qui l'environne ; et si l'air est en contact avec le corps, il ne reste point place pour un autre corps ; dès lors, il est permis de conclure que la surface n'a point de corps et n'a donc pas besoin de place. *[ca. 1498] C. A. 189 v.*

La surface est le nom qu'on donne à ce qui sépare les corps de l'air environnant, tu préféreras peut-être dire : ce qui divise ou sépare l'air des choses intégrées en lui.

Et si l'atmosphère et les corps qu'elle contient sont en contact constant, sans interstice entre eux, la surface étant ce qui indique la forme des corps, elle a une existence en soi. Si l'atmosphère et le corps se touchent, il ne restera aucun espace entre eux, et nous en conclurons que la surface a une existence, mais point d'espace. Par conséquent elle égale néant, et tout le néant du monde est égal à sa plus minime partie, si tant est qu'il puisse en avoir une. Voilà pourquoi nous pouvons dire que surface, ligne et point sont équivalents, et que chacun est égal aux deux autres réunis.

La surface est le nom de cette séparation que le corps de l'air forme avec les corps enclos en lui. Elle ne participe point du corps qui l'environne, non plus que de celui qu'elle entoure ; au contraire elle forme le contact de ces corps entre eux.

Si donc ils sont en contact continuel, il est nécessaire que rien ne s'interpose entre eux, et dès lors la surface qui y est incluse n'est rien. Cette surface a un nom mais point de substance, car toute substance occupe une place. N'en occupant pas, elle ressemble au néant, qui a un nom sans posséder de substance ; donc, la partie de rien n'ayant rien sauf le nom et étant dépourvue de substance, elle est égale au tout ; d'où nous concluons que le point et la ligne équivalent à la surface.

ÉLÉMENTS DU FEU. RÉGION MÉDIANE DE L'ATMOSPHÈRE

[Dessin.]

[ca. 1506-1508]
C. A. 205 r.

L'atmosphère interposée entre le feu et l'eau participe de l'eau et du feu, mais davantage de celui des deux éléments dont elle est plus rapprochée. Il s'ensuit que moins elle participe d'eux, plus elle en est éloignée. Cet éloignement se produit dans la région médiane de l'atmosphère, qui se trouve au premier degré du froid.

Par conséquent, la partie du nuage en contact plus étroit avec la région médiane se refroidit le plus ; donc, la chaleur de la sphère de feu du nuage qui attire et qui meut, a une force moindre, d'où il résulte que les mouvements des particules humides dont le nuage est formé sont plus lents ; dès lors, plus elles s'élèvent, plus elles se rapprochent de la région médiane, et plus le mouvement se ralentit ; l'humidité qui suit [la première], étant plus rapide qu'elle, l'atteint par-dessous et se mélange à elle, accroissant ainsi sa quantité et son poids. Alors, l'atmosphère incapable de la soutenir, lui livre passage ; et dans sa descente, elle heurte toutes les gouttes qui interrompent sa course et s'en incorpore de nombreuses ; et en acquérant du poids, elle acquiert de la vélocité [...] C'est pourquoi, après avoir pénétré toutes les couches du nuage à chaque stade de sa descente, son allure se ralentit, et bien souvent ces particules n'atteignent pas le sol. Si donc ces particules, au point le plus élevé de leur hauteur, acquièrent tant de pesanteur que leur poids provoque une chute rapide, ce mouvement accroîtra évidemment leurs dimensions, car leur rapidité leur fera rattraper les gouttes qui descendent au-dessous d'elles et se les incorporer, ce qui produira une augmentation de poids à tous les stades de la descente.

La descente des gouttes qui se heurtent sans vent, ne sera pas rectiligne, mais s'effectuera obliquement.

On le prouve, attendu que, si deux corps se heurtent dans l'air, c'est celui dont le volume est moindre qui déviera le plus de sa course.

Et si deux particules de rosée ou de vif-argent, de grandeur diverse, se joignent, chacune sera déplacée de sa position, et il y aura même rapport entre leurs mouvements qu'entre leurs dimensions.

La goutte de ce liquide sera de sphéricité plus parfaite, qui sera de moindre

Pourquoi, si deux liquides sphériques, de quantités inégales, entrent en mutuel contact, le plus grand attire-t-il à soi le moindre et se l'incorpore-t-il aussitôt, sans détruire la perfection de sa propre rotondité ?

Encore qu'il soit malaisé de répondre, je ne m'abstiendrai pas de donner mon opinion. L'eau revêtue par l'atmosphère tend naturellement à s'unir à sa sphère, car dans cette position elle est privée de gravité, laquelle gravité est double ; en effet, l'ensemble a une gravité qui dépend du centre des éléments, et il en est une seconde qui dépend du centre de cette sphère aqueuse ; autrement, elle formerait en soi seulement une moitié de sphère, constituée par la partie qui monte du centre ; et je ne vois pas comment l'intellect humain pourrait concevoir ceci, s'il n'applique la définition de l'aimant qui attire le fer : à savoir que cette vertu est une des propriétés que la nature recèle en nombre infini.

Mais on pourrait demander pourquoi la petite sphère de liquide possède plus grande perfection que la grande. La réponse sera que la légèreté de la petite goutte offre plus d'analogie que celle de la grande avec l'atmosphère qui l'environne, et à cause de cette faible différence, l'atmosphère la soutient davantage – à partir de son centre et plus bas – que la grande goutte. On le prouve par l'exemple des gouttelettes, presque imperceptibles à force d'être petites mais qui deviennent visibles quand elles sont agglomérées en grande quantité ; et ce sont les particules qui vont former les nuages et le brouillard.

Pourquoi l'air immergé s'élève enveloppé d'une couche

d'eau qui se dépose à sa surface sous forme de demi-sphère. Si l'eau est fangeuse, elle formera une sphère dans l'air.

[Dessin.]

Bulle ou plutôt vésicule d'eau. Tu feras une expérience avec ces bulles flottant sur un peu d'eau, dans un bassin ; grâce aux rayons solaires, elles produiront au fond du bassin des images en forme de croix.

[ca. 1515-1516]
C. A. 266 v.

L'air et le feu sont compressibles à l'infini, comme il ressort des bombardes et de la foudre.

[ca. 1490]
C. A. 278 r.

Le corps de l'air est plein d'un nombre infini de pyramides rayonnantes formées par les objets inclus en lui ; ces pyramides s'entrecroisent et s'entremêlent sans se déplacer mutuellement et se confondent dans leurs courses séparées à travers tout l'air environnant ; elles sont de puissance égale, toutes ayant autant de capacité que chacune isolément, et chacune autant que toutes ; par elles, l'image du corps est transmise tout entière dans le tout et tout entière dans la partie, et chacune reçoit en elle, en ses moindres parties, la cause tout entière.

[ca. 1515]
C. A. 333 r.

Le mouvement de la foudre qui naît dans le nuage est courbe, à cause de sa flexion dans le passage du dense au rare, cette densité étant occasionnée par la violence du mouvement. Car la foudre ne pouvant s'étendre dans sa direction originelle, s'engage dans la voie la plus accessible et la suit jusqu'à ce qu'elle ait créé le second obstacle ; ainsi, en observant cette règle, elle continue jusqu'à la fin.

[ca. 1508]
C. A. 362 r.

Pourquoi la flamme ne se produit que sur un espace où il y a de la fumée, et pourquoi elle ne frappe pas, sauf par sa fumée. C'est que les flammes, en frappant l'air, se divisent en pyramides reliées par des extrémités courbes, concaves et non convexes ; et de même fait l'air dans l'eau.

⁂

Le fait que l'atmosphère, comme un aimant, attire à soi toutes les images des choses environnantes, et non seulement leur forme matérielle, mais aussi leur nature, se manifeste avec évidence dans le cas du soleil, corps chaud et lumineux. Toute l'atmosphère exposée à son influence est chargée, en toutes ses parties, de lumière et de chaleur, et elle reçoit intégralement en elle la forme de ce qui est la source de cette chaleur et de ce rayonnement ; et ainsi fait-elle en chacune de ses plus infimes parties. L'aiguille de la boussole démontre qu'il en est ainsi de l'étoile polaire également, tout comme de chaque plante, sans qu'elles subissent aucune diminution. *[ca. 1490] C. A. 380 v.*

Parmi les produits terrestres, on constate le même phénomène à propos du musc et autres odeurs.

⁂

Le nuage porté par la chaleur qu'il recèle à revers du disque de feu, atteint la région froide de l'air, glacée à l'extérieur mais non au-dedans, car la chaleur qui l'a élevé le préserve d'un tel froid ; et de ceci trois phénomènes dérivent. Le premier est l'évaporation de l'humidité, qui après avoir été prisonnière du froid s'en sépare et, s'étant dissoute en vapeur, produit un vent furieux ; le second est la pluie provenant de l'accumulation des particules de vapeur humide, car celles qui ont un mouvement rapide étant chassées par la chaleur, se heurtent contre les plus lentes, et lorsqu'elles rencontrent la partie du nuage dont les extrémités refroidissent, les particules d'humidité s'agglutinent, acquièrent du poids et ainsi descendent à terre, en grosses gouttes ; au bord de ce nuage, les particules humides gèlent constamment et se changent en boules de grandeurs diverses que l'intensité du froid empêche de se dilater ; mais elles se réunissent en un mouvement rapide, à l'endroit où naquit la sphéricité de la goutte ; voilà pourquoi la grêle se compose de plusieurs rondeurs agglomérées. *[ca. 1515] C. A. 436 r.*

⁂

Les éléments se muent l'un en l'autre, et quand l'air se change en eau, à la suite de son contact avec la région froide de l'atmosphère, celle-ci tire avec violence à soi tout l'air environnant accouru furieusement pour remplir la place qu'a *[ca. 1508-1509] C. A. 461 r.*

laissée vide l'air enfui ; ainsi, une masse se meut à la suite de l'autre, jusqu'à ce qu'elles aient en partie comblé l'espace d'où l'air s'est détaché ; et ceci est le vent.

Mais si l'eau se mue en air, alors l'air qui tout d'abord occupait l'espace où afflue l'apport susdit, doit forcément céder la place, avec fougue et rapidité, à l'air nouveau ; et ceci est le vent.

La brume qui est dans le vent est déterminée par la chaleur ; le froid la détruit, la bannit, la chasse devant lui et où la chaleur est refoulée, il ne reste plus que le froid. Et comme la brume chassée ne peut ni s'élever, en raison du froid qui la refoule vers la terre, ni descendre à cause de la chaleur qui l'élève, elle est donc obligée d'avancer de biais ; pour ma part, j'estime qu'elle n'a point de mouvement propre ; car les forces étant égales, elles compriment également la substance médiane, et si d'aventure elle s'évadait, la fugitive serait dispersée et éparpillée en tous sens, comme une éponge imbibée d'eau que l'on presse et dont l'eau exprimée coule du centre dans toutes les directions. Ainsi la tramontane se trouve engendrer tous les vents simultanément.

[Des vents.]

[ca. 1508-1509]
C. A. 461 v.

Le vent du nord nous venant des lieux élevés et glacés, il ne peut dégager d'humidité ; par conséquent sa frigidité et sa sécheresse font qu'il est pur et impollué, ce pourquoi il est fort léger en soi mais sa vélocité confère de la puissance à ses coups.

Le vent du sud n'a pas la même pureté ; chaud et sec, il dissout l'épaisseur des brumes qu'exhale la Méditerranée et celles-ci suivent son sillage et se fondent en lui ; voilà pourquoi quand il frappe l'Europe, il devient naturellement chaud, humide et lourd ; et bien que de mouvement indolent, il ne le cède pas en puissance au vent du nord.

Tout vent est, par essence, froid et sec, mais il accueille les différentes propriétés des lieux qu'il traverse, laissant sur son passage l'humidité et le froid aux lieux secs et chauds et leur empruntant leur sécheresse et leur chaleur. Ainsi, partout où il se meut il revêt des attributs différents et perd de son pouvoir en devenant chaud et sec ; et quand il reprend ce qu'il avait laissé derrière lui, il récupère en même temps les forces dont il est parlé plus haut, car à mouvement égal, la chose qui aura plus grand poids produira la plus grande percussion, et ainsi, inversement, la plus légère produira la percussion moindre.

Lorsqu'en été le soleil retourne aux régions africaines, l'humidité accrue de l'hiver se dissout et son volume augmentant, elle recherche avec furie des endroits qui puissent contenir cet accroissement. Et ceci est le vent du sud, qui, en automne, chasse devant lui les vapeurs marines de la Méditerranée et les condense au-dessus de nos pays, jusqu'à ce qu'elles retombent par incapacité de se maintenir.

Lorsque plusieurs vents luttent ensemble, les vagues de la mer n'ayant pas le champ libre, s'entrechoquent, se dressent et font sombrer les navires ; dans ce conflit, le vent le plus fort sera vainqueur parce qu'il est plus léger et moins enchevêtré ou confondu avec les autres.

•◆•

[ca. 1490-1493]
C. A. 490 v.

Tous les objets ont leurs images et ressemblances projetées et mêlées ensemble à travers l'étendue entière de l'atmosphère environnante. L'image de chaque point de leur surface matérielle existe dans chaque point de l'atmosphère, et toutes les images des objets sont dans tous les points de cette atmosphère. L'ensemble et la partie de l'apparence de l'atmosphère sont contenus en chaque partie de la surface des objets placés en face d'elle. Voilà pourquoi les images des objets se trouvent, partie et tout, dans le tout et dans chaque partie de l'atmosphère qui est en face d'eux ; et la substance atmosphérique est reflétée dans le tout et dans chaque partie de leur surface. Il est donc évident que la ressemblance de chaque objet, soit dans son ensemble soit en une de ses parties, se trouve de façon interchangeable en chaque partie et dans l'ensemble des objets placés en face d'elle, comme on le voit avec un jeu de miroirs qui se font vis-à-vis.

•◆•

[ca. 1505]
C. A. 493 v.

Ces vents qui dans leur descente flagellent les pentes des montagnes inclinées vers la mer, pénètrent dans son lit et forment des vagues dont les flancs ressemblent aux bords d'où elles viennent. Souvent des espaces profonds et étroits les séparent, comme je l'ai dit dans le livre sur le mouvement de l'eau. Cette tempête ne dure qu'un bref moment après le choc du vent ; ayant frappé, il bondit en arrière dans l'air jusqu'à ce qu'il trouve l'autre vent, et se heurtant contre lui, il le comprime puis d'un saut redescend, comme les fleuves quand ils frappent les rives.

Aux sommets des montagnes, le vent a une grande densité ainsi que dans les goulots des vallées très encaissées. L'entrée des vents qui s'y affrontent, l'un au-dessous de l'autre, en mouvements contraires, peut tenir à deux raisons : le mouvement réfléchi du vent qui recule après avoir frappé les monts, ou le choc qui se produit quand les parties plus faibles de vents contraires se heurtent aux plus fortes. Leurs révolutions ou remous naissent en eux lorsque après s'être déployés pour embrasser les montagnes ou quelque édifice, ils se rejoignent et frappent avec élan ; leurs mouvements réfléchis ne sont pas rectilignes, le vent étant arrêté dans sa propre sphère parce qu'il est mû par une substance analogue à la sienne, capable de refréner et de dévier son impulsion directe. Alors, impuissant à s'étendre, il cherche à épuiser son élan par un mouvement [courbe] et, dans sa volonté de réussir, il monte pour trois raisons : d'abord, parce qu'il ne peut virer immédiatement suivant les lignes mêmes de sa descente ; secondement parce qu'ils [les vents] se heurtent sous des angles inférieurs à des angles droits, et parce qu'ils ne peuvent rebondir en arrière selon des lignes égales à celles de leur incidence.

[Nuages, vents et foudre.]

[ca. 1487-1490]
C. A. 564 v.

Comme l'eau s'exprime par les divers côtés de l'éponge pressée, ou comme l'air s'échappe du soufflet, ainsi des nuages ténus et diaphanes refoulés vers le haut par la réfraction de la chaleur, et dont la portion supérieure entre la première en contact avec la région froide, où elle demeure dans le froid et la sécheresse, en attendant sa compagne. Cette partie inférieure, pendant son ascension vers la partie stationnaire, agit à la manière d'une seringue sur l'air qui se trouve au centre ; et l'air s'échappe de biais vers le bas, sans pouvoir monter, l'épaisseur du nuage l'empêchant de le pénétrer.

Voilà pourquoi tous les vents qui guerroient sur la surface terrestre viennent d'en haut et en se heurtant à la résistance de la terre, opèrent un mouvement de recul ; et ce [vent] quand il cherche à s'élever de nouveau, trouve sur son chemin l'autre vent qui descend et qui empêche son ascension ; le mouvement d'élévation est donc contraint de rompre son ordre naturel et par un chemin de traverse il poursuit sa course impétueuse qui sans cesse rase la surface de la terre. Et quand les vents frappent les eaux salées, leur empreinte est nettement visible dans l'angle créé par la ligne d'incidence et celle du recul d'où partent les vagues fières, menaçantes et dévorantes dont l'une est en grande partie génératrice de l'autre.

Ici, quelqu'un songera peut-être à me blâmer en alléguant, pour réfuter mon assertion au sujet des vents, qu'ils ne sauraient avoir pour cause les nuages, car il faudrait alors que l'un d'eux s'immobilisât et donnât l'impulsion à un autre, ce qui ne semble point le cas ; en effet, quand souffle le vent du nord, tous les nuages se rassemblent et fuient devant lui. La réponse à ceci est que lorsque, dans l'air calme, tout un groupe de nuages s'élève à une certaine hauteur - où comme nous l'avons dit, ils se pressent ensemble -, la violence de l'air qu'ils expriment crée un mouvement si grand que tu peux le voir se communiquer aux autres nuages, de moindre grandeur. Et comme ils poussent également l'air devant eux, ils se donnent une raison de fuir davantage, car lorsqu'un nuage se trouve soit parmi d'autres, soit isolé, s'il produit du vent dans son sillage, l'air qui est entre lui et celui qui lui succède se multiplie et agit comme la poudre dans la bombarde, qui expulse de son voisinage les corps moins lourds et les poids plus légers. Ainsi donc, le nuage, quand il chasse le vent vers les autres qui offrent une résistance, les met en fuite et en envoyant devant lui cette avant-garde de vents, il augmente le volume du reste. S'il les chassait transversalement, il produirait une sorte de cercle rotatoire autour de quelque nuage et ensuite s'en reviendrait avec les autres.

De même que la chaleur naturelle répandue dans les membres humains est combattue par le froid ambiant - son contraire et son ennemi - et se trouve refoulée vers le lac du cœur et le foie, forteresse et bastille où elle se retranche, ainsi se comportent les nuages - composés de chaleur et d'humidité, et l'été, de vapeurs sèches -, quand ils sont dans la région froide et sèche, à la manière de certaines fleurs et feuilles qui, sous l'action de la gelée blanche se blottissent les unes contre les autres pour offrir une résistance plus grande.

Donc, au premier contact avec le froid, ils commencent à résister et ne désirent point passer outre ; les autres, ceux d'au-dessous, continuent sans cesse à s'élever et la partie supérieure qui est stationnaire, s'épaissit ; chaleur et sécheresse reculent vers le centre, la partie supérieure qu'a désertée la chaleur commence à se glacer, ou plus exactement à se dissoudre et les nuages d'en bas continuant de s'élever, leur chaleur se rapproche du froid et ainsi, contrainte de faire retour à son élément primitif, elle se transforme soudain en feu, lequel feu sinuant à travers la vapeur sèche, provoque grande dilatation au milieu du nuage ; il s'enflamme dans le nuage refroidi et produit un bruit analogue à celui de l'eau qui tombe sur la poix ou l'huile bouillante, ou du cuivre en fusion plongé dans l'eau froide. Ainsi chassé par son contraire, il ébranle le nuage qui voudrait lui résister, et, se heurtant contre l'air, brise et détruit tout ce qui s'oppose à lui ; et c'est la foudre.

[ca. 1513-1514]
C. A. 566 r.

L'air est compressible à l'infini ; à preuve le mouvement extrêmement rapide de la lueur que génère le puissant tonnerre des cieux ; elle s'infléchit et se tord en tous sens d'autant plus que l'air et le nuage devant lui sont comprimés et

Exemples de foudre.

L'évaporation de l'eau sur les charbons ardents suit le même processus que le feu s'enflammant parmi les nuages ; la violence de leur évaporation restreint le cours de la lueur éclatante qui vient de se créer ; autrement dit, comme l'eau se change en vapeur à mesure qu'elle augmente, ainsi le nuage se vaporise et se mue en air et l'accroissement de cet air entrave et limite la flamme engendrée en lui.

[ca. 1508-1510]
C. A. 648 r.

La flamme commence et finit dans la fumée.

La fumée génératrice de la flamme a une chaleur beaucoup plus forte que celle où cette flamme se consume, la première contenant la puissance naissante de la flamme, et la dernière, son agonie.

Le bois jeune et sec produira une fumée d'un bleu beaucoup plus intense que le bois vieux et mouillé.

La flamme bleue qui sépare l'obscurité de la lumière, naît entre la portion nutritive de la chandelle et sa flamme ; sa chaleur et son éclat sont plus grands que la fumée et moindres que la flamme ; et la vapeur ne peut se transformer en flamme sans d'abord se muer en cette couleur bleue ; cela se reconnaît dans le cas de la fumée.

La flamme est une fumée condensée, formée par la rencontre de l'air qui se trouve dans cette fumée bleue, laquelle

La fumée bleue est le passage de la nourriture matérielle que constitue la graisse de la chandelle. La fumée blanche dont s'environnent les vestiges de la flamme, marque le passage spirituel de la flamme de cette chandelle, qui dans sa partie inférieure se mélange avec la partie supérieure de la fumée bleue, et dans sa partie supérieure, avec la fumée émanant de la flamme de la chandelle.

⁂

Écris pourquoi le campanile frémit au son de ses cloches. *[ca. 1514-1515]* *C. A. 659 v.*

⁂

Les vents du sud sont plus puissants dans les régions septentrionales que dans le midi, et l'été que l'hiver car le soleil dissout toute l'humidité qui s'élève de la mer Méditerranée, chose impossible pendant les rigueurs de l'hiver ; de ces vapeurs, quelques-unes montent et se résorbent en eau. Mais quand le soleil a franchi le cercle de l'équinoxe et que c'est ici l'hiver et là-bas l'été, il désagrège à mesure qu'elles s'élèvent toutes les vapeurs, qui glissent en ondes aériennes jusqu'aux principales [montagnes] d'Europe ; là, se heurtant au froid de l'automne, elles se changent en pluie, se condensent en neige, tombent en rafales neigeuses et ainsi, peu à peu, étouffent l'haleine de ces vents. *[ca. 1503-1504]* *C. A. 668 r.*

⁂

Où la flamme ne peut vivre, aucun animal qui respire ne peut vivre. *[ca. 1508-1510]* *C. A. 728 r.*

L'excès de vent éteint la flamme, le vent modéré la nourrit.

⁂

[De la flamme et du vent.]

[ca. 1508-1510]
C. A. 728 v.

La partie inférieure de la flamme forme son principe, par où passe toute sa nourriture de graisse ; et elle a d'autant moins de chaleur par rapport au reste de la flamme, qu'elle a moins d'éclat ; elle est de couleur bleue, et constitue la partie où l'aliment s'expulse et s'élimine.

L'une a la flamme la plus vive et l'autre est la première à naître quand la flamme se crée ; elle vient au monde sous une forme sphérique et après une vie fugitive, elle produit au-dessus d'elle une très petite flamme éclatante, en forme de cœur, la pointe tournée vers le ciel ; celle-ci se multiplie continuellement, à l'infini, en s'incorporant la substance qui l'alimente.

La flamme bleue est sphérique parce que sa chaleur n'est pas assez grande pour dépasser la légèreté de l'air ; elle n'affecte donc point figure pyramidale et conserve la forme sphérique jusqu'à ce qu'elle ait suffisamment chauffé l'air autour d'elle ; l'échauffement de l'air s'opère particulièrement au-dessus du foyer de chaleur principal de la flamme bleue, la chaleur étant produite par cette partie où la flamme a tendance naturelle à se porter, c'est-à-dire vers la sphère du feu, par la voie la plus courte. Voilà pourquoi le feu naît dans la partie supérieure de la flamme bleue sphérique, en une petite figure ronde, dont la rotondité s'élargit aussitôt et forme un cœur, la pointe tournée vers le ciel. Cette figure, aussitôt, en se dilatant rapidement, triomphe de la force qui l'alimente et pénètre l'air qui l'enveloppe. Mais la couleur bleue subsiste à la base de la flamme, comme en témoigne la lumière de la chandelle ; la flamme y est toujours moins chaude qu'ailleurs, car c'est là qu'a lieu la première rencontre qui assure la nutrition de la flamme par la flamme, et c'est là aussi que naît la chaleur originelle, laquelle est plus faible et dégage moins de calorique, n'étant encore que le point de départ de la chaleur, etc.

Ce vent aura le mouvement le plus bref, dont le début sera le plus impétueux ; le feu nous l'enseigne quand il explose hors des mortiers, car il nous montre la forme et la vélocité du mouvement dans la fumée, lorsqu'il pénètre l'air qui lui est opposé en une révolution brève et qui se propage au loin.

Mais l'impétuosité du vent est capricieuse, comme le prouve la poussière qu'il soulève dans l'air, en ses sinuements et tourbillons divers. On observe dans la chaîne des Alpes comment le choc des vents est dû à l'impétuosité des forces différentes. On voit également comment les pavillons des navires flottent dans des directions différentes ; comment, sur mer, une partie de l'eau est frappée et non l'autre ; et il en va de même sur les places et les bancs de sable des fleuves où la poussière est furieusement balayée en tel endroit plutôt qu'en tel autre. Ces effets nous permettant d'expérimenter la nature de leurs causes, nous pouvons dire avec certitude que le vent le plus impétueux à l'origine aura le mouvement le plus bref, conformément à l'expérience précitée au sujet de la brièveté du mouvement de la fumée sortant de la bouche du mortier. Ceci est dû à la résistance de l'air, comprimé par la percussion de cette fumée qui, elle aussi, comme il a été clairement montré, témoigne de sa compression en résistant au vent. Néanmoins si le vent est lent, il s'étendra tout droit sur un long parcours, attendu que l'air qu'il pénètre ne se condensera pas en face de lui en entravant son mouvement, mais qu'il se dilatera promptement et se déploiera sur un très grand espace.

DES VENTS EN TOURBILLONS

Quand un vent a été divisé par des montagnes, ou quelques autres éminences, s'il affecte, en regroupant ses parties, la forme d'un rectangle, son mouvement consécutif à cette réunion sera giratoire, et en forme de colonne torse. Si les vents ainsi réunis sont égaux, la colonne ne changera point de position ; sont-ils inégaux, elle se déplacera dans la direction du vent le plus faible.

•◆•

Le feu ou toute autre chaleur allège l'humidité et la rend moins pesante que l'air, ce pourquoi elle s'élève jusqu'à sa région médiane ; aussi, le feu ou la chaleur infus dans ce nuage y rencontrant le maximum de froid atmosphérique, fuit vers le centre où sa force accrue sépare la vapeur humide de la sèche. Voilà pourquoi le feu prend naissance et transforme en vapeur une grande partie de l'humidité ambiante. À mesure qu'il s'accroît, ce processus de vaporisation le cir-

[ca. 1515]
C. A. 758 r.

conscrit ; et ainsi circonscrit et ayant acquis de la puissance, il éclate à travers le nuage dans sa partie la plus faible et fraye la voie à la foudre et au vent.

[On demande] si le vent naît dans l'air et s'il est incapable de se mouvoir, à moins d'être soutenu, à l'endroit où il résiste, par le côté opposé du mouvement, comme on le voit avec les rayons que chasse le feu ; car en raison de la percussion du feu dans l'air qui lui oppose quelque résistance, ces rayons fuient plus lentement que le feu ; sinon, ils demeureraient immobiles.

De plus, nous pouvons dire : le vent se meut en ligne droite et non circulaire comme le voulait Aristote ; le mouvement de l'orage en mer nous l'enseigne quand il n'y a aucun souffle ; car c'est là l'indice que le vent suit un chemin rectiligne en laissant au-dessous de lui la courbure de la mer.

Pourquoi les nuages sont formés de diverses figures rondes séparées par des intervalles différents.

Le mouvement de l'air provient de la dispersion et de l'agglomération de l'humidité.

La chaleur sépare et disperse, le froid assemble et congèle, ou condense.

⁂

DES GOUTTES QUI SE FORMENT DANS L'AIR

[ca. 1508]
C. A. 796 r.

Des gouttes se forment dans l'air, parmi les brumes ou les nuages à la suite de divers mouvements, lorsqu'elles se rencontrent et se condensent ou s'unissent dans le mouvement d'un même nuage, dans une même direction, si une partie du nuage est plus rapide ou plus lente que l'autre ; car la plus rapide, quand elle est derrière la plus lente, la rattrape et la dépasse dans sa course, puis la condense et transforme de nombreuses petites gouttes en une grande, qui acquiert du poids et tombe. Mais à moins que les gouttes ne soient de grosseur considérable, elles se consument dans leur frottement avec l'air traversé.

⁂

[ca. 1515]
C. A. 813 r.

Le vent humide qui se trouve dans les cavernes pourvues à la fois d'une entrée et d'une sortie, engendre l'eau, en particulier, quand leurs parois sont torses et informes ; mais cette production d'eau n'a point d'effets permanents, car lorsque le vent fait défaut, elle cesse ; et si un vent contraire entrait par la bouche opposée de la caverne, l'eau qui baignait ses parois s'évaporerait et se changerait en air ; et si la caverne a une entrée mais point de sortie, le vent humide qui frappe son orifice ne pourrait y pénétrer tant que l'air qui l'emplit n'en est pas expulsé. Ainsi, ces deux mouvements contraires ne pouvant se pénétrer mutuellement, il faut nécessairement que l'air demeuré dans la caverne se condense avec plus de facilité qu'il ne s'échappe ; et voilà pourquoi il résistera à l'entrée du vent qui le frappe.

•◆•

Les images de tout objet visible sont toutes infuses en tout l'air vis-à-vis d'elles, et toutes séparées en chacune des parties de ce même air. *[ca. 1508] C. A. 949 r.*

Les images des objets qui confusément, en se mêlant, remplissent l'air vis-à-vis d'elles, sont toutes dans la totalité de cet air et toutes en chacune de ses parties.

•◆•

Tout corps situé dans l'air lumineux emplit circulairement, de ses images, les parties infinies de l'air ; il est tout dans le tout et tout dans la partie, et va réduisant ses images à travers l'espace équidistant qui l'entoure, comme un *[ca. 1490] C. A. 1041 r.*

Des quatre éléments et deux

1. La pierre jetée à l'eau devient le centre de divers cercles, et ceux-ci ont pour centre l'endroit frappé.

2. De même, l'air est plein de cercles ayant pour centre les sons et les voix qui se forment en eux.

La pierre, quand elle frappe la surface de l'eau, crée des cercles concentriques qui vont s'élargissant et finissent par mourir ; et l'air aussi, frappé par une voix ou un bruit circulaire, va de même se perdant, en sorte que l'auditeur le plus rapproché entend mieux et le plus éloigné, moins.

COMPARAISON SUR LES FAÇONS DONT LES OBJETS PARVIENNENT À L'ŒIL

Tout comme l'air frappé par la voix, l'eau touchée par la pierre se meut d'un mouvement circulaire révélant sa cause, et ces cercles se centrent autour de l'endroit frappé, et plus ils s'en éloignent

⁂

[ca. 1495-1497]
C. A. 1090 v.

La cinquième essence est infuse dans l'air, comme l'élément du feu, encore que tous deux puissent avoir leur raison d'être en soi et par soi ; et chaque particule étant alimentée par une matière nutritive, elle se développe et sa forme s'accroît ; et si l'aliment leur est retiré, elles abandonnent le corps et retournent à leur nature primitive.

⁂

[ca. 1490]
C. A. 1101 r. a

L'air est tout dans tout et tout dans son image, en la partie placée vis-à-vis de lui.

Si cet air ne contient nul corps opaque, son ensemble a une capacité qui s'étend sur le tout et sur la partie, et la partie a une capacité qui s'étend sur la partie et sur le tout.

Nous dirons donc que l'air est tout enchevêtré avec son tout, et rempli par les rayons infinis des images des corps qu'il contient ; et il est plein d'une infinité de points dont chacun est indivisible ; et les parties de toutes les images des corps indivisibles placés en face de lui ont de la capacité ; et, dans ces points, elles sont entièrement unies et entièrement divisées et séparées sans se confondre.

Les images se propagent en pyramides à travers la totalité de cet air sans qu'aucune d'elles occupe la place d'une autre – chacune pour soi, et toutes divisées à travers toutes et unies à travers toutes.

Et bien qu'elles approchent l'œil en figure de pyramide, l'œil n'en a pas conscience, à moins de former une pyramide en face de l'objet vu

⁂

[ca. 1490]
A, 9 v.

Comme la pierre lancée dans l'eau devient le centre et la cause de cercles, comme le son dans l'air se propage circulairement, de même se déploie en cercles tout corps placé dans l'air lumineux, en emplissant les parties [d'air] environnantes d'une infinité de ses images ; et il apparaît tout entier dans le tout et tout entier en chacune des moindres parties.

⁂

DU FROID

J'ai dit que le froid dérive de deux causes : la première est que l'air est privé de chaleur ; la seconde est due au mouvement de l'air. Par lui-même l'air est froid et sec, vide de toute matière ou vapeur et il se transforme volontiers, ou plus exactement il s'imprègne de la nature et l'image des choses qui le touchent et qu'il a en face de lui. Pour celles qu'il touche, s'il se trouve en contact avec une substance âcre tel le musc ou le soufre ou quelque autre parfum violent, il s'en pénètre aussitôt ; de même si un corps lumineux est placé devant lui, tout l'air ambiant s'illuminera. *[ca. 1490] A, 39 r.*

À présent, pour en revenir au froid, je dis que, comme les nombreux rayons d'un miroir concave convergeant en un point dégagent une chaleur extrême, ainsi beaucoup de soufflets agissant sur un même point produisent un extrême froid.

•◆•

[Relatif à la visibilité.]

Tout naturellement, les gens désireux de savoir s'il pleut, regardent l'air interposé entre leur œil et quelque lieu obscur ; alors les minces fils que les menues gouttes d'eau dessinent dans l'air étant éclairés, ils se détachent aisément sur le fond sombre. Mais les gens considèrent les premiers fils, à portée de leur main, comme s'ils étaient les derniers et touchaient presque l'endroit obscur, sans s'apercevoir que cet endroit est parfois si lointain qu'il ne serait pas possible d'y distinguer une tour. *[ca. 1490-1491] C, 5 v.*

•◆•

Les couleurs du milieu de l'arc-en-ciel sont mélangées. *[ca. 1513-1514] E, couverture, 1 v.*

L'arc en soi n'est ni dans la pluie ni dans l'œil qui le voit, encore qu'il soit engendré par la pluie, le soleil et l'œil.

L'arc-en-ciel est invariablement perçu par l'œil placé entre la pluie et le corps du soleil, et donc, lorsque le soleil est au levant et la pluie au ponant, l'arc-en-ciel se produit dans la pluie occidentale.

•◆•

DE LA PUISSANCE DU VIDE QUI SE FORME INSTANTANÉMENT

[ca. 1513-1514]
E, 1 r.

J'ai vu à Milan la foudre frapper sur son côté nord la tour de la Credenza. Elle chemina tout le long de la tour avec un lent mouvement, puis soudain séparée, elle arracha et emporta une partie du mur, large et longue de trois brasses[1] et profonde de deux. Ce mur avait quatre brasses de large et il était construit de vieilles briques, étroites et petites. Son arrachement est dû au vide que provoqua la flamme de la foudre. J'ai vu des vestiges de cette même puissance dans les rochers des hauts Apennins, notamment au roc de la Vernia. Le canon produit un effet analogue, en raison du vide que laisse la flamme.

•◆•

[ca. 1508-1509]
F, 46 v.

Qu'est-ce qui obscurcirait davantage la terre ? Un nuage sombre et épais interposé entre elle et le soleil ou une quantité d'eau de volume égal au nuage, celui-ci touchant le sol comme fait l'eau ?

•◆•

[Du feu et de la lumière.]

[ca. 1508-1509]
F, 56 r.

Le feu s'accroîtrait à l'infini si le bois était indéfiniment augmenté.

La lumière de la chandelle sera d'autant moindre qu'elle est dans un endroit plus froid.

•◆•

DU VENT

[ca. 1510-1516]
G, 10 r.

L'air se meut comme un fleuve et emporte avec lui les nuages, comme l'eau courante charrie tout ce qui flotte à sa surface. On le démontre du fait que si le vent pénétrait l'air et chassait les nuages, ils se condenseraient entre lui et la force mouvante et recevraient une pression latérale aux deux extrémités opposées, tout comme la cire pressée entre les doigts.

1. Une brasse équivaut à environ 1,62 m.

DU MOUVEMENT DE L'AIR

L'air se meut lorsqu'il est attiré ailleurs pour combler un vide ou chassé par la raréfaction de l'humidité dans les nuages.

•◆•

[Course réfléchie du vent et de l'eau.]

Le vent réfléchi, quand il rebrousse chemin, domine le vent qui arrive, jusqu'à ce que s'affaiblisse ce vent réfléchi ; puis il récupère sa force en se joignant au mouvement incident. Cette puissance provient de la condensation acquise à son point de percussion, condensation qui pénètre toujours le vent incident jusqu'à l'endroit où elle se désagrège ; et sa vitesse de mouvement diminue. De même l'eau ; non, il est vrai, par condensation, mais parce qu'elle s'élève dans l'air et acquiert du poids. *[ca. 1510-1516] G, 69 r.*

•◆•

Pourquoi les vents du nord commencent-ils à souffler au solstice d'hiver et continuent-ils jusqu'au mélancolique janvier ? *[ca. 1510-1516] G, 91 r.*

Au solstice d'hiver, c'est-à-dire à la mi-décembre, les vents du nord ont leur maximum de puissance.

•◆•

COMMENT LE VENT QUI FRAPPE LE NUAGE D'UN CÔTÉ LE RETOURNE

Si le vent frappe le nuage d'un seul côté, alors, bien que sa partie opposée – je parle du nuage – soit dans l'air immobile, ce nuage sera poussé en avant et retourné, et il effectuera un mouvement circulaire comme la roue du moulin fait mouvoir l'eau. *[ca. 1510-1516] G, 91 v.*

•◆•

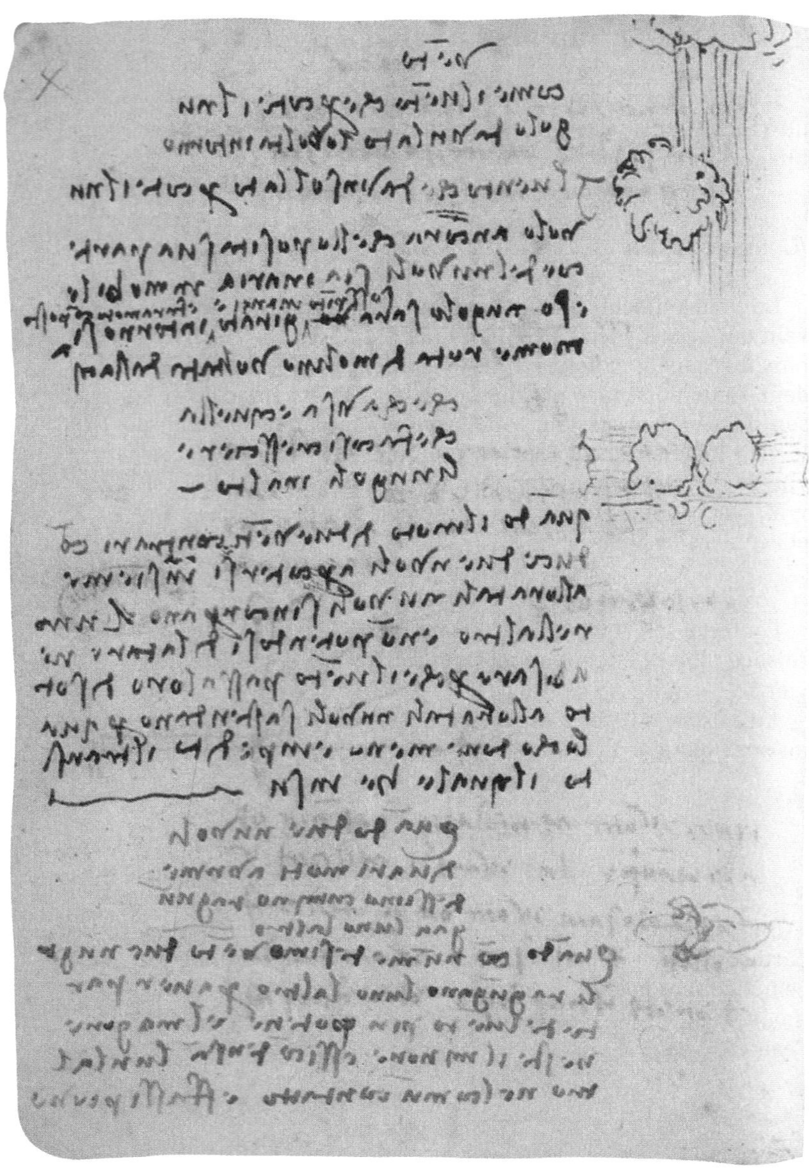

Études de l'atmosphère : vent, nuages, pluies (*G*, 91 v.).

QUELLE EST LA CAUSE QUI FAIT QUE LES NUAGES GAGNENT DE LA HAUTEUR

Quand le mouvement de deux vents contraires provoque le choc de deux nuages, ils s'incorporent l'un dans l'autre, et incapables soit de se dilater, soit de s'abaisser, en raison du vent qui passe sous eux, ils s'étendent dans le sens où leur passage rencontre le moins d'obstacle, c'est-à-dire vers le haut.

DE LA RENCONTRE DE DEUX NUAGES SE MOUVANT DIFFÉREMMENT DANS LA MÊME VOIE

Quand deux nuages se rencontrent par même vent, le plus grand, pour recevoir une partie du plus puissant vent, recouvre le plus petit ; et les deux se condensent à leur contact commun, d'où la pluie.

•◆•

Si le vent est créé par excès ou pénurie, les parties au midi qui dissolvent l'humidité qu'elles ont attirée viennent à se condenser, et ne pouvant absorber cet accroissement, elles la refoulent en arrière ; l'humidité est alors attirée soit par le vide créé dans la région froide, où elle se contracte en formant des nuages, soit dans les parties méridionales où se créent les autres nuages. *[ca. 1510-1516] G, 92 v.*

DE LA RAPIDITÉ DES NUAGES

La course du nuage est moins rapide en soi que ne l'est son ombre courant sur la terre. On le prouve ; soit *e* le corps solaire, *a* le nuage et *c* son ombre ; alors, à mesure que le nuage se meut de *a* en *b*, l'ombre ira de *c* en *d* ; d'où il résulte que, de même que les ombres passant de la terre au nuage sont formées de lignes qui convergent au centre du soleil, nous pouvons dire, en vertu de ma quatrième [règle] que mon énoncé est vrai, car cette quatrième établit : les sections équidistantes de l'angle de deux lignes convergentes, seront d'autant moindres qu'elles seront plus rapprochées du point de jonction ; voilà pourquoi les nuages étant plus près du soleil que leur ombre, celle-ci, sans nul doute, voyagera plus loin sur terre que le nuage à travers l'air, dans le même temps.

⁂

[ca. 1494]
H, 77 (29) v.

L'atmosphère est bleue à cause de l'obscurité au-dessus d'elle, car le mélange du noir et du blanc donne le bleu.

⁂

[ca. 1494]
H, 89 (41) r.

La partie du nuage la plus rapprochée de l'œil semble plus rapide que la plus haute ; voilà pourquoi elles paraissent souvent se mouvoir en sens contraire l'une de l'autre.

⁂

[ca. 1497]
I, 76 (28) v.

Des formes que prend un élément en pénétrant dans un autre.

L'air qu'exhale le feu fera tourner le moulin comme fera le feu sortant de l'air, et de même, l'air tombant de l'eau ainsi que l'eau tombant de l'air et que la terre tombant de l'eau ; et tu décriras l'égalité des forces et des résistances, et les formes qu'elles empruntent en passant.

⁂

[Air comprimé dans l'eau de rose, chez le barbier.]

[ca. 1497]
I, 133 (85) r.

Si l'air se comprime en soi, comme nous le montre le vase à eau de rose du barbier dans lequel il se double.

Si le feu est circonscrit en un lieu, sa force s'en trouve quadruplée.

⁂

DE LA NAISSANCE DU VENT

[ca. 1506-1507]
K, 113 (33) v.

Tout mobile continue son mouvement par le chemin le plus court et il évite l'obstacle, ou est dévié par lui ; voilà pourquoi le vent s'incurve en pénétrant l'air épais, et s'infléchit en s'élevant vers l'air léger.

⁂

DE L'EAU ET DE L'AIR

[ca. 1502-1504]
L, 78 r.

L'air qui se meut avec élan dans l'autre air se comprime comme le montre l'expansion des rayons solaires ; car si le vent agite leurs atomes en révolutions diverses, tu les verras former des vagues jaspées, à la manière des soies moirées ou camelots[1]. Ce que tu vois faire à ces atomes est produit par l'air qui les porte inclus en lui.

En pareil cas, l'eau ne peut se condenser, et comme elle recèle en son corps tous ces mouvements, elle est obligée de déloger l'autre eau, afin qu'ils puissent tous apparaître à sa surface.

•◆•

Lorsque le soleil frappe des miroirs concaves et rebondit en arrière suivant un cours pyramidal, cette partie de la pyramide sera plus chaude que sa base, dans la mesure où elle sera moindre, parce que son humidité se trouve limitée. La vapeur chaude qui s'y mêle devient d'autant plus puissante qu'elle a plus de cohésion, et, confinée dans un espace plus petit, elle produit plus de chaleur. Dès lors, elle prend souvent feu, et croît, formant la foudre au milieu du nuage qu'elle crève avec des éclairs et des coups de tonnerre dévastateurs. Les petites particules d'eau, quand le froid a provoqué une contraction du nuage, se soudent les unes aux autres et tombent en raison de leur poids. Et ainsi, les nuages crèvent et retournent en pluie à la position basse.

[ca. 1493-1494 et 1500, ou après]
B. M. 57 r.

•◆•

Les surfaces des corps transparents et polis réfléchissent toujours les objets qui regardent leur surface et sont vus d'elle.

Voilà pourquoi ce qui se trouve sous l'eau se mire à la surface de l'air qui y confine ; et ce que contient l'air se mire à la surface de l'eau qui confine à cet air.

[ca. 1505-1506]
B. M. 196 r.

•◆•

La course du vent se modifie et suit le mouvement de quelque autre vent, en raison des goulots des vallées où il pénètre et d'où il sort ; ceci se produit davantage avec le vent bas qu'avec le haut, du fait de sa nature flexible, apte à s'infléchir dans tous les sens excepté celui qui est directement opposé à sa course.

Dans son désir de céder la place au vent nouveau, force lui est de se comporter comme l'eau qui, entrée dans un étang suivant une ligne, se détourne ensuite vers des canaux divers, mais plutôt en conformité avec la ligne du mouvement qu'elle a effectué en entrant, que suivant la ligne la plus éloignée de cette entrée.

[1504]
B. M. 276 r.

1. Ms. : *gianbellotti*.

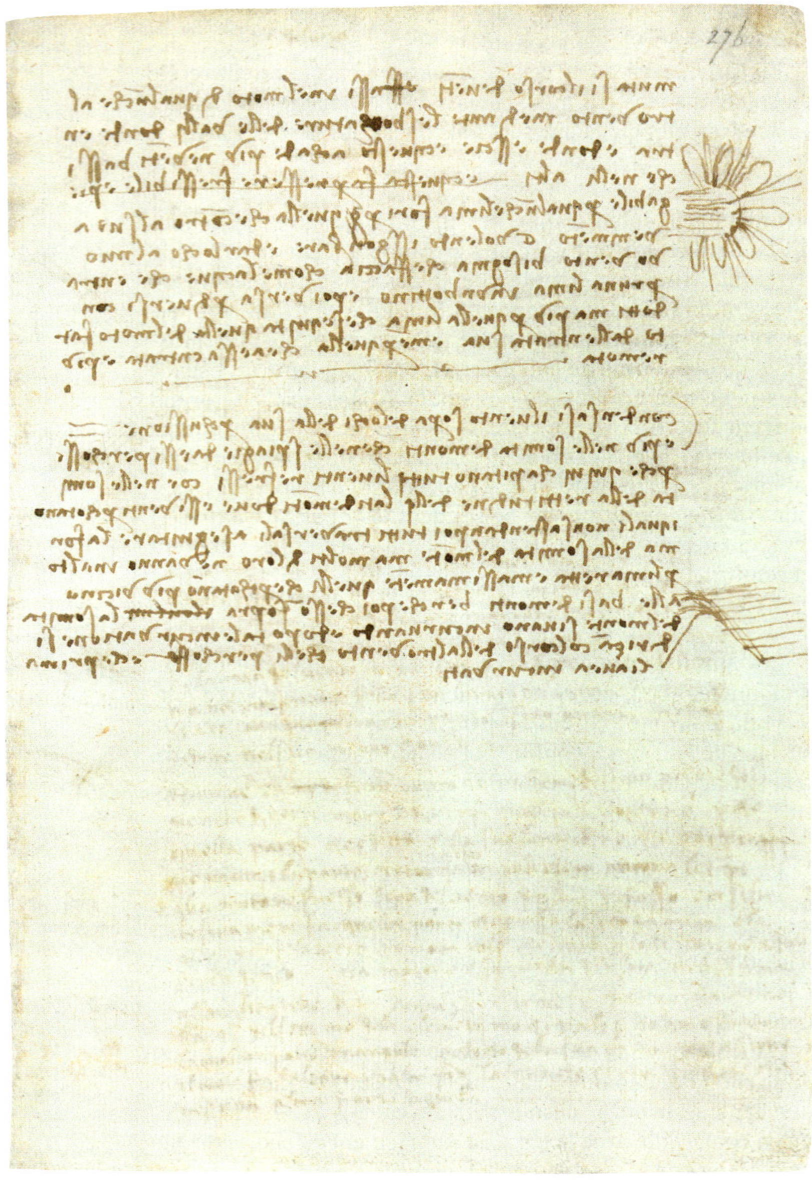

De l'air qui passe par-dessus une montagne (*B. M.* 276 r.).

Le vent se condense au-dessus des lieux qu'il frappe, et davantage au sommet des monts que sur les côtes maritimes qu'il visite ; là se rassemblent tous les vents réfléchis, c'est-à-dire au sommet des versants rectilignes des montagnes battues par ces vents ; car tous ne s'étendent pas transversalement en suivant la forme de la crête du mont, mais nombre d'entre eux montent tout droit, surtout ceux qui frappent les montagnes le plus près de leur base, encore qu'après s'être élevés au-dessus de leur sommet ils décrivent une courbe ; et s'étant ainsi incurvés, ils se redressent en suivant l'autre vent qui les frappa et qui d'abord la leur fit décrire.

DU VENT

Mainte fois la course d'un vent est déviée vers celle d'un autre, et cela provient de la percussion qu'ils opèrent à leur point de rencontre, quand, ne pouvant s'interpénétrer, ils sont forcés de sauter en arrière en sens opposé. *[1504] B. M. 276 v.*

Cependant, si ces vents ne sont pas d'égale puissance, leurs mouvements réfléchis ne suivront pas le mouvement de leur percuteur ; mais l'angle de percussion du plus puissant sera plus grand que celui du moins puissant, dans la mesure où la puissance majeure excédera la puissance mineure.

Les vents qui soufflent dans la même direction peuvent être simples ou mêlés à d'autres ; c'est-à-dire que le vent peut être tendu sur une partie de son flanc parce que le vent libre le frappe et recule d'un bond sous des angles égaux, mais jamais face à son point d'origine, attendu qu'en ce cas il lui faudrait rentrer en soi et que le mouvement de deux corps ne saurait les pénétrer.

Il s'ensuit que la partie du plus grand vent atteinte par le plus petit, rebrousserait chemin en suivant le cours du vent moindre qui l'a frappé, si ce n'est que ce dernier l'aborde sur le restant de sa largeur, et l'oblige à s'incurver graduellement, jusqu'à ce qu'enfin il ait repris son cours primitif.

Ainsi, ce même vent, en frappant, génère des mouvements différents et différents degrés de puissance, attendu que la partie de sa largeur déjà mentionnée, qui chasse devant elle la partie en fuite, exerce également un mouvement réfléchi sur le vent qu'elle frappe, et il en va de même pour la partie qui une fois frappée, met en fuite la seconde ; et pour la quatrième qui frappe la troisième, en sorte que les parties percutées deviennent plus denses. Mais la première densité est supérieure à la dernière, à la façon de deux courants d'eau qui se heurtent, comme je l'ai démontré dans la quatrième [proposition] du septième [chapitre], relatif aux éléments de mécanique, car un angle s'est formé à l'endroit de la première percussion, qui fait que l'eau frappant la première saute en l'air plus que toute autre de ses parties.

[Mouvements des vents.]

[ca. 1510-1513] RL 19089 v.

Si les mouvements des vents sont dûs à Jupiter, la cause du vent doit tenir aux vingt-quatre heures pendant lesquelles le mouvement de Jupiter va de l'orient à l'occident et non du septentrion au sud ; ceci résulte du fait qu'une chose mue par un facteur étranger a la forme et l'allure du mouvement de son moteur.

QUESTIONS. LES SUBSTANCES QUI PRODUISENT LE VENT

[ca. 1513-1515] RL 12671 r.

Si [le vent] est une vapeur produite par la terre, le froid et la sécheresse, et que la chaleur le porte, il monte jusqu'à la région froide de l'air et y reste quand l'abandonne la chaleur, sa conductrice. Voilà pourquoi cette vapeur, devenue semblable aux vapeurs de ce lieu, c'est-à-dire froide et sèche, elle quitte lieu et vapeurs, et fait ses pareilles ; et ayant cessé son mouvement ascensionnel et pénétré en une ambiance absolument semblable à elle, il lui est loisible de rester immobile. Pourtant si tu lui accordes le mouvement, elle doit continuer à se mouvoir d'elle-même dans la région froide, et nous dirons que cette vapeur étant froide et sèche à sa naissance lente et tardive, elle se mélange successivement avec le chaud et ainsi, par une dilatation graduelle, produit un mouvement presque imperceptible, proportionnel à cette dilatation. Mais la rapide montée de la chaleur la conduit jusqu'à la zone froide de l'air, où, ayant expulsé la première partie, la chaleur conductrice l'abandonne ; ainsi se trouve réduite la vapeur, privée de vent, dans la mesure où elle était mêlée à la chaleur, et une fois réduite, elle augmente de poids au-dessus de l'air qui la soutient ; elle descend alors au-dessous de l'autre vapeur et arrivée là, la chaleur se sépare d'elle, s'unit [au reste de] la chaleur et à l'autre vapeur ; et celle-ci lui imprimant un mouvement ascensionnel et l'élevant peu à peu entièrement, provoque le refroidissement de la partie supérieure qui pénètre dans le froid ; et petit à petit, elle retombe, en vertu du poids acquis, en sorte que l'ensemble se trouve être d'un poids supérieur au poids initial. Elle descend donc sous forme de nuage et en approchant de la chaleur que réfracte la terre chauffée par le soleil, elle se dissout et se dilate avec un grand mouvement ; et c'est le vent.

Les vents descendent sous des angles variés et, en frappant l'eau ou la terre, donnent naissance à des mouvements latéraux, suivant des lignes variées, comme fait l'eau lorsqu'elle pénètre dans une autre eau.

Tu dis que le mouvement d'un effet suit celui de sa cause ; tu dis ensuite que les douze signes du Zodiaque sont la cause du mouvement des vents, et que les trois signes de feu, le Bélier, le Lion et le Sagittaire, sont ceux du Levant et actionnent les vents de l'est ; et que les trois signes froids et secs, le Taureau, la Vierge et la Chèvre, influencent les vents du sud, et les trois autres signes, les vents d'ouest. Cette théorie confond l'inventeur de ces causes en raison de la première proposition que tu as admise, à savoir que tous les corps en mouvement suivent leur force motrice. Or, ces signes du Zodiaque se déplacent de l'orient à l'occident et font le tour de la terre en vingt-quatre heures. Alors, comment expliques-tu que ces signes qui se dirigent vers l'occident, influencent les vents d'ouest, alors que ces vents devraient se mouvoir vers l'orient, ce qui irait à l'encontre du mouvement de leur force motrice. Voilà qui contredit la première assertion, laquelle est exacte ; mais la théorie suivante est fausse.

Tu dis que la vapeur qui engendre le vent est élevée par la chaleur et refoulée vers le bas par le froid ; il en résulte donc que cette vapeur coincée entre deux mouvements opposés s'évade par les côtés : et ce mouvement latéral est le vent. Il a un cours tortueux parce qu'il ne peut descendre vers la terre, la chaleur le poussant vers le haut, et il ne peut davantage s'élever beaucoup, le froid le refoulant en bas ; la nécessité lui imprime donc un mouvement latéral et tortueux. Maintenant, ta théorie présente de nombreux inconvénients dont le premier est que le vent ne descendra jamais vers la plaine, et, deuxièmement, que si le froid était chassé vers le bas par une telle vapeur, il agirait contrairement à l'inertie de sa nature.

•◆•

[ca. 1513-1515]
RL 12671 v.

Ou encore, il se peut que la vapeur qui se rassemble dans la zone froide étant abandonnée par la chaleur qui l'y a conduite, elle soit comprimée et devienne plus grande[1] ; l'air qui la soutenait primitivement ne lui résiste plus et lui cède la place ; et cette vapeur s'étant alourdie, elle descend rapidement dans la région chaude proche de la terre où tout imprégnée de chaleur, elle se dilate et se résorbe complètement ; et elle se meut en tous sens et frappe la mer à sa surface. On voit ici la cause de l'origine du vent qui produit le mouvement de la mer ; en effet, il fuit la place qu'il a frappée la première. Et dans cette cause[2] les diverses parties de ce vent n'ont pas une course parallèle, attendu qu'elles vont en ligne droite du centre à la circonférence.

Le conglomérat humide répandu dans l'air, qui se forme pour donner naissance aux nuages, crée le vent dans l'air. De même, la rupture des nuages y produit une humidité fine et perméable et c'est le vent. Preuve : l'eau battue sur le feu produit du vent dans la cheminée, au-dessus du feu ; et pareillement, l'eau bouillante enfermée dans un vase s'en échappe par les petits trous de ce récipient, avec une grande force à la manière du vent. De même, le feu allumé dans de petites pièces aspire l'air à travers les fentes des fenêtres, avec grande violence et bruit.

•◆•

[ca. 1513-1515]
RL 12672

De la force inhérente aux corps mobiles, il résulte que le mouvement est souvent contraire à la nature du corps mû.

Tu dis que la vapeur du vent est chassée vers le haut par la chaleur qui la fait s'élever, et ensuite repoussée vers le bas par le froid qui s'unit à elle ; la nécessité lui imprime donc un mouvement latéral et courbe car étant entre deux forces opposées elle se trouve obligée de fuir par les côtés sur toute la terre.

Mais cette théorie nie que la vapeur mêlée à la zone froide

1. Plus pesante ?
2. Ce cas ?

de l'air soit chassée en bas par le froid, car il faudrait dire soit que la vapeur, par nature, fuit le froid, soit que le froid la déplace, ce qui est contraire à la nature de la vapeur. Et si elle se meut d'elle-même, c'est après qu'elle s'est accrue et non avant ; car au début la puissance de la chaleur qui la pousse en bas est supérieure à sa propre force qui tend à descendre. Convenons qu'une telle vapeur, en s'accroissant, acquiert du poids et qu'au moyen de ce poids elle domine la force de la chaleur qui la soutient ; et en ce cas, le froid ne la chasse pas vers le bas parce que, s'il était naturel à ce froid de l'y refouler par compression, il lui eût été plus facile de l'expulser alors que la vapeur était en quantité réduite et faible, que lorsque se sont accrus son volume et sa force. Nous dirons donc que la vapeur du vent ayant atteint la zone froide s'y arrête parce que la chaleur qui l'y a conduite se consume sous l'action du froid ; et dès lors que s'est consumée la chaleur, la vapeur démunie de force motrice reste là, à attendre les parties qui lui succèdent et s'agrègent à elle. Celles-ci n'étant pas à la même altitude, elles ne sont pas entièrement privées de chaleur ni, par conséquent, de mouvement ; et, n'étant point immobiles, elles se meuvent jusqu'à ce qu'enfin elles rejoignent l'altitude de la partie refroidie où elles la pénètrent et s'unissent à elle ; et la chaleur s'y condense et la quitte [la vapeur]. Ainsi, une partie après l'autre s'élevant et pénétrant la partie supérieure, elles se trouvent empêchées de se condenser, en raison de ce poids dont la nature est telle que la région inférieure ne peut le soutenir au-dessus d'elle. Donc, forcément [la vapeur] descend, unie à lui, jusqu'à ce que la chaleur l'allège et de nouveau la soulève ; elle recommence alors comme précédemment, regagne du poids en rejoignant la zone froide et retombe puis redevient vapeur dans l'air supérieur. Cela pourrait continuer à l'infini. De là le mouvement du vent, vertical et non horizontal. L'expérience démontre donc l'inanité de la théorie exposée plus haut.

Tu dis que la force des vents va croissant, puisqu'au début un faible souffle génère peu de vapeur, mais quand celle-ci augmente, sous l'atteinte du froid, elle descend avec plus de force – d'où l'accroissement du vent. Nous répondons que le mouvement naît d'un vide ou d'une déficience. La vapeur que la chaleur élève, bien que pénétrée par elle, se dissout et fuit de côté, ou plutôt monte selon le mouvement naturel du feu, et quand elle se condense, à mesure qu'elle s'élève, sa partie externe tend vers le centre de sa masse. Et ce second mouvement s'oppose au premier qui allait du centre aux extrémités alors que le second va des extrémités au centre : et de l'un à l'autre, le mouvement est d'autant plus rapide qu'il s'éloigne davantage du centre, le froid et la chaleur affectant les extrémités plus que les parties intermédiaires. Mais pour revenir à mon propos, plus la vapeur s'élève, plus elle se condense, parce qu'elle se rapproche du froid, contrairement à la chaleur qui la conduit et la comprime.

Incapable de produire du vent qui s'échapperait d'elle, elle le peut pourtant si elle s'élance en sens contraire, par horreur du vide et parce que l'endroit que fuient ses diverses parties demeurerait vide si l'air ne le remplissait ; cet air se précipite donc pour combler [le vide] avec la même vélocité que la vapeur quand elle s'élance loin du froid. Et comme la matière, jointe à la force motrice qui l'actionne, se meut dans le même temps que cette force motrice, il s'ensuit qu'ici la vapeur se mouvra aussi longtemps que l'accompagnera le feu, sa force motrice originelle ; et le feu vient-il à se séparer d'elle, la vapeur perd son mouvement, lequel ne lui est pas octroyé par le froid s'il ne s'oppose à la moitié de sa [quantité ?] – ou peut-être que la partie de la vapeur qui entre la première en contact avec le froid, est-elle la première à refluer violemment vers le centre ; mais ceci ne saurait être qualifié que de perte d'élévation et non de fuite proprement dite.

Tu dis que le vent ne souffle pas continuellement mais par rafales intermittentes et que c'est dû à la vapeur que la chaleur emporte en quantités variables vers le froid. À cela on répondra que le froid n'expulse point la vapeur mais que la chaleur fuyant le froid ramène avec elle la vapeur qu'elle avait primitivement emportée dans la zone froide. En outre, on pourrait dire que la chaleur, à son premier contact avec le froid, le réchauffe dans la mesure où elle le touche ; et de même, le froid refroidit la chaleur dans la mesure où il l'accueille en lui.

Quand l'orage s'élève, il en résulte pour la chaleur et le froid une certaine déperdition de leur force originelle ; ainsi la voie est préparée pour la transformation en vapeur laquelle réussit, en même temps que la chaleur, à pénétrer plus profondément dans le froid et à le réchauffer à une plus grande altitude. Dès lors, la vapeur s'enfonce plus avant, et traversant la région froide, elle s'approche de l'élément du feu (la source de chaleur) où, réunie à lui, elle provoque dans les parages une violente explosion ; ces explosions sont des mouvements rapides et rectilignes et produisent un flot d'air qui [frappe] la mer au-dessus de l'horizon ; et ceci te donne ta solution.

DE LA COULEUR DE L'ATMOSPHÈRE

[ca. 1506-1508] Leic. 4 r.

Je dis que l'azur qu'on voit dans l'atmosphère n'est point sa couleur spécifique, mais qu'il est causé par la chaleur humide évaporée en menues et imperceptibles particules que les rayons solaires attirent et font paraître lumineuses quand elles se détachent contre la profondeur intense des ténèbres de la région ignée qui forme couvercle au-dessus d'elles. On peut l'observer comme je l'ai vu moi-même quand je fis l'ascension du Mon Boso[1], pic de la chaîne des Alpes qui sépare la France de l'Italie ; à son pied jaillissent les quatre fleuves qui suivent autant de cours différents et arrosent l'Europe entière ; et il n'existe point d'autre montagne dont la base soit à une aussi grande altitude.

Ce mont s'érige à une telle hauteur qu'il dépasse presque tous les nuages ; la neige y tombe rarement, et la grêle en été seulement, quand les nuages sont à leur maximum d'élévation ; cette grêle s'accumule de telle sorte que n'était la rareté[2] [des fois] où ces nuages ainsi montent et se déchargent – ce qui ne se produit pas deux fois en une époque –, il y aurait là une masse de glace considérable, formée par les diverses couches de grêlons, et j'ai trouvé celle-ci fort épaisse à la mi-juillet. L'air était sombre au-dessus de ma tête et les rayons du soleil frappant la montagne avaient bien plus d'éclat que dans les plaines en contrebas, parce qu'une moindre épaisseur d'atmosphère s'étendait entre leurs cimes et le soleil.

Comme nouvel exemple de la couleur de l'atmosphère, nous prendrons la fumée que dégage le vieux bois sec ; s'échappe-t-elle des cheminées, elle semble d'un bleu prononcé, lorsqu'elle s'interpose entre l'œil et un espace obscur ; mais à mesure qu'elle s'élève entre l'œil et l'atmosphère lumi-

1. Le mont Rose, parfois appelé Mon Boso par Léonard.

2. Le ms. porte *reta* que le Dr Richter interprète dans le sens de *malanno*. La version du Dr Solmi, *rarità*, a été adoptée, tandis que G. Calvi lit *raretà*.

neuse, elle emprunte aussitôt une teinte gris cendré ; et ce, parce qu'elle n'a plus derrière elle l'obscurité, mais la luminosité de l'air. Mais si cette fumée provient d'un bois jeune et vert, elle ne se colorera point en bleu, car étant opaque et chargée d'un lourd poids d'humidité, elle fera l'effet d'un nuage dense qui accuse des lumières et des ombres précises, comme un corps solide.

Il en va de même pour l'atmosphère que l'excès d'humidité rend blanche, alors que sous l'action de la chaleur une humidité réduite l'assombrit et lui donne une couleur bleu foncé ; en voilà donc assez pour la définition de la couleur de l'atmosphère encore qu'on puisse également dire que si cet azur transparent est sa teinte naturelle, il s'ensuivrait que partout où une plus grande quantité d'atmosphère s'interpose entre l'œil et l'élément du feu, elle serait d'un bleu plus sombre, comme c'est le cas du verre bleu et des saphirs, qui semblent d'autant plus foncés qu'ils sont plus gros. Or, l'atmosphère se comporte de façon exactement contraire ; car lorsqu'une très grande quantité [d'air] ne s'interpose pas entre l'œil et la sphère du feu, elle semble beaucoup plus blanche ; et ceci se produit du côté de l'horizon dans la mesure où la quantité d'atmosphère moindre qui sépare la sphère du feu la fait paraître d'un bleu d'autant plus foncé, comme nous le voyons dans les plaines basses. Il s'ensuit que l'atmosphère doit sa couleur bleue aux particules d'humidité qui captent les rayons lumineux du soleil.

Nous pouvons également observer la différence entre les atomes de la poussière et ceux de la fumée, qu'on voit dans les rayons du soleil lorsqu'il filtre dans les pièces obscures à travers les fissures des murs ; l'une semble couleur de cendre et l'autre – la fumée subtile – du plus beau bleu. Nous pouvons constater aussi dans les ombres obscures des montagnes éloignées de l'œil, que l'atmosphère entre l'œil et ces ombres paraît très bleue, et dans la partie de ces montagnes qui est en lumière, sa couleur primitive ne varie guère.

Mais qui veut en avoir une preuve définitive fera sur une planche des taches de différentes couleurs, parmi lesquelles il inclura un noir extrêmement intense ; si ensuite il étend sur le tout une mince [couche de] blanc transparent, il s'apercevra que la clarté du blanc ne présente nulle part une couleur d'un plus bel azur qu'au-dessus du noir – mais il faut qu'il soit très fin et finement broyé.

•◆•

La fumée, rapide à son début, ralentit à chaque degré de son ascension, parce qu'elle refroidit et s'alourdit, attendu qu'elle se condense à cause de ses parties qui se heurtent, pressées les unes contre les autres et se trouvent adhérer ensemble ; l'eau fait de même, car elle est rapide au début de son mouvement. *[ca. 1506-1508] Leic. 12 v.*

•◆•

L'air, même s'il change de position, conserve plus que l'eau l'empreinte de ses remous par le fait qu'il est plus agile et plus subtil. *[ca. 1506-1508] Leic. 30 v.*

•◆•

L'excès de fumée agit à la manière d'un voile ; une petite quantité ne rend pas la perfection de ce bleu ; c'est donc en se mélangeant modérément avec la fumée que ce beau bleu est obtenu. L'expérience montre comment l'air paraît azuré sur un fond obscur. *[ca. 1506-1508] Leic. 36 r.*

Fais une fumée de bois sec, en petite quantité. Fais tomber dessus les rayons du soleil, et place derrière un morceau de velours noir, de façon qu'il soit dans l'ombre. Alors toute la fumée qui vient entre l'œil et l'obscurité du velours t'apparaîtra d'une belle couleur bleue ; et si, au lieu du velours, tu mets une étoffe blanche, la fumée prendra couleur de cendre.

Comment l'eau soufflée sous forme de poussière liquide dans un lieu obscur traversé par les rayons solaires, produit ce rayon bleu ; et particulièrement l'eau distillée. Et comment une mince fumée devient bleue.

Dit pour démontrer comment la couleur bleue de l'atmosphère a pour cause l'obscurité qui est au-dessus d'elle ; et ces exemples sont donnés à l'intention de qui ne peut vérifier mon expérience sur le Mon Boso[1].

---

1. Voir *Leic.* 4 r., p. 507, où Léonard mentionne son ascension du mont Rose au mois de juillet, ainsi que les conditions atmosphériques.

XVII

DU VOL

« J'ai divisé le "Traité sur les oiseaux" en quatre livres ; le premier étudie leur vol par battements d'ailes ; le deuxième, le vol sans battement d'ailes, à la faveur du vent ; le troisième, le vol en général, tel celui des oiseaux, chauves-souris, poissons, animaux, insectes ; le dernier, le mécanisme de ce mouvement. »

[ca. 1505]
Sul Volo, 4 v.

Les plumes qui sont plus éloignées de leurs attaches seront les plus flexibles.

Les plumes des ailes auront donc toujours leurs pointes plus haut que leurs racines, ce pourquoi nous pouvons raisonnablement dire que les os de l'aile seront toujours plus bas que toute autre de ses parties quand l'aile est baissée ; et quand elle est levée, ils seront plus hauts qu'aucune de ses parties.

Car la partie la plus lourde guidera toujours le mouvement.

Je demande en quelle partie de sa surface inférieure la largeur de l'aile presse l'air plus qu'en toute autre partie de la longueur de ces ailes.

Tous les corps qui ne se plient pas, encore qu'ils soient chacun de grosseur et poids différents, projettent des poids égaux sur tous les supports équidistants de leur centre de gravité, ce centre étant au milieu de la largeur du corps.

Mais si le corps est flexible, d'épaisseur et poids variés, bien que le centre de gravité puisse être au centre de sa grandeur, cela n'empêchera pas le support le plus proche de son centre de gravité ou d'autre inégalité de gravité, d'être plus chargé de poids que celui qui se trouve au-dessus des parties plus légères.

⁂

Dans une machine volante, l'homme [doit] rester libre depuis la taille jusqu'en haut, pour pouvoir conserver l'équilibre, comme il fait en barque, de telle sorte que son centre de gravité et celui de son appareil puissent s'équilibrer et se déplacer au besoin, par un changement du centre de sa résistance. *[ca. 1505] Sul Volo, 5 (6) r.*

Quand l'oiseau veut virer à droite ou à gauche, en battant des ailes, il bat plus bas de l'aile qui est du côté où il voudra se tourner, et ainsi infléchira-t-il son mouvement derrière l'élan de l'aile qui se meut le plus, et effectuera le mouvement réfléchi sous le vent, du côté opposé.

⁂

Quand l'oiseau veut s'élever en battant des ailes, il remonte les épaules et ramenant à soi les pointes de ses ailes, il en vient à condenser l'air interposé entre ces pointes et sa poitrine ; et la pression de l'air élève l'oiseau. *[ca. 1505] Sul Volo, 5 (6) v.*

Le milan et les autres oiseaux qui battent modérément des ailes, quêtent le courant du vent ; s'il souffle haut, on les voit à une grande altitude, et s'il souffle bas, ils se tiennent bas.

Quand il n'y a pas un souffle d'air, le milan bat plus rapidement des ailes en volant, en sorte qu'il s'élève et acquiert de l'élan ; et grâce à cet élan, il s'abaisse petit à petit, et peut voyager sur une grande distance sans bouger ses ailes. Une fois descendu, il recommence ; ainsi de suite, à diverses reprises.

Cette méthode de descente en vol plané lui permet de se reposer dans l'air, après la fatigue du battement d'ailes.

Tous les oiseaux qui volent par saccades s'élèvent en battant des ailes ; et durant leur descente, ils se reposent car tandis qu'ils s'abaissent leurs ailes restent immobiles.

⁂

DES QUATRE MOUVEMENTS RÉFLÉCHIS ET INCIDENTS DES OISEAUX DANS DIFFÉRENTES CONDITIONS DU VENT

[ca. 1505] Sul Volo, 6 (7) r.

La descente oblique des oiseaux contre le vent s'effectuera toujours sous le vent et leur mouvement réfléchi aura lieu sur le vent.

Mais si le mouvement incident se fait à l'orient quand souffle la tramontane, alors l'aile au septentrion restera sous le vent et de même au cours du mouvement réfléchi ; ce pourquoi, à la fin du mouvement réfléchi, l'oiseau se trouvera avoir le front tourné vers le nord.

Et si l'oiseau descend au midi et que la tramontane souffle, il opérera sa descente sur le vent, et son mouvement réfléchi sera au-dessous ; mais c'est là matière à controverse, et nous en discuterons en son lieu, car il semble qu'ici il ne puisse opérer de mouvement réfléchi.

Quand l'oiseau effectue son mouvement réfléchi, face au vent et sur le vent, il s'élèvera beaucoup plus que ne l'exige son élan naturel, attendu qu'il a en outre la faveur du vent, lequel entre sous lui et fait office de coin. Mais au terme de son ascension il aura épuisé son élan et dépendra de l'assistance du vent qui, le frappant à la poitrine, le renverserait s'il n'abaissait son aile droite ou gauche pour virer à droite ou à gauche en descendant en demi-cercle.

[De la machine volante.]

[ca. 1505] Sul Volo, 6 (7) v.

Le mouvement de l'oiseau doit toujours s'effectuer au-dessus des nuages afin que l'aile ne se mouille point et qu'il découvre une plus vaste étendue, et aussi pour fuir le danger des révolutions des vents parmi les gorges venteuses des montagnes toujours pleines de rafales et tourbillons. Au surplus, si l'oiseau était renversé, tu aurais largement le temps de le redresser avant qu'il ne retombe sur le sol, en te conformant à mes instructions.

Si le vent frappe la pointe de l'aile et pénètre au-dessous, l'oiseau risquera d'être renversé, à moins qu'il n'use de l'un de ces deux remèdes : soit qu'il entre soudain avec la pointe sous le vent, soit qu'il abaisse l'aile opposée, du milieu jusqu'en avant.

[Figure.]

a b c d sont les quatre cordes supérieures, élévatrices de l'aile et leur action est aussi puissante que celle des cordes de dessous *e f g h*, afin que l'oiseau venant à se renverser, elles puissent offrir autant de résistance en dessus qu'en dessous, bien qu'à l'occasion un seul lien de cuir enduit d'alun, épais et large, puisse suffire ; mais il nous faudra en faire finalement l'essai.

⁂

[ca. 1505] Sul Volo, 7 (8) r.

L'oiseau que j'ai décrit doit pouvoir monter à une grande hauteur, avec l'aide du vent, et il sera prouvé que c'est là, pour lui, une raison de sécurité ; car même si toutes les susdites révolutions l'assaillaient, il aurait le temps de retrouver son équilibre, si ses diverses parties offrent une grande force de résistance pour s'opposer sûrement à la fureur et à la violence de la descente, grâce aux [moyens de] défense mentionnés ; et il faudra que ses joints soient d'un cuir tanné solide et cousus avec des cordes de soie crue très forte. Et que nul ne s'embarrasse de bandes métalliques, qui se brisent facilement aux joints, ou encore s'usent ; il est donc bon de ne pas s'en encombrer.

La corde *a* destinée à l'extension de l'aile, sera de gros cuir tanné pour que l'oiseau, s'il était retourné sens dessus dessous, puisse vaincre la fureur du vent qui percute son aile et cherche à la replier, ce qui provoquerait sa destruction. Mais pour mieux s'en assurer, tu auras exactement le même système de cordes en dehors qu'au-dedans, et ainsi tu éviteras tout risque.

a b c sont les pointes terminales des cordes des trois joints que présentent les doigts des ailes ; *d* indique la position du moteur du levier *a d*, qui actionne l'aile.

⁂

[ca. 1505] Sul Volo, 7 (8) v.

Quand le tranchant de la pointe de l'aile rencontre un bref moment le tranchant du vent, cette aile le place sous ou sur le fil du vent et de même en va-t-il avec la pointe et les côtés de la queue et semblablement pour les timons des épaules des ailes.

La descente de l'oiseau s'effectue toujours par l'extrémité la plus rapprochée de son centre de gravité.

La partie la plus pesante de l'oiseau qui descend restera toujours en avant du centre de sa masse.

3) Quand l'oiseau reste stationnaire, dans l'air, sans l'aide du vent, sans battement d'ailes, dans une position d'équilibre, c'est preuve que son centre de gravité coïncide avec celui de sa masse.

4) La partie la plus pesante de l'oiseau qui descend la tête la première, ne restera jamais au-dessus ou au niveau de sa partie la plus légère.

L'oiseau qui tombe la queue tournée en bas retrouvera une position d'équilibre s'il redresse la queue en arrière ; et s'il la jette en avant, il se renversera.

1) Lorsque l'oiseau, en équilibre, fait porter le centre de la résistance de ses ailes derrière son centre de gravité, il descendra tête en bas.

2) Et cet oiseau, qui se trouve en état d'équilibre, aura le centre de résistance de ses ailes plus avant que son centre de gravité ; il tombera alors, la queue tournée vers le sol[1].

[ca. 1505]
Sul Volo, 8 (9) r.

Si l'aile et la queue sont trop au-dessus du vent, abaisse la moitié de l'aile opposée, et reçois-y la percussion de l'air, et ainsi il se redressera.

Et si l'aile et la queue étaient sous le vent, élève l'aile opposée, et il se redressera à ton gré, à condition que l'aile qui s'élève soit moins oblique que celle qui est à l'opposite.

Et si l'aile et la poitrine sont au-dessus du vent, il abaissera la moitié de l'aile opposée, que le vent frappera et rejettera vers le haut, et ceci redressera l'oiseau.

Mais si l'aile et l'échine sont sous le vent, l'oiseau devra élever l'aile opposée et la déployer au vent, et il se redressera immédiatement.

Et si l'arrière-train de l'oiseau est au-dessus du vent, il faudra, pour équilibrer les forces, que la queue soit placée sous le vent.

Mais si l'oiseau a ses parties postérieures sous le vent [tout en levant la queue[2]] il entrera avec sa queue sur le vent et se redressera.

1. L'ordre singulier des paragraphes numérotés, ici et ailleurs dans le ms., semble indiquer que les chiffres devaient être révisés quand l'ouvrage aurait pris sa forme définitive.

2. Passage biffé dans le ms.

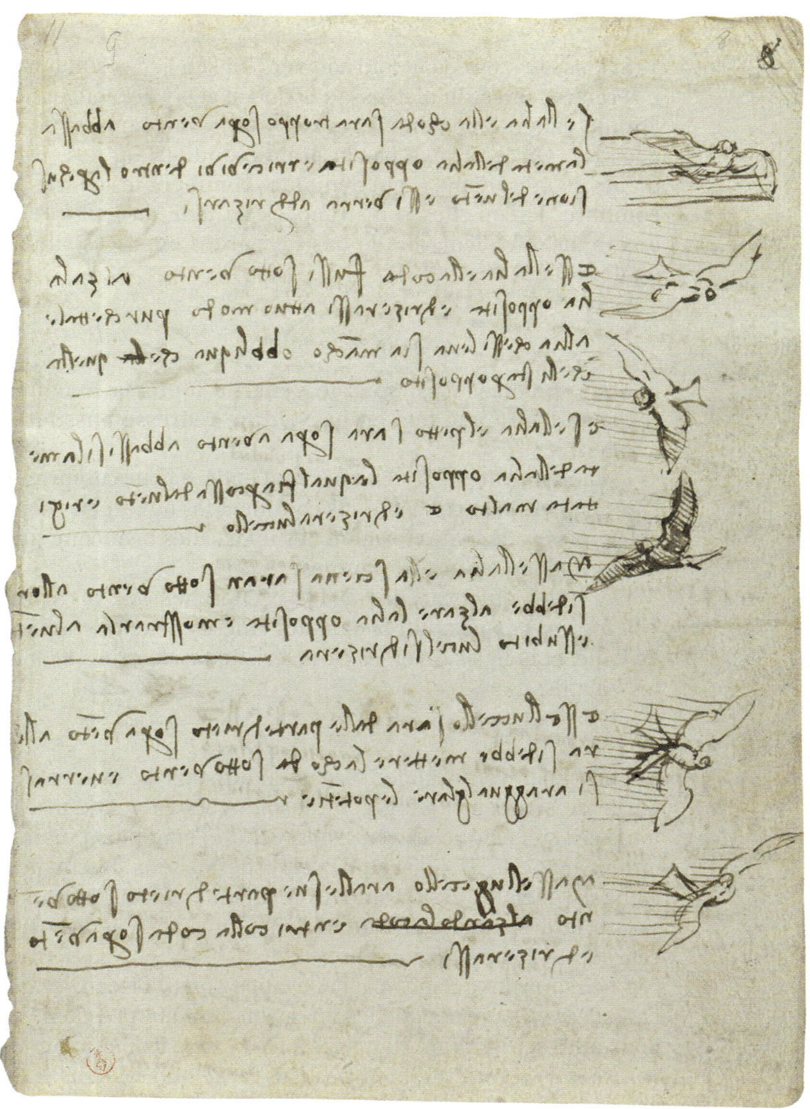

Figures d'oiseaux (*Sul Volo*, 8 r.).

⁂

[ca. 1505]
Sul Volo, 8 (9) v.

Si l'oiseau sur le vent tournait vers lui son bec et son buste, il serait renversé s'il n'abaissait la queue et n'y accueillait une grande quantité de vent ; et ainsi, il lui serait impossible de chavirer. On le prouve par la première [division] des « Éléments de mécanique », qui démontre comment les choses en équilibre, lorsqu'elles sont frappées en delà de leur centre de gravité, envoient vers le bas les parties opposées situées en deçà dudit centre.

[Exemple.]

Mais si l'oiseau est sous le vent, de toute sa longueur il risque d'être jeté tête en bas, s'il ne redresse aussitôt la queue.

Comment l'aile ne s'étend pas tout entière pour comprimer l'air ; et pour prouver ceci, vois comment les ouvertures entre les pennes principales forment des intervalles beaucoup plus larges que la largeur des plumes.

Donc, toi qui procèdes à des recherches sur les corps volants, ne fais pas entrer dans tes calculs l'étendue entière de l'aile, et note les diverses caractéristiques des ailes de tous les volatiles.

⁂

[ca. 1505]
Sul Volo, 9 (10) r.

Lorsque le vent frappe l'oiseau en dessous de sa course, à partir de son centre de gravité jusque vers ce vent, l'oiseau tournera son échine au vent ; et si celui-ci était plus puissant en bas qu'en haut, l'oiseau se retournerait sens dessus dessous, s'il n'était aussitôt attentif à ramener à soi l'aile inférieure et à étendre l'aile de dessus ; ainsi il se redresse et reprend la position d'équilibre.

Ceci se prouve ; soit *a c* l'aile pliée sous l'oiseau, et *a b* l'aile déployée ; je dis que les forces du vent qui percutent les deux ailes seront proportionnées à leur extension, à savoir *a b* contre *a c* ; il est vrai que *c* est plus large que *b* ; mais il est si proche du centre de gravité de l'oiseau qu'il offre peu de résistance par rapport à *b*.

Mais quand le vent frappe l'oiseau sous l'une de ses ailes, il lui serait possible de le renverser si, dès que l'oiseau s'est

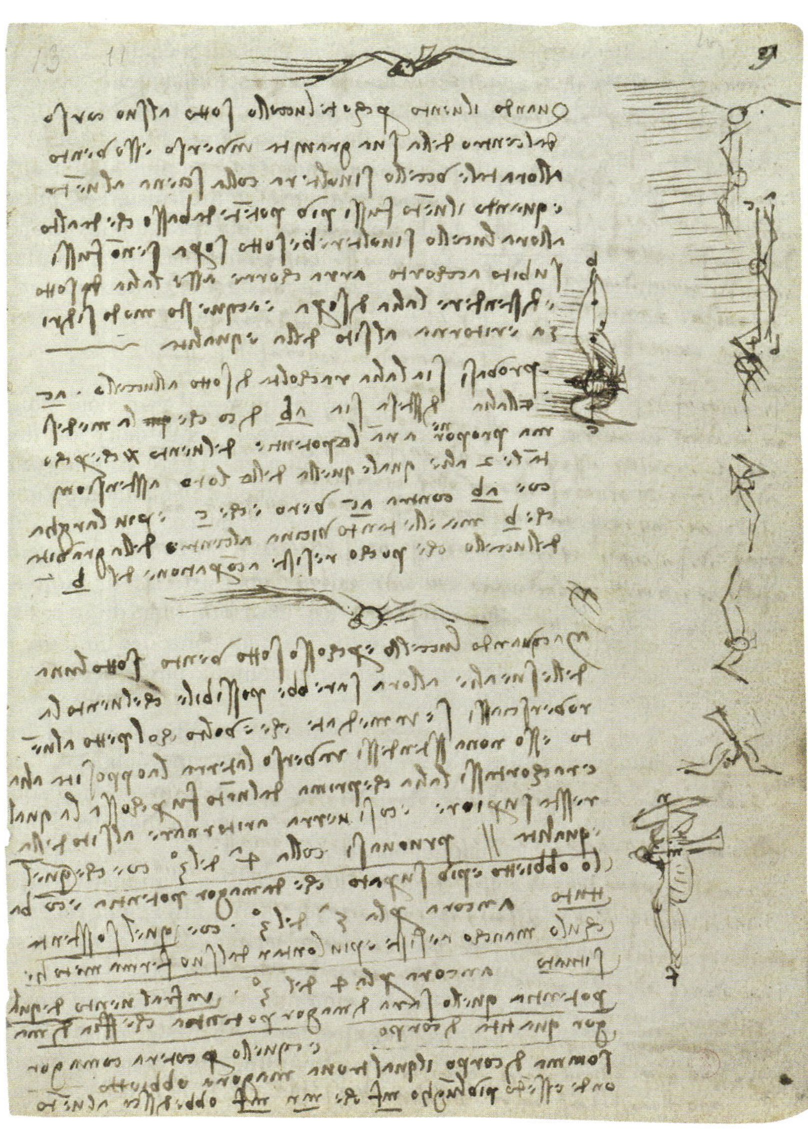

Oiseau pliant une aile (*Sul Volo*, 9 r.).

tourné poitrine au vent, il n'étendait l'aile opposée vers le sol, et ne contractait l'aile frappée la première, et qui reste au-dessus ; ainsi il retrouvera sa position d'égalité. Ceci est prouvé par la quatrième du troisième, selon laquelle cet objet sera le plus dominé, qui est combattu par une force supérieure ; et aussi en vertu de la cinquième du troisième, à savoir que ce support résistera moins et sera plus loin de son point d'arrêt. Et aussi par la quatrième du troisième : entre des vents de force égale, celui-là aura plus grand pouvoir qui sera de plus grand volume, et celui-là frappera avec un plus grand volume qui rencontrera un plus grand objet ; ainsi *m f* étant plus long que *m n*, *m f* obéira au vent.

[ca. 1505] Sul Volo (feuillets manquants), 10 (11) v.

Si l'oiseau veut se tourner rapidement d'un côté pour accomplir son mouvement circulaire, il battra deux fois des ailes de ce côté, en ramenant l'aile en arrière comme une rame, et gardera l'autre immobile, ou en ne la battant qu'une fois contre deux battements de l'aile opposée.

Comme les ailes sont plus promptes à presser l'air que l'air à fuir de sous elles, il se condense et résiste à leur mouvement ; et leur puissance motrice, en triomphant de la résistance de l'air, s'élève en un mouvement contraire au leur.

Cet oiseau descendra plus rapidement, qui descend par une moindre obliquité.

La descente de l'oiseau sera moins oblique quand les pointes des ailes et des épaules sont plus rapprochées.

Les lignes des mouvements ascensionnels des oiseaux sont de deux sortes : l'une toujours en spirale à la manière d'une vis, l'autre rectiligne et courbe.

Cet oiseau s'élèvera haut, qui, au moyen d'un mouvement circulaire en forme de vis, opérera son mouvement réfléchi contre l'arrivée du vent et contre la fuite de ce vent, en se tournant toujours sur son côté droit ou gauche.

Ainsi, lorsque souffle la tramontane, et que toi, qui viens au-dessous en un mouvement réfléchi, tu glisses contre ledit vent, jusqu'à ce qu'il soit à même de te renverser, tu auras licence de ployer l'aile droite ou gauche, et tenant l'aile intérieure basse, tu suivras un mouvement courbe, avec l'aile de la queue, en l'infléchissant dans la direction de l'aile inférieure ; et en descendant continuellement et pivotant autour de l'aile tenue basse, jusqu'à ce que tu effectues de nouveau le mouvement réfléchi sur le vent, derrière la course du vent ; et quand tu risqueras d'être renversé, cette même aile inférieure incurvera la ligne de ton mouvement, et tu reviendras contre le vent sous elle, jusqu'à ce que tu aies pris de l'élan ; puis tu t'élèveras sur le vent, face à son approche, et grâce à l'impulsion acquise, ton mouvement réfléchi sera plus grand que le mouvement incident.

Un oiseau en montant place toujours ses ailes sur le vent, sans les battre, et se meut toujours en cercle.

Si tu veux aller à l'occident sans battement d'ailes, quand souffle le vent de tramontane, fais ton mouvement incident droit et sous le vent, à l'occident ; et le mouvement réfléchi sur le vent vers le septentrion.

[ca. 1505] Sul Volo (feuillets manquants), 10 (11) r. et 9 (10) v.

L'oiseau emploie ses ailes et sa queue dans l'air comme le nageur ses bras et ses jambes dans l'eau.

Si un homme nage, avec ses bras également dirigés vers l'orient, et son corps exactement en face du levant, son mouvement sera vers l'orient. Mais si le bras qui est au nord fait une brassée plus grande que celui qui est au midi, le mouvement de son corps ira vers le nord-est. Et si le bras droit fait un mouvement plus long que le gauche, l'homme ira vers le sud-est.

L'élan d'une des ailes étendue latéralement vers la queue imprimera à l'oiseau un brusque mouvement circulaire, consécutif à l'impulsion de l'aile.

Lorsque par la force du vent l'oiseau s'élève au-dessus de lui sans battement d'ailes, ce vent le transportera hors de la zone où il veut retourner, toujours les ailes immobiles ; car il vire de façon à faire face à l'arrivée du vent, se glisse obliquement sous lui, et s'abaisse un peu, jusqu'à ce qu'il soit au-dessus de l'endroit où il veut revenir.

C'est le bord *a* du timon de l'aile ou le pouce[1] de la main de l'oiseau *b a*, qui place l'épaule de l'aile immédiatement au-dessous ou au-dessus du vent.

Si cette épaule n'a point le pouvoir de fendre l'air par un tranchant acéré et fort, l'aile sera incapable de pénétrer soudainement sous le vent ou dessus, quand la nécessité s'en fera sentir à l'oiseau, attendu que si l'épaule était ronde et que le vent *f e*

1. Ms. : *dito grosso*.

frappât l'aile par-dessous, et qu'il advînt immédiatement à l'aile d'être percutée par-dessus, le vent qui la frappe d'en haut n'aurait pas assez de force, car le coin que constitue le vent qui se sépare depuis le milieu de l'épaule jusqu'en bas, élève l'aile avec autant de puissance qu'en exerce le vent d'en haut pour l'abaisser.

Mais si le vent frappe l'oiseau à l'aile droite, ou gauche, il est nécessaire qu'il entre en dessous ou en dessus de ce vent qui frappera la pointe de son aile, et ce changement occupe autant d'espace que l'épaisseur de ces pointes. Comme il s'effectue au-dessous du vent, l'oiseau se tourne, bec au vent ; s'il est au-dessus de lui, l'oiseau virera en dirigeant librement sa queue ; et il risquerait d'être renversé si la nature n'y avait pourvu en plaçant le poids de son corps plus bas que ses ailes étendues, ainsi qu'il sera démontré ici.

⁂

[ca. 1505]
Sul Volo, 11 (12) r.

Lorsque l'oiseau vole en battant des ailes, il ne les étend point tout à fait parce que leurs pointes seraient trop éloignées du levier et des cordes qui les actionnent.

Si, quand l'oiseau descend, il rame à rebours avec ses ailes, il fera de prompts mouvements, attendu que les ailes percutent l'air qui continuellement court dans son sillage pour combler le vide d'où il est parti.

⁂

POUR ÉCHAPPER AU DANGER DE DESTRUCTION

[Dessin.]

[ca. 1505]
Sul Volo, 12 (13) r. et v.

La destruction de ces machines peut se produire de deux façons : la première par la rupture de l'appareil ; la seconde, s'il se tourne sur le tranchant ou presque, attendu qu'il lui faut toujours descendre suivant une grande obliquité et presque en ligne horizontale.

Quant à empêcher la destruction de l'appareil, on pourra se mettre en garde en le faisant aussi résistant que possible, quelle que soit la ligne suivant laquelle il tournera, c'est-à-dire soit par le tranchant, avec la tête ou la queue en avant, soit avec la pointe de l'aile droite ou gauche, ou soit enfin selon des lignes qui sont les moitiés ou les quarts des susdites, comme l'indique le dessin ; pour ce qui est de se tourner par un côté du tranchant, ou quasiment par le tranchant, il faudrait, dès le début, s'en défendre en construisant la machine de telle sorte qu'à la descente, quelque direction qu'elle prenne, elle trouve le remède préparé ; pour ce faire, tu auras soin que son centre de gravité soit au-dessus de celui du poids qu'elle porte, toujours en ligne verticale, et l'un des deux toujours assez distant de l'autre ; c'est-à-dire que si la machine a trente brasses[1] de largeur, ces centres seront respectivement éloignés de quatre brasses, et comme il a été dit, superposés, et le plus lourd sera en dessous parce que, dans la descente, toujours la partie la plus lourde guidera le mouvement. En outre, si l'oiseau est enclin à tomber tête en bas, ou selon une fraction d'obliquité qui le renverserait, cela ne se pourrait, car la partie la plus légère serait au-dessous de la plus lourde et le léger descendrait avant le grave, chose impossible au cours d'une longue descente, comme il est prouvé dans la quatrième [proposition] des « Éléments de mécanique ».

Si l'oiseau tombe la tête en dessous, le corps partiellement oblique incliné vers le sol, les côtés inférieurs des ailes devront se tourner à plat contre la terre, et la queue se dresser vers les reins ; la tête, ou le dessous de la mâchoire est également dirigée vers la terre, ce qui provoquera aussitôt chez l'oiseau le mouvement réfléchi qui de nouveau le rejettera vers le ciel ; ainsi, à la fin de son mouvement réfléchi, l'oiseau tombera en arrière à moins que dans sa montée il n'abaisse un peu une aile, ce qui incurvera le mouvement, en demi-cercle ; alors, au terme de ce mouvement réfléchi, l'oiseau aura le bec pointé vers l'endroit où il a commencé. Si ceci a lieu contre le cours du vent, la fin du mouvement réfléchi sera beaucoup plus haute que le commencement du mouvement incident. Et c'est ainsi que l'oiseau s'élève sans battre des ailes et en traçant des cercles. Le reste de ce cercle dont j'ai parlé s'achève à la faveur du vent, par un mouvement incident, une des ailes maintenue toujours basse, ainsi qu'un côté de la queue. Ensuite, il exécute un mouvement réfléchi vers la fuite du vent et demeure à la fin le bec tourné dans sa direction après quoi il refait les mouvements incidents et réfléchis contre le vent, en continuant à tournoyer en rond.

Quand l'oiseau veut soudain virer sur un côté, il pousse vivement la pointe de l'aile vers sa queue, de ce côté, et,

1. Une brasse équivaut à environ 1,62 m.

attendu que tout mouvement tend à se maintenir ou plutôt, que *tout corps mû continue à se mouvoir aussi longtemps qu'il conserve en lui l'impression de la puissance de son moteur*, il s'ensuit que le mouvement violent de cette aile vers la queue conservant encore, à son terme, une partie de ladite impression, et ne pouvant par soi-même suivre le mouvement déjà commencé, il entraînera avec soi tout l'oiseau, jusqu'à ce que l'impulsion de l'air mû soit épuisée.

Quand la face de la queue est poussée en avant et que le vent la frappe, l'oiseau se meut soudain dans une direction contraire.

⁂

[Dessin d'oiseau aux ailes éployées.]

[ca. 1505]
Sul Volo, 13 (14) r.

Ici les gros doigts des ailes sont ceux qui maintiennent l'oiseau immobile dans l'air, contre le mouvement du vent ; c'est-à-dire que le vent se meut et le soutient sur lui sans qu'il batte des ailes, et l'oiseau ne change point de place.

La raison en est que l'oiseau dispose ses ailes sur un plan si incliné que le vent qui le frappe en dessous ne forme pas un coin apte à l'élever ; cependant, il l'élève dans la mesure où son poids tend à l'abaisser ; autrement dit, si l'impulsion qui pousse l'oiseau à tomber se peut exprimer par deux unités de puissance, celle du vent qui veut l'élever sera également traduite par deux unités ; et comme deux choses égales ne sauraient se surpasser mutuellement, l'oiseau demeurera dans sa position sans monter ni descendre. Il nous reste à traiter du mouvement qui ne le pousse pas plus en avant qu'en arrière : quand le vent veut l'accompagner ou l'écarter de sa position avec une puissance exprimée par quatre unités, et que l'oiseau, ayant la même puissance, s'incline suivant la même obliquité, contre le vent. Ici aussi les puissances s'équilibrent ; l'oiseau ne se mouvra pas en avant ni ne sera chassé en arrière quand le vent est égal. Mais, attendu que les mouvements et puissances des vents sont variables, l'obliquité des ailes ne doit pas changer, car si le vent augmente et qu'il la modifie, pour ne pas être poussé vers le haut par le vent

Dans les exemples précités, le vent n'entre pas comme un coin sous les ailes obliques, mais il rencontre l'aile le long du tranchant qui tente de descendre contre lui ; et là, il frappe le tranchant de l'épaule qui sert de bouclier au reste de l'aile ;

ici, il n'y aurait aucun moyen de se garantir contre la descente des ailes, n'était le gros doigt *a* qui alors se présente de face et reçoit toute la force du vent en plein sur lui, plus ou moins, selon la puissance plus ou moins grande du vent

⁂

[Dessins d'aile.]

Le gros doigt *n* de la main *m n* est celui qui, lorsqu'elle s'abaisse, vient à s'abaisser plus qu'elle, si bien qu'il ferme et barre l'issue à la fuite de l'air comprimé par l'abaissement de cette main, de manière qu'à cet endroit l'air se condense et oppose de la résistance aux rames des ailes. Voilà pourquoi la nature a placé dans ce gros doigt un os extrêmement fort, uni à des nerfs très vigoureux avec des plumes courtes et plus robustes même que les plumes des ailes, car sur l'air condensé l'oiseau s'appuie de toute la puissance de l'aile et de toute sa force, et par ce moyen il avance. À l'égard des ailes, ce doigt remplit l'office des griffes pour le chat qui grimpe aux arbres. *[ca. 1505] Sul Volo, 13 (14) v.*

Mais lorsque l'aile acquiert une force nouvelle à son retour en haut et en avant, le gros doigt s'aligne tout droit avec les autres, et de son extrémité tranchante il fend l'air et fait office de timon, en le frappant continuellement d'un mouvement soit haut, soit bas, quand l'oiseau désire s'élever.

Le second timon ou gouvernail est placé du côté opposé, au-delà du centre de gravité de l'oiseau, et ce gouvernail est sa queue qui, si le vent la frappe par-dessous, du fait qu'elle est au-delà dudit centre, abaissera la partie antérieure de l'oiseau.

Mais si la queue est frappée par-dessus, la partie antérieure de l'oiseau s'élèvera. Et si la queue se tord quelque peu et montre obliquement sa face sous l'aile droite, la partie antérieure de l'oiseau se tournera vers la droite. Et si l'obliquité du côté inférieur de la queue est inclinée vers l'aile gauche, il se tournera avec sa partie de devant vers la gauche ; et de l'une ou l'autre façon, l'oiseau descendra. Mais si le vent frappe obliquement dans sa partie de dessus, l'oiseau virera lentement du côté où la surface supérieure de la queue se présente de biais.

⁂

[ca. 1505]
Sul Volo, 14 (15) r.

Les muscles de la poitrine et du rachis font tourner l'axe de l'humérus des oiseaux et c'est là que prend naissance la faculté d'abaisser ou d'élever la queue au gré ou selon les besoins de l'animal qui se meut.

J'en conclus que l'ascension, sans battement d'ailes, ne provient de nulle autre cause que du mouvement circulaire des oiseaux dans le mouvement du vent, lequel mouvement quand il cesse d'avoir le vent pour support, continue à descendre jusqu'à l'endroit où naîtra le mouvement réfléchi ; après quoi, ayant décrit un demi-cercle, il se trouve de nouveau face au vent et suit le mouvement réfléchi sur le vent, tournant sans cesse jusqu'à ce que, avec son aide, il effectue sa plus haute ascension entre sa plus basse descente et l'arrivée du vent, et reste l'aile gauche au vent ; et de ce maximum de hauteur, virant de nouveau, il redescend jusqu'au dernier mouvement incident, l'aile droite au vent.

Chez l'oiseau, l'égalité de résistance des ailes tient toujours au fait que leurs extrémités sont à égale distance de son centre de gravité.

Mais quand l'une des extrémités est plus proche que l'autre de ce centre de gravité, l'oiseau descendra du côté où l'aile en est plus rapprochée.

[ca. 1505]
Sul Volo, 14 (15) v.

La main de l'aile est la partie qui détermine la force impulsive ; et le coude se place alors sur le tranchant pour ne pas entraver le mouvement qui crée l'élan ; une fois donnée l'impulsion, le coude s'abaisse et se met de biais, et cette inclinaison fait que l'air sur lequel il pose prend presque la forme d'un coin, sur lequel l'aile s'élève ; sinon, le mouvement de l'oiseau dans le temps que l'aile retourne en avant, serait cause qu'il s'abaisserait à mesure que l'impulsion s'épuise ; mais il ne peut tomber parce que plus l'impulsion faiblit, plus la pression exercée par le coude résiste à la descente et de nouveau redresse l'oiseau.

Les coudes de l'oiseau ne s'abaissent pas entièrement au début, car son premier élan l'élève d'un bond ; mais ils s'abaissent dans la mesure requise pour freiner la descente au gré de l'oiseau.

Quand l'oiseau veut prendre un soudain essor vers le haut, il abaisse immédiatement les coudes, après avoir donné naissance à sa force impulsive.

Veut-il descendre, il raidit ses coudes et les maintient haut après la naissance de l'impulsion.

•◆•

Rappelle-toi que ton oiseau ne doit point avoir d'autre modèle que la chauve-souris, car ses membranes sont l'armature ou plutôt les ligaments des pièces de son armature, c'est-à-dire la charpente des ailes. *[ca. 1505] Sul Volo, 15 (16) r.*

Si tu prends pour modèle les ailes des oiseaux emplumés, la structure de leurs os et de leurs nerfs est plus puissante à cause de leur pénétrabilité, c'est-à-dire que les plumes sont disjointes et l'air les traverse ; mais la chauve-souris est aidée par sa membrane qui relie le tout et s'oppose à la pénétration de l'air.

DE LA MANIÈRE DE SE MAINTENIR EN ÉQUILIBRE

Toujours la partie la plus pesante des corps guide leurs mouvements.

L'oiseau qui doit s'élever sans battre des ailes se placera obliquement contre le vent, en lui présentant de face ses ailes ainsi que ses coudes, et son centre de gravité sera plus rapproché du vent que le centre des ailes. D'où il résulte que si la puissance qui pousse l'oiseau à descendre lorsqu'il se tient obliquement est représentée par deux, et la force du vent qui le frappe par trois, le mouvement obéit au trois et non au deux.

•◆•

[Dessin de poulie avec oiseau suspendu, les ailes éployées.]

Fait pour trouver le centre de gravité de l'oiseau, et sans cet instrument, la machine n'aurait que peu de valeur. *[ca. 1505] Sul Volo, 15 (16) v.*

Lorsque l'oiseau s'abaisse, son centre de gravité est hors du centre de sa résistance : comme si le centre de gravité était au-dessus de la ligne *a b*, et le centre de la résistance au-dessus de la ligne *c d*.

Et si l'oiseau veut s'élever, son centre de gravité reste en arrière du centre de sa résistance.

L'oiseau peut rester en l'air sans garder ses ailes dans la

position d'égalité[1] car du fait qu'il n'a pas, comme les balances, son centre de gravité au milieu de son axe, il n'est pas nécessairement obligé de tenir ses ailes à égale hauteur, comme lesdites balances. Mais si ces ailes sont hors de la position d'égalité, l'oiseau descendra suivant la ligne de leur obliquité ; et si cette obliquité est composée, c'est-à-dire double – comme par exemple si l'obliquité des ailes incline vers le midi et celle de la tête et de la queue vers le levant –, l'oiseau descendra obliquement vers le sud-est. Si l'inclinaison de l'oiseau est le double de celle de ses ailes, il descendra par une ligne intermédiaire entre le sud-est et l'est ; et l'obliquité de son mouvement sera entre les deux précitées.

ARGUMENT POUR [RÉFUTER] LES OBJECTIONS RELATIVES À L'ENTREPRISE

[ca. 1505]
Sul Volo, 16 (17) r.

Tu diras peut-être que les nerfs et muscles de l'oiseau sont incomparablement plus puissants que ceux de l'homme, parce que la masse charnue des nombreux muscles et pulpes de la poitrine aide et accroît le mouvement des ailes ; en outre, l'os pectoral, d'une seule pièce, confère à l'oiseau une très grande puissance, ainsi que les ailes toutes couvertes d'un réseau de gros nerfs et autres très forts ligaments cartilagineux, et la peau fort épaisse, avec divers muscles.

Mais la réponse à cela est qu'une si grande force lui constitue une réserve – en plus des forces qu'il emploie ordinairement pour se soutenir sur ses ailes – dont il a besoin lorsqu'il veut doubler ou tripler sa vitesse pour échapper à une poursuite ou chasser sa proie. En ce cas, il lui faut déployer le double ou le triple de son effort, et en outre, porter à travers l'air dans ses serres, un poids correspondant à son propre poids. Ainsi, on voit le faucon porter un canard, et l'aigle un lièvre ; fait qui démontre fort bien où la surabondance de forces se dépense, car il ne leur en faut que très peu pour se soutenir et s'équilibrer sur leurs ailes et pour les remuer sur le chemin des vents et s'orienter dans leurs voyages ; un léger mouvement d'ailes y suffirait, et d'autant plus lent que l'oiseau sera plus grand.

L'homme aussi possède dans ses jambes une plus grande force que n'en requiert son poids. Pour démontrer l'exactitude de mon propos, place un homme debout sur le rivage, et observe de

1. Position horizontale. (*N.d.T.*)

combien s'enfonce l'empreinte de son pied ; puis, mets un autre homme sur son dos et tu verras combien davantage s'enfoncent les empreintes. Ensuite, ôte de son dos l'homme et fais-le sauter en l'air aussi haut qu'il peut ; tu verras que l'empreinte de ses pieds est plus forte à la place où il a sauté qu'à celle où il portait l'autre sur son dos. Voilà la double preuve que l'homme possède plus du double de la force nécessaire pour se soutenir.

[Dessin.]

Outres grâce auxquelles un homme tombant d'une hauteur de six brasses évitera de se faire du mal, que ce soit dans l'eau ou sur terre ; et ces outres, liées à la façon des grains d'un rosaire, sont entourées d'autres.

•◆•

Si tu tombes avec la double chaîne d'outres que tu t'es attachée sous le cul, tu auras soin que ce soient elles qui tout d'abord heurtent le sol. *[ca. 1505] Sul Volo, 16 (17) v.*

[Dessin d'une partie de la machine volante.]

Comme les ailes sont obligées de ramer vers le bas et en arrière, pour maintenir la machine en l'air et lui permettre d'avancer, elle progresse au moyen du levier *c d*, par voie oblique, guidée par la courroie *a b* Je pourrais faire que le pied qui presse l'étrier *g* fût celui qui, en plus de son office habituel, tire en bas le levier *f*, mais cela ne servirait point notre propos, car il est nécessaire que le levier *f* monte ou descende avant que l'étrier *g* bouge de sa position, pour que l'aile – tandis qu'elle se jette en avant et s'élève dans le temps où l'impulsion acquise pousse l'oiseau de lui-même en avant, sans battre des ailes – puisse se présenter à l'air par le tranchant, car sinon la surface des ailes frapperait l'air, entraverait son mouvement et empêcherait la propulsion de l'oiseau.

•◆•

Si l'oiseau s'abaisse vers le levant, l'aile droite étendue sur le vent du sud, il sera renversé indubitablement à moins qu'il ne présente soudain son bec au nord ; et le vent frappera les paumes de ses mains au-delà de son centre de gravité et relèvera sa partie antérieure. *[ca. 1505] Sul Volo (feuillets manquants), 17 (18) v.*

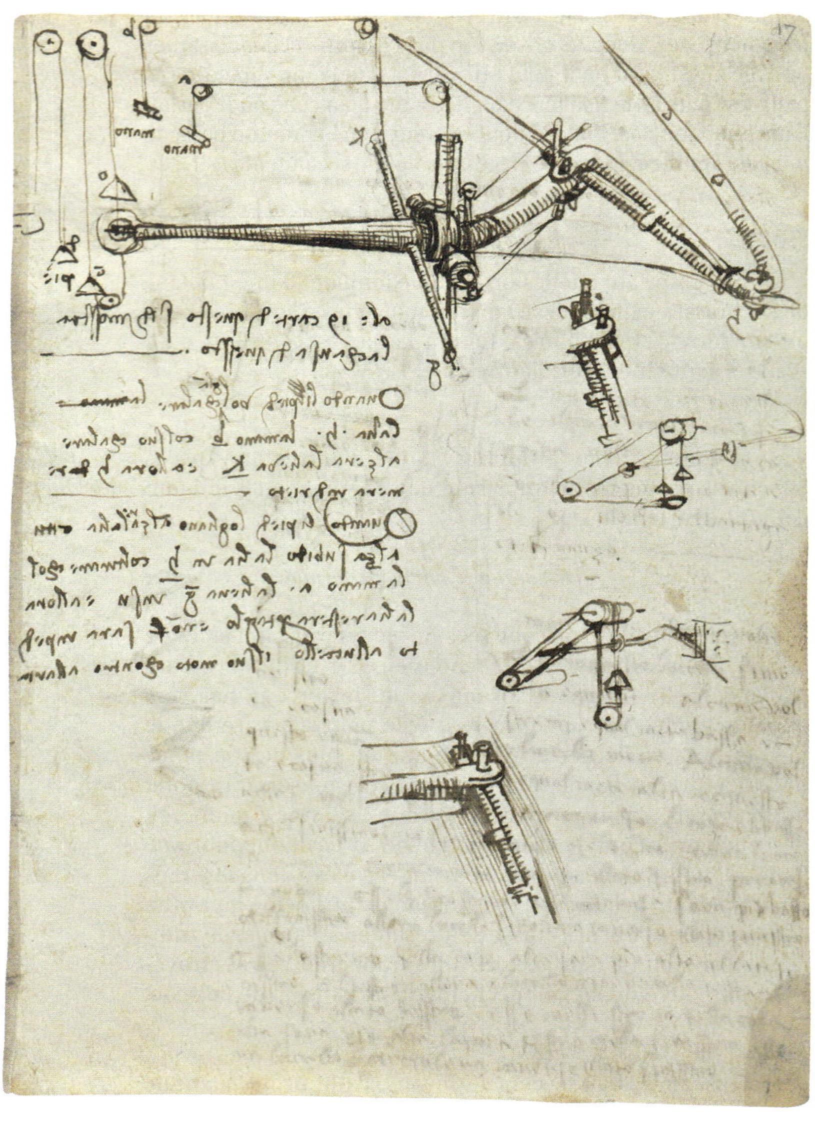

Figure d'aile mécanique à dispositif de rotation (*Sul Volo*, 17 r.).

Lorsque l'oiseau est de grande envergure et que sa queue est petite, s'il veut monter, il lèvera vigoureusement les ailes et, virant, il recevra le vent sous elles. Ce vent, formant un cône, le poussera en haut avec vélocité, comme c'est le cas pour le *cortona*, oiseau de proie que je vis en allant à Fiesole au-dessus de la place de la Barbiga, en [150]5, le 14ᵉ jour de mars.

Mouvements de la queue : comment parfois elle est plate et l'oiseau en se mouvant la tient dans une position horizontale ; parfois elle a les extrémités également basses ; et c'est quand l'oiseau s'élève ; parfois elle les a également hautes, et ceci se produit lorsqu'il descend. Mais quand la queue est basse et que le côté gauche est au-dessus du droit, l'oiseau s'élèvera en mouvement circulaire, vers la droite ; cela peut se prouver, mais ailleurs. Et si quand la queue est basse, l'extrémité droite est plus bas que la gauche, l'oiseau tournera vers la gauche. Et si, quand la queue est haute, le côté gauche de ses extrémités est au-dessus du droit, l'oiseau virera avec la tête vers la droite ; mais si, quand la queue est haute, le côté droit de ses extrémités est plus haut que le gauche, l'oiseau tracera un cercle vers la gauche.

⁂

[Dessins d'ailes.]

[ca. 1505]
Sul Volo, 18 r.

En élevant la main, toujours le coude s'abaisse et presse l'air ; à mesure que la main s'abaisse, le coude s'élève et reste de côté, pour éviter que le choc de l'air n'entrave le mouvement.

L'abaissement de la queue au moment où de nouveau l'oiseau projette ses ailes en avant par le tranchant, un peu au-dessus du vent, guidé par l'impulsion acquise, fait que le vent frappe sous ce coude et se transforme en un coin, sur lequel l'oiseau s'élève sans battre des ailes grâce à cette impulsion.

Et si l'oiseau pèse trois livres et que la poitrine représente le tiers de son envergure, les ailes ne supporteront que les deux tiers de son poids.

La main éprouve une grande fatigue dans la région du pouce, ou plutôt le timon de l'aile, parce que c'est la partie qui frappe l'air.

La paume de la main va de *a* à *b* toujours entre des angles presque droits, s'abaissant et pressant l'air, et en *b* elle se tourne immédiatement de côté et se recule, tout en s'élevant par la ligne *c d* ; arrivée en *d*, elle fait soudain volte-face, s'abaisse par la ligne *a b*, et tourne toujours autour du centre de sa largeur.

Le mouvement en arrière de la main, par le tranchant, s'effectuera avec une grande vitesse et lorsque la main est ouverte, la pression en arrière sera faite avec la rapidité que requiert la puissance motrice dans son ultime effort.

Le mouvement de la pointe des doigts n'est point le même à l'aller qu'au retour, mais le retour s'opère par une ligne plus haute ; et au-dessous d'elle se trouve la figure tracée par les lignes supérieures et inférieures ; elle est ovale, avec une courbe allongée et régulière.

⁂

[ca. 1505]
Sul Volo, couverture, 2 r.

Le grand oiseau prendra son premier vol sur le dos du grand cygne, à la stupéfaction de la terre et remplira toutes les annales de sa grande renommée ; et à son nid natal il conférera gloire éternelle.

⁂

[ca. 1505]
Sul Volo, 18 (17) v.

En 1505, mardi soir, le 14e jour d'avril, Laurent est venu demeurer avec moi ; il a dit qu'il avait dix-sept ans.

Et le 15e jour dudit avril, j'ai reçu 25 florins d'or du trésorier de Sainte-Marie-Nouvelle.

De la montagne qui porte le nom du grand oiseau, le fameux oiseau prendra son essor, qui de sa grande renommée emplira le monde[1].

⁂

[ca. 1503, ou après, ca. 1507 ?]
C. A. 105 r. a

Si l'oiseau veut s'avancer tout droit contre le vent, il bat des ailes et les meut en arrière, comme des rames.

---

1. Ce passage doit être considéré comme la clé du précédent. Dans la phrase « *sopra del dosso del suo magnio cecero* » (« sur le dos du grand cygne »), Léonard faisait apparemment allusion au mont Ceccri, la montagne immédiatement au-dessus de Fiesole, au sud. C'est du sommet ou d'une crête de cette montagne qu'il comptait essayer son appareil volant. Il est également question de cette localité à une autre page du même manuscrit (ici p. 529) où il parle du « *cortona*, oiseau de proie que je vis en allant à Fiesole, au-dessus de la place de la Barbiga, en [150]5, le 14e jour de mars » (*Sul Volo* (feuillets manquants), 17 [18] v.). Cela semble indiquer que 1505 fut l'année où eut lieu l'expérience – peut-être celle dont une chronique de Cardan a enregistré l'insuccès.

À moins que l'oiseau ne batte des ailes vers le bas plus vite que s'il descendait naturellement, les ailes éployées dans la même position, son mouvement sera descensionnel. Mais si le mouvement des ailes est plus rapide que la descente naturelle, il sera ascensionnel, et d'autant plus prompt que le battement des ailes vers le bas l'est davantage. *[ca. 1515-1516] C. A. 124 r.*

L'oiseau descend du côté où l'extrémité de l'aile est plus proche de son centre de gravité.

Tu feras l'anatomie des ailes d'un oiseau, avec les muscles pectoraux qui les font mouvoir.

Tu procéderas de même avec un homme, pour montrer les possibilités qui existent dans l'homme désireux de se soutenir en l'air par battements d'ailes.

[Dessins.]

L'oiseau qui descend au-dessus ou au-dessous du vent tient les ailes fermées pour éviter que l'air ne l'entrave ou l'arrête ; il les garde bien au-dessus de son corps, afin que l'élan ne le renverse pas. *[ca. 1505] C. A. 185 r.*

Quand l'oiseau a replié les épaules de ses ailes et écarté les pointes, l'air devient plus épais que le reste de l'atmosphère où il ne passe point ; et il fait cela pour freiner son mouvement et ne pas dévier de sa ligne.

Mais quand l'oiseau écarte les épaules plus que les pointes des ailes, il cherche à ralentir davantage son mouvement.

Quand les pointes et les épaules des ailes sont également rapprochées les unes des autres, l'oiseau veut descendre sans être arrêté par l'air.

Quand l'oiseau se sert de ses ailes comme de rames, ou bat des ailes à rebours pendant sa descente, c'est signe manifeste qu'il accélère l'allure de cette descente.

Ici, les attitudes des oiseaux indiquent les résultats des efforts et leur ensemble est révélateur de leurs intentions.

L'aile étendue d'un côté et repliée de l'autre fait voir l'oiseau qui tombe avec un mouvement circulaire autour de l'aile repliée.

Les ailes également repliées indiquent que l'oiseau veut descendre tout droit.

L'oiseau sur le vent, à la fin du mouvement réfléchi, ne gardera jamais les ailes ouvertes également, car le vent le renverserait. Mais il tire vers lui l'aile autour de laquelle il désire opérer son mouvement de circonvolution et descendant derrière elle, se meut en cercle pour monter ou s'abaisser.

Mon contradicteur dit qu'il a eu la preuve que l'oiseau dont les ailes sont entièrement ouvertes ne peut descendre perpendiculairement sans risque de se porter préjudice ou d'endommager une de ses parties ; et il admet que l'oiseau ne peut tomber à la renverse sur le côté, parce qu'il ne saurait récuser ces preuves et aussi qu'il [l'oiseau] ne peut tomber la tête la première ; mais il se demande si, au cas où l'envergure des ailes se trouverait être perpendiculaire par rapport au sol, l'oiseau ne descendrait pas de côté par cette ligne.

La réponse est qu'en ce cas, la partie la plus pesante du corps ne saurait guider le mouvement, et un tel mouvement serait contraire à la quatrième relative à ceci – impossibilité qui a été démontrée.

[ca. 1505]
C. A. 186 r.

Les timons des ailes de l'oiseau sont les parties qui le placent immédiatement au-dessus ou au-dessous de l'arrivée du vent ; et leur faible mouvement fend l'air dans n'importe quel sens, en faisant une trouée où l'oiseau pénétrera aisément.

L'oiseau ne descendra jamais à la renverse, son centre de gravité se trouvant plus près de la tête que de la queue.

La descente de l'oiseau, dans son mouvement total ou partiel, s'effectuera toujours par la ligne suivant laquelle son centre de gravité sera plus proche des extrémités de son envergure.

J'ai dit que la descente s'effectuera entièrement du côté le plus rapproché du centre de gravité, lorsqu'une partie seulement est proche de ce centre et que les extrémités des parties opposées demeurent à égale distance du centre – comme quand l'oiseau pressant la tête tout contre son buste, les ailes restent équidistantes du centre et la queue est droite et élargie ; ainsi il descendra la tête en avant, et la ligne centrale du corps suivra ce mouvement.

Mais quand, ce faisant, une aile se presse vers le centre, la ligne de descente de l'oiseau sera entre l'aile et sa tête.

Si, pendant le mouvement des ailes également éployées,

la queue incline vers l'une d'elles, le mouvement continuera, [concentré] entre la tête de l'oiseau et l'aile opposée.

Et si seule la tête est penchée vers l'une des ailes ouvertes également, la descente oblique se fera entre la tête et l'aile qui en est le plus rapprochée.

La nage dans l'eau enseigne aux hommes comment font les oiseaux dans l'air.

COMMENT L'OISEAU S'ARRÊTE SUR SON AILE AU-DESSUS DU VENT SANS CHANGER DE POSITION

Si le vent qui chasse l'oiseau en avant a une puissance égale à celle de l'oiseau qui est au-dessus de lui et désire descendre vers lui, l'oiseau restera immobile ; et le mouvement qu'il était sur le point d'opérer sera fait par le vent, du côté opposé. *[1504] C. A. 196 r*

Et si le vent est le plus fort et que l'oiseau meuve ses ailes en arrière comme des rames, l'oiseau restera immobile.

Et si le vent vient d'en haut et par-devant, et que l'oiseau lui résiste par-derrière, et par-dessous, alors selon les conditions du lieu d'où il peut s'abattre, l'oiseau demeurera immobile.

Mais quand le vent vient par-dessus et de face, et que l'oiseau lui résiste par-dessous et par-derrière, sa force l'emportera sur le poids de l'oiseau ; il faudra donc que les ailes se resserrent et occupent moins de place dans l'air ; dès lors, elles seront atteintes par une moindre quantité de vent, et [il faudra] que les battements [d'ailes] s'exécutent plutôt à reculons ; et ainsi l'oiseau restera immobile.

Jamais un homme, par sa seule force, ne fera mouvoir l'aile du corbeau aussi vite que le corbeau lorsqu'il est attaqué. *[5 mars 1507] C. A. 211 r.*

La preuve t'en sera donnée par le bruissement des ailes ; si l'homme les meut, elles ne produiront jamais autant de bruit qu'elles en faisaient lorsque l'oiseau était attaqué.

POURQUOI L'OISEAU SE MAINTIENT SUR L'AIR

L'air que le corps mobile frappe le plus vite se comprime davantage.

Cela est prouvé du fait qu'un corps flexible moins épais ne supportera jamais un plus épais, comme le démontre l'exemple de l'enclume flottant au-dessus du bronze fondu, et de l'or et l'argent liquides coulant au fond du plomb en fusion ; voilà pourquoi l'atmosphère est susceptible de se condenser quand elle est heurtée par une chose douée d'une rapidité supérieure à la sienne ; elle se condense et devient comme un nuage dans le reste de l'air, c'est-à-dire qu'elle l'égale en densité.

Mais quand l'oiseau se trouve dans le vent, il peut se soutenir au-dessus de lui sans battre des ailes, l'office du vent contre l'air immobile étant analogue à celui de l'air qui percute les ailes lorsqu'elles ne sont pas en mouvement.

POURQUOI L'OISEAU TOMBE SUIVANT UNE CERTAINE LIGNE

[ca. 1507]
C. A. 211 v.

Quel que soit le côté où porte le poids de l'oiseau qui tombe de sa position d'égalité, c'est de ce côté que s'opérera sa descente.

Et quel que soit l'angle sous lequel se placera l'oiseau, sa descente se fera sous le même angle.

Et si une partie est inclinée en avant et que les ailes soient éployées en une obliquité égale, le mouvement de l'oiseau sera au centre des deux parties inclinées.

Ce mouvement sera plus oblique du côté le plus incliné.

[Dessin.]

Ce cercle sera de dimensions moindres, dans lequel l'oiseau se placera suivant une moindre inclinaison.

L'obliquité des ailes tend toujours à égaler celle du corps de l'oiseau.

[Dessin a b.]

Si les ailes se tiennent obliquement et que le buste soit dans une position d'égalité, il est hors de doute que l'oiseau descendra suivant la ligne de l'inclinaison des ailes ; mais cette inclinaison se déplacera à droite ou à gauche, comme dans le mouvement *a b*.

DE COMBIEN DE FAÇONS L'OISEAU PEUT-IL CHANGER SON MOUVEMENT DROIT EN MOUVEMENT COURBE

L'oiseau qui veut changer son cours rectiligne en un cours incurvé sans augmenter sa hauteur ni la réduire, agite plus fréquemment l'aile du côté convexe de son mouvement courbe, que celle qui est du côté concave de ce mouvement. *[ca. 1515-1516] C. A. 266 v.*

L'aile de l'oiseau, en frappant l'air, a l'épaule plus remontée devant que derrière ; il fait cela pour acquérir le mouvement, car si ses ailes se mouvaient également vers le haut et vers le bas, il ne bougerait pas de sa position primitive.

L'oiseau infléchit sa course droite, vers le côté où l'aile est plus bas ; c'est comme si elle était plus frappée par le vent que l'autre aile.

DE L'OISEAU QUI VOLE PAR BONDS[1]

L'oiseau qui vole par bonds gagne de l'élan dans sa descente, parce qu'au cours de cette descente il acquiert du poids en fermant les ailes – et donc de la vitesse ; ainsi le mouvement réfléchi est plus puissant ; comme, par surcroît, il bat des ailes, il crée le double de la force que produit le simple mouvement réfléchi ; et par suite de ce redoublement, le mouvement réfléchi devient plus long qu'il ne l'eût été sans l'appoint du battement d'ailes. Telle est la vraie cause pour laquelle le mouvement réfléchi est égal au mouvement incident, et pourquoi à la fin du vol il y a égalité entre l'étendue de sa descente et de son ascension.

Quand l'oiseau descend suivant une grande inclinaison, sans battre des ailes, toutes les pointes des ailes et de la queue se retroussent, et ce mouvement est lent, car non seulement l'oiseau est soutenu par l'air qui est sous lui mais par l'air latéral vers lequel la surface convexe des plumes retroussées s'étale à angles égaux.

Quand l'oiseau quitte le sol, il s'élance et ferme violemment ses ailes ouvertes, en provoquant une onde dans l'air qui se comprime et d'en bas frappe sa poitrine ; la force impulsive

1. Ms. : *balzi*.

tend à se prolonger, le mouvement élève l'oiseau et il bat régulièrement des ailes, plusieurs fois, jusqu'à ce qu'il se soit monté assez haut.

L'oiseau qui monte d'un mouvement circulaire, conserve une position oblique par rapport à son envergure et le cercle où il tourne sera d'autant plus grand que sa position sera plus inclinée, et d'autant plus petit qu'elle l'est moins.

L'oiseau dont une des ailes opère un mouvement plus grand que l'autre, décrira une courbe ; le mouvement sera également circulaire si l'aile est battue d'un côté et tenue immobile de l'autre et le cercle plus grand ou plus petit selon que l'aile est mue plus lentement ou plus vite.

Mouvement de l'oiseau que pousse le vent :

L'oiseau poussé par le vent, quand il s'élève sans battre des ailes, prolonge davantage sa giration dans le mouvement incident que dans le mouvement réfléchi ; mais dans le mouvement réfléchi il monte, et dans l'incident, il s'abaisse.

L'oiseau, en descendant contre le vent, abaisse ses pattes quand le vent les frappe, pour ne pas dévier sa queue de la direction du corps entier qui tend à descendre.

⁂

[ca. 1515-1516]
C. A. 432 r.

L'oiseau qui opère la giration la plus brève, déploie l'extrême envergure de ses ailes suivant une moindre inclinaison, ce pourquoi le cercle de ce mouvement tournant est d'autant plus courbe qu'il est plus bref.

L'oiseau ne peut jamais se mouvoir à reculons, attendu que les pointes de ses ailes éployées ne sont jamais en avant du centre de gravité de sa longueur, comme cela se produit nécessairement ; alors que s'il se mouvait à reculons, ses plumes se rebrousseraient par-devant et leur résistance entraverait le mouvement ; et l'oiseau nous le montre, que lorsqu'il se repose, tourne toujours son bec au vent.

Si la pointe gauche de la queue s'élève au-dessus des lignes centrales du mouvement et du poids de l'oiseau dans la proportion où la pointe droite est au-dessous de ces centres, l'oiseau se dirigera forcément tout droit ; car la pointe gauche de la queue a autant de puissance pour incliner vers la droite le mouvement rectiligne de l'oiseau, lorsqu'elle se trouve au-dessus de lui, que la pointe droite pour incliner l'oiseau vers la gauche quand elle se trouve au-dessous de lui.

L'oiseau descendra toujours dans la direction où son poids s'accuse davantage.

L'oiseau pèsera le plus dans la direction où sa largeur est moindre. Ainsi il descendra par la ligne *a b* et non la ligne *b a.*

[Diagramme.]

J'ai vu le passereau et l'alouette prendre leur essor en ligne droite quand ils se trouvaient dans une position horizontale, parce que l'aile soulevée d'un mouvement rapide reste pleine de trous et ne s'élève qu'en vertu de l'impulsion acquise ; et il en va de même pendant l'abaissement des ailes, car en ce cas l'aile réunit et comprime les plumes, comme il est dit dans la huitième [partie] de ceci.

L'oiseau qui descend avec le vent qui le frappe par-dessous, accentue cette descente en dressant sa queue, dont il expose la partie inférieure à la percussion du vent.

L'oiseau, lorsqu'il se pose en quelque lieu, se place toujours le bec au vent.

Toujours les rameaux d'un arbuste s'exposent par-dessous au vent qui les frappe, et l'un s'appuie sur l'autre.

•◆•

Sauf si le mouvement de l'aile qui presse l'air est plus rapide que la fuite de l'air comprimé, l'air ne se condensera pas sous l'aile et l'oiseau ne se maintiendra pas en l'air. *[ca. 1505] C. A. 434 r.*

La partie de l'air la plus rapprochée de l'aile ressemblera le plus, dans son mouvement, au mouvement de l'aile qui la presse ; et cette partie sera plus stable, qui sera plus éloignée de l'aile.

Cette partie de l'air la plus rapprochée de l'aile qui la presse, aura le plus de densité.

L'air a une densité supérieure quand il est plus près de l'eau, et [plus de rareté] quand il est plus près de la région froide ; et à mi-chemin entre les deux, il est plus pur.

L'air de la zone froide n'offre pas de résistance au mouvement des oiseaux, s'ils n'ont déjà traversé une portion considérable de l'air qui se trouve sous eux.

Les extrémités des ailes sont nécessairement flexibles.

Les propriétés de l'air sont telles qu'il peut se condenser ou se raréfier.

•◆•

[ca. 1505]
C. A. 434 v.

Nulle impulsion créée par un mouvement quelconque ne peut s'épuiser immédiatement ; mais vient-elle à rencontrer un objet plus résistant, elle s'épuise en un mouvement réfléchi.

Dans la descente inclinée des oiseaux, la force impulsive acquise par le battement d'ailes fait que ces oiseaux descendent en vol plané sur un long parcours, et elle [détermine] cette inclinaison.

Définis la force impulsive, en quoi consiste le mouvement oblique, lequel a une inclinaison plus ou moins grande, et comment le mouvement réfléchi des oiseaux est plus ou moins incliné à proportion du déploiement plus ou moins grand de la queue et des ailes.

L'impulsion acquise sera d'autant plus durable que le mouvement de descente sera plus oblique.

L'impulsion est la force du moteur appliquée à un mobile, qui fait que celui-ci continue à se mouvoir une fois séparé de son moteur.

[Il n'y aura jamais impulsion, si la résistance du mobile n'est complètement dominée par son moteur.] Et en particulier, quand le frottement dense des corps mûs résiste au mobile.

On le voit dans le cas du timon tiré par les bœufs ; il ne se meut qu'aussi longtemps que les bœufs sont en marche, et la cause cessant, l'effet cesse, c'est-à-dire que le mouvement du timon prend fin avec celui des bœufs.

Aussi longtemps que le frottement du mobile contre l'endroit où il est mû est de légère densité, la puissance motrice s'unit au mobile, attendu que celui-ci se sépare de son moteur dans la mesure où la densité du frottement est moindre. Ainsi l'on voit un chaland entraîné de son propre gré assez loin sur l'eau, une fois séparé de la force motrice ; et l'oiseau après qu'il a battu des ailes, avance sur l'air comprimé en planant, emporté à une grande distance par son élan.

Mobiles et moteurs sont de trois catégories ; l'une se meut à travers un espace égal au mouvement de son moteur et ne subit que faiblement sa puissance ; l'autre se meut à travers un espace inférieur à celui qu'a traversé son moteur, et sa résistance est supérieure à la puissance motrice – sans parler de l'espace qui s'interpose entre le moteur et le mobile ; la troisième se meut dans un même temps, à travers un espace considérablement plus grand que celui que traverse son moteur ; et ce mobile en soi – indépendamment de l'espace interposé – possède une force de résistance bien moindre que son moteur.

Il est encore d'autres forces de moteurs et de mobiles, qui font que le mobile suit son mouvement – ou en est suivi – sur un parcours aussi long et dans le même sens que son moteur ; et, le moteur arrêté, sa force s'exerce dans le mobile qui a ainsi parcouru un long espace, telle la flèche lancée par la corde de l'arc se meut longtemps d'elle-même après que la corde s'en est séparée.

•◆•

L'oiseau peut se maintenir en l'air sans changer de position, même si la force du vent est supérieure à la puissance de son poids ; il le fait d'un léger et rapide mouvement de ses ailes, dont il se sert comme de rames, derrière la fuite du vent, avec une vitesse dépassant la sienne et ainsi il conserve l'équilibre. *[ca. 1505] C. A. 493 r.*

L'oiseau restera en l'air sans bouger les ailes ni changer de position, même si le mouvement de l'air est plus puissant que le poids de l'animal. Ce contraste est dû à son obliquité, et il est sur un plan oblique.

À égalité d'envergure, l'oiseau placé suivant la ligne la plus inclinée sera plus lourd dans l'air.

•◆•

L'oiseau qui bat des ailes d'un mouvement égal, sans battre de la queue, aura un vol rectiligne ; mais si l'une des ailes pend plus que l'autre, le mouvement égal s'incurvera et il descendra en tournant autour d'un point en contrebas, vers lequel s'incline l'aile inférieure. *[ca. 1516] C. A. 505 v.*

•◆•

[Diagrammes.]

Les brusques changements [de position] dans les ailes et la queue des oiseaux entraînent des changements soudains dans les lignes de leurs mouvements. Suppose en effet que l'oiseau se dirige vers l'orient et tout à coup se tourne vers l'occident : cette giration subite s'effectue en étendant une aile du côté *[ca. 1507-1508] C. A. 571 r. a* vers lequel il veut tourner, et en la plaçant de manière qu'elle reçoive en plein la percussion de l'air suivant la ligne où il se meut ; il ramène à soi l'aile opposée et plie la queue en sorte que l'aile déployée – comme chez l'oiseau *a d f* – vole vers toi ; et tout en volant, il se retourne aussitôt en arrière du côté droit, en *f*, puis étend cette aile *d f* plus qu'à l'accoutumée, en la dépliant davantage face au vent ; l'aile opposée *a c* sera ployée en *c b*, et la queue *c d* tournera comme en *e d* ; et la fureur de son élan, heurtée par l'air, s'exercera davantage dans la partie de l'oiseau la plus éloignée de son centre de gravité et moins dans celle qui en est plus rapprochée.

Quand l'oiseau s'élève en cercle sans battre des ailes, il maintient son centre de gravité beaucoup plus bas que la pointe de ses ailes, et il reçoit le vent par-dessous, de quelque côté qu'il vienne, à la manière d'un coin, soit sous sa queue, soit sous sa poitrine ou sous chacune de ses ailes.

Si l'eau *a b* frappe la queue du poisson qui se trouve dans l'axe au-dessus de son centre de gravité accidentel, ce poisson, sans aucun doute, s'incurvera autour de ce centre ; mais dans le courant de l'eau sa queue s'infléchira plus que son tronc, qui, étant plus ferme, offre dans le mouvement contraire, plus de résistance.

La force impulsive, circulaire à son début, peut suivre sur son axe le même mouvement de révolution que la meule du moulin ou la roue tournante, et il lui est loisible de le suivre circulairement, et tout droit, comme la roue de la charrette tournant naturellement en dehors de son axe, ou comme le mouvement réfléchi oblique des corps sphériques. Pareillement, le vol des oiseaux – encore que leur impulsion initiale puisse dériver d'un mouvement rectiligne – pourra continuer en un mouvement circulaire aussi longtemps que persiste cette impulsion.

Le mouvement horizontal des oiseaux en plein vol peut rapidement devenir oblique ou droit, soit vers le ciel, soit vers la terre. Le mouvement vers le ciel a lieu quand les timons des ailes et la queue sont tournés vers le sol. L'oiseau, lorsqu'il descend, suit une ligne plus droite et risque moins d'être renversé si ses ailes sont repliées sous lui que s'il les tient droites.

Lorsque le centre de gravité d'un oiseau est au-dessus de ses ailes, il risque d'autant moins d'être renversé, comme on voit plus haut.

Fais-en un petit pour aller sur l'eau et essaye-le au vent, sur une partie de l'Arno où l'eau n'est pas très profonde, avec le vent soufflant normalement, ensuite comme il te plaira, et tourne la voile et le timon.

Occupe-toi demain de toutes ces matières et de leur copie ; puis biffe[1] les originaux et laisse-les à Florence, en sorte que si tu perds ceux que tu emportes avec toi, l'invention ne soit pas perdue.

Il faut autant de force pour mouvoir l'eau ou l'air contre un objet, que cet objet contre l'air ou l'eau.

Le centre de gravité du poisson qui se tient horizontalement dans l'eau, ou de l'oiseau horizontal dans l'air est à mi-chemin entre les extrémités, et celles-ci présentent une résistance égale.

Fais une étude écrite de la nage sous l'eau et tu connaîtras le vol de l'oiseau dans l'air. Il y a un endroit convenable, là où les moulins se déchargent dans l'Arno, près des chutes de Ponte Rubaconte.

L'oiseau a deux façons différentes de virer dans n'importe quel sens, tout en continuant à battre des ailes. La première consiste à mouvoir une aile vers le bas en même temps et plus rapidement que l'autre, avec une force égale, le mouvement se rapprochant de la queue ; la seconde, quand dans la même durée de temps, le mouvement d'une aile est plus étendu que celui de l'autre. Et en battant des ailes vers le bas, obliquement, si elles se ploient, ou s'agitent l'une plus bas et l'autre plus en arrière, la partie qui pousse l'aile vers le bas sera plus haute dans le premier cas, et la partie opposée des ailes qui exécute le mouvement le plus étendu en arrière, avancera ; dès lors, le mouvement de l'oiseau formera une courbe autour de sa partie la plus haute.

Voilà donc tous les mouvements que fait l'oiseau sans battre des ailes, chacun et tous soumis à une loi unique, car tous naissent sur le vent, attendu qu'ils s'exposent à lui obliquement et le reçoivent sous leurs ailes à la manière d'un coin.

1. *Cancella.* La page du ms. est raturée verticalement. Léonard voulait sans doute donner l'impression qu'il s'agissait de brouillons sans valeur afin qu'on ne pût lui ravir son invention. (*N.d.T.*)

[Figure.]

[ca. 1507-1508]
C. A. 571 v. a

Le centre de gravité de l'oiseau forme l'axe de son équilibre.

Quand cet oiseau s'élève en cercles, par vent unique, sans battre des ailes, il conserve sous ses ailes la force propulsive du vent qui l'élève à la façon d'un coin.

Lorsque le vent pénètre sous l'aile gauche, il passe au-dessus de l'aile droite, et il renverserait l'oiseau si la queue ne se tordant soudain, il ne passait par-dessus et ne formait un coin à l'opposite, et ainsi le rabat-il et le fait virer.

Quand il a tourné, au point que le vent le frappe au bec, la queue ne s'agite plus qu'en ligne droite ; mais elle se redresse de manière que le vent le frappe par-dessus et, en même temps, poitrine et ailes sont heurtées par-dessous ; mais la force de percussion sur l'aile gauche étant plus grande du fait que celle-ci est plus inclinée, l'oiseau est obligé de pivoter et de tourner son aile droite au vent.

Quand la pointe de l'aile droite entre dans la ligne du vent, rien n'est nécessaire, pour qu'il frappe sous des angles plus égaux, comme de courber la tête et le cou contre son approche.

Quand la queue entre dans la ligne du vent, le mouvement de ce vent le frappe par-dessous ainsi que chaque aile, et la tête est frappée par-dessus. Mais l'aile droite, en se tordant, est plus exposée au coup de vent et plus affectée par lui que la gauche ; aussi voyage-t-il en se servant davantage de la droite que de la gauche et son mouvement s'incurve et monte continuellement, le vent le poussant d'en bas.

Le mouvement de l'aile contre l'air est aussi grand que celui de l'air contre l'aile.

L'aile la plus déployée heurte une plus grande quantité d'air, et descend donc moins que l'aile la plus repliée ; la descente du volatile s'effectuera donc suivant la ligne de l'aile la plus repliée.

Cette aile est plus retardée qui est frappée par l'air sous des angles plus égaux, ou percutée par une plus grande quantité d'air.

Voilà pourquoi, quand l'oiseau descend obliquement, et s'avise qu'il tombe sur l'aile gauche, il la déploie plus que l'autre, c'est-à-dire l'incline davantage face à l'air, à l'endroit où l'air frappe.

•◆•

[Dessin.]

L'oiseau s'élève plus vite quand les cercles qu'il décrit en montant sont plus petits. *[ca. 1506-1508] C. A. 591 r.*

Ceci se produit parce que l'oiseau, lorsqu'il monte sans battre des ailes, à la faveur du vent, le reçoit sous lui comme un coin, dont l'angle le plus grand se trouve du côté le moins oblique, et ainsi il soulève de plus en plus l'objet au-dessus de lui.

L'oiseau n'a jamais de mouvement ascensionnel si le vent ne vient sous lui et ne forme un coin, en le poussant sur une certaine distance dans le sens de sa course.

[Diagramme.]

Observe demain matin si l'oiseau, lorsqu'il tourne en venant contre le vent *n*, reste dans la ligne *a b*, en tenant sa tête en *b*, ou s'il se maintient dans la ligne *c d*.

Ici un doute naît au sujet de savoir si le coin n'élève pas selon une ligne perpendiculaire l'objet situé au-dessus de lui, quand cet objet n'est pas soutenu de façon à ne pas pouvoir fuir devant le coup et devant le coin, comme l'oiseau au-dessus du vent, qui fait office de coin, s'élève de manière que ce vent ne l'emporte pas avec lui ; et l'oiseau aura moins de difficulté pour s'élever contre le vent, s'il n'est déjà monté à la façon dont l'eau tombe dans une vis vide.

•◆•

COMMENT L'OISEAU S'ABAISSE SANS L'AIDE DU VENT NI BATTEMENT D'AILES

[Diagramme.]

Si le centre de gravité de l'oiseau est en avant du centre de résistance des ailes, l'oiseau descendra suivant une ligne oblique, en observant toujours cette inclinaison. *[ca. 1506-1508] C. A. 591 v.*

La descente de l'oiseau se trouvera être plus rapide quand l'obliquité est moindre.

La course de l'oiseau sera plus longue quand sa descente est coupée par de nombreux mouvements réfléchis, c'est-à-dire lorsqu'elle est sinueuse, comme il est montré ci-dessus. Supposé que le mouvement de l'oiseau est agencé de manière à aller de *a* en *b* ; quand il a parcouru un demi-mille, il fait en *c d* un mouvement réfléchi aussi grand que le comporte la nature de son élan dans cette descente ; puis ramenant ses ailes à leur première position oblique, il descend par un autre mouvement, d'un demi-mille, et ensuite s'élève de nouveau et poursuit son ascension jusqu'à ce qu'il achève son voyage au lieu indiqué.

[Diagramme.]

Si l'oiseau qui ne bat pas des ailes ne veut pas descendre rapidement à une certaine profondeur, en ce cas, après s'être un peu abaissé obliquement, il se disposera à monter par un mouvement réfléchi et à tourner en cercle en s'élevant comme font les grues quand elles brisent la ligne ordinaire de leur vol et, revenues en troupes, montent circulairement telle une vis ; après quoi, retournant à leur première ligne, elles suivent de nouveau leur mouvement initial qui s'incline en pente douce, puis reviennent en bandes et s'élèvent en une giration nouvelle.

[Diagramme.]

L'oiseau qui bat davantage d'une aile que de l'autre avancera en mouvement circulaire.

[ca. 1503-1505]
C. A. 825 r.

Les ailes étendues, le pélican mesure cinq brasses et pèse vingt-cinq livres ; ainsi éployé, ses mesures représentent donc la racine carrée de son poids.

L'homme pèse quatre cents [livres] et la racine carrée de ce chiffre est vingt ; dès lors, l'envergure des ailes sera nécessairement de vingt brasses.

La largeur des ailes du pélican étant de trois quarts de brasse, tu diviseras donc par quarts les cinq brasses, de manière que sa longueur comprenne vingt quarts et sa largeur trois quarts et tu pourras dire que la largeur équivaut aux trois vingtièmes de la longueur.

Si donc l'envergure des ailes de l'homme est de vingt brasses, tu diras qu'elles ont aussi trois brasses de large, et trois vingtièmes de cette longueur de vingt brasses, à l'endroit de leur plus grande largeur.

•◆•

L'imperceptible palpitation des ailes sans battement effectif maintient l'oiseau posé et immobile dans l'air mouvant.

[ca. 1505-1506]
C. A. 845 r.

Le mouvement en arrière, exécuté contre le vent, sera toujours plus grand que le mouvement en avant ; et le mouvement en arrière exécuté suivant le cours du vent, sera accru par lui et égalera le mouvement de propulsion.

Pour s'élever sans battre des ailes et circulairement, à la faveur du vent, les oiseaux disposent de deux manières : une simple et une composée ; les mouvements simples comprennent ceux par lesquels, en avançant, ils voyagent au-dessus de la fuite du vent, et, une fois le mouvement achevé, virent, face au vent, en recevant son assaut pardessous, et ainsi le mouvement en arrière s'achève contre le vent.

Le mouvement composé par lequel les oiseaux montent, est également circulaire, et consiste en un mouvement en avant et en arrière contre le vent, en demi-cercle, et d'un autre qui suit le vent.

Le mouvement circulaire simple par lequel les oiseaux s'élèvent est également circulaire et consiste en un mouvement d'avance et de recul en sens inverse du vent [en demicercle], et en un mouvement d'avance et de recul qui suit la course du vent.

Le mouvement circulaire simple de la montée sans battement d'ailes, se produira toujours par grande agitation atmosphérique ; en ce cas, l'oiseau qui s'élève est emporté à une distance considérable par la force du vent ; et le mouvement composé aura lieu quand se produisent des souffles légers, l'expérience démontrant que dans ces mouvements composés, l'oiseau s'élève sans que le vent l'emporte trop loin dans sa direction.

Il y a abondance de duvet et de plumes sous les ailes ; et à l'extrémité des ailes et de la queue, les pointes des pennes sont flexibles et susceptibles d'être ployées, tandis que celles du devant de l'aile, que l'air frappe, sont fermes.

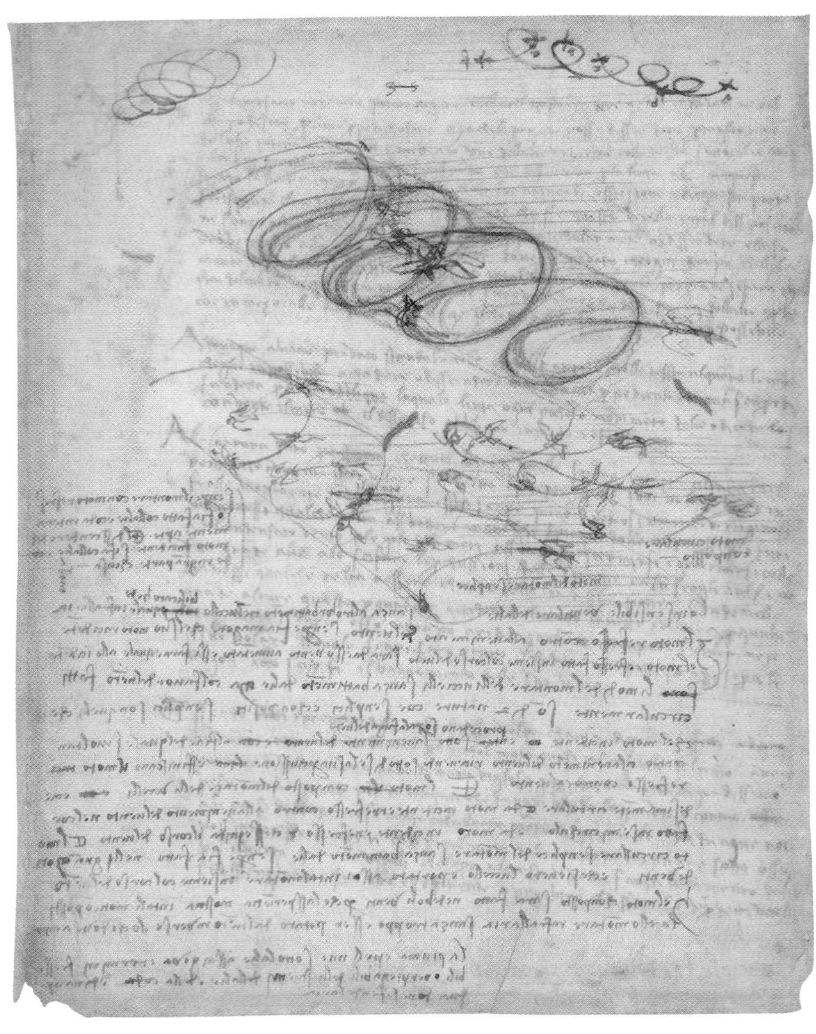

Étude sur le vol des oiseaux (*C. A.* 845 r.).

Mon contradicteur ne saurait nier que l'oiseau ne peut tomber à la renverse, ou tête en bas, suivant une ligne perpendiculaire, mais il lui paraît que sa descente pourra être verticale s'il garde ses ailes largement éployées et que l'une d'elles, ainsi que la tête, soit au-dessous de son centre de gravité[1]. À cet argument, la réponse sera la même qu'au précédent ; si l'oiseau dans cette posture, et sans autre moyen de s'aider, venait à tomber perpendiculairement, ce serait contraire à la quatrième partie du deuxième livre des « Éléments » où il fut prouvé que tout corps en chute libre dans l'air tombera en sorte que sa partie la plus pesante guide son mouvement ; or, la partie la plus lourde se trouve ici à mi-chemin entre les extrémités des ailes ouvertes, c'est-à-dire à égale distance des deux parties les plus légères ; donc, ainsi qu'il fut démontré, une telle descente est impossible. *[ca. 1505-1506] C. A. 845 v.*

Nous avons prouvé que lorsqu'un oiseau a les ailes éployées et la tête légèrement dressée, il lui est impossible de jamais tomber ou descendre perpendiculairement ; au contraire, il s'abaissera toujours selon une ligne oblique, et chaque petit mouvement des ailes ou de la queue transforme la direction et l'obliquité de cette ligne en mouvement réfléchi.

La nature a ainsi fait que tous les grands oiseaux sont capables de se maintenir à une si haute altitude que le vent qui accroît leur vol peut souffler tout droit et avec force. Car si leur vol était bas parmi les montagnes où le vent erre perpétuellement gonflé de remous et de tourbillons, et où ils ne pourraient trouver d'abri en raison des rafales glacées qui soufflent avec fureur dans les défilés étroits, ni se guider avec leurs grandes ailes pour éviter les rocs escarpés, hautes roches et arbres – ne serait-ce point là une cause de destruction ? Alors qu'à de grandes altitudes, partout où d'aventure le cours des vents subit quelque changement, l'oiseau a toujours le temps de modifier sa course et de voler en toute tranquillité, toujours libre ; car il peut passer au-dessus des nuages pour éviter de se mouiller les ailes.

1. Le manuscrit porte ici l'explication d'un diagramme : « C'est-à-dire, il s'abaissera par la ligne *a b*, les ailes *d c* étant grandes ouvertes en leur extension naturelle. »

Le principe de toutes choses étant souvent la cause de grands effets, nous voyons qu'un petit mouvement presque imperceptible du gouvernail a le pouvoir de faire virer un navire merveilleusement grand et très lourdement chargé en dépit du poids d'eau qui fait pression sur chacune de ses planches et malgré les vents impétueux qui enveloppent ses puissantes voiles. Nous sommes donc certain que dans le cas des oiseaux, capables de se maintenir au-dessus de la course des vents sans battre des ailes, le léger mouvement d'ailes ou de queue qui leur sert à passer sous le vent ou au-dessus, suffit à empêcher leur chute.

[ca. 1503-1505]
C. A. 859 r.

Les grives et autres petits oiseaux peuvent se diriger tout droit contre le vent parce qu'ils volent par saccades ; c'est-à-dire qu'ils font un long parcours sous le vent en tombant de biais vers le sol, leurs ailes à moitié fermées ; puis ils les ouvrent et captent le vent avec leur mouvement à rebours, et ainsi montant à une hauteur, ils se laissent retomber de même.

[ca. 1513-1514]
C. A. 978 r. b

Quand le mouvement oblique de l'oiseau qui tombe contre le vent confère à son poids une puissance supérieure à celle du vent qui le frappe par-devant, le mouvement de cet oiseau s'accélérera contre le vent.

L'oiseau qui descend sous l'approche directe du vent tourne un peu l'aile, de l'épaule à la pointe, afin d'avoir un levier dans son mouvement, devenu plus oblique, contre le vent.

[ca. 1503-1504]
C. A. 1030 r.

L'aile de l'hirondelle est très différente de celle du milan, étant très étroite des épaules et très large d'envergure. Son battement, quand elle vole, se compose de deux mouvements distincts : l'aile est étendue comme une rame vers la queue, et l'épaule vers le sol ; ainsi, tandis qu'un des mouvements est propulsif, l'autre le maintient à sa hauteur, et les deux combinés le font avancer vers le lieu où il veut aller.

[ca. 1513]
C. A. 1098 r.

Le mouvement de l'air contre un corps fixe est aussi grand que celui du mobile contre l'air immobile.

De même en va-t-il avec l'eau dont j'ai constaté, en une circonstance similaire, qu'elle se comportait à la façon de l'air, et comme les voiles des navires avec la résistance latérale de leur timon.

•◆•

[Du vol de la chauve-souris et de l'aigle.]

[ca. 1487-1489]
B, 89 v.

Je dis que si la chauve-souris pèse deux onces et mesure une demi-brasse d'envergure, l'aigle devrait, proportionnellement, ne pas en mesurer moins de soixante ; or, nous savons par expérience qu'il ne dépasse pas trois brasses. Pour beaucoup qui ne voient ni n'ont vu de tels animaux, il semble que l'un de ces deux ne devrait pas pouvoir voler, en considérant que si le rapport est juste entre le poids de la chauve-souris et la largeur de ses ailes, en revanche celles de l'aigle ne sont pas assez larges ; et si l'aigle est convenablement pourvu, l'autre en ce cas, les a trop larges, incommodes et peu propres à son usage. Or, nous voyons néanmoins l'un et l'autre portés avec la plus grande dextérité par leurs ailes, et singulièrement la chauve-souris, dont les évolutions et feintes rapides triomphent des prompts circuits et retraits des mouches et moucherons et autres semblables. La raison qui fait que l'aigle se soutient avec de petites ailes comme la chauve-souris avec de grandes, est contenue dans la comparaison de

Lorsque entre la grosseur et la longueur d'un roseau, il y a même rapport qu'entre celles d'un faisceau de roseaux identiques, il aura la même force et capacité de résistance que le faisceau. Donc, si le faisceau se compose de neuf têtes et supporte neuf onces, un seul de ces mêmes roseaux dont il y a neuf têtes portera une once, à l'occasion.

Place sur la tête d'un roseau un denier en guise de poids et tu le verras s'incliner jusqu'à terre. Prends un millier de ces roseaux et lie-les ensemble, fixe-les par le pied, égalise les têtes et fais-leur supporter une charge. Alors qu'en vertu de la première raison ils devraient supporter environ trois livres et demie tu t'apercevras qu'ils en supporteront en fait plus de quarante.

Il s'ensuit que la surface d'air que supporte la chauve-souris qui pèse deux cent vingtièmes du poids de l'aigle, s'il fallait qu'elle fût foulée et pressée par les battements d'ailes d'un aigle, devrait être soixante fois plus longue.

•◆•

[ca. 1513-1514]
E, 21 v.

Si l'oiseau, en battant des ailes, les élève au-dessus de son centre de gravité plus qu'il ne les a baissées au-dessous de lui, il aura pendant ce mouvement, la tête plus haut que la queue. On le prouve par la quatorzième [règle] de ceci : ce mobile infléchira son mouvement droit davantage vers la partie où il est moins gêné que du côté où il est plus empêché ; et par la huitième, qui dit qu'il faut autant pour mouvoir l'air contre l'objet immobile que pour mouvoir l'objet contre l'air immobile. Voilà pourquoi l'aile qui se meut davantage vers le bas que vers le haut exerce une plus grande percussion sur l'air qui la borde vers le bas que sur celui qui la touche au-dessus ; dès lors son mouvement droit obliquera vers le haut.

Si l'oiseau en mouvant ses ailes à égale distance au-dessus et au-dessous de son centre de gravité, les abaisse plus vite qu'il ne les élève, il imprimera à son mouvement horizontal une courbe ascendante. On le prouve par la neuvième du précédent, qui dit : des mouvements égaux effectués par l'aile des oiseaux, les plus rapides ont davantage le pouvoir de condenser l'air qui les touche par en dessous : et par la dix-septième, où il est dit : la percussion d'un mobile déviera d'autant plus qu'elle aura frappé un point offrant plus de résistance. On en conclut que si l'aile, en faisant des mouvements égaux vers le bas et vers le haut, s'abaisse plus rapidement qu'elle ne s'élève, son mouvement rectiligne s'infléchira plutôt vers le haut que vers le bas.

Inversement, si les ailes en se mouvant avec égalité au-dessous et au-dessus du centre de gravité de l'oiseau, s'élèvent plus vite qu'elles ne s'abaissent, le mouvement de l'oiseau obliquera en s'inclinant vers le sol.

•◆•

[ca. 1513-1514]
E, 22 r.

L'inclinaison qu'ont les ailes des oiseaux qui veulent, par un mouvement équidistant, se rapprocher de la terre, produira nécessairement plus de fatigue en se mouvant vers le bas que vers le haut, dans la mesure où l'oiseau pèsera davantage vers le bas que dans le mouvement d'égalité. On le prouve par la treizième [règle] de ceci, où il est dit : « Tout corps lourd pèse dans la ligne de son mouvement, d'autant plus ou moins que le mouvement est plus rapide ou plus lent. »

Définition de l'impulsion.

L'impulsion est une force créée par le mouvement et transmise par le moteur au mobile ; et ce mobile aura d'autant plus de mouvement que l'impulsion aura plus de vie.

Lorsque l'oiseau désire s'élever, les ailes sentent davantage l'effort en s'abaissant qu'en remontant, dans la mesure où l'oiseau pèse davantage vers le bas que vers le haut.

·◆·

L'oiseau qui se tient sur l'air, contre le mouvement des vents, recèle une force qui incline à la descente, et il y a dans le vent qui le flagelle une autre force similaire qui tend à l'élever. *[ca. 1513-1514] E, 22 v.*

Si ces forces s'équilibrent de telle sorte que l'une ne saurait vaincre l'autre, l'oiseau incapable de monter ou de descendre demeurera fixe dans l'air.

On le prouve ainsi : soit *m* l'oiseau posé en l'air dans le courant du vent *a b d c*. Ce vent, en le frappant sous l'obliquité de l'aile *n f*, en vient à y former un coin qui le porterait en haut et en arrière par mouvement oblique, n'était la force contraire de son poids enclin à se porter en bas et en avant, comme le prouve son obliquité *g h* ; et deux forces équivalentes ne pouvant se surpasser et s'opposant une résistance absolue, il s'ensuit que l'oiseau ne s'élèvera ni ne s'abaissera, et donc conservera sa position.

[Figures.]

L'oiseau montré ci-dessus vient-il à abaisser les ailes, il se stabilise davantage sur l'air et se soutient avec moins de difficulté, parce qu'il occupe plus d'espace en maintenant ses ailes dans une position d'équilibre qu'en les abaissant ou en les élevant. Toutefois, s'il a les ailes hautes, il ne peut les incliner à droite ni à gauche avec la même aisance que s'il les tenait basses. Mais il est plus assuré de n'être pas renversé en gardant ses ailes hautes que basses, et en les fléchissant moins à droite ou à gauche, car à mesure qu'il s'abaisse à droite, au moyen du timon de sa queue, la résistance s'accroît, attendu que le vent embrasse plus d'air que l'autre aile, du côté où elle descend brusquement en retournant à une position d'équilibre. L'expédient est bon qui consiste à descendre par une obliquité droite et simple et l'oiseau ne le pourrait s'il tenait les ailes plus basses que le buste ; car s'il inclinait d'un côté en se servant de sa queue comme d'un timon, il serait aussitôt renversé, l'aile la plus déployée embrassant plus d'air que l'autre et offrant plus de résistance à la descente oblique.

⁂

[ca. 1513-1514]
E, 23 r.

Les extrémités des ailes se plient beaucoup plus en pressant l'air que lorsqu'il est traversé sans battement d'ailes.

La partie simple de l'aile se replie en arrière pendant la rapide descente des oiseaux. On le prouve par la troisième [règle] relative à ceci, qui dit : « Parmi les corps flexibles sous la percussion de l'air, celui-là fléchira le plus qui est le plus long et le moins soutenu par son côté opposé. »

Voilà pourquoi les plus longues pennes des ailes, n'étant point couvertes par celles qui poussent derrière elles, et ne se touchant pas depuis leur milieu jusqu'à leurs pointes, seront flexibles, en vertu de la neuvième de ce discours, qui dit : « Entre choses également flexibles, celle-là se ploiera le plus qui la première fendra l'air. » Et nous le prouverons par la onzième qui dit : « Entre choses égales et similaires que ploie le vent, celle-là fléchira le plus que frappe un air d'une densité supérieure. »

Les timons placés aux humérus des ailes sont fort nécessaires, car ce sont ces parties qui maintiennent l'oiseau en suspens et immobile dans l'air, face à la course des vents.

[Dessins d'aile.]

Ce timon *a* est placé près de l'endroit où se plient les pennes des ailes et, en raison de sa vigueur, il ne se plie que peu ou point, étant à une place très forte, armée de nerfs vigoureux et lui-même fait d'os dur et couvert de plumes de grande puissance, dont chacune sert de support et de défense à l'autre.

⁂

Obliquité simple.

[ca. 1513-1514]
E, 23 v.

Si le mouvement oblique de l'oiseau est fait simplement dans le sens de sa longueur, cette obliquité sera rectiligne.

Obliquité composée.

Mais si à l'obliquité de la longueur de l'oiseau s'ajoute celle de l'envergure de ses ailes, son mouvement sera courbe, et la concavité de la courbe sera dans le sens de l'aile la plus basse

Mouvement décomposé.

Si le vent frappe l'oiseau à la pointe de l'aile inférieure, le mouvement composé, avec sa courbe oblique, se décomposera et formera simplement une obliquité rectiligne.

L'aile de l'oiseau est toujours concave du bas, jusqu'à la partie qui s'étend du coude à l'épaule, et pour le reste elle est convexe.

L'air tournoie dans la concavité de l'aile, et dans la partie convexe il est pressé et se condense.

•◆•

POURQUOI L'OISEAU FAIT UN MOUVEMENT DE CIRCONVOLUTION EN PLOYANT LA QUEUE

[ca. 1513-1514] E, 35 v.

Tous les corps qui ont une longueur et se meuvent dans l'air avec leurs extrémités latérales à égale distance de la ligne centrale de leur grosseur, feront des mouvements droits, la force impulsive qui pousse ces corps ne variant ni dans le mouvement naturel ni même dans le mouvement violent ou demi-naturel.

Toutefois, si les extrémités latérales des corps qui ont une longueur sont à distance inégale de la ligne centrale de leur grosseur, le mouvement du corps formera dans l'air une courbe, dont la concavité sera du côté où l'extrémité du corps est plus éloignée de la ligne centrale.

RELATIF AUX OBLIQUITÉS COMPOSÉES DANS LE VOL DES OISEAUX

On dit de l'obliquité des oiseaux qu'elle est composée, lorsqu'ils se meuvent en l'air avec la queue plus haut que leur tête et une aile plus bas que l'autre.

Lorsque l'oiseau vole suivant une obliquité composée, son

mouvement sera plus rapide selon une obliquité que selon l'autre, dans la mesure où l'une est moins oblique que l'autre.

Le mouvement des oiseaux qui volent suivant une obliquité composée est incurvé.

La courbe qu'engendre le mouvement composé des oiseaux sera plus ou moins grande, à proportion de l'obliquité latérale.

⁂

[ca. 1513-1514]
E, 36 r.

Le vol des oiseaux n'a que peu de force à moins que les pointes des ailes ne soient flexibles. On le prouve par la cinquième [règle] des « Éléments », qui dit : « La puissance latérale interdit la descente aux corps lourds, comme on voit dans le cas d'un homme s'arc-boutant des pieds et des reins contre les deux parois d'un mur – exemple, le ramoneur. » De même fait l'oiseau, en grande partie, quand il tord latéralement les extrémités de ses ailes contre l'air où elles trouvent un support et se plient.

Lorsque le vent frappe l'oiseau sous l'aile, au cours de sa descente, l'obliquité de cette descente s'accentuera d'autant plus que le vent aura plus grande puissance. Prouvé par la neuvième relative à ceci, qui dit : entre des descentes directes qu'effectuent dans l'air des corps similaires et de poids égal, celui-là sera plus oblique que le vent aura frappé avec une impulsion accrue.

L'oiseau vole-t-il avec des ailes à égale hauteur et abaisse-t-il un des côtés de sa queue, son vol droit s'incurvera et la concavité de la courbe sera vers le côté abaissé de la queue ; et de ce côté l'aile sera plus lente que l'aile opposée, dans la mesure où le mouvement de l'oiseau est plus courbe.

On le prouve par la septième relative à ceci, qui dit : « La partie de la roue qui tourne aura moins de mouvement, qui sera plus rapprochée du centre de cette révolution. » Dès lors, la pointe de l'aile touchant *a*, axe autour duquel elle tourne, son mouvement sera moindre et l'extrémité *d* de l'aile opposée aura le mouvement *g b*.

⁂

[ca. 1513-1514]
E, 36 v.

La descente des oiseaux se fait de deux sortes : l'une opère avec certitude, sur un emplacement déterminé, l'autre hésite au-dessus de deux endroits ou davantage. Le premier oiseau a les ailes ouvertes et les pointes levées au-dessus du dos ; et en les tenant à égale hauteur, il descend suivant une obliquité rectiligne et simple jusqu'à son lieu de destination. Le second oiseau, en descendant, tient les pointes de ses ailes plus bas que sa poitrine et il plie la queue tantôt à droite, tantôt à gauche, suivant une obliquité tantôt simple, tantôt composée, parfois irrégulière.

[Figure.]

L'oiseau que le vent frappe sur le côté meut plus rapidement l'aile tournée vers le vent que l'autre aile, dans la mesure où le vent est plus impétueux. On peut le prouver : soit *a b c* l'oiseau se mouvant sur la ligne *a f* et vers le vent *d*, qui le frappe de côté sur l'aile *a b*, et l'emporterait suivant la ligne de sa course si le mouvement de l'aile *a b* n'était plus rapide que le sien. Ainsi, quand le vent a frappé l'oiseau au flanc et, par un mouvement réfléchi tournoyant, touché l'aile qui s'est refermée en battant, cette aile se trouve avoir ainsi un second soutien contre ladite flexion du mouvement droit de l'oiseau. Conclusion : le mouvement large et rapide que l'aile heurtée par le vent exécute en plus du mouvement de l'aile opposée, joint au courant de l'air qui a frappé l'oiseau et a été refoulé contre cette aile, empêche le vent de dévier son cours rectiligne. En outre, à moins que l'aile opposée ne soit lente et de peu de mouvement, elle frappera le vent dans sa course et inversement recevra son choc et ainsi le vent serait tout-puissant pour accompagner l'oiseau dans sa course.

POURQUOI LE VOL DES OISEAUX MIGRATEURS SE FAIT EN SENS INVERSE DU VENT

[ca. 1513-1514]
E, 37 r.

Le vol des oiseaux migrateurs se fait contre le vent, non en vue d'accélérer leur mouvement mais parce qu'ainsi il est plus durable et moins fatigant. En effet, avec un faible battement d'ailes, ils peuvent pénétrer dans le vent par un mouvement oblique, lequel est sous le vent. Après ce mouvement impétueux, ils se placent de biais sur la course du vent qui, s'étant glissé sous l'obliquité de l'oiseau, à la manière d'un coin, l'élève pendant la durée nécessaire à l'impulsion acquise pour s'épuiser ; puis [l'oiseau] redescend sous le vent, et de nouveau prend de la vitesse ; et il répète sur le vent ce mouvement réfléchi jusqu'à ce qu'il ait regagné la hauteur perdue, et ainsi de suite.

POURQUOI LES OISEAUX VOLENT RAREMENT DANS LE SENS DU VENT

Il est fort rare que le vol des oiseaux se fasse dans le courant du vent, parce que ce courant en les enveloppant écarte du dos leurs plumes et refroidit la chair mise à nu. Mais le plus fâcheux est qu'après la descente oblique, le mouvement [de l'oiseau] ne peut passer sur le vent et par lui être ramené à la hauteur qu'il a quittée ; à moins qu'il n'ait déjà rebroussé chemin, ce qui n'avancerait guère son voyage.

L'oiseau étale toujours davantage les plumes de ses ailes à mesure que se ralentit son vol, et ceci est conforme à la septième [règle] des « Éléments », qui dit : « Ce corps deviendra plus léger, dont la largeur s'accroît le plus. »

[ca. 1513-1514] E, 37 v.

L'oiseau en descendant se fait d'autant plus rapide qu'il resserre ses ailes et sa queue. On le prouve par la quatrième [règle] de la gravité, qui dit : « Le corps lourd opère une descente plus rapide, qui occupe une moindre quantité d'air. »

Cet oiseau est plus rapide dans sa descente, qui descend par une ligne moins oblique ; on le prouve par la seconde relative à la gravité, qui dit : « Le corps lourd est le plus rapide, qui descend par la voie la plus brève. »

L'oiseau en s'abaissant ralentit de plus en plus, à mesure qu'il s'éploie davantage. On le prouve par la cinquième relative à la pesanteur, qui dit : « Ce corps lourd sera le plus entravé dans la descente, qui s'élargira le plus. »

L'oiseau, par mouvement réfléchi s'élève d'autant plus qu'il acquiert une plus grande ampleur. C'est prouvé par la quatorzième du mouvement local, qui dit : « Le corps lourd qui occupe un moindre espace d'air dans la ligne de son mouvement, le pénètre plus rapidement. » Voilà pourquoi la plus grande extension des ailes correspond à la plus grande diminution du volume de l'oiseau entier, et donc l'impulsion de son mouvement réfléchi est moins entravée ; dès lors, il s'élève davantage à la fin de ce mouvement réfléchi.

Lorsque l'oiseau descend à l'endroit où il veut se poser, il élève les ailes ; ainsi il déploie la moitié de sa longueur, et s'abaisse lentement vers le bas.

⁂

Il faut autant pour mouvoir l'air contre le corps immobile que pour mouvoir le corps contre l'air immobile. *[ca. 1513-1514] E, 38 r.*

Quand l'oiseau se meut en une lente descente sur un long parcours sans battre des ailes, et que son inclinaison le conduit à terre plus vite qu'il n'en a le désir, il abaisse ses ailes et les meut contre l'air immobile ; ce mouvement relève l'oiseau exactement comme si une onde de vent l'avait frappé par-dessous ; et ceci est prouvé par la pénultième [règle].

DE DEUX OBLIQUITÉS CONTRAIRES DONT L'UNE EST DESCENDANTE ET L'AUTRE RÉFLÉCHIE

Le mouvement de l'oiseau qui descend par deux obliquités opposées sera plus long, dans la mesure où l'obliquité ascendante sera plus semblable à la descendante.

Cela peut se démontrer : suppose que sur une descente de cent brasses, l'obliquité par laquelle l'oiseau descend représente [une vitesse] d'une centaine de milles à l'heure pour atteindre la terre, et que l'obliquité opposée, avec laquelle il opère son mouvement réfléchi pendant cette heure, lui épargne la moitié de cette descente ; j'affirme que le mouvement qui était de cent milles à l'heure ne sera plus que de cinquante, comme il est prouvé en son lieu.

⁂

Les oiseaux volent toujours plus lentement en élevant leurs ailes qu'en les abaissant. Cela tient à la période de repos que requiert la fatigue des membres las ; en outre, pour soulever ces membres, ils n'ont pas besoin de vitesse comme lorsqu'ils les abaissent, car l'impulsion qui les emporte résulte d'un mouvement prolongé. Il leur suffit donc d'avoir levé les ailes du point où tout d'abord elles descendirent, quand l'impulsion commence à décliner, ce qui se révèle par l'abaissement de l'oiseau. Mais veut-il acquérir de la vitesse, il reprend son élan plus près de son point de départ et accélère le battement des ailes à une cadence aussi longue et rapide que possible. *[ca. 1513-1514] E, 38 v.*

DU MOUVEMENT CIRCULAIRE ASCENSIONNEL DU MILAN

Le mouvement circulaire des oiseaux qui s'élèvent sur le vent se produit du fait qu'avec une de ses ailes, l'oiseau passe sur le vent, et de l'autre, se tient en équilibre dans la ligne directe du vent.

En outre, il abaisse une pointe de sa queue vers le centre de son mouvement circulaire ; ainsi le vent qui le frappe du côté intérieur entrave ce mouvement du côté le plus bas et le plus proche du centre du cercle. Telle est la cause du mouvement circulaire, et l'aile tenue sur le vent fait monter l'oiseau au maximum de hauteur du vent.

⁂

[ca. 1513-1514]
E, 39 r.

Le mouvement simple que font les ailes des oiseaux a plus d'aisance quand elles s'élèvent que lorsqu'elles s'abaissent et cette aisance tient à deux raisons : d'abord, le poids, en baissant, fait que les ailes s'élèvent un peu d'elles-mêmes ; ensuite, l'aile étant convexe par-dessus et concave par-dessous, l'air se dérobe plus facilement à la percussion des ailes qui montent que lorsqu'elles s'abaissent ; car alors, étant captif dans la concavité de l'aile, il se comprime plus aisément qu'il ne fuit.

DE L'ÉLARGISSEMENT DE LA QUEUE DANS LE MOUVEMENT RÉFLÉCHI DES OISEAUX

Les oiseaux élargissent leur queue dans leur mouvement réfléchi, parce que l'air comprimé sous eux résiste à la pénétration de l'oiseau à son maximum de largeur, en sorte que l'impulsion s'épuise uniquement par le tranchant ou la face de l'aile. Sinon, l'élan acquis dans le mouvement incident s'abolirait en partie dans la direction du sol et en partie dans le mouvement réfléchi, mouvement qui aurait alors aussi peu de hauteur que celui de descente qui maintient la queue droite.

L'oiseau gagne d'autant plus de légèreté qu'il s'étale et déploie ses ailes et sa queue.

Ce corps lourd se montre plus léger, qui se déploie sur la plus grande largeur.

De cette conclusion on infère qu'au moyen d'ailes de vaste envergure, le poids de l'homme peut se soutenir en l'air.

Ce corps s'avère moins lourd qui s'étend sur la plus grande largeur.

·◆·

CAUSE DU MOUVEMENT CIRCULAIRE DES OISEAUX

Le mouvement circulaire des oiseaux résulte du mouvement inégal de leurs ailes ; il est causé par la percussion que crée dans l'air un des coins de la queue qui se projette au-dessus ou au-dessous de la trajectoire de l'oiseau, dans l'air qu'il traverse. *[ca. 1513-1514] E, 39 v.*

Parmi les objets auxquels on imprime un mouvement simple, l'objet mû sera aussi rapide que son moteur. Voilà pourquoi l'oiseau que le vent entraîne dans la même direction que lui, l'égalera en vitesse.

Mais si les objets qu'emporte le vent inclinent vers la terre plus que la rectitude du cours du vent, le mobile sera plus rapide que son moteur. Et si l'obliquité de la chose qu'emporte le vent se tourne vers le ciel, c'est signe manifeste que le mouvement du mobile est plus lent que le vent. La cause en est que l'obliquité tournée vers le sol engendre ce mouvement en raison de sa pesanteur et non à l'aide du vent ; mais si l'inclinaison du mouvement effectué par le mobile est orientée vers le ciel, elle ne sera déterminée que par la forme de l'objet mû ; cet objet se comporte à la façon d'une feuille happée dans sa largeur par le vent, qui s'élève simplement grâce à lui et se meut autant que son moteur, comme il a été démontré en son lieu.

·◆·

Quand l'oiseau poussé par le vent est plus de biais que lui, sa course est plus rapide que celle du vent. *[ca. 1513-1514] E, 40 r.*

Quand l'oiseau poussé par le vent a un mouvement parallèle au sien, sa vitesse égalera celle du vent.

Quand les oiseaux sont poussés par le vent sans battre des ailes, l'oiseau est plus rapide que le vent dans la mesure où sa course est plus oblique. On le prouve comme suit : Suppose que le vent, dans une position d'égalité, avance d'un degré d'espace dans un degré de temps, et que l'oiseau poussé par le même vent avance du même degré dans le même temps, ces mouvements jusque-là sont à égalité. Mais supposons que l'inclinaison du mouvement de l'oiseau soit telle qu'il acquiert un second degré de mouvement dans le temps que le vent a acquis son premier degré ; il s'ensuit que l'oiseau pendant ce temps, sera deux fois plus rapide que le vent qui le pousse.

Toutefois ce même mouvement oblique ne s'étend pas sur une aussi longue distance dans une position d'égalité, mais seulement entre cette position d'équilibre et le centre de la terre, comme si la position d'égalité était la ligne *a c*, suivant laquelle le vent se déplace de *a* en *c*, et qu'à la faveur du vent et à l'aide de sa gravité, l'oiseau se meuve de *a* en *d*. Je dis que dans le temps où l'oiseau sera déplacé (sans l'aide de sa gravité) de *a* à *b*, il sera mû à l'aide du vent et de sa gravité de *a* en *d* par le mouvement *a b*, un des mouvements étant en proportion sesquialtère avec l'autre. Mais en ce qui concerne l'éloignement des aspects, *a d* est égal à *a b*, comme nous le démontre la perpendiculaire *b d*.

⁂

DES OISEAUX QUI VOLENT PAR TROUPES

[ca. 1513-1514] E, 40 v.

Quand des oiseaux volant en troupes font de longs voyages et que d'aventure le vent les frappe de côté, leur vol est grandement facilité du fait qu'il s'effectue par bonds sans battement d'ailes ; car le mouvement incident a lieu sous le vent, avec les ailes assez rapprochées et dans le sens de la route à parcourir ; mais le mouvement réfléchi s'opère sur le vent, et l'oiseau, les ailes grandes ouvertes, monte contre l'arrivée du vent lequel s'introduit sous lui et l'élève vers le ciel, à la manière d'un coin pénétrant sous un corps lourd placé au-dessus de lui.

Ainsi, les oiseaux ayant été élevés à la hauteur congrue – équivalente à celle qu'ils avaient au début du mouvement incident –, ils reprennent leur première direction en recommençant toujours, pendant cette course, leurs mouvements incidents ; et toujours leurs mouvements réfléchis s'effectuent contre le vent.

⁂

DES CORPS VOLANTS

[ca. 1513-1514] E, 41 r.

Avant que les oiseaux n'entreprennent de longs voyages, ils attendent les vents favorables à leurs mouvements, et ces vents favorables seront de sortes différentes, selon les différentes espèces d'oiseaux. Ceux qui vont par secousses ou bonds sont obligés d'aller contre le vent, d'autres le reçoivent sur le flanc, à angles différents, et d'autres, des deux côtés. Mais les oiseaux qui volent par bonds, telles les grives et autres similaires volant en compagnie, ont les plumes des ailes faibles et mal protégées par les plumes moindres qui forment couverture aux plus grandes. Voilà pourquoi il est nécessaire que leur vol se fasse contre le vent, celui-ci rabattant et pressant les plumes l'une sur l'autre et rendant ainsi leur surface lisse et glissante à la pénétration de l'air. Le contraire se produirait si le vent frappait ces oiseaux vers la queue, car alors il pénétrerait sous chaque plume et la rebrousserait vers la tête ; et ainsi leur vol aurait un mouvement désordonné comme la feuille au vent, qui sans fin tournoie en l'air dans une continuelle giration ; et leur chair serait sans protection contre l'assaut du vent froid. Pour éviter ces accidents, ils volent en sens contraire, avec un mouvement flexueux, et la force impulsive de leurs bonds s'accroît dans la descente, qui s'effectue les ailes serrées contre le vent. Le mouvement réfléchi s'opère avec les ailes ouvertes sur le vent qui ramène l'oiseau à la hauteur d'où il est descendu précédemment, et ainsi continue-t-il jusqu'à ce qu'il arrive à son lieu de destination.

Chez les oiseaux, le mouvement réfléchi et le mouvement incident diffèrent de deux façons : soit que le mouvement réfléchi se fasse dans le sens du mouvement incident ; soit qu'il s'opère dans un sens et le mouvement incident dans un autre.

Dans le mouvement incident l'oiseau serre les ailes, et dans le mouvement réfléchi, il les déploie. Il le fait, parce qu'un oiseau s'alourdit dans la mesure où il replie ses ailes et s'allège d'autant qu'il les ouvre davantage.

Le mouvement réfléchi s'exécute toujours contre le vent et le mouvement incident, dans le sens du vent.

⁂

Si, quand le vent est au levant, le vol de l'oiseau s'oriente vers le midi, sans battement d'ailes, le mouvement incident sera rectiligne, les ailes un peu contractées sous le vent. Mais le mouvement réfléchi qui lui succède s'exécutera avec les ailes et la queue déployées et se dirigera vers le levant. *[ca. 1513-1514] E, 41 v.*

À la fin de ce mouvement, [l'oiseau] se tournera de nouveau face au midi et, les ailes repliées, donnera encore une fois naissance au mouvement incident suivant, de même nature que le premier, afin de parcourir, à la faveur du vent, un long chemin : et la conjonction du mouvement incident avec le mouvement réfléchi formera toujours une sorte de rectangle ; de même, celle du mouvement réfléchi avec le mouvement incident.

Il y a pour le vent deux manières de maintenir les oiseaux immobiles en l'air, sans battre des ailes.

La première, c'est lorsque le vent frappe le versant des montagnes abruptes ou autres rochers à proximité de la mer ; car alors l'oiseau se place selon une obliquité telle qu'il donne de front autant de son poids, contre le vent réfléchi, que ce vent de front a de force de résistance. Et deux puissances égales ne pouvant triompher l'une de l'autre, il s'ensuit que, dans cette position, l'oiseau demeure immobile en raison de son imperceptible vibration. Dans la seconde manière, l'oiseau se place suivant une obliquité telle, sur la course du vent, qu'il a autant de puissance pour opérer sa descente que le vent pour y résister.

Lorsque, à la faveur du vent, l'oiseau monte en mouvement circulaire sans battre des ailes et qu'il pointe la queue vers le vent qui se lève, il obéit à deux forces propulsives : l'une, celle du vent qui frappe les ailes dans le creux du dessous, et l'autre le poids de l'oiseau descendant selon une obliquité composée. Et grâce à la vitesse acquise, lorsqu'il tourne sa poitrine au vent qui se lève, ce vent fait, sous lui, office du coin élevant un poids ; ainsi l'oiseau exécute son mouvement réfléchi beaucoup plus haut que le commencement de son mouvement incident ; voilà la vraie cause pour laquelle les oiseaux montent assez haut sans battre des ailes.

DÉFINITION DES MOUVEMENTS

[ca. 1513-1514]
E, 42 r.

Le mouvement droit est celui qui se prolonge d'un point à l'autre par la ligne la plus courte.

Le mouvement courbe est celui qui présente une partie de mouvement droit.

Le mouvement en spirale est formé de lignes obliques et courbes, dans lesquelles les lignes allant du centre à la circonférence se trouvent toutes être de longueur diverse. Il est de quatre sortes : spirale convexe, spirale plane, spirale concave ; et la quatrième est la spirale cylindrique. Il y a aussi le mouvement circulaire, qui s'effectue toujours à égale distance autour d'un point, et que l'on appelle circonvolution, attendu qu'il existe des mouvements irréguliers lesquels, bien qu'infinis, se composent d'un mélange de ces mouvements.

Le commencement du mouvement simple incident est toujours plus haut que la fin de son mouvement simple réfléchi, le mobile générateur de ces mouvements étant immobile dans l'air. Mais le mouvement incident composé, en conjonction avec le mouvement réfléchi composé, aura un résultat opposé au mouvement simple, à condition que le mouvement incident soit plus bas que le mouvement réfléchi ; attendu que l'oiseau qui sous le vent, crée ce mouvement incident, exerce une pesée vers le bas et ralentit le cours de ce mouvement ; mais le [mouvement] réfléchi qui se produit sur le vent, les ailes ouvertes, l'élève considérablement plus haut que le commencement du mouvement incident.

DÉFINITION DES VAGUES ET IMPULSION DU VENT CONTRE LES CORPS VOLANTS

[ca. 1513-1514] E, 42 v.

L'oiseau, lorsqu'il est près des monts ou des hautes roches océanes, se maintient en l'air au moyen d'un balancement imperceptible ; il le fait grâce aux courbes des vents, obligés, quand ils heurtent ces éminences, de conserver leur premier élan en infléchissant leur course rectiligne vers le ciel, avec diverses révolutions qui arrêtent les oiseaux ; et les ailes éployées, ils reçoivent par en dessous les continuelles percussions des vents réfléchis et l'obliquité de leur corps leur confère autant de poids contre le vent que ce vent exerce de force contre le poids. Grâce à ces conditions d'équilibre, l'oiseau utilise à leur début les moindres manifestations de variété de puissance qui peuvent se produire.

Du mouvement et des tourbillons créés par le courant de l'air frappant diverses saillies de montagnes ; et comment les oiseaux se gouvernent dans les rafales de vent, grâce à l'imperceptible balancement de leurs ailes et de leur queue :

Le mouvement incident est toujours en connexion avec le mouvement réfléchi et le début du mouvement réfléchi rejoint la fin du mouvement incident ; si ces mouvements forment une succession continue, tour à tour ils s'engendrent l'un l'autre, et la mort de l'un donne naissance à l'autre ; ainsi, ils n'existeront jamais simultanément ; et le mouvement incident, faible au commencement, va augmentant à l'inverse du mouvement réfléchi.

COMMENT LA QUEUE DE L'OISEAU LUI SERT DE GOUVERNAIL

Quand l'oiseau abaisse également la queue, il descend suivant une obliquité rectiligne. Mais s'il l'abaisse davantage du côté droit, la ligne droite de sa descente s'incurvera et s'infléchira vers la droite avec une courbure plus ou moins accusée, selon que la pointe droite de la queue est plus ou moins basse ; et si la pointe gauche de la queue est abaissée, il fera de même du côté gauche.

Mais si la queue s'élève également, un peu au-dessus du dos de l'oiseau, il montera par une droite oblique et s'il lève la pointe droite de la queue plus que la gauche, le mouvement s'infléchira vers la droite, et s'il élève la pointe gauche de la queue, le mouvement droit s'incurvera du côté gauche.

⁂

[ca. 1513-1514] E, 43 r.

Quand deux mouvements impétueux s'affrontent, leur percussion produit un mouvement plus puissant que s'il n'y avait pas eu choc ; et l'élan de l'oiseau heurtant celui du vent, sa force d'impulsion simple s'accroît, et le mouvement réfléchi est plus grand et plus haut.

L'oiseau se meut contre le vent sans battre des ailes, et ceci a lieu sous le vent, tandis qu'il s'abaisse ; puis il opère un mouvement réfléchi sur le vent jusqu'à épuisement de l'impulsion acquise ; ici, il importe que la descente surpasse tellement en rapidité celle du vent, que la fin de l'impulsion acquise au terme du mouvement réfléchi égale la vitesse du vent qui le frappe par-dessous.

POURQUOI LES PETITS OISEAUX NE VOLENT PAS À DE GRANDES HAUTEURS ET LES GRANDS OISEAUX N'ONT POINT PLAISIR À VOLER BAS

Les petits oiseaux étant pauvres en plumes, ne peuvent supporter le froid intense des grandes altitudes de l'air où volent les aigles et autres gros oiseaux doués d'une puissance de mouvement bien supérieure à la leur, et couverts de couches de plumes. En outre, les ailes fragiles et simples des petits oiseaux les soutiennent en cet air bas, qui est épais, mais elles ne le pourraient dans l'air raréfié qui offre moins de résistance.

La fin du mouvement réfléchi a lieu beaucoup plus haut (pour les oiseaux volant contre le vent) que le commencement de leur mouvement incident ; ainsi la Nature ne transgresse pas ses propres lois ; ce qui précède le prouve.

COMMENT L'OISEAU S'ÉLÈVE AU MOYEN DU VENT SANS BATTRE DES AILES

L'oiseau s'élève à une grande hauteur sans battre des ailes, au moyen de vent qui par grandes masses le frappe sous les ailes et la queue, placées obliquement, et sur son dos placé suivant une obliquité opposée. *[ca. 1513-1514] E, 43 v.*

Cela se peut démontrer : suppose que le vent condensé sous cet oiseau fasse l'office du coin sous un poids, qui, à chaque degré de son mouvement, hisse le poids à un nouveau degré de hauteur. Mais l'obliquité contraire du buste de l'oiseau l'incitant à descendre contre l'arrivée du vent, avec une puissance égale à celle du vent qui l'élève, à cause de l'obliquité de son buste opposée à celle des ailes, il se couvre d'autant.

[Dessin d'un secteur.]

Il importe ici de calculer les degrés de l'obliquité, car à aucun degré d'obliquité un objet sur l'eau ne s'arrête, pas plus qu'un oiseau dans l'air ; mais leur vitesse s'accélère ou ralentit selon que leur position est plus ou moins oblique.

Cet oiseau pèse moins, qui se déploie le plus et inversement, celui-là pèse davantage qui se contracte le plus ; et les papillons en font l'expérience dans leur descente.

COMMENT DOIT SE DIRIGER L'OISEAU QUI TOMBE LA TÊTE EN BAS

[ca. 1513-1514]
E, 44 r.

L'oiseau qui tombe tête en bas se dirigera la queue pliée vers son dos. Ceci est prouvé par la dixième [règle], qui dit : « Le centre d'un objet lourd qui descend dans l'air restera toujours au-dessous du centre de sa partie la plus légère. » Voilà pourquoi *c d*, ligne centrale de la gravité de l'oiseau, étant à une certaine distance de *a b*, ligne centrale de la légèreté de sa queue, les deux lignes n'en formeront nécessairement qu'une, sur un court espace de la descente de l'oiseau. Et s'il en est ainsi, il faut admettre que la descente droite deviendra nécessairement oblique, et qu'ainsi elle ralentira d'autant plus que le mouvement sera plus long ; ou : le mouvement sera d'autant plus long que la descente sera plus lente ; et d'autant plus long et lent qu'elle sera plus oblique.

COMMENT L'OISEAU SE STABILISE QUAND IL TOMBE À LA RENVERSE

Mais si le vent renverse l'oiseau dans l'air, sa queue se serre autant que possible et ses ailes s'élèvent derrière la tête. Avec la partie qui est en avant de son centre, il se fait lourd, et léger avec celle de derrière, le centre de gravité n'étant pas au centre de sa masse ; et en vertu de la neuvième [règle] qui dit : « Du fait que le centre du volume ne coïncide pas avec le centre de gravité, le corps où se trouvent ces centres ne se maintiendra jamais dans une position d'équilibre lorsqu'il est à son maximum de largeur » ; et en vertu de la dixième relative à ceci : « Le centre de gravité des corps en suspens dans l'air sera toujours plus bas que celui du volume de ces corps. »

Pourquoi l'oiseau se sert du timon placé en avant des ailes, encore qu'il ait d'autres moyens d'infléchir son mouvement droit.

L'oiseau n'utilise que l'un des timons placés dans la partie antérieure des ailes, quand il veut infléchir son mouvement droit en une position horizontale. *[ca. 1513-1514] E, 44 v.*

Toutefois, quand ce processus de fléchissement est composé, c'est-à-dire qu'il forme une courbe oblique, l'oiseau resserre un peu l'aile, en dessinant ainsi un mouvement incurvé qui descendra du côté où l'aile se replie ; et il figurera là un mouvement convexe.

Mais ce processus comporte le danger que l'oiseau soit renversé sur le côté, la pointe de l'aile étendue vers le ciel ; pour y parer, il est donc nécessaire d'étendre l'aile repliée, en tenant toujours son envers dans la direction du sol ; car si tu lui présentais l'endroit, l'oiseau serait renversé tête en bas. Dans ces conditions, si tu as étendu l'aile ployée vers la terre, tu redresseras en même temps l'aile supérieure, qui était éployée, jusqu'à ce que tu retournes à une position d'égalité.

Nous avons démontré l'un des dangers qui risquent de dévier les mouvements rectilignes des oiseaux dans l'air en détruisant la résistance égale que lui opposent les ailes également éployées dont le centre de gravité est au milieu de leurs extrémités ; nous avons en même temps prouvé qu'il est plus sûr d'infléchir l'un des deux timons des ailes que l'une des deux ailes.

QUEL EST LE PLUS RAPIDE MOUVEMENT DES AILES

Le mouvement des ailes est double, en ce sens qu'une partie du mouvement descend vers la terre, et l'autre vers le lieu d'où l'oiseau fuit. Mais la partie du mouvement dirigée vers la terre entrave sa descente et le mouvement en arrière le pousse en avant. *[ca. 1513-1514] E, 45 r.*

Ce qui, dans l'oiseau, lui fait infléchir son mouvement droit sans s'élever ni s'abaisser.

L'oiseau infléchit son mouvement droit effectué dans une position d'équilibre, sans s'élever ni s'abaisser, au moyen du timon droit ou gauche placé dans la partie antérieure des ailes. On le prouve ainsi : soit *a p o g* l'oiseau qui, se mouvant dans une position d'équilibre, infléchit le mouvement direct *m p a* [pour en faire] le mouvement courbe *a b*, au moyen du timon *t* placé dans la partie antérieure de l'aile gauche ; ceci se produit en vertu de la neuvième [proposition] de ce [traité] qui dit : « Les corps équilatéraux autour de la ligne centrale de leur gravité conservent toujours dans l'air leur mouvement rectiligne – et si le volume d'un des côtés s'accroît ou diminue, le mouvement droit s'incurvera, exposant la concavité de la courbure du côté de la plus grande inégalité de la chose mue. »

DE L'ENVERS DES AILES

[Dessin.]

[ca. 1513-1514] E, 45 v.

Les parties résistantes des plumes sous les ailes des oiseaux derrière la fuite de l'air ou du vent, se font couvercle réciproque, *b* à *a*, en sorte que l'air ou le vent rabat une partie des plumes de moindre résistance, sur les plumes opposées douées d'une puissante résistance.

POURQUOI LES RÉSISTANCES FAIBLES SONT AU-DESSOUS DES PUISSANTES

Les plumes de peu de résistance sont placées au-dessous de celles qui en offrent davantage avec leurs extrémités tournées vers la queue de l'oiseau, parce que l'air est plus dense au-dessous des corps volants qu'au-dessus ; et plus par-devant que par-derrière ; et la nécessité du vol exige que la percussion du vent n'atteigne pas les extrémités latérales des ailes, sinon elles s'ouvriraient immédiatement et se disjoindraient, et le vent les pénétrerait aussitôt. Dès lors, ces résistances étant ainsi placées que les parties convexes sont tournées vers le ciel, plus le vent les frappe, plus elles s'abaissent et se rapprochent des résistances inférieures avec lesquelles elles sont en contact, en empêchant l'entrée du vent au-dessous de leurs parties latérales antérieures.

QUALITÉ D'AIR QUI ENTOURE LES OISEAUX QUAND ILS VOLENT

L'air qui environne les oiseaux dépasse au-dessus d'eux la légèreté ordinaire de l'autre air, d'autant qu'il est plus lourd au-dessous ; il est plus léger derrière qu'au-dessus, dans la mesure où le mouvement de l'oiseau est plus rapide en sa course transversale que celui de ses ailes dirigé vers le sol ; de même, la densité de l'air est plus grande en avant du contact avec l'oiseau qu'au-dessous, à proportion des deux susdits degrés de légèreté de l'air.

Le mouvement droit des oiseaux dans l'air s'incurve vers le côté où l'aile se resserre ; cela tient uniquement au fait que tout corps lourd descend du côté où il rencontre moins de résistance. Ce mouvement peut donc être décrit comme une courbure composée, formé d'une courbure latérale et de la courbure déclinante de l'oiseau sur le côté plus bas que lui.

•◆•

ÉLÉVATION ET ABAISSEMENT DE L'AILE

[ca. 1513-1514] E, 46 r.

Les oiseaux élèvent leurs ailes ouvertes avec plus de facilité qu'ils ne les abaissent. On le démontre par la troisième relative à ceci, qui dit : les parties convexes des corps sont plus aptes à pénétrer l'air que les parties concaves.

Il s'ensuit que l'aile des oiseaux étant convexe par-dessus et concave par-dessous, ils les élèveront plus facilement qu'ils ne les abaisseront.

DU DÉPLOIEMENT DES PLUMES QUAND LES AILES S'ÉLÈVENT

Quand les ailes des oiseaux s'élèvent, leurs plumes s'écartent, parce que l'aile monte et pénètre l'épaisseur de l'air avec plus d'aisance quand elle est perforée que lorsqu'elle est unie.

DU RESSERREMENT DES PLUMES DANS L'ABAISSEMENT DES AILES

Les intervalles entre les plumes des ailes des oiseaux se resserrent à mesure que s'abaissent les ailes ; celles-ci en se rejoignant empêchent donc l'air de pénétrer entre les plumes et ainsi le coup d'aile a plus de puissance pour presser et condenser l'air percuté.

RÉSISTANCE DES PENNES DANS LES AILES DES OISEAUX

Dans les ailes des oiseaux, les résistances des pennes forment, avec leurs courbes puissantes, des couvercles l'une à l'autre, dans la partie supérieure, contre la pénétration de l'air ou l'arrivée du vent, afin qu'il ne puisse les pénétrer et en les redressant, les écarter et ainsi disjoindre les plumes.

Il est montré ici que pour se soutenir, les pennes qui sont sous les ailes doivent se poser et se frotter sur l'air qui les supporte, une partie de leur résistance demeurant sous la partie forte des autres plumes ; car celles qui sont sous les ailes ont leurs parties longues et faibles au-dessous des parties courtes et robustes de la couche suivante.

Pourquoi les nerfs qui sont sous les ailes des oiseaux, ont plus de puissance que ceux du dessus. C'est en vue du mouvement.

L'épaule où est placé le timon de l'aile est creuse pardessous à la manière d'une cuiller, et cette concavité du dessous est convexe par-dessus ; elle est ainsi agencée pour que la montée soit facile et que l'abaissement soit difficile et puisse rencontrer de la résistance ; ceci s'avère d'une grande utilité pour avancer en exécutant un mouvement en arrière à la façon d'une râpe.

•◆•

DE L'EXTRÉMITÉ DES AILES QUI S'ÉLÈVENT

[ca. 1513-1514]
E, 46 v.

Les extrémités des ailes à leur maximum de hauteur, sont plus éloignées les unes des autres que lorsqu'elles s'abaissent au plus bas.

Lorsque ces ailes remontent, leurs extrémités continuent la

descente commencée jusqu'à ce qu'elles redressent la courbure créée et ensuite s'infléchissent en une courbure opposée, qu'elles suivent presque jusqu'au point extrême de leur élévation ; les ailes redescendent-elles de cette hauteur, les extrémités continuent le mouvement ascendant commencé, jusqu'à ce que, la première courbe détruite, une autre se soit formée en sens contraire.

Pendant leur élan impulsif dans l'air, les oiseaux trouvent préférable et plus facile de fléchir une partie des ailes que le tout.

La partie de l'oiseau qui s'infléchit dans l'air fera ployer l'oiseau entier, à la manière du navire quand tourne le timon.

En vertu de ce qui précède, les pointes des ailes font un mouvement plus grand que ne le requiert leur longueur, du moment où elles ne sont pas flexibles. Ceci est prouvé ; soit *a c* le mouvement des pointes flexibles et *b d* celui des rigides ; le mouvement *a c* des extrémités flexibles des ailes dépassera *b d*, mouvement des ailes rigides, et pour ces deux lignes de mouvement, il est prouvé que l'une est moindre que l'autre, l'une étant partie de l'autre.

Mais les pointes des ailes, en s'élevant et en s'abaissant, font un mouvement moindre que les parties emplumées qui leur sont jointes, et avant de commencer à étendre ces parties elles se retournent en un mouvement contraire ; il est donc nécessaire qu'une portion de l'extrémité des plumes se rebrousse avec le reste, et que la pointe avance, comme le doigt se lève à mesure que s'abaisse la main, doigt que l'on pourrait qualifier d'immobile attendu qu'il ne change pas de position ; ainsi nous nous dirons que le mouvement de la pointe de l'aile flexible ressemble à celui des ailes rigides.

SI LES COURBURES DES PARTIES TERMINALES DES AILES SONT NÉCESSAIRES OU NON

[ca. 1513-1514]
E, 47 r.

L'air est plus comprimé à l'extrémité courbe des ailes qui s'abaissent, qu'en toute autre portion au-dessous de l'oiseau, et ceci tient à leur battement. On le prouve par la septième [règle] traitant de la percussion, où il est dit que cette percussion est plus grande dans la mesure où le mouvement percuteur est plus continu. Voilà pourquoi, lorsque l'aile tout entière descend dans le même temps, la partie la plus rapide sera la plus éloignée de la partie fixe ; dès lors, cet air se comprime le plus, qui reçoit le coup le plus rapide. Il s'ensuit que la flexion de la pointe de l'aile est comme un ressort ou un arc plié de force, et qu'elle comprime l'air avec lequel elle entre en contact.

Mais quand ces ailes s'élèvent, leurs pointes suivent la ligne de leur descente jusqu'à ce qu'elles se redressent, et ensuite elles se replient dans le sens opposé – c'est-à-dire que si la concavité du bout de l'aile en train de descendre est tournée vers le ciel, elle se tournera vers le sol lorsque l'aile s'élèvera.

Cette partie du bâton est plus rapide qui est le plus loin de son moteur, et il y a même rapport de vitesse à vitesse qu'entre les distances, car le bâton, en se mouvant ne se ploie pas.

[ca. 1513-1514]
E, 47 v.

Si le mouvement du vent avait uniformité de puissance dans son expansion, l'oiseau ne serait pas aussi souvent occupé à battre le vent et à se balancer sur ses ailes.

L'air en soi est susceptible d'être condensé et raréfié à l'infini.

SI LES FLEXIONS DES EXTRÉMITÉS DES AILES SONT NÉCESSAIRES OU NON

Lorsque les ailes frappent et pressent l'air qui se condense sous elles, la courbure qui se crée dans leurs parties extrêmes a pour effet d'accroître grandement la puissance de vol de l'oiseau. Car outre qu'elles pressent l'air au-dessous d'elles, elles compriment l'air latéral adjacent, en vertu de la quatrième [règle] du deuxième [discours], qui dit : « Toute violence cherche à se défaire suivant les lignes du mouvement qui l'engendra », et de la septième : « Toute rectitude ployée par force a les lignes de sa puissance qui convergent au centre d'un cercle parfait que forme la courbure commencée par cette extrémité de l'aile. » C'est comme si, l'aile *a b c d* étant incurvée à son bout *c b d*, je terminais le cercle *c d b r* dont le centre est *n*, et que de là je tire la ligne *n f*, tangente à la pointe de l'aile ; et les autres seront les lignes *n e* et *n f* ; et ainsi, au centre, sont les images infinies des autres.

Conformément à ce qui suit, toutes ces lignes ont les mêmes limites que la courbure des ailes *b d c*, en vertu de la règle dite de la perpendiculaire ; donc la force de cette extrémité d'aile *b d c* se dirige le long des lignes *d f*, *d e*, *c m* ; et parmi celles-ci, *b f* est hors de l'espace qu'occupe l'oiseau, comme nous l'enseigne la ligne *b o*.

•◆•

DES CORPS VOLANTS

Si les parties latérales s'écartent de la position d'équilibre, le mouvement rectiligne oblique se changera en mouvement courbe oblique. *[ca. 1513-1514] E, 48 r.*

L'oiseau qui après sa descente est projeté en arrière dans l'air, ne regagnera jamais sa hauteur initiale sans battement d'ailes et sans l'aide du vent.

Le mouvement réfléchi de l'oiseau qui s'abaisse contre le vent, suivant une obliquité droite, sera toujours plus haut que son mouvement incident.

L'obliquité courbe qui se produit dans le vol des oiseaux contre le vent, avec un mouvement incident réfléchi, est beaucoup plus assurée que les mêmes mouvements exécutés suivant une obliquité droite.

DES VENTS RÉFLÉCHIS

Si les oiseaux sont chassés par le vent, sans battre des ailes, et que le vent heurte le mur en face de lui, l'oiseau en évitant ce mur rencontrera aussitôt le vent réfléchi.

Si l'oiseau se dirige sur le vent vers le septentrion et que le vent veuille le détourner vers l'orient, cet oiseau, pour ne pas détruire l'égalité de déploiement de ses ailes, qui le maintient à son plus haut degré de légèreté, abaissera la pointe droite de la queue et y recevra la percussion du vent plus que sur la pointe gauche, conservant ainsi son mouvement droit, directement vers le nord, sur le vent.

•◆•

DES CORPS QUI SE MEUVENT EN L'AIR À LEUR DESCENTE

Chaque partie d'une planche parallèle, d'épaisseur et de poids uniformes, mise à plat dans la position d'égalité, douée d'une résistance uniforme, descendra uniformément. Et si *[ca. 1513-1514] E, 48 v.*

cette planche est placée obliquement en l'air, la descente sera uniformément oblique, et ceci sera prouvé en son lieu.

La forme de la partie frontale ou postérieure du mobile en l'air ou dans l'eau conditionne la flexion de son cours rectiligne.

Une irrégularité devant ou derrière les extrémités de l'égalité qui se meut dans l'air, fait dévier à droite, ou à gauche, en haut ou en bas, ou selon une obliquité, le mouvement rectiligne de ladite égalité.

L'oiseau qui descend suivant une obliquité rectiligne en direction unique, ne modifiera pas la position égale de ses parties latérales.

L'oiseau en l'air se fait lourd ou léger à son gré, soit en élargissant les ailes et en étalant la queue lorsqu'il veut ralentir sa rapide descente, soit en contractant ailes et queue lorsqu'il veut accélérer la descente ralentie.

[ca. 1513-1514]
E, 49 r.

Les timons placés aux épaules des ailes sont [formés] de pennes très fortes parce qu'elles ont à supporter un effort supérieur à celui des autres plumes.

[Figure.]

a b, les timons des ailes, sont utilisés quand l'oiseau est en descente rapide. Veut-il saisir sa proie et changer de direction sans retarder son mouvement, il fait usage de ces timons ; s'ils n'existaient pas, il lui faudrait employer l'aile entière qui, du fait de la largeur, ralentirait grandement le mouvement commencé, contrairement à son dessein.

DU MOUVEMENT OBLIQUE DES OISEAUX

L'oiseau qui épuise son impulsion contre le vent, les ailes ouvertes et sans se mouvoir, excepté pour leur nécessaire balancement, s'il se trouve sur ce vent s'élèvera toujours, mais plus ou moins haut, selon que son impulsion motrice a plus ou moins de puissance, et plus ou moins d'obliquité.

Si l'oiseau se meut sous le vent sans battre des ailes, l'impulsion s'épuisera dans sa descente, mais elle sera d'autant plus durable que la descente est moins oblique.

Mais si l'oiseau se meut, les ailes ouvertes, sans les battre, en même temps que le vent et dans le même sens, il acquerra à chaque degré de mouvement un nouveau degré de descente et cette descente sera d'autant plus oblique que le vent est plus rapide, comme le prouvent les matières lourdes jetées dans les eaux courantes.

Si le vent frappe l'oiseau par-derrière et par-dessous, l'oiseau s'élèvera ; mais les oiseaux ne se comportent ainsi qu'en de très rares occasions ; car ce mouvement rebrousse les plumes et les rabat vers la tête.

PRENDS TOUTES SORTES DE VOLS ET FAIS LE CONTRAIRE

L'oiseau que pousse le vent s'abaisse continuellement d'un mouvement oblique, et quand il veut regagner sa première hauteur, il se retourne en arrière et utilise l'impulsion du vent à la façon d'un coin. *[ca. 1513-1514] E, 49 v.*

Science.

L'impulsion que donne à l'oiseau son mouvement incident, peut se réfléchir à chaque direction, soit par un mouvement droit, soit par une courbe graduelle, jusqu'à épuisement de l'élan.

Règle.

Lorsque l'oiseau, frappé par le vent sous le côté droit, veut descendre quelque part, il abaisse une de ses ailes du côté où il doit se poser.

Science.

L'oiseau qui veut rapidement épuiser l'impulsion acquise, tourne ses ailes grandes ouvertes vers le lieu où il veut se poser et il fait ceci sans l'aide du vent.

Un oiseau veut-il monter tout droit, sans vent, en battant des ailes, le mouvement tournant s'impose. Mais si le mouvement de l'oiseau doit s'effectuer en ligne droite sans l'assistance du vent, il importe qu'il ait lieu au moyen de fréquents battements d'ailes, et pour ce motif, il sera oblique à l'extrême.

THÉORIE DES CORPS VOLANTS

[ca. 1513-1514] E, 50 r.

Le mouvement d'un mobile de forme allongée et de côtés uniformes autour de son axe, suivra dans l'air un chemin droit aussi longtemps que subsistera l'impulsion de son moteur.

L'oiseau qui vole suivant une ligne courbe, en une position horizontale, meut une aile plus vite que l'autre, mais ce mouvement n'élève ou n'abaisse pas une des ailes plus que l'autre.

Mais si le mouvement incurvé des oiseaux est fait de courbes et d'obliquités, en ce cas, outre qu'une des ailes battra plus vite et d'un mouvement plus long que l'autre, elle montera et descendra plus que l'autre aile. On le démontre par la quatrième [règle] qui dit : « les ailes de mouvement égal font avancer l'oiseau en ligne droite » ; et par l'inverse : « les ailes dont le mouvement est de longueur inégale, auront un mouvement incurvé. »

Si le mouvement inégal des ailes est d'égale hauteur mais de longueur différente, celui de l'oiseau sera courbe dans une position horizontale. Et si le mouvement des ailes est non seulement inégal en longueur, mais aussi en hauteur et en abaissement, et plus marqué pour une aile que pour l'autre, il se composera de courbes et d'obliquités.

DU MOUVEMENT DE CIRCONVOLUTION

[Trois dessins d'une toupie qui tourne.]

[ca. 1513-1514] E, 50 v.

La toupie ou *chalmone* – à qui la rapidité de son mouvement giratoire fait perdre la puissance née de l'inégalité de son poids autour du centre de sa circonvolution, en raison de l'impulsion qui la domine – est un corps dont la tendance à tomber ne sera jamais aussi grande que le requiert l'inégalité de son poids, tant que la puissance de l'impulsion motrice n'est pas inférieure à la puissance de cette inégalité. Mais quand la force de l'inégalité dépasse celle de l'impulsion, elle se fait le centre du mouvement de circonvolution, et ainsi ce corps, amené à une position couchée, épuise sur ce centre le reste de l'impulsion.

Et si le pouvoir de l'inégalité égale celui de l'impulsion, la toupie penche obliquement, et les deux puissances se combattent en mouvement combiné, et se meuvent mutuellement en un grand circuit, jusqu'à ce que s'établisse le centre de la seconde espèce de circonvolution, qui épuise la force de l'impulsion.

•◆•

[ca. 1513-1514]
E, 51 r.

Les rangées de plumes superposées des ailes sont placées là pour renforcer les plus grandes pennes.

Fais d'abord l'anatomie des oiseaux, de leurs ailes dépouillées de plumes et ensuite emplumées.

Les lignes parallèles dont les extrémités sont équidistantes d'un même point sont toujours courbes, et l'une est plus courte que l'autre si elles sont en contact avec les deux côtés d'un même triangle.

Toutes les plumes qui poussent sous les pénultièmes plumes des ailes se ploient pendant le vol de l'oiseau et les plus flexibles sont celles qui ne se font pas couvercle mutuellement, c'est-à-dire qui sont transpercées pendant le vol.

Pour que l'oiseau volant contre le vent se puisse poser sur un endroit élevé, il lui faut le survoler puis faire volte-face et sans battement d'ailes s'abaisser jusqu'à lui. On le prouve, car si l'oiseau voulait interrompre son vol pour se poser, le vent le jetterait en arrière, ce qui ne saurait se produire s'il agit comme il est dit plus haut.

Si le vol est conditionné par la longueur de l'oiseau, et que le vent l'atteigne de côté, le mouvement de son vol se situera forcément entre sa longueur et ce côté ; comme si l'oiseau *a b*, voulant voler de *a* en *c*, le vent *f* le frappait au flanc ; cet oiseau alors se dirigera suivant la ligne *a g*, et le vent l'inclinera continuellement le long de la courbe *m n c* ; ainsi ira-t-il où il veut, et se trouvera-t-il au lieu marqué *c*.

Mais si le vent dévie la course de l'oiseau en une courbe plus prononcée qu'il ne désire, l'oiseau reprendra son vol contre le vent comme au début et le vent le conduira au lieu désiré, par un deuxième mouvement courbe.

•◆•

[ca. 1513-1514]
E, 52 r.

Si oui ou non des forces percutantes égales et s'effectuant avec des mouvements d'égale longueur, en des temps différents, créeront, dans les objets mûs, des longueurs de mouvements égales : à ceci on répond par la septième [règle] du neuvième [discours] où il est dit : « parmi les forces motrices, de puissance égale et de mouvements unis à leurs mobiles, celle qui se séparera le plus vite de son mobile l'éloignera le plus ». Ici mon contradicteur dit qu'à égalité de puissance, les forces motrices ne varieront pas de vitesse et donc ne sauraient d'un mouvement identique éloigner d'elles les mobiles égaux, l'un plus que l'autre. Ma réponse sera qu'il existe deux sortes de force motrice, l'une sensible et l'autre point ; la sensible a vie, et l'autre n'en a pas. Mais celle qui vit meut son mobile par l'extension et la contraction des muscles qui forment en partie ses membres, extension et contraction que la même puissance exécute avec plus ou moins de rapidité, la cause la plus rapide n'étant pas la plus puissante.

On ne trouve pas d'autre différence, sauf que la vitesse plus ou moins grande comprime plus ou moins l'air dans lequel se meut le bras de la force motrice. Mais la force motrice insensible, tels les catapultes, balistes et autres engins similaires qui, au moyen de trapèzes ou par la force des cordes ou de bois pliés, projettent hors d'eux-mêmes

Quand l'oiseau, emporté par son impulsion, vole plus haut que le lieu où il veut se poser, il étale sa queue, l'abaisse et en frappe l'air pendant son mouvement ; puis, il infléchit sa course rectiligne de façon à dessiner une courbe qui aboutit à l'endroit où il se pose.

Le mouvement du milan qui descend vers l'orient suivant une grande obliquité, quand souffle la tramontane, sera infléchi par ce vent vers le sud-est si l'oiseau n'abaisse la pointe droite de sa queue et n'incline un peu vers le nord-est. On le prouve ainsi : soit *a b c d* l'oiseau qui se meut vers l'orient dans la direction *n m* ; le vent du nord le frappe en travers par la ligne *f n* et il l'infléchirait vers le sud-est, n'était que la pointe droite de la queue s'abaisse pour recevoir ce vent, lequel frappe en arrière de son centre de gravité sur un espace plus long que celui qui existe en avant de ce centre de gravité, et [ainsi son mouvement droit ne dévie pas[1].]

1. Passage biffé dans le ms.

Lorsque l'oiseau, les ailes éployées, veut faire un mouvement circulaire qui l'élève à la faveur du vent, il abaisse une aile et une pointe de sa queue vers le centre du cercle où il évolue. Quand son mouvement est circulaire, l'oiseau, pour s'élever sans battre des ailes, accueille le vent au-dessous de l'une sur un quart de cercle, et ainsi le vent se fait coin et l'élève. Il le renverserait si l'autre aile ne l'étayait et ne le soutenait sur l'air qui la frappe par-dessous, en tournoyant ; et cet air est celui qui avait été frappé et comprimé sous l'autre aile. *[ca. 1513-1514] E, 52 v. et 53 r.*

CORPS VOLANTS

L'ingénieuse nature a imaginé les timons sur les épaules des ailes comme un moyen facile de dévier l'impulsion directe qui souvent se produit pendant le vol impétueux des oiseaux ; ceux-ci, en effet, trouvent beaucoup plus commode de fléchir par violence directe une petite partie de leurs ailes plutôt que l'ensemble ; voilà pourquoi leurs pennes sont très menues et très fortes, pour pouvoir se servir de couvercle les unes aux autres ; ainsi elles s'arment et se fortifient réciproquement avec une puissance merveilleuse. Ces pennes prennent naissance dans des os petits et épais, mûs par des nerfs qui plient leurs articulations ; et qui, dans les ailes, sont très développés.

Le mouvement et la position de ces os à l'épaule des ailes, s'ordonnent et s'agencent de la même façon quand dans la main humaine le pouce, lequel étant au centre de quatre nerfs qui l'entourent à sa base, avec quatre intervalles égaux entre eux, produit au moyen de ces nerfs une infinité de mouvements courbes ou droits.

Nous en dirons autant du timon placé derrière le mouvement du navire, à l'instar de la queue des oiseaux ; expérience qui nous enseigne combien ce petit timon, pendant les mouvements rapides des grands navires, peut se tourner plus facilement que le navire tout entier.

Pourquoi les inventeurs de navires ne placent pas leur timon en avant, comme c'est le cas pour celui qui se trouve en avant de l'humérus de l'aile :

On ne l'a pas fait pour les navires, parce que les vagues de l'eau sont projetées si haut en l'air – quand les frappe le choc impétueux du vaisseau en marche –, que par suite de la gravité acquise, le timon serait très gêné dans son mouvement ; et en outre il se briserait souvent. Toutefois, attendu que l'air ne pèse point dans l'air, mais qu'il se condense, ce qui est fort utile, le timon de l'aile est d'un meilleur usage dans le dense que dans le rare, le dense offrant plus de résistance. Dans la gravité acquise de l'eau, le navire fait le contraire, ainsi qu'on l'a dit ; voilà pourquoi le gouvernail a été placé à l'arrière, où l'eau, sillonnée et fendue par la course, retombe des digues qui se sont produites au fond du creux ainsi formé, et dans sa descente heurte le gouvernail avec plus ou moins de puissance, selon qu'elle frappe sous des angles plus ou moins grands ; en outre, l'eau enfermée au centre de la concavité tombe avec élan sous le choc du gouvernail, comme il fut dit.

Mais le choc de l'air contre la queue du milan, exerce une violente pression quand il comble le vide que laisse en s'en allant le mouvement de l'oiseau ; et ceci se produit de chaque côté du vide ainsi formé.

Le vide que l'oiseau laisse au fur et à mesure qu'il pénètre dans l'air, est heurté latéralement par la partie de l'oiseau qui est le plus en dehors de sa ligne centrale.

Lorsque avec leurs parties les plus éloignées du centre de leur mouvement, les flancs de l'oiseau frappent latéralement l'air qu'ils pénètrent, si la percussion s'opère au-dessus du milieu du flanc droit, le mouvement rectiligne s'incurvera vers la droite ; et s'il est au-dessous du milieu, à l'opposite, ce mouvement droit s'incurvera vers la gauche ; de même s'il est frappé au-dessus du milieu du côté gauche, et aussi s'il est frappé au-dessous du côté gauche[1] et du côté de dessus ou de dessous ; et de l'aspect de chacun, il sera parlé en son lieu.

Il y a même proportion entre la queue de l'oiseau déployée et le poids total de l'oiseau, qu'entre la queue déployée et les autres parties – buste, cou, tête, ailes grandes ouvertes –, mais d'autant moins que le centre de gravité de l'oiseau entier sera plus rapproché du milieu du buste que de la queue.

[L'air] court après le vide de soi que l'oiseau laisse quand il le transperce, tout comme l'oiseau fuit en avant dans l'air qui reçoit son continuel contact. Ce n'est donc pas le resserrement de l'air derrière l'oiseau qui le pousse devant lui ; mais l'impulsion qui fait avancer l'oiseau fend et chasse l'air, qui

1. Droit ?

devient pour lui comme une gaine et entraîne [le reste de l']air derrière soi.

L'oiseau qui sans battement d'ailes s'élève à la faveur du vent, descend la moitié de la distance qu'il monte en se mouvant sur le vent, quand sa queue est tournée vers ce vent. Et d'autant plus que le cercle est plus grand.

•◆•

L'oiseau qui vole en traçant une courbe et en battant des ailes, agite l'aile du côté convexe de son mouvement plus fréquemment et plus longuement que du côté courbe. *[ca. 1513-1514] E, 53 v.*

L'oiseau élevant l'aile sur le vent, du côté où le frappe ce vent, serait renversé si l'aile opposée ne s'abaissait et ne pliait sous la percussion du vent, au-delà de son centre de gravité, percussion qui rétablit aussitôt l'équilibre dans les pointes de ses ailes.

Le vol de l'oiseau dont la grosseur s'étire ou s'amincit sera moins affecté par la percussion du vent.

Quand l'oiseau s'est disposé de façon à recevoir de biais le choc du vent, l'extrémité de l'aile la plus basse se ploie considérablement, et empruntant la forme d'un pied, elle sert ainsi, dans une certaine mesure, de support au poids de l'oiseau.

Les oiseaux à courte queue ont des ailes très larges dont l'envergure supplée la queue, et ils font grand usage des timons placés à l'épaule des ailes, lorsqu'ils veulent se tourner vers quelque endroit.

L'oiseau qui reçoit le vent de front, serait renversé à mesure qu'il s'élève et tend le cou vers le ciel, si en abaissant et en ouvrant la queue, il n'évitait ce renversement, du fait qu'un plus grand volume de vent le frappe au-dessous de son centre de gravité qu'au-dessus.

•◆•

Pour communiquer la véritable connaissance du mouvement des oiseaux dans l'air, il convient d'enseigner d'abord la science des vents, que nous démontrerons au moyen des mouvements de l'eau. Cette science est accessible aux sens ; elle servira d'échelle pour atteindre à la connaissance des corps qui volent dans l'air et dans le vent. *[ca. 1513-1514] E, 54 r.*

Vent.

En passant sur les cimes le vent devient rapide et dense, et lorsqu'il fuit au-delà des monts, il se fait rare et lent, telle l'eau qui d'un étroit canal débouche dans la vaste mer.

Quand l'oiseau passe d'un courant de vent ralenti à un courant rapide, il se laisse emporter jusqu'à ce qu'il ait imaginé une aide nouvelle, comme il est démontré dans ce livre.

Quand l'oiseau se meut impétueusement contre le vent, il a de longs et rapides battements d'ailes, par mouvements obliques, après quoi il demeure un moment les membres contractés et abaissés.

Le vent renversera l'oiseau si dans une position de moindre obliquité, il se dispose à recevoir au-dessous de lui la percussion d'un vent latéral.

Mais si l'oiseau que le vent frappe de côté est sur le point d'être renversé, il repliera son aile la plus haute et aussitôt reprendra la position qui incline son corps vers le sol ; mais s'il repliait l'aile la plus basse, le vent le renverserait sur-le-champ.

•◆•

DU MOUVEMENT DE L'OISEAU

[ca. 1508-1509]
F, 41 v.

Si les oiseaux, en opérant une descente continue sans battement d'ailes, avanceront sur une plus grande distance selon qu'ils tracent une courbe soutenue ou qu'ils font de fréquents mouvements réfléchis. Et si, quand ils veulent passer en volant d'un lieu à l'autre, ils iront plus vite en faisant d'impétueux mouvements droits puis en s'élevant par un mouvement réfléchi, pour effectuer ensuite une nouvelle descente, et ainsi de suite. Pour traiter ce sujet, il te faudra, dans le premier livre, expliquer la nature de la résistance de l'air, dans le second, l'anatomie de l'oiseau et de ses ailes, dans le troisième, l'action de ses ailes en leurs divers mouvements ; dans le quatrième, la force des ailes et de la queue au moment où les ailes ne s'agitent point et où le vent favorable peut guider les divers mouvements.

Dissèque la chauve-souris, étudie-la avec soin et sur ce modèle, construis ta machine.

DE LA NAGE ET DU VOL

Quand deux forces s'affrontent, toujours la plus rapide rebondit en arrière. Ainsi la main du nageur, lorsqu'elle frappe l'eau et s'appuie sur elle, fait glisser le corps en un mouvement contraire ; de même l'aile de l'oiseau dans l'air.

Avant d'écrire sur les créatures volantes, fais un livre sur les choses insensibles qui descendent dans l'air sans vent et un autre [sur celles] qui descendent avec le vent. *[ca. 1508-1509] F, 53 v.*

Quand l'oiseau se meut vers l'orient, et que la tramontane soufflant, son aile gauche se trouve sur ce vent, il se renversera à moins qu'au premier assaut il ne place son aile gauche au-dessous, et par quelque mouvement analogue, ne se jette vers le nord-est et sous le vent.

AIR

L'assaut du vent est beaucoup plus rapide que celui de l'eau, car maintes fois la vague fuit le lieu de sa création sans que l'eau change de place – à la ressemblance des ondes que le vent de mai fait courir sur les champs de blé, où l'on voit ses ondes passer sur les épis sans les pencher. *[ca. 1508-1509] F, 87 v.*

Lorsque le grave descend dans l'air et que l'air se meut en sens contraire pour combler continuellement l'espace ouvert par le grave, le mouvement de l'air forme une courbe, parce qu'il tend à s'élever suivant la ligne la plus courte, et que la substance lourde qui descend sur lui l'en empêche et l'oblige nécessairement à s'infléchir et à retourner ensuite au-dessus d'elle, pour combler le vide qu'elle a laissé. Mais en ce cas l'air ne se condenserait pas sous la vitesse de la substance lourde ; et les oiseaux ne pourraient pas se soutenir sur l'air qu'ils frappent ; il convient donc de dire que l'air qui se condense au-dessous de ce qui le frappe, se raréfie au-dessus, pour remplir le vide laissé par ce qui l'a frappé.

OISEAU EN MOUVEMENT OBLIQUE

[ca. 1510-1516]
G, 41 v.

Mon contradicteur objecte : l'oiseau que le vent frappe par-dessous s'élèvera toujours, et ceci ne manquera pas de se produire si l'oiseau vole contre le vent. Mais si l'oiseau et le vent suivent d'un mouvement égal le même parcours, la nécessité fait qu'à chaque degré de mouvement du vent, l'oiseau acquiert un degré de descente. Nous dirons donc que dans le temps où l'oiseau se meut d'un degré en une position horizontale, degré auquel nous pouvons appliquer un nom

L'oiseau qui vole vers le levant sans battre des ailes, lorsqu'il traverse le cours du vent du sud, ramène son aile droite et déplie la gauche, inégalité des ailes en conformité avec la neuvième [règle] du premier [discours], qui dit : « le mouvement rectiligne des oiseaux qui se soutiennent sans battement d'ailes dans le cours du vent ou qui descendent dans l'air immobile, s'infléchit du côté où se resserre une des ailes ».

Voilà pourquoi l'oiseau *p*, volant suivant la ligne *a f* avec une égale extension des ailes *n b*, infléchira son mouvement de *c f* à *d*, ramenant l'aile droite de *m* en *n*.

[ca. 1510-1516]
G, 42 r.

Mon contradicteur dit que si le mouvement de l'oiseau est oblique dans le cours du vent et qu'il s'effectue dans une position d'égalité, le vent atteindra cet oiseau de flanc et pardessous ; or l'oiseau frappé par-dessous s'élève continuellement.

Les oiseaux volent toujours bas quand la course du vent leur est contraire ; ceci nous enseigne que le vent est plus puissant à une certaine hauteur que tout en bas. Ici mon contradicteur dit que le vent qui frappe la terre acquiert soudain plus grande densité qu'au début et par conséquent augmente de force et de pesanteur.

L'oiseau poussé par le vent va s'abaissant suivant un mouvement oblique ; veut-il regagner sa hauteur initiale, la vitesse acquise le ramène en arrière et s'épuise contre le vent qui fait office de coin en l'élevant à une hauteur supérieure à celle qu'il a quittée ; de là, il descend suivant l'obliquité précitée après quoi il fait comme il a été dit précédemment ; ainsi, gagnant sans cesse des degrés de hauteur, il s'élève enfin jusqu'au point désiré.

•◆•

L'oiseau qui, sans battement d'ailes, descend selon une grande obliquité sous l'arrivée du vent, infléchit sa course droite du côté où l'une de ses ailes se replie. *[ca. 1510-1516] G, 49 v.*

•◆•

DE LA FIN DU VOL DES OISEAUX

Chez certaines espèces, le vol des oiseaux s'achève par un mouvement droit oblique, et chez d'autres, par un mouvement courbe oblique ; mais pour celui qui s'effectue suivant une obliquité rectiligne, il est nécessaire qu'il soit très incliné, c'est-à-dire presque horizontal, comme il est montré en *m n [diagramme].* Et si le mouvement de ces oiseaux s'abaisse beaucoup, il s'y mêle, forcément, beaucoup de réflexions, et surtout vers la fin comme il sera montré en son lieu. *[ca. 1510-1516] G, 63 v.*

DE LA FIN DU VOL QUI S'EFFECTUE DE BAS EN HAUT

Quand il touche à la fin [de son vol], l'oiseau n'oblique qu'en une petite partie de sa longueur et déploie très largement ses ailes et sa queue ; mais les ailes atteignent à cette fin avec de fréquents et menus battements dans lesquels l'impulsion s'épuise ; ainsi, tandis qu'elles se replient, l'oiseau reste un bref moment au-dessus du lieu où il finit par se poser avec une très légère percussion de ses pattes.

Les chauves-souris, pour voler, ont les ailes entièrement recouvertes d'une membrane, et c'est là une nécessité, attendu que les animaux nocturnes dont elles font leur pâture essayent de leur échapper par de confuses girations, évolutions, compliquées de tours et détours sans nombre. Les chauves-souris sont parfois obligées de poursuivre leur proie tête en bas, de biais, et ainsi de diverses manières, ce qu'elles ne pourraient faire sans causer leur propre perte si leurs ailes étaient munies de pennes qui laisseraient passer l'air.

•◆•

DE L'ESSOR DES OISEAUX

[ca. 1510-1516]
G, 64 r.

Les oiseaux qui veulent prendre leur essor doivent procéder de deux façons : l'une consiste à incliner d'abord le corps vers le sol, puis à bondir en l'air avec une extension très rapide de leurs pattes pliées.

Au terme de ce saut, les ailes ayant achevé leur extension, l'oiseau aussitôt les abaisse rapidement vers la terre et remonte au second degré, oblique comme le premier ; et ainsi, successivement, il gagne la hauteur qu'il veut. Quelques-uns élèvent d'abord leurs ailes obliquement en avant, et inclinent autant qu'ils peuvent leur poitrine vers le sol ; dans cette position, les pattes rapidement étendues, ils montent d'un saut et obliquent en avant ; puis l'élan achevé, ils baissent les ailes de biais, vers le bas et en arrière. Ainsi se trouvent-ils très au-dessus et en avant de leur point de départ ; à la fin de leur élan ils en commencent un autre et ainsi se poursuit leur mouvement.

D'autres oiseaux, après être descendus vers le sol et avoir pointé leurs ailes en avant, les abaissent et en même temps étendent leurs pattes ; ainsi, la force produite par le premier coup d'ailes, jointe à celle qui résulte de l'extension des pattes, s'accroît grandement et toutes deux conjuguées, constituent la plus grande puissance possible pour le début de l'essor.

Pour prendre leur vol en descendant d'une hauteur, les oiseaux recourent à la seconde méthode : ils s'élancent simplement en déployant haut leurs ailes et en avant : puis, pendant leur saut, ils les ramènent en arrière, et s'en servant comme de rames, continuent leur descente oblique. D'autres encore ont accoutumé de se jeter en avant, les ailes fermées, puis de les ouvrir à la descente ; lorsqu'elles sont éployées, la résistance de l'air les arrête ; alors ils referment leurs ailes et retombent.

LE VOL DE LA QUATRIÈME ESPÈCE DE PAPILLONS MANGEURS DE FOURMIS AILÉES

[ca. 1510-1516]
G, 64 v.

Les papillons qui ont quatre ailes égales et distinctes volent toujours la queue haute, et s'en servent comme d'un timon, pour toutes sortes de mouvements : un de ces insectes veut-il descendre, il l'abaisse, et s'il désire monter, il la lève ; pour tourner à droite ou à gauche, il l'infléchit à droite ou à gauche ; et de même pour toutes les sortes d'obliquités de mouvement qui s'étendent entre ces quatre principaux mouvements. C'est le plus grand papillon parmi les espèces précitées, de couleur noire et jaune.

Lorsqu'il veut fondre sur les petites fourmis ailées, il utilise ses quatre ailes en vols brefs et tournoyants, faisant parfois mouvoir la droite en avant et la gauche en arrière, et parfois le contraire attendu que le timon de la queue ne suffit pas à régler la vitesse de son mouvement.

DES TROIS PRINCIPALES POSITIONS QUE PRENNENT LES AILES DES OISEAUX PENDANT LA DESCENTE

Des trois principales positions que prennent les oiseaux quand ils descendent obliquement sans battre des ailes, la première est *a b c* où les extrémités des ailes sont à égale hauteur, ainsi que les angles opposés de la queue, ce pourquoi leur mouvement s'effectue suivant l'obliquité *a d*. La deuxième combinaison sera *a e f*, où les extrémités des ailes et les angles de la queue sont à des niveaux différents, l'aile gauche étant plus haut, et son mouvement oblique en *a g*. La troisième disposition de l'obliquité desdites ailes est à l'inverse de la deuxième, car l'aile gauche s'y trouve plus bas que la droite ; son mouvement est en *a o*, et la position des ailes est en *n m*.

ÉCRAN DESTINÉ À EMPÊCHER LE VENT DE FAIRE CHAVIRER L'OISEAU

J'ai vu le vent faire chavirer l'oiseau sur son flanc gauche lorsque de l'aile gauche il entrait sur le vent. *[ca. 1510-1516] G, 65 r.*

Chez tous les oiseaux qui volent haut, les ailes, lorsqu'ils les lèvent, restent transpercées comme il est montré en son lieu, et quand elles s'abaissent, elles sont indivises ; aussi, comme l'air comprimé et condensé ne cède point la place à la descente des ailes avec une vitesse égale à la leur, il faut que l'oiseau ait la réflexion de cette percussion, grâce à laquelle il s'élève, porté à une altitude en vertu de l'élan acquis ; et l'espace parcouru en hauteur sera aussi grand que l'impulsion du mouvement réfléchi aura vie. Pendant ce temps, les ailes se rouvrent, et sont ajourées par les intervalles qui séparent les plumes ; puis l'oiseau les rabaisse violemment en resserrant les plumes et récupère l'élan perdu. Ainsi se comportent les oiseaux qui montent tout droit, tels l'alouette et autres similaires. Et pour ceux qui ne disposent pas d'une aussi grande extension des pennes, tels les oiseaux de proie, il est nécessaire de s'élever en tournoyant, c'est-à-dire en spirale ou par quelque autre mouvement circulaire.

Le papillon et plusieurs insectes analogues volent avec quatre ailes, dont les postérieures sont plus petites que celles de devant. Les antérieures forment une couverture partielle aux autres, et tous les insectes appartenant à cette classe ont le pouvoir de monter par mouvement droit, car ces ailes, lorsqu'ils les élèvent, sont transpercées du fait que les insectes tiennent celles de devant beaucoup plus haut que celles de derrière ; et ceci presque jusqu'à la fin de l'élan, qui les pousse vers le haut ; ainsi, quand ils abaissent leurs ailes, les plus grandes se joignent aux plus petites, et à mesure qu'ils descendent, ils reprennent une impulsion nouvelle.

D'autres sortes d'insectes volants sont pourvus de quatre ailes semblables, mais qui ne se recouvrent pas mutuellement dans la descente, non plus que dans la montée ; et ceux de cette espèce ne peuvent s'élever par mouvement droit.

DE LA PERCUSSION. VOL DE L'HOMME

[ca. 1510-1516]
G, 74 r.

Des corps qui d'une même hauteur tombent dans l'air, celui-là produira la moindre percussion, qui descend par le chemin le plus long ; dès lors, plus grande sera la percussion de celui qui descend par le chemin le plus bref. Le premier mobile, formé de papier légèrement incurvé, effectue sa première descente par le front *b* et se meut de *a* en *c*, mouvement au cours duquel *a* descend plus bas que *b* ; dès lors, à la fin du mouvement réfléchi, *a* se trouve en *c* et *b* est élevé à *d*. On le prouve par la neuvième [règle] relative à ceci, qui dit : « cette chose qui frappe l'air avec une plus grande partie d'elle-même a un moindre pouvoir de pénétration dans l'air » et par la dixième : « cette chose pénètre plus rapidement l'air, qui le percute en une largeur moindre ». Et par la onzième : « la plus lourde partie d'un corps qui se meut dans l'air guidera le mouvement de ce corps ».

On le démontre : soit *a b* la matière lourde qui, bien que d'épaisseur et de poids uniformes, se trouve en raison de son obliquité, avoir un front plus pesant que toute autre partie de sa largeur égale à ce front, lequel lui peut servir de face ; le front deviendra donc le guide de sa descente. Et par la douzième : « l'air le plus comprimé résistant davantage à son mobile, la face qui a sous elle l'air comprimé pèsera le moins, avec ses parties » ; et par la treizième : « l'air qui a le mouvement le plus rapide se meut le plus » ; il s'ensuit que l'homme peut descendre comme il est démontré ci-dessous.

Cet homme se tournera du côté droit s'il infléchit le bras droit et étend le gauche ; et il se mouvra ensuite de droite à gauche s'il modifie la position de ses bras.

GRAVITÉ

Dans l'air, tout mouvement oblique d'une matière pesante sépare la gravité du mobile en deux parties dont l'une se dirige vers l'endroit où il va et l'autre vers la cause qui le refrène.

[ca. 1510-1516]
G, 74 v.

[Des ailes de la mouche.]

Tant par leur longueur que par leur largeur, les ailes inférieures de la mouche sont plus obliques que celles de dessus.

[ca. 1510-1516]
G, 92 r.

La mouche qui plane en l'air bat des ailes avec vélocité et grand bruissement, en les élevant de toute leur longueur au-dessus de la position horizontale. Elle les avance obliquement, presque de façon à frapper l'air par leur tranchant, et en les abaissant, elle frappe l'air ; ainsi elle s'élèverait un peu si son inclinaison ne faisait pencher son poids vers la direction opposée – comme si l'inclinaison dans l'air suivait la ligne *c f*, et que l'obliquité du mouvement des ailes entre l'élévation verticale et l'abaissement vertical suivît les lignes *a b c d*, qui coupent la ligne de descente *e f* à angles droits, en un tel mouvement que la puissance de la descente par l'obliquité *e f* est égale à sa puissance d'élévation selon l'inclinaison du mouvement des ailes par l'obliquité *d b c a*.

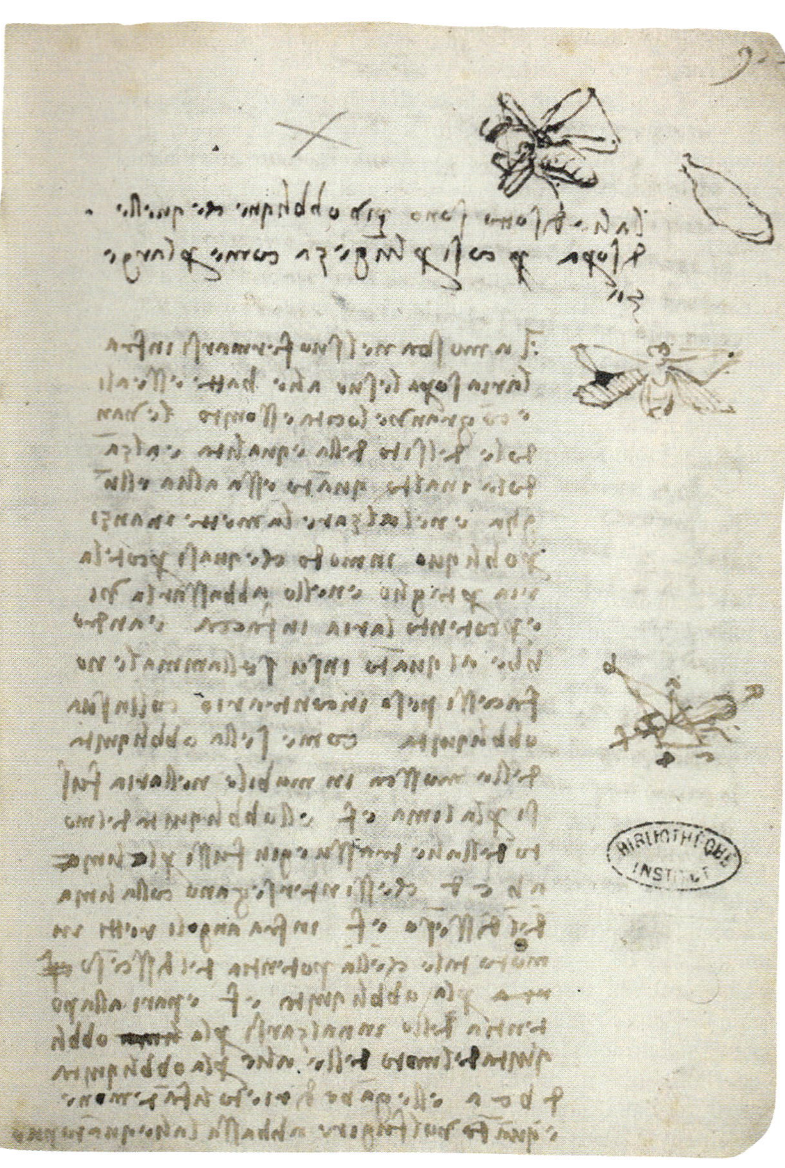

Sur les ailes de mouche (*G*, 92 r.).

Les pattes de derrière servent de timon et quand la mouche veut voler, elle baisse ses ailes autant que faire se peut.

•◆•

L'ascension[1] des oiseaux ou leur rebond près de n'importe quel objet, ne s'étendra jamais autant que la descente, ou ne la dépassera point. *[ca. 1494] H, 33 v.*

•◆•

L'oiseau s'élève en ligne droite sans battre des ailes, lorsque le vent réfléchi le frappe par-dessous. *[ca. 1503-1505] K, 3 r.*

J'ai divisé le « Traité des oiseaux » en quatre livres ; le premier étudie leur vol par battements d'ailes ; le deuxième, le vol sans battement d'ailes, à la faveur du vent ; le troisième, le vol en général, tel celui des oiseaux, chauves-souris, poissons, animaux, insectes ; le dernier, le mécanisme de ce mouvement.

•◆•

Une des ailes s'est-elle abaissée verticalement, puis repliée, l'oiseau descend un peu de ce côté ; si elle s'est abaissée rapidement en s'étendant, l'oiseau penche du côté opposé ; et si elle s'est abaissée lentement en s'étendant, l'oiseau pivote sur elle, tout en s'abaissant ; et si elle s'est abaissée lentement, avec hésitation, et ployée, l'oiseau descend par courbes de ce côté-là. *[ca. 1503-1505] K, 4 r. et 3 v.*

•◆•

Tous les oiseaux poussés par l'eau ou par le vent tiennent leur tête dans la direction d'où viennent le vent ou l'eau. Ils le font pour empêcher le vent ou l'eau de pénétrer par les extrémités, jusqu'à la naissance des pennes ; ainsi, chaque penne serrée sur l'autre, ils restent au sec et au chaud. *[ca. 1503-1505] K, 3 v.*

•◆•

Quand l'oiseau abaisse une de ses ailes, la nécessité l'oblige aussitôt à l'étendre, sinon il serait renversé. L'oiseau qui veut tourner ne bat pas des ailes d'un mouvement égal, mais il meut celle qui forme la convexité du cercle qu'il décrit, plus que celle qui forme la concavité de ce cercle. *[ca. 1503-1505] K, 4 v.*

1. Ms. : *calare* (« descente »).

⁂

[ca. 1503-1505]
K, 5 r.

Si le gouvernail ou la queue de l'oiseau est sous le vent, le vent abaissera l'oiseau depuis son centre jusqu'en arrière et le tournera face à lui.

Et si l'oiseau est frappé au-dessus du vent sur l'obliquité de la queue, sa partie antérieure fléchira et il se tournera vers ce vent.

⁂

[ca. 1503-1505]
K, 5 v.

Souvent l'oiseau bat deux fois d'une aile et une fois de l'autre lorsqu'il a trop appuyé d'un seul côté.

De même lorsqu'il veut virer d'un côté ; il rame deux fois avec une aile en arrière, gardant l'aile opposée presque immobile, pointée vers l'endroit où il doit se tourner.

⁂

[ca. 1503-1505]
K, 6 r.

Les timons des ailes fonctionnent quand l'oiseau que le vent frappe par-derrière reste obliquement sur l'air qui le soutient : alors le vent, en frappant sur le devant de ces timons pousse en haut l'oiseau dont le mouvement réfléchi s'accroît du mouvement du vent.

⁂

[ca. 1503-1505]
K, 6 v.

Si l'obliquité de la queue depuis le centre de l'oiseau jusqu'en arrière, est supérieure à l'obliquité de l'aile depuis le centre jusqu'en avant, l'oiseau se tournera face au vent ; mais si la partie oblique de l'aile est plus grande que celle de la queue, la queue se tournera vers le vent.

⁂

[ca. 1503-1505]
K, 7 r.

L'oiseau bat de l'aile à plusieurs reprises lorsqu'il veut tourner, tandis que l'autre aile reste fixe ; ainsi, il rame de l'aile vers sa queue, comme celui qui dans une barque à deux avirons donne force coups de rame du côté qu'il veut quitter, en maintenant fixe l'autre aviron.

⁂

[ca. 1503-1505]
K, 7 v.

Flexion du bout de l'aile même dans les cas où elle ne bat point.

Les timons des épaules sont nécessaires lorsque l'oiseau qui vole veut, sans les agiter, se maintenir en une portion d'air sur laquelle il glisse ou monte, ou lorsqu'il veut s'infléchir soit en montant, soit en descendant, à droite ou à gauche. Il emploie alors ces timons de la manière suivante : veut-il s'élever, il oppose le timon au vent ; veut-il descendre, il étale de biais, au vent, la partie supérieure du timon ; s'il tourne à droite, il lui présente le timon droit ; s'il vire à gauche, le timon gauche.

⁂

[ca. 1503-1505] K, 8 r.

L'oiseau utilise ce timon lorsqu'en volant il s'appuie sur ses ailes levées de telle sorte que leur vibration empêche sa descente ; en outre, ces timons ou doigts se présentent de face à l'air, où l'obliquité de l'oiseau risque de glisser ; et en le frappant ainsi, l'oiseau évite le glissement.

Cet oiseau descend plus rapidement, qui a une moindre distance entre les extrémités des pointes de ses ailes.

⁂

[ca. 1503-1505] K, 8 v.

Quand les oiseaux essayent de pénétrer le vent tout proche, ils volettent habituellement à droite et à gauche à l'instar des navigateurs qui louvoient contre le vent. Ils font ainsi pour s'épargner une longue descente, car si l'oiseau ne se gardait de descendre sur une grande distance, il serait chassé tout droit contre le courant du vent ; en pénétrant sous le vent obliquement, dans le sens de sa longueur, il lui présente par cette ligne, le poids nécessaire pour vaincre sa résistance.

⁂

[ca. 1503-1505] K, 9 r.

Les « mains » de l'oiseau se montrent de face quand il approche de l'endroit où il descend suivant une obliquité droite, pour épuiser l'élan acquis.

En battant des ailes pour se soutenir à une certaine hauteur et pour avancer par rapport à la « main » de derrière, il se maintient à cette hauteur et la main le fait avancer.

⁂

[ca. 1503-1505] K, 9 v.

Lorsque l'oiseau emporté par le vent veut se tourner rapidement vers lui, il passe dessous en lui présentant l'aile ; et avec les pennes de la queue infléchie devant lui, il passe sur lui et à la faveur de ce vent, se tourne beaucoup plus vite.

[ca. 1503-1505]
K, 10 r.

L'aile se plie d'autant plus que l'oiseau est plus rapide dans un même temps.

Quelle différence il y a entre les pointes flexibles des ailes des oiseaux et celles qui ne se plient pas ; et si cette flexion vers le haut et vers le bas est nécessaire ou non au vol, attendu que ces pointes coupées, fût-ce légèrement, le vol s'en trouve presque empêché.

[ca. 1503-1505]
K, 10 v.

Quand l'oiseau monte à la faveur du vent sans battre des ailes, il les étend et les élève en forme d'arc, la concavité tournée vers le ciel, et comme, dans sa giration, il reçoit continuellement le vent sous elles, il serait renversé si la pointe de sa queue n'était tournée vers le vent lorsqu'elle pénètre sous lui ; ce vent, ensuite, par sa force de résistance, empêche le renversement, car la queue modère les ailes de telle sorte que leurs diverses parties ont une puissance égale, et ainsi la queue s'abaisse partiellement et l'oiseau s'élève par-devant.

[ca. 1503-1505]
K, 11 r.

Toujours le vent qui frappe la queue est plus éloigné du centre et plus puissant que celui qui frappe l'aile.

La proposition ci-dessus énoncée se prouve ici. Je dis que si par rapport à la queue l'aile est située de telle sorte que la somme de vent *a b* qui frappe la ligne *m o* égale la somme de vent *b c* qui frappe la queue par-dessus en *o n*, l'oiseau ne tournera pas, mais il sera emporté suivant la course du vent. Toutefois, si le vent qui percute la queue par-dessus est plus puissant que celui qui frappe sous l'aile, la queue s'écartera, dominée par lui, et l'aile se tournera au vent, lequel sera plus puissant qu'au début, le mouvement de l'aile contre le vent croissant en vitesse et en force ; ainsi le vent entrera sous elle pour y former un coin, l'élèvera et la fera virer.

[ca. 1503-1505]
K, 11 v.

Quand l'oiseau veut monter, il reporte son centre de gravité en arrière de ses ailes, afin d'être dans la position oblique. Il est dans la nature du vent qui souffle avec uniformité, d'aligner toutes les parties inégales de l'oiseau en plaçant ses extrémités à égale distance du centre de son volume, étant entendu qu'il s'agit des oiseaux qui se soutiennent en l'air sans battre des ailes, à la faveur du vent ; en conséquence, ils tracent un mouvement d'abord circulaire, puis droit.

·◆·

Quand l'oiseau veut éviter d'être culbuté par le vent, il use de deux expédients. L'un consiste à mouvoir l'aile qui était au-dessus du vent en la mettant aussitôt sous le vent ; c'est-à-dire tournée vers lui ; l'autre moyen consiste à baisser l'aile opposée de telle sorte que le vent qui la frappe en dedans ait plus de puissance que l'aile qui lui fait face. *[ca. 1503-1505] K, 12 r.*

·◆·

Lorsque l'oiseau vole sans l'aide du vent, il baisse la moitié de l'aile et dirige son autre moitié en arrière, vers la pointe ; la partie baissée empêche l'oiseau de descendre et celle qui va en arrière le pousse en avant. *[ca. 1503-1505] K, 12 v.*

Quand l'oiseau élève les ailes, il rapproche leurs extrémités, et quand il les baisse, il les écarte davantage durant le premier temps du mouvement ; mais passé ce stade médian, il les rapproche de nouveau, à mesure qu'il continue à les descendre.

·◆·

La pointe de l'aile de l'oiseau lui sert de guide dans l'air, tout de même que la pointe de la rame dans l'eau, ou le bras ou la main du nageur sous l'eau. Ici, un doute naît au sujet de savoir si par exemple quand l'oiseau voyage suivant la ligne *f a*, et que l'aile – ou plutôt sa pointe – se meut en arrière de *a* en *f*, elle se fraye un chemin par *a b f*, poussant l'oiseau en avant, et retourne vers *a* par la route au-dessus *f c a* ; ou si réellement elle se comporte comme la main du nageur sous l'eau, qui se rejette en arrière par la ligne de dessus *a c f*, et retourne par *f b a*. *[ca. 1503-1505] K, 13 r.*

·◆·

Quand l'oiseau, porté en avant à la faveur du vent du nord, se meut avec lui vers le midi, il tient une de ses ailes fixe au nord-est, un peu sur le vent ; et abaissant l'aile qui est au sud-ouest, il s'en sert comme d'une voile au vent, pour recevoir de biais, par-dessous, sa percussion. Il bat rarement de cette *[ca. 1503-1505] K, 13 v.*

aile, mais c'est grâce à elle qu'il se maintient en équilibre, par vent faible ou fort.

Quand l'oiseau monte contre le vent, par un mouvement réfléchi, s'il ne tournait sur son aile la plus basse, ce mouvement réfléchi le retournerait poitrine au vent, lequel le renverserait.

Et s'il s'élevait par mouvement réfléchi, dos au vent, il ferait volte-face, le dos sous le vent.

[ca. 1503-1505] K, 14 r.

Les grives et autres oiseaux volent volontiers contre le vent.

Lorsque l'oiseau désire s'abaisser sur un de ses flancs il jette vivement l'aile du côté où il veut descendre et son élan fait qu'il fléchit de ce côté.

Quand souffle la tramontane et que l'oiseau porté par le vent, veut se retourner face à lui, il pousse son aile en bas, vire et du dos entre sous le vent.

[ca. 1503-1505] K, 58 (9) r.

Lorsqu'il descend d'une hauteur, l'oiseau bat fréquemment des ailes, afin de rompre l'élan de la descente et de se poser sur le sol en atténuant la violence du choc.

[ca. 1503-1505] K, 59 (10) r.

Maintes fois l'oiseau, pour se diriger, agite les pointes de sa queue, en ne faisant guère, ou parfois même pas du tout, usage de ses ailes.

[ca. 1503-1505] K, 59 (10) v. et 60 (11) r.

Quand le milan s'élève ou s'abaisse sans agiter ses ailes, il les tient de biais, comme sa queue – celle-ci toutefois un peu moins, sinon l'oiseau tomberait à terre suivant l'inclinaison des ailes et de la queue ; mais la queue étant au-delà du centre de la longueur du volatile, elle rencontre un peu plus de résistance que les ailes et son mouvement s'en trouve gêné ; aussi se meut-elle moins que les ailes. La nécessité oblige l'oiseau à se déplacer circulairement, le diamètre des cercles sera d'autant plus petit que la queue est moins oblique, et inversement.

[ca. 1506-1507] K, 121 (41) v.

Quand l'oiseau vole horizontalement, il semble s'élever d'autant plus qu'il se rapproche de l'œil.

[Diagramme.]

Soit *g h* la ligne horizontale, et que l'oiseau se meuve selon *g c s*, et soit *n* l'œil ; je dis qu'à chaque degré de son mouvement, les images de l'oiseau s'élevant graduellement dans la pupille, l'œil aura l'impression que l'oiseau monte.

•◆•

Et si l'oiseau vole suivant une ligne horizontale en s'écartant de l'œil, il semblera descendre graduellement à chaque stade de son mouvement. *[ca. 1506-1507] K, 121 (41) r.*

•◆•

Le mouvement oblique de la descente des oiseaux commence avec les ailes droites et basses. Peu à peu ils les élargissent davantage pour utiliser l'accroissement de l'impulsion qu'à chaque stade de leur descente acquièrent les corps pesants. Et quand la trop grande extension des ailes retarde ce mouvement, l'oiseau les resserre et ainsi la descente s'accélère de nouveau. *[ca. 1502-1504] L, 54 r.*

Route suivie dans l'air par les volatiles qui descendent avec élargissement et contraction des ailes.

•◆•

[Vol oblique des oiseaux.]

Quand l'oiseau descend obliquement, il rapproche de ses épaules les humérus des ailes dont il serre les pointes vers la queue qui se contracte également ; ainsi, un moindre volume d'air s'opposera à sa descente. *[ca. 1502-1504] L, 54 v. et 55 r.*

Mais si l'oiseau veut tourner à droite ou à gauche, il étendra son aile, droite ou gauche, c'est-à-dire celle qui est du côté où il veut virer. Cette aile éployée rencontre un plus grand volume d'air et donc une plus grande résistance ; il s'ensuit qu'elle ralentit son allure davantage que l'aile opposée, plus resserrée – et l'une se mouvant plus que l'autre, le mouvement droit de l'oiseau se transforme en mouvement circulaire ; mais si l'aile la plus resserrée vers le buste de l'oiseau ne peut s'éployer avec l'aisance voulue, il étale sa queue et la tord en l'ouvrant du côté où l'aile est resserrée. L'oiseau volera alors droit, et, comme tu vois, il renoncera au mouvement circulaire.

L'oiseau a deux timons à l'humérus des ailes ; ceux-ci, sans y produire de changement, ont le pouvoir de faire exécuter divers mouvements intermédiaires entre l'ascension et la descente. Le timon de la queue ne participe qu'aux mouvements transversaux.

[Le vol des oiseaux avec le vent.]

[ca. 1502-1504]
L, 55 v.

Le mouvement des volatiles est beaucoup plus rapide que le vent, auquel nul oiseau ne pourrait tenir tête s'il n'en était ainsi. Mais le mouvement que l'oiseau oppose est d'autant inférieur à sa course naturelle dans l'air calme, que les degrés de mouvement du vent sont inférieurs à celui de l'oiseau. Supposé que l'oiseau se meuve dans l'air calme à une vitesse de six degrés et le vent à une vitesse de deux degrés ; alors ce vent, suivant son cours naturel, lui ôtera deux degrés de vitesse, en sorte que des six degrés il en restera quatre.

Mais si cet oiseau volait à une vitesse de six degrés, avec le vent qui lui communique ses deux degrés, il volera à une cadence de huit degrés. Ici toutefois, il convient d'observer comment pendant sa percussion, l'aile s'appuie sur l'air immobile, sur l'air fugitif ou sur l'air qui le suit ; il importe de se guider conformément à ces règles.

[Vol des oiseaux. Alouette.]

[ca. 1502-1504]
L, 56 r.

Lorsque l'oiseau se trouve renversé, comme on le voit en *a*, les pointes des ailes sont poussées vers le sol ainsi qu'il est montré en *b* ; puis, le volatile se redresse en reprenant sa première position ; mais il replie sa queue déployée vers le dos.

S'il tombe par le tranchant, il élèvera les ailes vers le dos et se redressera.

Nombreux sont les oiseaux qui ne peuvent monter qu'en spirale, c'est-à-dire par mouvements circulaires ; l'alouette forme une exception, car à mesure que s'élèvent ses ailes, elle s'arrange pour que l'air les transperce de telle façon qu'elles n'offrent point de résistance, et ainsi elles se trouvent presque entièrement ajourées.

L'oiseau veut-il descendre, il rejette les ailes en arrière de façon que leur centre de gravité s'écarte du centre de leur résistance et ainsi plonge-t-il en avant.

·◆·

Le vol de maints oiseaux est plus rapide que le vent qui les chasse. Cela tient à la poussée des ailes dans le vent qui emporte l'oiseau. Autrement, ceux qui se posent sur le vent ne pourraient voler contre lui. *[ca. 1502-1504] L, 56 v.*

En élevant les ailes, l'oiseau les envoie partie en avant et partie vers le haut et l'aile entière se trouve aller de biais, ainsi que chaque plume et, de plus, l'aile reste ajourée, tandis que s'il l'abaisse, il la pousse en arrière, face à l'air ou au vent, et le transpercement des plumes et de l'aile entière ne forme plus qu'une surface unie.

·◆·

[Dessin.]

Mode de résistance des pennes dans la descente de l'oiseau. La résistance *a b*, du fait de sa flexibilité, s'infléchit suivant la ligne de n'importe quel mouvement d'air, et le résultat sera le même avec du papier protégé au moyen de nervures de cannes. *[ca. 1502-1504] L, 57 r.*

·◆·

[Ailes d'oiseaux.]

L'oiseau le plus prompt à baisser et à relever ses ailes est celui qui s'élève davantage en inclinant la partie inférieure des ailes vers le centre de la terre. *[ca. 1502-1504] L, 58 r.*

Mais s'ils inclinent cette partie inférieure des ailes vers l'horizon, leurs mouvements seront égaux.

Tu noteras si les pennes de *c a* se superposent à la manière et dans l'ordre de *a b*

a b n m est l'emplacement des volets[1].

·◆·

Le déploiement et l'abaissement de la queue, et l'éploiement des ailes en un même temps, à leur plus grande envergure, arrêtent le mouvement rapide des oiseaux. *[ca. 1502-1504] L, 58 v.*

1. Ms. : *sportelli.*

Quand les oiseaux, en descendant, approchent du sol, la tête plus bas que la queue, ils abaissent celle-ci, déployée toute grande, avec de petits coups d'ailes ; dès lors, la tête se trouve plus haut que la queue, et la vitesse à tel point entravée que l'oiseau se pose à terre sans aucun choc.

Dans tous les changements que les oiseaux effectuent en se mouvant, ils déploient leur queue.

Beaucoup d'oiseaux meuvent leurs ailes aussi vite en les élevant qu'en les laissant retomber, telles les pies et autres similaires.

⁂

[ca. 1502-1504]
L, 59 v.

Certains oiseaux ont l'habitude de mouvoir leurs ailes plus vite en les baissant qu'en les levant, et ceci se constate chez les colombes et autres similaires.

D'autres abaissent leurs ailes plus lentement qu'ils ne les élèvent, et cela s'observe chez les corneilles et autres similaires.

Les oiseaux qui volent rapidement en se maintenant à une distance constante au-dessus du sol, ont l'habitude de battre des ailes, vers le bas, dans la mesure requise pour qu'ils soient empêchés de descendre, et en arrière lorsqu'ils veulent accélérer leur allure.

Le déploiement et l'extension de la queue ralentissent la vitesse des oiseaux.

⁂

[ca. 1502-1504]
L, 60 r.

Si le vent frappe l'obliquité du corps volant en sa partie inférieure, ce corps volant montera.

Mais si cette obliquité est frappée en sa partie supérieure, le corps volant sera forcé de descendre.

Et si le vent qui frappe les oiseaux par-dessous venait à les renverser, le volatile repliera un peu ses ailes, ce pourquoi il descendra par sa partie la plus lourde.

⁂

[ca. 1502-1504]
L, 62 r.

Quand le milan fend l'air, en descendant, et qu'il se retourne entièrement, la tête vers le sol, il est forcé de ployer la queue autant que possible dans le sens opposé à celui qu'il veut suivre, puis il la fléchit de nouveau prestement dans la direction où il entend se tourner. La torsion de la queue correspond à celle de l'oiseau, tel le timon du navire qui, à mesure qu'il tourne, le fait virer en sens contraire.

Lorsque le vent est sur le point de rejeter l'oiseau en arrière, celui-ci resserre les humérus de ses ailes de telle sorte que son poids porte sur le devant plus qu'il ne le faisait. La partie la plus pesante est donc la première à descendre ; et la queue déployée s'infléchit vers le bas.

[Queue et ailes des oiseaux.]

Quand un côté de la queue du volatile s'abaisse d'un mouvement rapide, l'air percuté se comprime davantage et par conséquent offre plus de résistance ; il s'ensuit que l'oiseau infléchit son flanc opposé et tourne vers la partie la plus basse de la queue.

[ca. 1502-1504]
L, 62 v.

Mais si tantôt l'une, tantôt l'autre pointe de la queue, l'invite à s'abaisser soit à droite soit à gauche, il ne décrit point de mouvement circulaire mais c'est là simple façon de percuter l'air comme feraient des ailes. Lorsque l'oiseau sent qu'il inclinera d'un côté, sa queue fouette l'air du côté opposé, et, ainsi, elle contrarie cette tendance.

[Oie nageant et volant.]

DU MOUVEMENT

La nage illustre la méthode de vol et démontre que le poids le plus large rencontre le plus de résistance dans l'air. Observe une patte d'oie : si elle était toujours ouverte ou fermée de la même manière, l'animal ne pourrait faire aucun mouvement. Il est vrai que la courbure de la patte en dehors lui donnerait davantage la sensation de l'eau lorsqu'elle s'avance qu'en se retirant. Preuve que plus le poids s'élargit, plus son mouvement se fait lent.

[av. 1500]
M, 83 r.

Observe l'oie qui chemine dans l'eau, comment elle ferme sa patte tandis qu'elle avance. N'occupant de la sorte que peu d'eau, elle acquiert de la vitesse et lorsqu'elle ramène la patte en arrière, elle l'étale et ainsi se fait plus lente ; et la partie en contact avec l'air gagne plus de rapidité.

·◆·

[ca. 1500-1505]
B. M. 43 r.

Lorsqu'une des ailes s'infléchit avec la même vitesse que l'autre, mais par un mouvement plus allongé, il en résulte que le mouvement droit s'incurve.

·◆·

DES CHOSES QUI ONT LA FACULTÉ DE VOLER

[ca. 1513-1514]
B. M. 96 r.

La partie la plus pesante du grave en chute libre guidera son mouvement.

·◆·

[Dessin d'un oiseau aux ailes éployées.]

[ca. 1500-1505,
peut-être 1503]
B. M. 134 r.

Celui-ci s'élève en cercles à la faveur du vent, qui le frappe toujours obliquement par-dessous ; et quand il le heurte par-devant, l'oiseau plie les ailes, ses épaules vers le ciel ; et quand le vent le saisit à la queue, il incline les épaules vers la terre. Ainsi, toujours, l'oiseau reçoit le vent à son centre de gravité, soit devant soit derrière, ou de côté.

·◆·

[ca. 1500-1505,
peut-être 1504-1505]
B. M. 146 r.

La queue accroît ou réduit le poids des ailes de l'oiseau.

Tout corps pesant se meut suivant la ligne où il rencontre moins de résistance.

La substance lourde trouve le moins de résistance sur la ligne suivant laquelle elle pèse le plus.

·◆·

[ca. 1500-1505]
B. M. 166 v.

Cet oiseau s'élèvera plus volontiers qui acquiert de l'élan en s'abaissant un peu au début de son vol.

Lorsque l'oiseau vole contre le vent, il est nécessaire que son avance s'effectue obliquement vers le sol, en entrant sous le vent ; en effet, son poids est plus puissant que la somme de vent qui le frappe sous des angles inégaux et le refoulerait vers le sol, si l'air en face de la ligne de son mouvement n'était en quantité bien moindre que l'air au-dessous de lui et en contact avec lui. Ce seul mouvement suffit à vaincre l'air qui offre le moins de résistance ; et celui-là résistera le moins qui sera en quantité moindre.

Voilà pourquoi, en vertu de ce qui précède, nous avons la

certitude que l'oiseau se mouvra contre la partie de l'air qui présente le moins de résistance et rencontre les timons des ailes, plutôt que contre celle qui le rencontre par-dessous, sur la largeur totale des ailes.

Mouvement rectiligne.

Si cet oiseau veut s'élever à une certaine hauteur, il passera sur le vent et conservera suffisamment l'élan acquis au cours de la descente dont nous avons parlé ; au moyen de la vitesse ainsi obtenue, il abaissera sa queue et les coudes de ses ailes, et élèvera ses timons. Il sera alors sur le vent, et si cet élan est contraint de ne point cesser ni s'épuiser, sa nature aussitôt l'oblige à suivre la ligne où une moindre quantité d'air s'oppose à son mouvement ; ce sera la ligne suivant laquelle les ailes se présentent à l'air par le tranchant, là où elles le frappent, c'est-à-dire suivant la ligne où l'air rencontré est toujours fendu par les timons qui sont dans l'épaisseur des ailes, et jamais suivant la ligne de leur largeur.

Ensuite, l'oiseau monte sans battement d'ailes car le vent qui passe sous lui l'élève à la façon du coin, soulevant un poids ; et ce vent le renverserait si pendant son ascension il ne ralentissait constamment, en épuisant l'élan déjà acquis. Cette impulsion une fois détruite, l'oiseau serait renversé par le vent qui l'a emporté vers les hauteurs si, abaissant aussitôt les timons de ses épaules, il n'entrait sous le vent et ne fléchissait la queue. Alors, le mouvement à peine achevé recommence, et en descendant il récupère l'élan perdu, qui de nouveau l'élève par un mouvement réfléchi jusqu'à nouvelle perte de l'élan acquis.

Toutefois, si ce mouvement était circulaire, l'oiseau obéirait à d'autres règles, qui seront définies par la suite selon l'ordre voulu.

DE L'OISEAU QUI SE MEUT SANS VENT NI BATTEMENT D'AILES

Le mouvement de l'oiseau sans battement d'ailes ni aide du vent s'effectue suivant une ligne qui oblique vers le bas en pente rapide, puis monte par un mouvement réfléchi. Par ce mouvement, il gagne jusqu'aux sept huitièmes de la hauteur *[1504] B. M. 277 r.*

de son mouvement descendant, et ainsi continue peu à peu, jusqu'à ce qu'il ait atteint le sol.

DU MOUVEMENT CONTRAIRE AU VENT SANS BATTEMENT D'AILES QUI ÉLÈVE L'OISEAU

Ici le mouvement incident est sous le vent et le mouvement réfléchi sur le vent.

•◆•

[Diagramme aile b d f a c e g.]

[ca. 1495-1497] Forster II, 34 v.

Je trouve aux ailes des oiseaux trois causes de puissance ; la première est *b*, qui tire sa force du muscle *a* ; la seconde peut être *d c*, et la troisième *f e*. À présent, je demande si la partie *g* produit sa force au moyen de *f e*, quelle force atteindra *b a*, ou, pour parler plus exactement, quel poids ?

•◆•

[ca. 1511-1513] RL 19086 r.

Le mouvement réfléchi de l'oiseau contre le vent est considérablement plus grand que son mouvement incident ; de même en va-t-il du mouvement réfléchi qui lui succède, attendu qu'il est poussé par le même cours du vent.

XVIII

MACHINE VOLANTE

« Je trouve que si l'instrument muni d'une hélice est bien fabriqué – c'est-à-dire fait d'une toile dont les pores auront été obturés avec de l'empois – et promptement tournée, ladite hélice tracera une spirale en l'air et l'instrument s'élèvera haut. »

L'homme à l'intérieur de l'oiseau se pose sur un axe un peu plus élevé que son centre de gravité. *[ca. 1503-1504] C. A. 357 r.*

•◆•

Un oiseau est un instrument qui fonctionne selon la loi mathématique, instrument que l'homme est capable de reproduire avec tous ses mouvements, mais non avec une force correspondante, encore qu'il ne soit défectueux que sous le rapport de la conservation de l'équilibre. Nous pouvons donc dire qu'à un tel instrument, construit par l'homme, rien ne manque hormis la vie de l'oiseau, vie qu'est tenue de lui fournir celle de l'homme. *[ca. 1505] C. A. 434 r.*

La vie qui réside dans les membres des oiseaux est sans conteste plus conforme à leurs besoins que celle de l'homme, distincte de la leur ; et notamment en ce qui concerne les mouvements presque imperceptibles qui maintiennent l'équilibre. Mais comme nous voyons l'oiseau équipé en vue de nombreuses variétés de mouvements, cette expérience nous autorise à dire que l'intellect humain sera apte à comprendre les plus rudimentaires d'entre eux, et que, dans une grande mesure, il saura parer à la destruction de cet instrument dont il est lui-même devenu le principe vivant et le propulseur.

⁂

[Diagrammes du mécanisme de la machine volante.]

[ca. 1495]
C. A. 749 r.

Je conclus qu'il est plus utile d'être dans la position verticale que face à la terre, car l'instrument ne peut se renverser et d'autre part, ce serait conforme à une longue habitude.

Le mouvement d'élévation et d'abaissement proviendra de l'abaissement et de l'élévation des deux jambes ; il est d'une grande force et laisse les mains libres ; tandis que s'il s'effectuait face au sol, les jambes auraient beaucoup de difficulté à se maintenir dans les courroies des cuisses. Quand il se pose, le premier choc porte sur les pieds ; et en s'élevant ils se touchent en *r s t* ; et après s'être élevés, ils soutiennent la machine ; et les pieds qui montent et descendent soulèvent ces pieds[1] au-dessus du sol.

q est fixé à la ceinture ; les pieds posent dans les étriers *k h* ; *m n* passe sous les bras derrière les épaules ; *o* représente la position de la tête ; pour monter et descendre, l'aile opère une révolution et se replie sur elle-même.

⁂

[Dessins représentant des parties de machine volante.]

[ca. 1493-1495]
C. A. 842 r.

Ressort de corne ou d'acier fixé sur bois de saule, avec revêtement de jonc.

L'impulsion soutient les oiseaux dans leur vol aussi longtemps que les ailes ne pressent pas l'air, et même ils s'élèvent.

Si l'homme pesant deux cents livres est en *n* qu'il soulève l'aile avec sa poulie de cent cinquante livres, cet homme sur l'appareil doué d'une force de trois cents livres s'élèverait avec deux ailes.

⁂

1. Pédales. (*N.d.T.*)

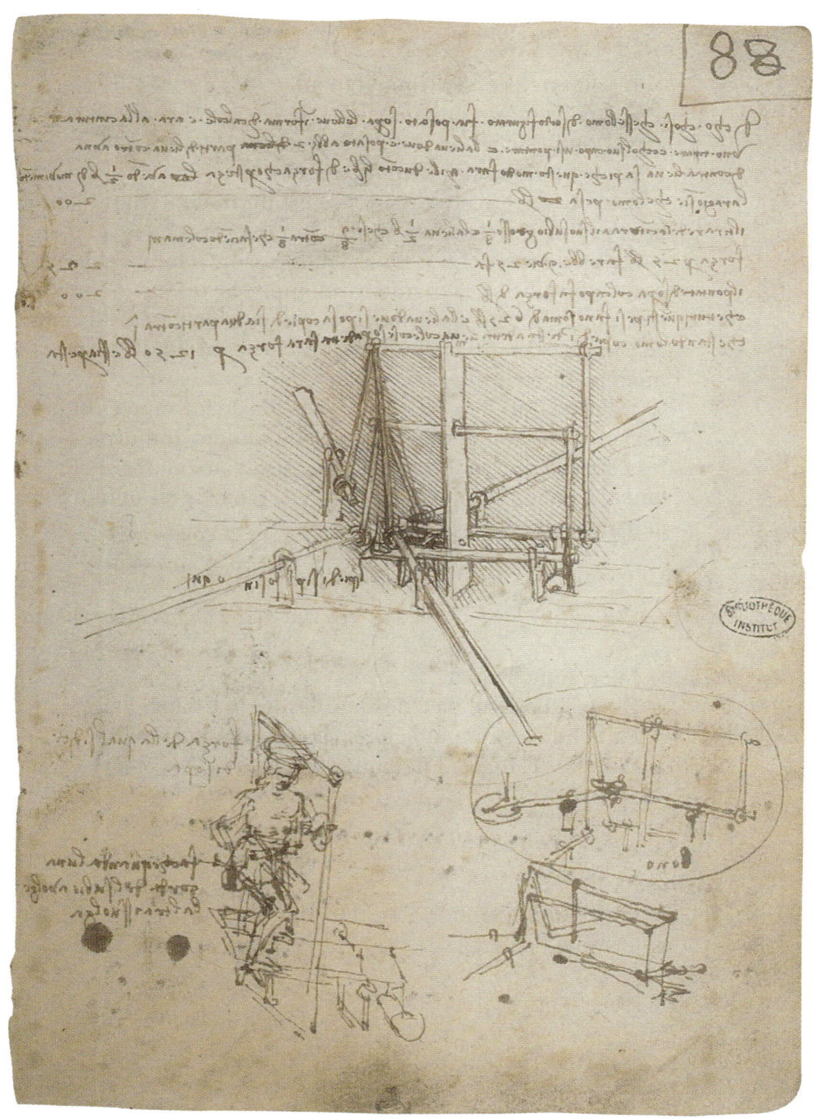

Mécanisme à pédales pour soulever les ailes d'une machine volante (*B*, 88 r.).

[Dessins de l'aile d'une machine volante.]

[ca. 1493-1495]
C. A. 844 r.

1. Soit *a* le premier mouvement.
2. Défais-en un et enlève [...]
3. Doubles cannes [...] savonnées [...]
4. De chiffon ou [peau] de poisson volant.
5. Le ressort avec serrure *n o* est un fil de fer qui le maintient et il ne se redresse point.
6. Que le ressort *b* soit fort, et le ressort *a* faible et flexible, pour qu'il puisse facilement rejoindre le ressort *b* ; et entre *a b*, qu'il y ait un petit morceau de cuir destiné à le renforcer, et que ces ressorts soient en corne de bœuf ; et pour le modèle, tu l'exécuteras avec des plumes à écrire.
7. Prends, au lieu du ressort, des fils de fer minces et trempés, et qu'ils soient de grosseur et longueur uniformes entre les courroies, et tu auras des ressorts égaux en force et résistance, à condition que les fils soient répartis en nombre égal dans chacun.

[Dessin d'aile de machine volante.]

[ca. 1487-1490]
C. A. 848 r.

Filet. Jonc. Papier.
Essaye d'abord avec des feuilles de la Chancellerie.
Planche de sapin attachée par-dessous.
Futaine. Taffetas. Fil. Papier.

[Dessin d'aile de machine volante.]

[ca. 1493-1495]
C. A. 854 r.

Pour Gianni Antonio di Mariolo. Ne pas la faire avec des volets mais pleine[1].

1. Note se rapportant vraisemblablement à la construction d'une machine à voler, soin dont il s'acquittait pour un patron, Gian Antonio di Mariolo, désireux que les ailes fussent faites de manière à être impénétrables au vent.

[La nature de la hampe lorsqu'elle est détachée, et sa corde.]

La corde sera en cuir de bœuf bien graissé, et les charnières aussi, à l'endroit où elles jouent, ou à défaut, savonnée avec du savon fin. *[ca. 1493-1495] C. A. 844 v.*

La hampe devra être en jonc robuste ou composée de différents morceaux de jonc, et de la longueur que tu voudras, du moment que tu la fais par pièces ; les ressorts seront de fils de fer entre les charnières de chaque ressort – d'épaisseur, de nombre et de longueur uniformes, pour qu'ils puissent se ployer tous simultanément et non l'un après l'autre ; et chaque ressort devra être pourvu d'une quantité de ces fils de fer dont il se compose. Mais si tu préfères ne pas faire usage de fils de fer, prends des bandes de corne de bœuf pour fabriquer ces ressorts.

•◆•

[Dessin d'aile de machine volante.]

Un moindre effort est requis pour élever l'aile que pour l'abaisser, car, tandis qu'elle s'élève, le poids du centre qui tend à descendre l'aide considérablement. *[ca. 1487-1490] C. A. 873 r.*

•◆•

Demain matin, 2e jour de janvier 1496, je ferai la courroie et l'essai[1]. *[1er janvier 1496] C. A. 874 v.*

[Dessin – apparemment d'une bande de cuir tendue sur châssis.]

Pour faire la pâte, du vinaigre fort où tu feras dissoudre de la colle de poisson ; avec cette glu fais la pâte et fixe ton cuir, et elle sera bonne.

•◆•

1. Les mots *soatta* (« courroie ») et *corame* (« cuir ») semblent indiquer que selon toute probabilité ces deux phrases se rapportent à la construction et à l'essai de ce même instrument, sans doute un appareil volant.

[Dessin d'appareil volant.]

[ca. 1493-1495]
C. A. 863 r.

Base du mouvement.

•◆•

[Divers diagrammes où figure un homme exerçant la force de ses bras et de ses jambes.]

[ca. 1493-1495]
C. A. 1006 v.

Fais-la en sorte que l'homme soit solidement maintenu dessus, en *a b*, de façon à ne pouvoir ni monter ni descendre ; et qu'il exerce sa force naturelle avec les bras ainsi qu'avec les jambes.

Ferme au moyen de planches la salle d'en haut, et fabrique ton modèle grand et haut, et tu auras de la place sur le toit au-dessus ; et, à tous égards, ce sera plus conforme à ton dessein que la place d'Italie.

Et si tu te tiens sur le toit à côté de la tour, les hommes qui travaillent sur la coupole ne te verront pas.

a b produit une force évaluée à trois cents, et les bras à deux cents, ce qui fait cinq cents, avec grande vitesse de

Le levier, une brasse[1], le mouvement, une demie, le contre-levier, huit brasses, et pour le poids de l'homme, je dirai quatre, ce qui fait trois cents avec l'appareil[2].

•◆•

[ca. 1485]
C. A. 1058 v.

La pression qu'une chose exerce contre l'air est égale à la pression de l'air contre la chose.

Vois comment les battements de ses ailes contre l'air suffisent pour soutenir le poids de l'aigle dans l'air extrêmement raréfié qui confine à l'élément du feu. Observe aussi comme l'air qui se meut sur la mer, refoulé par les voiles gonflées, fait glisser en avant le navire lourdement chargé.

Ainsi, en alléguant et exposant les raisons de ces choses,

1. Une brasse équivaut à environ 1,62 m.

2. Sur la même page du ms., Léonard a tracé une carte schématique de l'Europe où figurent des noms de provinces. Au-dessous, la péninsule ibérique est reproduite une seconde fois, avec une liste de provinces réparties sous trois titres : Espagne, France et Allemagne. Il n'est peut-être pas absolument hasardeux de supposer que ces cartes et nomenclatures, sur le même feuillet que les précédentes notes relatives à la construction d'une machine volante, étaient en connexion, dans son esprit, avec les possibilités de voyage qu'ouvrirait l'invention du vol, et que ces croquis étaient, en intention, des cartes d'aviateur. L'allusion au toit à côté de la tour, hors de la vue des ouvriers travaillant à la coupole, prouve que le modèle fut construit dans une maison avoisinant la cathédrale.

tu comprendras que l'homme, lorsqu'il a de grandes ailes attachées à lui, peut en exerçant sa force contre la résistance de l'air et la domptant, le soumettre et s'élever sur lui.

[Croquis d'un homme avec un parachute.]

Si un homme a une tente de toile dont toutes les ouvertures ont été bouchées, et qui mesure douze brasses de largeur sur douze de profondeur, il pourra se jeter sans dommage de n'importe quelle altitude.

[Dessin de deux plateaux de balance dont l'un contient la figure d'un homme soulevant une aile.]

Si tu veux vérifier le poids que pourra supporter cette aile, place-toi sur un côté de la balance et mets sur l'autre un poids correspondant, en sorte que les deux plateaux soient à un niveau égal dans l'air ; si ensuite tu te fixes au levier où se trouve l'aile et que tu coupes la corde qui la maintient levée, tu la verras soudain tomber ; et si deux unités de temps lui sont nécessaires pour tomber d'elle-même, tu la feras tomber en une seule, en empoignant le levier avec tes mains, et tu conféreras tant de poids au bras opposé de la balance que les deux deviendront égaux en force ; et quel que soit le poids de l'autre plateau, l'aile en supportera autant en volant, et d'autant plus qu'elle comprime plus vigoureusement l'air.

[Dessins.]

a b c fait que la partie *m n* s'élève rapidement dans le mouvement ascensionnel, *d e f* abaisse promptement *m n* dans la descente, et ainsi l'aile remplit son office. *[ca. 1487-1489] B, 73 v.*

r t abaisse l'aile au moyen du pied, c'est-à-dire en étendant les jambes ; *v s* élève l'aile avec la main et la fait virer.

Manière de faire virer l'aile uniquement en montant ou en descendant.

Système selon lequel l'aile en montant est toute perforée, et unie lorsqu'elle retombe ; ceci tient à ce que, lorsqu'elle monte, *b* se sépare de *a* et *d* de *c* ; et ainsi l'air livre passage à l'élévation de l'aile ; à mesure qu'elle s'abaisse, *b* revient en *a* et de même *c* en *d* ; et le filet attaché aux joncs de dessus est une bonne armature, mais aie soin de te diriger de *a* en *f* pour que l'atterrissage[1] ne rencontre point d'obstacle.

•◆•

[Dessins d'une section d'aile.]

[ca. 1487-1489]
B, 74 r.

Système pour que l'aile en s'élevant reste percée, et qu'en tombant elle soit tout unie. Et pour s'en assurer, il faut la regarder par-dessous

[Croquis d'aile.]

Fais les mailles de ce filet larges d'un huitième.

a sera en bois de sapin point encore arrivé à maturité, léger et muni de son écorce.

b sera en futaine recouverte de plumes pour l'empêcher de fuir aisément.

c sera du taffetas amidonné, et pour faire l'essai, emploie de minces cartons.

•◆•

[Dessin de machine volante.]

[ca. 1487-1489]
B, 74 v.

a tord l'aile, *b* la tourne avec un levier, *c* l'abaisse, *d* l'élève, et le pilote de la machine a les pieds en *f d* ; le pied *f* abaisse les ailes et le pied *d* les élève.

Le pivot *m* aura son centre de gravité en dehors de la perpendiculaire, de telle sorte que les ailes, en retombant, s'abaissent également vers les pieds de l'homme ; car c'est là ce qui fait avancer l'oiseau.

Cette machine devra être essayée au-dessus d'un lac, et tu emporteras une large outre allongée qui te servira de ceinture pour éviter la noyade, en cas de chute.

Il est également nécessaire que l'abaissement des ailes s'accomplisse par la force des deux pieds simultanément ; ainsi tu pourras régler le mouvement et garder l'équilibre en abaissant une aile plus vite que l'autre, selon les besoins, comme tu le vois faire au milan et à d'autres oiseaux ; en outre, le mouvement descendant des deux pieds produit deux fois plus de force que celui d'un seul. Il est vrai que le mouvement est proportionnellement plus lent.

1. Ms. : *lariua*.

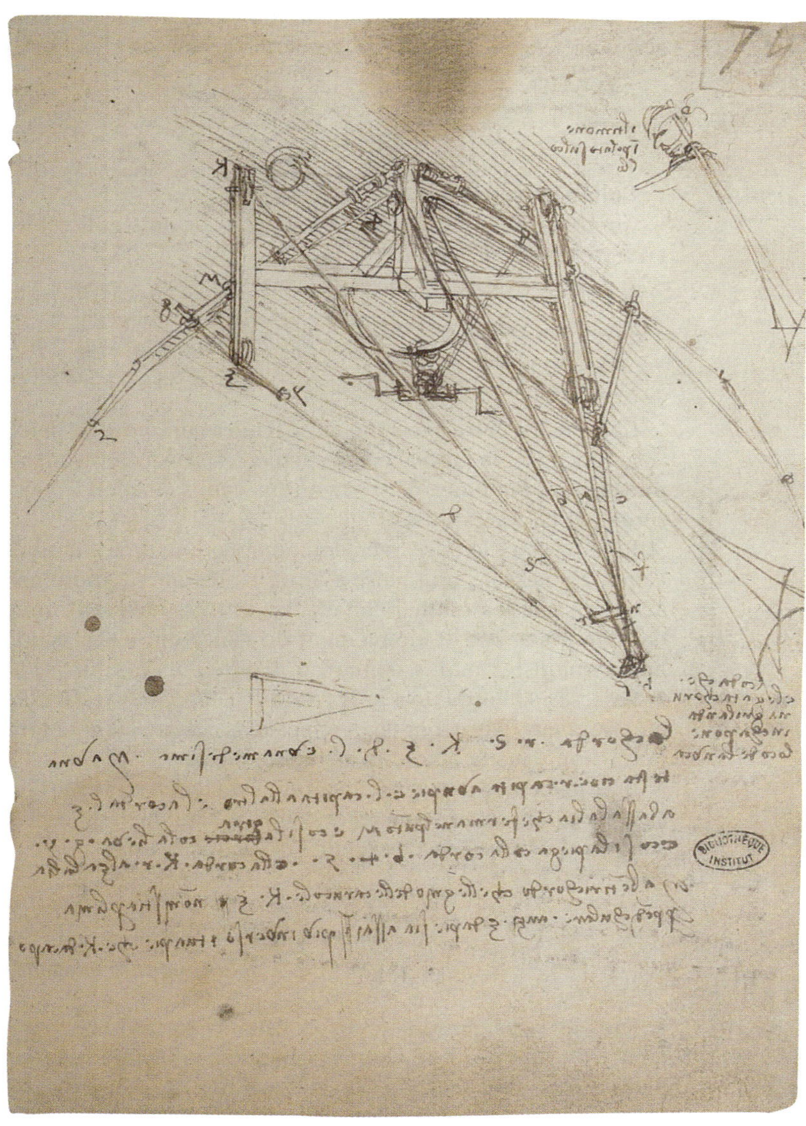

L'ornithoptère, une machine volante (*B*, 75 r.).

La moitié est déterminée par la force d'un ressort, ou si tu veux, au moyen de la main, ou en tirant à toi les pieds, ce qui serait préférable, car ainsi tu garderais les mains plus libres.

[Dessin.]

[ca. 1487-1489] *B, 77 v.*

Comment seront les tiges des ailes.

Comment il faudra rendre les joncs résistants et flexibles au moyen de charnières.

[Figure d'homme couché à plat ventre, actionnant la machine.]

[ca. 1487-1489] *B, 79 r.*

Ceci peut se faire avec une paire d'ailes comme avec deux.

Si tu voulais le faire avec une seule, tes bras l'élèveront au moyen d'un moulinet, deux vigoureux coups de talon l'abaisseront, et cela sera utile.

Et si tu veux le faire avec deux paires, une de tes jambes étendue abaissera une paire d'ailes, tandis que le moulinet, actionné par tes mains, élèvera les autres, facilitant ainsi considérablement le mouvement de celles qui s'abaissent ; en tournant les mains d'abord à droite, puis à gauche, tu favoriseras d'abord l'une, puis l'autre. Cet appareil ressemble au grand qui figure à la page opposée[1] sauf que celui-ci tord la traction dans la poulie *m* et va aux pieds.

À la place des pieds, tu feras une échelle en trois parties, de trois bâtons, d'un sapin léger et mince, comme il est représenté ci-dessus et leur longueur sera de dix brasses.

[Figure d'homme étendu face au sol, qui actionne la machine.]

[ca. 1487-1489] *B, 79 v.*

Sous le corps, entre le creux et l'enfourchure de la gorge, qu'il y ait une peau de chamois. Bandes[2] pour la tête et les pieds.

1. C'est-à-dire *B*, 80 r., voir ci-contre, p. 615.

2. Ms. : *ponti.* Ch. Ravaisson-Mollien propose : « Mets-t'y avec la tête et les pieds. » A été adoptée ici l'interprétation d'E. McCurdy : *ponti*, pris au sens de bandes. (*N.d.T.*)

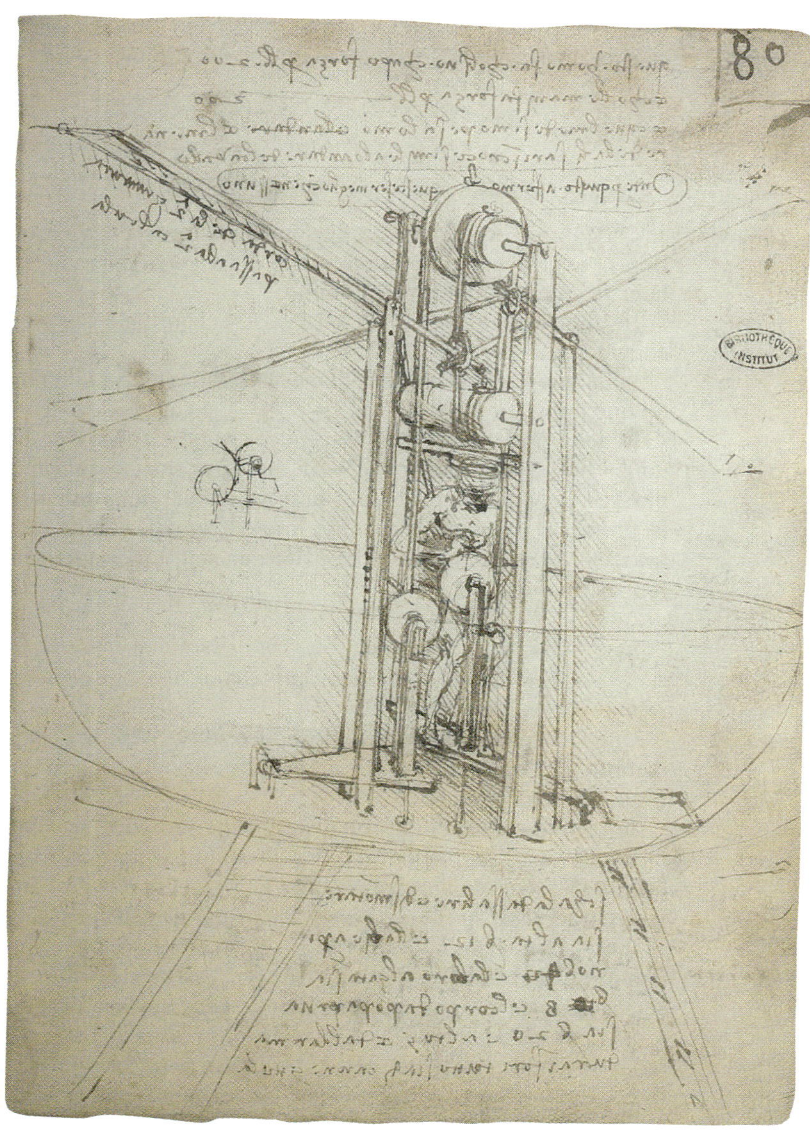

Soucoupe volante à quatre ailes, une autre machine volante (*B*, 80 r.).

Tiens un moulinet entre les mains, et, pieds et mains réunis, tu exerceras une force égale à quatre cents livres ; et ainsi ce sera aussi rapide que le mouvement des talons.

•◆•

[Figure d'homme dans la position verticale, actionnant la machine.]

[ca. 1487-1489]
B, 80 r.

Cet homme exerce avec sa tête une force égale à deux cents livres ; avec ses mains une force de deux cents livres ; c'est là exactement le poids de l'homme.

Le mouvement des ailes sera croisé, comme le pas du cheval.

Voilà pourquoi je soutiens que cette méthode est meilleure qu'une autre.

Échelle pour monter et descendre ; qu'elle soit haute de douze brasses, et que l'envergure des ailes soit de quarante brasses, leur élévation de huit brasses, et que de la poupe à la proue, le corps mesure vingt brasses, et sa hauteur cinq brasses ; et que le revêtement extérieur soit entièrement de jonc et de toile.

•◆•

[Dessin d'une hélice tournant autour d'un axe vertical.]

[ca. 1487-1489]
B, 83 v.

Que l'extrémité extérieure de l'hélice soit le fil de fer épais comme une corde ; et qu'il y ait huit brasses de la circonférence au centre.

Je trouve que si l'instrument muni d'une hélice est bien fabriqué – c'est-à-dire fait d'une toile dont les pores auront été obturés avec de l'empois –, et promptement tournée, cette hélice tracera sa spirale en l'air et l'instrument s'élèvera haut.

Prends pour exemple une large et mince règle, très rapidement brandie en cercle dans l'air ; tu verras que ton bras sera guidé par la ligne du tranchant de cette surface plane.

Le fuselage de la toile devra être de joncs épais et longs. Tu feras un petit modèle de carton dont l'axe sera formé d'une fine lamelle d'acier ployée avec force et quand on la relâchera, elle fera tourner l'hélice.

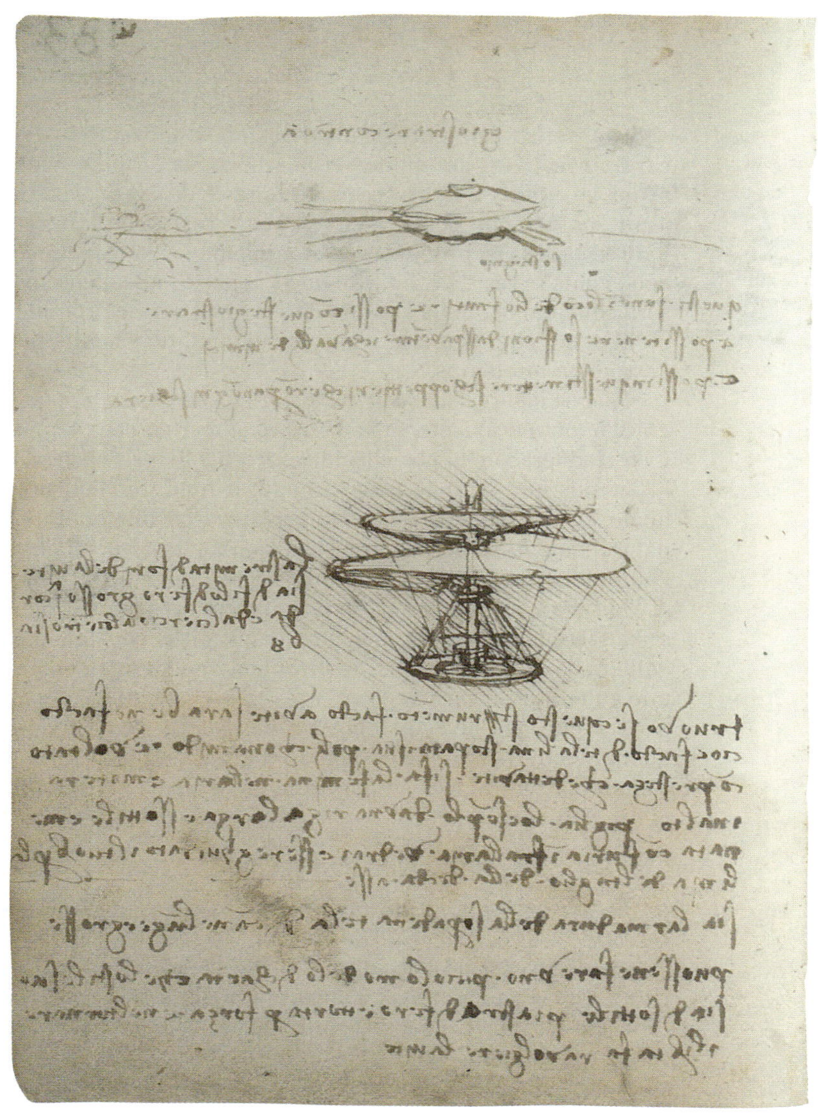

Vis à décollage vertical ou propulseur à hélice pour machine volante (*B*, 83 v.).

•◆•

[Dessin d'un homme actionnant un levier.]

[ca. 1487-1489] *B, 88 v.*

Si tu veux vraiment éprouver les ailes, fabrique-les en carton recouvert de mailles et fais les tiges en jonc, l'aile ayant au moins vingt brasses de long et de large ; fixe-la à une palplanche pesant deux cents livres, et de la façon figurée ci-dessus, produis une force rapide : si la planche de deux cents livres s'élève avant que s'abaisse l'aile, l'épreuve sera concluante ; mais aie soin que la force agisse promptement et si l'effet souhaité n'est pas obtenu, ne gaspille pas davantage ton temps.

Si par sa nature, l'aile doit s'abaisser en quatre temps et que, grâce à ton mécanisme, tu la fasses retomber en deux temps, il en résultera que la planche de deux cents livres s'élèvera.

Tu sais que si tu te tiens debout au fond de l'eau profonde, les bras étendus, et que tu les laisses ensuite retomber naturellement, ils descendront jusqu'aux cuisses tandis que l'homme reste dans sa position première.

Mais si tu fais tomber en deux temps les bras qui devaient s'abaisser naturellement en quatre temps, sache que l'homme quittera sa position, et d'un mouvement violent en adoptera une autre à la surface de l'eau.

Et sache que si la palplanche pèse deux cents livres, l'homme qui tient le levier dans sa main en supportera une centaine, et les autres se porteront sur l'air par l'intermédiaire de l'aile.

•◆•

[ca. 1487-1489] *B, 89 r.*

Fais les échelles courbes pour qu'elles correspondent au corps.

Quand le pied de l'échelle *a* touche le sol, son choc ne risque pas d'endommager l'appareil, attendu que c'est un cône qui s'enfonce sans rencontrer d'obstacle à sa pointe ; ce qui est parfait.

Essaye le véritable appareil au-dessus de l'eau, pour ne point te faire de mal en cas de chute.

Ces crochets sous les pieds de l'échelle agissent à la façon de celui qui saute sur la pointe des orteils : il n'en sera pas étourdi comme s'il sautait sur les talons.

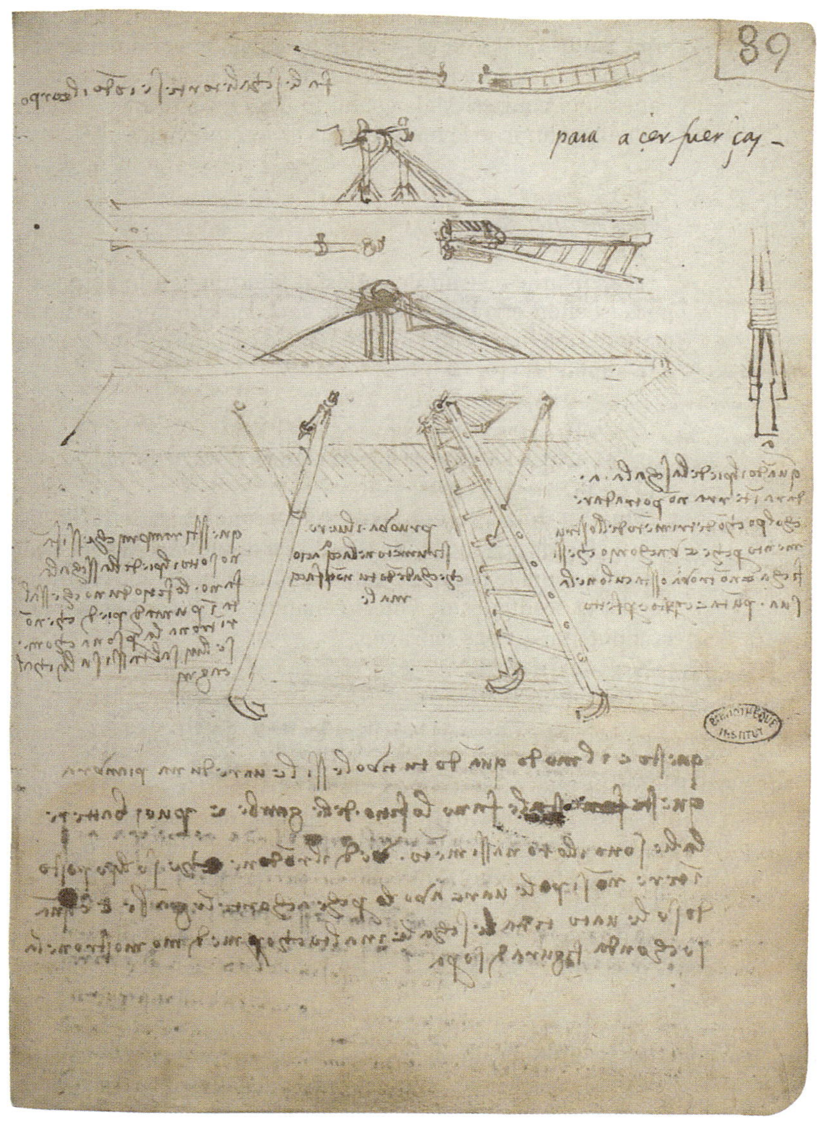

Étude du train d'atterrissage d'une machine volante (*B*, 89 r.).

Voici comment tu procéderas si tu veux décoller d'une plaine ; ces échelles font office de jambes, et tu peux battre des ailes tandis qu'il s'élève. Vois le martinet, et comme une fois posé sur le sol, il ne peut plus prendre son essor parce que ses pattes sont courtes. Mais quand tu t'es élevé, tire les échelles en haut, comme je le montre dans la seconde figure ci-dessus.

[Ailes artificielles.]

[ca. 1494] *H, 29 v.*

Lorsqu'on construit des ailes, il faut une corde pour supporter l'effort et une autre plus lâche, dans la même position, en prévision du cas où l'une venant à se rompre, l'autre aurait à la suppléer.

VOLETS DANS LA MACHINE VOLANTE

[ca. 1502-1504] *L, 57 v.*

Plus ces volets seront petits, plus grande sera leur utilité.

Un châssis de jonc tendu d'un voile les protégera et comme il oblique vers le haut, le mouvement de l'ensemble est transversal, et ces lignes de volets venant à s'ouvrir obliquement, la montée n'est pas entravée.

GOUVERNAIL DE MACHINE VOLANTE

[ca. 1502-1504] *L, 59 r.*

Ici la tête *n* est le moteur de ce timon, c'est-à-dire que lorsque *n* va vers *b*, le timon s'élargit, et quand il se dirige en sens contraire, la queue se resserre ; de même, quand *f* s'abaisse, la queue s'infléchit de ce côté, et s'il s'abaisse de l'autre côté, elle en fera autant.

Nécessairement, dans le vol à une altitude constante, l'abaissement des ailes sera en rapport avec leur élévation.

[ca. 1502-1504] *L, 60 v.*

Si le moteur du corps volant a, au moyen des quatre membres qui le servent, une puissance divisible par quatre, il pourra les employer également et aussi inégalement ; et en outre, tous également et tous inégalement, selon les exigences des divers mouvements du corps volant. S'ils entrent en jeu également, le mouvement du corps volant sera régulier.

Sont-ils employés inégalement, comme en une proportion continue, le corps volant aura un mouvement circulaire.

•◆•

[ca. 1502-1504]
L, 61 v.

Supposé un corps suspendu là, semblable à celui d'un oiseau, et la queue tordue sous un angle variable à divers degrés ; tu pourras ainsi déduire une règle générale, au sujet des différentes torsions et circonvolutions des oiseaux provenant de la flexion de leur queue.

Dans toutes les variétés du mouvement, la partie la plus lourde du corps le guidera.

XIX

MOUVEMENT ET PESANTEUR

> *« Force et mouvement matériel, pesanteur ainsi que percussion sont les quatre puissances accidentelles par quoi toutes les œuvres des mortels ont leur existence et leur fin. »*

[ca. 1495-1497]
C. A. 421 v.

Parle d'abord du mouvement, ensuite du poids, qui procède du mouvement ; puis de la force qui dérive du poids et du mouvement ; enfin de la percussion qui naît du poids, du mouvement, et souvent, de la force.

[ca. 1515-1516]
C. A. 215 r.

L'action d'une perche qu'on tire dans l'eau tranquille est identique à celle d'une eau courante contre une perche immobile.

[ca. 1500-1505]
C. A. 250 r.

Aucun mobile n'est plus puissant, dans son mouvement simple, que son moteur.

OÙ LA PRATIQUE FAUSSE LA SCIENCE DES POIDS

[ca. 1513]
C. A. 257 r.

La science des poids est faussée par sa pratique, et, en beaucoup de cas, celle-ci n'est pas en harmonie avec cette science, non plus qu'il n'est possible de la mettre en accord avec elle ; ceci tient aux pôles des balances par quoi s'établit la science de ces poids, et que, selon les anciens mathématiciens, la nature a placés là comme pôles d'une ligne mathématique et parfois dans des points mathématiques. Or ces points et lignes sont dépourvus de substance, alors qu'en pratique ils en possèdent une, selon les exigences de la nécessité, pour supporter le poids de ces balances, tout de même que les poids que l'on calcule sur leurs plateaux.

J'ai trouvé que les Anciens commettaient des erreurs dans leur calcul des poids, erreurs dérivant du fait que pour une partie considérable de leur science ils se sont servis de pôles qui avaient une substance, et pour une autre partie considérable, de pôles mathématiques, c'est-à-dire ceux qui, existant dans l'esprit, sont immatériels – erreurs que j'indique ci-dessous.

DU MOUVEMENT ET DE LA PESANTEUR

[ca. 1508]
C. A. 299 r.

Dans des mouvements égaux faits en des temps égaux, le moteur aura toujours plus de puissance que l'objet mû. Sa puissance dépassera celle de l'objet mû, dans la mesure où le mouvement du mobile dépasse la longueur de mouvement de son moteur ; la différence entre les puissances du moteur et du mobile sera d'autant moindre que le mouvement de l'objet mû est moins long que celui de son moteur.

Mais considère, ô lecteur, qu'en ce cas, il te faut tenir compte de l'air, dont la compression devant le mobile est d'autant plus grande que le mobile se meut plus vite ; car cet air est susceptible de compression à l'infini. Ceci, toutefois, ne saurait se produire pour les mouvements des objets dans l'eau, laquelle n'est point compressible, comme on le prouve en la versant dans un vase à goulot étroit ; attendu que tout moyen d'action te faisant défaut, tu ne peux placer dans ce vase plus que sa contenance naturelle. Or, c'est juste le contraire avec l'air ; si on l'introduit par force en des vaisseaux à orifice très étroit contenant une certaine quantité d'eau, et que le vase soit incliné de façon que l'eau prisonnière se trouve entre le goulot et l'air comprimé, la puissance de l'air comprimé chassera l'eau du vase avec une fureur si grande qu'elle pénétrera assez loin dans l'air, jusqu'à ce que l'air resté dans le vase puisse retourner à son état naturel.

Mais pour revenir à notre propos, nous pouvons dire que

parmi des mobiles de pesanteur équivalente, celui-là sera le plus lent dont la partie antérieure qui fend l'air occupera plus d'espace et il en ira inversement dans la mesure où il occupe moins d'air, à condition toutefois qu'il n'atteigne pas un tel degré de ténuité que le poids lui ferait défaut ; car où il n'y a pas de poids, il n'y a point de mouvement local dans l'air.

Nul mouvement local ne saurait se produire dans l'air, s'il ne dérive d'une densité supérieure ou inférieure à celle de l'air.

Mon contradicteur objectera que devant le moteur, l'air comprimé acquiert la même densité que devant l'objet mû et d'autant plus grande dans le cas du moteur, qu'il rencontre une plus grande quantité d'air frappé et condensé que son mobile, comme nous voyons pour une main jetant une pierre dans l'air ; ma réponse sera que le mouvement du moteur ajouté à celui du mobile ne saurait être ni plus ni moins rapide que le mouvement de la chose mue ; non plus que sa vitesse, en aucune partie de son mouvement accidentel, ne peut égaler la vitesse de son moteur ; on le prouve dans le mouvement accidentel, où l'objet mû ralentit à chaque degré de son mouvement, encore que la percussion de l'objet mû soit plus grande, lorsqu'il est un peu éloigné de son moteur, que lorsqu'il en est rapproché.

Et nous le voyons avec la flèche de l'arc, quand sa pointe pose contre du bois ; car bien que la corde la chasse avec toute la force de l'arc, elle pénètre peu le bois et revient en sens contraire si elle est douée de quelque mouvement. D'aucuns disent qu'en se déplaçant, la flèche chasse devant elle une vague d'air, dont le mouvement préserve son cours d'être entravé. C'est néanmoins inexact, car toute chose mue épuise et entrave son moteur. Donc, l'air passe en ondes devant la flèche par suite du mouvement de cette flèche et il n'aide guère le mouvement de son moteur, car il doit être mû par ce même moteur, mais plutôt il gêne et empêche le mouvement du mobile.

L'impulsion engendrée dans l'eau calme a un effet différent de celle qui est engendrée dans l'air immobile. On le prouve du fait que l'eau en soi ne se comprime jamais par l'effet d'un mouvement effectué au-dessous de sa surface, comme l'air sous la percussion du mobile. Les bulles nous l'enseignent aisément, qui encombrent l'eau depuis sa surface jusqu'à son lit, et s'assemblent en rond lorsqu'elle comble le vide que le poisson a laissé derrière lui au fur et à mesure qu'il la pénètre. Les mouvements de cette eau heurtent et poussent le poisson, car l'eau n'a de poids en son propre élément que lorsqu'elle est en mouvement, et telle est la cause première de l'accélération de son moteur.

•◆•

Je trouve que la force est infinie, comme le temps, et le poids est fini, ainsi que le poids de tout le globe qui forme la machine terrestre. *[ca. 1495] C. A. 324 r.*

Je trouve que la cadence du temps indivisible est le mouvement, lequel est de diverses sortes, à savoir naturel, accidentel et combiné ; et la plus grande puissance de ce mouvement combiné prend fin quand d'accidentel il devient naturel – c'est-à-dire au milieu de sa course, et le naturel est plus puissant à la fin que nulle part ailleurs ; l'accidentel est plus fort en son tiers et plus faible à son terme.

•◆•

Pesanteur, force, percussion et impulsion sont filles du mouvement, étant issues de lui. *[ca. 1495-1497] C. A. 340 r.*

Pesanteur et force tendent toujours vers leur mort et chacune se maintient par la violence.

L'impulsion est souvent cause que le mouvement prolonge le désir de la chose mue.

•◆•

D'une eau dont le poids, la profondeur, la largeur et la pente sont uniformes, cette portion est la plus rapide qui est le plus près de la surface ; cela tient à ce que l'eau superficielle confine à l'air, qui offre peu de résistance, étant plus léger qu'elle ; l'eau du fond confine à la terre qui offre une grande résistance, étant immuable et plus lourde qu'elle. Dès lors, la partie la plus éloignée de cette base présente moins de résistance que celle du dessus, contiguë à l'air, qui est légère et mobile. *[ca. 1508] C. A. 342 r.*

•◆•

Gravité et légèreté sont deux puissances accidentelles, qu'engendrent l'attraction ou la répulsion des éléments. *[ca. 1508] C. A. 362 r.*

Aucun élément n'a de gravité ou de légèreté en soi.

·◆·

[ca. 1495-1496]
C. A. 412 r.

Si le lit entier de la mer était couvert d'hommes couchés, ces hommes soutiendraient l'ensemble de l'élément aqueux, et chacun d'eux se trouverait donc porter sur l'échine une colonne d'eau haute d'un mille. Car si la mer est tout entière soutenue par son lit, chaque partie du lit soutient une partie de l'eau.

·◆·

[ca. 1516-1517]
C. A. 460 v.

À chaque degré de temps, l'impulsion s'affaiblit graduellement et sa prolongation est due à l'air ou à l'eau qui se referme derrière le mobile, comblant le vide qu'il laisse de lui-même en la pénétrant. Cet air est plus puissant pour frapper et comprimer le mobile par percussion directe, que l'air placé de manière à résister à la pénétration de ce mobile en se comprimant ; c'est cette compression de l'air qui diminue la violence de l'impulsion dans le mobile.

L'impulsion est l'impression du mouvement local transmise du moteur au mobile et maintenue par l'air ou l'eau tandis qu'ils se meuvent pour empêcher le vide.

L'impulsion du mobile dans l'eau diffère de celle du mobile dans l'air, et ces différences résultent des variétés desdits liquides, attendu que l'air est compressible à l'infini, et non point l'eau.

L'impulsion de l'eau se divise en deux parties, du fait qu'elle est de deux natures, l'une simple, l'autre composée. La simple est entièrement au-dessous de la surface de l'eau ; l'autre est composée, c'est-à-dire entre l'air et l'eau, comme il appert avec les navires.

L'impulsion simple ne comprime pas l'eau devant le mouvement du poisson, mais elle la meut derrière lui, avec une vitesse égale à celle du moteur ; et l'eau de la vague en face de lui, ne sera jamais plus rapide que son moteur.

Mais le mouvement du navire, appelé mouvement composé parce qu'il participe également de l'eau et de l'air, se décompose en trois parties principales, attendu qu'il s'exerce dans trois directions : contre le courant du fleuve, dans le sens du courant, et transversalement, c'est-à-dire dans le sens de la largeur du fleuve.

⁂

Si le mouvement de la rame ou de l'aile est plus rapide que l'eau ou l'air qu'elles poussent, la somme du mouvement qui subsiste dans l'eau ou dans l'air est complétée par la rame ou l'aile, en mouvement inverse. *[ca. 1504] C. A. 479 v.*

Mais si le mouvement de cette eau ou de cet air est en soi plus rapide que celui de la rame ou de l'aile, la rame et l'aile ne se mouvront pas contre l'eau ou l'air.

Et si le mouvement de l'eau ou de l'air a en soi la même vitesse que la rame ou l'aile qui s'y meut, la rame et l'aile suivront le mouvement de l'eau et de l'air.

⁂

La compression que la flamme produit en soi et qui s'accroît entre les parois résistantes de la bombarde, détermine le mouvement impétueux de son boulet ; cette impulsion ne saurait être créée avec une moindre densité de flamme, ou une moindre vitesse d'accroissement. La vitesse d'accroissement ne saurait avoir lieu entre des parois moins résistantes que celles de la bombarde. Il s'ensuit que la dilatation de la flamme qui s'élance en l'air hors de la bombarde, en perdant sa densité et la rectitude de son cours, entraîne une déperdition de densité égale à celle qu'elle acquiert dans son expansion, et elle cesse de suivre la fuite du boulet dans la mesure où elle s'infléchit [...] densité et celle [...] d'air [...]. *[ca. 1508] C. A. 480 v. a*

⁂

Le mouvement de l'eau dans l'eau agit comme celui de l'air dans l'air. *[ca. 1500 ou ca. 1503-1505] C. A. 506 r. a*

⁂

Tout ce qui descend en chute libre acquiert une vitesse nouvelle à chaque degré de mouvement. *[ca. 1500] C. A. 542 r.*

Si une force peut mouvoir un corps à travers un certain espace, en un temps donné, il ne s'ensuit pas nécessairement que la moitié de cette force fera mouvoir la totalité du corps sur la moitié de cet espace, dans la totalité de ce temps, ou sur la totalité de l'espace dans le double de ce temps.

⁂

[ca. 1495-1497]
C. A. 543 v.

Les mouvements sont de [plusieurs] sortes ; la première est appelée temporelle, parce qu'elle n'a trait qu'au mouvement du temps, et elle embrasse en soi toutes les autres ; la deuxième se rapporte à la vie des choses ; la troisième est qualifiée de mentale et réside dans les corps animés ; la quatrième est celle des images des choses diffuses dans l'air en ligne droite ; cette catégorie ne semble point soumise au temps, car elle échappe à sa division et ce qui ne peut être divisé en l'esprit ne se trouve point parmi nous ; la cinquième est celle des sons qui vont par l'air, et nous en traiterons plus loin ainsi que des odeurs et saveurs, et nous pouvons l'appeler le mouvement sensoriel ; l'autre s'appelle le mouvement matériel et nous ferons notre traité à son propos.

Mais nous définirons les mouvements simplement comme étant de deux sortes, l'une matérielle et l'autre immatérielle, attendu qu'elle n'est point perceptible au sens visuel ; ou bien nous pourrions dire que l'une est visible, l'autre invisible, encore que parmi les mouvements invisibles il y ait un nombre considérable de mouvements matériels, tels celui de Saturne, ou ceux de nombreuses roues en révolution. Dès lors, nous dirons que des deux espèces de mouvements, l'une est unie au corps, l'autre à l'esprit. Mais, parmi ces mouvements, celui des images des choses dans l'air est le plus rapide car il couvre un grand espace tout en étant très bref, et ceci se perd [avec] la distance, car l'air s'épaissit ; le second est celui de l'esprit.

Des mouvements sensoriels, nous ne mentionnerons que celui de l'ouïe, attendu qu'il opère dans les corps visibles et agit au moyen du temps, comme on le démontre par les bruits, grondements de tonnerre, sons et voix. De l'odorat, du goût et du toucher, nous ne parlerons point, car ils ne ressortissent pas à notre propos.

En outre, on pourrait parler de l'influence des planètes, et de Dieu.

LA PARTIE LA PLUS LOURDE D'UN MOBILE GUIDE SON MOUVEMENT

[ca. 1502-1504]
C. A. 565 v.

Si une puissance meut un poids sur une certaine distance, en un temps donné, la même puissance fera mouvoir la moitié de ce poids sur le double de la distance, dans le même temps. Ou cette puissance entière [fera mouvoir] le poids total sur la moitié de la distance, dans la moitié du temps, ou la puissance entière, dans le même temps, fait mouvoir le double de poids sur la moitié de la distance ; ou la puissance entière, en la moitié du temps [fait mouvoir] le poids tout entier sur la moitié de la distance.

QU'EST-CE QUE L'IMPULSION

[ca. 1515]
C. A. 589 v.

L'impulsion est une force transmise du moteur au mobile, et maintenue par l'onde aérienne dans l'air qu'engendre ce moteur ; ceci tient au vide qui se produirait contrairement à la loi naturelle, si l'air qui est devant lui ne le comblait, mettant ainsi en fuite l'air délogé par ledit moteur ; et l'air qui le précède ne comblerait pas la place qu'il a quittée, si ce n'est qu'un autre corps d'air l'a remplie ; il en va ainsi de suite par nécessité, et ce mouvement continuerait à l'infini si l'air était compressible à l'infini.

DIFFÉRENCE ENTRE LA FORCE ET LA PESANTEUR

[ca. 1490]
C. A. 683 r.

La force est l'essence spirituelle qui, par violence fortuite, se trouve unie aux corps pesants empêchés de suivre leur inclination naturelle, et en lesquels, bien que de brève durée, elle se manifeste souvent avec une puissance merveilleuse.

[ca. 1490]
C. A. 826 r.

La force est tout en son tout et tout en chacune de ses parties.

La force est une capacité spirituelle, une puissance invisible implantée par violence accidentelle dans tous les corps détournés de leur inclination naturelle.

La force n'est autre qu'une capacité spirituelle, une puissance invisible, que, par violence accidentelle, des corps sensibles ont engendrée et implantée dans les corps insensibles, en leur donnant un semblant de vie ; et cette vie est merveilleuse en ses agissements, violentant et modifiant la place et la forme de toute chose créée, courant avec furie à sa propre destruction et produisant dans son cours des effets différents, selon l'occurrence.

La lenteur l'augmente et la vitesse l'affaiblit.

Elle vit de violence et meurt de liberté.

Elle transforme et contraint tout corps à changer de position et de forme.

Grande puissance lui donne grand désir de mort.

Elle chasse avec furie tout ce qui s'oppose à sa ruine.

Transmutatrice de formes variées.

Elle vit toujours en conflit avec tout ce qui la réprime.

Toujours en rébellion contre les désirs naturels.

Partie de peu, elle grandit lentement et se transforme en puissance effrayante et merveilleuse.

Et en se contraignant, elle contraint toute chose.

[...] habite les corps détournés de leurs cours et usages naturels.

[...] volontiers se consume elle-même.

[...] force est toute en tout, et toute en tout le corps où elle se produit.

[Puissance] n'est qu'un désir d'évasion.

Tend toujours à s'affaiblir et se consumer.

Contrainte elle-même, elle contraint toute chose.

Sans elle, rien ne bouge.

Sans elle, ni le son ni la voix ne se peuvent ouïr.

Sa vraie semence est dans les corps sensibles.

Le poids est tout en tout, et tout en chacune de ses parties.

Si l'obstacle oblique qui s'oppose au poids est détaché et libre, il ne lui résistera pas mais s'effondrera avec lui.

Le poids passe naturellement à la position qu'il désire.

Toute partie de cette force contient la contrepartie du poids.

Et souvent, ils triomphent l'un de l'autre.

Ils sont dans l'étau de la même loi naturelle, et le plus puissant vaincra le plus faible.

Le poids change [de position] involontairement, et la force est toujours fugitive.

Le poids est corporel, la force, incorporelle.

Le poids est matériel, la force est spirituelle.

L'un désire-t-il s'évader de lui-même et mourir, l'autre aspire à la stabilité et la permanence.

Souvent ils s'engendrent l'un l'autre.

Si le poids produit la force et la force, le poids.

Si le poids triomphe de la force, et la force du poids.

Et s'ils sont de même nature, ils se tiennent longtemps compagnie.

Si l'un est éternel, l'autre est fugitive.

DE LA PROPORTION DE LA FORCE ET DU MOUVEMENT

[Diagramme.]

Une arbalète lançant une flèche à quatre cents brasses[1], je demande si une arbalète de proportions identiques mais quatre fois plus forte et plus grande, n'enverra pas la flèche quatre fois plus loin. *[ca. 1493-1495] C. A. 863 v.*

Je demande : si tu as des arbalètes de même poids, et douées de ces diverses dimensions augmentées, et de même longueur, quel effet il en résultera sur les distances parcourues par la même flèche.

Et si une arbalète lance à quatre cents brasses une flèche pesant deux onces, à combien de brasses en enverra-t-elle une de quatre onces ?

Force.

La force ne saurait exister dans les corps privés de force, de poids ou de mouvement.

La force est causée par un mouvement violent, au moyen du poids ou d'une autre force.

Si la chose qui se meut avec continuité reçoit une impulsion nouvelle par suite d'un mouvement plus grand, l'objet mû redouble de vélocité : exemple, une roue qui tourne comme le tour du potier lorsqu'il opère sa révolution, se fait plus rapide quand s'y ajoute le mouvement du pied ; et de même une boule qui se meut dans un certain sens ira plus vite si le joueur la rabat selon la ligne de son mouvement.

MOUVEMENT D'UN CORPS LOURD

Le mouvement dans l'air d'une matière sphérique lourde. *[ca. 1515] C. A. 865 r.*

Deux mouvements peuvent être produits par une substance sphérique dans l'air ; l'un s'appelle simple, l'autre composé.

1. Une brasse équivaut à environ 1,62 m.

Simple est le mouvement dans lequel la surface du mobile se meut autant que son centre ; composé, celui où la surface du mobile est en soi plus rapide que son centre.

Mouvement simple.

Le mouvement simple est celui où le mobile se meut également en chacune de ses parties.

Dans le mouvement composé, aucune partie ne se meut avec un mouvement égal à celui du tout, si ce n'est le diamètre, qui se fait le siège du mouvement de révolution.

Le mouvement composé se transforme en autant de différents aspects qu'il a de côtés différents frappant les obstacles.

Le mouvement simple se change en mouvement composé, si son mouvement est entravé en une partie latérale quelconque.

Sur un long parcours, le mouvement composé effectué dans l'air se résout en mouvement simple, et ceci prouve, avec encore plus d'évidence, que la cause du mouvement simple est aussi celle du mouvement composé. On l'observe dans toute roue soumise au mouvement de rotation, lequel est de brève durée et diminue constamment.

⁂

[ca. 1515]
C. A. 865 r.

Tout mouvement impétueux incline vers la moindre résistance, de même qu'il fuit la plus grande.

⁂

[ca. 1493-1495]
C. A. 870 r.

La force est causée par le mouvement du levier dans son contre-levier, et par celui-ci elle s'infuse dans les corps qu'elle meut.

⁂

[ca. 1490]
C. A. 917 r. a

Toute matière lourde qui n'est pas détournée par force de sa place naturelle, aspire à descendre plutôt en ligne directe qu'en décrivant un arc. On le prouve du fait que tout corps, quel qu'il soit, quand il est hors de sa place naturelle et préservatrice, désire retourner à sa perfection première dans le plus bref délai ; et la trajectoire directe de la corde étant décrite en moins de temps que celle de l'arc de cette corde, il s'ensuit que tout corps écarté de sa place naturelle veut descendre plus vite, en suivant la ligne de la corde plutôt que de l'arc.

Trois choses en résultent ; la première est que le mouvement de gravité de la balance n'est pas entièrement naturel. Cela ressort du fait que ses bras, en s'abaissant, décrivent un arc, et donc des lignes courbes. La deuxième est que le mouvement lourd du bras de la balance qui descend n'est pas simplement dû à la violence, attendu que de cette manière il acquiert en sa descente un mouvement naturel.

La troisième est que dans la balance, le mouvement lourd tient le milieu entre le naturel et le violent.

L'évidence s'impose, attendu que tout mouvement naturel est violent, ou sinon, contre nature.

•◆•

Parmi les corps de matières diverses et de forme semblable, celui-là descendra plus vite qui pèsera davantage. *[ca. 1490-1492] C. A. 925 r.*

Proposition.

Ce corps sphérique et lourd est de mouvement plus lent, dont le point de contact avec le plan est plus voisin de la perpendiculaire abaissée de son centre.

•◆•

Poids.

[Diagrammes.]

Le milieu de tout poids est sur une même perpendiculaire que le centre de son support. *[ca. 1497] C. A. 966 r.*

Lorsqu'un homme debout ou assis soulève un poids dans ses bras, il est nécessaire que le support sur lequel il pose se trouve au milieu, entre le poids et lui.

Il est impossible que la force exercée par le bras puisse, avec le poids qu'il supporte, s'étendre hors de la position verticale, sans l'action contraire du susdit contrepoids.

Si tu disais : « Je veux appuyer, de tout mon dos, contre un mur et m'asseoir par terre, les jambes allongées de façon à toucher des jambes et du dos le coin entier ; puis je prendrai entre les mains un poids, et l'ayant rapproché de moi, je l'éloignerai ensuite à bras tendus, sans bouger mon dos ni ma tête ou aucune partie du corps, de façon à contrebalancer le poids déplacé par mes bras, et pourtant ceci se fera effectivement. »

À cela je répondrais que la force n'aura en ce cas d'autre fonction que de maintenir les bras unis au tronc, comme s'ils étaient sans jointures flexibles et d'une pièce, cette pièce étant comme une barre de fer pliée en deux angles droits, l'extrémité de la partie supérieure prolongée en ligne perpendiculaire jusqu'au milieu de la base ou de la partie inférieure opposée ; et si la charge d'un poids se superpose à cette extrémité supérieure, ce poids exercera, au-dessous de lui, une violence sur la ligne perpendiculaire de sa base.

[ca. 1508-1510]
C. A. 975 v.

Un homme sur le point d'asséner un grand coup avec ses bras, se placera de façon que toute sa force soit à l'opposite de l'endroit qu'il entend frapper, attendu que la chose qui se meut le plus exerce le plus de puissance sur celle qui résiste au mouvement.

[ca. 1504]
C. A. 1002 r.

Toute impression se maintient pendant un temps dans son objet sensible ; celle dont la puissance était supérieure subsistera plus longtemps dans son objet ; et la moins puissante, un moins long temps.

À cet égard, j'applique le terme « sensible » à l'objet qui, soumis à une impression, perd son caractère initial d'objet insensible ; autrement dit d'objet qui, lorsque se modifie son état primitif, ne retient en soi aucune impression de la chose qui l'a ému.

L'impression sensible est celle du coup reçu par une matière sonore, cloche ou autre analogue, ou comme la note dans l'oreille, laquelle, en effet, si elle ne conservait l'impression des notes, ne pourrait trouver plaisir à en entendre une isolément ; car lorsqu'elle passe immédiatement de la première à la cinquième note, l'effet produit est comme si on les entendait toutes deux simultanément, et que l'on perçût ainsi l'accord véritable de la première avec la cinquième ; mais si l'impression de la première note ne subsistait dans l'oreille pendant un laps de temps appréciable, la cinquième, qui la suit immédiatement, semblerait isolée, et une unique note ne pouvant créer une harmonie, tout chant qui se produirait seul, semblerait dépourvu de charme.

De même, l'éclat du soleil ou d'un autre corps lumineux demeure dans l'œil quelque temps encore après qu'il a été perçu ; et le mouvement d'un tison agité rapidement en cercle fait que ce cercle semble une flamme continue et uniforme.

Les gouttes d'eau de pluie ont l'air de fils continus descendus de leurs nuages ; on reconnaît par là comment l'œil conserve l'impression des corps mouvants qu'il voit.

Les objets insensibles qui ne gardent pas les impressions des objets placés vis-à-vis d'eux, sont les miroirs et toute matière polie, laquelle, dès que l'objet qui l'impressionne est éloigné d'elle, est aussitôt complètement privée de cette impression. Nous pouvons donc conclure que l'action du moteur pressant contre le corps qu'il meut, lui imprime sa direction.

Parmi les impressions qui se conservent dans les divers corps, nous pouvons également citer en exemple la vague, les tourbillons de l'eau, les vents de l'air et la lame, fichée dans une table, qui inclinée dans un sens et ensuite relâchée, garde pendant un long temps son frémissement, chacun de ses mouvements étant en correspondance avec l'autre ; et de tous l'on peut dire qu'ils s'approchent de la perpendiculaire de la surface où fut fichée la pointe du couteau.

La voix s'imprime à travers l'atmosphère sans déplacement d'air ; ayant frappé les objets, elle retourne à sa cause.

Le choc des corps liquides contre des solides a un caractère différent des chocs précités ; et celui d'un liquide contre un autre diffère d'avec le précédent.

On voit sur les rives océanes un exemple de la percussion du solide sur le liquide ; quand elles ont reçu les eaux sur leurs rochers, elles les lancent vers les récifs abrupts et, souventes fois, avant même que la vague ait achevé la moitié de son parcours, les pierres qu'elle a emportées retournent à la mer d'où elles viennent ; et la puissance des vagues qui retombent des hautes falaises accroît leur pouvoir destructeur.

•◆•

La force n'a jamais de poids, encore qu'elle remplisse souvent l'office du poids. *[ca. 1513-1514]* *C. A. 1060 r. a*

La force est toujours égale au poids qui l'engendre.

On le prouve par le

•◆•

[ca. 1513]
C. A. 1098 r.

Ce corps pèse moins dans l'air, qui se pose sur une plus grande étendue d'air. Prends l'exemple de l'or dont est faite la monnaie ; il est extrêmement lourd, mais une fois étendu en minces feuilles pour la dorure, il suffit d'un souffle pour le faire s'envoler.

[Dessin.]

Le creux de l'aile, au-dessous de l'épaule, reçoit la révolution de l'air à sa naissance ; et la nature l'a ainsi agencé près du point de départ de l'aile, en vertu de la quatrième proposition relative au poids, où il est établi que la partie du support la plus puissante est la plus rapprochée de son point de départ.

*

[ca. 1487-1490]
Tr. 6 v.

Nul élément, lorsqu'il est homogène, n'aura de poids en soi ; voilà pourquoi les parties supérieures de l'air ne pèsent pas sur les parties basses.

Nul corps de qualité dissemblable ne viendra se poser en lui, s'il est en liberté, car ce corps, n'étant point de même qualité que l'air, sera forcément plus lourd ou plus léger ; or, plus lourd, il tombera, et plus léger, s'élèvera.

Cette chose qui offre le plus d'analogie avec l'élément qui l'environne, en sortira par le mouvement le plus lent.

Et cette chose qui est le plus dissemblable le quittera avec le mouvement le plus impétueux.

Quand la force engendre un mouvement plus rapide que la fuite de l'air sans résistance, celui-ci se comprime à la manière des plumes écrasées et pressées sous le poids du dormeur. Et cette chose qui a chassé l'air, en y rencontrant une résistance, rebondit comme la balle jetée contre le mur.

*

[ca. 1487-1490]
Tr. 29 r.

La ligne la plus droite offre le moins de résistance.

*

[ca. 1487-1490]
Tr. 26 r.

La chose qui, étant dans la ligne de l'égalité, se trouvera plus éloignée de son support, sera moins soutenue par lui, comme il est montré ci-dessous en *m n*.

[Diagramme.]

Cette chose qui est le plus loin de son support sera moins soutenue par lui, et donc suivra plus librement sa pente naturelle.

Mouvement violent ; il s'affaiblit dans la mesure où on l'exerce ; le mouvement naturel fait le contraire.

La chose qui est à la plus grande distance de son support sera moins soutenue par lui ; moins soutenue, elle jouira davantage de sa liberté, et comme le poids en liberté descend toujours, cette chose douée de poids, descendra plus rapidement.

La partie de la tige la plus éloignée de son support sera moins soutenue par lui ; moins soutenue, elle suivra plus librement sa nature ; or, celle-ci étant lourde et la nature des corps lourds les incitant à descendre, elle descendra plus vite que toute autre partie.

•◆•

L'air est compressible, l'eau non ; et quand les mouvements qui le chassent sont plus rapides que sa fuite, comme la partie qui est le plus saisie par son moteur devient plus dense, elle offre en conséquence plus de résistance ; et quand le mouvement effectué en lui est plus rapide que la puissance d'échappement de cet air, son moteur en vient à prendre un mouvement contraire. Comme il est démontré dans le cas des oiseaux, incapables d'abaisser les pointes des ailes aussi vite qu'ils se meuvent : leur force motrice les actionne d'autant moins que l'oiseau s'élève alors que l'extrémité de son aile ne peut descendre. Ainsi de l'homme qui tient ses mains et sa poitrine contre un mur, et le presse de ses mains ; si le mur ne cède, l'homme devra forcément reculer. *[ca. 1487-1490] Tr. 20 r.*

•◆•

[Croquis.]

La partie de l'étoffe la plus éloignée de son support cédera davantage au mouvement du vent. *[ca. 1487-1490] Tr. 33 r.*

La terre la plus mélangée d'eau offrira moins de résistance aux poids placés sur elle.

L'eau la plus mêlée de terre résistera à un poids plus grand.

DU COUP

[ca. 1487-1490]
Tr. 37 r.

Toute chose heurtée contre un objet résistant saute en arrière de cet objet suivant un angle égal à celui de la percussion.

[Note relative à l'eau.]

[Diagramme.]

La même chose est prouvée par la dixième proposition du livre relatif à la nature du coup, à l'endroit où elle traite du choc de la balle contre un mur. Si tu veux connaître la profondeur d'une chute d'eau, observe la ligne de la chute en *c b*, et sous quelle obliquité elle est vue ; observe ensuite la partie qui se trouve entre le point de choc *b* et le point *a* auquel elle s'élève ; trace l'angle *a b d* et mesure comme il est démontré dans la dixième de la « Percussion ». Si tu estimes que l'eau, dans ce cas, ne pourrait dévier, du fait de quelque objet résistant intervenant dans la ligne de son recul, sache que si la chute a une longue continuité, elle aura usé tout obstacle placé sur la route de sa force jaillissante.

CONTRE LE MOUVEMENT PERPÉTUEL

[ca. 1490]
A, 22 v.

Nulle chose insensible ne peut se mouvoir d'elle-même. Si elle se meut, elle sera donc mue par une puissance inégale, c'est-à-dire de temps et mouvements inégaux, ou de poids inégal ; et quand l'impulsion de la première puissance motrice aura cessé, la seconde s'arrêtera aussitôt.

[De la force et du corps sphérique.]

[ca. 1490]
A, 24 r.

Tout corps sphérique, de surface dense et résistante, s'il est mû par une même force, fera autant de mouvements dans les rebonds sur un sol dur que s'il était lancé librement en l'air.

Combien ta justice est admirable, ô Toi Premier Moteur !

Tu n'as point voulu qu'il manquât à aucune puissance les ordres ou qualités nécessaires à ses effets ; car si une force a la capacité de chasser à cent brasses l'objet qu'elle a soumis, et qu'en lui obéissant cet objet rencontre quelque obstacle, tu as ordonné que la force du choc provoque un nouveau mouvement, lequel, par divers bonds, couvrira la totalité du parcours qu'il aurait dû effectuer.

Et si tu mesurais la trajectoire de ces bonds, tu découvrirais qu'elle est d'une longueur égale à celle qu'il faudrait pour faire passer avec une même force une même chose libre dans l'air.

Tu en feras l'expérience avec une petite boule de verre, qui heurte une surface de pierre lisse polie. Prends une longue hampe et marque-la de différentes couleurs, d'un bout à l'autre : donne-la ensuite à tenir à quelqu'un, et écarte-toi à quelque distance [pour observer] les bonds [et voir] sur la hauteur de la perche, jusqu'à quelle couleur la boule s'élève successivement à chaque bond, et prends-en note. S'il y a autant d'observateurs que de bonds, chacun conservera plus facilement le souvenir du sien dans sa mémoire. Mais fixe la hampe dans un trou, soit par le sommet, soit par le pied, car une personne qui la tiendrait dans la main couperait la ligne de vision de l'observateur. Arrange-toi pour que le premier bond ait lieu entre deux angles droits, en sorte que la boule retombe toujours au même endroit, car alors la hauteur des bonds contre le bâton se pourra plus nettement discerner.

Ensuite, fais lancer cette même boule par cette même puissance, en un libre élan, et note l'endroit qu'elle frappe ; mesure et tu constateras que la longueur du second parcours égale la première.

·◆·

Si tu es en barque, tu auras beau exercer la plus grande force, l'embarcation ne bougera jamais à moins que cette force ne rencontre hors de la barque un obstacle supérieur à celui du dedans. *[ca. 1490] A, 28 r.*

Ou si recroquevillé dans un sac tu essayes de remuer, il te sera impossible de changer de place ; mais si tu tires un pied hors du sac et que t'en servant comme d'un levier contre le sol, tu mettes ta tête au fond du sac, tu pourras le faire reculer.

La flamme fait de même, qui veut se multiplier et s'étendre dans la bombarde, car tant qu'elle est tout entière à l'intérieur, la bombarde ne recule point. Mais que la flamme frappe et refoule l'air résistant, tout en restant unie à celle qui la pousse dans le fond, elle cause le recul de la bombarde ; car la portion de la flamme qui percute, ne pouvant trouver dans l'air le passage immédiat qu'il lui faut, exerce son effort du côté opposé.

•◆•

QU'EST-CE QUE LA FORCE

[ca. 1490]
A, 34 v.

Je définis la force comme une vertu spirituelle, une puissance indivisible qui, au moyen d'une pression externe accidentelle, est engendrée par le mouvement, accumulée et infuse dans les corps tirés et détournés de leurs usages naturels ; en leur impartissant une vie active d'une merveilleuse puissance, elle contraint toute chose créée à changer de forme et de place ; elle se précipite furieusement à la mort qu'elle désire et en cours de route se modifie selon les circonstances. La lenteur la fait grande et la vitesse l'affaiblit.

Elle naît par la violence et meurt par la liberté ; et plus elle est grande plus vite elle se consume. Elle chasse avec rage tout ce qui s'oppose à sa destruction. Elle aspire à vaincre et à tuer la cause de l'obstacle qu'elle rencontre, et le domptant, se détruit elle-même. Plus il est grand, plus sa puissance s'accroît. Toute chose instinctivement fuit la mort. Toute chose soumise à la contrainte fait peser une contrainte sur d'autres. Sans force, rien ne se meut.

Le corps d'où elle est issue ne croît ni en poids ni en forme. Aucun de ses mouvements n'est durable.

Elle augmente avec l'effort et disparaît par le repos. Le corps où elle est confinée est privé de liberté. Souvent aussi, par son mouvement, elle engendre une force nouvelle.

•◆•

[ca. 1490]
A, 35 r.

Tout poids aspire à descendre au centre par le plus bref chemin ; et là où il y a le plus de pesanteur, la tendance est plus grande ; et cette chose qui pèse le plus, si on la laisse en liberté, a la chute la plus rapide. Moindre est l'obliquité de la matière qui fait opposition, plus grande sa résistance. Mais le poids passe, par nature, dans tout ce qui le soutient, et pénétrant ainsi de support en support, il s'alourdit à mesure qu'il va de corps en corps, jusqu'à ce qu'il ait réalisé son désir. La pénurie l'attire et l'abondance le chasse. Il est tout entier dans toute son opposition verticale, et tout en chacun de ses degrés. Et l'opposition qui sera la plus oblique ne présentera pas de résistance à sa descente, mais, si elle est libre, tombera conjointement avec lui. Dans son office de presser et d'alourdir, il est pareil à la force. Le poids est vaincu par la force, comme la force par le poids. On peut voir le poids sans la force, mais non la force sans le poids. Si le poids n'a pas de voisin, il en cherche un avec furie, et la force le chasse avec furie. Si le poids désire une position immuable, la force s'empresse de la fuir. Bien que le poids recherche la stabilité et que la force aspire toujours à l'évasion, le poids en soi ignore la fatigue alors que la force n'en est jamais exempte.

Plus le poids tombe, plus il augmente, et plus la force tombe, plus elle décroît. Si l'un est éternel, l'autre est mortelle. Le poids est naturel, la force accidentelle. Le poids désire la stabilité et la permanence, la force aspire à la fuite et à sa propre mort. Le poids, la force et le coup se ressemblent mutuellement sous le rapport de la pression.

•◆•

Au milieu du chemin direct que suivent les corps lourds traversant l'air d'un mouvement violent, il y a une puissance et une force de percussion plus grandes là où se rencontre un obstacle que sur toute autre partie de leur parcours. *[ca. 1490] A, 43 v.*

La raison en est que lorsque le poids se sépare de la force de son moteur, encore que cette séparation soit au stade initial de sa puissance, il trouve néanmoins l'air sans mouvement et au premier degré de sa résistance ; et bien que la somme totale de la résistance de l'air surpasse la puissance du poids poussé sur lui, néanmoins, le poids n'en frappant qu'une petite partie, il parvient à conserver la victoire. Dès lors, il déloge l'air et ainsi gêne un peu sa propre vitesse. Celui-ci étant donc poussé, pousse et chasse un autre air, et produit dans son sillage des mouvements circulaires dont le poids qui se meut en lui forme toujours le centre, à la manière des cercles concentriques qui se font dans l'eau, autour du point atteint par un caillou. Et ainsi, comme chaque cercle en chasse un autre, l'air entier qui se trouve devant son moteur, sur la même ligne que lui, est préparé au mouvement, lequel augmente dans la mesure où le poids qui pousse l'air le presse davantage. Rencontrant une moindre résistance dans l'air, ce poids redouble de vitesse, comme la barque tirée dans l'eau se meut avec difficulté au début du mouvement bien que la force de son moteur puisse être à son maximum ; mais lorsque l'eau commence à se mouvoir en vagues arquées, la barque suit ce mouvement et, ne rencontrant plus qu'une faible résistance, avance avec plus d'aisance. De même le boulet qui trouve peu d'opposition poursuit sa course jusqu'au point où, en partie abandonné par sa force première, il commence à faiblir et à décliner ; et comme son cours change, il ne peut plus utiliser la voie que pour sa fuite lui avait ménagée l'air qui le précède ; cependant, plus il s'abaisse, plus il trouve une résistance nouvelle dans l'air, et plus il ralentit, jusqu'au point où retrouvant son mouvement naturel, il acquiert un regain de vitesse ; ainsi la barque, en tournant, retarde sa course. J'en conclus donc, conformément à ce qui est démontré dans la huitième proposition, que la partie du mouvement qui se produit entre la première résistance de l'air et le commencement de sa chute a une plus grande puissance, et qu'elle forme le milieu du parcours fait dans l'air en ligne droite et directe.

DU COUP ET DU MOUVEMENT CAUSÉS PAR LE POIDS OU LA FORCE

[ca. 1490]
A, 53 v.

Je dis que le déplacement causé par la chute du poids est égal au mouvement que produit la force.

Le corps qui reçoit le coup n'est pas endommagé dans la partie opposée comme dans la partie atteinte. La preuve en est faite lorsqu'une pierre se trouve frappée entre les mains d'un homme ; la main qui la tient n'est point blessée autant que si elle avait reçu directement le choc.

DÉFINITION DE LA FORCE ET DU MOUVEMENT CHEZ LES ANIMAUX

[ca. 1487-1489]
B, 3 v.

J'affirme que ce mouvement prend pour base divers points d'appui.

La force naît de la diminution et de la contraction des muscles qui se rétractent et des nerfs qui s'allongent dans la mesure où le commande la sensation communiquée par les nerfs vides.

DE LA NATURE DU MOUVEMENT

[ca. 1487-1489]
B, 26 v.

Si une roue dont le mouvement s'est beaucoup accéléré continue de tracer des révolutions nombreuses après que l'a abandonnée sa puissance motrice, il semble que du moment où la force motrice continue à la faire tourner avec la même vitesse, cette continuité requiert peu de force.

J'en conclus que pour maintenir le mouvement, seul un petit effort serait nécessaire, et d'autant plus qu'il tend, par nature, à devenir permanent.

RELATIF AUX POIDS

[ca. 1487-1489]
B, 61 r.

Si un poids d'une livre tombant de deux brasses s'enfonce dans la terre à une profondeur d'un empan, je demande à quelle profondeur il s'enfoncera en tombant de quarante brasses ? Et si la dimension de ce poids est représentée par une quantité *a* et qu'ensuite elle soit doublée, son poids demeurant constant et tombant de la même hauteur, on demande combien l'empreinte de l'une sur le sol sera plus grande que l'autre, à supposer que le sol offre une résistance égale ?

EXEMPLES DE PERCUSSION ET LA DIFFÉRENCE ENTRE LE POIDS ET LA FORCE

[ca. 1490-1491]
C, 6 v.

Étant de vie très brève et même indivisible, le coup produit soudain son grand et rapide effet sur ce qui s'oppose à lui, effet qui s'achève avant d'avoir atteint la base de l'objet percuté. Voilà pourquoi tu trouveras plus d'extension au sommet de l'objet frappé qu'à sa base. Si tu veux t'assurer de combien la puissance du coup sur la chose frappée à son sommet est plus grande qu'à sa base, calcule combien de fois la circonférence de la base *m n* tiendra dans celle du sommet *a c* ; autant de fois *m n* sera contenu dans *a c*, autant de fois *a c* recevra en soi une force plus grande que *m n*. Mais si ce support *a m* subit une pression vers le bas, du fait d'un poids ou d'une force, *m n* s'élargira autant que *a c* car leurs puissances sont plus lentes que celles du coup.

⁂

Le coup.

[ca. 1490-1491]
C, 7 r.

Le coup étant plus rapide que le mouvement, l'objet percuté, même s'il est en mouvement, obéira plutôt à l'effet du coup qu'à l'accélération du mouvement.

⁂

[ca. 1490-1491]
C, 7 v.

Si deux personnes font le même voyage dans le même temps, celle qui court souvent, avec de fréquents repos, éprouvera autant de fatigue que celle qui va doucement, sans s'arrêter.

⁂

Percussion.

[ca. 1490-1491]
C, 15 r.

Si deux balles se heurtent à angle droit, l'une déviera plus que l'autre de son cours initial, dans la mesure où elle sera plus petite.

⁂

[ca. 1490-1491]
C, 22 v.

La partie qu'un coup de hache sépare la première de l'extrémité d'une bûche, bondira plus loin que toute autre partie emportée du même coup.

La raison en est que cette partie recevant le coup quand il est au premier stade de sa force, elle va plus loin ; la deuxième partie fuit à une moindre distance, car la véhémence du coup s'est déjà atténuée, la troisième encore moins loin, et ainsi de la quatrième.

Le bois que le coup de hache sépare du reste, fuira avec une violence plus grande à tel moment qu'à tel autre, et volera à une plus grande distance.

Cela tient à ce que le coup est la chose la plus prompte et puissante qu'on puisse accomplir, comme il est démontré dans la quatrième proposition, traitant de la nature du coup, où la hache, poussée par la force de l'homme et par l'abaissement des mains, ainsi que par le poids et le choc de la hachette, a entamé le grain serré, à la surface du bois. Dès que le fin tranchant y a pénétré, toute l'épaisseur de la hache suit et elle met tant de vigueur et de promptitude à élargir les bords de l'entaille, qu'elle s'y enfonce avec une grande force, et plus elle est rapide, plus l'entaille s'agrandit et devient profonde ; et si [une partie] du bois est entièrement tranchée, elle fuit le coup avec la plus grande vitesse, ainsi que l'expérience le peut démontrer.

L'eau, l'air et le feu produisent les mêmes effets lorsqu'ils rebondissent loin des objets qui s'opposent à leur course :

Un morceau de bois détaché du reste le quittera suivant un angle égal à celui du coup.

Toute chose ayant une surface compacte, qui tombe sur un objet résistant, aura la ligne de son rebond de même obliquité que sa ligne d'incidence.

⁂

Mouvement et percussion.

[ca. 1490-1491] C, 28 r.

Entre des corps de même mouvement et dimension, le plus pesant assènera un coup plus fort à la chose qui lui fait obstacle ; ainsi l'eau trouble étant plus lourde que l'eau claire, le coup qu'elle donne à ce qui s'oppose à son cours sera plus grand.

Mouvement de l'eau.

Un corps à surface plus épaisse et plus dure sera cause que les objets qui le heurtent se sépareront de lui par un rebond plus puissant et plus rapide.

Eau.

L'eau qui tombe sur le gravier mêlé de sable et de terre, le creusera plus profondément et rapidement, pour le motif susdit, que si elle tombait sur de la vase simple et molle, car dans sa chute elle fait un bond preste et puissant, et comme elle détruit une plus grande partie de ce qui d'abord s'opposait à son bond elle s'élève davantage.

L'angle causé par la percussion de corps sphériques égaux est toujours égal à celui du rebond.

⁂

[ca. 1490-1491] C, 28 v.

Tout poids tend à tomber vers le centre par le chemin le plus court.

•◆•

DU MOUVEMENT DE L'HOMME

[ca. 1513-1514]
E, 15 r.

Quand tu veux représenter un homme en train de mouvoir quelque poids, considère que les mouvements doivent s'effectuer en diverses directions ; c'est-à-dire, dans le cas du mouvement simple, de bas en haut, comme fait celui qui se baisse pour ramasser un poids avec l'intention de le soulever en se redressant ; ou lorsqu'on veut soit ramener un objet en arrière, soit le pousser en avant, soit le tirer en bas avec une corde passant par une poulie. Ici, il importe de se rappeler que le poids de l'homme l'entraîne dans la mesure où son centre de gravité est éloigné du centre de son support, et qu'à cela s'ajoute la force qu'exercent ses jambes et sa colonne vertébrale ployée tandis qu'il se redresse.

•◆•

[ca. 1513-1514]
E, 20 v.

Le moteur est toujours plus puissant que le mobile.

•◆•

[ca. 1513-1514]
E, 28 v.

De la connaissance des poids proportionnée aux forces de leurs moteurs.

La force du moteur doit toujours être proportionnée au poids de son mobile et à la résistance du milieu dans lequel se meut le poids. Mais on ne saurait déduire la loi de cette action si l'on n'indique d'abord les quantités de condensation de l'air que frappe le mobile ; condensation dont la densité sera plus ou moins grande selon la vitesse plus ou moins grande du mobile qui presse sur elle, comme le démontre le vol des oiseaux ; en effet, le bruit de leurs ailes battant l'air est plus grave ou aigu selon que leur mouvement est plus lent ou plus rapide

•◆•

[ca. 1513-1514]
E, 32 v.

Le poids de tout corps lourd suspendu est tout entier en toute la longueur de la corde qui le supporte, et tout en chacune de ses parties.

•◆•

DE L'IMPULSION COMPOSÉE

Le mouvement composé est le nom donné à ce qui participe de l'impulsion du moteur et de celle du mobile, comme le mouvement *f b c*, lequel est au milieu de deux mouvements simples dont l'un est près du principe du mouvement et l'autre près de la fin ; *a g* est le premier et *d e c* se trouve à son terme. Mais le premier n'obéit qu'au moteur et le second est à la ressemblance du mobile. *[ca. 1513-1514] E, 35 r.*

DE L'IMPULSION IRRÉGULIÈRE

L'impulsion irrégulière[1] accompagne l'objet que meuvent trois sortes d'impulsions, dont deux produites par le moteur et la troisième par le mobile. Les deux premières sont le mouvement rectiligne du moteur combiné avec le mouvement courbe du mobile, et la troisième est le mouvement simple du mobile qui tend seulement à tourner au milieu de sa convexité, au contact du plan où il tourne et pose.

FROTTEMENT

Le frottement se divise en trois parties ; il est simple, composé, irrégulier.

Le frottement simple est celui du mobile sur l'emplacement où il est traîné. Le composé est celui du mobile entre deux objets immobiles. L'irrégulier est celui que font les coins de côtés différents.

•◆•

DU POIDS RÉPARTI SUR LA LONGUEUR DE LA CORDE QUI LE PORTE

Le poids distribué sur toute la longueur de la corde qui le soutient lui imposera un moindre effort que s'il était suspendu à sa partie inférieure ; on le prouve par l'une [des propositions] des « Éléments » qui dit : « Parmi des cordes d'égale grosseur, la plus longue est la moins forte. » *[ca. 1513-1514] E, 54 v.*

Ainsi, la corde *a b* qui supporte le poids distribué sur tout

1. Ms. : *dechonpossto.*

le reste de la corde *b t*, dépasse en force la partie opposée de la corde *a c*, d'autant qu'elle est plus courte.

Le poids que soutient une corde est supérieur à celui que porte une autre, dans la mesure où le nombre des géniculations est plus grand dans l'une que dans l'autre.

L'écart de la corde avec sa poulie ne forme jamais un rectangle ; on le prouve par les deux cordes simples pendant d'une même poulie, qui se rencontreraient au centre de la terre.

DIVISIONS DU POIDS

La gravité a trois natures : l'une est la simple gravité naturelle, la deuxième la gravité accidentelle, la troisième le frottement qu'elle produit. Le poids naturel est immuable en soi, l'accidentel qui se joint à lui est d'une force infinie, et le frottement varie selon les lieux où il se produit, c'est-à-dire les endroits rugueux ou lisses.

·◆·

DÉFINITION DES BALANCES COMPOSÉES

[ca. 1513-1514]
E, 55 r.

Nous définirons la nature des composées, tant en ce qui a trait aux balances circulaires, autrement dit les poulies et roues, qu'aux balances rectilignes. Mais au préalable, je me livrerai à une expérience avant d'aller plus loin, car j'ai l'intention d'alléguer d'abord l'expérience, puis de montrer par le raisonnement pourquoi cette expérience produit forcément ce résultat. Et telle est la règle selon laquelle les spéculateurs des effets naturels doivent procéder. Encore que la nature s'inspire d'abord de la raison et finisse par l'expérience, nous ferons le contraire, c'est-à-dire nous commencerons par l'expérience, comme je l'ai indiqué, et de là, nous irons à la recherche de la raison.

Je vois qu'il est nécessaire que dans la balance rectiligne composée de la seconde démonstration, à mesure qu'une des extrémités s'abaisse, l'extrémité opposée s'élève d'autant, à cause de l'égalité de leurs bras.

·◆·

DE LA GRAVITÉ ET SES SUPPORTS

La gravité suspendue ou soutenue est toute en tout son support et toute en chacune de ses parties. *[ca. 1513-1514] E, 55 v.*

La corde pliée sur sa poulie supporte plus de poids dans ses extrémités pendantes que lorsqu'elle s'allonge en une ligne droite continue. Preuve : supposé la corde pliée sur la poulie en *d c e f*, et sa plus grande force de résistance représentée par dix ; j'affirme que si cette corde est tendue tout droit comme il est montré en *a b*, elle ne soutiendra pas plus de cinq.

Ce résultat découle de la septième [proposition] relative à ceci, où il est établi : « Chaque corde gagne autant en force qu'elle perd en longueur ; par conséquent, les cordes *c d* et *e f*, pour être chacune deux fois plus longue que la corde *a b*, doivent nécessairement avoir le double de sa force. »

QUELLE PARTIE DE LA CORDE INCURVÉE EST PLUS FORTE

Le maximum de force de la corde en genou est au milieu de sa flexion : on le prouve par la huitième relative à ceci, qui dit : « Cette corde est plus forte qui est plus grosse. »

Il s'ensuit qu'à mesure que la corde est comprimée à l'endroit où elle s'enroule, elle s'élargit et s'aplatit un peu, ce pourquoi elle est contrainte à la susdite compression.

•◆•

DU MOUVEMENT DE LA SUBSTANCE LOURDE

Tout corps lourd va vers le côté où il pèse le plus. *[ca. 1513-1514] E, 57 r.*

Le mouvement de la substance lourde s'opère du côté où elle rencontre une moindre résistance.

La partie la plus pesante des corps qui se meuvent dans l'air guide leurs mouvements.

Cette substance lourde qui tombe en présentant une plus grande surface effectue une plus lente descente dans l'air.

Il s'ensuit que ce grave aura la descente la plus rapide, dont la surface est plus circonscrite.

La chute libre de toute matière lourde suit la ligne de son plus grand diamètre.

Le grave réduit au plus petit volume sera de mouvement plus rapide.

La descente du corps lourd est d'autant plus lente qu'il s'étend sur une plus grande largeur.

POURQUOI UNE BALANCE FORMÉE D'UN FLÉAU ET DE POIDS ÉGAUX, S'ARRÊTE DANS LA POSITION DE L'ÉQUILIBRE

[ca. 1513-1514] E, 57 v.

Toute substance liquide qui est pesante au repos a ses extrémités opposées en équilibre lorsqu'elle est d'un poids naturel uniforme. Elle penche d'autant plus d'un côté qu'elle s'élève de l'autre, et se meut autour de son centre comme les extrémités de la balance autour de l'axe oscillent vers le haut et vers le bas, jusqu'à ce que l'impulsion soit épuisée ; et cela tient uniquement à l'inégalité des côtés opposés autour du centre de l'eau ou de la balance.

Gravité et mouvement. Balances.

[ca. 1513-1514] E, 58 r.

En vertu de ce qui précède, le poids naturel de la balance ne porte pas tout entier sur le centre de sa révolution, et d'autant moins que le mouvement du poids actionnant le bras supérieur est plus oblique, comme il est démontré dans ce discours.

La substance lourde suspendue est toute en la totalité et toute en chaque partie de la ligne centrale de son support.

Le fléau placé de biais a deux sortes de gravités, dont l'une pèse obliquement entre le centre du monde et l'horizon. L'autre exerce une pesée verticale sur le centre de la terre. Et de ces deux, l'une est accidentelle et l'autre naturelle. Ceci advient quand le centre mathématique n'est point le centre de révolution de la balance. On le prouve ainsi : soit *a b c d* la balance, et *s* son centre mathématique ; le centre de la circonvolution sera *f*. J'affirme que lorsque la balance est dans cette position, le centre mathématique est le même dans la ligne qui se dirige vers le centre de la terre – c'est-à-dire *g h* – que le centre de la circonvolution *f*, et cette ligne *g h* divise le fléau en deux parties égales et semblables, à savoir *a b e f* et *c d e f*. Peu importe que l'on veuille poser la balance sur le point *s* ou le point *f*, l'un et l'autre étant dans la ligne centrale *g h*, qui divise le poids également.

Reste le poids oblique précité qui se trouve au-dessus du centre de révolution *f*, c'est-à-dire le poids qui est au-dessus de la ligne *n o*, à savoir *a b r f*, auquel le contrepoids *c d r f* n'offre pas de résistance dans le susdit mouvement oblique.

DU MOTEUR ET DU MOBILE

La puissance du moteur est toujours supérieure à la résistance du mobile. *[ca. 1513-1514] E, 58 v.*

DU LEVIER ET DU CONTRE-LEVIER

Il s'ajoute autant de poids accidentel au moteur placé à l'extrémité du levier, que le mobile placé à l'extrémité du contre-levier le surpasse en poids naturel.

Et le mouvement du moteur est d'autant supérieur à celui du mobile que le poids accidentel de ce moteur excède son poids naturel.

Preuve : en effet, supposé le mouvement du moteur de *b* en *d*, et celui de l'objet mû, de *a* en *c* ; je dis que le mouvement *b d* sera plus grand que le mouvement *a c* dans la mesure où le poids accidentel *b* dépasse le poids [naturel] *b*[1] ; et comme il l'excède de un, le poids naturel aussi, par conséquent

DES POIDS

Une balance ayant des bras et des poids égaux, lorsqu'elle est déplacée de sa position d'équilibre, aura ses bras et arcs inégaux, parce qu'elle change de centre mathématique et dès lors elle est forcée de regagner l'égalité perdue des bras et des poids. On le prouve par le second passage. *[ca. 1513-1514] E, 59 r.*

Transcription du précédent.

Une balance de bras et poids égaux, déplacée de sa position d'équilibre, aura des bras et des poids inégaux, et en consé-

1. Le ms. porte deux fois *b*. (*N.d.É.*)

quence elle sera obligée de récupérer l'égalité de bras et de poids perdue. On le prouve par la seconde relative à ceci, et aussi du fait que le poids supérieur est plus éloigné du centre de révolution que l'inférieur ; et donc, ayant un support plus faible, il s'abaisse plus facilement et élève le côté opposé du poids joint à l'extrémité du plus petit bras.

DU POIDS ACCIDENTEL OPPOSÉ AU POIDS NATUREL

Le poids accidentel, opposé dans la balance au poids naturel, fait équilibre à ce dernier : et on le prouve au moyen du poids qu'en reçoit l'axe de la balance qui pourra supporter une charge plus grande de poids accidentel que naturel, dans la mesure où le plus grand bras de cette balance dépasse en longueur le petit.

LE COMMENCEMENT DE CE LIVRE. RELATIF AUX POIDS

[ca. 1513-1514]
E, 59 v.

Premièrement : Si les poids, bras et mouvement sont également obliques, ces poids ne pourront être mûs l'un par l'autre.

Deuxièmement : Si les poids, d'obliquité égale, se font mouvoir l'un l'autre, les bras de la balance seront inégaux, attendu que : « Les poids égaux maintiennent la gravité égale dans l'obliquité égale. »

Quatrièmement : Les poids et les bras de la balance, ainsi que l'obliquité des mouvements de ces poids, étant égaux, tous ces poids sembleront inégaux si leurs appendices sont d'obliquité inégale.

Troisièmement : Mais si les poids égaux du bras et de la balance sont mûs l'un par l'autre, les mouvements des poids seront d'obliquité inégale.

[Dessins de trois poulies, avec des cordes formant des angles différents.]

Premièrement : Pourquoi c'est une définition.

La corde qui pend des côtés opposés de la poulie ou de l'ensuple ou autre instrument rond, là où elle pose, se sépare toujours et se joint en division et jonction rectangulaire aux demi-diamètres de cette poulie ou ensuple, à leurs extrémités opposées, quelle que soit l'obliquité des cordes.

•◆•

POIDS ET FORCE

Le levier potentiel ne sera jamais épuisé par aucune puissance. *[ca. 1513-1514] E, 60 r.*

Ceci est prouvé par la première [proposition], qui dit : « Toute quantité continue est divisible à l'infini. » Mais ce qui est divisible en fait l'est également en puissance ; toutefois, il n'est pas vrai que ce qui est divisible en puissance soit divisible en fait.

Si les divisions [faites] potentiellement à l'infini modifient la substance de la matière divisée, ces parties retourneront à la composition de leur tout, en se rejoignant aux degrés où elles furent divisées. Prenons par exemple la glace, et divisons-la à l'infini : elle se changera en eau, et d'eau en air, [et d'air en feu[1]] ; et si l'air venait à s'épaissir de nouveau, il se convertirait en eau, et d'eau en grêle, etc.

•◆•

Une corde de n'importe quelle grosseur ou force dont les extrémités opposées sont placées horizontalement, ne pourra jamais se redresser si un poids est posé au milieu de sa longueur. *[ca. 1513-1514] E, 60 v.*

DE LA RÉSISTANCE DE LA CORDE ARQUÉE

Étant donné une corde droite, suspendue par un de ses bouts, et se rompant par son propre poids, exactement à l'endroit où elle est fixée, on demande quel poids elle supportera, de quelque façon qu'on puisse l'arquer, si les extrémités de cet arc sont à égalité de niveau.

Où le levier potentiel existe, la force existera aussi.

La force sera d'autant plus grande que le levier potentiel est moindre.

La force est toujours créée en même temps que le levier potentiel et elle périt quand il fait défaut.

1. Passage biffé dans le ms.

·◆·

DE LA GRAVITÉ ET DE SON ORDRE

[Leviers réels et potentiels.]

[ca. 1513-1514]
E, 65 v.

Il est nécessaire de décrire d'abord les puissances réelles sous tous leurs aspects, puis les puissances semi-réelles, et enfin la vertu potentielle. Définis ensuite comment le centre de la circonvolution est ce qui sépare la puissance du levier de celle de son contre-levier.

Les mouvements du levier et de son contre-levier sont toujours contraires dans leur révolution autour du centre. Toutes les puissances jointes au levier et contre-levier sont toujours en jonction rectangulaire avec ce levier tant réel que potentiel. Cet angle a toujours un de ses côtés qui part du centre de la révolution, et les bras réels de la balance ne contiendront jamais en eux les bras potentiels, à moins qu'ils ne soient en la position d'équilibre. Et toujours la jonction de l'appendice réel ou potentiel avec le bras de la balance, est la partie la plus proche de cet appendice.

La première direction prise par l'appendice après sa jonction avec le bras de la balance, indique la direction de l'appendice potentiel, qui, en une jonction rectangulaire, rencontre l'extrémité du levier potentiel.

·◆·

[ca. 1513-1514]
E, 66 r.

Toujours les cordes pliées en un angle dans lequel la substance lourde est soutenue, fixée à l'anneau, supporteront également la charge de ce poids à leurs extrémités, du fait que la corde est uniformément oblique.

Les cordes qui, avec une même obliquité, se rencontrent au point de suspension d'une substance lourde, supportent toujours également le poids de ce grave.

Si deux cordes concourantes ou divergentes descendent jusqu'à une poutre oblique et la rejoignent en une partie de sa longueur, de telle sorte que le centre de la poutre soit placé entre elles, le centre de gravité de la poutre sera dans la ligne entrecentrique qui passe par cette poutre.

DE LA GRAVITÉ

Il est impossible que la puissance d'aucune force motrice soit capable d'engendrer, dans le même temps et avec le même mouvement, une puissance supérieure à la sienne. On le prouve par la troisième relative à ceci qui dit : « Des puissances égales entre elles ne triomphent pas l'une de l'autre. »

Quand deux cordes descendent avec des longueurs différentes et que leurs obliquités convergent ou divergent au point de suspension des extrémités de la poutre, alors, si cette poutre est équijacente, les obliquités des deux susdites cordes seront égales. *[ca. 1513-1514] E, 66 v.*

Ce qu'est la gravité, et si elle est naturelle ou accidentelle. La même question se pose au sujet de la légèreté : *[ca. 1513-1514] E, 67 r.*

La réponse est que toutes deux sont des puissances accidentelles, chacune attendant toujours sa destruction et l'une ne naissant ou ne mourant jamais sans l'autre. On le démontre par l'air qui forme une bulle ou vessie au fond de l'eau, où sa formation crée immédiatement sa légèreté et produit la pesanteur de l'eau au-dessus. La bulle arrivée à la surface, sa légèreté meurt, en même temps que la gravité de l'eau qui se trouvait au-dessus d'elle.

La pierre, quand elle descend dans l'eau, confère d'abord de la pesanteur au liquide, qui remplit la percée qu'elle a faite, et rend légère l'eau qui monte pour combler le vide laissé par la pierre descendante ; car tout ce qui a un mouvement ascendant est léger.

Si l'espace liquide qu'a pénétré la pierre est comblé par l'eau qui descend, ou celle qui vient de côté ou celle du dessus.

[D'un corps lourd.]

Si l'angle de deux cordes concourantes, qui supportent un poids, est coupé par la ligne entrecentrique de ce poids, il se divise en deux autres angles coupés à leur tour par la ligne de l'égalité, et ainsi deux triangles se produisent ; et ils auront *[ca. 1513-1514] E, 68 v.*

mêmes proportions de base à base que d'angle à angle, et d'angle à angle que de triangle à triangle ; et la proportion de triangle à triangle est la même que de gravité à gravité, [la même que celles] en lesquelles la substance lourde se divise par rapport aux deux cordes qui la tiennent suspendue ; cependant, la proportion est inverse, attendu que le poids le plus lourd pèse sur la corde qui forme le côté extérieur du plus petit triangle.

Combien un corps lourd hétérogène a-t-il de centres ? Une gravité uniformément irrégulière a trois centres.

Le premier est le centre de gravité naturelle, le deuxième de gravité accidentelle, et le troisième, le centre de la grandeur de ce corps lourd.

Mais le centre de gravité naturelle ne se trouve pas dans la position de l'équilibre si le corps lourd n'est pas de poids uniforme et de figure conforme, tel le corps sphérique, ou parallèle, ou autres semblables.

DES CORPS QUI DESCENDENT DANS L'AIR

[ca. 1513-1514]
E, 70 v.

L'air se comprime devant les corps qui le pénètrent promptement, acquérant d'autant plus ou moins de densité que la vitesse est plus ou moins grande.

Une planche de largeur, longueur et poids uniformes, ne conservera pas son mouvement oblique initial à travers l'air qu'elle pénètre sur un long parcours, mais se retournera en arrière, puis en avant, de telle sorte que sa descente s'achèvera par un mouvement flexueux. Cela tient à ce que l'épaisseur uniforme naturelle de l'air est détruite, par le fait qu'il se condense sous l'angle droit de la surface qui le frappe et le fend. Mais à la face opposée de la planche, il fait le contraire, en se raréfiant, et dès lors, l'air raréfié étant de moindre résistance, cette surface s'avère plus lourde. La raréfaction de l'air derrière la planche est beaucoup plus grande que la compression qui se produit devant elle. Il est aisé de montrer la raison de la condensation de l'air ; elle a lieu devant les corps qui le pénètrent, car lorsqu'on exerce une poussée sur une de ses parties, on ne pousse point en entier celles qui se trouvent devant. À preuve le flux qui se produit à l'étrave du navire.

La chute des corps lourds dans l'air. Conception.

L'air se raréfie d'autant plus derrière le mobile en mouvement, que sa densité s'accroît devant lui. *[ca. 1513-1514] E, 73 r.*

Pourquoi la descente oblique ne conserve pas sa rectitude. La ligne droite de la descente oblique effectuée par des corps de grosseur et de poids uniformes, dans un air présentant une résistance égale, ne sera pas continue pour une substance lourde qui descend. En effet, l'air pressé par la surface de la matière lourde qui le pénètre, lui résiste en se condensant et la freine : dès lors, la face opposée de ce corps lourd se trouvant dans un air raréfié, acquiert aussitôt de la pesanteur et tombe plus vite que celle qui est retardée par l'épaisseur de l'air qu'elle a condensé. Voilà pourquoi l'impulsion du mobile vers la droite se trouve orientée vers la gauche, conservant son obliquité jusqu'au point où l'autre air se condense de nouveau sous lui ; cet air-là résiste à son tour, et transforme encore la descente oblique à gauche en descente à droite, et ainsi de suite, jusqu'au point où le mouvement s'achève.

La descente de la poutre placée dans une position inclinée sera toujours rectiligne. On le prouve par la septième [proposition] qui dit : « Les matières lourdes, de forme et poids uniformes, qui descendent dans un milieu égal, auront des vitesses égales. » Si donc une poutre de forme et poids uniformes est divisée en parties égales et semblables, leur descente sera de vitesse égale et similaire, et il en sera du tout comme de la partie.

Mon contradicteur dit que la poutre entière, unie, n'aura pas une descente identique à celle de ses parties divisées, attendu que le tout distribue obliquement la totalité de son poids sur la surface inférieure ; et la partie fait porter la totalité du sien sur la surface de la partie, et en outre, il y a de surface à surface la même vitesse que du tout à la partie.

DES CORPS DE FIGURE NON UNIFORME

Pour les substances lourdes, qui ne sont pas de figure uniforme, la partie la plus lourde guide toujours leur descente dans l'air. *[ca. 1513-1514] E, 73 v.*

Pour les poutres de figure uniforme, le mobile à la fin du

mouvement, aura toujours conservé sa position oblique du début.

On le prouve au moyen de la poutre suspendue dans la balance *n m*.

La matière lourde pèse d'autant moins dans l'air, que son mouvement est plus incliné.

La descente droite de la poutre pèse d'autant moins dans l'air que cette poutre est moins oblique.

DE LA CHUTE DES CORPS DANS L'AIR

[ca. 1513-1514]
E, 74 r.

La substance lourde, de grosseur et poids uniformes, placée dans la position d'équilibre, aura une descente droite, d'égale hauteur en chacune de ses parties, sans jamais dévier de sa première position d'équilibre, si l'air est immobile et résiste uniformément ; ce mouvement sera très lent ainsi qu'on le démontrera.

Mais si la substance lourde, d'épaisseur uniforme, est oblique dans l'air uniformément résistant, sa descente sera inclinée et plus rapide que la première.

DU PESAGE DES LIQUIDES

[Figure.]

[ca. 1513-1514]
E, 74 v.

La balance *a e g* est formée de deux tuyaux réunis en un angle à la partie inférieure, et l'eau qu'ils renferment se rejoint ; l'un des bras contient une certaine quantité d'huile et l'autre, de l'eau simple.

Je dis que le niveau de l'eau dans l'un et l'autre tuyau ne demeurera pas dans la position d'égalité, non plus que la surface de l'huile ne se trouvera dans une position d'égalité par rapport à la surface de l'eau du tuyau opposé. On le prouve, attendu que l'huile moins lourde que l'eau reste au-dessus d'elle, et sa pesanteur, jointe dans le même tuyau à celle de l'eau qui se trouve au-dessous d'elle, égale le poids de l'eau qui lui sert de contrepoids dans le tuyau opposé. Mais l'huile étant moins lourde que l'eau, il est nécessaire, si l'on veut créer un équivalent au poids d'eau manquant sous cette huile, qu'il y en ait une plus grande quantité que la quantité d'eau qui fait défaut, et en conséquence elle occupe dans le tuyau plus d'espace que n'en remplirait le poids d'eau correspondant ; ce pourquoi la surface de l'huile dans son tuyau est plus haute que le niveau de l'eau du tuyau opposé, et la surface de l'eau sous l'huile plus basse que celle de l'eau opposée.

•◆•

DE LA DESCENTE DES CORPS LOURDS

[ca. 1513-1514]
E, 80 r.

Pour les corps lourds non flexibles et de poids équivalents, il y aura même rapport entre les vitesses de leur descente qu'entre leurs volumes uniformes.

Si l'air qui couvre les corps se meut en même temps qu'eux.

L'air qui couvre les corps se meut avec eux ; l'expérience nous l'enseigne quand un cheval court sur les routes poudreuses.

Si le mouvement de l'air est aussi rapide que son moteur.

L'air n'aura jamais même vitesse que son moteur, et la preuve nous en est donnée par le mouvement de la poussière qui suit la course du cheval : après s'être un peu déplacée, elle recule en tourbillonnant et ainsi épuise son élan.

•◆•

[Du mouvement.]

[ca. 1508-1509]
F, 26 r.

Premièrement : Si une force meut un corps sur un certain espace, en un certain temps, elle fera mouvoir la moitié du corps dans le même temps sur le double d'espace. Deuxièmement : Ou la même vertu fera parcourir à la moitié de ce corps la totalité de cet espace dans la moitié de ce temps. Troisièmement (comme deuxièmement). Quatrièmement : La moitié de cette vertu fera mouvoir la moitié de ce corps sur la totalité de ces espaces pendant le même temps. Cinquièmement : Cette vertu fera mouvoir le double du mobile à travers la totalité de l'espace dans le double de temps, et mille fois le mobile à travers la totalité de cet espace en un millier de ces laps de temps. Sixièmement : La moitié de cette vertu fera mouvoir le corps entier à travers la moitié de cet espace dans la totalité de ce temps et cent fois à travers la centième partie de cet espace, pendant la même durée. Septièmement : Et si des vertus séparées meuvent deux mobiles distincts sur un espace donné en un temps donné, les mêmes vertus réunies feront mouvoir ces corps réunis sur ce même espace, dans ce même temps, car en ce cas les proportions premières demeureront toujours identiques.

•◆•

DU MOUVEMENT DE L'AIR SOUS L'EAU

[ca. 1508-1509]
F, 37 v.

Si l'air s'enfuit de dessous l'eau, par nature ou du fait que l'eau exerce sur lui une pression et le chasse.

La réponse est que, du moment où la matière lourde ne saurait être soutenue par la légère, elle tombera et cherchera un point d'appui, toute action naturelle tendant au repos ; l'eau qui entoure cet air – au-dessus, de côté et au-dessous – se trouve donc répandue sur l'air qu'elle enclôt, et tout ce qui est au-dessus de *d e n m* refoule l'air vers le bas, et l'y maintiendrait si les latérales *a b e f* et *a b c d* qui l'environnent et touchent ses flancs, ne finissaient par avoir un poids supérieur à celui de l'eau qui est au-dessus de lui ; dès lors, il s'échappe par les angles *n m*, d'un côté ou de l'autre, et s'élève en serpentant.

Autant de force s'exerce pour mouvoir l'objet contre l'air immobile que l'air contre l'objet immobile.

J'ai vu des mouvements atmosphériques si violents qu'ils emportaient, en les semant dans leur course, des arbres immenses arrachés aux forêts et la toiture entière de grands palais ; et j'ai vu cette même fureur tourbillonnante forer un trou, évider un banc de galets et entraîner à plus d'un demi-mille du gravier, du sable et de l'eau.

Le même poids se soutiendra dans l'air immobile si, étant tombé suivant un mouvement oblique, il peut ensuite se redresser très haut suivant un mouvement réfléchi.

•◆•

[ca. 1508-1509]
F, 47 v.

Combien d'air faut-il pour soulever divers objets lourds, de matières diverses ?

Quelle quantité d'eau une barque doit-elle contenir pour sombrer ?

Quel air supporte davantage[1] ? Celui qui est prisonnier ou raréfié comme dans les ventouses ? Ou à l'état naturel ?

1. Moins ?

Ou comprimé, comme dans les boules gonflées par la force d'une vis ? Nul doute que ce ne soit le raréfié, c'est-à-dire celui qui est à l'état nature ; et l'air comprimé résiste le moins[1].

Toute partie de l'eau qui tombe du fleuve, à travers l'air, suit la direction initiale de l'impulsion qui détermine cette chute.

[Mouvements des liquides.]

Les mouvements naturels des corps liquides dans l'air sont plus rapides et plus subtils à leur terme qu'au début. *[ca. 1508-1509] F, 50 v.*

Les mouvements semi-naturels de l'eau entre le lit du fleuve et l'air, seront d'égale vitesse si le lit est droit, et de pente et largeur égales.

Dans l'air, les mouvements accidentels ralentissent à chaque degré de hauteur.

Les mouvements semi-accidentels qui se font entre le lit du canal et l'air, sur un lit de pente et largeur uniformes, ont toujours tendance à ralentir, mais sont plus longs que ceux qui sont simplement accidentels parce qu'ils vont s'appuyant et toujours se déchargent d'une partie de leur poids.

Premièrement : Si une puissance meut un corps sur un certain espace, en un certain temps, elle fera mouvoir la moitié de ce corps dans le même temps sur le double de cet espace. *[ca. 1508-1509] F, 51 v.*

Deuxièmement : Si une force meut un mobile sur un certain espace, en un certain temps, la même fera mouvoir la moitié de ce mobile sur la totalité de cet espace, dans la moitié de ce temps.

Troisièmement : Si une force meut un corps dans un certain temps sur un certain espace, elle fera mouvoir la moitié de ce corps dans le même temps sur la moitié de cet espace.

[2] Si une force meut un corps dans un certain temps sur un

1. Le plus ?
2. Quatrièmement ?

certain espace, cette puissance ne fait point nécessairement mouvoir le double de ce poids dans le double de temps sur le double d'espace, car il se pourrait qu'elle ne fût point suffisante pour mouvoir le mobile.

[1] Si une force meut un corps en un temps donné sur un espace donné, il ne s'ensuit pas nécessairement que la moitié de cette force fera parcourir à ce même mobile, dans le même temps, la moitié de cet espace, car il se pourrait qu'elle fût incapable de le mouvoir.

Sixièmement : Si deux forces distinctes font mouvoir deux mobiles distincts, les mêmes, réunies, feront mouvoir, dans le même temps, les deux mobiles joints sur le même espace, attendu que la même proportion subsiste.

[ca. 1508-1509]
F, 52 r.

Quatrièmement : Si une puissance meut un corps en un temps et un espace donnés, la moitié de la force fera mouvoir dans le même temps la moitié du mobile en la moitié de cet espace.

Si tout mobile continue son mouvement suivant la ligne de son principe, pourquoi le mouvement de la flèche ou de la foudre s'écarte-t-il et s'infléchit-il en sens aussi divers, alors qu'il est encore dans l'air ? Ce qui précède peut tenir à deux causes ; l'une, que l'air comprimé devant la furie de l'assaut, lui opposant une résistance, ce mouvement s'infléchit et prend la nature d'un mouvement réfléchi, encore qu'il ne procède point par lignes droites. Son action est comme dans la troisième [proposition] du cinquième [discours] relatif à l'eau, où il est montré comment parfois l'air sortant des lits marécageux, sous forme de bulles, monte à la surface de l'eau en un mouvement courbe et sinueux.

Le second genre de mouvement sinueux de l'éclair peut provenir du fait que la foudre se décharge tantôt à droite, tantôt à gauche, tantôt en haut, tantôt en bas, comme l'étincelle qui jaillit du charbon en combustion ; car si le charbon exhale du gaz par un de ses côtés, il se désagrège en raison de l'humidité qui se répand en lui, et en s'embrasant, il divise les morceaux de charbon et engendre une autre étincelle, laquelle, à son tour, naît et frappe le reste, qu'il repousse en arrière ; et celui-ci agit de même en différentes directions, lan-

1. Cinquièmement ?

çant une succession d'étincelles dans l'air, jusqu'à ce qu'il soit consumé. Mais la première explication m'agrée davantage, car si la seconde était vraie, tu verrais un coup de foudre en engendrer plusieurs, tout comme cette étincelle.

DU MOUVEMENT LOCAL DES CORPS FLEXIBLES SECS, TELS LA POUSSIÈRE, ET AUTRES ANALOGUES

[ca. 1508-1509] F, 61 r.

Je dis que lorsqu'on frappe une table en différents endroits, la poussière qui la recouvre se dispose en diverses figures de collines et monticules, et ceci tient à

La poussière qui, lorsque la table est percutée, se divise en plusieurs tas, et descend de leur hypoténuse, pénètre sous leur base et s'élève de nouveau autour de l'axe de la pointe du tas, en se mouvant à la manière d'un triangle rectangle ; et ceci tient à

Si la table poudreuse est percutée d'un côté, observe comment le mouvement de la poussière commence à former ces monticules, et comment elle s'élève jusqu'à leur sommet.

MOBILES DANS L'AIR

[ca. 1508-1509] F, 74 r.

Le mouvement de l'air est moindre devant le mobile qui pénètre en lui que derrière ce mobile.

Toute la masse de l'air remplissant le vide que laisse de soi le mobile qui le pénètre, est douée d'une vitesse égale à la sienne ; mais les parties de cet air – du fait qu'il a la nature du vortex, c'est-à-dire un mouvement circulaire tourbillonnant – sont beaucoup plus rapides en soi que le mouvement du mobile.

Ici il semble que l'air ayant une vitesse beaucoup plus grande derrière le mobile que devant lui, il soit la cause du mouvement ; mais en vertu de la septième [proposition], cela ne saurait être.

Aucun mobile n'est jamais plus rapide que la puissance motrice.

L'onde que dessine l'air devant le mobile qu'elle pénètre, ne passe presque pas devant ce corps mouvant, car ce serait contraire à la septième, la pénultième.

Schéma expliquant le principe aristotélicien de l'antipéristase ou phénomène selon lequel un mobile projeté (ici une balle) pousse l'air qui le précède à revenir derrière occuper le vide, sous forme de tourbillons qui entretiennent la poussée initiale (*F*, 74 r.).

L'air derrière le mobile rebrousse chemin par un mouvement giratoire, en ces parties qui confinent à celle qui court derrière le mobile.

L'air courant derrière le mobile qui chemine en lui est mû par l'impulsion qu'il en reçoit ; et en frappant l'autre air, avec sa grande vague dilatée, il retourne en arrière et par un grand mouvement de circonvolution, qui diminue à ses extrémités, finit par s'arrêter et ne suit point le mobile.

POURQUOI LE MOBILE SUIT LE MOUVEMENT COMMENCÉ PAR SON MOTEUR

[ca. 1508-1509] F, 74 v.

Aucune impulsion ne peut s'achever immédiatement, mais elle va s'épuisant par mouvements graduels.

L'air qui, au début, était derrière la trouée du mobile dans l'air, ne l'accompagne qu'un moment, conformément à la huitième.

Huitième [proposition] : L'air qui entoure successivement le mobile qui le traverse, effectue divers mouvements en soi. On le voit aux atomes qui sont au soleil, lorsque par quelque fenêtre ils pénètrent en un lieu obscur. Si l'on jette parmi eux une pierre dans la longueur du rayon solaire, on verra les atomes tournoyer autour de l'endroit où la trajectoire du mobile dans l'air a été comblée par cet air, comme il est prouvé dans la cinquième.

Cinquième : Nulle chose privée de sens ne se meut d'elle-même, mais son mouvement lui est fourni par d'autres ; le mouvement produit agit très brièvement dans le temps et l'espace qu'impose la nécessité, [ainsi que le démontre la quatrième[1].]

Quatrième : L'air qui vient combler le vide qu'a laissé en lui le mobile, possède divers degrés de vitesse, densité et mouvement.

[ca. 1508-1509] F, 75 v.

Tout mobile qui crée une action réfléchie achève sa course suivant sa ligne d'incidence.

Ceci se produit parce que son mouvement incident a plus grande puissance que le mouvement réfléchi, et la durée du plus puissant excède celle du moins puissant.

1. Passage biffé dans le ms.

Le mouvement d'incidence du mobile sera plus puissant que son mouvement réfléchi parce que la percussion faite sur l'objet dense diminue en partie l'impulsion donnée à ce mobile, et cette diminution ne laisse pas au mouvement réfléchi autant de puissance qu'en a le mouvement incident, comme il a été dit. Toutefois, à chaque degré du mouvement, l'impulsion du mobile diminue d'elle-même, indépendamment de sa percussion avec un objet dense ; et il ne s'ensuit point que cette percussion ne le diminuera pas beaucoup plus, car si tu mesures le mouvement que le mobile aurait fait sans incidence, et les mouvements produits par de nombreux bonds en haut et en bas, tu trouveras que le mouvement continu en un même endroit sera plus long que celui qui est fréquemment interrompu par les incidences, même si l'impulsion initiale en chacun d'eux était la même.

[ca. 1508-1509] F, 82 r.

Plus profondément un objet est immergé, moins il est mû par le vent qui meut celle de ses parties qui émerge. Ceci est en contradiction avec Battista Alberti, qui énonce une règle générale établissant la vitesse du vent qui chasse le navire en une heure.

[ca. 1508-1509] F, 85 v.

Le frottement très rapide de deux corps épais engendre le feu.

[ca. 1508-1509] F, 87 r.

La plus grande partie de l'objet dont les côtés sont placés obliquement au milieu du cours d'eau, encore que l'eau frappe sa face plane, inclinera du côté le plus bas de l'obliquité.

DE L'AIR

Et, ainsi que le prouve la septième [proposition], la nature de l'air est compatible avec la compression, et elle est susceptible de se raréfier presque instantanément, chose impossible à l'eau laquelle conserve sa forme première ; il est donc plus facile à l'air placé sur les côtés et au-dessus du mobile, de descendre pour combler le vide laissé par ce dernier au-dessus de lui, qu'[il n'est facile] à l'air du dessous de s'infléchir et de se mouvoir en une longue ligne incurvée pour remplir ce même vide ; ceci est également impossible en vertu de la huitième, où il est prouvé que toute impulsion entraîne l'air avec elle suivant sa direction initiale tel le vent qui déplace autant d'air qu'il en meut, à en juger par la poussière qu'il agite, ou par les atomes flottant dans les rayons du soleil, lorsque les souffles les dispersent. Ainsi donc, l'air chassé par l'impulsion de la matière pesante qui descend, fuit suivant la ligne du mouvement de son moteur, qui latéralement se change en tourbillons ; et l'air supérieur descend toujours combler le vide que laisse de soi le mobile, à chaque degré de son mouvement.

L'air sous le mobile qui dans sa descente le traverse, se condense et, au-dessus, se raréfie.

⁂

[ca. 1508-1509]
F, 88 r.

Le mouvement de l'air dans l'air fait qu'il se comprime tout comme l'air qu'il frappe.

L'air mû dans un corps plus épais que lui, se comprime plus qu'en traversant un autre air.

L'air qui se meut dans un corps plus léger que lui se raréfie.

L'eau qui se meut dans un corps plus léger qu'elle, se raréfie, non en qualité mais en quantité dans sa dispersion et son extension.

⁂

[ca. 1508-1509]
F, 95 r.

Proportion du mouvement de l'eau qui s'écoule du fond d'un très long fossé, dont l'issue est cent fois plus étroite que sa largeur et sa profondeur :

On demande de combien, dans la partie supérieure du fossé le mouvement de l'eau sera plus lent que celui de la *rozza*, qui a même longueur que l'orifice par où l'eau sort du fossé.

⁂

[ca. 1510-1516]
G, 1 r.

La percussion m'a enseigné que le mouvement incident surpasse le mouvement réfléchi.

⁂

De la science des poids.

[Diagramme.]

[ca. 1510-1516]
G, 13 v.

Le grave qui descend en chute libre ne pèse sur aucun support. Preuve : *a* vaut 1 et *b* vaut 2 ; il s'ensuit que *m* ne supporte que 2, parce que l'excédent de *b* [lequel est 2] sur 1, est de 1. Ce 1 ne trouvant pas de résistance en *a*, descend librement, car il n'a pas de soutien et son mouvement n'est point entravé. Voilà pourquoi *m*, l'extrémité de la balance, n'est pas sensible à cet excédent, ce qui tombe n'étant pas soutenu.

DE LA NATURE DES CORDES DANS LES MOUFLES

[ca. 1510-1516]
G, 17 v.

Les cordes des moufles se rompent au contact de la corde de la puissance motrice avec la première poulie. On le prouve par la neuvième [proposition] relative à ceci, qui dit : « Les cordes des moufles qui descendent subissent toujours un effort plus grand que celles qui montent. » Et : « Des cordes qui descendent, la dernière éprouve moins que la première la force de son moteur. » Et : « Les cordes des moufles éprouvent un poids plus grand dans la mesure où elles sont plus rapides ; des cordes qui se meuvent dans les moufles, la dernière est la plus rapide. »

PROBLÈME DE LA DESCENTE DES POIDS

La question est de savoir si les poids qui descendent dans les poulies pèsent plus ou moins sur les pivots des moufles lorsqu'ils descendent que lorsqu'ils sont immobiles.

DES DIFFÉRENCES ENTRE LA FORCE ET LE POIDS ET D'ABORD DE LA FORCE

[ca. 1510-1516]
G, 30 r.

Du ressort et du contrepoids de puissance égale, c'est toujours le ressort qui vaut davantage, par le fait que sa puissance est pyramidale ; sa plus grande puissance se manifeste au début de son mouvement. Le contrepoids possède une puissance composée dont une partie est cylindrique et l'autre, pyramidale. La cylindrique est telle que le poids est toujours uniforme et a une puissance d'entraînement égale, tant au début qu'à la fin de son mouvement. Mais la pyramidale commence en un instant et en un point, et à chaque degré de mouvement et de temps elle acquiert volume et vitesse, son mouvement étant libre et prompt. Dans le mouvement lent de la substance lourde, la puissance pyramidale s'abolit et seule subsiste la puissance cylindrique dont il fut dit qu'elle vaut autant au début qu'au milieu ou au terme, ou en tout autre instant du mouvement.

RELATIF AUX POIDS

[ca. 1510-1516] G, 39 v.

Si l'angle formé par la rencontre de deux cordes obliques qui descendent au point de suspension du corps lourd, est divisé par la ligne centrale de ce corps, il est partagé en deux parties offrant entre elles le même rapport que le corps lourd quand il se partage entre les deux cordes.

Si l'angle formé par la jonction de deux cordes qui descendent au point de suspension du corps lourd, est divisé par la ligne entrecentrique qui traverse ce corps lourd, il se divise en deux autres angles, entre lesquels il y a même rapport que de base à base et d'angle à angle, et aussi de triangle entier à triangle entier : et ces rapports équivalent à ceux des poids que le corps lourd donne de lui-même à ses supports.

[ca. 1510-1516] G, 45 r.

La tige qui est de plus uniforme grosseur se ploiera avec la plus parfaite courbure.

DU MOUVEMENT DES NAVIRES

[Dessins b a, d c, f e.]

[ca. 1510-1516] G, 50 v.

Ces trois navires de largeur, longueur et profondeur égales mûs par des puissances identiques, auront des vitesses différentes ; car le vaisseau qui présente par-devant sa partie la plus large, est le plus rapide, et par sa forme, il ressemble aux oiseaux et aux poissons tels que le mulet.

Ce vaisseau fend du flanc et de l'étrave une grande quantité d'eau, qui ensuite monte en tournoyant et se presse contre les deux tiers de la poupe du vaisseau. Le navire *d c* fait le contraire, et *f e* a un mouvement intermédiaire entre les deux précédents.

D'UN MOBILE DONT LE POIDS N'EST PAS UNIFORME ET QUI SE MEUT DANS L'AIR OU L'EAU

[ca. 1510-1516] *G, 51 r.*

Dans les mobiles dont la substance est uniforme mais non le poids, la partie la plus lourde sert toujours de guide.

Le poids pyramidal de dimension uniformément irrégulière, lancé par l'arc avec la pointe en avant, tournera aussitôt sa base vers l'endroit où se dirige le tout.

DU MOUVEMENT DU MOBILE

[ca. 1510-1516] *G, 54 r.*

La flèche tirée de la proue d'un navire dans la direction qu'il suit, ne semblera pas bouger de l'endroit d'où elle a été lancée, si le mouvement du navire est égal au sien.

Mais si la flèche partie de ce vaisseau est lancée vers le lieu d'où il s'éloigne à la vitesse susdite, elle se séparera du navire avec le double de son mouvement.

[ca. 1510-1516] *G, 54 v.*

Du mouvement du mobile qui glisse avec continuité sur un lieu mobile, et qui, en raison de sa mobilité, fuit.

Le mouvement du liquide qui s'écoule par le fond du vase mobile formera une ligne droite oblique, l'inclinaison étant plus ou moins grande selon que le mouvement du vase est plus ou moins rapide.

Du mouvement que fait l'endroit qui reçoit la chose déversée par le vase.

Autant de force est nécessaire pour recevoir en un endroit mobile la chose que déverse le vase immobile, que pour mouvoir le vase qui la déverse sur l'endroit immobile.

Mais si le mouvement du vase répandant égale celui de l'endroit qui reçoit la chose répandue, le mouvement de la chose qui descend est en ligne droite oblique, comme il est démontré ci-dessus.

DU MOUVEMENT DE LA FLÈCHE CHASSÉE PAR L'AIR

La flèche lancée du centre de la terre vers la partie supérieure des éléments, montera et descendra par la même droite, encore que les éléments puissent opérer un mouvement de circonvolution autour de leur centre.

Le mouvement de la gravité qui descend par les éléments en circonvolution, correspond toujours à la direction de la ligne qui joint le point de départ de ce mouvement au centre du monde.

DU MOUVEMENT DU MOBILE

De la matière lourde qui descend dans l'air – étant donné que les éléments en rotation opèrent une révolution complète en vingt-quatre heures. *[ca. 1510-1516] G, 55 r.*

Le mobile qui descend de la partie supérieure de la sphère du feu aura un mouvement droit jusqu'à la terre, bien que les éléments soient en perpétuelle révolution autour du centre du monde. On le prouve : soit *b* la matière lourde descendant à travers les éléments, qui se meut de *a* vers le centre du monde *m* ; je dis que cette matière, bien qu'elle puisse effectuer une descente courbe en spirale, ne déviera jamais de la ligne droite par laquelle elle avance continuellement de l'endroit qu'elle quitte au centre du monde ; car si, partie du point *a*, elle est descendue en *b*, dans le temps où elle est descendue en *b*, elle a été emportée en *d* ; la position de *a* s'est changée en *c* et ainsi le mobile se trouve dans la ligne qui s'étend entre *c* et le centre du monde *m*. Si le mobile descend de *d* en *f*, le commencement du mouvement se déplace en même temps de *c* en *f*, et si *f* descend en *h* il passe en *g*, et ainsi, en vingt-quatre heures, le mobile tombe sur terre, au-dessous de l'endroit qu'il a tout d'abord quitté ; et ce mouvement est composé.

Si le mobile descend en vingt-quatre heures de la partie la plus haute des éléments à la plus basse, son mouvement est formé de droites et de courbes. Je dis droites, parce qu'il ne déviera jamais de la ligne très courte qui s'étend du lieu qu'il a quitté jusqu'au centre des éléments, et il s'arrêtera à l'extrémité la plus basse de cette ligne qui, par rapport au zénith, se trouve toujours au-dessous de l'endroit qu'a quitté ce mobile. Et le mouvement est courbe en tous les points de la ligne, et donc incurvé à sa fin, sur la ligne entière : il en résulte que la pierre jetée d'une tour ne la frappe pas latéralement avant d'avoir atteint le sol.

DE L'IMPULSION SIMPLE

[ca. 1510-1516]
G, 72 v.

L'impulsion simple est ce qui meut la flèche ou le dard à travers l'air.

L'impulsion composée est ce qui meut la pierre lancée de la fronde, et elle est de brève durée, car le bruit du mouvement de circonvolution du mobile nous révèle la résistance de l'air qu'il pénètre.

DE L'IMPULSION

[ca. 1510-1516]
G, 73 r.

L'impulsion est l'impression du mouvement transmis par le moteur au mobile.

L'impulsion est une force imprimée par le moteur au mobile.

Toute impression tend à la permanence, ou y aspire.

Preuve : l'impression que le soleil produit dans l'œil du spectateur, et l'impression du son produite par le battant qui frappe la cloche.

Toute impression aspire à la permanence, comme le démontre l'image du mouvement imprimé au mobile.

DE LA PERCUSSION

[ca. 1510-1516]
G, 73 v.

L'air comprimé sous le mobile qui descend obliquement à travers lui, fuit davantage devant la partie supérieure que devant la partie inférieure de ce mobile.

Les courants d'air continus se raréfient d'autant plus d'un côté qu'ils sont plus comprimés de l'autre.

La partie raréfiée de l'air résiste d'autant moins que la partie comprimée résiste davantage. Voilà pourquoi la partie postérieure du mobile *b* descendra avec une plus grande vitesse que la partie antérieure ; et c'est pour ce motif que la partie antérieure *a*, qui au début se trouvait en bas, est redressée à la fin du mouvement réfléchi.

•◆•

DE LA CHUTE DU CORPS LOURD

Toute action naturelle s'accomplit par la voie la plus brève ; voilà pourquoi la chute libre du corps lourd s'effectue vers le centre du monde, car c'est l'intervalle le plus court qui sépare le mobile de la plus basse profondeur de l'univers. *[ca. 1510-1516] G, 75 r.*

•◆•

Toute matière lourde, lorsqu'elle se meut horizontalement, n'a de poids que suivant la ligne de son mouvement. On le démontre par la première partie du mouvement que décrit le boulet de la bombarde, mouvement qui est horizontal. *[ca. 1510-1516] G, 77 r.*

Mais la matière lourde qui flotte au vent suivant n'importe quelle inclinaison aura d'autant plus ou moins de pesanteur vers le front que vers le fléau de la balance, selon que la jonction du pendule du poids avec le bras de la balance, se rapprochera davantage d'un angle droit.

Le rapide mouvement de circonvolution du poids autour du point fixe de son axe, lui communiquera d'autant plus de pesanteur que le mouvement de circonvolution a plus grande vitesse.

•◆•

DU POIDS DU FLÉAU DE LA BALANCE

Le poids du fléau de la balance se décompose en deux parties : l'une tend vers le centre du monde, l'autre est accidentelle car elle se meut par mouvement transversal. Mais la première, qui incline vers le centre du monde, porte de chaque côté des poids latéraux égaux, et ceux-ci déterminent par leurs centres de gravité et leurs distances, le centre mathématique de la balance. *[ca. 1510-1516] G, 79 v.*

Le second centre mathématique pourrait plutôt s'appeler le point de rencontre mathématique de l'axe de la balance avec son support, et il est éloigné du centre de gravité naturelle de la balance, par un espace d'autant plus grand que le poids de la partie supérieure de cette balance excède celui de la partie inférieure ; dès lors, le poids transversal ne pèse sur aucun de ces deux centres ; et on le prouve dans la sixième [proposition] relative à ce discours où il est dit : « Tout corps parallèle, d'épaisseur et de poids uniformes placé obliquement, a en soi deux gravités séparées dont l'une tend vers le centre du monde, et l'autre est transversale. »

L'une est naturelle et simple, l'autre accidentelle et composée.

Mais si un tel corps, ainsi situé, tombe librement dans l'air, les deux centres de gravité se transformeront l'un en l'autre durant une certaine période de mouvement ; et à la fin, il restera un centre unique commun à tout le corps lourd qui descend ; et ainsi, par mouvement droit, il pénétrera tout l'air au-dessous de lui.

CE QU'EST L'IMPULSION

[ca. 1510-1516]
G, 85 v.

L'impulsion est ce qui, sous un autre nom, s'appelle mouvement dérivé, lequel naît du mouvement initial, c'est-à-dire celui du mobile quand il était joint à son moteur initial.

À aucun instant du mouvement dérivé, on ne trouvera de vitesse égale à celle du mouvement initial. On le prouve, car à chaque degré du mouvement, comme pour la corde de l'arc, il se produit une déperdition de la puissance que lui a communiquée son moteur. Et tout effet participant de sa cause, le mouvement dérivé de la flèche diminue graduellement de puissance et participe ainsi de la puissance de l'arc qui se détruit peu à peu comme elle s'est produite.

L'impulsion qu'imprime le moteur au mobile est infuse dans toutes les parties liées de ce mobile.

Et ceci se démontre par le fait que toutes les parties – tant intérieures que superficielles – sont de mouvement égal, hormis le mouvement de révolution, où les parties les plus impétueuses tournent toujours autour des moins impétueuses, c'est-à-dire celles qui sont les plus rapprochées du centre du mobile. Et toujours la partie la première mue reste plus éloignée du principe de son mouvement, si elle n'est pas entravée ; ceci est admissible parce qu'elle a une force de giration plus considérable

Si l'on disait avec mon contradicteur que l'impulsion animant ce mobile est dans l'air qui l'environne du milieu jusqu'en arrière, cela serait controuvé ; car le mobile entraîne l'air qui le suit, pour combler le vide qu'il a laissé, et aussi parce que l'air comprimé devant lui fuit en sens contraire.

Si l'air retourne en arrière, c'est la preuve manifeste qu'il se heurte contre celui que le mobile entraîne à sa suite ; or, quand deux choses entrent en collision, chacune d'elles prend un mouvement réfléchi, et ces mouvements réfléchis se convertissent en mouvements tournoyants portés par l'air qui comble le vide laissé par le mobile ; il est donc impossible que le mouvement du moteur soit augmenté par le mouvement du mobile dans le même temps, attendu que le moteur est toujours plus puissant que le mobile.

•◆•

DU MOUVEMENT DU MOBILE

Qu'est-ce qui emportera un même mobile à une plus grande distance – une grande puissance douée d'un petit mouvement, ou une moindre puissance de mouvement plus grand ? *[ca. 1510-1516] G, 86 r.*

Le mouvement dérivé d'un même mobile, sera plus long, qui aura reçu du même moteur un plus grand mouvement initial.

Ceci est prouvé, car l'expérience nous démontre que la même puissance a toujours telles proportions entre son mouvement initial et le mouvement dérivé de son mobile qui

On le prouve par la cinquième [proposition] relative à ce discours, qui dit : « Entre les diverses longueurs du mouvement initial, on trouvera que les longueurs du mouvement dérivé d'un même mobile présentent les mêmes rapports que leurs mouvements initiaux, attendu que si la puissance d'un même moteur éloigne d'elle le mobile en un intervalle harmonique, à la distance d'un doigt, la même puissance, en deux intervalles harmoniques, écartera ce même mobile du double de ce même doigt. » Cela tient à ce que les mouvements dérivés sont toujours dans le même rapport que les mouvements initiaux.

L'impulsion ne s'engendre pas toujours dans le mobile, attendu que le moteur lui-même n'a pas toujours un mouvement impétueux, comme le montre le chariot léger que des bœufs tirent sur un terrain plat ; dès que les bœufs s'arrêtent, le mouvement du chariot prend fin.

•◆•

DES CINQ DIRECTIONS DU MOUVEMENT

[ca. 1510-1516]
G, 86 v.

Il y a cinq variétés de mouvement local : la première s'effectue de bas en haut, la seconde de haut en bas, la troisième est horizontale, la quatrième oblique vers le haut et la cinquième oblique vers le bas.

Comment l'impulsion des mobiles reliés par une corde passe de l'un à l'autre.

L'impulsion produite par des mobiles reliés au moyen d'une corde, et dont chacun est réciproquement le moteur de l'autre, les éloignera tous deux à une brève distance de leur premier moteur.

Quand de deux mobiles joints à la même corde par leurs extrémités opposées, l'un est plus petit que l'autre, la somme de leurs mouvements sera moindre que si ces mouvements étaient égaux.

Quand le plus grand des deux poids fixés à une corde se meut le premier, le mouvement des deux réunis sera plus grand que si le mouvement avait commencé par le plus petit des mobiles.

•◆•

QU'EST-CE QUE LE MOUVEMENT INITIAL

[ca. 1510-1516]
G, 87 r.

Le mouvement initial est celui du mobile joint à son moteur.

DU MOUVEMENT DÉRIVÉ

Le mouvement dérivé est celui du mobile dans l'air, après qu'il s'est séparé de son moteur.

Le mouvement dérivé tire son origine du mouvement initial et il n'a jamais vitesse ou puissance égale à la vitesse ou à la puissance dudit mouvement initial.

La course de ce mobile est conforme à la direction de son moteur quand toutes les parties du mobile ont un mouvement égal au mouvement initial du moteur.

Si toutes les parties du mouvement effectué par la partie d'un tout sont égales, le mobile ne tournera pas ; ce mouvement subira la puissance entière de son moteur, et il observera la longueur requise, le poids étant proportionné à la puissance du moteur.

•◆•

DES MOUFLES

Les cordes des moufles partagent en parties égales le poids qu'elles soutiennent. *[ca. 1510-1516] G, 87 v.*

La puissance motrice des moufles est pyramidale, attendu qu'elle va diminuant avec un manque d'uniformité uniforme, jusqu'à la dernière corde.

Le mouvement des cordes des moufles est pyramidal, attendu qu'il va ralentissant avec un égal manque d'uniformité, de la première corde à la dernière.

Voilà pourquoi la corde sent la puissance motrice d'autant plus qu'elle est plus rapide, et d'autant moins qu'elle est plus lente.

Les cordes sentent la puissance de leur moteur d'autant plus qu'elles sont plus rapprochées et d'autant moins qu'elles sont plus éloignées.

•◆•

DE LA PUISSANCE

La même vertu est d'autant plus puissante qu'elle est plus concentrée. *[ca. 1510-1516] G, 89 v.*

C'est le cas de la chaleur, de la percussion, de la pesanteur, de la force, et de mainte autre chose. Parlons d'abord de la chaleur du soleil qui s'imprime dans un miroir concave, lequel la réfléchit en une figure pyramidale, dont la puissance s'accroît dans la mesure où elle se resserre. Autrement dit, si la pyramide frappe l'objet avec la moitié de sa longueur, elle contracte à sa base la moitié de son épaisseur et si elle le frappe aux quatre-vingt-dix-neuf centièmes de sa longueur, elle contracte sa base de quatre-vingt-dix-neuf pour cent et accroît de quatre-vingt-dix-neuf centièmes la chaleur que cette base reçoit du soleil ou du feu.

En outre, la percussion du fer en forme de pyramide pénétrera le corps qu'atteint sa pointe d'autant plus profondément qu'elle est plus fine.

La matière lourde aussi, une fois resserrée en un moindre

espace, augmente de poids, attendu que lui résiste une moindre quantité d'air. Du mouvement et de la force, nous parlerons ailleurs.

Ainsi, d'autres propriétés, telles la douceur, l'amertume, l'aigreur, l'âpreté, se comportent comme il a été dit plus haut : l'on en voit un exemple lorsque l'une d'elles augmente de quantité en se mélangeant avec la neige ou l'eau qui ne lui donne point de sapidité, non plus qu'elle ne lui en ôte, mais la prive complètement de son pouvoir.

*

[ca. 1510-1516]
G, 95 v.

La plus grande force de la moufle est dans la corde jointe à sa puissance motrice. Et la moindre force sera dans la corde jointe à l'une des moufles.

Le poids que tirent les cordes qui passent par les moufles se répartit également entre elles.

La corde des moufles sera plus rapide, qui sera plus proche de son moteur. Il s'ensuit que la plus lente sera la plus éloignée de ce moteur.

*

[ca. 1494]
H, 49 (1) v.

L'homme qui se trouverait au fond d'un puits contenant vingt mille brasses d'eau, ne sentirait aucun poids.

*

[ca. 1494]
H, 52 (4) v.

Pourquoi les mouvements du tamis rassemblent-ils à la surface les parties les plus ténues ? Il en va de même avec la drague quand on cherche de l'or dans le Tessin, au moyen de coups ; et aussi avec les balayures de l'atelier de l'orfèvre, quand on les lave.

*

[ca. 1494]
H, 59 (11) v.

Si une chose a une plus grande partie de soi dans l'air que dans l'eau, son mouvement suivra le cours de l'air.

*

[ca. 1494]
H, 61 (13) r.

Un mouvement droit, transformé en un autre, sans rebond perdra sa puissance.

Le mouvement naturel qui poursuit en ligne droite la course commencée, communiquera le plus grand choc.

*

La partie de l'eau en contact avec l'air suivra le cours de cet air, encore que l'eau du fond coure à l'opposite. *[ca. 1494] H, 61 (13) v.*

•◆•

L'eau qui descend d'une large nappe par un canal droit, s'entrecroisera à son entrée, de droite à gauche. *[ca. 1494] H, 62 (14) r.*

Après son entrée, la partie médiane du canal sera plus haute que le reste de la nappe.

Dans tel autre cours suivi par l'eau en son canal, la partie centrale sera plus basse que le reste.

En suivant le même parcours, la dépression du centre se transforme en une saillie.

•◆•

Le coup est plus puissant que le mouvement ; et le choc de l'eau déplace tout obstacle, après quoi, le mouvement créé emporte avec lui toute la pesanteur occasionnée par le coup et la décharge dans le choc du rebond ; et ainsi, de rebond en rebond, la violence du mouvement diminue. En conséquence, les pierres les plus lourdes se posent, et les faibles mouvements qui s'ensuivent n'étant pas suffisants pour les entraîner, elles demeurent ; et les dernières choses, qui ont fait le plus de chemin sont les plus légères. *[ca. 1494] H, 62 (14) v.*

•◆•

L'eau qui tombe le plus près de sa perpendiculaire a le moins de puissance pour chasser devant elle un grand tas de gravier. *[ca. 1494] H, 66 (18) r.*

•◆•

Tout mouvement violent s'affaiblit à mesure qu'il se sépare de sa cause. *[ca. 1494] H, 77 (29) v.*

•◆•

Autant le mouvement naturel se sépare de sa cause, autant sa vitesse augmente. *[ca. 1494] H, 78 (30) v.*

•◆•

Le poids pèse le moins qui se trouve à la plus grande distance de la perpendiculaire de son support. *[ca. 1494] H, 80 (32) v.*

•◆•

[ca. 1494]
H, 81 (33) v.

La partie du coup produite par une cause continue, sera d'autant plus puissante qu'elle est plus éloignée de la cause de son mouvement.

Poids et eau.

[ca. 1494]
H, 92 (44) r.

Le poids d'eau qui fuira de la position qu'elle occupe, égalera le poids total qui la pousse.

Le poids soutenu par l'eau sera aussi grand que le poids total de l'eau qui lui cède la place.

[ca. 1494]
H, 105 (38) r.

Le centre de tout poids est sous le centre de son support.

DU MOUVEMENT ET DE LA PERCUSSION

[ca. 1497]
I, 14 v.

Si quelqu'un descend de marche en marche, en sautant de l'une à l'autre, et qu'ensuite tu additionnes toutes les forces de percussion et poids de ces sauts, tu les trouveras égales à la totalité de la percussion et du poids que produirait cet homme s'il tombait en ligne perpendiculaire du haut de cet escalier. En outre, si l'homme tombait de haut en heurtant à chaque degré des objets qui se plieraient à la manière d'un ressort, de telle sorte que la percussion de l'un à l'autre serait légère, tu trouveras qu'au dernier instant de sa descente sa percussion sera diminuée – par rapport à ce qu'elle eût été dans une descente libre et perpendiculaire – de la somme de toutes les percussions qui furent données sur lesdits ressorts à chaque degré de la descente.

[ca. 1497]
I, 28 r.

Pagolo dit qu'aucun instrument qui en fait mouvoir un autre en contact avec lui, ne peut éviter d'être mû par lui : si la roue meut son pignon, le pignon fera mouvoir la roue. Mais cette règle n'est pas générale ; car bien que la dent *n* actionne la roue, la roue ne fera pas mouvoir la dent *n*, tournée vers le sol.

La ligne du mouvement produite par le choc de deux objets – et qui ne s'infléchit point en rencontrant le premier des deux – est celle qui frappe davantage le second objet par son mouvement réfléchi ; le contraire se produira avec la ligne qui s'infléchit davantage en rencontrant le premier objet.

Le corps qui, une fois mû, donne au premier objet un coup plus grand, épuise dans la percussion une plus grande partie de son impulsion ; d'où il résulte que le choc du mouvement réfléchi sera plus faible. Et la ligne du mouvement qui ne s'infléchit pas du tout lors de la première percussion, heurte davantage le second objet. *[ca. 1497] I, 28 v.*

Le saut est toujours moins grand que la descente de l'objet qui saute ; et ce bond porte le nom de mouvement réfléchi, lequel est toujours plus faible que le mouvement droit. *[ca. 1497] I, 43 v.*

[La roue du rémouleur.]

L'axe s'use le plus dans le sens où son moteur exerce le plus d'effort, comme le prouvent les rémouleurs qui vont par les villes. *[ca. 1497] I, 45 r.*

Tout axe s'use du côté où son moteur distribue le plus de force. Vois l'homme qui affile les couteaux en tournant une roue avec son pied ; abaisse-t-il le pied, il déclenche la force qui provoque alors un mouvement de révolution complet. Il est évident que plus ce mouvement est éloigné de sa cause, plus il ralentit et moins il use son support ; et chaque fois qu'il se renouvelle, la pression du pied lui donne un regain d'impulsion qui, de nouveau, épuise le support ; voilà pourquoi l'axe s'use inégalement.

[Mouvement – incident et réfléchi.]

Je demande si le mouvement que fait la pierre en ligne continue est le même que celui qui s'effectue suivant une ligne réfléchie ; autrement dit, avant le rebond, après le rebond. *[ca. 1497] I, 61 (13) r.*

DU MOUVEMENT

[ca. 1497]
I, 84 (36) v.

Pourquoi le mortier ne suit pas la règle de l'escopette : si une balle pesant une once reçoit une once de poudre avec laquelle on la tire à un mille et qu'ensuite la substance de cette balle augmentant constamment à chaque degré de poids, on lui donne une quantité proportionnée de poudre, jusqu'à mille livres, et que l'on agrandisse la machine de façon qu'elle puisse toujours contenir quarante boulets, autrement dit quarante fois la grosseur de la balle, et que le métal ait toujours la moitié de l'épaisseur de cette balle, l'escopette augmentant de volume en toutes choses, d'une balle d'une once à une de mille livres, tu verras que plus la balle pèse, plus elle voyage loin.

⁂

[ca. 1497]
I, 85 (37) r.

Le mouvement du bras lançant la pierre est double ; car lorsque le coude avance et que le poing tenant la pierre revient en arrière d'un mouvement circulaire, puis avançant de nouveau la jette avec un brusque arrêt du bras, la soudaineté de cet arrêt provoque un recul et produit une percussion dans l'air ; dès lors, le mouvement est beaucoup plus grand que si l'on déplaçait le bras en un geste unique et qu'un mouvement circulaire s'ensuivît quand la pierre est lâchée.

DE LA PERCUSSION

Pourquoi, lorsqu'on tire la bombarde courte, son explosion est plus bruyante que celle de la longue, ainsi qu'on le constate en tirant un passe-volant[1].

⁂

[ca. 1497]
I, 85 (37) v.

Le mouvement de la corde est beaucoup plus rapide vers le commencement qu'à la fin. En conséquence, nous pouvons dire que, du moment où la flèche obéit au plus grand mouvement de la puissance qui la chasse, elle est déjà détachée de la corde quand cette puissance décroît ; la percussion des bras de l'arbalète sur la corde qui la maintient, ayant lieu après le départ de la flèche, n'en accroît pas le mouvement.

1. Ancienne pièce d'artillerie italienne (*passa-volante*), aussi appelée « dragon volant ». (*N.d.É.*)

•◆•

MOUVEMENT ACCRU PAR L'IMPULSION ET LE POIDS

Ce mouvement est accru d'abord par l'impulsion, car plus la pierre qui le fait naître tombe, plus elle acquiert vitesse et gravité ; ensuite, plus la corde se déroule de la partie du cercle, plus elle s'éloigne du centre du mouvement ; et ainsi, plus elle acquiert de poids et d'impulsion. *[ca. 1497] I, 91 (43) v.*

•◆•

Certains mouvements des mobiles continuent à suivre leur direction alors même qu'ils reçoivent une percussion en cours de route ; et ceux-là ont grande force. *[ca. 1497] I, 99 (51) v.*

Les lances de campagne ou les cravaches de chasse décrivent un mouvement plus grand que le bras ; je dis que cela tient à ce que la main décrit un cercle bien plus grand que le coude, quand le bras se meut ; dès lors, s'ils se déplacent dans un même temps, la main couvre deux fois plus d'espace que le coude et l'on peut dire que sa vitesse est double de celle du coude ; et elle lance les objets plus loin.

Ainsi il t'apparaît clairement que le cercle décrit par le coude est deux fois plus petit et sa vitesse deux fois moindre.

Il est vrai que si l'on retranche du mouvement de la main une somme égale à celui qu'a décrit le coude, ils deviennent d'égale lenteur.

•◆•

Si la pierre mue par la puissance de son engin suit, au début de son mouvement, la plus grande puissance et vitesse de son moteur, pourquoi ne conserve-t-elle pas cette égalité du premier mouvement, sans attendre de se séparer en réduisant sa vitesse ? Et si elle se sépare immédiatement, que lui sert d'être accompagnée de près par cette puissance ? *[ca. 1497] I, 100 (52) r.*

•◆•

La puissance motrice qui accompagne le plus loin le mobile, l'éloignera le plus du point où ils se séparent. Presque généralement, la puissance de toute cause de mouvement décroît avant la séparation d'avec l'objet qu'elle meut. *[ca. 1497] I, 100 (52) v.*

La force de la bombarde s'accroît uniquement parce que dans le mouvement plus long du boulet dans son corps, une plus grande quantité de poudre entre en combustion ; en effet, il faut admettre que cet allumage occupe une période de temps divisible ; et plus sa durée se prolonge, plus grande est la quantité de poudre qui s'enflamme, plus le feu est chassé à travers cette machine et plus il expulse le boulet avec élan et fureur.

Quant à ce parcours du moteur, on demande s'il éloignera davantage de lui la chose mue en commençant par un mouvement lent et en augmentant progressivement sa force impulsive ; ou en commençant vite et en ralentissant ; ou en conservant un mouvement uniforme.

•◆•

[ca. 1497]
I, 101 (53) r.

Si deux mobiles égaux de forme, poids et substance, ont des vitesses dont l'une est le double de l'autre, je demande si l'un de leurs parcours sera le double de l'autre. Car on voit des arcs et arbalètes à longs bras, avoir une portée longue et lente, et des arbalètes à bras courts et gros, dont la portée est rapide et brève. Les percussions des brèves effectuent un trajet rapide dans la troisième partie de leur mouvement, et les longues l'effectuent avec plus de lenteur.

Lorsqu'on considère ceci, il faut tenir compte de toutes les forces mathématiques ; car dans le cas de ces arbalètes, différentes causes interviennent, qui produisent des effets différents ; parmi elles, on en trouve qui ont une grande montée, d'autres l'ont brève ; quelques-unes sont longues et minces, et d'autres grosses et courtes, les unes larges et les autres étroites ; et ainsi vont-elles, variant de forme et de puissance, de mainte façon.

•◆•

MOUVEMENT ET POIDS, BOULETS TIRÉS D'UNE BOMBARDE

[ca. 1497]
I, 102 (54) r. et v. et 103 (55) r. et v.

Pour éprouver la puissance résiduelle des choses qui meuvent et tirent les poids en leur communiquant une pesanteur plus ou moins grande, vois quel poids est plus distant de son moteur.

Qu'il soit toujours de forme ronde et de matière homogène, que la balance *m n* ait des bras de longueur et poids égaux ; et que le centre du poids qui frappe le centre du poids mobile soit toujours élevé à l'

En outre, quand tu as trouvé un poids qui s'éloigne davantage du principe du mouvement et qui va plus vite par percussion, et que tu fais de même avec un poids simple sans percussion, tu discerneras la différence entre les causes des mouvements – poids ou simplement percussion. Et ainsi, en ce qui concerne le poids, tu changeras les objets qu'il meut, jusqu'à ce que tu trouves un poids proportionné à la puissance de ce moteur, c'est-à-dire la balle projetée aussi loin que possible de sa puissance motrice. Pèse ensuite un mobile et l'autre, considère les distances auxquelles ils ont été envoyés et tu déduiras avec précision la règle générale, entre ces deux puissances.

Réduis ensuite le mobile de moitié, comme s'accordent à le faire ceux qui ont écrit sur les proportions ; tu verras qu'il est impossible que la même puissance fasse mouvoir deux fois plus vite le poids réduit de moitié ; c'est-à-dire que, s'il était deux fois plus rapide, il irait deux fois plus loin, le rapport des distances parcourues étant égal à celui des vitesses initiales. Si quelqu'un dit que plus le mobile diminue, plus vite son moteur le pousse, en proportion et jusqu'à l'infini, en acquérant constamment de la vitesse, il s'ensuivrait qu'un atome serait presque aussi rapide que la pensée ou que l'œil, lequel en un instant s'élève à la hauteur des étoiles ; dès lors, son voyage serait infini, car l'objet qui peut diminuer à l'infini accroîtrait indéfiniment sa vitesse et traverserait une infinie distance, toute quantité continue étant divisible à l'infini. Or, la raison et l'expérience condamnent cette opinion.

Il s'ensuit que si la bombarde lance son boulet à trois milles en vingt intervalles musicaux ou harmoniques, avec une centaine de livres de poudre et un millier de boulets, si tu prends une livre de balles, cela ferait, avec la même poudre [...] dans le même temps. Travaille sur cette règle de trois, et dis-toi : si mille livres de pierres me sont jetées en deux temps – en retenant dans ton esprit les trois milles –, et aussi, si mille livres de boulets me sont lancées à cette même distance en vingt temps, en combien de divisions de temps la même puissance me jettera-t-elle une livre de balles ? Et si un millier me donne vingt, calcule ce que me donnera un : tu obtiendras vingt mille divisions de temps, ce qui fait environ un cinquantième de temps. Or, si l'on tire le poids d'un petit grain de poudre, ton expérience ne l'enverra pas plus loin que la bombarde n'envoie sa fumée quand on commence à tirer ; et selon ce raisonnement, elle serait envoyée à un million de milles dans le temps où les mille livres de boulets parcourent trois milles. Donc ô spéculateurs, ne vous fiez point aux auteurs qui ont voulu servir de truchement entre la nature et l'homme, en faisant uniquement usage de leur imagination, mais [recourez aux préceptes de] ceux qui ont exercé leur entendement, non d'après les signes de la nature mais selon les résultats de leur expérience.

•◆•

DU MOUVEMENT. HOMME SAUTANT

[ca. 1497]
I, 104 (56) v.

Plus un corps est lourd, plus son mouvement a de puissance. On le voit avec les sauteurs à pieds joints, qui pour faire un plus grand bond rejettent en arrière leurs poings serrés puis les avancent violemment au moment de sauter, sachant qu'ils iront plus loin grâce à ce mouvement.

Nombreux sont ceux qui, pour faire un plus grand bond, prennent dans leurs deux mains deux lourdes pierres et s'en servent comme de leurs poings : leur saut s'en trouve grandement accru.

•◆•

[ca. 1497]
I, 110 (62) v.

Si un poids tombant de dix brasses s'enfonce d'un empan dans le sol, de combien s'enfoncera-t-il s'il tombe de deux brasses ?

•◆•

DU MOUVEMENT

[ca. 1497]
I, 120 (72) r.

Albert de Saxe[1] dans son *De Proportione* dit que si une puissance meut un mobile à une certaine cadence, elle fera mouvoir la moitié de ce mobile deux fois plus vite. Je ne suis pas de son avis, car il ne tient pas compte du fait que cette puissance exerce sa force ultime ; s'il en était autrement, la chose de moindre poids ne serait pas en rapport avec la force du moteur ou du milieu qu'elle a traversé. Dès lors, elle serait chose flottante au vent et non de mouvement droit, et irait moins loin.

---

1. Albert de Saxe, évêque de Halberstadt (XIVe siècle), fut un commentateur d'Aristote.

•◆•

[Notes.]

Je demande en quelle partie du mouvement courbe la cause motrice quitte l'objet mû ou mobile. Entretiens-toi avec Pietro Monti de ces manières de lancer le dard. *[ca. 1497] I, 120 (72) v.*

•◆•

DU MOUVEMENT EN GÉNÉRAL

Quelle est la cause du mouvement. Ce qu'est le mouvement en soi. Ce qui est le plus apte au mouvement. Ce qu'est l'impulsion. La cause de l'impulsion et du milieu où elle se crée. Ce qu'est la percussion. Sa cause. Ce qu'est le rebond. Ce qu'est la courbure du mouvement droit, et sa cause. *[ca. 1497] I, 130 (82) v.*

Aristote, troisième [proposition] de la *Physique*, et Albert [le Grand] et Thomas [d'Aquin] et les autres traitant du rebond, dans la septième de la « Physique », *De Coelo et Mundo.*

•◆•

[Poids et mouvements. Expérience.]

Soit deux boules de matière et forme identiques dont l'une a le double du poids de l'autre ; si je veux les laisser choir par deux tuyaux, placés de façon que les boules se rencontrent en arrivant à leur extrémité, je demande de combien chacune d'elles, au début de son mouvement, devra être éloignée du point de jonction des tuyaux. *[ca. 1497] I, 131 (83) r.*

•◆•

Si la pierre ou l'eau frappée par le mobile tombant sur elle suit ou non le mouvement réfléchi, à la manière dont ce mobile le suivra de lui-même après sa percussion. *[ca. 1503-1505] K, 1 v.*

•◆•

Une goutte tombant sur un lieu uniformément dense et plan, éparpillera, en rebondissant, ses particules extrêmes en un cercle exact ; et ainsi inversement *[ca. 1503-1505] K, 56 (7) r.*

•◆•

[ca. 1506-1507]
K, 107 (27) r.

Il est deux sortes de mouvements, à savoir simples et composés.

Des simples, aucun ne dépasse son moteur en lenteur ou en vitesse. Les mouvements composés peuvent être infiniment plus lents ou plus rapides que leur moteur ; et aussi lui être égaux.

[ca. 1506-1507]
K, 107 (27) v.

Dans le cas d'un bâton dont on userait pour battre, le mouvement le plus lent est au centre de la longueur.

Quand un poids tombe à terre en même temps qu'un autre, dans leur percussion, c'est le poids inférieur qui saute en l'air.

[ca. 1506-1507]
K, 110 (30) r.

Rien de mobile ne sera jamais plus rapide que la partie de son moteur en contact avec lui.

DU BOND DE L'HOMME

L'objet se meut davantage une fois séparé de son moteur, s'il est mû par une plus grande puissance.

[ca. 1506-1507]
K, 111 (31) r.

Chaque petit mouvement du mobile entouré d'air va se maintenant par impulsion.

Le mobile mû par un moteur lent, s'il lui faut mouvoir un objet par frottement n'y parviendra que s'il est joint à ce moteur.

[Diagramme.]

[ca. 1502-1504]
L, 40 r.

Pourquoi toute substance douée de pesanteur, entièrement ou partiellement libre, manifeste en son tout ou en sa partie le désir naturel de descendre.

La roue *a b* étant fixe dans la position que tu vois, la substance lourde *a* descendra en *b* ; et au-dessous, pour ce motif, la substance lourde *c* placée sur le centre de son axe se rapprochera autant que possible du centre de la terre ; et plus bas, *m n* fait exactement de même.

[Mouvements réfléchis.]

Le mouvement réfléchi sera plus fort, qui sera plus long. *[ca. 1502-1504] L, 42 r.*

Le mouvement réfléchi sera plus long, qui se produit entre des angles plus différents.

Le mouvement réfléchi le plus long est moins entravé, attendu qu'il diffère peu du mouvement de percussion ; et comme cette percussion n'a guère de force, il ne perd qu'une faible partie de la puissance du premier moteur.

Mais si le mouvement réfléchi est plus court, c'est signe qu'il est plus gêné à l'endroit de la percussion et il diffère grandement du mouvement d'incidence ; la puissance du premier mouvement s'en trouve donc fort diminuée.

⁂

DE LA PERCUSSION

Le mouvement réfléchi sera d'autant plus faible qu'il est plus bref. *[ca. 1502-1504] L, 42 v.*

Le mouvement réfléchi sera plus bref, qui est causé par une percussion plus grande.

La percussion aura puissance plus grande, qui se produira sous des angles plus égaux.

Des percussions faites à angles égaux, celle-là aura force plus grande qui se produira contre un objet plus compact. Et dans les percussions sur des objets de compacité équivalente, celle-là aura plus de puissance qui s'exercera sur l'objet plus résistant.

Le corps sphérique tourne d'autant plus dans le mouvement réfléchi, que la percussion a lieu sous des angles plus inégaux.

⁂

[Mouvement. Boulet de canon.]

Autant la surface du boulet de canon est lisse, autant il aura de facilité à tourner dans l'air en se mouvant. *[ca. 1502-1504] L, 43 r.*

Dans une proposition de ce genre, on imaginera que le boulet tiré de la bombarde doit tourner dans l'air qu'il comprime ; si le boulet n'est pas entièrement lisse, sa courbure pourra être gênante en raison de la friction avec l'air qui l'entoure, ainsi que je l'ai démontré dans le quatrième relatif aux frottements.

Ainsi, ce boulet pivotera davantage sur lui-même si son rebond a lieu sous un angle plus obtus ; et si le boulet n'est pas assez lisse, sa vitesse faillira beaucoup plus que s'il était poli.

[ca. 1502-1504]
L, 43 v. et 44 r.

Les lésions occasionnées par les percussions d'une substance sphérique lourde ne seront pas proportionnelles aux inclinaisons des endroits percutés. L'expérience confirmerait entièrement cette proposition, n'était l'énergique compression de l'air chassé par la furie du boulet, et qui, n'étant pas rapide en soi comme le mouvement du moteur qui le pousse, se comprime d'autant plus qu'il est davantage chassé. Voilà pourquoi ce boulet, frappant ensuite, par une ligne non centrale, l'intérieur du champ de la ligne perpendiculaire *a c*, entreprend le premier stade de son inclinaison, le dernier rencontrant la ligne horizontale *a b*.

[Dessin d'un vaisseau à voiles.]

[ca. 1502-1504]
L, 47 v.

Si l'eau, ici, se mouvait aussi vite que l'air, le vaisseau avancerait comme le vent, sans voiles ; mais le vent étant plus rapide dans la région supérieure qu'inférieure, il aura plus de puissance sur la voile que sur l'eau.

[ca. 1502-1504]
L, 64 v.

Le blé secoué dans un crible saute en forme de pyramide.

[Mouvement, percussion.]

La chose que son moteur accompagne davantage se meut davantage, par un mouvement dérivé.

Quelle différence il y a entre la percussion de la chose indivise et celle qui est divisée.

[Poids et mouvement.]

[ca. 1502-1504]
L, 65 v.

Si la partie la plus lourde des corps se fait le guide de leur mouvement, et que dans une flèche percée l'on mette du vif-argent, comment la flèche se comportera-t-elle et quel parcours suivra-t-elle, quand on la tire vers le haut ?

Pourquoi la lance faite de pièces juxtaposées, à la manière d'une boîte dentée, assène-t-elle un coup plus dur qu'une lance formée d'une seule pièce ?

⁂

RÈGLE DE PUISSANCE

Si une puissance meut un poids sur un certain espace dans un certain temps, la moitié de cette puissance fera mouvoir le corps tout entier sur la moitié de cet espace dans ledit temps, ou sur la totalité de cet espace dans le double de temps. *[ca. 1502-1504] L, 78 v.*

Ou la totalité de cette puissance fera mouvoir un poids double de ce premier poids sur la moitié de la distance dans le même temps.

Ou elle fera mouvoir le poids dans la moitié de ce temps sur la moitié de l'espace.

⁂

Comme tout animal, l'homme éprouve plus de fatigue pendant la montée que la descente ; car en montant, il porte son poids avec lui, et lorsqu'il descend, il le laisse simplement aller. *[ca. 1502-1504] L, 84 v.*

⁂

Le corps se montrera le plus pesant, qui rencontrera la plus faible résistance, et le corps lourd rencontrera la plus faible résistance, dont le centre sera le plus éloigné de la ligne centrale de son support. *[ca. 1502-1504] L, 85 v.*

⁂

Le centre de toute gravité suspendue se trouve au-dessous de la ligne centrale de la corde qui le soutient. *[av. 1500] M, 37 r.*

Si les cordes de la balance partent de ses deux bras égaux et que l'une ait le double de la longueur de l'autre, supposé qu'elles se rencontrent en un même endroit pour soutenir un poids, l'une d'elles supportera un poids plus grand dans la mesure où elle sera plus longue.

⁂

La gravité suspendue à une corde est toute en toute la longueur de la corde, et toute en chacune de ses parties. *[av. 1500] M, 40 v.*

[av. 1500]
M, 41 r.

Pourquoi le sable plat étant composé de grains dissemblables de forme et de grandeur, l'eau qui coule dessus chasse ces grains avec des mouvements de forces différentes :

De même que les corps de poids et forme différents font des mouvements différents dans l'air calme, ainsi de l'air et de l'eau qui se meuvent entre les corps au repos. Voilà pourquoi le sable cesse d'être plat, l'eau qui se meut sur lui remplissant le même office que l'air quand il se meut sur l'eau. Et si l'on veut démontrer que le fond de sable plat produit ses ondes et devient inégal par suite de l'inégalité de ses granules, laquelle ne saurait se manifester à la surface de l'eau frappée et de corps uniforme, je soutiens que l'air est plein de parties dont le mouvement est dissemblable et qu'il n'existe donc point d'uniformité dans le mouvement des parties qui s'agitent à son contact.

[Navires, vent et mer.]

[av. 1500]
M, 41 v.

Je demande si la vague – ou plutôt le navire – voyage aussi vite que la vague qui le porte ou que le vent qui le pousse, ou s'il participe à la fois de l'un et l'autre mouvement.

Si le marinier a le courant favorable et le vent contraire, je sais qu'à égalité de force, le navire restera dans sa première position.

[Résistance de l'air.]

a	b	c
1	10	9
2	20	18
3	30	27
4	40	36
5	50	45
n	m	s

[av. 1500]
M, 43 r.

La ligne *c s* représente le mouvement de la gravité *b m*, moins la résistance de l'air *a n*.

L'air, quand il est dépourvu de nuages et de brume, est

épais à sa base ; et à chaque degré de sa hauteur, il acquiert des degrés de ténuité en forme de pyramide, comme il est démontré par la ligne *n a*.

À chaque stade de son mouvement, le poids qui descend à travers l'air acquiert un degré de vitesse, encore qu'il m'eût fallu d'abord dire qu'à chaque degré de temps il a acquis un degré de mouvement de plus que le degré de temps qui vient de s'écouler. Voilà pourquoi je suppose que les degrés du mouvement ont dix fois plus de puissance que ceux de l'air qui résiste ; dès lors, nous pouvons affirmer que les dix degrés susdits – si l'on en ôte un, en raison de la résistance partielle de l'air – se réduisent à neuf, et les seconds vingt degrés, pénétrant dans l'air plus épais, subissent une soustraction de deux, en sorte que les vingt deviennent dix-huit, comme le montre la ligne *b m*.

[Des poids qui se meuvent à travers l'air.]

Si deux poids égaux sont situés verticalement l'un au-dessous de l'autre et qu'on les laisse choir en même temps, au cours d'une longue descente, l'intervalle qui les sépare s'abolira et ils se rejoindront. *[av. 1500] M, 43 v.*

Quand l'air est sans brume ni nuages, tu trouveras qu'à chaque degré de hauteur il acquiert un degré de ténuité correspondant. De même, à l'inverse, à chaque degré d'abaissement, il acquiert un degré de densité. Voilà pourquoi si deux corps égaux sont placés l'un sous l'autre à une brasse de distance, c'est-à-dire attachés par un filet et qu'on les laisse choir ensemble, au cours d'un long parcours ils finiront par se toucher attendu que celui du dessous sera toujours dans un air plus épais que celui du dessus ; en outre, le premier a la dure tâche de fendre l'air et d'y créer des ondes ; une partie de cet air fuit vers le haut, et, en chargeant par son mouvement réfléchi, il se heurte au second corps ; mais le reste de l'air de dessus accourt combler le vide laissé derrière ce corps.

Preuve de la proportion du temps et du mouvement, ainsi que de la vitesse de descente en pyramide des corps lourds car lesdites forces sont toutes pyramidales, attendu qu'elles commencent à rien et vont en augmentant suivant une proportion arithmétique. *[av. 1500] M, 44 r.*

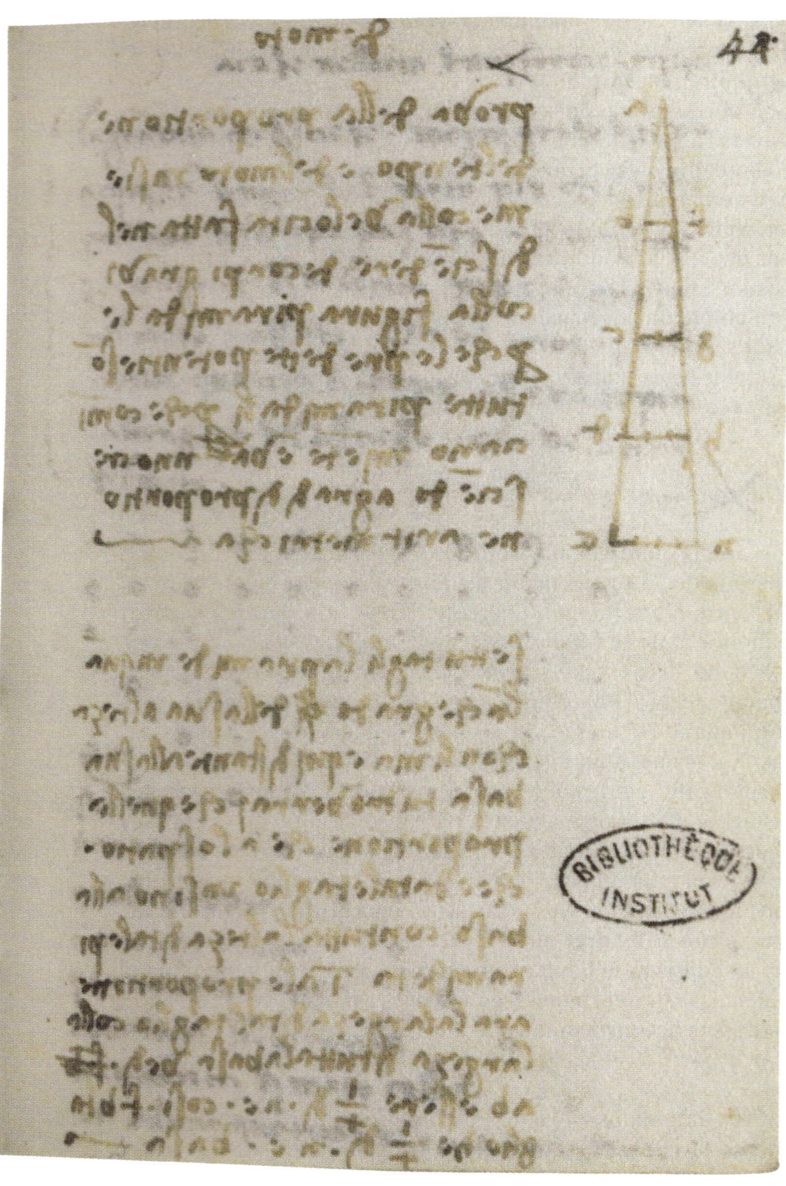

Proportions de l'accélération des corps en chute libre selon Léonard de Vinci (*M*, 44 r.).

Si tu coupes la pyramide à un niveau quelconque de sa hauteur par une ligne équidistante de sa base, tu trouveras que le rapport de cette section, à sa base, avec toute la hauteur de la pyramide, est le même qu'entre la largeur de la section et celle de la base entière.

⁂

Ceci se produit dans l'air d'épaisseur uniforme. *[av. 1500] M, 44 v.*

Le corps lourd qui descend acquiert, à chaque degré de temps, un degré de mouvement supérieur au précédent degré de temps, et pareillement, un degré de vitesse plus grand que celui du précédent mouvement. Voilà pourquoi, à chaque quantité doublée de temps, la longueur de la descente est doublée, et aussi la vitesse du mouvement.

Il est montré ici que, quel que soit le rapport d'une quantité de temps avec une autre, une quantité de mouvement aura le même avec l'autre, et semblablement, une quantité de vitesse.

⁂

[Poids dans l'air, accroissement de la vitesse.]

Le corps pesant qui descend librement, acquiert, à chaque degré de temps, un degré de mouvement, et à chaque degré de mouvement, un degré de vitesse. *[av. 1500] M, 45 r.*

[Bien que la division égale du mouvement du temps ne se puisse indiquer par degrés, comme pour le mouvement des corps, néanmoins la nécessité me contraint, en l'occurrence, à faire des degrés comme en font les musiciens[1].]

Mettons qu'au premier degré de temps, il [le corps lourd] acquiert un degré de mouvement et un degré de vitesse ; au second degré de temps, il acquerra deux degrés de mouvement et deux de vitesse, et ainsi successivement, comme il a été dit ci-dessus.

⁂

[Ondes aériennes.]

L'onde de l'air, produite par un corps qui se meut en lui, sera considérablement plus rapide que le corps moteur. *[av. 1500] M, 45 v.*

Ce qui est exposé ci-dessus advient parce que le corps de

1. Passage biffé dans le ms.

l'air étant très agile, et très facilement agité quand un corps s'y meut, le premier mouvement crée la première onde, qui ne saurait se produire sans en engendrer une après elle, et celle-là une autre. Ainsi ce mobile dans l'air crée, au-dessous de lui, à chaque degré de temps, des ondes multipliées qui, dans leur fuite, frayent le chemin au mouvement de leur moteur.

L'onde de l'air qui se forme et se reforme, prépare la voie au mouvement de son moteur.

L'air captif par force, devient plus lourd que celui qui est en liberté.

*

[Poids se mouvant à travers l'air.]

[av. 1500]
M, 46 r.

À chaque degré de mouvement, le corps lourd en descente libre acquiert un degré de poids.

Ceci ressort de la deuxième [proposition] du premier [discours] où il est dit : « Le corps sera plus pesant qui a moins de résistance. » En cas de chute libre des corps lourds, l'exemple déjà allégué de la vague de l'eau démontre clairement que l'air dessine la même vague au-dessous du corps qui descend, car il se trouve poussé d'une part et attiré de l'autre, c'est-à-dire il dessine une vague tournante qui continue à le refouler vers le bas. Or, pour ces deux motifs, l'air fuyant devant le poids qui le chasse prouve clairement qu'il ne lui résiste pas, et donc il n'empêche pas ce mouvement ; voilà pourquoi plus grande est la descente de l'onde – dont le voyage dépasse en rapidité le corps lourd qui la meut –, plus longtemps se prolonge le mouvement du corps lourd ; et plus la dernière vague s'éloigne, plus elle facilite la fuite de l'air qui touche au poids.

*

[Densité des vagues. Poids dans l'air.]

[av. 1500]
M, 46 v.

Quand les vagues se divisent en menues particules, la quantité du dessus qui est réunie et puissante, descend au fond.

Les choses qui tombent peuvent être de quantités continues, tels les bâtons, poutres et autres analogues, ainsi que les corps liquides, encore que ces derniers se fassent discontinus quand leur descente se prolonge.

D'autres sont discontinues comme les pierres, et autres corps séparés l'un de l'autre. D'autres sont neutres, comme le serait le grain de la trémie qui verse le mil, le sable, et des quantités semblables de menus corps dont tu expérimenteras [la chute] d'une grande hauteur. Et note la différence entre l'unité de leur sortie de la trémie et leur densité quand ils arrivent au lieu de leur percussion.

Si l'air était d'épaisseur uniforme en chaque partie de sa hauteur, les corps qui descendent acquerraient, à chaque degré de mouvement, des degrés égaux de vitesse.

⁂

[Poids. Mouvement. Ondes de l'eau.]

[av. 1500]
M, 47 r. et v.

Or nous avons trouvé que les quantités discontinues acquièrent à chaque degré de mouvement un degré de vitesse ; et ainsi, à chaque intervalle de temps harmonique, elles gagnent une longueur d'espace, l'une par rapport à l'autre, et cet acquis est suivant une proportion arithmétique.

Comment alors expliquerons-nous la quantité continue des corps liquides dans leur descente, puisqu'à chaque temps harmonique, il [le liquide] déverse le même poids et à chaque degré de mouvement s'allonge et s'amincit, en sorte que sur un long parcours il se termine en un point, comme la pyramide ? Dès lors, au lieu que ce corps liquide tombe à terre, c'est chaque grande masse de ce corps qui devrait se maintenir en l'air, même s'il s'agit d'un très grand fleuve, à débit continu. L'expérience nous montre le contraire, car la même quantité qui part d'en haut frappe le bas ; et si le même poids de ce corps liquide se fait plus subtil, il rencontre une moindre résistance aérienne, et gagne de la vitesse ; et si, plus subtil, il a gagné de la vitesse, ce même poids en viendrait aussi, pour la même raison, à s'allonger et donc à s'amincir davantage, et descendrait plus rapidement ; et ainsi indéfiniment.

Voilà pourquoi, de quelque façon que la descente affecte la forme d'une pyramide, la nature ou la nécessité a voulu qu'elle s'inverse en faisant passer ses extrémités de droite à gauche et commence à se diviser ; et plus elle descend, plus elle se divise. Ainsi, avec beaucoup de ramifications, elle s'allège et retarde son mouvement irrégulier.

⁂

[Poids tombant successivement.]

[av. 1500]
M, 48 r.

Si deux corps de poids égal et de même forme tombent l'un après l'autre de la même hauteur, à chaque degré de temps l'un sera d'un degré plus éloigné de l'autre.

*

[Poids. Accroissement de vitesse.]

[av. 1500]
M, 49 r.

Le corps lourd en chute libre gagne un degré de vitesse à chaque degré de son mouvement.

La partie du mouvement correspondant à chaque degré de temps est toujours plus longue progressivement, la plus récente étant toujours plus longue que la précédente.

L'évidence de ce qui vient d'être exposé ressort clairement, car dans le temps où le poids *a* descend en *c*, *b* qui se trouve être quinze fois plus rapide que *a*, aura couvert quinze fois autant d'espace dans sa descente.

*

[Balances.]

[av. 1500]
M, 51 r.

Je désire faire une balance ayant des bras d'égale longueur, dont je veux que l'un pende vers le bas, comme il est montré en *b c*, et dont le poids sera d'au moins quatre onces ; je demande combien devra peser le bras qui est droit et combien l'un devra être plus grand que l'autre, pour s'opposer une résistance mutuelle dans la position d'équilibre ?

*

[Corps tombant successivement.]

[av. 1500]
M, 52 r.

Soit la descente de deux corps égaux de forme et de poids, dont l'un a commencé son mouvement avant l'autre ; leurs percussions seront proportionnelles à la longueur de leurs mouvements.

*

[Proportions et projectiles.]

La même proportion existera de base à base que de côté à côté et de hauteur à hauteur. *[av. 1500] M, 53 r.*

Tu procéderas par la règle de trois, et tu diras si la hauteur de la pyramide, que je sais avec certitude être *s c*, me donne une brasse pour sa base ; ou, si une base d'une brasse dérive d'une pyramide de dix brasses, d'où dérivera une autre base de soixante-cinq brasses ?

Ici naît une exception : si une balle s'élève d'abord de cent brasses avec une once de poudre, elle traversera un air de plus grande épaisseur que celle qui s'élèverait à trois mille brasses ; par conséquent, comme cette dernière est montée toutes les cent brasses dans une région d'air plus subtile que la précédente, sa vitesse s'est toujours accrue.

Je voudrais savoir combien la portée d'un passe-volant ou d'une escopette est plus haute que celle d'un autre, et pour ce faire je planterai mon instrument selon la ligne *b c*, de manière stable, pour que son obliquité ne se modifie point. Après quoi j'insérerai une quantité de poudre si minime que la balle ne sera projetée qu'à deux brasses de l'escopette, comme *b s*, et je noterai où elle tombera, en *n* ; puis je doublerai la charge de poudre et verrai où elle tombe en *m* ; et si je trouve que la base *m c* est le double de la base *n c*, je saurai que la hauteur de la pyramide *h c* est le double de celle de *s c*.

[Comment soulever de grands poids.]

[Dessins.]

Il faut que les grands poids soient toujours soutenus par des leviers, comme tu le vois lorsque de la barque on retire la colonne. *[av. 1500] M, 56 v.*

a, coin qui se maintient en *a*.

Coin. Barque. Treuil.

Tu feras faire à ta corde autant de fois le tour de la colonne que tu veux avoir de tours à dérouler en la tirant.

[Chute des corps pesants.]

[av. 1500]
M, 57 r. et v.

Si on laisse choir beaucoup de corps de poids et forme semblables, à des intervalles de temps égaux, les excédents de leurs intervalles seront égaux entre eux.

Démonstration.

Conformément à la cinquième [proposition] du premier [discours], où il est dit que l'objet qui descend acquiert à chaque degré de son mouvement des degrés égaux de vitesse.

Voilà pourquoi le mouvement devient beaucoup plus rapide vers le bas qu'au commencement.

Et en vertu de la huitième du premier, qui dit : la paire supérieure aura, dans l'intervalle qui la sépare, la même proportion avec l'intervalle de la paire inférieure, que la vitesse de la paire inférieure avec celle de la paire supérieure, ainsi il y aura proportion réciproque entre les vitesses et les distances.

Cette conclusion relative au mouvement sera démontrée ainsi : on prend deux balles de forme et poids semblables, et on les fait tomber d'une hauteur considérable, de façon qu'au début de leur mouvement elles se touchent ; celui qui procède à cette expérience s'arrêtera pour observer si au moment de leur chute elles sont restées en contact. Et l'épreuve sera répétée mainte fois, pour éviter tout accident risquant de la gêner ou la fausser, car l'expérience pourrait être fausse, qu'elle trompe ou non l'investigateur.

DE LA RÉSISTANCE DE L'AIR

[av. 1500]
M, 58 r.

L'air se condense davantage, que presse un poids plus grand.

Bien que *b* soit aussi épais que *a*, comme il est deux fois plus lourd, il est cause que l'air fuyant au-dessous est deux fois plus dense ; et à mesure qu'il se condense au-dessous, il se raréfie proportionnellement au-dessus.

[Poids, percussion, ressort.]

Le poids de plus grand volume s'avérera plus léger. *[av. 1500] M, 59 r.*

Le poids fera une moindre percussion, qui dans sa descente frappe avec une partie plus éloignée de sa ligne centrale de gravité ou avec une partie qui cède contre l'objet comme un ressort, ou encore, avec une partie qui cède contre la chose percutant l'objet avec un ressort, ou qui saute sur la pointe des pieds.

[Chute des corps lourds.]

Explication du mouvement de la quantité discrète. *[av. 1500] M, 59 v.*

Pourquoi le mouvement naturelle des corps lourds acquiert un degré de vitesse à chaque degré de sa descente.

Et pour cette raison, un tel mouvement à mesure qu'il gagne en puissance, affecte une forme pyramidale, car la pyramide acquiert semblablement à chaque degré de sa longueur un degré de largeur ; et il y a proportion arithmétique entre ces accroissements, attendu qu'ils sont toujours égaux.

[Dessin de deux balles.]

De ces deux figures, l'une a le double du diamètre de l'autre et je voudrais savoir combien l'une descend plus vite que l'autre. *[av. 1500] M, 60 r.*

[Dessin de deux cubes p q.]

Encore que *p* égale huit fois *q*, la rapidité de sa descente n'excédera que du double environ, celle de *q* ; descente dont il sera parlé ici.

Admettons que *q* égale trois livres, et la résistance de l'air, une livre ; le poids qui égalait trois étant réduit à deux, du poids *p*, il reste deux livres. De même, pour les quatre dés de dessous qui étaient de trois livres chacun, il reste huit livres, et ceux de dessus sont de douze livres, ce qui fait vingt ; et se trouvant contenir dix fois deux, il devient dix fois plus rapide.

·◆·

[av. 1500]
M, 60 v. et 61 r.

Si deux boules de même poids et dimension sont placées à une brasse, l'une au-dessus de l'autre, et commencent leur descente en un même moment, à chaque degré de mouvement l'intervalle entre elles sera toujours constant et demeurera tel qu'il est montré en *a b*.

Si au moment où la boule est descendue d'une brasse, tu en laisses tomber une autre toute pareille, tu trouveras qu'à chaque degré de mouvement correspond en proportion un changement de vitesse et de puissance.

Il est montré clairement que lorsqu'une balle est tombée de *a* en *c*, elle a traversé deux fois la distance que parcourt la balle tombée simplement de *a* en *b* ; elle sera donc deux fois plus rapide et puissante, et s'enfoncera deux fois plus profondément qu'en *b* ; ou bien, lorsque *a* est descendue en *d*, *b* se trouvera en *c*, et la puissance *d* ne sera pas plus du double de celle de *c*, mais de nouveau se trouvera en être la moitié. Et ainsi, quand *a* est en *e*, *b* sera en *d* et la puissance de *d* représentera les trois quarts de celle de *e*, puis les quatre cinquièmes, puis les six septièmes et ainsi à l'infini.

·◆·

[Projectiles.]

DU MOUVEMENT

[av. 1500]
M, 61 v. et 62 r.

Je voudrais savoir quel poids devra avoir la charge de plomb qui chassera une balle de plomb d'une livre à une plus grande distance d'elle que tout autre poids également en plomb, lesdits moteurs ayant même mouvement.

Et je voudrais savoir à quelle distance un poids de bois, égal à celui du plomb, chassera loin de lui par même mouvement, la susdite balle de plomb.

Parmi les poids de forme semblable, le plus petit sera poussé le plus loin par une même puissance.

RÉCIPROQUE

Parmi les poids de forme identique, poussés par la même puissance, celui-là sera de plus grand volume, qui sera de moindre mouvement.

Aristote dit que si une puissance meut un corps sur une certaine distance, en un certain temps, elle fera parcourir à la moitié de ce corps le double de la distance, dans le même temps. Voilà pourquoi cette même puissance fera parcourir à la millionième partie du poids un million de fois cette distance, dans le même temps ; ou, si ce poids était d'une once et qu'il fût transporté à un mille en une période de temps donnée, la millionième partie serait transportée à un million de milles dans la même période. Et si tu disais que l'air opposerait de la résistance, je soutiens que, dans la mesure où le poids de ce corps serait inférieur à une once, une moindre quantité d'air lui barrerait le passage.

[Mouvements et proportions.]

Du mouvement des choses, proportionnellement à la puissance qui les pousse. *[av. 1500] M, 62 v.*

Il faudra faire l'expérience avec une arbalète ou autre puissance qui ne s'affaiblit point, et aussi avec des balles de même forme et de matière et poids différents, pour éprouver laquelle s'éloigne le plus de sa puissance motrice ; ensuite faire l'expérience avec des formes de grandeur, largeur et longueur variées, et tirer une règle générale.

DE LA CONVERSE

Je voudrais savoir quel poids aura la puissance qui chassera le plus loin d'elle un poids sphérique d'une livre.

DE LA PUISSANCE DE L'ARBALÈTE

Le poids qui charge l'arbalète a même rapport avec le poids de la flèche que le mouvement de la flèche de cette arbalète avec le mouvement de sa corde. *[av. 1500] M, 63 r.*

Ici, il faudrait déduire trois résistances opposées par l'air, à savoir : la percussion de l'arc de l'arbalète sur l'air, et celle de la corde ; la troisième est celle qui se produit contre la flèche. Plus la corde est grosse, moins sa flèche l'embrasse.

[Des coins.]

[av. 1500]
M, 63 v.

Coin ordinaire, immobile à cause de la « mère[1] ».

Coin dans gaine de fer, pour fendre les pierres.

La force du coin est très grande à cause de la percussion, et apporte une merveilleuse puissance à séparer les choses unies et unir les divisées, à imprimer les sculptures des métaux en bas-reliefs ; à extraire les liquides des endroits où ils sont produits, et sécher les corps mouillés, ainsi que mainte autre chose, comme il sera montré lorsqu'on en traitera ; bien qu'il soit de même nature que la vis, il la surpasse de loin.

DES COINS PERMANENTS

[av. 1500]
M, 64 r.

Les coins sont de deux sortes : l'une s'appelle permanente et l'autre transitoire. La permanente est celle par laquelle le coin, une fois entré, ne peut plus retourner en arrière, et l'autre entre et sort selon les exigences de la nécessité.

La hache et le marteau qui se trouve être la mère de son manche, seront larges du haut et étroits du bas, et leurs manches épais du dessous et étroits du dessus ; ensuite, au moyen du coin permanent, il faudra élargir le dessus.

[Mouvements de l'eau et du sable.]

[av. 1500]
M, 64 v.

Je demande où l'eau laisse le sable plissé et où lisse, où gros et où menu, où pur et où mélangé de divers parcelles et brins de paille, bois et feuilles.

L'eau tombe de ses hauteurs, et là où elle produit plus grande percussion, elle balaye les choses les plus lourdes et résistantes ; après quoi, elle entraîne les lourdes au fil du courant le plus important et le plus rapide ; inversement, elle

1. Ms. : *madre*.

emporte les objets plus légers dans la partie d'eau la plus lente et de moindre puissance.

•◆•

Je demande où l'eau quitte ses rives fangeuses, où elle est mêlée de sable, où elle est subtile et fine en sorte qu'elle s'écoule, et où elle est mêlée à des racines, des brins de paille et des feuilles. *[av. 1500] M, 65 r.*

Nous dirons la cause du mouvement que fait le sable sur son lit et ce qui l'emporte, et comment il se meut, et comment il s'arrête : et aussi les pierres petites et grandes et comment elles s'agglomèrent toutes ensemble ; et aussi chacune des autres choses qui vont roulant sur son lit.

•◆•

[Rapports des surfaces.]

Si deux surfaces de forme différente et de circonférence égale se touchent quand elles sont superposées, et que les parties qui coïncident soient de même forme et circonférence, celles qui ne sont pas en contact seront de forme différente et de circonférence égale. *[av. 1500] M, 65 v.*

•◆•

[Mouvement d'eau et de sable.]

[Dessins.]

Les vagues de sable se peuvent muer l'une en l'autre, selon la direction du fleuve. *[av. 1500] M, 66 r.*

L'eau la plus rapide est celle qui érode davantage le lit du fleuve. De là vient que lorsque le sable forme des écailles ou qu'à la façon de certaines ondulations il est visible à la surface de l'eau – celui qui est mû par un plus grand courant se polit davantage.

Comment l'eau peut couler au-dessus par une ligne et au-dessous par une autre, transversale, ainsi qu'il est montré en *a b* et *c d.*

•◆•

Concept. Pour toute chose mouvante, l'espace acquis est aussi grand que l'espace quitté. *[av. 1500] M, 66 v.*

Concept. Si une chose est éloignée du contact d'une autre, l'étendue du mouvement de la partie opposée à ce contact sera aussi grande que l'espace interposé entre les parties qui au début se touchaient.

•◆•

[Dessin.]

[av. 1500]
M, 67 r.

Comment la queue du poisson se meut pour le faire avancer ; de même pour l'anguille, le serpent et la sangsue.

Concept. Si les parties de deux surfaces se touchent, la partie de l'une en contact avec l'autre correspondra à celle de l'autre qui est touchée par l'une ; ou plutôt, la première sera autant touchée par la seconde, que la seconde par la première.

•◆•

[Dessin.]

[av. 1500]
M, 67 v.

Ici deux forces d'eau sont aux prises et triomphent tour à tour.

•◆•

[Arbalète, rapport du poids et du mouvement.]

[av. 1500]
M, 71 v.

Si la corde de l'arbalète tire quatre cents livres de poids sur sa noix, avec un mouvement d'un tiers de brasse, elle tirera en se déchargeant deux cents livres à la distance de deux tiers de brasse de sa noix ; et cette puissance éloignera d'elle cent livres à une distance d'une brasse et un tiers.

Plus tu réduiras le poids du mobile, plus la puissance lui imprimera un grand mouvement. Dès lors, tu trouveras toujours que le mouvement de la corde et le mouvement de la chose mue auront entre eux même proportion que le poids qui a tiré la corde jusqu'à la noix, avec le poids qu'a lancé cette corde – si l'air ne lui a pas fait obstacle.

•◆•

[av. 1500]
M, 72 r.

Un arc qui se plie d'une demi-brasse et a une puissance de cent, tire à deux cents brasses ; un autre a une puissance de deux cents et s'ouvre d'un quart de brasse. De l'un ou de l'autre, lequel lancera la flèche proportionnellement plus loin ?

Et si un autre s'ouvrait cent fois moins et était cent fois

plus fort, lequel aurait proportionnellement une plus longue portée, avec ces mêmes flèches ?

⁂

Règle de la proportion des rebonds.

Si tu enroules la corde *n m* vingt fois, elle fera en se déroulant trente-neuf tours en sens contraire, puis s'enroulant dans la direction opposée, elle en fera trente-huit ; et ainsi de suite, elle ira diminuant selon une proportion arithmétique, jusqu'à ce que son mouvement cesse. *[av. 1500] M, 72 v.*

La longueur du premier tour aura les mêmes proportions avec le second que la première torsion à droite, avec celle de gauche.

⁂

[Élévation de l'eau.]

Si le réservoir est de largeur uniforme et en contact avec l'eau dans toute sa hauteur, et que, du fond une eau jaillisse qui soit un peu guidée vers le haut par les bords de son conduit, elle s'élancera avec autant de force hors d'un conduit mince que s'il est épais, car l'eau qui sort en filet ténu est poussée par la partie mince qui se trouve dans le réservoir, et la partie épaisse est guidée et poussée par la partie épaisse qui s'y trouve également. *[av. 1500] M, 73 r.*

⁂

[Mouvement et poids. Arbalète.]

DU MOUVEMENT

Il y aura même rapport entre les longueurs du mouvement décrit par la chose que lance l'arbalète et celui de sa corde, qu'entre le poids lancé et le poids de l'arbalète. *[av. 1500] M, 73 v.*

a b est le mouvement que fait la corde de l'arbalète quand elle est chargée et qu'elle acquiert sa force.

b c est le mouvement contraire de la corde lorsqu'elle perd sa force, et la même proportion existe entre le mouvement que fait la corde en acquérant de la force et le mouvement produit par la mort de la force, qu'entre le poids chassé et le poids créateur de la force.

⁂

[av. 1500]
M, 74 r.

Si un poids fait mouvoir la corde de l'arbalète jusqu'à sa noix, la moitié de ce mouvement dépassera la moitié du mouvement de cette corde, et cinq septièmes du poids provoqueront les trois quarts du mouvement de la corde vers la noix.

À présent, pour donner un poids uniforme au mouvement de la corde dont la force, tandis qu'elle se relâche, diminue d'un degré à chaque degré de mouvement, tu prendras la moitié de la force ; ainsi si elle était de quatre cents au commencement, et nulle à son terme, prends la moitié de la force pyramidale qui était de deux cents, et calcule avec le poids de la flèche.

⁂

DU MOUVEMENT DE LA FLÈCHE

[av. 1500]
M, 74 v.

Bien que la force de l'arbalète soit grande au commencement et nulle au dernier stade, néanmoins le mouvement de la corde, en vertu de l'élan acquis, s'accélère vers la fin plutôt qu'au début ; nous concluons donc que la flèche se détache au terme du mouvement de la corde.

⁂

[Du pouvoir de percussion.]

[av. 1500]
M, 83 v. et 84 r.

Beaucoup de petits coups enfoncent le clou dans le bois, mais si tu les réunis tous en un, ce coup aura un pouvoir bien supérieur à celui qu'il possédait en chacune de ses parties isolées. Mais si la force percutrice pousse le clou tout entier dans le morceau de bois, cette force se divisera en plusieurs parties, et bien que leur percussion s'exerce sur le clou pendant un long temps, elle ne pourra aucunement le faire entrer dans le bois.

Si un marteau de dix livres enfonce d'un coup le clou dans un morceau de bois, un marteau d'une livre ne l'y fera point pénétrer entièrement en dix coups. Le même marteau d'une livre n'enfoncera pas davantage d'un seul coup, un clou moindre que le dixième du premier clou, même si ses proportions sont égales à celles du premier, parce que la dureté du bois ne diminue pas sa résistance, c'est-à-dire qu'il reste aussi dur qu'au début.

Veux-tu étudier les proportions du mouvement des choses qui ont pénétré dans le bois, chassées par le pouvoir du clou, considère la nature du poids percuteur et l'endroit où s'enfonce l'objet percuté.

•◆•

[Poids de la pyramide.]

Si tu veux diviser la pyramide en deux poids égaux, partage-la en quatre parties dans le sens de la longueur, et joins ensemble le quart qui est du côté de la pointe et celui qui est vers la base ; ces deux parties réunies égaleront en poids et en quantité les deux parties centrales, c'est-à-dire qu'une mesure commune les mesurera avec précision, comme il est montré ci-dessous. *[av. 1500] M, 85 v.*

•◆•

[Mouvement. Arbalète.]

Du mouvement fait de telle sorte que le moteur achève sa course avant que la corde reste tendue. *[av. 1500] M, 90 r. et v.*

Ce mouvement aura la même puissance que celui de la corde qui reste tendue quand la flèche part de l'arbalète, à condition que le moteur termine sa course avec une puissance pyramidale, c'est-à-dire grande au début et aboutissant à rien. Toutefois, le mouvement de la flèche qui est grand à son début, et aboutit également à rien, conserve sa puissance plus longtemps que celui de la corde, attendu qu'il a pu se prolonger sur une longueur de quatre cents brasses tandis que la capacité de mouvement de la corde qui lança la flèche n'était que d'un tiers de brasse.

[Diagramme.]

Pyramide de la puissance et du mouvement du moteur.

Pyramide de la puissance et du mouvement du mobile.

Si la corde de l'arbalète demeure incurvée après qu'elle a lancé la flèche, il est certain que sa puissance, à chaque degré de mouvement, a acquis des degrés de lenteur et une infinie faiblesse ; nous pouvons donc qualifier cette puissance de pyramidale, parce qu'elle commence en une base et aboutit à un point.

La flèche, lancée par la corde de l'arbalète, est également pyramidale, car à chaque degré de mouvement elle acquiert des degrés de lenteur et de faiblesse ; mais cette pyramide étant plus longue que celle de son moteur, la flèche s'est détachée de la corde avant que celle-ci s'arrêtât ; et même, déjà quand le moteur était à son plus haut degré de puissance.

[Poids et contrepoids. Arbalète. Expérience.]

[av. 1500]
M, 91 r. et v.

Ici, il convient de faire l'expérience sur un même contrepoids et avec la même chute de ce contrepoids, divers poids du moteur et différentes formes ; vois d'abord quel poids sphérique sera envoyé à une plus grande distance de son moteur. En outre, quand tu auras déterminé ce poids qui, je l'ai dit, est sphérique, tu essayeras de modifier sa longueur en le garnissant de plumes à la façon des flèches.

De plus, cette forme de flèche, tout en ayant un poids constant, pourra être de différentes matières plus lourdes ou plus légères en soi.

Et là où cette forme s'arrête en suivant la puissance de son moteur, on peut chercher à déterminer par expérience si le mouvement de son moteur s'accroît quand le mouvement du mobile s'allonge et se raccourcit, encore que l'expérience doive se faire d'abord quand le mobile est de forme sphérique.

Et souviens-toi des moyens qu'on emploie entre le moteur et l'objet mû, à savoir le poids de l'instrument et autres choses.

[Mouvement. Eau.]

DU MOTEUR D'UNE PUISSANCE STABLE

Eau.

[av. 1500]
M, 92 r.

Ici, la chose mue ne peut jamais être moins rapide que le mouvement de son moteur. En effet, si elle avait un mouvement égal à celui-ci, le moteur ne pourrait produire de percussion sur elle et ne pourrait mouvoir qu'un poids égal à celui de l'eau qui suit le mouvement de l'onde qui la chasse.

·◆·

[Contrepoids et arbalète.]

DU MOTEUR DONT LA PUISSANCE EST CAPABLE D'AUGMENTATION

[av. 1500]
M, 92 v. et 93 r.

Ce mouvement est le contraire de celui de l'arbalète, car à chaque stade de mouvement son moteur acquiert des degrés d'élan ; l'arbalète fait le contraire, car sa corde commence avec force et aboutit à zéro, alors que le contrepoids qui tombe commence à zéro et finit en grande puissance.

Or, on conçoit qu'avec le grand mouvement que fait la corde de l'arbalète au début, la flèche soumise à cette impulsion ne ralentit pas en même temps que la corde ; au contraire, elle suit la première vitesse et se détache de la corde avant que celle-ci ait achevé son mouvement.

La chose chassée par le contrepoids se comporte inversement car ayant commencé avec lenteur et s'étant terminée dans un grand élan, elle ne pourra jamais se détacher du moteur comme l'arbalète – c'est-à-dire la chose mue – tant que ce moteur n'a pas achevé sa propre course.

·◆·

[Arbalète.]

D'UN MOTEUR À PUISSANCE DÉCROISSANTE

[av. 1500]
M, 93 v. et 94 r.

Si un poids de quatre cents livres tire la corde de l'arbalète sur sa noix, la corde a une force de quatre cents livres et en se détendant, elle aboutit à rien.

Cette diminution de force se produit graduellement à la manière d'une pyramide dont les parties saillantes sont égales. Nous appellerons donc milieu de la force le milieu de cette pyramide ; comme le poids dans la tige simple, dont on prend le milieu, on trouvera le poids du tout en prenant de la même façon le milieu de la montée de la corde de l'arbalète. Et en mesurant le poids qui tire ladite corde en cette position, on trouvera qu'il est égal au poids de toutes les flèches qu'on pourrait étendre le long de la trajectoire du mouvement que la flèche décochée de la noix décrit, en sa course finale. Et si cette flèche était longue et mince, ou courte et grosse, ou que ce soit une balle de plomb, considère comment tu devrais la mesurer sur l'ensemble de son parcours. Réfléchis-y et tires-en une règle générale, car c'est là matière subtile.

[ca. 1500-1505]
B. M. 54 r.

Une force excessive exercée contre une même résistance ne profite nullement au projectile. Mais si la force motrice se trouve proportionnée au projectile, le mouvement de ce dernier sera au premier degré de sa force. C'est comme si j'essayais de brandir contre l'air une vessie pleine de vent : si elle est mue par une force excessive, l'air percuté lui opposera tant de résistance en se comprimant, qu'après l'avoir frappé elle rebondira en arrière, exactement comme si elle était lancée contre un mur. Mais si la puissance motrice de cette vessie est proportionnée en force et en mouvement à la légèreté du projectile, il avancera dans la mesure où la puissance lui permet de refouler lentement devant lui l'air qui s'oppose à sa course.

[ca. 1503-1505]
B. M. 82 r.

Il y a deux sortes de percussions : simples et composées. La simple est celle du mobile dans son mouvement incident sur l'objet. Composé est le nom qu'on emploie lorsque la première percussion rencontrant la résistance de l'objet frappé, passe outre, comme le coup de ciseau du sculpteur qui ensuite se transfère au marbre qu'il sculpte. Ce coup se divise également en deux autres, à savoir un simple et un double. Le simple a déjà été suffisamment décrit. Le double se produit quand le marteau qui s'est abattu avec force, d'un mouvement naturel, rebondit en arrière et fuit devant le coup plus fort ; puis il crée un coup inférieur et produit cette percussion en deux endroits, avec les deux côtés opposés. Ce coup va diminuant de plus en plus, proportionnellement au nombre des obstacles qui s'interposent entre lui et la résistance finale, de même que si quelqu'un frappait un livre fermé sur sa première page, la dernière ne sentirait que fort peu l'offense.

[ca. 1506-1507 ?]
B. M. 132 r.

Tous les mouvements ont pour cause l'abondance ou la pénurie, et là où l'excès est plus grand, le mouvement sera accru.

·◆·

Les mouvements sont de deux genres, dont l'un s'appelle simple et l'autre composé. Le simple se divise en deux parties : l'un, quand le corps pivote autour de son axe sans changer de position, comme la roue, ou la meule du moulin ou autres analogues ; le second, quand la chose se déplace de sa position sans opérer de révolution sur elle-même[1]. Le mouvement composé est celui qui, outre qu'il déplace sa position, la fait tourner également sur son axe, comme les roues du chariot ou autres choses semblables.

[ca. 1506-1508 ou 1508-1510] B. M. 140 v.

Les mouvements circulaires sont de deux sortes, dont l'une s'appelle simple et l'autre composée.

·◆·

La rectitude du mouvement transversal se prolonge, chez le mobile, aussi longtemps que se maintient l'intégrité de la puissance que lui a imprimée son moteur.

[ca. 1504] B. M. 147 v.

La rectitude fait défaut dans le mouvement transversal, parce que la puissance que le mobile emprunte à son moteur diminue.

·◆·

La force est engendrée par la pénurie ou la profusion. Elle est fille du mouvement matériel, petite-fille du mouvement spirituel, mère et source de la gravité. Cette gravité est confinée dans l'élément de l'eau et de la terre, et cette force est illimitée, car grâce à elle des mondes infinis pourraient être mis en mouvement, s'il était possible de fabriquer les instruments propres à la produire.

[ca. 1495-1497] B. M. 151 r.

Force et mouvement matériel, pesanteur ainsi que percussion sont les quatre puissances accidentelles par quoi les œuvres des mortels ont leur existence et leur fin.

La force naît du mouvement spirituel, qui circule dans les membres des animaux sensibles et gonfle leurs muscles ; ceux-ci, en se contractant, tirent en arrière les tendons en connexion avec eux. Et c'est là l'origine de la force qui réside dans les membres de l'homme.

La qualité et la quantité de la force chez l'homme auront

1. Note en marge de Léonard : « Mouvement progressif ».

le pouvoir d'engendrer d'autres forces, proportionnellement d'autant plus grandes que le mouvement de l'une est plus long que celui de l'autre.

⁂

[ca. 1495-1497]
B. M. 151 v.

Gravité et force, ainsi que le mouvement matériel et percussion, sont les quatre puissances accidentelles par quoi la race humaine, dans ses œuvres merveilleuses et diverses, semble se manifester en ce monde comme une seconde nature ; attendu que toutes les œuvres visibles des mortels ont leur existence et leur mort par l'exercice de ces puissances.

La pesanteur est une puissance créée par le mouvement qui transfère un élément dans un autre au moyen de la force ; cette pesanteur a autant de vie qu'en a l'effort de l'élément qui cherche à regagner sa place originelle.

Force et gravité ont beaucoup de choses communes, en toutes leurs puissances et ne diffèrent que dans les mouvements de leur naissance et de leur mort. Car la gravité simple ne meurt qu'en s'approchant de son centre. Mais la force naît et meurt à chaque mouvement.

L'esprit des animaux sensibles se meut à travers les membres de leurs corps, et lorsque les muscles de ceux où il a pénétré sont réceptifs, il s'applique à les élargir ; aussitôt, ils raccourcissent et tirent en arrière les tendons qui leur sont joints. De là naissent la force et le mouvement des membres humains. Ainsi le mouvement matériel dérive du spirituel.

⁂

[ca. 1506-1508]
B. M. 174 v.

À l'état naturel, aucun élément ne possède de pesanteur ou de légèreté. Pesanteur et légèreté sont causées par un élément attiré dans l'autre.

Lorsqu'une égale quantité d'éléments en contact naturel ont permuté, ils s'opposent mutuellement une égale somme de résistance.

⁂

[ca. 1506-1508]
B. M. 175 v.

Le poids descend faute de résistance, et la résistance la plus faible lui livre plus vite passage.

⁂

[ca. 1506-1508 ?]
B. M. 176 v.

Aucun mouvement ne peut être jamais assez lent qu'on y puisse surprendre un instant de stabilité.

Ce mouvement est plus lent, qui couvre un moindre parcours dans le même temps.

Le mouvement est plus rapide, qui couvre dans le même temps une distance plus grande.

Le mouvement peut s'étendre à d'infinis degrés de lenteur.

La puissance du mouvement peut s'étendre à d'infinis degrés de lenteur de même qu'à d'infinis degrés de vitesse.

⁂

[ca. 1495-1497]
B. M. 181 r.

Nul élément ne possède de poids dans sa sphère, et quand d'aventure il monte dans un autre plus léger, il crée aussitôt de la pesanteur ; incapable de s'y maintenir, il retombe en son propre élément où cette pesanteur meurt immédiatement.

Pesanteur et force, qui sont alternativement mère et fille du mouvement et sœurs de l'impulsion, sont toujours en lutte contre leur cause ; celle-ci une fois soumise, elles se vainquent elles-mêmes et meurent.

La pesanteur est une action particulière qui se produit quand un élément est attiré vers l'autre et, ne pouvant y être accueilli, lutte perpétuellement pour retourner à sa place.

La pesanteur est l'action particulière, fortuite, d'un élément attiré dans un autre ; elle a autant de vie que ces éléments ont le désir de faire retour à leur place primitive.

Ce qui se meut vers le centre est désigné du nom de poids, et ce qui le fuit s'appelle légèreté ; mais chacun a même puissance et vie, et mouvement.

⁂

[ca. 1495-1497]
B. M. 184 v.

Tout corps pesant aspire à perdre sa pesanteur.

Gravité et force, ainsi que percussion, doivent être appelées génératrices du mouvement, bien qu'étant engendrées par lui.

De ces trois puissances fortuites, deux ont leur naissance, leur aspiration et leur fin de nature identique.

⁂

[ca. 1506-1508, ou après]
B. M. 267 v.

Parmi les choses qui se maintiennent immobiles dans l'eau, aucune partie qui émerge n'a de poids en soi. On le prouve de la façon suivante : si une eau calme n'a pas de poids en soi, non plus que les choses qu'elle soutient – et de ce passage, il découle que le poids leur fait défaut, tout comme à l'eau –, comment alors supposer que l'eau immobile, dénuée de pesanteur, supporterait un poids ? Et si elle soutient les corps, elle ne supporte pas leur pesanteur, qui s'est épuisée, attendu qu'elle a pris fin en pénétrant dans l'eau.

⁂

[ca. 1505]
Forster I, 44 r.

Quiconque veut qu'un arc ait très longue portée, se dressera sur un pied en levant l'autre assez loin du premier pour créer l'équilibre nécessaire au corps projeté en avant sur le premier pied ; et il n'étendra pas tout à fait le bras. Pour mieux soutenir ce dur effort, il fixera à l'arc une pièce de bois qui, comme pour les arbalètes, ira de la main à la poitrine ; veut-il tirer la flèche, il devra simultanément bondir en avant, étendre le bras qui tient l'arc et lâcher la corde. Et si sa dextérité lui fait exécuter tout cela dans le même moment, la flèche voyagera fort loin.

Voici pourquoi : sache que le bond en avant étant vif, il confère un degré de violence à la flèche, et l'extension du bras, plus rapide encore, lui en donne un deuxième ; le déclenchement de la corde, encore plus prompt, lui en communique un troisième. Si donc les autres flèches sont poussées par trois degrés de violence et que celle-ci, grâce à la dextérité employée, soit chassée par six, elle parcourra le double de distance. Et je te rappelle que tu dois laisser l'arc détendu, en sorte qu'il s'élancera en avant et restera tendu.

⁂

RELATIF AU POIDS

[ca. 1505]
Forster I, 48 v.

Si deux hommes tiennent par les bords un drap dans lequel se trouve un homme pesant deux cents livres, et que chacun d'eux tende son bord en sorte que le poids ne touche pas le sol, sache que chacun soutient un poids équivalent à celui de l'homme qui est au milieu, car il supporte la moitié du poids de cet homme plus la moitié de celui qui lui fait vis-à-vis ; il semble donc que le poids central qui était de deux cents livres est devenu de quatre cents livres, attendu que chacun de ceux qui tirent en a deux cents.

⁂

DU MOUVEMENT

Chaque mouvement né d'un mouvement libre, dévie ou conserve la ligne du mouvement qui l'a fait naître, hormis la foudre qui descend des nuages. *[ca. 1495-1497] Forster II, 32 r.*

Pourquoi la massue assène-t-elle un coup plus grand et se meut-elle plus que la pierre ?

•◆•

Si un homme, de toute sa force, lance une pierre de quatre livres à vingt brasses, en jettera-t-il une d'une livre à quatre-vingts[1] brasses, ou non ? Lancera-t-il à cent soixante brasses[2] ou non une pierre d'une demi-livre ? Et s'il ne les lance pas à cette distance, quelle en est la cause ? *[ca. 1495-1497] Forster II, 33 v.*

•◆•

Si ton corps est en équilibre parfait avec le contrepoids opposé et qu'en tenant deux poids, tu lèves violemment les bras, ton propre poids s'allègera-t-il ? Je dis oui. Par le mouvement de ses extrémités il voudra prolonger l'élan, ce qui déplacera le poids et semblera alléger l'homme ; on peut ajouter que l'air résistant au choc du bras crée de la pesanteur comme le sauteur qui foule le sol au début de son bond. *[ca. 1495-1497] Forster II, 45 v.*

•◆•

[Diagramme.]

Soit *a* seize, *b* un.

Je dis que la résistance de l'air ne permettra pas au mouvement d'être dans le rapport de un à seize, et cette expérience se peut faire avec de la fine vase, de fluidité uniforme, en y laissant tomber deux bouts de fil de fer, équivalant à seize et un. *[ca. 1495-1497] Forster II, 48 v.*

•◆•

Un homme qui court projette moins de son poids sur ses jambes que s'il est debout au repos. De même, le cheval qui court sent moins le poids du cavalier ; dès lors, on peut *[ca. 1495-1497] Forster II, 50 v.*

1. Le ms. porte « huit ».
2. Le ms. porte « livres ».

considérer comme prodigieux qu'un cheval, dans une course, puisse se soutenir sur un seul pied. Nous pouvons donc dire pour ce qui est du poids dans le mouvement transversal, que plus celui-ci est rapide, moins il pèse perpendiculairement vers le centre [de la terre].

*

[ca. 1495-1497] Forster II, 51 r.

La roue qui tourne sur son essieu fait qu'une partie de l'essieu s'allège et l'autre, incapable de se déplacer de sa position, s'alourdit de plus du double de ce qu'elle était au commencement.

*

[ca. 1495-1497] Forster II, 53 v.

En vertu de la loi de la balance, mathématiquement, un poids infini est soulevé.

*

[ca. 1495-1497] Forster II, 57 v.

Si l'arbalète ou quelque autre engin chasse à cent brasses de soi un mobile d'une livre, dont la dimension est d'un degré, à quelle distance chassera-t-elle une livre, d'un demi-degré de grandeur ? Puis d'un quart, puis d'un huitième ?

*

RELATIF AU MOUVEMENT

[ca. 1495-1497] Forster II, 59 v.

Le centre du monde est indivisible ; et le néant étant seul indivisible, le centre du monde est égal à rien. Et si l'on faisait un trou qui fût – avec son diamètre, ou effectivement, avec son centre –, le diamètre du monde, et que l'on y jetât un poids, plus il se déplacerait, plus il pèserait.

Ainsi, une fois arrivé au centre du monde qui n'existe que de nom, étant en soi égal à rien, le poids jeté ne rencontrerait aucune résistance mais plutôt il passerait outre, puis s'en retournerait.

*

[ca. 1495-1497] Forster II, 65 v.

Tout corps lourd qui descend librement se dirige vers le centre du monde ; et celui qui pèse le plus descend plus vite, et plus il descend, plus sa vitesse s'accélère.

[Croquis d'un navire sur l'eau.]

L'eau que déplace le navire pèse exactement autant que le poids de ce navire.

[Diagramme.]

Si deux cordes soutiennent le même poids et ne sont point d'égale verticalité ou obliquité, ce poids ne les chargera pas également ; l'une aura à supporter davantage dans la mesure où elle sera plus courte que l'autre, et où les angles faits par la ligne des cordes et le fléau d'au-dessus, auquel elles sont fixées, sont respectivement plus grands. *[ca. 1495-1497] Forster II, 67 v.*

DU MOUVEMENT

[Croquis.]

Dans ce cercle je veux expérimenter le mouvement circulaire, c'est-à-dire y mettre des choses grandes et petites de même matière, d'autres d'égale dimension et de matières différentes, les mélanger au gré du hasard, et à la fin du mouvement, voir la position que chacune aura choisie. *[ca. 1495-1497] Forster II, 68 v.*

Je voudrais faire de même avec la poussière et le coup.

Le boulet de bombarde tiré dans le brouillard a une course bien plus brève et une moindre percussion que dans l'air pur et subtil ; mais sa détonation sera considérablement plus bruyante. *[ca. 1495-1497] Forster II, 69 v.*

Je crois aussi que la flèche tirée obliquement dans l'eau se tord comme la ligne de vision ; de ceci, je ferai l'épreuve en fixant l'arc et en tirant dans un châssis sur lequel sera tendue une feuille de papier qui se trouvera sur l'eau ; après avoir tiré sur le papier sans mouvoir l'arc ni la feuille, ôte l'eau et tu découvriras la flèche ; au moyen d'une mince ligne, tu pourras discerner si le trait de l'arbalète, le centre du trou dans le papier et la longueur de la flèche sont sur la même ligne ou non ; et ainsi, tu établiras ta règle générale.

[ca. 1495-1497]
Forster II, 70 v.

Si on laisse tomber l'un après l'autre plusieurs corps égaux de forme et de poids, à intervalles réguliers, et de la même hauteur, de façon qu'il y en ait toujours une certaine quantité dans l'air, je dis que les intervalles entre eux seront égaux.

Si chaque objet qui descend acquiert à chaque degré de son mouvement un degré de vitesse, nous pouvons dire : *a* descendra en *b* en six temps, et *b* en *c* en cinq temps, *c* en *d*, en quatre, et *d* en *e* en trois, et *e* en *f* en deux, et *f* en *g* ; et ainsi, les excédents sont égaux. Il faut donc nécessairement qu'il en tombe sur le sol autant qu'il en est parti d'en haut, à cette cadence.

[ca. 1495-1497]
Forster II, 72 v.

Quel que soit le rapport du nombre de cordes placées dans les moufles qui tirent le poids, avec celui des cordes qui le soutiennent il y aura même rapport entre le poids qui meut et celui qui est mû.

Quel que soit le rapport du nombre de cordes placées dans les moufles, et passant par la moufle du poids, avec celles qui soutiennent ce poids, il est le même que celui de la gravité suspendue au poids qui la soutient.

Autant la moufle a de roues, autant de fois le moteur oppose une résistance ; et ceci, d'un côté.

[ca. 1495-1497]
Forster II, 73 v.

Quand les deux bouts de la corde qui sort de la poulie sont placés pareillement, la puissance du moteur équivaut à celle de sa résistance.

Dans la mesure où les cordes en sortant des poulies auront des positions plus diverses, la puissance du moteur différera de celle de sa résistance.

[ca. 1495-1497]
Forster II, 74 r.

Vérifie toujours le rapport du coup avec l'objet appelé à le recevoir.

Si cent livres assénées d'un coup produisent une percussion plus grande qu'un million assénées une à une, je voudrais qu'en dressant le bélier contre le château tu fasses en sorte que le coup s'élève en l'air par le simple poids des hommes ; après quoi tu le tireras en arrière à la façon d'une catapulte ou d'une arbalète, et le résultat obtenu sera bon.

⁂

Démontre quelle différence existe entre le fait d'imprimer à la flèche un coup et un mouvement, ou un simple coup, ou un mouvement seul, selon l'usage.

[ca. 1495-1497] Forster II, 75 r.

Le coup et le mouvement, tu les donneras au milieu du mouvement que fait, en général, la corde de l'arbalète.

Le coup seul, tu le donneras à la flèche, à la fin du mouvement de la corde ; et tu donneras le mouvement seul quand par tout le mouvement de la corde tu rencontreras toujours la flèche.

⁂

Des vis de grosseur égale, la plus difficile à mouvoir sera celle qui est pourvue d'un plus grand nombre de rainures.

[ca. 1495-1497] Forster II, 77 v.

Entre ces vis qui ont même longueur et nombre de rainures, tu trouveras que la plus facile à mouvoir est celle dont les sillons décrivent le plus de courbes.

La vis dont les filets ont le moins de courbes, sera plus forte pour soutenir des poids, mais plus difficile à mouvoir.

⁂

La vis qui sera tirée plutôt que chassée, suivra une route plus rectiligne, c'est-à-dire, elle conservera mieux sa direction si tu tires que si tu presses.

[ca. 1495-1497] Forster II, 78 r.

Si tu pousses ou presses la vis en contact avec l'objet pressé, par l'extrémité de ses spirales, cette vis étant violentée, se pliera du côté opposé à l'extrémité de la spirale qui presse.

⁂

J'ai dix mesures de temps et dix mesures de force, et dix mesures de mouvement et dix de poids, et je voudrais élever ce poids.

[ca. 1495-1497] Forster II, 78 v.

Si je double le poids et non la force du mouvement, il faut doubler le temps.

Si je double le poids et non le temps ou la force, il faut réduire de moitié le mouvement.

Si je double le poids et non le temps et le mouvement, il faut doubler la force.

Si je réduis de moitié le poids et non le mouvement ou le temps, la force est réduite de moitié.

⁂

[Dessin.]

[ca. 1495-1497]
Forster II, 82 v.

Veux-tu connaître le poids de la corde qui sépare la dernière poulie, multiplie toujours cubiquement le poids attaché au pied par le nombre des poulies, et le résultat de cette multiplication te donnera le nombre de livres que cette dernière corde reçoit dudit poids attaché à son pied.

Supposé que ce poids attaché au pied soit quatre ; tu diras : quatre livres multipliées par quatre – le nombre des poulies – font seize ; et quatre fois seize font soixante-quatre ; ainsi la multiplication est cubique, et cette corde de dessus soutient soixante-quatre livres au moyen des quatre fixées à son poids ; et s'il y avait six poulies pareilles, tu dirais : quatre fois six font vingt-quatre, et quatre fois vingt-quatre font quatre-vingt-dix-huit [*sic*]. Et ce grands poids est supporté par la dernière corde avec les quatre livres attachées au pied. On montre ici comment les quatre livres vont continuellement doublant : le poids se trouve doublé par l'adjonction de chaque roue.

⁂

[Dessin.]

[ca. 1495-1497]
Forster II, 83 r.

La force naturelle d'une corde s'accroît du double autant de fois qu'elle est suspendue en différentes parties de sa longueur.

⁂

[ca. 1495-1497]
Forster II, 86 r.
et 85 v.

Dans une corde suspendue, la gravité crée des degrés de poids à chaque degré de mouvement.

La force qui meut la gravité d'une corde suspendue sera aussi grande que celle qui meut cette gravité dans des rouleaux ou des balles placées sur une surface tout à fait lisse – parce que chacune d'elles est exactement soutenue.

Mais ici un doute surgit : à savoir, en vertu de la quinzième [proposition] du premier [discours], où il est dit que le centre de gravité d'une corde suspendue est au-dessous du centre de cette corde, et ce centre de gravité désire autant que possible s'approcher du centre de la terre ; et si tu veux tirer ce poids transversalement, un poids fixe opère un mouvement tournant et s'élève, et s'éloignant du centre de la terre, accroît ainsi le poids de son moteur. Le centre du poids qui réside en des balles sur une surface lisse reste toujours à égale distance du centre du monde et en conséquence n'accroît pas la résistance de son moteur. La résistance créée par le frottement des poids en mouvement est distincte et éloignée de ce poids.

Démonstration.

Ceci est prouvé par les choses susdites : il est évident que le mouvement horizontal des poids n'offre en soi d'autre résistance à son moteur que sa friction naturelle contre une surface lisse, quand il la touche ; mouvement qui devient plus difficile à mesure que la surface lisse devient plus rugueuse. Afin de démontrer l'exactitude de ces allégations, fais mouvoir ledit poids sur des boules, sur une surface absolument lisse ; tu verras alors qu'il se meut sans effort.

Le poids dont le mouvement est rendu difficile du fait de son frottement avec la surface lisse où il se meut, augmentera de gravité à mesure que vient à faillir l'effort qu'il fait en frottant cette surface lisse.

Ceci est démontré lorsqu'il s'élève par une ligne extrêmement oblique, car pour ainsi dire, son simple poids réside dans la force de son moteur et le frottement est minime.

•◆•

[Dessin.]

[ca. 1495-1497] Forster II, 87 r. et 86 v.

Quiconque sait combien grand est le poids qui élève cent livres par cette pente, connaît la capacité de la vis.

Si tu veux connaître le vrai poids nécessaire pour faire monter aux cent livres une route déclive, il importe de savoir la nature du contact de ce poids avec la surface lisse, là où son mouvement produit un frottement, attendu que les frottements diffèrent selon les corps. En effet soient deux corps de surface différente, c'est-à-dire l'un mou et poli, bien graissé et savonné, et qu'on le fasse mouvoir sur une surface lisse similaire, il se mouvra beaucoup plus facilement que celui qui a été rendu rugueux au moyen d'une lime ou d'une râpe.

Voilà pourquoi quand tu voudras connaître la quantité de force requise pour tirer un même poids sur des pentes différentes, tu devras toujours expérimenter et vérifier la somme de force nécessaire pour mouvoir un poids le long d'une route plate, c'est-à-dire vérifier la nature de son frottement. Et si tu ne sais pas cela ni ne désires en faire l'épreuve place un obstacle sur ton chemin ; il variera selon l'inclinaison de la route où le poids sera traîné. Car des pentes différentes offrent à leur point de contact des degrés de résistance différents. La raison en est que si le poids à mouvoir est placé sur un terrain plan et doive être traîné, il sera assurément à son premier degré de résistance, attendu qu'il pose tout entier sur le sol et nullement sur la corde qui devrait le mouvoir. Mais si tu veux le tirer sur une route très escarpée, tout le poids qu'il communique à la corde qui le soutient est retranché du point de contact de sa friction. Et s'il faut chercher encore une autre raison plus tangible, tu sais que, si on le tirait tout droit, en rasant et frôlant un mur, ce poids pèserait presque en entier sur la corde qui le tire, et seule une minime partie appuierait sur le mur qu'il frotte.

[ca. 1495-1497]
Forster II, 97 r.

Si le centre du poids est en dehors de la perpendiculaire du centre de la vis qui l'actionne.

Le poids se montrera plus lourd pour son moteur, et la dent de la vis ainsi que celles de l'écrou qui les enclot, seront contrebalancées par deux forces contraires.

[ca. 1495-1497]
Forster II, 99 r.

Dans les balances, les poids travaillent selon la ligne perpendiculaire.

Tu as vu dans la neuvième [proposition] de ma théorie que lorsque le poids est attaché à la corde transversale entre des angles égaux, chaque extrémité de cette corde est également chargée de ce poids ; au demeurant, le fait que les extrémités se trouvent à des distances diverses de lui ne constitue pas de différence.

[ca. 1495-1497]
Forster II, 100 v.

Pourquoi la petite vrille perce son trou sans rien qui la guide, et pourquoi la grande a besoin de deux ou trois tours pour élargir ce trou.

⁂

Fixe le poids aux bras de la balance par autant de cordes que tu voudras, de sorte que tu n'auras plus qu'à chercher en quelle partie – si ce n'est en la perpendiculaire du centre du poids – il s'entrecroise avec le bras de la balance au-dessus de lui. *[ca. 1495-1497] Forster II, 105 r.*

⁂

[Diagrammes.]

J'ai fixé, n'importe comment, trois poids différents à l'un des bras de la balance en trois endroits différents, choisis au hasard ; et je voudrais, sur le bras opposé, donner à ces poids deux contrepoids, l'un de quatre livres et l'autre de deux ; et enfin, les attacher séparément en un endroit où ils seraient d'un poids égal aux trois autres. *[ca. 1495-1497] Forster II, 105 v.*

⁂

[Diagrammes.]

À l'un des bras de la balance, j'ai attaché trois poids différents – l'un d'une livre, l'autre de deux et le troisième de trois livres – à des distances variées l'une de l'autre, au gré du hasard ; à présent, j'ai un poids de huit livres que je voudrais placer sur le plateau opposé de la balance, en guise de contrepoids à ces trois poids ; je demande en quelle position il doit être placé pour faire équilibre à ceux qui lui sont opposés : tu procéderas comme tu le vois ci-dessous. *[ca. 1495-1497] Forster II, 106 r.*

⁂

Le centre de tout corps pesant se trouvera en ligne perpendiculaire sous le centre de la corde à laquelle il est suspendu. *[ca. 1495-1497] Forster II, 115 r.*

Si tu suspendais une tige en dehors du centre de sa longueur, quel sera son degré d'obliquité.

La tige suspendue en dehors du centre de sa longueur par une seule corde, prendra l'obliquité qui formera, avec ses deux côtés opposés ainsi que la perpendiculaire du centre de la corde qui la soutient, deux angles aigus, ou deux angles égaux obtus.

⁂

[Croquis.]

[ca. 1495-1497]
Forster II, 124 r.

Si les roues sont d'égale hauteur, le chariot se mouvra avec un certain degré de force. Mais si tu changes les deux roues arrière contre des roues plus hautes, il se mouvra avec plus de facilité. Si toutefois, dans le cas des premières roues, tu remplaces celles de devant par de moins hautes, de telle sorte que les roues antérieures soient élevées et celles de derrière basses, le premier mouvement sera rendu plus difficile et plus dur.

⁂

[ca. 1495-1497]
Forster II, 126 r.

La balance à trois bras égaux demeurera stable d'elle-même en quelque position que tu la puisses tourner, et les poids se trouveront toujours dans la proportion de un à deux, sauf quand l'un des bras de la balance est en ligne perpendiculaire, parce qu'alors la proportion sera celle de l'égalité. Supprime la perpendiculaire des centres des poids de chaque bras de cette balance triangulaire, et observe leur position par rapport au centre de la balance ; et si tu en trouves deux d'un côté, prends leur centre contre le centre du bras opposé et tu observeras une proportion de un à deux d'espace et de poids.

⁂

[ca. 1495-1497]
Forster II, 126 v.

Si des centres de poids sont équidistants de leur centre commun, ces poids se feront équilibre.

Les perpendiculaires des centres des poids sont-elles équidistantes de la perpendiculaire de leur centre commun, ces poids se feront également équilibre, s'ils sont égaux.

Pour ce motif, le centre du monde est toujours mobile, en raison des fluctuations que présente le débordement de l'océan.

⁂

[ca. 1495-1497]
Forster II, 128 r.

La gravité est toute en toute la longueur de son support, et toute en chacune de ses parties.

Pourquoi l'expérience a-t-elle démontré que lorsque la tige est selon une ligne oblique, et que ses parties sont équidistantes de la ligne centrale, elle ne demeure pas oblique mais devient plutôt horizontale et forme quatre angles droits avec ladite ligne centrale ?

Réponse : l'imperfection de la tige en est cause.

Un poids d'une livre tombe d'une brasse et assène un coup d'une certaine force : si un poids d'une demi-livre tombait du double de cette hauteur, ou deux fois de la première hauteur, ou que le poids tombât deux fois de la moitié de la hauteur, ou quatre fois du quart de la hauteur, le résultat serait-il le même ? *[ca. 1495-1497] Forster II, 130 r.*

Tout corps lourd pèse dans la ligne de son mouvement. *[ca. 1495-1497] Forster II, 130 v.*

[Diagramme.]

Bien que le temps dans lequel se produit le mouvement des corps lourds ainsi que la longueur de ce mouvement soient divisibles, il ne s'ensuit pas que l'acte de percussion, du fait qu'il a lieu à la surface de ces corps, puisse être divisible en soi. *[ca. 1495-1497] Forster II, 131 r.*

Encore que la figure *s* frappe l'inclinaison *a n* et qu'il semble qu'étant fuyante elle ne saurait avoir de force, la percussion sera fatalement beaucoup plus violente que si c'était un corps rond, et son rebond aura lieu suivant la ligne.

DU FROTTEMENT

La friction se divise en parties dont l'une est simple et toutes les autres sont composées. Simple, quand l'objet est traîné sur une surface lisse sans que rien n'intervienne ; seule cette forme crée le feu lorsqu'elle a de la puissance, c'est-à-dire qu'elle engendre le feu comme on le voit par les roues hydrauliques, quand l'eau qui se trouve entre le fer acéré et la roue est ôtée. *[ca. 1495-1497] Forster II, 131 v.*

Les autres sont composées et se divisent en deux parties : la première, quand la graisse de quelque matière ténue s'interpose entre les corps en friction ; la seconde, quand une autre friction s'interpose entre celle-ci ; comme le serait par exemple le frottement des centres des roues. La première de ces parties se divise également en deux autres, à savoir la graisse qui s'interpose entre cette seconde forme de friction et les balles, et diverses choses semblables.

•◆•

[ca. 1495-1497]
Forster II, 132 r.

Toute chose, si ténue soit-elle, interposée parmi les objets soumis à une friction diminue la difficulté de celle-ci.

Observe la friction des grands poids ; comme je l'ai démontré, dans la quatrième [proposition] du septième [discours], plus la roue qui s'interpose est grande, plus le mouvement s'en trouve facilité ; de même, réciproquement, il est moins aisé dans la mesure où l'objet qui intervient est plus mince, comme par exemple une substance ténue et graisseuse ; ainsi, progressivement, de menus grains, tel le millet, l'améliorent et le facilitent, et plus encore les billes de bois ou rouleaux, c'est-à-dire les roues en forme de cylindre ; et plus ces rouleaux sont grands, plus les mouvements ont d'aisance.

•◆•

[ca. 1495-1497]
Forster II, 133 r.
et 132 v.

La chose que son frottement prolongé consume entièrement, aura une de ses parties usée au début de ce mouvement.

Ceci nous montre qu'il est impossible de donner ou de faire quoi que ce soit avec une précision absolue ; car si tu désires faire décrire un cercle parfait à l'une des pointes du compas, et que tu admettes ou confirmes ce qui est énoncé ci-dessus – à savoir qu'au cours d'un long mouvement, cette pointe a tendance à s'user –, il faut nécessairement concéder que si le tout s'use en la totalité d'une certaine période de temps, la partie s'usera en une fraction de ce temps et que l'indivisible, dans le temps indivisible, peut donner un commencement à cette destruction.

Ainsi, la pointe opposée du compas qui tourne en soi sur le centre de ce cercle, est à chaque degré de mouvement en train de se consumer et de consumer l'endroit où elle pose ; ce pourquoi nous pouvons dire que la fin du cercle ne rejoint pas son commencement, et plutôt que la fin de cette ligne se trouve être quelque partie imperceptible, plus proche du centre de ce cercle.

Le frottement opéré par un même poids sera d'égale résistance au début de son mouvement, bien que le contact puisse être de longueur ou largeur variable.

La grandeur du contact opéré par les corps compacts

dans leur friction, aura d'autant plus de permanence que son volume sera plus grand ; et inversement, elle résistera d'autant moins que sa dimension sera moindre.

La friction faite par la tête du manche du couteau en offre l'exemple, car en un temps égal, elle est plus perceptible que celle de sa pointe.

⁂

[ca. 1495-1497]
Forster II, 141 v.

L'impulsion transporte le mobile au-delà de sa position naturelle.

Tout mouvement a une longueur définie selon la puissance qui le meut, et fonde-toi là-dessus pour établir ta règle.

Tout mobile qui acquiert de la vitesse dans l'acte de se mouvoir, est mû par son mouvement naturel, et ainsi, inversement, lorsqu'il la perd, il se meut par mouvement accidentel.

⁂

[Croquis.]

[ca. 1495-1497]
Forster II, 142 r.

Prouve comment ces ordres sont de poids égal.

Si le centre du poids est situé au milieu du nombre égal de cordes qui le soutiennent, ce poids est également distribué entre chaque corde.

Ici, on suppose que le fléau est rigide et l'on ne tient pas compte, en ce cas, du poids de l'instrument mais seulement du poids qui y est attaché.

⁂

[ca. 1495-1497]
Forster II, 144 r.

La gravité mue suivant sa position naturelle, acquiert à chaque degré de mouvement un degré de vitesse.

Et si la gravité se meut contrairement à sa position naturelle, à chaque degré de mouvement elle perd un degré de vitesse.

Dans les mouvements transversaux, les degrés de diminution s'effectuent comme pour celui qui monte.

⁂

[ca. 1495-1497]
Forster II, 150 r.

La tige suspendue à ses extrémités par deux cordes répartit également son poids entre ces cordes.

Mais si l'une des cordes reste fixe et que l'autre se meuve vers lui, le poids se déplace de la corde fixe et s'ajoute au poids de la mobile.

Plus une corde se meut vers le centre de la tige, plus l'autre corde s'allège.

Il y a même rapport entre le poids mû dans les cordes, et les premiers poids qu'entre le mouvement fait par la corde et le reste de la tige.

⁂

[ca. 1495-1497]
Forster II, 150 v.

Mais si une corde est fixe et que l'autre se rapproche d'elle, le poids quitte cette corde fixe et s'ajoute à celui de la corde mobile.

⁂

[ca. 1495-1497]
Forster II, 151 r.

La tige qui, à ses extrémités, est suspendue à deux cordes, répartit son poids également entre elles.

Mais si l'une d'elles est mue vers l'autre, chaque degré de mouvement correspond à ce changement de poids.

Le poids qui se meut entre les cordes offre la même proportion avec les premiers poids, que celle du mouvement de la corde avec le reste de la tige.

Les poids laissés à ces cordes auront entre eux la même proportion que les espaces opposés inclus entre les deux cordes et le centre de la tige.

⁂

[ca. 1495-1497]
Forster II, 151 v.

La différence de poids qu'acquiert la corde de par son mouvement, aura la même proportion avec celle du premier poids, que son mouvement avec le reste de la tige.

Les nouveaux poids sur lesdites cordes auront entre eux la même proportion que les intervalles entre les deux cordes et le centre de la tige.

Entre les poids qui sont restés sur les cordes, il y aura même rapport qu'entre les espaces opposés inclus entre le centre de la tige et les deux cordes.

Le poids qui se meut entre les cordes a la même proportion avec les premiers poids, que le mouvement de la corde avec le reste de la tige.

⁂

[ca. 1495-1497]
Forster II, 152 r.

La tige qui est suspendue par deux cordes à ses extrémités répartit son poids également entre ces cordes ; et bien qu'elles puissent être également mues vers le centre de la tige, leur poids initial ne variera pas.

Mais si l'une est mue vers le centre de la tige et que l'autre reste fixe à son extrémité, chaque degré de mouvement fait varier leur poids, et leurs poids résiduels auront un rapport inverse à celui de leurs distances au centre de la balance.

⁂

Le même rapport existera entre les intervalles qui séparent le milieu de la tige des deux cordes qui la soutiennent, qu'entre les poids opposés que cette tige donne de soi, et des cordes qui la soutiennent.

[ca. 1495-1497] Forster II, 152 v.

La chose qui se meut d'un mouvement naturel acquiert à chaque degré de mouvement des degrés de vitesse et ses accroissements sont les mêmes à la fin qu'au début.

⁂

La tige suspendue à deux cordes par les extrémités de sa longueur, répartit également son poids entre elles.

[ca. 1495-1497] Forster II, 153 r.

Mais si la première est déplacée vers le milieu de la longueur de la tige, il y aura même rapport entre le poids détaché de la seconde corde et le poids joint à la première, qu'entre le déplacement de la première corde et ce qui reste de la tige suspendue entre les deux.

Mais si l'une est immobile et que l'autre soit déplacée vers elle, le poids qui quitte l'immobile et s'unit à celle qui est mue, offre la même proportion avec le reste du poids que le déplacement de la corde avec la première distance des points de suspension.

⁂

Qui parle des bras de la balance entend qu'ils soient de même grosseur et poids s'ils sont d'égale longueur.

[ca. 1495-1497] Forster II, 154 v.

Il y a même rapport entre les distances du centre des bras à la tige de la balance, qu'entre les poids opposés, quand l'un des bras sert de contrepoids à l'autre.

Les intervalles qui séparent le centre des deux bras de la balance et sa tige ont entre eux même rapport que les poids de ces bras entre eux, et de même en va-t-il de leurs longueurs.

⁂

Le centre de la longueur de chaque bras de la balance constitue son véritable centre de gravité.

[ca. 1495-1497] Forster II, 155 v.

Les bras de la balance se font mutuellement un contrepoids d'autant moins parfait que différeront ces bras.

Il y aura même rapport entre un bras de la balance et le bras opposé qu'entre le poids et elle, attendu que celui-ci allège le bras opposé

⁂

[ca. 1495-1497]
Forster II, 157 r.

Le centre de la longueur de chaque bras de la balance est son véritable centre de gravité.

On appelle bras de la balance l'espace compris entre le poids attaché à cette balance et son axe.

La même proportion existe entre les intervalles séparant les centres des bras et l'axe de la balance, qu'entre les poids opposés que l'un des bras communique en guise de contrepoids à l'autre, avec son propre bras qui est le contrepoids.

On appelle bras de la balance ceux qui se trouvent entre le centre des poids qui y sont fixés et l'axe de cette balance.

⁂

[ca. 1495-1497]
Forster II, 157 v.

Où le support présente moins de résistance, le poids qu'il soutient s'avère plus lourd ; et la partie du support oppose moins de résistance, qui est le plus loin de sa base.

⁂

[ca. 1495-1497]
Forster II, 158 r.

Entre des pyramides d'égale hauteur, la proportion du poids équivaudra à celle des bases.

Les pyramides de longueurs différentes sur des bases égales, seront de poids proportionnellement différents d'autant que leurs longueurs diffèrent ; les pyramides à base égale, de longueurs différentes, incluses en un parallélogramme, seront de même hauteur.

⁂

[Croquis.]

[ca. 1487-1490,
et ca. 1493-1497]
Forster III, 19 v.

Si un ramoneur pèse deux cents livres, quelle pesée exerce-t-il dans la cheminée avec ses pieds et son dos ?

⁂

[Croquis.]

[ca. 1487-1490,
et ca. 1493-1497]
Forster III, 20 v.

Je demande pourquoi le coup de marteau fait sauter le clou.

⁂

L'air qui se referme furieusement derrière les corps qui se meuvent en lui offre plus de résistance que l'air immobile. La balle frappée couvre donc une plus grande distance que le saut ou le bond n'en saurait offrir l'occasion. *[ca. 1487-1490, et ca. 1493-1497] Forster III, 27 r.*

•◆•

Pourquoi d'abord le coup, plutôt que le mouvement qu'il a provoqué ; le coup a rempli son office avant que l'objet ait commencé sa course. *[ca. 1487-1490, et ca. 1493-1497] Forster III, 28 r.*

•◆•

[Croquis.]

Il sera impossible de briser le support qui est le centre de la gravité placée sur lui ; et son centre en soi sera perpendiculaire au centre de sa base. *[ca. 1487-1490, et ca. 1493-1497] Forster III, 29 r.*

•◆•

Un coup est une fin de mouvement créée en un laps de temps indivisible, car il a lieu au point où s'achève la ligne de mouvement effectuée par le poids qui a causé ce coup. *[ca. 1487-1490, et ca. 1493-1497] Forster III, 32 r.*

•◆•

Nul animal ne peut mouvoir simplement un poids supérieur à la charge qui se trouve en dehors du centre de son support. *[ca. 1487-1490, et ca. 1493-1497] Forster III, 34 r.*

•◆•

Le mouvement de la flèche en sa fuite simple ordinaire augmentera autant que la puissance du mouvement composé d'une seconde fuite entravée[1]. *[ca. 1487-1490, et ca. 1493-1497] Forster III, 38 v.*

•◆•

Il y aura même proportion entre la quantité de mouvement d'une pierre mue et celle de l'objet qui se meut une fois plus que l'autre, qu'entre les vitesses du mobile, plus rapide en un cas qu'en l'autre. *[ca. 1487-1490, et ca. 1493-1497] Forster III, 39 r.*

•◆•

Les mouvements infinis des variétés d'instruments qui se peuvent construire pour la traction des poids, seront d'égale *[ca. 1487-1490, et ca. 1493-1497] Forster III, 40 v.*

1. Ms. : *appiccata.*

puissance dans le mouvement complet du mobile et de l'objet mû.

•◆•

[ca. 1487-1490, et ca. 1493-1497] Forster III, 46 r.

Explique-moi pourquoi celui qui glisse sur la glace ne tombe point.

•◆•

[ca. 1487-1490, et ca. 1493-1497] Forster III, 48 r.

Établis par expérience qui conserve davantage le mouvement, de la roue qui tourne à plat ou de celle qui tourne sur son bord.

Établis si l'impulsion qui fait tourner les roues emprunte de la force à son moteur.

•◆•

[ca. 1487-1490, et ca. 1493-1497] Forster III, 51 r.

Tout corps lourd en chute libre se dirige vers le centre et la partie qui pèsera le plus sera celle qui est plus proche du centre du monde.

•◆•

[ca. 1487-1490, et ca. 1493-1497] Forster III, 51 v.

Il y aura même proportion entre les espaces qui séparent la verticale du poids attaché au fléau oblique et les verticales des extrémités de ce fléau qu'entre celle des poids des extrémités opposées de ce fléau.

•◆•

[ca. 1487-1490, et ca. 1493-1497] Forster III, 55 r.

Si deux corps opaques se meuvent l'un contre l'autre par un mouvement entrecroisé, les deux corps sembleront être trois ; de même, une chose semblera dédoublée, et les deux corps sans mouvement croisé sembleront être quatre, comme les ailes des oiseaux lorsqu'ils volent. Mouvement croisé. Mouvement simple.

•◆•

[ca. 1487-1490, et ca. 1493-1497] Forster III, 60 r.

Le centre de gravité de tout corps lourd suspendu tombera toujours au-dessous du centre de son support.

Le contrepoids se sépare de son poids si le fléau le divise en deux.

•◆•

[ca. 1487-1490, et ca. 1493-1497] Forster III, 66 r.

Si le poids de la mer appuie sur son lit, un homme étendu sur ce lit avec mille brasses d'eau sur le dos, en aurait assez pour l'écraser.

Tout corps lourd veut que son centre soit le centre de la terre.

[ca. 1487-1490, et ca. 1493-1497] Forster III, 66 v.

Si le poids est doublé, la friction représente le double de l'effort

[ca. 1487-1490, et ca. 1493-1497] Forster III, 72 v.

[Croquis.]

Je demande de quelle grandeur doit être un poids qu'on place en *m*, pour tirer cent livres en *n* ; et vérifier progressivement quel poids surpassera l'autre, en faisant faire à la corde qui va de l'un à l'autre tantôt un tour autour du fléau, tantôt deux ou trois ou quatre ; et de même si le fléau est triangulaire ou carré, ou pourvu d'un plus grand nombre d'angles.

[ca. 1487-1490, et ca. 1493-1497] Forster III, 73 v.

Je demande ce qui est plus rapide, l'étincelle qui monte et vit ou celle qui retombe dans la mort.

[ca. 1487-1490, et ca. 1493-1497] Forster III, 75 v.

Tout ce qui est attaché ou uni à des corps qui ont été percutés, se mouvra vers l'endroit percuté.

La corde roulée sur le fléau quand il est horizontal, pressera davantage sa partie la plus rapprochée du plus grand des deux poids fixés à ses extrémités.

[ca. 1487-1490, et ca. 1493-1497] Forster III, 77 v.

[Durée du mouvement du liquide.]

Le mouvement du liquide en un sens quelconque prolonge la giration commencée, aussi longtemps que demeure vivante en lui l'impulsion de son premier moteur.

[ca. 1508] RL 19045 r.

Dans le même espace, la flèche porte plus loin en s'élevant tout droit qu'obliquement ; en effet, en se dirigeant vers le

[ca. 1511-1513] RL 19085 r.

haut, la flèche ou le boulet retombe suivant la ligne de sa montée, et forme obliquement un arc.

[Loi d'inertie.]

[ca. 1508-1510] RL 19115 v.

La chose qui se meut sera d'autant plus difficile à arrêter que son poids est plus grand.

[ca. 1510-1513] RL 19121 v.

Le mobile acquiert autant d'espace qu'il en perd

[Des pas longs et courts.]

[ca. 1506-1508] RL 12639 r.

On fait de petites enjambées en descendant, parce que le poids pèse sur le pied de derrière, mais de grandes en montant parce que le poids se trouve projeté sur le pied de devant.

[ca. 1506-1508] RL 19143 r.

Cette roue tournera plus aisément, dont l'axe est de moindre grosseur.

[ca. 1506-1508] Leic. 29 v.

Il est prouvé que l'air ne pousse pas le mobile, attendu qu'il en est séparé par la puissance de son moteur.

Si le mobile qui se sépare de son moteur, avait la faculté de percevoir le mouvement de l'air qui le pousse par-derrière, la balle de l'escopette, en pénétrant une outre pleine d'eau, perdrait aussitôt son mouvement dès le début de sa pénétration, car instantanément l'eau fermerait l'entrée et la séparerait de l'air qui la pousse ; or, à cet égard, l'expérience nous démontre le contraire, attendu que cette balle, après la pénétration de l'eau, se meut longtemps encore. Et si tu disais que la violence du mouvement de l'air ou de l'eau qu'elle traverse revenant combler le vide d'où la balle s'en va, c'est là ce qui forme un coin entre le dos de la balle et le reste de l'air demeuré derrière elle, la réponse sera que l'air est plus puissant et plus comprimé devant la balle que du côté opposé, où se trouve l'air réfléchi par la percussion de la balle. *La réflexion de toute chose a toujours moins de puissance que son incidence* ; tu objecteras peut-être que cette puissance ne saurait être infuse dans le corps mû attendu que *nulle chose mobile ne se meut d'elle-même, à moins que ses membres n'exercent de force en d'autres corps extérieurs à elle* comme quand un homme, au centre d'une barque, tire la corde attachée à sa poupe, pour imprimer un mouvement à l'embarcation – travail inutile à moins que cette corde ne soit fixée à la rive vers laquelle il veut aller, ou qu'il ne pousse les rames dans l'eau ou la gaffe au fond. Voilà pourquoi, la puissance ne résidant pas dans l'air qui chasse la balle, il faut nécessairement qu'elle soit répandue en elle ; de plus, cette puissance ainsi répandue aurait une force égale en chacun de ses côtés, car elle serait également répartie en toute la balle ; ceci toutefois n'est pas le cas, et comme tu ne me concèdes pas les autres prémisses, cherchons une troisième [proposition] qui ne comporterait pas d'exception : « La force du moteur se sépare entièrement de lui et s'applique au corps qu'il meut, et elle va s'épuisant à la longue, en pénétrant l'air toujours comprimé devant le mobile. » Ceci arrive parce que *toute impression se prolonge un long temps dans l'objet impressionné* comme on le voit par les cercles que la percussion crée à la surface de l'eau et qui s'y étendent à une grande distance, et aussi par les remous et vagues formés en un endroit et portés par l'élan de l'eau en un autre, sans être détruits ; et le rayonnement produit le même effet dans l'œil, et le son dans l'oreille. Mais si tu disais également que l'air conserve la puissance du moteur qui l'accompagne et pousse son mobile, comment accorderons-nous ceci avec le cas de la roue qui dans une rafale tourne longtemps bien que son moteur soit séparé d'elle ?

Ce n'est pas l'air qui la meut, car étant également distribuée autour de son axe – pour ce qui a trait à ses contours et son poids –, le vent qui l'embrasse d'un seul côté, s'il caresse la moitié de la roue fuyant devant lui, s'oppose et résiste à l'autre moitié qui se meut en sens contraire du sien ; dès lors, le vent qui arrête le mouvement autant qu'il le favorise ne sert pas cette roue, non plus qu'il ne la dessert ; la puissance du moteur est donc restée imprimée à l'extérieur de la roue et n'a pas été déversée en elle ou dans l'air qui l'entourait. Si tu veux voir le mouvement de l'air lorsqu'un mobile y pénètre, prends pour exemple l'eau au-dessous de sa surface, car il se pourrait que du fin millet ou quelque autre menue graine y soit mêlé, qui flotterait à chaque stade de sa hauteur ; et ensuite, place dedans un mobile quelconque flottant sur l'eau ; tu verras la révolution de l'eau, dans un vase de verre carré, en forme de caisse. *Tout acte naturel se transmet de celui qui l'accomplit, à l'objet, dans le temps le plus bref.* L'air battu et comprimé par le mobile qui s'y meut n'a donc pas besoin d'être celui qui restaure le vide, car le mobile crée une succession de vides en fuyant devant lui ; mais c'est celui qui est le plus près du côté opposé du mobile c'est-à-dire le côté par lequel il quitte le chemin, qui raréfie continuellement la condensation déjà produite. Cette raréfaction restaure le vide susdit. *Jamais, dans un même temps, la puissance plus grande ne sera vaincue par la moins grande.* Dès lors, le mouvement rapide de l'air raréfié pour combler le vide causé par le mobile qui l'a quitté, est beaucoup plus faible que celui de l'air qui se comprime continuellement devant ce dernier – compression dont l'air plus ténu que lui ne sera jamais la cause. Nous concluons que le mobile n'est pas mû par l'onde aérienne de l'impulsion motrice. Et si tu veux dire que le flux déterminé par l'échappement de l'air devant le mobile prépare le mouvement de ce mobile en même temps que le sien, et court après lui pour combler la raréfaction de l'air, on répond que cet air y afflue à cause du mobile et non par lui-même, et *il est impossible que dans un seul et même temps le moteur meuve le mobile et le mobile meuve le moteur.* Dès lors, ton argument n'est pas valable, car si ledit flux était forcé de se traîner après la cause de son mouvement, *il est impossible qu'une chose puisse s'engendrer toute seule ; et ces choses qui ont une existence par elles-mêmes sont éternelles.*

[ca. 1505] Sul Volo (feuillets manquants), 1 r.

La gravité naît quand un élément est placé au-dessus d'un autre élément plus ténu.

La gravité est causée par un élément attiré dans un autre.

[ca. 1505] Sul Volo (feuillets manquants), 2 r.

La gravité est causée du fait qu'un élément est situé en un autre ; elle se meut vers son centre suivant la ligne la plus brève, non de son propre gré ni parce que le centre l'attire, mais parce que le milieu où elle se trouve ne peut lui résister.

XX

MATHÉMATIQUES

« Il n'est point de certitude où l'on ne peut appliquer une des sciences mathématiques, ou l'une de celles qui sont fondées sur les sciences mathématiques. »

[Diagramme.]

Ayant montré ci-contre diverses manières de convertir des cercles en carrés – en formant des carrés d'une capacité égale à celle du cercle – et ayant énoncé les règles nécessaires pour continuer ainsi indéfiniment, je commence à présent le livre intitulé *De Ludo geometrico* et j'indique également la méthode pour procéder à l'infini. *[ca. 1515-1516] C. A. 124 v.*

•◆•

Un corps est une chose dont les limites forment la surface. *[ca. 1515] C. A. 249 r.*

La surface n'est point une partie du corps, ni une partie de l'air ou de l'eau qui l'entoure, mais une frontière commune [entre l'air et le corps] dans laquelle se termine le corps en contact avec l'air, et l'air en contact avec le [corps].

•◆•

Quelle est cette chose qui ne se donne point et qui, si elle se donnait, cesserait d'exister ? *[ca. 1508] C. A. 362 r.*

C'est l'infini qui, s'il pouvait se donner, serait limité et fini, car ce qui peut se donner a une limite commune avec la chose qui l'entoure par ses extrémités, et ce qui ne peut se donner est ce qui n'a pas de limites.

⁂

[ca. 1507-1508]
C. A. 497 r.

La surface est le point de contact[1] des extrémités des corps ; autrement dit, elle est constituée par les extrémités du corps dans l'air, conjointement avec les extrémités des corps que revêt cet air ; elle est ce qui borne cet air et forme avec lui la frontière des corps qu'il environne. Elle le borne au moyen des corps qu'elle revêt et ne participe ni du corps qui l'entoure ni du corps qu'elle environne. Elle est plutôt la véritable frontière commune à chacun d'eux et ce qui sépare un corps de l'autre, comme par exemple l'air ou l'eau d'avec le corps inclus en eux.

⁂

[ca. 1517-1518]
C. A. 503 r.

L'arithmétique est une science mentale dont les calculs se font au moyen d'une véridique et parfaite dénomination. Mais elle n'a pas, dans ses quantités continues, la puissance qu'ont les racines irrationnelles ou sourdes[2] qui divisent les quantités sans dénomination numérique.

⁂

[ca. 1505-1506]
C. A. 667 v.

La surface est une figure plane qui a longueur et largeur, et elle est uniformément dénuée de profondeur.

⁂

[ca. 1487-1490]
Tr. 34 v.

Le point n'est pas une partie de la ligne.

⁂

Pour vérifier la largeur d'un fleuve.

[Dessin.]

[ca. 1487-1489]
B, 56 r.

Si tu veux vérifier exactement la largeur d'un fleuve, procède de la manière suivante : plante une perche sur la rive de ton côté et qu'elle s'élève aussi loin du sol que ton œil sera loin de la terre ; puis recule-toi à une distance équivalente à l'envergure de tes bras, et regarde l'autre rive du fleuve, en

1. Ms. : *contingenzia.*
2. Ms. : *radici sorde.*

tenant un fil qui va du haut de la perche à ton œil, ou si tu préfères, une baguette ; et observe si la ligne de vision jusqu'à la rive opposée rencontre la perche.

•◆•

[Dessin. Niveau posant sur un support de la base duquel partent les deux extrémités d'une corde.]

Voici comment le niveau sera fait : long de deux brasses[1], épais d'un pouce, et de section carrée ; qu'il soit en bois de sapin pour ne point se tordre, et qu'il ait en sa partie supérieure une rigole de l'épaisseur d'un doigt et de même profondeur. Puis, mouille la corde et remplis d'eau la rigole ; abaisse tantôt un bout tantôt l'autre, jusqu'à ce que l'eau affleure aux bords. Ensuite, essuie du doigt l'eau qui coule par-dessus les extrémités de la rigole, jusqu'à ce qu'elles soient sèches, fixe en *m n* deux morceaux de fer, de la grosseur de la corde, et prends soin que l'un maintienne l'autre ainsi que l'objet vu.

[ca. 1487-1489]
B, 65 v.

•◆•

Une chose qui se meut acquiert autant d'espace qu'elle en perd.

[ca. 1513-1514]
E, 7 v. et 25 v.

•◆•

De la mécanique.

La mécanique est le paradis des sciences mathématiques, car grâce à elle on recueille leur fruit.

[ca. 1513-1514]
E, 8 v.

•◆•

DE LA QUADRATURE DE LA SURFACE D'UNE SPHÈRE AVEC MOUVEMENT DROIT

La connaissance de la partie aliquote permet de déterminer son tout ; d'où il s'ensuit que la quadrature du huitième de la surface d'une sphère permet de connaître la quadrature de la sphère entière ; et soit la connaissance du huitième de la sphère : *a b c*.

[ca. 1513-1514]
E, 24 r.

Deuxième figure. Dans la deuxième figure *c d e*, on divise le huitième de la surface sphérique en parallèles d'égale lar-

1. Une brasse équivaut à environ 1,62 m.

geur, et l'on redresse la courbure des deux côtés *c d* et *d e* ; ceci se fait par le mouvement, sur un plan droit.

Troisième figure. Dans cette troisième figure, se trouve ce qui fut annoncé dans la deuxième, et les côtés redressés *f g* et *g h* comprennent toutes les parallèles de la deuxième, élargies et allongées au moyen de leur mouvement, car il y a le même nombre de parallèles sur les lignes prolongées *f g* et *g h* (qui sont égales entre elles) ; le tout étant augmenté, les parties le sont aussi.

Quatrième figure. Dans la quatrième figure, on fait des divisions égales pyramidales, comme il est montré en *f g h*.

Cinquième figure. Dans la cinquième figure, on ouvre et l'on élargit les pointes de la pyramide, l'on reproduit le même nombre de pyramides et l'on forme le carré *n m o p* ; mais d'abord, par un mouvement, on redresse la ligne *i l* et l'on obtient la quatrième partie de la surface sphérique.

La jonction des courbes *c d e* redressée en *f g h* forme un rectangle.

⁂

Définition de l'hélice.

[ca. 1513-1514] E, 34 v.

L'hélice est une ligne courbe isolée dont la courbure est uniformément irrégulière et elle tourne autour d'un point à une distance uniformément irrégulière.

Définition de l'hémisphère.

Un hémisphère est un corps engendré par une moitié de sphère, limité par le cercle et la surface de la demi-sphère.

Le mouvement de l'hémisphère, commencé par la circonférence de son plus grand cercle, s'achève au milieu de cet hémisphère, après avoir décrit une courbe en spirale.

Ceci est prouvé par la deuxième [proposition], relative à l'élan composé, qui dit : « De l'impulsion composée, une partie sera plus lente que l'autre dans la mesure où elle sera plus courte » et « Celle-là sera la plus courte, qui sera la plus éloignée de la rectitude du mouvement de son moteur. » Voilà pourquoi le mouvement de l'hémisphère, étant composé des mouvements de plusieurs révolutions entières, est d'une demi-révolution.

⁂

MENSURATION

Lorsque tu veux mesurer la largeur d'un fleuve, écarte-toi de sa rive à une distance un peu supérieure à celle du cours d'eau, et observe, sur la rive opposée, quelque point de repère fixe. Soit *a b* la largeur du fleuve et *a c* l'espace que tu interposes entre lui et toi, et qui sera un peu plus grand que la largeur du fleuve. Ensuite, trace au bout de cette distance une ligne perpendiculaire de la longueur qu'il te plaira, soit la ligne *c d*. *[ca. 1513-1514] E, 51 v.*

De ce [point] *d*, observe de nouveau le repère *b*, que tu as noté sur la rive opposée et fais placer une marque f^1 sur la rive [d'en face] au point qui se trouve sur la même ligne *d b*. Après quoi, divise la ligne perpendiculaire en son milieu *c d*, au point *e*, d'où tu mèneras une autre ligne perpendiculaire, et marque l'endroit où elle coupe la ligne $d f^1$; de là, élève la troisième perpendiculaire $g f^2$. Ainsi, tu auras formé le quadrilatère $c f^2$ *e g* dont tu sais que le côté $c f^2$ est égal à f^2 *b*, car de même que le point *e* est au centre de la ligne $c\ d^2$ ainsi le point f^2 est au centre de l'autre ligne *c b* ; puis ôte $a f^2$ [de la rive] de f^2 *c*, c'est-à-dire f^2 *h*, et il te restera *h c*, distance égale à la largeur du fleuve.

Toutes les pyramides construites sur des bases égales, en des espaces parallèles, sont égales entre elles. *[ca. 1513-1514] E, 56 r.*

La plus grande pyramide qui puisse être tirée d'un cube sera le tiers de la totalité du cube.

La ligne entrecentrique est censée être celle qui part du centre du monde et qui, en s'élevant par une droite continue, traverse le centre de la substance lourde suspendue en une quantité d'espace infinie. *[ca. 1513-1514] E, 69 r.*

DES CINQ CORPS RÉGULIERS

Contre les commentateurs qui blâment les anciens inventeurs auxquels nous sommes redevables des grammaires et des sciences, et attaquent les inventeurs morts. Pourquoi, par paresse, ils n'ont pas réussi à se faire eux-mêmes inventeurs, et *[ca. 1508-1509] F, 27 v.*

pourquoi, avec tant de livres, ils s'appliquent continuellement à confondre leurs maîtres au moyen d'arguments fallacieux.

Ils disent que la terre est hexaèdre[1], c'est-à-dire cubique, à savoir un corps de six bases, et ils le prouvent en disant qu'il n'y a point, parmi les corps réguliers, un corps de moindre mouvement ni de plus de stabilité que le cube. Et ils attribuent le tétraèdre au feu, c'est-à-dire le corps pyramidal, lequel, selon ces philosophes, est plus mobile que la terre ; ce pourquoi ils attribuent la pyramide au feu et le cube à la terre.

Or, si l'on considère la stabilité du corps pyramidal et qu'on la compare à celle du cube, on verra que ce cube est incomparablement plus mobile que la pyramide, et ceci se prouve comme il suit :

Le cube a six côtés, la pyramide régulière quatre, et tous deux figurent ici dans la marge en *a b* ; *a* est le cube, *b* la pyramide. Pour développer cette preuve, je prendrai le côté du cube et un côté de la pyramide qui sera *c d* ; je soutiens que le cube *c* sera plus apte au mouvement de circonvolution que la pyramide *d*. Soit *e f*, au-dessous, le commencement de ces mouvements. Je dis en effet que si la base du cube et la base de la pyramide posent sur le même plan, la pyramide tournera le tiers d'elle-même pour tomber sur son autre côté et le cube tournera le quart de son circuit pour passer à son autre côté, afin d'en faire sa base.

De ces deux démonstrations, il s'ensuit que le cube opérera un tour complet avec le changement de ses quatre côtés sur le même plan alors que le triangle ou la pyramide tournera complètement avec trois de ses côtés sur le même plan. Le pentagone tourne tous ses cinq côtés, et ainsi, plus il y a de côtés, plus le mouvement est facile, parce que le corps se rapproche davantage de la sphère. Je voudrais donc en inférer que le triangle est de mouvement plus lent que le cube, et qu'en conséquence, il faut prendre pour la terre la pyramide et non le cube.

•◆•

DE LA PROPORTION

[ca. 1510-1516]
G, 17 r.

Si de deux touts semblables, on ôte des parties semblables, la même proportion existera entre la partie et la partie qu'entre le tout et le tout.

---

1. Le ms. porte « *tetracedronica coe cubica* » – sans doute une erreur de plume.

Il s'ensuit que si de ces deux cercles, l'un est le double de l'autre, le quart de portion du plus grand est le double du quart de portion du plus petit.

Même proportion existe entre un reste et l'autre qu'entre un tout et l'autre.

Et même proportion entre partie et partie qu'entre reste et reste.

Quand deux cercles touchent un même carré en quatre points l'un est le double de l'autre

Et quand deux carrés touchent le même cercle en quatre points, l'un est le double de l'autre.

GÉOMÉTRIE

[ca. 1510-1516] G, 17 v.

Le cercle qui touche les trois angles d'un triangle équilatéral est le triple du triangle qui touche les trois côtés de ce même triangle.

Le diamètre du plus grand cercle dans le triangle vaut les deux tiers de l'axe de ce même triangle.

[ca. 1510-1516] G, 37 r.

La proportion de cercle à cercle est, comme celle de carré à carré, formée en multipliant leur diamètre par lui-même. À présent, fais deux carrés de la proportion qu'il te plaira, puis deux cercles, dont l'un aura pour diamètre le côté du plus grand carré et l'autre le côté du plus petit carré.

Ainsi, en vertu de la réciproque de la première proposition, tu auras deux cercles offrant, l'un par rapport à l'autre, la même proportion que celle des deux carrés.

POUR OBTENIR LE CUBE DE LA SPHÈRE

[ca. 1510-1516] G, 39 v.

Quand tu auras carré la surface du cercle, divise le carré en autant de petits carrés que tu voudras, à condition qu'ils soient égaux entre eux, et fais de chaque carré la base d'une pyramide, dont l'axe est le demi-diamètre de la sphère, que tu veux cuber : et qu'ils soient tous égaux.

Lunules d'aires équivalentes (*C. A.* 596 r.).

[Cercles et carrés.]

Les cercles faits sur le même centre seront le double l'un de l'autre, si le carré interposé entre eux est en contact avec chacun d'eux. Et doubles l'un de l'autre seront les carrés formés sur le même centre, quand le cercle placé entre eux touche chacun des deux carrés.

[ca. 1510-1516]
G, 40 r.

On le prouve, parce que des huit triangles dont se compose le plus grand carré, le plus petit carré en contient quatre

La même proportion existe entre cercle et cercle que de carré à carré, en multipliant leurs diamètres.

De toutes les parties de cercles qui peuvent être en contact à l'intérieur d'un angle droit, la plus grande vaut toujours les plus petites ; et de toutes les parallèles qui reçoivent en elles ces parties, toujours la plus grande contient et vaut toutes les petites parallèles faites en cet angle droit *a b c*.

DÉFINITION DES QUATRE GROUPES DE PARALLÈLES

Il est quatre sortes de figures parallèles. La première est incluse entre deux droites équidistantes ; la deuxième, entre deux lignes équidistantes de même courbure ; la troisième, entre deux lignes équidistantes de courbure différente, telles les parallèles tracées autour du centre du cercle ; la quatrième est formée d'une seule ligne courbe, à égale distance autour d'un point, c'est-à-dire la ligne de la circonférence autour du centre de son cercle.

[ca. 1510-1516]
G, 59 r.

Et toutes ces lignes sont de même nature attendu que la droite s'incurve et la ligne courbe devient droite par suite du mouvement qui applique des plans droits sur les courbes et des courbes sur les droits.

Selon l'un des *Éléments* [d'Euclide].

Tous les triangles rectilignes faits sur des bases égales et entre des droites parallèles sont égaux entre eux.

[ca. 1510-1516]
G, 58 r.

Si de choses inégales on retranche des parties égales, les restes seront inégaux, non dans la première proportion, mais avec un plus grand excédent de la quantité supérieure.

ARITHMÉTIQUE

[ca. 1510-1516]
G, 56 v.

Tout nombre impair multiplié par un nombre impair reste impair.

Tout nombre impair multiplié par un nombre pair devient pair.

[De la quadrature du cercle.]

[ca. 1510-1516]
G, 58 r.

Les animaux qui tirent les chariots nous permettent une très simple démonstration de la quadrature du cercle, fournie par les roues de ces chariots au moyen de l'empreinte de la circonférence, laquelle forme une ligne droite.

DE LA QUADRATURE DU CERCLE
ET DE CELUI QUI LA DÉCOUVRIT

[ca. 1510-1516]
G, 96 r.

Vitruve, en mesurant le mille au moyen de plusieurs révolutions complètes des roues motrices des chariots, prolongea dans ses stades[1] plusieurs des lignes circonférentielles de ces roues. Il l'apprit des animaux tracteurs de ces chariots, mais ne reconnut point que c'était le moyen de trouver le carré égal à un cercle. Le premier qui s'en avisa fut Archimède le Syracusain ; il s'aperçut qu'en multipliant la moitié du diamètre d'un cercle par la moitié de sa circonférence, on obtenait un quadrilatère rectiligne égal au cercle.

[ca. 1510-1516]
G, 96 v.

Il n'est point de certitude où l'on ne peut appliquer une des sciences mathématiques ou l'une de celles qui sont fondées sur les sciences mathématiques.

1. Ms. : « *nelle sue stade* ».

Cette force sera plus faible, qui est plus éloignée de sa source. *[ca. 1494] H, 71 (23) v.*

•◆•

Tout poids continu et uni qui exerce une poussée transversale, pose sur un support perpendiculaire. *[ca. 1494] H, 74 (26) r.*

Si un poids est discontinu et limité, comme lorsqu'il est liquide et granulé, sa poussée sera répartie sur tous les côtés, et ainsi la pression latérale est un allègement pour les fondements.

•◆•

Si le contact de la chose unie avec la terre qui la supporte n'est pas sur la ligne de sa puissance motrice, elle s'avérera d'autant plus lourde qu'elle sera plus éloignée de la ligne de cette puissance motrice. *[ca. 1494] H, 113 (30 r.) v.*

•◆•

La partie la plus pesante de tout corps mû guide son mouvement. *[ca. 1494] H, 115 (28 r.) v.*

•◆•

Similarité n'implique pas égalité. *[ca. 1497] I, 16 r.*

•◆•

Le fait qu'une chose peut être soit soulevée, soit traînée, détermine une grande différence de difficulté pour son moteur ; si elle est de mille livres et qu'on la meuve en la soulevant simplement, elle accuse mille livres, alors que traînée, elle se réduit d'un tiers ; et si elle est traînée sur des roues elle diminue graduellement en proportion de la grandeur de la roue et selon le nombre des roues. Et dans le même temps et avec la même puissance, elle peut faire le même parcours, comme avec différents degrés de temps et de puissance dans le même temps et mouvement, uniquement en augmentant le nombre des roues sur lesquelles passent les moyeux, qui augmenteraient, eux aussi. *[ca. 1497] I, 17 r.*

•◆•

En vertu de la neuvième [proposition] du [chapitre] relatif aux éléments, qui dit que le centre de toute gravité suspendue s'arrête sous le centre de son soutien ; la ligne centrale *[ca. 1497] I, 22 v.*

est le nom donné à la droite imaginaire qui va de l'objet au centre du monde.

Le centre de toute gravité suspendue désire s'unir avec la ligne centrale de son soutien.

La gravité suspendue qui se trouve le plus loin de la ligne centrale de son soutien acquerra le plus de force en sus de son poids naturel.

À présent, pour conclure, j'affirme que l'eau du remous en spirale[1] donne le centre de sa gravité à la ligne centrale de son axe et chaque petit poids qui s'ajoute à l'un de ses côtés est cause de son mouvement.

⁂

[Merveilles de la mécanique.]

Règle.

[Diagramme.]

[ca. 1497] I, 57 (9) v.

Les pivots de la plus grande force servent pour les mouvements qui vont et viennent, comme ceux des cloches, scies et autres choses de même nature.

Une livre de force en *b* détermine en *m* dix mille milliers de millions de livres, et la figure opposée fait de même, étant de nature analogue, et ne différant qu'en ce que les roues sont entières, attendu qu'elles doivent toujours tourner dans le même sens. Sache que lorsque la première du dessus effectue cent mille milliers de millions de tours, celle d'en bas ne fait qu'un tour complet.

Telles sont les merveilles de la science mécanique.

Ainsi, on peut faire qu'une cloche se balance sur un pivot de telle sorte qu'un faible vent la fera tinter, les poids opposés de la cloche étant égaux et équidistants de son centre.

⁂

[Diagramme.]

[ca. 1497] I, 58 (10) r.

Cette disposition produira un mouvement tournant d'une telle durée qu'il semblera prodigieux et surnaturel, car il se prolongera longtemps après celui de son moteur. Il s'ensuit

1. Ms. : « *dele uite* ».

que le poids *m* tombe de si haut que la roue opère trente révolutions et davantage et reste ensuite libre à la manière d'une toupie. Pour éviter le bruit, il faudra laisser choir la pierre sur de la paille.

S'il est nécessaire de faire une roue plus grande que l'autre, successivement, l'une au-dessus de l'autre, c'est simplement pour que le bord de la roue inférieure ne puisse arrêter et gêner le pivot de l'autre.

⁂

PROPORTION EN TOUTES CHOSES

[ca. 1503-1505] K, 49 (48 et 15) r.

La proportion ne se trouve pas seulement dans les nombres et mesures, mais aussi dans les sons, poids, temps, positions et en quelque puissance qui existe.

⁂

[ca. 1503-1505] K, 61 (12) r. et v.

Ici, une des propositions de Xénophon est inexacte :

Si des choses inégales sont retranchées de choses inégales qui soient dans la même proportion que la première inégalité, le reste aura même proportion d'inégalité. Mais si de choses inégales tu ôtes des choses égales, le reste sera toujours inégal, mais non plus dans la même proportion.

Considère ces exemples : d'abord, que les parties ôtées soient dans la même proportion que les touts, c'est-à-dire : 2 et 4 seront censés être les deux touts, de telle sorte que l'un est double de l'autre. Ensuite de 2 ôte 1, il reste 1 ; ôte 2 de 4, il reste 2 et il y a même rapport entre ces restes qu'entre les touts et les parties retranchées. Donc si 1 est ôté de 2 et 2 de 4, la même proportion qu'au début subsiste, c'est-à-dire 1 et 2, dont l'un est le double de l'autre, comme je l'ai dit plus haut. Il s'ensuivrait que qui retrancherait des choses égales modifierait cette proportion ; autrement dit, si de deux nombres dont l'un est le double de l'autre comme 2 et 4, tu retranchais un nombre égal, c'est-à-dire si tu ôtais 1 de 2 et 1 de 4, il resterait 1 et 3, à savoir des nombres dont l'un serait le triple de l'autre et par conséquent plus que double en rapports. Donc, toi Xénophon, qui voulais retrancher de touts inégaux des parties égales, croyant que les restes, encore qu'inégaux, resteraient dans la même proportion qu'au début, tu te trompais.

⁂

DÉFINITIONS DE LA LIGNE DROITE

[ca. 1503-1505]
K, 78 (30) v.
et 79 (31) r.

Premièrement : La ligne droite est celle dont chaque partie se trouve à égale hauteur.

Secondement : La ligne courbe est celle dont la hauteur est uniformément variée vers ses extrémités, lesquelles sont d'égale hauteur.

La première définition, tout comme la seconde, est erronée, car une chose d'égale hauteur doit avoir chacune des parties de sa hauteur à égale distance du centre du monde. Ainsi la courbe *f b o* serait droite, parce qu'elle est à distance uniforme de son centre, et la ligne droite *a b c* serait courbe, attendu que chaque partie de sa longueur diffère uniformément, selon l'éloignement des parties incluses entre des extrémités à égale distance du centre du monde.

Dis-tu que la ligne droite est celle qui reçoit trois points d'égale hauteur dans son étendue, tu dis encore mal ; mais si tu dis qu'entre deux points donnés, la ligne droite est la plus brève, tu en auras trouvé la vraie définition.

[Dessins.]

[ca. 1503-1505]
K, 79 (31) v.
et 80 (32) r.

Le cercle équivaut à un parallélogramme rectangulaire composé du quart de son diamètre et de la totalité de sa circonférence, ou tu peux dire de la moitié de son diamètre et de sa périphérie[1].

Comme si l'on supposait que le cercle *e f* doit se résoudre en un nombre infini de pyramides, et que celles-ci soient ensuite étendues sur la ligne droite qui touche leurs bases en *b d*, et que, la moitié de leur hauteur étant ainsi réduite, on ait formé la parallèle *a b c d*, qui est précisément égale au cercle donné *e f.*

Pour la circonférence du cercle, il convient d'en mesurer le quart avec un fragment d'écorce de roseau dans sa courbe en spirale, puis déroulé, et ainsi d'établir une règle au sujet de savoir où se trouve le centre du cercle d'où part le mouvement de l'extrémité de la mesure, et de même, le centre du mouvement de plusieurs parties, et d'en tirer la règle générale.

Le cercle est une figure parallèle, car toutes les lignes

1. C'est-à-dire sa circonférence.

droites conduites du centre à la circonférence sont égales et aboutissent à la ligne de la circonférence entre des angles égaux et des lignes sphériques.

Et il en va de même avec les lignes transversales du parallélogramme, à savoir qu'elles tombent sur leurs côtés entre des angles droits.

Toutes les pyramides rectilignes et curvilignes formées sur une même base et qui diffèrent uniformément quant à la largeur de leur longueur entre des lignes de circonférence parallèles, sont égales.

•◆•

[ca. 1502-1504]
L, 41 r.

Pour des pyramides à base égale, la même proportion existera entre les obliquités de leurs côtés qu'entre celle de leurs hauteurs.

•◆•

[ca. 1502-1504]
L, 53 r. et 53 v.

Vitruve dit que les petits modèles ne sont en aucune opération confirmés par l'effet des grands. À cet égard, je me propose de montrer ci-dessous que sa conclusion est fausse, et principalement en tirant mes déductions des arguments mêmes qui lui servirent à étayer son opinion, c'est-à-dire par l'exemple de la tarière. Il montre à son propos que si la puissance d'un homme a fait un trou d'un certain diamètre, un trou du double de ce diamètre ne pourrait être fait ensuite par une force deux fois supérieure, mais par une puissance beaucoup plus considérable. À ceci, on peut très bien objecter que la tarière de volume double ne saurait être mue par le double de puissance, attendu que la surface de tout corps semblable de forme et ayant le double de volume est quadruple en quantité par rapport à l'autre comme le montrent les deux figures *a* et *n*.

[Dessin a n.]

Ici, au moyen de chacune de ces deux tarières, on enlève une égale épaisseur de bois de chacun des trous qu'elles percent ; mais pour que les trous ou les tarières soient le double l'un de l'autre, ils doivent être quadruples en surface et en puissance.

•◆•

[av. 1500]
M, couverture, v.

L'angle droit est dit le premier parfait parmi les autres, attendu qu'il se trouve au milieu des extrémités d'un nombre infini d'autres sortes d'angles différents de lui, c'est-à-dire une infinité d'angles obtus et d'angles aigus ; et tous ces angles infinis étant égaux entre eux, il se trouve être équidistant de chacun d'eux, car il est au centre.

⁂

TROISIÈME LEÇON DU PREMIER [DISCOURS]

[av. 1500]
M, 1 r.

Les triangles sont de trois sortes, dont la première a trois angles aigus, la deuxième un angle droit et deux angles aigus, la troisième un angle obtus et deux aigus.

Le triangle à trois angles aigus peut être de trois formes différentes, dont la première a trois côtés égaux, la deuxième deux côtés égaux et la troisième, trois côtés inégaux.

Le triangle orthogonal peut être de deux sortes différentes, c'est-à-dire avec deux côtés égaux et avec trois côtés inégaux.

⁂

[av. 1500]
M, 1 v.

Le triangle orthogonal à deux côtés égaux, dérive de la moitié du carré. Et le triangle orthogonal à trois côtés inégaux est formé par la moitié d'un tétragone long [rectangle], et le triangle à angles obtus à deux côtés inégaux est formé par la moitié du rhombe coupé dans sa plus grande largeur.

Le carré est le nom donné à une figure qui a quatre côtés égaux formant quatre angles droits, c'est-à-dire que les lignes formant les angles sont égales entre elles.

⁂

TÉTRAGONE LONG

[av. 1500]
M, 2 r.

Le tétragone long [rectangle] est une figure plane comprise entre quatre côtés et quatre angles droits ; et bien que ses côtés opposés soient égaux, il ne s'ensuit pas que les côtés qui contiennent l'angle droit ne peuvent être inégaux entre eux.

Le rhombe est de deux sortes : la première formée par le carré et la seconde par le parallélogramme ; la première a ses angles opposés égaux, et pareillement, tous ses côtés égaux ; sa seule différence consiste en ce qu'aucun côté ne se termine par des angles égaux mais par un angle aigu et un angle obtus.

⁂

RHOMBOÏDE

Le rhomboïde est une figure née du rhombe ; mais tandis que le rhombe dérive du carré, le rhomboïde est issu du rectangle. Ses côtés et ses angles opposés sont égaux entre eux, mais aucun des angles n'est compris entre des côtés égaux. *[av. 1500] M, 2 v.*

Les lignes parallèles ou équidistantes sont celles qui, prolongées indéfiniment en ligne droite, ne se rencontrent jamais en aucune partie.

⁂

Chaque tout est plus grand que sa partie. *[av. 1500] M, 3 r.*

Si [une chose] n'est ni plus grande ni plus petite, elle est équivalente.

⁂

DE CINQ POSTULATS

Qu'une droite peut être menée d'un point à un autre. *[av. 1500] M, 6 r.*

Qu'il est possible de tracer sur un centre un cercle de n'importe quelle dimension.

Que tous les angles droits sont égaux entre eux.

Quand une droite coupe deux droites et que les deux angles d'un côté sont plus petits que deux angles droits, ces deux droites, prolongées de ce côté, se rencontreront inévitablement.

Deux droites n'enferment pas une surface.

⁂

TROISIÈME LEÇON DU DIXIÈME [DISCOURS]

De la comparaison faite entre la quantité continue et la quantité discrète et comment la continue peut avoir ses parties correspondantes, c'est-à-dire mesurées par une commune mesure, comme par exemple une mesure d'une brasse, laquelle est comprise quatre fois dans une ligne de quatre brasses et trois fois dans une longueur de trois brasses ; et ainsi elle forme une unité qui entre quatre fois dans quatre nombres et par conséquent trois fois dans trois nombres : et la même proportion existe entre quatre brasses et quatre nombres qu'entre un nombre et une brasse. *[av. 1500] M, 6 v.*

·◆·

DE CINQ[1] POSTULATS

[av. 1500]
M, 7 r.

Les limites de la ligne sont des points ; les limites de la surface, des lignes ; et les limites du corps, des surfaces.

Qu'une ligne droite peut être tirée d'un point à un autre. Cette ligne peut être prolongée à volonté au-delà de ces points, mais les limites de la ligne seront toujours deux points.

Sur un même point, on peut tracer plusieurs cercles.

Tous les angles droits sont égaux l'un à l'autre. Les lignes parallèles sont celles sur lesquelles, si l'on tire une ligne transversale, on forme quatre angles, qui, pris en dedans[2] égalent deux angles droits.

·◆·

[av. 1500]
M, 9 r.

Si deux surfaces carrées ont entre elles la même proportion que leurs carrés, leurs côtés correspondront, c'est-à-dire ils auront une longueur commensurable.

Et s'il y a deux surfaces carrées dont les côtés sont de longueur commensurable, la proportion entre elles sera la même qu'entre leurs carrés.

Et si les deux surfaces carrées n'offrent pas, l'une par rapport à l'autre, la même proportion que leurs carrés, leurs côtés seront de longueur incommensurable.

·◆·

[av. 1500]
M, 13 r.

Si deux choses égalent une troisième, elles seront égales entre elles.

·◆·

[av. 1500]
M, 15 r.

Si de choses égales on retranche des choses égales, les restes seront toujours égaux.

·◆·

[av. 1500]
M, 13 v. et 14 r.

Une ligne droite est celle pour laquelle si l'on prend un point quelconque en dehors d'elle, à telle distance que sa longueur peut partager avec précision cette ligne donnée, et

1. Six ?
2. Pris au-dedans *d'un même côté* ?

qu'une ligne droite quelconque soit menée dudit point à chacune des susdites divisions, la ligne peut se diviser exactement de la même manière que chacune de ces divisions.

Soit *b f* la ligne dont la preuve doit être faite, soit *a* le point donné et *a b* l'espace allant du point à l'extrémité de la ligne ; supposé que des longueurs[1] *b c d e f*, chacune en soi est égale à *a b* ; j'affirme que la ligne *a c* est le double de l'espace *a b*, la ligne *a d* est le triple, *a e* le quadruple et *a f* le quintuple.

•◆•

NEUF PROPOSITIONS

[av. 1500]
M, 16 r.

Les choses égales à une même chose sont égales entre elles aussi. Si à des choses égales on ajoute des choses égales, les totaux seront encore égaux.

Si de choses égales on retranche des choses égales, les restes seront encore égaux. Si de choses inégales on retire des choses égales, les restes seront inégaux. Si deux choses sont égales à une autre, elles sont égales entre elles. Si deux choses représentent chacune la moitié d'une même chose, chacune égalera l'autre. Et si une chose est superposée à une autre et la touche de façon qu'aucune des deux n'excède l'autre, elles seront égales entre elles. Et chaque tout est plus grand que sa partie.

•◆•

[av. 1500]
M, 18 r.

La géométrie est infinie parce que toute quantité continue est divisible à l'infini, dans un sens ou l'autre. Mais la quantité discontinue commence à l'unité et s'accroît à l'infini, et, comme il a été dit, la quantité continue croît et décroît à l'infini. Et si tu me donnes une ligne de vingt brasses, je te dirai comment en faire une de vingt et une.

•◆•

[av. 1500]
M, 31 v.

Tous les angles autour d'un point sont, réunis, égaux à quatre angles droits.

•◆•

1. C'est-à-dire des divisions.

[Le bond d'un homme.]

[av. 1500]
M, 55 r.

Si un homme en faisant un bond sur un terrain stable, saute de trois brasses et recule d'un tiers de brasse en s'élançant, qu'aura-t-il retranché du premier saut ?

Et de même si [le saut] était augmenté d'un tiers de brasse, combien aurait-il ajouté à son bond ?

[Pyramides.]

[av. 1500]
M, 86 v.

Multiplie par elle-même la racine du nombre de cette pyramide que tu désires, et détache-la vers un angle quelconque.

Si je voulais obtenir la quatrième partie de la hauteur de la base, qui correspond au quart de la longueur de cette pyramide, je dirais : quatre fois quatre font seize et ainsi la partie enlevée sera le seizième de la pyramide entière. Si tu retranches une partie comme la moitié de la base correspondant à la moitié de la longueur de ma pyramide, tu diras : la moitié d'une moitié est un quart : donc, la partie retranchée sera le quart de la pyramide entière, et si tu multiplies les trois quarts de la base par les trois quarts de la longueur de la pyramide, tu auras les neuf seizièmes de la pyramide entière.

Cette pyramide courbe se terminera à la fin de ses cercles. Mais si elle devait se prolonger des milliers de milles pour se réunir, tu serais incapable de les achever ; emplis donc l'échelle indiquée.

[Lignes courbes et pyramides.]

[av. 1500]
M, 87 r.

Si tu coupes, par le haut, une section équidistante du cercle du dessous, en utilisant son centre *r*, et que tu coupes par le bas une section équidistante du cercle d'en haut en te servant de son centre *a*, je voudrais savoir – à supposer que ces deux lignes aient la même courbure – à quelle distance elles se rejoindront ; ou, si elles ne se joignent pas, où elles se rapprocheront pour la première fois, et combien elles seront distantes ou voisines l'une de l'autre.

Je voudrais trouver si deux lignes données, qui sont

courbes, sont parallèles ou non ; et au cas où elles ne le seraient pas, si elles peuvent ou non former une pyramide ; et si elles en forment une, à quelle distance déterminée de leur base leurs côtés incurvés devront se rejoindre.

Pour ceci, tu procéderas ainsi : détache entre la base et le côté une partie qui comprendra un fragment aussi grand de la base que du côté ; cette portion pourra être prélevée soit de la partie supérieure, soit de l'inférieure ; la prélèves-tu sur celle de dessus, fais en sorte que ta section soit équidistante du cercle d'en bas en employant son centre *r* ; et si tu prélèves la portion de dessous, fais la section équidistante de la ligne supérieure, en utilisant son centre *a* ; si tu ôtes cette portion du bas, fais la section équidistante de la ligne d'en haut, en te servant de son centre *a*, et ainsi de suite comme la pyramide droite.

⁂

[Paradoxe géométrique.]

Si l'angle est le contact de deux lignes, les lignes se terminant en un point, un nombre infini de lignes peut commencer en ce point et inversement une infinité de lignes peut y aboutir ; donc, il peut être commun à la naissance et au terme de lignes innombrables. *[av. 1500] M, 87 v.*

Il paraît étrange que le triangle se termine par un point à l'angle opposé à la base et que, des extrémités de la base, on puisse diviser le triangle en une infinité de parties : il semble ici que le point étant le terme commun de toutes lesdites divisions, il est, comme le triangle, divisible à l'infini.

⁂

Les lignes qui forment les parallèles circulaires ne peuvent être de même courbure, attendu que si l'on terminait leurs cercles, leur contact ou intersection se trouverait en deux endroits. *[av. 1500] M, 89 r.*

Pour les lignes courbes dont se composeront les parallèles courbes, il importe que la partie et le tout de l'une, et la partie et le tout de l'autre, soient ensemble, chacune isolément, équidistantes d'un centre unique.

⁂

ANGLES SPHÉRIQUES ÉGAUX AUX ANGLES DROITS

[av. 1500]
M, 89 v.

Tous les quatre angles tracés dans le cercle de l'espace total du cercle, sont égaux à quatre angles droits, aux lignes courbes et droites ou toutes droites, ou toutes courbes.

Toute quantité de lignes se coupant en un même point formera autant d'angles autour de ce point qu'il y a de lignes partant de lui, et ces angles réunis équivaudront à quatre angles droits.

•◆•

[Diagramme.]

[ca. 1492]
Ms. 2185, 2 v.

Pelecani[1] dit que le bras long de la balance s'abaissera plus vite que le plus court, attendu que dans sa descente il décrit son quart de cercle plus directement que le bras plus court ; et la tendance naturelle des poids les inclinant à descendre en ligne perpendiculaire, plus ce cercle s'infléchit, plus le mouvement ralentit.

Le diagramme *m n* infirme cet argument, car la descente des poids ne s'effectue pas en cercle et pourtant le poids de *m*, le bras le plus long, s'abaisse.

Plus une chose est loin de sa base, moins elle en est soutenue ; elle conserve donc davantage sa liberté, et – un poids libre descendant toujours – l'extrémité de la tige de la balance la plus éloignée du point d'appui descendra d'elle-même plus rapidement que toute autre partie, attendu qu'elle est plus lourde.

•◆•

[Leviers.]

[ca. 1492]
Ms. 2185, 3 r.

Dans la mesure où l'extrémité de la partie supérieure de la balance s'approche davantage de la verticale que l'extrémité de la partie inférieure, le bras inférieur sera plus long et lourd que le bras supérieur, si le fléau est de grosseur uniforme.

•◆•

1. Selon Ch. Ravaisson-Mollien, il s'agit de Biagio Pelecani de Parme, né en 1416, que G. Tiraboschi appelle « *filosofo e matematico insigne* ».

[Corps suspendus.]

Le corps suspendu rond et plan tombera suivant la ligne de son centre et s'arrêtera sous le centre de la corde qui le tient en suspens. *[ca. 1492] Ms. 2185, 3 v.*

Le centre du poids de tout corps suspendu s'arrêtera suivant une ligne perpendiculaire, au-dessous du centre de son support.

•◆•

Gravité, force et mouvement matériel, ainsi que percussion, sont les quatre puissances accidentelles en lesquelles toutes les œuvres visibles des mortels ont leur existence et leur fin. *[ca. 1495-1497] B. M. 37 v.*

La gravité est une certaine puissance accidentelle créée par le mouvement et infuse en un élément qui se trouve soit attiré soit refoulé par un autre – et cette gravité a vie, dans la mesure où l'élément s'efforce de retourner à son état primitif.

•◆•

Le rouge ou jaune de l'œuf se maintient au milieu de l'albumine sans sombrer d'un côté ni de l'autre, et il est soit plus lourd soit plus léger, soit du même poids que cette albumine. Plus léger, il surnage et reste en contact avec la coquille de l'œuf ; plus lourd il sombre au fond ; et s'il est de poids égal, il pourra se maintenir à l'une des extrémités aussi bien qu'au centre ou au-dessous. *[ca. 1506-1508] B. M. 94 v.*

•◆•

Jamais l'objet mû ne sera plus rapide que son moteur. *[ca. 1502-1505, et ca. 1506-1508] B. M. 121 v.*

•◆•

La limite d'une chose est le commencement d'une autre. *[ca. 1506-1507 ?] B. M. 132 r.*

Les limites de deux choses jointes, sont, réciproquement, la surface l'une de l'autre ; comme l'eau, pour l'air.

•◆•

DES ÉLÉMENTS

Les corps des éléments sont unis entre eux et ils ne connaissent ni gravité ni légèreté. Gravité et légèreté naissent du mélange des éléments. *[ca. 1506-1508] B. M. 160 r.*

Le point est ce qui n'a pas de centre ; la ligne est une longueur[1] produite par le mouvement du point, et toutes ses extrémités sont des points.

La surface est une extension produite par le mouvement transversal d'une ligne et ses bords sont des lignes.

Le corps est une quantité formée par le mouvement latéral d'une surface, et ses limites sont des surfaces.

Le point est ce qui n'a pas de centre, d'où il résulte qu'il n'a ni largeur, ni longueur, ni profondeur.

Le point est ce qui n'a pas de centre, il n'est donc divisible sous aucun angle, et rien n'est moindre que lui.

La ligne est une longueur produite par le mouvement d'un point, ce pourquoi elle n'a ni largeur ni profondeur.

Un corps est une longueur, et il a une largeur ainsi qu'une profondeur, formées par le mouvement latéral de sa surface.

[Définitions.]

[ca. 1506-1508 ?] B. M. 176 r.

Le point n'a pas de parties ; la ligne est le parcours d'un point ; les points sont les frontières d'une ligne.

L'instant n'a pas de durée ; le temps est produit par le mouvement d'un instant, et les instants sont les limites du temps.

L'angle est le contact de deux lignes divergentes.

La surface est le mouvement d'une ligne et les lignes sont les limites d'une surface.

La surface n'a pas de corps ; les limites des corps sont des surfaces.

[ca. 1506-1508 ?] B. M. 176 v.

Le corps pyramidal est celui où toutes les lignes partant des angles de sa base concourent en un point.

Et ce corps peut être revêtu d'une infinité d'angles et de côtés.

Le corps en forme de coin est un corps où les lignes partant des angles de la base se rencontrent non en un point unique mais dans les deux points qui terminent la ligne ; et celle-ci ne devra être ni trop longue, ni trop courte.

1. C'est-à-dire une extension.

L'instant n'a pas de temps, car le temps est formé par le mouvement de l'instant et les instants sont les termes du temps. *[ca. 1504, et ca. 1506-1508 ?] B. M. 190 v.*

Le point n'a pas de partie.

La ligne est le passage d'un point.

La ligne est faite par le mouvement du point.

Les points sont les termes de la ligne.

L'angle est le contact des extrémités de deux lignes.

La surface est formée par le mouvement d'une ligne écartée de sa direction.

•◆•

[Propositions.]

Tout corps est entouré par une surface extrême. *[ca. 1495-1497] B. M. 232 r.*

Toute surface est pleine de points infinis.

Tout point forme un rayon.

Le rayon, se compose de lignes infinies divergentes.

Chaque point de la longueur d'une ligne est coupé par des lignes venant des points de la surface des corps ; et [celles-ci] forment des pyramides. Chaque ligne occupe la totalité du point d'où elle part. À l'extrémité de chaque pyramide, des lignes se croisent, qui proviennent de la totalité et des parties de ces corps, en sorte que de cette extrémité, on en voit la totalité et les parties.

L'air, entre les corps, est plein des intersections que forme le rayonnement de leurs images.

Les images des figures et des couleurs de chaque corps se transfèrent de l'un à l'autre, par une pyramide. Tout corps emplit de ses images infinies l'air ambiant, au moyen de ces rayons. L'image de chaque point est dans le tout et dans la partie de la ligne qu'il a produite.

Chaque point de l'objet est, par analogie, susceptible d'être la base entière de l'autre.

Chaque corps devient la base de pyramides innombrables et infinies. La pyramide qui est produite entre les angles les plus égaux donnera l'image la plus véridique du corps dont elle émane.

Une seule et même base sert à engendrer d'innombrables et infinies pyramides tournées en diverses directions, et de diverses longueurs.

La pointe de chaque pyramide a en elle l'image entière de sa base.

La ligne centrale de la pyramide est pleine d'un nombre infini de pointes d'autres pyramides.

Une pyramide traverse l'autre sans se confondre avec elle.

La qualité de la base est en chaque partie de la longueur de la pyramide.

La pointe de la pyramide qui contient en soi toutes celles qui partent des mêmes angles, sera moins révélatrice du corps d'où elle provient, que toute autre enfermée en elle.

La pyramide dont la pointe est la plus effilée, révélera moins les véritables forme et qualité du corps d'où elle provient.

Cette pyramide sera plus effilée, dont les angles de base différeront le plus l'un de l'autre.

La pyramide la plus courte est celle qui fera subir les plus grandes modifications aux parties semblables et équivalentes de sa base.

Sur la même qualité d'angles des pyramides s'élèveront, présentant d'infinies variétés de longueur.

La pyramide dont la pointe est la plus grosse teintera plus que toute autre l'endroit qu'elle frappe, de la couleur du corps dont elle dérive.

DE LA NATURE DE LA GRAVITÉ

[ca. 1517-1518]
B. M. 264 r.

La gravité est une qualité adventice qui échoit aux corps éloignés de leur place naturelle.

DE LA NATURE DE LA LÉGÈRETÉ

La légèreté s'allie à la gravité quand des poids inégaux sont réunis dans les plateaux de la balance, ou que des liquides légers placés au-dessous de liquides ou de solides plus lourds qu'eux

[ca. 1505]
Forster I, 5 r.

Parmi cinq corps réguliers, retranche de l'un d'eux un corps analogue, et le reste sera de même forme.

D'un pentagone je veux ôter un autre pentagone donné, de telle sorte que le reste conserve la forme pentagonale et qu'il y ait des corps et non des surfaces.

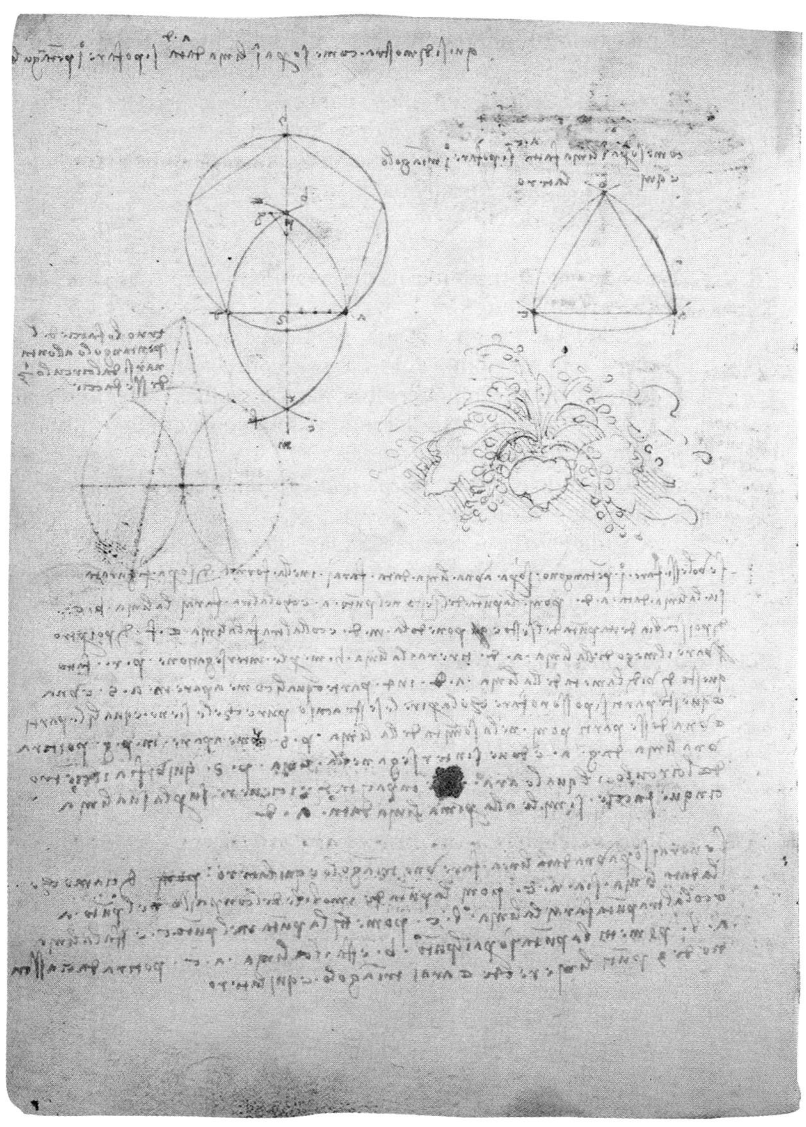

Construction du pentagone (*B*, 13 v.).

Réduis le pentagone donné en son cube, et fais-en autant pour le grand pentagone dont tu dois extraire le plus petit ; puis, conformément aux règles précédentes, ôte le plus petit cube du plus grand, et refais le pentagone avec le reste de ce grand, lequel, selon les susdites règles, est resté cubique.

Ce qui est dit ici du cube s'entend de tous les corps dont les angles sont tangents à la sphère, car ce qui se fait dans la sphère se peut faire dans le cube.

•◆•

[ca. 1505]
Forster I, 12 v.

Tous les corps ont trois dimensions, à savoir, largeur, grosseur et longueur.

Les modifications et manipulations que peuvent subir les corps sont au nombre de six : raccourcissement, élongation, grossissement, amincissement, agrandissement et compression.

La surface possède largeur et longueur, et elle est uniformément dénuée d'épaisseur.

La planche est un corps plat et elle a largeur, longueur et épaisseur uniformes.

Voilà pourquoi, lorsque la planche est d'uniforme épaisseur et sa surface de qualité uniforme, nous pouvons nous servir de la table en toutes ses manipulations et divisions, selon les mêmes règles et de la même manière que nous employons les surfaces susdites.

•◆•

[Diagramme.]

[ca. 1505]
Forster I, 15 r.

Les corps réguliers sont cinq et le nombre de ceux qui participent à la fois du régulier et de l'irrégulier est infini, attendu que chaque angle, une fois coupé, découvre la base d'une pyramide pourvue d'autant de côtés qu'en avait cette pyramide, et il reste autant d'angles matériels qu'il y a de côtés.

Ces angles peuvent se couper en deux, et il te sera loisible de procéder ainsi une infinité de fois, car une quantité continue est divisible à l'infini.

Les corps irréguliers sont également infinis, en raison de la susdite règle.

•◆•

[ca. 1505]
Forster I, 31 r.

Je veux réduire à la forme du cube tout corps rectangulaire aux côtés équidistants ; d'abord, ce sera le cylindre.

Pour obtenir le carré d'une planche rectangulaire plus longue que large, selon une largeur donnée, demande-toi de combien sa dimension varie.

Ceci peut se faire conformément à la cinquième [proposition] relative à ce sujet, c'est-à-dire que de la largeur ou longueur de cette planche je ferai le cylindre, de longueur égale à ladite largeur ou longueur de la planche, et alors

•◆•

La géométrie s'étend aux transmutations des corps métalliques, dont la substance est apte à la dilatation et à la contraction, selon les besoins de ceux qui les observent. *[ca. 1505] Forster I, 40 v.*

Toutes les diminutions de cylindres plus hautes que le cube conservent le nom de cylindres. Toutes les réductions de cylindres plus basses que le cube se nomment des planches.

Le cube est un corps de six côtés égaux, compris entre douze lignes égales et huit angles de trois côtés rectangulaires et vingt-quatre angles droits ; lequel corps, chez nous, s'appelle un dé.

Quand tu veux traiter des pyramides, tant en ce qui concerne leur augmentation que leur diminution, et que tu traites de cylindres, cubes ou planches destinés à avoir la même hauteur et largeur qu'elles, le tiers de ces corps restera dans ladite pyramide ; et tu énonceras ceci avec concision.

•◆•

MÉTHODE POUR MESURER UNE HAUTEUR

Soit *c f* la tour que tu veux mesurer, éloigne-toi d'elle à ton gré, prends-en la mesure qui pourra être longue d'un bras et demi, comme en *c b a*, et moitié aussi haute et fais en sorte que la tour occupe l'espace *b a ;* puis tourne la ligne *b a* le long du niveau du sol, et elle remplira un espace de terre aussi grand qu'elle occupait de hauteur, et dans cet espace tu trouveras la véritable hauteur de la tour. *[ca. 1505] Forster I, 48 v.*

•◆•

[Diagrammes.]

Si une ligne s'abaisse perpendiculairement sur une autre ligne, elle se termine entre deux angles égaux. *[ca. 1495-1497] Forster II, 3 v.*

Si une ligne droite s'abaisse sur une autre droite et passe

à l'intersection, cette intersection se trouvera au milieu de quatre angles droits.

Si deux droites se coupant à angle droit doivent avoir leurs quatre extrémités équidistantes de cette intersection, il est nécessaire que les extrémités soient à égale distance l'une de l'autre.

[ca. 1495-1497] Forster II, 4 r.

Si deux cercles se coupent de telle sorte que la ligne de la circonférence de l'un est tirée sur le centre de l'autre, comme l'autre sur le sien, ces cercles sont égaux, et les droites passant par les deux points d'intersection, et d'un centre à l'autre se coupent entre quatre angles droits ; le cercle tracé sur ces deux centres demeurera divisé en quatre parties égales par ladite intersection, et l'on obtiendra un carré parfait.

[ca. 1495-1497] Forster II, 4 v.

Si deux, trois ou quatre choses égales sont placées sur une chose qui les égale toutes, la partie saillante de la plus grande égalera la somme des saillies de toutes les plus petites ; la figure ci-dessous en fournit l'exemple.

[Diagramme.]

PREUVE EFFECTIVE DU CARRÉ

[ca. 1495-1497] Forster II, 5 v.

Si quatre cercles sont ainsi placés que leurs centres soient situés sur la ligne d'un cercle unique de façon que la ligne circonférentielle de chacun soit faite sur les centres de l'autre, ils seront égaux sans doute, et le cercle où cette intersection se produit reste divisé en quatre parties égales et il est dans le rapport de deux à un avec chacun de ces quatre cercles ; le carré à angles et côtés égaux sera formé à l'intérieur de ce cercle.

[ca. 1495-1497] Forster II, 53 v.

Toute quantité continue est divisible à l'infini.

[ca. 1495-1497] Forster II, 116 v.

Gravité, force et mouvement accidentel, ainsi que percussion, sont les quatre puissances accidentelles par quoi toutes les œuvres visibles des mortels ont leur existence et leur fin.

GRAVITÉ

La gravité est une puissance accidentelle née du mouvement et infuse en des corps qui se trouvent déplacés de leur position naturelle.

LE GRAVE ET LE LÉGER

La gravité et la légèreté sont des puissances égales, créées par le transfert d'un élément à l'autre ; elles sont si pareilles dans toutes leurs fonctions, que pour une seule puissance, qui peut être donnée, elles ne varient que dans les corps où elles sont infuses et dans le mouvement de leur création et de leur destruction.

Ce corps est dit grave, qui, laissé en liberté, se dirige vers le centre du monde par le chemin le plus bref.

Ce corps est dit léger, qui, laissé en liberté, fuit le centre du monde ; et chacun est d'égale puissance.

⁂

[ca. 1495-1497] Forster II, 117 r.

Non seulement la gravité et la force, ainsi que la percussion peuvent être appelées alternativement mère et fille l'une de l'autre, et toutes ensemble sœurs, parce qu'elles naissent du mouvement, mais elles peuvent être appelées aussi génératrices et filles de ce mouvement ; car si elles n'existent point en nous, le mouvement ne saurait créer, non plus que de telles puissances se peuvent manifester sans mouvement.

⁂

[ca. 1495-1497] Forster II, 125 v.

Le centre accidentel de gravité en chute libre coïncidera toujours avec la ligne de son mouvement, même si en descendant cette gravité opérait une révolution.

⁂

[Croquis.]

[ca. 1487-1490, et ca. 1493-1497] Forster III, 18 r.

a n creuse les sillons du talus à un quart de brasse à l'intérieur, au moyen des raies ou dents de fer qui raclent le fond ; après quoi on prend le manche du râteau, et la terre ramassée dessus est mise dans la caisse.

[Diagramme.]

[ca. 1487-1490, et ca. 1493-1497] Forster III, 26 v.

Ce que l'on nomme centre est une partie indivisible ; elle peut donc être considérée comme étant plutôt ronde que de toute autre forme ; ce pourquoi la première partie qui l'entoure est divisible quelle qu'elle soit ; si c'est dans le carré transformé en cercle, elle s'agrandit.

[Croquis.]

[ca. 1487-1490, et ca. 1493-1497] Forster III, 29 v.

L'angle s'achève à la pointe. Les images des corps se coupent à la pointe.

FILET DE VIS

[Croquis.]

[ca. 1487-1490, et ca. 1493-1497] Forster III, 81 v.

La ligne *b d* devra montrer combien celui-ci tourne et de même combien tourne le cercle de la ligne *a o* ; prends le chiffre intermédiaire entre l'un des nombres de l'autre, et sur cette base fais ton calcul comme il est montré ci-dessous.

[Croquis.]

m n est la ligne qui se trouve entre *b d* et *a o*, à laquelle tu feras suivre le sens indiqué ci-dessous.

[Croquis.]

c r indique le degré d'inclinaison de cette ligne, c'est-à-dire à quel point le filet de la vis ci-dessus se renverse et tombe.

[Croquis.]

Multiplie la ligne *a o* par la ligne *o p* et avec le produit, tu multiplieras les parties du demi-diamètre de la vis qui se trouvent sur la longueur du levier ; et ce qui en résultera, répartis-le

[ca. 1487-1490, et ca. 1493-1497] Forster III, 82 r.

⁂

Et si tu connaissais seulement le poids de la chose que tu veux soulever avec la moufle et que tu ignores le poids ou la force nécessaires, divise le nombre de livres de ton poids par celui des roues de la moufle ; le résultat sera le poids incertain qui résistera au poids certain avec des forces égales.

[ca. 1487-1490, et ca. 1493-1497] Forster III, 82 v.

⁂

Veux-tu comprendre avec certitude la fonction et la force de la moufle, il importe de connaître le poids du moteur ou le poids du mobile, et si tu voulais connaître celui de la chose motrice, multiplie-le par le nombre des roues de la moufle, et le total sera le poids complet susceptible d'être mû par cette chose motrice.

[ca. 1487-1490, et ca. 1493-1497] Forster III, 83 r.

⁂

Il y aura même rapport entre le poids suspendu au moyen du levier à la corde du treuil et la force que le moteur exerce pour sa suspension, qu'entre la moitié du diamètre du treuil et l'espace qui se trouve sur le levier, entre la main de son moteur et le centre de l'épaisseur dudit treuil.

[ca. 1487-1490, et ca. 1493-1497] Forster III, 83 v.

⁂

[Croquis.]

Si tu multiplies le nombre de livres que pèse ton corps par le nombre de cordes de la moufle, tu obtiendras la quantité entière des livres qu'il est possible de soulever avec ton poids.

[ca. 1487-1490, et ca. 1493-1497] Forster III, 84 r.

⁂

Le corps dont les parties incluses entre la surface et le centre sont égales en substance, poids et dimension, s'il est suspendu transversalement par ses extrémités opposées, distribuera une égale partie de son poids à ses soutiens

[ca. 1487-1490, et ca. 1493-1497] Forster III, 84 v.

Cette roue dont le centre de l'axe forme le centre du cercle, remplira en toutes circonstances son office, en équilibre parfait ; et les corps égaux suspendus aux extrémités opposées de son cercle formeront un contrepoids égal l'un pour l'autre.

⁂

[Croquis de moufle.]

[ca. 1487-1490, et ca. 1493-1497] Forster III, 85 r.

On peut le faire de façon que, les contrepoids étant de poids différents l'un par rapport à l'autre, dans les bras égaux de la balance ils s'opposent une résistance égale : vois, dans l'instrument représenté, seize [livres] de poids, au-dessous, résistent à huit, dans les bras égaux des balances supérieures.

⁂

[ca. 1487-1490, et ca. 1493-1497] Forster III, 85 v.

Dans la mesure où le nombre des roues est plus grand, la chute du contrepoids sera plus grande que l'élévation du poids supérieur.

Dans la mesure où le nombre des cordes est plus grand, le nombre des bras de la corde rassemblés par le treuil, sera supérieur à celui du poids élevé.

⁂

[ca. 1487-1490, et ca. 1493-1497] Forster III, 86 r.

La traction de la moufle requiert force, poids, temps et mouvement.

DU MOUVEMENT DES CORDES

Autant il y aura de roues à la moufle, autant le premier mouvement de la corde sera plus rapide que le dernier.

DU POIDS

Proportionnellement au nombre de roues, le poids soutenu sera plus grand que celui qui le soutient.

⁂

« Multiplie ce poids par le nombre des roues. »

[Croquis. Corde du treuil.]

Si tu veux vérifier la quantité de corde que recueillera le treuil après que celle-ci a passé par la totalité ou ne fût-ce que par deux [tours] d'une moufle à quatre roues, sache que pour chaque brasse de poids élevé, le treuil recueillera quatre [brasses de corde] au moyen des quatre roues de la moufle ; et s'il y a vingt roues, chaque fois que le poids s'élève d'une brasse, le treuil requerra deux brasses de cordes. Pour élever ce poids, le treuil aura donc besoin de deux fois plus de brasses de corde que le poids ne monte de brasses, et ce, multiplié par le nombre de roues de la moufle.

[ca. 1487-1490, et ca. 1493-1497] Forster III, 86 v.

•◆•

S'il y a deux roues et que tu veuilles élever le poids d'une brasse, le treuil recueille deux brasses : en voici la preuve : soit *n m* une brasse, et *n f* une autre ; supposé que je veuille faire monter d'une brasse le poids *m* ; il est évident que la corde *n m f* qui est de deux brasses, sera déviée de sa position primitive et le treuil en recueillera de nouveau la même quantité.

[ca. 1487-1490, et ca. 1493-1497] Forster III, 87 r.

Selon le nombre de roues qui se meuvent dans les palans, la corde du premier mouvement sera à proportion plus rapide que celle du dernier.

•◆•

DÉFINITION DE LA NATURE DE LA LIGNE

La ligne n'a en soi ni matière ni substance ; elle peut être appelée une chose spirituelle plutôt qu'une matière, et dans ces conditions, elle n'occupe pas d'espace. Dès lors, on peut considérer que les intersections de lignes infinies se produisent en un point qui n'a pas de dimension, et qui, sous le rapport de l'épaisseur – si pareil terme pouvait être de mise –, égale l'épaisseur d'une ligne isolée.

[ca. 1508] RL 19149 r., 19150 r. et 19151 r.

COMMENT NOUS CONCLUONS QUE LA SURFACE SE TERMINE EN UN POINT

Une surface angulaire se réduit à un point lorsqu'elle aboutit à son angle ; ou si les côtés de cet angle sont rectilignes, au-delà de l'angle une autre surface se formera, qui sera plus ou moins grande que la première, ou égale à elle.

•◆•

[ca. 1487-1490] RL 19148 v. et 19147 v.

Tout point est la tête d'une infinité de lignes qui se combinent pour former une base ; et brusquement, de cette base, suivant les mêmes lignes, il converge vers une pyramide, révélant à la fois sa couleur et sa forme.

Aussitôt créée ou combinée, la forme engendre d'elle-même une infinité d'angles et de lignes ; ces lignes, en se prolongeant et se croisant à travers l'air, donnent naissance à un nombre infini d'angles opposés. De chacun d'eux, on formera – étant donné une base – un triangle de forme et de proportion semblables au plus grand ; si la base est comprise deux fois dans chacune des deux lignes de la pyramide, il en ira de même avec le plus petit triangle.

•◆•

[ca. 1508-1510] RL 12280 v.

Archimède a donné le carré de la figure polygonale, mais non du cercle. Donc, Archimède n'a pas trouvé le carré d'une figure à côtés courbes mais j'ai obtenu le carré du cercle moins l'infinitésimale portion que ne peut concevoir l'intellect, à savoir le plus petit point visible.

•◆•

[ca. 1506-1508] Leic. 26 v.

Si, dans un vase empli de vin, on fait entrer une quantité d'eau égale à la quantité de vin et d'eau qui s'en écoule, ledit vase ne sera jamais tout à fait privé de vin. Cela tient à ce que le vin, étant une quantité continue, est divisible à l'infini ; dès lors, si en un certain temps une quantité définie s'est écoulée, au cours d'un autre laps de temps égal, la moitié de cette quantité se déversera, puis en un autre instant encore, un quart de la quantité. Le reste se remplira constamment d'eau, et ainsi, durant ces instants successifs, la moitié du surplus se déversera. Étant divisible à l'infini, la quantité continue de vin précitée sera donc divisée durant un nombre infini d'instants ;

et l'infini n'ayant point de terme dans le temps, le nombre des circonstances où le vin se divisera sera infini.

•◆•

[ca. 1505]
Sul Volo, 3 r.

La science instrumentale ou mécanique est la plus noble, et, par-dessus toutes, utile, attendu que par elle s'accomplissent les actes de tous les corps animés de mouvement ; et l'origine de ces mouvements est en leur centre de gravité, placé au milieu, avec à ses côtés des poids inégaux ; celui-ci possède pénurie ou abondance de muscles et agit aussi comme levier et contrelevier.

XXI

DE LA NATURE DE L'EAU

« Si de ce lac de sang partent les veines qui se ramifient à travers le corps humain, l'océan emplit le corps de la terre par une infinité de veines aqueuses. »

[ca. 1495-1497]
C. A. 64 r.

Si une goutte d'eau tombe dans la mer calme, il est évident que la surface entière de la mer doit s'élever imperceptiblement, l'eau n'étant pas compressible comme l'air.

[ca. 1508]
C. A. 118 r. a

Si la surface de l'air est bornée par le feu comme l'eau par l'air et la terre par l'eau, et si la surface de l'air forme des vagues et des tourbillons comme celle de l'eau ? Et si, dans la mesure où le corps de l'air est plus subtil que l'eau, ses remous ont des révolutions plus nombreuses ? Des tourbillons de l'eau, quelques-uns sont pleins d'air en leur centre, d'autres pleins d'eau. J'ignore s'il en va de même pour les tourbillons de la surface ignée. Des tourbillons de l'eau, ceux qui naissent à la surface sont pleins d'air ; et pleins d'eau ceux qui ont leur origine dans l'eau ; ceux-ci durent plus longtemps, car l'eau dans l'eau n'a pas de poids comme elle en a au-dessus de l'air : voilà pourquoi les tourbillons de l'eau autour de l'air ont du poids et périssent promptement.

DES CRUES DES GRANDS FLEUVES

Les déluges qu'occasionnent les fleuves se produisent lorsque les bouches des vallées ne peuvent fournir une issue aux eaux qu'elles en reçoivent avec autant de rapidité que les accueillent les vallées. *[ca. 1515] C. A. 227 v.*

L'eau progresse d'autant plus vite qu'elle tombe plus obliquement.

DES VAGUES

La vague est percussion réfléchie et sera plus ou moins grande selon que la percussion est plus ou moins forte. Une vague ne se rencontre jamais seule, mais mélangée avec d'autant plus d'autres que le lieu où elle se produit présente plus d'inégalités. En un seul et même temps, au-dessus de la plus grande vague de la mer, d'autres sans nombre se meuvent, en différentes directions. Si tu jettes une pierre dans une mer bordée par plusieurs rives, toutes les vagues qui les frappent sont rejetées vers le point de percussion de la pierre ; en rencontrent-elles d'autres qui avancent, elles n'entraveront jamais leur course mutuelle. Les vagues égales en volume, vitesse et puissance, qui se heurtent en mouvements opposés, reculent à angles droits, chacune devant la percussion de l'autre. La vague s'élèvera plus haut, qui sera créée par le coup le plus fort ; et la réciproque est également vraie. Dans de petites étendues d'eau, la vague fera plusieurs fois le va-et-vient depuis l'endroit qu'elle frappe. Ses allées et venues se multiplient d'autant plus que la mer où elle est engendrée contient une moindre quantité d'eau, et inversement. Dans les hautes mers seulement, elles avancent sans jamais rebrousser chemin. Dans les étendues d'eau plus réduites, le même coup donne naissance à plusieurs mouvements d'avance et de recul. D'innombrables vagues recouvrent la plus grande, qui se meuvent en sens différent ; leur profondeur varie selon que les engendre une puissance plus ou moins grande. La vague la plus considérable est recouverte d'innombrables autres, se mouvant en autant de sens différents que diffèrent les lieux qu'elles ont quittés. Sur une même onde, engendrée dans une petite nappe d'eau, d'autres vagues déferlent, d'autant plus nombreuses que son choc contre les rives opposées et son recul auront été plus forts. Le mouvement de la vague dépasse celui de l'eau dont elle se compose. Plusieurs vagues en sens divers se peuvent engendrer simultanément entre la surface et le fond d'un même corps aqueux. Le remous peut accompagner le mouvement direct de chaque vague. Toutes les impressions causées par la percussion des choses sur l'eau, peuvent se pénétrer sans se détruire. Une vague ne pénètre jamais l'autre ; elles se bornent à reculer après le choc.

⁂

[ca. 1500 ou 1503-1505] C. A. 506 r. a

Le mouvement de l'eau dans l'eau agit comme celui de l'air dans l'air.

⁂

[ca. 1490] C. A. 302 r.

Parmi les catastrophes irrémédiables et destructrices, avant tout autre cataclysme épouvantable et terrifiant, il convient de ranger les inondations que déterminent les crues des fleuves, et qui ne le cèdent en rien, comme d'aucuns l'ont pensé, à la destruction par le feu. Je suis d'avis contraire, car le feu consume ce qui le nourrit et se consume lui-même avec son aliment. Le mouvement de l'eau, dû à la déclivité des vallées, ne se termine et ne meurt qu'après avoir atteint leur niveau le plus bas. Le feu est causé par ce qui l'alimente, et le mouvement de l'eau par son désir de descendre. À mesure que l'aliment du feu se désagrège, le dommage qu'il a causé se morcelle et se divise, et le feu meurt faute de pâture. Les vallées étant en pente continue, le dégât occasionné par le cours destructeur du fleuve se poursuit sans interruption jusqu'au moment où, en leur compagnie, il aboutit à la mer, base universelle et unique reposoir des eaux errantes des fleuves.

Mais comment décrire ces maux affreux, abominables, contre lesquels ne prévaut nulle défense humaine ; ils ravagent les hautes montagnes de leurs vagues écumantes et superbes, dégradent les plus fortes digues, arrachent les arbres aux profondes racines, et leurs flots voraces chargés de la fange des champs labourés emportent les fruits du pénible labeur des malheureux travailleurs de la glèbe, laissant les vallées nues et dépouillées par l'effet de la misère qu'ils traînent à leur suite ?

Parmi les catastrophes irrémédiables et destructrices, les crues des fleuves impétueux doivent être placées en tête des dévastations affreuses et terrifiantes. En quelle langue, avec quels mots exprimer ou décrire la ruine effroyable, les ravages inouïs et sans merci, dus aux déluges des fleuves dévorateurs, que l'homme est impuissant à conjurer ?

Démontre et énonce la règle relative à la différence entre le choc de l'eau sur l'eau et de l'eau tombant sur une surface dure. Considère l'eau tombant sur une autre eau, laquelle cède la place sous le choc : la percussion la fend dans l'instant où elle est percutée. On arrive au même résultat si on frappe l'eau dans un vase ; il en sera comme lorsque l'eau tombe et heurte une matière dure qui résiste au choc. *[ca. 1493-1495] C. A. 415 r.*

DES FLEUVES ET DE LEUR COURS

Parmi les fleuves rectilignes qui se rencontrent en une région de nature homogène, ayant même abondance d'eau et égaux en largeur, longueur, profondeur et déclivité de cours, celui-là sera le plus lent qui est le plus ancien. *[ca. 1515-1516] C. A. 422 r.*

On le prouve pour les fleuves rectilignes. Le plus sinueux est le plus ancien et celui qui sinue deviendra plus lent à mesure que son parcours s'allonge.

Parmi les eaux d'altitudes égales qui descendent à d'égales profondeurs, celle-là sera plus lente qui suit le plus long chemin.

Des fleuves commençants, celui-là sera plus lent qui est le plus ancien, du fait que son cours acquiert continuellement de la longueur, en raison des méandres accrus ; et le motif en est exposé dans la douzième partie.

La même cause qui dans tous les corps vivants meut les humeurs à l'encontre de la loi naturelle de leur gravité, meut aussi à travers les veines de la terre l'eau prisonnière en elle, et la distribue par d'étroits conduits ; et de même que le sang du bas monte et s'écoule dans les veines tranchées du front, de même que l'eau s'élève de la partie inférieure de la vigne jusqu'au point où la branche fut élaguée, ainsi, des plus basses profondeurs de la mer, l'eau atteint les cimes des montagnes, où, trouvant les veines éclatées, elle se déverse *[ca. 1490] C. A. 468 r.*

à travers elles et fait retour à la mer. Ainsi va-t-elle, dedans, dehors, toujours changeant, tantôt s'élevant par un mouvement fortuit, tantôt redescendant en une liberté naturelle.

Telle, unie à elle-même, elle tourne en une continuelle révolution.

De çà, de là, en haut, en bas, courant[1], jamais elle ne connaît la quiétude, pas plus dans sa course que dans sa nature ; elle n'a rien à soi, mais s'empare de tout, empruntant autant de natures diverses que sont divers les endroits traversés, comme le miroir accueille en soi autant d'images qu'il y a d'objets passant devant lui. Ainsi, en perpétuel changement, parfois de site et parfois de couleur, tantôt elle s'imprègne d'odeurs et saveurs nouvelles, et tantôt elle retient des essences ou propriétés neuves ; tantôt mortelle, tantôt génératrice de vie, elle se disperse dans l'air, et d'autres fois souffre que la chaleur l'attire jusqu'à la froide région où cette chaleur qui la guidait se trouve circonscrite.

Comme lorsque la main presse l'éponge immergée, l'eau en s'échappant crée une onde qui traverse l'autre eau, ainsi l'air qui était mêlé à l'eau, lorsque le froid[2] est comprimé et expulsé, s'enfuit avec furie et refoule l'autre air ; et c'est la course du vent.

Et comme la main, quand elle presse sous l'eau l'éponge bien imbibée, contraint à la fuite la substance aqueuse prisonnière et l'expulse de force à travers l'autre eau, qu'elle pénètre, de même que cette seconde masse [liquide] quand elle se sent frappée, se déplace en formant une onde, ainsi la nouv[...]

[ca. 1515]
C. A. 508 r.

Les brusques coudes dans les rives des fleuves sont détruits au cours des grandes crues parce que le courant, à sa plus grande force, pousse l'eau en ligne droite. Mais celle-ci baisse-t-elle, le cours sinueux se poursuit de nouveau, continuellement détourné d'une rive à l'autre ; et tandis que l'eau se réduit, le talus du fleuve se creuse.

Mais dans cette profondeur diminuée, le cours de l'eau

1. Ms. : « *Di quà di là, di sù, di giù scorrendo, nulla quieta la riposa mai, non che nel corso ma nella sua natura.* » Il est intéressant de rapprocher ce passage des vers de Dante : « *Di quà di là di giù di sù gli mena – nulla speranza le conforti mai – non che di posa, ma di minor pena* » (*Inferno, Canto* V). (*N.d.T.*)

2. Ms. : « *quella del freddo* ».

n'est pas uniforme, car le plus grand courant saute d'un creux à l'autre des rives opposées, et les côtés de l'eau qui confinent au talus suivent le cours le plus bref.

Dans les îlots de gravier que forment les angles du talus, les rondeurs sont déterminées par les grands remous des fleuves, dont les révolutions envahissent les concavités et convexités qui alternent dans les berges ; de petits ruisseaux y naissent entre les rives sablonneuses et leurs berges, à l'opposé des concavités des rives.

L'entrée d'un fleuve dans un autre engendre ses premiers méandres.

Les sinuosités des fleuves dans les plaines sont dues aux affluents qu'ils reçoivent.

Si le fleuve sinueux est entièrement détourné de son ancien lit et amené en un canal droit, il faut nécessairement que ses affluents des deux rives gagnent en longueur d'un côté, ce qu'ils auront perdu de l'autre – le côté qui s'allonge perdant de sa rapidité et la vitesse s'étant transférée à celui qui raccourcit.

Fais que les fleuves plus petits entrent dans les grands sous des angles aigus. L'avantage sera que le courant du plus grand fleuve détourne la ligne d'entrée du plus petit et ne lui laisse point frapper la rive opposée.

Si néanmoins le plus petit fleuve est en crue quand les eaux du plus grand sont basses, la percussion du fleuve moindre rompra la rive opposée du plus grand.

Le côté convexe de la plus grande courbure d'un fleuve dans une vallée, fera toujours face à la partie la plus basse de la largeur de la vallée.

D'autant plus grands sont les méandres des fleuves, qu'ils sont plus près de l'endroit où la petite rivière entre dans la grande.

Les vagues de terre que forment les berges des fleuves changent continuellement de site ; la première est recréée quand est emportée la dernière.

⁂

Vérifie si un corps triangulaire lancé en eau tranquille produit à la fin une onde formant un cercle parfait. *[ca. 1490-1493] C. A. 536 r.*

⁂

[Croquis d'une figure de bulle sur l'eau.]

[ca. 1505]
C. A. 556 r.

Pourquoi les bulles d'eau sont des demi-sphères, et celles de l'air des sphères parfaites. Pourquoi la base de la demi-sphère forme par ses côtés des rectangles sphériques, et pourquoi le contact de chacune avec l'eau ne forme pas une saillie à la surface mais, en raison de son poids, la force à se plier et à s'incurver.

[Dessin.]

[ca. 1490-1492]
C. A. 576 v. b

L'eau qui tombe de haut forme une nappe profonde qui va augmentant, et mainte fois ses rives s'affaissent. La raison en est que par la rapidité de son choc et par son poids, l'eau qui tombe sur une autre eau la force à lui céder la place et, descendue en ses profondeurs, elle creuse une cavité ; le choc et l'air qui s'enfoncent avec elle pendant sa chute la font remonter et s'élever à une certaine hauteur par divers conduits qui s'étendent comme s'ouvre un bouton ; la percussion de l'eau sur la rive s'exerce en cercle et, à la longue, ronge et détruit les rives environnantes.

[ca. 1506-1508]
C. A. 663 v.

De par sa nature, l'air ne fuit pas sous l'eau ; mais l'eau qui est autour de lui le comprime et l'expulse de son sein. Un élément ne fuit donc pas spontanément hors d'un autre, mais il en est chassé.

DU FLUX ET REFLUX DE LA MER ET DE SES VARIATIONS

[ca. 1515-1516]
C. A. 762 r.

Le flux et le reflux de la mer sont dus au cours des fleuves, qui lui restituent son eau en un mouvement plus lent que leur propre courant ; dès lors, par nécessité, l'eau doit monter. Le fleuve recouvre son courant grâce à l'onde rapide qui dans son recul va à la rencontre du courant descendant.

L'onde du fleuve rebrousse contre son courant, à l'heure du reflux de la mer. Revenue au rivage, elle acquiert une nouvelle puissance pour avoir approché le fleuve.

Le flux et le reflux de la mer sont dus, non à la lune ou

au soleil, mais à la plus grande onde, selon qu'elle avance ou retombe en arrière. Mais le recul étant plus faible que l'avance, du fait qu'il est privé de soutien, ce mouvement hésitant s'épuiserait s'il ne se renouvelait avec l'assistance des fleuves ; car ceux-ci ayant immédiatement enflé à l'approche de la marée, la vague du fleuve grossi s'ajoute au reflux et frappe les rives opposées des îles d'en face, puis sautant en arrière, retourne à son premier cours ; et ainsi de suite, comme il fut dit plus haut.

L'expérience nous enseigne ceci, et on l'observe constamment à propos de chaque fleuve, notamment lorsqu'il frappe les flancs de ses golfes.

⁂

Le mouvement en spirale – ou rotatoire – des liquides est d'autant plus rapide qu'il est plus près du centre de sa révolution. *[ca. 1515] C. A. 813 r.*

Ce que nous exposons est un fait digne d'admiration, car dans la roue circulaire, le mouvement est d'autant plus lent qu'il est plus proche du centre de l'objet en giration ; mais le même fait se retrouve dans la similarité de mouvement qu'offre toute révolution complète de l'eau, quant à sa rapidité et à sa longueur, dans la circonférence de son plus grand cercle comme du plus petit ; toutefois la courbe du plus petit cercle est inférieure à celle du plus grand dans la mesure où le grand est plus courbe que l'autre. Ainsi cette eau est de mouvement uniforme en toutes les phases de sa révolution ; sans quoi, la concavité se remplirait immédiatement de nouveau. Mais le poids latéral de cette masse tourbillonnante[1] étant double, la concavité n'a point de mouvement permanent ; et de ce poids double, le premier est engendré par le mouvement giratoire de l'eau et le second naît dans les côtés de la concavité, s'y appuie, et finalement tombe à pic sur l'air qui la remplit.

L'air dans l'air forme deux mouvements : l'un tout droit, en colonne montante, l'autre tournoyant.

L'eau effectue ce mouvement quand elle descend et elle l'exécute en forme de pyramide – et d'autant plus rapidement que la pyramide est plus pointue.

⁂

1. Ms. : « *circulazion revertiginosa* ».

UTILITÉ DE LA SCIENCE DE L'EAU

[ca. 1508-1510]
C. A. 831 r.

Nombreuses étaient les capitales de provinces, situées au bord de leurs principaux fleuves, qui furent dégradées et détruites par eux, comme le fut Babylone par le Tigre, du fait de Cyrus [...] et de même dans d'innombrables contrées ; et la science de l'eau enseigne exactement les moyens de les défendre.

[ca. 1508-1510]
C. A. 943 r.

L'eau qui tombe perpendiculairement dans l'eau courante forme une courbe en y pénétrant et une courbe en s'élevant. Le sommet de la partie qui s'élève en l'air ne sera pas au centre de la base de cette cavité et cette base sera elliptique.

DES FLEUVES

[ca. 1515 ?]
C. A. 980 r. a

L'eau tombe suivant la ligne – quelle qu'elle soit – de la crête de sa vague, se meut d'autant plus rapidement que cette chute est moins oblique et se brise davantage en écume là où elle rencontre plus de résistance.

Là, comme il a été dit, les vagues se brisent contre le courant du fleuve et jamais dans le même sens que lui, car l'eau tombant sur l'eau courante ne saurait rebondir sur une chose qui fuit sans attendre le coup ; mais, en cas de descente contraire, vers le cours de l'eau, l'eau de la vague qui tombe contre le courant du fleuve se superpose non à celle qui fuit son choc mais à l'onde qui se dirige en sens inverse de cette chute ; dès lors, si la vague qui tombe à une vitesse de quatre degrés, rencontre une eau qui en a également quatre, l'impulsion de la vague acquiert une vitesse de huit degrés ; voilà pourquoi les vagues des fleuves se brisent contre leur courant et celles de la mer contre l'eau fuyant le rivage qu'elle vient de frapper et non contre le vent qui la pousse.

DU FLUX ET REFLUX DE LA MER

[ca. 1506-1508]
C. A. 980 r. d

Tout mouvement de l'eau engendre le flux et le reflux en chaque partie du fleuve où la vitesse de sa course lui fait obstacle.

On le prouve du fait que le fleuve est plus rapide là où sa pente est plus déclive, et plus lent là où son niveau est plus uniforme. Voilà pourquoi la nappe d'eau plane reçoit plus d'eau qu'elle n'en déverse. Il est donc nécessaire que l'eau de la mer s'élève au point que son poids triomphe de l'eau qui la pousse, après quoi l'eau chassée descendant de sa hauteur, environne la base de cette élévation. La partie qui descend en sens inverse du courant le grossit en sorte que la partie supérieure de son eau est retardée jusqu'à ce que l'eau qui suit, devenue plus abondante, triomphe du reflux et crée un flux nouveau.

⁂

La ligne de l'impulsion produite dans le grand courant de l'eau, se maintient parmi les ondes immobiles, tel le rayon solaire entre les cours des vents. *[ca. 1508] C. A. 979 v.*

Tantôt la vague de l'impulsion est immobile dans le grand courant de l'eau, tantôt extrêmement rapide dans l'eau immobile, c'est-à-dire à la surface des marais.

Pourquoi un coup sur l'eau engendre-t-il de nombreuses vagues ?

⁂

Le fleuve constamment profond au milieu de son cours se maintiendra entre ses rives. *[ca. 1490] C. A. 1007 r.*

Où le canal est plus resserré, l'eau coule avec plus de force qu'ailleurs ; à la sortie du détroit elle s'étend furieusement, et frappant et corrodant les rives proches, en travers de son flot, souvent change son parcours.

⁂

Le mouvement du vent ressemble à celui de l'eau. *[ca. 1490] C. A. 1007 v.*

Quelle différence entre l'eau attirée et l'eau poussée ?

L'eau est attirée quand l'océan en s'abaissant entraîne derrière lui l'eau de la mer Méditerranée.

La poussée de l'eau est due aux fleuves qui en entrant dans la mer, refoulent son onde.

Parmi les causes destructrices de la propriété humaine, il me semble que les fleuves tiennent le premier rang, en raison de leurs excessives et violentes crues. Et qui voudrait à la fureur des fleuves impétueux opposer le feu, me semblerait manquer de jugement, car le feu s'éteint et meurt dès que lui manque l'aliment, mais aucune ressource de la prévoyance humaine ne prévaut contre les irréparables inondations des fleuves gonflés et superbes. En une succession de [vagues] turbulentes et tumultueuses qui rongent et dégradent les hautes rives, il devient trouble au contact des terres de labours, détruit les maisons et déracine les grands arbres, les emporte comme une proie jusqu'à la mer, son repaire, en roulant avec lui hommes, végétaux, animaux, maisons et terres, balayant toute digue et toute barrière ; il entraîne les choses légères, ravage et détruit les pesantes, détermine de grands éboulements au moyen de petites crevasses, emplit de ses flots les vallées basses, et déferle avec l'impérieuse et inexorable masse de ses eaux.

Combien la fuite s'impose à tout ce qui est proche ! Ô combien de cités, combien de terres, d'habitations, il a détruites ! Que de travaux des misérables cultivateurs, ont été rendus vains et stériles, combien de familles anéanties et accablées ? Et que dire des troupeaux noyés et perdus ?

Souvent, sortant de son ancien lit rocheux, il balaye les cultures

*

[ca. 1503-1505]
C. A. 1018 r.

Où le canal du fleuve est plus en pente, le courant est plus rapide ; où il est plus rapide, l'eau use davantage le lit du fleuve, creuse davantage, et fait que la même quantité liquide occupe un moindre espace.

Plus le cours des fleuves est bref, plus rapide sera leur allure. Ainsi, inversement, elle sera d'autant plus lente que leur cours a plus de longueur.

Où le canal n'est pas assez profond pour contenir le trop-plein de l'eau, elle est forcée de déborder ses rives.

Nulle partie d'élément ne pèse dans son propre élément, si elle n'est mue en lui avec violence, ou si elle n'y retombe, attirée par lui hors d'un autre élément.

*

[ca. 1490]
A, 23 v.

Le cours de la moindre quantité d'eau se conforme à celui de la plus importante. Il change sa route pour l'accompagner et cesse de creuser les rives.

Le Pô en offre la preuve. Quand il est bas, son eau court en maintes directions transversales ; sollicitée par les lieux peu profonds, elle se dirige vers eux et frappe la rive en ses assises qu'elle creuse, provoquant ainsi grands ravages. Mais le fleuve coule-t-il à pleins bords, la quantité d'eau plus petite dont le contre-courant battait d'abord les rives et les sapait, cesse de suivre son cours, entraînée par le volume plus considérable ; et en avançant suivant la ligne de son fond, elle ne dégrade point ses rives.

L'eau qui tombe suivant la ligne la plus proche de la verticale, est celle qui descend le plus rapidement et se donne avec le plus grand choc et le plus grand poids au lieu qu'elle frappe. *[ca. 1490] A, 24 r.*

Pour tout cours d'eau près de sa chute, la courbe de sa descente commencera à la surface plutôt que dans les profondeurs.

L'eau est, en vertu de son poids, le second des éléments entourant la terre, et la partie d'elle-même qui se trouve hors de sa sphère tentera promptement d'y retourner. Plus elle s'élève au-dessus de son élément, plus elle met de vitesse à le rejoindre. Ses caractéristiques sont l'humidité et le froid. Lorsqu'elle ne rencontre pas d'obstacle, elle recherche toujours les lieux bas. Elle s'élève volontiers en vapeurs et brumes et, devenue nuage, retombe en pluie lorsque les menues parcelles de nuage s'agglomèrent et forment des gouttes. Suivant les diverses altitudes, elle emprunte des aspects divers : eau, neige, ou grêle. Le mouvement de l'air lui livre un perpétuel assaut, elle s'attache au corps le plus sensible à l'action du froid et accueille aisément odeurs et saveurs. *[ca. 1490] A, 26 r.*

L'eau morte ne saurait être une cause de mouvement, soit pour elle-même soit pour toute autre chose. *[ca. 1490] A, 43 r.*

DÉBUT DU « TRAITÉ SUR L'EAU »

Les Anciens ont appelé l'homme un microcosme, et en vérité cette épithète s'applique bien à lui. Car si l'homme est composé d'eau, d'air et de feu, il en va de même pour le *[ca. 1490] A, 54 v.*

corps de la terre ; et si l'homme a en lui une armature d'os pour sa chair, le monde a ses rochers, supports de la terre ; si l'homme recèle un lac de sang où les poumons, quand il respire, se dilatent et se contractent, le corps terrestre a son océan, qui croît et décroît toutes les six heures, avec la respiration de l'univers ; si de ce lac de sang partent les veines qui se ramifient à travers le corps humain, l'océan emplit le corps de la terre par une infinité de veines aqueuses. À ce corps terrestre font néanmoins défaut les nerfs, créés en vue du mouvement ; or le monde étant perpétuellement stable en soi, nul mouvement ne s'y produit, et dès lors, les nerfs n'y sont point nécessaires ; mais pour tout le reste, homme et monde offrent une grande analogie.

DES VEINES D'EAU À LA CIME DES MONTS

Il semble manifeste que toute la surface océane, quand la tempête ne l'affecte point, est à égale distance du centre du monde, et les cimes des monts d'autant plus éloignées de ce centre qu'elles s'élèvent davantage au-dessus de son niveau. Dès lors, si le corps de la terre ne ressemblait pas à celui de l'homme, il serait impossible que l'eau de mer, qui est tellement plus basse que les monts, pût par sa nature monter jusqu'à leurs cimes. Nous sommes donc fondés à croire que la même cause qui retient le sang au sommet de la tête de l'homme retient l'eau à la cime des monts.

DE LA CHALEUR ÉPARSE DANS LE MONDE

Où il y a vie il y a chaleur, et où il y a chaleur vitale, il y a mouvement de vapeur. Preuve : on voit la chaleur de l'élément du feu attirer toujours à soi les vapeurs humides, les épais brouillards, les nuages denses qu'exhalent les mers et autres lacs et fleuves et vallées marécageuses. Une fois attirée petit à petit jusqu'à la région froide, la première partie s'arrête, chaleur et humidité ne pouvant coexister avec le froid et la sécheresse ; cette première partie empêchée s'augmente des autres, et ainsi toutes se rejoignent et forment des nuages épais et sombres.

Les vents les balayent et souvent les emportent d'une région à l'autre, jusqu'à ce que leur densité finissant par les alourdir, ils tombent en pluie épaisse ; mais si la chaleur du soleil s'ajoute à la puissance de l'élément igné, les nuages sont attirés encore plus haut dans la zone froide où, congelés ils provoquent des tempêtes de grêle.

Ainsi la même chaleur qui retient le grand poids d'eau qu'on voit tomber en pluie des nuages, l'aspire à la base des monts, et l'élevant, la confine dans les cimes ; là, l'eau trouve des crevasses et ainsi continuant, elle jaillit à travers elles et engendre les fleuves.

Si la chaleur cause le mouvement de l'humidité, le froid l'arrête. Ceci a déjà été démontré par l'exemple de la région froide arrêtant les nuages qu'attire l'élément chaud. *[ca. 1490] A, 56 r.*

Preuve que la chaleur attire l'humidité : chauffe une cruche que tu places, renversée, dans un vase où tu mets un peu de charbon en combustion. Tu verras l'humidité, à mesure qu'elle se retire devant la chaleur, monter et remplir d'eau la cruche d'où l'air qu'elle contenait fuira par son orifice.

Ou encore, si tu présentes au feu un linge mouillé, tu verras l'humidité du linge se déplacer et sa partie la plus subtile s'élèvera attirée par la proximité du feu, qui de nature, tend à monter vers la région de son propre élément. Ainsi le soleil aspire l'humidité.

EXPLICATION DE LA PRÉSENCE DE L'EAU AU SOMMET DES MONTS

Je dis qu'elle est comme le sang que la chaleur naturelle maintient dans les veines des parties supérieures de l'homme. À sa mort, le sang refroidi se trouve ramené aux parties basses. De même, quand le soleil chauffe la tête de l'homme, l'afflux de sang y est tel que l'excès des humeurs surcharge les veines et provoque des maux de tête. Ainsi des sources qui se ramifient dans le corps de la terre ; la chaleur naturelle éparse par tout le corps qui les renferme, maintient l'eau dans les sources et l'élève aux hautes cimes des monts. L'eau qui traverse un conduit souterrain dans [le corps de] la montagne, sera comme une chose morte et n'émergera pas de son bas niveau primitif, n'étant point réchauffée par la chaleur vitale de la source première. En outre, la chaleur de l'élément du feu, jointe à celle du soleil pendant le jour, a le pouvoir d'agiter l'humidité des lieux bas et de l'attirer en haut, tout comme elle attire les nuages et appelle leur humidité hors du lit de la mer.

[ca. 1490]
A, 56 r. et v.

Opinion de quelques-uns qui disent que l'eau de certaines mers est plus haute que les cimes les plus élevées des montagnes et qu'elle fut poussée vers ces sommets :

L'eau n'ira point d'un lieu à un autre, sinon en quête d'un niveau plus bas. Suit-elle son courant naturel, elle ne pourra jamais regagner une hauteur égale à celle du lieu d'où tout d'abord elle jaillit des montagnes et parut sous le ciel. La partie de la mer que, par une erreur d'imagination, tu prétends avoir été si haute qu'elle coula sur les sommets des montagnes, durant tant de siècles, se serait épuisée et déversée dans l'eau issue de ces monts. Tu penses bien que depuis le temps que le Tigre et l'Euphrate jaillissent des cimes des monts d'Arménie[1], on peut supposer que toute l'eau de l'océan a passé un grand nombre de fois par leurs embouchures.

Ou ne crois-tu point que le Nil a déversé plus d'eau dans la mer que n'en contient à présent l'élément aqueux tout entier ? Certes, c'est le cas. Si donc cette eau était tombée du corps de la terre, toute la machine serait depuis longtemps à sec. On en peut donc induire que l'eau passe des fleuves à la mer et de la mer aux fleuves, recommençant toujours sa même ronde, et que toute la mer et les fleuves ont traversé une infinité de fois l'embouchure du Nil.

L'ÉCUME DE L'EAU

[ca. 1490]
A, 59 r.

L'eau qui tombe de haut dans une autre eau tient captive une certaine quantité d'air, qui par la force du choc se trouve submergée avec elle. S'élevant de nouveau d'un mouvement rapide, elle revient à la surface qu'elle a quittée, vêtue d'un fin voile sphérique d'humidité, puis s'éloigne en cercles de l'endroit tout d'abord percuté. Ou encore, l'eau qui tombe sur une autre, fuit le lieu frappé en ramifications diverses et variées

1. Le ms. ne porte pas « *de monti erumi* » comme l'indique la transcription de Ch. Ravaisson-Mollien, mais « *de mõti ermjnji* [*de monti ermini*] », comme l'écrivent le Dr Richter et E. MacCurdy. (*N.d.T.*)

qui bifurquent, se mêlent, s'entrelacent et dont quelques-unes étant creuses, sont rejetées à la surface. Et si grande est la force du poids et du choc de cette eau, que son extrême rapidité empêche l'air de fuir dans son propre élément, et il est submergé comme il est dit plus haut.

POURQUOI LES FLEUVES CHANGENT DE SITE ET FRÉQUEMMENT S'ÉLÈVENT ET MONTENT EN DIVERS ENDROITS

Le mouvement de l'eau tend toujours à user son soutien dont la partie la plus molle lui oppose le moins de résistance ; quand elle change de site, elle laisse de nombreuses cavités où l'eau qui tourbillonne en remous use, creuse et accroît les vides ; elle frappe les berges nouvellement mises à nu et rebondit en arrière, contre les rives, dégradant, rongeant et détruisant tout sur son passage. Au milieu de ses dégâts, elle modifie son parcours et entraîne avec elle la terre plus légère, pour la déposer ensuite en des parages moins agités. À mesure que son lit s'exhausse, la quantité et la force de l'eau diminuant, sa fureur se porte du côté opposé ; une fois atteinte la rive, elle la grignote et déchausse ses fondements jusqu'à ce que par de grands ravages, elle ait mis à découvert un sol nouveau. Rencontre-t-elle une plaine, elle la dénude, et la creusant, forme un autre lit ; et si elle tombe sur des pierres enfouies, elle les découvre et les déchausse. Mais mainte fois, en raison de leur grandeur, elles résistent au flot impétueux ; alors, s'étant heurté contre les rochers, au milieu de sa course, d'un bond celui-ci recule vers le côté opposé, rompant et détruisant la rive d'en face.

POURQUOI LA CHUTE VIOLENTE DE L'EAU CREUSE DES CAVITÉS RONDES

[ca. 1490]
A, 59 r. et v.

L'eau qui tombe ainsi n'élargit pas sa cavité, car la verticalité de sa chute prouve que l'eau qui la refoule par-derrière n'a guère de force ; aussi tombe-t-elle toute brisée, en fine écume, presque perpendiculairement. L'air qui se trouve au milieu de cette eau brisée ayant à supporter au-dessus de lui un poids presque égal ne peut fuir assez vite qu'il ne soit submergé par ce poids s'ajoutant à la percussion ; mais, comme il ne peut sans violence être séparé de son élément, après avoir cédé à l'impétuosité du choc et du poids, il remonte vivement et affleure à la surface en bulles rondes, près de l'endroit percuté, et ne s'en éloignant pas, il n'endommage pas les bords de la cavité. Mais si le fleuve turbulent, rendu superbe par des pluies récentes, balaye les rives, il retombe, furieux, jusqu'aux nappes plus basses et s'abat sur l'autre eau, non plus paisiblement en une pluie mélangée d'air, mais compact et fort ; il frappe et déchire les profondeurs qu'il bat jusqu'à leur lit rocheux, déterrant et emportant les pierres enfouies. Il se crée lui-même une nouvelle barrière avec les matières extraites de la cavité qu'il a creusée, se jette dessus et retombe vaincu. Sous le choc, il se scinde en deux courants qui se séparent, décrivent des demi-cercles qui dévorent et anéantissent tout obstacle, et agrandissent leur lit en forme de cercle.

Pour mieux dire, pendant la crue des fleuves, leur chute d'eau est moins abrupte ; et lorsque la masse liquide frappe les niveaux inférieurs, l'eau qui suit la percussion ne se hâte pas avec autant de violence que celle qui tombe ; ainsi elle lui résiste et en vertu de cette résistance, l'eau monte et la chute se fait plus brève. Elle n'emprisonne donc pas autant d'air, car les parties inférieures de l'eau qui tombe ne se séparent guère du restant ; dès lors, très peu d'air y peut pénétrer, ce pourquoi le choc et le poids de l'eau ne rencontrent aucun obstacle, et le coup se propage jusqu'au fond sans subir de diminution, en déplaçant le gravier qui s'y trouve. Ainsi [l'eau] environne et revêt les pierres, et augmente la profondeur des nappes.

DE LA MANIÈRE DONT SE FORMENT LES CAVITÉS DANS LES COURS D'EAU

[ca. 1490]
A, 59 v.

La raison en est que les lits des fleuves contiennent toujours des pierres de dimensions diverses. L'eau, quand elle atteint les plus grandes, retombe derrière elles et percute l'endroit où elle choit ; le coup en déloge les pierres plus petites et le lit s'agrandit. Plus la chute s'accroît, plus elle gagne en puissance et creuse la cavité naissante ; ceci tient à ce que les fleuves rongent constamment la vase de leur lit, et sans cesse découvrent et mettent à nu des rochers de formes et grandeurs diverses.

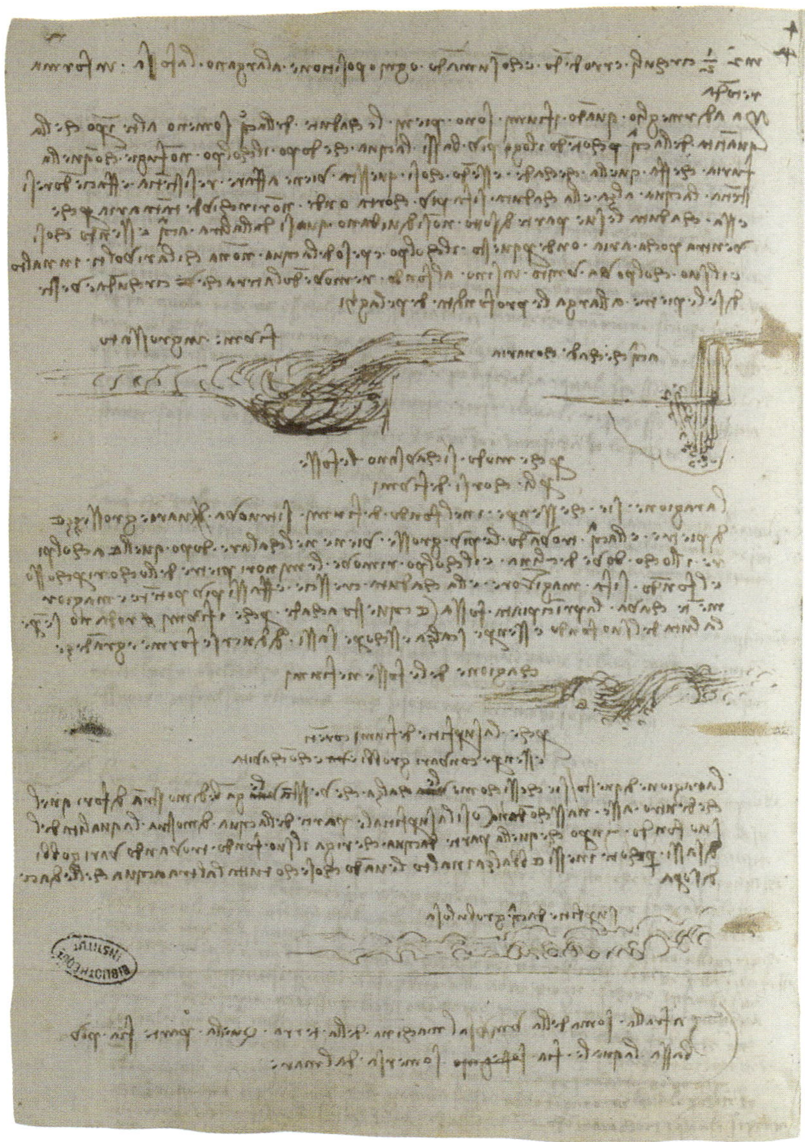

Étude sur l'eau et les tourbillons (*A*, 59 v.).

POURQUOI LA SURFACE DES COURS D'EAU PRÉSENTE TOUJOURS DES BOSSES ET DES CAVITÉS

En voici la raison : comme les bas couvrant les jambes révèlent ce qu'ils cachent, ainsi la surface de l'eau indique la qualité de son fond. En effet, la partie de l'eau qui baigne le fond y rencontre certaines protubérances formées par les pierres ; elle les heurte, saute, et fait monter toute l'autre eau qui coule au-dessus d'elle.

POURQUOI QUAND UN ROCHER ISOLÉ SE TROUVE DANS LE LIT HORIZONTAL D'UN COURANT, L'EAU FORME AU-DELÀ DES BOSSES NOMBREUSES

[ca. 1490]
A, 60 r.

Cela tient à ce que l'eau qui a frappé l'écueil descend ensuite et forme une sorte de fosse qu'elle creuse quelque peu dans sa course ; puis elle rebondit et retombe au fond, et ainsi de suite, telle une balle lancée à terre, avant d'achever son mouvement, fait plusieurs bonds qui vont décroissant.

CAUSE DES TOURBILLONS DE L'EAU

Tous les mouvements du vent ressemblent à ceux de l'eau.

Règle générale, toutes choses désirent se maintenir en leur état naturel. Ainsi, l'eau mouvante s'efforce de poursuivre son cours, en conformité avec la puissance qui le détermine, et si elle trouve un obstacle sur son chemin, elle achève par un mouvement circulaire et tournoyant, le parcours commencé. Aussi, quand l'eau se déverse d'une étroite embouchure et descend avec furie dans les lents courants des vastes mers – attendu que dans un plus grand volume réside une puissance plus grande, et que la puissance plus grande oppose de la résistance à la moindre –, l'eau qui descend dans la mer vient battre sa lente masse qui ne peut lui céder la place assez vite, du fait qu'elle est contenue par le reste du corps liquide ; l'eau descendante point disposée à ralentir son allure, tourne après avoir subi le choc, et continue son premier mouvement en remous circulaires, satisfaisant ainsi son désir dans les

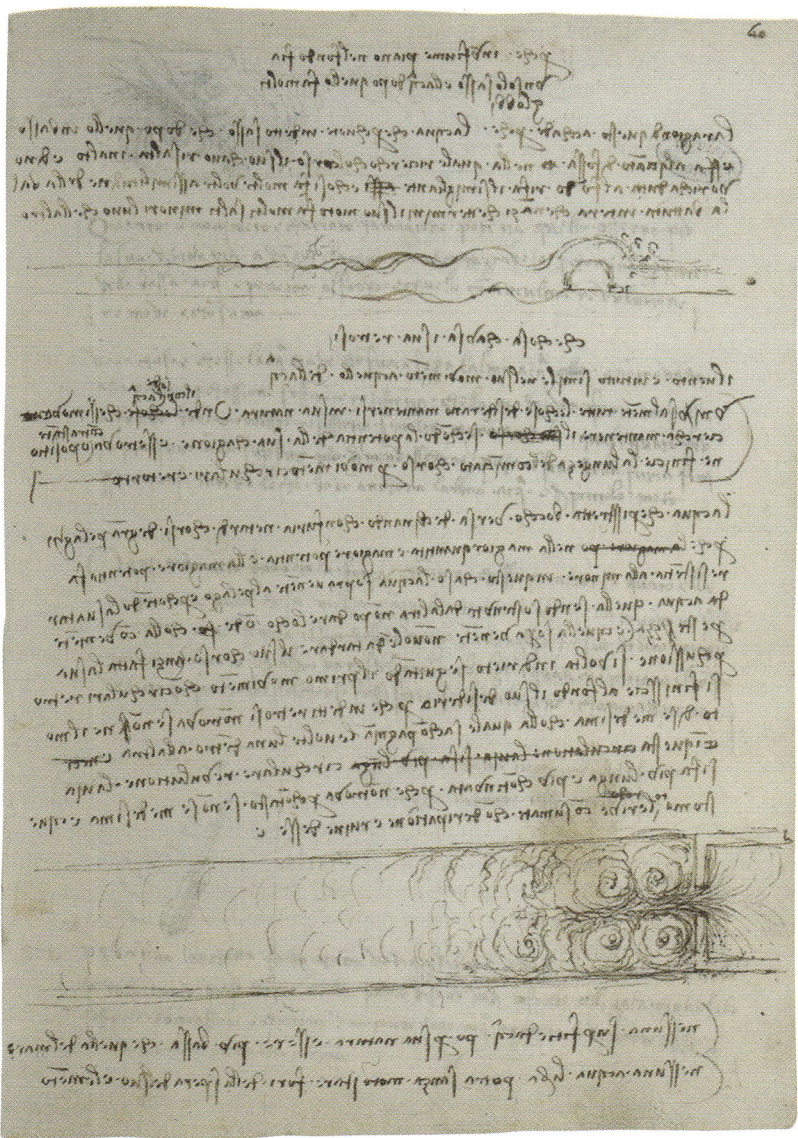

Cause des tourbillons (*A*, 60 r.).

profondeurs ; car dans ces remous elle ne trouve rien de plus que son propre mouvement, accompagné d'une succession de cercles, les uns pris dans les autres ; et ainsi, tournant circulairement, son cours s'allonge et devient plus continu, parce qu'il ne rencontre point d'obstacle hormis lui-même ; ce mouvement érode et mine les rives, qui croulent en ruine

LES TOURBILLONS AU FOND DE L'EAU SE MEUVENT EN SENS CONTRAIRE DE CEUX DE LA SURFACE

[ca. 1490]
A, 61 r.

La raison en est que, si une fois submergés, les cercles larges à la surface se réduisent en un point et continuent leur mouvement dans le sens commencé, l'eau produit au fond un mouvement contraire à celui du dessus quand il se sépare de son centre.

Bien que les sons qui traversent l'air s'éloignent de leurs causes en mouvements circulaires, les cercles émis par des puissances motrices différentes se rencontrent sans obstacle ; ils se pénètrent et se traversent, toujours centrés autour de leurs causes.

Attendu que dans tous les cas où il y a mouvement, l'eau présente une grande conformité avec l'air, je la prendrai pour exemple de la proposition précédente. Je dis que si en un même temps, tu lances à une certaine distance l'une de l'autre, deux petites pierres dans un grand lac d'eau tranquille, tu verras deux séries de cercles distincts se former autour des deux points percutés ; ces cercles grandissants se rencontrent et s'entrelacent en conservant toujours pour centre les points qu'ont frappés les pierres. En effet, bien qu'on y puisse déceler quelque apparence de mouvement, l'eau ne change pas de place, les déchirures faites par les pierres s'étant aussitôt refermées ; sa brusque ouverture et sa fermeture provoquent une certaine secousse qu'on pourrait qualifier plutôt de frémissement que de mouvement. Pour mieux te démontrer l'évidence de mon propos, considère ces fétus de paille qui en raison de leur légèreté, flottent à la surface, sans que l'onde qui coule sous eux les déplace quand s'agrandissent les cercles. Ce trouble de l'eau est donc plutôt frémissement que mouvement et les cercles ne peuvent se briser lorsqu'ils se rencontrent, car toutes les parties de l'eau étant homogènes, elles se communiquent le frémissement sans se déplacer ; en effet, l'eau demeurant dans sa position, peut facilement recevoir ce frisson des parties avoisinantes et le transmettre aux autres parties proches d'elle, cependant que ne cesse de décroître jusqu'à la fin la force du frémissement.

⁂

[ca. 1490] A, 63 v.

Les cours sinueux des fleuves, dûs aux rebonds de leurs percussions contre les rives, affouilleront leur lit au-dessous d'eux, plus qu'en toute autre partie. Dans leur percussion, ils acquerront grande profondeur et l'eau qui tourbillonne autour de ces lieux profonds sapera et détruira les rives qu'elle attaque.

On voit clairement et l'on reconnaît que les eaux, en se heurtant aux rives des fleuves, se comportent à la manière des balles lancées contre des murs qui reviennent par des angles semblables à ceux de la percussion et vont heurter les côtés opposés à ces murs. Ainsi les eaux, quand elles ont frappé une rive, rebondissent vers l'autre qu'elles percutent et creusent avec force, parce que leur concours est plus considérable à cet endroit. Cela tient à ce que l'eau qui rebondit d'une berge à l'autre, creuse la partie du lit au-dessous d'elle ; le reste de l'eau du fleuve ne pouvant être accueilli en cette partie basse demeure refoulé et le courant direct le rejette un peu en arrière. Faute de moyens d'évasion, elle retourne donc à son cours naturel ; autrement dit, comme le lit du fleuve se trouve abaissé par suite des sinuosités résultant de la percussion des eaux, la seconde eau, une fois perdues ses possibilités accidentelles de fuite, reprend son cours normal et tombe dans les parties inférieures, où elle frappe les rives à l'endroit même qui a subi le choc des rebonds. Dans cette rive assaillie par deux séries de percussions absolument différentes, une plus grande excavation se creuse, car tandis que la première [eau] frappe le haut de la rive, les autres dont la pente est plus abrupte, dévorent et dénudent sa base, et voilà la raison de la destruction et de l'affaissement des rives.

⁂

DE L'EAU

[ca. 1490-1491] C, 15 r.

Nulle partie de l'élément aqueux ne s'élèvera ou ne s'éloignera davantage du centre commun, sauf par violence. Nulle violence n'est durable.

⁂

LE BOND DE L'EAU EST PLUS HAUT DANS UN SEAU QUE DANS UN GRAND LAC

[ca. 1490-1491]
C, 22 r.

L'eau circonscrite, lorsqu'elle reçoit un coup, ne peut communiquer son impulsion de cercle en cercle, comme elle ferait dans un grand lac ; l'eau frappée qui rencontre les bords du seau, lesquels sont plus durs et plus résistants que le reste d'elle-même, ne peut s'étendre ; dès lors toute son impulsion se tourne vers le haut. Voilà pourquoi l'eau qui frappe une pierre gicle plus haut lorsque son onde est circonscrite que lorsqu'elle dispose d'un vaste espace.

[Mouvement de l'eau.]

[ca. 1490-1491]
C, 22 v.

Quand de l'eau ou toute autre chose tombe sur l'eau, la substance aqueuse qui reçoit le choc s'élance sous le coup et l'entoure ; elle dépasse la cause de ce choc, s'élève au-dessus d'elle en pyramide, puis retombe au niveau commun.

La raison en est que lorsqu'une goutte d'eau tombe d'un toit sur une autre eau, celle qui subit le choc ne peut trouver de place ni se réfugier dans l'autre eau avec autant de rapidité qu'elle fut attaquée, car pour pénétrer sous une quantité d'eau aussi grande, elle aurait à supporter un poids trop lourd. Forcée donc de suivre son propre cours tout en obéissant à l'action de qui la chasse de sa place, et parce qu'elle ne peut pénétrer l'eau adjacente – laquelle n'ayant pas reçu le coup, n'est pas disposée à une fuite de ce genre –, elle cherche la voie la plus brève et s'écoule à travers la substance qui lui résiste le moins, c'est-à-dire l'air. Et ce premier cercle qui entoure l'endroit percuté se refermant avec violence parce qu'il a été élevé au-dessus de la commune surface, il oblige l'eau qui s'échappe vers le haut, à affecter la forme d'une pyramide.

Si tu crois que l'eau qui tombe est la même que celle qui saute, jettes-y une petite pierre ; tu verras rebondir l'eau, non la pierre.

[ca. 1490-1491]
C, 23 v.

Toute partie d'eau dans une autre eau immobile se trouve au repos, comme celle qui est située au même niveau.

Ici, l'expérience démontre que s'il y avait un lac très grand qu'aucun souffle n'agite, et que tu enlèves une petite partie de la digue au-dessous de la surface de l'eau, toute l'eau qui se trouve au-dessus du sommet de la digue qui vient d'être sectionnée passera par cette brèche, mais ne mettra en mouvement ni n'attirera hors du lac aucune partie de l'eau qui s'y trouvait, avant que cette eau se meuve et s'écoule.

En l'occurrence, la nature est soumise à sa règle, qui vit infuse en elle, à savoir : toutes les parties de la superficie d'eau que maintiennent des rives sans issue ni débouché, sont à égale distance du centre du monde.

COMMENT IL EST POSSIBLE QUE LES GRANDES PIERRES SOIENT ROULÉES PAR L'EAU

Sache que l'eau roule les pierres, soit qu'elle les entoure, soit qu'elle les recouvre. Si elle les entoure, elle se rejoint au-delà d'elles, et ses ondes s'entrecroisent et creusent la terre ou le sable derrière la pierre, qui une fois mise à nu, roule toute seule. L'eau coule-t-elle sur la pierre, elle tombe ensuite suivant la même ligne ; et par la force de son impulsion, elle passe de la surface au fond de l'autre eau, ronge, ébranle et entraîne la pierre loin des obstacles qui lui résistent ; si bien que celle-ci aussi se met à rouler et continue de proche en proche jusqu'à ce qu'elle ait traversé le fleuve entier. Si une pierre plus petite lui barre le chemin, l'eau la dénude et procède de même et ainsi les pierres sont roulées dans les lits des cours d'eau. *[ca. 1490-1491] C, 24 v.*

Un cheval ou un homme, ou toute autre créature qui traverse une eau stagnante de moyenne profondeur, la fera monter et recouvrir une grande partie du rivage vers lequel cette créature se dirige. *[ca. 1490-1491] C, 25 r.*

La preuve est évidente : fais un pas dans cette eau, tu trouveras qu'elle forme une onde dont le cours se déplace et se meut vers l'endroit où se dirige celui qui chemine ; et elle ne s'arrête pas avant d'avoir réalisé son désir de recouvrir un peu le rivage.

Un second pas crée une autre onde avec un résultat identique, et ainsi du troisième, et de tous les pas, chacun d'eux engendrant une vague qui voyage jusqu'au rivage, de telle sorte que ce rivage auparavant nu, se trouve submergé sur une grande étendue ; une fois sorti de cette eau, tu la verras retourner promptement à sa position première.

[ca. 1490-1491]
C, 25 v.

Les ondes des fleuves qui coulent contre le vent sont plus hautes que les autres.

Les fleuves qui se meuvent contre le vent ont un courant plus rapide en bas qu'en haut, dans la mesure où se ralentit leur surface poussée par le vent. En effet, si les courants des fleuves d'égales largeur et profondeur sont identiques au fond et à la surface, la résistance du vent au courant superficiel doit nécessairement le faire reculer ; et comme il ne suffit pas à ces ondes de se soulever un peu, quand enfin elles retombent, elles entrent sous les autres et descendent au fond où, trouvant l'autre courant, elles l'accompagnent ; et la rive étant incapable de contenir cet accroissement, il faut nécessairement que le courant se dédouble, sinon l'on verrait l'eau monter au-dessus des digues des fleuves.

[ca. 1490-1491]
C, 26 r.

La pierre placée dans le lit égal et plan des cours d'eau cause leur inégalité et leur dégradation.

Quand un objet qui tombe en heurte un autre plus dur, son rebond est d'autant plus grand que sa chute fut plus longue. Si donc une pierre se trouve au-dessous de la surface d'un cours d'eau, plus elle sera grande, plus grande sera la percussion de l'eau tombant de son haut dans le lit du fleuve. Voilà pourquoi, à l'endroit frappé par cette eau, une concavité plus profonde se produit.

À cette première percussion, plusieurs rebonds succéderont, d'autant plus étendus et moins puissants qu'ils seront plus éloignés du premier.

La berge qui laisse saillir le tronc dont elle fut nourricière contre les vagues des fleuves rapides, causera la destruction de la berge opposée.

En effet, l'eau qui coule dans les fleuves va toujours bondissant d'une berge à l'autre. Si rien ne fait saillie sur cette rive, plusieurs lignes d'eau s'y assemblent et s'unissent, puis sautent ensemble sur la berge opposée et s'enchevêtrent avec d'autres lignes rencontrées en chemin ; la berge atteinte, elles la corrodent et la détruisent et de nouvelles lignes d'eau se produisent qui sautent en arrière et dégradent l'autre rive ; ainsi, de proche en proche, elles forment des tourbillons de profondeurs diverses, ce pourquoi les fleuves droits deviennent sinueux et tortueux.

•◆•

CE QU'EST L'EAU

[ca. 1490-1491]
C, 26 v.

Des quatre éléments, l'eau est le second sous le rapport de la légèreté et de la mobilité. Elle n'a de repos qu'elle ne s'unisse avec son élément marin, où, quand les vents ne la troublent point, elle s'installe et demeure, avec sa surface à égale distance du centre du monde. Elle augmente l'humeur de tous les corps vitaux. Rien sans elle ne conserve sa forme primitive. En s'accroissant, elle unit et accroît les corps. Rien ne peut la pénétrer sans violence, qui soit plus léger qu'elle.

Sous l'action de la chaleur elle s'élève volontiers dans l'air, en vapeur subtile. Le froid la congèle, la stagnation l'altère. Autrement dit, la chaleur la met en mouvement, le froid la glace, l'immobilité la corrompt.

Elle emprunte toutes les odeurs, couleurs et saveurs et n'a rien en propre. Elle s'infiltre à travers tous les corps poreux. Contre sa furie, nulle défense humaine ne prévaut, ou si cela est, pas longtemps. Dans sa course rapide, elle soutient fréquemment des corps plus pesants qu'elle. Elle s'élève par mouvement ou par bond, autant qu'elle s'abaisse. Dans son impétuosité, elle submerge les choses plus légères. La puissance de sa course réside parfois à la surface, parfois au milieu, et parfois au fond. Une partie s'élève au-dessus du cours transversal de l'autre, faute de quoi les surfaces des eaux courantes n'auraient point d'ondulation. Chaque petit obstacle sur la rive ou dans son lit provoque l'écroulement de la rive ou du lit opposé. L'eau basse dégrade davantage la rive que lorsqu'elle coule à pleins bords. Ses parties supérieures ne pèsent point sur celles d'en dessous. Aucun fleuve ne se maintiendra dans une même direction entre ses rives. Ses parties supérieures ne communiquent pas de poids aux inférieures.

AIR ET EAU

[Une expérience.]

Je veux te montrer comment l'eau peut être soutenue par l'air, encore qu'elle en soit distincte et séparée. Certes, pour peu que la raison t'habite, tu ne contesteras pas, je crois, que si une outre est placée au fond d'un puits, de façon à en toucher toutes les parois pour empêcher l'eau de passer, et que cette outre soit remplie d'air, elle ne déploiera pas moins de force pour monter à la surface de l'eau à la rencontre de l'autre air, que l'eau n'en exerce dans son effort pour rejoindre le fond du puits. L'outre aspire-t-elle à s'élever, elle fera monter l'eau qui est au-dessus d'elle et la soulevant, allégera de sa charge le fond du puits. Quasiment comme si le puits était sans fond.

Où et pourquoi le mouvement de l'eau creuse le sable à la surface du lit des fleuves – mais je parlerai d'abord de la percussion à la surface :

Plus rapide est le courant le long de la pente d'un canal uniforme, plus puissante sa percussion contre l'obstacle.

Parce que tous les éléments, hors de leur position naturelle, tendent à y revenir, en particulier l'eau, le feu et la terre ; et plus courte est la ligne selon laquelle ce retour s'effectue, plus son cours sera rectiligne ; et plus il sera rectiligne, plus grande la percussion contre l'obstacle.

Le vent soufflant dans des rues de largeur égale produit un effet identique.

·◆·

ORDRE DU PREMIER LIVRE DE L'EAU

[ca. 1513-1514] E, 12 r.

Définis d'abord hauteur et profondeur, et aussi comment les éléments sont l'un dans l'autre. Puis ce que sont le poids solide et le poids liquide ; mais avant tout, en quoi consistent la gravité et la légèreté. Puis décris pourquoi l'eau se meut et pourquoi son mouvement cesse ; pourquoi elle se fait plus lente, ou plus rapide, et en outre, comment elle descend continuellement si elle est en contact avec l'air plus bas qu'elle ; et comment elle s'élève en l'air sous l'action de la chaleur solaire et retombe en pluie. Pourquoi l'eau sourd des cimes montagneuses et si une source plus élevée que l'océan peut déverser de l'eau plus haut que la surface océane ; et comment toute l'eau qui fait retour à l'océan est plus haute que la sphère aqueuse ; et comment l'eau des mers équinoxiales est plus haute que les eaux septentrionales – et davantage au-dessous du corps solaire qu'en toute autre partie du cercle de l'équateur, car lorsque cette expérience a lieu à la chaleur d'un tison ardent, l'eau bout sous l'effet du tison, et, tout autour du centre de l'ébullition, elle descend en une vague circulaire. Et comment les eaux du Nord sont plus basses que les autres mers, et d'autant plus qu'elles refroidissent jusqu'à ce qu'elles se changent en glace.

[Fleuves.]

Le fleuve qui se déploie le plus en longs méandres sinueux est celui qui s'emplit le plus vite de matière. On le prouve par la douzième [proposition], qui dit : L'eau la plus paresseuse décharge plus vite les matières qu'elle charrie. Donc le fleuve qui en sinuant davantage se fait plus long par ses tours et détours, ralentit dans la mesure où il s'allonge. *[ca. 1513-1514] E, 66 v.*

De la différence entre les accidents de l'eau et les accidents de l'air et du feu.

L'eau en soi est incapable de se condenser ou de se raréfier, mais elle se trouve en aussi grande quantité devant le poisson qui la pénètre que derrière lui et elle s'ouvre autant devant la chose qui la traverse que derrière. L'impulsion du poisson a vie plus brève que celle de l'oiseau dans l'air, encore que les muscles de l'oiseau soient très puissants par rapport à leur quantité : car le poisson est tout muscles, et cela lui est fort nécessaire puisqu'il se trouve dans une substance plus lourde que l'air. Mais bien que l'eau en soi n'ait pas tendance à se condenser, sa nature est susceptible d'acquérir pesanteur et légèreté. Pesanteur, une fois détruite l'impulsion qui l'élève en l'air quand naît l'onde ; légèreté, quand se crée l'impulsion qui l'allège et la fait se mouvoir à l'opposé du cours naturel des corps lourds. *[ca. 1513-1514] E, 71 v.*

DE LA VALLÉE INTERPOSÉE ENTRE LES VAGUES

La vallée formée entre les vagues est plus basse que la surface générale de l'eau, comme il appert quand l'eau retourne en arrière pour combler les endroits qu'ont frappés les jets d'eau.

DES TOURBILLONS SUPERFICIELS ET DE CEUX QUI SE FORMENT EN DIFFÉRENTES PROFONDEURS

[ca. 1508-1509] F, 2 r.

De ceux qui comprennent la totalité de cette hauteur ; des mouvants et des stables ; des longs et des sphériques. De ceux dont le mouvement se modifie, et ceux qui se divisent, et ceux qui s'absorbent en ces [tourbillons] auxquels ils s'unissent ; et ceux qui mêlés à l'eau tombante et réfléchie, la font tournoyer.

Quels tourbillons font tournoyer à la surface les corps légers sans les engloutir ? Lesquels les submergent et leur impriment un mouvement de rotation sur le fond, puis les y déposent ? Quels sont ceux qui détachent les choses du fond et les rejettent à la surface ? Quels sont les tourbillons obliques, les droits, et les peu profonds ?

PLAN DU « TRAITÉ SUR L'EAU ». NAGE

[ca. 1508-1509] F, 2 v.

Si tu coordonnes tes notes sur la science des mouvements de l'eau, souviens-toi d'inscrire au-dessous de chaque proposition ses applications, pour que cette science ne demeure pas sans emploi.

De l'utilité du cours que doit suivre le nageur, dans les révolutions superficielles des eaux et leurs tourbillons qui menacent de l'engloutir. Puis comment il lui faut se comporter pour se sauver en cas de submersion, et ainsi de suite.

Et note à la fin de chaque livre ce qu'il y a de plus remarquable, comme de se frayer un chemin en un sens quelconque à travers l'épaisseur des tourbillons. Des mesures à prendre pendant la nage par mer houleuse et comment éviter d'être jeté contre les récifs et les gouvernails des navires.

Des choses que charrie l'eau, la plus petite opérera la plus grande révolution. *[ca. 1508-1509] F, 3 r.*

Ceci se produit parce que dans les courants des fleuves, les grandes révolutions des tourbillons sont peu fréquentes et les petits tourbillons presque innombrables ; les grands objets ne tournoient que sous l'action des grands tourbillons et non des petits, alors que les menus objets sont soumis à une rotation aussi bien dans les petits tourbillons que dans les grands.

Entre les objets de longueur et largeur égales qu'emportent les eaux dans leur courant, ceux-là tournoient le moins qui seront à une plus grande profondeur.

En effet, ces révolutions varient beaucoup entre la surface et le fond de l'eau où leur nombre est proportionné à la profondeur. Voilà pourquoi, nécessairement, l'objet porté par l'eau, s'il s'enfonce beaucoup, subit l'assaut de nombreuses révolutions à différentes hauteurs, et ainsi demeure-t-il hésitant et souvent n'obéit à aucune, hormis la plus puissante.

Entre les objets égaux de forme et de grandeur, celui qui s'enfonce le plus obéira le moins aux révolutions de l'eau.

•◆•

Livre dix. Des différents renfoncements et des convexités qui se trouvent dans les réservoirs avant d'atteindre les orifices de l'eau [de ces réservoirs] ainsi que des diverses vitesses, dimensions, profondeurs et largeurs. Les formes des cavités hautes et basses, larges ou étroites ; et les parois épaisses ou minces. *[ca. 1508-1509] F, 4 v.*

•◆•

Livre neuf. De l'eau qui passe par un réservoir aux parois pleines de cavités de différentes grandeurs, formes et positions, situées à des hauteurs qui varient entre l'entrée et la sortie et inversement ; et du réservoir de différentes formes, profondeurs, longueurs et largeurs ; et des eaux plus ou moins puissantes et rapides, grandes et petites. *[ca. 1508-1509] F, 5 r.*

•◆•

Le flux et reflux est double dans une même nappe d'eau, parce qu'il se produit plusieurs fois à son embouchure avant qu'une décrue ait lieu dans la grande nappe ; alors, l'onde du premier flux se précipite avec violence dans la nappe, et *[ca. 1508-1509] F, 6 v.*

pendant que cette vague suit son élan, celle de l'embouchure reflue. Avant que la vague qui pénètre dans le goulot sente le reflux à l'embouchure de la nappe d'eau *g a*, le flux y renaît ; pendant ce temps, la vague qui a pénétré dans le goulot s'arrête et ralentit son élan au fur et à mesure que recommence la pénétration de la deuxième vague. Ainsi, tant d'ondes entrent dans le goulot que la nappe d'eau s'en trouve élevée, elles retournent impétueusement en arrière, à la suite du reflux qui se retire de l'embouchure ; et [ce reflux] ne pénètre pas plus avant dans la troisième ou quatrième vague, de sorte que la première eau n'est pas chassée hors de l'entrée.

[ca. 1508-1509] F, 7 r.

Dans les tourbillons grands et larges, l'eau monte et découvre le sol accumulé en son centre.

Dans les petits tourbillons d'eau, l'eau opère des trous en spirale et produit un creux au centre du tourbillon.

Des objets que l'eau porte sur son lit, le plus léger, dans un même temps, suivra le plus long parcours.

Un fleuve ne reste pas uniforme ; après que son courant a déposé du gravier, il engendre un autre courant qui se dirige soit vers la rive, soit vers le centre, ou vers autant d'endroits différents qu'ont de pentes différentes les monticules de graviers déposés sur le fond par lesdits courants.

[ca. 1508-1509] F, 7 v.

La profondeur de la nappe liquide qui reçoit la chute d'eau formera toujours un quart de sphère concave, pour peu que la terre en soit de résistance uniforme.

Cela résulte de la proposition précédente, où il est dit que le cours rectiligne de l'eau est plus haut et plus rapide en son milieu que sur les côtés ; et la vitesse accrue la précipite plus avant que ne le fait la vitesse moindre

[ca. 1508-1509] F, 8 v.

Étant donné la profondeur de la chute d'eau et son obliquité, ainsi que la puissance de la roue qui est son objet, on cherche à déterminer quelle sera la hauteur de cette chute d'eau pour égaler la puissance de la roue.

L'eau qui frappe ses objets bondit en l'air parfois considérablement, parfois un peu, et quelquefois elle descend ; selon que les objets sont petits ou grands. La pente devant eux plus ou moins grande, ou le courant qui les frappe plus ou moins puissant.

⁂

EAU, QUESTIONS

[ca. 1508-1509] F, 9 r.

Pourquoi les tourbillons d'eau sont creusés en leur centre par leurs révolutions.

Pourquoi les impressions engendrées à la surface de l'eau persistent quelque temps, au fil du courant.

Pourquoi, dans l'eau, les impressions se pénètrent mutuellement sans changement de leur forme primitive.

Règle relative aux mesures de l'eau, et quelle largeur, profondeur, et vitesse de mouvement une partie de courant donné devra avoir en un temps donné.

Connaissant la résistance d'une roue ainsi que l'obliquité et la descente de la chute d'eau, on demande quel sera son volume pour égaler cette résistance.

Étant donné le volume de la chute d'eau, sa longueur et son inclinaison, on demande si la puissance de la roue égale celle de l'eau.

Étant donné la résistance de la roue et l'inclinaison de l'eau et son volume, on demande la hauteur de la chute.

⁂

DES MESURES DE L'EAU ET DES VARIATIONS QU'ELLE SUBIT

[ca. 1508-1509] F, 9 v.

La quantité d'eau qui se déverse par une même issue peut varier de [diverses] façons ; la première est que la surface de l'eau soit plus ou moins au-dessus de la bouche par où elle se déverse ; la deuxième, que l'eau dépasse avec une vitesse plus ou moins grande la digue où est pratiquée cette bouche ; la troisième, que le côté au-dessous de l'épaisseur de la lèvre de cette bouche, à l'endroit où passe l'eau, soit plus ou moins oblique ; la quatrième consiste dans la variété d'inclinaison des côtés de cette bouche ; la cinquième, l'épaisseur de la lèvre de cette bouche ; la sixième, la forme de la bouche, c'est-à-dire selon qu'elle est ronde ou carrée, rectangulaire ou allongée ; la septième, selon qu'elle est placée dans la digue plus ou moins obliquement dans le sens de sa longueur. La huitième, selon qu'elle est placée à une plus ou moins grande obliquité de la digue, dans sa hauteur ; la neuvième, selon qu'elle est située dans les parties concaves ou convexes de la digue ; la dixième, selon sa position par rapport à la plus ou moins grande largeur du canal ; la onzième, si la partie haute du canal a plus de vitesse au haut de la bouche, ou plus de lenteur qu'ailleurs ; la douzième, si le lit a des bosses rondes et des creux vis-à-vis de cette bouche, ou plus bas, ou plus haut ; la treizième, selon que l'eau traversant la bouche reçoit le vent ou non ; la quatorzième, si l'eau qui en tombe à travers l'air, est circonscrite d'un côté ou de tous, sauf sur le devant ; la quinzième, si l'eau qui tombe ainsi circonscrite est profonde ou basse dans son vase ; la seizième, si la chute de l'eau enclose est haute ou brève ; la dix-septième, si les côtés du conduit par où elle descend sont creux ou saillants, droits ou courbes.

[ca. 1508-1509] F, 12 r.

Des tourbillons dont le mouvement de révolution revient fréquemment en arrière.

Des tourbillons incidents et réfléchis. Parfois le tourbillon croît en puissance et diminue en diamètre, et parfois il diminue en force et croît en diamètre.

Le premier mouvement a lieu quand l'eau s'écoule par le fond, car l'eau formant le tourbillon est d'autant plus rapide qu'elle est plus basse, parce qu'elle supporte un plus grand poids liquide, et ainsi son mouvement s'accélère ; et attendu que l'eau exerce une poussée vers le bas plutôt que vers le haut, elle réduit de plus en plus le vide dans le tourbillon, lequel s'infléchit parce qu'il se dirige vers l'embouchure de la nappe d'eau.

[ca. 1508-1509] F, 12 v.

L'eau de fond inégal se meut en sens contraire à la surface du lit. Dans les fleuves, l'inégalité des fonds provient des coudes des rives ou des matières tombées à leur pied.

DES TOURBILLONS ACCIDENTELS

[ca. 1508-1509] F, 13 r.

La main tournée en un mouvement circulaire dans un vase à moitié rempli d'eau, provoque un tourbillon accidentel qui découvrira à l'air le fond de ce vase, et quand sa puissance motrice sera au repos, ce tourbillon suivra le même mouvement, mais il diminuera continuellement jusqu'à la fin de l'impulsion communiquée par sa force motrice.

·◆·

DE LA CONCAVITÉ ET DE L'UTILITÉ DES TOURBILLONS D'EAU

Le tourbillon dont la concavité est plus profonde s'engendrera dans l'eau de plus rapide mouvement. *[ca. 1508-1509] F, 13 v.*

Ce tourbillon aura une concavité plus petite s'il naît dans une eau plus profonde douée d'un mouvement non point identique, mais plus lent. Et dans l'eau de vitesse égale, celui-là conservera davantage sa concavité, là où son mouvement fait tournoyer une plus grande profondeur d'eau.

Ceci est dit parce que souvent les tourbillons naissent dans un courant resserré, en une grande étendue d'eau de mouvement lent ; et comme l'eau est en partie soutenue par le mince tourbillon qui tournoie entre elle et l'air de la concavité, cette eau latérale, en raison de son grand poids, exerce une poussée sur les côtés du tourbillon auquel elle s'appuie et, les trouvant faibles, les comprime.

·◆·

[Des tourbillons.]

Si l'eau plus haute que l'air acquiert du poids comme il est démontré dans la septième [proposition] du neuvième [chapitre], pourquoi l'eau latérale des tourbillons est-elle plus haute que leur fond, jusque-là plein d'air. *[ca. 1508-1509] F, 14 v.*

En vertu de la quatrième du septième, tu as la preuve que toute substance lourde ne pèse que selon la ligne de son mouvement et en nulle autre direction ; tu vois ici des tourbillons très profonds, tels les grands puits des fleuves dont les parois sont de l'eau qui est partout plus haute que l'air du tourbillon ; et ces bords liquides sont dénués de poids, sauf suivant la ligne de leur mouvement, aussi longtemps qu'ils conservent la puissance que leur confère leur moteur.

Cause des tourbillons et pourquoi les uns sont creux en leur centre et non les autres.

Si l'eau versée au creux des tourbillons les remplirait ou non, ou si elle s'échapperait par le fond en pénétrant latéralement dans le courant.

Quels tourbillons naturels ont une profondeur considérable et lesquels une profondeur minime. Lesquels changent de position et lesquels restent immobiles ; lesquels, en se mouvant, tournent en sens contraire, et lesquels conservent leur mouvement en sens unique ; lesquels se doublent et lesquels non ; lesquels se joignent en s'opposant.

•◆•

DES CHUTES D'EAU

[ca. 1508-1509]
F, 15 v.

Écris d'abord sur les concavités simples formées par les chutes d'eau simples, sur un lit de substance uniforme, puis sur un fond de matières diverses. Puis écris sur les obstacles qui gênent la descente de l'eau ; puis sur les obstacles à l'endroit frappé, c'est-à-dire sur son lit ; puis, dans son mouvement réfléchi et d'abord au début de sa chute. Décris ensuite dans quelle partie des bords de la nappe liquide, l'eau prendra sa course, et quelles matières seront emportées ou abandonnées sur différents points de ce lit ; et la vitesse ou la lenteur de son mouvement en diverses parties de la surface ; ainsi que de la surface au fond, à diverses profondeurs et largeurs ; et ainsi procéderas-tu jusqu'au fond.

•◆•

[Mouvements de l'eau.]

[ca. 1508-1509]
F, 16 v.

Des jaillissements d'une même eau s'élevant suivant des obliquités différentes, le moins oblique retombe plus près de son point de départ.

Les mouvements ascensionnels de l'eau du fond vers la surface de la nappe liquide, ne retombent jamais, jusqu'à ce fond, car ne pénétrant pas dans l'air et n'acquérant pas de pesanteur, ils ne peuvent redescendre jusqu'en bas, en vertu de la septième [proposition] du neuvième [chapitre].

L'eau monte et descend toujours à une vitesse discontinue, à cause de l'air qu'elle pénètre et celui qui se mélange à elle.

•◆•

DES TOURBILLONS D'EAU

[ca. 1508-1509]
F, 17 v.

Il est possible que la profondeur soit moindre au-dessous du courant que devant ou sur les côtés.

Soit *o c n* le courant, et *a* un tourbillon du double de puissance, conformément à la neuvième [proposition] relative aux tourbillons. Outre sa révolution, il percute la rive et saute en l'air, puis, retombé sur le reste de l'eau, la pénètre et frappe le lit en y creusant une soudaine excavation ; car à la force du coup s'ajoute la trouée en spirale qui fait cette révolution, par quoi tout ce qui a subi le choc est agité et emporté ; et elle [l'eau] gagne d'autant plus de puissance qu'elle est plus turbide.

C'est le moyen le plus efficace dont on dispose pour ébranler et emporter la terre, et ainsi créer grande profondeur.

Le lit s'élèvera sous le courant, quand son cours meurt dans l'eau stagnante.

Par la sixième [proposition] du neuvième [chapitre], où le cours de l'eau fait défaut, les apports d'eau subsistent.

•◆•

Dans le choc d'une eau contre un objet, la partie la plus basse est la première à frapper le fond et se trouve immédiatement renvoyée à la surface. Celle qui est à mi-hauteur ne descend pas au fond ; mais rencontrant la première eau réfléchie, elle la percute, se trouve heurtée, et ainsi refoulée en arrière selon les mêmes lignes et révolutions. *[ca. 1508-1509] F, 18 v.*

Et les deux eaux, lorsque la plus basse rencontre la plus haute s'unissent et tournoient ensemble à leur contact réciproque.

D'une eau qui tombe en une autre, la plus rapprochée du centre de la chute est plus oblique, et la plus voisine des extrémités, la plus droite.

•◆•

ONDES SUPERFICIELLES

Quand l'eau frappe une autre eau suivant une grande obliquité, la partie qui frappe en premier est aussitôt refoulée et se fait plus lente ; celle qui lui succède la voile d'une mince pellicule et accourt promptement sur la première qui s'est ralentie ; ainsi elle se réfléchit et s'attarde au même endroit que la précédente. L'eau qui vient après elle fait de même et chaque onde nouvelle suit son cours. *[ca. 1508-1509] F, 19 v.*

L'eau courante trouble, si elle est haute à son point de départ et à son entrée dans la nappe d'eau, parcourt une distance considérable à l'apogée de sa première impulsion, avant que de s'enfoncer ou de se confondre avec l'autre eau.

•◆•

[ca. 1508-1509]
F, 20 r.

Définition de l'onde semi-cylindrique ; quelle partie de son volume a la plus grande ou la moindre obliquité, comment elle commence et finit, et où elle est plus ou moins large, ou plus ou moins haute, ou, veux-je dire, profonde ; et les différences qu'elle présente, selon qu'elle est considérable ou petite, ou rapide ou lente.

Les eaux coulent l'une au-dessus de l'autre, sans se mêler sur un long espace, quand leur entrée dans la nappe liquide est plus haute et plus rapide pour l'une que pour l'autre.

•◆•

[ca. 1508-1509]
F, 20 v.

Où l'eau n'a que peu de mouvement, les vagues semi-cylindriques conserveront leur direction lorsqu'elles se croisent.

Où elle est plus rapide, elles s'incurveront.

Et où les vitesses seront inégales, leurs courbures différeront vers leur terme.

•◆•

[ca. 1508-1509]
F, 21 r.

Des tourbillons, l'un est plus lent au centre que sur les côtés, l'autre plus rapide au milieu que latéralement ; d'autres encore retournent en arrière, en sens inverse de leur premier mouvement.

Ce tourbillon est plus lent au centre que sur les côtés, qui effectue une révolution plus grande ; il abandonne au milieu de son cercle une quantité considérable de matières qui forment un monticule.

Le tourbillon rapide au centre de sa révolution, porte de l'air et de l'eau en son fond qu'il creuse et fore à la manière d'un puits.

•◆•

[ca. 1508-1509]
F, 21 v.

Toute impression communiquée à l'eau se maintient sur un long espace, d'autant plus qu'elle est plus rapide.

Écris les choses dignes de remarque qui sont dans les eaux ; quelle révolution est la leur quand elles sont de formes différentes et en diverses révolutions.

•◆•

Des différentes vitesses des courants, de la surface au fond. *[ca. 1508-1509] F, 23 v.*

Des différentes obliquités croisées, entre la surface et le fond.

Des divers courants à la surface des eaux.

Des divers courants sur les lits des fleuves.

Des différentes profondeurs des fleuves.

Des différentes formes des monticules recouverts par les eaux.

Des différentes formes des monticules découverts par les eaux.

Où l'eau est rapide au fond et non en haut. Où l'eau est lente au fond et rapide en haut.

Où elle est lente au-dessus et au-dessous et rapide en sa partie médiane. Où elle est lente au milieu et rapide au-dessus et au-dessous.

Où l'eau du fleuve s'étend et où elle se resserre. Où elle s'infléchit et où elle se redresse.

Où elle pénètre uniformément dans les largeurs des fleuves, et où inégalement. Où elle est basse au milieu et haute sur les côtés. Où elle est haute au milieu et basse sur les côtés.

Où le courant se dirige tout droit au milieu du fleuve. Où le courant sinue, en se jetant de divers côtés.

Des différentes obliquités dans la descente de l'eau.

DES EAUX QUI SE CROISENT À ANGLES DIFFÉRENTS

Des eaux qui se croisent à angles différents dans leurs mouvements réfléchis et de celles qui se croisent au sommet des vagues ; celles qui croisent la vague descendante et celles qui se croisent au creux de la vague. *[ca. 1508-1509] F, 24 r.*

Quelques-unes se croisent à angles différents – grands mouvements réfléchis avec petits ; de même grande onde avec petite, mouvement incident avec celui qui forme un creux ou avec un mouvement réfléchi, les petits avec les grands. Parfois c'est le [mouvement] réfléchi avec l'incident, le creux avec la crête, l'incident avec le réfléchi, les grands avec les petits, sous des angles différents.

Parfois les eaux rapides avec les lentes, les tourbillons avec les ondes, les creux ou les réfléchis, ou les mouvements incidents de l'eau [coulant] en lignes différentes qui s'entrecroisent.

Cours suivant diverses lignes superposées.

Tourbillons à mouvements différents qui doivent se rencontrer et s'interpénétrer.

Longueurs des diverses courbures des tourbillons, de la surface de l'eau à son lit, quand ils s'entrecroisent.

Intersection de tourbillons incidents et réfléchis.

Des eaux qui s'interposent en tous sens, entre les accidents des eaux.

⁂

[Livres du « Traité de l'eau ».]

[ca. 1508-1509]
F, 24 v.

Livre neuf, de la forme des tourbillons.

Livre dix, de l'action des tourbillons.

Livre onze, des choses qui aident les tourbillons.

Livre douze, des choses qui nuisent aux tourbillons.

Livre treize, de la percussion des eaux entre elles quand elles bondissent en l'air à des vitesses différentes.

Livre des eaux qui bondissent en l'air suivant des obliquités différentes et avec même vitesse.

Livre des eaux qui jaillissent en l'air et des différentes obliquités.

Eau plus oblique, frappant la moins oblique et plus puissante et moins profonde.

Eau moins profonde et plus oblique et plus puissante que la plus profonde et moins oblique.

Eau sans profondeur poussée en l'air par une puissance supérieure à celle de l'eau plus profonde.

⁂

[ca. 1508-1509]
F, 25 r.

Des eaux tombant à travers l'air, qui se croisent à diverses profondeurs, longueurs de mouvement et puissances.

Le mouvement réfléchi ne sera jamais aussi haut que le commencement du mouvement incident, à moins qu'il ne frappe à la façon de la vague contre la roche marine.

⁂

[Des vagues.]

[ca. 1508-1509]
F, 25 v.

Dans la mesure où les vagues de la mer sont plus hautes que le niveau ordinaire de sa surface, les creux des vallées qui s'étendent entre elles seront plus bas du fait que les grandes chutes des grandes vagues créent les grandes concavités des vallées.

•◆•

DE L'ÉLÉMENT DE L'EAU

[ca. 1508-1509]
F, 26 v.

Preuve de ce qui est énoncé à la page précédente :

Je dis que nulle partie de la surface de l'eau ne se meut d'elle-même, sauf pour descendre ; la sphère aqueuse n'ayant donc en aucune partie de sa surface le pouvoir de descendre, il résulte de la première conception qu'elle ne se meut pas d'elle-même. Et si tu considères attentivement chaque menue particule de cette surface, tu la trouveras entourée d'autres semblables, qui sont respectivement à égale distance du centre de la terre et la particule qu'elles entourent est à égale distance de ce centre ; donc, en vertu de la troisième conception, cette particule d'eau ne se mouvra pas d'elle-même, étant entourée par des bords d'égale hauteur. Ainsi chaque cercle que forment de telles parcelles, se fait vase pour celles qu'il contient – un vase dont les bords d'égale hauteur forment le cercle ; et à cet égard, cette particule est identique à toutes les autres similaires dont se compose la surface de l'eau. Elles seront forcément dénuées de mouvement propre, et chacune se trouvant à égale hauteur par rapport au centre du monde, leur surface sera fatalement sphérique, sans qu'il y ait pour elles nécessité d'être sphérique en dessous, comme le démontrent la raison et l'expérience.

Ce qui est dit de la surface de l'eau limitrophe de l'air s'entend également de la surface de l'air qui confine au feu, souvent susceptible de s'évaporer à la manière des nuages qu'attire la chaleur du soleil, tout comme l'eau attirée en l'air sous forme de nuage par cette même chaleur ; et ainsi du feu qu'attire une chaleur supérieure à la sienne – celle du soleil – dont il fut prouvé dans la sixième [proposition] qu'il est chaud par essence et non par vertu, comme d'aucuns le prétendent.

Ayant démontré grâce à ces sphères que les éléments flexibles sont sphériques, j'ai le propos de sonder la nature à la fois sous son aspect universel et dans les détails de chaque élément, d'abord le feu, puis l'air, enfin l'eau.

•◆•

[ca. 1508-1509]
F, 34 v.

Livre trente-deux. Du mouvement du feu quand il pénètre l'eau au fond de la marmite :

Il accourt en bulles à la surface, par différents chemins, et selon les mouvements que la pénétration du feu imprime à l'eau. Cette expérience te permettra d'étudier les vapeurs chaudes qu'exhale la terre ; elles traversent en spirale l'eau qui gêne leur avance, et par mouvements droits pénètrent dans l'air.

Tu feras cette épreuve avec un vase de verre carré, en tenant ton œil à la hauteur du centre d'une des parois ; et dans l'eau qui bout lentement, tu jetteras quelques grains de panis, dont le mouvement t'indiquera promptement celui de l'eau qui les entraîne. Grâce à cette expérience, il te sera loisible d'étudier beaucoup de beaux mouvements produits par la pénétration d'un élément en un autre.

LIVRE QUARANTE-DEUX. « DE LA PLUIE »

[ca. 1508-1509]
F, 35 r.

L'eau qui tombe du nuage se dissout parfois en particules si menues que son frottement avec l'air ne lui permet pas de le diviser et qu'elle semble se muer en lui. Parfois elle se multiplie en descendant, car ayant rencontré les minimes particules d'eau dont la légèreté a ralenti la descente, elle se les incorpore et à chaque stade de sa chute, elle s'augmente d'une nouvelle quantité d'eau. Parfois les vents infléchissent la pluie et la font tomber obliquement ; dès lors, sa chute se fait lente et s'allonge ; fréquemment elle se change en si fines particules, qu'incapable de descendre elle reste suspendue en l'air.

[« Traité sur l'eau ».]

Écris comment les nuages se forment et comment ils se résolvent, quelle cause élève la vapeur aqueuse de la terre dans l'air, et la cause des brumes et de l'épaississement de l'atmosphère, et pourquoi elle semble tantôt plus azurée et tantôt moins. Décris pareillement les régions de l'air, la cause des neiges et de la grêle et la contraction de l'eau qui durcit et forme la glace et les figures nouvelles que la neige compose dans l'air, et les arbres des pays froids avec les nouvelles formes des feuilles, et les rochers de glace, et le givre qui dessine une flore nouvelle aux étranges feuilles – le givre devenu une sorte de rosée prête à les nourrir et les sustenter.

⁂

Aucune surface d'eau touchant l'air ne sera jamais plus basse que celle de la mer. *[ca. 1508-1509] F, 41 r.*

L'onde que la force motrice crée devant elle, soit dans l'air, soit entre la surface et le lit de l'eau, est en forme de demi-sphère.

L'onde qu'engendre la puissance motrice à la surface de l'eau affecte la forme d'un demi-cercle, et vers le fond, d'un quart de cercle.

Pourquoi le mouvement de la puissance motrice à la surface de l'eau, crée une onde devant elle, mais non quand elle se meut entre la surface aqueuse et son lit. Ceci tient à ce que l'eau superficielle confine à l'air tandis que l'eau entre la surface aqueuse et son lit est en contact avec l'eau du dessus et du dessous.

⁂

De l'eau qui tombe des barrages des fleuves, cette partie aura son cours rectiligne plus circonscrit, dont la chute est plus puissante : *[ca. 1508-1509] F, 42 v.*

En effet, une chute d'eau puissante creuse la terre à l'endroit qu'elle frappe et la dépose là où son cours est plus faible que sous le mouvement réfléchi de l'eau ; celle-ci, au fur et à mesure qu'elle remonte vers le ciel, s'affaiblit à chaque degré de son mouvement et finit par perdre toute sa force.

Sa puissance venant à lui faire défaut dans cette réflexion, elle laisse tomber toutes les choses pesantes qu'elle emporte du lieu de sa chute ; après ce flux, l'eau s'abaisse et se trouve circonscrite entre les matières qu'elle a transportées et la rive d'où elle est descendue.

Des eaux qui descendent en torrents des écluses des fleuves, celle-là seule dont la chute fut plus faible et plus lente conserve son cours rectiligne au-delà du torrent. En effet, celle qui est lente à se mouvoir opère un choc faible et ne s'élève donc que peu au-dessus du lit frappé ; ainsi, elle ne laisse qu'un faible dépôt au cours du mouvement réfléchi. Voilà pourquoi, après ce déluge, la berge reste basse et toute l'eau qui tombe poursuit son cours à l'endroit où elle est le plus bas. Dès lors, le fleuve tout entier se maintiendra en ligne droite avec l'eau de faible chute.

⁂

[ca. 1508-1509]
F, 43 v.

Choses portées par l'eau dont une partie est à l'air et l'autre immergée :

Si l'eau entraîne une chose à moitié immergée et à moitié à l'air, et que la vitesse de l'air égale celle de l'eau, la vitesse de mouvement de ce mobile sera à son premier degré.

Si l'air est plus lent que l'eau qui suit la même direction que lui, le mouvement du mobile sera plus lent que lorsque les mouvements de l'air et de l'eau sont égaux, et d'autant plus qu'ils seront plus différents.

Si l'air se meut plus vite que l'eau[1], qui se dirige dans le même sens, la vitesse de l'objet s'accélérera d'autant plus que l'air sera plus rapide que l'eau.

Si le mouvement de l'air contraire au cours de l'eau égale en vitesse celui de l'eau contre l'air, le mobile suivra le fil de l'eau s'il est plus en contact avec elle qu'avec l'air ; il fera l'inverse s'il est davantage en contact avec l'air qu'avec l'eau.

⁂

[ca. 1508-1509]
F, 44 r.

Comment une feuille tournoie suivant diverses lignes, dans les profondeurs aquatiques :

Ce mobile opère sa rotation suivant des lignes diverses, hautes et basses, en se retournant ou sans se retourner, et dans la largeur de l'eau qui le meut. Cela tient aux différents mouvements de l'eau avec ses courants diversement obliques et tournoyants. On placera ici des objets de formes variées, [et l'on aura fait une bonne expérience à l'automne[2]] par les feuilles d'arbre portées en grandes quantités de la surface aux profondeurs des eaux courantes et transparentes.

⁂

L'ORDRE DU LIVRE

[ca. 1508-1509]
F, 45 r.

Pour exposer la condition des eaux qui jaillissent en l'air et leurs percussions à divers degrés de puissance, de quantité de longueur et d'obliquité, j'établirai une comparaison entre les

1. Ms. : *aria.*
2. Passage biffé dans le manuscrit.

quatre vents principaux – septentrion, midi, levant, ponant. Je m'efforcerai donc de vous donner la connaissance des mouvements de l'eau dans l'air ; cette description sera ainsi plus brève et plus expéditive.

⁂

[ca. 1508-1509]
F, 45 v.

Voici les quatre manières par lesquelles les eaux qui se meuvent pareillement se pénètrent en lignes obliquant vers le centre de la terre.

Ces quatre démonstrations suffisent pour établir les quatre principaux effets du choc réciproque des eaux dans l'air. La première est celle où l'eau la plus oblique pénètre en partie la moins oblique et entraîne avec elle la portion percutée. Dans la deuxième démonstration, la moins oblique pénètre celle qui l'est le plus et emporte avec elle la partie percutée. Dans la troisième démonstration, l'eau plus oblique entraîne entièrement avec elle la moins oblique. Dans la quatrième, le contraire a lieu, car l'eau moins oblique emporte avec elle la plus oblique tout entière.

⁂

[ca. 1508-1509]
F, 52 v.

Si la terre n'était sphérique, la sphère de l'eau n'en laisserait aucune partie à découvert.

Jamais tu ne trouveras de terre plane sur laquelle l'eau qui la recouvre ne soit convexe, si elle est au milieu de cette surface plane. Jamais cette eau ne se dirigera vers les extrémités de la plaine. Donc, sur une surface parfaitement plane, l'eau peut varier de profondeur.

Impossible de trouver une partie plane à la surface d'une très grande nappe d'eau.

Les profonds retraits du lit de l'océan sont éternels, à l'opposé des sommets des montagnes. Il s'ensuit que la terre est sphérique et entièrement couverte d'eau et qu'elle deviendra inhabitable.

Un objet emporté au fil de l'eau peut être porté par un courant de moindre puissance ; s'il est oblique du bas, il coulera au fond, et ainsi se dirigera suivant le sens de son obliquité.

Des objets emportés entre deux courants, seul avancera sans être renversé celui qui est au milieu de deux courants de mouvement égal.

Mais celui qui est entre deux courants inégaux subira de continuelles révolutions.

Un objet n'aura point de révolution latérale lorsqu'il se meut entre des courants de mouvement égal ; et inversement.

[ca. 1508-1509]
F, 53 v.

Du mouvement d'un objet d'obliquité irrégulière dans une eau dont le courant est régulier. Il pivotera continuellement lorsqu'il sera au-dessous de la surface de l'eau ; mais celui dont l'obliquité est régulière ne tournoiera point.

Quand le côté rectiligne de l'objet est frappé sur ses parties supérieure et inférieure par un courant égal, cet objet effectuera une révolution latérale.

[Percussion de l'eau.]

[ca. 1508-1509]
F, 54 r.

Toute eau heurtant un objet se scinde en quatre mouvements différents et principaux ; droit, gauche, haut et bas ; et le mouvement bas dégrade son lit.

Des quatre mouvements principaux de l'eau lorsqu'elle se scinde au cours de sa réflexion, celui-là sera plus rapide qui se réfléchira sous un angle plus aigu.

DES CHOSES QUE CHARRIE L'EAU

[ca. 1508-1509]
F, 65 r.

Des choses emportées au fil de l'eau, celle dont la plus grande partie est à l'air obéit au mouvement de l'air plutôt qu'à celui de l'eau, et inversement, celle dont la plus grande partie est immergée suivra le cours de l'eau plutôt que de l'air.

Dans les méandres du canal, vois à quel endroit l'eau est plus rapide – si c'est au-dessous, au milieu et au-dessus ; et de cela, fais un livre.

Le conduit par lequel l'eau est attirée en haut se détériorera moins que celui d'où elle est chassée ; car dans le premier cas, la puissance motrice est au-dessus, et dans le second, au-dessous.

Où l'eau est plus rapide, elle érode davantage le lit contre lequel s'exerce son frottement.

Où l'eau est plus circonscrite, sa vitesse augmente et elle érode davantage son lit.

L'objet modifie toujours l'ordre naturel des ondes commencées. *[ca. 1508-1509] F, 65 v.*

Le courant *a b* ressortit à un ordre, et l'objet qui subit sa percussion le trouble et lui donne un autre ordre.

Veux-tu représenter exactement les figures des ondes et des courants, observe sous les rayons solaires l'eau claire et de faible profondeur ; tu verras au soleil toutes les ombres et lumières de ces ondes et des choses que charrie l'eau.

La sphère de l'eau croît et décroît sensiblement ou insensiblement selon les déluges plus ou moins grands ou plus ou moins universels des eaux restituées à cette sphère aqueuse.

TOURBILLONS

Les tourbillons sont toujours le mélange de deux eaux – incidente et réfléchie. *[ca. 1508-1509] F, 66 r.*

Toute l'eau qui dans les courants des fleuves s'attarde derrière les objets qu'ils emportent, ne peut trouver d'autre issue que son point de contact avec ces courants.

Les tourbillons qui reviennent en arrière sont toujours ceux de l'eau la plus rapide.

Et les tourbillons qui tournent dans le sens du fleuve sont ceux de l'eau qui s'attarde dans son courant.

Ici la loi des eaux dans leurs remous ne manque jamais de se confirmer, car l'eau qui ralentit rebrousse et forme des tourbillons en sens opposés à son mouvement, comme ceux de l'eau la plus rapide. Voilà pourquoi – qu'ils soient d'eau lente ou rapide –, ils se mêlent et doublent de puissance ; mais non point entièrement, car le lent s'accélère en se mêlant au rapide ; et le rapide en embrassant le lent et en s'unissant avec lui, acquiert de la lenteur.

La cavité dans les eaux rapides, due à la submersion des tourbillons, indiquera l'arrivée des eaux, et dans les lentes, le sens de leur flot.

COMMENCEMENT DU LIVRE

La goutte ne se détache point du reste de l'eau, si la puissance de son poids ne l'emporte sur son adhérence à cette eau. *[ca. 1508-1509] F, 66 v.*

La goutte se formera plus lentement, qui naît d'un mouvement d'eau plus lent.

Tous les mouvements à la surface de l'eau se produisent également à chaque degré successif de sa profondeur, et même en chaque partie de sa longueur ; et ceci, les herbes nous l'enseignent, qui poussent au fond des fleuves.

•◆•

[ca. 1508-1509]
F, 67 r.

L'eau qui tombe dans l'air se détache avec difficulté de sa masse, et l'on en voit la preuve dans sa courbe et dans l'enroulement d'une de ses parties autour de l'autre, entre lesquelles s'interpose la pellicule aqueuse.

•◆•

[ca. 1508-1509]
F, 69 r.

La terre que recouvre la sphère de l'eau est-elle plus lourde ou moins que si elle était à nu ?

Je réponds que le grave pèse davantage, qui se trouve dans un milieu plus léger.

La terre revêtue d'air est donc plus lourde que celle qui est couverte par l'eau.

[Diagramme.]

Je dis : le centre de gravité de la pyramide étant placé au centre de la terre, elle changera de centre de gravité si la sphère de l'eau la recouvre ensuite partiellement ; et je cite en exemple deux poids cylindriques égaux et semblables, l'un immergé à moitié, et l'autre entièrement ; je dis que celui qui est à moitié hors de l'eau est plus lourd, comme il a été démontré.

Suppose une ligne droite égale au diamètre de la sphère aqueuse et touchant la surface de la sphère au milieu de sa longueur. On demande quelle différence présente chacun des milles de la descente qu'effectue la surface de la sphère au-dessous de cette ligne.

•◆•

[Centre de la terre et sphère liquide.]

[ca. 1508-1509]
F, 70 r.

Parce que le centre de gravité naturelle de la terre doit être au centre du monde, la terre s'allège continuellement en quelqu'une de ses parties ; et la partie allégée exerce une poussée vers le haut et submerge la partie opposée dans la mesure requise pour faire coïncider son centre de gravité avec le centre du monde, et ainsi la surface de la sphère aqueuse reste équidistante du centre du monde.

Quand le soleil est tout droit au-dessus d'elle, la terre s'allège ; couverte d'air, elle a en moins les eaux et les neiges. De l'autre côté, pluies et neiges l'ont de nouveau alourdie et la poussent vers le centre du monde, en refoulant les parties allégées à une plus grande distance de lui ; l'eau se maintient donc à égale distance du centre de sa sphère, mais non de sa gravité.

L'eau répandue dans l'air sous un angle concave s'étale en nappe et demeure ainsi étalée plutôt du côté de l'angle avec lequel elle est le plus en contact ; du côté opposé, l'eau de la nappe jaillira en l'air et de nouveau s'unira à la façon d'une gaine ouverte.

⁂

[Eau de la mer et des fleuves.]

[ca. 1508-1509]
F, 70 v.

À l'équinoxe, la mer monte en vertu de la chaleur solaire et acquiert du mouvement au-dessus de toute partie de la colline ou portion ascendante de l'eau, afin d'égaliser sa sphère et d'en rétablir la perfection.

Si une bouche d'eau avec seize onces de descente par mille, me donne seize mesures d'eau, combien la même en débitera-t-elle si elle descend de huit onces par mille ?

Les révolutions des tourbillons transversaux acquièrent largeur et lenteur à chaque degré de leur longueur.

Les convulsions des mouvements réfléchis de l'eau au fond des fleuves détruisent les mouvements circulaires des tourbillons en longueur.

L'eau de la mer et des fleuves turbides, étant plus lourde que les autres, résiste moins au poids qu'elle charrie.

L'eau de mer offre une résistance supérieure parce que le poids du sel qui s'y mélange est liquide, et qu'il en serait inséparable sans la chaleur qui la dessèche ; mais sous l'action de la chaleur, la partie trouble de l'eau se sépare d'elle ; de même en va-t-il quand elle est au repos.

⁂

[Mouvement de l'eau dans l'air et dans l'eau.]

[ca. 1508-1509]
F, 71 r.

Le mouvement de l'eau dans l'air suit sur un certain parcours la ligne latérale des petits trous à travers lesquels elle descend. Il n'en va pas de même pour la quantité discontinue qu'est la pierre jetée en un mouvement circulaire par le bras de l'homme ; celle-ci suit un cours rectiligne, à l'encontre de l'eau qui s'étale en une nappe réunissant sur un long espace ses diverses parties.

Les impressions que laissent dans l'eau les mouvements de l'eau sont plus durables que celles de l'eau dans l'air ; attendu que l'eau dans l'eau est dénuée de poids, comme il est prouvé dans la cinquième [proposition] ; seule la force impulsive pèse et meut jusqu'à épuisement cette eau sans poids.

L'impression des mouvements de l'eau est plus durable quand l'eau emportée par l'élan pénètre dans une nappe[1] d'un mouvement plus lent, et inversement.

Les impressions de l'eau dans l'air se détruisent au premier mouvement qu'elles font vers la terre, car le mouvement naturel qui se produit dans l'eau épuise l'impulsion.

DU MOUVEMENT DE L'EAU

[ca. 1508-1509]
F, 71 v.

Les chutes d'eau qui se croisent dans l'atmosphère s'emplissent d'air au cours de leur mouvement réfléchi.

Lorsque des chutes d'eau qui se heurtent dans l'air sont d'égale épaisseur, celle qui descend d'une partie plus élevée de son réservoir se joindra à la plus basse et achèvera son cours avec elle.

L'eau qui tombe et ensuite coule sur les terrasses rompt grandement son fond à leur extrémité.

Cela tient à ce que le courant de l'eau, arrivé à l'extrémité de ces terrasses, tombe, rebondit, s'enfonce d'autant plus qu'elle choit de plus haut, la chute étant plus puissante dans les grandes descentes que dans les petites.

Toute eau qui heurte un fond ou quelque autre objet, se divise et court en divers sens.

Toute eau, quand elle jaillit, se divise à la surface et coule

1. Ms. : *pelago*.

en des directions diverses, d'autant que la nappe liquide est plus calme.

•◆•

Les mouvements simples des eaux sont ceux qui agissent simplement par leur simple mouvement, quel qu'il soit. *[ca. 1508-1509] F, 72 r.*

Les mouvements composés dérivent de différents mouvements et ont grande puissance, en des fonctions diverses.

La vague est plus lente à son sommet que sur ses flancs.

Le mouvement incident est plus rapide que le réfléchi.

Réunies, la plus grande lenteur des vagues et la moindre – c'est-à-dire de la vague en soi, flancs et sommet – égalent le cours général de leur fleuve et il faudra en faire état dans les conclusions, pour en donner la preuve.

•◆•

[De l'élévation naturelle et artificielle de l'eau.]

Si l'eau qui sourd par les sommets des monts provient de la mer, dont le poids l'élève plus haut que ces monts, pourquoi a-t-elle la propriété de monter à une telle altitude et de pénétrer la terre au prix de beaucoup de difficultés et de temps, alors que le reste de l'élément liquide ne peut faire de même, bien que confinant à l'air qui ne pourrait lui résister ni empêcher le tout de s'élever à la hauteur de la partie ? *[ca. 1508-1509] F, 72 v. et r.*

Toi qui as trouvé pareille invention, il faudra te remettre à l'étude des choses naturelles, car tu t'apercevras que tu manques de la science dont tu fis ample provision, grâce au fonds du moine que tu possèdes[1].

L'eau qui tombe dans un canal dont la largeur égale la sienne, creusera à la surface une profonde.

L'eau qui tombe dans un [canal] dont la largeur est supérieure à sa chute, ne formera pas une très grande concavité à la surface, en raison des tourbillons qui la refoulent vers la concavité qu'elle causa.

1. Ch. Ravaisson-Mollien écrit : « Cette phrase signifie peut-être : "Si tu as trouvé à inventer une imitation de l'élévation de l'eau dans la nature, aux cimes des monts, en ayant cru beaucoup t'instruire à cet égard avec le fonds de livres, dessins, etc., du frère [moine] untel, que tu possèdes, cette instruction-là te trouvera bientôt en défaut, et il te faudra de nouveau étudier les choses de la nature." »

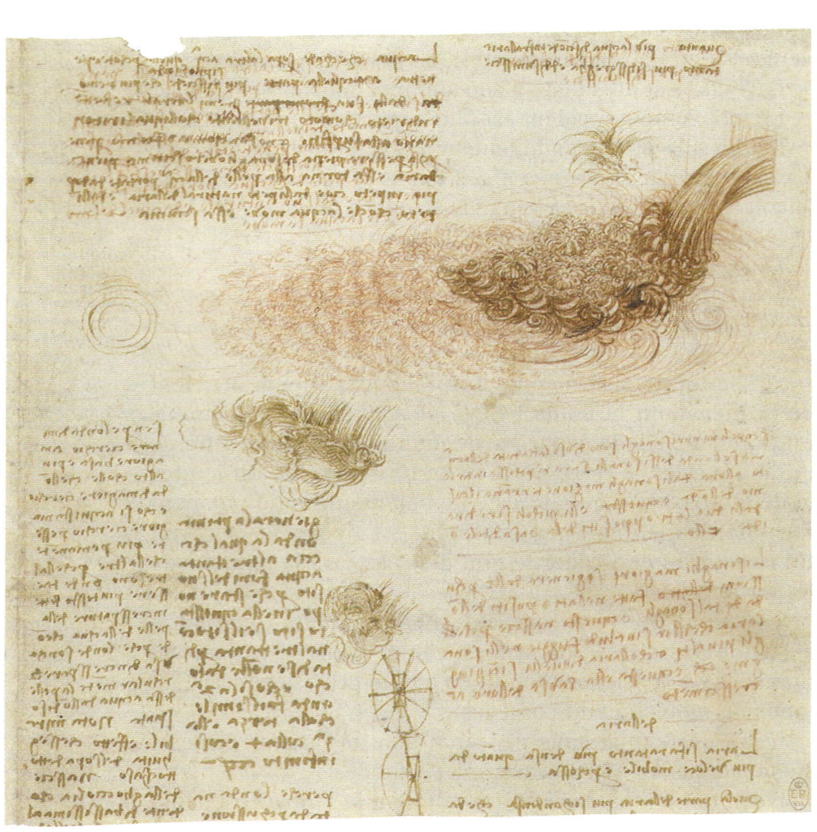

Études sur l'eau : le tourbillon (*RL 12661*).

L'eau qui balaye le fond où elle se précipite, avec rapidité ou lenteur, en largeur, profondeur ou étroitesse, du fait que son bouillonnement est refoulé par la nappe liquide, se trouve en partie ramenée à la surface pour y effectuer divers mouvements incidents et réfléchis ; une autre partie retourne à l'endroit de sa première chute, s'y enfonce avec elle puis remonte en tourbillons latéraux ; une autre encore retombe en plein bouillonnement et se répand lentement autour du centre de sa chute.

[Mouvements de l'eau.]

Entre le courant et le tourbillon, il y a le sable. *[ca. 1508-1509] F, 77 r.*

Entre le sable et le tourbillon, il y a une vallée lisse où le tourbillon tournoie.

Dans le tourbillon, des morceaux de bois se trouvent, et autres choses légères.

Lorsque l'air est immobile, un objet à la surface de l'eau sera plus lent qu'au-dessous d'elle.

Où l'eau sort d'un lit horizontal sous des écluses, elle creuse davantage le lit devant et derrière elles.

CHOSES PORTÉES PAR LES FLEUVES

L'objet large que le courant charrie entre la surface et le lit du fleuve, s'il rencontre une eau plus lente que celle qui le porte, et s'il se trouve, à ce moment, placé obliquement vers l'arrivée du fleuve, rebondira aussitôt du fond à la surface ; si son obliquité est en sens contraire du fil de l'eau, le contact du courant lent le précipitera soudain vers le fond ; et si cette obliquité s'incline vers la droite ou la gauche de la largeur du fleuve, il se jettera vers sa droite ou vers sa gauche et continuera ainsi en tous sens. *[ca. 1508-1509] F, 78 r.*

LIMON ET FOSSILES

Si les eaux n'avaient laissé à découvert une grande partie des monts, les cours des fleuves n'auraient pu charrier à la mer toute la vase qui existe à une grande hauteur, mêlée à des animaux qu'elle tient prisonniers. *[ca. 1508-1509] F, 78 v.*

Les révolutions de l'eau réfléchie, lorsqu'elles suivent de nouveau le cours du fleuve, le pénètrent plus en ses parties inférieures qu'à sa surface ; en effet, conformément à la septième, le courant est plus rapide en haut qu'en bas, et donc plus puissant vers la surface ; aussi la percussion de cette eau réfléchie le pénètre-t-elle moins en dessus qu'en dessous.

Les remous que forme le choc de l'eau réfléchie dans le cours de l'eau tombante sont de deux sortes : l'une naît vers le fond et tourne verticalement à travers la longueur du fleuve ; la seconde, à la surface, tourne à droite et à gauche à travers la largeur du fleuve. La plus basse est due à la retombée de la masse bouillonnante vers le fond, et celle de la surface au mouvement de révolution frappant le courant superficiel.

*

[ca. 1508-1509]
F, 81 r.

Devant l'eau qui tombe, l'eau tourne comme la roue du moulin.

*

[ca. 1508-1509]
F, 81 v.

Des surfaces qui entourent l'eau tombant d'une nappe d'eau à travers l'air, et du comportement de l'eau à sa surface.

Du mouvement des choses tombées dans l'eau à travers l'air, et comment elles se comportent dans la nappe liquide.

Des choses qui flottent dans l'eau médiane, et comment elles sont submergées quand elles se trouvent entre son centre et sa chute. Leur submersion ayant lieu en même temps que cette chute dans la nappe d'eau, elles frappent le fond et se morcellent.

Décris en conséquence tous les effets des choses submergées en une des extrémités de cette eau médiane, lesquelles plongent toujours vers le fond de l'étendue liquide, du fait que cette eau est au centre de tous les mouvements réfléchis.

*

[ca. 1508-1509]
F, 84 r.

De la terre. Toute substance lourde tend à descendre et les choses élevées ne conservent point leur hauteur, et avec le temps, elles s'affaisseront ; ainsi, au cours des âges, la terre deviendra sphérique et se couvrira entièrement d'eau, et les veines souterraines resteront inertes.

De la vague convexe. Si la vague créée par la chute d'eau d'un canal de largeur et profondeur uniformes sera de mouvement long ou non.

De la vague concave. Si le mouvement de la vague concave créé par l'eau qui tombe à pic du canal ouvert sous une écluse, sera long dans un canal de largeur et profondeur uniformes.

⁂

L'eau qui coule dans un canal d'uniforme vacuité et qui remplit toute sa première partie plane, se mouvra et remplira avec une égale célérité les autres parties droites ou obliques. *[ca. 1508-1509] F, 86 v.*

Les mouvements des éléments lourds ne se dirigent pas vers leur centre à l'effet d'y aller, mais parce que le milieu où ils se trouvent ne peut leur résister ; lorsqu'ils rencontrent de l'opposition dans leur propre élément, ils perdent leurs poids et ne cherchent plus à pénétrer au centre.

L'eau dans l'air pèse et descend par la voie la plus brève. Elle divise et fend l'air qui est sous son centre de gravité avec toutes ses parties également, et ne divise point l'air latéral, n'étant pas située au-dessus. Pour ce motif, elle forme dans l'air un creux de faible longueur jusqu'à ce qu'elle atteigne l'obstacle. Cette résistance venant de l'eau, celle qui tombe à travers l'air ne cherche plus à rejoindre le centre, parce qu'elle ne divise plus l'eau comme elle faisait pour l'air ; voilà pourquoi le grave se meut vers le bas où il ne rencontre pas de résistance, et non pour aller au centre.

⁂

Traite d'abord dans tes écrits de l'eau en chacun de ses mouvements ; puis décris ses fonds et les matières qu'ils renferment, en te référant toujours aux propositions relatives à ces eaux, et prends soin d'observer une bonne ordonnance, sinon la confusion régnerait dans l'ouvrage. *[ca. 1508-1509] F, 87 v.*

Décris toutes les formes que prend l'eau, de sa plus grande à sa plus petite vague, et leurs causes.

⁂

LIVRE NEUF : DES JAILLISSEMENTS ACCIDENTELS DE L'EAU

Si une écluse sépare la plus grande eau de la plus étroite, et que le mouvement de l'eau aille de la plus étroite à la plus large, l'eau qui jaillit sous l'écluse s'élancera vers l'eau plus large, et en retombant, creusera par différents sauts le lit du canal en différents endroits. *[ca. 1508-1509] F, 88 r.*

[« Traité de l'eau ».]

[ca. 1508-1509] F, 89 r.

Décris le comportement de l'eau en chaque cas donné, entre sa surface et le fond. Et quelle partie de l'eau est plus lente ou plus rapide.

Des objets latéraux placés sur les rives de fleuves sinueux.

Des intersections que produisent les ondes l'une avec l'autre, lorsque les rives opposées des fleuves les refoulent.

De l'élévation des ondes formées à l'intersection d'autres ondes cylindriques.

[ca. 1508-1509] F, 89 v.

Des diverses largeurs des interpositions transversales, au milieu de la largeur des fleuves.

Des diverses saillies des objets latéraux sur les rives des fleuves.

Des différentes obliquités placées au milieu de la largeur des fleuves.

Des différentes façons dont se juxtaposent les parties antérieures des objets latéraux placés sur les rives des fleuves.

[Livre du « Traité de l'eau ».]

[ca. 1508-1509] F, 90 v.

Si l'onde cylindrique frappe les tourbillons qui se sont produits vers l'une des rives élargies, ces tourbillons circonscrits se resserrent et ils acquerront grande puissance pour saper la rive par-dessous et provoquer son affaissement.

Ordre du livre.

Commence par inscrire ce que peut faire le fleuve de profondeur et de pente égales, sur sa rive où se trouvent des choses diverses. Puis place ces choses deux par deux. Ensuite, mets-les en face de la rive opposée, et qu'elles soient de même diversité ; décris ce que feront les eaux en se coupant au centre du courant et l'obstacle qu'elles présentent à l'eau réfléchie par la rive opposée. Décris ensuite comment chacune se comporte au fond, c'est-à-dire comment elle monte et se pose.

Le côté de l'onde, lorsqu'elle opère son rapide mouvement

tombant, est le terme du lent mouvement réfléchi. Il s'ensuit que le mouvement est rapide au creux de la vague et lent à sa crête.

COURANTS DES FLEUVES

Le cours du fleuve est-il resserré d'un côté, une onde rapide semi-cylindrique se produit et les remous qui naissent entre la rive resserrée et la vague cylindrique provoquent sa dénudation et son effritement. *[ca. 1508-1509] F, 91 r.*

Si les rives se resserrent également de chaque côté du courant et à l'opposite, les ondes cylindriques se croisent, puis elles descendent, frappent la rive et la dégradent.

Mais si l'une des rives se resserre plus bas que l'autre, l'onde cylindrique supérieure pourra pénétrer sous la plus basse.

Il importe de définir ici, dans le commentaire, les écarts entre les resserrements des rives et leurs largeurs.

[Des canaux, fleuves et tourbillons.]

La rive que l'on recule pour élargir le canal cause la soudaine formation d'un tourbillon qui vers le bas creuse une concavité profonde au pied de la rive, provoquant ainsi son écroulement. On le prouve par la première [proposition] du troisième [discours], qui montre qu'en acquérant une soudaine largeur dans l'espace le fleuve acquiert en même temps une soudaine largeur d'eau et l'eau ainsi élargie se fait moins profonde ; elle crée tout à coup un courant qui se précipite sur la rive, à l'endroit où elle est devenue plus large, et en la frappant se scinde en deux tourbillons ; l'un (le plus puissant, comme en *c b a*), se précipite tout droit vers le fond pour être encerclé ; et en vertu de la neuvième [proposition], qui dit que le remous sera d'autant plus facilement pénétré que les lèvres de sa bouche sont moins obliques, il les aura absolument rectilignes. *[ca. 1508-1509] F, 91 v.*

L'eau entraîne l'écroulement de la berge par quoi le canal acquiert soudaine largeur.

Si le canal gagne de chaque côté une largeur soudaine, il engendre des tourbillons des deux côtés ; sont-ils unis au centre de la largeur de ce canal, il formera de lui-même une grande et subite profondeur. Toutes ces figures sont le résultat de l'expérience.

⁂

[Ondes cylindriques.]

[ca. 1508-1509]
F, 92 r.

Plus une onde cylindrique se meut, plus elle descend, et plus elle s'étale, plus elle se fait rapide.

Quand de deux ondes cylindriques inégales, la plus grande naît avant la plus petite, la vaguelette coupe la plus grande et passe par-dessus, parce que la plus grande, née la première, et qui se trouve en face de la petite, s'étale et s'abaisse, et la petite qui la heurte, étant haute, la frappe en sa partie basse ; et ne rencontrant point d'obstacle à son niveau, elle coule sur elle, se précipite du côté opposé et suit son impulsion première.

Mais si la plus petite des vagues cylindriques inégales naît dans le fleuve plus haut que la grande, cette grande suit son cours naturel, et la plus petite l'accompagne.

⁂

[ca. 1508-1509]
F, 92 v.

Si les ondes cylindriques se heurtent et ne se coupent pas jusqu'en leur centre, la partie médiane qui subit le choc saute en arrière et passe par-dessus la partie non heurtée.

Quand deux ondes cylindriques d'égales dimension et puissance s'entrechoquent entièrement, chacune retourne en arrière, sans pénétration mutuelle.

Mais si les ondes cylindriques sont de dimension inégale, ni la plus grande ni la plus petite ne se conformeront à leur loi, attendu que la plus grande ne s'infléchit pas et la plus petite s'unit à elle.

Mais si, quand les ondes sont égales, la naissance de l'une précède celle de l'autre, leurs coups n'auront point même puissance ; dès lors, le cours de la seconde s'infléchira avant celui de la première.

⁂

[ca. 1508-1509]
F, 93 v.

L'eau qui se meut entre la rive et un fond droit lisse, ne formera point d'onde. Ce qui précède tient à ce que seul un mouvement réfléchi crée l'onde. Or, le mouvement réfléchi naît de la percussion du mouvement incident contre un objet défini, au fond du canal ou sur ses côtés ; et si aucun objet défini ne s'y trouve, alors, en vertu de ce qui fut dit, aucune onde ne se produira – cette eau étant faite de petits jaillissements qui ne s'élèvent guère au-dessus du fond et ne forment point d'ondes en arrivant à la surface.

La vague semi-cylindrique simple naît sur un objet menu qui jouxte la rive ; l'eau en le frappant dessine une longue vague en forme de demi-colonne et se dirige obliquement vers la rive opposée, où elle meurt et renaît.

Soit *a* l'objet placé sur la rive *a o* du canal *n o m p*.

Je dis que l'eau qui frappe cet objet fera une onde qui en se reformant sans cesse deviendra continue ; et il en serait toujours ainsi si elle n'était interrompue par le courant commun de l'eau du canal, qui frappe cette onde tout entière et la chasse à chaque degré de sa longueur, en sorte qu'il finit par la diriger selon son cours naturel.

⁂

[Canal et chutes d'eau.]

[ca. 1508-1509] F, 94 r.

Dans une eau de vitesse médiocre, l'eau médiane aura toujours de petites rides.

L'eau interposée entre la surface moyenne et son lit n'est pas de la nature de la moyenne ; en effet, la moyenne de la surface reçoit la percussion de l'[eau] incidente et de la réfléchie ; car l'une et l'autre, pour être en contact, tombent sur l'eau en percutant l'air comme une chose lourde ; et comme une chose lourde, elles pénètrent l'eau qu'elles ont frappée.

L'eau commence par tomber puis remonte et s'élève en onde semi-cylindrique sur la vague semi-cylindrique opposée qui rend sa chute plus oblique.

⁂

[Courants fluviaux.]

[ca. 1510-1516] G, 14 v.

L'eau qui descend en fleuve rectiligne a toujours un cours oblique, du centre vers les rives opposées, et de ces rives au centre. On le prouve par la neuvième [proposition] de ce discours, où il est dit : « Le cours des fleuves rectilignes est toujours plus haut au milieu de la largeur et sur les côtés qu'entre le centre et les côtés. » Cela fut prouvé par la septième : « L'eau des fleuves droits ne coule jamais en ligne droite, étant d'autant plus rapide que son obstacle est plus éloigné des rives. » Et ceci est confirmé dans le passage où je dis : « Où le mouvement incident est entravé, le mouvement réfléchi naît. » Et par la dixième : « C'est toujours entre le mouvement incident et le réfléchi qu'existe la plus grande dépression des fleuves » ; et par la onzième : « Une fois atteinte la plus grande hauteur de l'eau réfléchie, le principe du mouvement incident est engendré » ; et par la douzième : « Le mouvement incident des eaux ne se change pas en mouvement réfléchi sans heurter le lit ou la rive du fleuve. » Où l'eau frappe le lit ou la rive du fleuve, la terre du lit ou de la rive s'élève.

Toujours sous l'action du mouvement incident, le lit du fleuve s'élève et sa hauteur se rétablit avec le mouvement réfléchi.

Les inclinaisons latérales des eaux qui se meuvent continuellement dans des fleuves rectilignes ont un degré plus ou moins grand selon la rapidité du courant.

[Densité de l'eau – douce et salée.]

COMMENT L'OCÉAN NE PÉNÈTRE POINT DANS LA TERRE

[ca. 1510-1516]
G, 38 r.

L'océan ne pénètre point dans la terre ; les nombreuses et diverses sources d'eau douce nous l'enseignent, qui en différents endroits de cet océan vont du fond à sa surface. La même chose nous apparaît dans les puits d'eau douce creusés à plus d'un mille de l'océan ; cela tient à ce que l'eau douce, plus légère que l'eau salée, a un pouvoir de pénétration plus grand.

Qu'est-ce qui pèse davantage, de l'eau congelée ou de l'eau qui ne l'est point ?

L'eau douce pénètre davantage l'eau salée que l'eau salée ne pénètre la douce.

L'eau douce pénètre l'eau salée plus que l'eau salée la douce ; nous en avons la preuve au moyen d'une mince toile sèche et usée, suspendue par ses bouts opposés, à une égale profondeur, dans deux eaux différentes, de niveau également bas : tu verras alors l'eau douce s'élever sur ce bout d'étoffe plus haut que l'eau salée, dans la mesure où elle est plus légère que cette dernière.

DU MOUVEMENT D'UN FLEUVE QUI JAILLIT BRUSQUEMENT SUR SON LIT À SEC

[ca. 1510-1516]
G, 48 r.

L'eau qui débouche d'un lac dans un lit à sec est d'autant plus lente ou rapide que le fleuve est plus large ou plus resserré, ou d'un niveau plus égal à tel endroit qu'à tel autre.

En vertu de cet exposé, le flux et reflux de la mer qui passe de l'océan dans la Méditerranée, et celui des fleuves qui joutent avec elle, élèvent leurs eaux plus ou moins selon que la mer est plus ou moins resserrée.

POURQUOI L'EAU EST SALÉE

[ca. 1510-1516]
G, 48 v. et 49 r.

Au cent troisième chapitre de son second livre, Pline dit que l'eau de mer est salée parce que l'ardeur du soleil épuise et dessèche l'humidité en l'aspirant, et la saveur salée de la mer s'en trouve grandement accrue.

Mais ceci ne saurait s'admettre, car si la salure de la mer était due à la chaleur solaire, les lacs, étangs et marécages seraient sans doute d'autant plus salés que leurs eaux ont moins de mouvement et de profondeur ; or, l'expérience nous démontre au contraire que les eaux de ces marais sont entièrement libres de toute salure. Pline déclare également, dans le même chapitre, que cette âcreté provient peut-être de ce que la chaleur aspire volontiers les parties douces et subtiles de l'eau en abandonnant les plus âcres et grossières ; d'où il résulte que l'eau de la surface est plus douce que celle du fond. Mais les raisons alléguées plus haut contredisent son assertion : elles démontrent en effet que le même phénomène se produirait pour les marais et autres eaux que la chaleur dessèche. Il fut également dit que la salure de la mer est la sueur de la terre. Nous pourrions répondre qu'en ce cas toutes les sources qui pénètrent la terre devraient être salées.

Dès lors, on conclut que la salure de la mer dérive des nombreuses sources d'eau enfoncées dans la terre, qui ayant rencontré les mines de sel, en dissolvent les parties et les emportent jusqu'à l'océan et aux autres mers, d'où les nuages générateurs des fleuves ne les élèvent jamais. La mer serait donc plus salée de nos jours qu'elle ne le fut à aucune époque ; et si mon contradicteur objectait que dans une durée de temps infini la mer se dessécherait ou se congèlerait en sel, je répondrais que le sel est restitué à la terre par la mise en liberté de la terre élevée avec le sel qu'elle a acquis, et les fleuves le rendent au sol qu'ils submergent.

Mais, pour mieux m'exprimer, si l'on admet que le monde est éternel, il faut forcément que sa population le soit aussi ; et donc la race humaine aurait toujours été et serait toujours consommatrice de sel et si la masse entière de la terre était sel, ce sel ne suffirait pas à alimenter les hommes. Nous devons donc en conclure que la substance du sel est éternelle comme le monde, ou qu'elle périt et se renouvelle avec les hommes qui la consomment. Or, l'expérience nous enseigne qu'elle ne périt point – puisque le feu ne la consume pas, que l'eau devient plus salée à proportion qu'elle la dissout, et qu'après son évaporation, la quantité de sel primitive qu'elle contenait, subsiste ; il faut donc forcément que les corps humains éliminent – comme l'urine ou la sueur, ou autres excrétions –, tout le sel qui chaque année est apporté dans les villes.

Voilà pourquoi il nous est loisible de dire que les pluies qui pénètrent le sol drainent au-dessous des fondations des cités et de leurs habitants, par les conduits terrestres, la salure de la mer ; et en se retirant, la mer qui recouvrait [jadis] toutes les montagnes, a laissé le sel dans les mines que l'on y trouve.

Pour troisième et dernière raison, nous pouvons alléguer que le sel est en toutes les choses créées ; et nous l'apprenons en faisant passer de l'eau à travers des cendres et des résidus de choses brûlées, ou par l'urine des animaux et les superfluités de leurs sécrétions, et par la terre en laquelle se change toute chose en corruption.

DES MODIFICATIONS DE LA TERRE[1]

[ca. 1510-1516]
G, 49 v.

Les cours souterrains des eaux, comme ceux qui s'effectuent entre l'air et la terre, érodent sans cesse et approfondissent leur lit.

1. Ms. : « *Della vibratio della terra* ».

Le sol emporté par les fleuves se dépose au terme de leur course ; ou plutôt, la terre charriée par les hautes eaux des fleuves se dépose quand ils s'abaissent à l'extrême.

Où l'eau douce s'élève de la surface de la mer, c'est signe manifeste qu'une île se crée. Elle sera à découvert plus ou moins rapidement, selon que la quantité de l'eau qui monte est plus ou moins grande. Cette île est formée par la terre ou les sédiments pierreux que le cours souterrain de l'eau a laissés sur son passage.

COMMENT L'EAU AFFOUILLE EN TOMBANT

[ca. 1510-1516]
G, 50 v.

Les chutes d'eau tombant des rives érodent toujours leurs bases et les font crouler sur leurs assises. On le prouve : si la hauteur de la rive *a c* d'où tombe l'eau *a n*, frappant et usant l'endroit percuté *m n c* est le centre de la percussion sur laquelle se divisent les mouvements réfléchis *n m o* et *n c b* [lesquels] attaquent en chaque sens la rive corrodée par leurs révolutions, les supports de ces rives ainsi minées s'effondreront du côté où l'appui leur fait défaut.

L'eau qui tombe de *a b* en *n m*, creusera en entier le lit de l'endroit où elle tombe jusqu'au plus bas niveau du lieu de sa chute, de *a b* en *c d*.

SI L'EAU PEUT S'ÉLEVER DE LA MER JUSQU'AU SOMMET DES MONTS

[ca. 1510-1516]
G, 70 r.

L'eau de la mer ne peut aller des racines aux sommets des monts qui la bordent, mais elle s'élève aussi haut que l'attire l'aridité de la montagne. Si, au contraire, la pluie qui va du sommet aux racines confinant à la mer, descend et amollit le versant opposé de cette montagne, et constamment attire l'eau à la manière du siphon qui la déverse par sa branche la plus longue, sans doute est-ce pour ce motif que l'eau de la mer est attirée à une hauteur. Supposé *s n* la surface de la mer et que la pluie descendît du sommet de la montagne *a* en *n*, sur l'un de ses versants, et de l'autre côté de *a* en *m* ; ce serait là, sans aucun doute, le système de distillation au filtre, ou celui qui se pratique au moyen du conduit appelé siphon. L'eau descendue en grande pluie des deux versants opposés, qui a amolli la montagne, attirerait sans cesse la pluie *a n* sur son côté le plus long, conjointement avec l'eau de la mer, si le flanc de la montagne *a m* était plus long que le côté *a n*. Chose impossible, attendu que nulle partie de terre non submergée par l'océan ne saurait être plus basse que lui.

[Dessins.]

[ca. 1510-1516]
G, 90 v.

Ces circonvolutions seront faites au moyen d'une eau colorée tombant dans de l'eau claire.

[ca. 1510-1516]
G, 93 r.

L'eau courante recèle une infinité de mouvements plus ou moins grands que son cours principal.

On le prouve par les choses soutenues entre deux courants et dont le poids est égal à celui de l'eau. Si les eaux sont claires, ces choses indiquent exactement le véritable mouvement des ondes qui les conduisent, car parfois la chute de l'eau vers le fond les porte avec elle, en sorte qu'elles heurtent le lit ; elles rebondiraient vers la surface avec cette onde, si le corps flottant était sphérique ; mais il arrive souvent que l'onde ne les ramène point, parce que ces choses sont plus larges ou plus étroites dans un sens que dans l'autre, et ainsi, en raison de leur forme irrégulière, une autre onde réfléchie frappe leur côté large et fait rouler et tournoyer le mobile qui va où il est entraîné ; d'un mouvement parfois rapide, parfois lent, tantôt à droite, tantôt à gauche, vers le haut et l'instant d'après vers le bas, soumis à toutes les forces capables de le mouvoir, et, dans les luttes auxquelles se livrent ces forces mouvantes, toujours la proie du vainqueur.

[ca. 1510-1516]
G, 95 r.

Il ne saurait y avoir flux ni reflux, dans une même étendue d'eau, si plusieurs fleuves ne s'y déversent.

[ca. 1494]
H, 29 v.

Au cours de l'année, la quantité d'eau qui s'élève égalera celle qui descend dans les fleuves et l'air.

[Cours des fleuves.]

Toutes choses plus légères que le sable resteront dans la partie la plus basse du fleuve, au-dessous du commencement de son inclinaison. *[ca. 1494] H, 30 r.*

Où le mouvement de l'eau est moindre, la surface de son fond sera de plus fin limon ou sable.

Où le cours d'eau turbide sinue parmi les racines noueuses de ses buissons, elle dépose beaucoup de sable ou de limon au cours des nombreux méandres de ses remous.

DES MOULINS

L'eau est plus rapide qui pèse le moins sur son bief. *[ca. 1494] H, 30 v.*

L'eau plus rapide pousse plus vite sa roue.

L'eau la plus rectiligne pèse le moins sur son bief.

L'eau des moulins devrait frapper à angles droits les aubes des roues.

L'eau de moindre pente frappe la roue au-delà de la perpendiculaire de sa chute.

L'eau qui frappe le plus loin de la perpendiculaire de sa chute imprime un moindre choc.

L'onde créée par la percussion de l'eau sur le lit d'un fleuve exécutera en dessous un mouvement contraire à celui de dessus. *[ca. 1494] H, 31 r.*

L'onde est plus basse à la fin de sa montée qu'en toute autre partie.

Les parties de l'onde qui se meuvent le plus vite seront près du terme de sa chute.

Le sable reste plus haut sous la plus haute partie de l'onde que sous sa partie la plus basse.

La pierre jetée dans une eau tranquille, crée des rides qui s'étalent également si l'eau est de profondeur uniforme. *[ca. 1494] H, 31 v.*

Si deux pierres sont jetées l'une près de l'autre, à une

brasse[1] de distance, les cercles de l'eau s'élargiront également l'un dans l'autre, sans se détruire mutuellement.

Mais si le fond n'est pas égal, les cercles ne s'élargiront pas uniformément, sauf à la surface.

L'objet oblong jeté dans l'eau formera une ondulation elliptique.

L'objet rond jeté dans l'eau courante créera une ondulation elliptique en deux mouvements.

⁂

[ca. 1494] H, 35 v.

Où l'eau est plus haute, elle pèse davantage sur son lit et sa course est plus onduleuse.

Plus la partie du lit ou de la rive qui se projette vers le cours rectiligne des eaux forme un angle aigu, plus elle se dégrade dans l'eau courante.

⁂

[ca. 1494] H, 36 r.

L'eau qui frappe dans un angle rend plus profonds les côtés primitifs.

⁂

[ca. 1494] H, 37 r.

Toute partie de la surface de l'eau aspire à être située à égale distance du centre des éléments ; si une partie de la surface s'élève plus que l'autre, cela tient aux mouvements contraires qui chevauchent entre elle et le fond.

⁂

[ca. 1494] H, 37 v.

Où le courant est au centre du fleuve coulant à pleins bords, la crête ne sera pas entre le point de jonction des tourbillons et l'endroit où l'eau rebondit ; il est dans la profondeur.

Les grands cailloux restent dans la partie la plus profonde du courant.

⁂

[ca. 1494] H, 38 r.

Où le canal de l'eau se fait plus étroit, elle creuse plus profondément le lit et coule plus vite.

⁂

[ca. 1494] H, 39 r.

Le fer continuellement exposé au choc de l'eau courante ne se rouille jamais mais s'use en se brunissant.

---

1. Une brasse équivaut à environ 1,62 m.

Plus l'objet qui sépare l'eau est distant de la surface, moins il laisse de sable derrière lui. *[ca. 1494] H, 39 v.*

Où une eau en rejoint une autre sous un angle aigu, elle creusera grande profondeur. *[ca. 1494] H, 40 v.*

[Des objets que porte l'eau.]

Où l'eau fait le moins de mouvement, elle dépose son poids lorsqu'elle est chargée. *[ca. 1494] H, 46 v.*

Si un objet allongé, de poids et épaisseur uniformes, se trouve au milieu d'une descente égale, sa longueur suivra celle du cours d'eau. *[ca. 1494] H, 47 r.*

Quand un objet allongé se meut dans un chenal, entre le milieu et le point où l'eau rejoint la berge, son mouvement sera oblique.

L'objet long, plus rapproché du côté que du centre, suivra en tournoyant le fil de l'eau.

Où l'eau a moins de mouvement, elle dépose sa charge plus aisément. *[ca. 1494] H, 47 v.*

Les remous de l'eau, après qu'elle a frappé la terre sous un angle, tournent en sens contraire.

L'eau sera en perpétuel mouvement si sa surface n'est point équidistante du centre du monde. *[ca. 1494] H, 50 (2) r.*

Le sable et les autres objets légers suivent les tours et détours des tourbillons de l'eau et leur obéissent, alors que les grandes pierres ont un mouvement rectiligne.

L'eau qui tombe dans une eau plane la rend oblique et sa descente s'accélère. *[ca. 1494] H, 50 (2) v.*

⁂

[ca. 1494]
H, 51 (3) v.

Mesure la hauteur de l'eau qui tombe et multiplie-la par celle à laquelle tu voudrais l'élever ; et autant de fois l'étendue de la chute de l'eau est comprise dans la hauteur à laquelle elle a été élevée, autant de fois elle est plus subtile que celle qui monte ; et c'est la dernière et la plus grande quantité qui se puisse élever.

⁂

[ca. 1494]
H, 52 (4) r.

L'eau qui monte continuellement en raison du mouvement d'une autre eau, dépasse en ténuité celle qui la meut d'autant qu'elle est plus longue.

⁂

[ca. 1494]
H, 52 (4) v.

L'eau trouble dégrade les rives plus que l'eau claire, et davantage à la base qu'en haut, car à la base elle est plus lourde et plus dense.

⁂

[ca. 1494]
H, 53 (5) r.

La ligne de l'eau qui a plus grand mouvement brise celle du moindre mouvement et s'enfonce sous elle.

La partie de sable plus proche du point de percussion de l'eau qui tombe sera plus fine que le reste.

Le gros gravier sera le plus éloigné du coup.

⁂

[ca. 1494]
H, 53 (5) v.

Je demande si l'eau qui sort par-dessous vient ou non de la surface.

La plus grande profondeur sera à l'endroit où la percussion entière de la seconde eau se fraye un chemin dans le cours du tourbillon ; la moindre – où se trouve la seconde base – est l'endroit où l'eau tournoyante la rencontre dans sa course.

⁂

[ca. 1494]
H, 54 (6) r.

Après la descente de l'eau, celle qui était au-dessus reste au-dessous ; la partie inférieure se change en supérieure.

Après la plus rapide descente de l'eau, la partie inférieure conserve son mouvement plus rapide que la supérieure.

⁂

Des eaux coulant sur des lits de pente égale, celle-là sera de moindre profondeur, qui aura la plus grande largeur. *[ca. 1494] H, 54 (6) v.*

Des eaux coulant entre des rives d'égale largeur, la moins profonde a le cours le plus rapide.

⁂

Dans son mouvement, l'eau entraîne l'air qui confine à elle. *[ca. 1494] H, 55 (7) r.*

Le lit offrant plus de résistance, elle se meut davantage à la surface qu'au fond.

Toute la partie supérieure de l'eau qui se trouve au commencement de sa chute, sera plus basse que l'autre après la chute.

⁂

Le mouvement de l'eau qui coule entre des chutes d'égale obliquité sera plus fort au fond du canal qu'à la surface. *[ca. 1494] H, 56 (8) v.*

⁂

L'eau qui tombe d'un même niveau, selon une pente égale, avec une longueur de mouvement égale, sera de vitesse égale. *[ca. 1494] H, 58 (10) v.*

⁂

Des eaux de même niveau qui tombent par une même obliquité, la plus rapide sera la plus longue. *[ca. 1494] H, 59 (11) r.*

Des eaux d'un même niveau qui tombent d'une même hauteur, la plus longue sera la plus lente.

⁂

La percussion de l'eau sur la roue atteint son maximum de puissance lorsqu'elle frappe entre des angles égaux. *[ca. 1494] H, 63 (15) r.*

La percussion entre des angles égaux aura une puissance d'autant plus grande que le courant de l'eau et le mouvement de la roue suivront la même direction.

⁂

Le sable mû par deux légers courants d'eau se dépose sur la berge abrupte, en sillon carré. *[ca. 1494] H, 63 (15) v.*

⁂

Après qu'elle a frappé un corps sphérique, l'eau formera des cavités égales par-delà les côtés de ce corps. *[ca. 1494] H, 64 (16) r.*

Le gravier que creusent les percussions de l'eau se déposera à l'endroit où se rencontrent les mouvements produits par les heurts.

La face du triangle qui dans le cours de l'eau s'insère entre des angles plus égaux, formera un grand creux dans l'eau qui s'y heurte.

*

[ca. 1494]
H, 67 (19) v.

L'eau qui se meut suivant une pente égale sera plus rapide à la surface qu'au fond.

L'onde produite par un coup sera plus haute à son commencement qu'en son milieu.

Les ondes provoquées par le vent seront plus hautes au milieu qu'au commencement, c'est-à-dire la quatrième [plus haute] que la troisième.

*

[ca. 1494]
H, 68 (20) r.

Ces contre-courants rongent les berges des canaux ; tu feras donc des parapets de bois pour les étendre sur toute la longueur du choc.

*

[Mouvements de l'eau.]

[ca. 1494]
H, 68 (20) v.

L'eau qui dépasse la profondeur et la largeur générales des fleuves se meut en sens contraire.

La vague de l'eau enfle entre la cause du mouvement et son terme.

L'eau qui se meut en raison de l'ondulation du vent, fait au fond un mouvement contraire à celui de la surface.

L'eau ne pèse pas moins transversalement que selon sa verticale. Tout mouvement de liquide pèse davantage du côté où, par un trou égal, le vase se déverse plus vite. Le fond du vase reçoit en son centre un plus grand poids d'eau que toute autre partie.

*

[ca. 1494]
H, 69 (21) r.

Le libre mouvement de la partie supérieure de l'eau ne formera jamais aucun angle, sauf dans la percussion.

Toutes les lignes supérieures tracées par le mouvement de l'eau sont courbes.

L'eau suit le mouvement de l'air qui la touche.

L'objet inclus entre l'air et l'onde n'est pas plus soumis au mouvement de l'un que de l'autre.

L'eau expulsée de la place qu'occupe le navire, pèse autant que le reste du navire qui la chasse.

•◆•

Les eaux de courant et de pente équivalents qui se meuvent en sens contraire, se pénètrent et se traversent sans se détourner de leur cours mutuel. *[ca. 1494] H, 69 (21) v.*

•◆•

L'eau qui se meut contre une eau immobile attaque et détruit sa rive. *[ca. 1494] H, 70 (22) r.*

L'eau animée d'un plus grand mouvement, pénètre et traverse le mouvement moindre d'une autre eau, tout de même que l'air.

•◆•

La ligne suivie par le cours de l'eau après sa percussion, saute en arrière sous des angles égaux. *[ca. 1494] H, 71 (23) r.*

•◆•

Plus l'eau est loin de son lit, plus libre sera son mouvement naturel. *[ca. 1494] H, 72 (24) r.*

•◆•

Où le courant est plus fort, le galet est plus gros. *[ca. 1494] H, 74 (26) v.*

Tout galet détaché tournera obliquement son côté le plus large contre le cours de l'eau.

•◆•

Les choses légères se rassemblent au centre des tourbillons, au fond. *[ca. 1494] H, 75 (27) r.*

•◆•

Toute portion d'eau aspire à ce que ses parties soient, comme l'élément entier, équidistantes de son centre. *[ca. 1494] H, 76 (28) r.*

•◆•

L'eau qui coule près du lit du fleuve, entre les rives, sera plus lente que le reste, en raison des percussions des tourbillons. *[ca. 1494] H, 77 (29) v.*

•◆•

[Erreur relative à l'achat de l'eau.]

[ca. 1494]
H, 78 (30) r.

Toi qui achètes l'eau à l'once, sache que tu risques de te tromper grandement. En effet, si tu prends une once d'eau stagnante et une once d'eau courante, contre le trou de ton once, une once de la surface, une du fond, une en travers du courant

Le mouvement naturel s'accélère, dans la mesure où il se sépare de sa cause.

[ca. 1494]
H, 79 (31) v.

La roue de l'eau tourne mieux quand l'eau qui la meut ne bondit pas en arrière après la percussion.

Le choc aura d'autant plus de force que le mouvement qui le provoque est plus droit et plus long.

[Sable et eau.]

[ca. 1494]
H, 80 (32) r.

Tous les creux des sillons visibles dans le sable seront entre des angles égaux, suivant le mouvement de l'eau.

DU SABLE

[ca. 1494]
H, 81 (33) r.

L'onde est moins inclinée et de mouvement plus lent dans sa montée que dans sa descente.

[ca. 1494]
H, 81 (33) v.
et 82 (34) r.

La surface de l'eau des fleuves aspire à être équidistante du centre ; en sautant, elle exerce une pesée vers le bas et use le fond, parce qu'elle s'épaissit en raison de ses croisements, et augmente de poids en entrant dans l'air ; dès lors elle tombe et crève le fond.

[ca. 1494]
H, 82 (34) r.

Dans l'eau immobile, les feuilles qui flottaient en toutes ses parties se déposent au fond.

[ca. 1494]
H, 82 (34) v.

Les contre-courants formés au milieu de la largeur de la chute d'eau sont entre le saut de l'eau et les rives.

⁂

Les contre-courants de l'eau après sa chute, sont entre la surface et le fond, entre les parties supérieure et inférieure. *[ca. 1494] H, 83 (35) r.*

⁂

Si les lits de deux canaux ont même largeur et pente et contiennent un égal volume d'eau, et que l'un soit réduit en son milieu aux deux tiers de sa largeur, alors que l'autre est de largeur uniforme, je demande lequel déversera plus d'eau. *[ca. 1494] H, 83 (35) v.*

L'eau qui tombe dans une autre heurte son lit, puis s'élève en l'air au-dessus de la surface générale, après quoi elle retombe et ses bonds vont diminuant.

⁂

Les lignes de l'eau qui bondit après la percussion seront non point droites mais courbes. *[ca. 1494] H, 84 (36) r.*

⁂

Un canal droit, de profondeur et obliquité égales, creusera en peu de temps une concavité plus profonde en son milieu que près de la rive. *[ca. 1494] H, 84 (36) v.*

Au milieu des canaux droits, l'eau coule plus vite que sur les côtés.

À hauteur égale, l'eau est plus légère là où elle a plus de mouvement.

L'eau qui a été resserrée défoncera la rive et le lit après sa chute.

⁂

[Dessin.]

Tout canal de déclivité, profondeur et largeur uniformes, circonscrit en un certain espace, défoncera son lit et sa rive, une fois dépassée cette zone de limitation. *[ca. 1494] H, 85 (37) r.*

En effet, où l'eau est enfermée, elle s'élève derrière sa barrière, et le lieu étroit dépassé, se presse furieusement ; en descendant, elle rencontre plus bas l'eau immobile et ainsi subit un arrêt. Après quoi, elle suit la ligne de sa descente, va au fond qu'elle affouille, revient par un mouvement circulaire vers les rives, et en les érodant du bas, les fait crouler, comme le montre le dessin ci-dessus.

⁂

[Dessin.]

[ca. 1494]
H, 85 (37) v.

L'eau de dessous obéit moins à son cours naturel que celle de dessus.

La raison en est, qu'aucun poids n'alourdissant l'eau qui confine à l'air, elle suit simplement et sans restriction son cours naturel *c d*.

Celle du dessous, chargée et pressée, se comporte ainsi qu'il est montré en *a b*. Note que comme elle forme un angle en *a* et au-dessus en *c*, elle ne peut suivre qu'une ligne courbe.

Toutes les eaux, à quelque distance au-dessous de la surface, se croisent après leur percussion.

⁂

[ca. 1494]
H, 87 (39) r.

L'eau qui dépasse sa largeur et la profondeur générales des fleuves rebroussera son cours.

Les eaux d'égale largeur et de profondeur inégale auront le même mouvement à leur surface.

Parmi les courants d'eau de pente égale, le plus droit sera le plus rapide.

⁂

[ca. 1494]
H, 87 (39) v.

L'eau dont la profondeur et la largeur dépassent la largeur et la profondeur générales du fleuve, se dirigera en sens contraire de son premier cours.

⁂

[Méthode.]

[ca. 1494]
H, 90 (42) r.

En discourant sur l'eau, qu'il te souvienne d'invoquer d'abord l'expérience, ensuite le raisonnement.

⁂

[ca. 1494]
H, 92 (44) v.

De cours d'eau égaux en longueur, largeur et déclivité, le plus rapide sera le plus profond.

⁂

Tous les mouvements des cours d'eau de mêmes profondeur et déclivité seront plus rapides à la surface qu'au fond, et davantage au centre que sur les côtés. *[ca. 1494] H, 93 (45) r.*

⁂

L'eau, humeur vitale de la machine terrestre, se meut en vertu de sa propre chaleur naturelle. *[ca. 1494] H, 95 (47 v.) r.*

⁂

[La circulation de l'eau.]

L'eau que la force de son moteur pousse des bas-fonds de la mer jusqu'aux cimes altières des monts, y trouve les veines tranchées, s'y précipite et par le plus court chemin elle retourne aux profondeurs marines, puis de nouveau s'élève par les ramifications de ses veines – pour retomber encore ; et ainsi, allant et venant, tantôt haute et tantôt basse, dedans, dehors, elle tourne par mouvement naturel ou accidentel, à la manière d'une vis, tandis que l'eau qui se déverse par ses rameaux tranchés et retombe sur elle-même, remonte par ses conduits et s'en retourne aux mêmes points de descente. *[ca. 1494] H, 101 (42) r. et v.*

⁂

Où trois courants d'eau se rencontrent, une subite profondeur se créera, car ils montent et acquièrent poids, puis mouvement et force, et ce mouvement se brise en heurtant le fond. *[ca. 1497] I, 61 (13) v.*

⁂

[De la chute d'un fleuve.]

Si le fond du fleuve d'où l'eau se précipite est creux en son milieu, l'eau qui se meut sur les côtés et se dirige vers ce milieu s'élèvera avant de tomber. *[ca. 1497] I, 62 (14) r.*

Si le fleuve en coulant heurte un écueil, il fera un bond en l'air et l'endroit qu'il percute dans sa chute sera de la nature du puits.

⁂

Si l'écueil dans un fleuve dépasse et divise le cours de l'eau qui se rejoint au-delà de lui, l'intervalle entre le rocher et la jonction de l'eau formera l'emplacement où se déposera le sable. *[ca. 1497] I, 67 (19) v.*

Mais les eaux courantes ne recouvrent l'écueil qui les divise que seulement en ses parties les plus basses ; l'eau qui passe au-dessus tombera derrière lui, en formant à son pied un creux qu'elle fera tournoyer ; et l'eau qui tombe à pic dans cet enfoncement tourbillonne au-dessus et au-dessous, car la jonction des deux courants – d'abord divisés par l'écueil – ne lui permet pas de poursuivre tout de suite son voyage.

[ca. 1497]
I, 68 (20) r.

Tout mouvement naturel et continu désire maintenir sa course suivant sa ligne initiale, c'est-à-dire, quels que soient ses changements de situation, il procède de son principe.

Ce mouvement se produit dans les cours des fleuves qui attaquent et détruisent toujours tout ce qui s'oppose à la rectitude de leur cours.

Mais si ces fleuves étaient rectilignes, et d'égales largeur, profondeur et pente, tu trouverais qu'à chaque degré de mouvement, ils acquièrent des degrés de vitesse.

En conséquence, tout changement, toute différence d'obliquité s'accompagne d'une différence de leur cours ; et où la largeur est moins inégale, ils deviennent plus profonds ; et étant donné une obliquité égale, là où ils s'élargissent davantage ils se font plus lents. Voilà pourquoi les eaux qui tendent vers un cours droit et à l'accélération de leur vitesse à chaque degré de mouvement, quand elles trouvent les endroits traversés plus larges et plus profonds, ralentissent et rompent le lit ou la rive.

L'EAU ET L'AIR

[ca. 1497]
I, 68 (20) v.

Le mouvement de rebond de l'eau est plus rapide que celui de la percussion, quand l'eau qui la frappe est très mélangée d'air.

[ca. 1497]
I, 68 (20) v. et 69 (21) r. et v.

Car l'air est susceptible de compression, et plus il se comprime, plus il pèse dans l'autre air ; et plus son poids est grand, plus grande sa percussion contre son objet, comme on le voit avec les vents contraints de passer d'un large espace à une étroite gorge montagneuse ; s'ils n'avaient point d'issue au-dessus d'eux, ils ne pourraient combler les intervalles des choses qui leur font face ; mais les grands espaces qui séparent les monts leur rendent facile la fuite par le haut [...] volontiers par en bas, et le vent fuit aisément vers la hauteur. Souviens-toi qu'en Gaule, Auguste fit un vœu au vent Cirrius, parce qu'un coup d'air de ce genre lui avait fait perdre son armée ; et aux lieux mêmes, il construisit un temple.

L'eau bondira beaucoup plus haut qu'elle n'est tombée, en raison du violent mouvement de l'air enfermé dans les bulles, qui ensuite s'élève et nage en grelots à la surface. *[ca. 1497] I, 69 (21) v.*

Revenue au lieu de la percussion, elle est de nouveau submergée par le coup, en sorte que l'air se trouve capté entre l'eau qui le chasse vers le bas et celle qui le rencontre. Comprimé avec cette fureur et violence, il rompt soudain l'eau qui lui sert de couvercle ; et comme du nuage la foudre, cet air en jaillit, emportant avec lui une partie de l'eau[1] qui d'abord le recouvrait.

[Eau dans des canaux.]

Quand l'eau s'élargit au passage de quelque partie d'un canal étroit, elle devient aussitôt plus basse et plus rapide, parce qu'elle a trouvé une pente où se mouvoir fortement. Elle suit sa course et se dirigeant vers la base de sa digue, elle la frappe. *[ca. 1497] I, 70 (22) r.*

Après quoi elle remonte en tournoyant, s'en va creuser les soubassements de la base jusqu'au moment de revenir en haut. Et cet affouillement est en forme de carène de navire, étroit en son commencement et à sa fin, profond et large en son milieu.

[Tourbillons.]

C'est ici, au milieu des plus hauts tourbillons que naissent les bulles ou ressauts de l'eau. Et l'on se demande si le mouvement du tourbillon naît de ce qu'il court vers la percussion de l'eau – plus basse qu'en toute autre partie avoisinante ; *[ca. 1497] I, 71 (23) r.*

1. Ms. : *aria.*

ou parce que la poussée liquide au centre de la largeur de la surface, en frappant les autres eaux, les élève et forme une saillie avec elles, pour s'en retourner à son entrée dans la nappe liquide. Ou si l'eau frappée et pressée par les autres eaux dans son courant, jaillit et rebondit en arrière vers l'endroit d'où vient le courant ?

·◆·

COMMENCEMENT DU LIVRE DE L'EAU

[ca. 1497]
I, 72 (24) r. et v.

Le vocable haute mer[1], désigne une étendue vaste et profonde où les eaux n'ont pas grand mouvement. Le tourbillon[2] est de la nature de la haute mer, sauf que les eaux entrent dans la haute mer sans percussions alors que celles du tourbillon sont faites de grands bouillonnements, chutes et jaillissements, dus aux continuelles révolutions des eaux. Le fleuve[3] occupe la partie la plus basse des vallées et son flot est continu.

Le torrent ne coule qu'avec les pluies, il chemine également dans les parties basses des vallées, et rejoint les fleuves.

On appelle canal les eaux circonscrites entre leurs rives avec l'aide de l'homme. Sources[4] est le nom donné aux lieux de naissance des fleuves. Berge, digue[5] est ce qui, par sa hauteur abrupte, s'oppose à l'élargissement des fleuves, canaux et torrents. La falaise[6] est plus haute que la berge ; la rive[7] est plus basse que la berge. La plage[8] est l'un des lieux les plus bas, à la limite des eaux. Dans le lac[9], les eaux des fleuves s'étalent largement. Les marais[10] sont les eaux stagnantes, les grottes[11], des cavités que les fleuves forment dans les rives ; leur longueur suit la ligne de l'eau et elles ont une certaine profondeur ; elles s'enfoncent sous les soubassements de la rive et perdent leur forme en approchant de leur terme. Les

1. Ms. : *pelago.*
2. Ms. : *gorgo.*
3. Ms. : *fiume.*
4. Ms. : *fonti.*
5. Ms. : *argine.*
6. Ms. : *ripa.*
7. Ms. : *riva.*
8. Ms. : *spiaggia.*
9. Ms. : *lago.*
10. Ms. : *paludi.*
11. Ms. : *grotte.*

cavernes sont en figure de fours et s'enfoncent très loin au-dessous de la rive ; leurs eaux qui tourbillonnent avec violence augmentent sans cesse leur dimension.

Les puits[1] sont les soudaines profondeurs des fleuves ; les étangs[2], le refuge des eaux provenant des crues ou des tempêtes, que leurs lits, fermes et épais, ne peuvent absorber ni dessécher. Les gouffres[3] sont aussi les endroits où l'eau brusquement devient profonde ; les orages[4] sont les tempêtes d'eau. Les bouillonnements et jaillissements[5] se voient à la naissance des eaux ; mais le mouvement des premiers va de bas en haut et celui des derniers, chus de quelque grotte, est uniquement transversal. Submersion[6] s'entend des choses qui pénètrent sous l'eau ; l'intersection des eaux[7] a lieu quand un fleuve coupe l'autre[8].

•◆•

Quand le cours général des fleuves se resserre à leur sortie des vallées et à leur entrée dans les défilés montagneux, l'eau s'engouffrera dans sa partie large ; elle aura grande descente et grand mouvement, en raison de ce resserrement des montagnes ; et passé le milieu du goulot, elle formera un grand creux ; puis, ayant pénétré de nouveau dans la partie large, sa profondeur décroîtra en proportion exacte de l'accroissement de cette partie large, en sorte que le cours des eaux deviendra égal. *[ca. 1497] I, 74 (26) v. et 75 (27) r.*

La profondeur fera défaut après le saut des eaux, parce que le gravier le comblera au-dessous de la grande élévation de leur saut.

La chute est-elle de même largeur que le fleuve, l'eau qui percute le fond rebondira vers le haut puis retombera par chaque ligne qui part du centre du jaillissement ; et plus ces lignes s'en éloignent dans leur descente, plus elles vont s'élargissant. Une partie est mue par le courant ; il lui faut donc opérer trois mouvements, dont chacun sape considérablement la rive à sa base.

1. Ms. : *pozzi.*
2. Ms. : *stagni.*
3. Ms. : *baratri.*
4. Ms. : *procelle.*
5. Ms. : *polulamenti et surgimenti.*
6. Ms. : *sommergere.*
7. Ms. : *intersegatione d'acque.*
8. Ici figure une liste de mots descriptifs du mouvement des eaux.

Celle qui descend du sommet de la masse jaillissante se jette vers le fond, et la descente se faisant obliquement, elle acquiert un mouvement qui la dirige vers le lit. Et la descente suivant en partie le cours général du fleuve, la masse houleuse tombe avec un triple mouvement descendant, dont l'un vers le bas, l'autre vers la rive, le troisième selon le sens du fleuve. Tous les trois usent la rive à sa base, en raison du grand déplacement qu'a provoqué une impulsion aussi considérable. Car si le fleuve rasait la côte sur un long parcours, il risquerait de rencontrer quelque pierre, qui, en un endroit, pourrait protéger une partie de la rive adjacente ; mais ce mouvement descend vers le fond, s'avance vers la rive, et s'abaisse vers le courant ; de sorte que chaque pierre supporte le choc de trois mouvements distincts, et sur trois côtés différents.

D'où il s'ensuit que si le sol est friable, il s'effritera en peu de temps.

[Du mouvement de l'eau. Bulles.]

[ca. 1497]
I, 76 (28) v.

Lorsqu'on voit des montagnes s'élever dans les eaux courantes et surgir sous forme de bulles, c'est l'indice d'une grande profondeur, et ces bulles en jaillissent après la percussion de l'eau sur le fond ; et grâce à la vitesse de son rebond, elle transperce et pénètre l'autre eau, puis retourne à la surface du courant et le traverse en s'élevant de la sorte. Après quoi, ayant acquis du poids, elle perd son impulsion première et retombant par chaque ligne autour de son centre, elle retourne vers son lit.

COURANTS

[ca. 1497]
I, 77 (29) r. et v.

Des variations que subit le cours de l'eau selon que ses côtés frappent une grève, une rive, ou une autre eau, c'est-à-dire traversent obliquement une eau stagnante ou courante.

Il faut également noter les différences que présentent les fleuves qui débouchent sur des lits de natures diverses, pierre ou terre, tuf ou argile, sable ou limon, eau stagnante ou courante, soit en travers ou obliquement, soit de face, ou selon la même ligne que l'eau elle-même, c'est-à-dire la ligne du même courant, mais toutefois plus lente ou plus rapide que celle qu'elle frappe, ou plus horizontale, ou plus oblique.

DES REMOUS

On demande pourquoi la percussion de l'eau dans l'eau provoque des lignes de mouvements circulaires et des remous, et pourquoi son bond n'est point droit comme cet autre qui bat ses berges et ses digues.

Pourquoi les bulles ne sont point continues quand les chutes d'eau le sont :

La raison en est que l'eau qui coule au-dessus, après être tombée, est plus rapide que celle du dessous ; et quand l'inférieure se précipite dans quelque gouffre, elle remonte à la surface avec un élan presque semblable ; parfois elle subjugue et domine l'eau qui coule au-dessus, et parfois lui est soumise.

Ainsi, la puissance de mouvement s'équilibrant, elles triomphent alternativement.

•◆•

[ca. 1497]
I, 78 (30) r. et v. et 79 (31) r.

Les choses plus légères que l'eau suivent non point son rebond et son intersection, mais le milieu des courants, ou passent aux endroits proches de la naissance des courants. Ces choses ne peuvent être empêchées que par une pression égale ; en effet, si la vague droite du rebond rencontre la gauche – et qu'elles soient d'égale puissance –, l'eau située à leur point de percussion sera forcément rejetée en arrière, avec un ressaut égal.

En conséquence, les choses qui en cet endroit se meuvent sur l'eau n'étant point poussées davantage par une percussion que par l'autre, elles se maintiennent dans une même ligne du courant. Mais si l'une des forces de l'onde l'emporte à cause de la rapidité de son courant, il ne s'ensuit pas que cette force provient d'une plus grande quantité d'eau, car le fait qu'une eau soit beaucoup moins épaisse que l'autre importerait peu. En effet, supposons qu'une eau d'un volume inférieur au double de l'autre acquière le double de sa vitesse ; comme ces eaux qui se heurtent sont d'égale grandeur à leur point de contact – ainsi que je l'ai prouvé dans la troisième [proposition] du cinquième [discours] –, la plus grande étant d'une brasse carrée et la moindre d'une demi-brasse, celle-ci ne frappe que la moitié de la plus grande, et de même la plus grande frappe la plus petite avec sa moitié, en sorte que les contacts résultant des percussions sont égaux en quantité, mais inégaux en ce que la puissance est double, la vitesse de l'une étant double de l'autre.

DES TOURBILLONS

Nombreux sont les tourbillons qui ont en leur milieu un grand courant d'eau, et plus ils se rapprochent du terme du courant plus ils s'accroissent. Ils sont créés à la surface par les eaux qui retournent en arrière – après la percussion dans le courant le plus rapide – car leurs parties antérieures, qui sont lentes, acquièrent soudain cette même vitesse quand les atteint le mouvement rapide.

Dès lors, l'eau en contact avec elles par-derrière est cohérente, tirée par force et arrachée de l'autre, de sorte qu'elle tournoierait tout entière successivement, une [onde] suivant l'autre, avec égale rapidité – si ce n'est que le courant, au début, ne peut la recevoir, à moins qu'elle ne s'élève au-dessus de lui ; et comme cela ne se peut, il lui faut nécessairement retourner en arrière et épuiser en elle-même ces mouvements rapides.

Dès lors, les tourbillons vont en diverses révolutions, épuisant l'élan commencé. Ils ne demeurent point en la même position, mais une fois créés, ils tournoient et, portés par l'impulsion des eaux, tout en gardant leur forme ils exécutent deux mouvements ; le premier s'opère en soi, de sa propre révolution, le second en suivant le cours de l'eau qui l'emporte cependant qu'elle le détruit.

[Air et eau.]

[ca. 1497]
I, 80 (32) v.

Quand l'eau, d'un léger mouvement, enferme un peu au-dessous de sa surface l'air submergé avec elle, elle rejaillit avec un faible élan, entraînant une pellicule liquide de poids égal à cet air, qui jaillit en forme de demi-sphère.

Mais si l'air est submergé impétueusement, il jaillit avec fureur hors de l'eau, en raison de la longueur du mouvement qu'il a effectué dessous ; et pressé par son poids, il bondit, son élan crève la surface et il court tout droit comme le vent qui sort du soufflet se déverse dans l'air ; voilà pourquoi il ne reste point comme le premier, à flotter sur l'eau, prisonnier de sa surface.

•◆•

Comment l'air entier qui rebondit avec l'eau ne demeure point à la surface, mais, en raison de son impulsion, se replonge parmi les révolutions des eaux. *[ca. 1497] I, 81 (33) r.*

Comment les mouvements des eaux parmi d'autres eaux ne sont pas obligés de suivre une ligne droite plutôt que courbe ; et comment, après avoir rejailli à leur gré, elles ne sont pas contraintes au repos ; mais pour regagner un lieu bas, et par un mouvement de circonvolution, elles suivent le cours du fleuve, jusqu'à ce qu'elles se soient déchargées de l'air enclos en elles à la surface de la nappe liquide.

•◆•

[De l'eau coulant dans l'eau.]

COUDE DU COURANT

Si l'entrée de l'eau dans la nappe liquide[1] est de forme circulaire, la concavité de sa base sera en demi-lune, et recevra le gravier à l'intérieur de son cercle ou entre les deux cornes de cette figure. *[ca. 1497] I, 81 (33) v.*

À supposer que le courant fasse un coude, je demande s'il formera un creux au fond, au milieu ou au-dessus ; et de même pour les bonds consécutifs contre la rive des fleuves, le lit étant de matière homogène ; et, quant à la rive, où elle s'élève, où elle s'appuie, et les méthodes pour la réparer.

•◆•

[De l'eau qui tombe.]

Je demande quelle forme prend l'eau suivant les différentes inclinaisons de sa descente, en chacune de ses chutes, et quelle forme aura la concavité quand l'eau frappe un lit de matière homogène ; et quelle sera la forme du gravier abandonné après chacune de ces percussions, et le moyen de remédier aux dégâts. *[ca. 1497] I, 82 (34) r.*

1. Ms. : *pelago.*

·◆·

COMMENT RENDRE RECTILIGNES LES FLEUVES DONT LE COURS EST LENT

[ca. 1497]
I, 82 (34) v.

Plus le fleuve est rectiligne, plus sa course sera rapide, et plus fortement il rongera et usera la rive et son lit ; il est donc nécessaire, soit d'élargir considérablement ces fleuves, soit de les dévier par force méandres et détours, ou de les ramifier.

Et si le fleuve, par ses méandres et détours, devient lent et marécageux en raison de ses sinuosités, il te faudra le rendre rectiligne, de façon que les eaux acquièrent un mouvement suffisant et n'endommagent point les rives ou les digues ; et s'il a de la profondeur près d'une digue, tu devras combler cet endroit avec des gabions, des fascines et du gravier, afin que le mouvement sous la digue ne la creuse point, et que le fleuve, en la faisant s'ébouler, ne puisse ensuite pratiquer un coude dans tes terres ou ta villa et y diriger son cours.

·◆·

[De la terre que charrie l'eau.]

[ca. 1497]
I, 83 (35) r.

Quand l'eau des crues trouve un endroit propice à son écoulement, elle commence, par une faible inondation, à détacher et emporter les choses les plus légères, qu'elle dépose là où son cours s'affaiblit ; puis, à mesure qu'elle croît, elle entraîne les plus lourdes, tel le sable, les entasse sur les précédentes et les y laisse ; et même si elle n'augmente pas, peu à peu, par le fait de sa continuité, elle emporte les choses qui sont sur son parcours ; mais comme en raison de leur poids, elle ne peut les conduire aussi loin que les premières, plus légères, elle abandonne les plus lourdes à proximité du point où elle les a prises.

Comment restituer la terre aux endroits que les cours des eaux ont mis à découvert ou dépouillés – colline, montagne, ou lieu sablonneux.

Contre les pluies, ou en vue de fournir une issue aux autres eaux, il faudra construire des canaux ou bouches de fleuve, pour les endroits où leur courant est si grand que la terre charriée risque de les troubler et de les modifier. Une fois arrivés à l'endroit où tu veux qu'ils déchargent de la terre, ces canaux aqueux seront divisés en nombreux petits rameaux pareils à des sillons ; et leur violence diminuant, ils redeviennent limpides.

⁂

[De l'eau courante.]

Quand le fleuve se resserre, la terre de son lit est arrachée et le sol n'en recouvre plus les pierres ou le tuf. *[ca. 1497] I, 83 (35) v.*

Où le fleuve s'élargit, les petites pierres et le sable se déposeront. Où il s'élargit beaucoup, se déposeront limon, vase, fétus de bois, et autres choses légères. Où plusieurs courants concourent, une concavité navigable se formera aussitôt. Où les eaux se séparent, le sable et la vase se déposeront et le lit s'élèvera en forme d'une moitié de carène renversée.

Sous les rebonds de l'eau, des tas de sable ou de pierres se formeront. Ce qui se trouve au-dessous des rebonds s'élèvera à la suite des percussions.

Où l'eau trouve un fond plus haut, formant obstacle au-dessous d'elle, elle engendre une onde plus grande et plus haute, et ensuite creuse une cavité plus profonde.

⁂

Où tu trouves beaucoup de sable, tu finiras par trouver, soit devant, soit derrière, du gravier ou du tuf à nu. *[ca. 1497] I, 84 (36) r.*

Les eaux qui se rencontrent se déchargent de leur sable, car à leur conjonction, rien ne saurait demeurer qui résiste au courant ainsi renforcé. Les ondes légères laissent tomber leur sable sur les côtés du courant, et à mesure que ce dernier se ralentit, le sable couvre le gravier.

Parfois les crues peu considérables emportent des plaines les branches feuillues et les déposent par petits mouvements et quand elles augmentent en force, elles entassent du sable aux bords de ces branches ; puis s'accroissant encore, y accumulent du gravier et de hautes et grosses pierres.

⁂

[Les rebonds de l'eau.]

Les rebonds que produit la percussion d'une eau tombant sur une autre ne s'effectuent pas entre les angles égaux de sa percussion, mais bondissent à la surface par la voie la plus brève, à travers l'air submergé conjointement avec l'eau. *[ca. 1497] I, 84 (36) v.*

⁂

[ca. 1497]
I, 87 (39) r.

Une pierre jetée dans une eau tranquille formera des cercles équidistants de leur centre ; mais dans un fleuve en mouvement, les cercles s'allongeront, deviendront presque elliptiques, et s'écartant, ainsi que leur centre, du point où il fut tout d'abord créé, ils suivront le cours du [fleuve].

⁂

DES ONDES

[ca. 1497]
I, 87 (39) v.
et 88 (40) r. et v.

Les ondes sont de [douze] sortes ; la première se produit à la partie supérieure des eaux ; la deuxième, au-dessus et au-dessous, par un même chemin ; la troisième, au-dessus et au-dessous par des chemins contraires, et non au milieu ; la quatrième est telle que de son centre jusqu'en haut, elle suit une direction unique, et depuis le centre jusqu'au bas un mouvement inverse ; la cinquième coule vers le bas et non vers le haut ; la sixième coule vers le bas, et elle a un mouvement contraire en haut ; la septième est celle des eaux submergées au moyen d'une source qui s'enfonce dans le sol ; la huitième, celle des submersions consécutives à des tourbillons étroits du haut et larges du bas ; la neuvième, celle des tourbillons larges à leur surface et étroits à leur base ; la dixième, celle des tourbillons cylindriques ; la onzième, des tourbillons qui s'infléchiront en courbes régulières[1], la douzième, des tourbillons obliques. Indique ici toutes les ondes réunies, tous les mouvements séparément, et chaque tourbillon isolé. Ordonne ainsi les séries distinctes l'une de l'autre. De même les rebonds ; de combien de sortes différentes ils se composent, et aussi les chutes d'eau. Note les différences entre les eaux troubles ou limpides, dans leurs mouvements et percussions ; et de même pour les eaux violentes et les paresseuses ; les eaux grosses et les peu profondes, celles qui roulent entre la fureur des fleuves encaissés et celles qui ont un large cours ; et celles qui coulent sur des pierres, grandes ou petites, ou du sable, ou du tuf ; et les eaux qui tombent de haut et frappent les pierres avec des sauts et des bonds variés ; et celles qui tombent tout droit, touchent un lit plan et s'y posent ; et celles qui tombent seules

1. Ms. : « *de qual nacuita* ».

d'une grande hauteur à travers l'air ; et celles qui dans l'air tombent rondes ou minces, ou larges, ou séparées ou réunies. Ensuite, inscris la nature des percussions : à la surface, au centre et au fond, leurs différentes inclinaisons et les diverses natures et formes des objets.

Et si tu mets en mouvement une nappe d'eau en ouvrant ses écluses soit du haut, soit du milieu, soit du bas, montre les différences qui se produisent selon qu'elle tombe ou se meut à la surface et quel effet elle provoque quand sa chute l'enfonce dans le sol, ou en eau stagnante ; et comment l'eau mue en premier se maintient dans un canal plan ou inégal, et comment elle engendre subitement des remous avec leurs replis, ainsi qu'on voit aux bassins de Milan ; et la nature du soudain élan des fleuves et aussi de ceux qui s'accroissent petit à petit ; des eaux qui pendant les grandes crues ne peuvent passer sous les arches des ponts qui les enjambent ; et comment l'élan de l'eau qui coule sous ces arches s'accroît parce qu'un grand poids est au-dessus d'elle.

[Les eaux des moulins.]

Je demande : si l'impulsion des eaux qui actionne les moulins crée une protubérance – en travers, au-dessus ou au-dessous – près du lieu de percussion, cette percussion aura-t-elle la même force que si l'eau coule en ligne droite ? *[ca. 1497] I, 89 (41) r.*

DE L'EAU

Les fleuves droits coulent avec une impulsion bien plus grande au milieu de leur largeur que latéralement. *[ca. 1497] I, 105 (57) v. et 106 (58) r.*

Lorsque l'eau a frappé les rives avec une percussion égale et qu'elle se heurte à une partie du fleuve plus étroite, elle bondira vers le milieu, et ces ondes entre elles formeront un nouveau choc ; elles reviendront vers les rives avec égalité ; et cette eau de forme conique, insérée entre la première percussion sur la rive et la seconde au centre du courant, ralentira à sa base et sera rapide à sa crête. Ayant frappé le fond, les ondes monteront ensuite également, à la hauteur de l'intersection ; mais toujours celle du centre sera plus rapide que celle qui bondit en arrière.

L'eau qui se meut le long d'un fleuve uniformément large et sur un lit égal, aura autant d'épaisseurs différentes qu'aura d'obliquités différentes le fond où elle coule, et dans la mesure où elle est plus rapide en un lieu qu'en un autre, elle sera moins profonde.

DU MOUVEMENT

[ca. 1497] I, 108 (60) v. et 109 (61) r.

L'eau qui tombe d'une toise ne regagnera jamais sa hauteur, sauf en gouttelettes qui s'élèveront bien davantage, le ressaut étant beaucoup plus rapide que la descente. En effet, l'eau qui tombe entraîne avec elle une grande quantité d'air ; après avoir percuté l'[autre] eau, elle rebondit à sa surface avec une force presque aussi rapide que la descente ; mais point tout à fait, pour la raison alléguée dans la deuxième [proposition] du septième [discours], où il est dit que jamais le rebond ne sera aussi rapide que la descente de la matière qui rebondit ; ou « le rebond consécutif n'égalera jamais le saut qui le précède ». En conséquence, le rebond de l'eau part du fond qui le détermine avec une vitesse presque égale à celle de la descente qui l'engendra ; en outre, une seconde vitesse s'y ajoute, qui augmente le mouvement et qui dérive de l'air submergé par la chute de l'eau. Cet air, revêtu de liquide, saute avec furie et retourne vers son élément, tel le vent chassé par le soufflet, en emportant avec lui le reste de l'eau qui se trouve près de la surface, et ainsi accru, la fait bondir bien plus haut que ne l'exige sa nature.

[ca. 1497] I, 114 (66) r.

Plus la vague circulaire s'éloigne de sa cause, plus elle se ralentit.

[Rencontre de deux cours d'eau.]

[ca. 1497] I, 114 (66) v.

Si les cours de deux lignes d'eau qui se croisent au milieu ou en une partie de leurs lits s'interpénètrent ou se superposent, chacun fait-il un bond en arrière après la percussion ? Ils rebondissent, certainement, attendu qu'il est impossible à deux corps de se traverser mutuellement.

Mais, après leur choc, les deux corps s'élargiront à leur

point de contact et reculeront à égale distance du centre de la percussion. L'eau qui se dirige vers le haut suit sa nature, et l'autre qui est au-dessous du centre de la percussion et ne peut réaliser son désir de descendre accroît celle du dessus.

EXPÉRIENCE DES REBONDS DE L'EAU EN UN CONDUIT D'ÉGAL NIVEAU

Construis un côté du conduit en verre et le reste en bois ; ajoute à l'eau qui le frappe du mil ou des débris de papyrus. Leurs mouvements permettront de mieux discerner son cours. Quand tu auras fait l'expérience de ces rebonds, emplis le lit de sable mêlé de menu gravier ; aplanis-le, fais-y rebondir l'eau ; et observe à quel endroit elle monte, et où elle se pose. *[ca. 1497] I, 115 (67) r.*

Du côté qui est en bois, fais avec de la vase, la rive. Observe ses effets à travers le verre, et recommence en eau courante.

[Mouvements de l'eau.]

Si l'eau était modérée[1] autant que continue, son mouvement entre les extrêmes élévations et dépressions de ses ondes serait inégal. *[ca. 1497] I, 115 (67) v. et 116 (68) r.*

En effet, la partie qui monte acquiert des degrés de lenteur à chaque degré de mouvement, de sorte que sa plus grande élévation correspond à sa plus extrême lenteur.

Pour descendre, elle acquiert des degrés de vitesse à chaque degré de mouvement, si bien que son plus grand abaissement correspond au plus grand mouvement. Voilà pourquoi la résistance finale de sa descente reçoit le choc alors qu'à sa plus grande élévation elle ne subit aucun dommage.

Mais si la quantité est continue : la quantité continue a des mouvements égaux quand son fleuve est de dimension et profondeur égales, attendu que [l'eau] formant un tout, il est nécessaire que toutes les parties dont se compose son mouvement tirent et soient tirées, poussent et soient poussées, chassent et soient chassées, et que ce soit par égal mouvement

1. Ms. : *disscreta.*

et puissance, sinon l'eau se multiplierait davantage là où elle est plus lente, et ferait défaut là où elle a plus de mouvement.

⁂

[ca. 1497]
I, 116 (68) v.

Où l'eau se divise, elle monte ; après quoi, en retombant, elle renforce son cours à cause de sa descente accrue.

Où les eaux se rejoignent, elles montent ; puis le mouvement qui s'ensuit se ralentit.

⁂

[ca. 1497]
I, 117 (69) r.

Quand dans les fleuves deux courants d'eau prennent naissance l'un loin de l'autre et convergent en un lieu où ils s'entrechoquent, ils s'élèvent après la percussion, et leur lit ne s'use guère, parce qu'ils s'en écartent. Puis ils retombent, se disjoignent, et dans leur chute le frappent et le creusent. Cette percussion qui bat le lit et l'affouille, y produit une profondeur et ceci a lieu dans les grands courants des fleuves.

⁂

[Hauteur et profondeur des ondes.]

DE LA CRÊTE DES VAGUES

[ca. 1497]
I, 117 (69) v.

Les vagues, quand elles montent, n'usent pas leur lit au-dessous d'elles ; elles ne le touchent que peu, conformément à la cinquième [proposition] du sixième [discours], où il est dit que toute chose pèse selon la ligne de son mouvement ; d'où nous pouvons conclure que cette onde qui se meut se dirige vers l'air qui fuit sa percussion et exerce sa pesée vers lui. Toutefois, si le frottement est léger, il n'aura pas assez de force pour user beaucoup le lit.

COMMENT LES ONDES ATTEIGNENT LEUR PLUS EXTRÊME PROFONDEUR

Quel que soit l'obstacle principal qui brise le cours rectiligne de l'eau, elle l'usera et le déplacera plus que tout autre.

Nous dirons donc que si l'air détruisait la rectitude de l'onde qui s'élève, le choc de l'eau aurait raison de lui. Mais l'air n'est point cause de la destruction de ce cours ; seule en est responsable la force qu'acquiert l'eau pour jaillir hors de son élément.

Si elle était en quantité modérée, elle s'attarderait dans cette position ; mais étant en quantité continue, la nécessité fait qu'une des eaux pousse et l'autre attire, par le fait qu'elles sont jointes.

⁂

Si l'eau se meut plus vite pendant l'affaissement de l'onde que pendant son élévation, et en quel point la vague s'attarde le plus. *[ca. 1497] I, 118 (70) r.*

L'eau qui se meut au cours de la formation des vagues aura même vitesse à son élévation qu'à son abaissement ; et il y en aura la même quantité au milieu de son extrême abaissement qu'à son extrême hauteur. Si elle n'était point de mouvement égal, elle n'aurait point profondeur ou largeur égales et si elle avait longueur et profondeur égales, mais non un mouvement égal, elle s'élèverait à une grande hauteur à l'endroit de son plus grand ralentissement.

⁂

L'eau coule plus rapidement aux flancs d'un écueil immergé que par-dessus et après l'avoir dépassé ; voilà pourquoi ses ondes se tordent dans leurs rebonds en traçant des demi-lunes à sa surface. *[ca. 1497] I, 123 (75) r.*

⁂

[Différentes sortes de rebonds de l'eau.]

Les rebonds des eaux sont de deux sortes, c'est-à-dire attribuables à deux causes ; l'une tient aux bosses du fond où l'eau coule ; l'autre aux parties de l'eau qui s'étant heurtées aux bossellements d'une des rives, rebondissent vers la rive opposée. Ces eaux, en se frappant, ressautent vers la rive d'en face, se pressent et se poussent sur la première onde qu'elles rencontrent, et, se gonflant, sautent vers le ciel ; chacune fuit également le lieu frappé, jusqu'à ce qu'une autre la refoule en arrière, puis une autre en avant. *[ca. 1497] I, 127 (79) v.*

Ainsi successivement, elles emplissent la surface des fleuves d'un dessin grillagé, en s'élevant sans cesse à l'endroit de la percussion.

⁂

[Règle relative aux rebonds. Expérience.]

[ca. 1497] I, 128 (80) r.

Je m'enquiers du rebond : le premier est-il de dix brasses, jusqu'où ira le second ? Teinte la balle, de façon qu'elle marque le point où elle frappera le marbre ou toute autre matière dure ; étudie successivement la position de chaque rebond et déduis la règle générale.

[ca. 1503-1505] K, 1 r.

Si tu jettes de la sciure de bois dans le cours d'un ruisseau, tu pourras observer à quel endroit l'eau refoulée, après avoir heurté les rives, rejette cette sciure de bois vers le centre du courant, et aussi les révolutions de l'eau, et à quel endroit une autre eau se joint à elle ou s'en sépare ; et mainte autre chose.

EAU ET NATURE

[ca. 1503-1505] K, 2 r.

L'eau est le voiturier de la nature, elle transforme le sol et entraîne vers [...] une grande partie [...] double.

FLEUVES

[ca. 1503-1505] K, 60 (11) v.

Mouvement simple : Nombreux sont les fleuves dont les eaux s'accroissent à chaque degré de mouvement, sans déperdition.

Mouvement simple : Nombreux sont ceux qui perdent sans jamais acquérir.

Mouvement composé : Et il en est un nombre considérable, qui acquièrent plus qu'ils ne perdent.

Mouvement composé : Et beaucoup perdent plus qu'ils n'acquièrent.

[ca. 1503-1505] K, 65 (18) r.

J'ai écrit de combien de manières l'eau creuse le fond, et de combien de manières elle y dépose de la terre. De même des rives : où elle les élève, où elle les forme, et de combien de façons diverses elle creuse la terre de ces rives, et les domaines qu'elle envahit pendant les crues, quand elle a débordé ses digues.

⁂

Les tourbillons d'eau se produisent toujours dans l'eau médiane. *[ca. 1506-1507] K, 93 (13) v.*

L'eau médiane est celle qui est au-dessus de la bouche de l'eau transversalement infléchie vers l'endroit où elle coule dans le canal.

L'eau médiane est entre l'eau qui tombe et celle qui est rejetée en arrière.

⁂

Si deux courants se rencontrent puis s'infléchissent ensemble, en une même fuite, l'eau médiane se trouvera, au-delà de cette fuite, sur le courant le moins puissant. *[ca. 1506-1507] K, 94 (14) r.*

La surface de l'eau qui s'infléchit en quittant la ligne droite de sa course pour aller vers l'issue latérale, sera toujours plus haute au milieu que sur les côtés.

⁂

De l'eau qui se déverse par un orifice de grandeur uniforme, au fond du réservoir, la partie la plus rapprochée de la paroi de l'orifice aura une hauteur et un mouvement plus grands que la partie latérale. *[ca. 1506-1507] K, 94 (14) v.*

⁂

Quand divers filets d'eau se déversent d'un réservoir dans un autre, celui-là sera plus haut au-dessus de son orifice, qui se déversera par un orifice moins large ; et la hauteur sera proportionnée à la largeur des orifices. *[ca. 1506-1507] K, 95 (15) r.*

⁂

Quand deux courants se rencontrent puis se jettent par le même conduit dans le lit d'un fleuve, des tourbillons s'y créent à droite et à gauche, et parfois ceux de droite et de gauche se réunissent. *[ca. 1506-1507] K, 96 (16) r.*

⁂

L'eau qui se meut dans un fleuve est soit sollicitée, soit chassée, ou se meut d'elle-même. *[ca. 1506-1507] K, 101 (21) v.*

Si elle est sollicitée – on pourrait dire, requise – qui la requiert ? Chassée, qui la chasse ? Se meut-elle toute seule, c'est donc qu'elle a le pouvoir de raisonner ; or, les corps soumis à un continuel changement de forme, ne sauraient posséder la faculté de raisonner, attendu qu'ils sont dépourvus de jugement.

FLEUVES ET RIVES

[ca. 1506-1507] K, 102 (22) v.

Toutes les rives des fleuves contre lesquelles vont battre les eaux, devront être d'autant plus obliques que la percussion de l'eau est plus grande.

Sur la rive qu'elle frappe, l'eau s'élève d'autant plus haut qu'elle la trouve plus oblique ; et plus grand est l'élan de sa descente qui la jette à la rive opposée.

[ca. 1506-1507] K, 103 (23) v.

Différence existant entre la percussion d'une même quantité d'eau, selon qu'elle tombe à travers l'air ou enfermée dans un conduit :

L'eau qui tombe en ligne perpendiculaire se fait aiguë à un degré quelconque de sa descente. Si c'est par un conduit, il reste vide, et alors l'air entre en conflit avec l'eau, comme il sera dit en son lieu. Tu n'oublieras pas de mentionner que la condensation de l'air entrave cette descente de l'eau dans le conduit.

[ca. 1506-1507] K, 104 (24) r.

Si les orifices servant à l'écoulement des eaux qui pénètrent dans un réservoir ou en sortent, sont égaux aux orifices de leurs entrées, et que la chute de l'entrée soit plus longue que celle de la sortie, l'entrée sera plus grande que l'issue jusqu'à ce que l'eau de la nappe s'élève ; après quoi, elles s'égaliseront.

[ca. 1506-1507] K, 104 (24) v.

Et si la chute de l'entrée est davantage sous la surface que la chute de l'issue, bien qu'elles soient de mêmes dimensions, l'entrée sera plus grande que l'issue jusqu'à égalité de puissance.

Mais en ce cas, si la sortie est plus longue à la surface que l'entrée, elle sera plus grande.

Quelle forme aura la même quantité d'eau qui se meut suivant une même obliquité, pour atteindre la plus grande vitesse ? *[ca. 1506-1507] K, 105 (25) r.*

Donne-lui la forme qui offre le moins de contact avec le fond, c'est-à-dire le demi-cercle.

L'eau sera plus rapide quand la partie qui tournoie en heurtant le fond et les côtés, est de moindre volume que le reste ; et c'est le plus grand fleuve.

[Rapport de la vague et du vent.]

[Diagramme.]

La vague s'accroît en raison de l'accroissement du vent. *[ca. 1506-1507] K, 106 (26) v.*

d b e f, le vent, frappe *e f*, l'eau, et la fait déborder ; *d a e c*, la seconde partie de ce même vent, trouve *c e* prêt à déborder, après être venu de *e f*, et arrive derrière lui avec toute sa puissance ; et doublant la puissance *t v e f*, rend ainsi la vague double.

Si la percussion de l'eau sur son objet est égale en puissance au poids de toute l'eau qui frappe lorsqu'elle se trouve dans l'air, ou non. *[ca. 1506-1507] K, 117 (37) r.*

Qu'est-ce qui est plus facile : lever l'écluse du moulin quand l'eau coule vers le haut, vers le bas ou de biais, ou quand l'eau est immobile ?

Quant aux vases d'égale largeur, dont l'un contient deux fois plus d'eau que l'autre, et qui se vident par des trous pratiqués en leur partie inférieure, les degrés de proportion dans l'abondance de leur déversement changeront à chaque degré de temps. *[ca. 1506-1507] K, 128 (48) r.*

Je dis que si, au commencement de l'écoulement, l'eau est en quantité double, l'écoulement dans l'un des vases sera aussitôt le double de l'autre, et différera immédiatement ; de sorte que si les descentes sont divisées en six degrés pour le plus petit vase et en douze pour le plus grand – quand le petit aura baissé de cinq degrés et le plus grand également de cinq, le petit conservera un degré de hauteur d'eau et le grand sept, ce qui représente le septuple.

[Chute de l'eau.]

[ca. 1502-1504]
L, 1 r.

L'eau qui tombe en forme de pyramide, par une ligne perpendiculaire, sur une surface plane, rebondit en haut, et sa pointe se termine vers la base de la pyramide, puis formant une intersection, elle passe plus outre et retombe.

[Air remplaçant l'eau.]

[ca. 1502-1504]
L, 17 v.

Pourquoi l'air comblant le vide dans un globe d'où l'eau sort, y pénètre avec autant d'élan que l'eau s'en écoule. Tout ce qui pose sur cette eau tourne en un mouvement contraire au sien.

[Fleuves.]

[ca. 1502-1504]
L, 30 r.

Tout corps allongé d'uniforme grosseur, enfle à ses deux extrémités opposées à proportion qu'il s'abaisse par ses deux autres côtés.

Ici, l'eau encaissée entre les rives parallèles du fleuve, augmente de hauteur dans la mesure où elle diminue de largeur ; dès lors, en tombant elle creuse l'endroit percuté.

En n'importe quelle partie de leur longueur, les fleuves [aux rives] parallèles peuvent être resserrés de deux façons : entre leur surface et leur lit, ou sur les côtés opposés.

[Chutes d'eau.]

[ca. 1502-1504]
L, 31 v.

Quand deux eaux se rencontrent sous un angle extrêmement aigu, la plus puissante érode davantage son côté de la base et creuse une brusque profondeur.

Voilà la véritable manière d'établir la chute tout en conservant la rive pour l'eau qui en descend.

•◆•

[Le cours des fleuves.]

Les lits des fleuves naturellement à découvert ne fournissent point de véritables indications sur la nature et la quantité des choses que charrient les eaux, attendu que dans les eaux profondes, le sable comble beaucoup d'endroits ; et dans les cours latéraux des fleuves, ces sédiments sablonneux sont ensuite emportés de dessus les graviers sur lesquels ils posaient ou mis à nu par le bas, provoquant ainsi le continuel affaissement du banc de sable que l'eau entraîne en raison de sa légèreté, et qu'elle dépose ensuite où le courant devient plus calme. *[ca. 1502-1504] L, 32 r.*

Les sinuosités des fleuves en crue rompent toute digue et tout l'ordre que conserve le fleuve quand il est bas.

•◆•

[Chutes et cours d'eau.]

L'eau tombée avec grand élan de son barrage reproduit les méandres du fleuve suivant la ligne de sa chute ; mais lors de la décrue, encore que la ligne *a b* conserve sa place même si le fleuve grossit de nouveau, le canal *a b* s'emplira de sable et l'eau suivra son cours naturel. *[ca. 1502-1504] L, 32 v.*

•◆•

[Eau pendant la percussion.]

Où l'eau produit un choc, elle monte et acquiert du poids dans la mesure où elle bondit hors de sa surface commune ; retombée sur l'autre eau, elle la frappe et la pénètre jusqu'à son lit, qu'elle use perpétuellement ; et la concavité se forme le long des flancs de l'objet frappé. *[ca. 1502-1504] L, 33 r.*

Pour l'en empêcher, on établira une surface plane autour de toute colonne dont la base est solide et suffisamment large pour que l'eau tombant sur elle la rencontre fatalement.

•◆•

Moins la rive sera incurvée à l'endroit où la frappe le saut du fleuve, plus le second saut sera loin du point d'où est parti le premier. *[ca. 1502-1504] L, 36 v.*

⁂

[1508]
B. M. 30 v.

Les tourbillons des fleuves sont de diverses sortes : ceux-ci, creux en leur milieu, telle une pyramide concave ; ceux-là avec leur centre plein comme un cône dressé ; quelques-uns projettent des choses venues du fond ; d'autres engloutissent des choses nageant à la surface ; l'un crée une cavité sous la rive qui le borde, l'autre la comble.

Par leurs révolutions et leurs lenteurs, ces tourbillons servent à régler l'excessive vitesse des fleuves ; et les remous latéraux n'y suffisant pas, en raison de l'étroitesse des cours d'eau, il devient nécessaire que se créent de nouvelles sortes de tourbillons, refoulant l'eau de la surface au fond et suivant diverses inclinaisons ; de ceux-ci, quelques-uns se rencontrent au fond et barattent toute la terre que le tourbillon de la surface a déposée au cours des âges. Et les autres de même contre les rives des fleuves.

⁂

[ca. 1500-1505]
B. M. 35 r.

Livre sur la manière de repousser les armées grâce aux furieuses inondations des fleuves qu'on déchaîne.

Livre sur la manière d'inonder les armées en fermant les issues des vallées.

Livre pour montrer comment les eaux descendent sans encombre le bois abattu sur la montagne.

Livre sur la manière dont les embarcations sont précipitées contre l'élan impétueux des fleuves.

Livre sur la manière d'élever de grands poids par la simple augmentation des eaux.

Livre sur la manière de se défendre contre le déferlement des fleuves, pour garantir les villes.

⁂

[ca. 1493-1494
et ca. 1500-1503]
B. M. 45 r.

De l'inégalité dans la cavité d'un navire.

Livre sur l'inégalité des courbures des flancs du navire.

Livre sur l'inégalité des positions du timon.

Livre sur l'inégalité des quilles des navires.

Livre sur la différence des cavités par où l'eau se déverse.

Livre de l'eau contenue dans des vaisseaux, conjointement avec l'air, ainsi que de ses mouvements.

Livre du mouvement de l'eau dans le siphon.

Livre du choc et du concours des eaux venues de directions différentes.

Livre des diverses formes que prennent les rives entre lesquelles coulent les fleuves.

Livre des divers bancs formés au-dessous des écluses des fleuves.

Livres des méandres et courbes des courants fluviaux.

Livre des diverses origines de ces fleuves.

Livre des formes qu'ont les rives des fleuves, et leur durabilité.

Livre de la chute perpendiculaire de l'eau sur divers objets.

Livre du cours de l'eau quand il est entravé en divers lieux.

Livre des diverses formes d'obstacles qui entravent le cours des eaux.

Livre de la concavité ou rotondité qui se forme au fond, autour des divers obstacles.

Livre sur la façon de pratiquer des canaux navigables au-dessus ou au-dessous des fleuves qui les coupent.

Livre des terres qui absorbent les eaux des canaux, et manière de s'en garantir.

Livre de la création de canaux pour les fleuves qui quittent leur lit quand la terre l'a comblé.

•◆•

[De l'eau.]

[ca. 1493-1494 et 1500, ou après] B. M. 57 r.

Elle use les cimes altières des monts. Elle dénude et emporte les grands rochers. Elle chasse la mer de ses antiques rivages, en élevant son fond par des apports de terre. Elle ébranle et ravage les hautes berges ; et celles-là mêmes que sa nature ne réduit pas brusquement à néant ne connaissent point de stabilité. Ses fleuves cherchent les vallées déclives où arracher ou déposer la terre fraîche. Voilà pourquoi l'on peut dire de maints fleuves que l'élément tout entier les a traversés et que bien des fois la mer a fait retour à la mer ; nulle partie de terre n'est si haute que la mer n'ait atteint sa base ; et nulle profondeur océane si basse que les plus altières montagnes n'y aient leurs racines. Ainsi est-elle parfois âpre et parfois forte, parfois acide et parfois amère, parfois douce, ou épaisse, ou ténue, parfois cause de dommages et de pestilence, parfois salutaire, parfois délétère. Elle semble emprunter autant de natures diverses qu'elle traverse de lieux différents. Et tout comme le miroir change avec la couleur de son objet, elle se modifie selon le site où elle passe : salubre, nuisible, laxative, astringente, sulfureuse, salée, incarnadine, sinistre, rageuse, coléreuse, rouge, jaune, verte, noire, bleue, graisseuse, grasse, subtile. Parfois elle déchaîne des conflagrations et parfois elle les éteint ; elle est chaude et elle est froide ; elle emporte ou dépose, creuse ou élève, arrache ou édifie, comble ou vide, monte ou s'enfonce, rapide ou calme, parfois dispensatrice de vie ou cause de mort, d'accroissement ou de privation ; tantôt elle nourrit et tantôt elle fait le contraire ; tantôt elle a une saveur de sel, tantôt elle est insipide, tantôt ses grandes crues submergent les vastes vallées. Tout change avec le temps.

⁂

[ca. 1497-1500]
B. M. 57 v.

Parfois elle va sinuant vers les régions septentrionales, et ronge les fondements de sa rive ; d'autres fois, elle détruit la rive opposée, celle du midi ; tantôt tournée vers le centre de la terre, et sapant la base qui la soutient ; tantôt elle s'élance, écumante et bouillonnante, vers le ciel ; parfois en cercles, elle brouille sa course ; d'autres fois, elle s'étend vers l'occident et prive les cultivateurs de leurs labours. Parfois elle dépose la terre qu'elle a emportée du côté de l'orient. Et ainsi, tantôt elle fore et tantôt elle comble le lieu où elle a prélevé ou déposé. Telle, sans répit, toujours elle s'agite et détruit tout ce qui la jouxte. Parfois turbulente, elle déferle en furie, d'autres fois, limpide et calme, elle trace en se jouant des méandres, en courbes adoucies, à travers la fraîche verdure. Parfois elle s'abat du ciel en pluie, en neige ou en grêle ; parfois elle forme de grands nuages de fin brouillard. Tantôt elle se meut d'elle-même et tantôt par la force d'autrui ; tantôt son humeur génératrice de vie fait croître les choses naissantes, tantôt elle apparaît fétide, ou chargée d'odeurs suaves. Sans elle, rien n'aurait vie parmi nous. Parfois elle baigne dans l'élément chaud, et, se dissolvant en vapeur, se mêle à l'atmosphère. Élevée par la chaleur elle monte jusqu'à ce qu'ayant rencontré la région froide, elle se contracte sous l'action de sa nature opposée, et les menues particules dont elle se compose s'agrègent les unes aux autres. Et comme la main sous l'eau quand elle presse une éponge bien imbibée, exprime le liquide qui s'échappe par les crevasses et se trouve refoulé dans le reste de l'eau que cette onde aussitôt met en fuite, de même le froid qui comprime l'humidité chaude ; car une fois qu'il l'a réduite à une forme plus solide, l'air enfermé en elle crève par force la partie la plus faible et siffle comme jailli de soufflets pressés par un poids insupportable. Ainsi, en diverses positions, il chasse les nuages plus légers qui font obstacle à sa course.

[ca. 1500-1505]
B. M. 122 r.

[...] stade de déclivité. L'eau engendre son propre mouvement.

Livre sur les diverses façons d'égaliser le niveau des eaux.

Livre sur la façon de dévier le cours des fleuves quand ils causent des dégâts.

Livre sur la façon de rectifier les cours des fleuves qui couvrent trop de terrain.

Livre sur la façon de ramifier les fleuves et de les rendre guéables.

Livre sur la façon dont les eaux traversent des mers avec différents mouvements.

Livre sur la façon d'approfondir les lits des fleuves au moyen de différents courants d'eau.

Livre sur la façon de contrôler les fleuves pour enrayer à leur début les dégradations dont ils sont cause.

Livre sur les différents mouvements des eaux traversant des canaux de formes diverses.

Livre sur la façon d'empêcher les petites rivières d'en détourner une plus grande quand leurs eaux la frappent.

Livre sur la manière de vérifier le niveau le plus bas dans le courant superficiel d'un fleuve.

Livre sur l'origine des fleuves coulant des hautes cimes montagneuses.

Livre sur la diversité de mouvement des eaux dans leurs fleuves.

[Pourquoi les lits des fleuves rectilignes sont plus profonds en leur milieu que sur les côtés.]

[ca. 1500-1505, peut-être 1503]
B. M. 135 v.

Le courant d'un fleuve rectiligne est plus haut en son milieu que sur les côtés, il s'élève vers le ciel en plus grandes ondes et retourne à une plus grande profondeur vers le centre de la terre.

La raison en est que le courant est fait du choc mutuel

ou du croisement des ondes réfléchies qui rebondissent en arrière après avoir heurté la rive, et, en s'élançant vers la rive opposée, s'entrechoquent en mouvements contraires. Ces ondes, du fait qu'elles se résistent mutuellement sans pouvoir se pénétrer, sautent en arrière, hors de l'eau, puis ayant acquis de la pesanteur dans l'air, retombent et plongent dans l'eau à l'endroit où elles la frappent.

Comment les fleuves élargissent leurs vallées
et érodent à leurs flancs les bases des montagnes.

[ca. 1508-1510]
B. M. 161 r.

La base des montagnes, à mesure que leurs vallées se font plus profondes, se replie en arrière, vers le cours de l'eau comme pour redemander au fleuve rapide la terre dont il les dépouilla.

Ceci résulte de la dix-neuvième [proposition] de ce traité, qui dit : « Le courant du fleuve ronge la base de la montagne du côté qu'il frappe et la restitue au côté opposé vers lequel il est dévié ».

Dans les grandes vallées, le fleuve change de lit.

Les fleuves des grandes vallées modifient leur lit à proportion qu'ils sont plus éloignés des racines des monts ; on le prouve par la neuvième relative à ce discours, qui dit : les plus grands fleuves traversent les plus vastes vallées qu'ils ont eux-mêmes creusées, et en raison de leur dimension, absorbent continuellement les vagues qui longent leurs rives et sans cesse les ramènent vers le courant.

DES CHANGEMENTS À L'EMBOUCHURE DES FLEUVES

Les embouchures des fleuves s'incurvent et s'abaissent continuellement derrière leur courant principal, en vertu de la précédente [règle] qui dit : l'eau arrache un peu de la rive qu'elle frappe et restitue ce peu à la rive opposée vers laquelle elle est déviée.

Les vallées se font sans cesse plus profondes.

Les vallées s'élargissent et se font plus profondes, et sans cesse les fleuves changent de position.

PERCUSSION DE L'EAU TOMBANT SUR DIVERS OBJETS

L'eau qui tombe en ligne perpendiculaire par un tuyau arrondi sur un lieu plan, tracera une onde circulaire autour de l'endroit percuté ; à l'intérieur de ce cercle, l'eau se mouvra très rapidement et s'étalera en une couche fort mince autour du point frappé, puis finira par heurter la vague qu'elle a produite et qui cherche à retourner au lieu de la percussion.

[ca. 1508-1510]
B. M. 167 v.

•◆•

L'eau sert d'adjuvant à l'humeur vitale de cette terre aride.

[ca. 1490-1495, ou ca. 1495-1497]
B. M. 210 r.

Elle est la cause qui la fait se mouvoir à travers ses veines, contrairement au cours (désir) naturel des choses pesantes ; elle est comme ce qui, dans tous les corps vivants, meut les humeurs et

Et de même que l'eau refoulée des parties basses de la vigne vers ses rameaux mutilés, retombe ensuite à ses racines, les pénètre et de nouveau s'élève, ainsi, des plus basses profondeurs de la mer, l'eau monte jusqu'aux sommets des montagnes, retombe à travers leurs veines éclatées, fait retour à la mer et encore une fois remonte. Ainsi, montant et descendant, entrant et sortant, sans répit, en un mouvement tantôt fortuit et tantôt naturel, tantôt libre et tantôt contrainte par son moteur, elle continue de circuler et revenue à son moteur, elle remonte pour retomber de nouveau ; et tandis qu'une partie s'élève, l'autre descend.

Ainsi, des plus basses profondeurs de la mer, l'eau monte jusqu'aux cimes des monts et retombe par leurs veines éclatées, et dans le même temps, une autre eau s'élève ; de la sorte, l'élément tout entier erre et fait son circuit plusieurs fois à travers les fleuves qui se jettent à la mer.

Tantôt elle se mue en hautes nuées et tantôt elle est captive aux entrailles de la terre. Elle n'a rien en soi, mais elle meut et accueille tout, comme il apparaît clairement lorsqu'elle est distillée.

De la sorte, çà et là, en haut et en bas, elle rôde, jamais en repos, toujours courant pour porter secours où l'humeur vitale fait défaut.

Tantôt arrachant la terre, tantôt y faisant un apport, déposant ici du bois, là des pierres, portant ici du sable, là de la vase, sans rien de stable en son lit ou sa rive :

Parfois s'élançant en une course impétueuse, parfois descendant avec sérénité, tour à tour elle se montre féroce, ou radieuse et calme, tantôt mêlée à l'air en fine poussière liquide, tantôt s'abattant en tempête de pluie, tantôt changée en neige ou en rafale de grêle, tantôt baignant l'air dans une bruine subtile ; et de même, tantôt de glace et tantôt chaude, jamais elle ne demeure stable ; élevée en minces nuages elle comprime l'air là où elle l'enferme, de sorte qu'il se meut à travers l'autre air à la manière de l'éponge pressée sous l'eau, et dont le contenu est exprimé par force à travers le reste du liquide.

⁂

[ca. 1493-1494]
B. M. 234 r.

La chaleur répandue dans les corps animés meut les humeurs qui les alimentent.

Le mouvement que fait cette humeur assure sa conservation et la vivification du corps qui la contient.

L'eau est l'humeur vitale de la terre aride ; elle s'y répand, et coulant avec une force incessante à travers le réseau de ses veines, elle remplit toutes les parties qui dépendent nécessairement de cette humeur.

Des vastes abîmes du puissant océan, elle coule aux profondes et larges cavernes dissimulées aux entrailles de la terre, d'où, par ses veines dispersées, elle remonte, violentant son cours naturel, en une ascension continuelle, vers les hautes cimes montagneuses, et, par ces veines éclatées, retourne aux profondeurs.

L'eau est l'humeur vitale de cette terre aride ; et la cause qui la fait se mouvoir à travers les veines est la même qui meut les humeurs dans les différentes espèces de corps animés.

⁂

[ca. 1493-1494]
B. M. 234 v.

L'eau sert d'humeur vitale à la terre aride, et pour cette raison, se meut à travers la dispersion des veines, se déverse en elles et les travaille, comme le sang les corps humains.

La cause qui meut l'eau à travers la dispersion de ses veines, est celle qui meut le sang dans les espèces humaines et comme le sang venu d'en bas jaillit par les veines éclatées aux parties supérieures de l'homme, ainsi, par l'éclatement des veines aux sommets des monts, les eaux d'en bas se déversent.

L'eau qui sourd des veines de la terre est abandonnée par la cause mouvante qui l'y a conduite.

L'eau qui tombe des hautes cimes suit en son mouvement la tendance de toutes choses pesantes.

Et celle-là qui, pour le plus grand émerveillement des observateurs s'élève des profondeurs marines jusqu'aux plus hautes cimes des monts et se déverse par les veines rompues, retourne aux parties basses de la mer ; puis de nouveau s'élève avec rapidité et revient en une même descente, et ainsi au cours des âges, l'élément circule en sa totalité. *[ca. 1493-1494] B. M. 235 r.*

Telle, de haut en bas, entrant, sortant, tantôt en un mouvement naturel et tantôt fortuit, elle va, conjointement et réunie. Ainsi, en une révolution perpétuelle, elle erre, comme la sève de la vigne, qui s'écoule par ses branches mutilées, retombe sur ses racines, de nouveau s'élève, puis retombe et s'en retourne, en une révolution identique.

L'eau qui voit l'air par les veines rompues des hautes cimes, est soudain abandonnée de la puissance qui l'y amena ; et quand elle se libère des forces qui l'ont élevée, elle reprend sa liberté et son cours naturel.

Ainsi fait l'eau qui des basses racines de la vigne s'élève jusqu'à son haut sommet, et après être tombée par les branches coupées, sur ses racines primitives, remonte au lieu d'où elle chut.

L'eau est destinée à servir d'humeur vitale à cette terre aride ; elle est la cause qui meut cette humeur à travers l'étendue de ses veines, contrairement au cours naturel des choses pesantes ; et de même, elle meut les humeurs dans toutes les espèces de corps animés. *[ca. 1493-1494 et 1495-1497] B. M. 236 v.*

C'est elle qui, à l'émerveillement des spectateurs, s'élève des plus basses profondeurs des mers aux plus hauts sommets et, s'écoulant par les veines éclatées, retourne aux profondeurs marines d'où elle remonte promptement pour, de nouveau, redescendre, comme il est dit plus haut. Ainsi, des parties externes aux internes, elle circule de bas en haut, parfois s'élevant en un mouvement fortuit et parfois descendant impétueusement selon son cours naturel. Ainsi elle combine ces deux mouvements, en une révolution perpétuelle, et rôde à travers les conduits de la terre.

•◆•

DU POIDS DE L'EAU

[ca. 1506-1508, ou après] B. M. 266 v.

L'eau a du poids ou elle n'en a pas. Si elle a du poids, pourquoi ne ploie-t-elle pas les feuilles qui sont sur le lit où elle repose ? Et si elle ne leur imprime pas de flexion, c'est donc qu'elle ne communique pas sa pesanteur au fond. Or, si elle ne lui donne pas sa pesanteur, qui donc la supporte ? Son lit la supporte, mais il ne reçoit pas de poids, car il est prouvé que l'eau n'a pas de pesanteur, sauf au-dessus d'un élément plus léger, tels l'air ou le feu, et autres liquides comme l'huile et ses pareils. En ce cas, pourquoi un vase à l'air est-il plus lourd quand il est plein d'eau que plein d'air ? L'eau n'exerce pas de pesée latérale, mais le vase rempli a dans l'air un poids qu'il n'aurait pas sous l'eau, abstraction faite de la matière qui le forme. La mer fait de même sur la terre, son vase, et les rives découvertes à l'air sont les bords du vase qui la reçoit.

Joint au reste de la terre, ce vase projette son poids sur l'air des antipodes, par l'accroissement de la mer, parce que ces mers des antipodes étant à l'opposite, leur poids s'équilibre réciproquement ; l'inégalité a engendré leur poids et a fait que la mer a changé continuellement de position, le centre de gravité de la terre et de l'eau changeant également sa position.

•◆•

[Dessins.]

[ca. 1487-1490, et ca. 1493-1497] Forster III, 32 v.

n c étant d'une largeur égale à *a o*, et *m i* un peu moindre, ces eaux seront presque toutes au même niveau.

•◆•

[ca. 1487-1490, et ca. 1493-1497] Forster III, 33 r.

L'eau *a b* sera beaucoup plus haut que l'eau *d e*.

L'eau *r m* sera presque au même niveau et la partie *o* du contre-courant, extrêmement basse, creusera le lit ; *p* sera plus haut en raison de la percussion et *x* plus bas, au moulin

•◆•

SIGNES DÉCELANT LES PROFONDEURS CACHÉES DE LA MER

Si dans une eau lisse tu vois s'étendre un tourbillon, il y a chute et rebond d'eau.

[ca. 1487-1490, et ca. 1493-1497] Forster III, 40 r.

·◆·

MOUVEMENT DE L'EAU

Pourquoi les lignes d'une eau qui s'écoule par un trou ne se dirigent-elles pas vers son centre ?

[ca. 1487-1490, et ca. 1493-1497] Forster III, 75 v.

·◆·

Pourquoi les cercles de l'eau ne se brisent-ils pas en se coupant ?

[ca. 1487-1490, et ca. 1493-1497] Forster III, 76 r.

·◆·

Pourquoi l'eau est plus haute en une partie de la mer ou du fleuve plutôt qu'en une autre, et pourquoi en bien des tourbillons qui se meuvent rapidement, elle est plus basse en leur milieu que latéralement.

Du mouvement des liquides, par Galien.

[ca. 1506-1510] RL 19141 r.

·◆·

L'eau ne peut se mouvoir d'elle-même si ce n'est pour descendre ; quand elle se meut sans descendre, elle obéit à une influence étrangère et si elle se meut sans que rien du dehors l'agite, c'est par mouvement réfléchi, de courte vie.

[ca. 1511-1513] RL 19086 v.

·◆·

COMMENT INCURVER LE COURS D'UN FLEUVE À TRAVERS SA VALLÉE

Toi qui désires diriger le cours d'un fleuve et en être obéi, tu n'as qu'à incurver son courant ; à l'endroit de cette courbure, il usera le fond et entraînera après lui le reste de son eau.

[ca. 1512-1513] RL 19108 r.

·◆·

CE QU'EST LE COURANT DE L'EAU

[ca. 1512-1513] RL 19108 r.

Le courant de l'eau est formé par le concours des réflexions qui ressautent de la rive du fleuve vers son milieu ; concours dans lequel les deux eaux refoulées par les rives opposées se rencontrent ; dans leur choc, elles produisent les plus grandes ondes et celles-ci en retombant dans l'eau, la pénètrent et heurtent le lit comme si elles étaient d'une substance plus lourde que le reste de l'eau ; et elles s'y frottent, le labourent et l'usent, enlevant et entraînant avec elles toute la matière délogée. Voilà pourquoi c'est toujours au-dessous du plus grand courant que se trouve la plus grande profondeur du fleuve.

L'eau peut forer la pierre et y creuser un passage en peu de temps.

⁂

[ca. 1512-1513] RL 12579 r.

Observe le mouvement de l'eau à sa surface, combien il ressemble à celui de la chevelure, laquelle en a deux, l'un suivant l'ondulation de la surface, l'autre les lignes des courbures ; ainsi, l'eau forme des tourbillons qui suivent en partie l'impulsion du courant principal, et en partie les mouvements ascendants et incidents.

⁂

[ca. 1506-1508] Leic. 14 v.

Le mouvement de l'onde est plus rapide que celui de l'eau qui l'engendre. On le voit en jetant une pierre dans l'eau calme où, autour du point frappé, elle crée un rapide mouvement circulaire, et l'eau qui l'a provoqué ne se déplace pas, non plus que les objets flottant à sa surface.

⁂

[Dessin d'une section de fleuve où figurent les mots : Arno, Rifredi, Mugnone.]

[ca. 1506-1508] Leic. 15 r.

Quand un fleuve plus petit déverse ses eaux dans un plus grand, qui coule de la rive opposée, le cours du plus petit s'infléchira sous l'assaut du plus grand. Ceci tient à ce que le grand remplit son lit tout entier avec l'eau qui vient former un remous à son embouchure et ainsi entraîne l'eau provenant du fleuve plus petit. Quand ce dernier se déverse dans l'autre, dont le courant croise son embouchure, ses eaux s'infléchissent dans le sens du plus grand.

DIVISIONS DU LIVRE

[ca. 1506-1508] Leic. 15 v.

Livre 1 de l'eau en soi.
Livre 2 de la mer.
Livre 3 des sources.
Livre 4 des fleuves.
Livre 5 de la nature des profondeurs.
Livre 6 des choses.
Livre 7 des différentes sortes de gravier.
Livre 8 de la surface de l'eau.
Livre 9 des choses qui s'y meuvent.
Livre 10 des moyens de réparer [les berges des] fleuves.
Livre 11 des conduits.
Livre 12 des canaux.
Livre 13 des machines actionnées par l'eau.
Livre 14 sur la manière de faire monter l'eau.
Livre 15 des choses que détruit l'eau.

DE L'ORDRE DU LIVRE DE L'EAU

[ca. 1506-1508] Leic. 17 v.

Si le flux et le reflux ont pour cause la lune ou le soleil, ou s'ils sont le souffle de la machine terrestre. Comment le flux et le reflux diffèrent en diverses contrées et mers.

Comment les eaux finiront par niveler les montagnes ; elles balayent la terre au-dessus d'elles et mettent à nu leurs roches, qui s'effritent et se changent continuellement en terre, également soumises à la chaleur et au gel. Les eaux érodent les bases des montagnes, et fragment par fragment, celles-ci croulent dans les fleuves qui ont sapé leurs assises, et par suite de cette dégradation, les eaux s'élèvent en crue tourbillonnante et forment les vastes mers.

Comment, dans les violentes tempêtes, les vagues abattent toute chose légère et charrient beaucoup de terre à la mer ; aussi l'eau de mer est-elle trouble sur un vaste espace.

Comment des pierres non liées, au pied des larges vallées escarpées, s'arrondissent une fois que les ont frappées les ondes. Il en va de même pour beaucoup de choses que les ondes poussent ou entraînent à la mer.

Comment les ondes s'apaisent et font dans la mer de longues traînées d'eau calme, dépourvues de mouvement, quand deux vents contraires se heurtent en cet endroit ; ainsi, à ces lieux de rencontre, diverses coulées de mer calme sont visibles, entourées par les vaguelettes d'une mer modérément agitée.

•◆•

PROPOSITIONS

[ca. 1506-1508]
Leic. 21 v.

L'eau en soi ne se meut point, hormis pour descendre.

L'eau la plus haute sera la plus éloignée du centre de sa sphère, et la surface liquide dite la plus basse est la plus proche de ce centre.

Nulle surface d'eau confinant à l'air n'est plus basse que la surface de sa sphère. Les eaux des mers salées sont douces en leur extrême fond. L'eau rôde en un mouvement perpétuel, des plus basses profondeurs marines aux plus hautes cimes montagneuses, sans obéir à la loi de pesanteur des corps ; en l'occurrence, elle remplit l'office du sang chez les animaux, qui s'éloigne toujours du lac du cœur et afflue au sommet de leur tête ; ainsi, une veine y éclate-t-elle comme on en voit se rompre dans le nez, tout le sang d'en bas s'élève à la hauteur où elle a crevé.

Quand l'eau déferle hors de la veine éclatée dans la terre, elle suit la loi des autres choses plus lourdes que l'air, et donc recherche toujours les lieux bas.

L'eau sera plus rapide qui descendra suivant une ligne moins oblique. Et l'eau sera plus lente, qui se mouvra suivant une ligne plus inclinée. Le Nil et les autres vastes fleuves ont maintes fois déversé l'élément aqueux en son entier, pour le restituer à la mer. Les veines coulent avec d'infinies ramifications à travers le corps de la terre. Les eaux revêtent autant de natures diverses que diffèrent les endroits qu'elles traversent. S'il était possible de pratiquer un puits qui traverserait la terre de part en part et qu'un fleuve pût descendre par ce puits, la tête du fleuve, entrée la première, descendrait et dépasserait le centre des éléments sans aucun mouvement réfléchi, et ce fleuve déverserait autant d'eau au-delà de ce centre qu'il en avait en deçà.

Si, en raison de quelque vallée profonde, la ligne du côté opposé du puits était plus courte que de ce côté-ci, l'eau emplirait la vallée, si large fût-elle, jusqu'à ce qu'elle égale le poids de l'eau dans le puits bien qu'en certaines parties le centre [de gravité] de l'eau et de la terre conjuguées doive dévier un peu de sa position première, en raison du poids de l'eau accumulée du côté opposé de la terre, où elle ne se trouvait pas au début. Le centre [de gravité] de la terre et de l'eau conjuguées se déplace quand se déplace le poids de la mer emportée par les vents.

TRENTE-NEUF EXEMPLES

[ca. 1506-1508]
Leic. 22 v.

Comment les grands animaux foulent les lits des fleuves et des fossés d'où s'échappent les eaux limoneuses qui quittent le sol où elles s'attardaient. Comment des canaux peuvent être ainsi construits en pays plat. Comment détourner la terre des canaux engorgés de vase, en ouvrant des vannes auxquelles le canal imprime un mouvement ascensionnel. Comment rendre les fleuves rectilignes. Comment empêcher les fleuves d'emporter les biens des gens. Comment entretenir les lits des fleuves. Comment entretenir les rives. Comment réparer les berges dégradées. Comment régulariser l'impulsion des fleuves pour frapper de terreur l'ennemi, en sorte qu'il ne puisse faire irruption dans leurs vallées et les endommager.

Comment le fleuve devra être ramifié en plusieurs petites branches, pour permettre à ton armée de le traverser. Comment rendre les fleuves guéables pour les chevaux, afin qu'ils puissent protéger l'infanterie contre l'élan furieux de l'eau. Comment, au moyen d'outres à vin, une armée peut franchir un fleuve à la nage. Comment les rives de toutes les mers qui se touchent sont d'égale hauteur, et constituent la partie la plus basse de la terre en contact avec l'air. De la façon de nager des poissons. De la façon dont ils s'élancent hors de l'eau, comme on peut le voir avec les dauphins – car il semble merveilleux de sauter sur une chose qui n'est point stable mais glissante et fuyante. De la nage des animaux à forme allongée – anguilles et autres similaires. Comment nager contre le courant et les grandes chutes des fleuves. Comment nagent les poissons de forme ronde. Comment les animaux qui n'ont pas le sabot fendu sont incapables de nager. Comment, l'homme excepté, tous les animaux qui ont des orteils aux pieds sont, par nature, aptes à nager. De quelle manière l'homme doit apprendre à nager. De la manière dont l'homme se reposera sur l'eau. Comment l'homme se défendra contre les tourbillons ou remous des eaux qui l'attirent vers le fond. Comment l'homme, une fois sucé par le fond, doit chercher le courant réfléchi qui le rejettera hors des profondeurs. Comment il se dirigera avec ses bras. Comment il doit nager sur le dos.

Comment il ne saurait rester sous l'eau qu'aussi longtemps qu'il peut retenir sa respiration.

Comment, grâce à certain appareil, de nombreuses gens peuvent se tenir quelque temps sous l'eau. Comment et pourquoi je ne décris point ma méthode de rester sous l'eau aussi longtemps que je puis me passer de nourriture ; je ne la publie ni ne la divulgue, à cause de la nature maligne des hommes, qui les porterait à commettre des assassinats au fond des mers, en brisant les navires dans leurs œuvres vives et en les coulant avec leurs équipages. J'enseignerai, il est vrai, d'autres moyens, mais point dangereux, car au-dessus de l'eau émerge la bouche d'un tube par lequel on respire, placé sur des outres ou des morceaux de liège.

Comment les vagues des mers détruisent continuellement leurs promontoires et leurs rocs. Comment les grèves s'accroissent continuellement vers le centre de la mer. Pourquoi les golfes des mers sont formés. Pourquoi ils sont comblés par la terre ou les algues.

Pourquoi on trouve autour des grèves marines un grand et haut remblai appelé le monticule de la mer.

Pourquoi les vagues sont plus hautes quand elles touchent le fond à proximité du rivage qu'au grand large.

Comment, à l'entrée de certaines vallées, les rafales en frappant les eaux y creusent une grande cavité et produisent un jaillissement liquide couleur de nuée en forme de colonne.

J'ai vu un phénomène identique se produire sur un banc de sable de l'Arno où le sable fut creusé à une profondeur dépassant la taille d'un homme ; et son gravier, déplacé et emporté en tourbillons à une grande distance, prit dans l'air la forme d'un puissant campanile ; son sommet s'éleva comme les branches d'un grand pin, puis s'infléchit au contact du vent rapide qui passait sur les montagnes.

Comment la vague est moindre du côté où l'approche le vent, parce que la rive lui sert de bouclier.

Comment l'eau qui se trouve entre les vagues percutantes de la mer se change en brouillard.

Des tourbillons larges de col et étroits à la base.
Des tourbillons très larges à la base et étroits du haut.
Des tourbillons en forme de colonne.
Des tourbillons engendrés entre deux masses d'eau en friction.

*

Comment les vagues ne se pénètrent pas mais reculent en bondissant de l'endroit qu'elles ont frappé ; et tout mouvement réfléchi fuit à angles droits le lieu du choc. *[ca. 1506-1508] Leic. 23 r.*

Le mouvement réfléchi de l'eau dans l'eau aura toujours même forme que son mouvement incident. Par mouvement réfléchi, je n'entends pas celui qui saute en arrière dans l'air, mais celui qui lui est consécutif, à sa surface.

Comme la vague de sable se meut beaucoup plus lentement que l'onde liquide qui lui donne naissance, ainsi la vague d'eau créée par le vent est beaucoup plus lente que l'onde de vent qui l'engendra, c'est-à-dire l'onde de l'air. L'onde aérienne remplit le même office dans l'élément du feu que la vague de l'eau dans l'air ou que la vague de sable, c'est-à-dire de terre, dans l'eau ; leurs mouvements offrent le même rapport entre eux que celui des puissances motrices incluses en elles.

Le courant plus puissant fendra le moins puissant et le traversera en son milieu. Les courants de puissance égale qui se heurtent sautent en arrière après leur choc. Une masse entière d'eau présente en ses largeur, profondeur et hauteur, une innombrable variété de mouvements, ainsi que le montre l'eau modérément turbulente, où bouillonnements et vorticules apparaissent constamment avec divers tourbillons formés par l'eau plus turbide qui du fond monte à la surface. Comment, tous les sept ans, les eaux de l'Adige grossissent puis descendent ; et sa crue est cause de famine.

*

Comment l'eau a une adhérence propre et de la cohésion entre ses particules. Une goutte avant de se séparer du reste, s'étend le plus qu'elle peut et sa cohésion oppose de la résistance jusqu'à ce qu'elle soit vaincue par le poids excessif de l'eau sans cesse accrue au-dessus d'elle. Comment l'eau sert d'aimant pour une autre eau : lorsqu'une goutte se détache *[ca. 1506-1508] Leic. 23 v.*

du reste, ce reste s'allonge le plus qu'il peut, le poids de la goutte lui permettant de s'étendre ; et après qu'elle s'est séparée de la masse liquide, celle-ci retourne vers le haut par un mouvement contraire à la nature des choses pesantes. On voit aussitôt la goutte plus grande accueillir en soi les plus petites, entrées en contact avec elle : et les menues particules d'humidité éparses dans l'air, agissent de même ; elles se compriment, s'aimantent l'une l'autre, jusqu'à ce qu'enfin leur poids accru vainque la résistance de l'air qui au début les soutenait ; et ainsi elles descendent sous forme de pluie.

On peut montrer, au moyen d'une bulle d'air, comment cette eau est d'une ténuité si uniforme qu'elle revêt un corps presque sphérique formé d'un air un peu plus épais que l'autre ; et la raison nous le démontre, car en crevant elle fait un léger bruit.

[ca. 1506-1508]
Leic. 24 r.

Il est possible d'imaginer des obstacles qui garantiront les berges contre le frottement du courant.

Donc, tu feras construire des blocs de grossiers galets à dix brasses de distance ; et qu'ils soient larges de dix brasses avec une hauteur variant selon celle de la berge et une épaisseur de trois brasses. Qu'ils soient placés obliquement dans la direction d'où vient l'eau ; chacun servira de bouclier et la rejettera vers le centre du torrent.

Quand l'obstacle recouvert par l'eau oblique très considérablement dans la direction d'où elle vient, le choc de l'eau ne provoquera qu'une petite cavité devant cet obstacle et déposera une grande quantité de terre derrière lui.

Si l'obstacle est complètement vertical et que l'eau passe par-dessus, elle formera devant lui un creux profond et ne déposera derrière lui que peu de terre. Et si l'obstacle a devant lui un moindre obstacle qui s'appuie contre lui, il n'y aura pas de cavité devant cet obstacle plus petit, aussi loin que s'étend son volume. Si l'obstacle en a un autre, proche de lui, le monticule de sable sera soudain fendu et creusé pour former une cavité nouvelle.

Comment les fleuves, dans leurs grandes crues, comblent les plus vastes profondeurs avec du sable ou des pierres, sauf aux endroits où le fleuve est circonscrit, comme lorsqu'il passe entre les arches des ponts et autres lieux resserrés ; et ce, parce que derrière les arches il frappe la partie antérieure de leurs piliers, s'élève en tourbillon, et ainsi, avec furie, rattrape le retard qui a eu lieu devant ce pont ou toute autre barrière.

•◆•

[ca. 1506-1508] Leic. 24 v.

Si les obstacles de l'eau sont permanents, les dépressions des fleuves, qu'ils ont provoquées, le seront également. Si l'obstacle de ces eaux est mobile, les dépressions le seront aussi. Et si l'obstacle mobile est près de la rive du fleuve, il déterminera aussitôt une déviation du courant entier parce que l'eau qui passe entre l'obstacle et la rive, évide celle-ci. Et à supposer que l'obstacle avance sur le lit du fleuve derrière le courant, il ne s'ensuit point que l'excavation déjà formée dans la rive n'ira pas grandissant et croissant, à cause de l'eau qui s'agite en elle, comme il est démontré par la quatrième [proposition] du troisième [chapitre] ; ni que l'eau qui s'éloigne pour gagner la rive opposée n'y créera pas une autre concavité similaire ; elle ira donc augmentant puis reviendra d'un bond sous la première concavité et ainsi jusqu'à ce que l'élan se soit épuisé dans le courant général du fleuve.

•◆•

DOUZE EXEMPLES

[ca. 1506-1508] Leic. 25 r.

Voici les exemples qui doivent figurer au début.

L'air submergé avec l'eau qui en a heurté une autre, regagne son élément en traversant l'eau d'un mouvement sinueux ; et sa substance affecte des formes diverses. En effet, le corps léger ne saurait rester au-dessous du lourd, ou plutôt, la partie liquide qu'il supporte exerce sur lui une pression continue ; et parce que l'eau perpendiculaire est plus puissante que toute autre dans sa descente, elle est toujours chassée par la partie du liquide qui la recouvre ; et elle se meut sans cesse latéralement, du côté qui présente moins de pesanteur et par conséquent moins de résistance, conformément à la cinquième [proposition] du deuxième [chapitre]. Cette eau, forcée de se mouvoir suivant la voie la plus brève, ne s'écartera jamais de sa route, sinon pour éviter celle d'en haut qui la recouvre.

L'air enclos dans l'eau, quand il arrive à sa surface, forme aussitôt une demi-sphère revêtue d'une pellicule aqueuse extrêmement mince. Ceci se produit fatalement, attendu que l'eau a toujours de la cohésion en soi – d'autant plus qu'elle est plus adhérente ; et cet air, arrivé à la surface, et n'y trouvant plus d'autre poids qui l'opprime, se dresse hors d'elle avec un poids d'eau aussi grand qu'en comporte cette ténacité et là, il s'arrête en un cercle parfait formant la base d'une demi-sphère, et dont la perfection est due à ce que la puissance uniforme de l'air a uniformément dilaté sa surface. Il ne saurait mesurer plus d'une demi-sphère, attendu que les corps sphériques atteignent leur plus grande largeur à leur diamètre ; si l'air inclus constituait plus d'une demi-sphère, sa base serait plus petite que la ligne de son diamètre, et l'arc de la demi-sphère n'aurait pas d'étai ni de résistance véritable en sa partie la plus faible, c'est-à-dire la plus large ; il s'ensuivrait qu'il se romprait en sa plus grande largeur, la partie la plus faible d'un arc représentant toujours le terme de sa plus grande largeur.

L'air émerge avec élan du corps de l'eau, sous une forme sphérique et revêtu d'une pellicule d'eau extrêmement mince ; en raison du poids acquis, il ne peut se répandre dans l'autre air ; mais retenu par l'adhérence de l'eau dont cette pellicule est formée, il retombe par suite de son excès de pesanteur, grandissant toujours en circonférence, parce que la quantité d'air qui se trouvait tout d'abord dans la totalité du corps sphérique se trouve ensuite réduite de moitié, et qu'il est capable de contenir tout cet air ; et ainsi, le corps sphérique continue de descendre vers la surface de l'eau, jusqu'à ce qu'il s'unisse à elle, ayant rencontré là, comme je l'ai dit, une largeur plus grande que la ligne de son propre diamètre.

L'air vêtu d'une mince couche d'eau n'est pas non plus de sphéricité parfaite, dans l'exemple précité, parce que la partie de l'eau qui le recouvre est plus lourde là où elle est plus perpendiculaire au centre du cercle – base de cette demi-sphère – et en cette position, il s'abaisse davantage ; car la partie d'une chose dont les extrémités sont soutenues est d'autant plus faible qu'elle est plus distante de ses assises ; et cette chose descend plus vite qui a le plus faible support. La partie de l'air revêtue d'une pellicule d'eau qui sera de moindre dimension, sera d'une sphéricité plus parfaite ; on le prouve par la raison susdite, attendu que ces corps sont vêtus de pellicules d'égale épaisseur ; car si l'air qui s'échappe de la surface de l'eau était en faible quantité, il aurait soulevé une petite quantité de cette pellicule pour s'en envelopper ; et du fait que sa hauteur moindre[1] est plus proche de sa base que ne l'eût été une plus grande, il se maintient davantage que cette plus grande. L'air dominé par le poids de la pellicule aqueuse qui le revêt la pénètre en menues particules, qui pour la raison opposée, ne peuvent en être séparées ; donc, en vertu du poids ainsi acquis, il descend des côtés de ce corps et reste joint à la base de la sphère aérienne médiane d'où il vient.

Dans la troisième partie de sa courbe, il brise la sphère médiane de l'air que revêt l'eau ; les arcs des murs le prouvent, aussi ne traiterai-je pas ce sujet dans ces notes, mais il figurera au lieu voulu.

La plus haute partie de l'eau est la plus éloignée du centre de la sphère du feu, et de l'air, et de l'eau, mais non de la terre, car celle-ci a une forme sphérique mathématique et son centre de gravité ne coïncide pas avec le centre des sphères des trois autres éléments.

L'eau en soi ne se meut point, hormis pour descendre ; quand elle est dans sa sphère, une de ses parties n'étant pas plus basse qu'une autre, elle ne se mouvra donc pas si elle ne reçoit une impulsion étrangère ; ces deux preuves suffisent à établir que l'eau est sphérique et dépourvue de mouvement propre ; par conséquent, toutes les eaux qui se meuvent d'elles-mêmes ont une de leurs extrémités plus basse que l'autre, à leur surface, et trouvant la pente, elle y coule faute de soutien pour se maintenir.

Comment l'air ne saurait jamais de lui-même rester sous l'eau, mais veut toujours être au-dessus d'elle quand ils sont en contact. Preuve : suppose trois éléments, en comptant la terre pour rien, et qu'on laisse choir à travers l'air une certaine quantité d'eau ; celle-ci ne pourra se maintenir au-dessus de lui, attendu que le corps liquide plus faible ne saurait supporter le plus pesant ; l'air était donc plus subtil que l'eau, et incapable de la soutenir, il lui cédera la place jusqu'à ce qu'elle ait atteint son extrême profondeur – à supposer qu'elle ne se soit ni évaporée ni volatilisée par suite de son long frottement avec l'air. Mais admettons qu'une partie arrive au but : je dis qu'après avoir épuisé son élan entre les mouvements réfléchis et incidents qu'elle effectuerait autour de son centre, elle s'arrêtera à ce centre, également répartie sous toute la sphère aqueuse, car le centre des éléments

1. Ms. : *maggiore* (« plus grande »).

constitue leur partie la plus basse, étant donné que la plus basse est la plus éloignée de la plus grande hauteur de son tout. Tel est le concept.

L'eau attire une autre eau quand elle la touche ; à preuve la bulle que forme une canne avec de l'eau et du savon, car le trou par lequel l'air pénètre dans le corps de la canne et l'agrandit, se referme aussitôt que la bulle s'est échappée du roseau, en courant d'un côté de sa lèvre à l'extrémité opposée, et s'y joignant, lui donne de la consistance.

Ou bien une gouttelette pénètre dans le corps de l'autre eau. Si tu m'accordes – en vertu de la preuve relative à ces bulles liquides – que l'eau a de la consistance, encore que petite et ténue, tu me concéderas que ce qui fait la partie, fait le tout.

La bulle fermée en l'air au moyen de la canne d'où on la souffle, ne tombe pas sous une forme sphérique, quand elle se détache, parce que son excédent d'eau coule vers le bas et l'alourdit davantage en cette partie qu'en toute autre ; dès lors, le mouvement se trouve accéléré en ce point et la brise, à son tiers supérieur.

•◆•

[ca. 1506-1508]
Leic. 25 v.

Tout courant a trois lignes centrales, situées au milieu de sa plus grande puissance ; l'une au point de contact de l'eau avec le lit qui la reçoit ; la deuxième, au milieu de sa profondeur et de sa largeur ; la troisième se forme à la surface ; celle du milieu est la principale, car elle guide le courant tout entier et scinde tous les mouvements réfléchis en les tournant vers leur lieu de destination. La plus haute ligne centrale du courant de l'eau constitue la ligne supérieure du mouvement incident et la ligne inférieure du mouvement réfléchi tourbillonnant, c'est-à-dire celui qui se retourne et tombe sur le mouvement incident où il prend son élan pour bondir ; mais cessons de définir les révolutions des eaux et leurs changements du fond à la surface, et ne parlons que de l'eau superficielle, ou du moins de ses lignes centrales. La ligne centrale de la surface du courant est toujours dans la partie la plus saillante de l'eau, autour de l'objet qu'elle a percuté ; et la ligne centrale est uniquement celle qui, ayant heurté un objet lisse, retombe sur elle. Après avoir frappé, la ligne centrale du fond du courant se retourne vers le centre de la terre, et s'agite tellement en raclant le lit, qu'elle y pratique une concavité assez grande pour contenir ses révolutions ; et toutes les autres lignes latérales obliquent vers ce lit et le creusent. [Considérer] si l'onde de l'eau provoque la formation de l'onde du sable sur son lit ou si l'onde du lit engendre celle de la surface. [Considérer] la différence entre les ondes, étant donné leur profondeur, qui peut toujours se calculer entre le mouvement incident et réfléchi des eaux. [Considérer] comment, entre les rives d'une étendue d'eau la moindre profondeur se trouvera toujours à la fin de son mouvement réfléchi. Comment, également, la moindre profondeur des fleuves se rencontre sur les côtés des courants, là où ils s'unissent avec d'autres courants. [Considérer] comment entre deux courants il y a toujours des bas-fonds. La plus haute partie de la surface aqueuse qui frappe l'objet l'atteindra en son centre s'il est lisse en sa partie antérieure, ou pointu avec des côtés d'égales longueur et obliquité. Mais à moins que l'angle ne soit au centre de la partie frontale de l'objet, la plus grande élévation de l'onde percutrice ne sera plus au milieu de ce front, mais vis-à-vis de l'angle. L'eau de la surface que le vent plisse de petites rides, se meut toujours plus vite que l'onde, dans la mesure où celle-ci est plus rapide que le mouvement naturel de l'eau, et ce dernier plus rapide que la vague de sable, elle-même plus rapide que la vague de terre formant la rive du fleuve. Mais je dirai tout d'abord que le mouvement de l'air libre est plus rapide que celui de l'air frappant l'eau, parce que la partie du vent qui heurte l'eau est gênée par la résistance de la surface aqueuse. Toutes les vagues de sable qui voyagent avec l'eau sont plus lentes que les vagues de sable voyageant avec le vent, à proportion que le mouvement de l'eau est plus lent que celui du vent.

•◆•

Ces huit feuillets contiennent sept cent trente conclusions relatives à l'eau. *[ca. 1506-1508] Leic. 26 v.*

Quand la force du vent a poussé la vague jusqu'au rivage, elle forme un monticule en renversant vers le fond sa partie supérieure et revient en arrière jusqu'à ce qu'elle regagne le point d'où la chassera de nouveau la vague suivante qui passe sous elle et la roule sur le dos ; et ayant renversé le monticule, elle la rabat vers la rive, et ainsi de suite ; tantôt retournant au rivage par son mouvement supérieur, tantôt le fuyant par son mouvement inférieur.

Comment il n'est pas possible de décrire le mouvement de l'eau si l'on ne définit tout d'abord la gravité, comment elle se crée et meurt.

Tandis que la vague, après avoir battu la grève, recule le long du lit de la mer, derrière son monticule, elle rencontre la vague suivante venant du large et se brisant contre elle, elle se divise : une partie alors saute vers le ciel, puis retombe et rebrousse chemin ; l'autre plonge ; et elle va vers la mer, emportant avec elle la partie inférieure de l'eau qui la frappe. Sinon, les algues marines et les épaves des tempêtes ne pourraient être emportées d'une rive à l'autre. Si l'eau de mer retourne à la mer, sur son lit, après avoir heurté la grève, comment peut-elle apporter avec elle coquilles, mollusques, *buovoli*, escargots et autres choses similaires engendrées dans le lit marin, et les jeter sur cette grève ? Le mouvement de ces choses vers le rivage commence quand la percussion de la vague incidente divise la vague réfléchie en ces deux susdites parties ; en effet, les choses qui montent du fond sautent souvent sur la vague qui revient au rivage, et étant corps solides, sont refoulées vers le monticule, qui ensuite les ramène avec lui à la mer ; et ainsi, jusqu'à ce que la tempête se calme ; peu à peu, elle les dépose à l'endroit qu'atteint la plus grande vague ; c'est-à-dire celle qui lui succède ne revenant pas au point même où elle a déposé le butin emporté, ce butin reste où la vague l'a laissé. Et ceci continue tout le temps que la vague décroît. Les choses jetées par la mer restent donc à l'abandon, entre le premier monticule de la vague sur le rivage, et le monticule formé par la vague du large. Si la mer entière pose et s'appuie sur son lit, une partie de la mer repose sur une partie du lit ; et comme l'eau possède de la pesanteur quand elle sort de son élément, elle devrait soumettre à sa pesée et à sa pression les choses qui posent sur son lit. Or, nous voyons le contraire : les algues et herbages qui poussent en ces profondeurs, au lieu d'être ployés ou écrasés sur le fond, la fendent [l'eau] comme s'ils croissaient en l'air.

Ainsi, nous concluons que tous les éléments, encore que dénués de poids dans leur propre sphère, en possèdent lorsqu'ils sont écartés de cette sphère, c'est-à-dire entraînés vers le ciel, mais non vers le centre de la terre ; car s'il[1] va vers ce centre il rencontre un élément plus lourd dont la partie la plus ténue et légère est en contact avec l'élément plus léger, et la partie la plus lourde à côté du plus lourd.

Comment l'eau transmuée se change en un vent d'autant plus sec que la transmutation est plus complète.

Comment le vent est engendré par la coagulation de l'eau dans l'air – car l'air se précipite aux endroits qui en manquent et s'enfuit de ceux où il est en surabondance. Comment, là où il y a plus de vent, l'air plus épais a un volume plus grand.

Comment les vents sont plus forts à la saison humide et davantage pendant les pluies que par beau temps. Comment les grands vents proviennent des montagnes couvertes de neige ; et de ceci, les marins portent témoignage, car ils en font l'expérience quotidienne. La raison en est que la neige se dissout dans l'air, en très fines particules ; voilà pourquoi les philosophes soutiennent que la terre exhale des vapeurs sèches ; sur ce point, je n'ai rien à dire.

Comment le vent provenant du nuage ne se propage pas en cercle par toutes les lignes de ce nuage, parce qu'il acquiert plus de poids que l'air traversé et s'infléchit donc nécessairement vers le sol, comme toute chose plus lourde que l'air ; il passe donc au travers, poussé par son successeur qui s'est formé derrière lui ou par l'impulsion acquise au cours de son précédent mouvement.

*

[ca. 1506-1508]
Leic. 27 r.

Que l'eau peut avoir ténacité et cohésion, la chose apparaît manifestement dans de petites quantités où la goutte, quand elle se sépare du reste, avant de tomber s'allonge autant que possible jusqu'à ce que son poids diminue tellement la cohésion qui la maintient en suspens, que dominée par le poids excessif, cette cohésion cède soudain, se rompt et séparée de la goutte, elle remonte, contrairement au cours naturel de sa gravité ; et elle ne bouge plus jusqu'à ce que le poids, en se reformant, de nouveau la pousse vers le bas. Deux conclusions en découlent ; la première est que la goutte a de la cohésion et une structure nerveuse commune avec l'eau à laquelle elle est jointe ; secondement, que la cohésion d'une eau attirée

1. L'élément. Par une distraction dont il est coutumier, Léonard passe du pluriel au singulier. (*N.d.T.*)

de force se rompt, et la partie qui s'étend jusqu'à la brisure est attirée par le reste, comme le fer par l'aimant. De même pour l'eau passant à travers un filtre : le poids plus grand du liquide demeuré hors du récipient tire en arrière le poids moindre de l'eau que ce filtre tient incurvé dans le récipient.

On peut prouver la ténacité de l'eau, et l'énoncer en une proportion, ainsi : si une goutte d'eau de deux grains est soutenue par une eau dont le volume équivaut à une demi-goutte, combien d'eau faudrait-il pour soutenir une livre. De cette façon, nous approchons de la vérité. Le sable pèse plus que l'eau ; et si dans l'air subsistent, en ligne continue, une quantité de sable et une quantité d'air séparée de sable mais d'un poids égal au sien, assurément le sable se mouvra plus lentement que l'eau ; en effet, la partie inférieure de l'eau attire le liquide joint à elle par-dessus, et ainsi forme un corps unique qui pèse tout entier sur l'air, lequel s'ouvre par-dessous pour lui céder la place. Mais il n'en va pas de même avec le sable – sans liaison et défait – dont la totalité s'écoule aussi vite qu'un de ses grains, tous étant égaux. Concluons donc que la descente continue de l'eau qui tombe dans l'air s'effectue avec la rapidité commandée par son poids, attendu qu'elle forme une quantité unie et continue ; et le sable de même poids, s'il descend du même endroit que l'eau, ne tombe qu'avec la vitesse commandée par le poids d'un de ses grains moyens, les plus grands étant plus rapides que les moyens, et les plus petits, plus lents.

Si l'eau a de la cohésion en soi et une tendance à s'unir, l'eau versée d'un siphon étant entourée d'air, elle ne se laisse pas attirer à la suite de celle du siphon ; et l'expérience nous montre qu'à moins que l'eau du siphon ne débouche plus bas que son entrée dans le tuyau, l'eau qui continue au-dessous de sa sortie du tuyau ne se laisse jamais entraîner après celle du récipient. Si pendant la descente de l'eau dans l'air, l'eau supérieure qui la chasse en bas ne descend pas avec une vitesse égale ou plus grande, celle d'en bas se séparera d'elle, à condition toutefois d'être plus rapide.

Comment l'eau qui descend à travers l'air se brise parce que l'air traversé la disjoint. Comment l'eau divisée pendant sa descente continue dans l'air, a une poussière liquide qui s'étend d'une des parties scindées à l'autre et les relie. Comment le volume entier de l'eau qui descend dans l'air en quantités continues, est forcé de choir par un mouvement égal, car là où elle se ferait plus rapide, elle se séparerait de la partie plus lente, et là où elle se ralentirait, la partie plus rapide la doublerait et la multiplierait.

Comment le poids d'eau déplacée est aussi grand que celui de la chose soutenue par l'eau. Comment, à obliquité égale, l'eau se ralentira d'autant plus qu'elle est plus bas sur son lit. Comment dans un vaisseau l'eau soumise à une rapide giration par la main qui l'agite, devient très concave en son centre.

De la grande différence qui existe quand on fait tournoyer l'eau dans un vaisseau, selon que l'on tient la main près de son centre ou près du plus grand cercle de la surface liquide. Comment la main fréquemment agitée dans le vaisseau, de haut en bas, produit d'étranges mouvements et des surfaces de hauteurs différentes. Comment se comporte l'eau qu'on fait tourner dans un vaisseau ovale. Comment se comporte l'eau qu'on fait tourner dans un vaisseau anguleux ; comment se comporte l'eau dans un vaisseau frappé du bas. Comment se comporte l'eau dans un vaisseau frappé de côté. Comment se comporte l'eau dans un vaisseau quand on frappe l'endroit sur lequel il est posé.

De la musique de l'eau tombant dans son vaisseau.

*

[ca. 1506-1508] Leic. 27 v.

Comment rien ne s'évapore si ce n'est sous l'action de l'humidité, qui, une fois vaporisée, conserve la nature du corps où elle était infuse. Comment les grondements que le tremblement de terre provoque dans le corps du monde proviennent de la destruction des lieux déchirés et crevés par les vents qui sans cesse flagellent le fond de leurs grandes cavernes ou de leurs lacs enfermés dans le sein de la terre.

Mais la tempête de la mer arrachée à ses grèves et entraînée au large, sera renvoyée en arrière, et notamment s'il y règne une grande profondeur ; cela tient à ce que, pendant l'orage, la vague ne pénètre pas jusqu'à ces grandes profondeurs marines ; et si d'aventure elle les atteignait, elle changerait de mouvement. L'eau de la mer, durant la tempête, fait sur son lit un grand mouvement en sens contraire de celui de sa surface.

Les digues des fleuves, si elles ne sont pas trop larges, peuvent se construire de la façon suivante : il faudra fixer toutes les trois brasses un pieu comme on les emploie pour les pilotis, aussi grand que possible, et plus il sera grand, mieux cela vaudra ; et leur sommet sera d'égale hauteur. On assujettira dessus, très solidement, un bois en forme de poutre ; puis l'on prendra de longs troncs avec toutes leurs branches, que l'on posera sur ladite poutre, et l'une des branches servira de crochet pour les maintenir ; ceci sera répété aussi souvent que possible, en plaçant les branches vers l'arrivée de l'eau ; elles seront ensuite chargées de gravier et de pierres ; après la première crue, la digue se trouve enfoncée ; mais souviens-toi de fixer les branches de façon qu'elles soient dressées, et fais-les se rencontrer avec les autres ; si le fleuve est étroit, tu placeras ta poutre en travers d'une rive à l'autre, et tu l'assujettiras solidement ; que les branches posent dessus, retenues par leurs crochets naturels. La poutre n'a ici d'autre office que de maintenir la tête des pieux afin qu'ils ne s'affaissent point ; et les branches chargées de pierres qui sont contre le cours du fleuve ne risquent pas de pousser cette poutre ou de la dévier, car elle est fixée par leurs crochets naturels et les branches enfouies ne lui permettent pas de faire mouvoir ou d'arracher les crochets.

Comment doit s'effectuer le détournement des fleuves quand le courant a tout à fait perdu sa furie, c'est-à-dire quand il se montre las. Comment une petite digue peut détourner un fleuve en renforçant et en accroissant la ligne vers laquelle il fit mine de se diriger tout seul.

Comment on peut dévier un fleuve avec quelques pierres, si l'on a discerné la ligne de son courant ; et ce mouvement pourra s'effectuer selon la ligne de l'eau. Comment les digues des fleuves doivent être formées en plantant des pieux non aux endroits profonds, mais dans les profondeurs moindres. Comment les digues des fleuves, si elles sont maçonnées, doivent être construites dans les parties plus profondes, pour être moins à la merci de l'eau qui les mine. Comment les digues des fleuves doivent être faites dans les champs éloignés d'eux, puis les fleuves dirigés vers elles. Comment les ponts doivent également être construits en plein champ aux endroits où l'on entend ensuite amener le fleuve.

*

[ca. 1506-1508]
Leic. 28 r.

Toutes les ramifications des sources sont réunies en cette terre, comme celles du sang chez les autres animaux ; elles sont en perpétuelle révolution ; et ainsi vivifiées, usent continuellement les endroits où elles passent, tant à l'intérieur de la terre qu'à sa surface. Le débit général des fleuves est beaucoup plus considérable maintenant que jadis ; ce pourquoi la surface de la mer s'est un peu abaissée vers le centre du monde ; car il lui a fallu combler le vide causé par cet accroissement des sources et de ceci je parlerai tout à l'heure. La chaleur du feu engendré dans le corps de la terre chauffe les eaux enfermées en elle dans les grandes cavernes et autres cavités ; cette chaleur amène à ébullition les eaux qui se muent en vapeur ; elle les élève jusqu'aux voûtes de ces cavernes et pénètre par les crevasses des montagnes, jusqu'à leur plus grande altitude, où, rencontrant le froid, elle se change subitement en eau, comme on voit dans la cornue, puis retombe en bas, et donne naissance aux fleuves qui plus tard descendent [de ces hauteurs]. Mais quand les grandes gelées refoulent la chaleur vers le centre de la terre, elle gagne en puissance et provoque une plus grande vaporisation de l'eau ; et cette vapeur chauffant les cavernes autour desquelles elle se meut en cercles, elle ne peut se transformer elle-même en eau, comme elle a accoutumé de le faire ; ainsi qu'on voit dans la fabrication de l'eau-de-vie, où, si la vapeur du vin ne traversait l'eau fraîche, elle ne se changerait pas en eau-de-vie, mais rebroussant chemin, se condenserait au point de briser tout obstacle. Nous en dirons autant de l'eau chauffée dans les entrailles de la terre ; faute de trouver sur son passage des endroits dont la température s'accorde à elle, elle ne se transforme pas en eau comme précédemment mais se condense et durcit ainsi le feu multiplié et condensé dans la bombarde devient plus dur et plus puissant que la matière qui le contient ; et s'il ne se dissout brusquement en fumée, il s'élance aussitôt en avant, brisant et détruisant tout ce qui s'oppose à sa croissance. Il en va de même avec la vapeur d'eau qui éclate dans les entrailles de la terre, en divers endroits et rôde et gronde avec grand fracas, jusqu'à ce qu'elle ait atteint la surface ; par de puissants séismes, elle fait trembler des régions entières, et souvent crouler les montagnes ; elle ravage les villes et mainte partie des pays, et en violente tempête se crève en chemin à travers les fissures de la terre ; et ainsi s'évadant, elle anéantit sa propre puissance. Le vent dans l'air est produit par l'eau, par la désagrégation et la formation des nuages ; c'est-à-dire que le nuage, lorsqu'il se dissout, se change en air, et son volume s'accroît capricieusement et irrégulièrement, du fait que sa dissolution ne s'opère pas avec uniformité ; car le nuage en soi est de subtilité et densité variables, et dès lors la partie la plus subtile se dissout la première, et la partie dense oppose plus de résistance ; voilà pourquoi le vent n'avance pas uniformément.

Quand le nuage est formé, il engendre aussi du vent, attendu que tout mouvement naît de la surabondance ou de la pénurie ; le nuage en se créant attire donc à soi l'air ambiant et ainsi se condense, parce que l'air humide a été attiré de la région chaude dans la région froide située au-dessus des nuages ; étant donc obligé de transformer en eau l'air précédemment gonflé, une grande quantité d'air doit s'agglomérer avec force pour former le nuage ; et comme il ne saurait laisser de vide, l'air se précipite pour combler l'espace resté vacant par le départ de l'air [précédent] qui s'est condensé puis transformé en nuage dense. En cette circonstance, le vent s'élance à travers l'air sans effleurer la terre, sauf aux sommets des hautes montagnes ; il ne peut attirer l'air de la terre parce que alors le vide naîtrait entre celle-ci et le nuage, et n'attirant que peu d'air par le travers, il l'attire surtout par chaque ligne. J'ai déjà eu l'occasion d'observer ce phénomène : une fois, au-dessus de Milan, vers le lac Majeur, je vis un nuage en forme de haute montagne tout en feu, parce que les rayons du soleil couchant, rouge sur l'horizon, l'avaient teint de leur couleur.

Ce grand nuage attirait à lui tous les petits qui l'entouraient. Il resta immobile et conserva la lumière du soleil à son sommet, une heure et demie après le coucher de l'astre, tant il était énorme. Environ deux heures après la tombée de la nuit, une stupéfiante rafale de vent s'éleva.

Et lorsqu'il se trouva circonscrit, il fut cause que l'air enclos en lui étant comprimé par sa condensation le creva et s'évada par la partie la plus faible, s'élançant à travers l'air avec un tumulte incessant, à la manière de l'éponge que presse la main sous l'eau ; car l'eau dont elle est imbibée fuit entre les doigts qui la compriment et traverse vivement l'autre eau. Ainsi le nuage, refoulé et comprimé par le nuage qui le revêt, chasse l'air de sa propre impulsion et le pousse à travers l'autre air, jusqu'à ce que la chaleur mêlée à l'humidité du nuage qui l'attira à une aussi grande hauteur, fuie en arrière, vers le centre de ce nuage pour se garantir du froid, son contraire ; et une fois près du centre, devenue puissante, elle prend feu et soudain émet un jet de vapeur humide qui l'environne et crée un vent furieux, lequel se meut avec le feu exhalé par la pression de la vapeur accumulée ; ainsi, le feu est expulsé du nuage, telle la flamme de la bombarde, en raison du vent qui augmente derrière lui ; cette flamme comprimée jaillit et se répand dans l'air, d'autant plus radieuse que le feu dont elle est formée est plus concentré et plus chaud. Et ceci est la foudre, qui ensuite détruit et met en pièces tout ce qui s'oppose à son cours.

J'ai déjà vu le feu créé sous l'eau, avec un mouvement de roue aux bras tournoyants ; il fera de même, à n'importe quelle profondeur, si grande soit-elle.

Si le fleuve est détourné quand se déchaîne le tremblement de terre, il ne coulera plus en aval et fera retour au corps de la terre, comme le fleuve Euphrate ; et que ceci profite à tous ceux de Bologne, qui se lamentent sur leurs fleuves.

⁂

[ca. 1506-1508]
Leic. 28 v.

La vague de l'eau montera toujours plus haut que la surface commune à toute l'eau du lac, lorsqu'elle est le plus près de son point de chute. Quand les eaux venues de différents côtés se rencontrent en un creux dans le lit du fleuve, toute cette eau sera percée jusqu'à l'entrée du creux, et la cavité ainsi formée s'emplira d'air jusqu'au lit de l'eau.

Le mouvement tournant ne peut continuer strictement sous l'eau à moins que cette masse en giration n'ait de l'air en son milieu. L'eau formera soudain un creux dans sa rive de terre qui frappe entre des angles égaux tout objet projeté de cette rive. La pluie qui se sépare du nuage ne tombe point tout entière sur terre ; cela tient au frottement de l'air qu'elle pénètre, car au cours de cette friction il se détruit, soit en entier, soit en grande partie, et se déverse dans l'air susdit ; et l'on voit souvent les nuages descendre vers la terre et aussitôt coupés ras à la manière d'une queue de cheval, demeurer invisibles ; et ils se changent en vent.

⁂

[ca. 1506-1508]
Leic. 29 r.

Où le cours rectiligne de l'eau est entravé, une profondeur soudaine se creusera. Cela arrive parce que lorsque le cours de l'eau est empêché, elle percute l'obstacle qui la gêne ; or, nul mobile ne peut immédiatement achever et épuiser son impulsion, mais celle-ci doit se conserver dans le corps qu'elle pénètre et en outre elle ne s'achève pas en lui tout aussitôt après la percussion, attendu que toute percussion s'opère à la surface des corps frappés ; dès lors, la pénétration des corps mobiles dans leurs objets est une conséquence de leur percussion en laquelle l'impulsion du mouvement s'épuise.

La pénétration des corps mobiles dans leur objet aura une longueur moindre que leur mouvement réfléchi effectué dans le même espace de mouvement incident, dans la mesure où l'objet pénétré est plus épais que le milieu où ce mouvement réfléchi a lieu. Or, l'eau quand son mouvement droit est empêché, frappe l'objet qui l'entrave, et immédiatement, incapable de le pénétrer, se réfléchit à angles presque égaux ; après cette percussion, elle se divise et s'échappe suivant différentes lignes, de l'endroit qu'elle frappe. Parmi toutes, celle qui s'élève en l'air acquiert du poids, retombe et pénètre l'autre eau comme un corps lourd ; après quoi elle percute et use le lit du fleuve ; mais dans le processus de pénétration, elle est heurtée par l'eau qui coule sous sa surface et graduellement refoulée en un triple mouvement vers l'endroit que tout d'abord elle frappa.

Le mouvement de l'eau réfléchie après sa percussion dans l'eau qu'elle pénètre, a trois directions : le premier mouvement va vers le lit aqueux, le deuxième vers l'endroit où se dirige l'eau, le troisième est un mouvement tournant en vis, qui fore continuellement la rive et le lit contre lequel il frotte ; il reçoit sans cesse une force nouvelle de l'eau qui le suit, refoulée de la rive, s'abat sur lui à travers l'air et de nouveau l'engloutit avec elle au fond. Ici donc, une percussion se produit, et le mobile, après avoir frappé l'objet, reste dans la position qu'il occupait au moment du choc ; l'objet percuté suit la même ligne et le parcours dont fut privé le percuteur. En effet, dans ce cas, les poids sont égaux en dimension, pesanteur et substance, et au poids du mobile s'est ajoutée la puissance de l'impulsion dont l'objet fut privé, et qui ne reposait que dans son poids naturel ; il en est ainsi parce que nulle impulsion ne s'épuise immédiatement, et que le corps percuteur a accoutumé d'effectuer un mouvement réfléchi quand il rencontre un objet qui lui résiste ; mais ici, le mouvement réfléchi n'a pas lieu parce que l'objet s'enfuit aussitôt, emportant avec lui la puissance et l'impulsion du percuteur ; et parce que toujours le mobile qui ne s'attache pas à l'objet achève son mouvement commencé en un mouvement réfléchi, lequel naît au terme de la percussion. Ici, ils ne se fixent point, étant corps sphériques et d'égale substance. Il n'avance pas plus outre, parce qu'il a épuisé son impulsion dans son choc et l'a transmise à l'objet frappé ; il ne ressaute pas en arrière, car il n'a rien qui puisse servir de tremplin à son saut, tel l'homme qui d'une planche placée sur le pavé, veut s'élancer au sommet d'une pile de bois scié ; à mesure qu'il prend son élan pour le bond, l'impulsion se communique et s'unit à la planche qui fuit comme sur des roues ; et celui qui voulait sauter, privé d'élan, est laissé dans la position où il se trouvait lorsqu'il en conçut l'intention. Ceci nous permet d'inférer que l'impulsion peut se séparer immédiatement du corps où elle fut engendrée et se répandre dans l'objet percuté.

Mais si l'objet percuté est plus léger que son percuteur, la longueur du mouvement destiné à ce percuteur sera d'autant plus courte que l'élan qui se sépare de lui en s'attachant au corps percuté va diminuant. C'est-à-dire, si le corps percuté pèse une livre et le percuteur deux livres, j'affirme que la percussion ôtera au percuteur la moitié de l'impulsion et du mouvement ; le corps percuté, n'ayant que la moitié de la force impulsive, suivra un cours moyen mais d'autant supérieur à celui de son percuteur qu'il sera plus léger que lui, et il rencontrera une moindre résistance d'air ; exception faite du pouvoir de résistance de l'air, qui se mesure en tirant un même mobile avec le double de force ; et si les mouvements n'ont pas le double de longueur, celle qui leur fait défaut leur aura été retirée par la résistance de l'air dont on peut dire qu'il s'oppose à eux dans la proportion où le mobile a moins de mouvement lorsqu'il est poussé par le double de la puissance qui s'exerçait tout d'abord. Si le corps percuté est beaucoup plus léger que le percuteur, l'air lui opposera une grande résistance. Si le corps percuté est le double du corps percuteur, son mouvement sera la moitié du mouvement réfléchi de son percuteur. Et si les corps qui s'entrechoquent sont égaux et identiques et de mêmes mouvement et puissance, leurs mouvements égaux auront mêmes longueur et puissance. Mais si des corps semblables et égaux se meuvent inégalement, leur mouvement réfléchi sera inégal.

DES VORTICULES OU TOURBILLONS QUE L'AIR FORME DANS L'EAU

[ca. 1506-1508]
Leic. 30 v.

Quand un vent en rencontre un autre sous un angle obtus, il leur arrive fréquemment de tourner en rond, ensemble, et s'enlaçant, de former une immense colonne ; et l'air ainsi condensé acquiert du poids. Je vis une fois une colonne creuse de ce genre prendre figure humaine sur le sable de la grève où ces vents tourbillonnaient ; ils déchaussaient des pierres de grandeur considérable, emportaient le sable et les algues à travers l'air sur un espace d'un mille, les laissaient choir dans l'eau, les faisaient tournoyer et les transformaient en une colonne dense, sommée à son extrémité supérieure de nuages épais et sombres ; et au-delà des cimes, ces nuages se dispersaient suivant le cours droit du vent lorsqu'il n'était plus gêné par les montagnes.

[Du mouvement de l'eau.]

Cette chose est plus bas, qui est plus proche du centre de la terre ; en conséquence, celle-là sera plus haut, qui en est plus loin.

Toute quantité d'eau ira vers son extrémité la plus basse ; et elle n'aura pas de mouvement en soi, là où les extrémités sont à un même niveau.

On prouve ici, par ces deux propositions, que les eaux des mers communicantes n'auront jamais de mouvement en soi ; et comment leur surface est nécessairement sphérique.

Voilà pourquoi, quand une eau se meut d'elle-même, une de ses extrémités est plus bas que les autres ; et l'eau immobile a ses extrémités à égale hauteur.

Corollaire : l'eau n'a point de mouvement propre, hormis pour descendre.

*

[ca. 1506-1508]
Leic. 33 r.

La variation des positions et des vitesses des eaux dans leurs fleuves tient aux variations d'obliquité de leur lit. La variation d'obliquité du lit des fleuves est due à la variation de vitesse de leurs courants.

L'eau ne se meut point d'elle-même si la pente du lit ne la sollicite.

En ce cas, pour quel motif cette obliquité du lit diffère-t-elle de sa première obliquité générale ? Car je crois comprendre que les mouvements plus ou moins grands des eaux dans les fleuves résultèrent uniquement des plus ou moins grandes inclinaisons de leurs lits comme je l'ai dit plus haut. Et si le premier lit du fleuve fut de largeur, obliquité et rectitude uniformes, pourquoi ces conditions se modifièrent-elles en ce qui concerne le lit ? Car il est démontré ici que le courant de l'eau qui se meut au-dessus doit forcément être uniforme. Les matières qui troublent le cours des fleuves sont celles qui après avoir été entraînées à quelque distance, se déposent sur leurs lits et les élèvent, modifiant ainsi leur pente ; et de là naissent les variations que présentent les cours des eaux. Nous en inférons que l'eau cause les modifications de son lit, et qu'ensuite le lit nécessairement modifie à une cadence plus ou moins grande le cours de ses eaux ; et cette variété de cours est ensuite le plus puissant motif qui détermine les variations de tout le lit du fleuve ; on conclut donc : le lit des fleuves se modifie à cause des sédiments qu'y déposent les courants des eaux ; et les variations des courants dépendent de l'irrégularité que présente le lit du fleuve.

Une goutte d'eau tombant sur un emplacement uniformément dense et lisse, giclera de telle façon que les bords de son empreinte seront à égale distance de sa circonférence ; et inversement, si elle ne tombe point sur une surface plane.

•◆•

Les centres de la sphéricité de l'eau sont deux ; l'un est celui de la sphère aqueuse générale, et l'autre de la [sphère aqueuse] restreinte. *[ca. 1506-1508] Leic. 34 v.*

Celui de la sphère générale est le même pour toutes les eaux immobiles dont il existe des quantités – canaux, fossés, étangs, fontaines, puits, rivières stagnantes, lacs, marais, marécages et mers ; encore que leurs profondeurs varient, les limites de leurs surfaces sont toutes équidistantes du centre du monde, tels les lacs situés sur de hautes montagnes comme (par exemple) au-dessus de Pietra Pana et le lac de la Sibylle à Norcia, et tous ceux qui forment la source des grands fleuves tels le Tessin du lac Majeur, l'Adda du lac de Côme, le Mincio du lac de Garde ; et le Rhin du lac de Constance et Coire, et du lac de Lucerne ; et comme le Trigon qui traverse l'Afrique Mineure et charrie avec lui l'eau de trois marécages, chacun à une altitude différente ; le plus haut est Munace, le moyen est Pallas, et le plus bas, Triton. Le Nil prend sa source dans trois lacs très hauts d'Éthiopie. Il coule au septentrion et se déverse dans la mer égyptienne, sur un parcours de quatre mille milles et sa ligne la plus courte et la plus directe qui soit connue, mesure trois mille milles ; il jaillit des monts de la Lune, après des commencements divers et ignorés ; il arrive vers ces lacs, très au-dessus de la sphère aqueuse, à une altitude d'environ quatre mille brasses, c'est-à-dire un mille et un tiers, ce qui lui permet [au Nil] de tomber d'une brasse par mille. Le Rhône sort du lac de Genève et coule d'abord vers l'occident puis le midi, sur un parcours de quatre cents milles et il déverse ses eaux dans la mer Méditerranée.

Le centre de la sphère d'eau restreinte est celui qui se trouve dans toutes les petites particules de rosée, que l'on voit dans leur rondeur parfaite, blotties sur les feuilles des plantes où elle tombe ; elle est si légère qu'elle ne s'aplatit pas à l'endroit où elle repose ; et, presque soutenue par l'air ambiant, elle n'exerce aucune pression ni ne forme aucune base ; ce pourquoi sa surface est attirée en elle-même, également de tous les côtés, avec même force. Ainsi, chaque partie court à la rencontre de l'autre avec une puissance égale, et elles s'aimantent l'une l'autre, d'où il résulte que chacune acquiert nécessairement une rondeur parfaite et plaçant son centre à égale distance des divers points de sa surface et également tiraillée par chaque partie de sa gravité, elle se met toujours juste au milieu, entre deux parties opposées de poids égal.

Mais quand le poids de la particule d'eau s'accroît, le centre de la surface courbe émerge aussitôt de cette portion d'eau et se fraye un chemin vers le centre de la sphère commune de l'eau ; et plus le poids de la goutte augmente, plus le centre de la courbe se rapproche de celui de la terre.

*

[ca. 1506-1508]
Leic. 35 r.

Dans le cas de deux petits canaux, chacun large de deux brasses, servant la ligne de démarcation entre une route et des domaines, j'ai vu comment leurs eaux se heurtaient avec une force inégale, puis s'unissaient, et s'infléchissant à angle droit, passaient sous un petit pont par cette route et poursuivaient leur course. Mais ce dont je veux parler, à leur propos, c'est qu'ils produisaient un flux et un reflux, hauts d'un quart de brasse, causés tantôt par l'un, tantôt par l'autre canal, comme il sera dit. Le premier, plus puissant, dominait l'arrivée impétueuse de l'eau du canal opposé, et par un apport en sens contraire, la faisait enfler ; puis l'eau venant par-dessus celle-ci, du fleuve grossi, montait de manière à recevoir de l'eau plus paresseuse, un si grand poids qu'elle surpassait l'impulsion et la puissance de celle qui d'abord était la plus forte, et la refoulait avec grande furie ; dès lors, le vainqueur, dont le mouvement redoublait d'impulsion, entrait avec une ondulation s'étendant sur plus de cent pieds, dans le canal plus puissant, lequel alors retardait et retenait celles de ses eaux qui se trouvaient à la limite de l'onde conquérante. Et en amont de cette onde, le fleuve rassemblait tant d'eau que, l'élan de la vague achevé, ces eaux remportaient la victoire et repoussaient les premières ; et ainsi de suite, sans jamais retarder le mouvement de ce troisième canal où elles s'étaient unies sous le pont.

Le canal avait quatre mouvements différents ; ceux du premier et du second étaient plus ou moins grands et celui des autres variait selon qu'il fluctuait de la rive droite à la rive gauche. Les courants plus forts se muaient en courants moindres quand l'une des eaux triomphait de l'autre, car lorsque cette eau est refoulée en arrière avec celui qui la chasse, un grand flux se trouve créé sous le pont. La chute de l'eau sous ce pont avait lieu quand l'un des courants qui l'emportait sur l'autre avait presque épuisé son impulsion, et le courant opposé restait avec sa force épuisée ; l'eau était alors très basse, sous le pont. Le changement du courant de la rive droite à la gauche se produisait selon que l'eau de droite ou de gauche était victorieuse ; c'est-à-dire, quand l'eau de droite avait le dessus, le courant frappait la rive gauche et quand le courant du canal de gauche était victorieux, il percutait la rive droite sous le pont.

Et si le flux et le reflux créés dans une aussi petite quantité d'eau varient d'un quart de brasse, de combien sera la variation dans les grands chenals des mers, circonscrits entre les îles et la terre ferme ?

Elle sera d'autant plus grande que ses eaux seront plus abondantes.

DES VAGUES DE L'EAU

[ca. 1506-1508]
Leic. 36 v.

La vague de l'eau créée sous l'action du vent est plus lente que le vent qui la meut et plus rapide que le courant de l'eau générateur du vent ; de ceci, l'on voit un exemple dans les ondes des prairies.

La vague de l'eau, engendrée par la descente des fleuves, est plus lente que le courant qui la produit ; ceci tient à ce qu'en ces fleuves, elle se forme au fond ou sur leurs côtés, et demeure aussi immobile que l'est l'objet qui la produit ; tandis que l'eau qui continuellement forme l'onde, fuit continuellement devant elle.

Souvent l'onde de l'eau et celle du vent suivent le même cours ; en mainte occasion, elles se contrarient, et se coupent à angles droits ou souvent, à angles aigus.

Le mouvement de la vague qui s'affaisse pénètre celui de la vague qui recule. La vague de l'eau dans un vaisseau circulaire court du bord au centre et elle est ensuite rejetée de ce centre au bord, et du bord au centre, et ainsi de suite.

Dans un vase triangulaire ou un vaisseau à parois, l'onde ne connaît point d'uniformité de temps ; attendu que ses parois et ses angles ne sont pas équidistants du centre du vaisseau.

Le cercle de l'onde que forme l'objet en eau courante, figure une ellipse.

XXII

HYDRAULIQUE

« Pour faire monter l'eau et qu'elle reste sur la hauteur. »

[Dessin de pompe.]

Pour le bain de la duchesse Isabelle. Ressort. *[1er août 1499] C. A. 289 r.*

Pour l'étuve ou le bain de la duchesse Isabelle : *a* est ainsi placé, parce que la vis ne tourne pas avec l'écrou.

[Dessins.]

Eau élevée par la force du vent. *[ca. 1480-1482] C. A. 1069 r.*

Il faut que cette seringue ait deux clapets, un pour le tuyau qui amène l'eau, et l'autre pour celui qui l'expulse.

Système pour élever l'eau.

Ainsi l'on fera monter l'eau dans la maison entière, au moyen de conduites.

DE LA CHUTE D'UN FLEUVE

[Croquis.]

Si tu veux savoir de combien un fleuve descend par mille, sans employer d'autre instrument d'étiage, tu procéderas ainsi : Aie soin de choisir la partie du fleuve qui présente le plus d'ana- *[ca. 1487-1490] Tr. 31 r.*

logie avec le cours général dont tu désires calculer la chute, et englobes-y une centaine de brasses[1] de la rive, dont deux baguettes marqueront le commencement et le terme comme il est montré ci-dessus en *a b* ; lance au point de départ *a* une vessie, un gland ou un bout de liège, et observe combien de temps il faudra à cet objet voyageant avec l'onde qui descend, pour parcourir les cent brasses ; mesure ensuite plusieurs autres cours d'eau, les uns plus lents, les autres plus rapides ; après quoi tu mesureras la chute de cent brasses avec l'instrument à enregistrer les niveaux. Ainsi, ayant vérifié différentes étendues de l'eau, tu sauras comment calculer rien que cent brasses de rive ; et si tu as observé combien de temps il fallut à ton gland pour effectuer ce parcours, tu pourras évaluer sa chute par mille.

⁂

[Dessin d'appareil élévateur hydraulique.]

[ca. 1487-1489]
B, 26 r.

Si tu veux faire monter l'eau d'un mille et qu'elle demeure sur la montagne, procède comme il est figuré ci-dessus, si tu veux que le cours d'eau ait la grosseur de ta jambe, fais la conduite grosse comme ta cuisse. Et si elle doit monter d'un mille, fais-la descendre de deux milles ; ainsi, la violence de l'eau qui se trouve entre *b* et *c* sera si considérable qu'elle élèvera l'eau qui est en *d e* et fera tourner la roue de la pompe à eau. Sache que l'air ne peut pénétrer dans le réservoir par la pompe à eau, car chaque fois que la vis de la pompe à eau tourne en arrière, la valve au fond du réservoir se ferme ; et même si elle n'était pas aussi hermétiquement bouchée, elle ne laisserait point passer l'air, parce qu'elle se trouve à deux brasses au-dessous de l'eau, et en conséquence ne peut accueillir l'air si elle n'accueille d'abord les deux brasses d'eau.

Veux-tu remplir la conduite, il te faut tout d'abord avoir un petit lac d'eau de pluie, et boucher avec de l'argile les tuyaux qui sont au fond, c'est-à-dire en *c* et en *e* ; puis déverser le lac dans la conduite. Quand l'eau est montée d'une demi-brasse au-dessus de la roue, ferme hermétiquement la caisse et en même temps débouche la conduite à sa base en *c* ; et que ta roue soit de quatre brasses.

⁂

1. Une brasse équivaut à environ 1,62 m.

[Dessin de machine.]

Pour élever l'eau.

[ca. 1487-1489]
B, 54 r.

•◆•

[Machine hydraulique.]

Si douze onces d'eau provoquent en une heure trente mille révolutions d'une machine, nous croyons que vingt-quatre onces provoqueront soixante mille révolutions à l'heure, de la même machine, si elle a la même chute, et le débit sera augmenté du double.

[ca. 1494]
H, 90 (42) v.

•◆•

DE L'INSTRUMENT CI-DESSUS

[Dessin.]

Soit *a b* une eau stagnante, *a c* une vis tournée par la quenouille *z*, la même vis transporte l'eau dans le réservoir *c f* ; de ce réservoir part un tube de siphon qui conduit l'eau à un autre, tout autour du centre de la roue du premier mouvement ; de là, les huit rais prennent l'eau qui, son office rempli, retombe à son point de départ.

[ca. 1505]
Forster I, 41 r.

•◆•

[Dessin.]

a l'instrument ci-dessus.

m maintient *c*, débouché pendant la durée de son abaissement, et *m* parti, *c* se referme ; une fois *m* au fond, *s* monte en entraînant l'eau du puits.

[ca. 1505]
Forster I, 41 v.

•◆•

[Dessins.]

L'eau sortie de la pompe coule suivant la ligne *a c* et s'arrête en *s* où formant contrepoids, elle tombe avec le levier *n m*, et élève l'eau fraîche dont une partie formera contrepoids et l'autre restera en haut suivant la ligne *b f*.

[ca. 1505]
Forster I, 42 r.

L'eau quitte le centre *a* et coule en *b* ; et de *b* jusqu'en *c*,

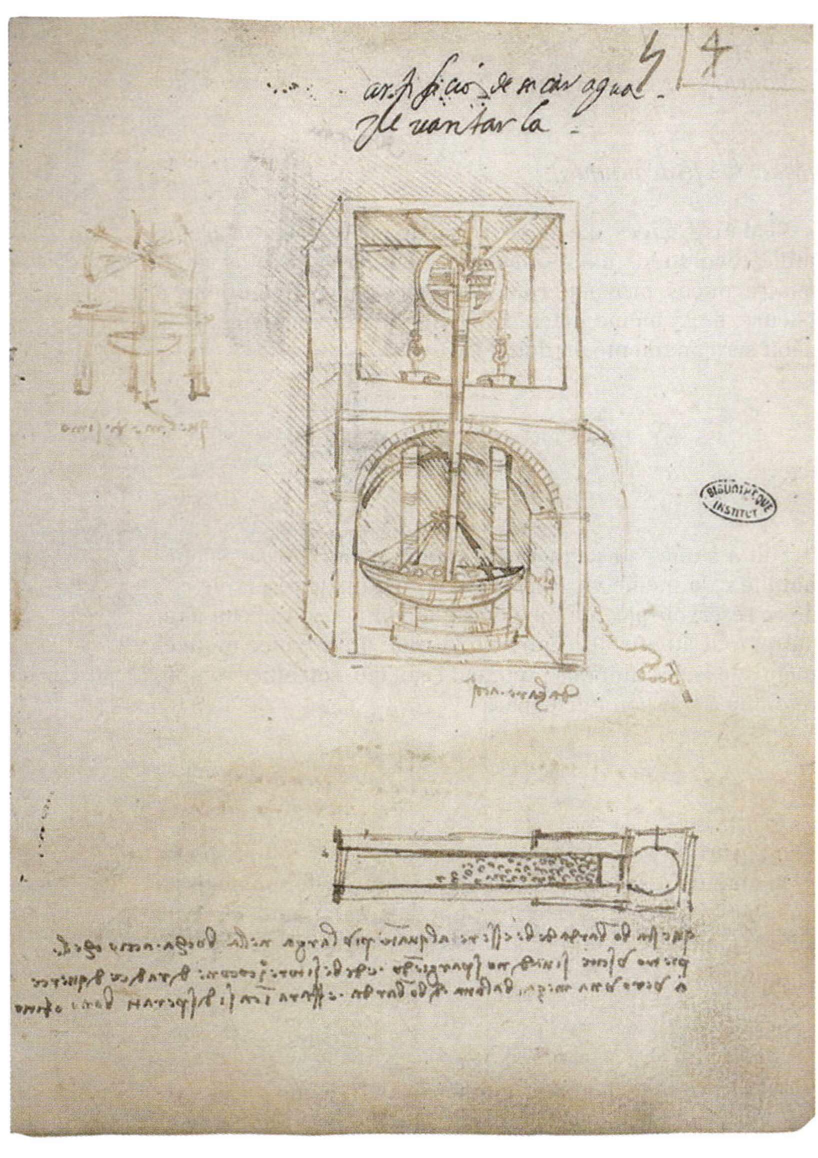

En haut : pompe à pendule (barque chargée de cailloux). En bas : bombarbe à pierres (*B*, 54 r.).

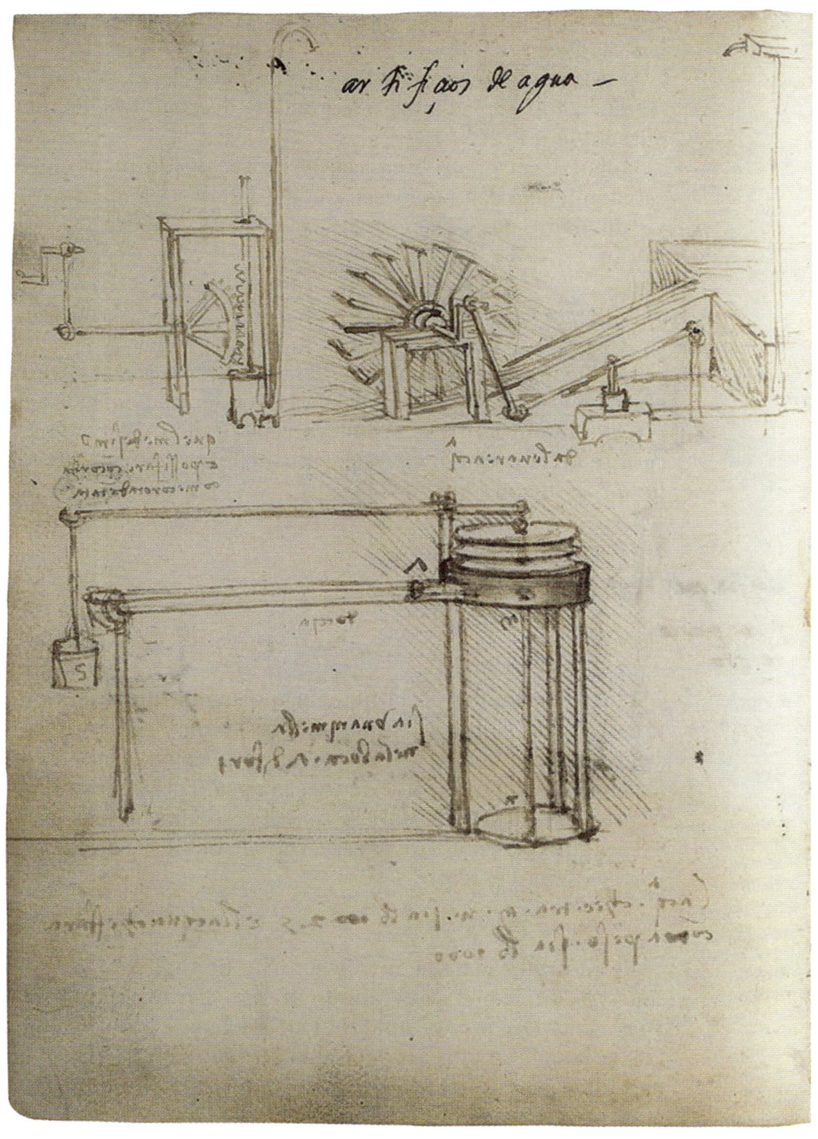

Autres mécanismes de pompe (*B*, 53 v.).

son levier est de niveau uniforme ; à partir de *c*, elle monte doucement par la roue de la vis et retourne au centre *c* ; fais-la, avec seize rais.

Soit *a b* le niveau de la terre, *p* le levier de *m*, *q* celui de *n* ; ainsi, l'un après l'autre à la manière des soufflets, ils remplissent leur office.

Quant à cet [instrument]-ci, la cause de son mouvement est identique à celui de dessus, et en diffère seulement par la vis du centre qui élève l'eau.

[Dessins.]

[ca. 1505]
Forster I, 42 v.

Ici, l'eau, élevée au moyen de la vis, arrive par le tuyau *s* au point *a*, et à partir de *a b* son levier sera équidistant ; de *b n* elle retournera à la première vis et toujours recommencera selon le même processus ; ainsi elle sera plus large à la fin qu'au début.

La vis *a* donne l'eau à la vis *b*, et avec cette même eau, la vis *b* actionne la vis *a*.

[Dessins.]

[ca. 1505]
Forster I, 45 v.

L'eau qui tombe de la bouche *g* provient du réservoir *f* pressé par le plomb *b*, et quand le réservoir *f* est vide, l'eau s'élèvera dans le réservoir *a* par un clapet s'ouvrant de l'intérieur. Donc la partie inférieure s'allégeant et la partie supérieure s'alourdissant, [l'eau] se renverse soudain et le plomb *c* exerce une pression sur le réservoir *a* ; et ainsi elle est toujours en mouvement.

[ca. 1505]
Forster I, 46 r.

Le réservoir gauche envoie son eau de *f* en *b* ; dans ce *b* se trouve un clapet s'ouvrant du dedans, par lequel le réservoir *c b a* vient à se remplir, et l'air s'échappe par *a n* ; mais fais la bouche *a* plus haute que l'autre partie, afin que l'eau ne puisse se déverser. Ce réservoir *d* sera plein d'air, et la partie *e* sera en plomb. Le réservoir *a b c* une fois plein, il y aura renversement et le plomb restera en dessus et comprimera l'eau à gauche ; et pendant que l'eau s'écoule, le plomb s'abaissera et le réservoir la recevra de droite, à travers *m s*.

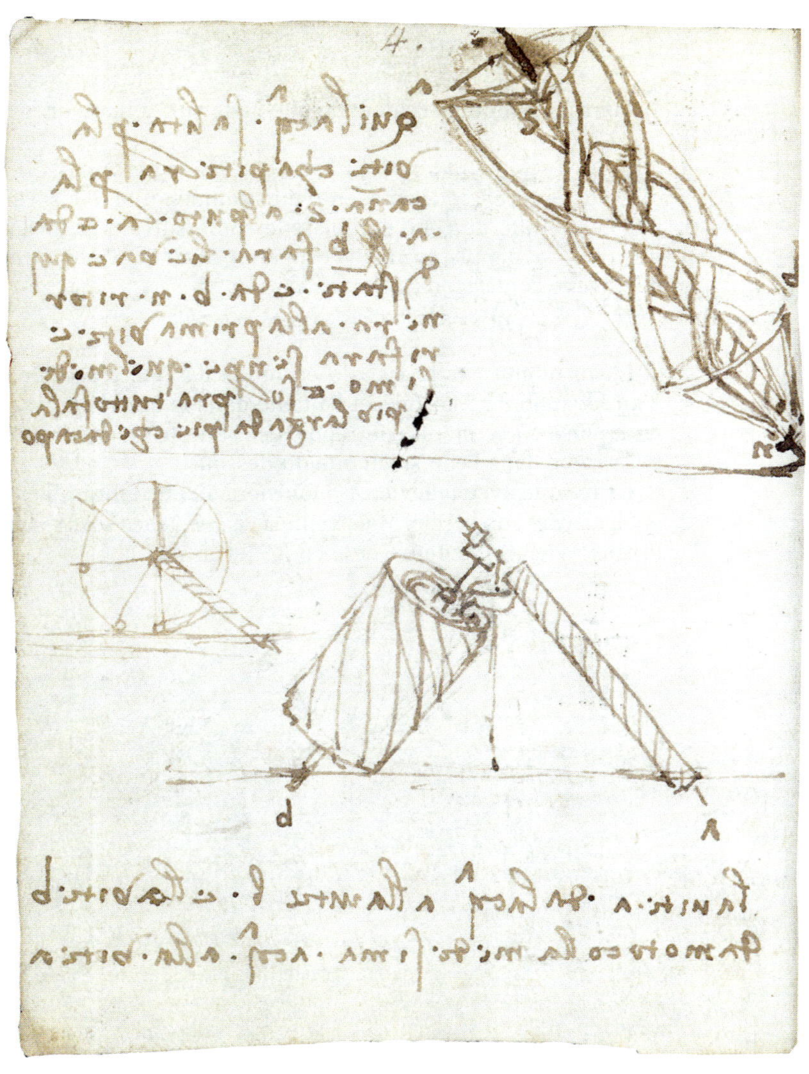

Recherche du mouvement perpétuel par la vis d'Archimède (*Forster I*, 42 v.).

[Dessins.]

[ca. 1505] Forster I, 50 v.

Pour faire monter l'eau et qu'elle reste sur la hauteur.

[ca. 1505] Forster I, 51 r.

Cette eau s'élève au moyen d'une pompe ; une fois sortie par l'extrémité de cette pompe, elle coule suivant le levier, depuis *c a* et depuis *f b* ; arrivée au bout, l'eau qui vient après elle forme contrepoids.

[ca. 1505] Forster I, 51 v.

L'eau monte par la vis *a b* et tombe dans le réservoir *c* d'où le siphon *b f* l'aspire et l'amène dans le réservoir *p* ; et de là, jusqu'à ce qu'un contrepoids se soit formé, en *s* ; puis elle tombe dans l'eau stagnante du dessous.

Cette roue avec le levier *a n* tournera, et elle attirera l'eau en décrivant son cercle. Mais veille à ce que, si les seaux sont dix, le levier vaille douze et le contrelevier un.

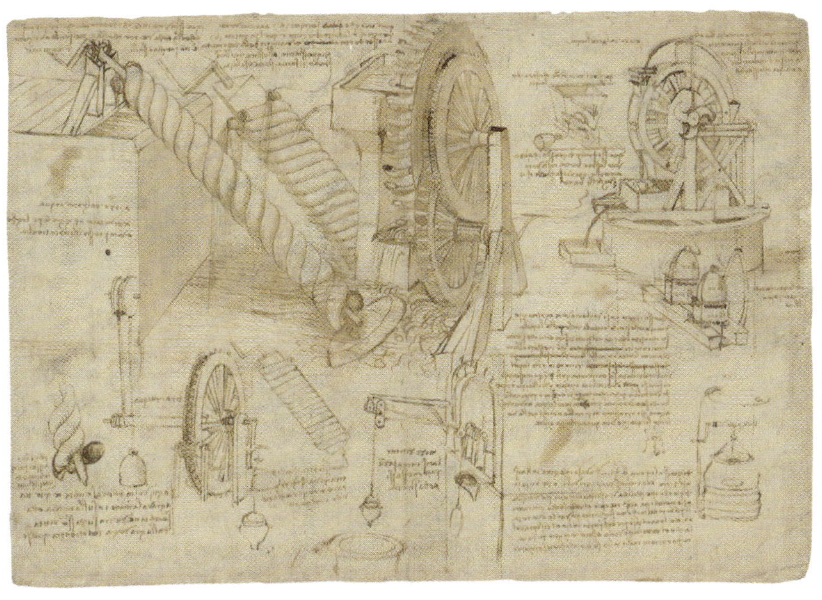

Vis d'Archimède (*C. A.* 26 v.).

XXIII

CANALISATION

« Tout grand fleuve peut être conduit au sommet des plus hautes montagnes, suivant le principe du siphon. »

CANAL DE FLORENCE

[Plan sur lequel figurent les mots Florence, Prato, Pistoia, Serravalle, Lago, Lucques, Pise.]

[ca. 1495]
C. A. 127 r.

Fais construire des écluses dans le Val de Chiana à Arezzo, pour que, l'été, quand il y a pénurie d'eau dans l'Arno, le canal ne soit pas à sec ; que ce canal ait vingt brasses[1] de large au fond, trente à la surface, et son niveau général sera de deux brasses ou quatre, dont deux pour les moulins et les prés. La contrée en sera fertilisée, et Prato, Pistoia et Pise, ainsi que Florence, en tireront un revenu annuel de plus de deux cent mille ducats et fourniront du travail et de l'argent pour cette utile entreprise ; et ceux de Lucques aussi. Comme le lac de Sesto sera rendu navigable, fais-le passer par Prato et Pistoia, traverser Serravalle et déboucher dans le lac ; ainsi point ne sera besoin d'écluses ou de barrages, lesquels manquent de stabilité et demandent à être constamment manœuvrés et entretenus.

1. Une brasse équivaut à environ 1,62 m.

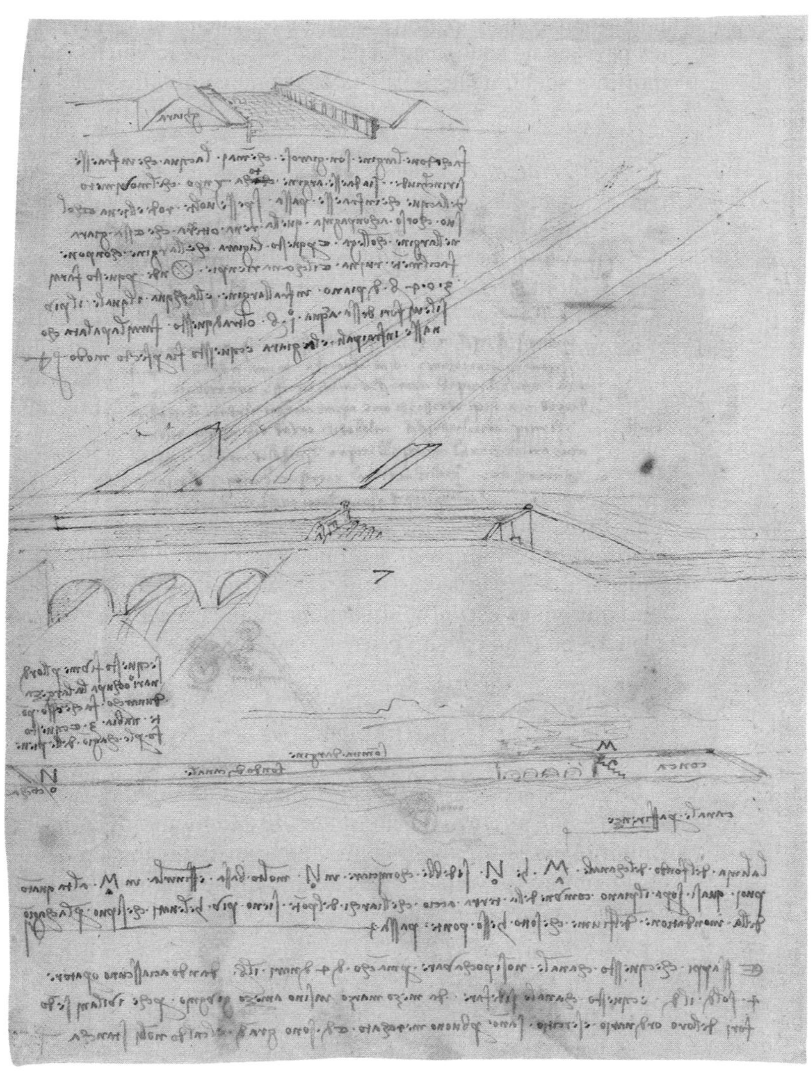

Projet de canal pour Florence (*C. A.* 126 v.).

[ca. 1495]
C. A. 126 v.

Et sache que ce canal ne peut être creusé à moins de 4 deniers par brasse, le salaire journalier de chaque ouvrier étant de 4 sols. Il faudra le construire entre la mi-mars et la mi-juin, époque où les paysans ne sont pas pris par leurs travaux habituels, où les journées sont longues et la chaleur point accablante.

⁂

[Plan de canal élevé sur une colline au moyen d'écluses. Au-dessous : « 10 brasses de profondeur et 8 de large ».]

[ca. 1487-1490]
C. A. 301 r.

Tout grand fleuve peut être conduit au sommet des plus hautes montagnes, suivant le principe du siphon.

Si le fleuve *c d b* envoie une de ses branches au point *a* et retombe au point *b*, la ligne *a b* subira une pression tellement plus grande que la ligne *a c*, qu'elle pourra lui prendre toute l'eau nécessaire pour amener des vaisseaux au haut des montagnes.

⁂

[ca. 1490-1493]
C. A. 536 r.

Si un canal d'eau passe au-dessus d'un autre fleuve, en formant un coude pareil à un genou, il exerce une pression dans son désir de soulever le couvercle de son conduit. Je demande quel est le poids acquis pour résister à celui qui aspire à poursuivre son cours.

⁂

D'UN RÉGISSEUR DES FLEUVES

[ca. 1490]
C. A. 815 r.

Pour permettre à tout vaste fleuve de se maintenir entre ses rives, il importe de nommer un fonctionnaire muni de l'autorité nécessaire pour commander aux riverains du fleuve et les obliger de réparer ses dégradations chaque fois qu'il défonce ses berges.

DE L'ENTRETIEN DES FLEUVES

Le fleuve dont le cours est le plus rectiligne se maintiendra le mieux entre ses berges.

⁂

[1517]
C. A. 920 r.

Un *trabocco* équivaut à quatre brasses, un mille représente trois mille de ces brasses, la brasse se divise en douze pouces, et l'eau du canal s'abaisse de deux pouces tous les cent *trabocchi*. Voilà pourquoi il faut quatorze pouces de chute pour les deux mille huit cents brasses de mouvement de ces canaux. Il s'ensuit que quinze pouces de chute fournissent l'impulsion nécessaire au début de leur eau, c'est-à-dire une brasse et demie par mille ; nous pouvons donc inférer que l'eau détournée du fleuve de Villefranche et prêtée au fleuve de Romorantin, requerrait

Là où, en raison de son peu de profondeur, un fleuve ne peut pénétrer en un autre, il convient de l'élever par une digue à une hauteur qui lui permette de descendre dans le fleuve primitivement plus haut que lui.

De Romorantin jusqu'au pont de Sauldre, il s'appelle la Sauldre ; et de ce pont jusqu'à Tours, il s'appelle le Cher.

[Carte hydrographique.]

Montrichard. Romorantin. Tours. Amboise. Blois. Lyon.

Tu étudieras le niveau du canal qui doit conduire de la Loire à Romorantin, au moyen d'un chenal large et profond d'une brasse.

[Carte hydrographique.]

Loire[1], fleuve. Cher[2], fleuve. Villefranche. Pont de Sauldre. Sauldre. Navire.

Le soir de la Saint-Antoine, je suis retourné de Romorantin à Amboise, et le roi [de France][3] avait quitté Romorantin deux jours auparavant.

⁂

[ca. 1490-1492, ou un peu après] C. A. 974 v.

Les canaux de Milan ont une pente d'environ une brasse par mille. Et un pouce par mille suffit, pour le mouvement de la surface de l'eau.

En outre, si l'on calcule une descente d'une brasse par mille, sur quatre cents milles, il serait nécessaire que l'eau retourne en arrière, car le monde

⁂

1. Ms. : *Era*.
2. Ms. : *Scier*.
3. Biffé dans le ms.

Projet de canal entre le Cher et la Sauldre, en 1517 (*C. A.* 920 r.).

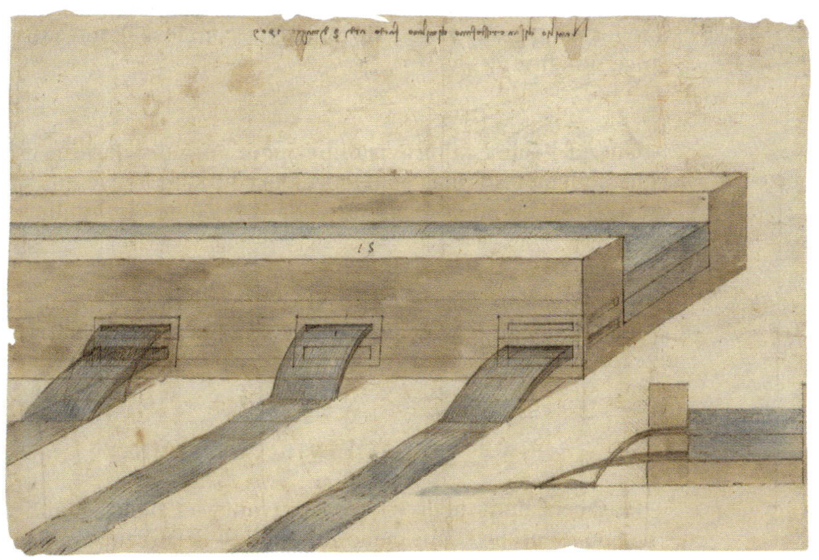

Étude pour le canal de Saint-Christophe à Milan, vers 1509 (*C. A.* 1097 r.).

[ca. 1495]
C. A. 1107 r.

Que la Corporation des Marchands de Laine construise le canal et perçoive les recettes en le faisant passer par Prato, Pistoia, Serravalle et se déverser dans le lac ; il n'aura pas d'écluses, sera plus durable et constituera une plus grande source de revenus pour les régions traversées.

[ca. 1508-1509]
F, 1 r.

Les racines du saule empêchent les berges des canaux de se dégrader. Les branches de saule, nourries pendant leur passage à travers l'épaisseur de la berge, puis taillées bas, grossissent chaque année et s'augmentent de pousses continuelles ; et ainsi ta rive a vie, et elle se compose d'une substance unique.

[ca. 1508-1509]
F, 13 r.

Quand l'étang [approvisionné] pour le mois de juin est vide, bouche les issues et détourne le cours du fleuve qui s'y est déversé, en lui donnant issue dans la chute du moulin.

[ca. 1508-1509]
F, 16 r.

Construis une écluse à l'étroit canal qui vient de la mer, pour pouvoir le fermer aux tempêtes et au flux et l'ouvrir avec le reflux.

POUR APPROFONDIR UN CANAL

[ca. 1508-1509]
F, 23 r.

Fais ceci dans le livre des adjuvants, et pour l'établir, invoque les propositions démontrées. C'est là l'ordre véritable, car si tu voulais étayer chaque proposition, il te faudrait faire de nouveaux instruments pour démontrer son utilité. Ainsi, tu confondrais l'ordre des 40 livres et aussi l'ordre des figurations, tu serais obligé de mêler pratique et théorie – d'où confusion et incohérence.

[ca. 1508-1509]
F, 49 v.

Un gros chargement peut être hissé sur un navire sans l'emploi de treuils, leviers, cordes ou d'une force quelconque :

Pour déposer sur un chaland un poids très lourd, d'une pièce, il faut tirer ce poids sur le rivage et le placer sur la grève dans le sens de la longueur par rapport à la mer. Puis on fera passer au-dessous de lui un canal qui le dépassera de la moitié de la longueur du chaland destiné à le porter. En outre, on réglera la largeur de ce canal par rapport à celle du chaland, qui devra être rempli d'eau et traîné sous le chargement. L'eau une fois vidée, le bateau sera hissé assez haut pour élever tout seul ledit poids du sol. Ainsi chargé, tu pourras alors le haler jusqu'à la mer et l'amener à l'endroit préparé pour le recevoir.

DU CANAL DE MARTESANA

[ca. 1508-1509]
F, 76 v.

Pour la construction du canal de Martesana, la quantité d'eau de l'Adda se trouve diminuée parce qu'elle est distribuée en beaucoup de régions pour alimenter les champs. Le remède serait de faire de nombreux petits conduits, attendu que l'eau bue par la terre ne rend service à personne, non plus qu'elle ne cause aucun préjudice, puisqu'elle n'a été ôtée à personne. Par ces conduits, l'eau qui précédemment était perdue, revient et une fois encore se rend utile et profitable à l'humanité. Si les conduits ne sont construits au préalable, il sera impossible d'irriguer les pays plus bas. Nous disons donc qu'en établissant ces conduits dans le Martesana, l'eau qui était absorbée par la terre des prés, cette eau perdue, sera renvoyée aux autres prés au moyen de ces ruisselets. Et à supposer qu'il y ait pénurie à Ghiara d'Adda et dans la Muzza[1], et que les habitants soient capables de faire des conduits semblables, on verrait l'eau que boivent les prés servir plusieurs fois à ce même effet.

CANAUX CONCAVES ET CONVEXES

[ca. 1508-1509]
F, 88 v.

Il est possible que dans un canal concave en sa largeur, l'eau ait une profondeur uniforme.

Il est impossible que le volume de l'eau coulant dans un canal convexe soit uniforme, le canal fût-il uniformément large.

1. Ms. : *Mucca.* (*N.d.É.*)

LE CANAL DE MARTESANA

[ca. 1494]
H, 65 (17) r.

Une chute de deux pouces tous les cent *trabocchi*, et ces cent *trabocchi* représentent quatre cent cinquante brasses.

La plus extrême profondeur des fleuves sera au-delà du courant où l'eau est au repos.

⁂

[1494]
H, 65 (17) v.

Plus l'eau tombe et plus elle rebondit.

Le 2e jour de février 1494, à la Sforzesca, j'ai dessiné vingt-cinq marches, chacune haute de deux tiers de brasse et large de huit.

La plus grande profondeur d'eau sera entre la percussion et les bouillonnements qu'elle engendre.

⁂

[ca. 1494]
H, 76 (28) v.

Aucune écluse ne sera plus étroite que la largeur générale du canal, attendu qu'en ce cas l'eau forme des remous et détruit la berge.

⁂

[Évaluation pour un canal.]

[ca. 1494]
H, 91 (43) r.

Du canal large de seize brasses en son fond et de vingt à sa surface, on peut dire qu'il a environ dix-huit brasses en sa largeur totale ; et s'il a quatre brasses de profondeur, à 4 deniers la brasse carrée, il coûtera 900 ducats par mille, rien qu'en frais de creusement, la brasse carrée étant calculée en brasses ordinaires.

Mais si les brasses sont de celles dont on fait usage pour mesurer les terres, et dont quatre équivalent à quatre et demie, et que le mille consiste en trois mille brasses ordinaires et que celles-ci soient converties en ces brasses dont on se sert pour mesurer la terre, les trois mille brasses se trouveront réduites du quart, de sorte qu'il reste deux mille deux cent cinquante brasses ; par conséquent, à raison de 4 deniers la brasse, le mille revient à 675 ducats ; et à 3 deniers la brasse carrée, le mille monte à 506 ducats et quart, et l'excavation de trente milles du canal revient donc à 15 187 ducats et demi.

•◆•

L'eau qui tombe sur ses berges les déchausse et provoque leur écroulement du côté opposé. *[ca. 1494] H, 116 (27 v.) r.*

•◆•

JARDIN DE BLOIS

[Diagramme.]

a b est le conduit de Blois, fait en France par Fra Giocondo ; *b c* est ce qui manque dans la hauteur de ce conduit ; *c d*, la hauteur du jardin de Blois ; *e f* la chute du siphon *b c e f* ; *f g* est l'endroit où le siphon se déverse dans le fleuve[1]. *[ca. 1506-1507] K, 100 (20) r.*

•◆•

FLEUVES ET CANAUX

Pour s'assurer que les bouches des canaux qui se creusent dans les fleuves ne s'emplissent pas de gravier, et aussi empêcher le gravier de rester au milieu de la digue qui fut construite pour s'en préserver, il faudra la faire en pente oblique. *[ca. 1506-1507] K, 101 (21) r.*

•◆•

[Diagramme du canal du Tessin.]

La déclivité du canal, avec les petites issues du fond. *[ca. 1506-1507] K, 109 (29-30) r. et 108 (28) v.*

[Diagramme.]

Toute l'eau *a b* est celle qui pénètre dans le canal, avec un débouché par les ouvertures placées au fond ; et toute l'eau *a c* est celle qui entre dans le canal muni d'ouvertures près de la surface liquide. L'eau *c b* qui n'a point de débouché ne meut pas sa masse et ne pénètre donc pas l'autre masse, et [cette autre] ira dans le Tessin.

1. Cette note technique relative à l'œuvre de l'architecte de Vérone, fra Giocondo, dans le jardin du château de Blois, fut écrite par Léonard lorsqu'il se trouvait à Milan pendant l'occupation française ; sans doute tenait-il le renseignement de quelque personnage attaché à la cour de France.

Et pour élever ainsi les ouvertures, fais le cours de l'eau plus[1] oblique et plus lent en conséquence. Alors, dans le même temps, il entraînera une moindre quantité d'eau dans le canal, et les moulins en recevront moins qu'au début, bien qu'ils la reçoivent en totalité ; et les orifices s'empliront d'impuretés et s'obstrueront.

Néanmoins je maintiendrai l'eau dans le canal à la hauteur d'une brasse et demie comme au début, et les issues au fond, comme précédemment et je laisserai entrer l'eau graduellement.

LOIRE, FLEUVE D'AMBOISE

[Dessin d'une coupe de la Loire.]

[ca. 1517-1518]
B. M. 269 r.

Le fleuve est plus haut derrière la rive *b d* qu'au-delà.

Île où se trouve une partie d'Amboise.

Le fleuve Loire qui traverse Amboise passe par *a b c d* ; et après le pont *c d e*, rebrousse chemin par le canal *d e b f*, en contact avec la digue *d b* qui s'interpose entre les deux mouvements opposés du susdit fleuve *a b c d*, *d e b f*. Puis il retourne en arrière par le canal *f l g h n m* et s'unit au fleuve dont il était primitivement séparé, qui passe par *k n* et fait *k m r t*. Mais quand le fleuve est enflé, il coule tout entier dans une seule direction en dépassant la digue *b d*.

[Canal français, projet.]

[ca. 1517-1518]
B. M. 270 v.

Le canal principal du fleuve ne reçoit pas l'eau trouble ; elle va s'écouler dans des fossés à l'extérieur de la ville, avec quatre moulins à l'entrée et quatre à la sortie ; ceci sera construit en établissant un barrage pour l'eau, plus haut, à Romorantin.

On peut endiguer l'eau au-dessus du niveau de Romorantin, à une hauteur qui lui permette d'être utilisée sur plusieurs milles pendant sa descente.

Il est possible d'amener le fleuve de Villefranche à Romorantin, et ceci peut être fait par les habitants du lieu ; les

1. Moins ?

poutres de leurs maisons seront apportées sur des bateaux à Romorantin et le fleuve endigué assez haut pour qu'on puisse faire descendre l'eau jusqu'à Romorantin par une pente aisée.

[Carte schématique de la Loire avec ses affluents.]

Si le fleuve *m n*, tributaire du fleuve Loire, était détourné dans le fleuve de Romorantin avec ses eaux troubles, il enrichirait les terres qu'il irrigue et fertiliserait la campagne ; il procurerait de la nourriture aux habitants et servirait aussi de canal navigable, pour les échanges commerciaux.

COMMENT LE FLEUVE DANS SON COURS RACLE LE LIT DU TORRENT

En vertu de la neuvième [proposition] du troisième [discours] : l'eau la plus rapide use davantage son lit et, inversement, la plus lente abandonne derrière elle une plus grande partie de ce qui la rendait trouble.

Voilà pourquoi, quand les fleuves sont en crue, il te faudra ouvrir les écluses des moulins, pour que tout le cours d'eau puisse [...] Il faudrait que chaque moulin soit pourvu de nombreuses écluses pour que [...] s'ouvrant et donnant une plus grande impulsion, le lit tout entier soit nettoyé.

Et que la vanne soit mobile comme celle que j'ai imaginée pour [le] Frioul, où, quand l'écluse était ouverte, l'eau qui en sortait creusait le fond ; et au-dessous des deux sites du moulin, il faudrait une de ces écluses – avec des vannes mobiles placées au-dessous de chaque moulin.

[ca. 1487-1490, et ca. 1493-1497] Forster III, 15 r.

Il y a ici, monseigneur, maints gentilshommes qui assumeraient entre eux les frais, pour peu qu'ils fussent autorisés à avoir la jouissance des eaux, des moulins et du passage des vaisseaux ; et ayant récupéré leurs détours, ils restitueront le canal de la Martesana.

[ca. 1506-1508] Leic. 13 r.

Un fleuve qui doit être dévié d'un endroit à un autre sera cajolé et non violenté ; pour cela, il faut construire une sorte de barrage en saillie dans le fleuve, puis en établir un autre au-dessous, qui s'avance davantage ; en procédant ainsi avec un troisième, un quatrième, un cinquième, le fleuve se déversera dans le canal qui lui est destiné ; ou bien, il sera détourné du lieu où il a causé des ravages, ainsi qu'il advint dans les Flandres, à ce que m'a conté Niccolò di Forzore.

[Dessin.]

Comment réparer, au moyen d'un parapet, une berge que l'eau percute, comme au-dessous de l'île de Cocomeri.

•◆•

ORDRE DU LIVRE DE L'EAU

[ca. 1506-1508]
Leic. 18 r.

Aucun canal débouchant d'un fleuve ne sera durable, si l'eau du fleuve dont il dérive n'est entièrement circonscrite, comme c'est le cas pour le canal de Martesana et celui qui sort du Tessin.

Les canaux devraient être toujours pourvus d'écluses, pour que les crues excessives ne risquent point d'endommager ou détruire la berge, et que le volume d'eau soit constant.

•◆•

[ca. 1506-1508]
Leic. 27 v.

Comment, pour faire sinuer l'eau, il faut infléchir la ligne de la rive au moyen de quelques pierres : conformément à la quatrième [proposition] du second [discours], où il est démontré que la ligne de l'eau des fleuves est formée par le concours des mouvements réfléchis de l'eau qui, en frappant les rives, s'y est multipliée, élevée, et a creusé son lit au-dessous d'elle. Il en irait de même si quelqu'un s'avisait d'incurver la rive, quand le fleuve, sur un certain espace en amont, a marqué sa volonté de sinuer, puis n'a pas persévéré dans cette tendance, et que tu le suives de nouveau, peu à peu, et satisfasses son premier désir, en lui imposant une courbure presque imperceptible ; ainsi procéderas-tu pour ton essai ; mais si tu t'efforçais d'infléchir l'eau suivant la ligne directe de sa force, ton effort serait vain, car elle briserait tout obstacle. Et si avec ton écluse, tu élèves son niveau assez pour qu'elle en absorbe une telle quantité que l'élan du courant se perdra dans la grande étendue liquide ainsi formée, le résultat peut être bon, et en vertu de la cinquième du premier, le lit sera comblé avec du limon. Mais veille à ce que l'eau ne s'écoule point le long de la rive.

[Déviation d'un fleuve et protection d'une maison.]

J'ai une maison sur la rive du fleuve ; l'eau emporte la terre de ses fondations et s'apprête à la faire crouler ; or, je veux que le fleuve comble de nouveau la cavité par lui creusée, et qu'il consolide ma maison. En l'occurrence, nous sommes régis par la quatrième [proposition] du second [discours], où il est démontré que : « L'impulsion de tout mobile se poursuit suivant sa ligne initiale » ; ce pourquoi nous ferons une barrière au point oblique *n m*, mais il est préférable de le prendre plus haut en *o p*, pour que toutes les matières qui sont de ton côté de la bosse, puissent se déposer dans la concavité où se trouve ta maison ; et les matières de la bosse *k* feront alors de même, ce qui remplira l'office voulu, pour cet hiver. Mais si le fleuve est grand et puissant, on fera ladite barrière en trois ou quatre parties ; la première, dans la direction d'où vient l'eau, devra faire saillie au-delà de sa rive, sur un quart de la largeur du fleuve ; puis, au-dessous de celle-ci, tu en édifieras une autre aussi distante que le sommet du bond que fait l'eau en tombant du premier barrage – car à ce sommet de son bond, l'eau quitte le haut du tertre que forma le gravier creusé par sa première percussion quand du premier barrage elle tombe sur son lit. Cette deuxième digue s'étend à mi-chemin en travers de la largeur du fleuve. La troisième devra suivre plus bas, en partant de la même rive, et à la même distance déterminée de la deuxième, que la deuxième l'était de la première ; et elle se prolongera jusqu'aux trois quarts de la largeur du fleuve. Ainsi procéderas-tu pour la quatrième digue, qui le fermera transversalement. Et de ces quatre digues ou barrages, il résultera une puissance bien plus grande que si toute cette matière avait formé un barrage unique, d'une épaisseur uniforme et bouchant toute la largeur du cours d'eau. Ceci est en conformité avec la cinquième [proposition] du second [discours] où il est démontré que la matière d'un unique support, si sa longueur est quadruplée, soutiendra non le quart de ce qu'il soutenait précédemment, mais beaucoup moins.

[ca. 1506-1508]
Leic. 32 r.

[Dessin.]

Je trouve que l'eau qui tombe au pied des digues dépose des sédiments du côté d'où arrivent les eaux, et emporte de ce pied toutes les matières qu'elle heurte en tombant. Je voudrais qu'elle fît ces dépôts à l'endroit de sa chute, et par là renforçât et consolidât le barrage, chose qui se peut faire de la façon suivante.

XXIV

EXPÉRIENCES

« Ôte la surface jaune qui recouvre l'orange et distille-la dans un alambic, jusqu'à ce que l'extrait puisse être dit parfait. »

EXPÉRIENCE AU MOYEN DU SENS TACTILE

Si tu places ton index sous la pointe du médius, de façon que ton ongle tout entier soit visible de l'autre côté, tout ce que touchent ces deux doigts te semblera double, pour peu que l'objet touché soit rond. *[ca. 1490] C. A. 545 v.*

⁂

Je prends un vase plein de vin, j'en retire la moitié que je remplace par de l'eau : le contenu du vase sera donc mi-partie eau, mi-partie vin. *[ca. 1499-1500] C. A. 585 r.*

Puis j'en vide de nouveau la moitié et le remplis d'eau ; dès lors il reste

Toute quantité continue étant divisible à l'infini, si une quantité de vin est placée dans un vase continuellement traversé d'eau, jamais l'eau contenue dans ce récipient ne sera pure de vin.

⁂

POUR CONNAÎTRE LE PÔLE NORD DE L'AIMANT

[ca. 1513-1514] E, 2 r.

Pour trouver la partie de l'aimant qui se tourne naturellement vers le nord, prends un large bassin que tu rempliras d'eau ; places-y une tasse de bois et mets-y l'aimant sans ajouter d'autre eau. Elle flottera à la manière d'un bateau et en vertu du pouvoir d'attraction, se dirigera aussitôt vers l'étoile polaire ; et il ira vers elle en tournant d'abord avec la tasse de façon à s'orienter vers l'étoile, puis traversant l'eau, touchera de son pôle nord le bord du bassin comme il est énoncé plus haut.

[ca. 1508-1509] F, 23 v.

Le diamètre de ce globe sera d'une moitié ou d'un tiers de brasse[1] ; il sera fait de verre clair, empli d'eau limpide, et contiendra une lampe dont la lumière sera à peu près vers le centre du globe : une fois suspendu au milieu d'une pièce, il diffusera grande clarté.

[Sphéricité de l'eau. Expérience.]

[ca. 1508-1509] F, 62 v.

Une goutte de rosée, par sa rondeur parfaite, nous permet de considérer quelques-unes des diverses fonctions de la sphère aqueuse ; comment elle contient en soi le corps de la terre, sans que se détruise la sphéricité de sa surface. Car si tout d'abord tu prends un cube de plomb, grand comme un grain de mil, et qu'au moyen d'un fil très fin qui y sera attaché, tu le plonges dans cette goutte, tu verras qu'elle ne perd rien de sa rondeur première, encore qu'elle se soit augmentée d'une quantité égale à la dimension du cube circonscrit en elle.

[Lumière et chaleur. Soleil et miroirs.]

[ca. 1508-1509] F, 85 v.

La plus grande lumière, jointe à une moindre chaleur, faitelle que les miroirs concaves réfléchissent des rayons d'une

1. Une brasse équivaut à environ 1,62 m.

chaleur plus puissante qu'un corps doué de plus de chaleur et de moins de lumière ?

Pour cette expérience, on chauffera un morceau de cuivre et on le placera de façon qu'il soit visible par un trou rond, lequel – par sa dimension et sa distance du miroir – sera égal au cuivre chauffé.

Ainsi tu auras deux corps situés à une même distance mais différant en chaleur et en rayonnement, et tu trouveras que la plus grande chaleur réfléchira dans le miroir une chaleur supérieure à celle de la flamme.

Dès lors, nous pouvons dire que ce n'est pas l'éclat du soleil qui chauffe, mais sa chaleur naturelle.

Il est prouvé que le soleil, de par sa nature, est chaud et non froid, ainsi qu'il a déjà été établi.

Le miroir concave, bien qu'il soit froid quand il reçoit les rayons du feu, les réfléchit plus chauds que le feu.

Une boule de verre remplie d'eau froide renvoie les rayons qu'elle a reçus du feu, plus chauds que le feu lui-même.

Des deux expériences précitées, il résulte que la chaleur des rayons dérivant du miroir ou de la boule d'eau froide, tient à leur essence et non à ce que le miroir ou la boule sont chauds. Le même phénomène se produit en ce cas quand le soleil a traversé des corps qu'il chauffe en vertu de sa propre essence. On en a inféré que le soleil n'est point chaud, alors que ces expériences prouvent qu'il l'est à l'extrême, par l'exemple du miroir et de la boule froide qui, recevant le rayonnement du feu, le convertit en rayons chauds, le principe initial étant chaud. Il en va de même avec le soleil qui, chaud en soi, lorsqu'il traverse ces miroirs froids, réfléchit une grande chaleur.

COMMENT MESURER LA SUBTILITÉ DES EAUX. EXPÉRIENCE

[ca. 1510-1516]
G, 37 v.

Tu établiras les divers degrés de légèreté des eaux en suspendant à une même profondeur, par les deux bouts, une bande de vieille toile sèche qui, de chaque côté, plongera jusqu'au fond de deux vases contenant les deux eaux différentes destinées à ton expérience. Elles s'élèveront un peu sur la toile et s'évaporeront graduellement ; et au fur et à mesure que s'évapore l'eau qui est montée, le reste [du liquide] montera jusqu'à ce que le vase soit à sec. Si tu le remplis de nouveau, l'eau tout entière montera insensiblement dans l'étoffe, et comme il a été dit, le vase se videra petit à petit. Ainsi la toile sera imbibée du reste de l'eau qui s'est évaporée, et au moyen des poids obtenus, tu pourras déterminer laquelle des deux eaux est plus terreuse que l'autre.

SIPHON AU MERCURE POUR FAIRE DU FEU

[ca. 1510-1516]
G, 48 r.

Plus l'eau diminue dans le vase, plus son niveau s'abaisse, et plus la surface de l'eau s'abaisse, moins vite le siphon coule ; mais si le siphon descendait en même temps que le niveau de l'eau qui le soutient, sans aucun doute le mouvement de l'eau qui se déverse serait toujours égal en soi. Il faut donc, pour obtenir cette égalité, que nous placions le vase *n* au-dessus du bain de mercure *m*. Ce vase *n* est une barque et soutient le siphon qui descend dans le mercure, lequel s'élève par le siphon *n s t* dans le vase *f*. À mesure que s'abaisse le niveau de ce vif-argent, la barque qui pose dessus descend en même temps que le siphon – formé de fin cuivre bruni – et tombe dans le vase ; et celui-ci, lorsqu'il acquiert le poids requis, tombe et son choc engendre le feu.

[ca. 1510-1516]
G, 73 v.

L'expérience permettra de démontrer si le vernis inaltérable, qui a fondu au feu, quitte la position oblique lorsqu'il n'est pas très épais ; ce vernis, une fois liquéfié, sera rendu lisse au moyen d'un pinceau.

[L'écoulement des liquides.]

[ca. 1497]
I, 73 (25) r.

Si le vin remplissant une barrique s'élève à quatre brasses de hauteur et jaillit à quatre brasses, ce vin une fois abaissé à un niveau de deux brasses dans la barrique, jaillira-t-il, par la même cannelle, à une distance de deux brasses ? C'est-à-dire, sa chute et la portée du jet de la cannelle diminueront-elles dans la même mesure ou non ? Si avec la contenance d'une barrique on remplit par la cannelle deux bocaux en une heure, il faut donc que dans le même temps, le vin déversé par la cannelle ne remplisse qu'un seul bocal, si la barrique n'est pleine qu'à moitié.

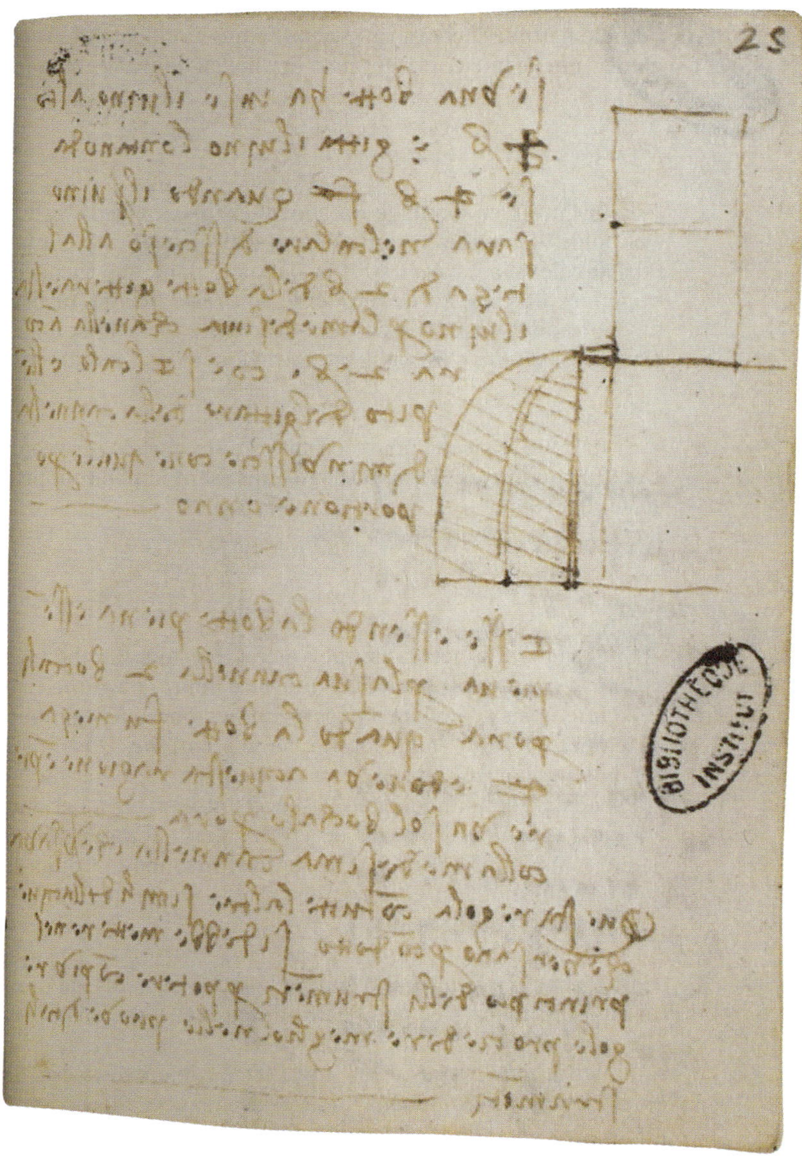

Expérience sur l'écoulement des liquides (*I*, 73 r.).

Cette règle, ainsi que les autres relatives aux eaux qui s'écoulent par des tuyaux, figurera au commencement des Instruments, afin de mieux les éprouver au moyen de règles diverses.

[Bon ou piètre mathématicien.]

[av. 1500]
M, 68 v.

Pour éprouver si quelqu'un juge avec justesse de la nature des poids, demande-lui en quel point il convient de couper l'un des deux bras égaux de la balance, pour que la partie tranchée, attachée à l'extrémité de son reste, forme au bras un contrepoids exact. La chose est impossible ; si donc il t'indique la position, c'est qu'il est un médiocre mathématicien.

[ca. 1504, et ajouts de ca. 1506-1508 ?]
B. M. 191 r.

Si tu veux diviser l'heure en trois mille parties, tu y parviendras au moyen d'une horloge, en faisant le pendule plus ou moins léger.

FEU

[ca. 1505]
Forster I, 43 r.

Si tu veux allumer dans une vaste pièce une flambée qui ne cause aucun dommage, fais ainsi : d'abord, parfume l'air avec une épaisse vapeur d'encens ou quelque autre senteur fortement odorante, puis souffle, ou fais bouillir, et réduis à l'état de vapeur, dix livres d'eau-de-vie.

Prends garde toutefois que la pièce soit bien close, et jette à travers la fumée, du vernis pulvérisé, qui flottera au-dessus d'elle ; puis, muni d'une torche, entre brusquement dans la pièce, et aussitôt tout ne sera plus qu'une nappe de feu.

[ca. 1505]
Forster I, 44 v.

Ôte la surface jaune qui recouvre l'orange et distille-la dans un alambic, jusqu'à ce que l'extrait puisse être dit parfait.

Bouche bien les issues d'une pièce, aie un brasero de cuivre ou de fer contenant de la braise, asperge-le de deux pintes d'eau-de-vie – peu à la fois – de manière qu'elle dégage de la fumée. Puis fais entrer quelqu'un avec une lumière, et tu verras la pièce soudain pleine de flammes – comme une fulguration d'éclair – et personne n'aura de mal.

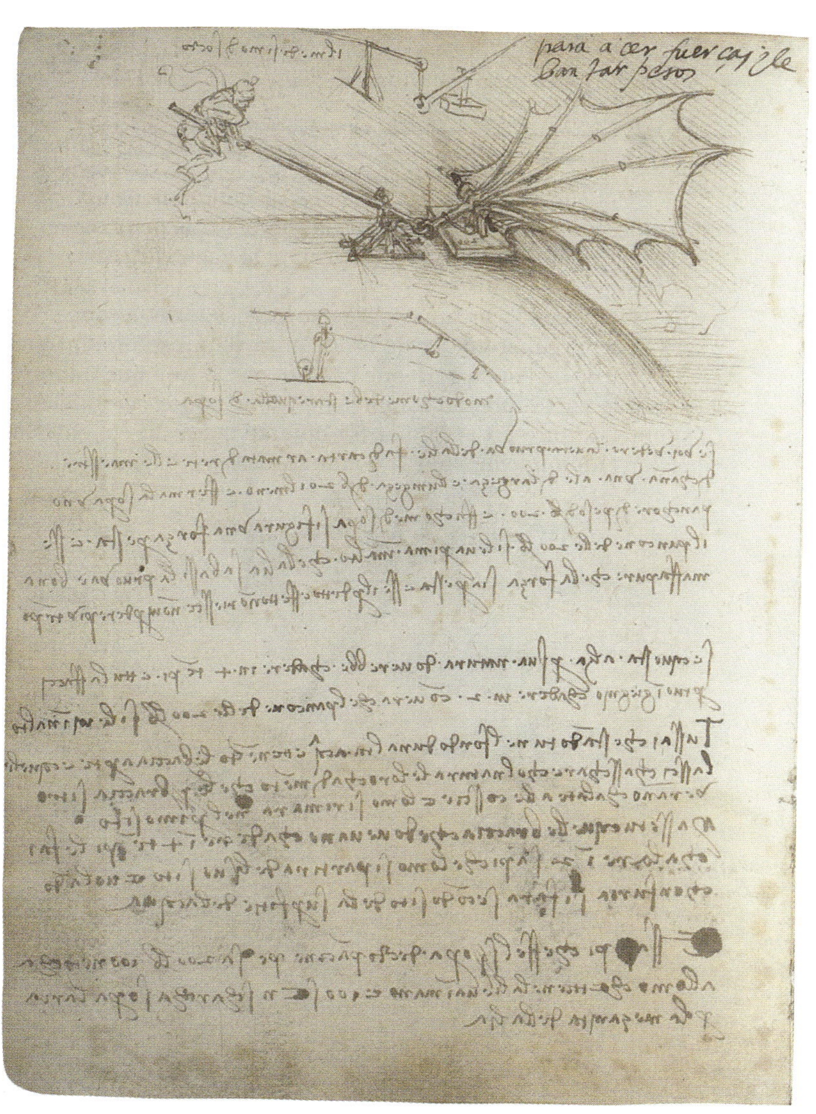

Expérience sur la portance d'une aile (*B*, 88 v.).

•◆•

[Expérience avec les ondes de l'eau et de l'air.]

[Figures.]

[ca. 1510]
RL 19106 v.

Mets-toi dans une barque, construis tout autour une palissade, *n m o p*, et fixe à l'intérieur deux bouts de planches *s r* et *t r*[1] ; donne un coup en *a* et vois si la vague brisée passera, comme il faut, jusqu'à *b c*[2].

Des résultats de ton expérience avec cette onde coupée par l'onde circulaire de l'eau, on déduira ce qui se produit avec la partie de l'onde aérienne passant par le trou que traverserait la voix humaine confinée dans une boîte ; comme je l'ai entendu dire à Campi par un homme qui avait été enfermé dans un tonneau, dont la bonde était restée ouverte.

---

1. Comme la figure l'indique, ces deux planches se font vis-à-vis, à angles droits par rapport aux côtés de l'enceinte, et chacune mesure environ un tiers de sa largeur.

2. Les lignes *b a* et *c a* forment un angle aigu, à côtés égaux qui passent par les deux bouts des deux planches *s r* et *t r*, et se prolongent jusqu'aux points *b* et *c*, lesquels sont adjacents à l'enceinte.

XXV

INVENTIONS

« Ô spéculateurs du mouvement perpétuel, combien de vaines chimères avez-vous créées en une pareille quête ? Allez prendre la place qui vous revient parmi ceux qui cherchent la pierre philosophale. »

[Dessin.]

Méthode pour assécher le marais de Piombino. *[ca. 1504] C. A. 382 r.*

•◆•

[Figure d'un anémomètre.]

Ici, il faut une pendule, indiquant les heures, minutes et secondes[1]. Pour mesurer la distance parcourue en une heure avec le courant du vent. *[ca. 1487-1490] C. A. 675 r.*

[Figure d'un hygromètre.]

Pour apprendre à connaître la qualité et la densité de l'air, et prévoir la pluie.

[Figure d'un instrument.]

Pour calculer en milles l'étendue de la mer.

1. Ms. : « *l'ore, punti e minuti* ».

•◆•

[Dessin.]

[ca. 1493-1495]
C. A. 842 r.

Voici comment draguer un port : la charrue *m n* aura par-devant des pointes en forme de soc et de couteau, on l'utilisera pour charger de vase une grande charrette dont la partie postérieure sera perforée comme un filet pour éviter que l'eau reste enfermée dans sa caisse ; et cette charrue sera traînée à l'endroit d'où la vase doit être déblayée, en même temps qu'une barque ; une fois qu'elle a touché le fond, le treuil *b* la tirera sous le treuil *a* qui l'élèvera quand elle sera pleine jusqu'au timon, de façon que la barque passant au-dessous d'elle puisse recueillir la vase de la charrue ; laquelle déblayera ainsi le lit et déchargera la vase sur la barque au-dessous d'elle.

•◆•

[ca. 1513-1514]
C. A. 1047 r.

Fabrique demain des silhouettes en carton de toutes formes qui, lancées du haut de notre jetée, tomberont à travers l'air ; puis dessine les figures et les mouvements de chacune, aux divers stades de sa descente.

•◆•

[Dessins.]

[ca. 1495]
C. A. 1105 v.

Ces ciseaux s'ouvrent et se ferment d'un unique mouvement de la main.

Ciseaux employés par les fabricants de bérets pour couper l'étoffe. Aussi rapides à ouvrir et à refermer que les autres.

Cet [instrument] est d'autant plus aisé à manier que celui qui s'en sert n'est point forcé de mouvoir le ressort ou la courbure, comme c'est le cas pour les ciseaux tout d'une pièce. Avec ceux-ci, point n'est besoin de perdre du temps pour couper les fils de l'étoffe, ou de plier par force le ressort qui se trouve dans le talon des ciseaux.

Cet instrument-ci se referme aussi vite que les autres mais s'ouvre beaucoup plus promptement.

•◆•

[Dessin d'appareil avec cordes et poulies.]

[ca. 1487-1490]
Tr. 4 r.

Système pour élever et abaisser les rideaux des trésors d'argent du seigneur.

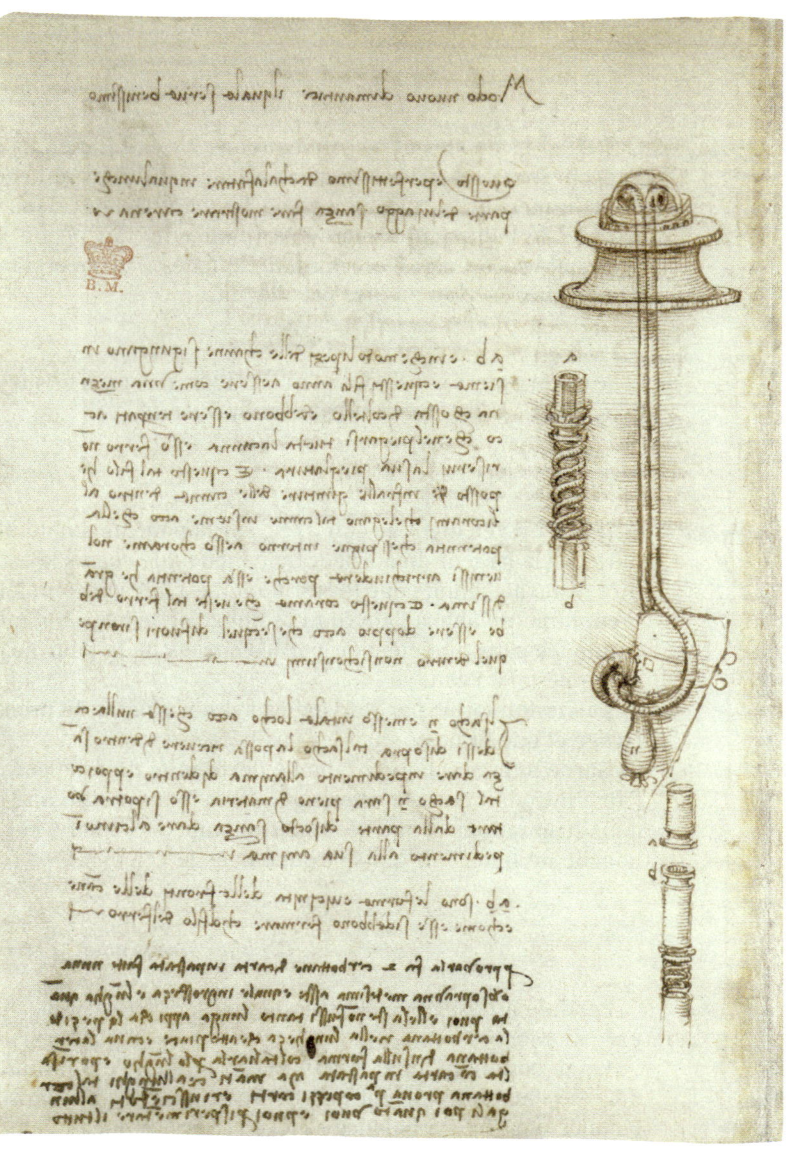

Type de matériel de plongée sous-marine (*B. M.* 24 v.).

⁂

[Dessin de tube descendant de la surface de l'eau pour couvrir la bouche du scaphandrier.]

[ca. 1487-1489] *B, 18 r.*

On fait usage de cet instrument dans l'océan Indien, pour la pêche aux perles il est en cuir avec de nombreux anneaux pour empêcher que la mer ne le bouche. Debout dans la barque, le compagnon attend le [plongeur] qui pêche les perles et les coraux ; il est muni de lunettes à neige et d'une armure hérissée de pointes par-devant.

⁂

COMMENT SE SAUVER PENDANT LA TEMPÊTE OU LE NAUFRAGE EN MER

[Dessin.]

[ca. 1487-1489] *B, 81 v.*

Il faut un vêtement de cuir avec, sur la poitrine, un double ourlet de la largeur du doigt, également double depuis la ceinture jusqu'au genou ; que le cuir dont il est fait soit complètement imperméable à l'air. Si tu es obligé de te jeter à la mer, gonfle les pans du vêtement par les ourlets de la poitrine, et précipite-toi à l'eau.

Laisse-toi porter par les vagues s'il n'y a point de proche rivage et que tu ne connaisses pas la mer.

Garde toujours dans la bouche l'extrémité du tube par où l'air s'introduit dans le vêtement ; s'il te faut prendre une ou deux inspirations et que l'écume t'en empêche, aspire, par la bouche du tube, l'air qui se trouve dans le vêtement.

⁂

[Dessin d'une pendule à réveil.]

[ca. 1487-1489] *B, 20 v.*

Pendule à l'usage de ceux qui dépensent leur temps avec parcimonie.

Voici comment elle fonctionne : quand l'entonnoir a déversé dans le récipient autant d'eau qu'il y en a dans la balance opposée, la balance s'élève et verse son eau dans le premier récipient ; celui-ci, dont le poids se trouve doublé, imprime une violente secousse aux pieds du dormeur, qui s'éveille et se rend à son travail.

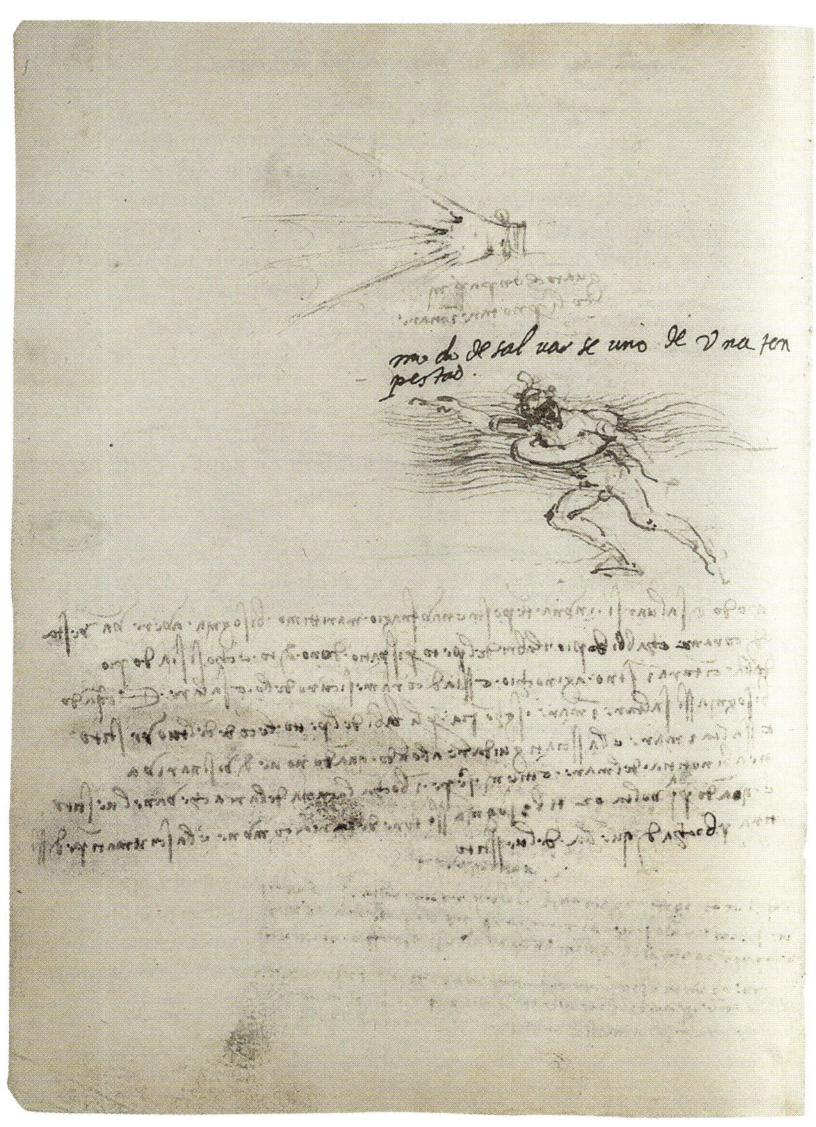

Comment se sauver pendant la tempête (bouée et palmes) (*B*, 81 v.).

⁂

[Foreuse.]

[ca. 1487-1489] *B, 47 v.*

Pour forer une poutre, il faut la tenir verticale, et la forer de bas en haut, afin que le trou se vide de lui-même. Fais le pavillon de façon que la sciure ne tombe pas sur la tête de celui qui tourne la vis ; prends garde que les tourneurs s'élèvent en même temps que la vis. Fais le trou d'abord avec une vrille fine, et ensuite avec une plus grosse.

⁂

[Dessin.]

[ca. 1487-1489] *B, 49 v.*

Traîneau à employer dans la boue. Fais que la partie en contact avec le sol soit toute lisse pour qu'elle ne s'embourbe pas.

⁂

[Dessin.]

[ca. 1487-1489] *B, 50 r.*

Traîneau destiné aux régions montagneuses et rocheuses. Ne fais pas toute lisse la partie en contact avec le sol, pour qu'elle soit moins difficile à traîner ; car moins le poids a de contact, plus il est aisé à mouvoir.

⁂

[Dessin d'une pendule.]

[ca. 1487-1489] *B, 50 v.*

Quatre ressorts pour l'horloge, de façon que quand l'un a fini sa course, l'autre commence ; et quand le premier tourne, le second reste immobile. Le premier se fixe sur le second comme une vis ; dès qu'il s'est fixé, le second ressort acquiert le même mouvement et ainsi des autres.

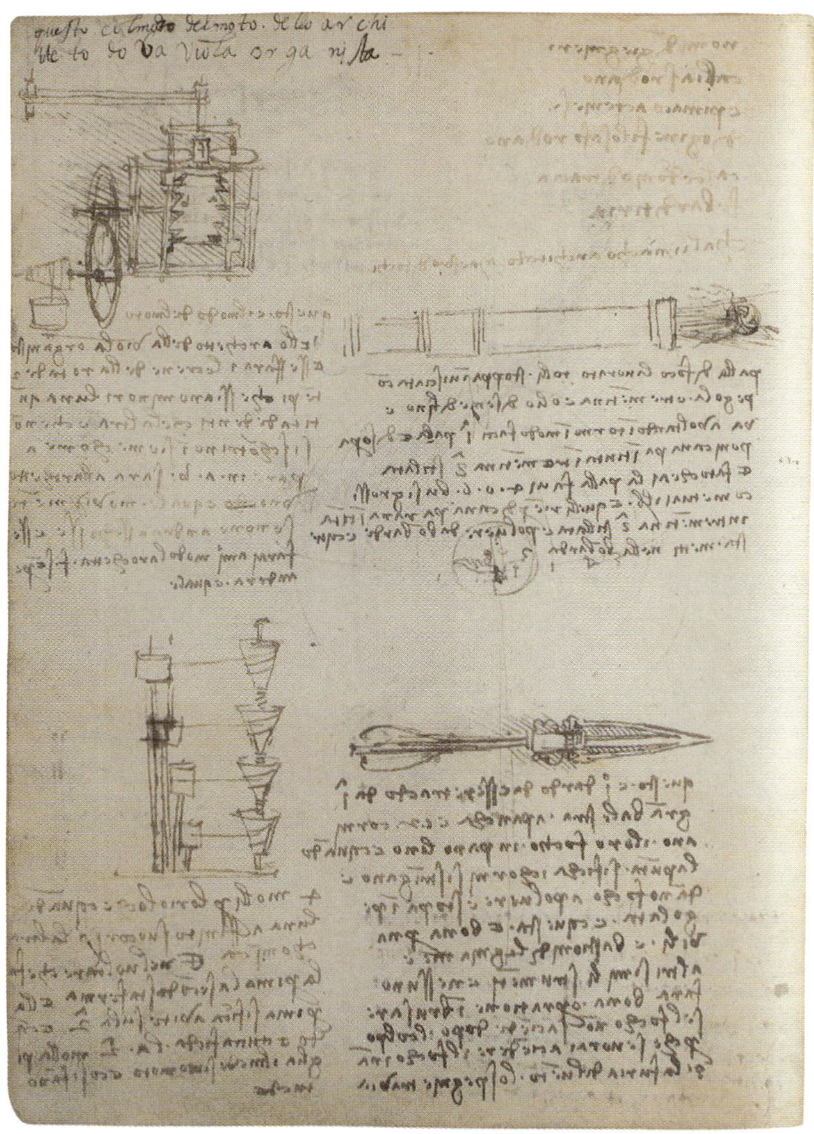

En haut, à gauche : détail pour la construction de la viole organiste, inventée par Léonard.
En bas, à gauche : système de ressort conique pour un mouvement uniforme de la pendule.
En haut, à droite : boulet tiré d'une bombarde. En bas, à droite : dard pour arbalète (*B*, 50v.).

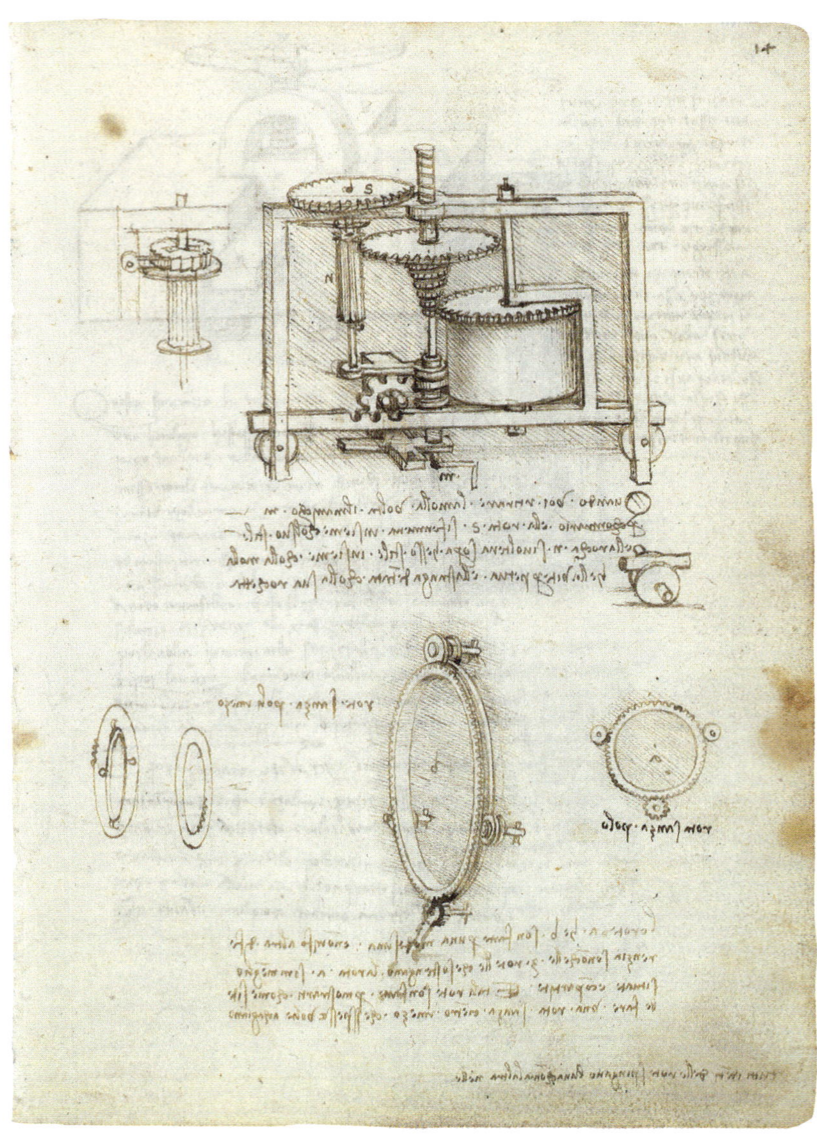

Mécanisme régulateur de la vitesse de l'horloge (*Madrid I*, 14 r.).

·◆·

[Dessin d'une barque à aubes.]

Barque de planches, pontée. Mais fais une grande aube à palettes dissimulée à l'intérieur et une rainure allant d'une extrémité à l'autre, comme il est montré en *a* pour que la roue puisse toucher l'eau. *[ca. 1487-1489] B, 76 v.*

·◆·

[Dessin pour la fabrication du béton.]

a est une caisse qui s'ouvre et se vide, où tu pourras fabriquer du béton formé de fin gravier et de chaux : faire sécher ces blocs sur la terre, puis les superposer sous l'eau, pour établir un barrage où son élan se brise. *[ca. 1487-1489] B, 79 v.*

Gabions pleins de gravier et de branches de bouleau ; c'est-à-dire, une couche de branches *[croquis]* placée verticalement, dans le sens indiqué, et une couche de gravier ; puis une couche en sens contraire *[croquis]* et une couche de gravier, et ainsi tu construiras ton [barrage] pièce par pièce.

·◆·

DE LA PROPORTION

Avec un certain nombre de petites pierres de grandeur différente, expérimente si, une fois lancée, la plus lourde va plus loin ; puis fais un essai avec une pierre unique et le même instrument, en déployant la même force, et vois si elle [la pierre] fit plus de chemin seule qu'accompagnée. Ou quand les pierres sont toutes de mêmes forme et poids, comme les balles de la sarbacane et projetées par la même force dans le même temps, observe si elles couvrent la même distance. *[ca. 1487-1489] B, 81 r.*

SOUFFLET SANS CUIR UNIQUEMENT FAIT DE BOIS

Ce soufflet est en pain de sucre, avec une cloison qui divise sa longueur en deux parties. L'une – la supérieure – est pleine d'eau ; celle du dessous, pleine d'air. L'eau tombe dans le vase de l'air par une petite ouverture placée près de la douille, et en augmentant, elle chasse l'air par la bouche du soufflet.

Le manque d'air dans la partie supérieure est comblé au moyen d'un clapet qui laisse entrer l'air comme pour les autres, et c'est là le type de soufflet le plus utile qui se puisse employer.

⁂

[ca. 1487-1489]
B, 81 v.

Gant de tissu, palmé, pour nager en mer.

⁂

[Soufflet hydraulique.]

[Dessin d'un soufflet cylindrique à degrés.]

[ca. 1487-1489]
B, 82 r.

Ceux-ci sont des espèces de soufflets sans cuir, d'une admirable utilité et fort durables. Leur fonctionnement est le suivant : le soufflet est toujours plein d'eau, du milieu jusqu'en bas, soit *m n*, et, pendant sa rotation continuelle, *n* monte jusqu'à ce qu'il atteigne l'ouverture *s t*, pratiquée à l'extérieur du second revêtement, comme il apparaît dans l'instrument ci-dessous ; et, avec le même tuyau *s t*, vient rencontrer le trou *o* dans le réservoir *n* ; et il entre autant d'air par le trou *o* dans le réservoir *n* qu'il passe d'eau de *n* en *m* et autant d'air est chassé du réservoir *m* que *n* lui donne d'eau. L'air que l'eau expulse de *m* actionne le soufflet. Ce soufflet sera de chêne pour résister plus longtemps à l'eau, et à l'intérieur il aura un enduit de térébenthine et de poix ; ainsi, dans les moments où l'on ne s'en sert pas, la partie supérieure qui est hors de l'eau ne vient pas à s'ouvrir. Le poids d'un homme qui chemine dessus, sur les degrés, fait tourner le soufflet.

Il serait également fort utile de le manœuvrer en employant la force d'une chute d'eau.

Le fond du soufflet, au-dessous du tube *s t*, demeure fixe, et le reste tourne à l'intérieur, comme une boîte dans son couvercle.

Emploie de l'eau salée, afin qu'elle ne s'altère point dans le soufflet.

⁂

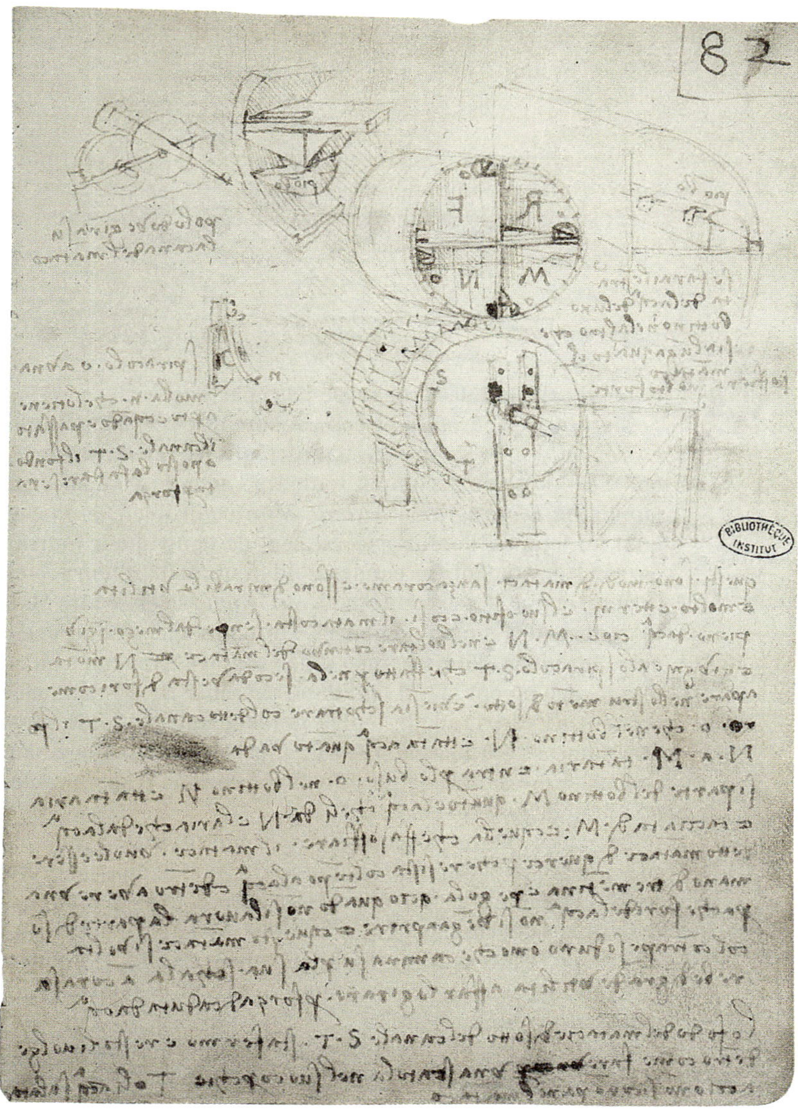

Étude de mécanismes pour soufflets (*B*, 82 r.).

[Dessins de machine.]

[ca. 1513-1514]
E, 33 v.

Pour produire une ventilation merveilleuse.

⁂

[ca. 1513-1514]
E, 34 r.

Le courant sera d'autant plus abondant que les portillons s'ouvriront avec une moindre descente[1].

L'espace total des portillons est égal à la largeur du tuyau.

⁂

[Dessin d'une machine pour extraire la terre.]

[ca. 1513-1514]
E, 75 v.

Ici le calcul de la force ne se pose pas encore.

Mais toi, lecteur, tu dois comprendre que ceci a son utilité en raison de l'économie de temps réalisée, car l'instrument qui élève la terre accomplit toujours l'acte de l'emporter et jamais ne rebrousse en arrière. Mon contradicteur objecte qu'il lui faut, en l'occurrence, autant de temps pour tourner en rond en traçant un cercle inutile que pour retourner en arrière, quand il a exécuté l'acte qui le pousse en avant. Mais les intervalles supplémentaires de temps qui s'interposent entre les intervalles de temps utiles sont ici les mêmes qu'en toute autre invention ; il faut donc chercher un système permettant de distribuer le temps grâce à une méthode aussi énergique et efficace que possible, et ce sera en imaginant une machine qui prend plus de terre ; comme il sera montré au verso de cette page.

La manivelle *n*, en tournant, imprime un mouvement de rotation à une petite roue qui tourne la roue dentée *f*, et cette roue *f* est jointe à l'angle des caisses portant la terre du marécage qu'on décharge dans les barques. Mais les deux cordes *m f* et *m b* s'enroulent autour du pivot *f*, et font mouvoir l'instrument avec les deux barques contre *m*, ce pourquoi ces deux cordes sont très utiles.

Le pivot est ainsi fait qu'il peut descendre aussi bas que la roue pour augmenter la profondeur de l'eau du marais.

⁂

1. Ms. : *discenso.*

Plus l'attache du corps pesant est éloignée du centre de la roue, plus le mouvement de la roue autour de son pivot est difficile, même si la puissance motrice ne varie point. *[ca. 1508-1509] F, 7 v.*

Cela se voit aussi avec l'heure des horloges, car selon que tu rapproches ou éloignes les deux poids du centre de l'horloge, tu abrèges ou allonges les heures.

*

[Verres grossissants.]

Lentille ayant l'épaisseur du cristal et, latéralement, le douzième d'un pouce. Il faut que cette lentille de cristal soit sans tache et très claire ; sur les côtés elle sera épaisse d'un douzième de pouce, c'est-à-dire d'un cent quarante-quatrième de brasse[1], et mince en son centre, selon la vue de celui qui doit s'en servir ; autrement dit, à la proportion des lentilles qui lui conviennent. Qu'elle soit travaillée dans le même moule que ces autres lentilles. La forme sera large d'un sixième de brasse et longue d'un quart de brasse ; elle sera donc longue de trois pouces et large de deux, c'est-à-dire d'un carré et demi. Et quand tu te serviras de cette lentille, tu la tiendras à un tiers de brasse de l'œil, en observant la même distance par rapport à la lettre que tu lis. Est-elle plus éloignée, la lettre semblera plus grande, de sorte que le caractère d'imprimerie ordinaire fera l'effet d'une lettre de boîte d'apothicaire. *[ca. 1508-1509] F, 25 r.*

Cette lentille est bonne à conserver dans un cabinet ; mais si tu veux la garder dehors, fais-la longue d'un huitième de brasse et large d'un douzième.

*

[Figure d'un pédomètre.]

Pour connaître la distance parcourue en une heure, prends le tour du potier, fabriqué comme tu le vois, et place dessus l'instrument dont le milieu pourra être sur une ligne circulaire qui tourne exactement de cinq brasses, le diamètre étant d'une brasse et 12/22. Puis arrête bien l'instrument, observe le temps harmonique, enduis de térébenthine l'intérieur de l'instrument, tourne uniformément la roue et marque à quel endroit la couche supérieure de poussière a adhéré à la téré- *[ca. 1508-1509] F, 48 v.*

1. Une brasse équivaut à environ 1,62 m.

benthine, combien de tours a faits la roue et en combien de temps harmoniques. Si la roue a fait deux tours en un temps, ce qui équivaut à dix brasses – la trois centième partie d'un mille –, tu pourras dire que cet instrument a fait un mille en trois cents temps. Une heure représente 1 080 temps, ce qui fera trois milles par heure, et 183 centièmes.

•◆•

[Motif ornemental.]

[ca. 1508-1509]
F, 55 v.

Fais de petits tuyaux en façon de plumes d'oie, opaques et blancs, l'intérieur enduit d'abord de noir, et ensuite d'une couche transparente, et l'extérieur de sardoine, puis d'un glacis transparent ; que toutes les parties épaisses des tuyaux soient composées de ces mixtures ; mouille-les, presse-les et laisse-les sécher sous presse ; aplatis, ils produiront tel effet et pressés en rectangle, ils en produiront tel autre ; et de même si tu les serres en triangle ; mais tu ferais aussi bien de les aplatir par-devant, ou de les plier de diverses façons.

Et si dans les parties transparentes exposées au soleil tu fais, avec un petit style, un mélange de diverses couleurs, notamment de noir et blanc opaques, et de jaune d'orpiment brûlé, tu obtiendras de très beaux dessins et diverses petites taches veinées de lignes comme l'agate.

•◆•

LAMPE

[ca. 1510-1516]
G, 41 r.

Lampe dont la mèche monte à mesure que l'huile baisse. C'est dû à ce que la roue élévatrice de la mèche pose sur l'huile. Plus celle-ci diminue, plus la roue descend ; elle tourne au moyen d'un fil enroulé autour de son essieu, et les dents de la roue poussent le conduit denté, qui reçoit la mèche.

Il en ira de même si *a*, l'essieu de la roue, ne s'abaisse pas, et que seul descende l'objet léger *b* qui flotte sur l'huile, car il descend en même temps que la surface et fait tourner la roue dont les dents poussent et élèvent le susdit tuyau denté, en un lent mouvement.

•◆•

LA MONNAIE ROMAINE

[Dessins.]

[ca. 1510-1516]
G, 43 r.

Ceci peut également se faire sans ressort, mais il faut que la vis supérieure soit toujours jointe à la partie mobile de la gaine.

Aucune pièce de monnaie ne peut être considérée comme bonne, dont le contour n'est point parfait ; pour s'assurer de la perfection du contour, il est nécessaire avant tout, que les pièces soient absolument rondes.

À cet effet, il faut faire une monnaie parfaite de poids, largeur et épaisseur ; voilà pourquoi tu auras d'abord beaucoup de plaques de cette largeur et épaisseur, étirées en un même laminoir, et qui resteront en forme de bande ; dans ces bandes, tu découperas les monnaies rondes à la manière dont on fait les cribles à châtaignes, et ensuite, elles seront frappées comme il est décrit ci-dessus.

Le creux de la matrice sera uniformément et imperceptiblement plus haut en la partie supérieure qu'au fond.

Ce moyen permet de découper des monnaies de rondeur, épaisseur et poids parfaits, et vous dispense de l'homme qui coupe et pèse, comme de celui qui arrondit les monnaies.

Elles ne passent donc que par les mains de l'ouvrier de la filière et du timbreur, et ainsi obtient-on de très belles monnaies.

DE LA PERCUSSION

[ca. 1510-1516]
G, 62 v.

Entre toutes les forces accidentelles de la nature, la percussion dépasse grandement chacune des autres créées par les puissances motrices des corps lourds, en un temps égal, avec égalité de mouvement, de poids et de force. Cette percussion peut être simple ou composée. Simple, quand la puissance motrice qui percute est jointe au mobile, à l'endroit percuté ; composée, quand le mobile, en percutant, n'achève pas son mouvement à l'endroit du choc, comme le marteau cognant le coin qui estampille les monnaies. Cette percussion composée est beaucoup plus faible que la simple ; car si la partie plate de la tête[1] du marteau s'attachait à la monnaie qu'elle

1. Ms. : *bocha.*

doit estampiller, et qu'en frappant sur la matrice où se trouvait l'empreinte, le relief de la monnaie se soit gravé en sens inverse sur la partie plate de la tête du marteau, l'impression serait plus nette et claire du côté frappé par mouvement simple que du côté où la percussion est composée ; comme quand la monnaie reste frappée dans le coin où le marteau l'a heurtée pendant sa descente, la percussion ayant été réfléchie et rejetée contre l'avant du marteau.

HORLOGE-SIPHON, FEU À RETARDEMENT

[ca. 1510-1516]
G, 44 v.

Une préparation de mercure qu'on fait passer par un cuivre très fin ayant la forme d'un siphon et dont les longueurs des côtés où le liquide monte et descend sont d'épaisseur imperceptible, fera une pendule à la manière d'un sablier ; c'est la descente la plus lente et la plus graduée qui se puisse réaliser, d'autant plus qu'il se peut qu'en une heure, pas un grain de mercure ne passe d'un vase dans l'autre.

La surface de son réceptacle est sensible en raison de l'opacité du mercure ; celui-ci baissera imperceptiblement pendant la descente qui se produit à mesure que le siphon se vide ; ainsi, tu obtiendras un feu qui, à la suite d'une percussion, s'allumera au bout d'un an ou davantage, et ceci sans aucun bruit jusqu'au moment où le feu se produira.

Il est montré dans la marge au bas de la 4e page[1] comment il faut fixer ou placer ce vase qui, grâce à la force observée, donnera à la fin le résultat annoncé.

POUR CONNAÎTRE LE PARCOURS D'UN NAVIRE EN UNE HEURE

[ca. 1510-1516]
G, 54 r.

Les Anciens ont employé différentes méthodes pour savoir quelle distance un navire parcourt en une heure. Parmi eux, Vitruve en expose une dans son ouvrage sur l'architecture, mais son moyen est aussi fallacieux que les autres. Il consiste en une roue de moulin dont les extrémités touchent les vagues marines et qui, au moyen de ses révolutions, décrit une ligne droite représentant la ligne de la circonférence de cette roue

1. Voir *G*, 48 r., p. 936.

ramenée à la rectitude. Mais ce système n'est efficace qu'à la surface unie des lacs. Si l'eau se mouvait en même temps que le navire, avec un mouvement égal, la roue resterait immobile ; et si l'eau se meut plus vite – ou moins – que lui, la roue n'aura pas un mouvement égal au sien, de sorte que pareille invention n'a guère de valeur.

On peut essayer une autre méthode qu'on expérimentera sur une distance connue, d'une île à l'autre ; au moyen d'une planche légère, frappée par le vent, et plus ou moins oblique selon la vitesse du vent qui la heurte ; et ceci se trouve dans Battista Alberti.

Quant au procédé de Battista Alberti, issu d'une expérience faite sur une distance connue, entre une île et une autre, cette invention ne réussit qu'avec un navire du type qui servit à l'expérience initiale ; il faut qu'elle soit faite avec une même cargaison et une même voilure, la même position de voiles et des ondes de même grandeur. Tandis que mon procédé s'applique à tous les genres de bateaux à rames ou à voiles, petits ou grands, étroits ou longs, hauts ou bas – il sert toujours.

•◆•

CLÉ DU BAIN DE LA DUCHESSE

[Dessin.]

Montre toutes les façons de desserrer ou de relâcher. Réunis-les au chapitre qui leur est consacré. *[ca. 1497] I, 28 v.*

•◆•

BAIN

Pour chauffer l'eau de l'étuve de la duchesse, mélange trois parties d'eau chaude à quatre parties d'eau froide. *[ca. 1497] I, 34 r.*

•◆•

[Plan des soubassements du château de Milan.]

Manière d'inonder le château. *[ca. 1497] I, 38 v.*

•◆•

COSTUME DE CARNAVAL

[ca. 1497]
I, 49 (1) v.

Pour confectionner un beau costume, prends de la toile fine, enduis-la d'une couche odoriférante de vernis composé d'huile de térébenthine ; et glace-la avec un kermès oriental[1] en ayant soin que le modèle soit perforé et mouillé, pour l'empêcher de coller. Et que ce modèle ait des groupes de nœuds qu'on remplira de millet noir, le fond de millet blanc.

⁂

[Dessin.]

[ca. 1502-1504]
L, 23 v.

Horloge hydraulique qui sonne les vingt-quatre heures ; et l'eau tombe d'une demi-brasse.

Horloge hydraulique indiquant la valeur [du temps].

⁂

[Dessin.]

[ca. 1502-1504]
L, 27 r.

Horloge hydraulique.

⁂

[Dessin de pressoir.]

[ca. 1502-1504]
L, 27 r.

Pour presser le vin et l'huile, dans des tonneaux cerclés de fer.

⁂

[Dessins.]

[ca. 1502-1504]
L, 69 v.

Machine pour assécher les fossés où l'eau a débordé.

⁂

LIT DE CAMP

[Croquis.]

[ca. 1502-1504]
L, 70 r.

Quatre sangles pour la longueur et huit en travers.

Chacune de ces courroies sera bouclée à un bout et clouée à l'autre.

---

1. De couleur écarlate.

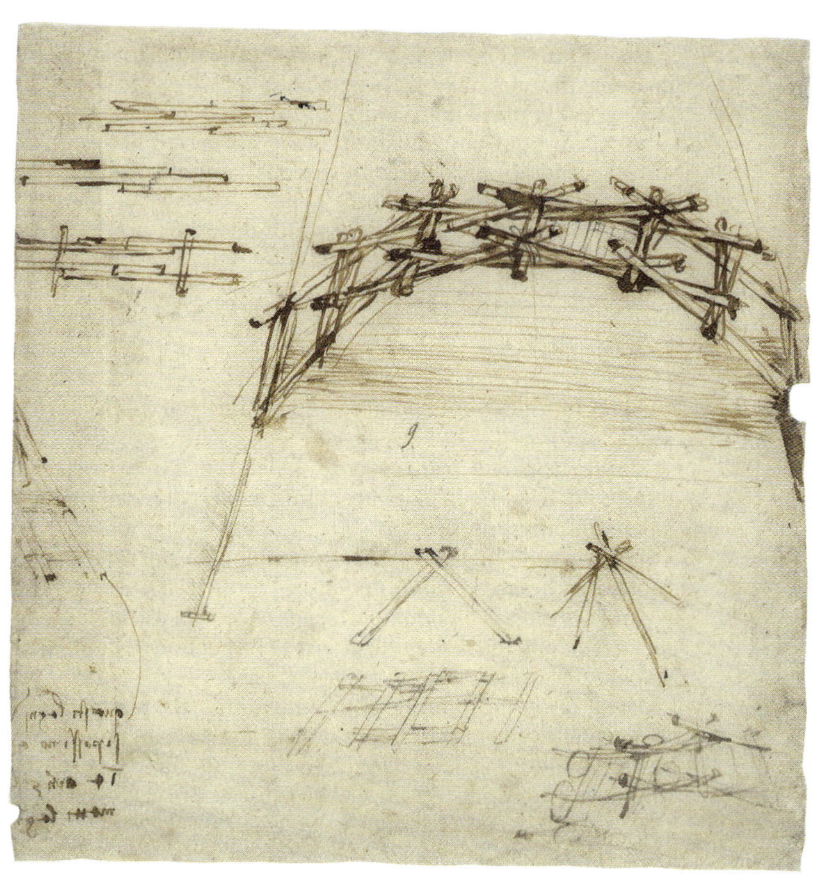

Pont autoporté (*C. A.* 69 r. a).

•◆•

[Dessin d'un pont mobile.]

[av. 1500]
M, 55 v.

Pont à tirer horizontalement avec un treuil.

Soit *a* une poulie, *b* le treuil, *c n* sera le dallage, avec, au-dessous, un tube que traverse la chaîne.

Ceci est la partie antérieure dudit pont.

Voici un pont qui transporte avec lui des roulettes et un autre, préférable, voyageant sur des roulettes qui restent fixées en une même position.

a b est la partie du pont qui saillit du mur ; *b c*, la partie qui y demeure enclavée.

•◆•

[Agencement d'un poêle.]

[av. 1500]
M, 86 r.

Voici le treillis qui s'interpose entre les yeux et le feu du poêle.

Toute la partie transparente[1] est large d'une brasse et quart ; il y a six fines planches, mais mieux vaudrait qu'elles soient en cuivre mince.

L'ouverture, deux brasses de hauteur, la partie transparente, une brasse et quart de large.

Tu la diviseras en deux parties dans le sens de la hauteur, de façon à pouvoir à volonté ouvrir le bas et non le haut, pour se chauffer les jambes.

Dans la partie inférieure, tu emploieras six planches, en sorte qu'elles soient plus larges du bas que du haut pour qu'on se chauffe les pieds ; en haut, il en faut huit, pour y poser les mains, qui sont plus étroites.

•◆•

[Diagramme.]

[ca. 1505]
Forster I, 4 r.

Pour faire un compas, diminue ou augmente une partie de ses mesures, avec égale proportion de chaque partie.

Fixe-le en spirale au moyen d'une vis qui soit unie pour la partie qui entre dans le compas et en spirale pour le reste ;

1. Ms. : *il netto.*

cette vis pourra être déplacée sur toute la longueur du compas, qui présente en divers endroits, à égale distance de ses extrémités, des trous où elle peut pénétrer à moitié, comme en *a*, ou jusqu'au quart, comme en *b*, et au huitième, comme en *c ;* ainsi pour tout le compas, et il est fixé par l'écrou *h* de cette vis.

SYSTÈME DES PETITS COMPARTIMENTS DE LA MACHINE RONDE REPRÉSENTÉE CI-DESSOUS

[Dessin.]

Fais-la de façon que l'orifice des seaux soit vers le bas et que l'air ne puisse s'en évader ; il sera également bon que les issues couvertes des seaux soient en terre cuite, pour mieux pouvoir passer sous l'eau ; et le cuivre serait préférable.

[ca. 1505]
Forster I, 50 v.

[Croquis de métier.]

Les fils à tisser devront être longs de deux brasses.

[ca. 1495-1497]
Forster II, 49 v.

[Croquis.]

Voici comment tendre la chaîne.

En outre, tu pourrais essayer de prouver qu'en munissant une pareille roue de nombreuses balances, chaque partie, si petite soit-elle, qui serait renversée par suite d'une percussion, ferait soudain tomber une autre balance, et ainsi la roue serait en perpétuel mouvement. Mais en cela, tu te tromperais ; en effet, comme ces pièces sont au nombre de douze, dont la percussion ne fait mouvoir qu'une seule et comme la roue effectuera à la suite du choc un mouvement correspondant à la vingtième partie de son cercle, si tu la munis ensuite de vingt-quatre balances, le poids sera doublé et la proportion de la percussion du poids qui descend réduite de moitié ; et ainsi, la moitié du mouvement sera diminuée ; donc, si le premier

[ca. 1495-1497]
Forster II, 89 v.

représentait un vingtième du cercle, le second équivaudra à un quarantième, et ainsi proportionnellement, à l'infini.

•◆•

[ca. 1495-1497]
Forster II, 92 v.

Quel que soit le poids fixé à la roue – et qui déterminera son mouvement –, le centre de ce poids restera évidemment au-dessous du centre de son axe.

Aucun instrument pivotant sur son axe, imaginé par l'ingéniosité humaine, ne pourra se soustraire à ce résultat.

Ô spéculateurs du mouvement perpétuel, combien de vaines chimères avez-vous créées en une pareille quête ? Allez prendre la place qui vous revient parmi ceux qui cherchent la pierre philosophale.

•◆•

[Diagramme.]

[ca. 1495-1497]
Forster II, 104 v.

Essayer encore la roue au mouvement perpétuel.

J'ai plusieurs poids fixés à une roue à divers endroits ; je te demande où est le centre de la somme totale du poids.

Je prends une roue tournant sur son axe, à laquelle sont fixés, à divers endroits, des poids de même gravité, et je voudrais savoir lequel restera plus bas que les autres et à quel moment il s'arrêtera. Je ferai comme tu vois ci-dessus, en employant cette règle pour quatre côtés du cercle, et celui où les bras de la balance accuseront la plus grande différence – c'est-à-dire l'expérience qui te donnera la somme d'une des gravités les plus distantes de la tige de la balance –, celui-là continuera et s'immobilisera en bas ; et si tu veux des détails, répète l'expérience autant de fois qu'il y a de poids attachés à la roue.

•◆•

[ca. 1487-1490,
et ca. 1493-1497]
Forster III, 35 r.

Veux-tu fortifier un navire ou un bateau pêcheur, prends de l'alun de plume[1] et fais-en de fines cordes que tu tresseras ensemble, comme on tresse les sacs après la fabrication de l'huile de noix ; et couvres-en ton bateau comme avec du cuir. Utilise ce que tu trouveras dans la maison, et pour essayer ceci, peigne-les comme avec un nerf de bœuf

1. Ms. : *allume splumie*, mais plus couramment appelé *allume di piuma* ou *allume di Castiglione*. (*N.d.É.*)

•◆•

PAPIER SUR LEQUEL ON PEUT DESSINER EN NOIR AVEC DE LA SALIVE

Prends de la poudre de gland et du vitriol, réduis-les en une fine poudre que tu étendras sur le papier à la façon d'un vernis ; ensuite, écris dessus avec une plume trempée dans la salive, et elle deviendra noire comme l'encre.

[ca. 1487-1490, et ca. 1493-1497] Forster III, 39 v.

POUR AJOUTER DE L'EAU AU VIN BLANC ET AINSI LE ROUGIR

Broie un gland en fine poudre et laisse-le macérer huit jours dans du vin blanc ; fais dissoudre du vitriol dans l'eau, laisse eau et vin se déposer et décanter tout seuls et filtre-les avec soin ; quand tu allongeras le vin blanc avec cette eau, il deviendra rouge.

•◆•

[Croquis.]

Comment mesurer la force nécessaire pour tourner la meule du moulin avec son blé.

[ca. 1487-1490, et ca. 1493-1497] Forster III, 46 v.

•◆•

[Croquis.]

Pour mesurer une chute d'eau.

[ca. 1487-1490, et ca. 1493-1497] Forster III, 47 r.

•◆•

[Croquis.]

Pour ôter et disposer les poutres destinées à la charpente et à la toiture des maisons.

[ca. 1487-1490, et ca. 1493-1497] Forster III, 56 v.

•◆•

[Croquis d'une porte à fermeture automatique.]

Sur un côté, il y a le volet.

[ca. 1487-1490, et ca. 1493-1497] Forster III, 58 r.

•◆•

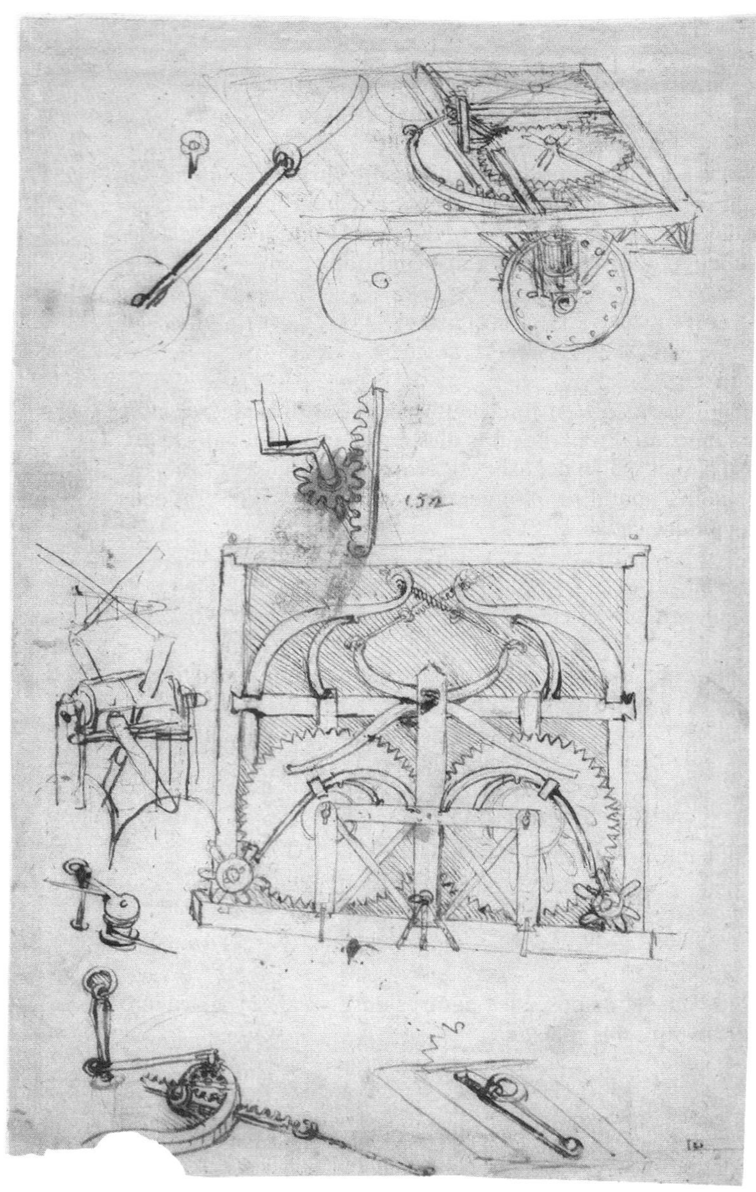

Études pour une automobile (*C. A.* 812 r.).

DE L'INSTRUMENT

Qui dépense un ducat pour la paire pourra emporter l'instrument, et il ne paiera pas plus d'un demi-ducat de prime à l'inventeur de l'instrument et un *grosso* pour l'opérateur ; mais je n'ai nul désir d'être un employé subalterne.

[ca. 1487-1490, et ca. 1493-1497] Forster III, 61 v.

[Dessin.]

Bain de vapeur sèche ou humide, très petit et portatif, pesant vingt-cinq livres.

[ca. 1511-1513] RL 19079 v.

[Dessins.]

Méthode pour s'assurer de combien l'eau voyage en une heure. Ceci a lieu au moyen de temps harmoniques, et pourrait se faire avec le pouls, si ses battements étaient uniformes ; mais le temps musical est plus exact en l'occurrence, car grâce à lui il est possible de calculer le parcours d'un objet emporté par cette eau pendant dix ou douze de ces temps ; ainsi, l'on peut déduire une règle générale pour tout canal uniforme ; mais non pour les fleuves, qui lorsqu'ils coulent au-dessous de la surface, ne semblent point se mouvoir au-dessus.

[ca. 1506-1508] Leic. 13 v.

[Dessin avec une note : « Tour pour potiers ».]

Combien de milles à l'heure avec le vent ; ici, l'on voit par l'eau du moulin qui l'actionne, combien de révolutions une roue d'environ cinq brasses, accomplit en une heure ; ainsi tu pourras établir la règle véritable loin de la mer, en faisant mouvoir la roue une fois, deux fois, puis trois fois en une heure ; par ce moyen, tu la régleras exactement et ce sera véridique et bien.

[ca. 1506-1508] Leic. 28 r.

[Tournebroche pour rôtir la viande.]

[ca. 1506-1508]
Leic. 28 v.

L'eau soufflée par un petit trou du vase où elle a bouilli s'exhale avec furie, et ainsi, entièrement changée en vapeur, elle fait tourner le rôt.

[Dessin d'une roue sur un arbre de couche avec contrepoids à une corde suspendue et bouclée.]

[ca. 1506-1508]
Leic. 30 r.

Pour savoir combien de milles un navire peut parcourir à l'heure, fais faire un instrument qui se meuve sur une roue plate en même temps qu'elle, et ajuste le contrepoids qui actionne la roue de façon à la mouvoir pendant une heure ; ainsi l'on verra combien elle fait de tours en cette heure. La révolution de la roue pourra avoir un rayon de cinq brasses, et elle décrira six cents tours par mille. Que le verre soit verni ou savonné à l'intérieur, pour que la poussière tombant de la trémie puisse y adhérer et ainsi l'endroit qu'elle touche conservera une marque ; de cette manière, tu verras et pourras [vérifier] exactement quelle hauteur la poussière a atteinte, puisqu'elle y restera collée.

XXVI

BALISTIQUE

« Si d'ambitieux tyrans m'assiègent, j'ai des moyens d'attaque et de défense pour conserver le don principal de la nature, c'est-à-dire la liberté. »

« J'ai aussi le moyen, par des souterrains et passages tortueux et secrets creusés sans bruit, d'arriver à l'endroit déterminé, même s'il fallait passer sous des fossés ou sous un fleuve. »

[Manière de faire un ponton.]

[ca. 1492-1493]
C. A. 480 r. b

Attendu que tout courant d'un fleuve est plus rapide au centre de sa largeur que sur les côtés, qu'il coule plus vite à sa surface qu'en son lit si le cours est uniforme, et qu'un ponton mobile jeté sur des bateaux est en soi plus faible au milieu de sa longueur qu'à ses extrémités, j'en conclus que la plus grande faiblesse du pont étant jointe à la plus grande percussion de l'eau, c'est en son milieu qu'il cédera.

Fais-le de façon que la longueur des bateaux suive toujours le sens du courant dans le mouvement du ponton ; il sera rendu d'autant plus aisé que les barques reçoivent une moindre percussion d'eau.

[Fortification.]

[ca. 1487] *C. A. 994 v.* Il faut que la tour soit massive jusqu'au terme de l'escarpe ; puis, pour éviter que l'on y puisse lancer de la poudre, tu placeras haut les fenêtres.

FABRICATION D'UNE CUIRASSE

Si tu places entre deux épaisseurs d'étoffe des écailles de fer et que tu en fasses une cotte, sois assuré que nulle pointe ne pourra la pénétrer.

*

[ca. 1487-1490] *C. A. 1014 v.* Une bombarde qui contient un projectile de cent livres est beaucoup plus utile en campagne qu'un passe-volant, car avec des quartiers de roc elle inflige à l'ennemi des dommages considérables, alors que le passe-volant ou plutôt son boulet, étant de plomb, ne rebondit pas après le choc, en raison de son poids ; ce pourquoi son utilité est moindre.

Si tu places une flèche exactement en équilibre au sommet d'une pierre qui semble sur le point de se renverser, tu observeras que la détonation d'une grande bombarde tirée à dix milles de là, fera frémir le sol au point que la flèche tombera – à moins que ce ne soit la pierre sur laquelle elle se pose.

En outre, si tu tires une bombardelle dans une cour entourée d'un mur approprié, tout vase qui s'y trouve ou toute fenêtre tendue de drap ou de lin sera aussitôt brisé ; les toits même se soulèveront un peu et se détacheront de leurs supports ; murs et toitures frémiront comme pendant un grand tremblement de terre, les toiles d'araignées tomberont, les bestioles périront et dans ces parages tout corps qui contient en soi de l'air, subira instantanément quelque dégât et dommage.

Mais cette bombardelle devra être tirée à blanc ou si tu veux, à la manière d'un courtaud[1] ; la détonation fera avorter les femmes enceintes et les bêtes pleines – et les poussins mourront dans l'œuf.

*

1. Petite pièce d'artillerie.

Pour élever des tertres des deux côtés du fleuve, voici la façon la plus expéditive de procéder, à condition que les terrassiers soient munis de brouettes. *[ca. 1502] C. A. 1034 r.*

Si l'on prévoit six pelletées par brouette et que l'on jette la terre à une grande distance :

Les terrassiers *d* s'enfoncent sous une pelletée, en se retirant chaque fois en arrière, et les terrassiers *b* [font] une seconde excavation au-dessous, c'est-à-dire à une plus grande profondeur, en avançant toujours ; et s'il y avait deux autres files semblables de terrassiers, ils s'enfonceraient sous la troisième et la quatrième excavation, et pourraient continuer, ainsi de suite, de main en main.

Or, beaucoup se fatiguent à transporter des fardeaux aussi loin. Considérons donc s'il est préférable que les hommes restent sur place et se jettent la terre l'un à l'autre ou s'emploient tous à creuser et déblayer ; ou bien encore, si une équipe devrait transporter la terre et l'autre la lancer. Car pour ce qui est de l'endroit où la terre sera déchargée, l'effort requis pour que la pelletée de la première ou de la seconde [équipe] y arrive est également grand dans chacun de ces cas ; dès lors, il ne faut prendre en considération que la commodité et l'endurance des ouvriers.

[Croquis de canon.]

L'épaisseur de la bouche représentera le huitième de son calibre, et l'endroit où elle rejoint la culasse, un quart du calibre. *[ca. 1487-1490] Tr. 33 v.*

Si tu es assailli la nuit dans tes quartiers ou que tu craignes de l'être, aie soin de tenir prêts des mangonneaux qui lancent des chausse-trapes de fer ; en cas d'attaque, jette-les chez l'ennemi, tu gagneras du temps pour disposer tes hommes contre les assaillants déconcertés, que la douleur de leurs pieds blessés aura presque réduits à l'impuissance. Voici comment tu feras ton plan d'attaque ; divise tes hommes en deux escadrons et encercle l'adversaire ; mais prends garde que tes chaussures aient des semelles et que les chevaux soient ferrés, comme je l'ai déjà dit, car les chausse-trapes ne feront point de distinction entre tes hommes et ceux de l'ennemi ; et veille à ce que chaque mangonneau crache toute une charretée de ces chausse-trapes. *[ca. 1487-1490] Tr. 52 v.*

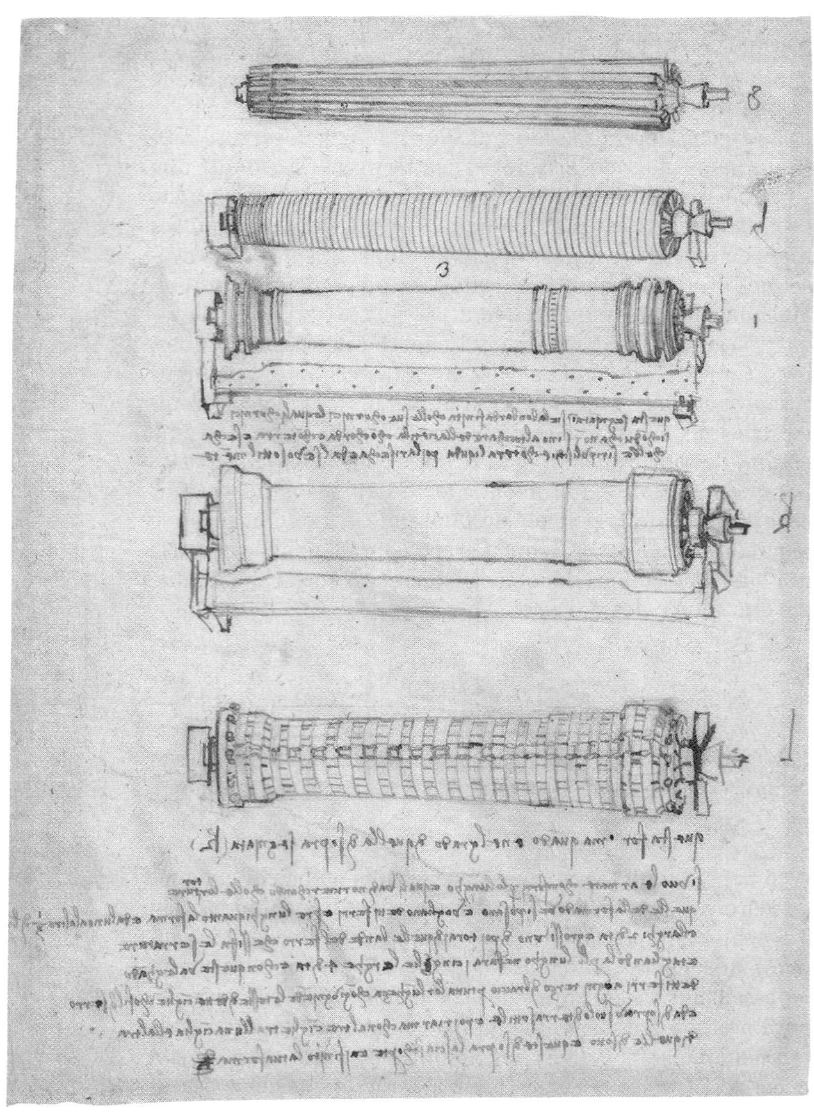

Étapes de la fabrication d'un canon (*C. A.* 61 r.).

COMMENT SE PROTÉGER DES CHAUSSE-TRAPES

Si entre le pied et la semelle de la chaussure, tu places une semelle d'étoffe en fibre de coton ayant l'épaisseur d'un doigt, tu te préserveras des chausse-trapes qui ainsi n'entreront pas dans tes pieds.

Si, sur les galères, tu veux te garantir contre le sable[1] léger et mouvant, fais répandre partout où tu auras à poser le pied, du lourd sable de rivière que la poix rendra adhérent ; et tu en tiendras toujours des sacs prêts en prévision d'une alerte.

•◆•

Tu feras faire des chausse-trapes de plâtre, avec la partie arquée en fer et les moules en trois parties, puis on aiguisera les pointes. *[ca. 1487-1490] Tr. 53 v.*

[Croquis de trois chausse-trapes à quatre pointes, et d'une à huit pointes, chacune des quatre doublée d'une autre ; plus bas figure l'inscription : « Double tribule ».]

Chaque combattant aura à côté de lui un sac de cuir contenant ces chausse-trapes ; ainsi, au cas où l'ennemi étant supérieur en force, la victoire escomptée se changerait en défaite, ces chausse-trapes que tes hommes sèment derrière eux gêneront la vitesse des chevaux et t'assureront un triomphe inespéré.

Mais de crainte que dans la retraite, cette opération ne se tourne contre vous, tu auras au préalable préparé des fers à cheval, comme ci-dessous, et cloué entre le fer et le sabot du cheval une plaque d'acier aussi épaisse et large que le fer.

S'il s'agit de fantassins, des plaques de fer seront fixées aux semelles de leurs chaussures mais point trop étroitement afin d'assurer le libre jeu de leurs talons, pour qu'ils puissent au besoin marcher et courir sans obstacle ; le nœud laissé lâche sera comme il est figuré ci-dessous.

1. Ms. : *sabon.* (*N.d.T.*)

En outre, si tu en as un petit sac, à côté de chaque combattant naval, et que [les engins] soient lancés à la main sur les galères ou les navires ennemis, ils sèmeront les germes de la victoire prochaine ; mais tu auras soin que les chaussures soient ferrées comme il est dit plus haut, et garnies en dessous de petites pointes ; ainsi, à supposer que du savon mou ait été jeté sur le navire, tu garderas le pied ferme même si l'ennemi lançait un nuage de chaux pulvérisée, assez épais pour altérer l'air que respirent les poumons.

Sur la longueur du navire, tu installeras quatre postes à quatre endroits, et en chacun il y aura un petit tonneau contenant une certaine quantité d'eau et de grandes seringues destinées à l'expulser de force par divers petits trous, si bien qu'elle se changera en poussière liquide et ainsi se joignant à la poussière de chaux, elle l'entraînera vers le bas.

[Trois croquis.]

Seringue ; semelle de fer pour chaussures ; fer à cheval pour chausse-trapes.

•◆•

[Dessin de grenade.]

[ca. 1487-1489]
B, 4 r.

Cette balle s'éteint lorsqu'elle est jetée, et en atteignant le sol, les joncs attachés dans le haut avec de la toile enflammée, s'y enfoncent, mettant ainsi le feu à la poudre qu'entoure un chiffon d'étoupe imbibé de térébenthine ; le reste est enveloppé de chanvre, également imprégné de térébenthine, d'huile de lin et de poix ; les enveloppes seront fines afin que les flammes arrivent à l'air, sans quoi tu ne ferais rien[1].

•◆•

1. Les notes sur les instruments de guerre contenues dans ce *Manuscrit B* de l'Institut sont en grande partie empruntées au *De Re militari* de Roberto Valturio.

RHOMPHÉE

[Petit dessin d'instrument.]

[ca. 1487-1489] *B, 7 r.*

La traction de cette rhomphée se peut effectuer avec les chevaux de l'armée, à la façon dont les Anciens traînaient d'autres engins.

Celle-ci est assujettie au milieu d'un fragment de planche ou de chaîne, ou d'une grosse corde fixée à un morceau de pierre plus lourd que la planche, et ainsi traînée derrière cette planche, qui sur son bord antérieur est garnie d'espontons longs d'une coudée ; la planche aura douze brasses[1] de long et la surface sera parsemée de clous.

SCORPIONS

[ca. 1487-1489] *B, 7 v.*

Le scorpion est un engin qui peut lancer des pierres, des dards et des flèches ; le fait-on grand, il sera apte à briser les machines de l'ennemi.

Certains auteurs soutiennent que le scorpion est une flèche empoisonnée qui provoque la mort instantanée pour peu qu'elle touche le sang. On dit que cette arme fut trouvée chez les Scythes ou, selon d'autres, chez les habitants de Candie. La mixture était faite de sang humain et de venin de serpent. Cette arme ne doit point s'employer, sauf contre les traîtres, car elle vient d'eux.

CATAPULTE

[ca. 1487-1489] *B, 8 r.*

La catapulte, selon Nonius et Pline, est un instrument inventé par ce même Ticlète[2], qui lançait un dard de trois coudées, muni d'un fer à trois tranchants, au moyen de bois libérés de la contraction des nerfs tordus.

De même, le morceau d'acier mince qui rebondit en arrière quand il a été lâché, a le pouvoir de chasser rapidement le dard qui s'oppose à sa course.

1. Une brasse équivaut à environ 1,62 m.
2. Téglath-Phalazar ? (Ch. Ravaisson-Mollien)

•◆•

RHOMPHÉE

[ca. 1487-1489]
B, 8 v.

La rhomphée est un instrument qui projette de longs traits enflammés.

D'après Aulu-Gelle, elle était en usage chez ceux de Thrace, et d'autres peuples la nommaient flammée.

L'ARC

L'invention de l'arc est attribuée à ceux d'Arcadie, d'aucuns disent à Apollon ; ceux de Candie l'appellent scythe comme venant de Scythie. Il est fort répandu parmi les peuples d'Orient. Pour ces arcs, ils font des flèches de jonc et dans leurs batailles elles volent parfois en l'air, si nombreuses que le jour obscurci ressemble à la nuit. Aussi ont-ils en haine les nuages et non moins la pluie et les vents qui dévient la course de leurs traits. Ces causes les obligent souvent à des trêves, et ramènent la paix.

•◆•

[ca. 1487-1489]
B, 9 r.

Les murex[1] ou chausse-trapes[2] destinés à servir sur le champ de bataille seront semés du côté où l'on attend l'assaut de l'ennemi, et lancés parmi les adversaires lorsque ceux-ci veulent poursuivre leur victoire.

Le scalpre était un fer acéré, pour piquer et garder les éléphants. [Tite-]Live – dans le septième livre de la Guerre punique, dit que beaucoup plus d'éléphants furent tués par leurs cornacs que par l'ennemi. Car lorsque ces bêtes entraient en fureur, leur cornac, d'un vigoureux coup, leur enfonçait le scalpre aigu entre les oreilles, là où le cou rejoint la colonne vertébrale ; et c'était la mort la plus prompte qu'on pût donner à une aussi énorme bête.

La vervine[3], d'après ce que je trouve dans une comédie de Plaute, est une longue haste munie d'une pointe de fer aiguë,

1. Ms. : *murici*.

2. Ms. : *triboli* (tribules).

3. Allusion au *Bacchides* de Plaute, acte IV, sc. VIII, 46 : « *Si tibi est machaera et nobis veruina est domi.* »

destinée à être lancée. Le *soliferreo*[1] aussi est une sorte d'arme entièrement en fer, que les soldats avaient coutume de jeter au premier assaut. [Tite-]Live le mentionne au quatrième livre de la Guerre macédonienne.

La fronde[2] est faite d'une double corde assez large lorsqu'elle se plie, chargée d'une pierre que le bras fait rapidement tournoyer par deux fois ; puis on lâche une des cordes et la pierre vole bruyamment dans l'air comme si elle provenait d'une catapulte. Flavius[3] dit qu'on la trouve chez les habitants des îles Baléares, qu'ils excellent à s'en servir et que les mères interdisaient à leurs enfants toute autre nourriture que celle qui avait été abattue pour eux avec la pierre de la fronde. Pline attribue son invention aux peuples syro-phéniciens.

Les glands sont des balles de plomb, lancées par les catapultes et les frondes.

*

[ca. 1487-1489]
B, 9 v.

Selon Celidonius, l'*auctori* est une arme en forme de faucille, avec un tranchant effilé d'un seul côté, de la longueur d'une brasse. Son manche est fourchu comme la queue de l'aronde. Elle se porte non dans un fourreau mais nue, fixée à la ceinture.

Les danoises sont plutôt une sorte de longue hache, jadis très en honneur, dit-on, chez les peuples danois ; mais à propos des instruments de guerre en fer, il convient de considérer que ceux qui ont été plongés dans l'huile auront un tranchant délicat, et ceux qui furent immergés dans l'eau seront rudes et cassants. Les plus résistants ont été trempés dans le sang de bouc. L'huile, la céruse et la poix préservent le fer de toute rouille.

La faux[4] est un fer en forme de croissant, avec un bâton fixé à l'une de ses cornes. Cette arme était fort usitée chez les Thraces, non moins dans les combats navals que sur terre. Plus tard elle fut employée par les cultivateurs et les paysans.

Les Romains s'en servaient sur leurs navires ; elles étaient de grandeur inouïe : adroitement maniées au moyen de cordes, elles tranchaient comme des rasoirs les cordages des antennes

1. Sorte de javelot tout de fer. (*N.d.É.*)
2. Ms. : *fonda.*
3. Flavius Josèphe ? (Ch. Ravaisson-Mollien)
4. Ms. : *falce.*

et faisaient tomber les voiles du même coup, de sorte que ce qui aurait dû être une aide pour l'ennemi, lui était une grande gêne.

La *fragilica* est une balle d'un demi-pied de diamètre, emplie de petits canons de papier et bourrée de poivre, de soufre et de *cono corsico*[1]. Quiconque en perçoit l'odeur tombe en pâmoison ; au centre de la balle il y a de la poudre de bombarde qui une fois allumée, met le feu à tous les canons, et lorsqu'on la lance parmi les troupes avec une fronde, le feu prend à un brin de paille et les étincelles s'étendent sur un espace de cent brasses.

CHARS À FAUX

[ca. 1487-1489]
B, 10 r.

Ces chars à faux furent de différentes sortes, et souvent ne causèrent pas moins de dommage aux amis qu'aux adversaires ; en effet, les capitaines des armées, qui en faisaient usage, se figurant jeter le trouble parmi les troupes ennemies, créaient frayeur et ravages parmi les leurs. Contre ces chars, il faut employer des archers, des frondeurs et des lanciers, ainsi que toute espèce de dards, lances, pierres, feux, bruits de tambours, cris. Ceux qui agiront ainsi se tiendront dispersés afin que les faux ne les atteignent point. Par ce moyen, tu sèmeras la panique parmi les chevaux qui se retourneront avec frénésie contre leurs propres troupes en dépit des conducteurs, et leur causeront ainsi grande obstruction et pertes. Pour se garantir d'eux, les Romains employaient des chausse-trapes de fer ; celles-ci immobilisaient les chevaux, terrassés par la douleur, ce qui rendait les chars impropres au mouvement.

POUR PASSER UN FLEUVE

[ca. 1487-1489]
B, 10 v.

Si tu veux faire traverser un fleuve à une armée, sers-toi d'outres attachées à la selle ; et le bondissement des flots pouvant gêner la nage des chevaux, tu porteras une rame fixée par-derrière au cou pour qu'il [le cavalier] puisse la manœuvrer au besoin.

1. Une plante de Corse ? (*N.d.É.*)

Char à faux et char d'assaut (Londres, British Museum).

[Dessins : flammée, philocroto, arzilla, crusida, lampade, astulla.]

[ca. 1487-1489]
B, 30 v.

La flammée est une boule ainsi composée : fais bouillir ensemble des cendres de saule, du salpêtre, de l'eau-de-vie, du soufre, de l'encens, de la poix fondue avec du camphre et un fil de laine éthiopienne, qui simplement plongé dans ce mélange, s'enroule en forme de boule, se garnit de pointes aiguës et se lance sur les navires, avec une corde, au moyen d'une fronde.

Cela s'appelle feu grégeois, chose admirable et qui brûle tout sous l'eau. L'architecte Callimaque l'enseigna le premier aux Romains qui par la suite en firent grand usage, et en particulier l'empereur Léon, quand les peuples d'Orient vinrent sous Constantinople avec un nombre infini de vaisseaux qui tous furent consumés par cette substance.

Le *philocroto*, l'*arzilla*, la *crusida*, la flammée, la lampade[1], en dépit de leurs différences, sont presque de la même matière, et leur feu est semblable à celui dont il est parlé plus haut, c'est-à-dire à celui de la flammée, sauf que l'on ajoute à cette composition du vernis liquide, de l'huile de pétrole, de la térébenthine et du vinaigre fort ; ces choses sont d'abord malaxées ensemble, puis séchées au soleil, enroulées autour d'une corde de chanvre et réduites à la forme de balle. Ensuite, on la tire avec une corde et d'aucuns y enfoncent la pointe d'un dard et la percent après avoir mouillé le dard, d'autres mettent dedans des clous acérés ; un trou est ménagé dans la balle ou masse, et tout le reste est enduit de colophane et de soufre. Nos Anciens faisaient usage de cette mixture, jointe et liée au sommet d'une haste, pour se défendre et résister à l'impétueuse fureur des navires ennemis.

Lucain dit que César jetait ce feu au moyen de lampades, sur les navires des Chérusques, peuple de Germanie ; il brûlait non seulement les vaisseaux, mais les édifices construits sur les rivages de la mer furent détruits par un tel incendie.

[ca. 1487-1489]
B, 31 r.

La bombarde foudre[2] est une bombarde qui a dans sa culasse une ouverture sphérique, au centre de laquelle se

1. Feu grégeois. (*N.d.É.*)
2. Ms. : *folgorea.*

trouve une petite canne[1] de fer finement forée, pleine de poudre ténue ; ceci est fait pour deux motifs : d'abord, pour que, parvenu au centre de la balle, le feu qui traverse la chambre enflamme en un instant le reste de la poudre foulé à l'intérieur ; secondement, pour que le trou de la bombarde ne s'use point. Cette ouverture ronde ne résistera pas à la véhémence de la poudre si elle n'est pas de cuivre fin ; mais le reste peut se faire avec quatre parties d'étain pour cent de cuivre, et c'est la meilleure machine qu'il soit possible de faire.

•◆•

[ca. 1487-1489] B, 31 v.

Le *clotombrot* est une balle lancée par un *trabiculo*, c'est-à-dire par une baliste plus petite, haute d'une brasse et pleine de bouts de cartouche tassés dans un espace très restreint. On la jette dans des bastions et nul remède ne prévaut contre son action pestilentielle ; mais ce serait une erreur de t'en servir autrement, car elle te nuirait autant qu'à l'ennemi. Si tu jettes parmi tes adversaires six ou huit de ces balles, tu remporteras certainement la victoire ; il est donc bon de les lancer au milieu d'eux ; allume la mèche intérieure, elle finira par mettre le feu au centre de tous les tubes.

Ceci vaut pour les navires.

Quand les navires sont engagés, aie des mèches pour maintenir l'ennemi en arrière ; à ce moment, jette des balles pleines de mèches allumées parmi eux, c'est-à-dire sur les navires ; et les adversaires occupés à se garantir du feu abandonneront les défenses.

•◆•

[Dessin de deux bombardes pointées verticalement, et séparées par une plate-forme.]

[ca. 1487-1489] B, 32 r.

Quiconque voudra éprouver laquelle est la meilleure devra les dresser sur leur extrémité ; deux arbitres se tiendront au milieu ; après avoir d'abord tiré l'une, on notera combien de temps s'écoule entre l'explosion et le retour de la balle à terre ; on fera de même pour l'autre et tout l'honneur ira à celle qui met le plus de temps.

---

1. Ms. : *cannicula*.

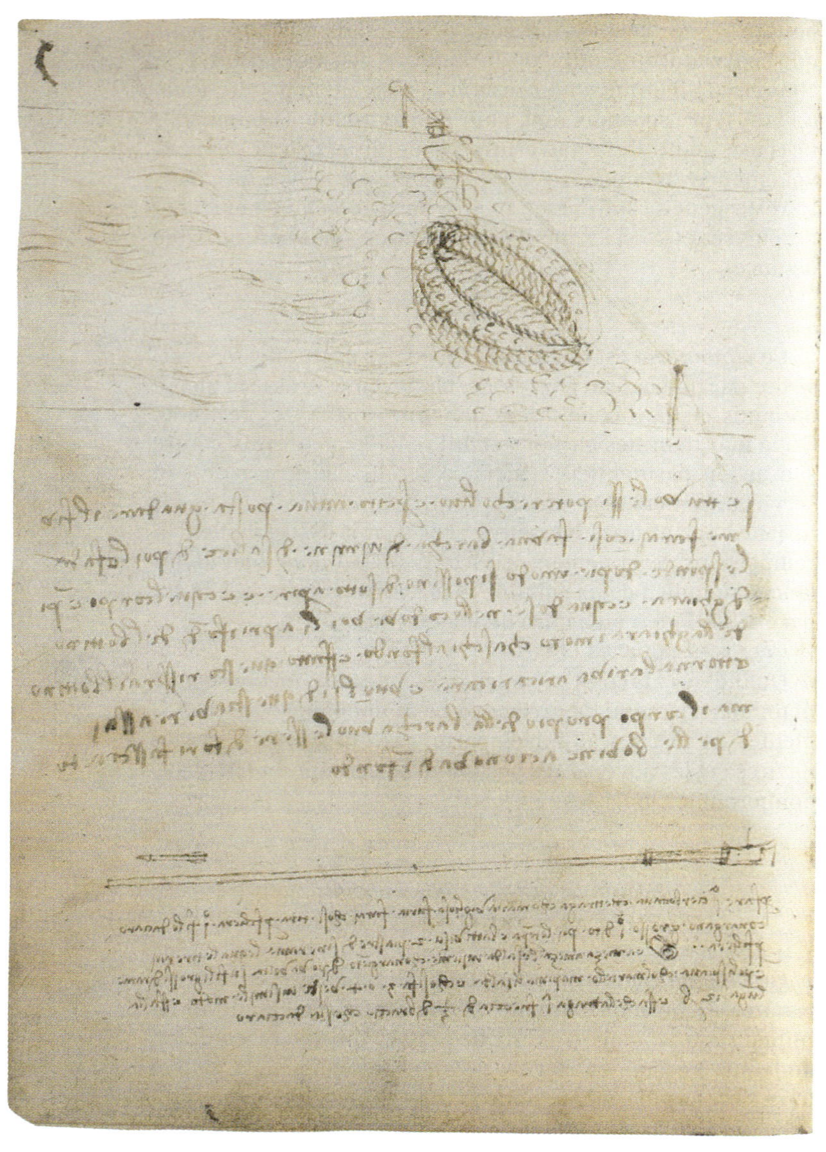

Barque en baguettes de saule et sarbacane (*B*, 32 v.).

Mais prends soin que les tubes soient d'égale longueur, que les queues fonctionnent librement au gré de l'artificier, que les balles soient de poids égal et la poudre puisée au même baril.

*

[Dessin.]

[ca. 1487-1489]
B, 32 v.

Quand tu voudras passer un fleuve à gué, avec ton armée, tu procéderas ainsi : construis une barque en baguettes de saule, avec doubles bords, de façon qu'elle s'ouvre par-dessous, et remplis ce corps de gravier. Arrivé à l'endroit de ton choix, ouvre par-dessous le réservoir de gravier, en sorte qu'il tombe au fond ; puis, ferme le réceptacle et regagne la rive pour recharger. Tu auras besoin d'un grand nombre de ces appareils, mais le corps proprement dit de la barque sera bandé à l'extérieur avec de la peau de bœuf, pour éviter qu'elle ne coule à fond.

[Dessin.]

Pour fabriquer une sarbacane qui tire avec une force merveilleuse, tu procéderas ainsi : fais passer par la filière, au moyen d'un treuil, un fil d'acier large d'un doigt, trempe-le et bats, tout autour, deux plaques de cuivre fin que tu étireras à la filière. Ensuite, avec de l'argent, soude les deux moitiés ; enroule tout autour un gros fil de cuivre, puis aplatis-le au marteau ; mais commence par la soudure. Opère ainsi trois ou quatre fois. Fais la sarbacane longue de deux brasses et qu'elle puisse lancer un trait d'acier à un tiers de brasse.

*

[ca. 1487-1489]
B, 33 r.

L'architonnerre est un engin de cuivre fin, une invention d'Archimède, et il lance des balles de fer avec grand fracas et furie. On s'en sert de la façon suivante : le tiers de l'instrument pose dans une grande masse de charbons ardents ; une fois chauffé à blanc, il serre la vis *a* au-dessus du réservoir d'eau *a b c*; à mesure que la vis de dessus est serrée, celle de dessous se desserrera. Par conséquent, l'eau, une fois tombée, descendra dans la partie chauffée de l'instrument, où elle se transformera soudain en une quantité de vapeur si grande que tu en seras émerveillé, et surtout de voir sa fureur et d'entendre son fracas. Cette machine a chassé une balle pesant un talent, à six stades.

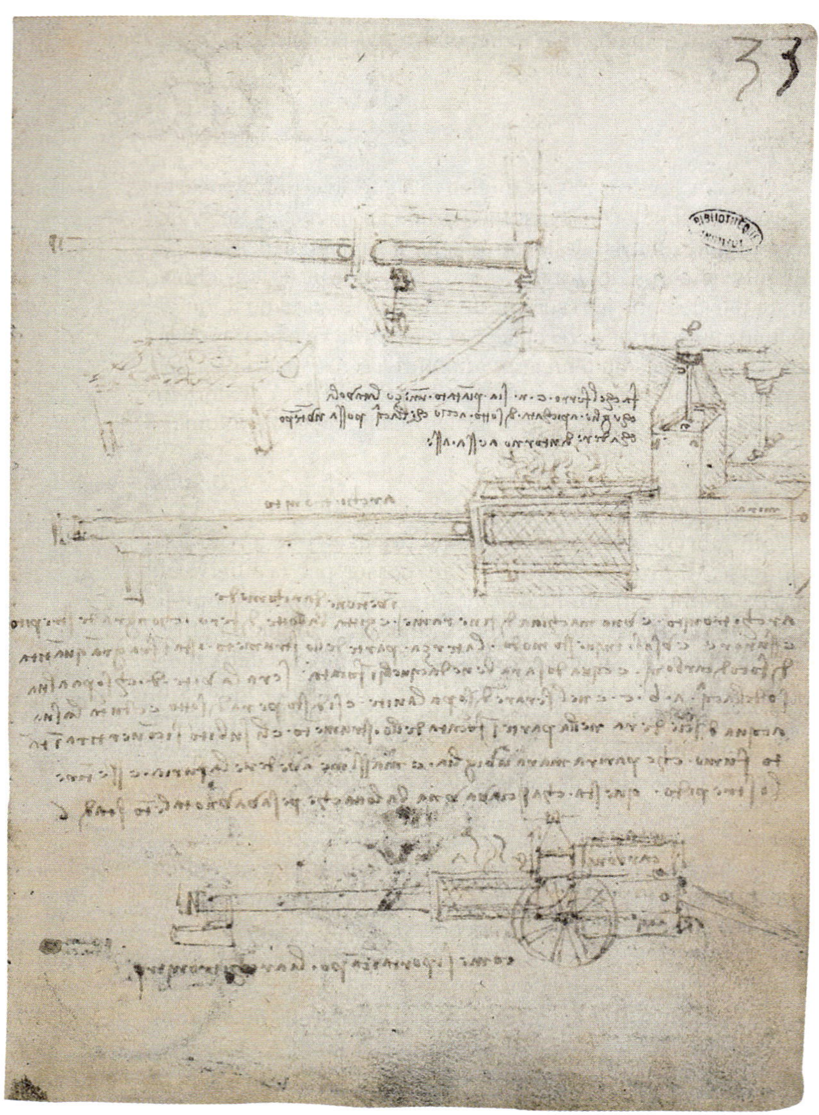

L'architonerre (canon à vapeur) (*B*, 33 r.).

•◆•

[Dessin d'une grenade.]

Ce boulet sera de poix fondue et d'étoupe de chanvre foulé, afin que lorsqu'il brûle, l'ennemi ne puisse te voler ton invention. *[ca. 1487-1489] B, 37 r.*

Ce boulet aura deux brasses et demie de haut, et il sera rempli de tubes qui crachent une livre de balles ; pour éviter qu'elles ne tombent, ces tubes seront intérieurement enduits de poix.

Les tubes longs d'une brasse seront en carton et disposés en rais [de roue] avec du plâtre et de la bourre dans leurs intervalles, et le boulet sera lancé sur les bastions au moyen d'une baliste ; il aura en son centre un boulet de bombarde, afin que les tubes soient bien épaulés. Ou encore, un boulet de bronze creux partiellement rempli de poudre, perforé sur toute sa circonférence, de manière que le feu puisse pénétrer jusqu'aux tubes. Que le boulet soit entièrement bandé à l'extérieur, sauf un trou d'où le feu s'exhalera.

•◆•

[Dessin.]

Les courtauds font merveille contre les grands navires. *[ca. 1487-1489] B, 39 v.*

Le passe-volant sert aux galères légères pour attaquer l'ennemi de loin.

Il peut jeter quatre livres de plomb et devra avoir la longueur de quarante boulets.

Cet esponton fixe l'engin dans le navire si le coup est violent. Cette *zepata* est bonne pour mettre le feu aux navires qui bloquent un port. Elle sera ainsi faite ; il y aura du bois dépassant l'eau d'une brasse, puis de l'étoupe, puis de la poudre comme pour les bombardes, puis de petits fagots et ensuite de plus gros ; mets tout en haut des fils de fer et des chiffons enflammés, et lorsque le vent sera propice, manœuvre ton gouvernail ; alors le feu *m* se propagera dans le navire, et tandis que les fils repliés mettront le feu aux poudres, le résultat sera obtenu.

La *zepata* est également utile pour incendier les ponts, la nuit, mais fais-lui sa voile noire.

•◆•

NOMS D'ARMES

[ca. 1487-1489]
B, 41 r.

Acinace. Acinace est le nom que, selon Acron, les Scythes et les Mèdes donnaient à ce couteau.

Daga. Celle-ci chez les Ligures fut nommée *daga.*

Ensis. Gladius. L'*ensis* et le *gladius* sont une sorte d'arme, et à en croire Quintilien, au dixième livre de ses *Institutions*, une seule et même chose. Selon Pline, au sixième livre de l'*Histoire naturelle*, le *gladius* fut inventé par les Lacédémoniens. D'après Varron, quand le javelot[1] tomba en désuétude, on le remplaça par le *gladius.* Il a été appelé *aclide* parce qu'il portait le carnage et la mort chez l'ennemi.

Spada, *ensis* et *gladius* sont des noms d'armes universellement connues, en particulier chez les Anciens.

Arpa. L'*arpa*, selon Lucain, dans le neuvième [livre], est une épée en forme de faucille avec laquelle Persée tua la Gorgone.

Les arcs s'appelaient *manubaleste.*

[ca. 1487-1489]
B, 41 v.

Dans une de ses tragédies intitulée *Ceisonia*, Naevius dit qu'on donnait le nom de *lingula* à un petit couteau en forme de langue d'oiseau.

La *machaera* est une sorte d'arme longue pointue en partie. César en fait mention dans son second *Commentaire.*

La *stragula* est une sorte de lance destinée à être jetée et maniée à la main. César en parle également dans son second *Commentaire.*

Les *doloni* sont une arme que mentionne Plutarque dans la *Vie de Gracchus.* D'autres disent que les *doloni* sont des fouets avec des dagues dissimulées dans leur manche.

La *sica* est un petit couteau qu'employaient aux temps anciens les assassins, appelés sicaires du nom du couteau, à en croire Quintilien dans le neuvième livre des *Institutions*[2].

1. Ms. : *gaesum.*

2. Voir « *per abusionem sicarios etiam omnes vocamus, qui caedem telo quocumque commiserint* » (Quintilien, X, I, 12).

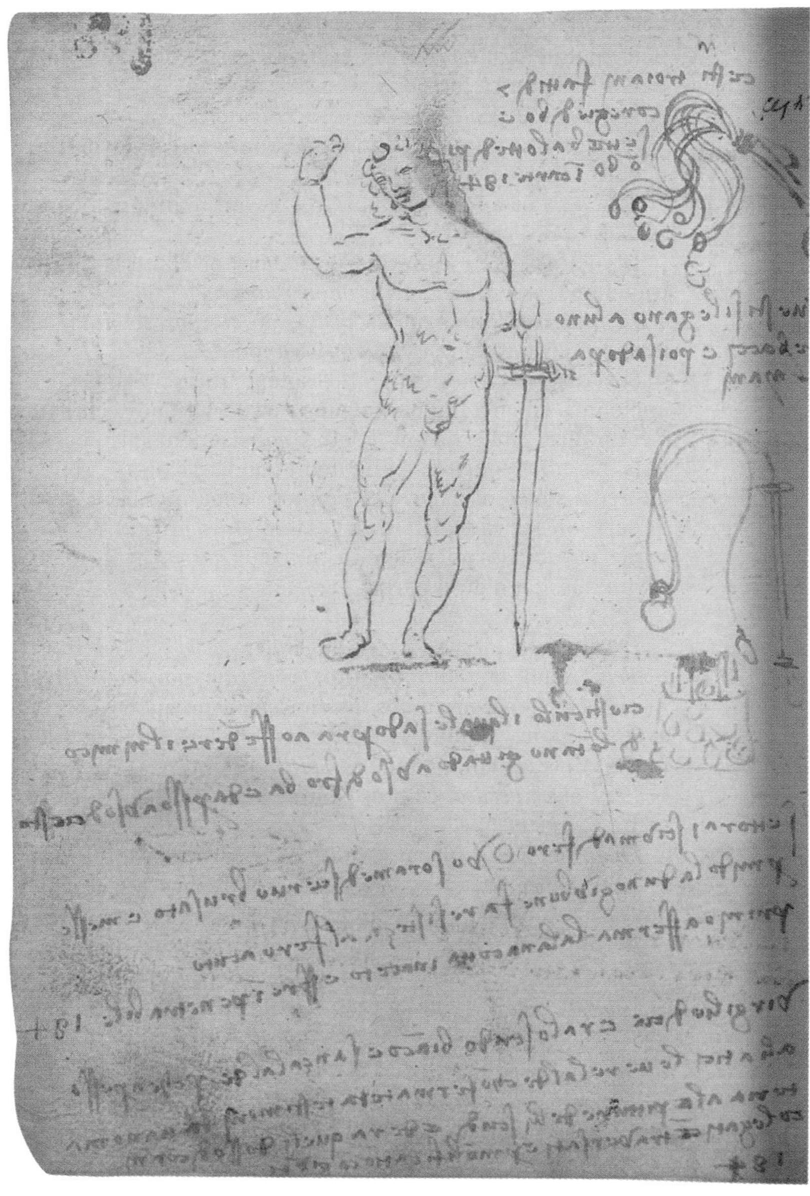

Guerrier nu avec une épée. Passage où Léonard cite Pline l'Ancien sur les armes anciennes (*Ms. 2184*, 97 v.).

[ca. 1487-1489]
B, 42 r.

Selon Pompée Festus, le *pugio* est un couteau court à deux pointes. Varron dit que le *pugio* est le nom donné à une longue lance ferrée.

La *clunade*[1] est un couteau sacrificatoire. La *secespita* est un long couteau dont le manche rond, fait d'un morceau d'ivoire, s'orne d'or et d'argent.

Elle servait aux grands prêtres et aux flamines pour les sacrifices.

D'aucuns disent que c'est la hache[2] et d'autres que son tranchant ressemble à celui de la *manara*.

Le *mucro* est analogue à l'*ensis* et au *gladius*, selon Priscien dans le second volume des *Ars Grammatica*.

Servius veut que les *aclides* soient un genre d'armes si anciennes qu'on a fini par ne plus s'en servir pour combattre. Néanmoins, nous lisons qu'elles consistaient en pièces de bois, les unes longues d'une demi-coudée, d'autres rondes ; au-dedans étaient fixées des pointes de fer, aiguisées et saillantes ; on les lançait parmi les ennemis au moyen d'une corde ou de courroies de cuir, et celui qui recevait le coup savait aussitôt d'où il partait.

⁂

[ca. 1487-1489]
B, 42 v.

Telo[3] était la dénomination générale par laquelle les Anciens désignaient toutes les choses propres à être lancées avec les mains en temps de guerre – tels les dards, massues, flèches, hastes, lances, pieux et pierres.

Veruto. Le *veruto*[4] d'après Nonius Marcellus, est une arme petite et très étroite.

Fusti. Les *fusti*[5] furent les premières armes dont fit usage le genre humain, et les gens des campagnes les appellent aujourd'hui pieux. Leurs pointes étaient un peu brûlées.

Baculo. Le *baculo*[6] est un gourdin sans crochet avec lequel étaient flagellés les malheureux esclaves.

L'haste[7] passe pour avoir été inventée par les Lacédémoniens. Elles sont excellentes et singulières en frêne ou en

1. Du latin *clunaculum*.
2. Du latin *scura*.
3. Du latin *telum*.
4. Du latin *verutum*.
5. Du latin *fustis*.
6. Du latin *baculum*.
7. Du latin *hasta*.

coudrier, et mieux encore en bois de sorbier, plus souple et flexible.

Les *astili* sont les petites lances que l'on jette adroitement à la main.

Cuncti[1]. Piques très longues et fortes, sans fer mais aux pointes acérées. Lucain en fait mention.

Lancea. Pline dit de la lance qu'elle fut inventée par les Étoliens. Selon Varron, *lancia* est un vocable espagnol.

⁂

[ca. 1487-1489]
B, 43 r.

Le *pilo*[2] était une haste en usage chez les Romains, et ressemblait au *gaesum* des Gaulois et à la *sarissa* des Macédoniens. Ces hastes étaient divisées dans leur longueur en deux parties égales, et les têtes placées à chaque extrémité. Elles étaient soudées avec de la colle de poisson, et de demi-coudée en demi-coudée, cerclées de boyaux. Les auteurs disent qu'elles étaient si parfaites, que suspendues à une corde à la manière d'une balance, elles ne ployaient point. Et si on la rejette d'abord en arrière puis qu'on la pousse furieusement en avant, nulle armure n'est assez forte pour lui résister. Elles furent très employées chez les Bretons.

Le javelot[3] est une arme en usage chez les peuples de Gaule et non moins propre à être lancée qu'à tout autre usage.

Ruma, *pilum*, *rumex* et *telum* se ressemblent et ressemblent aussi au *sparus* des Gaulois.

L'invention du javelot[4] est attribuée à Étole, fils de Mars ; Hermès, Varron, Pompéius Festus l'attestent et affirment que les javelots, rudes et fabriqués par des campagnards de basse et misérable condition, sont néanmoins aptes à être lancés dans toutes les directions.

⁂

[ca. 1487-1489]
B, 43 v.

Sarissa. La *sarissa*, selon Pompéius [Festus], est une haste macédonienne.

Gabina. Gabina est le nom que donnaient les Illyriens à une certaine sorte d'arme en forme d'épieu[5] ou de pique.

1. Du latin *conti.*
2. Du latin *pilum.*
3. Du latin *gaesum.*
4. Ms. : *jaculo.*
5. Du latin *venabulum.*

La hache de combat[1] s'appelle également *semicuris* ou *semiquiris.*

Tragula. La *tragula* est une haste à pointe très effilée, en forme de javelot, ou de dard qui peut être lancée à la main, selon Varron, Pompéius et César dans le cinquième de ses *Commentaires.*

Massue. La massue[2] employée par Hercule, est ainsi nommée parce que c'était un grand gourdin, fort, garni de clous aigus, une arme réputée très noble en ces temps rudes.

Cathegia[3]. D'aucuns croient que cette massue était la *cathegia,* nommée *caia* par Horace, sorte de trait usité chez les Gaulois, capable de retourner en arrière au gré du lanceur. Selon Virgile, les Germains l'employaient beaucoup et les chevaliers en faisaient grand usage contre l'infanterie.

•◆•

[ca. 1487-1489]
B, 44 r.

Dolabra, c'est-à-dire à double tranchant.

On l'appelle Deux Lèvres[4] selon Tite-Live au livre onzième[5] de la Guerre punique, où il relate qu'Annibal envoya cinq cents Africains porteurs de cette arme pour détruire jusqu'à leurs fondations les murs d'une cité.

Bipenna. Cette arme s'appelle ainsi parce que le tranchant est aigu des deux côtés. Ce vocable lui est généralement appliqué par Quintilien, au livre premier des *Institutions.*

•◆•

[ca. 1487-1489]
B, 44 v.

La croix fut inventée chez les Germains, et cette arme passe pour être des plus mortelles, attendu que lancée avec ou sans corde, dans les rangs ennemis, elle n'y tombe jamais en vain. En effet, elle fend l'air par le tranchant et quand elle n'atteint pas l'adversaire avec une de ses pointes, elle l'attrape avec deux ; et si elle ne le rencontre pas du tout, elle se fiche en terre et n'inflige pas moins de dommages à l'ennemi que si elle tombait sur les chevaux et les fantassins. Quand on va au combat, on en porte quatre ou six à sa ceinture.

---

1. Ms. : *securis.*
2. Ms. : *clava.*
3. Boomerang ?
4. Ms. : *labbri.*
5. Ainsi que l'a établi Ch. Ravaisson-Mollien, le passage auquel il est fait allusion se trouve dans le livre XXI, paragraphe XI ; toutefois les livres XI jusqu'à XX ayant été perdus, le livre XXI fait suite au livre X. « [...] *tum Hannibal occasionem ratus, quingentos ferme Afros cum dolabris ad subruendum ab imo murum mittit.* »

[Dessins de chausse-trape avec corde et lien.]

Cette méthode fut fort en usage chez les Hébreux et les peuples voisins de la Syrie. Ils les lançaient avec des cordes et de longs liens parmi leurs ennemis lorsque ceux-ci les avaient vaincus et mis en déroute, afin de les terrasser et les obliger à cesser leur poursuite.

Ils les semaient aussi sur leur propre parcours.

Telico. Les premiers hommes en faisaient usage ; ils les fabriquaient avec des roseaux ; c'est-à-dire qu'ils prenaient un fragment de roseau à deux nœuds, fendaient l'un par le milieu et s'en servaient comme d'une plume de flèche ; ils effilaient l'autre en pointe, le remplissaient de terre pour lui donner du poids, et les lançaient avec une corde.

⁂

[ca. 1487-1489] B, 45 r.

Verge[1]. Celle-ci aussi fut au nombre des armes primitives et rustiques.

Trait scythique. Le trait est une arme simple, fort en usage chez les Arabes. Il fut inventé par les Scythes et consiste en un morceau de bois vert dont la pointe a été calcinée, et peut se lancer avec ou sans corde. Tenu à la main, il peut également faire office de javelot.

Les *ganci*, *ruffili* et *roncili* sont les armes des pirates. Au moyen de grappins, ils accrochent les rebords des navires ; et si quelque défenseur du vaisseau fait mine d'approcher, ils le blessent et le chassent devant eux, puis revenant aux rebords qu'ils avaient précédemment agrippés, ils les maintiennent fortement pour les empêcher de fuir.

⁂

[ca. 1487-1489] B, 45 v.

La *sirile* est une haste très longue, elle fut trouvée chez les Numides. Ils s'en servaient souvent pour renverser leurs ennemis et se tenaient à cheval sans selle ni étriers, armés seulement d'une cotte rembourrée de coton à laquelle étaient fixés les crochets de la longue *sirile* ; et [l'ennemi] pris par surprise était aisément terrassé.

La *cariffe* est une large haste qui peut attaquer de loin ;

1. Du latin *flagellum*.

si d'aventure ton boulet incendiaire était capturé, le soldat le mettrait en mouvement en le frappant de la pointe de fer aiguisée qui se trouve au sommet de l'haste, et l'ayant récupéré, en flagellerait les malheureux soldats [ennemis].

La *miricide* est une haste longue de trois brasses, et de cinq et demie quand elle est déployée ; les soldats s'en servent à la manière dont les ruraux battent le blé.

Les *maleoli*, selon Ammien Marcellin, sont une sorte de dard ou de flèche. Leur fût est en jonc, et là où se termine le jonc, une quenouille est jointe, comme celles qui servent pour filer, et le fer fixé sur elle. On placera de l'étoupe imbibée de poix dans la cavité de la quenouille ; on y mettra le feu et on la jettera doucement pour que la furie de l'air ne l'éteigne point.

Quelques-uns disent que cette cavité devrait contenir une réserve inépuisable de colophane, soufre, salpêtre, liquéfiés au préalable avec de l'huile de laurier, d'autres disent avec de l'huile de pétrole[1], de la graisse de canard, de la moelle de *carma*[2], du fenouil, du soufre, de la colophane et du camphre, de la [résine] et de l'étoupe. Les Anciens qualifiaient cette mixture d'incendiaire, c'est-à-dire combustible, tout de même que l'étoupe, la graisse et le pétrole.

•◆•

[ca. 1487-1489]
B, 46 r.

La *manara* était fort en usage chez les Romains.

Arcs d'Hibernie et d'Angleterre.

Mais ceux d'Hibernie substituent à une des cornes de l'arc, un morceau de fer aiguisé, long d'une coudée.

Les anglais et ceux d'Hibernie sont de longueurs presque égales, c'est-à-dire de quatre brasses chacun.

Arc syrien, en corne de buffle. Arc germain, fait de deux pièces d'acier ; et leur agencement.

Voici le fonctionnement du trait de l'arbalète : quand la flèche, quittant la corde, passe sur la rondelle, l'anneau placé à son extrémité fait qu'elle rebondit en arrière après avoir frappé ; mais le fer passe outre et remplit son office.

Le trait de l'arc qui fixe la flèche à la corde est une alène, longue d'un quart de brasse, tout en fer finement trempé ; les plumes de la queue s'écartent de la flèche, tandis qu'elle vole

1. Ms. : *olio petrolio*.
2. Plante non identifiée. (*N.d.É.*)

à son but. Quelques-unes font une piqûre analogue à celle d'une aiguille empoisonnée.

·◆·

[Dessin. Soldat monté, au galop.]

Voici un escopettier à cheval, invention extrêmement utile. Ces escopettiers seront munis de pochettes pleines de rouleaux de simple papier et bourrées de poudre, pour qu'en rechargeant souvent [l'escopette] on réussisse à triompher des ennemis s'ils sont par trop nombreux. Comme les arbalétriers, les escopettiers formeront des escadrons, afin que lorsque les uns tirent, les autres s'emploient à charger ; mais assure-toi d'abord que tu as habitué tes chevaux à de tels bruits ; ou bouche-leur les oreilles. *[ca. 1487-1489] B, 46 v.*

Ordre de bataille d'arbalétriers montés, en champ découvert : *m n* sont des arbalétriers qui se tournent à gauche et reculent tout en chargeant, *r t* représentent ceux qui vont de l'avant avec les arbalètes chargées et ces quatre files sont prévues pour une seule route ; *a b* figurent quatre files d'arbalétriers s'en retournant avec leurs armes déchargées, pour les recharger ; *c d*, ceux qui marchent sur l'ennemi, arbalètes chargées ; et cette disposition de huit lignes s'emploie en champ découvert.

Fais en sorte que ceux qui ont déchargé leur arme reviennent par le milieu ; ainsi, au cas où l'ennemi les tournerait, les arbalétriers chargés qui se tiennent sur les flancs pourront lui causer plus grande terreur.

Ordre des escopettiers montés :

Prends soin qu'ils soient pourvus d'une ample provision de canons faits de papier fin, simplement plié, rempli de la poudre qui contiendra la balle, pour qu'ils n'aient plus qu'à la placer à l'intérieur et faire feu. Ainsi prêts à l'action, ils n'ont pas besoin de revenir en arrière comme les arbalétriers lorsqu'ils se préparent à charger.

·◆·

Quelqu'un a-t-il l'intention de s'emparer d'une tour sur la mer, il s'arrangera pour qu'un de ses fidèles noue des intelligences dans la place, et quand la garde se sera retirée, il fixera aux créneaux l'échelle de corde procurée par l'ennemi et emplira de soldats les murs. *[ca. 1487-1489] B, 48 r.*

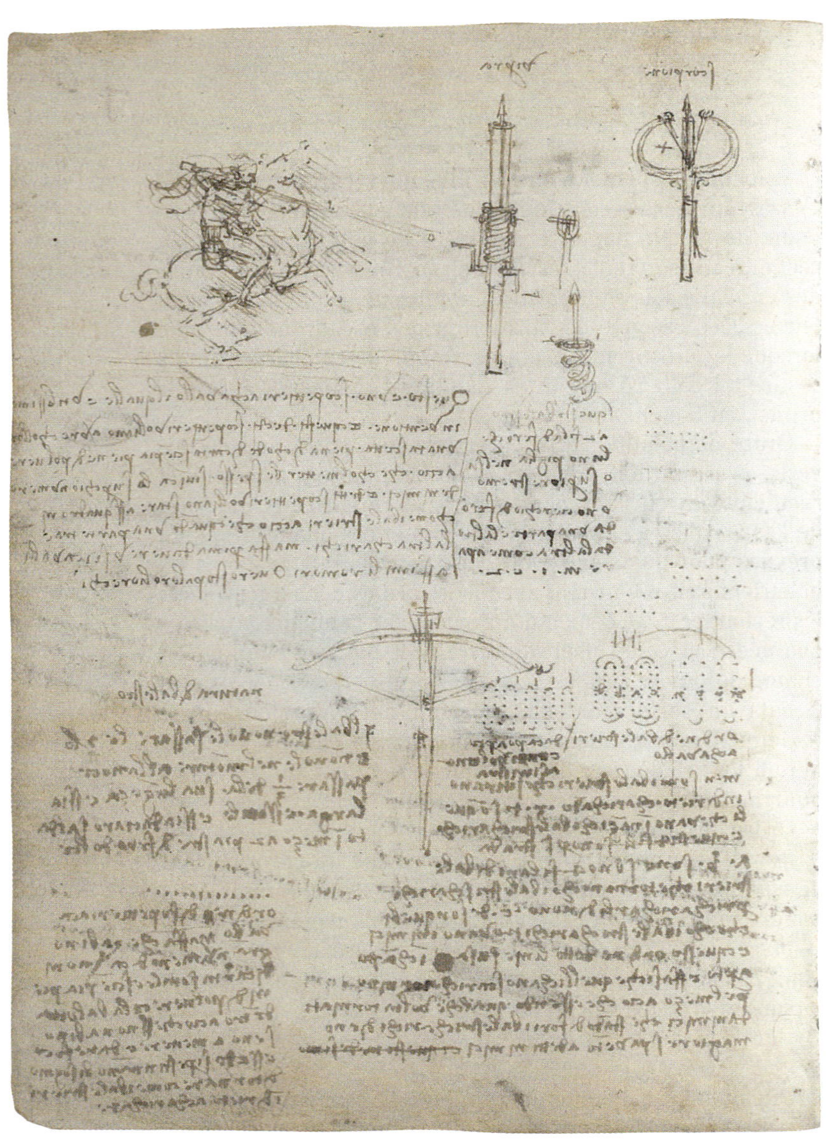

Arbalètes à ressort pour arbalétrier à cheval (*B*, 46 v.).

Pour éviter cela, divise la tour en huit escaliers en colimaçon, et en huit parties les remparts et les quartiers des soldats en bas ; de la sorte, si l'un des mercenaires a des velléités de trahison, les autres ne pourront communiquer avec lui et la section du rempart sera si restreinte qu'on n'y tient pas plus de quatre. Le commandant, dont les quartiers sont situés au-dessus des autres, peut les chasser en les attaquant par les mâchicoulis, ou les enfermer au moyen de sarrasines, puis enfumer l'entrée des escaliers en colimaçon ; sous aucun prétexte, un soldat étranger ne pourra loger avec le commandant, mais seule sa propre famille.

•◆•

[ca. 1487-1489]
B, 50 r.

Que celui qui est de connivence avec l'assaillant occupé à escalader le mur porte, quand il entre au service du commandant, un peloton de fort fil ; à la première occasion, le veilleur tirera à lui jusqu'en haut, grâce à ce fil, un rouleau de câble résistant que lui donnera l'homme qui escalade ; puis avec le câble, il tirera la corde destinée à hisser l'échelle de corde figurée ci-dessus.

•◆•

Noms d'ingénieurs.

[ca. 1487-1489]
B, 50 v.

Callias de Rhodes[1]. Épimaque l'Athénien[2]. Diogène, philosophe de Rhodes[3]. Calcédonius de Thrace. Fébar de Tyr[4]. Callimaque, architecte, maître du feu[5].

1. Architecte grec d'Arados. Construisit pour les habitants de Rhodes une grande grue destinée à accrocher et élever le bélier (ἑλέπολις) employé par les assaillants (Vitruve, X, XVI, 5).

2. Architecte employé par Démétrius Poliorcète pour construire un bélier si grand que les machines de Callias furent impuissantes contre lui (Vitruve, X, XVI, 4).

3. Diognetus (Ch. Ravaisson-Mollien). Pourrait, selon E. MacCurdy, être identifié avec Diognetes qui, selon Plutarque (*Vie de Démétrius*), appelé par les habitants de Rhodes, en cette circonstance, construisit des tranchées souterraines où le ἑλέπολις d'Épimaque s'enfonça, forçant ainsi Démétrius à lever le siège. (*N.d.T.*)

4. Voir *B*, 51 r., p. 994.

5. Sculpteur, peintre, architecte, célèbre pour ses bronzes (Pline, XXXIV, VIII, 19). Selon Vitruve (IV, I, 19) il inventa le chapiteau corinthien, et d'après Pausanias (I, XXVI, 7) une méthode de forer le marbre et une lampe en or qui brûlait nuit et jour devant la statue d'Athéna, dans le temple d'Athéna à l'Acropole, et dont la mèche était formée d'une sorte d'asbeste qui ne se consumait jamais. C'est à cette invention que se réfèrent les mots « maître du feu ».

Balle de feu fabriquée : prends de l'étoupe, enduite de poix, de térébenthine et d'huile de lin, et roule de façon à former une balle : par-dessus, mets du chanvre imbibé de térébenthine de seconde distillation.

Une fois la balle fabriquée, perce-la de quatre ou six trous gros comme le bras, et remplis-la de chanvre fin, imprégné de térébenthine de seconde distillation, et de poudre de bombarde ; ensuite introduis la balle dans la bombarde.

[Dessin de traits de feu.]

Voici un dard pour une grande arbalète posée horizontalement.

Les ingrédients combustibles sont attachés dans un linge, aux deux coins. À mesure que la pointe s'enfonce, les cornes se rapprochent davantage, et mettent le feu à la poudre et à l'étoupe imbibée de poix. Cette arme est efficace contre les navires, les bastions en bois et autres constructions analogues. Mais nul ne fera de bonne besogne à moins que le feu ne s'allume après que le trait a frappé ; en effet, si tu allumes le feu avant, la violence du vent l'éteindra en chemin.

⁂

[Dessins.]

[ca. 1487-1489]
B, 51 r.

Méthode pour se préserver du bélier, avec une botte de paille imbibée de vinaigre.

Méthode pour parer le coup du bélier.

Héliopolim, machine murale.

Cetra, machine murale.

Fébar de Tyr fit usage de cet engin pour ébranler les murs de Gadès.

Flemisclot, une machine murale.

Pour faire un feu vert, prends du vert-de-gris et trempe-le dans l'huile de térébenthine que tu filtreras.

Manière de fabriquer un char à roulettes pouvant rouler sur plancher, ou sol dur, pour le transport des poids lourds sur un bref parcours.

⁂

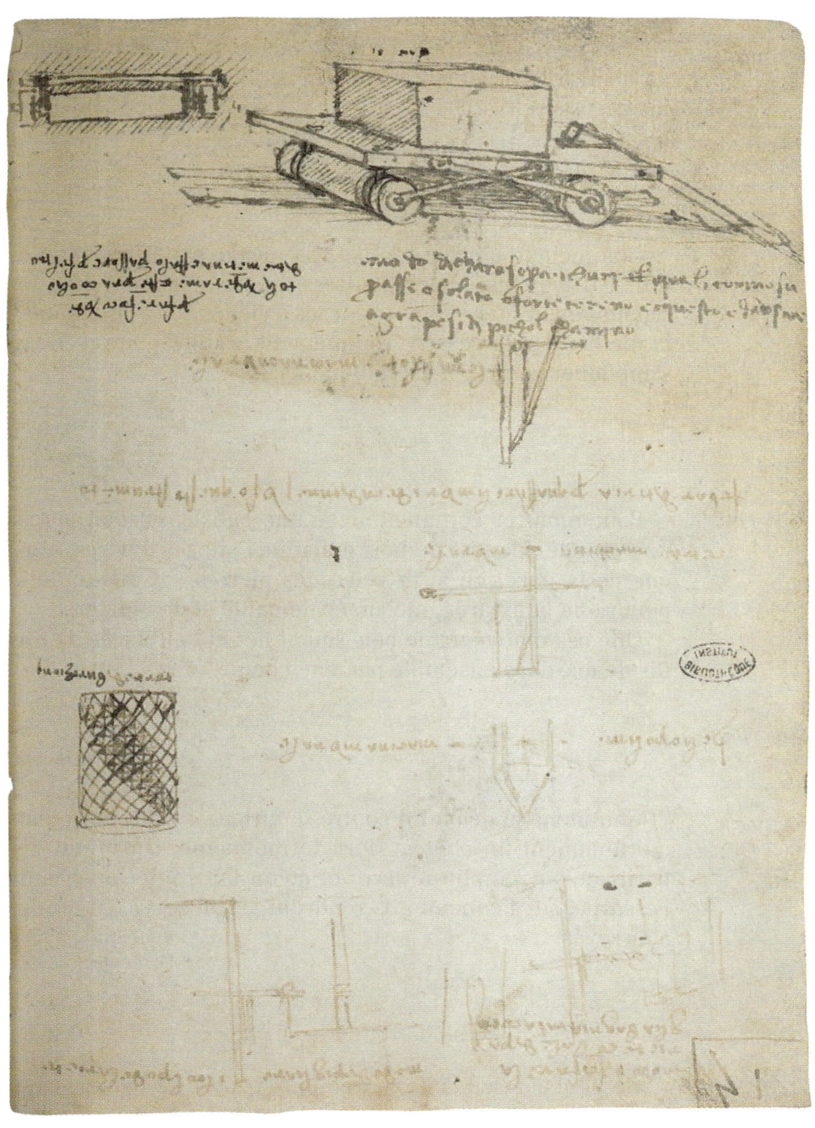

Chariot (*B*, 51 r.).

[ca. 1487-1489]
B, 54 r.

Cette bombarde doit être un peu plus large de la bouche pour qu'en sortant la pierraille s'éparpille. Il faudra prendre un gros morceau de bois formé de racine de chêne, pour avoir un demi-boulet pour la bombarde, et ceci fera bon office en cas désespéré.

⁂

[Dessin.]

[ca. 1487-1489]
B, 55 r.

Comment, quand le combat est engagé par l'escalade des murs, il faut hisser des poutres sur les créneaux, puis les repoussant, les faire tomber sur les échelles et les assaillants ; la méthode pour hisser promptement lesdites poutres devra s'appliquer comme il est indiqué ici.

⁂

[Dessin.]

[ca. 1487-1489]
B, 55 v.

Pour montrer comment, avec une baliste, on doit lancer une grande quantité de bois enflammé sur les navires, ainsi que de la poix ; ou si tu veux, des pierres, ou même de la poudre de bombarde, mélangée de paille et de vinaigre.

Que ces morceaux de bois soient liés et entrelacés de fins fils de fer, fixés ensemble par une chaîne.

⁂

[Dessin.]

[ca. 1487-1489]
B, 56 r.

Comment se défendre contre le furieux assaut de soldats qui attaquent un château fort de montagne. On prend des barils qu'on remplit de terre et qu'on fait rouler au bas de l'escarpe, sur l'ennemi ; ils rendront grand service à qui les a envoyés.

⁂

[Dessins.]

[ca. 1487-1489]
B, 59 r.

Ce bouclier sera intérieurement en bois de figuier, extérieurement en coton épais, d'un quart de brasse ; il sera bon de revêtir le coton de futaine avec une couche de vernis ; ou si tu fais l'extérieur en coton et le dedans en colle de poisson et gomme adragante, et que tu le vernisses, avec la moitié du coton simple et pressé, et des clous allant de l'une à l'autre surface, tu auras satisfaction et pourras le sécher dans une presse.

On pourrait remplir ces balles de soufre pulvérisé, qui fera pâmer les gens. C'est la machine la plus mortelle qui soit ; la balle du milieu, en tombant, enflamme les bords des autres balles, éclate, et les disperse en y mettant le feu, le temps de dire un Ave Maria ; une coque extérieure recouvre le tout.

Les fusées de ces balles seront en papier, et leurs intervalles emplis de plâtre à mouler, mélangé avec de la bourre d'étoffe. Il faudra les allumer avec un soufflet qui propagera la flamme au centre de la balle jusqu'au milieu de la poudre, laquelle sépare les unes des autres, à un intervalle considérable, toutes les balles bourrées de fusées.

Roue pleine de tubes d'escopette pour fantassins.

.◆.

MANIÈRE D'ESCALADER DE NUIT UNE FORTERESSE

[Dessins.]

Au cas où tu n'aurais aucune intelligence dans la place et où tu ignores si quelqu'un remontera les échelles de cordes, tu te hisseras d'abord en plaçant de brasse en brasse ces fers dans les fentes, comme il est montré ci-dessus. Et une fois tout en haut, fixe l'échelle de corde comme ici le fer *m*, enveloppe-la d'étoupe pour amortir le bruit, et arrête-toi. Si tu penses avoir à hisser d'autres échelles, fais-le. Sinon, arrange-toi pour que les assaillants montent promptement. Le crochet attaché à une bretelle de corde est surmonté d'un anneau, auquel est fixée une corde, et au moyen d'un cric, tiré jusqu'au fer de dessus ; à celui-ci, tu attacheras de nouveau le crochet desdites bretelles. *[ca. 1487-1489] B, 59 v.*

Ces échelles sont faites pour porter deux hommes. Elles sont également utilisables pour une tour au cas où tu craindrais que l'ennemi ne détache l'échelle de cordes ; il faut les pousser dans le mur suffisamment pour qu'il y en ait trois huitièmes [de brasse] enfoncés, et un huitième de libre. Les fers en pyramide sont longs d'une demi-brasse et leur intervalle sera d'une demi-brasse.

.◆.

OUTRES POUR LE PASSAGE DES EAUX

[Dessins.]

[ca. 1487-1489]
B, 60 v.

Il convient également de trouver le moyen de traverser les fleuves à sa guise. Mets d'abord un homme sur deux outres attachées ensemble ; ensuite, si tu trouves le fond commode et que la rapidité du courant présente des risques, emploie la méthode ci-dessous figurée.

Si le courant est dangereux, tu placeras deux lignes de chevaux en travers du fleuve, à six brasses de distance l'une de l'autre. Que les chevaux soient rapprochés au point de presque se toucher, la ligne ou l'escadron de chevaux, tourné vers l'arrivée de l'eau, afin de réprimer et briser son impétuosité. Entre l'un et l'autre escadron fais passer les soldats, tant armés que désarmés. L'escadron qui est le plus en amont doit avoir de plus grands chevaux, pour mieux s'opposer à l'élan du fleuve. Celui qui est plus bas soutient les soldats lorsqu'ils tombent et les aide dans leur passage.

[Dessin.]

[ca. 1487-1489]
B, 61 r.

Fais des abris en croisant des boucliers pour résister à la fureur des flèches.

Méthode par laquelle les Germains, quand ils sont en ordre serré, s'unissent l'un à l'autre et entrecroisent leurs longues lances contre l'ennemi ; ils se courbent, une des extrémités au sol, l'autre partie dans leurs mains.

[Dessins.]

Si la hauteur de l'eau empêche l'infanterie et la cavalerie de passer, qu'on réduise le fleuve en le scindant en plusieurs ruisseaux comme fit Cyrus, roi des Perses, à la prise de Babylone, sur le fleuve Gange [*sic*], qui en sa plus grande largeur mesure dix mille brasses, et aussi Alexandre sur ce même fleuve, et César sur le fleuve Sicoris.

Si d'aventure le fleuve est trop profond pour être franchi à gué, le capitaine établira des ruisseaux en nombre suffisant pour détourner l'eau et ensuite la restituer en aval au fleuve qui de la sorte baissera de niveau et sera aisément guéable. Alexandre recourut à ce moyen, dans l'Inde contre le roi Porus, au passage du fleuve Hydaspe ; ainsi fit César en Gaule (et en Espagne) sur le fleuve Loire. Ayant disposé sa cavalerie en deux corps, il fit passer les soldats au milieu ; de même Annibal sur le Pô, avec les éléphants.

[Dessins.]

Égyptiens, Éthiopiens et Arabes, pendant la traversée du Nil, ont l'habitude d'attacher latéralement des sacs ou des outres à l'avant-train des chameaux, comme ci-dessous. Dans les quatre anneaux du filet, ces bêtes de somme passent les pieds. *[ca. 1487-1489] B, 61 v.*

Les Assyriens et ceux d'Eubée accoutument leurs chevaux à se charger de sacs pour pouvoir à volonté les gonfler d'air ; ils les portent à la place de la bardelle et sur le flanc, bien couverts de plaques de cuir tanné, de sorte que les flèches, même nombreuses ne pourraient les traverser ; car [ces gens] attachent autant de prix à une fuite assurée qu'à la victoire incertaine. Ainsi équipé, un cheval permet à quatre ou cinq hommes de passer au besoin.

[Comment l'infanterie franchit les fleuves.]

Si l'infanterie avait à franchir un fleuve dangereux par la véhémence de son courant, voici une méthode sûre ; les soldats se prendront par le bras et formeront une ligne à la façon d'une palissade, enchaînés ensemble par le bras ; leurs files avanceront suivant le cours de l'eau et personne ne se mettra en travers du courant ; c'est là un moyen certain, car le premier d'en haut est celui qui soutient le premier choc ; l'eau le renverserait s'il était seul, mais tous les autres qui sont au-dessous de lui, le maintiennent et se font un bouclier de lui. *[ca. 1487-1489] B, 62 r.*

Ainsi, grâce à ce moyen, l'un après l'autre, ils traversent en sécurité.

Il en va ainsi pour tous ; et si la pente du fleuve incline de droite à gauche, chaque homme de la file, en passant d'une rive à l'autre, oppose au courant son épaule droite ; et à sa gauche, il a l'épaule droite de son compagnon et la fuite de l'eau.

•◆•

NACELLES

[Dessins.]

[ca. 1487-1489]
B, 62 v.

Les petites embarcations en usage chez les Assyriens étaient faites de minces branches de saule entrelacées sur des perches également de saule, disposées en forme de petit canot, lutées d'une fine poudre imbibée d'huile ou de térébenthine, et ainsi réduite en boue. Ce canot était imperméable à l'eau, et les coups ne le fendaient pas, car il restait toujours flexible.

Au témoignage de Lucain[1], César revêtit de cuir de bœuf cette sorte de nacelle, quand il traversa le Sicoris, fleuve d'Espagne.

[Dessins.]

Espagnols, Scythes et Arabes, lorsqu'ils veulent construire très rapidement un pont, attachent des claies de saule sur des sacs ou des outres en cuir de bœuf, et ainsi traversent sans risque.

•◆•

[ca. 1487-1489]
B, 63 v.

Pour asphyxier une garnison, les Germains emploient la fumée de plumes, le soufre et le réalgar, et ils font durer les fumées sept et huit heures.

Le blé en botte, lui aussi, produit une fumée grande et durable, ainsi que le fumier sec ; mais fais qu'il soit mélangé avec de la *sanza*, c'est-à-dire de la pulpe d'olives broyées, ou, si tu préfères, la lie de l'huile.

•◆•

[Dessin.]

[ca. 1487-1489]
B, 64 r.

Comment lâcher un cours d'eau derrière une armée et sur les ponts et murs d'une cité.

1. Référence à la *Pharsale* de Lucain, IV, 130, etc. : « *Utque habuit ripas Sicoris camposque reliquit / Primum cana salix madefacto vimine parvam / Texitur in puppim, caesoque inducta iuvenco / Vectoris patiens tumidum superenatat amnem.* »

Si tu veux inonder un champ de bataille ou abattre des murs sans faire usage de bombardes, et que tu disposes d'un fleuve fais comme il est représenté ci-dessus : plante des pieux à la hauteur des rives du fleuve et ménage entre eux un intervalle d'une demi-brasse ou davantage, si tu as des planches plus larges ; mets ces planches entre chaque pieu et comble ainsi [les intervalles]. Après quoi, lève la tige *m* qui sert de lien ; *a*, la partie supérieure de la planche, avançant, et *b*, l'inférieure, reculant, les parties de la planche se présenteront par le côté, et l'eau pourra s'échapper. Fais que sur un coup d'escopette ou tout autre signal, les écluses s'ouvrent simultanément pour que l'eau qui arrive sur l'obstacle reçoive une plus grande impulsion, une force plus violente. Si la pente du fleuve est très déclive, construis une [écluse] par demi-mille. Que les vannes s'ouvrent au moyen d'une corde, pour fonctionner toutes à la fois et pour que celui qui les manœuvre soit en sécurité.

MÉTHODE POUR CONSTRUIRE UN BASTION (LA NUIT)

[Dessin.]

Si tu construis de nuit un bastion, et que tu veuilles voir clair, allume les lanternes et élève-les au sommet de hautes perches, afin que l'ennemi visant les lumières, ne touche pas les sapeurs. Ces lumières seront alimentées à l'huile pour durer longtemps, et les lanternes seront sur des lampadaires équilibrés comme suit, pour éviter qu'elles ne se renversent lorsqu'on les élève. Puis, souviens-toi que les perches devront être peintes en noir et dressées au coucher du soleil ; ainsi, la lumière étant peu apparente, l'ennemi distinguera malaisément qu'on l'élève. Que ce soit fait aussi silencieusement que possible, et qu'il y ait un surveillant avec un bâton pour cinq sapeurs, afin que le travail soit rapide. *[ca. 1487-1489] B, 70 r.*

Manière de prendre d'assaut un bastion qui ferme un passage : *[ca. 1487-1489] B, 75 v.*

Fais des sections de bastion portatives, en vue d'une attaque furieuse des hommes ; elles seront bourrées de foin, pointues par-devant, afin que les coups de l'artillerie ne puissent les endommager et jointes ensemble, de manière à former un bastion si grand qu'il occupera toutes les bouches à feu et les salves des ponts ; ainsi, on combattra l'ennemi avec avantage.

[Comment saper une forteresse.]

[Dessins.]

[ca. 1487-1489]
B, 78 r.

Tige pleine de fusées pour recevoir l'ennemi à la sortie d'une galerie souterraine [ouvrant] de bas en haut, et destinée à nettoyer le terrain des hommes qui sont à l'intérieur.

Tige avec fusées, à placer dans une sape aboutissant à un souterrain, qui se trouverait dans une forteresse et bien gardée.

m a b. Sinuosité d'une galerie destinée à donner le change à l'ennemi assiégé.

Il est évident que les assiégés recourent à toutes les méthodes propres à leur faire découvrir les secrets stratagèmes de l'assiégeant. Donc, toi qui cherches, par des voies souterraines, à satisfaire ton désir, réfléchis que ton ennemi est sur le qui-vive, et si tu creuses une galerie, il creusera une tranchée pour rejoindre la tienne ; et celle-ci sera soigneusement gardée, jour et nuit, car on supposera naturellement que le passage secret y aboutit. Ainsi donc, quand par tes travaux de terrassement, tu as feint de vouloir sortir en un endroit déterminé et que, faisant le tour de la forteresse, tu débouches du côté opposé, comme il est montré ci-dessus en *m b a*, *b* sera le point où tu es presque à l'orifice d'un souterrain en *a*. Tu auras une grande réserve d'hommes qui, une fois rompue la muraille interposée entre toi et le souterrain

Quand tu as mené ta galerie presque jusqu'à son terme, et qu'elle jouxte un souterrain, enfonce brusquement la paroi et si tu te trouves en présence de défenseurs, brandis devant toi cette [tige] pleine de fusées ; dans le cas contraire, ne mets pas le feu pour ne pas faire de bruit.

[Dessin.]

[ca. 1487-1489]
B, 80 v.

Stloclade. Place au milieu une poudre de champignons secs.

Ces balles remplies de fusées sont destinées à être jetées dans les bastions ennemis.

Le *stloclade* est une balle large d'un pied, faite de chanvre et de colle de poisson, couverte de queues de fusées ; chacune n'a pas plus d'un doigt de long, et elle est en cuivre fin, veiné, ou en carton encollé. Toutes ces queues sont percées d'un petit trou à leur extrémité, et fixées à une balle de cuivre, traversées de veinules diverses qui sont comme un labyrinthe et remplies de poudre ; ces veinules sont pleines de trous transversaux qui correspondent à ceux des fusées.

Au moyen d'un soufflet, on y met le feu ; celui-ci s'élance par huit trous de sorte que nul ne peut le dominer et [...]. Et quand il a pénétré jusqu'au centre, les fusées crachent soudain, l'une après l'autre, avec un bruit effroyable, leurs mortels projectiles. Si tu t'en sers sur une galère, fais les fusées en carton et comble les intervalles avec de la poix mélangée à du soufre pulvérisé. Elle [la balle] remplira trois offices ; premièrement, elle causera des ravages avec ses fusées ; deuxièmement, elle allumera un feu inextinguible et consumera le bois et [troisièmement] nul ne pourra en approcher à cause de son extrême puanteur.

Buffonico. Le *buffonico*, instrument qu'on place au bout d'une lance, est long de deux brasses et gros d'un huitième de brasse. Il sera bandé de fer et muni d'un mince tube dont la mire est à l'extrémité par laquelle il passe au feu. Remplis d'abord le canon par la bouche *a b*, avec de la poudre bien compacte, comprimée et battue puis fais un petit trou, long d'un huitième de brasse et insères-y un petit tube à orifice très fin. Que la poudre soit fine et mêlée à de la limaille de plomb faite avec une râpe ou au feu ; et il causera grande terreur et pertes aux chevaux et à l'ennemi.

Vinea. La *vinea* est une machine qui fait les chemins et nivelle les rives. *[ca. 1487-1489] B, 82 v.*

[Dessin de char d'assaut.]

Ils remplacent les éléphants. *[ca. 1487-1489] B, 83 v.*

Avec eux, on peut jouter. On peut mettre à l'intérieur des soufflets, pour semer la panique parmi les chevaux de l'ennemi, et aussi des escopettiers qui enfonceront n'importe quelle troupe.

•◆•

L'ENGIN LE PLUS BRUYANT A LE MOINS DE FORCE POUR ATTAQUER LES MURS

[ca. 1513-1514]
E, 27 v.

On le prouve par la neuvième [proposition], relative à la percussion, qui dit : « Des mobiles proportionnés à la puissance du moteur et à la résistance du milieu, celui qui, en un même mouvement, frappe avec une plus grande partie de lui-même, produira un bruit plus grand et un choc moins violent ; au contraire, celui qui frappe avec une moindre partie de lui-même, fera moins de fracas et pénétrera plus avant dans l'endroit percuté. » On a cité l'exemple de l'épée frappant d'abord du plat et ensuite du tranchant ; dans le premier cas, le coup est très bruyant, et peu pénétrant, et dans l'autre, il va loin et ne fait guère de bruit. La flamme est proportionnée aux projectiles lancés par les pièces d'artillerie, qui ainsi se trouvent dans un milieu proportionné à eux ; cette flamme qui se désagrège le moins après sa sortie de la pièce sera donc celle qui expulsera la balle avec le plus d'impétuosité ; et la flamme qui se scinde vite fait le contraire.

DES PIÈCES D'ARTILLERIE QUI LANCENT PLUSIEURS BOULETS EN UNE SEULE DÉCHARGE

Une pièce d'artillerie qui lance un boulet à une distance proportionnée à sa force jettera dans le même temps six boulets semblables, à un sixième de cette distance.

•◆•

DES PIÈCES D'ARTILLERIE ET DU POIDS DES PROJECTILES PROPORTIONNÉ À LEUR FORCE

[ca. 1513-1514]
E, 28 r.

Les magasins ou réceptacles pour la poudre des pièces d'artillerie, présentent trois variétés de forme : l'une, large du bas, et étroite de la bouche ; une autre, étroite du bas et large de la bouche ; la troisième de largeur uniforme.

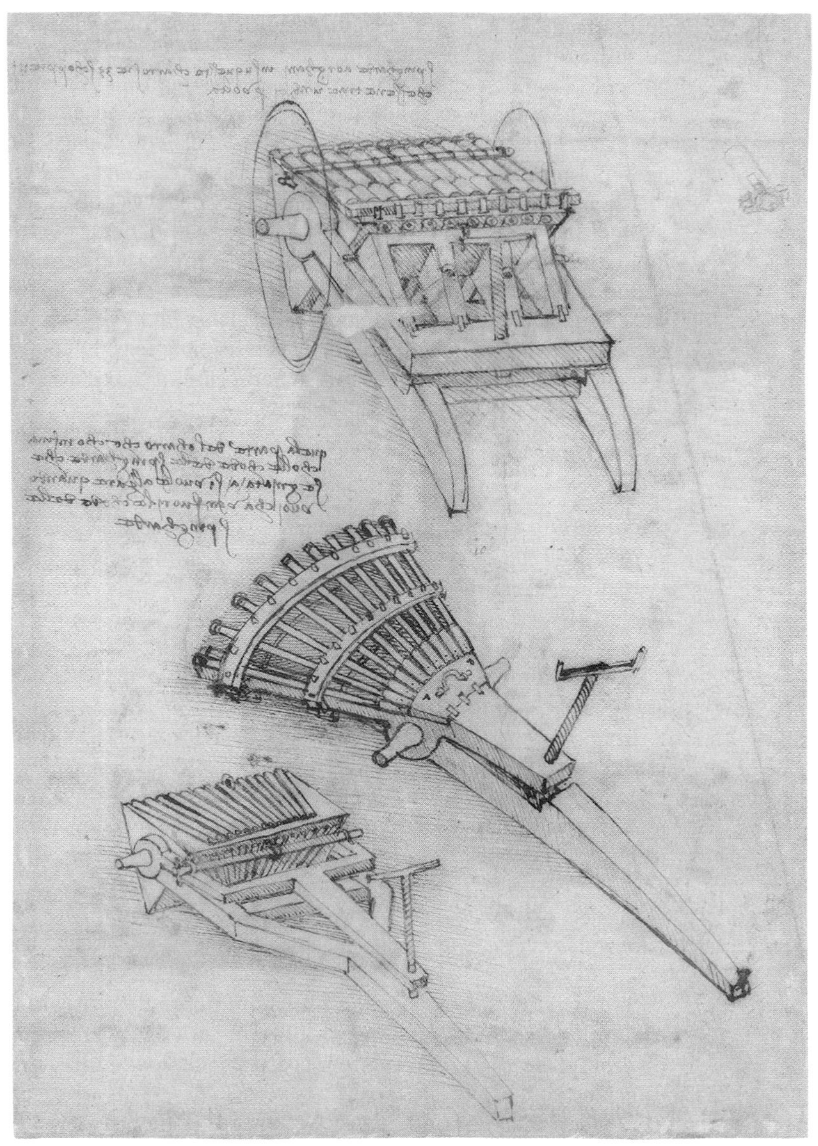

Divers orgues d'artillerie (*C. A.* 157 r.).

Il y a quatre[1] points où l'on met le feu aux pièces d'artillerie : l'un, à l'extrémité supérieure du fond de la chambre ; l'autre, au milieu du fond de cette chambre ; le troisième, à une distance du fond de cette chambre qui égale le demi-diamètre de la circonférence de ce fond ; le quatrième reçoit le feu dans la même position que le troisième, mais au centre de l'épaisseur de la poudre. Dans le cinquième, la chambre est ronde et l'on met le feu en son centre. Mais cet instrument et les autres qui mettent le feu aux poudres en un temps très bref, devront être de matière fine et bien comprimée. Cette compression est rare quand les fontes sont de grande épaisseur, car alors le métal reste liquéfié d'autant plus longtemps qu'elles sont plus épaisses, et parce que celles de leurs parties les plus éloignées du centre de cette épaisseur sont celles qui se compriment tout d'abord.

[Anciens termes militaires.]

[ca. 1494] H, 95 (47) v.

chiliarque – capitaine de mille.
préfets – capitaines.
légion – six mille soixante-trois hommes.

[ca. 1497] I, 128 (80) v.

Si une bombarde atteint son but en ligne à dix brasses, quelle sera sa plus grande trajectoire ?

Inversement, si sa plus grande trajectoire est de trois milles, jusqu'où portera-t-elle en ligne droite ?

Si une bombarde tire à différentes distances avec des trajectoires différentes, je demande en quelle section de sa trajectoire la courbe atteindra sa plus grande flèche.

[Bombardes.]

[ca. 1497] I, 130 (82) r.

Si une bombarde tire, à son plus haut degré de puissance, un boulet de cent livres à trois milles, jusqu'où lancera-t-elle un boulet de deux ou trois cents livres, ou tout autre, soit inférieur soit supérieur à cent ?

Si à son plus haut degré de puissance une bombarde, avec quatre livres de poudre, lance un boulet de quatre livres à deux

1. Cinq ?

milles, de combien dois-je augmenter la poudre pour qu'elle porte à quatre milles ?

Si avec quatre livres de poudre, une bombarde chasse un boulet de quatre livres à deux milles, jusqu'où six livres de poudre le projetteront-ils ?

⁂

Du mouvement des boulets de bombarde et de la nature de leur fût et de leur culasse.

Le boulet projeté avec effort aura-t-il ou non plus grand mouvement que celui qui est lancé facilement ? *[ca. 1497] I, 133 (85) v.*

Si une bombarde peut lancer un boulet de cent livres, est-il préférable d'y mettre deux boulets de cinquante livres au lieu d'un, et de faire le fût étroit ; ou, avec un fût large, de tirer un unique boulet de cent livres ?

Si la bombarde peut tirer facilement deux ou trois boulets, est-il préférable que le boulet soit allongé ou non ?

Si une bombarde lance à un mille un poids de cent livres, à quelle distance lancera-t-elle cent balles d'une livre, en une décharge ?

S'il est préférable que la bombarde soit étroite à sa gueule et large à son pied, ou étroite au pied et large à la gueule.

⁂

Selon que la bombarde est posée sur le sol, sur une souche, sur de la paille ou de la plume, quelle différence y aura-t-il dans son recul ? *[ca. 1497] I, 134 (86) r.*

Deux bombardes peuvent-elles être tirées en des directions opposées, en appuyant la culasse de l'une contre celle de l'autre, en ligne droite ?

Selon que la bombarde est tirée en mer ou sur terre, quelle différence en résultera-t-il pour sa puissance ?

Différence que présentent les mouvements vers le haut ou en travers, par temps humide ou sec, venteux pluvieux ou neigeux – soit contre, soit en travers, soit dans le sens de la course du boulet.

Où le boulet a-t-il plus de rebonds – sur les pierres, la terre ou l'eau ?

Comment le boulet poli est plus rapide que le grenu.

Si le boulet pivote en l'air ou non.

De la nature des endroits frappés par ces boulets.

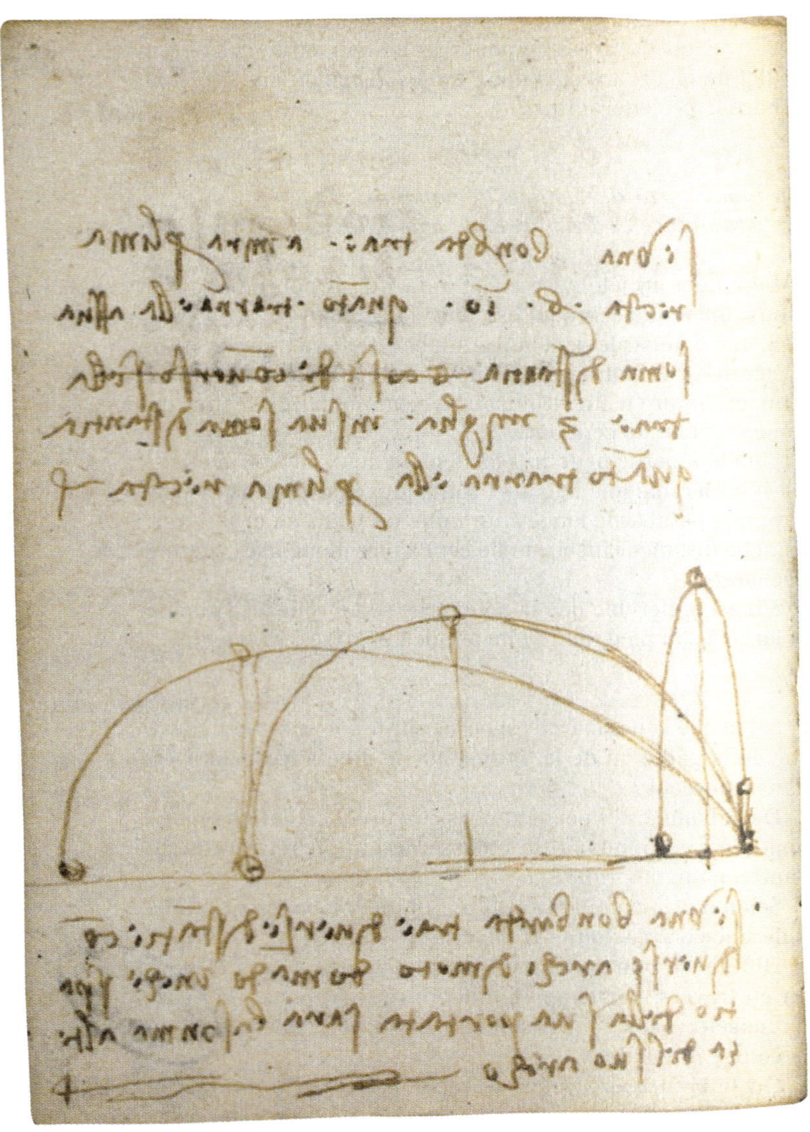

Trajectoires balistiques d'un boulet de bombarde (*I*, 128 v.).

⁂

Pour qu'un bastion ait de l'élasticité, il faut étendre sur le sol une couche de branches de saule fraîches, à des intervalles d'une demi-brasse. *[ca. 1506-1507] K, 93 (13) r.*

⁂

[Poudre à bombarde.]

Une livre de charbon. *[ca. 1502-1504] L, 4 v.*

Onze onces de soufre.

Cinq livres de salpêtre.

Mélange bien et mouille avec une bonne eau-de-vie et sèche au soleil et au feu. Ensuite, pile-la jusqu'à effacer toute trace de soufre ou de salpêtre, mais qu'elle soit noire, lisse et fine ; mouille-la encore une fois d'eau-de-vie et conserve-la ainsi. Sèche-la au soleil, en grains, et n'en écrase qu'autant qu'on en peut placer sur le trou ; cela suffira.

⁂

[Pour creuser des tranchées.]

[Plan.]

À ce commencement-ci de l'excavation des tranchées, tu disposeras les hommes aux points indiqués. Creuse d'abord aussi loin que possible de l'endroit où l'on jette la terre. Par exemple, la terre creusée en *a g* est emportée suivant la ligne *r c*, déchargée par la ligne *c f*, puis l'homme revient suivant la ligne *f d* et charge selon la ligne *r d*, sans cesser d'être en mouvement. *[ca. 1502-1504] L, 24 r.*

Ici le seul mouvement utile consiste à emporter la terre de l'endroit où est marquée la ligne *r c*.

⁂

[Fortifications.]

Mur épais de 15 pieds à la base et de 13 de haut. *[ca. 1502-1504] L, 29 r.*

Fossé, 42 brasses de large dans le bas, 50 à l'ouverture, 20 brasses de hauteur, avec 4 brasses d'eau.

⁂

[ca. 1502-1504]
L, 67 v.

Des créneaux à l'eau, 15 pas et un empan, c'est-à-dire à partir du commencement des créneaux ; ces pas représentent l'écart d'une extrémité à l'autre des paumes de la main, ouvertes aussi droit qu'on peut. Il y a 8 brasses 1/6 depuis la naissance des créneaux au sommet de la tourelle.

[Creusement d'un fossé.]

[ca. 1502-1504]
L, couverture, r.

Largeur du fossé et sa profondeur. Diamètre de la roue, grosseur de l'ensouple et de la corde. Position des hommes qui la tournent et nombre de ceux qui actionnent cette roue. Combien il y en a par emplacement, quel poids ils tirent à chaque tour, et combien de temps on passe à remplir, à se déplacer pour vider et à revenir ; de même, combien de pelletées un homme extrait à l'heure, combien pèse une pelletée, et à quelle distance de lui il la jette, soit en haut ou par le travers, soit en bas, au-delà du tertre.

[av. 1500]
M, 53 v.

Qu'est-ce qui tirera le plus loin, la poudre double en quantité, ou en qualité ou en finesse ?

[Pont-levis.]

[Dessin.]

[av. 1500]
M, 53 v.

Plan d'un pont-levis que m'a montré Donnino.

c et *d* exerçant une poussée vers le bas, l'espace intermédiaire *a b* s'infléchit ; il doit donc être renforcé par une grosse barre de fer tordue sur le bois du côté opposé.

[Bombardes et arbalètes.]

[av. 1500]
M, 54 r.

Si la bombarde a un recul d'un quart de brasse, combien perdra-t-elle, par-devant, de sa portée véritable et convenable ?

Selon que le desserrement de l'arbalète se fait quand elle est fixe, ou poussée en avant, ou tirée en arrière, quel accroissement ou quelle diminution en résultera-t-il pour sa portée naturelle ?

Laquelle de ces bombardes tire plus loin, et de combien ?

[Culasse des bombardes.]

La partie la plus liquide du bronze se comprime le plus dans son moule. *[av. 1500] M, 54 v.*

La plus liquide est la plus chaude ; et celle-là est la plus chaude, qui sort la première du fourneau. On coulera donc dans le moule la partie du passe-volant destinée à recevoir la poudre avant celle qui devra contenir la gueule.

Une longue culasse est un embarras, elle occupe inutilement l'espace, sans rendre aucun service, et entraîne une perte de vitesse.

[Mines.]

Veux-tu savoir où l'on creuse une mine, place un tambour à tous les endroits où se portent tes soupçons, et sur ce tambour, pose une paire de dés. Lorsque tu approcheras du lieu que l'on mine, le coup donné sous terre fera sauter un peu les dés. *[ca. 1488-1489] Ms. 2184, 1 r.*

Certains qui jouissent de l'avantage d'un fleuve ou d'étangs dans leurs terres, ont ménagé un grand réservoir d'eau près de l'endroit suspect ; puis ils ont pratiqué une galerie souterraine dans la direction de l'ennemi, et l'ayant débusqué, ont lâché sur lui les eaux du réservoir et ainsi noyé un grand nombre de gens au fond de la sape.

Les boucliers des fantassins seront de coton filé et transformé en cordes, et celles-ci étroitement tressées en cercle à la façon d'une rondelle. *[ca. 1488-1489] Ms. 2184, 7 r.*

Si tu veux, mouille entièrement les fils avant d'en faire des cordes, puis enduis-les de scories de fer réduites en poudre. Ensuite natte-les en torons une seconde fois, avec deux, puis quatre, puis huit, et trempe-les chaque fois dans l'eau de borax ou de graine de lin, ou de coing. Une fois ta corde terminée, forme ton bouclier. Si tu fais une cotte, qu'elle soit souple, légère et impénétrable.

•◆•

[ca. 1488-1489]
Ms. 2184, 8 v.

Si d'aventure, pendant le siège d'une ville, les mines de l'ennemi n'y ont pas pénétré, tu placeras avec les plus grandes précautions des hommes, l'oreille au sol, dans le quartier où se portent tes soupçons. Aussitôt perçu le bruit, tes soldats creuseront une tranchée transversale très profonde, prête à engloutir la mine quand celle-ci arrivera au-dessus d'elle. Puis, fais préparer un vase de fer ou de cuivre avec, en son fond, un trou où tu placeras le tuyau d'un soufflet de forge ; recouvre ensuite l'orifice avec une plaque de fer, perforée en beaucoup d'endroits et remplis-le de fines plumes. La mine découverte, tourne l'orifice vers elle et souffle avec le soufflet, après que les plumes ont été mélangées et brûlées avec du soufre ; la fumée qui jaillira mettra l'ennemi en fuite.

Si néanmoins tu ne veux pas que le fossé soit dans l'enceinte des murs, pour ne pas gêner les rondes des soldats qui défendent les remparts, tu feras une tarière comme ci-dessus ; ainsi, toutes les deux brasses, tu creuseras un trou profond de six brasses ; et ils formeront à l'intérieur des remparts une ligne circulaire parallèle à leur cercle et ayant la longueur que tu supposes à ta mine. À toute heure, tu creuseras un à un ces trous et les sonderas avec un bâton comme il a été fait pour les premiers. Et si le bâton s'enfonce, tu mesureras de nouveau avec une tige, en les comparant aux précédentes mesures des trous ; où la tige s'enfonce, la mine sera ; fais donc creuser en cet endroit et installes-y ta défense.

Ou si tu ne veux point de l'épreuve de la tige pour découvrir une mine, va à toute heure au-dessus de chaque trou avec une lumière ; quand tu arrives au trou qui surplombe la mine, la lumière s'éteindra aussitôt.

•◆•

[ca. 1488-1489]
Ms. 2184, 10 r.

Si d'ambitieux tyrans m'assiègent, j'ai des moyens d'attaque et de défense pour conserver le don principal de la nature, c'est-à-dire la liberté. Et d'abord je parlerai de la position des murs ; ensuite je dirai comment les peuples peuvent conserver leurs bons et justes seigneurs.

•◆•

De la puissance de la bombarde et de la résistance de l'objet percuté ; c'est-à-dire que le boulet aura raison d'un mur d'une brasse et de deux brasses, ou de toute autre épaisseur. *[ca. 1495-1497] Forster II, 6 r.*

•◆•

DU MOUVEMENT

Vérifie le modèle de la baliste, laquelle ne s'épuise point comme l'arbalète, et marque, au moyen d'un même poids, les distances auxquelles atteignent ses projectiles de pesanteurs diverses. De plus, en ce qui concerne le lancement d'un même poids, vois comment il faudra varier le contrepoids pour la baliste. *[ca. 1495-1497] Forster II, 8 r.*

•◆•

Souviens-toi que plus l'escopette contient de poudre, plus la longueur du canon est diminuée, de sorte que tu dois prendre soin de bien proportionner tes forces. *[ca. 1495-1497] Forster II, 39 r.*

•◆•

Si tu veux t'évader d'une ville ou de toute autre enceinte, remplis de poudre d'escopette la serrure de la porte et mets-y le feu ; et lorsqu'on s'apprête à escalader les murs, elle sera également utile pour chasser en s'enflammant, l'ennemi des créneaux. *[ca. 1495-1497] Forster II, 49 r.*

•◆•

Quelle matière résiste le plus à la percussion de la bombarde, c'est-à-dire à son passage ? *[ca. 1495-1497] Forster II, 53 r.*

•◆•

[Dessin.]

Longueur dix brasses ; boulet, un pouce dix de long ; il faut que la forme en soit un peu effilée. *[ca. 1495-1497] Forster II, 56 v.*

•◆•

DU MOUVEMENT

Cette bombarde déchargera son boulet à une plus grande distance, qui brise le plus ses obstacles. *[ca. 1495-1497] Forster II, 57 r.*

•◆•

[ca. 1495-1497]
Forster II, 58 r.

Des bombardes étroites à leur base et larges à leur bouche, et aussi des droites et des incurvées, et semblablement des culasses étroites du bout et larges à la bouche ; la preuve en est faite par les flammes au moment de la décharge.

•◆•

DE LA PERCUSSION

[ca. 1495-1497]
Forster II, 62 r.

Fais une règle qui s'applique à n'importe quel boulet, qu'il soit de fer ou de plomb ou de pierre, pour établir comment tu devras augmenter ou diminuer la quantité de poudre.

•◆•

DE LA VITESSE DES BOMBARDES, À ÉGALITÉ DE TEMPS, DE POUDRE ET DE POIDS DU BOULET

[ca. 1495-1497]
Forster II, 71 r.

Entre plusieurs bombardes égales sous le rapport de la poudre et du boulet, celle qui, en un même temps, allume une plus grande quantité de feu, lancera son boulet plus vite et à une plus grande distance.

Entre des balles de même poids, la plus rapide semblera la plus lourde et produira la plus grande percussion.

•◆•

[ca. 1495-1497]
Forster II, 72 r.

Si la pierre de la bombarde est aplatie comme un fromage, que l'évidement de la bombarde ait la même forme, et que le centre de la culasse ne concorde point avec celui de la pierre, celle-ci ira tournoyant en l'air et se trouvera incontestablement douée d'une vitesse extrême.

Car si tu prends un boulet de six onces et une roue de même poids, aux bords dépourvus d'angles, tu verras combien l'une sera envoyée par son moteur plus loin que l'autre, en partie à cause de la rotation de la substance additionnelle. Ceci tient à ce que, les boulets étant de poids égal, lorsqu'elle est ronde, elle [la pierre] frappe plus d'air et rencontre plus de résistance, et quand elle est aplatie elle entre dans l'air par le côté, le pénètre plus vite et s'y meut plus rapidement.

•◆•

[Dessin de machine de guerre.]

Quand elle traverse ses propres rangs, il est nécessaire de soulever la machinerie qui actionne les faux, pour empêcher qu'elles ne causent de dommage à personne. *[ca. 1485] B. M. Popham n° 1300*

Agencement intérieur du char armé.

Il faudra huit hommes pour le manœuvrer, le faire tourner et poursuivre l'ennemi.

Celui-ci est bon pour enfoncer les rangs, mais il faudra le suivre de près.

XXVII

ARMEMENT NAVAL

« Fais en sorte que l'outre qui sert de bateau, les instruments et l'homme qui se trouve là, soient à mi-chemin entre la surface de la mer et son fond. »

[ca. 1485-1487]
C. A. 909 v.

N'enseigne point ta science et seul tu excelleras.

Fais choix d'un jouvenceau simple, et que le costume soit cousu à la main.

Arrête les galères capitanes, coule les autres et tire le canon contre le fort.

[Dessins de parties de l'appareil.]

Tout au-dessous de l'eau, je veux dire tous les liens.

Ici l'homme. Pourpoint. Chausses. Châssis horizontal.

[Dessin de petit bateau au-dessous de la poupe d'un grand.]

Après que la vigie aura effectué sa ronde, amène un petit esquif sous la poupe, et, brusquement, mets le feu au tout.

[Dessin de bateau et de chaîne.]

Pour fixer une galère au fond *m*, du côté opposé à l'ancre.

[Dessin d'un scaphandrier, jusqu'à mi-corps.]

Plaque pectorale d'armure avec capuchon, cotte et chausses, et petite outre pour passer l'eau, un revêtement pour l'armure et l'outre destinée à contenir le souffle avec un demi-cerceau cylindrique pour la maintenir écartée de la poitrine. Si tu as une outre entière avec un [clapet de valve] et que tu la dégonfles, tu couleras à fond, entraîné par le lest ; en la gonflant, tu remonteras à la surface.

Un masque avec les yeux protubérants en verre ; mais aie soin que son poids soit tel que tu puisses le soulever en nageant.

Emporte un couteau bien tranchant, de crainte qu'un filet ne te retienne captif. Emporte avec toi deux ou trois petites outres, dégonflées et susceptibles d'être au besoin gonflées comme des balles.

Prends les vivres nécessaires et après les avoir soigneusement enveloppés, cache-les sur le rivage. Mais d'abord, entends-toi au sujet de la convention : comment la moitié de la rançon sera pour toi sans prélèvement ; le dépôt des prisons est près de [chez] Manetti et le paiement pourra être fait entre les mains de Manetti, je parle de la susdite rançon.

Emporte un cor pour signaler si la tentative a réussi ou non.

Il te faut prendre l'empreinte[1] d'une des trois vis de fer de l'atelier de Santa Liberata, la figure de plâtre et le moulage de cire.

[Dessin d'une figure d'homme revêtu d'un scaphandre. Le bras droit étendu tient un bâton qui est posé sur un carré de liège. Deux sacs accrochés aux épaules.]

Il se détache du vêtement lorsqu'il y a lieu de le rompre.

Liège à fixer entre la surface et le fond.

1. Le manuscrit porte *protare* que G. Piumati, dans sa transcription du *Codex Atlanticus*, lit *portare*. E. MacCurdy a adopté la lecture de P. Müller-Walde, *prontare* pour *improntare*. (*N.d.T.*)

Sacs de sable[1].

Emporte quarante brasses[2] de corde fixée à un sac de sable.

•◆•

[ca. 1485-1487]
C. A. 950 r.

Je détruirai le port.

Si vous ne vous rendez pas d'ici quatre heures, vous serez coulés.

[Notes et dessins de trois têtes avec appareil de scaphandrier ajusté sur les narines.]

Tiens prêt le sac pour la bouche quand tu seras dans la mer – car n'était-ce point là ton secret ?

Essaye-le d'abord durant quatre heures.

Corde.

En bronze, fixé au moyen d'une vis enduite d'huile ; il faut qu'il ait été fait dans un moule.

•◆•

[Dessin de bouée[3].]

[ca. 1485-1487]
C. A. 950 v.

Ligne pour trouver le milieu.

Au cas où tu aurais à opérer en mer, fabrique une armure de cuivre, en superposant les plaques comme suit : c'est-à-dire qu'elles soient imbriquées pour éviter que ne t'agrippe un crochet.

Mesure d'abord la profondeur et, si tu la trouves suffisante

1. Le sénat vénitien dépêcha Alvise Manetti en ambassade aux Turcs, mission qui s'étendit d'octobre 1499 à fin mars 1500, pour négocier la restitution des prisonniers vénitiens envoyés de Constantinople à Lépante, après la prise de cette place forte par les Turcs, en août 1499. Déjà en février 1500, un message de Manetti était arrivé à Venise, d'où il ressortait que ses efforts ne semblaient pas appelés à réussir. Ce fut vraisemblablement environ à cette époque que Léonard, alors à Venise, chercha le moyen d'assurer la libération des prisonniers par l'entremise de Manetti et conçut un plan pour détruire les vaisseaux ennemis dans le port en les perçant au-dessous de la ligne de flottaison.

2. Une brasse équivaut à environ 1,62 m.

3. Au-dessous, relié par une longue barre qui se meut librement sur des pivots, pend une sorte de très grande alène ou perçoir. À côté de la bouée, un long tuyau est fixé de façon qu'une des extrémités saillisse juste au-dessus ; il est attaché par un certain nombre d'anneaux et sa partie inférieure se termine en une espèce de sac, apparemment fixé sur la bouche du plongeur. Un pointillé horizontal montre que celle-ci est au même niveau que la partie supérieure du perçoir.

pour pratiquer un simple trou sans couler le navire, continue ainsi. Sinon, assujettis-la de la façon indiquée.

Trou par où sort l'eau quand l'anneau est abaissé.

Rames. Le levier, douze brasses. Douze. Pour le tour final, il te faudra un levier courbe. Si tu veux tourner cette vis, emploie une paire de brodequins à talons ou crochets, pour que ton pied reste ferme.

Tels sont les instruments requis. Mais fais en sorte que l'outre qui sert de bateau, les instruments et l'homme qui se trouve là, soient à mi-chemin entre la surface de la mer et son fond. Fais mettre un clapet dans l'outre ; une fois dégonflée, elle coulera au fond où tu stationnes, et les mains serviront de rames.

À la façon d'ailes.

Fumée de [...] à utiliser comme narcotique.

Prends en guise de remède des graines d'ivraie et [...] esprit-de-vin sur du coton. Un peu de jusquiame blanche. Un peu de chardon.

Graine et racine de *mappello*[1]. Sèche le tout ; mélange cette poudre avec du camphre et la chose est faite.

Fumée mortelle[2] :

Prends de l'arsenic et mélange-le avec du soufre ou du réalgar.

Remède, eau de rose.

Venin de crapaud, un crapaud de terre.

Bave de chien enragé et décoction de baies de cornouiller.

Tarentule de Tarente.

Poudre de vert-de-gris ou de chaux mélangée avec du poison, à lancer sur les navires.

FEU GRÉGEOIS

[ca. 1487-1490]
Tr. 19 r.

Prends du charbon de saule, du salpêtre, de l'eau-de-vie et du soufre, de la poix avec de l'encens, du camphre et de la laine éthiopienne, et fais-les bouillir tous ensemble. Le feu a si grand désir de brûler qu'il courra sur le bois même s'il

1. *Mappello*, arbre ou arbrisseau non identifié. Dans un passage du *C. A.* 573 r. b, il est dit qu'il pousse en abondance dans la Valsassina, au sud du lac de Côme. Voir p. 458.

2. Ms. : *fumo mortale*.

est sous l'eau. Tu ajouteras à ce mélange du vernis liquide, du pétrole[1], de la térébenthine et du vinaigre fort ; mélange le tout et sèche-le au soleil ou dans un four après que le pain en a été retiré ; puis englues-en du chanvre ou quelque autre étoupe que tu pétriras en boule et enfonces-y de tous les côtés des clous très acérés. Laisse toutefois dans cette boule une ouverture où passer la mèche, puis couvre-la de colophane et de soufre.

Ce feu fixé au sommet d'une longue lance dont la pointe est garnie de fer sur une longueur d'une brasse, pour la préserver d'être brûlée, permet d'éviter les navires ennemis et de repousser leur assaut.

Jette aussi des pots de verre pleins de poix sur les vaisseaux de l'adversaire, quand leurs équipages sont engagés dans la bataille ; et si tu lances ensuite des balles enflammées semblables, tu auras le pouvoir d'incendier n'importe quel navire.

⁂

[ca. 1487-1490]
Tr. 40 v.

Bateaux faits de planches.

Bateaux de corsaires faits de branches d'osier entrelacées et reliées avec du cuir.

Pour attaquer les remparts face à la mer, ou des tours, éloigne les galères ; rentre les rames avant l'abordage, de façon que leurs bords se rejoignent, et fais mouvoir le navire au moyen des rames de l'arrière ; ainsi il n'y aura qu'une [surface] unique, sur laquelle tu placeras tourelle et forteresse, solides et aptes à supporter toute l'artillerie de combat.

⁂

[Dessin.]

[ca. 1487-1489]
B, 49 r.

Il faut placer les courtauds sur de forts navires ; et ces deux courtauds auront – fixés par une forte chaîne ou une corde neuve mouillée – une faux longue de douze brasses et large d'un pied en son milieu ; le dos du fer aura la grosseur d'un doigt ; il faudra faire feu simultanément des deux.

⁂

1. Ms. : *olio petrolio.*

[Dessin.]

Pour jeter sur les galères de la poudre empoisonnée. *[ca. 1487-1489] B, 69 v.*

Chaux, orpiment fin, vert-de-gris en poudre, seront jetés parmi les ennemis au moyen de petites balistes. Tous ceux qui respireront cette poudre seront asphyxiés.

Mais aie soin que le vent ne te renvoie la poudre ; ou que ton nez et ta bouche soient couverts d'un fin tissu mouillé qui empêchera le passage de la poudre. Il serait bon également de lancer du haut des hunes ou du pont, des sacs recouverts de papier et remplis de cette poudre.

*

[Dessins.]

Navires munis de scorpions aptes à trancher les câbles des grands vaisseaux ; qu'il y ait quatre brasses de la pointe d'une faux à l'autre ; et la faux sera en forme de croissant, d'un pied en sa plus grande largeur, et grosse d'un doigt. *[ca. 1487-1489] B, 76 r.*

*

[Dessins.]

Circonfulgore. La *circonfulgore* est une machine navale inventée par les habitants de Majorque. Elle est formée de bombardes disposées en cercles, aussi nombreuses que tu voudras, pourvu que leur nombre ne soit pas impair ; car pour que le coup soit fort et que le vaisseau ne fuie pas, il faut qu'une bombarde épaule l'autre et lui fasse obstacle ; il est donc nécessaire de mettre simultanément le feu à deux bombardes placées en sens opposé afin que si l'une voulait fuir d'un côté, l'autre l'en empêche. *[ca. 1487-1489] B, 82 v.*

*

[Dessin.]

Aux bastingages du navire, en dedans, il faudra placer des lances d'une longueur considérable, munies de courtes fusées ; elles pourront être allumées au moyen d'une corde qui descendra le long de la hampe jusqu'à la main. *[ca. 1487-1489] B, 83 r.*

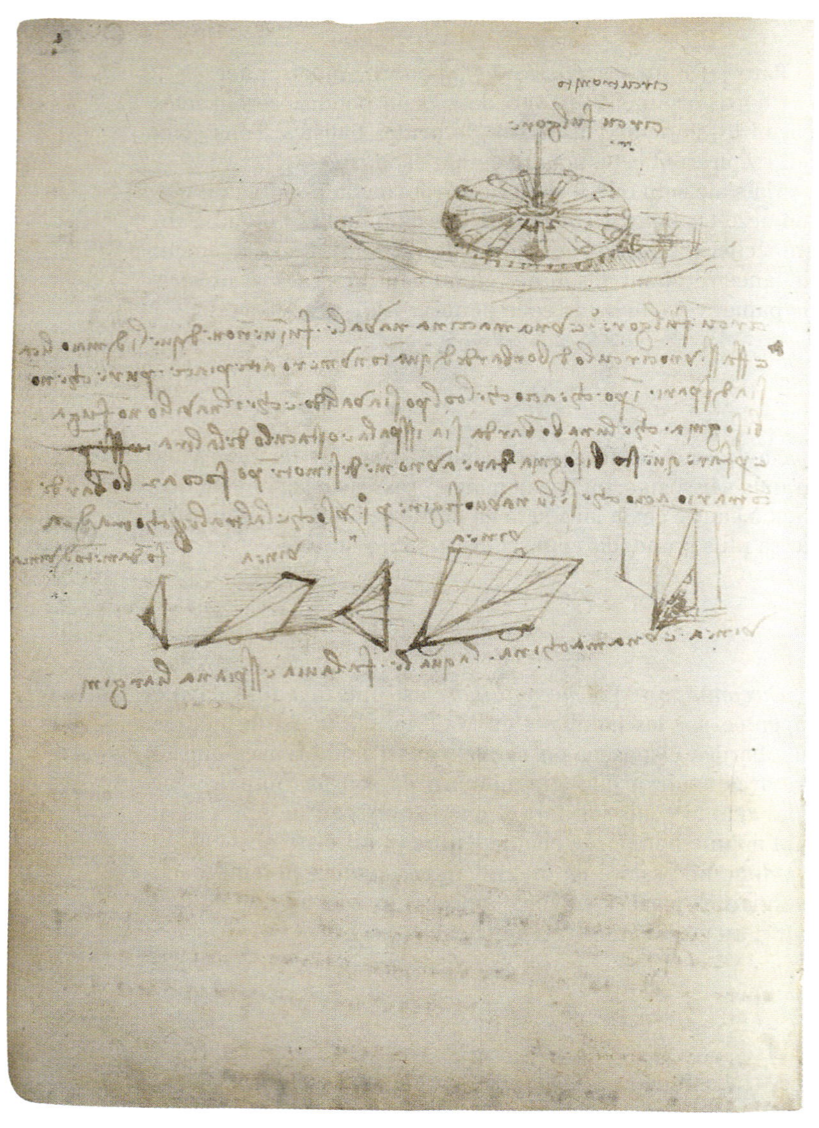

Circonfulgore, navire armé de bombardes disposées en cercle (*B*, 82 v.).

COMMENT DÉFONCER L'ÉTRAVE DES NAVIRES

[Dessin.]

Il est d'abord nécessaire qu'ils soient engagés, c'est-à-dire unis de façon que tu puisses te dégager à ton gré pour éviter que le vaisseau venant à couler, il n'entraîne le tien avec lui. Qu'il soit ainsi fait : élève un poids, puis lâche-le ; en tombant, il donnera un coup comme pour enfoncer un pieu et dans sa chute il repoussera en arrière la tête d'une poutre qui se tient en équilibre lorsqu'elle est verticale ; à mesure que recule la tête de la poutre, son extrémité inférieure avance et défonce l'étrave du navire. Mais prends garde que la poutre soit tranchante, afin que lorsqu'elle court donner le coup, l'eau ne lui oppose point de résistance. *[ca. 1487-1489] B, 90 v.*

Surtout, fais en sorte que les chaînes qui tiennent les navires attachés se puissent trancher à volonté, de ton côté, pour qu'en sombrant le navire ne t'entraîne pas avec lui.

[Dessin.]

Si dans un combat entre navires et galères, les vaisseaux sont victorieux en raison de la hauteur de leurs hunes, tu tireras l'antenne presque jusqu'au sommet du mât et tu attacheras à son extrémité – au bout pointé vers l'ennemi – une petite cage enveloppée par-dessous et tout autour d'un gros matelas bourré de coton pour éviter que ne l'endommagent les bombardelles. Ensuite, au moyen du cabestan, abaisse l'autre bout de l'antenne, et la cage de l'extrémité opposée montera si haut qu'elle dépassera de beaucoup celle du navire [ennemi] : ainsi, tu pourras aisément chasser les hommes qui s'y trouvent. *[ca. 1488-1489] Ms. 2184, 1 v.*

Mais il est nécessaire que les hommes de la galère passent de l'autre côté pour faire équilibre au poids des hommes postés dans la cage de l'antenne.

[Dessin.]

[ca. 1488-1489]
Ms. 2184, 3 r.

Si tu veux construire une flotte de guerre, fais usage de ces vaisseaux pour défoncer les navires ennemis ; c'est-à-dire, fais des vaisseaux de cent pieds de long[1] et huit de large, et dispose-les de façon que les rameurs de gauche soient assis à tribord et ceux de droite à bâbord comme il est montré en *m* pour que les leviers des rames soient plus longs. Ce navire aura un pied et demi d'épaisseur, c'est-à-dire qu'il sera fait de poutres fixées intérieurement et extérieurement par des planches entrecroisées.

Et qu'à un pied au-dessous de l'eau, le vaisseau ait un esponton ferré, du poids et de la grosseur d'une enclume. À force de rames, le vaisseau pourra reculer après avoir donné le premier coup, puis se reporter violemment en avant pour assener le second, ensuite, le troisième, et beaucoup d'autres, jusqu'à destruction du navire [ennemi].

[Dessin.]

[ca. 1488-1489]
Ms. 2184, 4 v.

Forme du vaisseau[2] portant les bombardes décrites ci-dessus. Et je te rappellerai tout particulièrement qu'il convient de diriger les boulets, attachés à des faux, vers la hune où beaucoup de cordages convergent et où ces faux feront merveille.

Elles mesureront quatre brasses de long, et quatre brasses d'une extrémité à l'autre, et on les lancera dans les cordages des grands navires pour abattre la voilure. La galiote qui les porte en aura une quantité suffisante et elle sera faite de fortes poutres, pour que les bombardes des navires ne risquent point de les briser ; les boulets seront de deux cents livres.

1. Ces dimensions sont données en pieds et plus souvent en brasses ; selon le dictionnaire de P. Fanfani, le pied équivalait à environ 30 cm et une brasse (florentine) à 58 cm.

2. Galiote à bombes ?

[Dessins.]

Des moyens de défense, au cas où l'ennemi jetterait sur les navires du savon mou ou des chausse-trapes, de petits ais garnis de clous et autres choses semblables. *[ca. 1488-1489] Ms. 2184, 6 v.*

Tu feras ainsi : quand tu vas au combat, aie à tes pieds au-dessous de tes chaussures, des semelles métalliques fendues du milieu, comme l'indique le dessin ci-dessus, pour permettre la flexion des pieds ; le dessous de ces semelles sera en manière de râpe, ou plein de pointes de clous émoussés, pour éviter que le savon faisant glisser le pied, l'homme ne tombe tout de son long ; et comme elles sont métalliques, les petits ais et les chausse-trapes auront été jetés en pure perte.

LE SCORPION

[Figures.]

Cette machine est construite de façon que la faux se relève soudainement une fois déchargée ; les navires porte-faux devront être ainsi faits, c'est-à-dire qu'ils n'auront ni mât ni voile et seront pourvus de rames nombreuses, pour être rapides ; point de voile, parce que voilure, mât et cordages gêneraient la manœuvre de la grande faux. Cet engin s'appelle le scorpion parce qu'il est à sa ressemblance, et à cause des dégâts qu'il commet avec sa queue. Des mantelets sont fixés au-dessus des rameurs afin que les mâts, c'est-à-dire les hunes, ou plutôt les combattants des hunes, ne leur puissent nuire ; il faudra les recouvrir de peaux de bêtes mouillées, pour les préserver du feu de l'ennemi. *[ca. 1488-1489] Ms. 2185, 8 r.*

Pour s'en garer, les navires devront, jusqu'à une hauteur de six brasses, être pourvus de chaînes de corde.

Ce navire servira de défense contre le canon, et avec sa bombarde, il attaquera les autres navires ; un revêtement de tôle le protège contre le feu et il est hérissé de pointes de clous afin que l'ennemi ne puisse lui sauter dessus impunément.

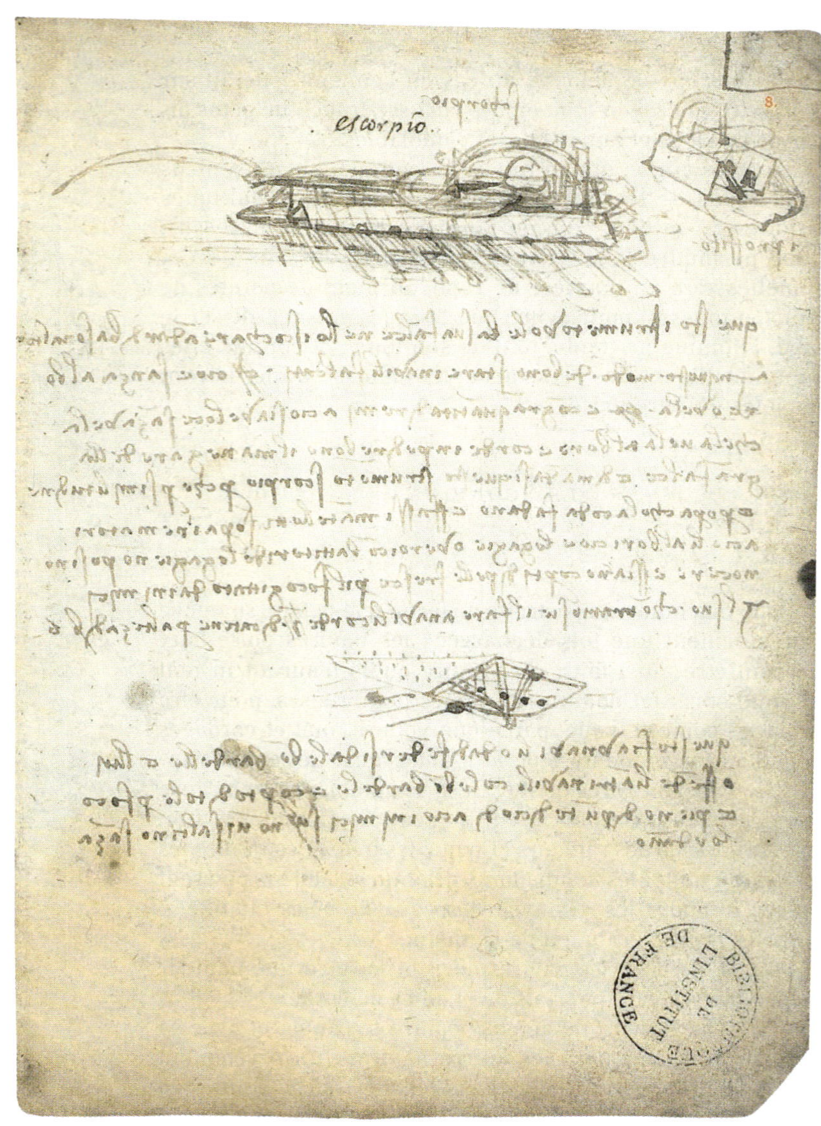

Scorpion (navire porte-faux) (*Ms. 2184*, 98 r.).

[Dessin.]

Quelques combattants, dans la mer Tyrrhénienne, employèrent ce moyen ; ils fixaient une ancre à l'un des bouts de l'antenne, et à l'autre une corde qui par le bas s'attachait à une seconde ancre. Dans le combat, ils agrippaient la première ancre aux rames du navire ennemi et, par la force du cabestan, l'écartaient. *[ca. 1488-1489] Ms. 2184, 9 r.*

Du côté où l'ancre avait été tout d'abord fixée, ils jetaient du savon mou et de l'étoupe enduite de poix fondue et enflammée, afin que pour échapper à ce feu, les défenseurs du navire fussent obligés de fuir du côté opposé ; ainsi, ils rendaient service à leurs assaillants, car la galère était écartée plus aisément en raison de ce contrepoids.

•◆•

[Dessins.]

J'ai trouvé dans les histoires des Espagnols comment, dans leurs guerres avec les Anglais, Archimède le Syracusain, qui vivait alors à la cour d'Écliderides, roi des Cirodastres, ordonna que dans les batailles navales les navires fussent pourvus de hauts mâts, au sommet desquels il plaça une petite vergue, longue de quarante pieds et large d'un tiers de pied, munie à une extrémité d'une petite ancre, et à l'autre, d'un contrepoids. *[ca. 1488-1489] Ms. 2184, 9 v.*

À l'ancre étaient attachées douze pieds de chaînes et à celles-ci une corde assez longue pour rejoindre la naissance de la hune, à laquelle elle était fixée par une petite corde qui en descendait au pied du mât, où se trouvait un très fort cabestan ; le bout de la corde y était assujetti. Quant à l'usage de la machine, je dis que sous l'ancre il y avait un feu qui avec un très grand bruit projetait ses rayons et une pluie de poix brûlante : cette averse tombait sur la hune de l'adversaire et forçait ses occupants à abandonner leur poste ; dès lors, l'ancre abaissée au moyen du cabestan touchait les flancs de la hune et ainsi coupait incontinent la corde placée à sa base pour maintenir celle qui allait de l'ancre au cabestan. Et tirant le navire

•◆•

[ca. 1506-1508]
Leic. 22 v.

Comment, grâce à un appareil, beaucoup de gens peuvent se tenir quelque temps sous l'eau. Comment et pourquoi je ne décris point ma méthode de rester sous l'eau aussi longtemps que je puis me passer de nourriture ; et je ne la publie ni ne la divulgue, en raison de la malignité des hommes qui assassineraient au fond des mers, et brisant les navires en leurs œuvres vives, les couleraient avec leurs équipages ; et bien que je veuille donner des détails relatifs à d'autres [méthodes], celles-là ne sont point dangereuses, car au-dessus de la surface de l'eau émerge la bouche du tuyau par lequel ils respirent, placé sur des outres ou des morceaux de liège.

[ca. 1506-1508]
Leic. 26 v.

Parle de la mer avec le Génois[1].

1. Ceci est une de ces notes énigmatiques qui autorisent diverses hypothèses. Elle se rapporte indubitablement à des préparatifs navals faits par les Génois et qui rentraient dans les plans de défense de Ludovic Sforza contre les assauts qui les menaçaient. Sachant que Léonard étudiait les armements navals, sans doute voyait-il en lui un agent tout indiqué pour une telle mission. Le fait est incontestable. Mais il reste que cette phrase, qui est tout ce qui existe pour établir un lien entre Léonard et Gênes, constitue un fondement relativement faible pour la construction de l'hypothèse à laquelle elle a donné naissance.

XXVIII

COMPARAISON DES ARTS

« Si vous savez évoquer et décrire les apparences des formes, le peintre peut les montrer animées, avec des lumières et des ombres qui créent les expressions mêmes des visages ; en cela, votre plume ne saurait égaler notre pinceau. »

[ca. 1492]
Ms. 2185, 19 r. et v. et 20 r.

Comment la peinture surpasse toute œuvre humaine, par les subtiles possibilités qu'elle recèle :

L'œil, appelé fenêtre de l'âme, est la principale voie par où notre intellect peut apprécier pleinement et magnifiquement l'œuvre infinie de la nature ; l'oreille est la seconde et elle emprunte sa noblesse au fait qu'elle peut ouïr le récit des choses que l'œil a vues. Si vous, historiographes, poètes ou mathématiciens, n'aviez jamais vu les choses avec l'œil, vous seriez en peine de les relater dans vos écrits. Et si toi, poète, tu peins une histoire avec ta plume, le peintre la figure avec son pinceau, de manière plus satisfaisante et moins ennuyeuse à comprendre. Appelles-tu la peinture « poésie muette », le peintre peut qualifier de « peinture aveugle » l'art du poète. Considère alors quelle affliction est plus grande, d'être aveugle ou muet ? Encore que le poète dispose d'un choix de sujets aussi vaste que le peintre, ses fictions n'arrivent point à satisfaire l'humanité autant que des peintures, car si la poésie essaye de représenter les formes, les actions et les scènes avec des mots, le peintre emploie, pour les figurer, les images exactes de ces formes. Considère alors ce qui est le plus essentiel à l'homme, son nom ou son image ? le nom change selon le pays ; la forme n'est point changée, sauf par la mort.

Si le poète sert l'intellect au moyen de l'oreille, le peintre emploie l'œil, sens plus noble. Je me bornerai à dire ceci : qu'un bon peintre figure la fureur d'une bataille, qu'un poète la décrive et qu'elle soit présentée au public sous ces deux formes, et tu verras aussitôt laquelle attirera les spectateurs, où se portera leur attention, laquelle obtiendra le plus de suffrages et plaira davantage. Assurément, la peinture, de beaucoup plus utile et plus belle, donnera un plaisir supérieur.

Inscris quelque part le nom de Dieu et mets en regard son image, tu verras ce qui sera l'objet d'une plus grande révérence.

Alors que la peinture embrasse toutes les formes de la nature, vous n'avez que des mots, point universels comme les formes. Vous avez les effets des manifestations, nous avons les manifestations des effets.

Si le poète décrit les beautés d'une dame à son amant, et que le peintre fasse son portrait, tu verras de quel côté la nature incline davantage le juge amoureux. Assurément, en l'occurrence, le verdict de l'expérience est concluant.

Vous avez mis la peinture au rang des arts mécaniques. En vérité, si les peintres disposaient des mêmes moyens que vous pour célébrer par écrit leurs propres œuvres, je doute qu'elles eussent encouru le reproche d'une épithète aussi vile. Si vous l'appelez mécanique parce que par un travail manuel les mains représentent ce que l'imagination crée, vos écrits enregistrent, avec la plume – par un travail manuel – ce qui est issu de l'esprit. L'appelez-vous mécanique parce qu'elle est rémunérée, qui donc tombe en cette erreur – si c'en est une – plus que vous-mêmes ? Quand vous dissertez dans les écoles, n'allez-vous point à qui vous paye le mieux ? Faites-vous aucune œuvre sans être rétribués ?

Toutefois, ce que j'en dis n'est pas pour critiquer ces opinions, car tout travail attend sa récompense. Et si le poète dit : « Je créerai une fiction qui exprimera de grandes choses », le peintre dira de même car Apelle fit ainsi *La Calomnie*. Si vous disiez que la poésie est plus éternelle, je répondrais que les œuvres d'un chaudronnier le sont encore davantage, car le temps les conserve plus longtemps que vos œuvres ou les nôtres. Et pourtant, elles ne témoignent que de peu d'imagination ; et la peinture sur cuivre avec des couleurs d'émail, offre beaucoup plus de résistance.

Têtes grotesques, vers 1494 (*RL 12495* r.).

En art, on peut nous dire les petits-fils de Dieu. Si la poésie traite de la philosophie morale, la peinture s'inspire de la philosophie naturelle ; l'une décrit les actions de l'esprit, l'autre considère l'esprit à travers les mouvements du corps ; si celle-là trouble par des fictions infernales, celle-ci agit pareillement en montrant les mêmes choses en action. Et si le poète figure une image de beauté ou d'effroi, une chose vile et laide en compétition avec le peintre, ou monstrueuse et qu'à sa façon il modifie les formes au gré de sa fantaisie, le peintre ne satisfera-t-il pas davantage ? N'avons-nous pas vu des tableaux offrir une ressemblance frappante avec l'objet réel, au point de tromper hommes et bêtes ?

Si vous savez évoquer et décrire les apparences des formes, le peintre peut les montrer animées, avec des lumières et des ombres qui créent les expressions mêmes des visages ; en cela, votre plume ne saurait égaler notre pinceau.

⁂

[ca. 1492]
Ms. 2185, 20 r.

Comment celui qui méprise la peinture n'a point l'amour de la philosophie dans la nature :

Si tu dédaignes la peinture, seule imitatrice des œuvres visibles de la nature, tu dédaignes assurément une subtile invention ; sa spéculation philosophique et ingénieuse prend pour thèmes toutes les sortes de formes, apparences, scènes, végétaux, animaux, herbes et fleurs, baignées de lumière et d'ombre. En vérité, la peinture est une science et l'authentique fille de la nature, étant son rejeton. Pour m'exprimer plus exactement encore, nous l'appellerons la petite-fille de la nature par quoi furent enfantées toutes les choses visibles, d'où est issue la peinture. Nous pouvons donc, à juste titre, la dire petite-fille de la nature et parente de Dieu lui-même.

⁂

[ca. 1492]
Ms. 2185, 25 v.
et 24 v.

La sculpture est moins intellectuelle que la peinture, et beaucoup de ses parties naturelles lui font défaut :

Pratiquant au même degré l'art de la sculpture et celui de la peinture, je puis, me semble-t-il, sans être soupçonné de partialité, hasarder une opinion sur celui des deux qui est le plus intellectuel et le plus difficile ou parfait.

Tout d'abord, la sculpture est subordonnée à certaines lumières d'en haut, alors qu'une peinture porte partout son éclairage avec elle. Ombre et lumière sont donc essentielles pour la sculpture. À cet égard, le sculpteur est aidé par la nature du relief qui les engendre de lui-même, mais le peintre les crée artificiellement par son art, aux endroits où la nature les distribuerait vraisemblablement. Le sculpteur ne saurait rendre la variété des couleurs des objets. La peinture n'y manque point, en leurs moindres détails. La perspective des sculpteurs semble dépourvue de vérité, celle des peintres semble se prolonger à cent milles au-delà de l'œuvre elle-même. Les effets de la perspective aérienne échappent au sculpteur. Il ne peut représenter ni les corps transparents, ni les lumineux, ni les angles de réflexion non plus que les corps brillants tels les miroirs et autres surfaces scintillantes ; ni les brouillards, ni le temps maussade, ni une infinité de choses dont je m'interdis l'énumération, qui risquerait d'être oiseuse.

L'unique avantage de la sculpture est de mieux résister au temps ; encore que la peinture offre une égale résistance si elle est exécutée sur du cuivre épais recouvert d'émail blanc et si pour peindre on emploie des couleurs d'émaux passées au feu et cuites. Sa durée surpasse alors la sculpture même.

On peut alléguer que si une faute était commise, elle serait difficile à réparer ; mais piètre est l'argument qui veut prouver qu'une œuvre est plus noble parce que la faute est irréparable. Je dirai que l'esprit du maître capable de proférer pareilles erreurs est plus difficile à corriger que l'œuvre qu'il aura gâtée.

Nous savons fort bien qu'un bon peintre expérimenté ne commet point de faute de ce genre. Au contraire, en se conformant à de sages règles, il retranchera si peu à la fois qu'il mènera son œuvre à bien. Le sculpteur aussi, quand il travaille la terre glaise ou la cire, peut ôter ou ajouter ; l'œuvre achevée, on la coule aisément en bronze, suprême opération et forme la plus durable de la sculpture, car le marbre risque d'être détruit, mais non le bronze.

Toutefois la peinture sur cuivre, où, selon les méthodes usitées en peinture on peut ôter ou ajouter, se rapproche du bronze, en ce qu'après avoir fait le modèle en cire, tu peux toujours le réduire ou le transformer. Si la sculpture en bronze est impérissable, cette peinture sur cuivre et cet émaillage sont éternels. Et si le bronze reste noir et rude, celle-ci offre une infinie variété de couleurs ravissantes dont j'ai déjà parlé. Désires-tu toutefois que je ne traite que de la peinture sur panneau, je me prononcerai entre elle et la sculpture, en disant que la peinture est plus belle, elle offre plus de fantaisie, elle dispose de plus de ressources alors que la sculpture qui a pour elle la durée, n'excelle en rien d'autre.

La sculpture révèle sans effort ce qui est. La peinture semble chose miraculeuse, elle rend palpable l'impalpable, elle présente en relief l'objet plan et produit un effet d'éloignement pour les choses rapprochées.

En fait, la peinture possède d'infinies possibilités qui sont interdites à la sculpture.

[ca. 1508-1510]
C. A. 831 r.

Une des principales preuves de l'habileté du peintre consiste en ce que sa peinture donne l'impression du relief ; il en va autrement pour le sculpteur, à qui la nature vient en aide.

[De la poésie et de la peinture.]

[1511]
RL 19101 r.

Quand le poète renonce à figurer, au moyen des mots, ce qui existe dans la nature, il n'est plus l'égal du peintre : car si, abandonnant cette description, il reproduit les paroles fleuries et persuasives de celui qu'il veut faire discourir, il deviendra orateur et non plus poète ou peintre. Et s'il parle des cieux, il devient astrologue ; et philosophe ou théologien en dissertant des choses de la nature ou de Dieu. Mais qu'il retourne à la description d'un objet, il serait l'émule du peintre, s'il pouvait avec des mots satisfaire l'œil comme fait avec la couleur et le pinceau le peintre, qui grâce à eux, crée une harmonie pour l'œil comme la musique, en un instant, pour l'oreille.

[Peinture et sculpture.]

[1511]
RL 19102 r.

Pourquoi la peinture qu'on regarde des deux yeux n'offre pas autant de relief que le relief vu des deux yeux : c'est que pour présenter le relief du vrai relief, avec les mêmes qualités d'ombre et de lumière, la peinture demande à être vue d'un œil.

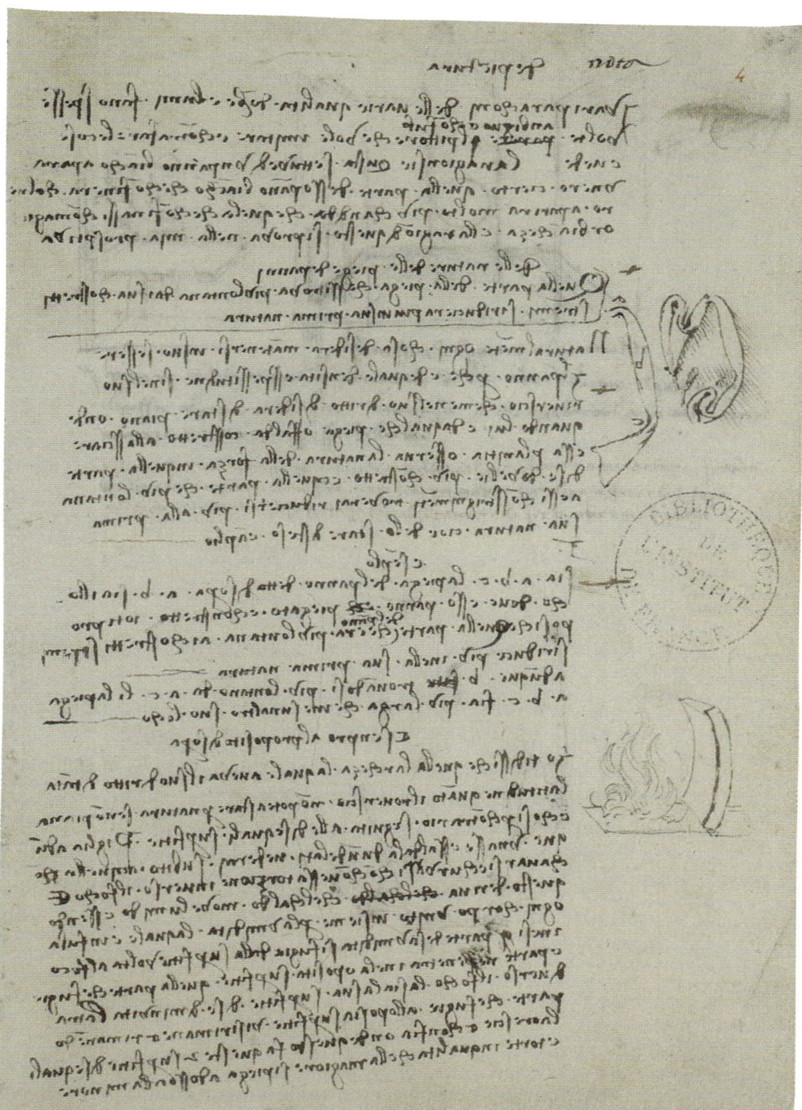

Pli des draperies (*Ms. 2185*, 4 r.).

XXIX

PRÉCEPTES DU PEINTRE

« La peinture est en connexion avec les dix attributs de la vue, à savoir : obscurité et clarté, matière et couleur, forme et position, éloignement et proximité, mouvement et repos ; et de ces attributs, le petit livre que voici sera tissé ».

[ca. 1492]
Ms. 2185, 1 r.

Qu'est-ce qui est plus difficile : la répartition de la lumière et de l'ombre, ou le bon dessin ?

Je soutiens qu'une chose circonscrite dans des limites présente plus de difficultés qu'une autre en liberté.

Les ombres ont leurs limites à certains degrés et celui qui les ignore produira des œuvres dépourvues de ce relief qui est l'importance et l'âme de la peinture. Le dessin est libre. Si tu regardes une infinité de visages, tous seront différents, l'un avec un nez long et l'autre court. Le peintre aussi peut prendre cette liberté, et où il y a liberté, il ne saurait y avoir de règle.

PEINTURE

[ca. 1492]
Ms. 2185, 2 r.

L'esprit du peintre sera comme le miroir qui toujours prend la couleur de la chose reflétée, et contient autant d'images qu'il y a d'objets placés devant lui. Sachant, ô peintre, que tu ne pourras exceller si tu n'as le pouvoir universel de représenter par ton art toutes les variétés de formes que produit la nature – et en vérité, tu ne le pourrais, si tu ne les vois et ne les retiens dans ton esprit –, quand tu vas dans la campagne, porte ton attention sur les diverses choses, observe tantôt l'une, tantôt l'autre, en composant ta gerbe de toutes celles que tu as triées et choisies entre de moins bonnes.

N'imite point certains peintres qui, excédés par leur travail d'imagination, abandonnent leur œuvre et pour prendre de l'exercice, vont se promener, bien que la lassitude de leur esprit gêne leur vision ou leur perception des diverses choses. Souvent il leur arrive de rencontrer des amis ou des parents qui les saluent, et bien que les voyant et les entendant, ils ne les remarquent pas plus que s'ils étaient de l'air.

•◆•

[ca. 1492]
Ms. 2185, 4 r.

Les contrastes entre différents degrés d'ombre et de lumière sont souvent cause d'hésitation et de trouble pour le peintre désireux d'imiter et de reproduire ce qu'il voit. Si tu regardes un tissu blanc à côté d'un tissu noir, la partie blanche qui avoisine la noire te semblera beaucoup plus claire que si elle se trouve en contact avec une plus blanche qu'elle – pour la raison qui te sera démontrée dans ma « Perspective ».

NATURE DES PLIS DES DRAPERIES

La partie du pli la plus éloignée des extrémités qui le retiennent, reviendra plus rapidement à sa forme primitive, toute chose tendant à se maintenir en son état habituel. Une draperie ayant même poids et épaisseur à l'envers qu'à l'endroit, veut rester plane : aussi quand des plis ou des fronces l'obligent à s'écarter de cette condition, la partie d'elle-même la plus contrainte se trouve subir cette loi de force, alors que la plus éloignée fait promptement retour à son état d'amplitude initial.

•◆•

[ca. 1492]
Ms. 2185, 6 v.

L'atmosphère est pleine d'une infinité de pyramides formées de lignes droites rayonnantes que la surface des corps ombreux irradie à ses limites. Plus elles sont loin du foyer de production, plus leurs angles vont s'aiguisant. Encore qu'elles s'entrecroisent et s'enchevêtrent au passage, elles ne se confondent point, mais suivent des cours divergents, en se déployant et se diffusant dans l'air ambiant.

Toutes ont égale puissance, étant toutes égales à chacune et chacune à toutes ; par elles se transmettent les images des objets, toutes en toutes, et toutes en chaque partie ; et chaque pyramide reçoit en chacune de ses moindres parties la forme entière de l'objet qui la produit.

·◆·

PRÉCEPTES POUR PEINDRE

[ca. 1492]
Ms. 2185, 8 v.

Que les esquisses de tableaux d'histoire soient d'un trait vif et le travail des membres point trop poussé. Contente-toi d'indiquer simplement leur position et tu pourras ensuite les terminer à loisir.

·◆·

[ca. 1492]
Ms. 2185, 9 v.

Parmi les ombres d'égale intensité, la plus rapprochée de l'œil semblera la moins dense.

·◆·

[ca. 1492]
Ms. 2185, 10 r.

Dans les ombres lointaines, toutes les couleurs sont impossibles à distinguer et à discerner.

De loin, toutes les couleurs sont indiscernables dans l'ombre, car un objet que la lumière principale n'atteint point n'a pas le pouvoir de transmettre son image à l'œil à travers une atmosphère plus lumineuse – la lumière moindre étant vaincue par la plus vive.

Exemple : dans une habitation, toutes les couleurs à la surface des murs sont visibles instantanément et clairement, quand sont ouvertes les fenêtres de la maison ; mais si une fois sortis, nous regardons les peintures murales à travers les fenêtres, d'un peu loin, nous ne verrons à leur place qu'une obscurité uniforme.

Le peintre doit d'abord s'exercer la main en copiant les dessins de bons peintres ; puis, ayant acquis de l'aisance grâce aux avis de son maître, il se mettra à copier de bons reliefs en se conformant aux règles énoncées ci-dessous.

POUR DESSINER UN RELIEF

Pour dessiner un relief, place-toi de façon que l'œil du modèle soit à la hauteur du tien. Ceci, chaque fois que tu feras une tête d'après nature, car, en général, les figures ou les gens que tu rencontres dans la rue ont les yeux au niveau des tiens, et si tu les fais plus hauts ou plus bas, tu t'apercevras que ton portrait n'est point ressemblant.

MANIÈRE DE DESSINER DES FIGURES POUR DES PEINTURES D'HISTOIRE

Pour ce qui est du mur où il entend représenter une histoire, le peintre devra d'abord considérer la hauteur de l'emplacement où il situera ses personnages ; en faisant des études d'après nature à cette intention, il aura l'œil autant au-dessous de la chose dessinée, qu'elle apparaît – dans le tableau – au-dessus de l'œil du spectateur ; sinon l'œuvre encourrait le blâme.

POURQUOI UNE PEINTURE NE PEUT JAMAIS SEMBLER DÉTACHÉE COMME LES CHOSES NATURELLES

Souvent les peintres désespèrent de pouvoir imiter la nature, lorsqu'ils voient qu'à leurs tableaux manque la puissance de relief et de vie propre aux objets vus dans un miroir ; ils objectent pourtant que leurs couleurs passent de loin, en clarté et profondeur, la qualité des ombres et lumières de l'objet vu dans le miroir ; ce faisant, ils incriminent non la raison mais leur propre ignorance ; car ils n'admettent point l'impossibilité pour un objet peint d'apparaître avec un relief comparable à celui de l'objet dans le miroir, encore que tous deux présentent une surface plane – à moins qu'on ne les regarde d'un seul œil. En effet, si deux yeux voient une chose après une autre, comme dans le cas de *a b* voyant *n m*, *m* ne peut entièrement couvrir *n* parce que la base des lignes visuelles est si large qu'elle fait apparaître le second objet au-delà du premier. Si néanmoins tu fermes un œil, comme en *s*, l'objet *f* couvrira *r*, la ligne visuelle partant d'un point unique et prenant pour base le premier objet ; d'où il résulte que le second de même grandeur, demeure invisible.

⁂

Pour l'œil, toute forme corporelle se divise en trois parties : substance, forme, couleur. L'image de sa substance se projette plus loin de sa source que sa couleur ou sa forme ; la couleur

[ca. 1492]
Ms. 2185, 12 v.

aussi va plus outre que la forme, mais cette loi ne s'applique pas aux corps lumineux.

L'expérience confirme et démontre manifestement la précédente proposition ; car sur un homme vu de près, tu distingues le caractère de la substance, de la forme et même de la couleur ; mais s'il s'éloigne un peu de toi, il te sera impossible de le reconnaître parce que le caractère de sa silhouette s'est effacé. S'éloigne-t-il davantage, tu seras incapable de discerner sa couleur, il te fera l'effet d'un corps sombre, et à une distance plus grande encore, d'un très petit corps, rond et obscur. Il semble rond, attendu que l'éloignement réduit les diverses parties et ne laisse visible que la masse principale. Voici pourquoi : nous savons fort bien que toutes les images des objets pénètrent dans l'*imprensiva*[1] par une infime ouverture de l'œil ; dès lors, si l'horizon *a d* entre tout entier par une petite ouverture semblable et que l'objet *b c* forme une très petite portion de cet horizon, quelle partie doit-il occuper dans la représentation réduite d'un aussi grand hémisphère ? Or, du moment qu'un corps lumineux a plus de pouvoir dans l'obscurité que tout autre, il faut – l'orifice de la vue se trouvant fort enfoncé dans l'ombre, comme chaque trou l'est, par nature –, que les images des objets lointains se mêlent à la grande lumière du ciel ; ou si d'aventure ils restaient visibles, ils paraîtraient sombres et noirs, comme tout corps petit vu dans la limpidité de l'air.

[Images dans l'air.]

[ca. 1492]
Ms. 2185, 13 r.

Tous les corps réunis, et chacun isolément, emplissent l'air ambiant d'une infinité de leurs images, qui sont toutes en tout cet air et toutes en chacune de ses parties, portant avec elles la nature du corps, la couleur et la forme de leur cause.

La perspective est le frein et le gouvernail de la peinture.

[ca. 1492]
Ms. 2185, 14 v.

Les ombres que tu vois difficilement et dont tu ne saurais distinguer les termes – mais que tu saisis et reproduis dans ton œuvre avec quelque hésitation de jugement –, tu ne

1. Sur le terme *imprensiva*, voir chap. IX : « Optique », p. 297.

devras point les représenter terminées ou nettement définies, car ton œuvre serait d'apparence ligneuse.

DE LA RÉFLEXION

Les réflexions sont causées par les corps brillants d'une surface polie et à demi opaque, qui, frappés par la lumière, la renvoient au premier objet, tel le rebond d'une balle.

OÙ IL NE PEUT Y AVOIR DE RÉFLEXION LUMINEUSE

Divers degrés d'ombre et de lumière recouvrent les surfaces de tous les corps solides. Les lumières sont de deux sortes : l'une s'appelle originale et l'autre dérivée. Je nomme originale celle qui procède de la flamme du feu, de la lumière du soleil, ou de l'atmosphère. La lumière dérivée est la lumière réfléchie. Mais quant à la définition annoncée, je dis qu'il n'est point de réflexion lumineuse du côté du corps tourné vers des objets dans l'ombre – scènes ombragées, prairies aux herbes de hauteurs diverses, bois verdoyants ou dénudés –, car encore qu'une partie de chaque branche tournée vers la lumière originale soit douée des attributs de cette lumière, il y a tant d'ombres projetées par chacune de ces branches isolément ou de l'une à l'autre, et il en résulte une telle profondeur d'ombre dans la masse totale, que la lumière est réduite à néant ; dès lors, de tels objets ne sauraient projeter de lumière réfléchie sur les corps vis-à-vis d'eux.

·◆·

POURQUOI DOIT ÊTRE ÉVITÉE LA REPRÉSENTATION DES GROUPES DE FIGURES SUPERPOSÉES

[ca. 1492]
Ms. 2185, 16 r.

Cette coutume, universellement adoptée par les peintres, aux murs des chapelles, mérite à juste titre un blâme sévère, attendu qu'ils représentent une composition au même niveau que son paysage et ses édifices ; puis, montés à l'étage au-dessus, ils en font une autre, en changeant le point de vue par rapport à celui de la première peinture ; après quoi, ils en font une troisième, puis une quatrième, en sorte que sur un même mur l'œuvre présente quatre aspects, ce qui de la part de tels maîtres est bien grande folie.

Or, nous savons que le point de vue se trouve vis-à-vis de l'œil du spectateur de cette composition ; et si tu me demandes comment je représenterais la vie d'un saint, en plusieurs panneaux, sur une même paroi, je te réponds que tu dois placer le premier plan à la hauteur de l'œil du spectateur et figurer au même plan l'épisode principal, sur une vaste échelle ; puis, diminuant graduellement personnages et édifices sur les diverses collines et plaines, tu reproduiras toutes les péripéties de l'histoire. Sur le reste du mur, jusqu'en haut, tu mettras des arbres, grands en comparaison des personnages, ou des anges si le tableau en comporte, ou des oiseaux, nuages ou autres choses semblables ; sinon, ne prends pas cette peine, car ton œuvre entière serait mauvaise.

Dans l'acte du mouvement, les figures en relief, debout, semblent tomber naturellement en avant.

*

[ca. 1492]
Ms. 2185, 17 v.

L'adolescent devra d'abord apprendre la perspective, et les proportions de toutes choses, ensuite, il travaillera sous l'égide d'un bon maître pour s'habituer à bien faire les membres ; puis d'après nature, pour avoir confirmation des raisons de ce qu'il a appris ; enfin pendant un temps, il étudiera les œuvres de divers maîtres, pour s'accoutumer à la pratique et à l'exercice de son art.

Comment la première peinture ne fut qu'une ligne cernant l'ombre d'un homme que le soleil projetait sur un mur.

Comment il faut éviter qu'un grand nombre de personnages encombrent et rendent confuses les peintures d'histoire.

Comment les vieillards devront être montrés nonchalants et de lent mouvement, les jambes pliées aux genoux quand ils se lèvent, les pieds parallèles et séparés l'un de l'autre, l'échine courbée, la tête en avant et les bras point trop écartés.

Comment les femmes doivent être figurées dans des attitudes modestes, jambes serrées, bras croisés, la tête inclinée de côté.

Comment les vieilles doivent être représentées hardies avec des mouvements violents et emportés, telles les furies de l'enfer, et les mouvements des bras et des têtes seront plus vifs que ceux des jambes.

Les bambins seront représentés assis et se contorsionneront avec de prestes mouvements ; et debout, dans des attitudes timides et peureuses.

Comment il ne faut point embarrasser de beaucoup de plis une draperie, mais se borner à reproduire ceux que retiennent les mains ou les bras ; et on laissera retomber le reste tout simplement où sa nature l'incline. On évitera que trop de lignes ou de plis inachevés interrompent le contour de la figure.

Comment on doit dessiner les draperies d'après nature ; c'est-à-dire, pour représenter un tissu de laine, dessines-en les plis d'après un tissu semblable ; et s'il doit être de soie, ou d'étoffe fine, ou de gros drap, ou de toile ou de crêpe, indique les différentes natures des plis de chacun ; ne point dessiner un costume, comme font certains, sur des modèles couverts de papier ou de mince cuir, car tu risquerais de te tromper grandement.

•◆•

DES TROIS SORTES DE PERSPECTIVE

Il est trois sortes de perspective : la première relative aux causes de la diminution, ou, comme on l'appelle, à la perspective diminutive des objets à mesure qu'ils s'éloignent de l'œil. La deuxième est la manière dont les couleurs se modifient en s'éloignant de l'œil. La troisième et dernière consiste à définir comment les objets doivent être achevés avec d'autant moins de minutie qu'ils sont plus éloignés. Et leurs noms sont : *[ca. 1492] Ms. 2185, 18 r.*

Perspective linéaire.

Perspective de la couleur.

Perspective de la diminution.

DU PETIT NOMBRE DE PLIS DANS LES DRAPERIES

Comment les figures vêtues d'un manteau ne doivent pas montrer leur forme au point que le manteau semble posé sur la chair. Assurément, tu ne désires pas qu'il la touche, car tu conçois qu'entre eux d'autres vêtements s'interposent, qui empêchent la forme des membres de se révéler et de transparaître sous le manteau. Pour ceux que tu veux montrer, fais-les de telle grosseur qu'on ait l'impression qu'il y a d'autres vêtements sous le manteau. Toutefois, laisse deviner l'épaisseur approximative des membres dans le cas où il s'agit d'une nymphe ou d'un ange, qu'on représente vêtus de draperies légères poussées et plaquées contre eux par le souffle du vent.

MANIÈRE DE REPRÉSENTER EN PEINTURE DES OBJETS ÉLOIGNÉS

De toute évidence, la partie de l'atmosphère la plus proche du sol plan est plus dense que le reste, et plus elle s'élève, plus elle devient transparente et légère.

Pour les objets grands et élevés qui sont à quelque distance de toi, leurs parties inférieures ne seront pas visibles, car la ligne suivant laquelle tu pourrais les voir devrait traverser la portion la plus épaisse et dense de l'air. Mais les sommets de ces hauteurs se voient suivant une ligne qui – encore qu'en partant de ton œil, elle traverse une atmosphère plus dense – achève sa course dans une atmosphère beaucoup plus raréfiée qu'à sa base, du fait qu'elle aboutit au sommet de l'objet vu. En conséquence, plus loin de toi cette ligne s'étend d'un point à un autre, plus la subtilité de l'atmosphère se modifie.

Donc, ô peintre, quand tu figures des montagnes, aie soin que de colline en colline, les bases soient toujours plus pâles que les sommets ; plus tu accentues leur éloignement, plus tu les feras pâles ; à mesure qu'elles s'élèveront, elles révéleront leurs vraies formes et couleurs.

⁂

[ca. 1492]
Ms. 2185, 18 v.

Comment l'atmosphère doit être représentée d'autant plus pâle que tu la figures plus bas.

L'atmosphère est dense près du sol et plus subtile à mesure qu'elle monte ; en effet, quand le soleil est au levant, si tu es tourné vers le ponant et que ton regard embrasse une partie du nord et du sud, cet air dense t'apparaîtra plus lumineux que l'air subtil, les rayons y rencontrant une résistance supérieure. Et si une plaine basse borne ton horizon, la région la plus lointaine du ciel semblera plus épaisse et plus blanche à travers cette atmosphère, et l'ambiance fera perdre de sa vérité à la couleur. Tu verras le ciel plus blanc qu'au zénith, où la ligne de vision traverse une moindre portion d'air chargé d'épaisses vapeurs ; mais si tu regardes vers l'orient, l'atmosphère paraîtra plus sombre à mesure qu'elle est plus basse, car dans cette atmosphère plus basse, les rayons lumineux passent plus librement.

Comment les ombres sont distribuées en différentes positions et les objets qu'elles renferment :

Si, quand le soleil est à l'orient, tu regardes vers l'occident, tu verras que toutes les choses illuminées sont entièrement dépourvues d'ombre car tu vois ce que voit le soleil.

Si tu regardes au midi et au septentrion, tous les corps t'apparaîtront baignés de lumière et d'ombre, car tu regardes à la fois la partie qui ne voit point le soleil et celle qui le voit. Et si tu regardes le chemin que parcourt le soleil, tous les objets te présenteront leur côté ombreux qui échappe à ses atteintes.

COMMENT REPRÉSENTER UNE SCÈNE NOCTURNE

Tout ce qui est entièrement dépourvu de lumière est ténèbres.

Si tu veux, dans ces conditions, figurer une scène nocturne, tu y introduiras un grand feu ; les choses les plus rapprochées du feu se teinteront davantage de sa couleur, car ce qui est le plus proche de l'objet participe plus complètement de sa nature ; le feu rougeâtre colorera toutes les choses qu'il éclaire d'une teinte tirant sur le rouge, et celles qui sont plus éloignées auront la couleur noire de la nuit. Les figures qui sont entre toi et le feu apparaîtront obscures quand elles se détachent sur la clarté de la flamme, les parties que tu en perçois empruntant leur couleur aux ténèbres nocturnes et non à l'éclat du feu ; celles qui sont sur les côtés devront être moitié dans l'ombre et moitié dans la clarté rougeoyante ; celles qui sont au-delà de la pointe des flammes s'illumineront de rouge sur un fond noir. Quant aux attitudes, tu représenteras ceux qui sont près du feu se couvrant de leurs mains et de leur manteau pour se garantir de la chaleur trop grande et le visage détourné comme s'ils s'apprêtaient à fuir ; parmi les plus lointains, tu en montreras un grand nombre pressant leurs mains sur leurs yeux blessés par l'intensité de l'éclat.

•◆•

Pourquoi de deux objets d'égale dimension, celui qui est peint semblera plus grand que celui qui est en relief : *[ca. 1492] Ms. 2185, 19 r.*

Cette proposition n'est pas aussi facile à exposer que mainte autre, mais j'essayerai néanmoins de la démontrer, sinon entièrement, du moins en partie. La perspective diminutive démontre par le raisonnement que les objets diminuent à proportion de leur éloignement de l'œil, théorie entièrement confirmée par l'expérience. Or, entre l'objet et l'œil, toutes les lignes de la vision s'entrecroisent à une limite uniforme, lorsqu'elles atteignent la surface de la peinture ; alors que les lignes qui vont de l'œil au morceau de sculpture ont des limites différentes et sont de longueurs variées. La ligne la plus longue s'étend jusqu'au membre plus éloigné que le reste, et qui en conséquence paraît plus petit ; et beaucoup de lignes sont plus longues que d'autres, parce que beaucoup de petites parties sont plus loin les unes que les autres ; celles-ci étant plus éloignées semblent nécessairement plus petites, et de ce fait elles déterminent dans la masse entière de l'objet une diminution correspondante. Mais il en va autrement en peinture, où les lignes de vision se terminant à la même distance, il s'ensuit qu'elles ne subissent point de diminution ; et les parties n'étant pas réduites, la masse totale de l'objet ne se trouve pas diminuée. Dès lors, la diminution n'est pas perceptible en peinture comme elle l'est en sculpture.

COMMENT IL FAUT REPRÉSENTER LES CORPS BLANCS

[ca. 1492]
Ms. 2185, 20 r.

Quand tu figures un corps blanc environné d'un vaste espace, le blanc n'ayant pas de couleur en soi, se trouve teinté, et en partie transformé par la couleur placée en face de lui. Si tu regardes une femme en blanc au milieu d'un paysage, le côté qu'elle expose au soleil aura un éclat si vif que certaines parties blesseront la vue, tel le soleil lui-même ; quant au côté exposé à l'atmosphère – lumineuse à cause des rayons solaires qui s'y mêlent et la pénètrent –, cette atmosphère étant bleue en soi, la partie de la femme tournée vers elle semblera trempée dans l'azur. Si le sol à ses pieds représente un pré éclairé et que la femme soit entre lui et le soleil, tu verras que toutes les parties des plis [de sa robe] tournées vers le pré seront teintées par les rayons qu'il réfléchit. Ainsi se trouve-t-elle emprunter les couleurs des objets avoisinants, tant lumineux que non lumineux.

COMMENT REPRÉSENTER LES MEMBRES

Fais musclés les membres appelés à subir la fatigue, et sans muscles et mous ceux qui ne sont point destinés à un semblable usage.

DE L'ATTITUDE DES FIGURES

Donne à tes figures une attitude révélatrice des pensées que les personnages ont dans l'esprit – sinon ton art ne méritera point la louange.

•◆•

DU CHOIX DE LA LUMIÈRE QUI PARE DE GRÂCE LES VISAGES

[ca. 1492] Ms. 2185, 20 v.

Si tu disposes d'une cour que tu peux à ton gré couvrir d'une tente de toile, la lumière sera excellente ; pour un portrait, peins-le par temps gris, au crépuscule, le modèle appuyé au mur de la cour. Observe dans la rue, à la tombée du soir, les visages des hommes et des femmes – quelle grâce et quelle douceur ils révèlent. Donc, ô peintre, aie une cour avec des murs noirs et un toit formant légèrement auvent. Elle mesurera dix brasses[1] de large, vingt de long, dix de haut ; et aux heures de soleil, déploie au-dessus d'elle la tente ; sinon, tu exécuteras ton portrait à la tombée du soir, quand il y a des images ou de la brume, car cette lumière-là est parfaite.

POURQUOI À DISTANCE LES VISAGES SEMBLENT OBSCURS

De toute évidence, les images des choses visibles, grandes ou petites, qui nous servent d'objets, atteignent le sens par l'infime pupille de l'œil. Si donc l'immensité du ciel et de la terre passe par une ouverture aussi petite, le visage de l'homme – réduit à presque rien parmi des images aussi vastes, en raison de la distance qui le diminue – occupe dans la pupille une partie tellement minime qu'on ne peut la distinguer ; et ayant à passer de la surface extérieure au siège même des

1. Une brasse équivaut à environ 1,62 m.

sens, à travers un milieu obscur, c'est-à-dire par les cellules creuses qui semblent obscures, cette image, lorsqu'elle n'est pas fortement colorée, est affectée par l'obscurité qu'elle traverse, et parvient obscurcie au siège des sens. Nulle autre raison ne saurait être alléguée pour expliquer la noirceur du point de la pupille. Rempli d'une humidité transparente comme l'air, il fait office d'un trou dans un carton ; quand on regarde dedans, il semble noir et ainsi l'objet clair ou obscur, vu à travers l'air, se confond dans les ténèbres.

POURQUOI UN HOMME N'EST PAS RECONNAISSABLE À DISTANCE

La perspective diminutive nous prouve qu'un objet rapetisse à proportion de son éloignement. Si tu regardes un homme qui se trouve à une portée d'arc de toi, et que tu approches de ton œil le chas d'une petite aiguille, tu verras au travers beaucoup d'images de gens, transmises à ton œil, et elles seront toutes simultanément contenues dans le chas de l'aiguille. Si donc l'image d'un homme qui se trouve à une portée d'arc de toi se transmet à ton œil de façon à n'occuper qu'une petite partie d'un chas d'aiguille, comment pourrais-tu, dans une aussi petite figure, distinguer le nez ou la bouche ou tout autre détail du corps ? Et ne les voyant point, tu ne peux distinguer l'homme, puisqu'il ne te montre pas les traits qui diversifient l'apparence des êtres.

DES ATTITUDES

Le creux de la gorge est perpendiculaire au pied. Le bras est-il projeté en avant, le creux de la gorge ne porte plus au-dessus du pied ; et si la jambe est rejetée en arrière, le creux de la gorge avance et ainsi il change à chaque mouvement.

COMMENT REPRÉSENTER LA TEMPÊTE

[ca. 1492]
Ms. 2185, 21 r.

Si tu veux figurer convenablement la tempête, considère et inscris exactement ses effets quand le vent balaye la surface de la terre et de la mer, en emportant avec lui tout ce qui ne résiste pas à l'universelle marée. Et pour bien figurer l'ouragan, tu feras d'abord les nuages, dispersés et rompus, entraînés par la course des vents, accompagnés des tempêtes de sable que soufflent les rives marines, et de branches et feuilles arrachées par l'irrésistible rafale, éparses dans l'air avec beaucoup d'autres choses légères. Arbres et arbrisseaux seront ployés vers le sol comme pour suivre le cours du vent, leurs rameaux tordus et déformés, et leurs feuilles éparpillées et retournées. Des hommes qui se trouvent là, les uns, tombés, gisent à terre, roulés dans leurs vêtements et rendus presque méconnaissables par la poussière ; ceux qui sont restés debout sont derrière quelque arbre qu'ils embrassent pour éviter que le vent ne les entraîne. D'autres, inclinés vers la terre, les mains sur les yeux, cherchent à se préserver de la poussière, habits et cheveux au vent. Que la mer agitée et tempétueuse tourbillonne, écumante, entre les crêtes de ses vagues ; et que le vent emporte à travers l'air orageux la poussière d'eau plus subtile, comme une brume épaisse et enveloppante. Tu représenteras les navires, les uns, la voile déchirée, les lambeaux claquant au vent avec leurs cordages rompus ; des mâts cassés sont tombés en travers du bord, et la fureur des vagues a brisé le vaisseau ; des hommes crient, accrochés aux débris de l'épave. Tu montreras les nuages sous la poussée des vents impétueux, lancés contre les hautes cimes des montagnes, où en se tordant ils formeront des tourbillons comme la vague qui bat les rochers. L'air même sera effrayant, à cause des sinistres ténèbres faites de poussière, de brumes et de nuages épais.

COMMENT FIGURER QUELQU'UN QUI PARLE AU MILIEU D'UN GROUPE

Quand tu veux représenter quelqu'un parlant dans un groupe de personnages, considère d'abord la matière qu'il doit traiter, et comment ordonner ses gestes pour qu'ils s'accordent avec son sujet. S'agit-il de convaincre, ils devront servir son propos ; si le sujet comporte divers raisonnements, celui qui parle prendra entre deux doigts de sa main droite un doigt de la gauche, en repliant les deux plus petits[1], le visage animé, tourné vers le peuple, et la bouche entrouverte comme s'il parlait ; s'il est assis, qu'il ait l'air de se soulever

1. Selon E. MacCurdy, le ms. porte *serate*. Ch. Ravaisson-Mollien lit *searate* et traduit comme si c'était *separate* (« séparés »). (*N.d.T.*)

légèrement, la tête en avant ; si tu le représentes en pied, qu'il incline un peu la poitrine et le buste vers le peuple silencieux et attentif ; et tous regarderont le visage de l'orateur avec des gestes d'admiration. Fais voir quelque vieillard émerveillé des sentences entendues, avec ses lèvres aux commissures tombantes, les joues tirées par de nombreux sillons, les sourcils élevés à leur jonction et déterminant force plis sur le front. Quelques-uns seront assis, les doigts entrelacés, serrant leurs genoux las ; parmi eux, les plus décrépits ont croisé les genoux et posé dessus une main où s'appuie le coude opposé, tandis que l'autre main soutient leur menton barbu.

[ca. 1492]
Ms. 2185, 21 v.

Comment accuser le relief apparent d'une peinture au moyen de lumières et d'ombres artificielles.

Pour accuser le relief d'une peinture, tu t'appliqueras à placer entre la figure représentée et l'objet voisin qui reçoit son ombre, une ligne de lumière éclatante qui la sépare de l'objet ombreux. Sur cet objet, tu indiqueras deux parties lumineuses séparées par l'ombre que la figure opposée projette sur le mur. Fais cela souvent pour les membres dont tu veux qu'ils s'écartent un peu du corps ; surtout, quand les bras sont croisés sur la poitrine, montre comment entre la linge incidente de l'ombre du bras sur la poitrine et l'ombre réelle du bras, un rai de lumière subsiste, qui semble passer entre la poitrine et le bras. Plus tu tiens à détacher le bras du buste, plus tu feras cette lumière large. Ingénie-toi toujours à disposer les corps contre le fond, de façon que les parties ombreuses se terminent sur champ clair, et les parties éclairées sur fond sombre.

DES DIVERSES FORMES D'OMBRE QUI ENTOURENT LES CORPS

Prends garde que les ombres projetées par des objets différents sur la surface des corps sont toujours sinueuses avec des courbes variées, dues à la variété des membres qui engendrent les ombres et de l'objet qui les reçoit.

DE LA NATURE ESSENTIELLE DE L'OMBRE

Les ombres participent de la nature des choses universelles qui toutes sont plus puissantes à leur principe et s'affaiblissent vers la fin. Je parle ici du principe de toute forme et qualité visible ou invisible, et non des choses qui ayant commencé petitement ont acquis, avec le temps, un développement considérable, comme un grand chêne a son chétif point de départ dans un petit gland. À vrai dire, le chêne a le plus de puissance au lieu même où il naquit dans le sol, le lieu de son plus grand développement. Les ténèbres sont le premier degré de l'ombre, et la lumière le dernier. Donc, ô peintre, tu feras ton ombre plus obscure près de sa cause ; et à la fin elle se convertira en lumière, de telle sorte qu'elle semblera infinie.

Comment il convient d'éviter les ombres projetées par des lumières particulières, parce que leur terme est pareil à leur principe.

Les ombres que projettent le soleil ou d'autres lumières particulières, ne confèrent point de grâce aux corps auxquels elles appartiennent, mais plutôt elles laissent les parties divisées, dans un état de confusion, avec une limite visible d'ombre et de lumière. Les ombres sont aussi fortes à leur terme qu'à leur commencement.

CE QUE SONT L'OMBRE ET LA LUMIÈRE

L'ombre est l'absence de lumière ; elle est simplement l'obstruction que les corps opaques opposent aux rayons lumineux. L'ombre est de la nature des ténèbres ; la lumière procède de la clarté. L'une dissimule, l'autre révèle. Elles sont toujours de compagnie, jointes au corps, l'ombre plus puissante que la lumière parce qu'elle l'empêche et prive entièrement les corps de clarté, alors que la clarté ne parvient jamais tout à fait à chasser l'ombre des corps, c'est-à-dire des corps opaques.

[ca. 1492]
Ms. 2185, 22 r.

Quelle différence il y a entre une ombre jointe au corps et une ombre portée.

L'ombre jointe est celle qui ne se sépare jamais des corps

illuminés, comme c'est le cas de la boule : à la lumière, elle a toujours un de ses côtés couvert d'une ombre qui ne la quitte jamais, quel que soit le changement de position de la boule. L'ombre portée peut être ou n'être pas produite par le corps lui-même. Supposons la boule à une brasse du mur ; si la lumière vient du côté opposé, elle projettera sur le mur une ombre aussi large que sur la partie de la boule tournée vers lui. Une partie de l'ombre portée est invisible quand la lumière est au-dessous de la boule, car alors son ombre ira vers le ciel et n'y rencontrant nul obstacle, elle se perdra.

FAÇON DE STIMULER ET D'ÉVEILLER L'INTELLECT POUR DES INVENTIONS DIVERSES

[ca. 1492]
Ms. 2185, 22 v.

Je ne manquerai point de faire figurer parmi ces préceptes un système de spéculation nouveau, encore qu'il semble mesquin et presque risible, il est néanmoins fort utile pour exciter l'intellect à des inventions diverses.

Si tu regardes des murs barbouillés de taches, ou faits de pierres d'espèces différentes, et qu'il te faille imaginer quelque scène, tu y verras des paysages variés, des montagnes, fleuves, rochers, arbres, plaines, grandes vallées et divers groupes de collines. Tu y découvriras aussi des combats et figures d'un mouvement rapide, d'étranges airs de visages, et des costumes exotiques, et une infinité de choses que tu pourras ramener à des formes distinctes et bien conçues. Il en est de ces murs et mélanges de pierres différentes, comme du son des cloches, dont chaque coup t'évoque le nom ou le vocable que tu imagines.

DES DIX ATTRIBUTS DE LA VUE QUI TOUS TROUVENT LEUR EXPRESSION EN PEINTURE

La peinture est en connexion avec les dix attributs de la vue à savoir : obscurité et clarté, matière et couleur, forme et position, éloignement et proximité, mouvement et repos ; et de ces attributs, le petit livre que voici sera tissé pour rappeler au peintre selon quelle règle et de quelle façon il lui faut, par son art, imiter toutes ces choses qui sont l'œuvre de la nature et l'ornement du monde.

COMMENT LE PEINTRE DOIT METTRE EN PRATIQUE LA PERSPECTIVE DES COULEURS

Pour s'exercer à cette perspective de variation et de perte ou diminution que subit l'essence propre des couleurs, prends dans la campagne, à cent brasses les unes des autres, des choses diverses – arbres, maisons, hommes et sites –, mets devant le premier arbre un morceau de verre bien assujetti et que ton œil s'y pose ; trace un arbre sur le verre en suivant les contours de l'arbre véritable. Ensuite écarte le verre de telle sorte que l'arbre naturel semble presque toucher celui que tu as dessiné. Colore ensuite ton dessin pour que tous deux soient identiques de forme et de couleur, et qu'en fermant un œil tous deux paraissent peints sur le verre, à égale distance de toi. Procède de même pour un deuxième et un troisième arbre, chacun à cent brasses de l'autre. Que ceux-ci te servent de modèles et de maîtres, quand tu travailleras à des tableaux où ils peuvent trouver leur emploi. Grâce à eux, les lointains de l'œuvre seront bien figurés.

Mais je découvre qu'il est de règle que le second soit réduit aux quatre cinquièmes de la grandeur du premier, quand il en est distant de vingt brasses.

DU SERPENTEMENT ET DE L'ÉQUILIBRE DES FIGURES HUMAINES ET ANIMALES

Quand tu figures un homme ou quelque gentil animal, aie soin d'éviter qu'ils semblent ligneux ; c'est-à-dire [il faut] qu'ils se meuvent en équilibre et se balancent de façon à ne pas être comme un bloc de bois.

Ceux dont tu veux donner une image de force ne devront pas être montrés ainsi, sauf dans leur manière de tourner la tête sur les épaules.

·◆·

DE LA PERSPECTIVE LINÉAIRE

La perspective linéaire se rapporte à la fonction des lignes visuelles et démontre par la mensuration combien le deuxième objet est plus petit que le premier, le troisième que le deuxième, et ainsi de suite, jusqu'à la limite des choses

[ca. 1492]
Ms. 2185, 23 r.

vues. L'expérience m'enseigne que si le deuxième objet est aussi éloigné du premier que le premier l'est de ton œil, même s'ils sont respectivement de grandeur égale, le deuxième semblera moitié aussi petit que le premier ; et si le troisième est de même grandeur que le deuxième, et aussi éloigné de lui que celui-ci l'est du premier[1], il semblera grand comme la moitié du deuxième ; ainsi, par degrés successifs, à distances égales, les objets diminueront continuellement de moitié, le second étant la moitié du premier – à condition que l'intervalle entre eux n'atteigne pas vingt brasses ; car à la distance de vingt brasses, une figure comme la tienne perdra les quatre cinquièmes de sa dimension, et les neuf dixièmes à quarante brasses, et les dix-neuf vingtièmes à soixante brasses ; ainsi, elle ira diminuant graduellement, si l'intervalle qui sépare de toi le plan de ta peinture est éloigné de toi du double de ta stature ; car si la distance équivaut simplement à ta propre hauteur, il y a une grande différence des premières séries de brasses aux secondes.

COMMENT PLACER UNE FIGURE AU PREMIER PLAN D'UNE COMPOSITION HISTORIQUE

Tu feras la figure de premier plan de l'histoire proportionnellement plus petite que nature, selon le nombre de brasses où elle se trouve en arrière de la ligne de front ; puis fais les autres par rapport à la première, selon la règle ci-dessus.

J'indique les degrés des choses que voit l'œil comme le musicien donne les degrés des sons perçus par l'oreille :

Bien que les choses vues par l'œil semblent se toucher à mesure qu'elles s'éloignent, j'établirai néanmoins ma règle sur des espaces de vingt brasses comme le musicien l'a fait des sons ; car encore qu'ils soient unis et liés ensemble, il a établi de son à son des degrés qu'il a appelés premier, deuxième, troisième, quatrième et cinquième, et ainsi, de degré en degré, il a donné des noms aux variations de la voix, selon qu'elle s'élève ou s'abaisse.

Manière d'harmoniser l'ombre sur les figures avec leur lumière et leurs formes :

Quand tu fais une figure et que tu veux voir si l'ombre

1. Le ms. porte « troisième ».

correspond à la lumière et si elle n'est ni plus rouge ni plus jaune que ne l'est, par essence, la couleur que tu veux ombrer, tu feras ainsi : projette l'ombre d'un doigt sur la partie éclairée, et si l'ombre accidentelle que tu as faite est semblable à l'ombre naturelle de ton doigt sur ton œuvre, ce sera bien ; ensuite, tu rapprocheras ou tu éloigneras un peu le doigt pour faire des ombres plus foncées ou plus claires, en les comparant constamment avec les tiennes.

POURQUOI L'OBJET PLACÉ PRÈS DE L'ŒIL A DES CONTOURS INDISTINCTS

[ca. 1492]
Ms. 2185, 23 v.

Tous les objets opposés à l'œil et trop rapprochés de lui, ont des contours malaisés à distinguer, comme il arrive pour les choses voisines de la lumière, qui projettent une ombre grande et confuse ; de même fait celui-ci quand il doit juger des objets placés en dehors : dans tous les cas de perspective linéaire, son action est identique à celle de la lumière. La raison en est que l'œil a une ligne [de vision] principale qui s'élargit à mesure qu'elle prend du champ et embrasse ainsi avec exactitude les grandes choses lointaines comme les petites toutes proches. Néanmoins l'œil envoie de chaque côté de cette principale ligne médiane, une multitude de lignes d'autant moins aptes à discerner la réalité, qu'elles sont plus éloignées du centre d'irradiation. Dès lors, quand un objet est tout près de l'œil, ce dernier n'étant point capable d'en distinguer les contours à ce degré de proximité de la ligne visuelle médiane, ces contours doivent forcément rentrer dans le champ des lignes qui n'ont qu'un faible pouvoir de perception.

Dans le fonctionnement de l'œil elles font l'office des braques à la chasse, qui lèvent le gibier mais ne peuvent le saisir. Ainsi, impuissantes à capter elles-mêmes, elles font que la ligne maîtresse se trouve déviée vers les objets qu'elles touchent.

Il en résulte que les choses dont ces lignes déterminent les contours, sont confuses.

COMMENT APPRENDRE FACILEMENT PAR CŒUR

[ca. 1492]
Ms. 2185, 24 r.

Quand tu veux savoir par cœur une chose que tu as étudiée, fais ainsi : après l'avoir dessinée si souvent que tu crois la connaître par cœur, essaye de la reproduire sans modèle. Ayant donc calqué le modèle sur un verre mince et plat, pose-le sur le dessin que tu as fait de mémoire ; repère les endroits où le calque et ton dessin ne concordent pas et partout où tu te trouves en défaut, souviens-t'en pour ne pas retomber dans ton erreur. Même, retourne au modèle et copie la partie défectueuse autant de fois qu'il faut pour la fixer dans ton esprit ; si tu ne peux te procurer de verre plat, pour calquer l'objet, prends un parchemin très fin, bien huilé puis séché ; après t'en être servi, tu pourras effacer le dessin avec une éponge et en faire un autre.

COMMENT REPRÉSENTER CORRECTEMENT UNE SCÈNE

Prends un verre grand comme une demi-feuille de papier folio royal et assujettis-le bien devant tes yeux, c'est-à-dire entre ton œil et ce que tu veux représenter. Puis éloigne ton œil de deux tiers de brasse du verre, et fixe ta tête au moyen d'un instrument, de façon à l'empêcher de faire aucun mouvement ; ferme ou couvre un œil, et avec un pinceau ou un bout de sanguine finement broyée, marque sur le verre ce qui est visible au-delà ; reproduis-le en en décalquant le verre sur un papier, puis reporte-le sur du papier d'une qualité supérieure et peins-le si tu veux, en tenant compte de la perspective aérienne.

MANIÈRE D'APPRENDRE À BIEN POSER UNE FIGURE

Veux-tu t'habituer à donner à tes figures des poses correctes et bonnes, fixe entre ton œil et le modèle nu, un châssis ou un métier, divisé en carrés au moyen de fils, et reproduis d'un trait léger les mêmes carrés sur le papier où tu veux dessiner ce nu. Tu placeras ensuite sur une partie du treillis une boulette de cire qui te servira de repère et qui, lorsque tu regardes le modèle, devra toujours couvrir le creux de la gorge ; ou, s'il a le dos tourné, fais qu'elle recouvre une des vertèbres cervicales. Ces fils t'enseigneront les parties du corps qui, à chaque mouvement, se trouvent au-dessous du creux de la gorge, sous les angles des épaules, sous les tétons, les hanches et autres parties du corps ; les lignes transversales du treillis t'indiqueront combien la figure est plus haute au-dessus de la jambe sur laquelle elle pose qu'au-dessus de l'autre ; et ainsi des hanches, des genoux et des pieds. Mais fixe toujours perpendiculairement ton treillis, et aie soin que toutes les divisions du nu qui y figurent soient réparties également dans celui de ton dessin. Les carrés dessinés pourront être plus petits que sur le treillis, dans la mesure où tu voudras que ta figure soit inférieure à la grandeur naturelle. Retiens en ton esprit, pour les figures que tu feras, la règle des rapports des membres telle que te l'a révélée le treillis ; il sera haut de trois brasses et demie, et large de trois, à sept brasses de toi et à une brasse de la figure nue.

COMMENT LE MIROIR EST LE MAÎTRE DES PEINTRES

Veux-tu voir si l'effet général de ta peinture correspond à l'objet représenté d'après nature, prends un miroir et place-le de façon à réfléchir l'objet réel, puis compare le reflet à ta peinture et considère avec soin si le sujet des deux images est conforme à toutes les deux, particulièrement au miroir. On doit prendre le miroir pour maître – j'entends le miroir plat – car sur sa surface les choses offrent beaucoup de points communs avec une peinture ; en effet, la peinture, qui est sur un plan, donne l'impression du relief, et de même le miroir plan. La peinture est une surface unique tout comme le miroir ; elle est impalpable, car ce qui semble rond et détaché ne se peut entourer avec les mains ; ainsi du miroir. Miroir et peinture présentent les images des choses baignées de lumière et d'ombre. L'un et l'autre semblent se prolonger considérablement hors du plan de leur surface.

[ca. 1492] Ms. 2185, 24 v.

Et comme tu sais que le miroir te montre des objets distincts grâce à des contours, des ombres et des lumières, et qu'en outre tu disposes parmi tes couleurs d'ombres et de lumières plus puissantes que les siennes, il est certain que ta peinture, si tu sais bien la composer, fera également l'effet d'une chose naturelle vue dans un grand miroir.

[ca. 1492]
Ms. 2185, 25 r.

De la piètre excuse invoquée par ceux qui faussement et indignement s'intitulent peintres :

Une catégorie de peintres prétendent vivre dans l'or et l'azur, encore qu'ils n'aient porté que peu d'attention à l'étude. Ils allèguent, si grande est leur sottise, qu'ils ne travaillent pas aussi bien qu'ils pourraient à cause de la chétivité des rétributions, mais qu'ils possèdent la science et égaleraient tel autre s'ils étaient convenablement rémunérés. Stupide engeance ! Ils n'ont point l'intelligence de conserver chez eux quelques bons échantillons de leur travail, pour pouvoir dire : « ceci est de grand prix, ceci de moyen et ceci de vil prix », et ainsi montrer qu'ils ont des œuvres à tous les prix.

DE LA PERSPECTIVE AÉRIENNE

[ca. 1492]
Ms. 2185, 25 v.

Il est une sorte de perspective que j'appelle aérienne, parce que les différences de l'atmosphère permettent d'évaluer les distances de divers édifices terminés à leur base par une seule ligne, comme serait l'aspect d'édifices au-delà d'un mur, et qui tous, vus au-dessus du mur, semblent avoir la même dimension : et si en peignant tu veux figurer l'un plus loin que l'autre, tu devras faire l'air un peu dense. Tu sais que vues à travers un air d'uniforme densité, les choses les plus lointaines telles les montagnes, en raison de la grande quantité d'atmosphère interposée entre ton œil et elles, te sembleront azurées, presque de la couleur de l'atmosphère quand le soleil est à l'orient. Tu donneras donc sa couleur naturelle à l'édifice le plus rapproché au-dessus du mur ; et le plus distant sera moins profilé et plus azuré ; et tel autre que tu voudras montrer au double de distance, fais-le d'un bleu deux fois plus profond ; et celui dont tu veux qu'il semble cinq fois plus loin, cinq fois aussi bleu. Il résulte de cette règle que parmi les édifices qui, au-dessus d'une ligne donnée, semblent de même dimension, on distinguera nettement lesquels sont plus éloignés et plus grands que les autres.

COMMENT LE PEINTRE N'EST PAS DIGNE DE LOUANGE S'IL N'EST UNIVERSEL

Nous dirons sans ambages que certaines gens se leurrent en décernant le titre de « bon maître » au peintre qui ne réussit qu'une tête ou une figure. L'exploit n'est pas grand qui consiste à tant soit peu exceller dans une partie qu'on a étudiée toute sa vie. Puisque à notre connaissance la peinture embrasse et contient en soi toutes les choses que produit la nature ou qui résultent des actions fortuites des hommes, en bref, tout ce que les yeux peuvent saisir, celui-là me semble un triste maître, qui ne réussit bien qu'une figure unique.

Tu ne vois donc point la diversité et le nombre des actes que l'homme est seul à accomplir. Tu ne vois pas combien de différentes sortes d'animaux il y a, et d'arbres, de plantes, de fleurs ? Quelle variété de sites montagneux ou plats, de sources, fleuves, cités, édifices privés et publics ; que d'instruments agencés pour servir à l'homme, de costumes, d'ornements et d'arts –, toutes choses qui devraient pouvoir être rendues avec une aisance et une grâce égales, par celui que tu veux appeler un bon maître.

DU DESSIN

Lequel est préférable – dessiner d'après nature ou d'après l'antique ?

Et qu'est-ce qui est le plus difficile – des traits ou de la lumière et l'ombre ?

NÉCESSITÉ D'ÉTUDIER AU RÉVEIL OU AVANT DE T'ENDORMIR AU LIT DANS L'OBSCURITÉ

Je sais par expérience qu'on ne tire point mince profit, quand on est au lit, dans l'obscurité, de repasser en esprit les contours essentiels des formes précédemment étudiées, ou autres choses dignes de remarque, conçues par une subtile spéculation ; et cet exercice est fort utile et recommandable pour fixer les choses dans la mémoire. *[ca. 1492] Ms. 2185, 26 r.*

Comment le peintre doit avoir le désir d'entendre le jugement de chacun sur les progrès de son œuvre :

Assurément, qui peint ne doit point refuser d'ouïr l'avis d'un chacun, car nous savons fort bien que sans être peintre, un homme peut avoir l'exacte notion de la forme d'un autre, et fort bien juger s'il est bossu ou s'il a une épaule haute ou basse, la bouche ou le nez grand ou quelque autre défaut.

Donc, si les hommes peuvent juger judicieusement les œuvres de la nature, combien davantage il convient d'admettre qu'ils sont capables de juger nos erreurs. Car tu sais à quel point on se leurre sur ses propres œuvres, et si tu ne le reconnais pas pour toi, considère ce trait chez les autres et tu profiteras de leurs fautes. Aie donc le désir d'écouter patiemment l'avis d'autrui, et considère et réfléchis avec soin si celui qui te censure a raison. Si oui, corrige ton ouvrage et sinon, fais mine de ne pas l'avoir entendu ; ou s'il s'agit de quelqu'un que tu estimes, démontre-lui par des arguments en quoi il se trompe.

Comment, dans les œuvres d'importance, un homme ne doit pas se fier à sa mémoire au point qu'il dédaigne les figurations d'après nature.

Le maître qui laisserait entendre qu'il peut se rappeler toutes les formes et tous les effets de la nature me paraîtrait assurément d'une grande ignorance, attendu que ces effets sont infinis et la capacité de notre mémoire n'y suffit point. Donc, ô peintre, prends garde que ton désir de gain ne l'emporte sur l'honneur de l'art, car honneur surpasse richesse. Pour ces raisons et pour d'autres qu'on pourrait énumérer, tu t'appliqueras donc, avant tout, au dessin, pour représenter à l'œil, sous une forme démonstrative, l'intention et l'invention conçues d'abord dans ton esprit. Puis ôte ou ajoute, jusqu'à ce que tu sois satisfait ; ensuite, dispose tes modèles, drapés ou nus, selon l'ordonnance prévue pour ton œuvre ; fais les proportions et dimensions en rapport avec la perspective ; ainsi, il ne restera aucune partie de l'œuvre qui ne soit conseillée par la raison et par les effets de la nature. Par cette voie, tu acquerras la renommée dans ton art.

La chose représentée en noir et blanc aura un relief plus accusé que toute autre ; voilà pourquoi je te fais souvenir, ô peintre, de vêtir tes figures de couleurs aussi claires que possible, car si tu les fais d'une teinte sombre, elles seront de peu de relief et peu visibles de loin. En effet, les ombres de toutes choses étant obscures, si tu peins un vêtement sombre, il n'y aura guère de différence entre ses lumières et ses ombres alors que dans les couleurs claires, les différences seront marquées.

COMMENT FIXER DANS TON ESPRIT LA FORME D'UN VISAGE

[ca. 1492] Ms. 2185, 26 v.

Si tu veux retenir facilement dans ton esprit l'expression d'un visage, apprends d'abord par cœur différentes sortes de têtes, yeux, nez, bouches, mentons, gorges, les cous et les épaules. Prends par exemple les nez : ils comportent dix types : droit, bulbeux, concave, proéminent soit au-dessus soit au-dessous du milieu, aquilin, régulier, camus, rond, pointu. Ces divisions valent aussi en ce qui concerne les profils. Vus de face, les nez sont de douze sortes : gros en leur milieu, minces en leur milieu, le bout épais, et fin à la base, ou inversement ; les narines larges ou étroites, hautes ou basses, à trous soit apparents, soit cachés par la pointe. Tu trouveras la même diversité dans les autres traits : toutes choses que tu devras étudier d'après nature et fixer ainsi dans ton esprit ; ou, s'il te faut dessiner un visage de mémoire, emporte avec toi un petit carnet où tu as noté des traits analogues aux siens ; puis, après un coup d'œil à la personne que tu veux portraiturer, tu le consulteras secrètement, et verras quel nez ou quelle bouche offre de la ressemblance avec les siens ; et fais une petite marque pour pouvoir le reconnaître, rentré chez toi. Des visages monstrueux, je ne dirai rien, car on se les remémore sans peine.

DES JEUX AUXQUELS DOIVENT SE COMPLAIRE LES DESSINATEURS

Quand vous voudrez, ô dessinateurs, trouver une récréation profitable, faites toujours des choses qui peuvent vous servir dans votre profession, c'est-à-dire habituer votre œil à bien juger de la longueur et de la largeur des choses. Pour entraîner l'esprit à de tels exercices, que l'un de vous trace au hasard une ligne droite sur le mur ; chacun prendra à la main un léger fétu – ou une paille – et le coupera de la longueur que lui semblera avoir la première ligne, en se tenant à une distance de dix brasses ; puis il ira au modèle, confronter le dessin avec la mesure qu'il lui a attribuée au jugé, et celui-là l'emportera, dont la mensuration se sera approchée le plus de la longueur du modèle ; il sera le vainqueur et recevra le prix convenu au préalable entre vous.

En outre, tu mesureras en raccourci, c'est-à-dire tu prendras un dard ou quelque autre bâton et regarderas devant toi un point éloigné ; puis chacun évaluera combien de fois cette mesure est comprise dans ladite distance. Ou encore, on verra qui peut le mieux tirer une ligne d'une brasse de long, et l'épreuve en sera faite avec un fil bien tendu.

Les récréations de ce genre permettent à l'œil d'acquérir l'acuité de jugement, principe essentiel de la peinture.

S'IL EST PRÉFÉRABLE DE DESSINER EN COMPAGNIE OU NON

Je dis et suis prêt à démontrer qu'il est de beaucoup préférable de dessiner en compagnie que seul, pour mainte raison. La première est que tu auras vergogne d'être vu parmi des dessinateurs s'ils te surpassent, et cette vergogne te fera progresser dans tes études ; deuxièmement, un louable sentiment d'envie te stimulera à être du nombre de ceux qui sont plus prisés que toi, car les louanges des autres te seront un aiguillon ; troisièmement, tu emprunteras quelques traits à qui fait mieux que toi ; et si tu fais mieux que les autres, tu profiteras de leurs erreurs et les louanges accroîtront ta maîtrise.

DU MOMENT PROPICE POUR ÉTUDIER LE CHOIX DES SUJETS

[ca. 1492]
Ms. 2185, 27 r.

Les jeunes étudiants devraient consacrer les veillées d'hiver à l'étude des choses préparées en été ; c'est-à-dire, tu rassembleras les nus que tu auras faits, tu choisiras parmi eux les membres et corps les plus réussis, tu t'exerceras sur eux et les apprendras par cœur.

DES ATTITUDES

L'été suivant, tu choisiras quelqu'un de belle prestance, qui n'ait pas été élevé portant pourpoint, et dont le corps par conséquent a conservé son aisance naturelle, et tu lui feras exécuter des mouvements agréables et gracieux. Peu importe si les muscles ne saillent pas très nettement entre les contours des membres. Il suffit que tu obtiennes de belles attitudes, et tu pourras rectifier les membres en te référant à ceux que tu auras étudiés l'hiver.

COMMENT IL EST NÉCESSAIRE AU PEINTRE DE CONNAÎTRE LA STRUCTURE INTERNE DE L'HOMME

Ayant appris à connaître la nature des nerfs, muscles et tendons, le peintre saura exactement quels nerfs déterminent le mouvement de chaque membre et leur nombre ; et quel muscle, en se gonflant, provoque la contraction du nerf, et quels nerfs une fois convertis en cartilages délicats, enveloppent et contiennent ce muscle. Ainsi pourra-t-il, de mainte façon et universellement, indiquer les divers muscles, grâce aux différentes attitudes des figures ; et il ne fera pas comme beaucoup qui, pour des mouvements différents, présentent toujours sous les mêmes aspects les bras, le dos, la poitrine et les jambes ; choses qui ne doivent point être rangées parmi les fautes vénielles.

DU CHOIX DES BEAUX VISAGES

Il me semble que ce n'est pas une petite grâce, pour un peintre, que de donner un air plaisant à ses figures, et qui n'en est pas naturellement doué pourra l'acquérir à l'occasion, de la façon suivante : applique-toi à prendre les parties agréables des beaux visages dont les beautés sont plus consacrées par la renommée que par ton jugement sinon tu risquerais facilement de te tromper en choisissant des visages à la ressemblance du tien ; en effet, pareille similitude semble souvent nous séduire ; et si tu étais laid, tu ne t'arrêterais pas aux beaux visages mais tu en créerais de laids, comme beaucoup de peintres dont les types ressemblent souvent à leur auteur ; ainsi donc, choisis-les beaux comme je l'ai dit, et grave-les dans ton esprit.

DE LA VIE DU PEINTRE EN SON ATELIER

[ca. 1492]
Ms. 2185, 27 v. et r.

Le peintre ou le dessinateur doit être solitaire, pour que le bien-être de son corps n'altère point la vigueur de son esprit ; et en particulier, quand il s'adonne à la spéculation et à l'étude des choses qu'il a sans cesse sous les yeux et qui procurent à sa mémoire un aliment à conserver précieusement.

Si tu es seul, tu seras tout à toi ; accompagné, fût-ce d'un seul compagnon, tu ne t'appartiendras qu'à moitié, ou même moins, d'autant que sera plus grande l'indiscrétion de son commerce. Et si tu as plus d'un compagnon, tu subiras encore davantage le même inconvénient.

Dis-tu : « Je ferai à ma fantaisie, je me tiendrai à l'écart, pour mieux pouvoir étudier les formes des objets naturels », j'objecterai que ce résultat sera forcément malaisé, car tu ne saurais t'empêcher de prêter souvent l'oreille à leurs sornettes ; et ne pouvant servir deux maîtres, tu rempliras mal tes devoirs de camaraderie, et encore plus mal tes essais de spéculation artistique.

Mais supposé que tu dises : « Je me tiendrai si loin que leurs paroles ne m'atteindront pas et ne sauraient me déranger », je réponds qu'en ce cas, tu seras tenu pour fol ; et souviens-toi qu'en agissant ainsi, tu seras isolé.

S'il te faut de la compagnie, choisis-la dans ton atelier ; elle t'aidera peut-être à acquérir les avantages qui résultent des diverses méthodes d'étude. Tout autre compagnonnage peut se révéler des plus fâcheux.

[Croquis de figures.]

[ca. 1492]
Ms. 2185, 27 v.

De la manière de bien composer les groupes dans les peintures d'histoire :

Lorsque tu as appris à fond la perspective, et fixé dans ta mémoire toutes les diverses parties et les formes des choses, amuse-toi souvent, en promenade, à observer et à considérer les attitudes et les actes des hommes qui parlent, se disputent, rient ou en viennent aux mains, à la fois leurs gestes et ceux

Étude pour une Madone au chat, vers 1478. Exemple de *componimento inculto*,
esquisse obtenue en laissant la main divaguer entre plusieurs propositions (Londres, British Museum).

des assistants qui interviennent ou restent spectateurs de toutes ces choses ; tu les noteras en traits rapides, ainsi, sur un petit carnet que tu devras toujours porter sur toi. Qu'il soit de papier teinté pour qu'il ne puisse s'effacer ; mais tu changeras l'ancien contre un nouveau ; ce sont là choses non point à effacer mais à conserver avec le plus grand soin ; car les choses ont une telle diversité de formes et de mouvements, que la mémoire est incapable de les retenir, et donc tu garderas ces [croquis] pour modèles et maîtres.

COMMENT IL FAUT APPRENDRE D'ABORD À TRAVAILLER SOIGNEUSEMENT PLUTÔT QUE VITE

Si tu veux, ô dessinateur, étudier bien et utilement, applique-toi à travailler avec lenteur quand tu dessines, et à déterminer entre les diverses lumières, lesquelles possèdent le plus d'éclat ; et de même, quelles ombres sont plus obscures que les autres, comment elles se confondent, et [apprends] à comparer leurs dimensions. Pour les contours, observe de quel côté ils se dirigent ; et pour les lignes, quelle partie de chacune s'incurve dans un sens ou dans l'autre ; où elles sont plus ou moins visibles et épaisses ou fines ; enfin, veille à ce que tes ombres et lumières se fondent sans traits ni lignes, comme une fumée. Quand tu te seras fait la main et le jugement avec soin, tu en viendras bientôt à ne plus y songer.

POUR JUGER TA PROPRE PEINTURE

[ca. 1492]
Ms. 2185, 28 r.

Nous savons qu'il nous est plus facile de découvrir des erreurs dans les œuvres d'autrui que dans les nôtres, et souventes fois tu censures les fautes vénielles d'un autre, mais tu en ignores de grandes commises par toi. Pour éviter cette ignorance, passe d'abord maître en perspective, puis acquiers la science complète des proportions de l'homme et des autres animaux ; deviens aussi un bon architecte, c'est-à-dire en ce qui concerne la forme des édifices et autres choses qui sont sur terre, dont la forme varie à l'infini. Plus tu auras de connaissances, plus ton œuvre sera digne de louange ; et pour les choses dont tu n'as point la pratique, ne dédaigne point de dessiner d'après nature. Mais pour en revenir à ce qui fut promis ci-dessus, je dis qu'en peignant tu dois tenir un miroir plat et souvent y regarder ton œuvre ; tu la verras alors inversée et elle te semblera de la main d'un autre maître ; ainsi, tu pourras mieux juger ses fautes que de toute autre façon.

Il est bon également de se lever de temps en temps pour prendre quelque divertissement ; revenu à ton œuvre, ton jugement sera plus sûr, car de rester toujours au travail t'induit en grande erreur. Il est également bon de s'éloigner, car alors, l'œuvre apparaissant plus réduite, d'un coup d'œil tu en embrasses davantage – et un manque d'harmonie ou de proportion entre les diverses parties et dans les couleurs se voit plus vite.

RÈGLE POUR LES ENFANTS PEINTRES

Nous savons clairement que la vision est une des plus rapides opérations qui soient, car dans le même instant elle embrasse un nombre infini de formes ; néanmoins elle ne peut comprendre qu'une chose à la fois. Voici un exemple : tu peux, ô lecteur, voir d'un coup d'œil l'ensemble d'une page écrite ; tu jugeras aussitôt qu'elle est remplie de lettres diverses, mais dans ce laps de temps tu ne reconnais point ces lettres ni leur sens, et pour en avoir connaissance il te faut les lire mot à mot et ligne par ligne.

De même, pour monter au sommet d'un édifice, tu dois t'élever degré par degré, faute de quoi tu ne pourrais atteindre au faîte. Je te dis donc, à toi que la nature incline vers cet art : si tu veux avoir la véritable connaissance des formes diverses, tu dois commencer par leurs particularités et ne point passer à la seconde sans avoir bien retenu dans ta mémoire la première ni sans l'avoir pratiquée. Sinon, tu gaspilleras ton temps et, en vérité, tu prolongeras grandement ta période d'études. Souviens-toi d'acquérir la diligence plutôt que la facilité.

⁂

DE LA CONFORMITÉ DES MEMBRES

[ca. 1492]
Ms. 2185, 28 v.

En outre, je te fais souvenir, que tu dois prendre bien garde quand tu pourvois de membres tes personnages, qu'ils semblent s'accorder non seulement à la dimension du corps mais à l'âge. Ainsi, les membres des jeunes gens auront peu de muscles et de veines, une surface tendre et arrondie et de coloration agréable ; les hommes seront nerveux et musclés ; chez les vieillards, la surface sera ridée, rude et sillonnée de veines, avec les nerfs très apparents.

Comment la grosseur des jointures, chez les bambins, est à l'opposé de celle des hommes ; les bambins ont les jointures fines et les parties intermédiaires épaisses ; cela tient à ce que leurs articulations sont simplement recouvertes de peau, sans aucune pulpe, et cette peau fait office de nerfs pour lier et joindre ensemble les os. D'une articulation à l'autre, une chair pleine d'humeurs est incluse entre la peau et l'os. Mais les os étant plus gros aux jointures que dans leurs intervalles, la chair, pendant la croissance, perd cette superfluité qui existait entre la peau et l'os ; et la peau se rapprochant de l'os fait paraître les membres plus minces. Mais comme il n'y a sur les articulations qu'une peau cartilagineuse et nerveuse, celle-ci ne peut se dessécher et donc ne se ratatine pas. Voilà pourquoi les membres des enfants sont minces aux jointures et gros entre elles, comme il ressort des articulations des doigts, bras et épaules, lesquels sont minces avec de grandes fossettes. Chez l'homme, au contraire, les articulations des doigts, des bras et des jambes sont grosses, et là où les enfants ont des creux, les hommes présentent des saillies.

DIFFÉRENCE DES MESURES CHEZ L'ENFANT ET CHEZ L'HOMME

Je trouve une grande différence entre les hommes et les petits enfants dans la longueur qui sépare une articulation de l'autre ; car chez l'homme, l'intervalle entre la jointure de l'épaule au coude, et du coude au bout du pouce, et de l'humérus d'une épaule à l'autre, représente deux fois sa tête ; chez l'enfant une fois seulement, attendu que la nature forme le siège de l'intellect avant celui des esprits vitaux[1].

MANIÈRE DE RENDRE LES LUMIÈRES

Projette d'abord une ombre générale sur l'ensemble de la partie qui ne voit pas la lumière ; puis ajoute-lui les ombres

1. Ms. : *spiriti vitali.* (*N.d.T.*)

moyennes et les ombres accusées, en les faisant contraster l'une avec l'autre.

De même, distribue l'étendue de la lumière en demi-teintes, en ajoutant ensuite les lumières moyennes et les lumières vives, que tu feras contraster de la même façon.

⁂

[ca. 1492] Ms. 2185, 29 r.

Manière dont tu dois faire une tête en sorte que ses parties concordent avec leurs directions respectives :

Pour faire une tête dont les traits concordent avec ceux d'une tête tournée et inclinée, procède ainsi : tu sais que les yeux, sourcils, narines, commissures de la bouche et côtés du menton, mâchoires, joues, oreilles et toutes les parties du visage, sont régulièrement disposés ; donc, quand tu as fait la face, trace des lignes allant d'un coin de l'œil à l'autre ; et de même pour la position de chaque trait. Puis, prolonge les extrémités de ces lignes au-delà des deux côtés du visage et observe si, à droite et à gauche, les espaces compris dans le même parallèle sont égaux. Mais je te rappelle particulièrement que tu dois faire aboutir ces lignes à ton point de vision.

Manière de représenter les dix-huit opérations de l'homme : repos, mouvement, course, debout, appuyé, assis, incliné, agenouillé, couché, suspendu ; porter, être porté, pousser, tirer, frapper, être frappé, abaisser, élever.

Tu traiteras d'abord des lumières projetées par les fenêtres, que tu désigneras sous le nom de lumières restreintes ; puis traite des lumières du paysage, que tu appelleras lumières libres ; enfin, traite de la lumière des corps lumineux.

COMMENT DONNER À UN ANIMAL IMAGINAIRE L'APPARENCE NATURELLE

Tu sais que tu ne peux faire un animal dont les membres n'offrent de ressemblance avec ceux de quelque autre. Si donc tu veux donner apparence naturelle à une bête imaginaire – supposons un dragon – prends la tête du mâtin ou du braque, les yeux du chat, les oreilles du porc-épic, le museau du lévrier, les sourcils du lion, les tempes d'un vieux coq et le col de la tortue.

DU DESSIN D'UN OBJET

Quand en dessinant tu traces le principe d'une ligne, cherche par rapport à l'objet que tu représentes tout détail qui se trouve dans la direction de la ligne commencée.

•◆•

[ca. 1492]
Ms. 2185, 29 v.

Comment une figure ne mérite point la louange si son attitude n'exprime pas la passion de son âme.

Cette figure est plus louable, dont l'attitude exprime le mieux la passion qui l'anime.

COMMENT REPRÉSENTER UNE FIGURE COURROUCÉE

Une figure courroucée sera représentée empoignant quelqu'un par les cheveux, lui ployant la tête vers le sol, un genou sur son flanc, le bras droit et le poing levés ; qu'elle ait les cheveux hérissés, les sourcils bas et froncés, les dents serrées, les coins de la bouche arqués ; et le cou – gonflé et tendu cependant qu'elle se penche sur l'ennemi – sera creusé de rides.

COMMENT REPRÉSENTER LE DÉSESPÉRÉ

Le désespéré se frappera avec un couteau ; il mettra en pièces son vêtement et une de ses mains déchirera sa blessure ; représente-le les pieds écartés, les jambes pliées, toute sa personne courbée vers le sol, les cheveux arrachés et épars.

DE LA GRÂCE DES MEMBRES

Les membres devront s'accorder gracieusement au corps, en harmonie avec l'effet que tu désires produire, et si tu veux faire une figure douée de charme, donne-lui des membres gracieux et élancés, sans trop accuser les muscles ; pour le petit nombre de ceux que tu as l'intention de montrer, indique-les sommairement, c'est-à-dire sans les faire trop saillir, avec des ombres peu tranchées ; les membres, en particulier les bras, devront avoir de l'aisance, c'est-à-dire aucun membre ne sera perpendiculaire à la partie qui se joint à lui.

Si les flancs, pivots de l'homme, se trouvent en raison de sa position, placés, le droit plus haut que le gauche, tu feras que l'articulation de l'épaule supérieure tombe en ligne perpendiculaire sur la partie la plus saillante du flanc ; et l'épaule droite sera plus basse que la gauche.

Le creux de la gorge sera toujours au-dessus du milieu de la jointure du pied posant sur le sol. La jambe qui ne pose pas aura son genou plus bas et près de l'autre jambe.

Les positions de la tête et des bras étant innombrables, je n'essayerai pas d'énoncer une règle quelconque ; il leur suffira d'être naturelles et agréables, de se ployer, de tourner de diverses façons, avec des jointures jouant librement pour ne pas ressembler à des morceaux de bois.

COMMENT L'OMBRE PORTÉE N'A JAMAIS MÊME GRANDEUR QUE SA CAUSE

Si, comme l'expérience le démontre, les rayons lumineux émanent d'un point unique, et partant de ce point en forme de sphère, se diffusent et s'étendent dans l'air, plus ils vont loin et plus ils se dispersent. Le corps placé entre la lumière et la paroi se reproduit toujours dans une ombre agrandie, parce que les rayons qui le frappent se sont élargis dans le temps qu'ils ont atteint le mur.

DE L'ARRANGEMENT DES MEMBRES

[ca. 1492] Ms. 2185, 30 r.

Pour l'arrangement des membres, quand tu veux représenter quelqu'un qui, d'aventure, doit se retourner en arrière ou de côté, tu te rappelleras que tu ne dois pas lui faire mouvoir les pieds ni tous les membres dans la direction vers laquelle il tourne la tête ; tu répartiras cette opération sur les quatre jointures : celles du pied, du genou, du flanc et du cou. Et si tu fais porter son poids sur la jambe droite, tu infléchiras le genou de la gauche vers le dedans, et ce pied-là sera légèrement levé du côté extérieur, et l'épaule gauche un peu plus basse que la droite ; la nuque doit être exactement au-dessus de la courbe extérieure de la cheville gauche et l'épaule gauche au-dessus de l'orteil droit, en ligne perpendiculaire. Dispose toujours tes figures de façon que la tête ne soit pas tournée dans le même sens que la poitrine, car la nature, pour notre commodité, a ainsi agencé le cou, qu'il peut aisément servir dans toutes les circonstances où l'œil désire se tourner vers divers côtés ; et à ce même organe, les autres jointures répondent en partie. Et si tu montres un homme assis et que ses bras soient occupés à un travail à côté de lui, fais que la poitrine se tourne sur l'articulation de la hanche.

DE L'OMBRE QUE PROJETTE LE CORPS ENTRE DEUX LUMIÈRES ÉGALES

Le corps placé entre deux lumières égales projettera deux ombres qui suivront une direction égale, en rapport avec les lignes des deux lumières. Si tu éloignes le corps ou le rapproches d'une des lumières, l'ombre qui se dirigera vers la lumière la plus proche sera moins sombre que celle qui se dirige vers la plus lointaine.

POURQUOI LE CORPS LE PLUS RAPPROCHÉ DE LA LUMIÈRE PROJETTERA UNE PLUS GRANDE OMBRE

Si un objet placé en face d'une lumière particulière en est très rapproché, tu lui verras émettre une ombre très grande sur la paroi opposée ; et plus tu éloignes l'objet de la lumière plus l'ombre décroît.

POURQUOI L'OMBRE PLUS GRANDE QUE SA CAUSE SERA DISPROPORTIONNÉE

Le manque de proportion de l'ombre plus grande que sa cause tient à ce que la lumière étant moindre que l'objet, elle ne peut être à égale distance des extrémités de cet objet : et la partie la plus éloignée grandit plus que les proches – d'où l'accroissement de l'ombre.

POURQUOI UNE OMBRE PLUS GRANDE QUE LE CORPS DONT ELLE DÉRIVE A DES CONTOURS INDISTINCTS

L'atmosphère qui entoure la lumière participe presque, en clarté et en chaleur, de la nature de cette lumière. Plus elle s'en éloigne, plus elle perd de son analogie. L'objet qui projette une grande ombre est à proximité de la lumière et se trouve éclairé à la fois par elle et par l'atmosphère lumineuse ; dès lors, cette atmosphère laisse imprécis les contours de l'ombre.

MANIÈRE DE FIGURER UNE BATAILLE

Montre d'abord la fumée de l'artillerie mêlée à l'air avec la poussière soulevée par le mouvement des chevaux et des combattants. Tu exprimeras ceci comme suit : la poussière, chose terrestre et pesante – bien que sa légèreté l'élève aisément et la mêle à l'air –, retombe volontiers et n'atteint à sa plus haute grande hauteur que par sa partie la plus subtile, c'est-à-dire la moins visible, et qui semblera presque de la couleur de l'air. La fumée confondue avec l'air poudreux aura, à mesure qu'elle monte, l'apparence d'un nuage obscur, au sommet duquel elle sera plus perceptible que la poussière. Cette fumée prendra une teinte un peu azurée et la poussière conservera sa couleur naturelle. Du côté d'où vient la lumière, ce mélange d'air, de fumée et de poussière semblera beaucoup plus clair que du côté opposé. Quant aux combattants, plus ils seront au cœur du tumulte, moins on les verra et moins le contraste entre leurs ombres et leurs lumières sera accusé. *[ca. 1492] Ms. 2185, 31 r. et 30 v.*

Tu feras rougeoyer les visages, les personnages, l'air, les escopettiers, leurs voisins, et cette rougeur ira se perdant à mesure qu'elle s'éloigne de sa cause. Si les figures entre toi et la lumière sont lointaines, elles apparaîtront obscures sur un fond clair, leurs jambes d'autant moins visibles qu'elles approchent du sol, où la poussière augmente et épaissit.

Et si tu te représentes les chevaux galopant hors de la mêlée, fais de petits nuages de poussière, à une foulée de cheval l'un de l'autre. Le nuage le plus éloigné du cheval sera le moins visible car il devra être haut, étalé et ténu, et le plus proche sera plus évident, plus petit et plus compact.

Des flèches monteront en tous sens, descendront, voleront en lignes droites, emplissant l'air, et les balles des escopettiers laisseront derrière elles un sillage de fumée. Quant aux figures du premier plan, tu montreras tout poudreux leurs cheveux, leurs sourcils, et toutes les parties lisses susceptibles de retenir la poussière.

Tu feras les vainqueurs courant, chevelure et autres choses légères au vent, les sourcils baissés et les membres qu'ils avancent se contrarieront, c'est-à-dire que celui qui porte en avant le pied droit avancera également le bras gauche. Si tu figures un homme tombé, reproduis les marques de sa glissade sur la poussière changée en tourbe sanglante ; et tout autour, dans la terre légèrement liquide, tu montreras les empreintes du piétinement des hommes et des chevaux qui y passèrent.

Un cheval traînera le corps de son maître mort en laissant derrière lui, dans la poussière et la boue, les traces du cadavre.

Fais les vaincus pâles et défaits, les sourcils hauts et froncés, avec la peau au-dessus sillonnée de rides douloureuses. Des rides allant des narines à la naissance de l'œil arqueront les côtés du nez ; montre la dilatation des narines, cause de ces plis, les lèvres arquées, découvrant la mâchoire supérieure, les dents écartées à la façon de qui hurle des lamentations. L'une des mains fera bouclier aux yeux terrifiés, la paume tournée vers l'ennemi ; l'autre s'appuiera au sol pour soutenir le poids du buste ; des hommes en déroute crieront, la bouche béante. Mets toutes sortes d'armes entre les pieds des combattants – boucliers brisés, lances, tronçons d'épée et diverses choses semblables ; des cadavres, les uns à moitié ensevelis dans la poussière, d'autres dont le sang jaillit et mêlé à elle se change en boue rouge ; et l'on discernera à sa couleur la traînée de sang ruisselant en filets sinueux dans la poudre terreuse. Les mourants grinceront des dents, les prunelles révulsées, labourant leur corps du poing, et les jambes tordues. Tu pourras figurer un combattant désarmé et terrassé qui, tourné vers son adversaire, le mord et le griffe, par vengeance féroce et cruelle ; on verra aussi un cheval sans cavalier, galoper dans les rangs ennemis, crinière au vent, et causant grand dommage avec ses sabots. Ou encore quelque estropié tombé à terre, se couvrir de son bouclier, et l'adversaire penché sur lui porter le coup fatal. Ou encore, un groupe d'hommes abattus au-dessus du cadavre d'un cheval. Quelques vainqueurs quitteront le combat ; ils sortiront de la mêlée en essuyant des deux mains, sur leurs yeux et leurs joues, l'épaisse couche de boue due au larmoiement causé par la poussière[1].

1. Ms. : « *per lamor della polvere* ».

Les escadrons de renfort, pleins d'espoir mais circonspects, en ombrageant de la main leurs sourcils levés, scruteront la brume épaisse et confuse, attentifs au commandement du capitaine ; et celui-ci, le bâton levé, courra vers les troupes de réserve pour leur indiquer de quel côté leur présence est nécessaire. Tu montreras un fleuve où des chevaux galopent, et entre leurs jambes et leurs corps, la grande turbulence des ondes, des écumes et des jaillissements. Mais aie soin qu'il n'y ait pas un seul endroit plat où l'on ne découvre l'empreinte de pas sanglants.

À QUELLE HAUTEUR DOIT ÊTRE PLACÉ LE POINT DE VISION

Ce point doit être au niveau de l'œil d'un homme moyen et tu feras l'extrémité de la plaine qui confine au ciel, à la hauteur de la ligne où la terre rejoint l'horizon, sauf pour les montagnes qui sont libres. *[ca. 1492] Ms. 2185, 31 r.*

COMMENT DE PETITES FIGURES DOIVENT EN CONSÉQUENCE RESTER INACHEVÉES

Je dis que si des objets semblent menus, cela tient à la distance qui les sépare de l'œil ; en ce cas, une quantité d'air considérable s'interposant entre l'œil et les objets, cet air influe forcément sur la netteté des formes et il devient impossible de distinguer et de reconnaître les détails en toute leur minutie. *[ca. 1492] Ms. 2185, 31 v.*

Tu te borneras donc, ô peintre, à esquisser tes petites figures sans les achever ; sinon, l'effet produit serait contraire à ceux de la nature, ta maîtresse.

L'objet est petit à cause de l'espace considérable qui le sépare de l'œil. Ce grand espace contient en soi une grande quantité d'atmosphère, et elle forme un corps dense qui en s'interposant cache à l'œil les menues particularités des objets.

QUEL FOND LE PEINTRE DOIT CHOISIR POUR SES ŒUVRES

L'expérience démontrant que tous les corps sont environnés d'ombre et de lumière, il convient, ô peintre, que tu disposes la partie éclairée de façon qu'elle se détache sur un objet sombre ; et de même, la partie ombreuse du corps s'enlèvera sur un fond clair. Cette règle t'aidera grandement à donner du relief à tes figures.

DU DESSIN

Quand tu dessines d'après nature, place-toi à une distance qui soit le triple de la dimension de ton modèle.

Pourquoi une peinture semble-t-elle plus belle, vue dans un miroir, qu'en réalité ?

COMMENT TOUT VOYAGE PEUT ÊTRE INSTRUCTIF

La bénigne nature a fait en sorte que dans le monde entier tu trouves quelque chose à imiter.

DE L'OMBRE

Où l'ombre est circonscrite par la lumière, note avec soin à quels endroits elle est plus claire ou plus sombre, et plus ou moins imprécise du côté de la lumière ; avant tout, je te rappellerai que pour les figures juvéniles, il ne faut pas que tes ombres soient tranchantes comme la pierre, car la chair conserve une légère transparence, ainsi qu'il ressort quand on observe une main placée entre l'œil et le soleil, et qu'on la voit se colorer en rouge et acquérir une diaphanéité lumineuse.

Tu placeras les parties les plus colorées entre les lumières et les ombres. Veux-tu savoir quelle profondeur d'ombre convient à la chair, projette au-dessus d'elle l'ombre de ton doigt, et selon que tu la veux plus claire ou plus obscure, rapproche ou éloigne ton doigt de la peinture, puis copie cette ombre.

COMMENT FIGURER UN SITE SAUVAGE

Les arbres et buissons qui se ramifient davantage en une quantité de minces branches, auront une ombre moins dense. Les arbres et buissons à feuilles plus grandes projettent une plus grande ombre.

COMMENT DISTRIBUER LA LUMIÈRE SUR LES FIGURES

La distribution de la lumière doit s'accorder aux conditions naturelles dans lesquelles tu représentes ta figure. La montres-tu en plein soleil, fais des ombres obscures avec de grands espaces lumineux et marque les ombres de tous les corps avoisinants, avec leurs ombres par terre ; si le temps est couvert, ne différencie que faiblement les lumières et les ombres et ne fais point d'autre ombre aux pieds. Si c'est à l'intérieur de la maison, accuse fortement la différence entre les lumières et les ombres, et montre l'ombre sur le sol. Si tu représentes une fenêtre voilée d'un rideau, et un mur blanc, la différence entre les lumières et les ombres sera peu appréciable. Est-elle éclairée par le feu, tu peindras les lumières rougeâtres et puissantes, les ombres obscures et nettement distinctes là où elles frappent les murs ou le sol, et plus elles s'étendent loin du corps, plus elles s'amplifieront et grandiront. Et si elle est éclairée partie par le feu et partie par l'air, fais que le côté illuminé par l'air ait plus d'intensité et que celui du feu soit presque aussi rouge que le feu lui-même. Avant tout, les figures que tu peins devront recevoir suffisamment de lumière du haut, j'entends les personnes vivantes et que tu représentes, car pour les passants que tu vois dans la rue, ils sont tous éclairés par le haut ; et sache que ta connaissance la plus intime te semblera difficile à reconnaître si elle est éclairée par-dessous.

[ca. 1492]
Ms. 2185, 33 r.

ORDRE POUR APPRENDRE À DESSINER

Tout d'abord, copie les dessins d'un bon maître, exécutés avec art d'après nature et non comme exercice ; puis une ronde-bosse, en ayant près de toi un dessin d'après ce relief ; ensuite d'après un bon modèle ; de ceci tu dois acquérir la pratique.

À QUELLE HAUTEUR DOIT ÊTRE LA LUMIÈRE POUR DESSINER D'APRÈS NATURE

Lorsque tu dessines d'après nature, que la lumière vienne du nord, pour ne pas varier ; et si c'est du midi, tiens la fenêtre couverte d'un rideau ; ainsi, même si le soleil la frappe à longueur de journée, la lumière ne subira aucun changement. La hauteur de la lumière devra être telle que chaque corps projette sur le sol une ombre de même longueur que sa hauteur.

POURQUOI LES BELLES COULEURS DOIVENT ÊTRE EN LUMIÈRE

La qualité des couleurs nous étant connue au moyen de la lumière, il en faut inférer que là où il existe le plus de lumière, la véritable qualité de la couleur ainsi éclairée sera le plus visible ; et où il y a le plus d'ombre, la couleur sera davantage influencée par la couleur de l'ombre. Donc, ô peintre, souviens-toi de montrer la vraie qualité des couleurs dans les parties éclairées.

⁂

ORDRE ET LUMIÈRE

[ca. 1492]
Ms. 2185, 33 v.

Chaque partie de la surface d'un corps est partiellement affectée par la couleur de la chose située en face d'elle.

EXEMPLE

Si tu places un corps sphérique parmi différents objets, en sorte que d'un côté, il reçoive la lumière solaire, et que de l'autre, il y ait un mur éclairé par le soleil, soit vert soit de toute autre couleur, la surface sur laquelle il pose étant rouge et les deux côtés transversaux, foncés, tu verras la couleur naturelle de l'objet participer des couleurs qui lui sont opposées. La plus forte procédera de la lumière, la deuxième du mur éclairé, la troisième de l'ombre. Il restera néanmoins une partie qui sera influencée par la coloration des extrémités.

Comble de la disgrâce : quand la théorie dépasse l'œuvre.

Dans le choix des figures, vise à la délicatesse, plutôt que de les faire raides et ligneuses.

COMMENT LES CONDITIONS ATMOSPHÉRIQUES INFLUENT SUR LES OMBRES ET LES LUMIÈRES

Ce corps présentera le plus grand contraste entre ses ombres et ses lumières, qui sera vu sous la lumière la plus forte, comme celle du soleil, ou la nuit, à la lueur du feu ; mais il faut, en peinture, rarement employer ce procédé, car l'œuvre resterait dure et sans grâce.

Le corps qui baigne dans une faible lumière offrira peu de différence entre ses ombres et ses lumières ; et ceci se produit à la tombée du soir ou quand le ciel est nuageux : ces œuvres sont empreintes de suavité et tout visage se pare de séduction.

Comme en toute chose, les extrêmes sont nuisibles : l'excès de lumière donne aux choses de la crudité[1] et trop d'obscurité nous empêche de les voir. Le moyen terme est excellent.

DES PETITES LUMIÈRES

Les lumières qui viennent de petites fenêtres présentent également un fort contraste d'ombre et de lumière, surtout si la pièce qu'elles éclairent est vaste ; leur emploi n'est pas recommandé en peinture.

•◆•

Le peintre qui dessine grâce à la pratique et au jugement de son œil, sans le recours de la raison, est comme le miroir qui reflète tous les objets placés en face de lui sans les connaître. *[ca. 1490] C. A. 207 r.*

•◆•

Le personnage qui dans une peinture regarde bien en face le maître qui l'a peint, regardera de même tous les spectateurs. La figure qui fut peinte de haut en bas semblera toujours vue de haut en bas, même si l'œil est plus bas que la peinture. *[ca. 1517-1518] C. A. 309 v.*

•◆•

1. Ms. : « *il tropo lume fa crudo* ». L'édition Richter et l'édition MacCurdy également. Le texte de Ch. Ravaisson-Mollien a *facendo* au lieu de *fa crudo*. (*N.d.T.*)

DES PARTIES DU VISAGE

[ca. 1490]
C. A. 327 v.

Si la nature avait un canon fixe pour les proportions des diverses parties, les traits de tous les hommes se ressembleraient tellement qu'il serait impossible de les distinguer entre eux ; mais elle a diversifié les cinq parties du visage, en sorte que tout en ayant établi un canon presque universel quant à leur dimension, elle ne l'a pas observé dans chaque cas particulier avec assez de rigueur qu'on ne puisse aisément différencier l'un de l'autre.

[ca. 1505-1508]
C. A. 338 r.

Le corps, lorsqu'il tourne lentement à cause de la longueur de son mouvement contraire, se meut dans un espace plus grand et amène un coup plus violent alors que les mouvements continus mais brefs ont peu de force ; ainsi l'étude d'un même objet à des intervalles prolongés rend le jugement plus parfait et plus sensible à ses propres erreurs. Et c'est également vrai pour l'œil du peintre, à mesure qu'il s'éloigne de sa peinture.

[ca. 1490]
C. A. 383 r.

Une peinture ou toute représentation de figure doit être faite de façon que ceux qui la voient puissent aisément connaître, par les attitudes, le concept de l'âme. Si tu dois faire parler un homme de bien, que ses gestes soient en harmonie avec la loyauté de son discours. De même, pour figurer un homme brutal montre-le avec des mouvements brusques, les bras tendus vers son auditeur ; la tête et le buste en avant des pieds, sembleront accompagner les mains de l'orateur. Ainsi le sourd-muet qui voit deux causeurs, et bien qu'il soit privé de l'ouïe, peut néanmoins deviner à leurs mouvements et à leurs gestes l'objet de leur entretien.

Je vis un jour à Florence un homme devenu sourd accidentellement, qui ne t'entendait pas si tu parlais fort, mais si tu articulais lentement sans émettre aucun son, il te comprenait au seul mouvement des lèvres. Peut-être me diras-tu : celui qui parle fort n'agite-t-il pas les lèvres comme celui qui parle doucement ? Et l'un les remuant comme l'autre, ne sera-t-il pas compris tout de même ? Je laisse à l'expérience le soin de conclure. Fais parler quelqu'un à mi-voix puis plus fort, et observe les lèvres.

•◆•

Comment, d'âge en âge, l'art de la peinture va déclinant et se perdant, lorsque les peintres n'ont pour modèle que la peinture de leurs prédécesseurs. *[ca. 1490] C. A. 387 r.*

Le peintre produira des tableaux de peu de mérite s'il s'inspire de l'ouvrage d'autrui ; mais qu'il se tourne vers la nature, il obtiendra un bon résultat. Nous le voyons avec les peintres qui succédèrent aux Romains ; ils s'imitèrent continuellement et d'âge en âge leur art ne cessa de rétrograder.

Après eux vint Giotto le Florentin ; grandi dans la solitude des monts hantés seulement des chèvres et bêtes semblables, il alla tout droit de la nature à son art et dessina sur les rochers les attitudes des chèvres qu'il gardait et tous les animaux qu'il voyait dans la région ; de sorte qu'après maintes études, il surpassa non seulement les maîtres de son temps mais aussi ceux de beaucoup de siècles écoulés. Après lui, l'art déclina de nouveau, parce que tous s'inspiraient des peintures déjà faites ; ainsi la décadence se prolongea des siècles durant, jusqu'au jour où Tommaso le Florentin surnommé Masaccio montra par la perfection de son œuvre comment ceux qui s'inspirent d'un modèle autre que la nature, maîtresse des maîtres, peinent en vain. J'en dirai autant des sujets relatifs aux mathématiques ; ceux qui étudient les auteurs et non les œuvres de la nature sont en art les petits-fils et non les fils de la nature, guide suprême des bons auteurs.

Remarque l'insigne folie de ceux qui blâment quiconque étudie d'après nature, et négligent de censurer les autorités, elles aussi disciples de cette même nature.

•◆•

COMPOSITION DES SUJETS D'HISTOIRE

Du fait de négliger dans la peinture d'une scène, les membres de personnages, comme font beaucoup qui en campant des figures en pied, gâtent leur composition. Lorsque tu les représentes l'une derrière l'autre, prends soin de les dessiner tout entières pour que les membres qui apparaissent par-delà la première figure conservent leurs longueur et position naturelles. *[ca. 1490] C. A. 430 r.*

[*ca.* 1515-1516]
C. A. 495 *r.*

Quand le coureur veut épuiser l'élan qui le porte, il prépare l'élan opposé en se penchant en arrière ; ceci peut se démontrer, car si l'impulsion porte en avant le corps en mouvement à une vitesse égale à quatre, et que l'impulsion qui le pousse à retourner en arrière et à reculer ait une vitesse égale à quatre, ces vitesses se neutraliseront l'une l'autre et ainsi l'élan s'épuisera.

PEINTURE

[Diagramme.]

La surface de chaque corps participe de la couleur de tout ce qui lui est opposé. Les couleurs des choses exposées à la lumière se reproduisent sur la surface de chacune, en différents points, suivant les diverses positions de ces objets. Soit *o* l'objet bleu en pleine lumière qui, à lui tout seul, se trouve opposé à l'espace *b c* de la sphère blanche *a b c d e f* et qui la colore en bleu ; et soit *m* un objet jaune qui, reflété sur l'espace *a b* en compagnie de l'objet bleu *o*, lui donne une teinte verte, conformément à la deuxième [proposition] de ce discours, où il est démontré que le bleu et le jaune mélangés produisent un très beau vert, etc., j'exposerai le reste dans le livre sur la peinture où la démonstration en sera faite en transmettant les images des corps et couleurs des choses éclairées par le soleil, à travers un petit trou rond, dans un lieu obscur, jusqu'à une surface plane, blanche en soi. Mais toutes seront renversées.

LA VIE DU PEINTRE À LA CAMPAGNE

[*ca.* 1516]
C. A. 505 *v.*

Le peintre doit posséder les connaissances mathématiques requises pour la peinture, et s'isoler de ceux de ses compagnons qui ne sympathisent point avec ses études ; son intellect aura le pouvoir de s'adapter aux objets qui se présentent à lui ; et affranchi soit-il de tout autre souci.

Si, tandis qu'il considère et examine un sujet, il se trouve sollicité par un second sujet, comme il arrive quand un objet occupe l'esprit, il devra décider lequel des deux offre le plus de difficultés à étudier, et s'y attachera jusqu'à ce qu'il lui soit devenu entièrement familier, après quoi il se consacrera à l'étude du suivant. Par-dessus tout, il gardera son esprit clair comme la surface du miroir qui emprunte les différentes couleurs des objets qu'elle réfléchit ; ses compagnons devront avoir en commun avec lui le goût de ces études ; s'il ne parvient pas à en trouver, qu'il s'accoutume à être seul dans ses recherches, car après tout, nulle compagnie ne lui sera plus profitable.

·◆·

ORDRE À OBSERVER DANS L'ÉTUDE

Je dis qu'il faut d'abord apprendre les membres et leur fonctionnement ; cette connaissance acquise, on étudiera leurs attitudes dans les différentes conditions où se trouvent les hommes ; troisièmement, on imaginera des compositions avec personnages étudiés d'après nature selon l'occasion ; et l'on se tiendra aux aguets, dans la rue, sur les places et à la campagne, en notant rapidement les traits ; c'est-à-dire en mettant un *o* pour une tête, une ligne droite ou courbe pour le bras, et de même pour les jambes et le tronc ; puis de retour chez soi, on développera ces notes pour en parachever la forme. Mon adversaire dit que pour acquérir l'expérience et la promptitude d'exécution, mieux vaut que la première période d'étude se passe à copier diverses compositions de divers maîtres, sur des feuilles de papier ou des murs, car ainsi l'on acquiert rapidité d'exécution et bonne pratique. On peut rétorquer que cette méthode serait bonne si elle se fondait sur des œuvres excellemment composées et dues à des maîtres habiles, mais ceux-ci étant si rares que l'on en rencontre fort peu, il est plus sûr d'aller directement aux œuvres de la nature qu'à celles qui furent imitées avec grand dommage d'après ses originaux, et ainsi d'acquérir une mauvaise méthode. Qui peut aller à la fontaine n'a que faire du pot à eau. *[ca. 1508] C. A. 534 v.*

·◆·

Ces règles se doivent employer uniquement pour vérifier les figures ; car tout homme, en ses premières compositions, commet certaines fautes et s'il n'en prend conscience, il ne les corrigera pas. Donc, pour découvrir les défauts, vérifie ton travail, et où tu trouveras des erreurs, corrige-les et garde-toi *[ca. 1490] C. A. 597 r. b* d'y retomber. Mais si tu voulais appliquer toutes ces règles à la composition, tu ne commencerais jamais et ton œuvre serait confuse.

Ces règles se proposent de te former un bon et libre jugement, car le bon jugement procède de la bonne compréhension, laquelle dérive de la raison exercée aux bonnes règles ; et ces bonnes règles sont filles de la saine expérience, mère commune des sciences et des arts. Si donc tu gardes présents à l'esprit mes préceptes, tu pourras, par la seule acuité de ton jugement, critiquer et discerner toutes les erreurs de proportion de chaque œuvre, soit en perspective, soit dans les figures, ou ailleurs.

[ca. 1508]
C. A. 949 v.

Les membres de chaque sorte d'animal devront correspondre à son âge ; c'est-à-dire les jeunes ne montreront pas les veines ou nerfs comme la plupart [des peintres] qui font étalage de leur habileté artistique et gâtent l'ensemble par l'incorrection des membres.

Toutes les parties de l'animal doivent correspondre à l'ensemble, si un homme est court et trapu, veille à ce que chacun de ses membres soit également court et trapu.

Que les mouvements des hommes soient en accord avec leur dignité ou leur vileté.

[ca. 1497]
C. A. 966 r.

Que ton œuvre soit conforme à ton propos et ton dessein ; c'est-à-dire quand tu fais ton personnage, considère avec soin qui il est et l'attitude que tu veux lui donner.

Pour produire un effet similaire dans la peinture d'un vieillard et d'un jeune homme, tu feras en sorte que l'action du jeune homme paraisse plus vigoureuse dans la mesure où il est plus puissant que le vieillard ; et tu marqueras la même différence entre le jeune homme et l'enfant.

Si tu dois représenter un homme déplaçant ou soulevant ou tirant ou portant un poids égal au sien, comment dois-tu disposer ses jambes sous son corps ?

[ca. 1507-1508]
C. A. 980 r. c

Les peintres se trompent souvent, qui représentent l'eau en y rendant visible ce que voit l'homme ; l'eau voit l'objet sous tel angle et l'homme le voit sous tel autre. Il arrive fréquemment que le peintre le regarde de haut en bas, et l'eau de bas en haut, et ainsi ce même objet est vu de face et par-derrière, du dessous et du dessus, car l'eau reflète son image d'une certaine façon et l'œil la perçoit d'une autre.

Nous qualifions de monstre qui a très grosse tête et les jambes courtes ; et aussi celui qui dans l'état de grande pauvreté se vêt de riches habits ; nous dirons qu'il est bien proportionné de celui dont les parties s'harmonisent avec l'ensemble. *[ca. 1513-1514] C. A. 1047 r.*

DES ERREURS DE JUGEMENT À PROPOS DES MEMBRES

Le peintre qui a des mains grossières en fait de pareilles dans ses œuvres, et ainsi de chaque membre, à moins qu'une longue étude ne le mette en garde. Observe donc avec soin, ô peintre, quelle partie de toi est la plus difforme et applique-toi à y remédier par l'étude. Es-tu bestial, tes figures le seront aussi, et dénuées de grâce, et semblablement toute propriété bonne ou mauvaise que tu as en toi se manifestera en partie dans tes personnages. *[ca. 1490] A, 23 r.*

Quand tu dessines un nu, aie soin de toujours faire le corps en entier ; puis termine le membre qui semble le mieux venu et étudie ses rapports avec les autres membres, sinon tu prendrais l'habitude de ne jamais bien les assembler. *[ca. 1490] A, 28 v.*

Garde-toi de jamais faire tourner la tête dans la même direction que le buste ; ni que le bras se meuve avec la jambe ; si la tête est tournée vers l'épaule droite, que toutes ses parties soient plus basses à gauche qu'à droite ; mais si tu fais saillir la poitrine et que la tête se tourne à gauche, les parties du côté droit devront être plus hautes qu'à gauche.

PEINTURE

Dans les mouvements et attitudes des figures, note comment les membres et leurs expressions varient ; car dans les mouvements des bras et des épaules, les omoplates modifient *[ca. 1513-1514] E, 3 r.*

grandement la position de l'épine dorsale ; et tu trouveras toutes les raisons de ceci dans mon traité d'anatomie.

DES OMBRES ET DES LUMIÈRES

Toi qui reproduis les œuvres de la nature, regarde les dimensions, degrés d'intensité et formes des ombres et lumières de chaque muscle et observe, dans le sens de la longueur du corps, vers quel muscle elles se dirigent suivant l'axe de leur ligne centrale.

•◆•

DU FOND DES FIGURES EN PEINTURE

[ca. 1513-1514] E, 4 r.

En toute composition comportant un sujet, le fond qui entoure les figures doit être plus sombre que leurs parties éclairées et plus clair que leurs parties à l'ombre.

•◆•

[ca. 1513-1514] E, 6 v.

La partie doit être proportionnée au tout ; si un homme est courtaud, il devra l'être en chacun de ses membres, c'est-à-dire il aura les bras trapus, de grandes mains, des doigts épais et brefs, avec des articulations du même caractère, et ainsi de suite. Je voudrais qu'il soit entendu que ceci s'applique à toutes les espèces d'animaux et de végétaux ; ainsi, lorsque tu diminues les parties, que ce soit en proportion de leur dimension ; de même pour agrandir.

COMMENT PEINDRE LE VENT

Pour figurer le vent, outre le fléchissement des branches et le rebroussement de leurs feuilles à son approche, tu représenteras les nuages de fine poussière mêlés à l'air troublé.

•◆•

EXIGENCES DE LA PEINTURE

[ca. 1513-1514] E, 79 v.

En peinture, l'essentiel est que les corps représentés apparaissent en relief, et que pour les scènes qui les entourent, les effets de distance s'accordent au plan du tableau, grâce aux trois divisions de la perspective : diminution dans la netteté des formes corporelles, diminution de leur grandeur, dégradation de leurs couleurs. De ces trois divisions de perspective, la première a son origine dans l'œil, les deux autres dérivent de l'air interposé entre l'œil et les objets qu'il regarde.

La seconde exigence de la peinture est que les actes soient appropriés et diversifiés selon les personnages, pour que les gens n'aient pas tous l'air d'être frères.

•◆•

DE LA DIVERSITÉ DES FIGURES

[ca. 1510-1516]
G, 5 v.

Le peintre doit s'efforcer d'être universel. C'est grand manque de dignité que de bien réussir une chose et mal une autre comme beaucoup qui n'étudient que les mesures et proportions du nu sans rechercher en quoi il varie : car un homme proportionné peut être gras et petit, ou long et mince, ou moyen. Qui ne tient pas compte de ces différences fera toujours ses figures comme en série ; elles auront toutes l'air de sœurs, et cette pratique mérite un blâme sévère.

DE L'ORDRE À SUIVRE POUR ACQUÉRIR CETTE UNIVERSALITÉ

Pour qui sait représenter l'homme, c'est chose aisée d'acquérir cette universalité, car tous les animaux terrestres se ressemblent par leurs membres, c'est-à-dire leurs muscles, nerfs et os, et ne diffèrent qu'en longueur ou grosseur, comme il sera montré en anatomie. Il y a aussi les bêtes aquatiques, dont il existe mainte espèce ; mais pour elles, je ne conseille pas au peintre d'avoir une règle fixe, car elles varient presque à l'infini, et de même en va-t-il du monde des insectes.

•◆•

FIGURATION D'UN DÉLUGE

[ca. 1510-1516]
G, 6 v.

L'air est obscurci à cause de la pluie épaisse qui tombant obliquement, rabattue par l'assaut transversal des vents, forme des ondes comme en fait la poussière, à la différence que cette inondation-ci est striée par les lignes des gouttes d'eau qui ruissellent. Sa couleur lui vient du feu engendré par la foudre qui lacère et déchire les nuages ; les éclairs frappent et fendent les vastes eaux des vallées inondées, dont les ouvertures révéleront en leurs profondeurs les cimes ployées des arbres. L'on montrera au milieu des eaux, Neptune avec son trident, Éole et ses vents qui enchevêtrent les arbustes déracinés et confondus au sein des ondes immenses.

L'horizon et le firmament tout entier sont troublés et embrasés par les flammes incessantes des éclairs. Hommes et oiseaux seront rassemblés sur les hauts arbres que n'a point encore atteints l'enflure des eaux et formeront des monticules autour des vastes gouffres.

L'ERREUR DE CEUX QUI PRATIQUENT SANS SCIENCE[1]

[ca. 1510-1516] G, 8 r.

Ceux qui sont férus de pratique sans posséder la science, sont comme le pilote qui s'embarquerait sans timon ni boussole, et ne saurait jamais avec certitude où il va.

La pratique doit toujours être fondée sur une solide connaissance de la théorie, à qui la perspective sert de guide et de porte ; et sans elle rien ne peut être bien fait, en aucun genre de peinture.

Lumière des extrémités inférieures des corps très rapprochés, comme dans une mêlée.

[ca. 1510-1516] G, 15 r.

Dans une bataille, les différentes parties des hommes et des chevaux seront d'autant plus obscures qu'elles sont plus rapprochées du sol ; les parois des puits nous l'enseignent, qui semblent plus sombres en raison de leur profondeur, parce que cette profondeur reçoit moins l'air lumineux que toute autre partie. Et le sol, quand il est de même couleur que les jambes de l'homme et des chevaux, paraît toujours plus éclairé sous des angles égaux, que ces jambes.

1. En marge du ms. : « Vois d'abord [l'*Ars*] *Poetica* d'Horace. »

COMMENT JUGER L'ŒUVRE D'UN PEINTRE

[ca. 1510-1516]
G, 19 r.

Tu considéreras d'abord si les figures ont le relief qu'exigent leur position et la lumière qui les éclaire, afin que les ombres ne soient point semblables aux extrémités et au centre de la composition ; car pour une figure, autre chose est d'être entourée par les ombres, autre chose de les recevoir de côté. Ces figures baignent dans l'ombre centrale du tableau, étant ombragées par les figures sombres interposées entre elles et la lumière ; celles qui sont entre la lumière et le groupe principal ne reçoivent l'ombre que d'un côté, car où la lumière ne les atteint pas elles regardent le groupe et reflètent l'ombre qu'il projette sur elles ; et là où elles ne sont pas face au groupe, elles reçoivent la lumière et réfléchissent son éclat.

Deuxièmement, considère si tes figures sont disposées et ordonnées en harmonie avec l'action que tu entends représenter.

Troisièmement, si les attitudes des personnages expriment bien leur dessein.

⁂

DE LA PEINTURE

[ca. 1510-1516]
G, 23 v.

En peinture, le fond des choses peintes a une très grande importance. Sur ce fond se détachera toujours le contour des corps naturels qui ont une courbure convexe, même si leur couleur est identique à celle du fond.

En effet, la lumière n'éclaire pas de même façon les limites des corps convexes et le fond, car souvent ces contours sont plus clairs ou plus foncés que lui.

Toutefois, s'ils sont de la couleur du fond, cette partie de la peinture gênera ta vision de la figure qu'ils cernent. Dès lors, les bons peintres doués de jugement, s'appliqueront à éviter pareille situation en peinture, eux qui veulent que les corps semblent détachés du fond, car en l'occurrence, le contraire se produit non seulement en peinture mais pour les objets en relief.

INDICES AUXQUELS ON RECONNAÎT SI UN ADOLESCENT A DES APTITUDES POUR LA PEINTURE

[ca. 1510-1516]
G, 25 r.

Nombreux sont ceux qui ont désir et amour du dessin mais point d'aptitudes ; et on peut l'observer chez les enfants s'ils manquent d'application et ne terminent jamais leur copie en y mettant les ombres.

Ce peintre n'est pas digne de louange, qui ne réussit qu'une chose : nu, tête, draperies, animaux, paysages, ou tout autre sujet particulier ; car il n'est esprit si obtus qui, s'étant consacré à un sujet exclusif et s'y étant toujours exercé, ne parvienne à y exceller.

[Figuration des choses en mouvement.]

[ca. 1510-1516]
G, 35 r.

De l'imitation des choses qui, bien qu'en mouvement, ne se montrent pas dans ce mouvement telles qu'elles sont en réalité.

Les gouttes de pluie, un dévidoir, la roue qui tourne, la pierre sous l'action de l'eau, les tisons qu'on brandit en cercles, ont un mouvement continu parmi des choses en mouvement discontinu.

DE TOUTES CHOSES, LES CONTOURS DES CORPS SONT LA PLUS PETITE

[ca. 1510-1516]
G, 37 r.

La vérité de cette proposition ressort du fait que le contour de la matière est une surface qui n'est ni une partie du corps qu'elle enveloppe, ni une partie de l'air qui entoure ce corps, mais le milieu interposé entre l'atmosphère et le corps, comme il fut démontré en son lieu.

Les limites latérales de ces corps sont constituées par la ligne de la surface, ligne d'une épaisseur invisible. Donc, ô peintre, ne cerne pas tes corps d'un trait, notamment les choses plus petites que nature, car non seulement elles ne peuvent montrer leurs contours latéraux, mais à distance, leurs parties même seront invisibles.

⁂

DE LA PEINTURE

Les lumières éclatantes ou le lustre d'un corps particulier ne seront pas au centre de la partie éclairée, mais ils se déplaceront aussi souvent que l'œil qui les regarde. *[ca. 1494] H, 90 (42) v.*

⁂

Mieux qu'en tout autre lieu ou exercice, les peintres ont une belle occasion d'observer les mouvements des joueurs au cours de leurs compétitions, en particulier ceux des joueurs de balle, de paume ou de mail. *[ca. 1497] I, 48 v.*

⁂

Ce sont les extrémités qui confèrent de la grâce à toutes choses ou les en privent. *[ca. 1497] I, 92 (44) v.*

⁂

Les hommes et les mots sont des faits[1] et toi, peintre, si tu ne sais exécuter tes figures, tu seras comme l'orateur qui ne sait se servir de ses mots. *[ca. 1506-1507] K, 110 (30) v.*

⁂

Pour agencer correctement les membres d'un nu en leurs positions et gestes, il importe que le peintre connaisse l'anatomie des nerfs, os, muscles et tendons, afin que sachant quel nerf ou muscle détermine tel ou tel mouvement, il ne montre proéminents et grossis que ceux-là et non le reste de la membrure, comme font de nombreux peintres qui pour sembler grands dessinateurs, représentent des nus si ligneux et disgracieux, qu'à les voir on les prendrait plutôt pour un sac de noix que pour une forme humaine, ou pour une botte de raves plutôt que des muscles de nu. *[ca. 1502-1504] L, 79 r.*

⁂

Pour tout ce que l'on voit, il faut considérer trois choses : la position de l'œil qui regarde, celle de l'objet vu et celle de la lumière qui l'éclaire. *[av. 1500] M, 80 r.*

1. Ms. : *fatti*.

•◆•

[Croquis.]

[ca. 1504-1506 ou ca. 1508-1510] B. M. 44 r.

Dans les derniers replis de la jointure des membres, tout ce qui est en relief forme un creux, et semblablement tout creux, dans ces mêmes replis, se change en une protubérance à l'endroit où l'extrémité du membre devient droite.

Qui n'a point connaissance de ceci commet souvent de grandes erreurs en comptant trop sur son habileté au lieu de prendre la nature pour modèle. Et la variation en question est plus accusée au milieu des flancs que par-devant et davantage par-derrière que sur les flancs.

•◆•

[ca. 1487-1490, et ca. 1493-1497] Forster III, 44 v.

Le peintre lutte et rivalise avec la nature.

•◆•

[Des draperies.]

[ca. 1510-1513] RL 19120 r. et 19121 r.

Variété des sujets. Draperies ténues, épaisses, neuves, usées, cassures et fronces des plis raides, douces, ombres plus ou moins obscures, avec ou sans reflets, distinctes ou confuses selon les distances et la diversité des couleurs ; vêtements conformes au rang – longs ou courts, souples ou raides, en accord avec les mouvements, entourant les corps de façon à former des courbes ou à flotter, les pans relevés ou tombants, selon les plis, plaquées aux pieds ou s'en écartant suivant que les jambes sont figurées au repos ou ployées, ou tordues ou rejointes ; épousant étroitement les jointures ou s'en écartant, selon les pas ou le mouvement, ou si le vent souffle.

Les plis correspondront à la qualité des draperies, transparentes ou opaques.

[Répétition : le plus grand défaut du peintre.]

Le plus grand défaut du peintre est de répéter les mêmes attitudes et expressions [...] dans un [...]

[Des draperies.]

Des vêtements légers des femmes marchant, courant et sautant et leur variété.

[Notes sur la peinture.]

Dans la « Peinture », fais un discours sur les vêtements et autres atours.

Et toi, peintre désireux d'accomplir de grandes choses, sache que si tu n'apprends d'abord à les bien faire et à les édifier sur de bonnes assises, ton œuvre t'apportera fort peu d'honneur et moins encore de gain ; mais si tu la fais bien, elle te vaudra grand honneur et sera très utile.

[ca. 1488]
RL 12604 r.

Si ta peinture figure une scène, fais deux points, l'un pour l'œil et l'autre pour la lumière ; et que le dernier soit aussi éloigné que possible.

[ca. 1508]
RL 19149 v.

Nature du mouvement de l'homme. Ne répète pas les mêmes attitudes dans les membres des hommes, à moins d'y être contraint par la nécessité que t'impose leur action.

D'UN DÉLUGE, ET SA FIGURATION EN PEINTURE

[ca. 1517-1518]
RL 12665 v.

On verra l'air sombre et nébuleux combattu par les vents contraires qui tourbillonnent en pluie incessante mêlée de grêle[1], où une infinité de branches arrachées s'enchevêtrent à des feuilles sans nombre. Alentour, on verra d'antiques arbres déracinés, que la fureur des rafales a mis en pièces. On verra des quartiers de montagne, déjà dénudés par les torrents impétueux, y crouler, engorger leurs vallées et faire monter le niveau des eaux captives dont le déferlement recouvre les vastes plaines et leurs habitants. En outre, sur mainte cime, on pourrait voir toutes sortes d'animaux terrifiés et réduits

1. Ms. : *gravza*. E. MacCurdy et le Dr Richter lisent : *gragnuola*. (*N.d.T.*)

à l'état domestique, ainsi que des hommes qui s'y sont réfugiés avec femmes et enfants. Les champs submergés montreront leurs ondes chargées de tables, couchettes, canots et autres radeaux improvisés tant par nécessité que par crainte de la mort ; dessus, hommes, femmes et enfants entassés, crient et se lamentent, épouvantés par la tornade furieuse qui roule les vagues, et avec elles, les cadavres des noyés ; pas un objet ne flotte sur l'eau, qui ne soit couvert d'animaux divers rapprochés par une trêve, peureusement blottis l'un contre l'autre – loups, renards, serpents et créatures de toutes espèces fuyant la mort. Les ondes heurtent leurs flancs et les flagellent à coups répétés avec les corps des noyés, et le choc achève ceux en qui palpite un dernier souffle.

Tu auras pu voir aussi quelques groupes d'hommes, l'arme à la main, défendre le petit refuge qui leur reste contre les lions, loups et bêtes de proie venus là chercher leur salut. Oh, quel tumulte effroyable résonne dans l'air obscurci, fouetté par la fureur du tonnerre et les éclairs fulgurants qui le traversent, porteurs de ruine, frappant tout ce qui s'opposait à sa course. Ô combien de gens tu aurais pu voir se boucher les oreilles avec leurs mains pour ne pas entendre l'immense grondement dont la violence des vents mêlés à la pluie, au tonnerre du ciel et à la fureur de la foudre, emplissait l'air obscurci. Certains, non contents de fermer les yeux, y posaient leurs mains, l'une sur l'autre, pour les mieux couvrir et les soustraire à la vue du carnage implacable auquel la colère de Dieu livre l'espèce humaine. Ô quels gémissements, combien qui, terrifiés, se jetaient du haut des rochers. Tu aurais pu voir les rameaux des chênes géants, chargés d'hommes, emportés dans l'air par l'impétuosité des vents. Combien de barques renversées gisaient, les unes tout entières, les autres en morceaux, au-dessus d'hommes qui se débattaient pour se sauver avec des mouvements et des gestes éplorés, pressentant l'affreuse mort. D'autres, pris de démence, se suicidaient, désespérant de pouvoir supporter pareille torture, les uns se jetaient du haut des récifs, d'autres s'étranglaient de leurs propres mains ; d'autres encore saisissant les enfants les abattaient d'un coup ; quelques-uns tournaient leurs armes contre eux-mêmes et se tuaient ; d'autres tombaient à genoux et se recommandaient à Dieu.

Ô que de mères, les bras au ciel, pleuraient leurs fils noyés qu'elles tenaient sur leurs genoux, et hurlaient des imprécations contre la colère des dieux. D'autres, les mains jointes et les doigts noués, se les rongeaient et les dévoraient avec des morsures sanglantes, la poitrine contre les genoux, ployées par une immense et intolérable douleur.

On voyait des troupeaux – chevaux, bœufs, chèvres, que l'eau déjà entourait, isolés sur les hauts sommets des monts, se serrer ensemble, et ceux du milieu grimper vers les cimes, foulant aux pieds les autres, et se battant sauvagement entre eux ; et plusieurs mouraient d'inanition.

Et déjà les oiseaux commençaient de se poser sur les hommes et les autres animaux, faute de trouver une parcelle de terre non submergée qui ne fût pas occupée par les vivants. Déjà la faim, servante de la mort, avait privé de vie de nombreux animaux. Et les cadavres devenus légers montaient du fond des eaux profondes, et émergeaient à la surface parmi les assauts des vagues ; ils s'entrechoquaient, et comme les balles pleines de vent rebondissent en arrière, eux retombaient sur les autres morts.

Et sur toutes ces malédictions, on voyait l'air chargé de sombres nuées que déchirait le serpentement de la foudre céleste en furie, fulgurant çà et là dans les ténèbres.

On voit le mouvement de l'air à la poussière que dans sa course soulève un cheval, et pour combler le vide laissé dans l'air qui contenait ce cheval, elle se meut aussi vite que celui-ci est prompt à fuir hors de cet air.

Mais peut-être me blâmeras-tu d'avoir représenté les divers parcours du vent dans l'air, puisque le vent par lui-même n'est pas visible ; à cela je réponds que l'on voit dans l'air, non le mouvement du vent mais celui des choses qu'il emporte et qui seules y sont visibles.

LES DIVISIONS

Ténèbres, vent, tempête en mer, déluge d'eau, forêts embrasées, pluie, foudre céleste, tremblement de terre, éboulement de montagnes, villes rasées.

Tourbillons de vent qui emportent en l'air l'eau, les branches des arbres et les hommes.

Branches arrachées par la tempête, broyées dans le choc des vents avec ceux qui se sont réfugiés dessus.

Arbres brisés chargés d'hommes.

Navires brisés en pièces battus contre les écueils.

Grêle, foudre, tourbillons de vent.

Troupeaux.

Gens accrochés aux arbres et qui ne peuvent s'y maintenir ; arbres et rochers, tours, collines couvertes de monde, barques, tables, huches et autres choses imaginées pour surnager, collines grouillantes d'hommes, de femmes et d'animaux, éclairs jaillis des nuages, qui illuminent la scène entière.

DESCRIPTION DU DÉLUGE

[ca. 1517-1518]
RL 12665 r.

Tout d'abord on figurera le sommet d'une âpre montagne avec quelques vallées à sa base ; sur ses flancs, l'écorce terrestre glisse avec les minces racines des petits arbrisseaux, laissant à nu une grande partie des rochers d'alentour ; dans un éboulement dévastateur, elle poursuivra sa course impétueuse, frappant et déchaussant les racines tordues et noueuses des grands arbres, qu'elle détruira en les renversant. Les montagnes dépouillées révéleront les profondes failles faites par les anciens tremblements de terre ; les débris des buissons précipités des versants des hautes cimes recouvriront et revêtiront en partie les pieds des monts, mêlés à la boue, aux racines, aux branches, aux feuilles confondues avec la vase, la terre et les pierres. Des quartiers de montagne tombés au creux des vallées forment une barrière à l'eau gonflée du fleuve, qui l'ayant aussitôt crevée, court en vagues impétueuses et va heurter et détruire les murs des cités et les habitations des vallées. Et des hauts édifices en ruine de ces villes, une grande poussière s'élève en forme de fumée ou en nuages sinueux, contre la pluie qui descend.

Mais les eaux enflées courent dans l'étang qui les contient, frappent en remous tourbillonnants les divers obstacles, sautent en l'air avec une écume fangeuse, puis retombent en faisant rejaillir l'eau percutée. L'élan des ondes circulaires qui fuient le lieu de la percussion les précipite en travers d'autres ondes circulaires mues en sens opposé ; et après le choc elles jaillissent en l'air sans se détacher de leur base.

Où l'eau émerge de l'étang, on voit les vagues défaites se répandre vers les issues ; puis tombant ou descendant à travers l'air, elles acquièrent pesanteur et impulsion ; elles pénètrent l'eau qu'elles frappent, la fendent et plongent furieusement jusqu'au fond ; puis elles reculent et rebondissent à la surface du lac, accompagnées par l'air englouti avec elles, et qui reste dans l'écume gluante[1] mêlée avec les bois à la dérive et autres choses plus légères que l'eau autour desquelles se reforment des ondes dont les cercles vont grandissant ; ainsi elles s'abaissent dans la mesure où leur base s'élargit en mourant et deviennent presque imperceptibles. Mais si les ondes rebondissent contre des obstacles, elles ressautent en arrière et s'opposent à l'approche des autres ondes, en suivant dans leur courbe le développement qu'elles avaient déjà acquis dans leur mouvement initial.

La pluie qui tombe des nuages est de la même couleur qu'eux en sa partie ombrée, sauf aux endroits que pénètrent les rayons du soleil ; et en ce cas elle semblera moins obscure que le nuage. Et si les vestiges des grands monts ou des vastes édifices, en tombant, ont frappé par masses puissantes les lacs immenses des eaux, une énorme quantité de liquide jaillira en l'air en sens contraire de la matière qui a frappé l'eau, c'est-à-dire que l'angle de réflexion sera égal à l'angle d'incidence.

Des choses flottant au fil du courant, celle-là sera plus distante des rives opposées, qui sera plus lourde ou de plus gros volume. Les tourbillons de l'eau tournoient d'autant plus vite qu'ils sont plus rapprochés de son centre. Les crêtes des vagues marines commencent à descendre à leur base et battent, en s'y frottant, les concavités de sa surface ; et l'eau soumise à cette friction, quand elle retombe en menues particules[2], se change en un épais brouillard et se mêle au cours des vents, telle une fumée onduleuse ou un nuage sinueux, puis enfin élevée en l'air, s'y mue en nuage. Mais à travers l'air, la pluie combattue et flagellée par les vents se fait rare ou dense selon leur rareté ou leur densité ; elle provoque une inondation des nuages transparents et devient visible grâce aux lignes que trace, en tombant, la pluie voisine de l'œil du spectateur[3]. Les ondes de la mer battent la base oblique des

1. La transcription du Dr Richter (paragraphe 609) est *vissci cholla*, et il lit « *nella uscita colla sciuma* ». Selon E. MacCurdy, le ms. porte *visscichosa* qu'il considère comme une variante de *vischiosa*. (*N.d.T.*)

2. Ms. : « *e ttal confreghatione trita in minute partichule la dissciente acqua.* »

3. Ms. : « *Ce pper quessto si gienera infrallaria una inondatione di trasspareti [nuvoli la quale effacta dalla predetta pioggia e in quessta si fa manifessta mediante i liniameti] fatti dal disscieso della pioggia che e vicina all occhio che la vede* ». Les

monts, courent[1], écumantes, à toute vitesse, vers leur sommet, et rencontrant sur le chemin du retour l'onde qui leur succède, en grand tumulte reviennent, flot puissant, vers la mer d'où elles partirent. De grandes multitudes d'hommes et d'animaux se voient refoulées par cette montée du déluge vers les cimes des monts avoisinant les eaux. Vagues de la mer à Piombino, toutes écumantes.

De l'eau qui jaillit [à l'endroit où les grandes masses tombent et frappent les eaux[2]], des vents de Piombino.

Tourbillons de vent et de pluie, avec branches et arbres mêlés à l'air.

Comment vider des embarcations l'eau de pluie.

---

mots entre crochets ne figurent pas sur le texte publié par le Dr Richter (paragraphe 609), mais sont rétablis dans l'édition MacCurdy. (*N.d.T.*)

1. Le Dr Richter lit *saranno* (pour ms. *sarrano*) mais le texte porte, selon E. MacCurdy, *scorrano*, vraisemblablement pour *scoronno*. (*N.d.T.*)

2. Passage biffé sur le ms.

XXX

COULEUR

« Fais la perspective des couleurs de façon qu'elle ne soit pas en désaccord avec la dimension de l'objet, c'est-à-dire que les couleurs perdent partiellement leur nature dans la proportion où les corps, à diverses distances, perdent de leur quantité naturelle. »

DES COULEURS

Des couleurs d'égale blancheur, celle-là semblera plus éclatante, qui se détache sur fond plus sombre ; et le noir paraîtra plus intense sur un fond plus blanc. *[ca. 1516] C. A. 505 v.*

Le rouge aussi sera plus vif sur un fond jaune et ainsi de toutes les couleurs opposées à celles qui contrastent le plus avec elles.

•◆•

Plus une chose est blanche, plus elle empruntera la teinte de l'objet éclairé ou lumineux. *[ca. 1490] C. A. 704 r. b*

•◆•

Mais à distance l'objet le plus sombre semblera le plus bleu. *[ca. 1508-1510] C. A. 831 r.*

•◆•

L'objet incolore emprunte soit en partie soit entièrement, la teinte de l'objet placé en face de lui ; l'expérience le démontre, car toute chose qui fait office de miroir prend la couleur de *[ca. 1490] A, 19 v.*

l'objet reflété. Si le corps qui se colore en partie est blanc, sa portion éclairée de rouge semblera rouge, et ainsi de toute couleur, claire ou obscure. Tout corps opaque incolore participe de la couleur de ce qui est en face de lui : exemple, un mur blanc.

COULEURS ET PARFUMS

[ca. 1487-1489] B, 3 v.

Note comment l'eau-de-vie[1] s'imprègne de toutes les couleurs et du parfum des fleurs ; veux-tu faire de l'azur, mets-y des bleuets puis des coquelicots.

[Des couleurs à distance.]

[ca. 1490-1491] C, 12 v.

La différence de couleur des corps très éloignés n'est discernable que dans les parties que frappent les rayons du soleil.

[ca. 1490-1491] C, 13 r.

Pour les couleurs des corps très éloignés, leurs parties ombreuses ne présentent pas de différence.

[ca. 1490-1491] C, 18 r.

La chose sombre semblera plus azurée si une plus grande quantité d'air lumineux s'interpose entre elle et l'œil, comme on le voit par la couleur du ciel.

[Discussion sur les couleurs des ombres.]

PEINTURE

[ca. 1490-1491] E, 18 r.

Dans l'ombre, les couleurs révèlent plus ou moins leur beauté naturelle, selon le degré de profondeur de l'ombre.

Mais dans un espace lumineux, elles paraîtront d'autant plus belles que la lumière est plus intense.

1. Ms. : *aqua vite.*

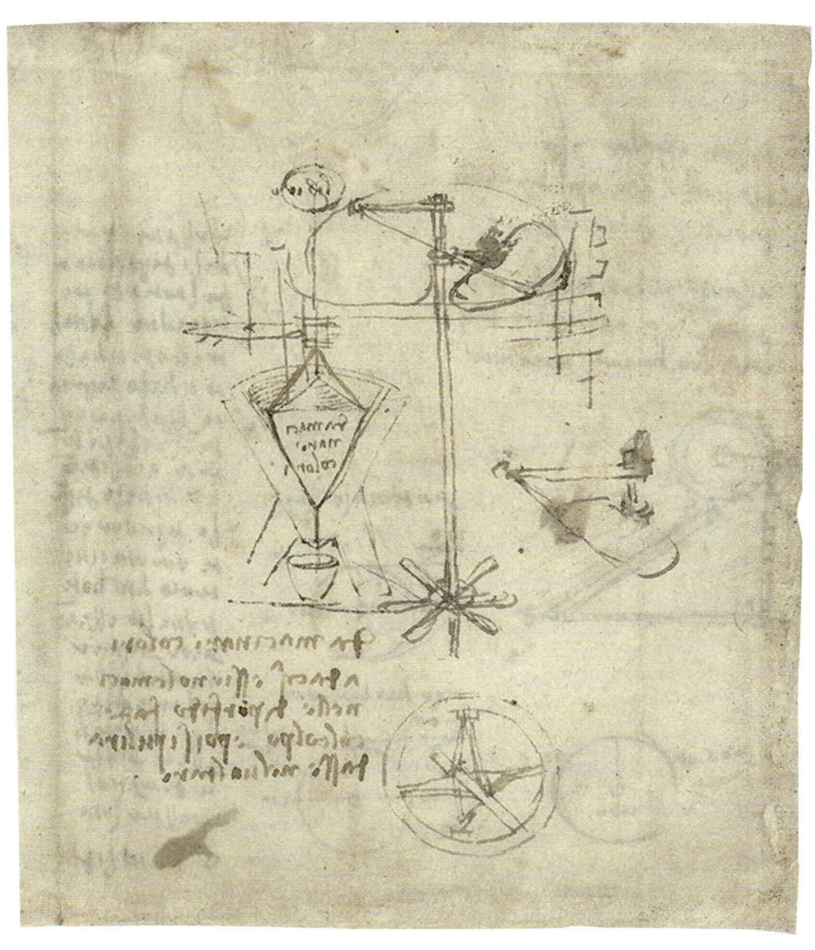

Moulin à broyer les couleurs (*C. A.* 765 r.).

Le contradicteur.

Les variétés de nuances des ombres sont aussi nombreuses que celles de la couleur des corps dans l'ombre.

Réponse.

Dans l'ombre, les couleurs paraîtront d'autant moins variées entre elles, que l'ombre où elles baignent est plus profonde. Ceux qui de l'extérieur regardent, par le porche, une église sombre, en auront la preuve, car les peintures y semblent tout enveloppées de ténèbres, malgré la diversité de leurs couleurs.

Donc, à une grande distance, toutes les ombres de couleurs différentes, apparaîtront également obscures.

Des corps vêtus de lumière et d'ombre, seule la partie éclairée révélera la couleur véritable.

[ca. 1508-1509] F, 23 r.

Ni le blanc ni le noir ne sont jamais transparents.

PEINTURE

[ca. 1508-1509] F, 75 r.

Le blanc n'est pas une couleur mais étant apte à les recevoir toutes, les ombres d'un objet blanc, vu en plein air, sont azurées ; et ceci est conforme à la quatrième [proposition], qui dit que la surface de tout corps opaque participe de la couleur des objets avoisinants. L'objet blanc étant privé de la lumière solaire par l'interposition d'un corps quelconque entre le soleil et lui, sa partie exposée au soleil et à l'air continuera à participer de la couleur du soleil et de l'atmosphère, et son autre partie, restée dans l'ombre, participera de la couleur de l'air seul.

Et si cet objet blanc ne reflète ni le vert des champs qui s'étendent jusqu'à l'horizon ni l'éclat de l'horizon qui lui fait face, de toute évidence il semblera d'une couleur aussi unie que l'atmosphère.

DE LA COULEUR ACCIDENTELLE DES ARBRES

Les couleurs accidentelles des feuillages sont quatre : ombre, lumière, lustre et transparence. *[ca. 1510-1516] G, 24 r.*

DE LA VISIBILITÉ DE CES COULEURS ACCIDENTELLES

Les parties accidentelles des feuilles vues à une grande distance, se confondront en un mélange où prédominera la couleur accidentelle de la plus grande.

•◆•

PEINTURE

La couleur de l'objet éclairé participe de la couleur du corps qui l'éclaire. *[ca. 1510-1516] G, 37 r.*

•◆•

La surface de tout corps emprunte un peu de la couleur du corps éclairant, et aussi de la couleur de l'air interposé entre l'œil et lui – c'est-à-dire, la teinte du milieu diaphane qui les sépare. *[ca. 1510-1516] G, 53 v.*

Parmi des couleurs de qualité identique, la seconde ne sera jamais de la même valeur que la première, attendu que la multiplication de la couleur du milieu s'interpose entre l'œil et l'objet.

•◆•

Des différentes couleurs autres que le bleu, la plus distante qui offre le plus d'analogie avec le bleu sera celle qui se rapprochera le plus du noir, et, inversement, la couleur qui ressemble le moins au noir sera celle qui, de loin, conserve le plus sa teinte naturelle. *[ca. 1502-1504] L, 75 v.*

Ainsi, le vert des paysages se muera en bleu plus que le jaune ou le blanc, et inversement le jaune et le blanc subiront moins de changements que le vert, et le rouge moins encore.

•◆•

L'ombre de la chair doit être de terre vert brûlé. *[ca. 1502-1504] L, 92 r.*

•◆•

[ca. 1517-1518]
B. M. 211 v.

L'image que réfléchit le miroir participe de la couleur de ce miroir.

[ca. 1487-1490,
et ca. 1493-1497]
Forster III, 74 v.

La surface de tout corps obscur participe de la couleur du corps placé en face d'elle.

[ca. 1487-1490,
et ca. 1493-1497]
Forster III, 75 r.

La surface de tout corps opaque participe de la couleur des corps qui lui sont opposés.

PEINTURE

[Couleurs apparentes de la fumée à l'horizon.]

[ca. 1512-1513]
RL 19109 r.

Une fumée dense est blanche au-dessous de l'horizon et sombre au-dessus ; et encore qu'elle ait en soi une couleur égale, cette égalité apparaît différente, à cause de la différence du champ où elle se trouve.

[Couleur de la flamme.]

[ca. 1508-1510]
RL 19115 r.

En s'étendant, la partie supérieure de la flamme jaunit, tourne au safran puis finit en fumée.

PEINTURE

[ca. 1506-1510]
RL 19141 r.

La surface de tout corps opaque participe de la couleur de l'objet. La surface du corps opaque est d'autant plus influencée par la couleur de l'objet, que les rayons des images de ces objets les frappent à angles plus droits.

La surface des corps opaques est d'autant plus influencée par la couleur de l'objet, qu'elle est plus blanche, et l'objet d'une couleur plus lumineuse ou éclairée.

SI C'EST LE SOLEIL QUI CRÉE LES COULEURS DE L'ARC-EN-CIEL

[ca. 1508] RL 19150 r.

Les couleurs de l'arc-en-ciel ne sont pas créées par le soleil, attendu qu'elles peuvent naître sans lui, de diverses façons, comme il arrive quand tu tiens près de ton œil un verre d'eau où apparaissent ces petites bulles que l'on voit habituellement dans le verre mal raffiné. Ces bulles, bien que n'étant pas au soleil, présenteront d'un côté toutes les couleurs du prisme ; tu verras cela si tu places le verre entre l'air et ton œil, de façon qu'il touche ce dernier, un côté du verre étant exposé à la lumière de l'air et l'autre à l'ombre du mur – peu importe que ce soit à la droite ou à la gauche de la fenêtre. Ainsi, en faisant tourner le verre, tu y verras les susdites couleurs tout autour de ces bulles. Et nous parlerons d'autres méthodes, en leur lieu.

COMMENT L'ŒIL NE PREND POINT PART À LA CRÉATION DES COULEURS DU PRISME

De l'expérience décrite ci-dessus, il résulterait que l'œil participe quelque peu à la création des couleurs du prisme, car c'est par l'intermédiaire de l'œil que les bulles du verre apparaissent. Mais si tu places ce verre d'eau au niveau de la fenêtre, de façon que les rayons du soleil le frappent du côté opposé, tu verras ces couleurs dans la tache lumineuse des rayons qui après avoir traversé le verre d'eau, aboutissent au sol, en un point obscur, devant la fenêtre ; et comme ici l'œil n'entre pas en jeu, nous pouvons dire avec certitude que ces couleurs ne dérivent aucunement de lui.

COLORATION DU PLUMAGE DE CERTAINS OISEAUX

Chez beaucoup d'oiseaux, en diverses contrées du monde, les couleurs les plus éclatantes apparaissent dans leurs plumes pendant leurs mouvements, comme chez nous les plumes de paon, ou le col des canards ou des pigeons.

En outre [nous constatons] sur le verre ancien qu'on trouve sous terre, et aux racines des raves longtemps conservées au fond d'un puits ou dans quelque autre eau stagnante, que chacune de ces racines est cernée d'une gamme de couleurs semblables à celles de l'arc-en-ciel. Ce phénomène apparaît également quand une substance huileuse se répand sur l'eau ; et aussi dans les rayons solaires que reflète la surface du diamant ou du béryl. Dans les facettes du béryl, tout objet sombre qui a pour fond soit l'atmosphère, soit un autre corps clair, se trouve environné de cette gamme de couleurs qui s'interpose entre l'air et lui ; et ainsi de bien d'autres façons, que je néglige parce que celles-ci suffisent à mon présent propos.

XXXI

PAYSAGE

« Décris des paysages avec le vent et l'eau, au lever et au coucher du soleil. »

Dans les intervalles de la pluie on voit la rougeur du soleil, c'est-à-dire des nuages qui sont entre lui et la pluie. *[ca. 1495-1497, et ca. 1513-1514] C. A. 107 r.*

Les ondes interposées entre la pluie et l'œil ne révèlent jamais à l'œil l'obscurité de cette pluie, attendu que latéralement l'onde ne voit pas la pluie, non plus qu'elle n'en est vue.

Et les nuages sont d'un pourpre sombre.

•◆•

Des choses vues à travers la brume, la partie la plus rapprochée des extrémités sera moins visible, et d'autant moins qu'elles seront plus lointaines. *[ca. 1517-1518] C. A. 208 r.*

•◆•

D'une ville que surplombe une montagne, la poussière s'élève en affectant la forme d'un nuage, et sa couleur varie selon l'irisation des nuages. Où la pluie est plus épaisse, la couleur de la poussière est moins distincte ; où la poussière est plus dense, la pluie semble moins visible ; et où la pluie se mêle au vent et à la poussière, les nuages qu'elle engendre sont plus transparents que ceux de la poussière. *[ca. 1515-1516] C. A. 215 r.*

Quand les flammes du feu se confondent avec les nuages de la fumée et de la vapeur, il en résulte des nuages sombres et très épais.

Le reste de ce discours sera clairement exposé dans le livre de la peinture.

[Dessin.]

Les arbres que les vents flagellent dans leur course s'inclinent vers la direction du vent, et après son passage ils se ploient en un mouvement contraire, c'est-à-dire réfléchi.

La grande fureur du vent que chassent les avalanches des montagnes surplombant des cavernes béantes, en déplaçant les éboulements montagneux qui formèrent un couvercle à ces cavernes.

⁂

[ca. 1515-1516]
C. A. 266 v.

Quand la pluie tombe de nuages morcelés, leurs ombres sur la terre se trouvent divisées par les parties du sol qu'éclaire le soleil.

DE L'ARC-EN-CIEL

Quand le soleil est plus bas, l'arc décrit un cercle plus grand ; et quand il est plus haut, le contraire se produit.

Le soleil est-il caché à l'occident derrière quelque nuage petit et épais, ce nuage se nimbera d'un éclat rougeâtre.

⁂

[ca. 1511-1513]
C. A. 359 v.

Pourquoi, à une grande distance, tours et campaniles, même s'ils sont de grosseur égale, sembleront des pyramides renversées.

Cela tient à ce que les parties inférieures de l'air étant denses et brumeuses, elles les voilent davantage ; et plus un corps est voilé, moins ses extrémités sont perceptibles ; et dès lors la perception de l'objet tend à se concentrer vers sa ligne médiane.

⁂

OÙ L'OMBRE EST MOINDRE QUE LA LUMIÈRE

[ca. 1490]
C. A. 430 r.

Dans une ville, si les intervalles qui séparent les habitations sont nettement perceptibles, alors que la brume flotte en contrebas, et si l'œil est au-dessus du niveau des maisons, les lignes de vision, à mesure qu'elles descendent dans l'espace qui sépare une maison de l'autre, plongent dans cette brume plus dense et par conséquent plus blanche du fait de son opacité ; et si une habitation dépasse, sa réalité apparaîtra davantage dans l'air plus subtil ; voilà pourquoi elle est d'autant plus indistincte qu'elle est moins[1] élevée.

•◆•

Ceci résulte des nuages interposés entre la terre et le soleil ; car à l'occident, il [le soleil] s'empourpre et illumine d'une vapeur rougeâtre toutes les choses qu'il regarde ; mais d'autant plus ou d'autant moins qu'elles sont plus ou moins proches. *[ca. 1508-1510] C. A. 450 r. b*

•◆•

À la pointe du jour, au midi, l'atmosphère près de l'horizon s'embrume faiblement de nuages couleur de rose ; vers l'occident elle se fonce, et à l'orient, la vapeur humide de l'horizon le surpasse en éclat ; la blancheur des maisons au levant se distingue à peine, alors qu'au sud, plus elles sont lointaines, plus elles virent au rose foncé, et davantage encore vers l'occident ; il en va inversement pour les ombres, que la blancheur efface. *[ca. 1508] C. A. 480 r. a*

[...] à l'orient, et les arbres sont plus visibles à leur faîte qu'à leur pied, l'atmosphère étant plus épaisse vers le bas ; et leur structure se fait plus imprécise à partir d'une certaine hauteur.

Au midi, les arbres se distinguent à peine, à cause de la vapeur qui s'obscurcit à l'occident et s'éclaircit à l'orient.

•◆•

DU PAYSAGE PEINT EN PLEIN AIR

Si entre l'œil et l'horizon intervient le versant d'une colline infléchie vers l'œil et que celui-ci se trouve à mi-hauteur environ de la pente, la colline s'obscurcira à chaque degré de sa hauteur. On le démontre par la septième [proposition] de ce discours, qui dit : « cette plante semblera plus foncée que l'on voit davantage par-dessous ». La proposition se trouve donc confirmée, car du centre à sa base la colline présente toutes les parties de ses végétaux éclairées par la clarté du ciel dans la mesure où la partie ombreuse se trouve assombrie par l'obscurité de la terre. *[ca. 1516] C. A. 505 v.*

1. Ms. : *più*.

Vue d'un paysage de l'Arno, 5 août 1473 (Florence, Galerie des Offices).

Voilà pourquoi ces arbustes seront modérément obscurs et à partir de ce point jusque vers la base des collines, ils éclaircissent en vertu de la réciproque de la septième proposition où il est prouvé que plus les végétaux se rapprochent de la cime des monts, plus ils s'obscurcissent. Cette obscurité n'est donc pas proportionnée à la distance, conformément à la huitième proposition qui dit : la chose qui est dans un air plus subtil apparaîtra plus sombre ; et à la dixième : celle-là semblera plus sombre qui confine au fond plus clair.

DES VILLES OU ÉDIFICES VERS LE SOIR OU LE MATIN, DANS LE BROUILLARD

[ca. 1513-1514] E, 3 v.

Les édifices vus de très loin, le soir ou le matin, à travers la brume ou une atmosphère dense, n'ont d'autres parties éclairées que celles qu'atteint le soleil à l'horizon ; et les parties qui ne voient pas le soleil conservent la nuance imprécise et neutre de la brume.

Pourquoi, à distance, les choses les plus hautes sont plus obscures que les plus basses, même si la brume est d'épaisseur uniforme.

Des choses dans la brume ou dans une atmosphère dense due à la vapeur, à la fumée ou à la distance, la plus élevée sera plus visible ; et parmi des choses d'égale hauteur, celle-là semblera la plus obscure qui se détache sur la brume la plus épaisse, comme il arrive quand l'œil *h* regardant *a b c*, tours d'égale hauteur, voit *c*, sommet de la première tour, en *r*, situé plus bas dans un brouillard d'une intensité de deux degrés, et le sommet de la tour centrale *b* à travers un degré : ce pourquoi le sommet *c* paraîtra plus sombre que celui de la tour *b*.

PEINTURE

[ca. 1513-1514] E, 19 r.

Les paysages d'hiver ne figureront pas les montagnes azurées comme en été, et ceci est démontré à la quatrième partie de ce [chapitre] où il est dit que parmi les montagnes très lointaines, celle-là semblera d'un bleu plus intense qui en soi est plus obscure ; car les arbres, dépouillés de leur frondaison prennent une teinte grise, et ils sont verts quand ils ont leur feuillage ; et dans la mesure où le vert est plus sombre que le gris, le vert semblera d'un bleu plus intense.

Conformément à la cinquième partie de ce [chapitre] les ombres des arbres feuillus sont plus obscures que celles des arbres dénudés, dans la mesure où les feuillus sont plus denses que les autres ; et ainsi nous aurons démontré notre propos.

La définition du bleu de l'atmosphère explique pourquoi les paysages sont d'un azur plus profond l'été que l'hiver.

Dans un paysage, les ombres ne semblent pas occuper les mêmes positions, suivant qu'elles sont produites par les arbres de droite ou par ceux de gauche – en particulier quand le soleil se trouve à droite ou à gauche. On le démontre par la quatrième où il est dit : « les corps opaques situés entre la lumière et l'œil sembleront entièrement dans l'ombre » ; et par la cinquième : « l'œil interposé entre la lumière et le corps opaque voit celui-ci entièrement éclairé » ; et par la sixième : « quand l'œil et le corps opaque sont entre les ténèbres et la lumière, le corps sera vu mi-partie dans l'ombre et mi-partie dans la lumière ».

DE L'ATMOSPHÈRE QUI S'INTERPOSE ENTRE L'ŒIL ET L'OBJET VISIBLE

[ca. 1513-1514]
E, 79 v.

À distance égale, l'objet apparaîtra avec une visibilité plus ou moins grande selon qu'est plus ou moins limpide l'atmosphère qui s'interpose entre l'œil et lui.

Donc, comme tu peux concevoir que la plus ou moins grande quantité d'air interposée entre l'objet et l'œil fait qu'à celui-ci les contours semblent plus ou moins imprécis, tu figureras graduellement la perte de netteté de ces corps à proportion de la distance qui les sépare de l'œil du spectateur.

[ca. 1508-1509]
F, 18 r.

La fumée du bois sec semble azurée lorsqu'elle s'exhale entre l'œil de l'observateur et un fond sombre.

Aussi l'atmosphère semble-t-elle bleue à cause des ténèbres qui sont au-delà, et si tu regardes vers l'horizon, tu verras que l'air n'est pas bleu – et ceci tient à sa densité. Et si de l'horizon tu élèves les yeux vers le ciel, l'atmosphère semblera s'obscurcir à mesure, attendu qu'une moindre quantité d'air s'interposera entre tes yeux et les ténèbres.

Si tu es sur un sommet élevé, l'atmosphère au-dessus de toi

te semblera d'autant plus sombre qu'elle se raréfie entre toi et lesdites ténèbres ; et ainsi de suite à chaque degré successif de hauteur, si bien qu'à la fin elle reste ténébreuse.

La fumée paraîtra plus bleue, qui provient du bois le plus sec et qui est plus rapprochée de sa cause, et si elle est vue sur un fond plus obscur, avec la lumière du soleil sur elle.

*

[ca. 1508-1509]
F, 88 r.

La fumée qui pénètre à travers l'air ne s'y mélange pas si elle est épaisse et qu'elle sort d'une grande flamme alimentée par du bois humide ; mais elle semble plus dense en sa partie supérieure qu'au milieu, surtout par temps froid ; la faible lueur qui a pénétré l'air est toujours chaude et va diminuant ; et de la poussière qui passe dans l'air, la plus ténue monte le plus haut.

*

[ca. 1510-1516]
G, 3 r. et 2 v.

Encore que la plupart des feuilles de surface lisse soient colorées identiquement à l'endroit et à l'envers, la partie exposée à l'air participe de la couleur de l'air d'autant plus que l'œil est plus rapproché de cette partie et la voit davantage en raccourci. Et invariablement, les ombres sembleront plus obscures à l'endroit qu'à l'envers, à cause du contraste de la vive lumière avec l'ombre. Le dessous de la feuille, encore qu'il puisse être de même nuance que l'endroit, semble plus bellement coloré, d'un vert tirant sur le jaune ; et ceci se produit quand la feuille est placée entre l'œil et la lumière qui l'éclaire du côté opposé. Ses ombres aussi sont dispersées comme celles de l'autre côté.

Donc, ô peintre, quand tu fais les arbres de près, souviens-toi, si ton œil est un peu au-dessous du niveau de l'arbre, que certaines feuilles t'apparaîtront à l'endroit, d'autres à l'envers, et les parties à l'endroit seront d'autant plus bleues que tu les verras en raccourci ; et la même feuille présentera tantôt une partie de l'endroit et tantôt une partie de l'envers ; fais-la donc de deux tons.

*

[ca. 1510-1516]
G, 4 r.

Quand un feuillage est vu derrière un autre, son lustre et sa transparence apparaissent plus fortement que ceux des feuilles à contre-jour.

Et si le soleil éclaire les feuilles sans qu'elles soient interposées entre lui et l'œil, et sans que l'œil soit en face du soleil, le lustre et la transparence des feuilles auront grande puissance.

Il est fort bon de faire quelques branches basses qui soient obscures et servent de fond aux feuillages éclairés à une certaine distance.

Des feuillages plus sombres vus par-dessous, la partie la plus obscure sera celle qui est plus proche de l'œil, c'est-à-dire plus éloignée de l'atmosphère lumineuse.

•◆•

[ca. 1510-1516]
G, 4 v.

Ne représente jamais les feuilles quand elles sont transparentes au soleil, car elles sont toujours indistinctes ; en effet, la transparence de l'une est affectée par l'ombre de l'autre qui est au-dessus, et cette ombre a des contours définis, une densité déterminée. Parfois, c'est la moitié ou le tiers de la feuille qui se trouve dans l'ombre, et, en ce cas, sa structure est imprécise et on évitera de la reproduire.

Les rameaux supérieurs de branches latérales se tiennent plus près de la branche mère que ceux du bas.

La feuille est moins transparente, qui reçoit la lumière sous un angle plus aigu.

•◆•

DES PLANTES AGRESTES

[ca. 1510-1516]
G, 9 v.

Quant aux plantes ombragées par les arbres qui poussent entre elles, la tige de celles qui sont devant l'ombre se détache en lumière sur le fond ombreux ; et les arbustes dans l'ombre ont une tige obscure sur champ clair, c'est-à-dire un champ situé au-delà de l'ombre.

DES ARBRES QUI SONT ENTRE L'ŒIL ET LA LUMIÈRE

Des arbres qui sont entre l'œil et la lumière, la partie de devant sera claire et cet éclat sera diversifié par la ramification des feuilles transparentes vues par-dessous, avec les feuilles luisantes vues à l'endroit ; à l'arrière-plan comme dessous et derrière, le feuillage sera obscur, étant ombragé par la partie antérieure de l'arbre ; et ceci se produit pour les arbres qui se trouvent plus haut que l'œil.

•◆•

DES FEUILLES OBSCURES DEVANT LES TRANSPARENTES

Quand les feuilles s'interposent entre la lumière et l'œil, la plus rapprochée de l'œil sera la plus sombre, et la plus distante la plus claire, à moins d'être regardées à contre-jour ; ceci se produit pour les feuilles qui se trouvent en delà du milieu de l'arbre, c'est-à-dire vers la lumière. *[ca. 1510-1516] G, 10 v.*

DES ARBRES ET LEUR ÉCLAIRAGE

La vraie méthode de figurer des scènes rustiques ou, dirais-je, des paysages avec leur végétation, consiste à choisir le moment où le soleil étant caché au ciel, les champs reçoivent une clarté universelle et non la lumière directe du soleil qui fait des ombres tranchées en grande opposition avec les lumières. *[ca. 1510-1516] G, 11 v.*

OMBRES DES VÉGÉTAUX

Les ombres végétales s'apparentent toujours au bleu et il en va ainsi de l'ombre de toutes choses, d'autant plus qu'elles sont plus éloignées de l'œil et d'autant moins qu'elles en sont plus rapprochées. *[ca. 1510-1516] G, 15 r.*

Les feuilles qui reflètent le bleu de l'atmosphère se présentent toujours latéralement à l'œil.

DES PARTIES ÉCLAIRÉES DE LA VÉGÉTATION ET DES MONTAGNES

La partie éclairée montrera davantage sa couleur naturelle à grande distance, quand l'éclaire une lumière puissante.

OMBRES ET LUMIÈRES SUR LES VILLES

Quand le soleil est à l'orient et que le regard tombe de haut sur une ville, l'œil voit la partie méridionale de la ville avec ses toits à moitié dans l'ombre et à moitié en lumière, et de même pour la partie septentrionale ; mais à l'orient elle sera *[ca. 1510-1516] G, 19 v.*

tout entière dans l'ombre, et entièrement dans la lumière à l'occident.

COMMENT FIGURER LES PAYSAGES

Les paysages doivent être représentés de manière que les arbres soient en partie éclairés et en partie dans l'ombre ; mais il est préférable de les faire quand le soleil est couvert de nuages, car alors les arbres se trouvent éclairés par la lumière générale du ciel et l'ombre générale de la terre ; et leurs parties obscures le seront à proportion qu'elles seront plus près du milieu de l'arbre et de la terre.

•◆•

DES ARBRES AU MIDI

[ca. 1510-1516]
G, 20 v.

Quand le soleil est à l'orient, les arbres au midi et au septentrion se trouvent exposés autant à la lumière qu'à l'ombre ; mais la partie éclairée est plus grande dans la mesure où ils sont plus près de l'occident, et la quantité ombragée plus considérable dans la mesure où ils sont plus à l'orient.

DES PRAIRIES

Quand le soleil est au levant, les herbes des prés et les autres menus arbustes luisent du plus beau vert parce que le soleil les rend transparents. Il n'en va pas de même pour les prairies au ponant ; et dans celles du midi et du septentrion, le vert des herbages est modérément lustré.

•◆•

ASPECTS DU PAYSAGE

[ca. 1510-1516]
G, 21 r.

Quand le soleil est à l'orient, toutes les parties des arbres qu'il éclaire sont du plus magnifique vert ; les feuilles qu'il illumine dans une moitié de notre hémisphère – la moitié orientale – sont transparentes alors que dans l'hémisphère occidental la verdure prend une teinte sombre, et l'air moite et lourd, couleur de cendre obscure, n'y est point diaphane comme à l'orient où il resplendit d'autant plus qu'il recèle plus d'humidité.

À l'orient, les ombres de l'arbuste le recouvrent en grande

partie et elles sont d'autant plus obscures que l'arbre est touffu.

•◆•

DES ARBRES À L'ORIENT

[ca. 1510-1516]
G, 21 v.

Quand le soleil est à l'orient, les arbres qu'on y voit auront des ombres frangées de lumière, sauf près du sol, à moins que l'arbre n'ait été émondé l'année précédente ; les arbres au midi et au septentrion seront moitié à l'ombre et moitié à la lumière et plus ou moins ombreux ou éclairés, selon qu'ils seront plus ou moins à l'orient ou à l'occident.

Le fait que l'œil se trouve plus haut ou plus bas que les végétaux modifie leurs ombres et leurs lumières, attendu que l'œil qui regarde de haut voit l'arbre avec très peu d'ombres, et très ombreux s'il le considère de bas.

Autant de variétés de plantes, autant de nuances de vert.

•◆•

OMBRE DES ARBRES

[ca. 1510-1516]
G, 22 r.

Lorsque le soleil est à l'orient, les arbres, à l'occident, présenteront fort peu de relief et une gradation quasi imperceptible, à cause de l'atmosphère épaisse qui les sépare de l'œil, conformément à la septième [partie] de ce traité ; et ils sont privés d'ombre, car bien qu'il y en ait dans chaque partie de la ramure, les images d'ombre et de lumière qui parviennent à l'œil, confondues et mêlées, ne se peuvent discerner en raison de leur petitesse. Les plus vives lumières sont au milieu des arbres et les ombres à leurs extrémités, la démarcation étant indiquée par les ombres dans les intervalles compris entre ces arbres, quand la forêt est très dense ; et quand ils sont dispersés, leurs contours ne sont guère visibles.

•◆•

DES ARBRES À L'ORIENT

[ca. 1510-1516]
G, 22 v.

Quand le soleil est à l'orient, les arbres qu'on voit dans cette direction sont obscurs en leur milieu, et leurs bords éclairés.

DE LA FUMÉE DES VILLES

Quand le soleil est à l'orient, la fumée s'y voit mieux et plus nettement qu'à l'occident. Cela tient à deux causes : la première est que les rayons, en traversant les particules de fumée, les éclairent et les rendent visibles ; la seconde, que les toits des habitations qu'à cette heure on voit au levant, sont dans l'ombre parce que leur obliquité les empêche de recevoir la lumière ; de même pour la poussière, l'une et l'autre étant plus lumineuses à proportion de leur densité – laquelle est plus accusée vers le milieu.

FUMÉE ET POUSSIÈRE

[ca. 1510-1516] G, 23 r.

Quand le soleil est à l'orient, la fumée des villes n'est point visible à l'occident où les rayons du soleil ne la traversent pas non plus qu'elle ne se détache sur un fond sombre ; en effet, les toits des maisons présentent à l'œil leur côté tourné au soleil et sur ce champ lumineux la fumée ne serait guère perceptible. Mais dans ces mêmes conditions, la poussière paraîtra plus obscure, étant de substance plus épaisse que la fumée, faite de vapeur.

[Des arbres pénétrés par l'air.]

DES ESPACES PARMI LES ARBRES

[ca. 1510-1516] G, 25 v.

La partie de l'air qui s'interpose entre les corps des arbres ainsi que les espaces d'air qui les séparent à grande distance ne se révèlent pas à l'œil, car où un effort est requis pour discerner l'ensemble, il est malaisé de distinguer les parties. Leur mélange confus présente les caractères de la masse principale. Les interstices de l'arbre se composant de particules d'air éclairé et étant bien plus petits que l'arbre, on les perd de vue beaucoup plus vite que celui-ci ; mais il ne s'ensuit point qu'ils n'existent pas. Dès lors, l'air et l'obscurité de l'arbre ombragé se mélangent et flottent de concert à la rencontre de l'œil du spectateur.

DES ARBRES QUI MASQUENT L'UN À L'AUTRE CES ESPACES AJOURÉS

Cette partie de l'arbre présentera le moins d'interstices, qui a par-derrière, entre elle et l'air, la plus grande masse d'un autre arbre. Ainsi, avec l'arbre *a*, les interstices ne sont pas masqués, non plus qu'en *b*, parce qu'il n'y a pas d'arbre par-derrière.

Mais *c* n'a de percée qu'en une de ses moitiés, étant masqué par l'arbre *d* ; et une partie de l'arbre *d* par l'arbre *e* ; et un peu au-delà de celui-ci, tous les interstices, dans le pourtour des arbres, se perdent, et seuls subsistent ceux des côtés.

DES ARBRES

[Croquis d'une rangée d'arbres vus en perspective, a b c.]

Quel contour les arbres présentent-ils au lointain quand ils se détachent sur l'air qui leur sert d'écran. Les contours de leur structure se rapprochent de la forme sphérique dans la mesure où ils sont plus éloignés et leur sphéricité diminue à proportion de leur proximité. *[ca. 1510-1516] G, 26 v.*

Ainsi le premier arbre *a* étant près de l'œil, montre la forme exacte de sa ramure qui, un peu moins visible en *b*, disparaît en *c* où non seulement aucune branche ne se voit plus, mais où l'arbre entier ne se peut distinguer qu'avec grande difficulté.

Tout objet dans l'ombre – quelle que soit sa forme – semblera sphérique s'il est très lointain ; les angles d'un objet rectangulaire deviennent invisibles à une petite distance ; vu d'un peu plus loin, il perd de ses côtés moindres plus qu'il n'en conserve et ainsi, ses parties s'effacent avant son tout, attendu que la partie est inférieure au tout.

Il en va de même avec un homme dans des conditions analogues : tu perds de vue ses jambes, ses bras et sa tête, avant son tronc ; puis ses extrémités disparaissent en longueur avant de s'effacer en largeur et l'égalité établie entre la longueur et la largeur formerait un carré[1] si les angles subsistaient ; mais comme ils sont perdus, il ne reste qu'une sphère.

1. E. MacCurdy et le Dr Richter considèrent comme un carré une minuscule figure du texte. Ch. Ravaisson-Mollien lit *ci*. (*N.d.T.*)

Paysage et perspective. Dessin d'une rangée d'arbres (*G*, 26 v.).

•◆•

Dans ta représentation des arbres feuillus, applique-toi à ne pas répéter trop souvent la même nuance quand tu peins un arbre s'enlevant sur un autre de coloration identique ; mais varie-la en faisant le feuillage plus clair ou plus sombre, ou d'un vert plus vif. *[ca. 1510-1516] G, 27 v.*

•◆•

DE LA LUMIÈRE SUR LES FEUILLES SOMBRES

Les lumières sur les feuilles plus sombres s'apparentent davantage à la couleur de l'air qu'elles reflètent, attendu que l'éclat de la partie éclairée, mêlé à l'obscurité forme un ton azuré. Cet éclat procède du bleu de l'atmosphère reflété à la surface lisse des feuilles, renforçant ainsi la teinte bleuâtre que la lumière produit habituellement quand elle tombe sur des objets sombres. *[ca. 1510-1516] G, 28 v.*

DE LA LUMIÈRE SUR LES FEUILLES D'UN VERT JAUNÂTRE

Mais les feuilles d'un vert jaunâtre, quand elles reflètent l'atmosphère, n'engendrent pas un reflet qui tire sur le bleu. Tout objet vu dans un miroir empruntant partiellement la couleur de ce miroir, le bleu de l'atmosphère réfléchi sur le jaune de la feuille paraît vert, attendu que le mélange de bleu et de jaune forme un vert très brillant ; et le lustre sur les feuilles légères et jaunâtres sera d'un jaune verdâtre.

DES ARBRES ÉCLAIRÉS PAR LE SOLEIL OU PAR L'ATMOSPHÈRE

Les arbres au feuillage sombre, qu'éclairent le soleil et l'air, recevront d'un côté la lumière de l'air seul – et par conséquent participeront de sa teinte azurée –, et du côté opposé, ils recevront à la fois la clarté de l'air et du soleil ; et la partie illuminée par le soleil sera resplendissante.

•◆•

Si le poids de leurs fruits ne les fait fléchir, les extrémités des branches se tourneront autant que possible vers le ciel. *[ca. 1510-1516] G, 32 v.*

Vue de la vallée de l'Adda (*RL 12398* r.).

Les parties supérieures de leurs feuilles sont tournées vers le ciel afin de se nourrir de la rosée nocturne.

Le soleil donne esprit et vie aux plantes et la terre les nourrit d'humidité. À ce propos, j'ai essayé une fois de ne laisser à une courge qu'une petite racine et de la nourrir d'eau ; la courge conduisit à perfection tous les fruits qu'elle put produire et qui furent au nombre de soixante, de l'espèce allongée. Je m'appliquai diligemment à découvrir son foyer vital et m'aperçus que la rosée nocturne l'imprégnait abondamment, et par les attaches de ses grandes feuilles, elle nourrissait de la sorte la plante et son surgeon, ou plutôt les graines destinées à engendrer ses enfants.

La règle qui régit les feuilles nées sur les dernières branches de l'année, exige que sur les branches jumelles elles poussent en sens opposé, c'est-à-dire que les feuilles, dans leur prime jeunesse, se tournent vers la branche de façon que la sixième feuille du dessus pousse au-dessus de la sixième feuille d'en dessous. Et leur tournement s'opère de telle façon que lorsque l'une se penche vers sa compagne de droite, l'autre s'incline à gauche.

La feuille fait office de mamelle pour nourrir la branche ou le fruit qui doit pousser l'année suivante.

DES PAYSAGES

À grande distance, les couleurs ombreuses des montagnes se teintent d'un bleu plus beau et plus pur que les parties en lumière ; il s'ensuit que si le roc des montagnes est rougeâtre, ses parties lumineuses sont fauves, et plus il sera éclairé plus il conservera sa couleur naturelle.

[ca. 1497]
I, 48 r.

DE LA FUMÉE

La fumée entre dans l'air en forme d'onde, telle l'eau qui jaillit avec force à travers une autre eau.

[ca. 1497]
I, 106 (58) r.

Les roseaux sont à peine visibles en pleine lumière, mais ils se détachent nettement entre la lumière et l'ombre.

[ca. 1502-1504]
L, 87 r.

Sommets enneigés des Alpes vus depuis Milan, vers 1510 (*RL 12410* r.).

Pour représenter les paysages, choisis l'heure où le soleil est au méridien et tourne-toi vers l'occident ou l'orient, puis mets-toi à l'œuvre.

Si tu te tournes vers le septentrion, tout objet placé de ce côté sera dépourvu d'ombre, et singulièrement les plus rapprochés de l'ombre de ta tête ; et si tu te tournes vers le midi, tout objet de ce côté sera entièrement plongé dans l'ombre :

Tous les arbres orientés vers le soleil et qui se détachent sur le ciel seront obscurs, et les autres dont cette obscurité constitue le fond, seront noirs au milieu et plus clairs vers les extrémités.

CLASSIFICATION DES VÉGÉTAUX

Bas, élancés, minces, épais, c'est-à-dire feuillus, sombres, clairs, jaunes, rouges, les branches pointées vers le ciel, les branches pointées vers l'œil, les branches tournées vers le sol, le tronc blanc, ceux qui sont transparents à l'air, ceux qui ne le sont pas, ceux qui sont tassés, ceux qui sont espacés. *[ca. 1502-1504] L, 87 v.*

La ligne de l'égalité et celle de l'horizon ne font qu'un. *[av. 1500] M, 36 v.*

Les paysages sont d'un plus bel azur par beau temps, quand le soleil est au méridien, qu'en toute autre heure du jour, car l'atmosphère est libérée d'humidité ; les arbres alors sont beaux à leurs extrémités et les ombres obscures vers le milieu ; et plus loin, l'atmosphère qui te sépare d'eux semble plus belle si, au-delà, se trouve quelque matière plus obscure ; l'azur est donc d'une splendeur absolue. *[ca. 1506-1508, ou ca. 1508-1510] B. M. 113 v.*

Les choses vues du côté qu'éclaire le soleil ne te montreront point leurs ombres ; mais si tu es plus bas que le soleil tu verras ce qu'il ne voyait pas, et qui sera entièrement dans l'ombre.

Les feuilles des arbres entre toi et le soleil ont cinq nuances principales d'un vert magnifique et luisant, miroirs de l'atmosphère qui éclaire les objets invisibles au soleil, les parties ombreuses qui font face à la terre et aussi les plus obscures qu'environne autre chose que l'obscurité.

En plein air, les arbres placés entre toi et le soleil semblent beaucoup plus beaux que ceux que tu sépares du soleil ; en effet, ceux qui sont dans la même direction que le soleil montrent leurs feuilles transparentes à leur extrémité ; et les parties opaques, c'est-à-dire les pointes, sont luisantes ; les ombres, il est vrai, sont obscures car rien ne les masque.

Les arbres, quand tu te places entre eux et le soleil, t'apparaîtront sous leur couleur claire et naturelle, point très visible en soi. En outre, certaines lumières réfléchies, du fait qu'elles ne se détachent pas sur un fond contrastant violemment avec leur éclat, ne sont guère en évidence ; et si tu es à un niveau inférieur au leur, celles de leurs parties qui ne sont pas exposées au soleil pourront être visibles, et elles seront obscures.

DANS LE VENT

Mais si tu es du côté d'où souffle le vent, les arbres t'apparaîtront beaucoup plus clairs que vus des autres côtés ; en effet, le vent rebrousse leurs feuilles, toujours beaucoup plus pâles à l'envers qu'à l'endroit ; et elles seront particulièrement claires s'il souffle du côté où se trouve le soleil, et que tu lui tournes le dos.

[ca. 1506-1508, ou ca. 1508-1510] B. M. 114 r.

Tous les arbres qui se détachent sur le soleil sont obscurs vers leur milieu ; cette obscurité prendra la forme de l'arbre, s'il est à l'écart des autres.

Les ombres projetées par les arbres sur lesquels le soleil luit sont aussi obscures que celles du centre de l'arbre.

L'ombre des arbres ne forme jamais une masse inférieure à celle de l'arbre ; mais elle est d'autant plus grande que l'endroit où elle est projetée oblique davantage vers le centre de la terre.

L'ombre sera d'autant plus épaisse vers le milieu de l'arbre, qu'il aura moins de rameaux.

Toute branche reçoit le milieu de l'ombre de l'autre branche, et en conséquence, de l'arbre entier.

Toutes les ombres des branches ou des arbres ont un revêtement brillant du côté d'où vient la lumière. Cet éclat aura la forme de l'ombre et pourra s'étendre sur un mille, du côté éclairé par le soleil.

Si d'aventure un nuage projette une ombre sur quelque partie des collines, les arbres n'en seront affectés que dans les lointains ou les plaines ; car sur les collines, leurs branches sont plus grosses du fait qu'ils y grandissent moins, chaque année, qu'en plaine ; donc, s'ils sont naturellement obscurs et ombreux, les ombres des nuages ne les peuvent obscurcir ; les espaces interposés entre les arbres qui n'ont perdu aucune ombre, varient grandement de ton, en particulier les non verts, tels les cultures ou les parties de montagne ravagées, arides ou âpres.

À l'horizon, les arbres semblent de couleur identique, à moins d'être très rapprochés et pourvus d'un feuillage dru, comme le pin et autres semblables.

Lorsque les arbres t'apparaissent du côté que regarde le soleil, ils ont un éclat presque uniforme, et les ombres incluses en eux seront recouvertes par les feuilles illuminées qui s'interposent entre elles et ton œil.

Quand des arbres sont entre le soleil et l'œil, au-delà des ombres qui partent de leur centre, tu verras en transparence le vert des feuilles, mais cette transparence sera interrompue en maint endroit par les feuilles et rameaux ombreux placés entre toi et eux ; et dans les parties supérieures, elle s'accompagnera des nombreux reflets du feuillage.

⁂

[ca. 1506-1508, ou ca. 1508-1510] B. M. 114 v.

Lorsque le soleil est voilé de nuages, les objets ont un faible degré de visibilité, lumières et ombres des arbres et édifices offrant peu de différence, attendu qu'ils sont éclairés par la vastitude de l'atmosphère qui environne les choses de telle sorte que les ombres ne sont guère nombreuses ; et elles vont s'affaiblissant au point que leurs extrémités s'effacent dans la brume.

Les arbres des paysages ont différents tons de vert ; pour certains, sapins, pins, cyprès, lauriers, buis et autres semblables, il confine au noir ; d'autres comme le noyer et le poirier, la vigne et le jeune feuillage, se rapprochent du jaune ; d'autres tirent sur un jaune plus foncé – les marronniers, les chênes et similaires ; d'autres rougeoient à l'approche de l'automne, ce sont les sorbiers, les grenadiers, le pampre et les cerisiers ; d'autres tels les saules, oliviers, bambous et leurs semblables, ont tendance à devenir blancs.

⁂

DÉCRIS DES PAYSAGES AVEC LE VENT ET L'EAU, AU LEVER ET AU COUCHER DU SOLEIL

[ca. 1506-1508, ou ca. 1508-1510] B. M. 172 v.

Toutes les feuilles qui pendent vers le sol quand ploient les branches, se redressent au vent ; ici leur perspective est inversée, car si l'arbre se trouve entre toi et le côté d'où vient le vent, les pointes des feuilles tournées vers toi prennent leur position naturelle ; et celles qui sont à l'opposé et devraient avoir leurs pointes en sens contraire, les tourneront vers toi parce qu'elles sont renversées.

Les arbres d'un paysage ne se détachent pas nettement l'un de l'autre, car leurs parties éclairées confinant aux parties éclairées de ceux qui sont placés au-delà, la différence entre ombres et lumières est insensible.

Lorsque les nuages passent entre le soleil et l'œil, leurs masses arrondies sont frangées de clarté et foncées vers le centre ; ceci tient à ce que, dans leur partie supérieure, ces bords sont vus d'en haut par le soleil, tandis que tu les regardes d'en bas ; de même en va-t-il avec la position des branches. En outre, les nuages, comme les arbres, étant assez transparents, ont des parties claires et paraissent plus ténus vers leurs bords. Mais si l'œil se trouve entre le nuage et le soleil, le nuage offre une apparence contraire à la précédente, car ses masses rondes, cernées d'obscurité, sont claires vers le milieu. Cela tient à ce que tu regardes la partie qui fait face au soleil et que les bords, qui ont un certain degré de transparence, révèlent à l'œil la partie cachée au-delà d'eux ; or, n'étant point vue du soleil comme celles qui sont tournées vers lui, elle est nécessairement un peu plus sombre. Il se peut aussi que tu voies du dessous les détails de ces masses rondes alors que le soleil les voit du dessus ; et n'étant pas placées de façon à réfléchir son éclat comme dans l'exemple précédent, elles demeurent obscures.

Les nuages noirs, souvent visibles au-dessus de ceux qui sont clairs et illuminés par le soleil, reçoivent l'ombre des autres nuages interposés entre eux et lui.

Au surplus, les masses rondes des nuages opposés au soleil ont des bords obscurs parce qu'elles se silhouettent[1] sur fond clair ; pour vérifier ceci, observe le sommet d'un nuage, tu

1. Ms. : *canpegiano.*

le verras entièrement clair parce qu'il se découpe sur le bleu de l'air, plus foncé.

·◆·

DU MOUVEMENT

Je demande si les vrais mouvements des nuages se peuvent reconnaître au mouvement de leurs ombres et de même, au mouvement du soleil. *[ca. 1495-1497] Forster II, 46 r.*

·◆·

Quand l'eau est mouvante ou que sa surface se brise en vagues, le soleil y semble plus grand que sur une eau calme ; la lumière que reflètent les cordes du monocorde en offre un exemple. *[ca. 1492-1494] RL 12350*

·◆·

NUAGES, FUMÉE, POUSSIÈRES ET FLAMMES DU FOUR OU DU FOUR À CHAUX

Les rondeurs des nuages ne deviennent apparentes que dans les parties qui voient le soleil ; elles sont imperceptibles dans les parties à l'ombre. *[ca. 1517-1518] RL 12388*

Si le soleil est à l'orient, que les nuages se trouvent à l'occident et que l'œil soit placé entre le soleil et les nuages, les bords des rondeurs dont se composent ces nuages lui paraissent sombres et les portions que cernent ces obscurités deviennent claires. Cela tient à ce que les bords arrondis de ces nuages ont, au-dessus et autour d'eux, le ciel qui s'y mire.

Les parties ombreuses du nuage ou de l'arbre ne présentent aucune rotondité.

·◆·

Les ombres des nuages sont d'autant plus claires qu'elles se rapprochent de l'horizon. *[ca. 1518] RL 12391*

·◆·

La partie de l'arbre qui se détache sur un fond d'ombre est d'une seule tonalité ; et celle où les arbres ou les branches sont plus touffus est plus obscure, car l'air y pénètre moins. Mais à l'endroit où les branches s'enlèvent sur un fond *[ca. 1517-1518] RL 12341 v.*

d'autres branches, les parties lumineuses ont plus d'éclat et les feuilles luisent davantage, à cause du soleil qui les éclaire.

⁂

PEINTURE

[ca. 1512-1513]
RL 19109 r.

La fumée dense semble blanche au-dessous de l'horizon et obscure au-dessus ; et bien qu'elle ait une teinte uniforme en soi, son uniformité semblera varier selon l'espace où elle se trouve.

XXXII

OMBRE ET LUMIÈRE

« Aucune substance ne saurait se concevoir sans lumière ni ombre. Lueur et ombre sont issues de la lumière. »

Cet endroit est plus ombreux où converge une plus grande quantité de rayons ombreux. *[ca. 1490] C. A. 85 v. b*

Cet endroit est le plus obscur, que les rayons ombreux frappent plus obliquement.

Cet endroit sera plus lumineux, qui réfléchit le plus de rayons lumineux.

⁂

La lumière est ce qui bannit les ténèbres. L'ombre est la suppression de la lumière. *[ca. 1498 ou ca. 1495-1497] C. A. 320 r.*

La lumière primitive est la cause qui éclaire le corps ombreux.

Les lumières dérivées sont ces parties des corps qu'éclaire la lumière primitive.

L'ombre primitive est le côté du corps que la lumière ne frappe point.

L'ombre dérivée est simplement le choc des rayons ombreux.

Tout corps qui engendre un concours de rayons emplit l'air ambiant d'une infinité de ses images.

Le concours ombreux et lumineux est cette masse de rayons qui émanent d'un corps ombreux et lumineux et parcourent l'air sans frapper.

La percussion ombreuse ou lumineuse est celle qui entrave et brise au-dessus d'elle-même, le concours des rayons ombreux et lumineux.

⁂

[ca. 1490-1492]
C. A. 346 r.

L'ombre des corps diaphanes et sphériques est plus obscure au sommet qu'en la partie concave, et davantage dans l'obscurité de l'ombre dérivée du corps sphérique.

Tout objet qu'on voit est entouré d'objets secondaires, et par là connu, et plus le second objet est éloigné du premier, plus celui-ci le masquera à l'œil.

⁂

[ca. 1490-1492]
C. A. 348 r.

Parmi les choses également obscures, situées à une même et considérable distance, celle qui est le plus haut au-dessus du sol semblera plus sombre.

Les contours d'une ombre dérivée seront d'autant plus distincts qu'elle est plus proche de l'ombre originelle.

Le corps ombreux paraîtra plus petit s'il est environné d'un champ lumineux, et le corps lumineux semblera plus grand s'il se détache sur un fond plus sombre, comme on voit aux sommets des édifices la nuit, quand les éclairs jaillissent derrière eux. Instantanément, dans la fulguration de l'éclair, l'édifice semble perdre une partie de sa hauteur.

Il en résulte que ces édifices semblent plus grands dans le brouillard ou la nuit, que quand l'air est limpide et éclairé.

⁂

[ca. 1490]
C. A. 391 v.

La largeur et la longueur de l'ombre et de la lumière, bien que vues en raccourci elles semblent subir une diminution quantitative, ne subiront aucune diminution qualitative sous le rapport de l'éclat ou de l'obscurité.

⁂

[ca. 1500-1503]
C. A. 404 r.

Toutes les parties éclairées d'un corps qui voit la circonférence entière du corps lumineux, différeront d'autant plus en éclat, l'une de l'autre, qu'elles sont plus proches du foyer lumineux.

⁂

[ca. 1490-1493]
C. A. 490 r.

L'atmosphère en soi est apte à recueillir instantanément et à laisser derrière elle chaque image ou ressemblance de tout corps qu'elle voit.

Quand le soleil est à l'horizon oriental, il pénètre aussitôt notre hémisphère entier et l'emplit de son image lumineuse.

Toutes les surfaces des corps solides tournés vers le soleil ou vers l'atmosphère qu'il éclaire, sont revêtues et colorées par la lumière soit de l'atmosphère soit du soleil.

Tout corps solide est environné et revêtu de lumière et d'obscurité.

Tu auras une pauvre notion des détails d'un corps, si tu ne vois que la partie à l'ombre ou la partie entièrement éclairée.

La partie éclairée des corps solides augmente et leur partie ombreuse diminue à proportion de l'espace qui les sépare de l'œil.

La forme d'un corps ne saurait être nettement perceptible si ses extrémités ont pour terme une chose de même couleur que lui, et que l'œil se trouve entre la partie dans l'ombre et celle qui est en lumière.

⁂

Nulle ombre portée ne peut reproduire sur une paroi la forme exacte du corps qui l'émet si le centre lumineux n'est équidistant des extrémités de ce corps. *[ca. 1490] C. A. 513 v. a*

⁂

[Chambre obscure.]

Les limites des images de toute couleur qui par un trou étroit pénètrent un lieu obscur seront toujours plus fortement colorées que son centre. *[ca. 1508] C. A. 519 r.*

⁂

Pourquoi en peinture, jamais le noir juxtaposé au blanc ne semblera plus noir que lorsqu'il confine au noir ; et le blanc ne paraîtra pas plus blanc juxtaposé au noir qu'au blanc ; ainsi qu'il appert des images qui passent par un trou, ou au bord de tout obstacle sombre. *[ca. 1508-1510] C. A. 527 v.*

Ceci tient à ce que les images communiquent leur couleur à l'endroit où elles tombent ; et quand différentes images approchent un même lieu, leurs couleurs se confondent et ce mélange participe davantage d'une couleur que d'une autre dans la mesure où elle l'emporte en quantité.

Les couleurs sont plus intenses et plus nettement délimitées à leur contour qu'en toute autre partie.

•◆•

DE L'OBSCURITÉ DES OMBRES OU, POURRAIS-TU DIRE, LA CLARTÉ DES LUMIÈRES

[ca. 1508]
C. A. 534 v.

Quand il s'agit de reproduire des choses enchevêtrées : arbres, prairies, cheveux, barbe, fourrures, les personnes d'expérience emploient quatre degrés de lumière pour rendre la même couleur ; d'abord un fond sombre, puis un mélange qui a un peu la forme de la partie à reproduire, troisièmement une partie plus claire et plus définie ; quatrièmement, tu feras les lumières de préférence dans les parties hautes pour les mouvements de la figure[1] ; il me semble néanmoins que ces distinctions sont à l'infini quand il s'agit d'une quantité continue, laquelle est en soi divisible à l'infini, et je le prouve ainsi :

[Deux diagrammes.]

Soit *a g* une quantité continue et *d* la lumière qui l'éclaire. Je me réfère maintenant à la quatrième [proposition] où il est dit que la partie la plus lumineuse d'un corps éclairé sera la plus rapprochée du foyer lumineux ; *g* est donc plus sombre que *c* dans la proportion où la ligne *d g* est plus longue que la ligne *d c*. On en conclut que ces degrés de clarté ou, si tu préfères, d'obscurité, ne sont pas uniquement au nombre de quatre et peuvent se concevoir à l'infini, *c d* étant une quantité continue et toute quantité continue se pouvant diviser à l'infini ; donc la longueur des lignes qui s'étendent du foyer lumineux au corps éclairé, varie à l'infini ; et il y a même rapport entre les lumières qu'entre les longueurs des lignes qui les séparent et qui s'étendent du centre du corps lumineux à la partie de l'objet qu'il éclaire.

•◆•

ACTION DE LA LUMIÈRE À PARTIR DE SON CENTRE

[ca. 1490]
C. A. 545 r.

Si la lumière tout entière déterminait les ombres derrière les corps qui lui sont opposés, il faudrait nécessairement que

1. Ms. : « *i lumi più che alte parte moti di figura* ».

le corps moindre que la lumière eût derrière soi une ombre en pyramide ; or, l'expérience ne le confirmant point, il faut donc que ce soit le centre de la lumière qui remplisse cet office.

COMMENT AUCUN CORPS SPHÉRIQUE NE PEUT TOURNER CONTINUELLEMENT EN AVANÇANT

Le boulet de la bombarde, s'il est de matière uniforme, et si sa surface est équidistante de son centre et que le feu le frappe en son milieu comme la raison le suggère, doit forcément suivre son cours sans aucune révolution. Attendu que le feu qui l'expulse étant de nature uniforme, chasse uniformément l'air qui s'oppose à son avance, lequel étant égal, lui aussi, oppose une résistance égale.

Exemple.

Ainsi par exemple on voit que la lune, elle aussi corps sphérique, et qui rencontre une résistance égale, est beaucoup plus rapide par comparaison avec le boulet ; mais néanmoins la position de ses taches sombres ne change jamais et du fait que ce changement ne s'opère point il ressort qu'elle ne tourne pas.

OÙ IL EST MONTRÉ COMMENT LES OBJETS ARRIVENT À L'ŒIL

Si après avoir regardé le soleil ou quelque corps lumineux, tu fermes les yeux, tu le reverras dans ton œil sous le même aspect, pendant un long temps ; c'est signe que les images pénètrent en lui.

•◆•

Lorsque l'intersection de deux colonnes d'ombre produit leurs ombres dérivées au moyen de deux lumineuses, il s'ensuit que quatre ombres dérivées se trouvent engendrées, qui sont composées et se croisent en quatre points. De ces croisements deux forment une ombre simple et deux une ombre composée ; ces deux ombres simples se produisent là où les deux lumières ne sont pas visibles, et les ombres composées aux endroits que ne peut atteindre une des deux lumières. Mais les intersections des ombres composées sont toujours produites par

[ca. 1513]
C. A. 658 r.

un seul corps lumineux, et celles des simples, par deux corps lumineux ; l'intersection droite de l'ombre composée est causée par la lumière gauche et l'intersection de gauche par la lumière de droite ; mais les deux croisements des ombres simples, le supérieur comme l'inférieur, sont engendrés par les deux corps lumineux, c'est-à-dire la lumière de droite et celle de gauche.

⁂

[ca. 1513]
C. A. 658 r.

Mainte petite luisance reste visible, qui se prolonge au loin.

NATURE DE LA LUMIÈRE QUI PÉNÈTRE PAR LES SOUPIRAUX

Quand la lumière passe par des soupiraux, on peut se demander si la dilatation de ses rayons rend au-delà du soupirail l'impression d'ampleur du corps émetteur.

Au surplus, cette dilatation a-t-elle ou non un pouvoir égal à celui du corps lumineux ? Pour le premier problème, la réponse est que la dilatation des rayons consécutive à leur croisement, recrée au-delà du soupirail autant d'ampleur qu'en deçà, attendu que du corps lumineux au soupirail la distance est la même que du soupirail à l'empreinte de ses rayons ; ceci est prouvé, par la rectitude des rais lumineux, d'où il s'ensuit qu'il y a même rapport entre leurs largeurs qu'entre les distances auxquelles ils s'entrecroisent.

Mais la puissance n'est pas fonction des mêmes rapports, comme il a été dit : même rapport existe entre la chaleur et le rayonnement des différents corps lumineux qu'entre les distances qui les séparent de leur foyer. Il est donc prouvé que le rai lumineux perd de sa chaleur et de son éclat d'autant plus qu'il s'éloigne de son foyer. Il est néanmoins vrai que les ombres composées étant dérivées et partant des bords de ces soupiraux, elles vont à l'encontre de cette règle, du fait de leurs intersections ; et ceci est amplement traité au deuxième livre relatif à l'ombre.

⁂

[ca. 1513]
C. A. 658 v.

Les rayons des images ombreuses et lumineuses se croisent après avoir pénétré dans les soupiraux, en tournant vers des directions opposées toutes les parties de leur grosseur.

⁂

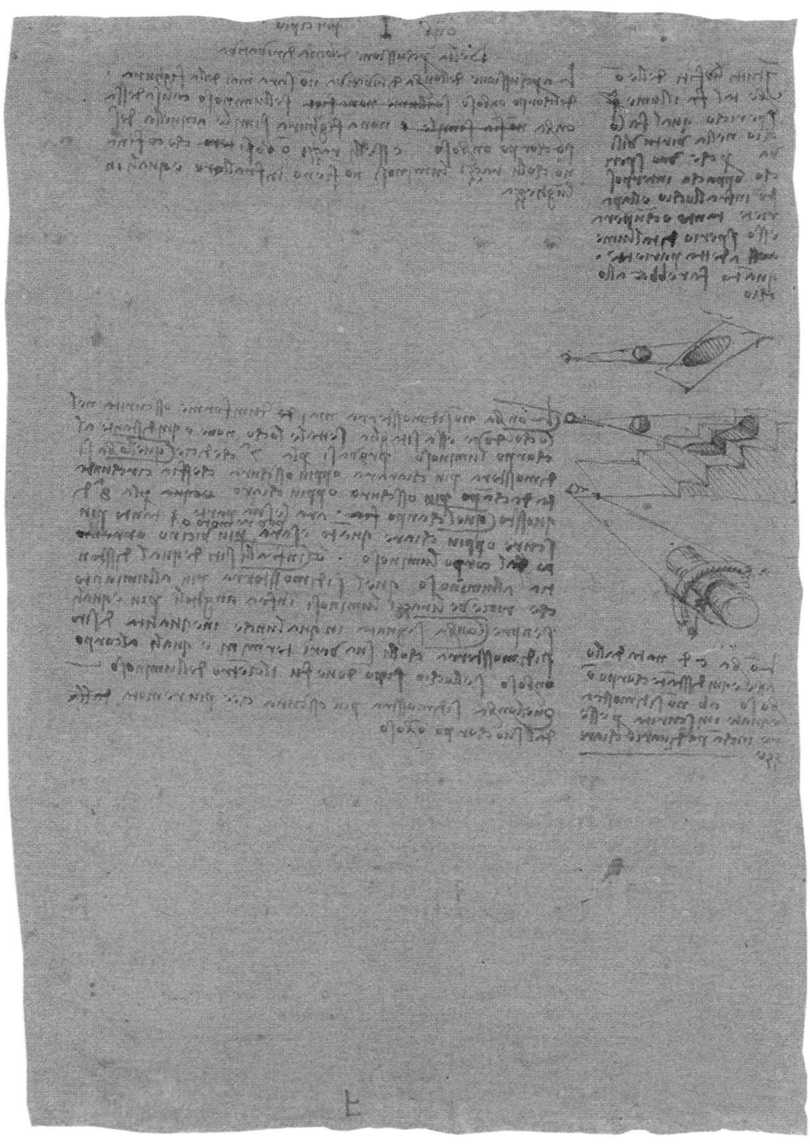

Ombre projetée d'une sphère (*C. A.* 658 v.).

[ca. 1513]
C. A. 658 v.

L'ombre ne se montrera jamais de densité uniforme au lieu de son incidence, si ce lieu n'est pas équidistant du corps lumineux. On le prouve par la septième [proposition] de ce discours, qui dit : « cette ombre paraîtra plus claire ou plus obscure, qui se détache sur un fond plus obscur ou plus clair » ; et par la huitième : « ce fond aura ses parties d'autant plus sombres ou plus claires qu'il est plus éloigné ou plus rapproché du corps lumineux ; et parmi les positions à égale distance du corps lumineux, celle-là paraîtra plus éclairée qui reçoit les rayons lumineux à angle plus droit ». Peu importe l'inégalité de position d'une ombre ; elle paraîtra toujours égale au corps ombreux entre ses véritables limites, si l'œil se pose sur le centre du corps lumineux.

Cette ombre paraîtra plus obscure, qui est plus éloignée de son corps ombreux.

[ca. 1513]
C. A. 661 r.

L'image du soleil est toute en toutes les parties des objets sur lesquels tombe son rayon et toute en chaque partie distincte.

Pourquoi une lueur de forme allongée nous paraissant ronde à distance, les cornes de la lune ne suivent pas cette règle ; et pourtant la lumière voisine la suit comme sa pointe l'indique.

PRÉAMBULE

[ca. 1490]
C. A. 676 r.

Ayant, comme je crois, suffisamment traité de la nature et des différentes caractéristiques des ombres primitives et dérivées, ainsi que de leur incidence, le moment me semble venu d'expliquer les différences que présentent les diverses surfaces touchées par ces ombres.

L'OMBRE EST LA PRIVATION DE LUMIÈRE

En perspective, les ombres me semblent d'une importance extrême, attendu que sans elles, les corps opaques et solides seraient indistincts, tant pour ce qui se trouve inclus entre leurs limites que pour ces limites elles-mêmes – à moins que ces corps ne se détachent sur un fond d'une autre couleur que celle qui forme leur substance. En conséquence, dans la première proposition, je traite des ombres et dis à ce sujet, que tout corps opaque est environné et a une surface revêtue d'ombres et de lumières, et j'y consacre le premier livre. En outre, ces ombres ont en soi des degrés d'obscurité divers parce qu'elles ont été abandonnées par une quantité variable de rayons lumineux, et je les nomme ombres primitives parce qu'elles sont les premières et forment ainsi couvercle aux corps auxquels elles s'attachent ; et à cela je consacrerai le deuxième livre. Ces ombres primitives émettent des rayons obscurs qui se diffusent dans l'air et varient en intensité selon les variétés des ombres primitives dont ils dérivent ; je les appellerai donc ombres dérivées, puisqu'elles tirent leur origine d'autres ombres ; et de ceci, je ferai le livre troisième. De plus, ces ombres dérivées, quand elles frappent un objet, créent autant d'effets différents que diffèrent les endroits frappés ; et de ceci, je ferai le quatrième livre. Et comme l'ombre dérivée, à l'endroit qu'elle heurte, est toujours environnée par la percussion des rayons lumineux, elle rebondit en arrière avec eux, vers sa source, en un courant réfléchi ; et rencontrant l'ombre primitive, elle s'y mélange, se change en elle et ainsi modifie quelque peu sa nature ; et à ceci, je consacrerai le cinquième livre. En outre, je mettrai dans le sixième livre une étude des nombreuses et diverses variétés du rebond des rayons réfléchis, qui modifient l'ombre primitive par autant de différentes couleurs qu'il y a de différents points d'où partent ces rayons lumineux réfléchis. De plus, je traiterai dans la septième division, des diverses distances qui peuvent exister entre le point de percussion de chaque rayon réfléchi et son point de départ, et des tonalités diverses et variées qu'il acquiert en frappant les corps opaques.

•◆•

Plus le corps lumineux est près du corps ombreux, plus il projettera de lumière, s'il est plus grand que l'obscur. *[ca. 1490] C. A. 676 v.*

Plus le corps lumineux est éloigné du corps ombreux et inférieur à lui, plus il donnera de lumière.

Mais dans la mesure où le lumineux étant moindre que l'ombreux en est plus éloigné, il donnera plus de lumière.

Et si le lumineux, étant plus grand que l'ombreux, est emporté loin de lui, la quantité totale éclairée ira diminuant jusqu'à ce qu'elle soit réduite environ de moitié.

•◆•

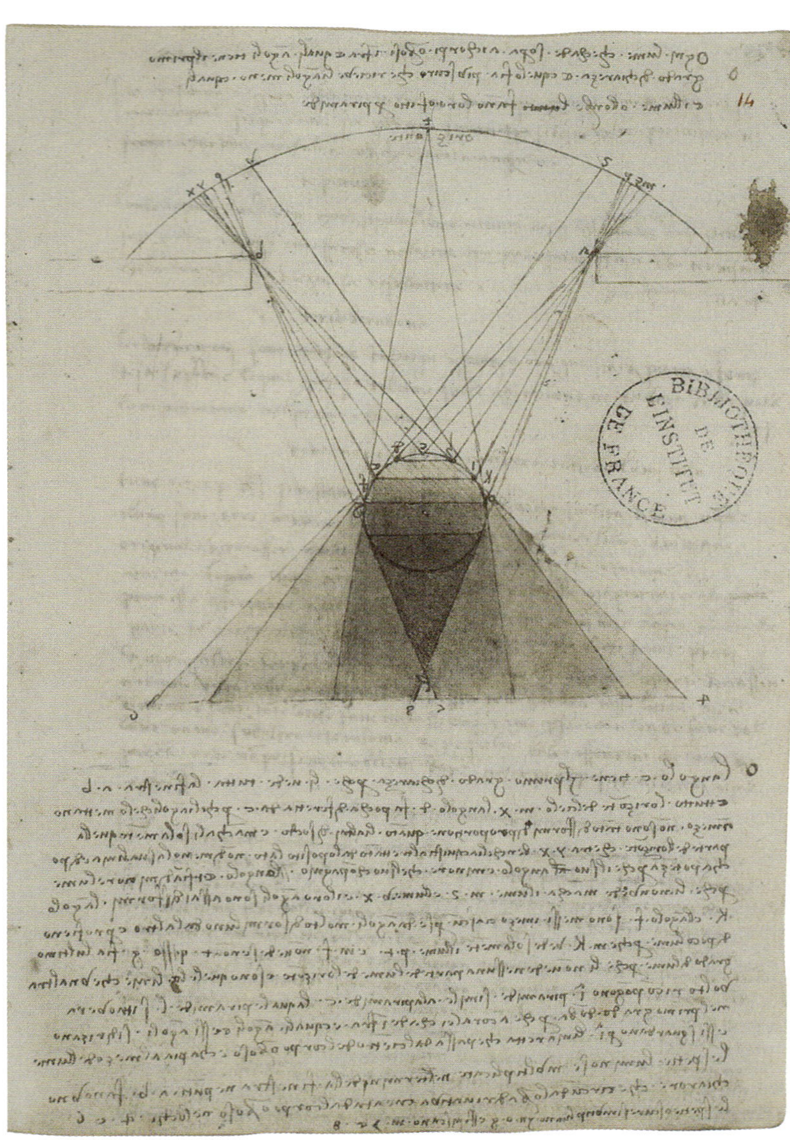

Intensité des ombres (*Ms. 2185*, 14 r.).

ACTION DE L'OMBRE COMPOSÉE

[ca. 1513-1514] C. A. 752 r.

Les ombres composées se meuvent toujours en mouvement contraire. C'est-à-dire, si le faisceau des rayons lumineux, avant d'arriver à leur point d'intersection, est touché par un corps opaque, toutes les ombres du corps qui intercepte le rayon supérieur, apparaîtront au-delà de ce point d'intersection, dans la percussion du rayon d'au-dessous ; et de même, après l'intersection, comme le rayon du dessus se trouve devenir celui du dessous, les mouvements du corps ombreux dans ce rayon supérieur s'effectueront en sens contraire et ceci se manifestera dans l'incidence de l'ombre composée sur le pavé ou sur un mur que frappe le soleil ou tout autre corps lumineux.

Mais si le rayon lumineux est intercepté par le corps opaque à quelque distance de son intersection, la percussion de l'ombre dérivée du corps opaque déterminera un mouvement semblable au sien.

Et si ces rayons sont interrompus au point précis de leur intersection, les ombres du corps opaque seront doubles et elles se déplaceront en mouvement contraire, l'une par rapport à l'autre, avant d'atteindre leur point de jonction.

L'ombre composée dérivée est cause que la percussion du rayon solaire, en traversant un angle, n'y laisse point son impression, mais des parties de [cercles] d'autant plus grandes ou petites que ses impressions sont plus éloignées ou rapprochées de ces angles.

[ca. 1503-1505, ou ca. 1506-1507] C. A. 885 v.

Le site le plus lumineux variera selon les différentes positions de l'œil et de la lumière ; et l'ombre sera toujours immuable, car quel que soit le changement qu'elle opère, l'œil la voit.

[ca. 1503-1504] C. A. 967 r. d

Nul corps opaque ne sera visible s'il n'est revêtu d'une surface ombreuse et éclairée. Entre les objets et l'œil, l'air et les corps transparents forment un couloir pour les images de ces corps qui se trouvent en eux ou au-delà.

La lumière dérivée sera entourée d'ombre primitive.

L'ombre dérivée sera entourée de lumière dérivée.

La lumière dérivée sera entourée soit en entier, soit partiellement, par des ombres primitives ou dérivées.

L'image de tout corps opaque est entièrement incluse dans l'ensemble et entièrement dans chaque partie de la transparence qui l'environne.

DE LA PEINTURE

[ca. 1508-1510]
C. A. 1004 r.

Des ombres – à quel endroit elles doivent être obscures ; où les ombres doivent être de valeur moyenne ; à quel endroit les lumières doivent être claires. Où elles sont plus obscures. Où il faut qu'il y ait des chatoiements et des reflets, c'est-à-dire des lumières réfléchies à un endroit et qui ricochent vers un autre.

Comment les lumières doivent être ainsi rendues qu'elles dessinent les choses naturelles.

Comment les figures naturelles, quand une lumière intense les éclaire d'un côté, semblent baigner, de l'autre côté, dans l'ombre la plus profonde.

Comment, sur les hommes, la différence est peu marquée, entre l'ombre et la lumière par temps couvert ou au coucher du soleil.

Pour quel motif les choses, à mesure qu'elles s'éloignent de l'œil, se distinguent mal ; leurs contours semblent se brouiller et à distance, elles apparaissent bleues.

Pourquoi les choses peintes semblent plus grandes que nature.

[ca. 1513]
C. A. 1067 r.

La lumière est plus éclatante, qui forme l'angle le plus grand.

L'ombre est plus obscure, qui se produit sous un angle plus aigu.

[ca. 1487-1490]
Tr. 29 r.

Les ombres primitives et dérivées sont plus profondes quand elles sont produites par la lumière de la chandelle que par la clarté de l'atmosphère.

Plus la grande ombre dérivée entre dans la petite, plus la cause de la petite dépasse en luminosité la grande.

[ca. 1487-1490]
Tr. 28 v.

Les bords de la fenêtre qu'éclairent deux lumières différentes, d'éclat égal, ne projetteront pas dans la pièce une quantité égale de lumière.

[Croquis.]

Le soleil qui pénètre dans la maison par la fenêtre *a b*, agrandit la dimension de la fenêtre et diminue l'ombre de l'homme ; aussi, quand celui-ci s'approchera de son ombre, fondue dans celle qui reproduit la forme exacte de la fenêtre, il verra le point de contact des ombres, perdues et confondues par la puissance de la lumière, se refermer et s'opposer au passage des rayons solaires. *[ca. 1490] A, 1 r.*

À ce même point de contact, l'ombre de l'homme présente précisément les effets décrits ci-dessus.

[Diagramme.]

Veux-tu mesurer une hauteur par l'ombre du soleil, prends un bâton d'environ une brasse[1], plante-le et attends que le soleil lui fasse projeter une ombre de deux brasses. Mesure aussitôt l'ombre de la tour, et si elle est de cent brasses, la tour sera de cinquante ; et la règle est bonne. *[ca. 1490] A, 6 r.*

La partie éclairée d'un corps ombreux transmettra à l'œil l'image de ses particularités plus distinctement et plus vite que celle qui se trouve à l'ombre. *[ca. 1490] A, 20 r.*

LUMIÈRE ET OMBRE

Parmi les corps de même dimension et à une égale distance, le plus brillant semblera à l'œil plus proche et plus grand. *[ca. 1490-1491] C, 1 r.*

Les bords rectilignes des corps sembleront brisés quand ils limitent un espace obscur qui reçoit la percussion de rayons lumineux. *[ca. 1490-1491] C, 1 v.*

1. Une brasse équivaut à environ 1,62 m.

⁂

[ca. 1490-1491]
C, 2 r.

Tout corps éclairé par les rayons solaires qui ont traversé les branches touffues des arbres, projettera autant d'ombres diverses qu'il y a de branches interposées entre le soleil et lui.

Les rayons d'ombre qu'émet un corps ombreux en forme de cône bifurqueront à leur point d'intersection, et les degrés de profondeur de l'ombre varieront à ses pointes.

Une lumière plus grande que la pointe et moindre que la base du cône ombreux placé devant elle, fera que le corps ombreux émettra, à son point de percussion, une ombre en fourche, de divers degrés de profondeur.

Si un corps ombreux plus petit qu'un corps lumineux émet deux ombres, et qu'un corps ombreux de même dimension que le lumineux ou plus grand en émette une, il s'ensuit que le corps conique dont une partie est plus petite que le lumineux, une autre partie égale à lui et une autre partie plus grande, projettera une ombre fourchue.

⁂

[ca. 1490-1491]
C, 2 v.

Le corps qui reçoit les rayons solaires après qu'ils ont traversé les menues ramifications des arbres à une grande distance, n'aura qu'une ombre unique.

Si un corps mi-partie à l'ombre et mi-partie à la lumière a la forme d'une sphère parfaite, il y aura même rapport entre la base du cône lumineux et son corps, qu'entre la base du cône ombreux et du corps ombreux.

Plus la percussion de l'ombre convergente sur le mur opposé est éloignée du corps lumineux et proche de sa source originelle, plus elle sera obscure et de contours définis.

⁂

[ca. 1490-1491]
C, 3 r.

Ce corps lumineux aura moins d'éclat, qu'environne un fond plus lumineux.

J'ai trouvé que les étoiles qui sont plus près de l'horizon paraissent plus grandes que les autres parce qu'elles voient une plus grande quantité du corps solaire et en sont vues, que lorsqu'elles sont au-dessus de nous ; et voyant plus de soleil, elles ont plus de lumière. Et le corps le plus lumineux paraît plus grand, comme au-dessus de nous le soleil, qui semble plus grand quand il n'y a point de brume et diminue quand il y en a.

Pour la pure ombre pyramidale dérivée, nulle partie du corps lumineux n'est jamais visible.

⁂

[Mouvement des ombres.]

Si l'objet est mû lentement devant le corps lumineux et que la percussion de son ombre s'effectue loin de lui, il y aura même rapport entre les mouvements de l'ombre dérivée et de l'ombre primitive qu'entre l'espace qui sépare l'objet de la lumière et celui qui sépare cet objet de la percussion de l'ombre – de sorte que si l'objet se meut lentement, l'ombre est rapide. *[ca. 1490-1491] C, 3 v.*

⁂

Cette partie de la réflexion aura plus d'éclat, dont les rayons réfléchis sont plus courts. *[ca. 1490-1491] C, 4 r.*

L'obscurité causée par de nombreuses ombres entrecroisées sera en rapport avec leur cause, laquelle commence et finit entre des surfaces unies rapprochées l'une de l'autre, de qualité identique, et directement opposées.

Plus grand est le corps lumineux, plus les rayons lumineux et ombreux confondront leur cours.

Ceci a lieu parce que là où se trouve un plus grand nombre de rayons lumineux, il y a le plus de lumière ; et où il y en a moins, la lumière est moindre, d'où il s'ensuit que les rayons ombreux les pénètrent et se mêlent à eux.

⁂

La partie de la surface des corps sur laquelle leur image, placée en face d'eux, tombe sous le plus grand angle, se teintera davantage de leur couleur. La partie la plus lumineuse du corps éclairé qui entoure la percussion de l'ombre sera la plus proche de cette percussion. *[ca. 1490-1491] C, 4 v.*

De même qu'une chose touchée par une plus grande masse de rayons lumineux acquiert plus d'éclat, ainsi celle-là deviendra plus obscure que frappe une plus grande masse de rayons ombreux.

⁂

Le corps lumineux semblera d'autant plus brillant qu'il est environné d'une ombre plus profonde. *[ca. 1490-1491] C, 5 r.*

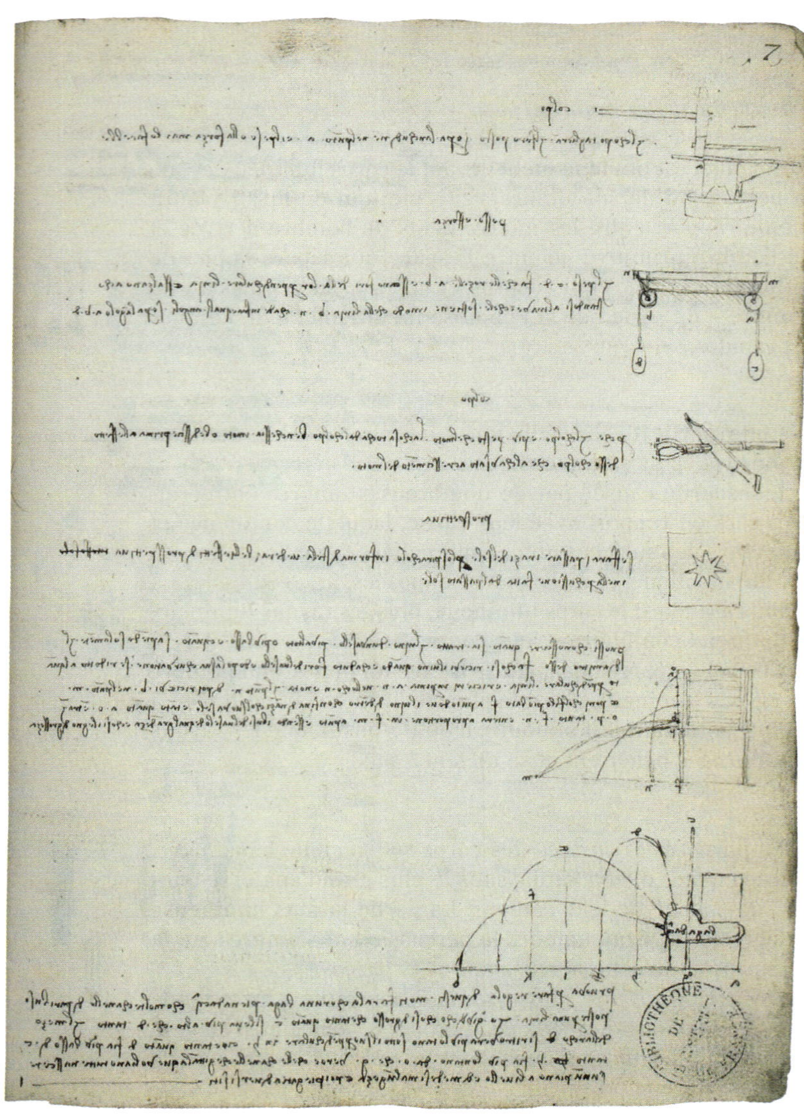

Divers types de percussion dont celle causée par le soleil. (*C*, 7 r.).

La largeur et la longueur de l'ombre et de la lumière, encore que vues en raccourci elles semblent plus droites et plus courtes, ne diminueront ni n'augmenteront la qualité ou la quantité de leur éclat ou de leur obscurité.

La fonction de l'ombre et de la lumière, que le raccourci diminue, sera d'ombrer et d'éclairer l'objet opposé à elles, selon la qualité et la quantité qui apparaissent en cet objet.

Plus une ombre dérivée approche de ses extrémités pénultièmes, plus elle semblera obscure.

Perspective.

Si tu fais passer les rayons du soleil par un petit trou en forme d'étoile, tu verras de beaux effets de perspective dans la percussion causée par le passage du soleil. *[ca. 1490-1491] C, 7 r.*

OMBRE ET LUMIÈRE

L'ombre a trois formes : si la matière qui la projette a les mêmes dimensions que la lumière, l'ombre est pareille à une colonne qui n'aurait point de terme ; si la matière est plus grande que la lumière, son ombre est comme un cône qui grandit en reculant et dont la longueur n'a point de terme ; mais si la matière est moindre que la lumière, l'ombre ressemble à un cône et vient à terme comme il appert dans les éclipses de lune. *[ca. 1490-1491] C, 7 v.*

DE LA LUMIÈRE

La forme d'un corps lumineux, même allongée, paraîtra ronde a une grande distance. *[ca. 1490-1491] C, 8 r.*

On le démontre par la flamme de la chandelle, qui vue de loin semble ronde, bien qu'elle soit allongée. Peut-être en va-t-il de même pour les étoiles ; car eussent-elles des cornes comme la lune, elles paraîtraient rondes en raison de leur grand éloignement.

[ca. 1490-1491]
C, 8 v.

Parmi des corps d'égale grandeur et longueur, égaux par la forme et l'épaisseur de leur ombre, celui qui s'enlève sur un fond plus lumineux semblera plus petit.

Le corps ombreux placé entre des lumières égales projettera autant d'ombres qu'il y a de lumières – ombres dont l'une sera plus obscure que les autres dans la mesure où la lumière placée du côté opposé est plus rapprochée de ce corps que les autres.

Le corps ombreux, à égale distance entre deux lumières, projettera deux ombres dont l'une sera plus foncée dans la mesure où l'une des lumières qui les produisent est plus grande que l'autre.

*

[ca. 1490-1491]
C, 9 r.

Les endroits occupés par les ombres d'un petit corps lumineux sont semblables et conformes en dimension à ceux qui sont privés des rayons visuels.

Quand le rayon lumineux a passé par un petit trou et s'est brisé sur quelque proche objet opposé à lui, la forme de sa percussion ressemble davantage au trou par où il a passé qu'au corps lumineux d'où il est issu.

*

[ca. 1490-1491]
C, 10 r.

Plus le corps lumineux resplendit, plus profondes seront les ombres des corps qu'il éclaire.

Tout corps ombreux plus grand que la pupille qui s'interpose entre l'œil et le corps lumineux, paraîtra obscur.

Si l'œil est placé entre le corps lumineux et les corps éclairés par cette lumière, il les verra sans ombre.

*

[ca. 1490-1491]
C, 10 v.

Lorsque le rayon lumineux a traversé, après une longue course, un trou de forme un peu inusitée, l'impression que produit sa percussion ressemble au corps lumineux d'où il provient.

Il est impossible que le rayon issu d'un corps sphérique lumineux puisse, après une longue course, transmettre à l'endroit qu'il atteint, l'image de l'angle existant dans le trou anguleux par où il passe.

*

[ca. 1490-1491]
C, 11 r.

La forme de l'ombre dérivée sera toujours conforme à celle de l'ombre originale.

Une lumière en forme de croix, projetée sur un corps ombreux sphérique, produira une ombre en forme de croix.

⁂

Le terme de l'ombre dérivée est plus obscur quand il est cerné par une lumière dérivée plus vive. *[ca. 1490-1491] C, 11 v.*

⁂

Des choses égales sous le rapport de la grandeur, de la clarté, du fond et de la longueur, celle dont la surface est la plus plane semblera plus grande. *[ca. 1490-1491] C, 12 r.*

Le fer de grosseur uniforme, rougi à moitié, nous le prouve, car sa partie incandescente paraît plus grosse que le reste.

⁂

[De l'ombre brisée.]

L'ombre dérivée qui a pour cause un corps sphérique ombreux et lumineux, et qui se brise sur des corps situés à des distances diverses, paraîtra ronde à l'œil placé en face d'elle, près du centre de l'ombre première. *[ca. 1490-1491] C, 12 v.*

Le corps ombreux de rondeur sphérique projettera une ombre circulaire mêlée [de lumière et d'ombre] si un corps ombreux de matière identique, s'interpose entre lui et le soleil.

⁂

Parmi les ombres d'égale qualité, la plus proche de l'œil semblera moins obscure que les autres. *[ca. 1490-1491] C, 13 v.*

L'ombre sera plus obscure, qui dérive d'un plus grand nombre de corps divers, ombreux et lumineux.

Il est impossible que des ombres dérivées simples provenant de divers corps et causées par une lumière unique, se puissent jamais joindre ou toucher.

⁂

[Quand des corps adjacents sembleront séparés.]

Si beaucoup de corps ombreux, rapprochés au point de presque se toucher, sont vus sur un fond lumineux, à une grande distance, ils sembleront séparés par un grand intervalle. *[ca. 1490-1491] C, 14 r.*

⁂

[Quand les corps séparés sembleront adjacents.]

[ca. 1490-1491] *C, 14 v.*

Si beaucoup de corps lumineux sont vus dans un paysage lointain, encore qu'ils soient séparés l'un de l'autre, ils paraîtront unis et joints.

Cette partie de l'air participera davantage de son obscurité naturelle, que frappera l'angle lumineux le plus aigu. Il est évident que là où l'angle lumineux est plus petit, la lumière est moindre, la pyramide de cet angle ayant une base plus petite ; ainsi, un moindre nombre de ses rayons lumineux convergera vers sa pointe.

[Définitions.]

L'obscurité est l'absence de lumière.

L'ombre est la diminution de la lumière.

L'ombre primitive est celle qui est attachée aux corps ombreux.

L'ombre dérivée est celle qui se sépare des corps ombreux et voyage à travers l'air.

L'ombre répercutée est celle qu'environne une surface éclairée.

L'ombre simple est celle qui ne voit aucune partie de la lumière qui la produit.

L'ombre simple commence dans la ligne qui la sépare des corps lumineux.

[ca. 1490-1491] *C, 16 v.*

Les rayons que double l'intersection des lumières ou des ombres, doublent également de clarté ou d'obscurité.

La lumière primitive et la lumière dérivée réfléchie, quand elles entourent des corps épais et sphériques, déterminent les limites des ombres primitives de ces corps, étant d'autant plus distinctes et définies dans la partie rapprochée de la lumière, que la lumière dérivée dépasse en clarté la primitive.

On appelle lumière primitive celle qui éclaire en premier les corps ombreux ; et dérivée celle qui rebondit loin de ces corps vers les parties éloignées de la lumière primitive.

Cette partie de l'ombre primitive sera plus lumineuse, qui voit plus également les centres des lumières dérivées.

On peut connaître avec certitude que la partie des corps

ombreux, vue par une plus grande quantité de lumière est la plus lumineuse, et surtout si elle est éclairée par deux lumières ; on le voit avec les lumières réfléchies qui mettent au milieu d'elles l'ombre dérivée produite entre elles par les corps denses qui leur sont opposés.

Tout corps lumineux éclaire, avec son tout et avec sa partie, la partie et le tout de l'objet mis en face de lui.

Cette proposition est évidente, car on ne saurait nier que l'endroit regardé par la pupille tout entière de l'œil est également regardé par chacune de ses parties ; et de même en va-t-il de l'endroit vu par cette pupille.

Le milieu de la longueur de chaque ombre dérivée forme une ligne droite avec le milieu de l'ombre primitive et de la lumière dérivée, et les centres des corps ombreux et lumineux. *[ca. 1490-1491] C, 17 r.*

Ceci se produit fatalement, car les lignes lumineuses étant droites, celles qui passent par les extrémités des corps ombreux circonscrivent tout l'air que l'intervention de ce corps ombreux prive de voir le corps lumineux, et qui pour ce motif s'obscurcit. Comme le corps est également circonscrit, les parties de l'ombre deviennent égales par rapport à son centre, attendu que toutes les parties des corps ombreux sont équidistantes de leur centre, et ainsi chaque corps a un centre en soi.

Comme les lignes lumineuses sont en contact avec chaque extrémité de la chose incluse en elles, elles sont équidistantes du milieu de la longueur de tout objet qu'elles circonscrivent.

La partie de l'ombre primitive et dérivée sera d'autant moins obscure qu'elle est plus distante de son centre.

En effet, plus l'ombre se sépare de son centre, plus grande est la quantité des rayons lumineux qui la voient ; et chacun sait que, où il y a plus de lumière, il y a moins d'ombre.

RÉFLEXION DU SOLEIL SUR L'EAU

Si le soleil est vu par toutes les mers qui reçoivent le jour, elles à leur tour voient le soleil. Voilà pourquoi toute l'eau illuminée lui sert de miroir et il se manifeste à l'œil par son image tout entière incluse dans la totalité de cette eau et tout entière en ses parties. Je demande donc pourquoi, lorsqu'un navire voyage et que le soleil se mire dans l'eau, l'œil ne voit pas la *[ca. 1490-1491] C, 17 v.*

mer tout entière lumineuse et pourquoi on n'a pas toujours l'impression que le soleil suit le même chemin que le bateau.

Définition.

Le soleil forme autant de pyramides qu'il y a de trous et crevasses par où ses rayons peuvent pénétrer, et qu'il y a d'yeux d'être animés qui le regardent. Le soleil se trouvant donc toujours former la base de chaque pyramide, l'œil a l'impression que l'astre miré dans l'eau est autant au-dessous de cette eau qu'il est en dehors d'elle, et ce soleil ainsi réfléchi forme la base de la pyramide qui aboutit à l'œil. Ce soleil réfléchi paraîtra aussi grand que la section de la pyramide coupée par la surface de l'eau en *a n [figure].*

[ca. 1490-1491] C, 18 r.

Même si le corps ombreux et lumineux est sphérique et de dimension égale, son ombre dérivée ne ressemblera pas à la rondeur du corps qui la produit, mais elle sera allongée si elle tombe entre des angles inégaux.

[Des formes des ombres.]

[ca. 1490-1491] C, 18 v.

Les formes des ombres ressemblent souvent au corps ombreux qui leur donne naissance et souvent au corps lumineux qui les détermine.

Si le corps lumineux a même figure et même dimension que le corps ombreux, les ombres primitives et dérivées auront la forme et la dimension de ces corps, entre des angles égaux.

À une certaine distance, l'ombre dérivée ne ressemblera jamais à la forme du corps ombreux d'où elle dérive, si la forme de la lumière du corps éclairant ne ressemble pas à celle du corps éclairé.

La lumière allongée sera cause que l'ombre dérivée d'un corps rond sera large et basse, bien que sa percussion ait lieu entre des angles égaux.

Il est impossible que la forme de l'ombre dérivée ressemble à celle du corps ombreux qui l'a engendrée, à moins que la lumière qui la cause n'ait même forme et grandeur que ce corps ombreux.

•◆•

[ca. 1490-1491]
C, 19 r.

La différence entre deux rayons partiellement ombreux sera aussi grande qu'entre l'ombre qui résulte de leur mélange et ce qu'elle était d'abord.

Il est impossible que du mélange de deux ombres complètes résulte une ombre de plus obscure qualité.

Du mélange de deux ombres incomplètes, il est possible que résulte une ombre parfaite, [de qualité plus obscure que chacune des précédentes[1].]

•◆•

[ca. 1490-1491]
C, 20 r.

Règle générale, tous les points qui forment les extrémités des images pyramidales des choses, sont continuellement tout entiers dans tout l'air, réunis et joints sans intervalles.

Nécessité fait que la nature ordonne ou a ordonné que dans tous les points de l'air, toutes les images des choses qui leur sont opposées convergent, en raison du concours pyramidal des rayons émanant de ces choses ; sinon, l'œil ne pourrait discerner, dans tout point de l'air qui se trouve entre lui et l'objet vu, la forme et la qualité de la chose placée en face de lui.

La pyramide qui part de sa base avec les angles les plus inégaux, sera plus étroite et révélera moins exactement la véritable largeur de sa base.

Parmi les nombreuses pyramides édifiées sur une base unique, la plus puissante sera la plus large, et celle-là sera plus large dont les angles sont plus égaux à sa base.

•◆•

[ca. 1490-1491]
C, 20 v.

Moindre est l'éclat de la lumière dérivée comparée à la primitive, moins les pyramides illumineront le lieu qu'elles frappent. Les pyramides illumineront le lieu qu'elles frappent d'autant moins que leurs angles sont plus fins.

•◆•

[ca. 1490-1491]
C, 21 r.

Plus l'ombre dérivée s'étend loin de la primitive, plus elle s'éclaircit.

Tu trouveras entre l'obscurité de l'ombre primitive et celle de la dérivée, le même rapport qu'entre le diamètre de l'ombre dérivée et celui de la primitive.

1. Passage biffé sur le ms.

Si le corps éclairant est plus grand que le corps éclairé, une intersection ombreuse se formera au-delà de laquelle les ombres portées se prolongeront en deux sens différents, comme si elles dérivaient de deux lumières différentes.

Cette partie de l'ombre dérivée sera plus obscure, qui est plus près de son foyer.

La proposition précédente est valable parce que, où l'angle lumineux plus large est uni à l'angle ombreux plus aigu, cet angle lumineux triomphe de lui et lui confère presque sa propre luminosité. On est donc fondé à croire que là où le plus grand angle ombreux est uni à l'angle lumineux plus aigu, l'ombreux modifiera, presque, selon sa propre nature, le lumineux auquel il est joint.

•◆•

[ca. 1490-1491]
C, 21 v.

Parmi les choses de grandeur et couleur identiques, la plus lointaine semblera plus claire et moins volumineuse.

La percussion de l'ombre dérivée est toujours environnée d'une ombre qui se confond avec le champ lumineux.

La partie du corps ombreux que frappe l'angle lumineux le plus large, sera plus éclairée qu'une autre.

•◆•

[ca. 1490-1491]
C, 24 r.

Lorsque plusieurs corps de même grandeur sont à égale distance de l'œil, celui qui se détache sur le fond le plus lumineux semblera le plus petit. Tout corps visible est entouré d'ombre et de lumière. Tout corps parfaitement sphérique, entouré de lumière et d'ombre, semblera plus grand d'un côté que de l'autre, dans la mesure où l'un est plus éclairé que l'autre.

•◆•

[ca. 1490-1491]
C, 25 r.

Si la ligne de vision qui voit l'ombre produite par la lueur de la chandelle, a un angle égal à celui de l'ombre, celle-ci semblera se comporter sous le corps qui la produit comme l'image des corps réfléchis dans l'eau, lesquels sont aussi visibles au-dessous d'elle qu'au-dessus. Ainsi fera cette ombre, de façon que son extrémité paraîtra aussi loin au-dessous de la surface où elle s'engendre que le sommet du corps qui l'engendre se trouve au-dessus de cette surface, comme on le voit sur une paroi.

•◆•

PERSPECTIVE

L'œil placé entre la lumière et l'ombre qui environne les corps opaques verra l'ombre séparée de la partie éclairée passer transversalement par le centre de ce corps. *[ca. 1490-1491] C, 27 r.*

Lorsque deux objets sont vus à l'intérieur des pyramides visuelles mentionnées plus haut, de telle sorte qu'ils ne sont ni en deçà ni en delà de ces lignes, encore qu'un grand intervalle les puisse séparer, cette distance ne pourra être vue ou reconnue par l'œil.

Plus grande est la distance qui sépare ces corps inclus entre les lignes de la pyramide visuelle, plus il est nécessaire qu'existe entre eux, un manque de conformité proportionnel.

•◆•

DES TROIS SORTES DE LUMIÈRES QUI ÉCLAIRENT LES CORPS OPAQUES

La première des lumières qui éclairent les corps opaques se nomme particulière, et c'est le soleil ou toute autre lumière issue d'une fenêtre ou d'une flamme. La deuxième est universelle, comme on le voit par temps nuageux ou brumeux, ou autres semblables. La troisième est composée : c'est quand le soleil est entièrement sous l'horizon, le soir ou le matin. *[ca. 1513-1514] E, 3 v.*

•◆•

Parmi les corps ayant des degrés d'obscurité différents privés d'une même lumière, le rapport est identique entre leurs ombres et entre leurs degrés d'obscurité naturelle ; et tu dois entendre également ceci de leurs lumières. *[ca. 1513-1514] E, 15 r.*

•◆•

PEINTURE

Tu noteras en dessinant comment, parmi les ombres, il en est dont on ne peut distinguer la gradation ni la forme, et ceci est prouvé par la cinquième [proposition], qui dit : « Les surfaces sphériques ont autant de valeurs de lumière et d'ombre que la clarté et l'obscurité réfléchies par les objets environnants présentent de variétés. » *[ca. 1513-1514] E, 17 r.*

Étude pour la tête de sainte Anne (*RL 12533* r.).

La partie d'un corps opaque sera davantage dans l'ombre ou dans la lumière, selon qu'elle est plus près du corps sombre qui l'obscurcit ou du corps lumineux qui l'éclaire.

La surface de tout corps opaque participe de la couleur de son objet, mais l'impression est plus ou moins grande selon qu'il est plus ou moins proche et de puissance plus ou moins grande.

Les objets vus entre la lumière et l'ombre présenteront des reliefs plus accusés que dans la lumière, ou dans l'ombre.

⁂

[ca. 1513-1514]
E, 18 v.

Dans la position de l'œil qui voit éclairées celles des parties de la plante touchées par la lumière, une plante ne paraîtra jamais sous le même éclairage que l'autre. On le prouve comme il suit : soit *c* l'œil qui regarde les deux plantes *b d* éclairées par le soleil *a* ; je dis que pour cet œil *c*, le rapport des lumières et de leurs ombres ne sera pas le même pour un arbre que pour l'autre ; l'arbre le plus proche du soleil semblera plus ombreux que le plus éloigné, dans la mesure où l'un est plus près que l'autre du concours des rayons solaires qui aboutissent à l'œil.

Quand un arbre est vu de dessous, l'œil aperçoit sa cime encastrée dans le cercle que forment ses branches.

Souviens-toi, ô peintre, que les valeurs de l'ombre dans un même arbre varient selon que ses ramifications sont plus rares ou plus denses.

⁂

QUALITÉ DES OMBRES

[ca. 1513-1514]
E, 30 v.

En ce qui concerne la diffusion égale de la lumière, il y aura même rapport entre les valeurs des ombres produites qu'entre celles des couleurs auxquelles ces ombres sont jointes.

DU MOUVEMENT DES OMBRES

Le mouvement de l'ombre est toujours plus rapide que celui du corps qui la produit, si le corps lumineux est immobile. On le prouve : soit *a* le lumineux, *b* le corps ombreux, *d* l'ombre. Je dis que le corps ombreux *b* se meut en *c* dans le même temps que l'ombre *d* va en *e* et il y a même rapport, en un même temps, entre les vitesses qu'entre les longueurs de mouvement. Voilà pourquoi, entre la longueur du mouvement fait par le corps ombreux *b* jusqu'en *c*, et celle du mouvement de l'ombre *d* jusqu'en *e*, le rapport est le même qu'entre les susdites vitesses.

Mais si le corps lumineux a une vitesse égale au mouvement du corps ombreux, les mouvements de l'ombre et du corps ombreux seront égaux. Et si le lumineux est plus rapide que l'ombreux, l'ombre se déplacera plus lentement que le corps ombreux.

Mais si le lumineux est plus lent que le corps ombreux, l'ombre sera plus rapide.

DE L'OMBRE EN PYRAMIDE

[ca. 1513-1514] E, 31 r.

L'ombre en pyramide produite par un corps parallèle, sera plus étroite que le corps ombreux, dans la mesure où l'ombre dérivée simple est coupée à une plus grande distance de son corps ombreux.

DES OMBRES DÉRIVÉES SIMPLES

Les ombres dérivées simples sont de deux sortes, l'une de longueur finie et deux infinies ; la finie est pyramidale, et parmi les infinies, l'une est en colonne et l'autre extensible. Toutes trois ont des côtés droits ; mais la convergente, c'est-à-dire l'ombre pyramidale, part d'un corps ombreux moindre que le corps lumineux ; celle en colonne procède d'un corps ombreux égal au corps lumineux, et l'extensible, d'un corps ombreux plus grand que le lumineux.

DES OMBRES DÉRIVÉES COMPOSÉES

Il y a deux sortes d'ombres dérivées composées ; en colonne et extensible.

LUMIÈRE ET LUSTRE

[ca. 1513-1514] E, 31 v.

La différence entre la lumière et le lustre se révèle sur la surface lisse des corps opaques. Les lumières produites sur les surfaces lisses des corps opaques seront immobiles sur les corps immobiles, même si l'œil qui les voit se déplace ; mais il

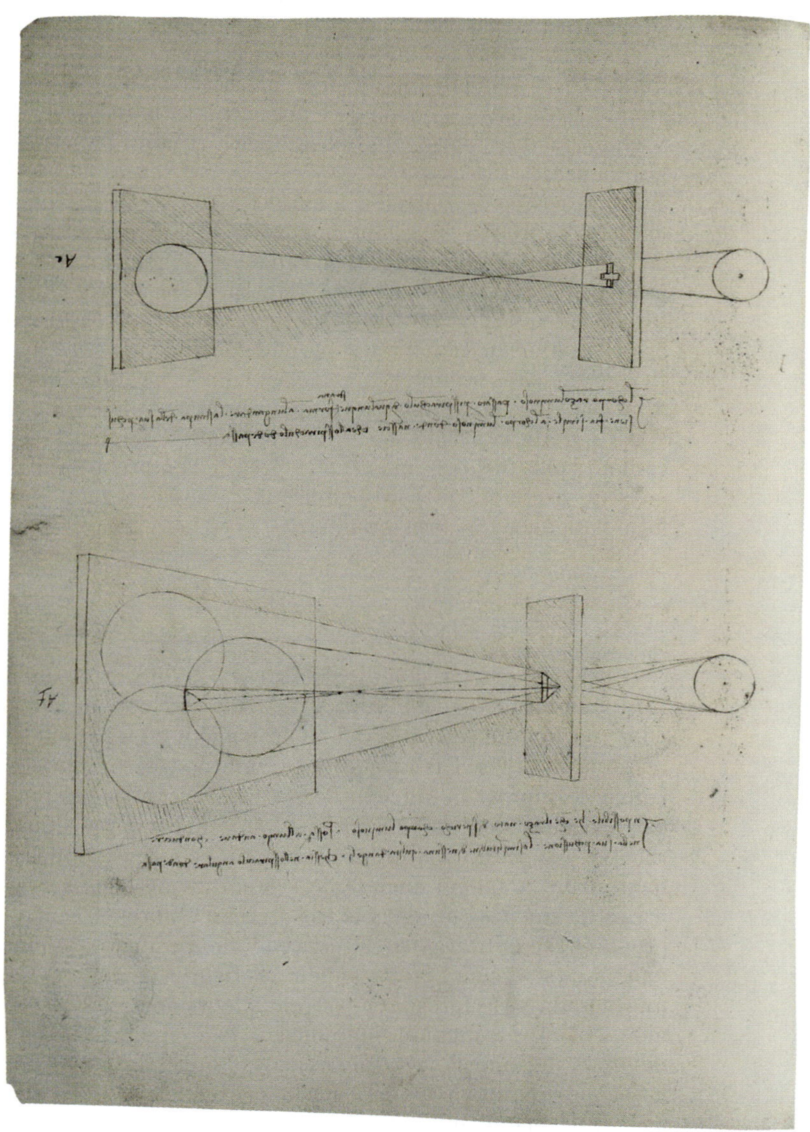

Expérience sur la forme d'une image formée par une source de lumière sphérique passant dans une fente (*C*, 10 v.).

y aura du lustre sur ces mêmes corps, en autant de points de sa surface qu'il y a d'emplacements sur lesquels l'œil se pose.

Quels corps ont lumière sans lustre ?

Les corps opaques, à surface épaisse et rude, n'auront jamais de lustre en aucune de leurs parties éclairées.

Quels sont les corps qui ont du lustre et point de parties lumineuses ?

Les corps épais, opaques, à surface lisse, sont ceux dont le lustre se trouve en autant d'endroits de la partie éclairée qu'il y a de positions recevant l'angle de l'incidence de la lumière et de l'œil ; mais comme cette surface réfléchit toutes les choses qui environnent la lumière, le corps éclairé ne tranche point sur cette partie du fond éclairé.

Pour un corps lumineux allongé, les contours de son ombre dérivée seront plus indistincts que la lumière sphérique ; et ceci contredit la proposition suivante : cette ombre aura des contours plus distincts, qui est plus près de l'ombre primitive, ou si tu préfères, du corps ombreux : mais ceci tient à la forme allongée du corps lumineux.

DE L'OMBRE

[ca. 1513-1514] E, 32 r.

Il est trois sortes d'ombres dérivées ; l'une extensible, l'autre en forme de colonne ; la troisième converge au point d'intersection de ses côtés qui se prolongent en longueur et rectitude infinies. Dis-tu que cette ombre se termine dans l'angle formé par la jonction de ses côtés et ne va pas plus outre, ceci est controuvé, car dans la première [proposition] relative aux ombres, il fut prouvé qu'une chose est entièrement achevée quand aucune de ses parties ne dépasse ses lignes terminales ; or, dans le cas de cette ombre, on voit se produire le contraire, car là où cette ombre dérivée prend naissance se créent manifestement les figures de deux pyramides ombreuses qui se rencontrent à leurs angles. Si néanmoins, comme le dit mon contradicteur, la première pyramide ombreuse termine l'ombre dérivée avec son angle, d'où vient la seconde pyramide ombreuse ? Le contradicteur dit qu'elle est causée par l'angle et non par le corps ombreux, mais ceci est controuvé par la deuxième de ce discours qui dit : « L'ombre est un accident créé par les corps ombreux interposés entre l'endroit où elle est placée et le corps lumineux. »

Ainsi, il a été démontré que l'ombre n'est pas produite par l'angle de l'ombre dérivée mais par le corps ombreux seul.

Si un corps ombreux sphérique est illuminé par un corps allongé lumineux, les contours de l'ombre que projette la partie la plus longue de ce lumineux seront moins nets que ceux de l'ombre engendrée par la largeur de cette lumière. Ceci est prouvé par la proposition précédente ; l'ombre due à un corps lumineux plus grand a des contours moins définis ; et inversement, l'ombre a des contours plus nets[1] qu'illumine le corps lumineux plus petit.

Ombre brisée est le terme dont on désigne celles qui apparaissent sur une paroi claire ou tout autre objet lumineux.

Plus l'ombre est sur un fond clair, plus elle semble obscure.

Les contours des ombres dérivées seront d'autant plus distincts qu'elles sont plus proches de l'ombre primitive.

Les contours de l'impression de l'ombre dérivée seront plus nets lorsqu'ils se découpent sur un mur entre des angles plus égaux.

Cette partie d'une même ombre semblera plus obscure, qui est en face d'objets plus sombres ; et celle-là moins obscure, qui fait face à un objet plus clair. Et plus l'objet clair est grand plus son éclat sera clair.

L'objet sombre de plus grand volume obscurcira davantage l'ombre dérivée, à son point de percussion.

•◆•

[ca. 1513-1514]
E, 32 v.

La surface de tout corps opaque participe de la couleur des objets environnants.

L'ombre est diminution de lumière. L'obscurité est privation de lumière.

L'ombre se divise en deux parties ; l'une s'appelle ombre primitive et la seconde, ombre dérivée.

L'ombre primitive sert toujours de base à l'ombre dérivée.

Les termes des ombres dérivées sont rectilignes.

L'obscurité de l'ombre dérivée diminue dans la mesure où elle est plus éloignée de l'ombre primitive.

L'ombre paraîtra d'autant plus obscure qu'une clarté plus éblouissante l'entoure et sera moins évidente quand elle se produit sur un fond plus obscur.

La lumière distincte a pour résultat de donner plus de relief

1. Ms. : « *di termini men noti* » (« des termes moins nets »).

aux corps ombreux que la lumière universelle ; comme on le voit en comparant la partie d'un paysage éclairée par le soleil et celle qui est à l'ombre d'un nuage et uniquement éclairée par la lumière universelle de l'air.

[ca. 1508-1509]
F, 1 v.

La surface de tout corps opaque participe de la couleur de son objet.

Cette partie de la surface des corps opaques participe davantage de la couleur de son objet, qui en est la plus rapprochée.

[ca. 1508-1509]
F, 22 r.

La partie d'un objet sombre de grosseur uniforme paraîtra d'autant plus mince qu'elle se détache sur un fond plus lumineux.

La partie d'un corps lumineux de grosseur et d'éclat uniformes paraîtra d'autant plus épaisse qu'elle se détache sur un fond plus sombre.

[ca. 1508-1509]
F, 28 v.

Après avoir traversé les bulles de la surface aqueuse, le rayon de soleil envoie au fond de l'eau l'image de cette bulle, en forme de croix. Je n'en ai point encore étudié la cause, mais j'estime que ce résultat est dû à d'autres petites bulles rassemblées autour de la plus grande.

[ca. 1508-1509]
F, 31 r.

Un trou lumineux vu d'un lieu obscur, même s'il est de grandeur uniforme, semblera considérablement resserré s'il est près d'un objet interposé entre l'œil et lui.

Cette allégation est prouvée par la septième [proposition] relative à ceci, où il est démontré que les contours de l'objet interposé entre l'œil et la lumière ne sembleront jamais distincts, mais seront confus du fait que l'air s'obscurcit près de ces contours, obscurité qui va s'intensifiant dans la mesure où elle est plus proche d'eux.

[ca. 1508-1509]
F, 35 v.

À distance, deux lumières séparées sembleront jointes et confondues.

Beaucoup qui ont étudié la perspective soutiennent qu'à

grande distance, l'air qui environne ces lumières étant éclairé de façon à paraître de même nature qu'elles, la lumière et l'atmosphère ambiante semblent ne faire qu'un.

Ce qu'ils disent n'est point vrai ; car si c'était l'éclairage de l'air qui, à distance, le faisait apparaître uniformément lumineux, on le verrait mieux de près, où la forme exacte de la lumière est connue, plutôt que de loin ; et si, à mesure qu'elle s'éloigne, la forme exacte de cette lumière se brouille du fait que son éclat décroît légèrement, combien plus grandes seraient la diminution et la perte de clarté de l'air, beaucoup moins brillant que la lumière !

Nous prouverons donc que cet accroissement est dû à ce qu'il y a deux images dans l'œil.

L'éclat excessif de la lumière près de l'œil réduit la faculté visuelle, attendu que la pupille offensée se rapetisse quand elle se contracte ; et à mesure que la lumière s'éloigne, le mal ressenti par l'œil ayant cessé, la pupille se dilate et voit une lumière plus grande.

⁂

Si deux corps lumineux sont assez rapprochés, la distance les montrera confondus : *[ca. 1508-1509] F, 36 r.*

Pour deux raisons ; la première est que lorsque ces lumières sont à proximité l'une de l'autre, on évalue tout de suite la distance ou l'espace qui les sépare et leurs images qui s'impriment dans notre œil sont encore très distinctes ; par ailleurs, leurs rayons ne se touchent pas, alors que vues de loin, ces images semblent rapprochées au point que non seulement leurs rayons, mais aussi les corps lumineux eux-mêmes paraissent se toucher.

En outre, à cette distance, la pupille d'abord contractée se dilate, parce que l'éclat de la lumière est moins puissant que lorsqu'elle était près de l'œil ; et ainsi par sa pupille accrue, l'œil voit les objets agrandis.

Si toutes les images concouraient en un angle, elles se rencontreraient en un point mathématique, et celui-ci étant indivisible, les différentes espèces te sembleraient unies ; étant unies, le sens visuel n'y pourrait discerner aucune différence.

⁂

Si un corps lumineux est visible par un très petit trou pratiqué dans un papier, approche ton œil aussi près que possible *[ca. 1508-1509] F, 36 v.*

du corps lumineux ; encore que tu puisses le voir dans son intégrité, il semblera d'autant plus réduit que le trou est plus petit.

⁂

[ca. 1508-1509]
F, 62 v.

Si les vagues étaient en forme de demi-cercle comme les bulles de l'eau, les lignes convergentes des images solaires qui émanent d'elles et vont à l'œil, formeraient un angle très grand, à condition que cet œil se trouve au bord de la mer qui s'interpose entre lui et le soleil.

⁂

[ca. 1508-1509]
F, 64 r.

Pourquoi l'objet lumineux de forme allongée paraît-il rond à distance ?

Ce n'est jamais une sphéricité parfaite, mais il en va comme avec un dé de plomb qui, battu et fortement écrasé, semble rond. Ainsi, vue de très loin, cette lumière acquiert de la largeur en tous sens, car comme ce qui lui est ajouté est égal, et que la première quantité de lumière n'est rien comparée à celle qui s'y ajoute, cet accroissement la fait paraître uniformément ronde.

Ceci sert à prouver que les pointes de toutes les étoiles sont imperceptibles à une grande distance.

⁂

DES LUMIÈRES

[ca. 1510-1516]
G, 3 v.

Les lumières qui éclairent les corps opaques sont de quatre sortes : universelles, comme celle de l'atmosphère contenue dans notre horizon ; particulières comme celle du soleil, d'une fenêtre ou d'une porte, ou de quelque autre espace ; la troisième est la lumière réfléchie. Il en est aussi une quatrième, qui traverse les matières transparentes tels la toile, le papier et autres semblables, mais non pas celles qui ont la diaphanéité du verre ou du cristal ou autres corps similaires, lesquels donnent l'impression que rien ne s'interpose entre le corps dans l'ombre et la lumière qui l'éclaire. De ceux-ci, nous traiterons séparément dans notre discours.

[Transparence des feuilles.]

Les ombres des feuilles transparentes vues du dessous sont les mêmes que du côté supérieur de la feuille, et cette ombre est vue en transparence à l'envers en même temps que la partie lumineuse ; mais le lustre n'est jamais visible en transparence.

⁂

Quand les arbres sont vus par-dessous et à contre-jour, l'un derrière l'autre, à une brève distance, la cime de l'un sera en grande partie claire et transparente et se détachera sur la partie sombre du second arbre ; ainsi de suite, pour tous ceux qui se trouvent dans ces mêmes conditions. *[ca. 1510-1516] G, 6 r.*

⁂

Les ombres des végétaux ne sont jamais noires, car où l'atmosphère pénètre, il ne saurait y avoir de ténèbres absolues. *[ca. 1510-1516] G, 8 r.*

⁂

[Feuillage en lumière.]

Supposé la lumière venant de *m* et que l'œil soit en *n*, la couleur de *m* – c'est-à-dire de l'air – lui semblera influencer celle des feuilles *a b*, et la couleur de *b c* vue par-dessous en transparence, sera d'un très beau vert tirant sur le jaune. Soit *m* le corps lumineux qui éclaire la feuille *s* ; à tous les yeux qui voient l'envers de la feuille, elle paraîtra d'un très beau vert clair, en raison de sa transparence. *[ca. 1510-1516] G, 8 v.*

En bien des cas, les feuilles seront sans ombre et elles seront transparentes à l'envers, luisantes à l'endroit.

⁂

Le saule et les autres arbres de même espèce, qu'on taille tous les trois ou quatre ans, poussent leurs branches très droites. *[ca. 1510-1516] G, 9 r.*

Leur ombre se porte vers le centre où naissent ces branches ; ils font peu d'ombre à leurs extrémités en raison de leurs petites feuilles et de la minceur de leurs branches clairsemées. Voilà pourquoi les branches qui s'élèvent vers le ciel ont peu d'ombre et de relief, et celles qui abaissent leurs pointes vers l'horizon jaillissent de la partie obscure de l'ombre. Elles sont graduellement plus claires vers leurs extrémités, et présentent un relief accusé formant une gamme de luminosités diverses sur un fond obscur.

Moins la plante est branchue et feuillue, moins elle a d'ombre.

⁂

[ca. 1510-1516]
G, 10 v.

La feuille de surface concave, vue du dessous, de bas en haut, se montrera parfois mi-ombreuse et mi-transparente. Ainsi soit *o p* la feuille, *m* la lumière et *n* l'œil qui voit *o* dans l'ombre, parce que la lumière ne frappe point à angle droit leur endroit ni leur envers ; *p* est éclairé à l'endroit, et sa lumière transparaît à l'envers.

OMBRES SUR LES CORPS

[ca. 1510-1516]
G, 11 v.

Lorsque tu représentes l'ombre obscure d'un corps ombreux, n'omets pas de figurer la cause de cette obscurité, et de même feras-tu pour les reflets ; en effet, les ombres obscures sont produites par des objets obscurs, et les réflexions par des objets de peu de clarté, c'est-à-dire des lumières amorties. Il y a même rapport entre la partie lumineuse des corps et la partie éclairée par reflet, qu'entre la cause de la lumière qui éclaire le corps et celle du reflet.

DE LA LUMIÈRE UNIVERSELLE ÉCLAIRANT LES ARBRES

[ca. 1510-1516]
G, 12 r.

La partie de l'arbre la plus éloignée du sol semblera revêtue des ombres les moins obscures.

Preuve : soit *a p* l'arbre, *n b c*, l'hémisphère éclairé. La partie inférieure de l'arbre est tournée vers le sol *p c*, c'est-à-dire du côté *o*, et regarde une petite partie de l'hémisphère en *c d*. Mais la partie supérieure de la convexité *a* est visible pour la plus grande masse de l'hémisphère, à savoir *b c* ; pour ce motif, et parce qu'elle n'est pas en face de l'obscurité du sol, elle retient plus de lumière. Mais si l'arbre est touffu, tels le laurier, l'arbousier, le buis ou l'yeuse, il en va autrement ; car bien que *a* ne voie point la terre, il voit l'obscurité des feuilles striées d'une quantité d'ombres, et qui se réfléchit sur l'envers des feuilles d'au-dessus ; et les ombres de ces arbres sont d'autant plus obscures qu'elles sont plus proches de leur centre.

Tête de soldat criant pour *La Bataille d'Anghiari*, vers 1504 (Budapest, Szépművészeti Múzeum).

DES LUMIÈRES ENTRE LES OMBRES

[ca. 1510-1516]
G, 12 v.

Lorsque tu dessines un objet, souviens-toi, en comparant l'intensité de lumière de ses parties éclairées, que souvent l'œil se trompe quand il voit l'une plus claire qu'elle ne l'est en réalité. Cela tient à ce que nous les comparons avec les parties attenantes, car si deux parties ont des valeurs inégales, et que la moins lumineuse confine à une partie sombre alors que la brillante apparaît sur un fond clair comme le ciel ou autre surface claire, la moins claire, ou dirais-je, la moins radieuse, semblera avoir plus d'éclat, et ce qui était plus brillant semblera sombre.

•◆•

DES LUMIÈRES SUR LES CORPS OMBREUX

[ca. 1510-1516]
G, 13 r.

Souvent le peintre se trompe dans sa figuration des principales lumières.

•◆•

[ca. 1510-1516]
G, 15 r.

Comment figurer des corps disposés de façon à recevoir la lumière particulière du soleil ou de tout autre corps lumineux.

•◆•

OMBRES ET LUMIÈRES SUR LA VILLE

[ca. 1510-1516]
G, 19 v.

Quand le soleil est à l'orient et que l'œil domine le centre de la ville, l'œil verra la partie méridionale de la ville avec ses toits mi-partie dans l'ombre et mi-partie dans la lumière, et il en sera de même vers le septentrion ; mais ceux de l'orient seront entièrement dans l'ombre et ceux de l'occident, entièrement en lumière.

•◆•

DE LA PEINTURE

[ca. 1510-1516]
G, 32 r.

Les contours et formes de chaque partie des corps à l'ombre se distinguent malaisément dans leurs ombres et leurs lumières ; mais dans les parties interposées entre les lumières et les ombres, certaines portions de ces corps atteignent au plus grand degré de netteté.

⁂

DE LA POSITION

Note soigneusement la position de tes figures, car tu auras une lumière et une ombre différentes selon que l'objet est dans un lieu obscur éclairé par une lumière particulière ou dans un endroit clair sous la lumière directe du soleil ; et différentes s'il se trouve en un lieu obscur dans la lumière diffuse du soir ou par temps couvert, ou s'il est dans la lumière diffuse d'une atmosphère ensoleillée. *[ca. 1510-1516] G, 33 v.*

⁂

La partie de l'ombre primitive la plus éloignée de ses extrémités sera la moins sombre. *[ca. 1494] H, 66 (18) r.*

L'ombre dérivée qui touche à l'ombre primitive sera plus obscure qu'elle.

⁂

Ce site sera plus lumineux, qui est le plus éloigné des montagnes. *[ca. 1494] H, 68 (20) r.*

⁂

L'ombre dérivée n'est jamais pareille au corps qui la produit, à moins que la lumière n'ait la forme et la grandeur du corps ombreux. *[ca. 1494] H, 76 (28) v.*

L'ombre dérivée ne saurait être de même forme que la primitive, à moins qu'elle ne frappe entre des angles égaux.

⁂

DES RAYONS LUMINEUX ET DE LA PUISSANCE DE LEURS EXTRÉMITÉS

[Diagramme.]

Comme le rayon lumineux est de puissance pyramidale, et singulièrement quand l'atmosphère est homogène, il arrive que lorsque deux rayons émanant de lumières égales se rencontrent en ligne droite, le rayon sera partout double et d'égale puissance ; car lorsque l'un a le sommet de la pyramide, l'autre en a la base, comme le démontrent *n m*. *[ca. 1497] I, 33 r.*

•◆•

[ca. 1497]
I, 37 v.

L'empreinte de l'ombre d'un corps, de grosseur uniforme, ne sera jamais semblable au corps qui la produit.

Même si le corps ombreux est pyramidal et que chacune de ses parties soit à égale distance de l'objet lumineux, la partie de la pyramide plus petite que la lumière qui l'éclaire ne projettera pas son ombre loin de sa cause.

•◆•

DE LA PEINTURE

[ca. 1506-1507]
K, 105 (25) v.

Les ombres et les lumières apparaissent à l'œil sous trois aspects : l'un quand l'œil et la lumière sont tous deux du même côté que l'objet vu ; le deuxième, quand l'œil est devant l'objet, avec la lumière derrière lui ; le troisième, quand l'œil est devant l'objet, et que la lumière vient de côté, en sorte que si la ligne allant de l'objet à l'œil en rencontre une qui s'étend de l'objet à la lumière, elles formeront à leur jonction[1] un angle droit.

•◆•

[ca. 1506-1507]
K, 106 (26) r.

Il existe encore une autre division, celle de la nature de l'objet réfléchi, placé entre l'œil et la lumière sous des aspects différents.

•◆•

PEINTURE

[Ombre dérivée.]

[ca. 1506-1507]
K, 111 (31) v.

L'ombre dérivée est d'autant plus accusée qu'elle est plus près de sa source.

La même quantité d'ombre semble plus intense, dans la mesure où elle est plus proche de l'œil.

La percussion – et coupure – de l'ombre dérivée est plus obscure dans la mesure où elle est plus courte.

•◆•

1. Ms. : *congiunzion*. Le Dr Richter et E. MacCurdy lisent *cogùtio*, et Ch. Ravaisson-Mollien « cognition ». (*N.d.T.*)

[Rayons lumineux.]

La partie du corps que les rayons lumineux frappent à angles plus droits, sera plus éclairée. *[av. 1500] M, 77 v.*

⁂

L'image du soleil apparaîtra plus éclatante à la surface des petites vagues que des grandes. En effet, les reflets ou images du soleil se reproduisant plus fréquemment sur les petites que sur les grandes, la multiplicité des scintillements détermine une lumière plus grande que lorsque leur nombre est restreint. *[1508] B. M. 25 r.*

Les vagues qui s'imbriquent comme les écailles du sapin, reflètent l'image du soleil avec une extrême splendeur ; la raison en est que ces images sont aussi nombreuses que les crêtes des vagues vues par le soleil ; entre ces vagues, les ombres sont petites et point très obscures ; et comme le rayonnement de tant de reflets se confond avec l'image qui va d'eux à l'œil, ces ombres sont imperceptibles.

⁂

La lumière est de deux sortes : libre, restreinte ; libre, elle éclaire librement les corps ; la lumière restreinte les éclaire mêmement, à travers un trou ou une fenêtre. *[ca. 1490] B. M. 170 v.*

⁂

Les lumières sont de deux natures différentes, dont l'une est séparée des corps et l'autre unie à eux. *[ca. 1490] B. M. 171 r.*

La lumière séparée est celle qui éclaire le corps ; l'unie est la partie du corps éclairé par cette lumière ; l'une s'appelle primitive, et l'autre dérivée.

De même, il est deux sortes d'ombres ; primitive et dérivée. La primitive est attachée aux corps, la dérivée est séparée d'eux et porte jusqu'à la surface des murs l'image de sa cause.

⁂

L'ombre simple est celle qui ne reçoit aucune lumière. L'ombre composée est éclairée par une ou plusieurs lumières. *[ca. 1508-1510, ou ca. 1513-1514] B. M. 248 v.*

⁂

[ca. 1487-1490, et ca. 1493-1497] Forster III, 35 v.

Le crible que traverse l'air lumineux semblera, à distance, dépourvu de trous et entièrement lumineux.

[ca. 1487-1490, et ca. 1493-1497] Forster III, 36 r.

Entre des murs de même qualité vus à une même distance derrière les extrémités d'un corps opaque placé en face d'eux, cette partie du mur semblera plus éclairée que voit une plus grande portion de la pupille.

[ca. 1487-1490, et ca. 1493-1497] Forster III, 42 v.

Entre des objets d'égale grandeur, situés à une même distance, celui qui a la plus grande lumière semblera le plus volumineux.

[ca. 1487-1490, et ca. 1493-1497] Forster III, 54 r.

Si l'objet éclairé est aussi grand que le corps éclairant et que l'objet où cette lumière se reflète, il y aura même rapport entre la qualité de cette lumière réfléchie et la lumière intermédiaire, qu'entre cette seconde lumière et la première, à condition que les corps soient lisses et blancs.

[ca. 1487-1490, et ca. 1493-1497] Forster III, 87 v.

L'objet lumineux ou éclairé qui confine à l'ombre la coupe dans la mesure où il la touche.

Les extrémités de l'ombre d'un corps auront en moins une quantité égale à celle qui est touchée par le champ éclairé ou lumineux.

[De l'ombre.]

[ca. 1511-1513] RL 19076 r.

L'ombre est la diminution de la lumière et de l'obscurité et s'interpose entre elles.

L'ombre est une obscurité infinie qui peut être réduite à l'infini.

La naissance et le terme de l'ombre s'étendent entre la lumière et l'obscurité, et peuvent être diminués ou augmentés à l'infini.

L'ombre est l'expression des corps et de leurs formes.

Sans ombre, les formes des corps ne communiqueront pas la notion de leurs propriétés.

L'ombre participe toujours de la couleur de son objet.

Des contours de l'ombre : quelques-unes sont semblables à la fumée, avec des contours imperceptibles. Chez d'autres, les contours sont définis.

Conserve les dessins pour la fin du [livre sur les] ombres. On peut les voir dans l'atelier de Gherardo le miniaturiste, à Saint-Marc, à Florence.

Nul corps opaque n'est sans ombre ou lumière, sauf quand le brouillard s'étend sur le sol couvert de neige, ou à la campagne lorsqu'il neige ; alors il sera privé de lumière et environné d'ombre.

Ceci concerne les corps sphériques, car lorsqu'il s'agit de corps pourvus de membres, les parties de ces membres opposées les unes aux autres se pénètrent réciproquement de la tonalité de leur surface.

La surface de tout corps est infuse dans tout l'air éclairé qui lui sert d'objet.

La surface des corps opaques a son image intégrale dans tout l'air éclairé qui l'environne de chaque côté.

Traite de l'arc-en-ciel dans le dernier volume de la peinture. Mais fais d'abord le livre des couleurs que donne le mélange d'autres couleurs, pour que grâce à celles-ci, dont font usage les peintres, tu puisses établir la genèse des couleurs du prisme.

Décrits comment, dans le miroir, nul corps en soi n'est délimité, mais l'œil qui l'y voit lui assigne des limites ; car si tu mires ton visage, la partie sera comme le tout, attendu que la partie est toute en la totalité du miroir et toute en chacune de ses parties ; de même pour l'image de chaque objet placé devant ce miroir.

Les contours de l'ombre dérivée sont environnés par les couleurs des objets éclairés qui se trouvent autour du corps lumineux, cause de cette ombre.

L'ombre dérivée n'existe pas sans la lumière primitive ; on le prouve par la première [proposition], relative à ceci, où il est établi que l'obscurité est la privation absolue de lumière, et l'ombre la diminution graduelle de l'obscurité et de la lumière ; elle participe de l'obscurité et de la lumière dans la proportion où l'obscurité a été interrompue par cette lumière.

Quelle est la cause qui rend confus et imprécis les termes de l'ombre.

S'il est possible de donner aux contours des ombres des limites nettes et précises.

[Des corps lumineux.]

PEINTURE

[ca. 1506-1510] RL 19141 r.

Entre des corps d'égale grandeur et situés à égale distance, le plus lumineux communiquera davantage de sa couleur à l'objet en face de lui.

À distance égale, entre des corps d'égale luminosité, celui qui a les plus grands contours colorera davantage la surface de son objet. Entre des corps de luminosité et grandeur égales, le plus rapproché colorera davantage son objet.

[ca. 1487-1490] RL 19148 v.

La lumière en soi a un centre unique pour le motif suivant : nous connaissons avec évidence qu'une grande lumière déborde souvent un petit objet ; et bien que les rayons qui l'entourent représentent beaucoup plus du double de son volume, l'ombre du petit objet continue néanmoins d'apparaître sur la première surface et ne cesse point d'être visible.

Soit *c f* la grande lumière, *n* l'objet devant elle qui produit l'ombre sur le mur et *a b* ce mur, il est évident que l'ombre de *n* sur le mur n'émane pas de la grande lumière ; mais puisque la lumière a un centre en soi, je prouve, par mon expérience, que l'ombre est projetée sur le mur comme il est montré en *m o t r*.

[Diagramme.]

Pourquoi lorsqu'on présente trois objets devant deux yeux, il semble qu'il n'y en ait que deux.

Pourquoi lorsqu'on jette un double coup d'œil dans une direction, la première vision semble erronée.

Je dis que l'œil projetant une infinité de lignes, elles s'attachent ou se mêlent à celles qui viennent à sa rencontre et émanent des objets vus ; mais seule la ligne centrale de cette faculté de perception distingue et juge les corps et les couleurs ; toutes les autres sont fallacieuses et illusoires.

Si tu places deux objets à une coudée l'un de l'autre, et que le plus proche soit voisin de ton œil, la surface de cet objet plus proche paraîtra beaucoup plus confuse que celle du second ; la raison en est que le premier étant touché par un plus grand nombre de lignes fausses que le second, il semble par conséquent plus imprécis.

[Diagramme.]

La lumière se comporte ainsi parce que par l'effet de ses lignes, et singulièrement en perspective, elle offre beaucoup d'analogie avec l'œil ; et son rayon central, en éprouvant les ombres, lui apporte la vérité. Quand l'objet placé devant lui est trop vite obscurci par des rayons amortis, il projette une ombre large, d'une grandeur disproportionnée et confuse ; mais si l'objet émetteur d'ombre coupe les rayons de la lumière et qu'il soit près du lieu de percussion, l'ombre se précise ; particulièrement, quand la lumière est à une certaine distance, car sur un long parcours le rayon central est moins contrarié par des rayons faux, attendu que les lignes de l'œil et les rayons lumineux solaires et autres qui traversent l'air, sont obligés de suivre un cours rectiligne. S'ils étaient gênés par une atmosphère plus dense ou plus rare, ils resteraient infléchis sur un point ; mais si l'air est dénué de pesanteur et d'humidité, ils resteront conformes à leur nature rectiligne, en ramenant toujours l'image de l'objet qui les intercepte à leur point de départ ; et si c'est l'œil, l'objet intercepteur sera jugé selon sa couleur autant que selon sa forme et sa grandeur. Mais si la surface de l'objet intercepteur recèle un petit trou qui ait accès dans une pièce obscure en raison non de sa couleur mais du manque de lumière, tu verras les rayons entrer par ce petit trou et transmettre à la paroi, placée au-delà, tous les traits de leur cause originelle, ceux de sa couleur comme ceux de sa forme – à cela près que l'image sera inversée.

⁂

Manière dont les images des corps se croisent aux bords des petits trous par lesquels elles pénètrent : *[ca. 1508] RL 19149 v.*

Quelle différence il y a entre le mode de pénétration des images qui traversent d'étroites ouvertures et celles qui passent par des trous plus larges ou qui frôlent les bords des corps ombreux.

MOUVEMENT DES IMAGES DES OBJETS IMMOBILES

Les images des objets immobiles se déplacent par le mouvement des bords de l'ouverture qui laisse passer les rayons porteurs d'images, en vertu de la neuvième [division] où il est dit : « les images d'un corps sont toutes en la totalité et toutes en chacune des parties de la zone qui les entoure ». Il s'ensuit que le fait de déplacer un des bords de l'ouverture par où ces images pénètrent en un lieu obscur, libère ceux qui étaient en contact avec lui et ils s'unissent aux autres rayons de ces images, qui s'en trouvaient éloignés.

DU MOUVEMENT VERS LE BORD DROIT OU GAUCHE SUPÉRIEUR OU INFÉRIEUR

Si tu déplaces le côté droit de l'ouverture, l'impression des rayons qui sont à ta gauche se déplacera, attendu qu'elle est produite par l'objet de droite qui est entré par cette ouverture ; de même pour tous les autres côtés de ce trou ; on le prouve en vertu de la deuxième [division] de ce [traité] qui dit : « tous les rayons qui véhiculent à travers l'air les images des corps sont rectilignes ». Voilà pourquoi, les images des plus grands corps devant passer par les ouvertures les plus petites, et, au-delà de ces ouvertures, se reformer avec leur maximum de dilatation, il faut nécessairement que ce croisement soit continu.

⁂

[ca. 1508]
RL 19150 v.

Les images des corps sont toutes diffuses à travers l'air qui les voit, et toutes en chacune de ses parties.

On le prouve ; soit *a c* et *e* les objets dont les images pénètrent en un lieu obscur par les petits trous *n p*, et s'impriment sur la paroi *f i* située en face d'eux ; le nombre des impressions qui se formeront sur différents points du mur correspondra à celui des petits trous.

DES RAYONS QUI VÉHICULENT À TRAVERS L'AIR LES IMAGES DES CORPS

Les plus minimes parties des images s'interpénètrent sans empiètement réciproque [...]

[…] la septième [division] de ce discours où il est dit : « tout simulacre diffuse ses images suivant la ligne la plus courte, laquelle est nécessairement droite ».

•◆•

Démonstration : comment toutes les parties d'une lumière convergent en un point. *[ca. 1488] RL 12604*

[Diagramme.]

Bien que les boules *a b c* reçoivent leur lumière d'une seule fenêtre, tu t'apercevras en suivant les lignes de leur ombre, qu'elles forment une intersection et une pointe à l'angle *n*.

•◆•

L'ombre est une lumière diminuée par l'intervention d'un corps opaque ; l'ombre est la contrepartie du rayon lumineux intercepté par un corps opaque. *[ca. 1508] RL 19152 v.*

Ceci est prouvé, parce que le rayon ombreux est de même forme et grandeur que l'était le rayon lumineux dans lequel cette ombre se projetait.

•◆•

Démonstration et argumentation au sujet de savoir pourquoi certaines zones des parties éclairées sont plus lumineuses que d'autres. *[ca. 1488] RL 12604*

[Diagramme.]

Il est prouvé que toute lumière à contours délimités émane, ou semble émaner d'un point unique ; les parties du corps qu'elle éclaire seront donc plus lumineuses, sur lesquelles la ligne de rayonnement tombe entre deux angles égaux, comme il est démontré ci-dessus par les lignes *a g*, et aussi en *a h*, de même en *a l* ; et la portion de la partie illuminée sera moins lumineuse, sur laquelle la ligne d'incidence frappe entre deux angles plus inégaux, comme on le peut voir en *b c* et *d* ; ainsi, tu pourras également discerner les parties privées de lumière, comme on le voit en *m* et en *k*. Si les angles formés par les lignes d'incidence sont plus égaux, l'endroit éclairé aura plus de lumière et quand ils sont plus inégaux, il sera plus sombre.

J'exposerai plus loin la cause de ces reflets.

XXXIII

PERSPECTIVE

« La perspective est une démonstration rationnelle par laquelle l'expérience confirme que toute chose transmet à l'œil son image en ligne conique. »

[ca. 1504, ou ca. 1506-1507] C. A. 331 r.

Sandro ! Tu ne dis pas pourquoi ces deuxièmes choses apparaissent plus bas que la troisième[1].

[Diagramme.]

L'œil entre deux lignes parallèles ne les verra jamais à une distance assez grande pour qu'elles se rencontrent en un point.

[ca. 1508] C. A. 365 r.

Tous les exemples de perspective s'expriment au moyen de cinq termes mathématiques, à savoir : point, ligne, angle, surface et corps.

De ceux-ci, le point est unique en son genre, et il n'a ni hauteur, ni largeur, ni longueur, ni profondeur, d'où nous concluons qu'il est indivisible et n'occupe pas d'espace. Il y

1. Vraisemblablement un fragment d'une discussion avec Botticelli, sur la loi de la perspective de diminution. On trouve également des références à Sandro (Botticelli) dans le *C. A.* 859 r., p. 1346, et le *Traité sur la peinture* (édition de Heinrich Ludwig, Vienne, 1882).

a trois sortes de lignes : droite, courbe, infléchie, et comme la ligne n'a ni largeur, ni hauteur ni profondeur, elle est donc indivisible, sauf en sa longueur. Ses extrémités forment deux points.

Un angle est l'aboutissement de deux lignes en un point, et ils sont de trois natures : angles droits, aigus, obtus.

La surface est le nom donné aux limites des corps ; elle est dénuée de profondeur, celle qu'elle possède étant indivisible comme la ligne ou le point, et elle ne se peut diviser que sous le rapport de la longueur ou de la largeur. Il est autant de sortes différentes de surfaces que de corps qui les créent.

Le corps est ce qui a hauteur, largeur, longueur et profondeur ; et en tous ces attributs il est divisible. Ces corps sont de forme infinie et variée. Il n'est que deux sortes de corps visibles, l'une n'a ni forme ni extrémités précises ou définies ; celles-ci, bien que présentes, sont imperceptibles et par conséquent leur couleur est difficile à déterminer. Le second genre de corps visibles est celui où la surface définit et caractérise la forme.

À la première catégorie, sans surface, se rattachent les corps soit ténus, soit liquides, qui volontiers se confondent et se mêlent avec d'autres corps ténus, comme la vase avec l'eau, le brouillard ou la fumée avec l'air, ou l'élément de l'air avec le feu, et autres choses similaires, dont les extrémités se confondent avec les corps avoisinants, ce pourquoi – leurs limites se brouillant et devenant imperceptibles – ils se trouvent privés de surface attendu que ces limites s'interpénètrent. En conséquence, ces corps sont dits sans surface.

La seconde catégorie se subdivise en deux autres – la transparente et l'opaque. La transparente est entièrement visible sur toutes ses faces latérales, rien n'est caché derrière elle, comme c'est le cas pour le verre, le cristal, l'eau et autres semblables. La seconde catégorie de corps dont la surface révèle et définit la forme, s'appelle opaque.

De celle-ci il importe que nous traitions abondamment car un nombre infini de cas en dérivent.

Perspective.

[ca. 1490]
C. A. 380 r.

L'air est plein d'une infinité d'images des choses, distribuées à travers lui, toutes en toutes, toutes en une et toutes en chacune. En conséquence, si deux miroirs se trouvent placés l'un en face de l'autre, le premier se réfléchira dans le second, et inversement. Or, le premier, en se mirant dans le deuxième, lui transmet sa propre image ainsi que toutes celles qu'il contient, entre autres l'image du second miroir ; ils continuent à se renvoyer leurs simulacres à l'infini, de telle sorte que chaque miroir recèle une infinité de miroirs qui vont rapetissant, intégrés l'un dans l'autre.

Cet exemple prouve que chaque chose transmet [son] image partout où la chose en soi est visible ; et inversement, cet objet est apte à recevoir en soi toutes les images des choses qui lui sont opposées.

Dès lors, l'œil envoie à travers l'air sa propre image à tous les objets en face de lui et les accueille en soi, c'est-à-dire à sa surface d'où l'intellect les prend, les juge et communique à la mémoire celles qu'il trouve plaisantes.

J'estime donc que les puissances invisibles des images incluses dans les yeux se peuvent projeter jusqu'à l'objet, et réciproquement.

Voici un exemple de la façon dont les images de toutes choses sont éparses à travers l'air : si l'on place en cercle un certain nombre de miroirs, chacun se réfléchira dans l'autre une infinité de fois, attendu que lorsqu'une image atteint l'autre, elle rebondit en arrière jusqu'à son principe, puis rapetissant, ressaute vers l'objet, s'en retourne – et ainsi de suite, à l'infini.

Si la nuit tu places une lumière entre deux miroirs plans, éloignés d'une coudée, tu verras dans chacun d'eux une succession de lumières innombrables, de plus en plus diminuées.

Si la nuit tu places une lumière entre les murs d'une [chambre] elle teintera de ses simulacres chaque partie des parois et éclairera directement toutes les parties qui lui sont opposées ; à condition toutefois qu'aucun obstacle n'interrompe la transmission des images.

Le même exemple est encore plus concluant dans la transmission des rayons solaires, qui [passent] tous à travers tous les objets, et en conséquence traversent leur moindre partie ; et chaque rayon envoie à son objet l'image de sa cause.

Ces exemples démontrent avec évidence que chaque corps emplit à lui seul, de ses images, tout l'air ambiant, et que ce même air [peut] simultanément accueillir les images des innombrables autres corps intégrés en lui ; chaque corps est vu tout entier à travers la totalité de l'atmosphère, et en chacune des moindres parties de cette atmosphère, et tous dans sa totalité et tous en la moindre de ses parties : chacune en tout, et tout en chaque partie.

DE LA PEINTURE

La véritable connaissance de la forme d'un objet se perd peu à peu, à mesure que la distance réduit sa dimension. *[ca. 1492-1493] C. A. 480 v. b*

[Dessin.]

Corps formé selon la perspective, par Leonardo Vinci, disciple de l'expérience. *[ca. 1490] C. A. 520 r.*

Ce corps peut être fait sans modèle d'un autre corps, mais uniquement au moyen de simples lignes.

Entre les diverses études des processus naturels, celui de la lumière procure le plus d'agrément à qui l'observe ; et parmi les remarquables caractéristiques de la science mathématique, la certitude de ses démonstrations contribue le plus à élever l'esprit de ceux qui l'étudient. *[ca. 1489-1490] C. A. 543 r.*

La perspective doit donc être préférée à toutes les formules et aux systèmes des écolâtres ; dans ce domaine, le rayon composé lumineux nous montre les étapes de son développement, et l'on y trouve non seulement la gloire des mathématiques, mais de la physique, car elle s'orne de fleurs empruntées à toutes deux. Alors que ses propositions furent exposées avec force circonlocutions, je veux les résumer en termes concis, en citant toutefois des exemples fournis par la nature ou les sciences mathématiques, selon la matière traitée, parfois en déduisant les effets des causes, et d'autres fois, les causes des effets ; ajoutant aussi à mes conclusions quelques-unes qui n'y sont point, mais qu'il est néanmoins permis d'inférer d'après elles, selon que le Seigneur, Lumière de toutes choses, daignera me les révéler, à moi qui cherche à interpréter cette lumière – et en conséquence je diviserai le présent ouvrage en trois parties.

Lorsque la lumière incidente voit les choses qui lui sont opposées, elle retient partiellement leurs images. Cette conclusion est démontrée par les effets, car l'œil lorsqu'il contemple la lumière, se dilate à proportion de sa frayeur. De même, après un rapide regard, l'œil conserve les images des objets éclatants qui relèguent dans l'ombre les endroits moins éclairés jusqu'à ce que toute l'impression de la lumière plus brillante se soit effacée en lui.

MÉTHODE DE PERSPECTIVE

[ca. 1490]
C. A. 546 v.

Si tu veux représenter à l'angle d'une maison une figure qui semble dessinée sur une surface plane, fais se dévêtir ton modèle, et à la lueur de la chandelle arrange-toi pour que l'ombre se projette comme tu veux dans cet angle, et tu en cerneras les contours au charbon ; mais ton regard aura le désir d'être exactement à cet endroit, à travers un trou placé où la lumière a passé ; en outre, il faut que la lumière de la fenêtre, son office rempli, revienne par la même ligne de telle sorte que l'ombre n'obscurcisse pas une des parois qui se rejoignent dans l'angle, plus que l'autre.

DANS LE FONCTIONNEMENT DE LA LOI DE LA PERSPECTIVE, LA LUMIÈRE NE DIFFÈRE PAS DE L'ŒIL

Pour la lumière comme pour l'œil, il n'est point de différence quant à la façon dont disparaît l'objet placé derrière un autre, et voici pourquoi : tu sais que par la rapidité du mouvement et le concours des lignes droites, le rayon visuel et le rayon lumineux sont identiques. Exemple : soit une monnaie que tu tiens près de l'œil ; l'espace qui existe entre la monnaie et le terme de sa position sera d'autant plus susceptible de s'agrandir, qu'est plus grande la partie du terme de la position invisible à l'œil ; et plus la monnaie est rapprochée de l'œil, plus la limite de la position sera comblée.

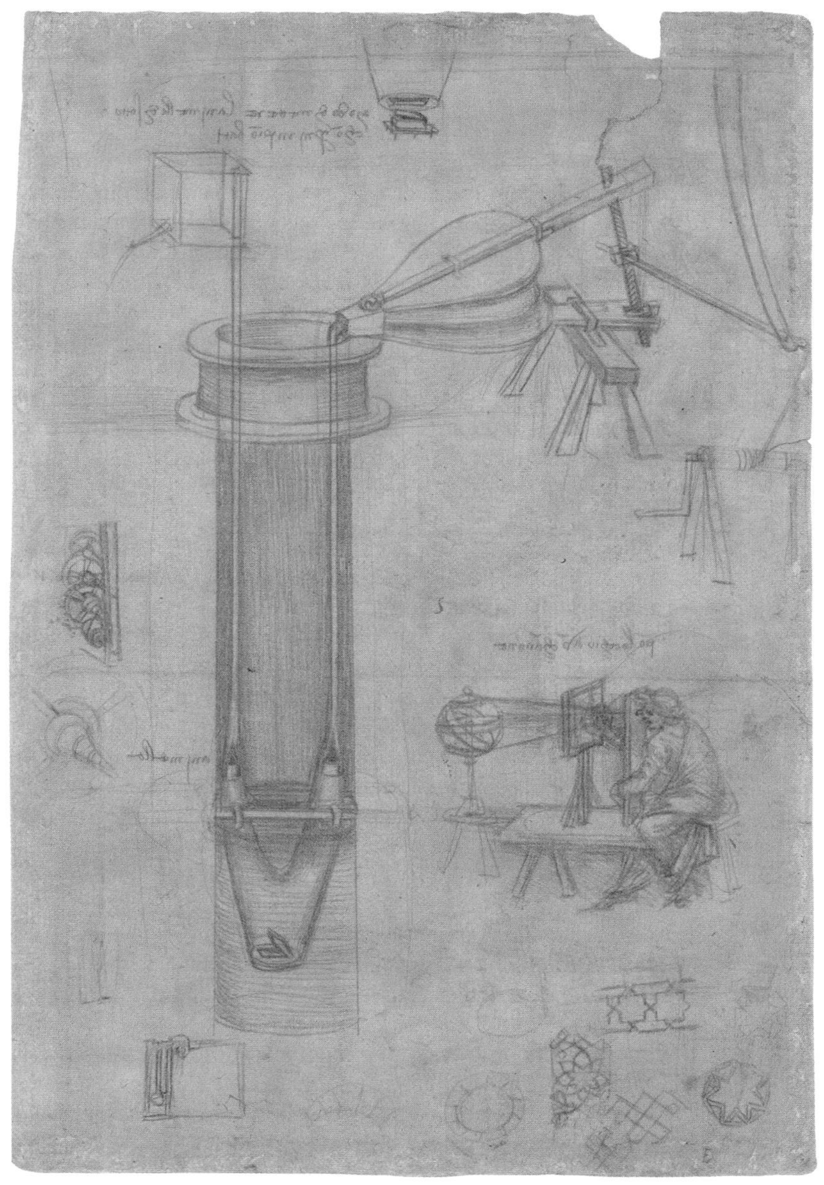

Instrument pour dessiner en perspective (*C. A.* 5 r.).

DE LA LUMIÈRE

De l'œil. Le même phénomène peut se constater à propos de la lumière, car selon que tu approches ou éloignes de cette lumière la susdite monnaie, tu verras l'ombre sur le mur d'en face croître ou diminuer, et si tu veux un exemple, que ce soit sous la forme suivante : place des objets divers dans une grande pièce ; prends dans ta main une longue tige munie à sa pointe d'un morceau de charbon, et marque sur le sol et sur les parois les contours de toutes choses[1], tels qu'ils apparaissent entre les limites du mur.

De la lumière. À la même distance et hauteur, place une lumière. Tu verras les ombres de ces corps couvrir une partie des murs correspondant à la partie enclose entre les marques tracées par le charbon qui est à la pointe de la tige.

Expérience.

Si tu veux faire une expérience analogue, place la lumière sur une table, puis éloigne-toi un peu ; tu verras que toutes les ombres des objets entre le mur et la lumière dessineront la forme de ces objets, et toutes les lignes de leur longueur convergeront au point où se trouve la lumière.

Ensuite rapproche ton œil de cette lumière en te faisant un écran avec une lame de couteau, pour préserver ta vue ; tu verras tous les corps à l'opposite sans leurs ombres ; et les ombres qui étaient aux murs seront masquées à l'œil par les corps placés devant elles.

*

[ca. 1500 ?]
C. A. 597 r. a

Entre des choses de même dimension situées à égale distance de l'œil, la plus blanche semblera plus grande.

L'œil jugera d'égale grandeur les choses égales placées à égale distance de lui.

Les choses de dimension égale placées à diverses distances de l'œil, lui sembleront de grandeur inégale.

Les choses inégales, du fait qu'elles sont à des distances variées de l'œil, pourront lui paraître égales.

1. À condition de lire *cose*. Le ms. porte *delle pariete* (« des parois »).

Des choses volumineuses cessent d'être visibles au loin, en raison de leur couleur ; et des choses menues continuent d'être visibles à une grande distance, en raison de cette même couleur.

[ca. 1513-1514]
C. A. 674 r.

L'objet de même couleur que l'air, reste visible à une distance modérée. L'objet plus pâle que l'air est encore visible au loin, et l'objet plus sombre que l'air cesse d'être perceptible à une brève distance.

Mais de ces trois sortes d'objets, celui-là sera visible à une plus grande distance, dont la couleur contrastera le plus avec la sienne.

PERSPECTIVE

Ce clair-obscur[1] qui se produit en raison de la distance, ou la nuit, ou quand la brume s'interpose entre l'œil et l'objet, fait que les contours de l'objet ne se distinguent guère de l'atmosphère.

[ca. 1493-1495]
C. A. 870 r.

La grandeur de l'objet placé entre l'œil et un objet d'une blancheur éblouissante, se trouve réduite de moitié.

[ca. 1485-1487]
C. A. 881 r.

MIROIRS

[Dessin.]

Si tu places une chandelle entre deux hauts miroirs en forme de tuiles bombées, comme il est montré ici, tu verras toute chose qui offre de la résistance se confondre avec cette chandelle, grâce au jeu des miroirs.

[ca. 1490]
C. A. 924 r.

Si tu veux prouver comment rapetissent les objets visibles à l'œil, il convient de fixer le regard sur le milieu du mur, dont la courbure t'indiquera leur exacte netteté.

[ca. 1485-1487]
C. A. 978 r. a

1. Ms. : *il mezzo confuso.*

Quand la cause de l'ombre est près du lieu qu'elle frappe, et loin de la lumière, tu verras clairement se dessiner sur le mur la forme de la cause qui intercepte les rayons.

[ca. 1485-1487]
C. A. 978 v. a

Parmi les choses d'égale grandeur, la plus éloignée des yeux semblera la plus petite.

PERSPECTIVE

[ca. 1487-1490]
Tr. 37 r.

On te demande, ô peintre, pourquoi les figures que tu dessines à une échelle réduite pour démontrer la perspective, ne semblent point, en dépit de la démonstration de distance, aussi grandes que les véritables, pourtant de même hauteur que celles qui sont peintes sur le mur.

Et pourquoi [la représentation des] choses vues à une faible distance, semble, malgré l'éloignement, plus grande que nature.

PAROI DE VERRE

[ca. 1490]
A, 1 v.

La perspective n'est rien autre que la vision d'un objet derrière un verre lisse et transparent, à la surface duquel pourront être marquées toutes les choses qui se trouvent derrière le verre ; ces choses approchent le point de l'œil sous forme de diverses pyramides que le verre coupe.

[ca. 1490]
A, 8 v.

Mention des choses que je voudrais qu'on admît parmi les preuves de ma perspective ; je demande que l'on m'accorde que tout rayon traversant un air de densité uniforme, va en ligne droite de sa cause à l'objet, ou à son point de percussion.

DIMINUTION DES OBJETS À DIVERSES DISTANCES

Un objet aussi éloigné d'un autre que le premier l'est de l'œil, semblera moitié plus petit, fussent-ils de même grandeur.

Le petit objet vu de près et le grand vu à quelque distance te sembleront d'égale grandeur, s'ils se présentent sous un angle égal.

Je demande comment l'œil évalue la distance d'un corps non lumineux, par exemple une montagne. Il la verra mieux si le soleil est au-delà d'elle, et elle semblera plus ou moins éloignée selon la place que le soleil occupe dans le ciel.

•◆•

[ca. 1490]
A, 10 r.

La perspective est une démonstration rationnelle par laquelle l'expérience confirme que toute chose transmet à l'œil son image en ligne conique. J'entends celles qui parties des extrémités superficielles des corps convergent graduellement vers un point unique placé dans l'œil, juge universel de toutes choses, comme je le démontrerai. J'appelle point ce qui ne saurait être divisé en parties ; et celui de l'œil étant indivisible, aucun objet ne saurait être perçu par l'œil s'il n'est plus grand que ce point. Il faut donc que les lignes qui s'étendent de l'objet à ce point aient forme de cône. Quelqu'un veut-il prouver que la faculté visuelle réside non dans ce point, mais plutôt dans la tache noire qui se voit au centre de la pupille, on répondra qu'un petit objet ne pourrait jamais diminuer à aucune distance, comme par exemple un grain de mil ou de panis, ou autre analogue, et qu'une chose plus grande que ce point ne serait jamais visible en totalité.

•◆•

[ca. 1490]
A, 10 v.

Nul objet ne peut être assez grand qu'il ne semble, vu à une certaine distance, plus petit que l'objet de moindre volume qui est plus rapproché de l'œil.

Une paroi de mur est un plan perpendiculaire, figuré en face du point commun auquel convergent les cônes. Cette surface remplit pour le point le même office qu'un verre plat sur lequel tu dessinerais les divers objets vus au travers, et où les choses dessinées seraient moins grandes qu'en réalité, dans la mesure où l'espace entre le verre et l'œil serait moindre qu'entre le verre et l'objet.

Le concours des cônes créés par les corps montrera sur la paroi du mur la variété de grandeurs et de distances de leurs causes.

Tous les plans dont les extrémités se joignent en lignes perpendiculaires formant des angles droits, doivent nécessairement, s'ils sont d'égale grandeur, être d'autant moins visibles qu'ils se haussent davantage au niveau de l'œil ; et plus ils le dépassent, plus apparente sera leur dimension réelle.

Plus le corps sphérique est distant de l'œil, plus il est visible.

*

[ca. 1490]
A, 27 r.

Dès que l'air est illuminé, il s'emplit d'une infinité d'images, causées par les diverses substances et couleurs qu'il contient ; et pour ces images, l'œil est cible et aimant.

Étude de perspective pour *L'Adoration des mages*, 1481 (Florence, Galerie des Offices).
Dans l'œuvre finale (voir p. 56), Léonard aurait procédé d'une manière originale sans utiliser la technique du *spolvero* – transfert d'un dessin préparatoire sur le support de la composition picturale. Il aurait fait monter par ses assistants une table carrée réalisée à partir de dix planches de peuplier enduites d'un *gesso* – enduit à base de plâtre et de colle animale – et aurait construit

PRINCIPES DE PERSPECTIVE

Toutes les choses transmettent leur image à l'œil, par pyramides ; plus elles sont coupées près de l'œil, plus petite sera l'image de leur cause. *[ca. 1490] A, 36 v.*

sur cette surface blanche une grille méticuleuse à partir d'un clou planté sur le tronc de l'arbre, servant de point de fuite pour le décor architectural. Ensuite seulement, les figures auraient été apposées, dessinées nues d'abord, d'un trait vif et vibrant, puis repassées ensuite à l'encre avec les vêtements.

[ca. 1490] *A, 37 r. et v.* Si tu me demandes comment tu peux me démontrer ces points en t'appuyant sur l'expérience, je te dirai : pour le point de la diminution qui se déplace avec toi, observe, lorsque tu traverses des terres labourées, les sillons rectilignes qui commencent au sentier où tu chemines, et tu verras qu'à chaque paire de sillons, l'un semble toujours se rapprocher de l'autre et le rejoindre à leurs communes extrémités.

Quant au point qui aboutit à l'œil, il est plus facile à comprendre : l'œil dans lequel plonge ton regard te renvoie ta propre image ; supposé donc que deux lignes partant de tes oreilles aboutissent à celle de ton reflet dans cet œil, tu reconnaîtras avec évidence que ces lignes se resserrent tellement qu'après avoir continué un peu au-delà de ton image mirée dans l'œil, elles se touchent en un point.

[ca. 1490] *A, 38 r.* La chose la plus rapprochée de l'œil semble toujours plus grande qu'une autre de même dimension, plus éloignée.

[ca. 1490] *A, 38 v.* La perspective est de telle nature qu'elle fait paraître en relief ce qui est plan, et plan ce qui est en relief.

[ca. 1490] *A, 40 v.* La perspective selon laquelle une chose est représentée, se comprendra mieux, si l'on se place au point de vue d'où elle fut dessinée.

Si tu veux figurer une chose proche, qui produise l'effet naturel, il est impossible que ta perspective ne semble défectueuse à cause des apparences illusoires et des erreurs de proportion qui ne peuvent manquer dans une œuvre médiocre, à moins que celui qui regarde cette perspective ne l'examine en considérant l'exacte distance, la hauteur, l'angle de vision ou le point où tu étais placé quand tu la dessinas. Il faudrait donc faire une fenêtre grande comme ton visage, ou en vérité un trou par où tu regarderais cette ouverture. Ainsi la lumière et l'ombre étant bien distribuées, ton œuvre produira sans doute l'effet du naturel, et tu auras peine à te convaincre que ce sont là choses peintes. Sinon, ne te mêle pas de figurer quoi que ce soit, à moins de prendre ton point de vue à une distance d'au moins vingt fois la plus grande largeur et hauteur de la chose que tu reproduis ; ainsi, tu satisferas le spectateur, quel que soit l'angle sous lequel il abordera l'œuvre.

Si tu veux en avoir promptement la preuve, prends un fragment de bois semblable à une colonnette, dont la hauteur représente huit fois la grosseur de la colonnette sans socle ni chapiteau, puis, divise sur un mur plan, quarante espaces égaux correspondant à ces espaces ; ils représenteront quarante colonnes semblables à ta colonnette. Ensuite, face au milieu de ces espaces, à quatre brasses[1] du mur, mets une mince bande de fer, pourvue en son centre d'un petit trou rond, grand comme une grosse perle ; place une lumière à côté de ce trou, assez près pour le toucher et mets ta colonne sur chaque marque du mur, dessine les contours de l'ombre, puis ombre ton dessin et observe-le par le trou pratiqué dans le fer.

•◆•

Il y a dans Vitellion huit cent cinq propositions relatives à la perspective.

[ca. 1487-1489]
B, 58 r.

•◆•

Nul corps visible ne peut être compris et bien jugé par l'œil humain, sauf par la différence du champ où ses extrémités se terminent et sont circonscrites ; et quant à ses contours, nulle chose ne semblera séparée de ce champ. Bien que très éloignée du corps solaire, quand la lune, au cours d'une éclipse, se trouve entre nos yeux et lui, elle donne à l'œil l'impression d'être jointe et attachée au soleil par le fait qu'il lui sert de fond.

[ca. 1490-1491]
C, 23 r.

•◆•

La perspective nous vient en aide, là où le jugement est en défaut à propos des choses qui vont diminuant.

[ca. 1490-1491]
C, 27 v.

•◆•

[De la perspective dans la nature et dans l'art.]

Il est possible de faire en sorte que l'œil ne voie point les choses lointaines aussi réduites qu'elles le sont dans la perspective naturelle, où elles se trouvent diminuées, en raison de la convexité de l'œil, qui coupe à sa surface les pyramides de toutes les images qui l'approchent à angle droit. Mais la méthode que j'enseigne ici en marge, coupe ces pyramides à angles droits près de la surface de la pupille. Toutefois, la

[ca. 1513-1514]
E, 15 v.

1. Une brasse équivaut à environ 1,62 m.

pupille étant convexe, reflète tout notre hémisphère et elle ne montrera qu'une étoile ; mais où beaucoup de petites étoiles transmettent leurs images à la surface de la pupille, elles seront très petites. Ici, une seule sera visible, mais elle sera grande ; ainsi, la lune est plus grande et ses taches plus distinctes. Tu placeras près de ton œil un verre empli de l'eau mentionnée au [chapitre] quatre du livre 113 « Des choses naturelles », eau qui fait que les choses congelées dans des boules de cristal semblent ne pas être sous verre.

De l'œil.

Des corps plus petits que la pupille de l'œil, le plus rapproché d'elle sera celui qu'elle discernera le moins – d'où il s'ensuit que la puissance visuelle n'est pas réduite en un point.

Mais les images des objets qui se rencontrent dans la pupille se répandent sur elle comme ils le font en l'air ; nous en avons la preuve si nous regardons les cieux étoilés sans plus fixer une étoile qu'une autre ; car alors ils nous apparaissent semés d'astres présentant dans l'œil les mêmes proportions que dans le ciel, et les intervalles qui les séparent sont aussi les mêmes.

[ca. 1513-1514]
E, 16 r.

Le contraire se produit avec la perspective naturelle, car plus la distance est grande, plus l'objet semble petit, et inversement. Mais cette invention contraint le spectateur à regarder par un petit trou ; et ainsi, il le verra bien. Or, comme il y a beaucoup d'yeux rassemblés pour contempler en un même temps une seule et même œuvre produite par cet art, seul l'un d'entre eux verra bien l'office de la perspective, et les autres n'en auront qu'une vision confuse. Il convient donc d'éviter cette perspective composée et de s'en tenir à la simple, laquelle ne se propose point de montrer des plans en raccourci, mais autant que possible sous leur forme exacte. Et de cette perspective simple où le plan coupe la pyramide qui porte à l'œil des images également distantes de la faculté visuelle, un exemple nous est offert par la courbure de la pupille où ces pyramides se coupent à égale distance de la faculté visuelle.

PARMI DES CHOSES ÉGALES LA PLUS ÉLOIGNÉE SEMBLE MOINDRE

La pratique de la perspective se divise en [deux] parties dont la première traite de toutes les choses vues par l'œil à quelque distance que ce soit ; elle montre toutes ces choses diminuées à mesure que l'œil les contemple, sans que l'on soit obligé de se tenir en un endroit plutôt qu'en un autre, à condition que le mur ne produise un second effet de raccourci. *[ca. 1513-1514] E, 16 v.*

Mais la seconde pratique est un mélange de perspective artificielle et de perspective naturelle, et aucune partie de l'œuvre exécutée conformément à ses règles n'échappe à l'influence de la perspective naturelle ou de l'accidentelle. La perspective naturelle a trait à la paroi plane où elle est figurée, paroi qui, bien que de longueur et hauteur parallèles, est obligée de diminuer les parties lointaines plus que les proches. Ceci est prouvé en vertu de la première du discours qui fut exposé plus haut, et sa diminution est naturelle.

La perspective accidentelle créée par l'art, agit inversement, car elle fait que les corps égaux s'accroissent sur le plan raccourci, dans la mesure où l'œil est plus naturel et plus près du plan, et d'autant plus que la partie de ce plan où ils sont représentés est plus distante de l'œil.

⁂

PERSPECTIVE DE LA DISPARITION DES CONTOURS DES CORPS OPAQUES

Si les contours véritables des corps opaques se brouillent de près, ils seront encore moins visibles de très loin ; et comme c'est par les contours que se révèle la forme exacte de tout corps opaque, chaque fois que la distance nous empêchera de percevoir l'ensemble, la perception de ses parties et contours nous fera encore plus défaut. *[ca. 1513-1514] E, 80 r.*

⁂

DE LA PEINTURE ET DE LA PERSPECTIVE

[ca. 1513-1514]
E, 80 v.

En peinture, trois sortes de perspectives sont usitées : la première se rapporte à la diminution de volume des corps opaques ; la deuxième traite de la diminution et de l'effacement de leurs contours. La troisième, de leur diminution et décoloration à grande distance.

PERSPECTIVE DE LA DIMINUTION DES CORPS OPAQUES

Entre des corps opaques d'égale grandeur, leur diminution apparente variera suivant leur distance par rapport à l'œil qui les regarde ; mais ce sera selon une proportion inverse, car plus le corps opaque est loin, plus il semble réduit ; à moindre distance, ce même corps paraîtra plus grand et la perspective linéaire est fondée là-dessus. Montre ensuite comment, à grande distance, la partie de l'objet qui se perd la première, est la plus ténue. Ainsi les jambes du cheval s'effaceront avant sa tête, étant plus fines ; et le col avant le poitrail, pour la même raison. Il s'ensuit que la partie du cheval que l'œil discerne en dernier est le poitrail qui conserve sa forme ovale mais se rapproche davantage du cylindre ; et sa grosseur se perd avant sa longueur, en vertu de la deuxième proposition précitée. L'œil est-il immobile, la perspective aboutit au loin à un point ; mais si l'œil se déplace en ligne droite, la perspective se termine par une ligne, car il est prouvé que la ligne est produite par le mouvement du point, et notre vision étant fixée sur le point, il s'ensuit qu'elle se déplace avec ce point dont le mouvement crée la ligne.

*

[ca. 1508-1509]
F, 36 r.

Entre des objets de même grandeur placés à égale distance de l'œil, le plus lumineux semblera le plus grand.

Entre des objets égaux, à égale distance de l'œil, le plus obscur semblera le plus petit.

*

[ca. 1508-1509]
F, 60 v.

Entre des choses à égale distance de l'œil, celle-là lui semblera moins diminuée qui, au début, était plus considérable.

Entre des choses éloignées de l'œil à distance égale de leur première position, celle-là est moins réduite qui, au début, était plus éloignée de lui.

Il y aura même rapport entre les diminutions qu'entre les distances qui les séparaient de l'œil avant leur mouvement.

PERSPECTIVE SIMPLE

[ca. 1510-1516] G, 13 v.

La perspective simple est celle qui est créée par l'art sur une position également distante de l'œil en chacune de ses parties.

La perspective composée est celle qui est faite sur une position qui n'a pas deux parties à égale distance de l'œil.

PERSPECTIVE

[ca. 1510-1516] G, 29 v.

Si deux choses égales et similaires sont placées l'une devant l'autre à une certaine distance, la différence de leurs dimensions s'accusera dans la mesure où elles seront plus près de l'œil qui les voit. Inversement, leurs dimensions sembleront différer d'autant moins qu'elles seront plus loin de l'œil.

On le prouve au moyen des proportions de leurs distances ; car supposé deux corps et que la distance entre l'œil et le premier soit égale à celle qui sépare le premier du second, cette proportion s'appellera double ; en effet, si le premier est à une brasse de l'œil, et le second à deux brasses, le deuxième intervalle étant le double du premier, le premier corps paraîtra être le double du second. Si tu éloignes le premier de cent brasses et le second de cent une brasses, le premier te semblera plus grand que le second dans la mesure où cent est inférieur à cent un, et ainsi inversement.

La même chose ressort de la quatrième [proposition] relative à ceci, qui dit : « entre des choses égales, il y a même rapport de grandeur à grandeur que de distance à distance de l'œil qui les voit ».

DISCOURS SUR LA PEINTURE

[ca. 1510-1516] G, 53 v.

En peinture, la perspective se divise en trois parties principales : la première traite de la diminution que subit la dimension des corps à diverses distances ; la deuxième concerne l'atténuation de leurs couleurs ; la troisième, l'imprécision des formes et contours à diverses distances.

La perspective emploie pour les distances deux pyramides opposées, dont l'une a son sommet dans l'œil et sa base à l'horizon, et l'autre a sa base du côté de l'œil et son sommet à l'horizon. La première se rapporte à l'univers et embrasse la masse des objets qui passent devant l'œil, comme un vaste paysage vu par une étroite ouverture – les objets aperçus par ce trou sembleront d'autant plus nombreux qu'ils sont plus éloignés de l'œil. La base confine donc à l'horizon et le sommet à l'œil, comme je l'ai dit plus haut.

La seconde pyramide se rapporte à une particularité du paysage, qui paraît d'autant moindre qu'elle s'éloigne davantage de l'œil. Ce second exemple de perspective dérive du premier.

Pour toute figure placée à une grande distance, tu commences par perdre d'abord la notion de ses parties les plus petites, et conserves jusqu'à la fin celle des plus grandes, en cessant toutefois de distinguer leurs extrémités ; elles deviennent elliptiques ou sphériques, et leurs limites, confuses.

[ca. 1494]
H, 71 (23) r.

L'œil ne peut saisir l'angle lumineux qui est tout près de lui.

PERSPECTIVE

[ca. 1494]
H, 76 (28) v.

Les ombres, ou reflets des choses en eau mouvante, c'est-à-dire agitée de vaguelettes, seront toujours plus grandes que l'objet placé hors de l'eau, qui les provoque.

L'œil ne peut calculer à quel endroit doit descendre l'objet placé très haut.

[ca. 1494]
H, 81 (33) r.

Nulle surface ne se révélera exactement, si l'œil qui la voit n'est à égale distance de ses extrémités.

DE LA PERSPECTIVE ORDINAIRE

[ca. 1497]
I, 17 v.

L'objet d'épaisseur et de couleur uniformes, vu sur un fond bariolé, ne semblera point d'épaisseur uniforme.

Si un objet d'épaisseur uniforme et de teintes variées est vu sur un fond uniformément coloré, il semblera diversement épais.

Et dans la mesure où les couleurs du fond ou de l'objet qui se détache sur lui, offrent plus de variété, leur épaisseur paraîtra varier davantage, encore que les objets vus sur le fond puissent être d'égale épaisseur.

⁂

[ca. 1497]
I, 18 r.

L'objet sombre vu sur champ clair paraîtra plus petit qu'il n'est.

L'objet clair paraîtra plus grand, vu sur un fond de couleur plus sombre.

⁂

[ca. 1506-1507]
K, 120 (40) v.

Si l'œil est à mi-chemin du parcours de deux chevaux courant vers le but sur des pistes parallèles, il aura l'impression qu'ils courent à la rencontre l'un de l'autre.

Ce qui vient d'être énoncé tient à ce que les images des chevaux qui s'impriment sur l'œil se déplacent vers le milieu de la surface de la pupille.

⁂

PEINTURE

[ca. 1502-1504]
L, 21 r.

Indique en raccourci, aux sommets et aux flancs des montagnes, les contours des terres et leurs divisions ; et pour les choses tournées vers toi, représente-les sous leur forme véritable.

⁂

[ca. 1500-1505, peut-être 1503]
B. M. 134 v.

Entre des choses d'égale rapidité, la plus éloignée de l'œil semblera de mouvement plus lent.

Voilà pourquoi la plus rapprochée de l'œil semblera plus rapide.

⁂

[Perspective aérienne.]

[ca. 1506-1508, ou ca. 1508-1510]
B. M. 169 r.

Le matin, le brouillard est plus dense dans les zones élevées que dans les parties basses, parce que le soleil l'attire en haut ; ainsi, pour les édifices élevés, leur sommet sera invisible, bien qu'il soit à la même distance que leur base. Voilà pourquoi le ciel, plus sombre au-dessus de l'horizon et dans cette direction, ne se rapproche pas du bleu, mais il est couleur de fumée et de poussière.

L'atmosphère trempée de brumes, entièrement dépourvue d'azur, paraît de la teinte des nuages, qui virent au blanc lorsqu'il fait beau. Plus tu tournes vers l'occident, plus tu le trouveras sombre et plus le ciel sera brillant et clair vers l'orient. La verdure des campagnes se teintera de bleu dans la brume, mais virera au noir si elle s'épaissit.

Les édifices face à l'ouest ne présentent que leur côté éclairé, le reste est caché par les vapeurs.

Quand le soleil se lève et chasse les brouillards, du côté qu'ils ont quitté les collines se précisent et bleuissent, une buée semble s'en exhaler dans la direction des brumes qui s'envolent, et les édifices révèlent leurs ombres et leurs lumières. Où le brouillard est moins dense, ils montrent uniquement les points lumineux, et où il est plus dense, rien du tout. C'est alors que le mouvement du brouillard le fait se dissiper horizontalement, et ainsi ses bords se distinguent à peine du bleu de l'atmosphère et contre le sol, il fera presque l'effet d'une poussière qui s'élève.

Plus l'atmosphère est dense, plus les édifices de la ville et les arbres des paysages paraîtront rares, car seuls seront perceptibles les plus saillants et les plus importants.

Les montagnes sembleront moins nombreuses, parce qu'on ne verra que celles qui sont les plus écartées les unes des autres ; en effet, à de telles distances, l'accroissement de densité provoque une clarté si vive que l'obscurité des hauteurs se fragmente et disparaît complètement vers les sommets. Sur les collines avoisinantes, elle ne peut trouver un tremplin analogue et voilà pourquoi celles-ci sont moins visibles, surtout à leur base.

L'obscurité baigne de sa couleur toute chose, et plus un objet en est éloigné, plus il révèle sa couleur véritable et naturelle.

[ca. 1495-1497]
Forster II, 5 r.

Des choses égales, à égale distance de l'œil, lui paraîtront de dimension égale.

DE LA PERSPECTIVE

Il y aura même rapport de clarté et d'obscurité entre les parties ombreuses et les parties éclairées des corps opaques, qu'entre celles de leurs objets [c'est-à-dire du corps ou des corps qui se projettent sur eux].

DE LA PERSPECTIVE

Entre choses d'égale dimension, la plus éloignée de l'œil semblera de moindre volume. *[ca. 1495-1497] Forster II, 15 v.*

DE LA PERSPECTIVE

Lorsque l'œil se détourne d'un objet blanc illuminé par le soleil pour se poser sur un endroit moins lumineux, tout ce qu'il y voit lui semble obscur. En effet, l'œil qui s'arrête sur cet objet blanc illuminé contracte sa pupille à un tel degré que – quelle que fût la surface qui auparavant était visible – il en aura perdu plus des trois quarts. Ainsi, sa dimension étant réduite, sa force le sera aussi. *[ca. 1495-1497] Forster II, 158 v.*

Tu pourras m'objecter : l'oisillon verrait donc relativement fort peu, et la petitesse de ses pupilles ferait que ce blanc lui paraîtrait noir. À cela je te répondrai que notre attention se porte en ce moment sur la partie du cerveau affectée au sens visuel et non sur autre chose ; ou inversement, notre pupille se dilate et se contracte selon la clarté ou l'obscurité de l'objet, et comme il lui faut pour cela un intervalle de temps, elle ne peut donc voir tout de suite lorsqu'elle passe de la lumière à l'ombre, ou de l'ombre en un lieu éclairé ; ce fait m'a déjà induit en erreur lorsque je peignais un œil et m'a instruit.

Entre choses égales, la plus éloignée semblera la moindre ; et le rapport entre les diminutions sera le même qu'entre les distances. *[ca. 1508-1510] RL 19115 r.*

[Perspective des couleurs.]

Fais la perspective des couleurs de façon qu'elle ne soit pas en désaccord avec la dimension de l'objet, c'est-à-dire que les couleurs perdent partiellement leur nature dans la proportion où les corps, à diverses distances, perdent de leur quantité naturelle. *[ca. 1506-1508] RL 12639 r.*

XXXIV

MATÉRIEL DE L'ARTISTE

« L'ambre, sache-le, est le latex du cyprès. »

[ca. 1478-1480] *C. A. 18 v.*

Les noix sont couvertes d'une peau épaisse dont la nature procède de l'écorce ; si tu ne la pèles quand tu fabriques de l'huile, cette écale teinte le liquide et lorsque tu en fais usage pour ton travail, elle se sépare de l'huile et affleure à la surface du tableau ; voilà pourquoi il change.

COMMENT FAIRE DU ROUGE SUR DU VERRE POUR OBTENIR LA COULEUR CHAIR

[ca. 1487-1490] *Tr. 40 v.*

Prends des rubis de Rocca Nera ou des grenats, et mélange-les avec du *lattimo*[1] ; le bol d'Arménie aussi est bon, pour une part.

[ca. 1494] *H, 65 (17) r.*

Sève d'euphorbe et lait de figuier comme dissolvant.

[ca. 1494] *H, 94 (46) v.*

Tu obtiendras une belle ocre en employant la méthode usitée pour fabriquer le blanc de céruse.

1. *Lattimo,* substance laiteuse employée par les vitriers. Voir Antonio Neri, *L'arte vetraria distinta in libri sette*, Florence, 1612.

•◆•

VERNIS

Prends de [l'huile] de cyprès que tu distilleras ; aie un grand vase où tu mettras l'essence distillée, avec de l'eau en quantité suffisante pour lui donner une couleur ambrée. Recouvre-la bien afin qu'elle ne s'évapore pas ; est-elle dissoute, ajoute de cette essence dans le vase, de façon qu'elle soit liquide à souhait. L'ambre, sache-le, est le latex du cyprès. *[ca. 1505] Forster I, 43 r.*

Le vernis étant la résine du genièvre, si tu distilles le genièvre, le vernis se dissoudra dans cette essence, comme il est indiqué ci-dessus.

•◆•

Arrose les racines d'un genévrier et mélange le suc qui s'en écoule à de l'huile de noix ; tu auras un vernis parfait, à base de vernis ; traite de même le cyprès et tu obtiendras un beau vernis couleur d'ambre, d'une fameuse qualité. Fais cela en mai ou en avril. *[ca. 1505] Forster I, 44 v.*

•◆•

POUR FAIRE DES POINTES SÈCHES

Mélange avec un peu de cire pour prévenir l'écaillement. Cette cire sera dissoute dans l'eau ; ainsi, une fois le blanc de céruse malaxé, cette eau étant distillée s'évaporera et seule restera la cire ; et tu obtiendras de bonnes pointes. Mais sache qu'il te faut broyer les couleurs avec une pierre chaude. *[ca. 1495-1497] Forster II, 159 r.*

•◆•

HUILE

Graines de moutarde pilées avec l'huile de lin. *[ca. 1487-1490, et ca. 1493-1497] Forster III, 10 r.*

•◆•

Fais une huile de graine de moutarde, et pour plus de facilité, mélange la graine broyée avec l'huile de lin, et mets le tout au pressoir. *[ca. 1487-1490, et ca. 1493-1497] Forster III, 40 r.*

•◆•

DE LA FRAPPE DES MÉDAILLES

[ca. 1505]
Sul Volo, couverture, (1) v.

La pâte [est faite] d'émeri mélangé à l'eau-de-vie ou de limaille de fer, avec du vinaigre ou des cendres de feuilles de noyer, ou des cendres de paille subtilement triturées.

Pour piler le diamant, on l'enveloppe de plomb et on le bat avec un marteau ; le plomb ayant été à diverses reprises étendu puis de nouveau roulé, on le conserve dans le papier, pour éviter l'éparpillement de cette poudre. Après, tu feras fondre le plomb ; la poudre montera à la surface, au-dessus du plomb fondu, et sera ensuite frottée entre deux plaques d'acier, pour acquérir grande finesse ; enfin tu la plongeras dans un bain d'eau-forte et la noirceur du fer se dissoudra, laissant la poudre à l'état pur.

On concasse les gros morceaux d'émeri en les plaçant sur un drap plié plusieurs fois et en les frappant de côté avec un marteau ; ainsi, il forme peu à peu des écailles et se pile sans difficulté ; si tu le tenais sur l'enclume, tu ne le briserais jamais, en raison de sa dimension.

Le broyeur d'émaux devra s'exercer ainsi sur les plaques d'acier trempé, avec le moulin d'acier ; mets-le ensuite dans de l'eau-forte ; elle dissoudra tout l'acier corrodé, qui, mêlé à cet émail, l'a noirci ; après quoi l'émail restera purifié et net.

Si tu le broies sur du porphyre, ce porphyre se consume et en se mélangeant avec l'émail il le gâte, et l'eau-forte ne le débarrassera jamais du porphyre, faute de pouvoir le dissoudre.

Si tu veux obtenir un beau bleu, dissous dans le tartre l'émail que tu as fabriqué et ôte le sel.

Le laiton vitrifié donne un beau rouge.

XXXV

COMMANDES

« Œuvres glorieuses par lesquelles je pourrai montrer à ceux qui viendront ce que j'ai été. »

[1]Chefs des Florentins. *[ca. 1503-1504] C. A. 202 r. a et 202 v. a et b*
Neri di Gino Capponi.
Bernadetto de' Medici.
Niccolò da Pisa.
Le comte Francesco.
Micheletto.
Pietro Gian Paolo.
Guelfo Orsino.
Messer Rinaldo degli Albizi.

Tu commenceras par la harangue de Niccolò Piccinino aux soldats et aux Florentins exilés, parmi lesquels se trouvait messer Rinaldo degli Albizi. Ensuite, tu le montreras à cheval, armé de pied en cap, et suivi de toutes ses troupes ; quarante escadrons de cavalerie et deux mille fantassins l'escortaient.

De bon matin, le Patriarche ayant gravi une colline pour reconnaître le pays - c'est-à-dire les monts, prairies et une vallée arrosée par un fleuve -, il vit Niccolò Piccinino, qui approchait de Borgo San Sepolcro avec ses hommes, dans un

1. Notice fixant l'ordre des événements dans la bataille d'Anghiari, que Léonard rédigea vraisemblablement comme aide-mémoire lorsqu'il composait son tableau sur le mur de la salle du Conseil, au Palazzo della Signoria, à Florence.

grand nuage de poussière ; et, quand il l'aperçut, il se tourna vers ses condottieri, et leur parla.

Ayant dit, il joignit les mains et pria Dieu ; et voici qu'il vit une nuée, et de la nuée, saint Pierre sortit et lui parla. Cinq cents cavaliers furent expédiés par le Patriarche, pour gêner ou arrêter l'attaque ennemie.

Dans la troupe d'avant-garde se trouvait Francesco, fils de Niccolò Piccinino, qui arriva le premier, pour attaquer le pont défendu par le Patriarche[1] et les Florentins. Derrière le pont, sur la gauche, il envoya l'infanterie contre nos hommes qui la repoussèrent. Leur chef était Micheletto, qui [ce jour-là, par hasard,] était l'officier de la garde à la cour. Ici, sur ce pont, la lutte fut vive : [tantôt] l'ennemi est vainqueur, et [tantôt] il est repoussé.

Alors Guido et Astorre, son frère, seigneur de Faenza, avec un grand nombre des leurs, se reformèrent et recommencèrent le combat : ils se jetèrent sur les Florentins si véhémentement qu'ils reprirent le pont et poussèrent jusqu'aux tentes.

Vint à leur rencontre Simonetto avec six cavaliers, pour harceler l'ennemi ; il le chassa de nouveau de cet endroit, et réoccupa le pont.

Derrière lui surgit une autre compagnie avec deux mille cavaliers ; et ainsi, pendant un long temps, l'issue de la bataille fut incertaine.

Alors le Patriarche, pour jeter le désordre dans les rangs de l'adversaire, dépêcha en avant Niccolò da Pisa et Napoleone Orsino, un jouvenceau imberbe, et avec eux une multitude d'hommes, et un autre grand fait d'armes fut accompli.

À ce moment, Niccolò Piccinino lança un autre groupe de ses partisans, ce qui provoqua une nouvelle avance de nos hommes ; et si le Patriarche ne s'était jeté dans la mêlée pour soutenir ses capitaines, de la parole et du geste, l'ennemi les aurait mis en déroute.

Le Patriarche leur fit dresser sur la colline certaines pièces d'artillerie grâce auxquelles il sema la confusion parmi l'infanterie ennemie. Si grand fut le désordre que Niccolò rappela son fils et tous ses partisans, et ils prirent la fuite vers le Borgo. Il y eut en ce lieu un grand carnage et nul n'en réchappa hormis ceux qui s'enfuirent des premiers ou qui se cachèrent. Le combat se poursuivit jusqu'au coucher du

1. Ms. : « PP ».

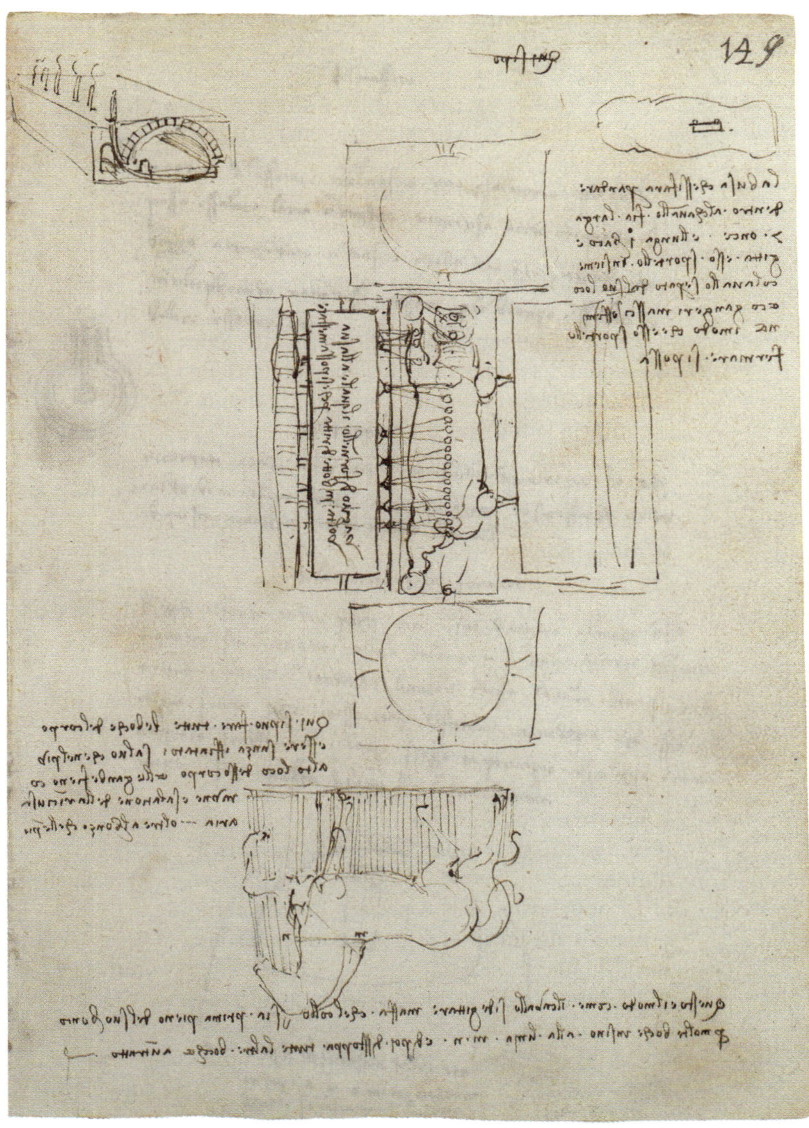

Fonte. Fosse de fusion du cheval Sforza (*Madrid II*, 149 r.).

soleil ; le Patriarche s'occupa de retirer les troupes et d'enterrer les morts, après quoi il dressa un trophée.

[ca. 1508]
C. A. 492 r.

MONUMENT DE MESSER GIOVANNI GIACOMO DA TRIVULZIO

[Prix de revient du travail et de la matière pour le cheval.]

Prix du métal pour un cheval avec son cavalier..	ducats 500
Prix de l'armature métallique à l'intérieur du modèle ; du charbon, des étais en bois, de la poix pour couler et pour attacher le moule, y compris le four où il sera coulé..............	ducats 200
Pour faire le modèle en argile puis en cire..	ducats 432
Et pour les ouvriers polisseurs après que le modèle sera coulé................................	ducats 450
Total..	ducats 1 582

Coût du marbre pour la sépulture.

Coût du marbre, conformément au projet. Le bloc de marbre qui servira de socle au cheval, lequel a 4 brasses[1] de long, et 2 brasses 2 pouces de large, et 9 pouces d'épaisseur, 58 quintaux, à 4 lires 10 sols le quintal..	ducats 58
Et pour 13 brasses 6 pouces de corniche, 7 pouces de large et 4 pouces d'épaisseur, 24 quintaux..	ducats 24
Et pour la frise et l'architrave qui est de 4 brasses, 6 pouces de long, 2 brasses de large et 6 pouces d'épaisseur, 20 quintaux..	ducats 20
Et pour les chapiteaux en métal au nombre	

1. Une brasse équivaut à environ 1,62 m.

de 8, de 5 pouces carrés et 2 pouces d'épaisseur, à raison de 15 ducats chacun, ils reviennent à........	ducats 120
Et pour 8 colonnes, de 2 brasses 7 pouces, 4 pouces 1/2 d'épaisseur, 20 quintaux........	ducats 20
Et pour 8 socles de 5 pouces 1/2 carrés, et 2 pouces de haut, 5 quintaux........	ducats 5
Et pour la pierre qui est sur le tombeau, longue de 4 brasses 10 pouces, large de 2 brasses 4 pouces 1/2, 36 quintaux........	ducats 36
Et pour les 8 pieds des piédestaux, longs de 8 brasses, larges de 6 pouces 1/2, épais de 6 pouces et demi et 20 quintaux........	ducats 20
Et pour la corniche du dessous, qui mesure [4] brasses 10 pouces de long, 2 brasses 5 pouces de large et 4 pouces d'épaisseur, 32 quintaux........	ducats 32
Et pour la pierre dont sera fait le gisant, et qui a 3 brasses 8 pouces de long, 1 brasse 6 pouces de large, 9 pouces d'épaisseur, 30 quintaux	ducats 30
Et pour la dalle sous le gisant, qui a 3 brasses 4 pouces de long, 1 brasse 2 pouces de large, 4 pouces 1/2 d'épaisseur........	ducats 16
Et pour les plaques de marbre entre les piédestaux – au nombre de 8 – 9 brasses de long, 9 pouces de large, 3 pouces d'épaisseur, 8 quintaux........	ducats 8
Total........	ducats 389

Coût du travail du marbre.

Autour du socle du cheval, 8 figures à 25 ducats la pièce........	ducats 200
Et le même socle comporte 8 festons avec certains autres ornements, dont 4 à 15 ducats la pièce, et 4 à 8 ducats la pièce........	ducats 92
Et pour équarrir ces pierres........	ducats 6
En outre, pour la grande corniche, courant au-dessous du socle du cheval, qui est de 13 brasses 6 pouces, à 2 ducats la brasse...	ducats 27

Et pour 12 brasses de frise à 5 ducats la brasse	ducats 60
Et pour 12 brasses d'architrave à 1 ducat 1/2 la brasse	ducats 18
Et pour 3 rosaces qui forment le soffite du monument, à 20 ducats la rosace	ducats 60
Et pour 8 colonnes cannelées à 8 ducats chacune	ducats 64
Et pour 8 socles à 1 ducat pièce	ducats 8
Et pour 8 piédestaux dont 4 à 10 ducats, qui vont au-dessus des coins, et 4 à 6 ducats chacun	ducats 64
Et pour équarrir et encadrer les piédestaux, au nombre de 8, à 2 ducats pièce	ducats 16
Et pour 6 tables avec figures et trophées à 25 ducats pièce	ducats 150
Et pour faire les corniches de la pierre qui est sous le gisant	ducats 40
Pour faire le gisant, pour le faire bien	ducats 100
Pour 6 Harpies porteuses de chandeliers, à 25 ducats chacune	ducats 150
Pour équarrir la pierre où pose le gisant, et sa corniche	ducats 20
Total	ducats 1 075

Le total additionné de l'ensemble est de 3 046 ducats.

[ca. 1508-1510]
C. A. 783 v.

Les Travaux d'Hercule, pour Pier F. Ginori.
Le jardin des Médicis[1].

1. E. MacCurdy fait remarquer que le rapprochement de ces deux notes, dans le ms., permet de voir dans la première une allusion à une commande projetée, sans doute, pour l'exécution ou l'étude d'un travail de sculpture, dans le jardin des Médicis, piazza San Marco, où du temps du Magnifique une académie des beaux-arts existait sous la direction du sculpteur Bertoldo. G. Vasari y fait allusion dans ses vies de Donatello et de Torrigiano. Le fait que Léonard a travaillé un certain temps dans ce jardin est attesté dans la brève biographie que lui consacra l'Anonyme Gaddiano : « Jeune, il fut employé par Laurent le Magnifique de Médicis, qui lui versait un salaire pour travailler dans le jardin sur la place de San Marco à Florence » ; voir p. 1429. (*N.d.T.*)

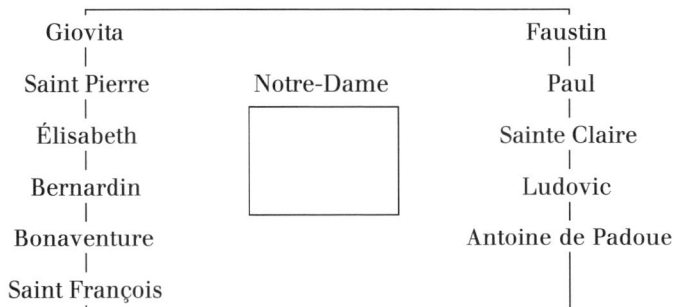

[Diagramme pour un maître-autel.]

[ca. 1497]
I, 107 (59) r.

Giovita		Faustin
Saint Pierre	Notre-Dame	Paul
Élisabeth		Sainte Claire
Bernardin		Ludovic
Bonaventure		Antoine de Padoue
Saint François		

François.
Antoine. Lys et livre.
Bernardin avec Jésus.
Ludovic avec trois lys sur la poitrine et la couronne à ses pieds.
Bonaventure, avec Séraphin.
Sainte Claire, avec le tabernacle.
Élisabeth avec couronne royale[1].

[Notes vraisemblablement relatives à une commande.]

[ca. 1502-1504]
L, 1 r.

Ambrogio de Predis.
Saint Marc.
Ais pour la fenêtre.
Gaspari Strame.
Les saints dans la chapelle.
Les Génoises chez elles.

[Dessin, sans doute machinerie pour un décor de paysage.]

[ca. 1506-1508, ou ca. 1506-1510]
B. M. 231 v.

a b c d est une montagne qui s'ouvre ainsi : *a b* va en *c d*, et *c d* va en *e f* ; et Pluton apparaît en *g*, sa résidence.

1. Le Dr E. Moeller a identifié les noms qui figurent en tête des deux listes comme étant ceux des deux saints patrons de Brescia. Il donne à supposer que ce croquis fut un projet de retable pour le maître-autel de Saint-François à Brescia, que, selon lui, Léonard se proposait d'exécuter en 1479 (voir *Repertorium für Kunstwissenschaft*, XXV).

Quand le Paradis de Pluton s'ouvrira, fais-y placer des diables dans douze pots, pour figurer les bouches de l'Enfer.

Là, seront la Mort, les Furies, Cerbère, plusieurs *Putti*[1] nus, se lamentant. Là, des feux de couleurs variées

•◆•

[Dessins pour emblèmes héraldiques.]

MESSER ANTONIO GRI, VÉNITIEN, COMPAGNON D'ANTONIO MARIA

[ca. 1490-1495] B. M. 250 r.

À gauche, une roue, dont le moyeu dissimulera le milieu de la croupe du cheval, et dans ce centre il y aura la Prudence, de rouge vêtue, représentant la Charité assise dans un char de feu, un rameau de laurier à la main, pour symboliser l'espoir qu'engendre un service loyal.

De l'autre côté, place également l'Intrépidité tenant un collier, vêtue de blanc, ce qui signifie [...] et couronnée ; et la Prudence avec trois yeux.

Le caparaçon du cheval sera tissé d'or pur, ocellé comme le plumage du paon, et de même le harnachement et la cotte de l'homme.

Le cimier du casque et le haubert de plumes de paon sur champ d'or.

Au-dessus du casque, qu'il y ait un demi-globe représentant notre hémisphère sous forme de monde, et surmonté d'un paon qui fait la roue ; il dépassera le groupe richement décoré, et tous les ornements du cheval seront en plumes de paon sur champ d'or, pour figurer l'éclat que confère la faveur à qui la mérita par ses loyaux services.

Dans l'écu un grand miroir symbolique : qui aspire à la faveur doit se mirer dans ses vertus.

•◆•

LE CHRIST

[ca. 1495-1497] Forster II, 3 r.

Giovanni Conte, de la maison du cardinal de Mortaro.

Giovannina, visage de fantaisie, habite à Santa Caterina, à l'hospice.

1. *Putti* : enfants ou Amours.

•◆•

Alessandro Carissimo de Parme pour la main du Christ.

[ca. 1495-1497]
Forster II, 6 r.

•◆•

[1]Un qui buvait, a posé sa tasse et tourne la tête vers celui qui parle.

[ca. 1495-1497]
Forster II, 62 v. et 63 r.

Un autre entrelace les doigts de ses mains et, les sourcils froncés, se tourne vers son compagnon.

Un autre, les mains ouvertes montrant leur paume, remonte les épaules vers les oreilles, bouche bée de stupeur.

Un autre parle à l'oreille de son voisin, qui se tourne vers lui et tend l'oreille, tenant d'une main un couteau et de l'autre son pain à moitié coupé.

Un autre se retourne, le couteau à la main et de cette main renverse un verre sur la table.

Un autre, les mains posées sur la table, regarde fixement.

Un autre respire péniblement, la bouche ouverte.

Un autre se penche en avant pour voir celui qui parle et met sa main en écran devant ses yeux.

Un autre a un mouvement de recul, derrière l'homme penché et, entre lui et le mur, il observe celui qui parle.

•◆•

Cristofano de Castiglione habite à la Pietà ; il a une belle tête.

[ca. 1487-1490, et ca. 1493-1497]
Forster III, 1 v.

•◆•

Le morel florentin de messer Mariolo, un grand cheval, a une belle encolure et une très belle tête[2].

[ca. 1487-1490, et ca. 1493-1497]
Forster III, 88 r.

L'étalon blanc du fauconnier a de beaux flancs. Se trouve à la Porte Comasina.

Grand cheval de Cermonino, appartenant à signor Giulio.

•◆•

1. Description des attitudes des personnages de la Cène.

2. Ms. : « *morel fiorentino di miser Mariolo* », cheval de robe foncée. Le manuscrit où figurent ces notes contient des allusions aux années 1493 et 1494, les indications pourraient alors se rapporter à des études pour la statue équestre dont un modèle fut érigé l'année suivante.

[Dessin de jambes antérieures de cheval, accompagné de mesures.]

[ca. 1490-1492] *RL 12294* Le [cheval] sicilien de messer Galeazzo.

Fais ceci de la même façon, vu du dedans, avec les mesures de l'épaule.

•◆•

[Dessin de cheval.]

[ca. 1490] *RL 12319* Le grand genêt de messer Galeazzo.

•◆•

[ca. 1499 ?] *C. A. 456 v.*

[1]*Ut bene, respondet naturae ars docta : dedisset*
Vincius, ut tribuit cetera, sic animam.
Noluit, ut similis magis haec foret : altera sic est :
Possidet illius Maurus amans animam.
Hujus, quam cernis, nomen Lucretia : divi
Omnia cui larga contribuere manu.
Rara huic forma data est : pinxit Leonardus : amavit
Maurus ; pictorum primus hic : ille ducum.
Naturam et superas hac laesit imagine divas.
Pictor : tantum hominis posse manum haec doluit
Illae longa dari tam magnae tempora formae :
Quae spatio fuerat deperitura brevi.
Has laesit Mauri causa : defendet et ipsum
Maurus : Maurum homines laedere diique timent[2].

1. Les vers suivants, vraisemblablement adressés à Léonard par un admirateur de son art, prouvent qu'il est l'auteur d'un portrait de Lucrezia Crivelli, dame de la cour de Milan.

2. « Combien l'art du maître correspond à la nature ! Le Vinci aurait pu montrer ici l'âme, comme il a rendu le reste. Il ne l'a point fait afin que son tableau fût plus ressemblant : car l'âme de l'original est en la possession du More, son amant. La dame a nom Lucrèce et les dieux la comblèrent de leurs dons. La beauté des formes lui fut impartie, Léonard la peignit, le More l'aima – l'un le plus grand des peintres, l'autre, des princes. En la faisant aussi ressemblante, le peintre offensa la Nature et les déesses d'en haut. La Nature déplora que la main de l'homme pût atteindre à une telle perfection ; et les déesses, que l'immortalité fût impartie à une forme aussi belle, destinée à périr. Pour l'amour du More, Léonard commit cette offense, et le More le protégera. Hommes et dieux craignent à l'envi d'offenser le More. »

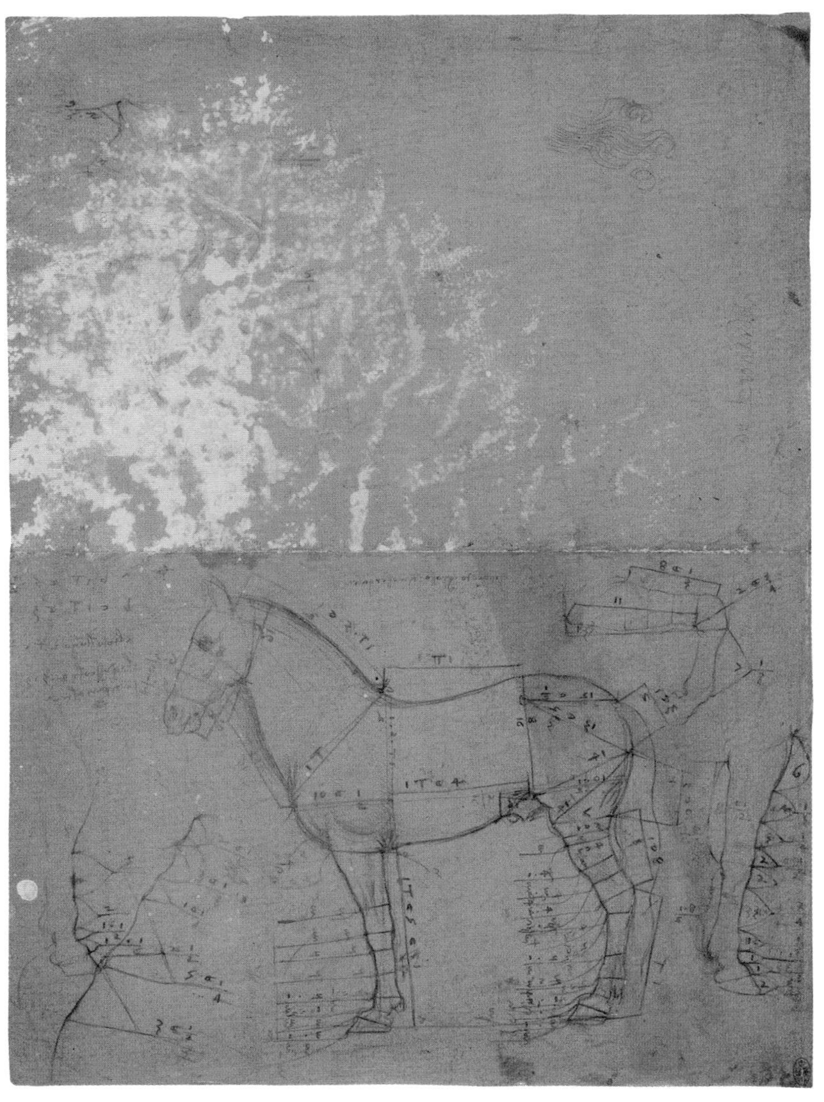

Le grand genêt de messer Galeazzo (*RL 12319*).

XXXVI

SCULPTURE

« Pratiquant au même degré l'art de la sculpture et celui de la peinture. »

[Notes pour la préparation d'une statue.]

[ca. 1490-1491]
C. A. 399 r.

Pour celle de Pavie[1], le mouvement mérite la louange plus que tout le reste.

Il est préférable de copier une œuvre d'après l'antique qu'une œuvre moderne.

Tu ne peux allier l'utilité à la beauté, comme il appert des forteresses et des hommes.

Le trot a presque l'allure naturelle du cheval en liberté.

Où la vivacité fait défaut, il convient de la créer.

[ca. 1490-1492]
C. A. 576 v. b

La sculpture ne peut représenter les choses transparentes ou lumineuses.

1. La référence se rapporte à l'antique statue équestre en bronze d'Odoacre, roi des Goths, d'après l'Anonyme Morelliano, Gisulphe selon Antonio Campo, l'historien de Crémone ; statue que Charlemagne fit transporter de Ravenne à Pavie ; elle figura sur la place du Dôme jusqu'à l'époque de sa destruction, en 1796, au cours d'une insurrection. On l'appelait Regisole, allusion aux reflets des rayons solaires sur le bronze doré. Dans une lettre à Boccace, Pétrarque dit qu'elle était tenue pour un chef-d'œuvre artistique par tous les bons juges.

[En marge d'une sanguine représentant un cheval en marche, dans un cadre.]

Toutes les têtes des grandes chevilles de fer. *[ca. 1493] C. A. 577 v.*

Comment l'œil ne peut discerner les formes des corps à l'intérieur de leurs limites, qu'au moyen des ombres et des lumières ; et beaucoup de sciences, telles la peinture, la sculpture, l'astronomie, une grande partie de la perspective et autres analogues, seraient réduites à néant sans la connaissance de ces ombres et lumières. *[ca. 1513-1514] C. A. 752 r.*

Ainsi qu'on le peut démontrer, le sculpteur ne saurait travailler sans l'aide de ces ombres et lumières, sinon la matière sculptée resterait d'une tonalité uniforme ; et en vertu de la neuvième [proposition] de ce [livre], il est prouvé que la couleur naturelle d'une surface plane, éclairée par une lumière uniforme, ne perd en aucune de ses parties sa clarté ou son obscurité, et cette monochromie démontre que la surface est uniformément lisse.

Si donc la matière sculptée n'était point revêtue d'ombres et de lumières déterminées par la protubérance de certains muscles et les creux interposés entre eux, le sculpteur ne pourrait suivre les progrès de son œuvre et ce qu'il aurait modelé en plein jour équivaudrait presque à un travail fait dans l'obscurité de la nuit.

La peinture toutefois, grâce à ces ombres et lumières, arrive à figurer sur des surfaces planes des scènes présentant des creux et des reliefs, séparés les uns des autres par des distances diverses et sous des aspects différents.

Mensurations du [cheval] sicilien, la jambe postérieure levée et étendue en avant. *[ca. 1493-1494] C. A. 794 r.*

DES STATUES

Si tu veux faire une figure de marbre, commence par l'exécuter en argile ; quand elle sera terminée, laisse-la sécher, mets-la dans une caisse assez large pour pouvoir, une fois la *[ca. 1490] A, 43 r.*

figure retirée, contenir le bloc de marbre dont tu veux extraire la figure semblable à ta maquette d'argile. Celle-ci mise dans la caisse, fabrique des baguettes qui s'emboîtent exactement dans ses trous et enfonce-les jusqu'à ce que chaque baguette blanche touche la figure en des points différents ; teinte de noir les parties des baguettes qui sortent de la caisse et marque chaque baguette d'un signe distinctif ainsi que le trou correspondant, pour pouvoir les ajuster à ton gré. Puis, retire de la caisse la maquette d'argile et remplace-la par le bloc de marbre, dont tu ôteras une quantité suffisante pour que toutes les baguettes disparaissent dans leurs trous jusqu'aux marques ; et pour mieux y réussir, construis la caisse de manière qu'elle puisse être soulevée tout entière mais que le fond reste toujours sous le marbre ; ainsi, tu pourras faire très aisément usage de tes fers.

DU COUP DU SCULPTEUR

[ca. 1490-1491]
C, 6 v.

Parce que le temps du coup est indivisible, tout comme le contact qui le cause, l'opération s'accomplit si promptement que le coup n'a pas le temps de se transmettre jusqu'à la base des objets percutés avec une vitesse suffisante pour n'être pas déjà mort dans les parties supérieures, de même que le maçon brise dans sa main une pierre avec un marteau, sans violence ou dommage pour la main.

Voilà pourquoi, une fois le fer *a b* atteint par le coup de marteau en sa partie supérieure *a*, cette partie a cédé à la nature du coup plutôt qu'elle ne l'a transmis à sa base *b*, de sorte que l'extrémité se trouve agrandie plus que la base.

Il s'ensuit que les sculpteurs travaillent mieux leur marbre quand ils l'ébauchent avec un marteau pointu qu'avec un ciseau sur lequel le marteau frappe.

Une lame effilée peut trancher un petit pain en l'air.

[Sculpture.]

[ca. 1490-1492]
RL 19097 v.

Quand tu auras fini de construire la figure, tu feras la statue avec toutes les mesures de la surface.

D'aucuns ont erré en enseignant aux sculpteurs qu'il fallait entourer de fils de fer les membres de leurs figures, comme s'ils croyaient que ces membres étaient d'égale grosseur en chacune des parties encerclées par ces fers.

[ca. 1490] RL 19134 r. et 19135 r.

XXXVII

FONTE

« Du cheval je ne dirai rien parce que je connais les temps. »

[ca. 1485] *C. A. 976 r.* […] le froid sera assez dense pour exercer une action sur le plâtre, et tu verseras le reste et rempliras de plâtre ; puis, brise le moule et place en travers les fers en forant cire et plâtre ; enfin nettoie la cire à loisir ; après quoi, mets-la dans une caisse, recouvre-la d'un moule en plâtre en laissant les évents et l'orifice pour la fonte. Par cet orifice, retourne le moule en sens contraire ; et une fois chauffé, tu pourras en retirer la cire ; comble le vide qu'elle aura laissé, avec ta matière liquéfiée, et l'objet sera coulé en creux. Mais pour éviter que le plâtre ne se brise lorsqu'il est recuit, tu mettras à l'intérieur ce que tu sais.

[Dessin d'appareil.]

[ca. 1487-1490] *Tr. 26 v.* Voici comment les formes sèchent rapidement et sont continuellement tournées comme des rôtis.

COMMENT POLIR LES FONTES

Fabrique un faisceau de fils de fer gros comme une mince ficelle, avec lequel tu frotteras d'eau les fontes, en tenant un baquet au-dessous, pour éviter de faire de la boue. *[ca. 1487-1490] Tr. 17 r.*

ÉBARBAGE DES BORDS RUGUEUX DU BRONZE

Avec une tige de fer que tu fabriqueras et qui aura la forme d'un grand ciseau, frotte les rugosités qui subsistent sur les bords des bombardes brutes de fonderie, et qui sont causées par les joints du moule ; mais prends garde que la tige ait bon poids ; et procède à grands coups longs.

POUR FACILITER LA FONTE

Mélange d'abord dans le creuset une partie du métal, et mets-le dans le four ; une fois en fusion, il provoquera la fonte du cuivre.

POUR ÉVITER QUE LE CUIVRE NE REFROIDISSE DANS LE FOUR

Dès que tu verras le cuivre refroidir dans la fournaise, découpe-le en tranches avec une sonde, pendant qu'il forme une pâte ; ou, s'il est entièrement refroidi, coupe-le comme du plomb avec de grandes et fortes cisailles.

POUR FAIRE UNE GRANDE FONTE

Si tu veux faire une fonte de cent mille livres, emploie cinq fourneaux, avec deux mille livres pour chacun, ou trois mille livres tout au plus.

COMMENT DOIT ÊTRE PLACÉ L'AIS QUI SUPPORTE LA BOMBARDE

[ca. 1487-1490]
Tr. 16 v.

Par conséquent, l'ais[1] qui sert de guide pour la forme de la bombarde, doit être doublé, depuis le centre jusqu'à l'arrière, par une large et grande planche, pour l'empêcher de se tordre ; la face, non le côté de l'ais, portera le gabarit des châssis et de la forme de la bombarde. Quand tu ajouteras le suif, brunis cette face avec une dent de porc pour qu'elle soit solide ; et que le suif soit finement filtré pour qu'en tournant elle ne fasse pas de marques.

COMMENT BRISER UNE GRANDE MASSE DE BRONZE

Si tu veux briser une grande masse de bronze, commence par la suspendre, puis construis tout autour, des quatre côtés, un mur en forme d'auge à briques, et allumes-y un grand feu ; quand le bronze chauffé devient incandescent, frappe-le très fort avec un grand poids brandi au-dessus de lui.

POUR COULER PLUSIEURS PASSE-VOLANTS[2] À LA FOIS

[Deux croquis.]

Fais les conduits pour le bronze comme il est montré ici ; puis garde *d b c* bouchés, mais laisse le conduit *a* entièrement ouvert : une fois qu'il est plein, débouche *b*, et ce dernier rempli, débouche *c*, puis *d* ; la porte de ces conduits sera en briques, d'une épaisseur de trois doigts et bien recouvertes de cendre ; on l'ouvre ensuite avec des pincettes ; et les branches des conduits, quand elles sont encore en fusion, seront séparées par de petites plaques métalliques couvertes de terre avant d'être fixées.

1. C'est-à-dire la plate-forme.
2. *Passa-volante*, ancienne pièce d'artillerie italienne dont le nom se traduisait en français par « passe-volant » ou « dragon volant ».

COMMENT ALLIER LE PLOMB À UN AUTRE MÉTAL

Si par raison d'économie tu veux mettre du plomb avec le métal et afin de réduire la quantité d'étain nécessaire, fais d'abord un alliage de plomb et d'étain et ajoute, par-dessus, le cuivre fondu. *[ca. 1487-1490] Tr. 16 r.*

NÉCESSITÉ D'OPÉRER LA FUSION DANS UN FOUR

Le four sera entre quatre piliers posant sur de solides soubassements.

ÉPAISSEUR DE L'ENDUIT

L'enduit n'aura pas plus de deux doigts d'épaisseur et sera appliqué en quatre couches sur l'argile fine, puis bien apprêté ; et il ne sera adouci que du côté intérieur. On ajoutera ensuite un fin mélange de cendres et de fumier de vache.

GROSSEUR DE LA BOMBARDE

La bombarde sera chargée d'un boulet de six cents livres et davantage ; te fondant sur cette règle, tu mesureras le diamètre du boulet et le diviseras en six parties dont l'une aura le calibre de la bouche et équivaudra toujours à la moitié de la culasse. Si le boulet est de sept cents livres, le septième de son calibre égalera celui de la bouche, s'il est de huit cents, il aura le huitième du calibre de la bouche ; s'il est de neuf cents, le huitième et demi, et le neuvième s'il est de mille.

LONGUEUR DU TUBE DU MORTIER

Si tu veux lancer un boulet de pierre, il faut que la longueur du tube représente six ou sept fois le calibre du boulet ; et si le boulet est en fer, que ce tube représente douze fois le boulet ; et dix-huit fois, si le projectile est en plomb. Je veux dire, quand la bouche du mortier est capable de recevoir un boulet de pierre pesant six cents livres et davantage.

DE LA GROSSEUR D'UN PASSE-VOLANT

La grosseur de la bouche du passe-volant ne doit point excéder du tiers ou de la moitié, le calibre du boulet ; ni la longueur, trente à trente-six fois ce calibre.

•◆•

POUR LUTER LE FOUR À L'INTÉRIEUR

[ca. 1487-1490] Tr. 15 v.

Avant d'y introduire le métal, le four sera luté avec de la terre de Valence et de la cendre par-dessus.

POUR REMETTRE EN ÉTAT LE MÉTAL SUR LE POINT DE REFROIDIR

Quand tu vois que le bronze est sur le point de se congeler, prends du bois de saule coupé en petites brindilles et allume-le.

CAUSE DE SA CONGÉLATION

Je dis que cette congélation est fréquemment causée par l'excessivité du feu et par le bois sec à moitié seulement.

POUR CONNAÎTRE LE DEGRÉ DE CHALEUR DU FEU

La clarté des flammes t'indiquera le moment où le feu est bon et à point ; si les pointes des flammes sont troubles et terminées en grosse fumée, ne t'y fie pas, surtout quand ton métal fondu est à l'état presque fluide.

QUEL GENRE DE BOIS EST SOUHAITABLE

Le bon bois est le jeune saule, ou si l'on ne peut s'en procurer, prends de l'aune et que chaque branche soit jeune et bien sèche.

POUR FAIRE UN ALLIAGE DE MÉTAL

Le métal employé pour les bombardes doit invariablement se composer de six ou huit parties pour cent, c'est-à-dire six parties d'étain pour cent de cuivre ; mais moins tu en mettras, plus forte sera la bombarde.

À QUEL MOMENT L'ÉTAIN DOIT ÊTRE AJOUTÉ AU CUIVRE

L'étain doit être ajouté au cuivre lorsque celui-ci est devenu fluide.

MANIÈRE D'ACCÉLÉRER LA FONTE

Lorsque le cuivre est fluide aux deux tiers, tu peux accélérer la fonte en agitant, avec une baguette de châtaignier, le reste du cuivre encore entier parmi les parties en fusion.

LA TERRE FINE DES BOMBARDES

[ca. 1487-1490]
Tr. 15 r.

Prends des déchets de sciure de bois et colle-les au mur, en un mince plâtrage, pour qu'il sèche bien. Ensuite, pile-le et passe-le au crible pour le réduire en fine poudre, ajoute à cinquante parties de cette poudre dix parties de brique, pas trop cuite et bien pilée et tamisée ; et aussi quelques déchets de fine laine ou de futaine ; joins à cette composition six parties de cendres que tu passeras, une fois mouillées d'eau bien salée ; tu appliqueras ceci à l'état liquide, en minces couches, à deux ou trois reprises, avec une brosse de plâtrier, en laissant sécher chaque fois sans feu. Au préalable, il convient d'incorporer à cette mixture des cendres de bouse, mouillées d'eau salée.

DU SUIF

Le suif s'appliquera mélangé à de la suie prise chez le forgeron et aussi fine que possible, ou si tu veux, des cendres de bouse.

DES CADRES

Les cadres doivent arriver presque à la limite du cordon tire-feu, comme si l'on faisait tourner une toupie ; au-dessus, ils se termineront par de l'argile fine et seront polis avec le suif et la suie ; et les ornements seront en cire.

LE CHÂSSIS

Le cadre de la culasse doit avoir pour couvercle final un carré dans lequel se trouvent du poussier de brique et des cendres avec de l'eau salée. Ou mieux encore, il faut appliquer dessus des cendres de bouse mêlées d'eau salée.

POUR MANŒUVRER LE CADRE

Le cadre sera d'abord mis dans le fossé avec des crochets, comme tu l'as vu précédemment, puis réchauffé petit à petit, il prendra un peu la couleur de la brique ; [ensuite, avec un petit bout de bris,] tu le tapoteras doucement, morceau par morceau ; là où tu l'entendras résonner, attache-le avec du fil de fer, mais pour ne point te tromper, fais en sorte qu'il s'enroule partout.

TERRE PROPRE À ÊTRE GÉNÉRALEMENT UTILISÉE

La terre à employer généralement doit être celle qui sert à la composition des briques, mêlée à de la bouse ou à des déchets de laine.

•◆•

[ca. 1487-1490]
Tr. 30 r.

Le fond du four, trois rangs de briques crues, d'argile ordinaire et un pouce et demi de cendres ; la voûte, une couche de briques crues en terre de Valence, et une couche de briques cuites.

Il faudra mettre, avec les cendres, de la terre meuble[1].

Le bois du châssis des bombardes devra être couvert d'un pouce de fraisil.

1. Ms. : *i calossi.* Le dictionnaire italien de Hoare, à l'article *loscio,* porte *terra loscia,* terre meuble.

La bouche du four, c'est-à-dire l'endroit par où la flamme entre, sera en grandes briques de terre de Valence.

Chacun des deux carneaux sera affecté à une moitié de la fenêtre – pour l'entrée de la flamme.

•◆•

NOTES SUR L'EMPLOI DE LA *SAGOMA*[1]

[ca. 1510-1516] G, 14 r.

Le fil à plomb s'étend en deux sens opposés au centre des pôles *a c*, et la surface plane sera faite de plâtre[2], petit à petit, grâce à l'action de la *sagoma*.

Le pavage terminé, il faut minutieusement corriger l'ensemble au moyen de la *sagoma*, qui, sur la surface préparée[3], devra être maniée avec une extrême précaution.

•◆•

[Du frottement de la sagoma.*]*

[ca. 1510-1516] G, 16 r.

Le frottement de la *sagoma* contre la surface ne devra pas être fait avec le tranchant de l'instrument, sauf pour le travail préparatoire de cette surface ; mais s'il s'agit de la rendre lisse, l'instrument n'aura pas une largeur inférieure à la moitié de la surface. Preuve : soit *f e d c* l'instrument de polissage, et *f e n m* la surface aplanie ; je dis que si la *sagoma* n'avait qu'un bord tranchant comme en *d c* avec *a b*, elle pèserait bien davantage quand la ligne perpendiculaire est sur la partie *d c* de la surface aplanie, que lorsqu'elle est au point *f e* de cette surface. En ce cas, elle userait beaucoup plus les parties frottées si l'instrument était tenu droit qu'obliquement.

Et la concavité de la surface serait inégale, inégalité que l'instrument ne pourrait produire s'il était en contact étroit avec la surface polie.

Mais il est préférable qu'instrument et surface soient égaux, car si par un de ses côtés la *sagoma* était au milieu de la surface, l'extrémité de celle-ci aurait à supporter tout le poids accidentel.

Mais la *sagoma* à tranchant unique est nécessaire seule-

1. « Forme », et aussi « instrument pour égaliser et polir la surface » (Ch. Ravaisson-Mollien).
2. Ms. : *osseg*, *gesso* à l'envers.
3. Ms. : *otasseg*, *gessato* à l'envers.

ment pour donner forme à sa surface aplanie, en trois ou quatre mouvements appelés à la rendre parfaite.

[ca. 1510-1516]
G, 37 r.

Dents qui déterminent le mouvement de la *sagoma*, et sont placées dans des rainures.

[ca. 1510-1516]
G, 43 v.

La *sagoma* sera hydraulique, comme on l'emploie sur la route de Fiesole.

En effet, plus l'instrument s'abaisse, plus il s'use ; et comme après s'être abaissé, sa force reste très grande, les poulies seront faites avec des écrous où s'enfonceront des vis et il se fermera et s'ouvrira entre *a c*, comme l'indique *b* entre *a c* ; les cordes *d e f g* tireront les anneaux qui forment des écrous pour les vis.

VERNIS DE LA SURFACE IGNÉE[1]

[ca. 1510-1516]
G, 46 v.

Mercure avec Jupiter et Vénus[2]. Une fois préparée, la pâte devra être continuellement amendée avec la *sagoma*, jusqu'à ce que Mercure se sépare tout à fait de Jupiter et Vénus.

EMPLOI DE LA *SAGOMA*

[ca. 1510-1516]
G, 47 r.

Avant d'être vernie, la concavité sera d'abord comprimée avec l'instrument, plusieurs fois, en arrière et en avant ; ensuite, tu appliqueras le vernis sur la surface mouillée et tu le passeras au sas ; fais à deux ou trois reprises usage de la *sagoma* puis présente le [vernis] au four et dès qu'il prendra du lustre, applique la *sagoma* pendant que le vernis est encore chaud.

Le centre de la révolution de la *sagoma* sur la structure devra être fixe, pour qu'on la puisse lever et abaisser, mouvoir en avant, en arrière, de manière que son [milieu] corresponde au centre de la *sagoma*.

1. Ms. : « *vernicie della igna* ».
2. C'est-à-dire, selon le Dr Richter, vif-argent avec fer et cuivre.

Le fond du four aura même forme que l'objet qu'on y place ; et il est bon qu'il soit d'un seul morceau de tuf, pour résister, comme une enclume, à la percussion transversale de la pesante *sagoma.*

•◆•

Que le bois de la *sagoma* soit bien recouvert de poix[1] pour ne pas fléchir.

[ca. 1510-1516]
G, 51 v.

•◆•

Dans le polissoir, on ménagera une place pour y insérer la *sagoma* de plomb, afin de pouvoir la renouveler de temps en temps, en cas d'usure. Ainsi, avec l'émeri, on mènera à bien le « mâle » de l'ignée, et l'on imprimera dessus le cuivre[2] après qu'il sera complètement lisse.

[ca. 1510-1516]
G, 53 r.

n, surface en Saturne[3], sert au lissage ainsi que la puissance motrice *m,* au-dessous, dans la marge.

Neptune est la puissance motrice.

L'objet à polir sera ainsi maintenu en dessous et le polissoir en dessus, et l'axe n'étant pas alourdi comme celui de l'instrument figuré ci-dessus, pourra se maintenir ; et comme il ne peut s'user, l'opération sera parfaite.

En outre, l'objet poli supportera la matière qui le polit ; le polissoir sera en plomb, et fréquemment rejeté et rajusté.

La *sagoma* sera en Vénus, en Jupiter, ou en Saturne et souvent rejetée dans le giron de sa mère, et employée avec de l'émeri fin ; elle peut [également] être en Vénus, et en Jupiter plâtré sur Vénus.

Mais tu essayeras d'abord Vénus et Mercure mélangés avec Jupiter, de telle sorte que Mercure puisse s'échapper ; et pétris-les si serré que Vénus et Jupiter se fondent en Neptune, aussi finement que possible.

[Figure.]

Ceci doit être renversé pour que la forme exerce une pesée perpendiculaire sur la surface traitée. Ainsi, le centre

1. Ms. : *otaicepni, inpeciato* à l'envers.
2. Ms. : *emar, rame à* l'envers.
3. Plomb, d'après le Dr Richter.

de l'objet en révolution n'ayant pas à supporter de poids, il ne s'usera pas ; en outre, l'opération de polissage contribuera à le recevoir et à le soutenir, comme je l'ai dit précédemment.

COMMENT TRACER UNE COURBE QUI LAISSE LA PLAQUE EXACTEMENT PARALLÈLE

[ca. 1510-1516] G, 74 v.

Aie un châssis de fort noyer sur lequel tu construiras un châssis carré, haut cintré ; on y fixera les deux extrémités de la plaque étirée, qui par le bout est séparée des côtés du mur, portant et maintenant avec elle toutes les plaques clouées dessus ; et que ce châssis garde toujours lesdites plaques brunies.

STUC

[ca. 1510-1516] G, 75 v.

Couvre de stuc la bosse de l'*ignea* en plâtre, et qu'il soit fait de Vénus et de Mercure[1] ; enduis-en bien cette bosse avec une lame de couteau, en une épaisseur égale, au moyen d'une *sagoma*, recouvre-la avec un couvercle de cloche à distiller et tu retrouveras l'humidité de ta pâte ; sèche bien le reste, mets au feu, bats ou brunis avec un bon brunissoir, et fais-la épaisse sur le côté.

Réduis le verre[2] en poudre, fais une pâte avec du borax et de l'eau et tu obtiendras du stuc ; puis égoutte de manière à le sécher, et vernis au feu pour obtenir un beau lustre.

[ca. 1495-1497] Forster II, 46 v.

Veux-tu fabriquer une grande et mince plaque métallique de plomb, fais une surface lisse, plane, remplis-la de charbons ardents et fais-y fondre du plomb ; puis, avec un râteau lisse, ôte les charbons, laisse refroidir, et c'est fait.

1. Ignea, Vénus et Mercure sont écrits à rebours dans le texte, c'est-à-dire *aengni*, *erenev* et *oirucrem*. Selon Richter et MacCurdy, Vénus et Mercure pourraient signifier le marbre et la chaux qui entrent dans la composition du stuc. (*N.d.T.*) *Ignea* désigne une matière produite par l'action du feu. (*N.d.É.*)

2. Les mots « verre » et « borax » sont également écrits à rebours. (*N.d.T.*)

Si tu veux couler en cire, brûle les scories à la chandelle, et la fonte s'effectuera sans trous.

Fais moudre plusieurs fois du vert-de-gris et de la rue avec du jus de citron, et préserve-les du jaune de Naples.

[ca. 1495-1497]
Forster II, 64 v.

L'acier d'abord bien battu pour l'étirer, puis cassé en carrés que l'on superpose et que l'on recouvre soigneusement de terre de Valence et de poudre de talc, sèche-le à feu doux ; et chauffe-le graduellement ; une fois chauffé, en dedans comme en dehors, l'action du feu s'exercera et provoquera sa fusion. Mais insères-y d'abord des paillettes de fer, puis enlève peu à peu la terre et bats-le dans le sens de la longueur ; et c'est du bel acier.

[ca. 1487-1490, et ca. 1493-1497]
Forster III, 33 v.

Argile sèche, seize livres ; une centaine de livres de métal ; argile humide, vingt ; mouille les cent livres de métal, ce qui fera un surcroît de quatre livres d'eau ; une de cire, une livre de métal, un peu moins ; rognures d'étoffe avec argile, mesure pour mesure.

[ca. 1487-1490, et ca. 1493-1497]
Forster III, 36 v.

Deux onces de plâtre pour une livre de métal ; [l'huile de] noix donne de l'aisance à sa courbe.

[ca. 1487-1490, et ca. 1493-1497]
Forster III, 37 r.

MOULE DE PLÂTRE POUR UN BRONZE

Pour deux tasses de plâtre, prends-en une de corne de bœuf brûlée, mélange-les et fais ton moule.

[ca. 1487-1490, et ca. 1493-1497]
Forster III, 39 v.

POUR UN MOULAGE

Le tartre calciné et pulvérisé avec du plâtre, qu'on emploie pour le moulage, fait que ce plâtre, une fois recuit, forme une masse adhérente ; ensuite, on le fait dissoudre dans l'eau.

[ca. 1487-1490, et ca. 1493-1497]
Forster III, 42 v.

[ca. 1487-1490, et ca. 1493-1497] Forster III, 87 v.

Pour les miroirs, trente d'étain pour cent de cuivre ; mais d'abord, clarifie les deux métaux, plonge-les dans l'eau et grène-les, puis opère la fusion du cuivre et mets-le sur l'étain.

⁂

MOULE DU CHEVAL

[ca. 1508-1510] RL 12347 r.

Fais le cheval sur des jambes de fer fortes et fermes, sur un beau socle. Frotte-le ensuite de suif et donne-lui un bon revêtement que tu laisseras sécher complètement, couche par couche. Ainsi, tu augmenteras de trois doigts son épaisseur ; fixe ensuite et attache-le avec du fer, selon la nécessité. En outre, évide le moule, donne-lui l'épaisseur voulue, puis emplis-le de nouveau, peu à peu, jusqu'à ce qu'il soit tout à fait plein. Encercle-le de ses fers et adoucis-le du côté intérieur où il sera en contact avec le bronze.

POUR FAIRE LE MOULE PAR PIÈCES

Marque sur le cheval achevé, toutes les pièces du moule dont tu veux le recouvrir, et après avoir mis l'argile, sectionne-la de façon qu'elle corresponde à chaque morceau ; ainsi, le moulage terminé, tu pourras l'ôter et le remettre dans sa position première grâce aux repères.

Le bloc carré *a b* se placera entre le revêtement et le noyau, c'est-à-dire dans le creux destiné à recevoir le bronze liquéfié ; ces blocs de bronze carré maintiendront à égale distance les intervalles entre le moule et le revêtement, aussi leur importance est-elle grande.

L'argile sera mélangée à du sable.

Prends de la cire pour compenser celle qui a été utilisée.

Sèche une couche après l'autre. Fais le moule extérieur en plâtre afin de gagner du temps pour le séchage et économiser les frais de bois ; avec ce plâtre, fixe les bandes métalliques, extérieures et intérieures, sur une épaisseur de deux doigts. Fais de la terre cuite.

Il te faudra une journée pour fabriquer ce moule ; la moitié d'un chargement de plâtre te suffira.

Bien.

Bouche-le de nouveau avec de la pâte et de l'argile, ou du blanc d'œuf de la brique et des moellons.

Trois fers qui attachent le moule[1]. [ca. 1492-1494] RL 12350

Si tu veux faire des fontes vite et simplement, emploie une caisse de sable de rivière, mouillé de vinaigre.

Après avoir pris le moulage sur le cheval, tu indiqueras, avec l'argile, l'épaisseur du métal.

Note, en opérant l'alliage, combien d'heures il faut par poids de cent livres. En fondant chacun d'eux, tiens fermé le four où se trouve le feu. L'intérieur du moule sera imprégné d'huile de lin et de térébenthine. Prends ensuite une poignée de borax en poudre et de colophane dure, avec de l'eau-de-vie, et passe une couche de poix sur le moule pour qu'une fois sous terre, l'humidité ne puisse [l'endommager ?].

Afin de réussir le grand moule, fais d'abord un modèle en réduction ; construis une petite chambre proportionnée.

Fais les évents du moule pendant qu'il est sur le cheval.

Manie les fers à cheval au moyen de pinces, et coule-les avec de la colle de poisson.

Pèse les différentes parties du moule afin de déterminer la quantité de métal nécessaire pour les remplir, et alimente le four de manière qu'il puisse fournir à chacune la quantité de métal voulue. Tu t'en assureras en pesant l'argile de la partie du moule à laquelle doit correspondre la quantité qui se trouve dans le four. Et fais en sorte que le four réservé aux jambes les remplisse et n'ait point à donner à la tête le métal destiné aux jambes, chose impossible.

Coule, en même temps que le cheval, le portillon[2] du

1. Dans ce passage, on a suivi l'ordre établi par le Dr Richter.
2. Ms. : *sportello*.

XXXVIII

ARCHITECTURE

« Sache que si quelqu'un voulait circuler partout en utilisant les routes hautes, il le pourrait ; et de même, s'il voulait aller par les routes basses. »

[ca. 1495]
C. A. 126 v.

Si la largeur habituelle du fleuve comporte une arche, construis ce pont avec trois arches, pour tenir compte des crues.

[Plan du rez-de-chaussée du château, avec lac et embarcadère.]

[Devant la façade du palais du prince, il y aura une place[1]*.]*

[ca. 1517-1518]
C. A. 209 r.

Les salles de danse, celles où auront lieu les bondissements ou mouvements divers de la foule, seront au rez-de-chaussée, car j'en ai vu qui se sont écroulées, causant ainsi la mort de bien des gens. Avant tout, prends soin que chaque mur, si mince soit-il pose sur le sol ou sur des arches bien plantées.

Que les *mezzanine* des habitations soient séparés par des cloisons d'étroites briques et sans poutre, à cause des risques d'incendie.

1. Passage biffé dans le ms.

Palais simple pour Romorantin (*C. A.* 209 r.).

Les lieux d'aisance seront pourvus d'ouvertures pour l'aération, prises dans l'épaisseur des murs, de façon que l'air puisse y venir des toits.

Les *mezzanine* seront voûtés et d'autant plus solides que leur nombre sera plus restreint. Les bandes de chêne seront encastrées dans les murs, pour éviter que le feu ne les endommage.

Que les lieux d'aisance soient nombreux et attenants l'un à l'autre, afin que leur odeur ne se répande point à travers les pièces ; il faudra que toutes leurs portes se ferment automatiquement.

[Plans.]

Cuisines. Office.

Cuisines. Écurie. Quatre-vingts brasses[1] de large et cent vingt brasses de long, sur le plan du rez-de-chaussée. Joutes en canot ; c'est-à-dire que les compétiteurs pourront être sur des canots. Fossé, quarante brasses. Route en contrebas.

Le gardien de l'écurie sera à l'angle *m a*. La plus grande division de la façade de ce palais consiste en deux parties ; c'est-à-dire que la largeur de la cour représente la moitié de la longueur de cette façade.

⁂

[Plan.]

[ca. 1515-1516]
C. A. 264 v.

Écurie pour le Magnifique, à la partie supérieure, cent dix brasses de long sur quarante de large.

[Plan.]

Écurie du Magnifique ; la partie d'en bas, cent dix brasses de long sur quarante de large, est divisée en quatre rangées pour les chevaux et chaque rangée partagée en trente-deux intervalles dits intercolonnaux ; dans chaque intervalle il y a place pour deux chevaux séparés par un palonnier.

Cette écurie pourra donc contenir cent vingt-huit chevaux.

⁂

1. Une brasse équivaut à environ 1,62 m.

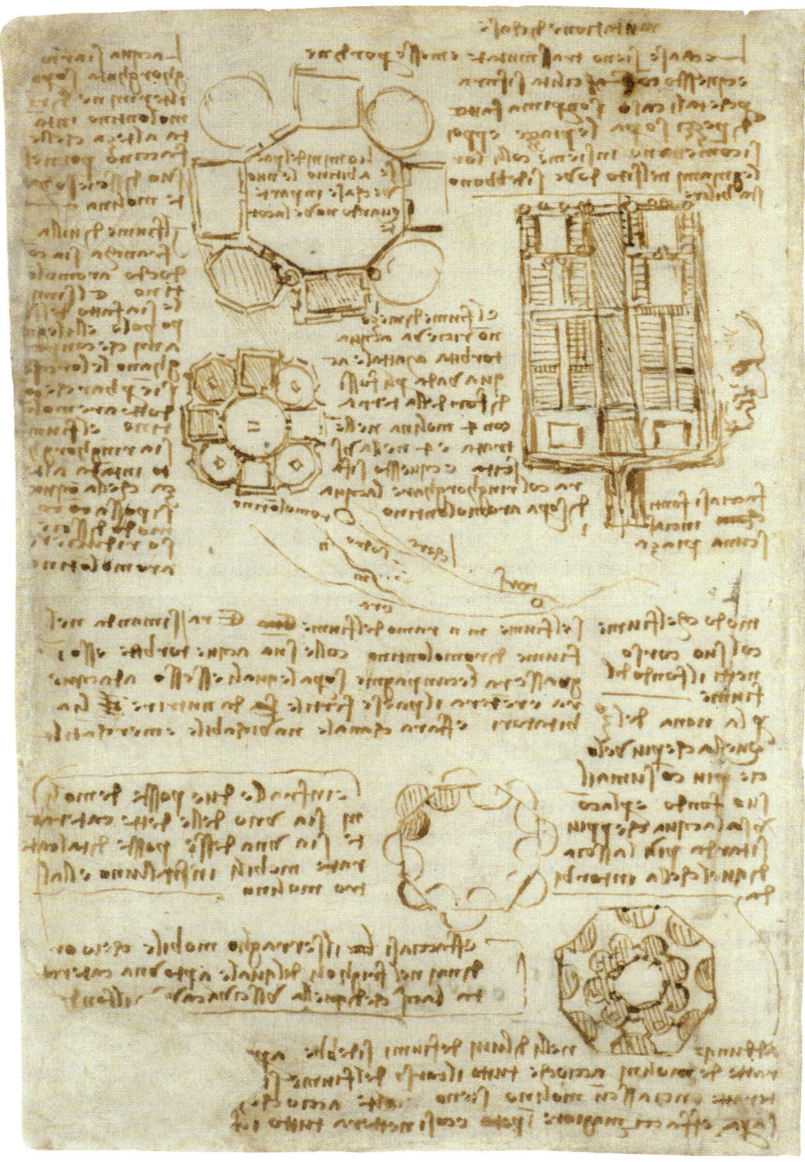

Palais double pour Romorantin (*B. M.* 270 v.).

[Plan de ville.]

[ca. 1493]
C. A. 184 v.

Donne-moi l'autorité, et sans aucun débours pour toi, toutes les communes obéiront à leurs chefs qui

La renommée s'en perpétuera éternellement, ainsi que les habitants de la cité construite ou agrandie par lui.

Le fond des réservoirs, derrière les jardins, devra avoir même hauteur que le niveau des jardins ; et grâce à des conduits d'écoulement, ils pourront y amener de l'eau tous les soirs, chaque fois qu'elle montera, en élevant la charnière d'une demi-brasse ; et les vétérans parmi les employés seront préposés à cet office.

[Plan.]

Canal. Barrage. Jardin.

On ne jettera rien dans les canaux, et toute péniche sera tenue d'emporter une certaine quantité de vase qui sera ensuite abandonnée sur la berge.

[Plan.]

Construis en vue d'assécher le canal et de nettoyer les canaux [plus petits].

Les gens obéissent à leurs grands et ils sont régis par eux ; et les grands font alliance avec leurs seigneurs dont ils subissent de deux manières la domination : au moyen des liens du sang ou de la propriété. Celui du sang, quand leurs fils, tels des otages, constituent une caution et une garantie de leur loyauté ; le lien de la propriété, quand chacun d'eux se construit dans la ville une ou deux habitations, qui lui procurent un revenu ; [par surcroît[1]] il en tire un de dix villes de cinq mille maisons, avec trente mille logements ; et tu disperseras une aussi considérable agglomération de gens, parqués comme les chèvres en troupeau, l'une sur le dos de l'autre, qui emplissent tous les coins de leur puanteur et sèment la pestilence et la mort.

1. Biffé dans le ms.

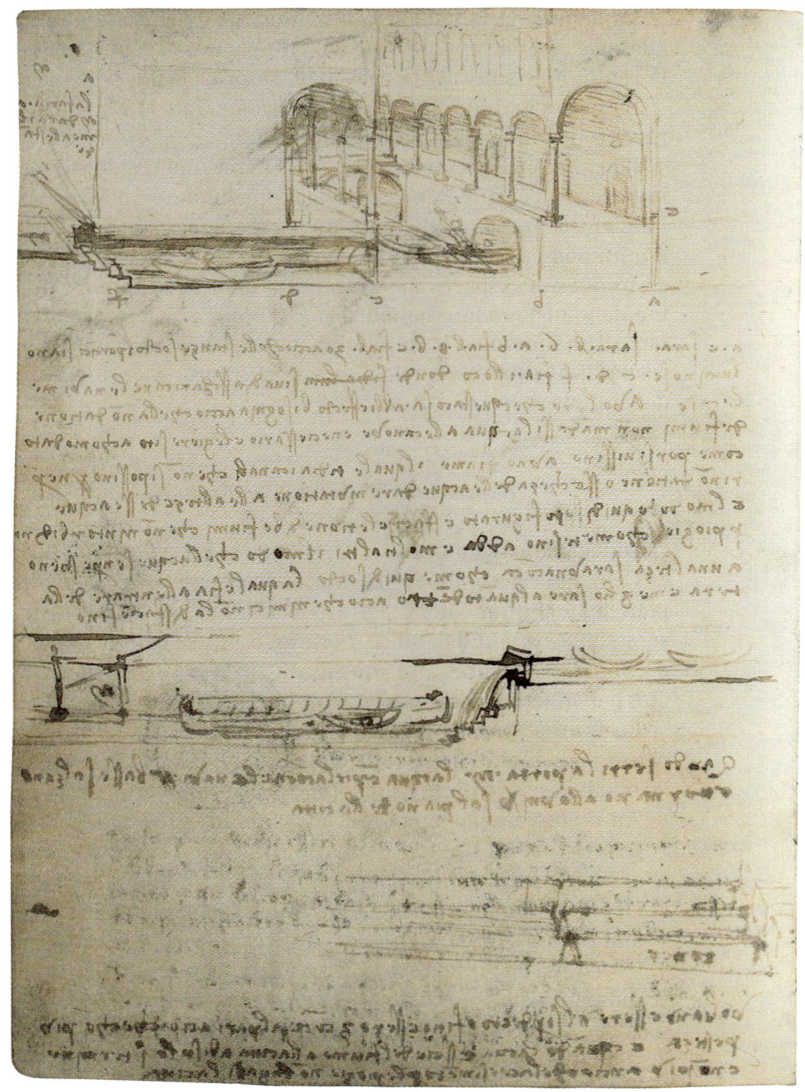

Projet de ville idéale (*B*, 37 v.).

La profonde aversion de Léonard pour la ville médiévale, asymétrique, désordonnée et malsaine, lui inspire une ville fondée sur le modèle seigneurial, avec des exigences de trafics ordonnés et d'assainissement hygiénique. Les marchandises sont acheminées par canaux et ainsi séparées des voies piétonnes. Les canaux sont aussi destinés à l'évacuation des déchets et de l'eau stagnante, toujours cause de maladies.

La beauté de la ville sera à la hauteur de sa réputation et elle sera de bon rapport pour toi, tant par ses revenus que par la renommée sans cesse accrue de sa prospérité.

La municipalité de Lodi supportera les frais et retiendra le revenu qu'elle paye au duc une fois l'an.

Il arrivera fréquemment que pour avoir une résidence plus imposante, l'étranger, possesseur d'une demeure à Milan, ira habiter sa propre maison ; pour être en mesure de bâtir il faudra posséder une réserve de richesse ; ainsi, ces habitants se trouveront séparés des miséreux, et si leur nombre augmente [dans] ces lotissements, la renommée de leur grandeur [aussi]. Et même s'il ne voulait pas résider à Milan, il lui resterait néanmoins fidèle, pour ne pas perdre les avantages de sa maison et son capital.

[Dessins architecturaux : plans du rez-de-chaussée.]

[ca. 1499-1500]
C. A. 426 v.

Office. Cuisine. Famille.

Celui qui est à l'office aura derrière soi l'entrée de la cuisine, pour faire promptement son travail ; la fenêtre de la cuisine sera sur le devant de l'office, pour qu'il puisse retirer le bois.

Mon dessin représente une façade plus grande par-derrière que par-devant, alors que ce devrait être le contraire.

La grande pièce pour la famille, éloignée de la cuisine, pour que le maître de la maison n'entende pas de tintamarre ; la cuisine servira pour laver la vaisselle d'étain, de façon qu'on ne la voie pas emporter à travers la maison.

Grande chambre pour le maître. Chambre. Cuisine. Dépense. Antichambre. Grande pièce pour la famille.

Dépense, bûcher, cuisine, poulailler[1], salle et appartement seront ou devront être contigus à cause des commodités qui s'ensuivent. Jardin et écurie, engrais et jardin, attenants. La grande pièce pour le maître et celle de la famille seront séparées par la cuisine ; et dans chacune, on passera les mets par les fenêtres, larges et basses, ou sur des tables à pivots.

L'épouse aura son appartement et sa salle distincts de ceux de la famille, pour pouvoir faire manger ses servantes à une autre table de la même salle. Elle aura deux autres appartements en plus du sien, l'un pour les servantes, l'autre pour

1. Ms. : *pollaro*. Poulailler se dit *pollaio* en italien.

les nourrices, et disposera de beaucoup de place pour leurs ustensiles.

Je voudrais pour toute la maison une porte unique.

•◆•

La salle des fêtes sera située de façon que l'on se trouve, dès l'arrivée, en présence du seigneur, puis des hôtes ; et la galerie ainsi disposée, qu'elle te permettra l'accès de la salle sans défiler devant les gens plus qu'il n'est souhaitable. Du côté opposé au seigneur, il y aura l'entrée de la salle et un escalier commode, assez large pour éviter que l'on coudoie les masques au passage, au risque d'abîmer leurs costumes à la sortie [...] la foule des gens [...] avec ces masques [...] cette salle [...] deux pièces contiguës [...] double [...] de ceci une sortie [...] collection et une pour les masques.

[ca. 1506-1508]
C. A. 571 r. b

•◆•

[Plan pour un jardin d'eaux vives.]

L'escalier, large d'une brasse trois quarts, forme un coude, et l'ensemble a seize brasses avec trente-deux marches larges d'une demi-brasse et hautes d'un quart ; le palier, à l'endroit où l'escalier tourne, mesure deux brasses de large sur quatre de long, et le mur qui sépare un escalier de l'autre est d'une demi-brasse ; mais la largeur de cet escalier sera de deux brasses et le passage plus large d'une demi-brasse ; cette vaste pièce aura donc vingt et une brasses de long sur dix et demie de large et ainsi répondra bien à son usage ; nous la ferons haute de huit brasses, encore qu'on ait accoutumé de faire concorder hauteur et largeur ; toutefois, les pièces de ce genre me semblent attristantes, car elles baignent toujours un peu dans l'ombre en raison de leur grande hauteur, et les escaliers seraient trop raides parce qu'ils devraient être droits.

[ca. 1508]
C. A. 732 v. b

Grâce au moulin, je pourrai, à n'importe quel moment, produire un courant d'air ; l'été, je ferai courir l'eau, fraîche et bouillonnante, dans l'intervalle des tables ainsi disposées : *[dessin]*. Le canal pourra être large d'une demi-brasse, et on y mettra des pots contenant du vin pour l'avoir toujours très frais ; une autre eau s'écoulera par le jardin et distribuera l'humidité aux orangers et citronniers, selon leurs besoins. Ces citronniers, placés de façon à pouvoir être aisément recouverts, resteront en permanence, et la chaleur que la saison hivernale dégage continuellement permettra pour deux motifs de les préserver beaucoup mieux que le feu. Premièrement, cette chaleur des sources est naturelle, et c'est elle qui réchauffe les racines de tous les végétaux. Secondement, la chaleur que le feu dispense aux plantes étant artificielle, elle se trouve privée d'humidité ; elle n'est ni égale, ni continue – plus intense au début qu'à la fin et bien souvent négligée par la faute des insouciants qui en ont la charge.

Les herbages des petits ruisseaux seront taillés fréquemment pour que l'eau apparaisse limpide sur son lit de gravier ; seules seront épargnées les plantes qui servent de nourriture aux poissons – le cresson de fontaine et autres analogues.

Les poissons seront choisis parmi ceux qui ne remuent point la vase de l'eau ; on ne mettra donc pas d'anguilles ni de tanches, non plus que des brochets qui détruisent les autres poissons.

Grâce au moulin, tu établiras dans la maison de nombreuses conduites d'eau et édifieras des fontaines en maint endroit, et aussi une galerie, où, si quelqu'un venait à passer, l'eau s'élancerait d'en bas, de toutes parts ; le jet sera donc tout prêt, au cas où l'on voudrait donner, d'en bas, une douche aux femmes ou autres personnes qui traversent ce lieu.

Nous construirons au-dessus des têtes un très fin treillis de cuivre qui recouvrira le jardin et tiendra captives diverses espèces d'oiseaux ; ainsi, tu auras une musique perpétuelle, avec le parfum des citronniers et limoniers en fleurs.

Le moulin m'aidera à tirer, d'instruments divers, des sons incessants qui résonneront tout le temps qu'il fonctionnera.

·◆·

[Dimensions d'un temple.]

[ca. 1515]
C. A. 775 r.

Tu as eu accès, par douze paliers, au grand temple octogone qui mesure huit cents pieds de circonférence. Aux huit angles se trouvaient huit grandes plinthes, hautes d'une brasse et demie, sur trois de large et six de long à la base, avec, au centre, un angle supportant huit grands piliers qui s'élevaient à vingt-quatre brasses au-dessus de la base de la plinthe. Huit chapiteaux les surmontaient, chacun [long] de trois brasses et large de six. Au-dessus d'eux se superposaient l'architrave, la frise et la corniche, mesurant quatre brasses et demie de haut ; elles couraient en ligne droite d'un pilier à l'autre autour du temple, sur huit cents brasses ; entre chaque pilier, pour soutenir l'entablement, dix grandes colonnes de la hauteur des piliers se dressaient, épaisses de trois brasses à leur base, laquelle mesurait une brasse et demie de hauteur. Tu montas à ce temple par douze escaliers, le temple octogone étant au sommet du douzième ; au-dessus de chaque angle s'élevait un grand pilier, et entre les piliers s'interposaient dix colonnes, aussi hautes qu'eux, à vingt-huit brasses et demie au-dessus du pavé. À cette même hauteur l'architrave, la frise et la corniche couraient autour du temple sur huit cents brasses, à une hauteur égale. À l'intérieur du circuit, au même niveau, vers le milieu du temple, à une distance de vingt-quatre brasses, s'érigent des piliers et des colonnes correspondant aux huit piliers des angles et aux colonnes de la façade. Ils s'élèvent aussi haut que ceux-ci, et au-dessus d'eux, l'architrave revient sans interruption vers les piliers et colonnes mentionnés au commencement.

Nos anciens architectes ou leurs pareils en commençant tout d'abord par les Hittites, lesquels, selon les discours de Diodore de Sicile, furent les premiers bâtisseurs et constructeurs de grandes cités, de forteresses et d'édifices tant publics que privés, qui eurent distinction, noblesse et grandeur. Pour ce motif, leurs prédécesseurs[1] contemplèrent avec émerveillement et stupeur les engins élevés et immenses qui leur semblaient

[ca. 1503-1504]
C. A. 890 r.

L'arc renversé est préférable, comme support, à l'arc ordinaire ; car le renversé trouve au-dessous de lui un mur qui s'oppose à sa faiblesse, alors que l'arc ordinaire, à son point le plus faible, ne rencontre que l'air.

[ca. 1487-1490]
Tr. 8 r.

QU'EST-CE QU'UN ARC

L'arc n'est autre chose qu'une force dérivée de deux faiblesses ; car, dans la construction, l'arc se compose de deux quarts de cercle chacun, étant très faible en soi, tend à retomber, et l'un s'opposant à la chute de l'autre, de ces deux faiblesses résulte une force.

[ca. 1490]
A, 50 r.

1. Successeurs ? (*N.d.T.*)

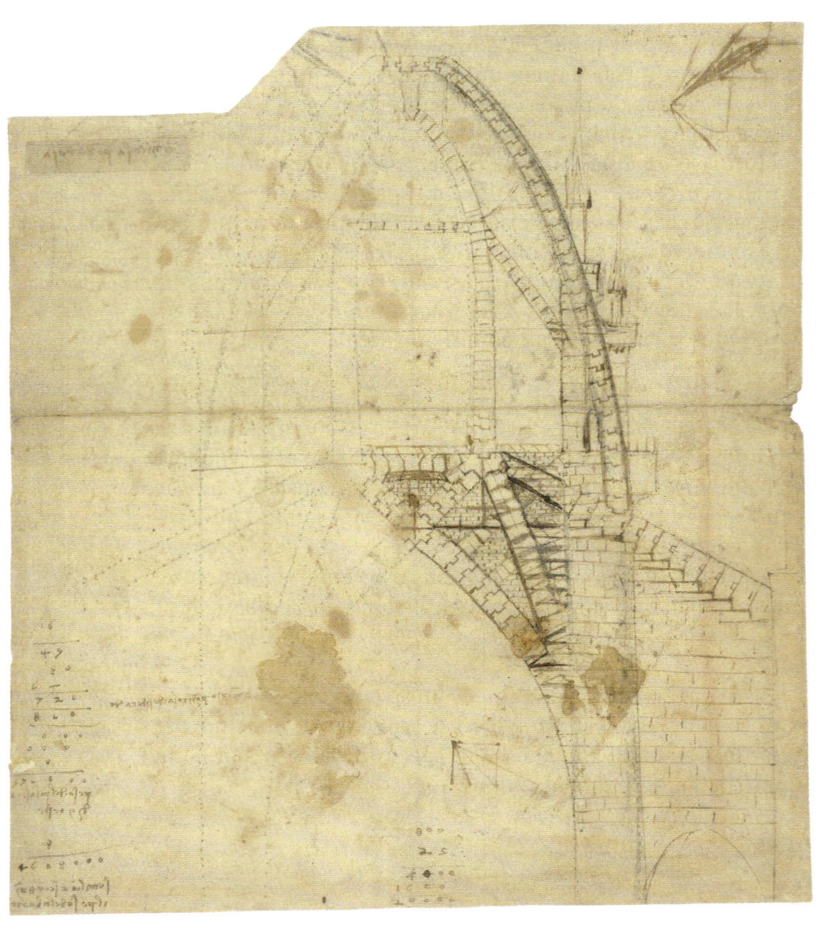

Schéma de poussées pour le *tiburio* de la cathédrale de Milan (*C. A.* 850 r.).

DE LA NATURE DU POIDS DE L'ARC

Une fois dressé, l'arc reste en équilibre à cause de l'égale poussée des deux côtés ; mais si l'un des quarts de cercle pèse plus que l'autre, c'en est fait de la stabilité, le plus grand poids devant l'emporter sur le moindre.

•◆•

[Épures et plan.]

Plan de rez-de-chaussée pour un pavillon situé au centre du labyrinthe du duc de Milan. *[ca. 1487-1489] B, 12 r.*

Pavillon du jardin de la duchesse de Milan[1].

PLAN DU REZ-DE-CHAUSSÉE D'UN RAVELIN

[Plan et dessin de ravelin.]

À ce bastion carré tu ne feras que deux tours, [afin que, devant hisser par la côte,] l'une ne gêne pas l'autre ; pour chaque tour, tu construiras un pont dans le ravelin, comme le dessin l'indique. Le diamètre du bastion carré sera de cent brasses et celui de chaque tour, de trente brasses.

Les ravelins seront découverts à l'intérieur pour que l'ennemi ne puisse s'y maintenir et y soit exposé à une attaque des tours.

•◆•

[Dessin architectural.]

Si tu as dans ta maison des membres de ta famille, construis leur logement de manière que, la nuit, ni eux ni les étrangers que tu abrites ne puissent commander l'issue ; pour éviter qu'ils ne pénètrent dans l'habitation où tu vis, où tu couches, ferme l'entrée *m*, et tu auras fermé toute la maison. *[ca. 1487-1489] B, 12 v.*

•◆•

1. E. MacCurdy a signalé la découverte à Côme d'un contrat daté du 28 mars 1490, au sujet des matériaux nécessités par la construction d'un pavillon en pierre que « maître Léonard, peintre et architecte » devait construire à Milan. (*N.d.T.*)

[Dessin de section de mur d'une maison.]

[ca. 1487-1489]
B, 14 v.

c, poêle qui reçoit la chaleur de la cheminée de la cuisine, par un tuyau de cuivre, haut de deux brasses et large d'une brasse ; l'été, pour utiliser le poêle, on posera dessus une tablette de pierre ; *b* sera l'endroit où l'on conserve le sel ; à la séparation *a*, il y aura l'ouverture d'un conduit dans la cheminée, pour suspendre les viandes salées et autres choses analogues ; le plafond sera pourvu de nombreux tuyaux pour la fumée, avec diverses issues des quatre côtés de la cheminée ; si la tramontane menaçait de devenir gênante, la fumée trouverait ainsi à s'échapper de l'autre côté ; répandue à travers les nombreux tuyaux, elle améliore les viandes salées ; elle amène à perfection les langues, saucisses et autres denrées semblables. Mais prends soin que lorsque tu pousseras le portillon *a*, une fenêtre puisse s'ouvrir en face, pour donner du jour à la petite pièce. Cela se fera au moyen d'une tige reliée à la porte et à la fenêtre – comme ceci.

[Plan de forteresse.]

[ca. 1487-1489]
B, 15 r.

Sorte de forteresse à double fossé. Les éperons qui relient le mur principal à la Guirlande servent à deux fins ; ils forment contrefort, et d'autre part permettent de défendre la base de la Guirlande, une fois renversé le mur principal.

[Plan d'une section de ville, montrant des routes à niveau haut et bas.]

[ca. 1487-1489]
B, 16 r. et 15 v.

Les routes [marquées] *m* sont de six brasses plus hautes que les routes [marquées] *p s*, et chacune sera large de vingt brasses avec une déclivité d'une demi-brasse, des bords au centre. Au milieu, à chaque brasse, correspondra une ouverture longue d'une brasse et large d'un doigt par où l'eau de pluie pourra s'écouler dans des trous pratiqués au niveau des routes *p s*. À l'extrémité de la largeur de cette route, de chaque côté, une arcade large de six brasses posera sur des colonnes. Et sache que si quelqu'un voulait circuler partout en utilisant les routes hautes, il le pourrait ; et de même, s'il voulait aller par les routes basses.

Les routes hautes ne seront pas utilisées par les charrettes ou véhicules analogues, mais réservées aux personnes de qualité. Les charrettes et chargements destinés aux gens du commun seront relégués sur les routes basses.

Une maison doit tourner le dos à l'autre en laissant la route basse entre elles. Les portes *n* servent à l'arrivée des provisions, bois, vin, et choses analogues. Les latrines, écuries et autres endroits déplaisants seront vidangés par des artères souterraines, situées à trois cents brasses d'un arc au suivant, chaque artère recevant la lumière par les ouvertures pratiquées dans les rues qui sont au-dessus. À chaque arcade se trouvera un escalier en spirale, rond, parce que, au coin des escaliers carrés les gens font facilement leurs ordures. Au premier tournant, il y aura une porte d'entrée aux lieux d'aisance et latrines publics, et cet escalier permettra de descendre de la route haute à la route basse.

Les routes hautes commencent hors des portes, et quand elles les joignent, elles ont atteint à une hauteur de six brasses. Le site sera choisi à proximité de la mer ou d'un grand fleuve, pour que les immondices de la ville, charriées par l'eau, puissent être emportées au loin.

[Architecture.]

La terre qui a été enlevée quand on creusait les caves sera entassée d'un côté pour faire un jardin au même niveau que la salle ; mais prends soin de ménager un intervalle entre la terre du jardin en terrasse et le mur de la maison, pour éviter que l'humidité n'endommage les murs principaux.

[ca. 1487-1489]
B, 19 v.

[Dessin et plan d'église.]

Cet édifice est habité à la fois dans ses parties supérieures et inférieures. L'entrée de la partie supérieure passe par les campaniles et par la surface plane sur laquelle posent les quatre tambours du dôme, et cette même surface plane a devant elle un parapet. Aucun de ces tambours ne communique avec l'église dont ils sont entièrement indépendants.

[ca. 1487-1489]
B, 24 r.

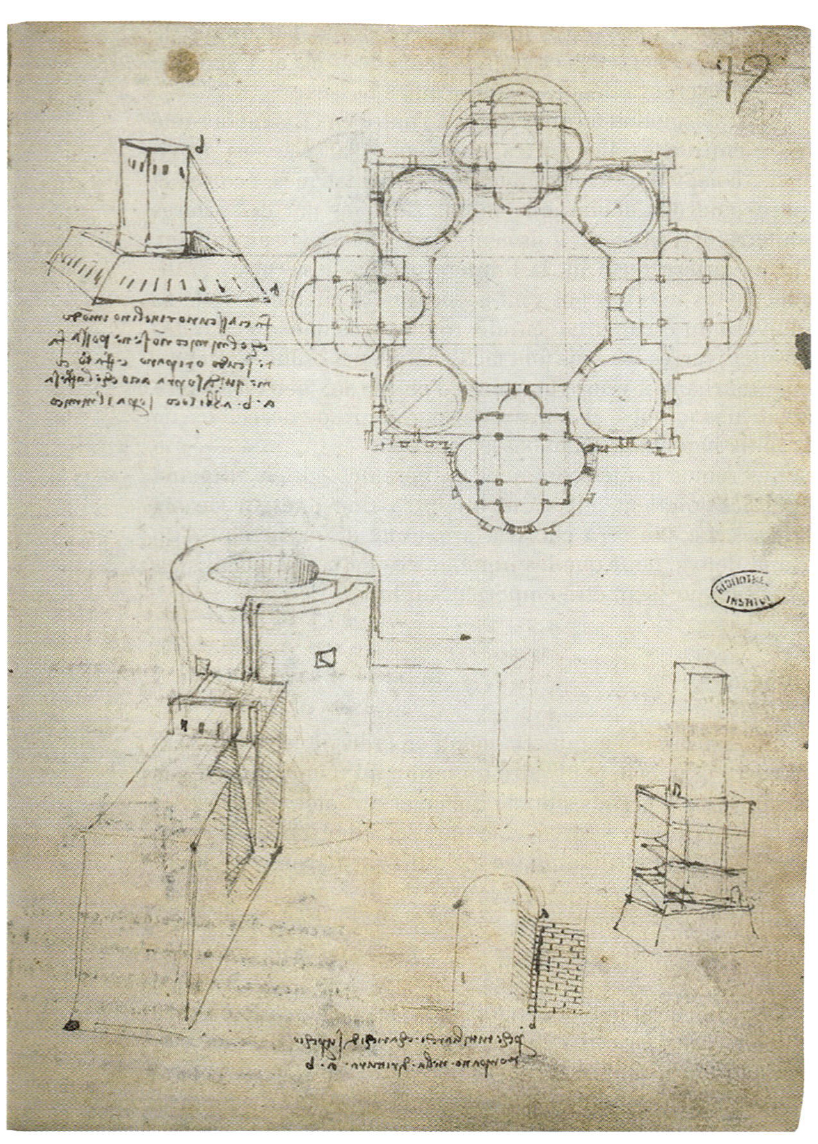

Église à plan centré de Léonard (*B*, 19 r.).

La largeur des rues correspondra à la hauteur générale des maisons.

[ca. 1487-1489]
B, 36 r.

[Dessin du château de Milan.]

Les fossés du château de Milan, à l'intérieur de la Guirlande, mesurent trente brasses ; les remparts, seize brasses de haut sur quarante de large, et c'est la Guirlande.

[ca. 1487-1489]
B, 36 v.

Remparts extérieurs, huit brasses d'épaisseur sur quarante de haut ; murs intérieurs du château, soixante brasses ; ce qui me satisferait entièrement, si je ne souhaitais que les bombardiers qui sont dans les murs de la Guirlande ne débouchent pas dans le passage intérieur dérobé, c'est-à-dire en *s*, mais qu'ils descendissent l'un après l'autre, comme il est montré en *m f.*

Les bons bombardiers visent toujours les embrasures des forteresses ; s'ils en détruisaient une à la Guirlande, ils pourraient, comme des chats, se couler par cette brèche et ainsi se rendre maîtres de ses tours, murs et passages secrets. Si donc les embrasures sont *m f* et que d'aventure un mortier en défonçât une, par où l'ennemi aurait accès à l'intérieur, celui-ci ne pourrait aller plus outre, mais serait refoulé et chassé par la sentinelle en faction dans les mâchicoulis au-dessus ; le passage *f* se prolongera à travers tous les remparts, à partir des trois quarts vers le bas, et sans issue en haut, ni dans les remparts ni dans les tours, hormis celle par où l'on entre, qui s'amorce à l'intérieur de la forteresse ; et ce passage secret *f*, n'aura point d'ouverture sur le dehors et il reçoit la lumière par le flanc de la forteresse, à travers les nombreuses meurtrières.

COMMENT TENIR PROPRE UNE ÉCURIE

[Dessin.]

Manière de construire une écurie :

[ca. 1487-1489]
B, 39 r.

Tu la diviseras d'abord en trois dans le sens de la largeur, la longueur n'importe point ; ces trois parties seront égales, larges de six brasses sur dix de hauteur, celle du milieu réservée au maître de l'écurie, et les deux latérales aux chevaux, chacune requérant trois brasses de largeur et six de longueur, et d'une demi-brasse plus haute devant que derrière.

Projet d'écuries (*B*, 39 r.).

Le râtelier doit être à deux brasses du sol, son commencement à trois brasses, et sa partie supérieure à quatre brasses.

À présent, pour ne pas manquer à ma promesse de tenir cet endroit propre et net, contrairement à la coutume : la partie supérieure de l'écurie, où se trouve le foin, aura à son extrémité extérieure une fenêtre haute de six[1] sur six de large, par où il sera facile d'élever le foin jusqu'au grenier comme il est montré dans la machine *é*. Celle-ci sera dressée en un endroit large de six brasses et de la largeur de l'écurie, ainsi qu'il est figuré en *k p*. Les deux autres parties séparées par la première, sont divisées chacune [à leur tour] en deux compartiments. Les deux du côté du foin, sont de quatre brasses et entièrement réservés à l'usage et au passage des palefreniers ; les deux autres qui s'étendent vers les murs extérieurs, mesurent deux brasses, comme il est indiqué en *s r*, et permettent de distribuer le foin dans le râtelier au moyen de tuyaux étroits qui vont s'évasant du bas au-dessus des mangeoires, pour éviter que le foin ne soit arrêté en chemin. Il faudra les bien badigeonner et nettoyer comme il est montré à l'endroit marqué 4 *f s*. Pour abreuver les chevaux, il y aura des auges de pierre qu'on découvre comme des caisses, en ôtant leurs couvercles.

⁂

Un édifice doit toujours être dégagé dans son pourtour, pour que soit visible sa vraie forme. *[ca. 1487-1489] B, 39 v.*

⁂

[Dessin de château avec escaliers.]

Voici cinq escaliers, avec cinq entrées ; l'un ne peut voir l'autre, et quiconque est dans l'un ne peut pénétrer dans l'autre ; c'est un bon système pour ceux qui y sont cantonnés, car cela empêche les promiscuités ; et étant isolés, ils se tiendront prêts pour la défense de la tour. Celle-ci pourra être soit ronde soit carrée. *[ca. 1487-1489] B, 47 r.*

⁂

1. Six brasses ?

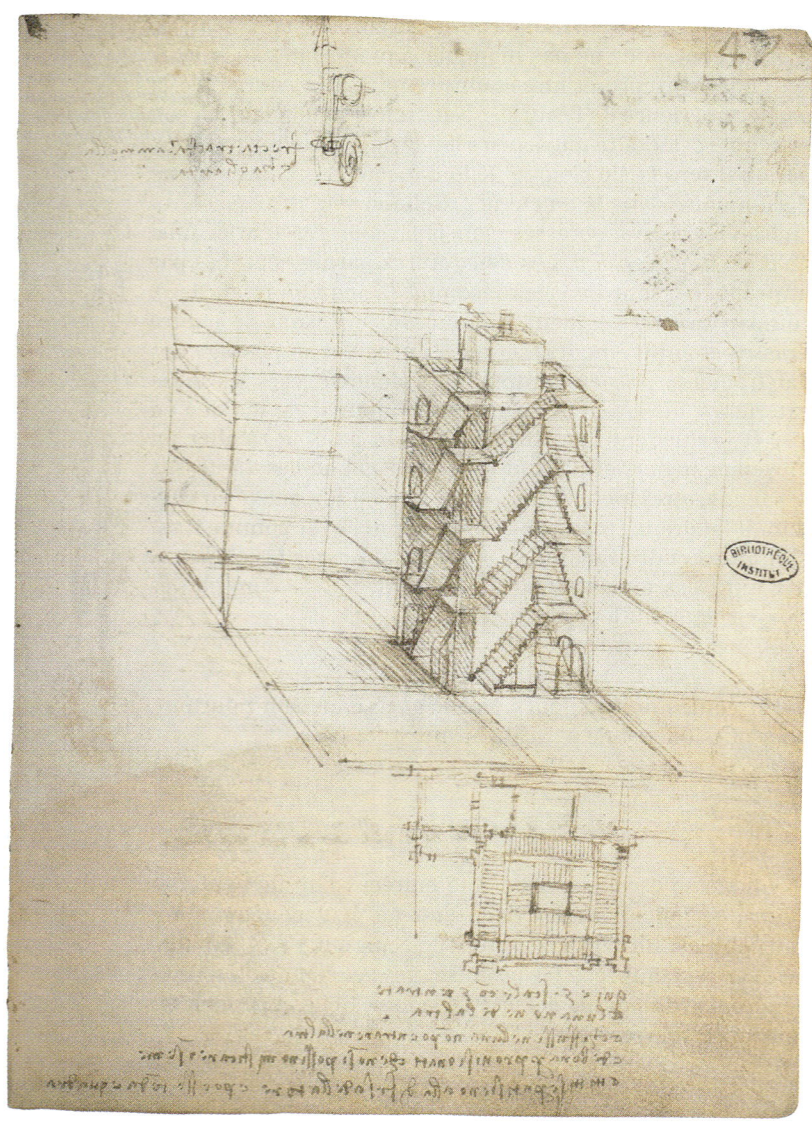

Escalier à quadruples révolutions (*B*, 47 r.).

[Dessin.]

Dix escaliers en spirale autour d'une tour. *[ca. 1487-1489] B, 47 v.*

•◆•

[Plan de ravelin.]

Les remparts placés devant les portes du ravelin devront être solides, excepté l'escalier en vis du centre, qui établit la communication avec les créneaux du dessus ; l'on accède à cet escalier par des passages souterrains. *[ca. 1487-1489] B, 49 v.*

•◆•

[Dessin.]

a représente l'église supérieure du Saint-Sépulcre, à Milan. *b* la crypte. *[ca. 1487-1489] B, 57 r.*

•◆•

[Dessin.]

Si tu veux avoir un portique, non point tout autour d'une cour mais sur un seul ou deux des quatre côtés, fais les autres avec la même disposition de colonnes, et entoure les arcs du côté intérieur d'une architrave qui descende jusqu'à leurs bases. *[ca. 1487-1489] B, 67 v.*

Perce les fenêtres dans ces architraves et place de même les poutres principales dans les chambres, de manière qu'elles se trouvent entre une fenêtre et l'autre.

•◆•

[Dessin.]

Double escalier, l'un pour le commandant du château fort, l'autre pour la garnison. *[ca. 1487-1489] B, 68 v.*

•◆•

ARCHITRAVES D'UNE OU PLUSIEURS PIÈCES

Les architraves en plusieurs parties sont plus résistantes que lorsqu'elles sont d'une pièce, si ces pièces sont ainsi pla- *[ca. 1510-1516] G, 52 r.*

cées que leurs longueurs pointent vers le centre de la terre. On le démontre par le fait que les marques ou les veines des pierres sont généralement obliques, c'est-à-dire du côté des horizons opposés d'un même hémisphère, à l'inverse de la fibre des plantes, qui ont

•◆•

[De l'arc et du contrefort.]

[ca. 1494]
H, 35 v.

La quantité continue, pliée par force en une courbe, exerce une poussée dans la direction de la ligne vers laquelle elle tend à retourner.

•◆•

[ca. 1494]
H, 36 v.

La partie d'une quantité continue qui fera un mouvement plus grand, est la plus éloignée de la partie qui se meut le moins.

Le côté du contrefort dont la partie supérieure est la plus lourde s'incurvera vers son centre.

•◆•

[ca. 1494]
H, 37 r.

Les côtés de toute quantité définie dressée en pyramide auront l'obliquité du diamètre de l'angle du carré parfait.

•◆•

[Pour la décoration d'une pièce.]

[ca. 1494]
H, 125 (18 v.) r.
et 124 (19 r.) v.

Moulure étroite au haut de la pièce : 30 livres.

Pour la moulure d'en dessous, je calcule 7 livres par panneau, et la dépense en azur, or, blanc de céruse, plâtre, indigo et colle, 3 livres ; temps : trois journées.

Les sujets sous les moulures, avec leurs pilastres : 12 livres chacun.

J'estime les frais d'émail, azur et or et autres couleurs à 1 livre et demie.

J'accorde cinq journées pour l'étude de la composition, le petit pilastre et autres choses.

Item pour chaque petite voussure : 7 livres.

Frais d'azur et d'or : 3 livres et demie.

Temps : quatre journées.

Pour les fenêtres : 1 livre et demie.

La grande corniche sous les fenêtres : 16 sols la brasse.

Item pour les compositions historiques romaines : 14 livres l'une.

Les philosophes : 10 livres.

Les pilastres : 1 once d'azur, dix sols.

Pour l'or : 15 sols.

J'estime [cet or et cet azur] : 2 livres et demie.

•◆•

[Dessin d'église avec section du rez-de-chaussée.]

Les parties supérieures et inférieures de cet édifice sont utilisables, comme au Saint-Sépulcre ; elles sont pareilles au-dessus et en dessous, sauf que le haut a la coupole *c d* et le bas, la coupole *a b*. Pour entrer dans l'église inférieure, tu descends dix marches et pour monter dans la supérieure tu en gravis vingt, ce qui, à supposer que chacune ait le tiers d'une brasse, représente dix brasses. Telle est donc la distance qui existe entre les niveaux de l'une et l'autre église. *[ca. 1488-1489] Ms. 2184, 4 r.*

•◆•

[Dessin architectural.]

Ici, on ne peut ni ne doit faire de campanile. Il doit plutôt être isolé, comme celui de la cathédrale ou de Saint-Jean, à Florence ; et de la cathédrale de Pise, où le campanile est séparé, de forme ronde, et à l'écart, tout de même que la cathédrale. Et chacun étant seul peut révéler sa perfection. *[ca. 1488-1489] Ms. 2184, 5 v.*

Si toutefois quelqu'un voulait le faire attenant à l'église, il utilisera la lanterne en guise de campanile, comme à l'église de Chiaravalle.

•◆•

Il ne faut point construire les moulins à proximité d'une eau stagnante ; ni de la mer, car les tempêtes engorgent de sable tout canal creusé sur ses bords. *[ca. 1506-1508] B. M. 63 v.*

•◆•

[Soubassements.]

La première et la plus impérieuse des conditions requises est la stabilité. *[ca. 1506-1508] B. M. 138 r.*

Pour les diverses parties qui composent les temples et

autres édifices publics, les profondeurs de leurs fondations auront même rapport mutuel que les poids qui pèsent sur elles.

Toute coupe en profondeur du sol, sur un espace donné, est disposée en couches, dont chacune a une partie plus lourde et une plus légère, la plus lourde étant au fond.

Ces couches en effet sont formées par les sédiments qu'ont déposés dans la mer les courants des fleuves qui s'y déversent.

La partie la plus lourde de ce dépôt est celle qui fut abandonnée la première, et ainsi successivement.

Telle est l'action de l'eau qui s'arrête de couler, et c'est ce dépôt qu'elle emporte en premier quand elle s'agite.

Ces couches de terrain sont visibles dans les rives des fleuves dont le cours continu a scié et séparé des montagnes en creusant un profond ravin ; le retrait des eaux ayant laissé à nu le gravier des rives, leur substance s'est desséchée et transformée en pierre dure, en particulier la vase, plus fine. Nous en induirons que chaque partie de la surface géologique fut jadis le centre de la terre et réciproquement.

DES CREVASSES DES MURS, LARGES À LA BASE ET ÉTROITES DU HAUT, ET LEUR CAUSE

Un mur finira toujours par se lézarder s'il n'a séché uniformément, en un même temps.

Un mur d'épaisseur uniforme ne sèche pas en entier dans un même temps, à moins qu'il ne soit en contact avec un milieu homogène ; s'il est construit de façon qu'une de ses parties confine à un monticule humide, alors que le reste est exposé à l'air, cette dernière partie se contractera quelque peu tandis que la partie humide conservera ses dimensions primitives.

La partie desséchée à l'air se resserre et se ratatine, et celle qui est en contact avec l'humidité ne sèche point ; le pan sec se détache facilement du pan humide qui n'a pas la cohérence nécessaire pour suivre le mouvement de la partie soumise à la dessication.

DES CREVASSES EN FORME D'ARC, LARGES DU HAUT, ÉTROITES DU BAS

Ces crevasses arquées, larges du haut et étroites du bas, proviennent de portes murées qui se contractent davantage en longueur qu'en largeur, dans la mesure où celle-là est supérieure à celle-ci, et où les joints du mortier sont plus nombreux en hauteur qu'en largeur.

•◆•

[ca. 1506-1508]
B. M. 141 v.

Quand un dôme ou une demi-coupole cède sous un poids insupportable, la voûte craque ; la crevasse est petite du haut et large du bas, étroite au-dedans, large au-dehors, à la façon d'une écorce de grenade ou d'orange qui éclate dans le sens de sa longueur, car, plus les extrémités opposées sont pressées et plus s'écartent les parties des joints les plus éloignées de la cause de pression. Voilà pourquoi les voussures de l'abside ne devront jamais être plus chargées que les arcs de l'édifice auquel elle appartient, attendu que le poids le plus lourd pèse davantage sur les parties du dessous et les fait s'écrouler sur leurs soubassements ; et ceci ne peut pas se produire avec les choses plus légères, telles ces absides.

•◆•

[ca. 1506-1508]
B. M. 157 r.

Fais d'abord un traité des causes qui provoquent l'écroulement des murs ; puis séparément, un traité sur les moyens d'y remédier.

Des crevasses parallèles apparaissent constamment sur les édifices érigés dans les sites montagneux où les roches sont stratifiées et où la stratification court transversalement ; car dans ces couches transversales l'eau et d'autres humeurs pénètrent fréquemment et apportent en quantité une terre grasse et gluante ; comme la stratification ne s'étend pas jusqu'au fond des vallées, les rochers subissent un glissement sur leurs pentes, et ils ne s'arrêtent qu'une fois descendus au fond du ravin, en entraînant, tel un bateau, la partie de l'édifice qu'ils ont détachée du reste.

Le remède consiste à élever, sous le mur qui glisse, de nombreuses piles, avec des arches les reliant entre elles et solidement enracinées ; pour éviter que les piliers ne cèdent, leurs bases seront fortement plantées dans la roche stratifiée.

Pour découvrir la partie immuable de la strate, il faut y creuser un puits de mine à une grande profondeur, au pied du mur, et dans ce puits polir une surface de la largeur d'une main, de haut en bas, du côté où se produit le glissement de la colline. Après un certain temps, cette portion lisse ménagée sur la paroi latérale du puits, décèlera clairement la partie de la montagne qui se déplace.

•◆•

DES PIERRES QUI SE SÉPARENT DE LEUR MORTIER

[ca. 1506-1508]
B. M. 157 v.

Les pierres dressées en nombre égal de la base au sommet, et liées avec une égale quantité de mortier, se tasseront également, à mesure que s'évapore l'humidité qui amollit le mortier.

Les crevasses des murs ne sont jamais parallèles, lorsque la partie du mur qui se sépare du reste n'a pas tendance à s'affaisser.

LOI DE LA STABILITÉ DES ÉDIFICES

La stabilité des édifices dérive d'une loi qui est la réciproque des deux précédentes : à savoir que les murs doivent être tous construits également par étages égaux, qui comprendront le circuit de l'édifice et l'épaisseur totale des murs de toute sorte ; et bien qu'un mur de peu d'épaisseur sèche plus vite que s'il était épais, il ne risquera pas de se fendre sous le poids qu'il acquerra d'un jour à l'autre ; car si une quantité double de ce mur peut sécher en une journée, un mur de double épaisseur séchera en deux jours ou environ, et ainsi une légère différence de poids sera compensée par une légère différence de temps.

POSITION DES FONDATIONS ET EN QUELS ENDROITS ELLES SONT UNE CAUSE D'ÉCROULEMENT

Quand la lézarde d'un mur est plus large du haut que du bas, c'est preuve manifeste que la cause de destruction se trouve en dehors de la perpendiculaire de la lézarde.

•◆•

CAUSE DE L'ÉCROULEMENT DES ÉDIFICES PUBLICS ET PRIVÉS

Les murs croulent par suite de fissures soit verticales, soit transversales. Les fissures obliques se produisent quand des murs récents sont ajoutés à des murs anciens, soit verticalement, soit au moyen de crochets fixés aux anciens murs ; car ces crochets étant impuissants à résister au poids insupportable du mur qui leur est adjoint, ils doivent fatalement se briser pour permettre au nouveau mur de se tasser ; et celui-ci s'affaissera d'une brasse toutes les dix brasses, moins ou davantage selon la quantité de mortier utilisée pour lier les pierres, ou le plus ou moins de liquidité de ce mortier. Souviens-toi de toujours construire d'abord les murs, et ajoute après coup les pierres du revêtement ; sinon, l'affaissement du mur étant plus accusé que celui de l'enveloppe extérieure, les crochets latéraux se briseraient forcément, attendu que les pierres du revêtement étant plus grandes que les matériaux des murs et nécessitant moins de mortier, leur affaissement sera moindre. Ceci ne saurait se produire si le revêtement n'a lieu qu'après que le mur a eu le temps de sécher.

[ca. 1506-1508]
B. M. 158 r.

MAISONS TRANSPORTABLES

[Diagrammes.]

Les maisons seront transportées et montées en ordre, ce qui n'offrira aucune difficulté vu qu'elles auront été d'abord fabriquées pièce par pièce, sur les places, et ensuite ajustées à leurs poutres, à l'endroit où elles devront rester.

Sur chaque place, fais construire des fontaines.

Les campagnards logeront dans certaines parties des maisons neuves, lorsque la cour n'y est pas.

[ca. 1517-1518]
B. M. 270 v.

[Dessin.]

Auvent sur la place du prêche du château.

[ca. 1495-1497]
Forster II, 70 v.

[ca. 1495-1497]
Forster II, 87 v.

Cet angle sera le plus résistant qui est le plus aigu, et le plus obtus sera le plus faible.

•◆•

FONDATIONS

[Dessin.]

[ca. 1495-1497]
Forster II, 93 r.

Il est montré ici comment les arcs pratiqués aux flancs de l'octogone exercent une poussée vers le dehors, sur les colonnes des angles, comme le figurent la ligne *h c* et la ligne *t d* qui poussent la colonne *m* vers l'extérieur, autrement dit exercent une pression pour l'écarter du centre de cet octogone.

•◆•

[Croquis.]

[ca. 1487-1490,
et ca. 1493-1497]
Forster III, 13 v.

Cette partie du support inférieur subira une pesée plus lourde, qui est plus rapprochée du poids qu'elle supporte.

•◆•

[Croquis.]

[ca. 1487-1490,
et ca. 1493-1497]
Forster III, 23 v.

Rien ne devra être jeté dans les canaux, et ces canaux aboutiront directement aux habitations.

•◆•

[ca. 1487-1490,
et ca. 1493-1497]
Forster III, 49 v.

La salle de la cour mesure cent vingt-huit pas de longueur et sa largeur est de vingt-sept brasses.

•◆•

[Croquis.]

[ca. 1517-1518]
RL 12585 v.

La hauteur des murs de la cour représentera la moitié de sa longueur ; c'est-à-dire, si la cour est de quarante brasses, la maison en mesurera vingt de hauteur à l'intérieur de cette cour, laquelle aura la moitié de la largeur de la façade entière.

•◆•

[Escalier hydraulique de la Sforzesca.]

Quand la partie qui est à la descente des écluses a été tellement creusée que l'extrémité de la chute se trouve sous le lit du fleuve, les eaux en tombant ne formeront jamais une cavité au pied de la rive et n'emporteront point de terre dans leurs rebonds ; ainsi, elles n'iront pas former un obstacle nouveau, mais elles suivront le courant transversal, le long de la base de l'écluse, par-dessous. En outre, si dans la partie la plus basse de la digue, qui se trouve en travers du courant des eaux, des degrés profonds et larges sont construits en manière d'escalier, les eaux accoutumées à tomber perpendiculairement, depuis le commencement de ce degré inférieur et à affouiller le soubassement de la digue, ne pourront plus descendre avec la même force irrésistible. *[ca. 1506-1508] Leic. 21 r.*

À l'appui de mon dire, je cite l'escalier par lequel l'eau tombe des prairies de la Sforzesca à Vigevano, où l'eau courante choit d'une hauteur de cinquante brasses.

[Dessin.]

Escaliers de Vigevano, sous la Sforzesca, avec cent trente marches hautes d'un quart de brasse et larges d'une demi-brasse, d'où l'eau tombe sans rien dégrader, au point où sa chute s'achève. Par ces marches, il est tombé de la terre en quantité suffisante pour assécher un marais, c'est-à-dire pour le combler, et elle a transformé en prairies des marécages de grande profondeur. *[ca. 1506-1508] Leic. 32 r.*

XXXIX

MUSIQUE

« La musique, qui se consume dans l'acte même de sa naissance. »

Trattato della Pittura[1], *I, 27.*

[ca. 1513-1514] *C. A. 1060 v. a*

La musique souffre de deux maux, l'un mortel, l'autre épuisant. Le mortel est toujours inséparable de l'instant qui suit celui où elle s'exprime, l'épuisant est dans sa répétition et la fait méprisable et vile.

•◆•

[Dessin.]

[ca. 1487-1489] *B, 50 v.*

Ceci indique comment se meut l'archet du joueur de viole ; si tu fais les crans de la roue de deux grandeurs[2] différentes, de façon qu'une série de dents soit plus petite que l'autre et qu'elles ne se rencontrent pas, comme on le voit en *a b*, l'archet aura un mouvement égal, sinon il ira par saccades. Mais si tu le fais de la façon que j'ai dite, le pignon *f* aura toujours un mouvement égal.

•◆•

1. *Trattato della pittura* (Rome, Bibliothèque apostolique vaticane, *Codex Urbinas latinus, 1270*. Dans l'édition française originale (Paris, 1651), l'extrait est au paragraphe XIV.

2. Ms. : *tempi.*

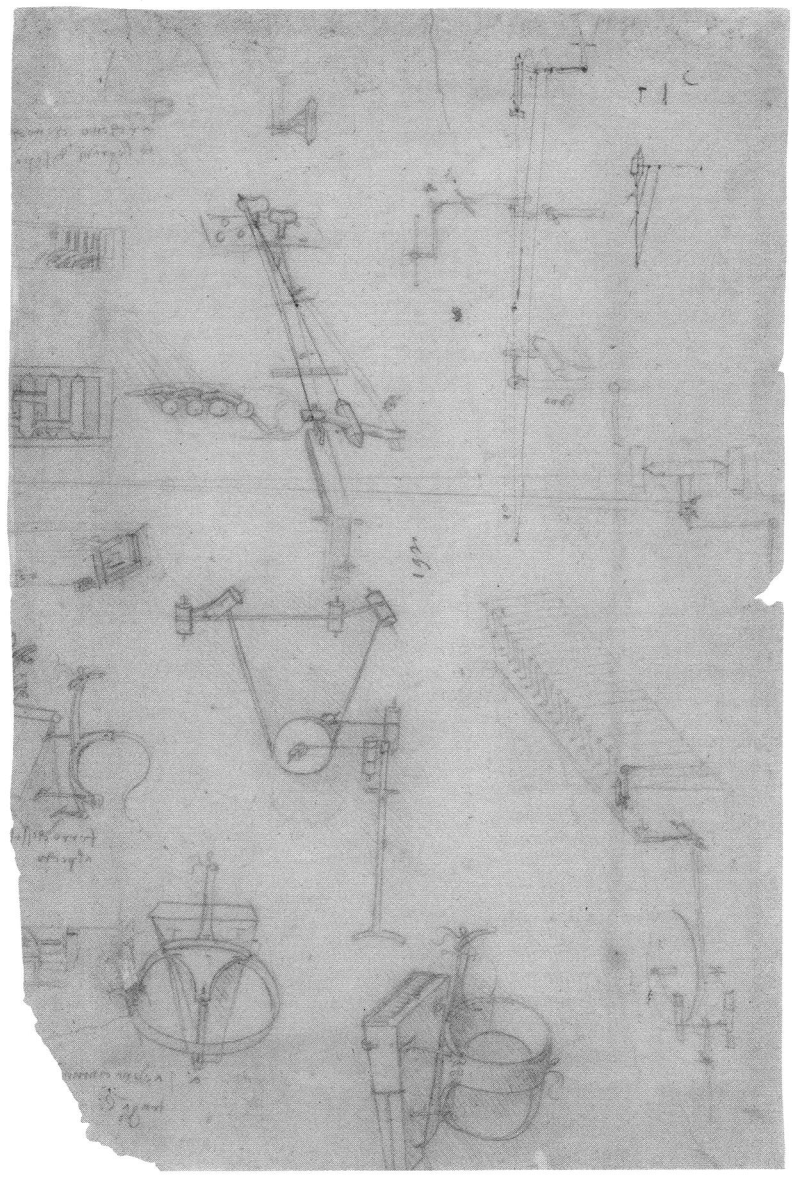

Viole organiste (*C. A.* 93 r.)

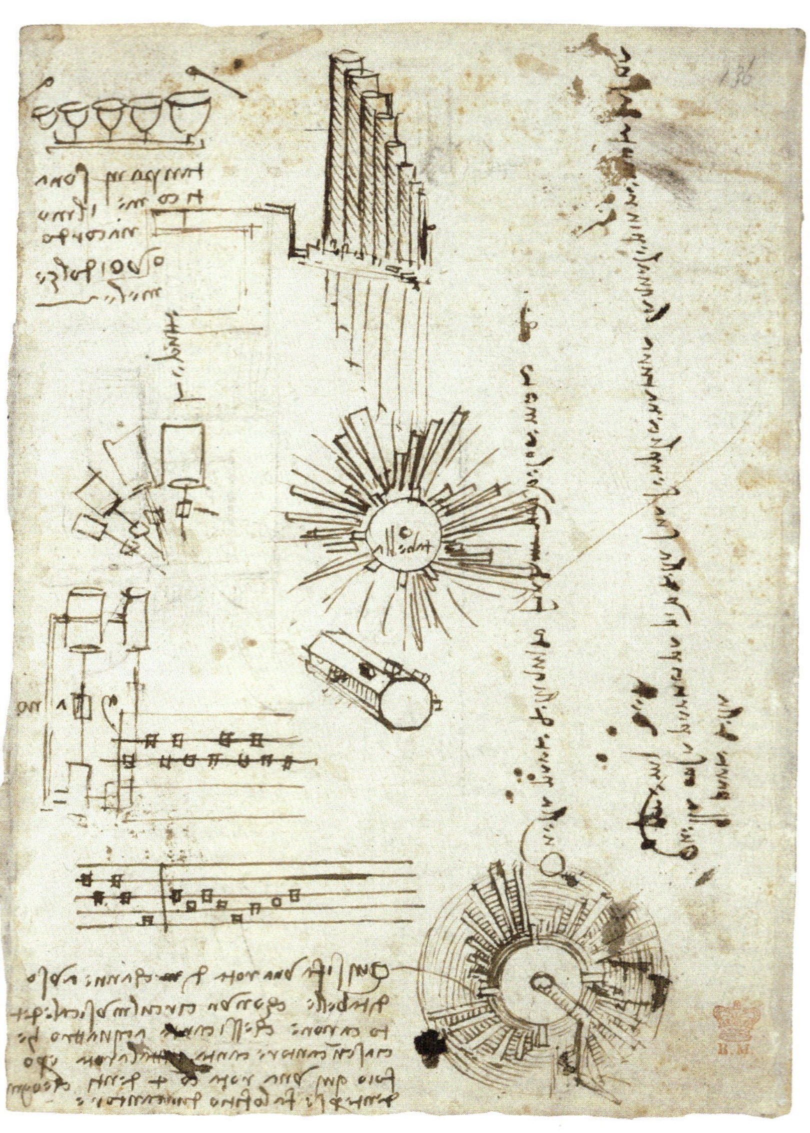

Tuyaux d'orgues actionnés par des cames (*B. M.* 137 v.).

[Dessin.]

Ici tu fais une roue avec des tuyaux servant de claquet pour le cycle musical appelé Canon, et qui est chanté en quatre parties, chaque chanteur chantant le cycle entier. Voilà pourquoi je fais ici une roue à quatre dents, chacune pour la partie d'un chanteur. *[ca. 1504-1506] B. M. 137 v.*

•◆•

J'ai plusieurs cordes tendues en octave, l'une au-dessus de l'autre, et je veux tendre davantage chacune, d'un doigt. Je demande quel poids pourra la tirer, étant de même grandeur, ou du double de grandeur, et quel est le son qui subsistera. *[ca. 1495-1497] Forster II, 35 v.*

•◆•

De la musique de l'eau tombant dans son vase. *[ca. 1506-1508] Leic. 27 r.*

•◆•

À l'aide de ce moulin je tirerai des sons incessants de toutes sortes d'instruments qui résonneront aussi longtemps que marchera le moulin. *[ca. 1508] C. A. 732 v. b*

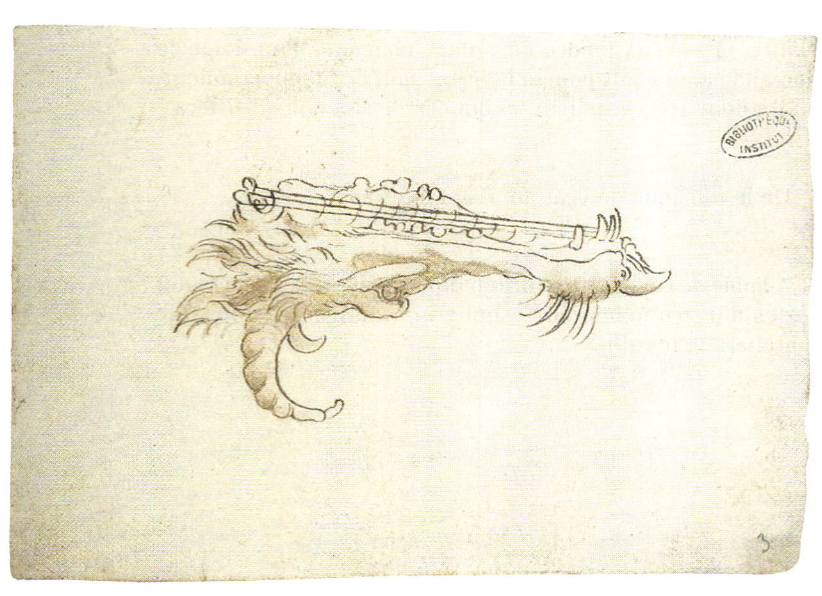

Lyre en forme de crâne de dragon (*Ms. 2184*, C r.).

XL

RÉCITS

« Je créerai une fiction qui exprimera de grandes choses. »

Quelqu'un renonça à la fréquentation d'un ami qui avait l'habitude de dénigrer ses amis. Celui qui avait été ainsi quitté lui en fit un jour reproche et après beaucoup de plaintes, le pria de lui dire pourquoi il avait perdu le souvenir d'une amitié si grande. À quoi l'autre répondit : « J'évite de me montrer en ta compagnie, parce que je te veux du bien et ne désire point qu'en me desservant auprès des autres, moi qui suis ton ami, ils aient de toi l'impression fâcheuse que j'éprouve quand tu leur dis du mal de moi, ton ami. Or, si nous cessons de nous fréquenter, on pensera que nous sommes devenus ennemis, et le fait que tu me dénigres, selon ton habitude, ne sera pas aussi blâmé que si nous étions restés en relations suivies. » *[ca. 1490-1493, ou après] C. A. 838 r.*

Cher Benedetto, je te veux mander des nouvelles des choses d'ici, du Levant ; sache qu'au mois de juin est apparu un géant venu du désert de Libye. Ce géant né au mont Atlas, était noir et il combattit Artaxerxès avec les Égyptiens et les Arabes, les Mèdes et les Perses ; il vivait dans la mer, et se nourrissait des baleines, des grands cachalots et des navires. Quand le féroce géant glissa sur le sol couvert de sang et de fange, on eût dit l'écroulement d'une montagne. La campagne *[ca. 1487-1490] C. A. 852 r.*

[fut secouée] comme par un tremblement de terre. Pluton s'épouvanta aux enfers et Mars, craignant pour sa vie, se réfugia sous le flanc de Jupiter[1].

La violence du choc l'avait laissé prostré sur le sol plan, comme frappé de stupeur ; le peuple qui le crut foudroyé, se mit à tourner autour de la grande barbe ; et comme des fourmis courent de ci de là, furieusement, parmi les broussailles abattues par la hache du robuste paysan, ainsi les gens se pressèrent sur ses membres énormes et les lacérèrent de nombreuses blessures.

Lors, le géant, reprenant ses esprits et se voyant presque couvert par la foule, sentit aussitôt la douleur cuisante des piqûres et poussa un rugissement qui fut comme un effrayant roulement de tonnerre ; ses mains contre le sol, il leva son visage épouvantable et une main portée à sa tête y rencontra la multitude d'hommes collés aux cheveux, tels les insectes qui naissent parmi eux. Ces hommes accrochés à la chevelure et cherchant à s'y cacher, étaient comme les marins dans la tempête, qui grimpent aux cordages pour carguer la voile et amortir la violence du vent ; il secoua donc la tête et envoya les gens voler en l'air, telle la grêle que chasse la rafale, et beaucoup furent tués par ceux qui, comme l'orage, s'abattirent sur eux. Alors se dressant, il les foula aux pieds[2].

[ca. 1487-1490]
C. A. 265 v.

À première vue, le visage noir est très horrifique et terrifiant à regarder, surtout les yeux enflés et injectés de sang, sous les sourcils effrayants et froncés, qui font s'obscurcir le ciel et trembler la terre.

Crois-moi, il n'est point d'homme assez brave qui, sous ces yeux flamboyants tournés vers lui, ne s'attacherait volontiers des ailes pour s'enfuir, car même la face de l'infernal Lucifer semblerait angélique par contraste.

Le nez retroussé en boutoir, avec de vastes narines d'où sortaient quantité de grands poils, surmontait une bouche

1. Ms. : « *Marte temèdo de la vita sera fugito sotto lato di Giove* ». Ces mots de la main de Léonard figurent en regard du texte et ne se trouvent pas dans la transcription de l'édition italienne. On les a insérés à l'endroit où ils paraissaient le plus appropriés, et on a également interverti l'ordre de certaines phrases écrites en marge.

2. Ce passage et les deux fragments qui suivent semblent faire partie d'un conte fantastique rédigé sous forme épistolaire.

arquée aux lèvres mafflues, dont les coins avaient des moustaches comme les chats ; il avait les dents jaunes et son cou-de-pied était plus haut que les têtes des hommes à cheval.

Comme sa position immobile lui avait pesé et qu'il voulait se débarrasser de la foule importune, sa rage se mua en fureur, et donnant avec ses pieds libre cours à la frénésie qui agitait ses membres puissants, il entra dans la multitude et à coups de talon se mit à jeter en l'air des hommes qui retombaient sur les autres, comme une épaisse tempête de grêle ; et nombreux furent ceux qui en mourant, donnèrent la mort. Cette sauvagerie dura jusqu'au moment où la poussière que soulevaient ses grands pieds vint à bout de sa fureur diabolique et nous continuâmes de fuir.

Ô que d'assauts livrés à ce démon enragé contre qui toute attaque était vaine ! Ô misérables gens, ni les inexpugnables forteresses ni les hauts remparts de vos cités, ni votre nombre, ni vos maisons ou vos palais ne vous servent de rien. Il ne vous reste que les petits trous et les caves souterraines – comme aux crabes, grillons et autres animaux semblables –, où vous pouvez trouver votre salut et votre évasion. Ô, que de pères et mères infortunés furent privés de leurs enfants ! Oh ! que de malheureuses femmes privées de leur compagnon ! En vérité, mon cher Benedetto, je ne crois pas que depuis la création du monde, on ait vu lamentations ou douleur publique s'accompagner de tant de terreur. Certes, en l'occurrence, l'espèce humaine a lieu d'envier toutes les espèces d'animaux ; l'aigle, il est vrai, a suffisamment de vigueur pour triompher des autres oiseaux, mais ceux-ci demeurent invaincus grâce à la vitesse de leur vol ; les rapides hirondelles échappent à la rapacité du faucon, et les dauphins, par la prestesse de leur fuite, se dérobent à la poursuite de la baleine et des grands cétacés ; mais pour nous, misérables, aucune fuite ne vaut, car le pas lent de ce monstre dépasse de loin la vitesse du plus agile coursier.

Je ne sais que dire ni que faire ; j'ai l'impression que je nage, tête baissée, dans l'immense gueule, et que rendu méconnaissable par la mort, je suis enseveli dans le grand ventre.

[ca. 1497]
I, 139 (91) r.

Il était plus noir qu'un frelon : ses yeux avaient la rougeur de la braise et il montait un grand étalon large de six empans sur plus de vingt de long, avec six géants attachés à l'arçon de sa selle, et un autre au creux de sa main, qu'il rongeait de ses dents ; derrière lui venaient des verrats, dont les défenses saillaient hors de leur bouche, d'environ dix empans.

[av. 1500] M, 80 v.

Le doux moine fut charmé et ravi ; il a déjà obligé les philosophes à faire des recherches pour notre cause, afin de nourrir l'intellect.

[ca. 1487-1490, et ca. 1493-1497] Forster III, 34 v.

Un artisan se rendait souvent chez un seigneur, sans jamais avoir aucune requête à lui présenter ; celui-ci lui ayant demandé la raison de son assiduité, il répondit que c'était pour s'offrir une jouissance interdite au seigneur ; car il contemplait un plus grand que lui, comme font les gens du peuple, tandis que le seigneur ne voyait jamais que des inférieurs ; il se trouvait donc goûter un plaisir inaccessible aux personnes de qualité.

XLI

FACÉTIES

« Amuse-toi souvent, en promenade, à observer et à considérer les attitudes et les actes des hommes qui parlent, se disputent, rient ou en viennent aux mains, à la fois leurs gestes et ceux des assistants qui interviennent ou restent spectateurs de toutes ces choses. »

UNE PLAISANTERIE

Un prêtre faisait sa tournée paroissiale, le Samedi saint ; afin de donner l'eau bénite dans les maisons, selon la coutume ; il arriva dans l'atelier d'un peintre et comme il aspergeait un de ses tableaux, le peintre irrité se tourna vers lui et lui demanda la raison de cette aspersion. Le prêtre répondit qu'il se conformait à l'usage et qu'il remplissait un devoir ; c'était œuvre pie, et qui fait le bien peut espérer une récompense égale ou même supérieure, car Dieu a promis que toute bonne action sur terre nous vaudrait le centuple au ciel. Le peintre attendit que le prêtre se fût retiré, puis il se mit à la fenêtre et lui jeta sur le dos un grand seau d'eau, en lui criant : « Voici la récompense centuplée qui te vient d'en haut, comme tu disais, pour la bonne action que tu as accomplie avec ton eau bénite qui m'a à moitié gâché mes tableaux. » *[ca. 1490] C. A. 327 r.*

Pendant le carême qu'ils observent en certaines saisons, les frères franciscains ont coutume de s'abstenir de viande *[ca. 1498-1499] C. A. 406 r.*

dans leur couvent ; mais en voyage, vivant d'aumônes, ils ont la permission de manger tout ce qui leur est offert. Un couple de ces frères qui voyageait dans ces conditions arriva dans une auberge en même temps qu'un marchand, et tous prirent place à la même table. L'auberge était pauvre et on ne leur servit qu'un poulet rôti. Le marchand voyant que la chère serait mesurée, se tourna vers les frères et dit : « En ces jours, si j'ai bonne mémoire, la viande vous est interdite dans vos couvents. » À ces mots, les frères furent obligés par leur règle d'avouer franchement qu'il disait vrai ; le marchand put donc se rassasier tout à son aise et dévora le poulet, tandis que les frères faisaient contre mauvaise fortune bon cœur.

Après le dîner, les trois commensaux poursuivirent de conserve leur voyage, et à quelque distance de là, ils atteignirent un fleuve très large et profond. Comme ils étaient tous trois à pied, les frères par pauvreté et l'autre par avarice, il fallut que selon l'usage du pays, un des frères, qui s'était déchaussé, portât le marchand sur ses épaules ; il lui donna donc ses sandales à tenir et hissa l'homme sur son dos. Mais une fois au milieu du fleuve, il se souvint d'une autre de ses règles, et s'arrêtant tel saint Christophe, il leva la tête vers celui qui pesait lourdement sur ses épaules et dit : « Au fait, as-tu de l'argent sur toi ? – Voyons, tu le sais bien, répliqua l'autre. Comment supposez-vous qu'un marchand comme moi voyage sans en être muni ? – Hélas, dit le frère, notre règle nous interdit de porter de l'argent sur nous » et de le jeter incontinent à l'eau.

Le marchand comprit que cette plaisanterie était une représaille de l'offense qu'il avait faite aux frères ; il eut donc un sourire agréable et pacifique, et tout rouge de confusion, accepta leur revanche.

⁂

[ca. 1487-1490]
Tr. 1 v.

Si Pétrarque aimait tant le laurier, c'est parce qu'il est bon, accommodé aux saucisses et aux grives ; je n'attache aucune valeur à leurs bagatelles.

⁂

[ca. 1487-1490]
Tr. 34 v.

Frati santi se lit Pharisiens[1].

⁂

1. Ms. : *farisei*.

MOT D'UN JEUNE HOMME À UN VIEILLARD

À un vieillard qui insultait en public un jeune homme et proclamait audacieusement qu'il ne le craignait point, le jeune homme lui répondit que son grand âge lui était un meilleur bouclier que sa langue ou sa force. *[ca. 1487-1490] Tr. 40 v.*

PLAISANTERIE

Pourquoi les Hongrois portent la croix double. *[ca. 1494] H, 62 (14) v.*

Quelqu'un voulut démontrer, en invoquant Pythagore, qu'il avait déjà vécu sur cette terre ; un contradicteur ne lui laissant pas terminer son raisonnement, le premier dit au second : « La preuve que je me suis trouvé ici-bas en une précédente occasion, c'est que je me souviens que vous étiez meunier. » À ces mots, l'autre, piqué, convint que la chose était vraie, car lui-même se souvenait fort bien qu'en effet cet homme avait été l'âne qui portait sa farine. *[av. 1500] M, 58 v.*

On demandait à un peintre pourquoi il avait fait ses enfants si laids alors que ses figures, choses inanimées, étaient si belles. Il répondit qu'il faisait ses tableaux de jour, et ses enfants de nuit.

Un moribond, à son heure dernière, entendit cogner à sa porte et comme il demandait à l'un de ses serviteurs qui frappait, celui-ci répondit que c'était une dame nommée Bonne. *[ca. 1495-1497] Forster II, 30 v.*

Alors le malade leva les bras vers le ciel et rendit grâces à Dieu, à haute voix, puis il ordonna à ses gens de la laisser entrer immédiatement, afin qu'il pût voir une bonne femme avant que de mourir, n'en ayant jamais rencontré de sa vie.

On engageait quelqu'un à quitter son lit, car le soleil était déjà levé. À quoi il répondit : « Si j'avais à faire un aussi long voyage et autant de choses que lui, je serais, moi aussi, déjà levé ; mais n'ayant pas à aller loin, je désire rester encore couché. » *[ca. 1495-1497] Forster II, 31 r.*

XLII

FABLES

« Le miroir s'enorgueillit parce qu'il porte en lui l'image de la reine ; part-elle, il reste dans sa vileté. »

[ca. 1490]
C. A. 187 r.

Le troène ayant senti ses tendres rameaux, lourds de fruits nouveaux, piqués par les griffes acérées et le bec du merle importun, se plaignit à lui avec des reproches désolés ; il l'implora, puisqu'il lui ôtait ses fruits délectables, de ne pas, du moins, le priver de son feuillage qui le garantissait des ardeurs du soleil, de ne le point dépouiller de sa délicate écorce, avec ses serres acérées.

À cela le merle, d'un ton rude, répondit : « Oh, tais-toi, sauvage rejeton ! Ignores-tu donc que la nature t'a fait produire ces fruits à seule fin de me nourrir ? Ne vois-tu pas que tu fus créé pour me servir d'aliment ? Et ne sais-tu pas, rustre, que tu seras, l'hiver prochain, la pâture du feu ? »

L'arbre écouta ces paroles patiemment, non sans verser des larmes. Peu de temps après, le merle fut pris dans les rets, et pour faire une cage où l'emprisonner et former les barreaux, on coupa des branches dont quelques-unes furent empruntées au troène – de quoi elles s'éjouirent, en voyant que c'étaient elles qui, à présent, maintenaient l'oiseau en captivité. Elles lui dirent donc : « Ô merle, point encore ne sommes consumées par le feu, comme tu le prédisais, et nous te voyons en prison avant que tu nous aies vues brûler. »

Le laurier et le myrte voyant qu'on coupait le poirier s'écrièrent à haute voix : « Ô poirier, où vas-tu ? Où es ta superbe du temps que tu ployais sous les fruits mûrs ? Désormais, ton feuillage touffu ne nous portera plus ombrage ! » Le poirier répondit : « J'accompagne le cultivateur qui me coupe ; il me mènera à l'atelier d'un sculpteur excellent, et celui-ci, par son art, me donnera la forme du dieu Jupiter ; je serai consacré dans un temple et les hommes m'adoreront au lieu et place de Jupiter ; mais, tu seras, toi, souvent mutilé et dépouillé de tes rameaux dont on m'environnera pour me faire honneur. »

Le châtaignier vit sur le figuier un homme qui tirait les branches à lui, en arrachait les fruits mûrs, les enfonçait dans sa bouche et les morcelant, les écrasait de ses dents dures. Dans un murmure affligé, il lui dit : « Ô figuier, combien la nature t'a favorisé moins que moi ! Vois comme, en ordre serré, elle a disposé mes doux enfants et les a d'abord revêtus d'une fine chemise au-dessus de laquelle est placée l'écorce rude et rugueuse. Et non contente de m'accorder ces bienfaits, elle leur a donné une forte enveloppe, entourée d'épines acérées, rapprochées, pour empêcher la main des hommes de me nuire. »

Le figuier et ses enfants partirent d'un éclat de rire et quand ils eurent fini, il dit : « L'homme, sache-le, est si ingénieux qu'avec des perches, des pierres, des gaules, il t'ôtera tes fruits ; une fois tombés, il les broiera du pied ou avec une pierre, de façon qu'ils sortiront de leur armure lacérés et déchirés ; moi, ce seront des mains qui me manieront délicatement et non, comme toi, des bâtons et des pierres. »

Le papillon étourdi et vagabond, non content de voler dans l'air, à sa fantaisie, fut attiré par la séduisante flamme de la chandelle ; il résolut d'aller vers elle, mais son joyeux mouvement lui fut cause de subite douleur. Ses ailes délicates se consumèrent et le malheureux tomba brûlé au pied du chandelier. Après bien des larmes et des regrets, il sécha les pleurs qui ruisselaient de ses yeux et levant le visage, il dit : « Ô lumière fallacieuse, combien d'autres as-tu, jusqu'à présent, trompés comme moi ! Hélas, puisque c'était mon désir de contempler la lumière, que n'ai-je su faire la différence entre le soleil et la trompeuse clarté du sale suif ? »

Une noix emportée par une corneille tomba au sommet d'un haut campanile, où, réfugiée dans une fissure, elle put échapper au bec mortel. Elle pria le mur, au nom de la grâce que Dieu lui avait accordée d'être si élevé et grand, et riche en belles cloches d'un son harmonieux, de la secourir, puisqu'il ne lui avait pas été donné de choir sous les verts rameaux de son vieux père, dans la terre grasse jonchée de feuilles tombées. Elle supplia le mur de ne la point abandonner, ayant fait vœu, pendant qu'elle se trouvait dans le bec féroce de la cruelle corneille, que si elle en réchappait, elle achèverait ses jours au fond d'un petit trou. À ces mots, le mur se sentit ému de compassion et fut content de la garder à l'endroit de sa chute. Mais bientôt la noix se fendit et poussa à travers les crevasses de la pierre des racines qui allèrent s'élargissant. Ses rameaux furent projetés hors du trou et ne tardèrent pas à s'élever plus haut que l'édifice ; en grossissant, les nodosités des racines dégradèrent les murs et expulsèrent les vieilles pierres de leur antique position. Alors le mur déplora, mais trop tard et vainement, la raison de son malheur ; il ne tarda pas à se fendre, et une grande partie de ses membres tomba en ruine.

Le singe ayant trouvé un nid de petits oiseaux, s'en approcha avec grande joie ; mais comme ils étaient déjà en état de voler, il ne put attraper que le plus petit. Plein d'allégresse, il regagna son gîte en le tenant dans la main ; puis, ayant contemplé l'oisillon, se prit à l'embrasser, éperdu d'amour, et tant le baisotta, le retourna et le pressa, qu'il finit par lui ôter la vie. Dit pour ceux qui pour trop aimer leurs enfants[1], attirent sur eux le malheur.

⁂

[ca. 1490]
C. A. 188 r.

L'infortuné saule se trouvait privé du plaisir de voir ses fins rameaux atteindre à la hauteur souhaitée et se dresser vers le ciel, car sans cesse il était mutilé, ébranché et abîmé, à cause du voisinage de la vigne et autres plantes. Ayant donc rassemblé ses esprits, il ouvrit toutes grandes les portes de son imagination, et après avoir longuement médité, il se mit à chercher dans le monde végétal une alliée qui n'eût pas besoin de l'assistance de ses branches. Et son imaginative

1. Ms. : « *per non gastigare* ».

travaillant sans répit, la pensée de la citrouille lui vint subitement, et sa ramure entière en frémit d'allégresse, car il crut avoir trouvé en elle la compagne rêvée, la citrouille étant par nature plus portée à attacher les autres qu'à être attachée. Ayant ainsi délibéré, il dressa ses rameaux vers le ciel et attendit quelque oiseau ami qui consentît à servir d'intermédiaire à son désir. Parmi bien d'autres, il aperçut la pie, toute proche, et lui dit : « Ô gentil oiseau, au nom du refuge que récemment t'offrirent mes branches, quand le rapace et cruel faucon, affamé, te voulait dévorer ; au nom de l'abri que souventes fois tu trouvas chez moi, quand tes ailes demandaient grâce ; par le plaisir qu'avec tes compagnes tu goûtas parmi mes rameaux, à la saison des amours, je t'implore ! va chez la citrouille et obtiens d'elle quelques semences. Dis-lui que je considérerai ce qui d'elle naîtra, comme si mon propre corps l'avait engendré ; emploie tous les mots convaincants propres à la fléchir – encore qu'à toi, maîtresse dans l'art du bien-dire, je n'ai point à faire la leçon. Si tu m'exauces, je serai heureux de recevoir ton nid à la naissance de mes branches, ainsi que toute ta famille, sans paiement de loyer d'aucune sorte. » Lors la pie, après avoir stipulé avec le saule quelques autres conditions encore – notamment que jamais il n'accueillerait serpent ou fouine – dressa la queue, baissa la tête et s'élança, portée sur ses ailes. Battant de ci de là dans sa quête l'air qui fuyait, et dirigée par le timon de sa queue, elle arriva à la citrouille à qui, après un beau salut et des paroles courtoises, elle demanda les graines désirées. Elle les rapporta au saule qui la reçut joyeusement, puis elle gratta un peu la terre au pied de l'arbre, traça du bec un cercle alentour et planta les semences.

Celles-ci ne tardèrent pas à pousser et leurs rameaux, croissant et se développant, eurent tôt fait de recouvrir les branches du saule à qui, en outre, leurs larges feuilles masquèrent la beauté du soleil et du ciel. Non contentes de tout ce mal, les citrouilles se mirent à tirer vers la terre, dans leur rude pesée, la cime des tendres rameaux, en les tordant et les déformant étrangement. Alors le saule se secoua et s'agita pour leur faire lâcher prise ; des jours entiers il caressa un espoir chimérique, mais si forte et sûre était l'étreinte des citrouilles, qu'elle interdisait cette pensée. Là-dessus il vit passer le vent et se recommanda à lui, et le vent de souffler très fort. Mais alors le vieux tronc creux du saule se fendit jusqu'aux racines, et tombé en deux morceaux, il pleura sur lui-même et connut qu'il n'était pas né pour un destin heureux.

Des flammes vivaient depuis un mois dans le four d'un verrier, quand elles virent approcher une chandelle, dans un magnifique et brillant chandelier. Avec grande convoitise elles essayèrent d'arriver à elle ; l'une, déviant de son sens habituel, s'insinua dans un tison éteint dont elle tira sa nourriture ; puis, par une petite fissure de l'extrémité opposée, elle passa à la chandelle voisine et se jetant sur elle, la dévora avec grande avidité et gloutonnerie et la consuma presque entièrement. Mais ensuite, désireuse de prolonger sa propre vie, elle chercha en vain à s'en retourner au four qu'elle avait quitté et, forcée de s'affaisser, mourut avec la chandelle. Ainsi dans la désolation et les regrets, elle fut changée en fumée haïssable, tandis que toutes ses sœurs resplendissaient de longue vie et beauté.

Le vin, la divine liqueur du raisin, se trouvant sur la table de Mahomet, dans une coupe richement ciselée, fut transporté par l'orgueil de cet honneur, et soudain agité d'un sentiment opposé, il se dit : « Que fais-je ? De quoi est-ce que je me réjouis ? Ne vois-je pas que je suis sur le point de mourir, puisque je quitterai l'habitat doré de cette coupe pour entrer dans la grossière et fétide caverne du corps humain où, de breuvage suave et parfumé, je me transformerai en un fluide ignoble et dégoûtant ? Et comme si tant de disgrâce ne suffisait pas, il me faudra séjourner longuement dans de sales réduits, avec d'autres matières infectes et corrompues, évacuées par les entrailles des hommes. » Il cria donc vers le ciel, implorant vengeance d'une telle injure, et qu'un terme fût mis à cette déchéance ; et aussi que, du moment où cette contrée du pays produisait les plus beaux et les meilleurs raisins de la terre, on leur épargnât d'être réduits en vin. Alors Jupiter fit que le vin bu par Mahomet lui monta au cerveau et le troubla au point de le rendre dément ; et il commit tant de folies que lorsqu'il eut recouvré ses esprits, il promulgua un décret, interdisant aux Asiatiques l'usage du vin. Ainsi la vigne et ses fruits furent laissés en paix.

Aussitôt qu'il a pénétré dans l'estomac, le vin commence à fermenter et à bouillir, l'esprit quitte l'enveloppe de chair et montant vers le ciel, atteint le cerveau et se sépare du corps. Ainsi il l'intoxique et le change en un dément, capable de crimes irréparables et de tuer ses amis.

•◆•

Le rat, dans sa petite habitation, était assiégé par la belette qui, avec une continuelle vigilance guettait sa défaite ; et à travers un petit soupirail, il regardait son grand péril. Sur ces entrefaites, une chatte survint qui s'empara de la belette et la dévora incontinent. Alors le rat rendit grâces à son dieu et offrit en sacrifice, à Jupiter, quelques-unes de ses noisettes ; puis il sortit de son trou pour recouvrer sa liberté perdue. Mais il en fut aussitôt privé, ainsi que de la vie, par les griffes cruelles et les dents de la chatte. *[ca. 1490] C. A. 187 v.*

•◆•

Fable de la langue mordue par les dents. *[ca. 1490] C. A. 188 v.*

Le cèdre infatué de sa beauté et dédaigneux des arbustes environnants, les fit bannir de sa vue. Sur quoi le vent, ne rencontrant plus d'obstacles, le déracina et le jeta bas.

La fourmi avait trouvé un grain de mil. Tandis qu'elle s'en emparait, le grain cria : « Accorde-moi la faveur de réaliser mon désir de germer, je te rendrai mon moi au centuple. » Et ainsi fut fait.

L'araignée ayant découvert une grappe de raisin que les abeilles et toutes sortes de mouches visitaient pour sa douceur, crut avoir trouvé un lieu très propice à ses embûches. Elle descendit donc sur son fil ténu, entra dans sa nouvelle demeure, et chaque jour, tapie dans les petits intervalles qui séparaient les grains de raisin, elle assaillait, tel un larron, les misérables bestioles sans méfiance. Mais quelque temps après, le vendangeur cueillit la grappe, la mit avec les autres, et l'araignée fut écrasée. Ainsi le raisin fut son embûche et son piège, comme il l'avait été des mouches.

La clématite, mécontente de sa haie, s'avisa de jeter ses branches en travers de la grand-route et de rejoindre la haie d'en face ; sur quoi elle fut rompue par les passants.

L'âne s'étant endormi sur la glace d'un lac profond, la chaleur de son corps la fit fondre ; à son grand dam, il s'éveilla sous l'eau et fut promptement noyé.

Un petit tas de neige se trouva au sommet d'un roc perché à la pointe extrême d'une très haute montagne, et livré à son imagination, il se prit à méditer et se dit : « Ne serai-je pas jugé altier et superbe, pour m'être mis, moi petit tas, en un lieu si élevé, et pour supporter que les grandes quantités de neige environnantes occupent une place bien inférieure à la mienne ? Ma petite dimension ne mérite pas cette altitude ; et en signe de mon insignifiance, je pourrais bien connaître le sort de mes compagnes qui, hier encore, en quelques heures fondirent au soleil, pour s'être placées plus haut qu'il n'était nécessaire. Je veux échapper à son courroux, m'abaisser et trouver un endroit en rapport avec ma petitesse. »

La motte se jeta donc en bas et commença de descendre, roulant des hautes roches vers l'autre neige ; mais plus elle cherchait un lieu bas, plus elle augmentait de volume, si bien qu'arrivée au terme de sa course, sur une colline, elle se trouva être aussi grande que cette butte qui la soutenait, et fut la dernière que le soleil fit fondre cet été-là.

Dit pour ceux qui, s'humiliant, sont exaltés.

Le faucon supportait avec impatience la façon qu'avait le canard de se dissimuler en fuyant et en plongeant ; il voulut donc le poursuivre mais ses plumes se mouillèrent et il resta sous l'eau ; alors le canard s'éleva en l'air et railla le faucon qui se noyait.

L'araignée voulant prendre la mouche dans ses rets trompeurs, trouva, au-dessus d'eux une mort cruelle que lui infligea le frelon.

L'aigle voulut se moquer du hibou, mais ses ailes se prirent à la glu et l'homme le captura et le tua.

·◆·

LE CÈDRE

[ca. 1490]
C. A. 207 r.

Le cèdre ambitionna de porter à sa cime un grand et beau fruit ; et de toute la force de sa sève il s'efforça de réaliser son désir. Mais une fois développé, ce fruit fut cause que la cime haute et élancée se ploya.

LE PÊCHER

Le pêcher, envieux de la grande quantité de fruits qu'il voyait à son voisin le noyer, décida de l'imiter et chargea ses branches de fruits au point que leur poids le jeta, déraciné et brisé, au ras du sol.

LE NOYER

Le noyer ayant étalé aux passants l'abondance de ses fruits, chacun le lapida.

Le figuier ne portait pas de fruits, et personne ne le regardait. Mais il voulut en produire pour s'attirer la louange des hommes et par eux il fut plié et rompu.

Le figuier était voisin de l'orme dont les rameaux stériles avaient la cruauté de cacher le soleil à ses figues encore vertes. Il lui en fit reproche et dit : « Oh, comment, orme, n'as-tu point vergogne à te tenir devant moi ? Attends que mes enfants soient arrivés à maturité, tu verras alors où tu en seras. » Mais quand eurent mûri ses enfants, une escouade de soldats passa qui arracha au figuier ses branches pour lui ravir ses fruits et le laissa tout dépouillé et rompu.

Quand il fut ainsi mutilé dans ses membres, l'orme lui demanda : « Ô figuier, n'eût-il pas été préférable de n'avoir pas d'enfants plutôt que de se voir, à cause d'eux, réduit à si misérable condition ? »

•◆•

Le feu se réjouit du bois sec qu'il trouva dans l'âtre ; s'en étant emparé, il s'avisa qu'il s'élevait fort au-dessus de lui et croissait considérablement. Aussitôt, son âme douce et tranquille se boursoufla d'orgueil insupportable, se figurant que grâce à lui, tout l'élément supérieur se trouvait attiré dans ces quelques bûches. Et de fumer, et de remplir le foyer de crépitements et pluies d'étincelles. Déjà, les flammes grandies se frayaient, toutes ensemble, un chemin en l'air ; à mesure que les plus hautes léchaient le fond de la marmite, au-dessus *[ca. 1493-1494] C. A. 321 r.*

Un reste de feu subsistait dans un petit charbon, parmi les cendres tièdes et tirait maigre et piètre pitance de ce peu de nourriture. Quand arriva la surveillante de la cuisine, pour préparer le repas habituel, elle mit des bûches dans le foyer et, au moyen d'une allumette, tira une petite flamme du charbon presque éteint ; puis elle le plaça parmi les bûches qu'elle avait disposées, posa dessus la marmite et s'en fut sans plus y songer.

Fort réjoui du bois sec, le feu commença par s'élever au-dessus de lui, chassa l'air de ses interstices et, s'y insinuant, se fraya allègrement passage. Il souffla entre les intervalles des bûches dont il fit de charmantes fenêtres à son usage et jeta des flammes brillantes et rutilantes, qui soudain dissipèrent les ténèbres de la cuisine close. Les flammes accrues se livrèrent à des jeux joyeux avec l'air environnant et le doux murmure de leur chant donna naissance à une mélodie suave.

⁂

[ca. 1490]
C. A. 323 r.

Les grives furent grandement contentes de voir un homme capturer le hibou et le priver de liberté en lui attachant les pattes avec de solides liens. Mais un jour, grâce à la glu, le hibou fut cause que les grives perdirent la liberté, et par surcroît la vie. Ceci est dit pour ces États qui se réjouissent quand leur chef vient à perdre la liberté – en suite de quoi, n'ayant plus aucune chance d'être secourus, ils se trouvent ligotés au pouvoir de l'adversaire, privés de leur liberté, et souvent de leur vie.

⁂

[ca. 1490]
C. A. 327 r.

Le chien dormait sur une peau de mouton. Une de ses puces ayant subodoré l'odeur du suint, estima que c'était là un lieu où l'on vivait mieux et plus à l'abri des crocs et des griffes du chien qu'en se repaissant de lui, comme elle faisait. Sans plus réfléchir, elle le quitta donc et tenta, à grand'peine, de s'insinuer jusqu'à la racine des poils, entreprise qui, après force suées, s'avéra vaine, car ils étaient si touffus qu'ils se touchaient et la puce ne trouvait nulle place où entamer l'épiderme. Alors, à bout d'efforts et de fatigue, elle souhaita de retourner à son chien, mais il était parti. Après un long repentir et des larmes amères, elle fut réduite à mourir de faim.

⁂

[ca. 1493-1494]
C. A. 477 v.

Un jour, le rasoir sortit du manche qui lui servait de gaine et s'étant mis au soleil, il vit l'astre se refléter sur lui. Il en tira grande gloire, et ruminant la chose, se dit : « Retournerai-je à la boutique d'où je viens de sortir ? Certes non. Aux dieux ne plaise qu'aussi splendide beauté s'abaisse à si vils usages ! Quelle folie me conduirait à raser les barbes ensavonnées de rustres et manants et de remplir un emploi subalterne ? Ce corps est-il fait pour semblable exercice ? Que non. Je veux me cacher en quelque endroit écarté et y vivre tranquillement. »

S'étant donc caché pendant quelques mois, il revint un jour à l'air, et sorti de sa gaine, se vit pareil à une scie rouillée, car sa surface ne réfléchissait plus la splendeur du soleil. En proie à un vain repentir, il se lamenta sur son irréparable infortune et dit : « Oh, comme il valait mieux laisser le barbier faire usage de mon tranchant maintenant perdu, d'une finesse si rare ! Où est l'éclat de ma surface ? En vérité, l'horrible et insidieuse rouille l'a corrodé. »

Ainsi des esprits qui au lieu d'exercice pratiquent l'inertie : tel le rasoir, ils perdent leur tranchant subtil et la rouille de l'ignorance détruit leur forme.

Une pierre de belle dimension, depuis peu découverte par l'eau, se trouvait en un lieu élevé, à l'extrémité d'un bosquet surplombant un chemin rocailleux, et entourée de plantes aux fleurs diaprées. En regardant les nombreuses pierres entassées sur la route, le désir lui vint de s'y laisser choir. Elle se dit : « Que fais-je ici, parmi ces arbustes ? Je veux être là-bas, avec mes sœurs. » Elle se laissa donc tomber et acheva sa rapide course auprès des compagnes souhaitées. Mais les roues des charrettes, les sabots des chevaux et les pieds des passants la réduisirent, au bout de quelque temps, à un état de continuelle détresse. Ce fut à qui la roulerait, la piétinerait. Parfois, quand elle était souillée de boue ou de la fiente d'un animal, il lui arrivait de se redresser un peu et de regarder – en vain – le lieu qu'elle avait quitté, ce lieu de solitude et de paix sereine.

Ainsi advient-il à qui veut abandonner la vie solitaire et contemplative pour venir habiter la ville, parmi des gens d'infinie malignité.

•◆•

Le papillon diapré errait et voletait nonchalamment dans l'air obscurci. Ayant aperçu une lumière, il se dirigea de son côté et tournoya autour d'elle, tout émerveillé de sa radieuse *[ca. 1493-1494] C. A. 692 r.*

beauté. Puis, non content de la contempler, et désireux de se comporter comme il en avait l'habitude avec les fleurs odoriférantes, il s'approcha hardiment et se brûla la pointe des ailes, des pattes et autres extrémités. Alors, affaissé au pied de la lumière, il se demanda avec stupeur ce qui avait pu déterminer l'accident car la pensée ne l'effleura même pas que d'une chose si belle pouvait dériver un mal ou une blessure. Quand il eut récupéré une partie de ses forces, il reprit son vol et passa au travers de la flamme, pour aussitôt retomber, consumé, dans l'huile qui l'alimentait, et conservant juste assez de vie pour réfléchir à la cause de son anéantissement. Il dit : « Ô maudite lumière ! Je pensais trouver en toi mon bonheur. En vain je déplore la folie de mon souhait ; ma ruine m'a fait connaître ta nature avide et dévorante. »

À quoi la lumière répondit : « Ainsi traité-je ceux qui ne savent pas se servir de moi comme il faut. »

Dit pour ceux qui, mis en présence des délices charnelles et mondaines, s'élancent vers elles comme ce papillon, sans s'inquiéter de leur nature et n'en ont la révélation qu'après un long usage, pour leur confusion et à leur grand dommage.

Le silex s'étonna grandement sous le choc de l'acier et lui dit avec sévérité : « Quelle arrogance te pousse à me tourmenter ? Ne m'importune pas, car c'est par erreur que tu m'as choisi, moi qui jamais n'ai nui à personne. » L'acier répliqua : « Consens à te montrer patient et tu verras un résultat merveilleux jaillir de toi. »

En entendant ces mots, le silex apaisé endura son martyre et vit qu'il engendrait le feu, élément merveilleux qui entre dans la composition de choses innombrables.

Dit pour ceux qui se découragent au début de leurs études, mais ensuite, appliqués à triompher d'eux-mêmes, s'y adonnent avec patience et persévérance et en obtiennent des résultats merveilleux.

•◆•

[ca. 1494]
H, 44 r.

Le lys s'étant planté sur une rive du Tessin, le courant du fleuve emporta rive et lys.

•◆•

[ca. 1494]
H, 51 (3) v.

L'huître jetée d'une cabane de pêcheur, tout près de la mer, avec d'autres poissons, pria un rat de la ramener à son élément.

Le rat, qui entendait la dévorer, la somma de s'ouvrir, mais elle lui pinça la tête et la maintint. Survint le chat qui le tua.

⁂

Le compagnonnage de la plume avec le canif est nécessaire et en outre, utile, l'une ne pouvant servir sans l'autre.

[ca. 1502-1504]
L, couverture, v.

⁂

Le crabe s'installa sous un rocher pour attraper le poisson qui s'y glisserait ; le vent destructeur s'abattit sur le rocher qui, en s'écroulant, écrasa le crabe.

[ca. 1500-1505]
B. M. 42 v.

L'araignée s'était tapie dans les raisins pour prendre les mouches qui en faisaient leur pâture. Vint le temps des vendanges et elle fut foulée aux pieds avec les grappes.

La vigne vieillie sur le vieil arbre tomba avec lui lorsqu'on abattit celui-ci.

Victime de sa mauvaise fréquentation, elle partagea ce triste sort.

Le torrent emporta dans son lit une si grande quantité de terre et de pierres, qu'il se trouva obligé de modifier son cours.

Le filet accoutumé à capturer les poissons fut détruit et emporté par leur fureur.

Plus la boule de neige roulait en dévalant la montagne neigeuse, plus son volume augmentait.

Le saule, avec ses longues pousses, avait dépassé toutes les autres plantes et était devenu le compagnon de la vigne qu'on émonde tous les ans. Lui-même fut ainsi perpétuellement mutilé.

⁂

L'eau se trouvant dans la mer altière, son élément, fut prise du désir de s'élever en l'air ; aidée par l'élément du feu, elle monta donc en une mince vapeur et sembla presque aussi subtile que l'air lui-même. Mais arrivée à la grande altitude où il est plus raréfié et plus froid, elle fut abandonnée du

[ca. 1487-1490, et ca. 1493-1497]
Forster III, 2 r.

feu et ses petites particules agglomérées s'alourdirent. Dans sa chute, elle perdit sa superbe, et précipitée du ciel, elle fut absorbée par la terre desséchée où elle demeura longtemps captive, à expier sa faute.

[ca. 1487-1490, et ca. 1493-1497] Forster III, 21 r.

La lumière au haut de la chandelle est du feu dans les chaînes : en consumant elle se consume.

Le vin qu'absorbe l'ivrogne se venge sur le buveur.

[ca. 1487-1490, et ca. 1493-1497] Forster III, 27 r.

Le papier blanc reproche à l'encre sa noirceur qui le souille.

Se voyant tout maculé par la sinistre noirceur de l'encre, le papier se lamente ; mais elle lui démontre que les mots qu'elle trace sur lui assureront sa conservation.

[ca. 1487-1490, et ca. 1493-1497] Forster III, 30 r.

Le feu qui chauffait l'eau dans la marmite lui dit qu'elle ne méritait point d'être placée au-dessus de lui, le roi des éléments, et souhaita que la violence de son ébullition la chassât du récipient. Alors, pour lui rendre hommage en lui obéissant, elle descendit et le noya.

[ca. 1487-1490, et ca. 1493-1497] Forster III, 44 v.

Le couteau, arme forgée, prive l'homme de l'usage de ses ongles – son arme naturelle.

Le miroir s'enorgueillit parce qu'il porte en lui l'image de la reine ; part-elle, il demeure dans sa vileté.

[ca. 1487-1490, et ca. 1493-1497] Forster III, 47 r.

La lime réduit le fer pesant à un tel état de minceur qu'un souffle suffit à l'emporter.

[ca. 1487-1490, et ca. 1493-1497] Forster III, 47 v.

La plante se plaint du tuteur sec et vieux placé tout contre elle et des bâtons desséchés qui l'entourent ; or, l'un la maintient droite et l'autre la protège contre les mauvais compagnons.

XLIII

BESTIAIRE[1]

« La nature a donné aux animaux une telle compréhension, qu'outre la conscience de leurs propres avantages, ils ont l'instinct de ce qui est défavorable à l'ennemi. »

AMOUR DE LA VERTU

[ca. 1494] H, 5 r.

On dit de l'alouette que, portée auprès d'un malade, s'il doit mourir, elle détourne la tête et évite de le regarder. Mais si le malade est appelé à guérir, l'oiseau ne le quitte pas des yeux, et grâce à lui le mal est ôté. Ainsi l'amour de la vertu ne contemple pas une chose vile ou mauvaise, mais toujours préfère s'arrêter sur ce qui est honnête et vertueux, et se repose dans les nobles cœurs comme les oiseaux sur les branches des vertes forêts. Et cet amour se révèle mieux dans l'adversité que dans la prospérité, comme la lumière resplendit davantage dans un lieu plus sombre.

1. Les allégories sur les animaux contenues dans ce manuscrit sont empruntées à d'anciens bestiaires. La mesure dans laquelle Léonard est redevable à ces sources est établie par G. Calvi dans « Il Manoscritto H di Leonardo da Vinci. Il "Fiore di Virtu" e l'"Acerba" di Cecco d'Ascoli », *Archivio Storico Lombardo*, XXV, fasc. XIX, 1898.

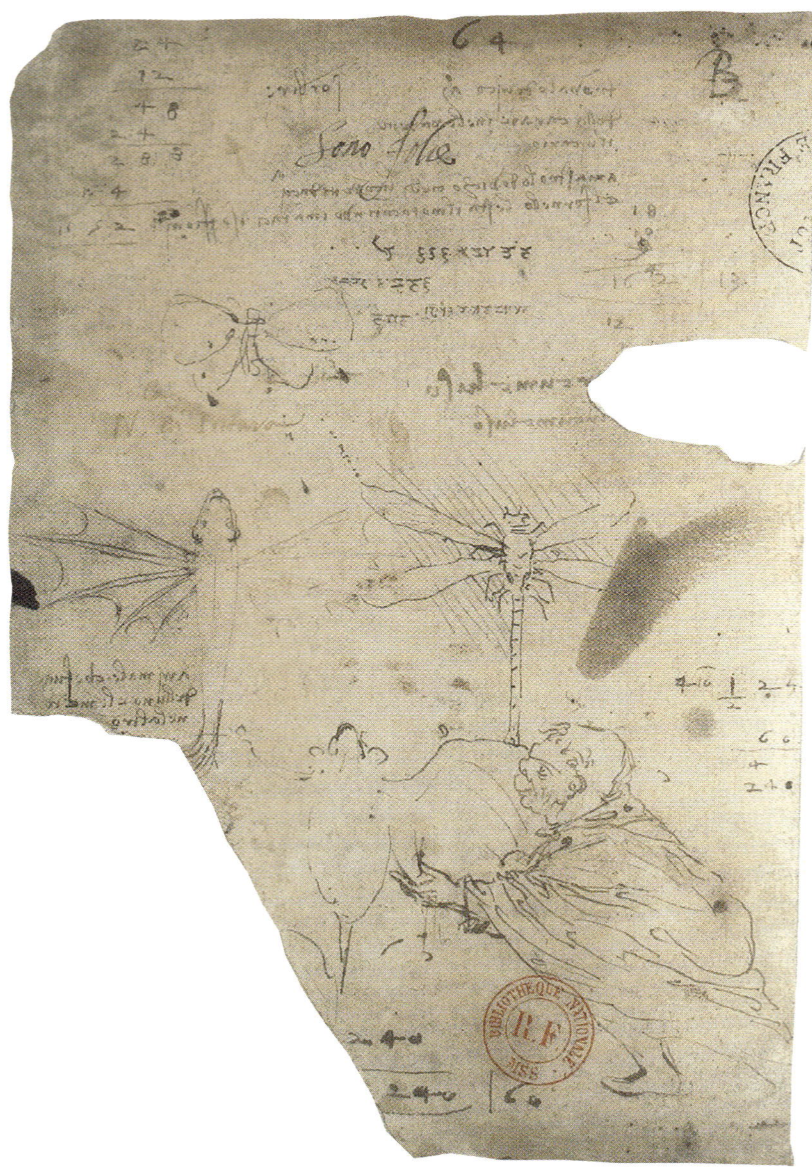

Papillon, libellule, poisson volant, chauve-souris (*Ms. 2184*, 100 v.).

ENVIE

On lit du milan que, lorsque dans son nid il voit ses enfants par trop engraisser, il leur donne des coups de bec au flanc, par envie, et les laisse sans nourriture. *[ca. 1494] H, 5 v.*

L'ALLÉGRESSE

Le coq est l'image de l'allégresse ; il se réjouit de la moindre chose et chante avec des mouvements variés et joyeux.

LA TRISTESSE

La tristesse se peut comparer au corbeau qui, voyant ses nouveau-nés blancs, s'éloigne avec douleur et les abandonne avec de tristes plaintes ; il ne se décide à les nourrir que lorsqu'il leur découvre quelques plumes noires.

•◆•

LA PAIX

On dit du castor que lorsqu'il est poursuivi, sachant qu'on le recherche à cause de la vertu médicinale de ses testicules, et ne pouvant fuir, il s'arrête, et, pour avoir la paix avec ses assaillants, s'arrache les testicules, de ses dents tranchantes, et les laisse à ses ennemis. *[ca. 1494] H, 6 r.*

LA COLÈRE

On dit de l'ours que lorsqu'il va piller le miel des ruches, les abeilles commençant à le piquer, il abandonne le miel et s'élance sur elles pour tirer vengeance ; mais dans sa frénésie de prendre sa revanche sur toutes, il ne parvient à se venger d'aucune, si bien que sa course s'achève en accès de rage, et, dans son exaspération, il se jette à terre, jouant en vain des pieds et des mains pour se garantir.

•◆•

LA GRATITUDE

[ca. 1494]
H, 6 v.

On dit que la reconnaissance se rencontre particulièrement chez les oiseaux appelés huppes ; conscients d'avoir reçu subsistance de leurs père et mère, ils leur font un nid quand ils les voient vieillir, les soignent et les nourrissent ; de leur bec, ils arrachent les plumes vieilles et misérables, et grâce à la vertu de certaines herbes, leur rendent la vue et les ramènent à un état de prospérité.

L'AVARICE

Le crapaud qui se nourrit de terre, reste toujours maigre, faute de se rassasier, de crainte que sa provision de terre ne vienne à lui manquer.

•◆•

L'INGRATITUDE

[ca. 1494]
H, 7 r.

Les pigeons sont le symbole de l'ingratitude ; une fois d'âge à se passer d'être nourris, ils entrent en lutte avec leur père ; et le combat ne cesse que le petit n'ait chassé son père et pris sa mère pour épouse.

LA CRUAUTÉ

Le basilic est si cruel que lorsqu'il ne peut tuer les animaux avec le venin de son regard, il se tourne vers les herbes et les plantes, et les fait se dessécher en les fixant de son œil chargé de poison.

•◆•

LA GÉNÉROSITÉ

[ca. 1494]
H, 7 v.

On dit de l'aigle que sa faim n'est jamais si grande qu'il n'abandonne une part de sa proie aux oiseaux d'alentour ; et ceux-ci, incapables de chasser pour leur compte, lui font la cour pour se repaître de ses aumônes.

CORRECTION

Si le loup en rôdant avec précaution autour de l'étable à bestiaux, se prend par hasard la patte dans un piège et qu'il pousse un cri, il mord sa patte pour se punir de sa maladresse.

•◆•

ENJÔLEMENT

La sirène chante avec tant de douceur qu'elle endort les marins, après quoi elle monte sur le navire et les tue pendant leur sommeil. *[ca. 1494] H, 8 r.*

PRUDENCE

La fourmi, par sagacité naturelle, prévoit l'hiver dès l'été ; elle tue les semences recueillies, pour les empêcher de germer et, le temps venu, s'en nourrit.

FRÉNÉSIE

Le taureau sauvage déteste la couleur rouge ; aussi, les chasseurs drapent de rouge le tronc d'un arbre et quand le taureau l'a chargé furieusement, et s'y est pris les cornes, les chasseurs le tuent.

•◆•

JUSTICE

La vertu de justice se peut comparer au roi des abeilles, qui ordonne et dispose toute chose selon un système ; certaines abeilles ont mission de butiner les fleurs, d'autres de travailler, d'autres de combattre les guêpes, d'autres encore d'enlever les ordures et d'autres d'accompagner le roi et de lui faire cortège. Devenu vieux et privé de l'usage de ses ailes, elles le portent et, l'une manque-t-elle à son devoir, elle est châtiée sans rémission. *[ca. 1494] H, 8 v.*

VÉRITÉ

Bien que les perdrix se volent leurs œufs, les enfants qui en éclosent retournent toujours à leur vraie mère.

FIDÉLITÉ OU LOYAUTÉ

[ca. 1494]
H, 9 r.

Les grues sont si fidèles et loyales envers leur roi, que quelques-unes, lorsqu'il dort, arpentent la prairie pour le veiller à distance ; d'autres se tiennent près de lui, une pierre serrée dans la patte afin que si elles cèdent au sommeil, le bruit que ferait la pierre en tombant, les réveille. D'autres dorment toutes ensemble autour du roi, et elles montent cette garde chaque nuit, en se relayant pour qu'il ne les trouve point en défaut.

FAUSSETÉ

Le renard, lorsqu'il voit une troupe de pies ou de corneilles ou autres oiseaux de cette espèce, se jette aussitôt face contre terre, la gueule ouverte, et fait le mort ; les oiseaux croient pouvoir lui becqueter la langue, mais d'un coup de dents, il leur arrache la tête.

UN MENSONGE

[ca. 1494]
H, 9 v.

La taupe a les yeux très petits et gîte toujours sous terre. Elle vit aussi longtemps qu'elle reste cachée et meurt dès qu'elle arrive au jour, parce qu'elle est reconnue. Ainsi du mensonge.

INTRÉPIDITÉ

Le lion ne ressent jamais la peur ; tout au contraire, il combat d'un cœur ferme, avec acharnement, la troupe des chasseurs et cherche toujours à nuire à celui qui le premier l'a attaqué.

CRAINTE OU LÂCHETÉ

Le lièvre est toujours craintif et la chute des feuilles en automne le fait vivre dans la terreur et souvent le met en fuite.

•◆•

MAGNANIMITÉ

Le faucon ne fond que sur les grands oiseaux et préfère mourir que de se repaître des jeunes ou de manger une chair corrompue. *[ca. 1494] H, 10 r.*

VANITÉ

Pour ce vice, nous lisons que le paon y est enclin plus que tout autre animal, car il contemple toujours la beauté de sa queue, la déploie en forme de roue, et attire sur lui par ses cris, l'attention des oiseaux d'alentour.

Ce vice est le plus malaisé à vaincre.

•◆•

CONSTANCE

Le phénix est le modèle de la constance ; son instinct lui fait prévoir sa résurrection, aussi supporte-t-il avec intrépidité les flammes ardentes qui le consument, sachant qu'il doit renaître. *[ca. 1494] H, 10 v.*

INCONSTANCE

Le martinet représente l'inconstance ; toujours en mouvement il ne peut supporter la moindre gêne.

TEMPÉRANCE

Le chameau est le plus luxurieux des animaux, il fera un millier de milles pour rejoindre sa femelle ; mais s'il était obligé de vivre continuellement avec sa mère ou sa sœur, il ne les toucherait jamais, si grand est son empire sur lui-même.

•◆•

INTEMPÉRANCE

[ca. 1494]
H, 11 r.

La licorne, par intempérance et parce qu'elle ne sait pas refréner son goût des jouvencelles, oublie sa férocité et sa sauvagerie, et mettant toute crainte de côté, va vers la jouvencelle assise et s'endort dans son giron ; ainsi les chasseurs s'emparent d'elle.

HUMILITÉ

L'agneau qui se soumet à tout autre animal, offre le suprême exemple de l'humilité ; et quand on le jette en pâture aux lions captifs, il s'abandonne à eux comme à sa propre mère, si bien que les lions se refusent à le tuer.

⁂

ORGUEIL

[ca. 1494]
H, 11 v.

Le faucon, par sa hauteur et son orgueil, croit dominer et régenter tous les autres oiseaux de proie, voulant être seul à régner ; et maintes fois on l'a vu attaquer l'aigle, le roi des oiseaux.

ABSTINENCE

Quand l'onagre va à la source, s'il trouve l'eau trouble, sa soif n'est jamais si grande qu'il ne s'abstienne de boire et n'attende que l'eau redevienne limpide.

GLOUTONNERIE

Le vautour est si porté à la gloutonnerie, qu'il fait un millier de milles pour se repaître de charogne ; voilà pourquoi il suit les armées.

⁂

CHASTETÉ

[ca. 1494]
H, 12 r.

La tourterelle ne trompe jamais son compagnon : l'un des deux meurt-il, l'autre observe une chasteté perpétuelle, ne se pose jamais sur une branche verte et ne se désaltère plus dans l'onde claire.

LUXURE

À cause de sa luxure effrénée, la chauve-souris, en s'appariant, ne suit pas la loi naturelle ; le mâle s'accouple au mâle, la femelle à la femelle, au hasard des rencontres.

MODÉRATION

Dans sa modération, l'hermine ne mange qu'une fois par jour ; elle se laisse capturer par le chasseur plutôt que de se réfugier dans un abri fangeux, où sa pureté risquerait de se souiller.

•◆•

AIGLE

L'aigle, quand il est vieux, vole si haut qu'il brûle ses plumes, et par une grâce de la nature, en tombant dans une eau peu profonde, il recouvre la jeunesse. Si ses petits ne peuvent soutenir la vue du soleil, il les prive de nourriture. Nul oiseau ne doit s'approcher de son aire s'il ne souhaite la mort. Les animaux le redoutent fort, mais il ne leur nuit pas et même il leur abandonne toujours une partie de sa proie. *[ca. 1494] H, 12 v.*

LUMERPA – GLOIRE

Elle naît dans la Haute-Asie et resplendit au point qu'elle absorbe toutes ses ombres. En mourant, elle ne perd pas cet éclat et ses plumes ne tombent jamais. Mais la plume arrachée cesse de briller.

•◆•

PÉLICAN

Celui-ci porte grand amour à ses petits ; les trouve-t-il tués dans son nid par quelque serpent, il se perce le cœur, et en les baignant dans son sang, les ramène à la vie. *[ca. 1494] H, 13 r.*

LA SALAMANDRE

La salamandre affine dans le feu sa carapace rugueuse. Image de la vertu.

Elle n'a point d'organe digestif et ne recherche d'autre aliment que le feu, où souvent elle renouvelle sa rude écorce.

LE CAMÉLÉON

Il vit d'air et il est à la merci de tous les oiseaux. Pour plus de sécurité, il vole au-dessus des nuages, où l'air est si raréfié qu'un oiseau qui l'aurait suivi ne pourrait s'y soutenir. À cette hauteur n'atteint que celui à qui le ciel en a donné permission ; c'est là que vole le caméléon.

•◆•

ALÈPE (POISSON)

[ca. 1494]
H, 13 v.

L'alèpe ne peut vivre hors de l'eau.

AUTRUCHE

Pour les armées, nourriture de capitaine. Elle extrait du fer un aliment, et du regard couve ses œufs.

CYGNE

Le cygne est d'une blancheur immaculée, et en mourant il exhale un chant suave ; ce chant termine sa vie.

CIGOGNE

Elle se guérit de la maladie en buvant de l'eau salée. Surprend-elle sa compagne en faute, elle l'abandonne ; quand elle est vieille, ses petits la couvent et la nourrissent jusqu'à sa mort.

•◆•

CIGALE

Son chant réduit le coucou au silence. Elle meurt dans l'huile et se ranime dans le vinaigre. Elle chante par les chaleurs ardentes. *[ca. 1494] H, 14 r.*

CHAUVE-SOURIS

Symbole du vice qui ne peut cohabiter avec la vertu.

Elle perd la vue quand la lumière brille d'un trop vif éclat et plus elle regarde le soleil, plus elle est éblouie.

PERDRIX

Celle-là se mue de femelle en mâle et oublie son premier sexe. Envieuse, elle vole les œufs des autres et les couve ; mais les enfants retournent à leur vraie mère.

HIRONDELLE

Celle-ci, avec une chélidoine, rend la vue à ses petits, quand ils naissent aveugles.

•◆•

HUÎTRE – LA TRAHISON

Elle s'ouvre entièrement à la pleine lune, et le crabe, quand il la voit, lui jette un morceau de pierre ou une brindille, pour l'empêcher de se refermer et qu'elle lui serve de pâture. *[ca. 1494] H, 15 r.*

Ainsi de la bouche qui en disant son secret se met à la merci de l'auditeur indiscret.

BASILIC – CRUAUTÉ

Il est redouté de tous les serpents ; la belette en faisant usage de la rue, le combat et le tue. Rue : vertu.

ASPIC

Celui-ci dans ses crocs porte la mort foudroyante, et pour s'empêcher d'entendre les incantations, il se bouche les oreilles de sa queue.

DRAGON

Il s'enroule autour des jambes de l'éléphant qui s'abat sur lui et tous deux périssent. Et en mourant, l'éléphant prend sa revanche.

VIPÈRE

Celle-ci, lorsqu'elle s'apparie, se couvre la bouche, et à la fin, elle serre ses dents et tue son époux ; plus tard, ses petits, quand ils se sont développés dans son ventre, le déchirent et tuent leur mère.

SCORPION

La salive crachée sur le scorpion à jeun le tue, comme l'abstinence met fin aux maladies issues de la gloutonnerie et ouvre la voie aux vertus.

•◆•

CROCODILE – HYPOCRISIE

[ca. 1494] H, 17 r.

Cet animal s'attaque à l'homme et aussitôt le tue. Après sa mort, il le pleure en se lamentant, avec des larmes abondantes, et, sa plainte achevée, le dévore férocement. Ainsi de l'hypocrite dont le visage ruisselle de larmes pour un rien ; et tandis que les pleurs baignent sa face, son cœur de tigre se réjouit des malheurs d'autrui.

CRAPAUD

Le crapaud évite la lumière du soleil ; si on l'y maintient de force, il enfle tellement qu'il cache sa tête sous lui pour se soustraire aux rayons. Ainsi agit quiconque est l'ennemi de la vertu claire et radieuse, et ne peut soutenir sa présence que par force, avec un courage fait d'enflure.

•◆•

CHENILLE : POUR LA VERTU EN GÉNÉRAL

La chenille est habile à tisser autour d'elle, avec un art admirable et un ingénieux labeur, son nouvel habitat ; plus tard, elle s'en évade, munie de belles ailes diaprées sur lesquelles elle s'élève vers le ciel. *[ca. 1494] H, 17 v.*

ARAIGNÉE

L'araignée extrait d'elle-même le subtil et délicat réseau qui, en récompense, lui restitue la proie qu'il a capturée.

•◆•

LION

Cet animal, de son rugissement sonore, éveille ses petits le troisième jour après leur naissance et leur apprend à se servir de leurs sens en léthargie ; et les bêtes sauvages de la forêt prennent la fuite. *[ca. 1494] H, 18 r.*

On peut les comparer aux fils de la vertu qu'éveille le bruit de la louange ; leurs études y gagnent en mérite et les élèvent de plus en plus ; et ce bruit met en fuite tous les mauvais qui évitent la vertu.

Le lion efface la trace de ses pas pour que ses ennemis perdent sa piste. Il est bon que les capitaines cèlent les secrets de leur esprit, afin que l'ennemi reste dans l'ignorance de leurs plans.

•◆•

TARENTULE

La morsure de la tarentule fixe l'homme dans son propos, c'est-à-dire dans la disposition d'esprit où il se trouvait au moment où il fut piqué. *[ca. 1494] H, 18 v.*

GRAND-DUC ET CHOUETTE

Ils châtient ceux qui les attaquent en les privant de la vie, et la nature l'a ainsi ordonné afin de leur assurer leur subsistance.

•◆•

ÉLÉPHANT

[ca. 1494]
H, 19 r. et v. et 20 r. et v.

La nature a doué le grand éléphant de qualités peu communes chez l'homme : la probité, la prudence, l'équité et l'observance des rites religieux. À la nouvelle lune, ils vont aux fleuves, pour s'y purifier solennellement ; s'étant baignés et ayant ainsi honoré la planète, ils retournent à leur forêt. Sont-ils malades, ils se jettent sur le dos et lancent des plantes vers le ciel, comme en manière de sacrifice. Quand l'âge fait tomber leurs défenses, ils les enterrent. Des deux, l'une leur sert à extirper les racines dont ils se nourrissent, et l'autre, acérée à sa pointe, est leur arme de combat.

Lorsqu'ils sont capturés par les chasseurs et que la fatigue les a vaincus, ils fracassent ces défenses, et les ayant ainsi brisées, les utilisent comme rançon.

D'humeur clémente, ils ont la notion du danger.

L'éléphant rencontre-t-il un homme seul et égaré, il le remet pacifiquement dans son chemin. S'il découvre les traces des pas de l'homme avant de l'avoir aperçu, il flaire quelque embûche, s'arrête, et soufflant de la trompe, les désigne à ses frères ; ceux-ci alors se groupent et avancent avec circonspection.

Ces animaux vont toujours par hardes ; le plus vieux est en tête, le second par l'âge ferme la marche, et ainsi ils encadrent la troupe.

Ils sont pudibonds, ne s'accouplent que de nuit, en se cachant, et ne rejoignent leur harde qu'après s'être lavés au fleuve.

Ils ne se battent jamais pour une femelle, à l'instar d'autres animaux.

Ils sont d'un naturel si pacifique qu'ils ne nuisent pas volontairement à plus faible qu'eux.

Rencontrent-ils, d'aventure, un troupeau de moutons, ils les écartent de la trompe pour ne pas les piétiner, et jamais ne font de mal s'ils ne sont provoqués. L'un d'eux vient-il à tomber dans un fossé, les autres y jettent des branches, de la terre et des pierres, pour en élever le fond de façon que leur camarade puisse facilement en sortir. Le grognement du porc, qui leur inspire grande terreur, les fait fuir précipitamment, et dans leur retraite, leurs pieds leur causent autant de mal qu'à leurs ennemis. Ils aiment les fleuves et vagabondent toujours dans leurs parages, mais leur poids les empêche de nager. Ils dévorent les pierres, et les troncs d'arbres sont leur pâture préférée. Ils détestent les rats. Les mouches sont très attirées par leur odeur ; lorsqu'elles se posent sur leur dos, ils plissent leur peau et les écrasent entre ses sillons resserrés.

Pour la traversée d'un cours d'eau, ils envoient leurs petits en aval, et eux-mêmes se tiennent en amont pour contrarier le courant de l'eau et qu'il ne les entraîne pas.

Le dragon se jette sur l'éléphant, enroule sa queue autour de ses jambes et, de ses ailes et griffes s'accroche à ses flancs, en lui déchirant la gorge de ses dents.

L'éléphant alors se laisse tomber sur lui et le fait crever. Ainsi se venge-t-il en tuant son ennemi.

LE DRAGON

[ca. 1494]
H, 20 v. et 21 v.

Ils vont par groupes enlacés à la façon des racines ; la tête levée, ils traversent les marais et nagent vers l'endroit où ils trouveront meilleure pâture ; et s'ils ne s'emmêlaient ainsi, ils risqueraient de se noyer. Voilà à quoi tient leur union.

SERPENTS

[ca. 1494]
H, 21 r.

Quand le serpent, bête très grande, voit un oiseau en l'air, il prend une si forte aspiration qu'il happe l'oiseau dans sa gueule. Marcus Régulus, consul de l'armée romaine, fut assailli avec son armée par un monstre semblable et presque mis en déroute. Il fallut une catapulte pour tuer la bête ; on trouva qu'elle mesurait cent vingt-cinq pieds, c'est-à-dire soixante-quatre brasses et demie[1] ; sa tête dépassait tous les arbres de la forêt.

1. Il n'est pas toujours possible d'accorder les mesures de Léonard.

LE BOA

[ca. 1494]
H, 21 r. et v.

C'est un grand serpent qui s'enroule autour des jambes de la vache de façon à l'immobiliser, puis la tète au point de presque la tarir. Un de cette espèce fut tué sur le mont du Vatican, du temps de l'empereur Claude. On trouva dans son corps un enfant entier qu'il avait avalé.

LE RENNE : CAPTURÉ PENDANT SON SOMMEIL

[ca. 1494]
H, 21 v.

Cet animal naît dans l'île de Scandinavie. Il a la forme d'un grand cheval, à cette différence près, que le cou et les oreilles sont plus longs. Il broute l'herbe à reculons, car sa lèvre supérieure est si longue que s'il paissait tout en avançant, elle couvrirait l'herbe devant lui. Ses jambes sont dépourvues d'articulations et il dort en s'appuyant contre un arbre ; aussi les chasseurs repèrent-ils l'endroit où il a coutume de dormir et scient l'arbre presque entièrement : lorsqu'il s'y appuie pendant son sommeil, il tombe, et les chasseurs le prennent. Il n'est pas d'autre moyen de le capturer, car il court avec une vitesse inégalable.

BONASUS : IL BLESSE EN FUYANT

[ca. 1494]
H, 22 r.

Celui-ci naît en Péonie et il a au col une crinière comme le cheval ; pour le reste, il ressemble au taureau, sauf que ses cornes sont tellement incurvées qu'elles l'empêchent de foncer. Il n'a d'autre salut que la fuite, et en se sauvant, il projette à quatre cents brasses de lui ses excréments, qui brûlent comme du feu le point qu'ils atteignent.

LIONS, LÉOPARDS, PANTHÈRES, TIGRES

Ceux-ci gardent leurs griffes au fourreau et ne les font sortir que sur le dos de leur proie ou de leur ennemi.

LIONNE

Quand la lionne défend ses petits contre les chasseurs, elle baisse les yeux au sol, pour se préserver de la frayeur que lui causerait la vue des épieux, et que sa fuite ne cause pas la capture de ses lionceaux.

•◆•

LION

Cet animal si terrible ne craint rien autant que le bruit des charrettes vides et le chant des coqs. Leur vue le terrifie grandement et il regarde leur crête avec épouvante, en proie à un trouble étrange, même s'il a le visage couvert. *[ca. 1494] H, 22 v. et 23 r.*

LA PANTHÈRE D'AFRIQUE

Celle-ci a la forme d'une lionne mais elle est plus haute sur pattes, plus mince, plus longue et toute blanche, mouchetée de rosettes noires.

Leur vue fascine tous les animaux, qui resteraient à les contempler, n'était la terreur qu'inspire sa face. Sachant cela, elle la dissimule, et les bêtes rassurées s'approchent pour mieux jouir de tant de beauté ; alors, saisissant soudain la plus rapprochée, elle la dévore.

•◆•

CHAMEAUX

Les bactriens ont deux bosses, les arabes une seule. Ils sont rapides dans la bataille et très endurants pour porter des fardeaux. Cet animal est grand observateur de la règle et de la mesure : il ne bouge pas si sa charge est plus lourde que d'habitude, et de même fait-il si on lui impose une étape trop longue ; il s'arrête brusquement et contraint les marchands à camper à cet endroit. *[ca. 1494] H, 23 r.*

•◆•

TIGRE

[ca. 1494]
H, 23 v. et 24 r.

Le tigre naît en Hyrcanie. Les taches de sa peau le font un peu ressembler à la panthère ; c'est un animal d'une vélocité stupéfiante.

Quand le chasseur découvre ses petits, il les emporte après avoir disposé des miroirs à l'endroit d'où il les a enlevés, puis sur un cheval rapide, il fuit. Le tigre à son retour trouve les miroirs fixés au sol, s'y regarde, et croit voir ses petits jusqu'à ce qu'ayant gratté de la patte, il s'avise de la supercherie ; alors, il flaire le vent et se lance à la poursuite du chasseur. Dès qu'il voit la tigresse, celui-ci lâche un des petits, qu'elle emporte dans sa tanière, pour aussitôt revenir sur le ravisseur et recommencer jusqu'à ce qu'il ait gagné son embarcation.

CATOBLÉPAS

[ca. 1494]
H, 24 r.

On le trouve en Éthiopie près de la principale source du Niger. De taille médiocre, il est paresseux de ses membres, et sa tête est si grosse qu'il a peine à la porter, de sorte qu'elle penche constamment vers le sol. Autrement, cet animal serait une grande peste pour le genre humain, car celui qu'il fixe du regard meurt sur-le-champ.

BASILIC

[ca. 1494]
H, 24 r. et v.

On le trouve dans la province de Cyrénaïque et il ne mesure pas plus de douze doigts de longueur. Sur la tête, il porte une tache blanche en forme de diadème et son sifflement met en fuite tous les serpents. Bien qu'il leur ressemble, il ne se meut pas en mouvements sinueux, mais en s'allongeant tout droit à partir du milieu de son corps. On dit qu'un jour l'un d'eux fut tué par la lance d'un cavalier, et que son venin ayant coulé sur la lance, non seulement l'homme mourut, mais aussi le cheval. Il abîme le blé, aussi bien celui qu'il touche que celui sur lequel il souffle, dessèche l'herbe et brise les pierres.

BELETTE

Celle-ci trouve le basilic en son antre et le tue avec l'odeur de son urine répandue, et cette odeur parfois la tue elle-même. *[ca. 1494] H, 24 v.*

CÉRASTE

Ceux-ci ont quatre petites cornes mobiles ; lorsqu'ils sont en quête de nourriture, ils dissimulent sous les feuilles leur corps tout entier, à l'exception des petites cornes qu'ils agitent de façon que les oiseaux les prenant pour des vermisseaux frémissants, descendent aussitôt pour les saisir. Alors le céraste s'enroule autour d'eux et les dévore.

•◆•

AMPHISBÈNE

Celui-ci a deux têtes, l'une à sa place normale, l'autre à la queue, comme s'il ne lui suffisait pas de jeter son venin d'un seul côté. *[ca. 1494] H, 25 r.*

JACULO

Celui-ci se tient dans les arbres et se lançant comme un dard, transperce les bêtes fauves et les tue.

ASPIC

À sa morsure il n'est pas d'autre remède que de couper, sur-le-champ, la partie atteinte. Pour pestilentiel que soit cet animal, il éprouve à l'égard de sa compagne une affection si vive qu'ils vont toujours par couple. L'un d'eux est-il tué par malchance, l'autre poursuit le meurtrier avec une vélocité incroyable, si alerte et si avide de vengeance, qu'il triomphe de tous les obstacles. Il passe à travers toute une armée, uniquement appliqué à blesser son ennemi ; il franchit n'importe quelle distance, et la seule façon de l'éviter consiste à traverser l'eau ou à prendre rapidement la fuite. Ses yeux sont tournés en dedans, il a de grandes oreilles et son ouïe le guide plus que sa vue.

•◆•

ICHNEUMON

[ca. 1494]
H, 25 v.

Cet animal est l'ennemi mortel de l'aspic. Il naît en Égypte et quand il voit un aspic, il court au Nil se rouler dans sa fange et son limon, puis, s'étant séché au soleil, de nouveau se couvre de fange et ainsi, se séchant trois ou quatre fois, il se revêt de trois ou quatre enveloppes semblables à des cuirasses, après quoi il assaille l'aspic et le combat résolument jusqu'à ce que l'occasion se présente de lui sauter à la gorge et de l'étrangler.

CROCODILE

[ca. 1494]
H, 25 v. et 26 r.

Il est natif du Nil. Il a quatre pieds et il est aussi redoutable sur terre que dans l'eau. C'est le seul animal terrestre qui n'ait point de langue, et il mord en remuant tout simplement sa mâchoire supérieure. Sa longueur peut atteindre quarante pieds, il est pourvu de griffes et couvert d'un cuir qui résiste à tous les coups. Il passe ses journées sur la terre ferme et les nuits dans l'eau. Après son repas de poisson, il s'endort sur la rive du Nil, la gueule béante, et le trochilus, un tout petit oiseau, accourt aussitôt, et, sautillant parmi ses dents, se met à y becqueter les débris de nourriture, lui procurant ainsi un vif plaisir qui l'incline à ouvrir la gueule encore davantage et à s'endormir.

À peine l'ichneumon s'en est-il aperçu, il s'élance dans la gueule, perfore l'estomac et les intestins, et finalement le tue.

DAUPHIN

[ca. 1494]
H, 26 r.

La nature a donné aux animaux une telle compréhension, qu'outre la conscience de leurs propres avantages, ils ont l'instinct de ce qui est défavorable à l'ennemi ; le dauphin sait, à la fois, le pouvoir du tranchant de ses nageoires dorsales et la tendreté du ventre du crocodile. Quand ils se livrent combat, il se glisse sous lui, lui perce le ventre et ainsi le tue.

Le crocodile est terrible à qui le fuit et très lâche devant qui le poursuit.

HIPPOPOTAME

Celui-ci, quand il se sent congestionné, cherche des épines ou quelque fragment acéré de roseau pour s'en frotter une veine au point qu'elle crève ; puis ayant laissé couler tout le sang qu'il faut, il se barbouille de fange et ainsi ferme la plaie. Sa forme rappelle celle du cheval ; il a le sabot fendu, la queue tordue, des défenses de sanglier, un cou à crinière flottante. Son cuir ne peut être percé que lorsqu'il se baigne. Il se nourrit du blé qui pousse dans les champs et y entre à reculons pour faire croire qu'il en sort. *[ca. 1494] H, 26 v.*

IBIS

Celui-ci est à la ressemblance de la cigogne ; tombe-t-il malade, il emplit d'eau son jabot, et avec son bec s'administre un clystère.

LE CERF

Celui-ci, quand il se sent mordu par l'araignée appelée *phalangium*, mange des crabes et ainsi élimine le poison.

•◆•

LÉZARD

Celui-ci quand il combat les serpents, mange du laiteron et se libère. *[ca. 1494] H, 27 r.*

L'HIRONDELLE

Celle-ci rend la vue à ses petits, nés aveugles, avec le suc de la chélidoine.

BELETTE

Celle-ci avant de donner la chasse aux rats, mange de la rue.

SANGLIER SAUVAGE

Celui-ci se guérit de ses maux en mangeant du lierre.

SERPENT

Celui-ci, quand il veut se rénover, rejette sa vieille dépouille, en commençant par la tête. Il se transforme en un jour et une nuit.

PANTHÈRE

Elle combat les chiens et les chasseurs, même après que ses entrailles ont jailli hors d'elle.

•◆•

CAMÉLÉON

[ca. 1494] H, 27 v.

Celui-ci prend toujours la couleur de la chose où il se pose. Les éléphants le dévorent souvent avec les feuilles qui le portent.

CORBEAU

Après qu'il a tué le caméléon, il se purge avec du laurier.

XLIV

ALLÉGORIES

« Fidélité. Les grues, pour éviter que leur roi ne périsse faute d'une bonne garde, se tiennent autour de lui, la nuit, avec des pierres dans leurs pattes. Amour, crainte et révérence, voilà ce qu'il faut écrire sur les trois pierres de la grue. »

Un homme voyant une grande épée au flanc d'un autre lui dit : « Ô malheureux, voici un long moment que je t'observe, lié à cette arme. Pourquoi ne te dégages-tu point puisque tu as les mains libres, et ne recouvres-tu pas ta liberté ? » À quoi l'autre répondit : « Cela n'est pas ton affaire, et, en tout cas, cet état de choses est ancien. » Le premier se sentant insulté dit : « Tu me fais l'effet de connaître si peu de matières en ce monde que je supposais que tout ce que je te dirais te semblerait nouveau. » *[ca. 1490] C. A. 45 r. c*

Où la Fortune entre, l'Envie met le siège et s'efforce contre elle, et quand celle-ci s'en va, elle laisse derrière soi tourment et remords. *[23 avril 1490] C. A. 207 v.*

Quand survient la Fortune, saisis-la d'une main hardie. Par-devant, je te le conseille, car par-derrière, elle est chauve.

Allégorie au loup et à l'aigle (*RL 12496* r.).

COMPARAISON DE LA PATIENCE

La Patience sert de défense contre les injures, comme les vêtements contre le froid. Si tu multiplies tes habits à mesure qu'il augmente, il sera impuissant à te nuire. De même, redouble de patience en face des grandes injures, elles n'auront pas le pouvoir d'affecter ton esprit.

[ca. 1490]
C. A. 323 v.

⁂

L'araignée croit trouver le repos dans le trou de la serrure, et y trouve la mort.

[ca. 1515]
C. A. 820 v.

⁂

Comparaison : Un vase d'argile crue, s'il se brise, peut être raccommodé, mais non s'il a passé par le feu.

[ca. 1487-1490]
Tr. 38 r.

⁂

La Renommée devrait être représentée sous la forme d'un oiseau, la figure entière couverte de langues au lieu de plumes.

[ca. 1487-1489]
B, 3 v.

⁂

L'étoffe que tient la main dans une eau courante où elle laisse ses impuretés, symbolise

L'épine sur laquelle de bons fruits sont greffés, symbolise ce qui, n'ayant pas en soi de dispositions vertueuses, produit les plus utiles vertus, par la grâce de l'instructeur.

[ca. 1510-1516]
G, 89 r.

[Diagramme figurant des dés.]

L'un abat l'autre ; ces cubes représentent la vie et la condition humaines.

⁂

L'Envie blesse au moyen de basses calomnies, c'est-à-dire de la médisance qui désole la vertu.

[ca. 1494]
H, 60 (12) v.

⁂

Bonne Renommée s'élève et monte au ciel, la Vertu jouissant de la faveur de Dieu. Mauvaise Renommée devrait être figurée renversée, car toutes ses œuvres sont contraires à Dieu et tendent vers l'enfer.

[ca. 1494]
H, 61 (13) r.

•◆•

[ca. 1494]
H, 63 (15) v.

Le chardonneret porte de l'euphorbe à ses petits, prisonniers en cage. Plutôt mourir que perdre la liberté.

•◆•

[Pour une représentation allégorique.]

[ca. 1494]
H, 88 (40) v.

Le More avec les lunettes ; l'Envie représentée avec la menteuse Médisance et la Justice, noire à cause du More. Le Travail tenant à la main la vigne.

•◆•

[ca. 1494]
H, 98 (44) r.

L'Hermine avec la fange.

Galeazzo entre le temps de la tranquillité et la fuite de la fortune.

L'autruche qui, avec patience, met au monde ses petits.

L'or en barres s'affine au feu.

•◆•

[ca. 1494]
H, 101 (42 v.) r.

Magnanimité. Le faucon ne prend que les grands oiseaux, et mourra plutôt que de manger une chair putréfiée.

Constance. Non celui qui commence, mais celui qui endure.

•◆•

[ca. 1494]
H, 118 (25 v.) r.

Fidélité. Les grues, pour éviter que leur roi ne périsse faute d'une bonne garde, se tiennent autour de lui, la nuit, avec des pierres dans leurs pattes. Amour, crainte, révérence, écris cela sur les trois pierres de la grue.

•◆•

[ca. 1497]
I, 49 (1) v.

L'abeille se peut comparer à la fausseté ; elle a du miel dans la bouche et du poison au derrière.

•◆•

[Pour une représentation allégorique.]

[ca. 1497]
I, 138 (90) v.

Le More figure la Fortune, avec chevelure et robe et les mains tendues, et messer Gualtieri, qui se présente devant lui, fait acte d'obédience et le tire par le pan de sa robe.

Allégorie de l'Envie démasquée (Bayonne, Musée Bonnat).

En outre, la Pauvreté, figure hideuse, poursuit un jeune homme que le More couvre du pan de sa robe, tout en menaçant le monstre de son sceptre doré.

⁂

[av. 1500]
M, 4 r.

Le mal qui ne me nuit pas est comme le bien qui ne me vient pas en aide.

Joncs retenant des fétus de paille qui se noient.

⁂

[Dessin de fagot.]

[ca. 1492]
Ms. 2185, 34 r.

À mettre dans la main de l'ingratitude. Le bois nourrit le feu qui le consume.

⁂

POUR L'INGRATITUDE

[Dessin d'un homme soufflant une chandelle.]

[ca. 1506-1508 ?]
B. M. 173 r.

Quand apparaît le soleil qui chasse l'obscurité générale, tu éteins, pour ton usage et ta convenance, la lumière qui dissipe l'obscurité partielle.

⁂

[ca. 1506-1510]
RL 12282 v.

Le lierre est l'emblème de la longévité.

⁂

[ca. 1508-1510]
RL 12700 v.

vérité	le soleil
mensonge	un masque
innocence	
malignité	

Le feu détruit le mensonge, c'est-à-dire le sophisme, et rétablit la vérité, chassant les ténèbres. Le feu sera le destructeur du sophisme, le révélateur de la vérité, car il est lumière, le bannisseur des ténèbres qui cachent les choses essentielles.

Allégorie aux animaux combattant (Paris, Musée du Louvre).

VÉRITÉ

Le feu détruit le sophisme, c'est-à-dire la fausseté, et épargne la seule vérité, l'or. La vérité ne saurait être dissimulée en fin de compte.

La dissimulation ne sert de rien. La dissimulation est frustrée devant un aussi grand juge. La fausseté revêt un masque.

Rien de caché sous le soleil.

Le feu est mis pour la vérité, parce qu'il détruit tous sophismes et mensonges ; et le masque pour la fausseté et le mensonge, par quoi la vérité est dissimulée.

[Croquis. Personnages assis sur des nuages. Pluie. Sol en contre-bas, parsemé d'outils.]

[ca. 1506-1512] RL 12698 r.

De ce côté-ci, Adam ; de celui-là, Ève.

Ô misère humaine ! de combien de choses tu te rends esclave pour l'argent.

[ca. 1483-1485] Dessins d'Oxford, partie II, n° 6.

Cette Envie est représentée avec un geste dédaigneux vers le ciel, parce que, si elle pouvait, elle tournerait sa force contre Dieu.

Elle est figurée portant un masque sur son beau visage ; elle est figurée l'œil blessé par la palme et l'olivier, et l'oreille par le laurier et le myrte, en signe que la victoire et la vérité l'offensent. Des éclairs jaillissent d'elle, pour symboliser la malignité de son langage. Elle est figurée maigre et ridée, parce qu'un désir perpétuel la consume sans répit. Elle est figurée avec un serpent de feu qui la mord au cœur. On l'a munie d'un carquois avec des langues en guise de flèches, parce qu'avec la langue elle offense souvent ; elle est figurée avec une peau de léopard, car le léopard, envieux du lion, le tue par traîtrise. On lui a mis entre les mains un vase plein de fleurs qui dissimulent des scorpions, des crapauds et autres choses venimeuses. Elle est figurée chevauchant la Mort dont elle triomphe, car elle est immortelle ; et celle-ci a une bride à la bouche, et elle est chargée d'armes diverses, toutes étant des instruments de destruction.

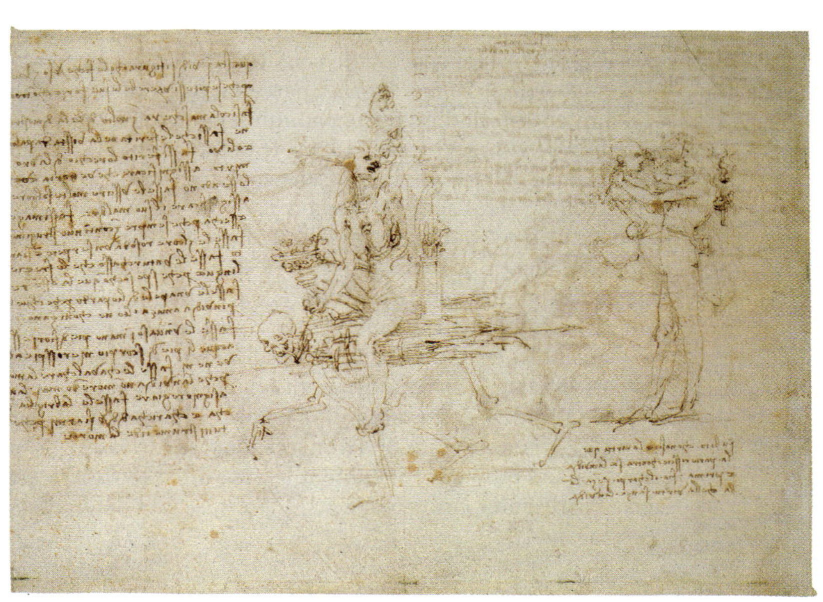

Allégories de l'Envie (Oxford, Christ Church, Inv. JBS 17 r.).

Dès l'instant où naît la vertu, elle donne naissance à l'envie qu'elle suscite ; et l'on verra un corps privé de son ombre plutôt que la vertu sans l'envie.

•◆•

[ca. 1490]
Dessins d'Oxford, partie II, n° 7.

Plaisir et Peine sont représentés sous les traits de jumeaux, comme joints ensemble, car l'un n'est jamais sans l'autre ; et ils se tournent le dos parce qu'ils s'opposent l'un à l'autre.

Si tu choisis le plaisir, sache qu'il y a derrière lui quelqu'un qui ne t'apportera que tribulations et repentir.

Tel est le Plaisir avec la Peine ; comme ils sont toujours inséparables, on les représente sous les traits de jumeaux.

Ils sont figurés le dos tourné, parce qu'ils s'opposent l'un à l'autre, et sortant d'un tronc commun, parce qu'ils ont une seule et même origine, car fatigue et peine sont au fond du plaisir, et les plaisirs vains et lascifs sont au fond de la peine.

Il est donc représenté ici tenant dans sa main droite, un roseau, futile et débile, et les blessures qu'il inflige sont empoisonnées. En Toscane, on met des joncs aux lits en guise de supports, pour exprimer qu'on y fait de vains rêves et qu'une grande partie de la vie s'y consume. Il s'y gaspille un temps utile, celui du matin, où l'esprit étant frais et dispos, le corps est apte à entreprendre un labeur nouveau. C'est là également qu'on goûte plus d'un plaisir illusoire, tant par l'intellect à la poursuite de chimères, que par le corps livré à ces plaisirs qui souvent coûtent la vie ; ainsi le roseau est censé représenter ces origines.

XLV

PROPHÉTIES

« On verra sur terre des créatures qui sans répit se combattront, avec très grandes pertes et morts fréquentes de part et d'autre. Elles n'assigneront pas de limite à leur malice ; [...] Ô terre ! que tardes-tu à t'ouvrir pour les précipiter dans les crevasses profondes de tes abîmes et de tes cavernes, et pour ne plus montrer à la face des cieux un monstre aussi cruel, féroce et implacable ? »

Habitude courante.

On flattera un misérable, et ces mêmes flatteurs toujours le tromperont, le voleront et l'assassineront. *[ca. 1503, ou ca. 1507] C. A. 105 v. a*

Percussion du disque solaire.

Une chose apparaîtra qui recouvrira la personne qui cherche à la couvrir.

De l'argent et de l'or.

Du creux des cavernes sortira la chose qui fera que tous les peuples du monde travailleront, peineront et sueront, avec grande agitation, anxiété et effort, pour obtenir son aide.

Crainte de la pauvreté.

La chose maléfique et effrayante frappera les hommes d'une terreur telle que croyant lui échapper, comme des déments ils se précipiteront sur ses forces démesurées.

Du conseil.

Celui-là qui sera le plus nécessaire restera inconnu, ou s'il est connu, méconnu.

Les serpents emportés par les cigognes[1].

[ca. 1503-1504]
C. A. 357 r.

On verra dans l'air, à une extrême hauteur, des serpents de grande taille combattre des oiseaux.

De la bombarde qui sort d'un fossé et d'un moule.

Il sortira de dessous terre une chose qui, par son vacarme effroyable, étourdira tous ceux d'alentour ; et son souffle fera mourir les hommes et détruira cités et châteaux.

Des chrétiens.

[ca. 1500]
C. A. 393 r.

Nombreux sont ceux qui professent la foi du Fils et se bornent à édifier des temples au nom de la Mère.

Des aliments qui furent vivants.

Une grande partie des corps qui furent animés passera dans les corps des autres animaux, c'est-à-dire que les maisons déshabitées traverseront petit à petit celles qui sont habitées, pourvoyant à leurs besoins et entraînant avec elles leurs déchets. La vie de l'homme est faite par les choses qu'il mange et celles-ci emportent avec elles la partie de l'homme qui est morte.

1. E. MacCurdy lit « cygne » tandis que le ms. porte *cicogne* (« cigognes »). (*N.d.T.*)

L'âne et le bœuf (*RL 12362* r.).

Des hommes qui dorment sur des planches faites avec les arbres.

Les hommes dormiront, mangeront et logeront parmi les arbres nés dans les forêts et dans les champs.

Du rêve.

Les hommes croiront voir de nouvelles ruines au ciel ; et les flammes qui en descendent sembleront s'envoler, épouvantées. Ils entendront les animaux de toute espèce parler le langage humain ; en un instant, ils courront, sans se mouvoir, vers diverses parties du monde ; ils verront dans les ténèbres les plus grandes splendeurs. Ô merveille de l'espèce humaine ! quelle frénésie t'a ainsi poussée ? Tu converseras avec les animaux de toute espèce, et eux avec toi, en langage humain. Tu te verras tomber de grandes hauteurs, sans te faire de mal ; les torrents t'entraîneront en se mêlant dans leur course rapide.

Des fourmis.

Des peuplades nombreuses se verront avec leurs enfants et leurs victuailles au fond d'obscures cavernes ; là, dans les ténèbres, elles se nourriront, elles et leurs familles, des mois durant, sans aucune lumière artificielle ou naturelle.

Des abeilles.

Et à beaucoup d'autres, leurs provisions et leur nourriture seront ravies, et des insensés les jetteront cruellement à l'eau et les noieront. Ô Justice divine ! Pourquoi ne t'éveilles-tu pas pour voir tes créatures ainsi maltraitées ?

Des moutons, vaches, chèvres et autres semblables.

À d'innombrables parmi eux, on volera leurs petits, qui auront la gorge tranchée et seront dépecés de la façon la plus barbare.

Des noix, olives, glands, châtaignes et autres similaires.

Beaucoup d'enfants seront arrachés des bras de leur mère, avec coups impitoyables, et jetés à terre puis mutilés.

Des enfants au maillot.

Ô cités de la mer, je vois chez vous vos citoyens, hommes et femmes, les bras et les jambes étroitement ligotés dans de solides liens par des gens qui n'entendront point votre langage, et vous ne pourrez exhaler qu'entre vous, par des plaintes larmoyantes, des lamentations et des soupirs, vos douleurs et vos regrets de la liberté perdue, car ceux-là qui vous ligotent ne comprendront pas votre langue, non plus que vous ne les comprendrez.

Des chats qui mangent les rats.

Chez vous, ô cités d'Afrique ! vos propres fils seront mis en pièces dans leur propre demeure, par les plus cruels et féroces animaux de votre pays.

Des ânes qui reçoivent la bastonnade.

Négligeante nature, pourquoi es-tu si partiale – mère tendre et bénigne pour quelques-uns de tes enfants, marâtre cruelle et implacable pour d'autres ? Je vois tes fils livrés en esclavage sans profit aucun et au lieu d'une récompense pour les offices rendus, ils reçoivent en salaire les plus sévères châtiments, et toute leur vie se passe au service de l'oppresseur.

Division des « Prophéties ».

Traite d'abord des animaux raisonnables ; deuxièmement, de ceux qui n'ont pas la faculté de raison ; troisièmement, des plantes ; quatrièmement, des cérémonies ; cinquièmement, des coutumes ; sixièmement, des propositions, décrets ou discussions ; septièmement, des propositions contraires à l'ordre naturel (comme de parler d'une matière qui augmente d'autant plus qu'on en ôte). Réserve pour la fin les propositions de poids, en commençant par les moins importantes et montre d'abord les maux, puis les châtiments ; huitièmement, les choses philosophiques.

Des rites funèbres et processions, lumières, cloches et cortèges.

[ca. 1500] C. A. 393 v. Très grands honneurs et pompes seront rendus aux hommes et ils ne le sauront pas.

[ca. 1497] C. A. 1023 v. Tous les astrologues seront châtrés, c'est-à-dire les jeunes coqs.

Conjecture.

[ca. 1497-1500] C. A. 1033 r. Ordonne les mois et la célébration des cérémonies, et fais cela pour le jour et pour la nuit.

Des moissonneurs.

Nombreux seront ceux qui se dresseront l'un contre l'autre en tenant en leurs mains le fer tranchant, acéré. Il n'en résultera pour eux d'autre mal que celui que cause la fatigue, car lorsque l'un se penche en avant, l'autre recule d'autant, mais malheur à qui se placerait entre eux, car il serait mis en pièces.

Filature de la soie.

On entendra des cris lugubres et de hautes clameurs, les voix hautes et irritées de ceux qui sont torturés et dépouillés et enfin laissés nus et sans mouvement, et ce sera à cause de la puissance motrice qui actionne le tout.

Le pain mis dans la bouche des fours puis retiré.

Dans toutes les villes et les pays, châteaux, villages et maisons, l'on verra des hommes qui, par désir de manger, s'ôteront les uns aux autres la nourriture de la bouche, sans pouvoir opposer de résistance.

De la terre labourée.

La terre retournée en tous sens regardera les hémisphères opposés et découvrira les cavernes où sont tapis les plus féroces animaux.

Semailles.

Alors, une grande partie des hommes restés vivants jetteront hors de leurs habitations leurs provisions de victuailles en libre pâture aux oiseaux et aux bêtes des champs, sans en prendre souci.

Des pluies qui troublent les fleuves et emportent la terre.

Du ciel viendra ce qui charriera vers l'Europe une grande partie de l'Afrique qui s'étend au-dessous de ce ciel[1], et une partie de l'Europe vers l'Afrique ; et celles des provinces se mélangeront en une grande révolution.

Des fours à briques et des fours à chaux.

Après avoir été exposées au feu durant plusieurs jours, la terre finira par devenir rouge et les pierres se changeront en cendres.

Du bois brûlé.

Les arbres et les buissons des vastes forêts seront changés en cendres.

Du poisson bouilli.

Les créatures aquatiques mourront dans l'eau brûlante.

1. Ms. : « *si mostra a esso cielo* ».

Les olives qui tombent des oliviers (paysans au travail) (*RL 12644* r.).

Les olives qui tombent des oliviers
nous donnent l'huile dispensatrice de lumière.

Du ciel descendra avec furie ce qui nous donnera nourriture et lumière.

Des chouettes avec lesquelles
on prend les oiseaux à la glu.

Beaucoup périront en se fracassant le crâne, et les yeux leur sortiront presque de la tête, à cause de créatures terrifiantes jaillies des ténèbres.

Du lin qui sert à la fabrication du papier.

Ceux-là seront révérés et honorés, et leurs préceptes écoutés avec révérence et amour, qui au début furent dédaignés et torturés par battages divers.

Des livres qui inculquent les préceptes.

Des corps sans âme nous fournissent, par leurs sentences, les préceptes qui nous aideront à bien mourir.

De ceux qui sont battus et flagellés.

Des hommes se cacheront au creux des arbres et, avec de grands cris, se martyriseront en frappant leurs propres membres.

Du libertinage.

Et comme des fous ils courront après les choses les plus belles, les plus recherchées, pour les posséder et faire usage de leurs parties les plus viles ; après quoi, rendus à la raison avec perte et pénitence, ils ressentiront pour eux-mêmes une grande admiration.

Des avares.

Nombreux sont ceux qui, avec grand zèle et sollicitude poursuivent furieusement ce qui toujours les remplit de frayeur, sans connaître sa nature maléfique.

Des hommes qui deviennent plus ladres en vieillissant,
alors qu'ayant moins de temps à passer ici-bas,
ils devraient se montrer plus généreux.

Tu verras que ceux que l'on considère comme ayant le plus d'expérience et de jugement, moins ils ont de besoins, et plus ils recherchent de choses et amassent avec avidité.

D'un fossé (tu citeras ceci comme exemple de frénésie
ou de démence ou de dérangement du cerveau).

Beaucoup s'emploieront à retrancher de cette chose qui grandit d'autant plus qu'on la réduit.

Des poids placés sur un oreiller de plume.

Et pour beaucoup de corps il y aura ceci, qu'à mesure que tu soulèves la tête au-dessus d'eux, ils grandissent notablement et quand ta tête levée se pose de nouveau, leur dimension aussitôt diminue.

De la chasse aux poux.

À de nombreux chasseurs d'animaux, il en restera d'autant moins qu'ils en auront davantage pris, et inversement ils en auront d'autant plus qu'ils en ont attrapé moins.

Eau tirée avec deux seaux suspendus
à une corde unique.

Beaucoup s'occuperont d'une chose et, plus ils la tireront en haut, plus elle cherchera à fuir en sens contraire.

Des tamis faits avec les peaux d'animaux.

Nous verrons la nourriture des animaux traverser leur peau par toutes les voies, hormis la buccale, et sortir du côté opposé pour atteindre le sol.

Des lumières qu'on porte devant les morts.

On fera de la lumière pour les morts.

De la lanterne.

Les cornes sauvages des puissants taureaux protégeront la lumière employée la nuit de la fureur impétueuse du vent.

Des plumes dans la literie.

Des créatures volantes soutiendront de leurs plumes les hommes.

Des hommes qui passent au-dessus des arbres sur des échasses.

Les marais seront si vastes que les hommes passeront par-dessus les arbres de leur pays.

Des chaussures aux semelles de cuir.

En une grande partie du pays, on verra des hommes cheminer sur les peaux des grands animaux.

De la navigation à voile.

De grands vents feront que les choses orientales deviendront occidentales et celles du midi, en grande partie mêlées par les cours des vents, les suivront en pays lointains.

Du culte rendu aux images des saints.

Des hommes parleront à des hommes qui ne les entendront pas ; leurs yeux seront ouverts et ils ne verront pas, on leur parlera sans qu'ils répondent ; on implorera le pardon d'un qui a des oreilles et n'entend point ; on offrira des lumières à un aveugle et, avec grand bruit[1], on s'adressera au sourd.

Du rêve.

Des hommes marcheront sans se mouvoir, ils converseront avec les absents, ils entendront ceux qui ne parlent pas.

De l'ombre qui se meut avec l'homme.

Des formes et des figures d'hommes et d'animaux les poursuivront où qu'ils fuient et le mouvement de l'un sera analogue à celui de l'autre, mais semblera chose digne d'étonnement à cause des différents changements de leurs dimensions.

De l'ombre projetée par le soleil et de son reflet dans l'eau vus en un seul et même temps.

On verra souvent un homme devenir triple, et tous trois avanceront ensemble, et souvent celui qui est le plus réel les abandonnera.

Des coffres de bois qui contiennent beaucoup de trésors.

Dans des noyers et autres arbres et arbustes, de très grands trésors se trouveront qui s'y cachent.

Extinction des lumières en allant au lit.

Beaucoup en exhalant leur souffle trop vite perdront la vue, et bientôt, toute faculté de sentir.

Des sonnailles des mules près de leurs oreilles.

En maintes parties de l'Europe on entendra des instruments de grandeurs diverses qui formeront des harmonies variées causant grande lassitude à qui les entend de plus près.

1. Ms. : « *faran lume a chi è orbo ; parleran a sordi con gran romore.* »

Des ânes.

Beaucoup de travaux n'auront d'autre salaire que la faim, la soif, la misère, la bastonnade et l'aiguillon.

Des soldats à cheval.

On en verra beaucoup portés à toute allure, par de grands animaux, à la perte de leur vie et à une mort immédiate. Dans l'air et sur terre, des animaux de couleurs diverses porteront furieusement les hommes vers la destruction de leur vie.

Des étoiles sur les éperons.

Les étoiles feront se mouvoir les hommes aussi vite que l'animal le plus rapide.

D'un bâton, chose morte.

Les mouvements du mort feront fuir bien des vivants, avec douleur, pleurs et cris.

Du briquet.

Au moyen du silex et de choses en fer, sera rendu visible ce qui ne l'était pas.

Des bœufs qu'on mange.

Les maîtres des domaines mangeront leurs laboureurs.

Du battage du lit qu'on refait.

Les hommes arriveront à un tel degré d'ingratitude à l'égard de qui leur dispense un logement d'un prix inestimable, qu'ils l'accableront de coups, au point qu'une grande partie de l'intérieur se déplaçant, tournera et se retournera en lui.

Des choses qu'on mange après les avoir tuées.

À celles qui les nourrissent ils infligeront une mort barbare dans les tortures.

Des remparts des cités reflétés
dans l'eau de leurs fossés.

Les hauts remparts de puissantes cités seront vus renversés dans leurs fossés.

De l'eau qui coule en courant trouble, mêlée de terre :
de la poussière et la brume mêlées à l'air,
et du feu qui confond sa chaleur avec chacun d'eux.

On verra tous les éléments confondus enfler, en une énorme masse, rouler, tantôt vers le centre de la terre, tantôt vers le ciel ; parfois accourus avec furie des régions du midi vers le glacial septentrion, d'autres fois de l'orient à l'occident, et ainsi d'un hémisphère à l'autre.

On peut établir la division des deux hémisphères
en n'importe lequel de leurs points.

Tous les hommes changeront soudain d'hémisphère.

Tout point forme une division entre l'orient et l'occident.

Tous les animaux se déplaceront de l'orient à l'occident, et de même du septentrion au midi.

Du mouvement des eaux qui portent du bois mort.

Des corps inanimés se mouvront tout seuls entraînant d'innombrables générations de morts, et mettront au pillage les possessions des vivants.

Des œufs qui, une fois mangés
ne peuvent produire de poulets.

Ô qu'ils sont nombreux ceux qui jamais ne naîtront.

Des poissons qu'on mange avec leur laitance.

D'innombrables générations périront par la mort de ce qui est fécond.

Des animaux dont on tire le fromage.

Le lait sera retiré aux petits enfants.

Des pleurs versés le Vendredi saint.

Dans toutes les parties de l'Europe, de grandes nations se lamenteront sur la mort d'un seul.

Des manches de couteaux en corne de bête.

Dans les cornes d'animaux, on verra des fers acérés, qui ôteront la vie à beaucoup de leur espèce.

Dans la nuit toutes les couleurs seront confondues.

Il sera impossible de déterminer la différence des couleurs, tout étant devenu noir.

Des épées et des lances qui, par elles-mêmes,
ne nuisent jamais à personne.

Celles-ci qui sont en soi douces et dénuées de malice, deviendront terribles et féroces à cause d'un fâcheux compagnonnage et ôteront la vie de maintes gens, avec grande cruauté ; et elles en occiraient bien davantage, n'était que ces gens sont eux-mêmes protégés par des corps également sans vie, issus des mines – c'est-à-dire, des armures de fer.

Trébuchets et pièges.

Beaucoup de morts se mouvront avec furie, ils prendront et lieront les vivants, et les placeront devant leurs ennemis, pour leur perte et destruction.

Des métaux précieux.

De cavernes sombres et tristes sortira cette chose qui exposera l'humanité entière à de grands malheurs, à des périls et à la mort. À beaucoup qui la poursuivront, après bien des tribulations, elle accordera des jouissances ; mais quiconque ne lui rend pas hommage mourra dans le besoin et la misère. Elle sera l'instigatrice de crimes innombrables ; elle poussera et excitera des misérables à assassiner, à voler, à réduire en esclavage ; elle se méfiera de ses propres partisans ; elle privera de leur rang les villes libres et détruira jusqu'à la vie de plusieurs ; elle fera que les hommes se tourmenteront les uns les autres, avec toutes sortes de subterfuges, feintes et traîtrises.

Ô vil monstre ! Combien il serait préférable, pour les hommes, que tu retournes aux enfers ! À cause de lui, les vastes forêts seront dépouillées de leurs arbres ; pour lui, une infinité de créatures perdront la vie.

Du feu.

D'un tout petit commencement s'élèvera ce qui rapidement grandira ; il ne respectera nulle chose créée, mais tel sera son pouvoir qu'il lui permettra de modifier la condition naturelle de presque toute chose.

Des navires qui sombrent.

On verra de grands corps sans vie, porter, avec une vitesse furieuse, de nombreux hommes à la destruction de leur vie.

⁂

Des lettres qu'on s'écrit de pays à pays.

[ca. 1497-1500]
C. A. 1033 v.

Des hommes des contrées les plus lointaines se parleront et se répondront.

Des hémisphères qui sont infinis et divisés en une infinité de lignes, en sorte que tout homme en a toujours une entre les pieds.

Les hommes se parleront, se toucheront et s'embrasseront, tout en étant dans des hémisphères différents, et ils comprendront leur langage réciproque.

Des prêtres qui officient.

Beaucoup, pour exercer leur profession revêtiront les plus riches vêtements, qui ressembleront à des tabliers.

Des moines confesseurs.

Les malheureuses femmes révéleront de leur propre gré, aux hommes, leur libertinage et leurs actions honteuses les plus secrètes.

Des églises et habitations des moines.

Nombreux seront ceux qui abandonneront le travail, l'effort, une vie indigente, pour aller vivre au sein des richesses, dans des édifices magnifiques, prétendant que c'est là un moyen de se rendre agréables à Dieu.

De la vente du paradis.

Une infinie multitude de gens trafiqueront, publiquement et sans être inquiétés, des choses les plus précieuses, bien que n'ayant pas reçu du Seigneur licence pour ces choses qui jamais ne furent à eux, non plus qu'en leur pouvoir ; et la justice humaine n'interviendra pas.

Des morts qu'on emporte pour les enterrer.

Des gens ingénus porteront des lumières pour éclairer le voyage de ceux qui ont perdu la faculté de voir. Ô sottise humaine ! Ô folie du genre humain ! Ces deux vocables sont à l'origine de la chose.

De la dot des jeunes filles.

Alors que jadis la vigilance des parents non plus que l'épaisseur des murs ne pouvaient mettre les filles à l'abri de la luxure et de la violence des hommes, un temps viendra où il sera nécessaire que les pères et les parents de ces filles payent un prix élevé à qui veut les épouser, fussent-elles riches, nobles et très belles. Il semble donc certain que la nature désire exterminer la race humaine, comme étant inutile au monde et destructrice de toute chose créée.

De la cruauté de l'homme.

On verra sur terre des créatures qui sans répit se combattront, avec très grandes pertes et morts fréquentes de part et d'autre. Elles n'assigneront pas de limite à leur malice ; dans les immenses forêts du monde, leurs membres sauvages abattront au niveau du sol, un nombre d'arbres considérable. Une fois repus de nourriture, ils voudront assouvir leur désir d'infliger la mort, l'affliction, le tourment, la terreur et le bannissement à toute chose vivante. À cause de leur superbe, ils voudront s'élever vers le ciel, mais le poids excessif de leurs membres les retiendra en bas. Rien ne subsistera sur terre ou sous terre ou dans les eaux, qui ne soit poursuivi ou molesté ou détruit et ce qui est dans un pays sera emporté dans un autre ; et leurs propres corps deviendront la sépulture et le conduit de tous les corps vivants qu'ils ont tués. Ô terre ! que tardes-tu à t'ouvrir pour les précipiter dans les crevasses profondes de tes abîmes et de tes cavernes, et pour ne plus montrer à la face des cieux un monstre aussi cruel, féroce et implacable ?

De la navigation en bateau.

On verra les arbres des vastes forêts du Taurus et du Sinaï, des Apennins et de l'Atlas, se hâter, par l'espace, de l'orient à l'occident et du septentrion au midi, et transporter grâce à l'air une grande multitude d'hommes. Oh, combien de vœux ! Oh, combien de morts ! que de séparations d'amis et de parents ! Combien qui jamais plus ne reverront leurs provinces ou leur patrie et qui mourront sans sépulture, leurs os dispersés en divers sites du monde !

Du déplacement le jour de la Toussaint.

Beaucoup quitteront leur demeure en emportant avec eux tous leurs biens et iront résider en d'autres pays.

Le Jour des Morts.

Combien prendront le deuil de leurs aïeux morts qui porteront des lumières en leur bonheur.

Des moines qui, en faisant simplement dépense de mots, reçoivent grandes richesses et dispensent le paradis.

Les richesses invisibles assureront le triomphe de ceux qui les dépensent.

Des arcs en corne de bœuf.

Nombreux sont ceux que les cornes de bestiaux feront périr d'une mort douloureuse.

⁂

Considère cette chose d'autant moins appréciée qu'on en a plus grand besoin : le conseil. *[ca. 1490-1491] C, 19 v.*

⁂

Nombreux sont ceux qui en faisant commerce de supercheries et miracles simulés, duperaient la multitude insensée ; et si personne ne dénonçait leurs subterfuges, ils en imposeraient à tous. *[ca. 1508-1509] F, 5 v.*

⁂

Pour faire le bien.

La branche de noyer, frappée et battue au moment même où elle a amené son fruit à la perfection, symbolise ceux que leurs œuvres illustres exposent diversement à l'envie. *[ca. 1510-1516] G, 88 v.*

⁂

[ca. 1497] *I, 39 v.* Toutes ces choses que l'hiver dissimule et cache sous la neige, seront découvertes et exposées l'été – dit du mensonge qui ne peut rester caché.

⁂

[ca. 1497] *I, 63 (15) r.* On verra l'espèce léonine ouvrir la terre de ses griffes crochues, et s'enterrer dans les cavernes qu'elle a creusées, avec les autres animaux qui lui sont soumis.

Des bêtes vêtues de ténèbres sortiront de terre, et attaqueront la race humaine dans de prodigieux assauts ; et leurs morsures féroces empoisonneront son sang cependant qu'elles la dévorent.

Une tribu d'effroyables créatures ailées traversera l'air, assaillant à la fois hommes et animaux ; elle se repaîtra d'eux avec de grands cris, et s'emplira la panse de sang vermeil.

⁂

[ca. 1497] *I, 63 (15) v.* On verra le sang jaillir de la chair déchirée des hommes et humecter la peau.

On verra les hommes atteints d'une maladie si cruelle que de leurs ongles ils s'arracheront la chair : ce sera la gale.

On verra les plantes rester sans feuilles, et les fleuves s'immobiliser dans leur course.

L'eau des mers s'élèvera vers le ciel au-dessus des plus hautes cimes des montagnes et retombera sur les demeures des hommes – c'est-à-dire en nuages.

On verra les plus grands arbres des forêts emportés par la violence des vents de l'orient à l'occident : c'est-à-dire au-delà des mers.

Les hommes jetteront leur propre nourriture : en semant.

⁂

[ca. 1497] *I, 64 (16) r.* La génération humaine en arrivera à un point où on ne se comprendra plus l'un l'autre, tel un Allemand avec un Turc.

On verra les pères livrer leurs filles à la luxure des hommes, les rétribuer et abandonner toute surveillance : quand les filles se marient.

Les hommes sortiront des tombeaux changés en créatures ailées et assailliront les autres hommes en leur dérobant la nourriture jusque dans leurs propres mains et sur leurs tables : les mouches.

Ils sont beaucoup, qui écorchent leur mère et lui retournent la peau : les laboureurs de la glèbe.

Heureux ceux qui prêteront l'oreille aux paroles des morts : lire de bons ouvrages et observer leurs préceptes.

•◆•

Les plumes élèveront les hommes vers le ciel, comme les oiseaux : au moyen des lettres écrites avec leurs pennes. *[ca. 1497] I, 64 (16) v.*

Les ouvrages de la main de l'homme seront cause de sa mort : épées et lances.

Les hommes poursuivront la chose le plus redoutée, c'est-à-dire qu'ils seront misérables par crainte de la misère.

Les choses disjointes seront unies et acquerront par elles-mêmes si grande vertu qu'elles restitueront aux hommes leur mémoire perdue : ce sont les feuilles de papyrus, formées de lambeaux détachés et qui perpétuent le souvenir des pensées et des actions humaines.

On verra les os des morts décider promptement de la fortune de qui les remue : dés.

Les bœufs avec leurs cornes préserveront le feu de mourir : lanterne.

Les forêts engendreront des petits qui causeront leur mort : manche de la cognée.

•◆•

Les hommes asséneront de rudes coups à qui assure leur existence : ils broieront le blé. *[ca. 1497] I, 65 (17) r.*

Les peaux des bêtes feront sortir les hommes de leur silence avec de grands cris et jurons : balles de jeu.

Mainte fois, la chose désunie devient cause de plus grande union ; ainsi le peigne fait de joncs fragmentés, unit les fils de soie.

Le vent en passant par la peau des animaux fera sauter les hommes : les cornemuses qui font danser.

Des noyers dont on gaule les noix.

[ca. 1497] I, 65 (17) v. Ceux qui auront le mieux travaillé seront les plus frappés, leurs enfants enlevés, écorchés et dépouillés, et leurs os brisés et écrasés.

Sculpture.

Hélas ! que vois-je ? Le Seigneur crucifié de nouveau.

De la bouche de l'homme qui est une tombe.

Grand bruit sortira des tombes de ceux qui ont péri de mort mauvaise et violente.

Des peaux de bêtes qui conservent le sens des choses écrites sur elles.

Plus tu converseras avec les peaux chargées de sens, plus tu acquerras de sapience.

Des prêtres qui portent l'hostie en leur corps.

Alors, presque tous les tabernacles où est le Corpus Domini seront nettement visibles, cheminant d'eux-mêmes par les diverses routes du monde.

[ca. 1497] I, 66 (18) r. Et ceux qui alimentent l'air changeront la nuit en jour : suif.

Et mainte créature terrestre et marine montera parmi les étoiles : planètes.

On verra les morts porter les vivants en diverses parties du monde : chariots et navires.

À beaucoup, la nourriture sera retirée de la bouche : fours.

À ceux dont la bouche est remplie par la main d'autrui, la nourriture sera ôtée de la bouche : les fours.

•◆•

De la vente des crucifix.

Je vois le Christ de nouveau vendu et crucifié, et ses saints martyrisés. *[ca. 1497] I, 66 (18) v.*

Les médecins vivent des malades.

Les hommes arriveront à un tel état d'avilissement qu'ils seront heureux que d'autres profitent de leurs souffrances, ou de la perte de leur véritable richesse, la santé.

De la religion des moines qui vivent grâce à des saints depuis longtemps morts :

Ceux qui seront trépassés depuis mille ans pourvoiront aux dépenses de maints vivants.

Des pierres converties en chaux, qui servent à la construction des murs de prison.

Beaucoup de choses qui furent anéanties par le feu priveront de leur liberté beaucoup d'hommes.

•◆•

Des enfants à la mamelle.

Bien des franciscains, dominicains et bénédictins absorberont ce qui a été mangé par d'autres et seront plusieurs mois avant de pouvoir parler. *[ca. 1497] I, 67 (19) r.*

Des bucardes et limaçons de mer que rejette la mer et qui pourrissent dans leur coquille.

Combien, après leur mort, resteront à pourrir dans leur propre habitacle, emplissant l'air ambiant de leur puanteur fétide.

***

Plantes avec les racines tournées en haut.

[ca. 1497] *I, 138 (90) v.* Pour celui qui serait sur le point de perdre tous ses biens et de tomber en disgrâce.

Des choucas et des étourneaux.

Ceux qui se hasardent à habiter près de lui – et grand sera leur nombre – mourront presque tous de mort cruelle et l'on verra des pères et mères avec leurs familles, dévorés et tués par les bêtes impitoyables.

***

Des paysans qui travaillent en chemise.

[ca. 1497] *I, 139 (91) r.* Des ombres viendront d'Orient et obscurciront le ciel d'Italie.

Des barbiers.

Tous les hommes se réfugieront en Afrique.

***

De l'ombre que l'homme projette la nuit avec un luminaire.

[ca. 1503-1505] *K, 50 (1) v.* De grandes figures ayant apparence humaine t'apparaîtront, et plus elles se rapprocheront de toi, plus se réduira leur taille immense.

***

Des mules chargées d'argent et d'or.

[ca. 1502-1504] *L, 91 r.* Maints trésors et grandes richesses seront mis sur des quadrupèdes qui les porteront en des lieux divers.

***

[ca. 1500-1505] *B. M. 42 v.* Sera noyé qui donne la lumière pour le service divin : les abeilles qui font la cire des cierges.

Les morts sortiront de dessous terre et par de sauvages mouvements chasseront de ce monde d'innombrables humains :

le fer qui sort de dessous terre est mort, et il sert à la fabrication d'armes avec lesquelles tant d'hommes ont été tués.

Les plus grandes montagnes, encore qu'éloignées des rives marines, chasseront la mer de sa place :

au moyen des fleuves qui charrient le sol dérobé aux montagnes et le déposent sur les rives marines ; où il y a apport de terre, la mer se retire.

L'eau tombée des nuages changera de nature au point qu'elle restera longtemps aux pentes des monts sans remuer. Et ceci arrivera en bien des régions diverses :

la neige tombe en flocons, lesquels sont de l'eau.

Les grands rocs des montagnes exhaleront du feu et brûleront le bois de mainte vaste forêt, ainsi que de nombreux animaux sauvages et apprivoisés :

le silex du briquet allume le feu qui consume les fagots, rebut des forêts ; et sur ce feu, on cuit la chair des animaux.

Oh, que de grands édifices seront ruinés par le feu : celui des bombardes.

Les bœufs causeront en grande partie la destruction des cités ; et de même, les chevaux et les buffles :

ils servent à la traction du matériel d'artillerie.

Beaucoup grandiront en se détruisant :

la boule de neige qui roule sur la neige.

Des multitudes oublieuses de leur existence et de leur nom seront étendues comme mortes sur les dépouilles d'autres morts :

en dormant sur la plume des oiseaux.

On verra l'orient se ruer à l'occident, le midi au septentrion, en tourbillonnant autour du monde avec grand fracas, furie et tremblement :

le vent qui s'élance de l'est à l'ouest.

Les rayons du soleil allumeront sur terre un feu qui embrasera celui qui est sous le ciel ; et, refoulés par ce qui les gêne, ils reviendront vers le bas :
le verre incandescent allume le feu avec lequel on chauffe le four dont la base est sous sa voûte.

Une grande partie de la mer fuira vers le ciel, et de longtemps ne reviendra :
c'est-à-dire, les nuages.

⁂

Du blé et autres graines.

[ca. 1500-1505] B. M. 212 v.

Les hommes jetteront hors de leurs habitations les provisions destinées à leur subsistance.

Des arbres qui donnent leur sève à des greffes.

On verra pères et mères prendre bien plus soin de leurs beaux-enfants que de leurs propres fils.

Des thuriféraires.

Certains iront vêtus de blanc, dont les gestes arrogants menaceront les autres avec le métal et le feu, qui pourtant ne leur ont jamais nui jusqu'à présent.

⁂

Des chevreaux.

[ca. 1495-1497] Forster II, 9 v.

Les temps d'Hérode reviendront ; les enfants innocents seront arrachés à leur nourrice et mourront de grandes blessures, aux mains d'hommes sans pitié.

⁂

De l'herbe fauchée.

[ca. 1495-1497] Forster II, 34 r.

Des vies sans nombre s'éteindront et d'innombrables espaces libres seront créés sur terre.

De la vie des hommes, dont la substance corporelle se modifie tous les dix ans.

Les hommes traverseront, morts, leurs propres boyaux.

Des peaux.

Beaucoup d'animaux

Des outres.

Les chèvres porteront le vin aux villes. *[ca. 1495-1497] Forster II, 52 v.*

Des cordonniers.

Des hommes prendront plaisir à voir leurs propres œuvres usées et détruites. *[ca. 1495-1497] Forster II, 61 v.*

Des abeilles.

Elles vivent en communauté. Pour prendre leur miel, on les noie. *[ca. 1500-1502] RL 12587 r.*

Des communautés très grandes et nombreuses seront noyées dans leurs propres habitations.

La neige, en hiver, sera recueillie sur les hautes cimes et portée en des endroits chauds, où on la laissera choir, l'été, pendant les fêtes qui se célébreront sur la place. *[ca. 1505] Sul Volo, 13 (14) r.*

XLVI

NOTES PERSONNELLES

« Ô Léonard, pourquoi tant œuvrer ? »

[ca. 1505]
C. A. 186 v.

Il semble que ce soit mon destin d'écrire ainsi sur le milan, car parmi mes plus lointaines impressions d'enfance, il me souvient que du temps où j'étais au berceau, un milan vint m'ouvrir la bouche de sa queue, et à plusieurs reprises me frappa de sa queue sur les lèvres.

⁂

[ca. 1480]
C. A. 195 r.

De grâce, ne me méprisez point ! Je ne suis pas pauvre.

Pauvre est plutôt celui qui a de grands désirs. Où prendrai-je place ? Sous peu, tu le sauras. Répondras-tu pour toi ? Sous peu…

⁂

[ca. 1513]
C. A. 254 r.

Si l'on dit qu'il manque au roi 72 ducats de revenu quand cette eau est tirée de San [Cristofano], cela, Sa Majesté le sait ; ce qu'elle me donne, elle le prend à elle-même.

Mais en l'occurrence rien ne sera ôté au roi, car ce sera repris à qui l'a volé, en vertu de la réglementation des bouches [du canal] que les voleurs d'eau ont agrandies.

Si l'on dit que ce serait cause de dommage pour plusieurs, il ne s'agit que de reprendre aux prévaricateurs ce qu'ils doivent restituer.

D'ailleurs, le magistrat le retire continuellement sans se

soucier de moi, et cela représente plus de 500 onces d'eau, alors que ma part n'est fixée qu'à 12 onces.

Si l'on dit que ce privilège de l'eau qui m'est accordé représente une somme annuelle considérable, l'once, ici où le canal est si bas, est à 7 ducats de 4 livres chacun, 1 par once, annuellement, ce qui revient à 70.

S'ils disent que la navigation peut en souffrir, je m'inscris en faux, car les bouches qui servent à cette irrigation sont au-dessus du cours navigable.

•◆•

Les Médicis m'ont créé et m'ont détruit[1]. *[ca. 1515]* *C. A. 429 r.*

•◆•

Note relative aux sommes que j'ai reçues du roi pour mon salaire, de juin 1508 à avril 1509. D'abord 100 couronnes, puis encore 100, puis 70, puis 50 et puis 20, ensuite 200 francs, le franc valant 48 sols. *[ca. 1509]* *C. A. 522 r.*

•◆•

Dis-moi si jamais, dis-moi si jamais rien ne fut construit à Rome. *[ca. 1497]* *C. A. 579 r.*

•◆•

À Rome.

Au vieux Tivoli, villa d'Hadrien[2]. *[ca. 1500]* *C. A. 618 v.*

1. Ms. : « *Li medici mi creorono et disstrussono.* » Cette interprétation est de G. Calvi ; il estime que la note fut écrite vers la fin de la vie de Léonard, soit quand il s'apprêtait à quitter Rome, soit en France. Son patron Julien de Médicis était mort et Léon X de Médicis ne lui avait pas donné un emploi en rapport avec ses capacités. Il résume ainsi, en une antithèse mordante, la ruine de ses espoirs et le fait que Laurent le Magnifique avait été son premier patron. Le témoignage de l'Anonyme Gaddiano confirme cette dernière assertion : « Jeune, il fut employé par Laurent le Magnifique de Médicis qui lui versait un salaire pour travailler dans le jardin de la place de San Marco à Florence, et il avait 30 ans quand il fut envoyé par le même Laurent le Magnifique auprès du duc de Milan » (voir ici, p. 1429). On a dit également que la phrase se référait à la profession médicale, à laquelle il a fait mainte allusion cinglante. Dans *F*, 96 v., il appelle les médecins les destructeurs de vie. Dans *B. M.* 147 v., il parle d'hommes choisis pour guérir des maux auxquels ils ne connaissent rien (voir p. 289).

2. À la même page du ms. se trouve la ligne : « *Laus Deo, 1500 a dì 20 marzo.* » Ce rapprochement n'autorise cependant pas l'hypothèse d'une visite à Rome environ à cette époque.

[ca. 1499]
C. A. 669 r.

Va trouver Ligny[1] et dis-lui que tu l'attendras à Rome et l'accompagneras à Naples. Aie soin de faire la donation et prends le livre de Vitolone et les mesures des édifices publics. Aie deux coffres recouverts, prêts pour le muletier ; des couvertures de lit rempliront fort bien cet office ; il y en a trois, mais tu en laisseras une à Vinci. Prends les poêles des Grazie. Fais-toi donner par Giovanni Lombardo la [maquette du] théâtre de Vérone. Achète quelques nappes et serviettes, chapeaux, souliers, quatre paires de chausses, un grand manteau en peau de chamois, et du cuir pour en faire de neufs. Le tour d'Alessandro. Vends ce que tu ne peux emporter. Fais-toi donner par Jean de Paris la méthode pour peindre à sec, et la façon de fabriquer du sel blanc et du papier teinté, soit en feuilles détachées, soit en rames, et aussi sa boîte à couleurs. Apprends à obtenir la couleur chair, à la détrempe. Apprends à fondre la résine dans le vernis laqué. Prends des graines de *fotteragi*[2], d'herbe à tabac blanc et d'ail de Plaisance. Prends le *De Ponderibus*. Prends les ouvrages de Léonard de Crémone. Prends des graines de lys, d'alchimille commune, et de melon d'eau. Vends les planches de l'échafaudage. Donne le poêle à qui l'a volé. Apprends le nivellement, et combien de terre un homme peut extraire en une journée.

[ca. 1503-1505]
C. A. 859 r.

Un ignare bouffi dans l'obscurité, comme la citrouille ou le melon par excès d'humidité, ou la pomme que gonflent les lourdes averses. Non ! Tu ne l'as pas bien décrit, ne sais-tu pas qui est celui-là ? Giucco da Gelo, un crâne tondu absolument stupide ; mais il lui manque le chou[3] ou la feuille d'une gourde pour détacher la teigne.

Dis donc Sandro[4] ! Que t'en semble ? Je te dis la vérité, et je ne l'ai pas réussi.

1. Sur le ms., ces mots, vraisemblablement pour demeurer cryptiques, sont écrits à rebours : *Ingil* pour « Ligny », *in lo panna* pour « Naples », *e no igano dal* pour « faire la donation ».

2. La traduction de ce terme reste introuvable.

3. En italien, *cavolo* désigne le chou. *Cf.* l'expression « *mangiare il cavolo co' ciechi* », « avoir affaire à des imbéciles ».

4. Peut-être une référence à Sandro Botticelli.

⁂

[Liste de dessins.]

De nombreuses fleurs, dessinées d'après nature. *[ca. 1480-1482] C. A. 888 r.*
Tête de face, à chevelure bouclée.
Divers saint Jérôme.
Mensuration d'une figure.
Dessins de four.
Tête du duc.
Plusieurs dessins de nœuds.
4 dessins du rétable de Saint-Angelo.
Petite histoire de Girolamo da Feghine.
Tête de Christ à la plume.
8 saint Sébastien.
Plusieurs études d'anges.
Une chalcédoine.
Tête de profil à belle chevelure.
Des corps, en perspective.
Instruments pour bateaux.
Machines hydrauliques.
Portrait ; tête d'Atalante le visage levé.
La tête de Ieronimo da Feglino.
La tête de Gian Francesco Boso.
Gorges de plusieurs vieilles femmes.
Têtes de vieillards.
Plusieurs nus, figures entières.
Plusieurs bras, jambes, pieds et attitudes.
Une Madone achevée.
Une autre presque de profil.
La tête de la Madone pendant son ascension au ciel.
Une tête de vieillard très longue.
Une tête de bohémienne.
Une tête coiffée d'un chapeau.
Une histoire de la Passion faite au moule.
Une tête de jeune fille, avec tresses rassemblées en nœud.
Une tête avec une coiffure.
Une tête de jeune homme, de face, avec belle chevelure.

⁂

Tous les animaux languissent, emplissant l'air de lamentations. Les forêts s'écroulent. On éventre les montagnes pour *[ca. 1513-1514] C. A. 1060 v. a* leur dérober les métaux qu'elles produisent. Mais puis-je rien décrire de pire que les actes des louangeurs exhalant vers le ciel des hymnes pour célébrer ceux qui, avec le plus grand zèle, ont attenté à leur pays et à la race humaine ?

[ca. 1487-1489]
B, 66 r.

Ces pieux devront mesurer d'un tiers à une demi-brasse[1] d'épaisseur, et auront environ deux brasses et demie de long. Ils seront en chêne ou en aulne, c'est-à-dire d'un bois à grain serré et, par-dessus tout, ils doivent être verts. J'ai vu réparer une partie des vieux remparts de Pavie qui ont leurs soubassements dans les rives du Tessin. Les vieux pieux de chêne étaient noirs comme le charbon, et ceux en aulne, rougeâtres comme le bois du Brésil ; ils étaient d'un poids considérable, durs comme fer et sans défauts. Pour enfoncer ces pieux, tu commenceras par pratiquer avec un piquet de fer l'ouverture du trou que tu leur prépares.

[Note datée. Vols de l'élève.
Cortège de fête ordonné par Léonard.]

[ca. 1490-1491]
C, 15 v.

Le 23e jour d'avril 1490, j'ai commencé ce livre et recommencé le cheval[2].

Giacomo est venu habiter avec moi le jour de la Sainte-Marie-Madeleine 1490, quand il avait 10 ans. Voleur, menteur, têtu, glouton.

Le second jour, je lui fis tailler deux chemises, une paire de chausses et un pourpoint, et quand j'eus mis de côté les deniers pour payer ces choses, il vola l'argent dans l'escarcelle et jamais je n'ai pu le lui faire avouer, encore que j'en eusse la certitude absolue...4 livres.

Le lendemain j'allai souper avec Iacomo Andrea, et l'autre Giacomo soupa pour deux, commit des méfaits pour quatre, car il brisa trois flacons, renversa le vin et vint ensuite souper où j'

Item, le 7e jour de septembre il vola un style valant 22 sols à Marco qui était avec moi. Le style était en argent, et il le déroba dans son atelier. Après l'avoir longtemps cherché, Marco le retrouva caché dans la caisse de Giacomo............2 livres, 1 sol.

1. Une brasse équivaut à environ 1,62 m.
2. Allusion à la statue équestre de Francesco Sforza. (*N.d.É.*)

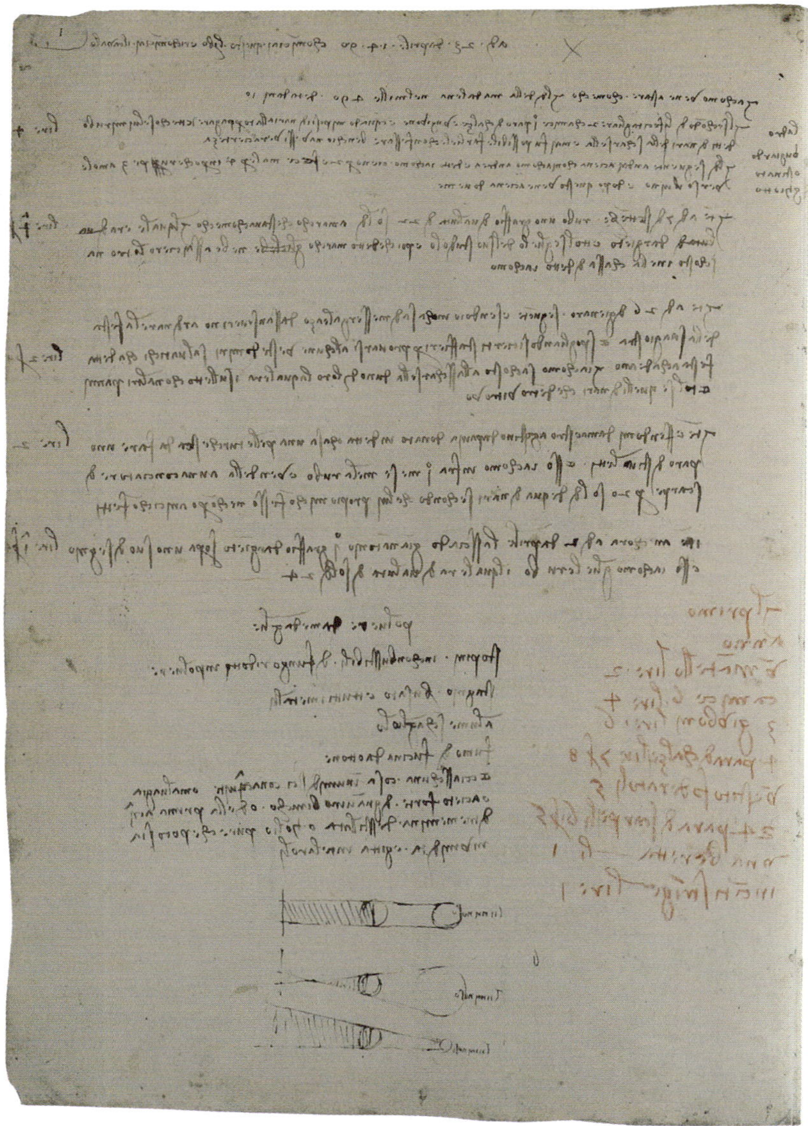

Cortège de fête pour Galeazzo Sanseverino (*C*, 15 v.).

Item, le 26e jour de janvier suivant, me trouvant chez messer Galeazzo de Sanseverino, à ordonner la fête de sa joute, quelques écuyers se déshabillèrent pour essayer des costumes de sauvages qui devaient y figurer ; Giacomo s'approcha de l'escarcelle de l'un d'eux, posée sur le lit avec ses autres effets, et y prit quelque argent.................................2 livres 4 sols.

Item, une peau turque m'avait été remise dans cette maison, par Maître Augustin de Pavie, pour une paire de bottes ; ce Giacomo me la vola dans le mois, et la vendit 20 sols à un savetier ; et m'a confessé lui-même que de ces deniers il acheta des bonbons anisés.................................2 livres.

Item, le 2e jour d'avril, Giovanni Antonio laissa un style d'argent sur un de ses dessins, et ce Giacomo le lui vola, il valait 24 sols......................................1 livre 4 sols.

La première année :

1 manteau..2 livres

6 chemises..4 livres

3 pourpoints...6 livres

4 paires de chausses...................................7 livres 8 sols

1 costume doublé...5 livres

24 paires de chaussures..............................6 livres, 5 sols

1 bonnet..1 livre

lacet de ceinture...1 livre.

[Croquis d'un navire allant d'une rive montagneuse à une autre plus basse.]

[ca. 1502-1504]
L, 77 v.

Quand j'étais en mer, à égale distance d'une rive plane et d'une montagne, le côté du rivage semblait beaucoup plus lointain que celui de la montagne[1].

1. Ch. Ravaisson-Mollien qualifie la note d'illusion optique. Son principal intérêt réside dans le problème biographique qu'elle soulève. Il est évident que Léonard lui-même se trouva en mer à égale distance d'une rive plane et d'une rive montagneuse, visibles simultanément. En discutant l'interprétation des lettres arméniennes du *Codex Atlanticus*, E. MacCurdy a démontré que c'est exactement l'expérience que ferait un voyageur allant de Khelindresh, le port médiéval d'Arménie, mentionné dans le texte de Léonard sous le nom de Calindra, à Chypre dont il est parlé dans un passage du ms. de Windsor : « En quittant la côte de Cilicie, vers le sud, tu découvres la beauté de l'île de Chypre. » (*N.d.T.*)

Portrait d'un cavalier en costume de fête montant à la genette, avec les étriers très courts (*RL 12574* r.).

[ca. 1480]
B. M. 155 r.

Tel un vent tourbillonnant dans une vallée creuse et sablonneuse chasse rapidement, dans son remous, tout ce qui s'oppose à son furieux assaut

Ce n'est pas autrement que la rafale du septentrion refoule avec son ouragan

Ni la mer tempêteuse ne fait entendre mugissement aussi violent quand la tornade du nord la rejette en vagues écumantes, entre Scylla et Charybde ; ni le Stromboli ni le mont Etna, quand les feux de soufre, prisonniers, crèvent et déchirent les puissantes montagnes, et lançant en l'air des rocs et de la terre mêlés dans le jaillissement des flammes éructantes

Ni quand les cavernes brûlantes de l'Etna vomissent et restituent l'élément incontrôlable, et le refoulent avec fureur vers sa propre région, chassant devant lui tout obstacle qui s'oppose à sa rage impétueuse

Poussé par un désir ardent, anxieux de voir l'abondance des formes variées et étranges que crée l'artificieuse nature, ayant cheminé sur une certaine distance entre les rocs surplombants, j'arrivai à l'orifice d'une grande caverne, et m'y arrêtai un moment, frappé de stupeur, car je ne m'étais pas douté de son existence ; le dos arqué, la main gauche étreignant mon genou tandis que de la droite j'ombrageais mes sourcils abaissés et froncés, je me penchais continuellement, de côté et d'autre, pour voir si je pouvais rien discerner à l'intérieur, malgré l'intensité des ténèbres qui y régnaient. Après être resté ainsi un temps, deux émotions s'éveillèrent soudain en moi : crainte et désir ; crainte de la sombre caverne menaçante, désir de voir si elle recélait quelque merveille.

[ca. 1478-1480]
B. M. 156 r.

Ô puissant et jadis vivant instrument de la nature constructrice, ta grande force ne t'a pas servi ; et tu as dû abandonner ta vie tranquille pour obéir à la loi que Dieu et le temps ont édictée pour la nature universellement procréatrice.

Point ne te servirent les robustes nageoires dorsales qui te frayaient le chemin quand tu poursuivais ta proie en déchirant violemment, de la poitrine, les ondes amères.

Ô combien de fois l'on vit fuir les bandes apeurées de dauphins et de grands thons, devant ta fureur insensée ;

et toi, battant l'eau de tes nageoires rapides et de ta queue fourchue, tu créais, dans la mer, de soudaines tempêtes avec grande rumeur et naufrage de vaisseaux ; ta vague puissante amoncelait sur les rivages mis à nu, les poissons effrayés, terrifiés ; t'échappant, ils restaient là-haut, au sec quand les abandonnait la mer et devenaient l'abondant butin des peuples voisins.

Ô Temps, prompt spoliateur des choses créées ! que de rois, que de gens tu as anéantis ! que de changements d'état et de circonstances se succédèrent, depuis qu'a péri ici, dans ce recoin creux et sinueux, la forme merveilleuse de ce poisson ? À présent, détruite par le temps, elle gît patiemment en cet espace restreint, et ses os dépouillés, mis à nu, elle est devenue armature et support de la montagne qui s'érige au-dessus d'elle.

⁂

[ca. 1480-1482]
C. A. 715 r.

Ô que de fois on te vit, parmi les vagues du vaste océan enflé, les dominer comme une montagne, les conquérir et les subjuguer, et de ton dos aux noires nageoires, fendre les ondes salées, dans ta course majestueuse et superbe[1].

⁂

[ca. 1490-1495]
B. M. 251 v.

Dis-moi si jamais rien fut fait...

⁂

Frais pour l'enterrement de Caterina :

[ca. 1495-1497]
Forster II, 64 v.

Pour 3 livres de cire...s. 27
Pour la bière...s. 8
Drap mortuaire sur la bière....................................s. 12

1. Ce passage est placé ici à cause de ses rapports évidents avec les deux précédents. Ils peuvent se référer à un souvenir personnel, ou à une fiction. Il existe trois versions de ce passage dans le ms. : « *Oh, quante volte fusti tu veduto in fra l'onde del gonfiato e grande occeano, col setoluto e nero dosso, a guisa di montagna, e con grave e superbo andamento ! E spesse volte eri veduto infra l'onde del gonfiato e grande occeano, e col superbo e grave moto gir volteggiando in fralle marine acque. Et con setoluto e nero dosso, a guisa di montagna, quelle vincere e soprafare. Oh quante volte fosti tu veduto infra l'onde del gonfiato, e grande occeano, a guisa di montagna quelle vincere e soprafare, e col setoluto e nero dosso solcare le marine acque, e con superbo e grave andamento.* » Cette même infatigable patience, manifestée ici dans l'agencement des mots, explique pourquoi, parmi les dessins de Léonard, il existe parfois tant de différents dessins de la même figure.

Transport et érection de la croix.............................s. 4
Pour les porteurs de la morte.................................s. 8
Pour 4 prêtres et 4 clercs.......................................s. 20
Cloche, livre, éponge..s. 2
Pour les fossoyeurs..s. 16
Aux vieux...s. 8
Pour la licence et les employés................................s. 1
Pour le docteur..s. 5
Sucre et cierges...s. 12

106

[ca. 1487-1490, et ca. 1493-1497] Forster III, 10 v.

Si la liberté t'est chère, puisses-tu ne jamais découvrir que mon visage est la prison de l'amour.

[ca. 1487-1490, et ca. 1493-1497] Forster III, 85 r.

Enfin, dans sa colère, il a blessé l'image de son Dieu ; pense un peu, si je l'avais découvert !

Et ce qu'il ne peut manger, il le vend, pour pouvoir grâce à ces deniers commander aux autres hommes.

[Vices malaisés à extirper.]

[ca. 1511-1513] RL 19084 r.

Et je sais qu'en l'occurrence je me ferais des ennemis, car nul ne veut croire ce que je puis dire de lui. En effet, ses vices ne déplaisent qu'à peu de gens, uniquement à ceux à qui ils répugnent par nature. Beaucoup haïssent leur père et rompent toute amitié quand on leur reproche leurs défauts ; les exemples contraires sont sans prise sur eux, non plus qu'aucun conseil humain.

[Difficulté que constitue l'abondance des mots.]

[ca. 1506-1510] RL 19141 r.

Je dispose dans ma langue maternelle d'un si grand nombre de mots, que je devrais déplorer mon manque de parfaite compréhension des choses, plutôt que le manque d'un vocabulaire nécessaire pour exprimer parfaitement les concepts de mon esprit.

J'ai gaspillé mes heures[1]. *[ca. 1510] RL 19106 v.*

•◆•

Je vis une fois un agneau que léchait un lion, dans notre cité de Florence où il y en a toujours vingt-cinq ou trente, et ils mettent au monde des petits. En quelques coups de langue, le lion dépouilla l'agneau de sa toison, et, l'ayant ainsi dénudé, le dévora. *[ca. 1508-1510] RL 19114 v.*

•◆•

Dis-moi si rien de pareil fut jamais fait ; tu comprends, et cela suffit pour l'instant[2]. *[ca. 1510-1513] RL 19121 v. et 19120 v.*

•◆•

Couleur azurée de l'atmosphère [...] visible, comme je la vis moi-même, pour qui fait l'ascension du Mon Boso[3], pic de la chaîne des Alpes, qui sépare la France de l'Italie [...] La grêle qui s'y accumule en été, je l'ai trouvée très épaisse à la mi-juillet. *[ca. 1506-1508] Leic. 9 v.*

•◆•

Dans les montagnes de Parme et de Plaisance, on peut voir quantité de coquilles et de coraux piqués de trous de vers, qui adhèrent encore aux rochers. *[ca. 1506-1508] Leic. 4 r.*

À l'époque où je faisais le grand cheval à Milan, des paysans m'en apportèrent tout un sac à mon atelier ; ils les avaient trouvés en ces parages et beaucoup parmi eux étaient encore dans leur état primitif.

•◆•

Il existe en maint endroit des sources d'eau qui jaillissent six heures et s'affaissent six heures ; moi-même j'en vis une au-dessus du lac de Côme, appelée la Fonte Pliniana. *[ca. 1506-1508] Leic. 11 v.*

•◆•

Une fois, au-dessus de Milan, vers le lac Majeur, je vis un nuage en forme d'immense montagne, tout embrasé, car les *[ca. 1506-1508] Leic. 28 r.*

1. Note écrite au coin du bas, à droite d'une page contenant des dessins mathématiques et architecturaux, d'autres anatomiques relatifs aux fonctions génitales avec notes sur l'acoustique et *memoranda*.

2. Écrit sur une page où figurent une réduction de périphérie de quadrant, ramené à une ligne droite, et un calcul de sphères.

3. Le mont Rose.

rayons du soleil couchant, rouge à l'horizon, l'avaient teinté de leurs feux. Ce grand nuage attira à lui tous les petits qui l'entouraient. Il demeura immobile, il était si grand qu'il retint la lumière du soleil à son sommet, une heure et demie encore après le déclin de l'astre.

XLVII

LETTRES

« Aucun homme n'est capable, et vous pouvez m'en croire, hormis Léonard le Florentin, qui est en train de faire le cheval de bronze du duc Francesco ; mais inutile de compter sur lui, car il a une œuvre à accomplir qui occupera sa vie entière, et je doute même qu'il l'achève jamais, tant elle est considérable. »

Bernardo de Simone. *[ca. 1478-1480] C. A. 18 v.*

Comme je vous l'ai dit en des jours passés, vous savez que je suis sans aucun [...] des amis [...] et l'hiver [...] qui requiert de vous des actes.

⁂

Très cher père. *[ca. 1502-1504 ?] C. A. 178 v.*

Le dernier jour du mois dernier, j'ai reçu la lettre que vous m'écrivîtes, et qui, en un bref instant, me fut cause de plaisir et de tristesse. J'eus plaisir à vous savoir en bonne santé et j'en rends grâces à Dieu. J'eus déplaisir d'apprendre votre peine.

⁂

[1]Je me suis assuré qu'il accepte les commandes de tout le monde et qu'il tient boutique publique ; ce pourquoi je veux, *[ca. 1514-1515] C. A. 252 r.*

1. Fragment d'une lettre écrite pendant le séjour de Léonard de Vinci à Rome.

non qu'il œuvre pour moi moyennant salaire, mais que les travaux qu'il exécute à mon intention lui soient payés ; et comme il tient du Magnifique atelier et maison, qu'il soit forcé de donner la priorité aux ouvrages destinés au Magnifique, avant tout autre.

Les divisions du livre.

[ca. 1500]
C. A. 393 v.

Prédication et prosélytisme.
Soudaine inondation, jusqu'à sa fin.
Destruction de la ville.
Mort des gens et leur désespoir.
Poursuite du prêcheur, sa libération et sa mansuétude.
Description des raisons de cet éboulement.
Ravages qui en résultèrent.
Avalanche.
Découverte du prophète.
Sa prophétie.

L'inondation des parties basses de l'Arménie occidentale, dont les voies d'écoulement furent formées par la brèche du mont Taurus.

Comment le nouveau prophète montra que cette destruction avait eu lieu comme il l'avait prédite.

Description du mont Taurus et du fleuve Euphrate. Au Devatdar de Syrie, Lieutenant du Sacré Sultan de Babylone :

Le nouvel accident survenu dans notre région septentrionale, et qui, j'en suis certain, frappera de terreur tout l'univers autant que toi-même, te sera révélé avec ordre, en montrant d'abord l'effet, puis la cause.

Me trouvant en cette région d'Arménie pour remplir avec amour et zèle l'office en vue duquel tu m'as mandé, et pour commencer par ces parties qui me semblent plus conformes à notre propos, j'entrai dans la cité de Calindra, voisine de nos frontières. Cette ville est située sur la rive marine, du côté du Taurus séparé de l'Euphrate, et regarde le grand mont Taurus, au ponant. Si élevés sont ces pics qu'ils semblent toucher le ciel, car nulle part au monde la terre n'est plus haute que leurs cimes, et les rayons du soleil les frappent toujours au levant, quatre heures avant le jour. L'extrême blancheur de la pierre la fait briller d'un vif éclat, et pour les Arméniens de ces parages elle est comme un beau clair de lune au milieu des ténèbres ; sa grande altitude dépasse le niveau des plus hauts nuages, sur un espace de quatre milles en ligne droite.

D'une grande partie de l'occident, on voit ce pic illuminé par le soleil après son coucher, durant la troisième partie de la nuit. Et c'est lui qui chez nous, par temps serein, fut pris d'abord pour une comète, et dans l'obscurité nocturne, nous apparut sous des aspects divers, tantôt divisé en deux ou trois parties, tantôt long et tantôt bref. Cela tient aux nuages de l'horizon qui sont entre un côté de ce mont et le soleil et interceptent les rayons solaires ; la lumière de la montagne se trouve donc coupée par divers intervalles de nuées et dès lors, son éclat varie de forme.

Pourquoi le mont, resplendissant à sa cime durant la moitié ou le tiers de la nuit, fait, après le coucher du soleil, l'effet d'une comète à ceux du levant.

Pourquoi la forme de cette comète semble variable, tantôt ronde, tantôt allongée, une autre fois scindée en deux ou trois parties, ou encore unie, tour à tour disparue et redevenue visible.

DE LA FORME DU MONT TAURUS

[ca. 1500]
C. A. 393 v.

Je ne dois pas, ô Devatdar, être accusé de paresse comme tes reproches semblent l'insinuer ; mais l'affection sans limites qui t'incita à m'accorder tes bienfaits m'a contraint à chercher avec grand soin et à étudier avec diligence l'origine d'un phénomène aussi grand et aussi surprenant ; et pour cela, il m'a fallu du temps.

À présent, pour bien te faire connaître la cause d'un si grand effet, il convient que je te décrive la nature du site, et après j'en viendrai à l'événement, de quoi je pense que tu seras pleinement satisfait.

Ne te plains pas, ô Devatdar, si j'ai tardé à répondre à ta demande urgente, car les matières sur lesquelles tu m'interroges sont telles qu'on ne les saurait exprimer sans y mettre le temps, d'autant plus qu'en voulant exposer la cause d'un aussi grand effet, il importe de décrire exactement la nature du site et tu pourras, ensuite, par là, te satisfaire aisément au sujet de la susdite demande.

Je négligerai la description de la forme de l'Asie Mineure

et des mers et terres qui déterminent l'aspect de sa surface, sachant que ta diligence et la minutie de tes études t'ont déjà mis à même d'acquérir cette connaissance. J'en viens donc à te retracer la vraie figure du mont Taurus, qui fut le lieu d'une catastrophe aussi surprenante et destructrice, car notre propos en sera avancé.

Ce mont Taurus, selon plusieurs, passe pour former la crête du Caucase ; mais, voulant m'éclairer, j'ai causé avec quelques-uns de ceux qui habitent les rives de la mer Caspienne ; ils m'apprennent que, bien que leurs monts portent le même nom, ceux-ci sont plus élevés, et ils me confirment que c'est ici le vrai mont Caucase, car en langue scythique, Caucase signifie « suprême altitude ». En effet, on n'a point connaissance qu'il existe à l'orient ou à l'occident, montagne aussi élevée ; à preuve que les habitants des contrées qui se trouvent au ponant voient les rayons du soleil illuminer une partie de sa cime durant le quatrième quart de la plus longue nuit ; et de même en va-t-il pour les pays qui sont à l'orient.

STRUCTURE ET DIMENSIONS DU MONT TAURUS

[ca. 1500]
C. A. 393 v.

L'ombre de cette cime du Taurus est si haute qu'à la mi-juin, quand le soleil est au méridien, elle atteint jusqu'aux frontières de Sarmatie, lesquelles sont à douze journées ; et à la mi-décembre, elle s'étend jusqu'aux monts hyperboréens, voyage d'un mois en remontant vers le nord. Les nuages et la neige couvrent toujours le versant opposé au vent qui souffle, déchiré en deux par les rochers qu'il a frappés ; aussitôt reformé au-delà d'eux, il entraîne les nuages de tous les côtés, ne les laissant qu'aux endroits qu'il percute ; et, comme il est toujours chargé de foudre à cause du grand nombre des nuages assemblés, le roc est tout crevassé et plein de grandes ruines.

Cette montagne à sa base est habitée par des peuples très opulents ; elle est pleine de fleuves, fertile et abondante en biens de toute sorte, principalement dans les parties orientées vers le midi ; est-on monté d'environ trois milles, on commence à rencontrer les forêts des grands sapins, pins, hêtres et autres arbres semblables, et au-delà, sur un espace de trois autres milles, tu trouves des prairies et d'immenses pâturages ; et tout le reste, jusqu'au pic du Taurus, n'est que neiges éternelles qui ne disparaissent en aucune saison, et elles s'étendent à la hauteur d'environ quatorze milles en tout.

À partir de la naissance du sommet, à un mille de hauteur, les nuages ne passent jamais, de sorte qu'ils s'étendent sur une quinzaine de milles à une altitude d'environ cinq milles en ligne droite ; et à cette même hauteur, ou à peu près, nous trouvons les sommets du Taurus ; à mi-chemin, l'air commence à se réchauffer ; plus un souffle de vent ; rien n'y pourrait vivre longtemps, non plus qu'y naître, sauf quelques oiseaux de proie qui nichent dans les profondes crevasses du Taurus et descendent plus bas que les nuages, en quête de pâture, parmi les monts herbeux. Ici tout n'est plus que roche dénudée, au-dessus des nuages, et la blancheur de la roche éblouit ; on ne peut gravir la cime, l'ascension étant rude et périlleuse.

Des gens en proie à un grand trouble accumulaient toutes sortes de provisions sur des navires de toute espèce, hâtivement rassemblés selon les exigences de la nécessité. *[ca. 1515]* *C. A. 418 r. b*

La luisance des vagues n'était pas visible dans la zone qui reflétait la pluie sombre et les nuées. Mais là où se miraient les lueurs de la foudre, leurs images faisaient naître autant de chatoiements qu'il y avait de flots pour les renvoyer jusqu'aux yeux des spectateurs. La quantité des images engendrées par les fulgurations des éclairs sur ces flots grandissait en proportion de la distance qui les séparait de l'œil des spectateurs. De même, leur nombre diminuait dans la mesure où elles étaient plus rapprochées de l'œil ainsi qu'il est démontré dans la définition du rayonnement de la lune et de notre horizon maritime, lorsque le soleil s'y réfléchit avec ses rayons et que l'œil qui reçoit le reflet est très éloigné de cette mer.

[Lettre à Julien de Médicis.]

Je voulus le garder pour partager mon repas, comme *[ca. 1515]* *C. A. 500 r.*

Il s'en allait manger avec le garde du corps, et ainsi, non seulement il restait deux ou trois heures à table, mais très souvent passait le reste de la journée dans les ruines à tirer des oiseaux avec un fusil.

Si un de mes serviteurs entrait dans l'atelier, il l'injuriait, et lorsqu'on lui faisait un reproche, il disait qu'il travaillait pour l'arsenal, à nettoyer armes et fusils. Quant à l'argent, dès le début du mois il fut fort impatient de l'avoir entre les mains.

Pour n'être point dérangé, il quitta l'atelier, en installa un dans sa chambre, et travailla pour autrui, de sorte que je dus enfin lui dire

Voyant qu'il était fort peu à l'atelier et qu'il consommait beaucoup, je lui fis dire que s'il voulait, je conclurais un accord avec lui pour tout travail qu'il exécuterait, et après estimation, lui en donnerais le prix convenu. Il prit conseil des voisins et renonçant à sa chambre, vendit tout et vint chercher

Cet autre m'a gêné pour mes travaux d'anatomie en me diffamant auprès du Pape, et aussi à l'hôpital ; il a rempli tout ce belvédère d'ateliers de miroiterie et d'ouvriers et fait de même dans l'appartement de Maître Giorgio.

Il n'a jamais exécuté aucun travail sans en disserter tous les jours avec Giovanni, qui ensuite en répandait la nouvelle et la proclamait partout, en déclarant qu'il était passé maître en cet art ; pour la partie qu'il ne comprenait pas, il annonçait que je ne savais pas ce que je voulais faire, rejetant ainsi sur moi le blâme qu'encourait son ignorance.

Je ne puis rien exécuter en secret à cause de lui, car l'autre est toujours à son côté, attendu que les deux pièces communiquent. Mais son dessein était de prendre possession de toutes deux, pour travailler aux miroirs. Si je lui faisais faire mon modèle de miroir courbe, il irait le publiant.

Il dit qu'on lui a promis huit ducats par mois, à partir du jour où il s'est mis en route, ou, au plus tard, du moment de son entrevue avec vous, et que vous avez consenti.

⁂

Mon frère bien-aimé[1],

[ca. 1505-1506]
C. A. 541 v.

Ceci est simplement pour t'informer que, tout récemment, j'ai appris par une lettre de toi que tu avais un héritier, événement dont je crois comprendre qu'il te fit grand plaisir. Or, dans la mesure où je te jugeais doué de prudence, me voici à présent convaincu que je suis aussi loin d'être un juge perspicace, que toi d'être prudent ; car tu te félicites d'avoir engendré un ennemi vigilant, dont toutes les forces tendront vers une liberté qui ne lui viendra qu'à ta mort.

1. D'après L. Beltrami, il s'agirait ici de Domenico, né en 1484.

•◆•

Vous souhaitiez le plus grand mal à Francesco, et vous l'avez laissé de votre vivant jouir de votre propriété ; à moi, vous ne voulez pas grand mal *[ca. 1507-1508] C. A. 571 v. a*

À qui souhaitez-vous plus de bien ? À Francesco ou à moi ? À vous, il en souhaite, et il dispose, après moi, de ce qui est mien, en sorte que je ne puis agir selon mon désir ; et il sait que je ne puis m'aliéner mon héritier. Il voudrait ensuite solliciter mes héritiers, non en tant que [frère], mais comme un étranger, et c'est en parfait étranger que je le recevrai, lui et ce qui est sien.

Avez-vous donné autant d'argent à Léonard ? Que non. Oh, quelle excuse, feinte ou vraie, alléguerez-vous pour l'avoir attiré dans ce traquenard, si ce n'était pour les prendre, lui et son argent ? Je ne veux rien lui dire, aussi longtemps qu'il vivra. Vous ne désirez donc pas rembourser l'argent prêté à cause de vous à ses héritiers mais vous voulez qu'il paye sur les revenus que lui a valus cette possession.

Or, pourquoi ne lui en laissez-vous pas la jouissance de son vivant, puisqu'ensuite, ils feraient retour à vos enfants, et qu'il ne lui reste plus beaucoup d'années à vivre ?

Si donc vous tenez compte que je puis faire cela, vous désirerez que je sois l'héritier, puisqu'en cette qualité il ne me serait pas possible de vous réclamer les sommes que j'ai reçues de Francesco.

•◆•

M'étant déjà, dans mes lettres, maintes fois réjoui avec toi de ta fortune prospère, je sais qu'à présent tu partageras en ami ma tristesse du misérable état où je me trouve réduit ; en effet, ces derniers jours, j'ai eu tant d'alarmes, tant de craintes, de dangers et de maux – tout comme les misérables paysans – que nous en sommes venus à envier les morts. *[ca. 1497-1500] C. A. 573 v. à*

Certes, pour moi, je doute que les éléments, quand ils se séparèrent pour faire sortir l'ordre du grand chaos, aient causé avec leurs forces ou plutôt leur frénésie, autant de dommages à l'humanité, que ce que nous avons vu et constaté à présent ; je ne saurais donc imaginer quelle chose pourrait surpasser la catastrophe que nous avons éprouvée pendant dix heures. Tout d'abord, nous fûmes assaillis par la fureur et la violence des vents, auxquels s'ajoutèrent les avalanches des grands monts couverts de neige, qui en bouchant toutes les vallées, firent crouler une grande partie de la ville. Non contente de cela, la tempête a submergé en un subit déluge d'eau toute la partie basse de la cité ; en outre, s'y ajouta un soudain orage de pluie, un furieux ouragan d'eau, de sable, boue, et pierres, le tout mêlé de racines, de branches et de divers débris végétaux, traversant l'air et s'abattant sur nous ; enfin, un grand incendie qui semblait attisé non par le vent mais par dix mille démons, a brûlé et détruit tout le pays, et il n'est pas encore éteint. Le peu de survivants qui restent sont dans un tel état d'effarement et de terreur, que nous osons à peine converser ensemble, comme frappés d'imbécillité ; et renonçant à tout soin, nous nous tenons blottis dans une église en décombres, hommes et femmes, petits et grands, confondus comme des troupeaux de chèvres ; et si des gens ne nous avaient porté secours avec des provisions, nous serions tous morts de faim.

Tu vois donc en quel état nous sommes ; encore tous ces maux sont-ils peu de chose comparés à ceux qui nous attendent à brève échéance.

Je sais qu'étant mon ami, tu compatiras à mes malheurs, de même qu'en mes lettres précédentes je me suis réjoui de ta prospérité[1].

⁂

[Brouillon des fragments d'une lettre au Sénat vénitien relative à la défense de l'Isonzo contre les Turcs[2].]

[ca. 1499-1500]
C. A. 638 v. d

Illustrissimes Seigneurs,

Ayant constaté que les Turcs ne peuvent envahir l'Italie par aucune partie du continent sans franchir le fleuve Isonzo [...] et tout en sachant l'impossibilité de combiner un moyen de défense qui puisse se prolonger un certain temps, je ne puis me retenir de porter à votre connaissance le fait qu'un petit nombre d'hommes, en s'aidant de ce fleuve, pourrait remplir l'office de plusieurs, car où ces fleuves

1. Il semble ressortir du sujet de la lettre, qu'elle fut écrite vers la même époque que celles au Devatdar de Syrie.

2. Toute cette lettre est raturée sur le manuscrit ; les passages entre crochets ont été biffés plusieurs fois.

Lettre à la République Sérénissime de Venise à propos de la guerre contre les Turcs dans le Frioul (*C. A.* 638 v. d).

Je suis d'avis qu'il est impossible d'organiser la défense dans une position plus absolument efficace que sur ce fleuve.

Dans la mesure où l'eau est plus trouble, elle est plus pesante, et plus elle est pesante, plus rapide est sa descente ; plus une substance est rapide plus elle impressionne son objet.

Ils approcheront de nuit s'ils soupçonnent que

Une force armée ne saurait prévaloir contre eux si elle n'est pas unie ; l'est-elle, ce ne peut être que sur un point particulier ; et si elle est ainsi concentrée sur un point particulier, elle est ou plus faible ou plus forte que l'ennemi ; si elle est plus faible et que l'adversaire le soupçonne, grâce à ses espions, ils passeront par traîtrise

[Ayant], mes Très Illustres Seigneurs, examiné de près le fleuve Isonzo, connaissant les conditions et en outre ayant été renseigné par les gens du pays [j'ai appris] comment, de n'importe quel côté [les gens du pays] l'ennemi peut survenir.

Mes Très Illustres Seigneurs. Ayant examiné avec soin l'état du fleuve Isonzo, et appris par les gens du pays que les Turcs, quelle que soit la route du continent qu'ils prendront pour approcher cette partie de l'Italie, aboutiront forcément à ce fleuve, je suis d'avis que même s'il n'est pas possible de construire sur le fleuve des moyens de défense qui ne soient ensuite ruinés et détruits par ses crues

Mes Très Illustres Seigneurs. Ayant [bien considéré l'état du fleuve] reconnu que les Turcs, quel que soit le côté du continent par où ils songeront à approcher nos terres d'Italie, y arriveront finalement par le fleuve Isonzo

Pour dévier le fleuve.

De ce qui peut être dit contre sa permanence, et ce que détruiront les troncs charriés par les fleuves.

À ceci, je réponds que la hauteur de tous les remblais devra correspondre à la plus basse profondeur des rives ;

et, si le fleuve s'élève à cette hauteur, il ne pourra pénétrer dans les bois proches de la rive et en emporter des troncs ; et ainsi il coulera avec sa seule eau, dans sa simple turbulence.

S'il s'élève, comme certaine année où il monta de quatre brasses[1] au-dessus de la rive la plus basse, il entraîne avec lui de très grands troncs qui accompagnent sa course en flottant à la dérive, puis il les abandonne, solidement accrochés aux plus grands arbres, capables de leur offrir de la résistance, et ils demeurent pris dans les ramures.

Toutefois, s'ils sont emportés au fil du fleuve, c'est qu'ils ont peu ou point de branches, et ils flottent à la surface sans toucher le barrage denté que j'ai dressé.

Quand viendront les grandes crues qui charrient des troncs et de très grands arbres, elles déferleront à quatre ou cinq brasses au-dessus des barrages de défense ; l'on en voit la preuve aux choses qui restent accrochées aux branches des arbres après la crue.

Lorsque l'eau n'a pas de courant, elle est facilement et promptement obstruée par les broussailles, car celles qui y sont tombées ont toujours tendance à revenir en arrière[2].

[Lettre à Julien de Médicis.]

Tant me suis-je réjoui, Très Illustre Seigneur, de votre retour si désiré à la santé, que je découvris que mon propre mal m'avait quasiment quitté en apprenant le rétablissement de Votre Excellence. Mais je regrette vivement de n'avoir pu donner entière satisfaction aux désirs de Votre Excellence, à cause de la malignité de ce garnement pour qui je n'ai jamais *[ca. 1514-1515] C. A. 671 r.*

1. Une brasse équivaut à environ 1,62 m.

2. C'est à dessein qu'a été interverti l'ordre d'un certain nombre de phrases de cette lettre, telles qu'elles figurent dans l'édition publiée par l'Accademia dei Lincei, afin d'en souligner l'esprit de continuité. À la même page se trouve un croquis ou plan de routes et communications avec un fleuve, avec les mots *ponte di Goritia* (pont de Goritz) et *vil pagho alta alta.* Ce dernier mot (haute) se rapporte sans doute à la nature du terrain, le premier équivaut à Wippach (en italien *Vipacco*), nom d'un affluent oriental de l'Isonzo et aussi d'un village sous lequel il coule, situé sur un éperon de montagne à environ 20 km à l'ouest de Goritz. Vu de Wippach, il semble dominer la route à travers les monts de Laibach à Goritz qui serait sans doute celle que prendrait une armée avançant de l'est pour traverser l'Isonzo à Goritz. Wippach est à 4 km au sud de cette route, et il y est relié par deux routes allant vers le nord-est et le nord-ouest.

rien négligé de ce que je pouvais faire pour lui être utile. Tout d'abord, son salaire lui fut toujours payé avant terme, ce qu'il serait, je crois, heureux de pouvoir nier, si je n'avais la signature authentifiée par la main de l'interprète. Voyant qu'il ne ferait aucun travail pour moi s'il n'en trouvait à exécuter pour d'autres aussi, et qu'il en cherchait diligemment, j'insistai pour qu'il prît ses repas avec moi et travaillât avec ses limes à mes côtés ; car non seulement c'était économique et profitable pour son ouvrage, mais cela l'eût aidé à apprendre l'italien ; il le promit donc mais ne se montra jamais disposé à le faire. Il agit ainsi parce que cet Allemand, Giovan le miroitier, était tous les jours dans son atelier à vouloir comprendre et voir tout ce qui s'y faisait, et en parlait ensuite partout, trouvant des défauts à ce qu'il ne comprenait pas. Et aussi parce qu'il s'en allait dîner avec les hommes de la garde pontificale, et ensuite partait en leur compagnie, tous armés d'escopettes, tirer les oiseaux dans les ruines ; et il continuait ainsi depuis l'heure du dîner jusqu'au soir. Si je lui envoyais Lorenzo pour le presser de travailler, il entrait en fureur, disant qu'il n'accepterait pas d'avoir tant de maîtres au-dessus de lui, et qu'il travaillait à la garde-robe de Votre Excellence. Deux mois s'écoulèrent ainsi et la chose continua jusqu'au jour où, rencontrant par hasard Gian Niccolò, de la Garde-Robe[1], je lui demandai si l'Allemand avait achevé son travail pour le Magnifique ; il me dit que rien de tout cela n'était vrai, car il ne lui avait donné que deux fusils à nettoyer. Là-dessus, comme j'eus une explication avec lui, il quitta l'atelier et se mit à travailler dans sa chambre ; il perdit beaucoup de temps à faire une nouvelle vis, des limes et autres instruments à écrous, et fabriqua des navettes pour enrouler la soie et l'or, qu'il cachait chaque fois qu'un de mes gens entrait ; et ceci avec force jurons et insultes, si bien qu'aucun d'eux ne consentait plus à y aller.

Tant me suis-je réjoui, Très Illustre Seigneur, de votre retour si désiré à la santé, que mon propre mal m'a quasiment quitté. Mais j'ai grand regret de n'avoir pu satisfaire aux désirs de Votre Excellence, uniquement par la malignité de ce vaurien allemand, pour qui je n'ai rien négligé de ce

1. Garde-robe, pièce où l'on conservait les vêtements mais aussi resserre pour les armures, etc. (*N.d.T.*)

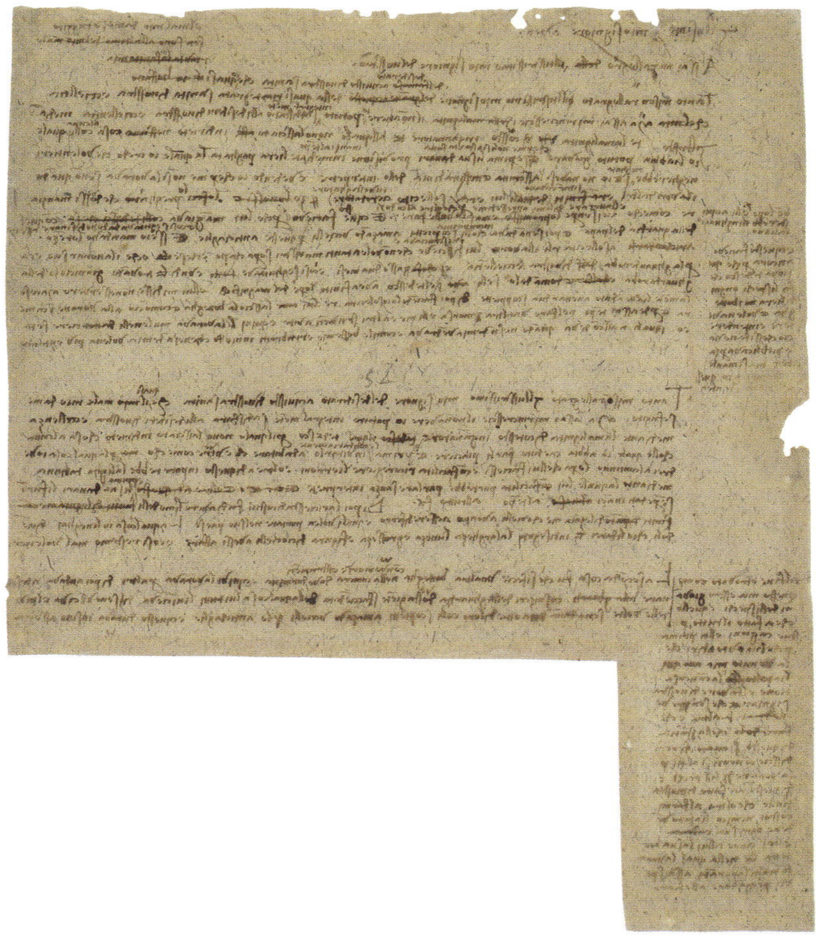

Lettre à Julien de Médicis à propos des artisans allemands qui le trahissent (*C. A.* 671 r.).

que je pensais devoir lui faire plaisir. Et d'abord, je lui offris de partager avec moi le vivre et le couvert, afin de pouvoir constamment surveiller son travail et facilement corriger ses erreurs ; en outre, il aurait pu apprendre l'italien et s'exprimer aisément sans truchement ; et, chose par-dessus toutes importante, les sommes qui lui sont dues pouvaient lui être payées d'avance, comme toujours. Là-dessus il me demanda les modèles terminés, en bois, exactement tels qu'ils devaient être en fer, pour les emporter dans son pays. Mais je m'y refusai, en lui disant que je lui en donnerais un dessin avec la largeur, la longueur, l'épaisseur et le contour du travail à exécuter ; et ainsi nous restâmes en mauvais termes.

Le second point fut que dans la chambre où il couchait, il installa un autre atelier avec des vis et de nouveaux outils, et il y travailla pour d'autres personnes. Ensuite, il allait dîner avec les suisses de la Garde, où abonde la gent fainéante, mais en cela il les surpassait tous.

En outre, il avait accoutumé de sortir, et le plus souvent deux ou trois d'entre eux allaient ensemble, armés d'escopettes, tirer les oiseaux parmi les ruines, ce qui se prolongeait jusqu'au soir.

Je finis par découvrir que ce maître Giovanni, des miroirs, était le fauteur de tout ceci et pour deux raisons ; premièrement, parce qu'il disait que ma venue l'avait privé de la protection et de la faveur de Votre Seigneurie, qui toujours [...] et secondement que la chambre de ce ferronnier lui conviendrait pour fabriquer des miroirs, et il en a donné la preuve ; car outre qu'il l'a excité contre moi, il l'a décidé à lui vendre tous ses effets et à lui laisser son atelier, où il est installé présentement avec de nombreux ouvriers, à fabriquer des miroirs pour les foires.

•◆•

Mes Seigneurs, Pères, Députés,

[ca. 1490]
C. A. 730 r.

De même qu'il est nécessaire aux médecins, tuteurs et gardiens des malades, de comprendre ce qu'est l'homme, ce qu'est la vie, et ce qu'est la santé, comment une parité ou harmonie des éléments maintient celle-ci, et pareillement, comment leur désaccord provoque sa ruine et sa destruction ; de même, qui a l'exacte connaissance de leur nature sera plus apte à guérir que celui qui en est dépourvu

L'usage judicieux des médicaments, vous le savez, rétablit la santé du malade ; et qui bien les connaît, bien s'en servira. S'il sait en outre ce qu'est l'homme, ce qu'est la vie, et la constitution, et la santé, les connaissant bien, il connaîtra leur contraire ; et ainsi, leur trouvera remède

Vous savez que l'usage judicieux des médicaments rend la santé au malade, et qui bien les connaît bien en usera, s'il sait en outre ce qu'est l'homme, ce qu'est la vie et la constitution, et ce qu'est la santé. Les connaissant, il connaîtra leur contraire ; et ainsi, sera plus près que quiconque d'imaginer le remède. Voilà précisément ce qu'il faut à une cathédrale dégradée, c'est-à-dire un médecin architecte qui comprenne bien la nature d'un édifice, les règles qui sont à la base d'une méthode de construction correcte, d'où elles dérivent, en combien de parties elles se divisent, quelles raisons maintiennent l'édifice, assurent sa durée, la nature de son poids, et quel est le désir de la force ; comment ils se doivent combiner et unir, et quel effet produit leur union. Qui aura la véritable connaissance des susdites choses, vous satisfera à la fois par son intelligence et par son œuvre.

Ainsi, pour cette raison, je m'ingénierai, sans desservir ni diffamer personne, à vous donner satisfaction, partie par des arguments et partie par les œuvres, tantôt révélant les effets par les causes, tantôt confirmant le raisonnement par l'expérience, en accord avec les principes des architectes des temps passés et le témoignage des édifices qu'ils construisirent, et je montrerai les raisons de leur destruction ou de leur durée.

Et je montrerai en même temps quelle est la première [loi] de la pesanteur, quelles sont les causes qui dégradent un édifice et leur nombre, et quelle est la condition de sa stabilité et de sa durée ; mais pour n'être point trop prolixe avec Vos Excellences, je parlerai d'abord de l'invention du premier architecte de la cathédrale et je vous démontrerai avec évidence son propos, en confirmant mes dires au moyen de l'édifice en cours d'exécution ; et quand je vous l'aurai fait comprendre, vous reconnaîtrez clairement que le modèle par moi construit possède en soi la symétrie, l'harmonie, la régularité qui caractérisent l'édifice déjà commencé.

Ce qu'est un édifice, et d'où dérivent les règles de la saine construction, quelles sont les parties qui le composent, et leur nombre

De moi, ou d'un autre qui saura l'exposer mieux que moi, faites choix en mettant de côté toute passion.

•◆•

[ca. 1513-1514]
C. A. 752 r.

Même si le marbre doit subir un retard de dix ans, je ne voudrais pas attendre ma rémunération au-delà de la date où mon œuvre sera achevée.

•◆•

[Lettre à Julien de Médicis.]

[ca. 1515]
C. A. 768 r.

Tant me suis-je réjoui, Très Illustre Seigneur, de votre retour si désiré à la santé, que mon propre mal m'a quasiment quitté, ce dont je rends grâces à Dieu. Mais je regrette extrêmement de n'avoir pu donner entière satisfaction à Votre Excellence, à cause de la malice de ce vaurien allemand, pour qui je n'ai rien négligé de ce que je pensais devoir lui faire plaisir.

D'abord, son salaire lui fut toujours payé intégralement avant la date du mois stipulée ; ensuite, je lui offris de partager avec moi le vivre et le couvert ; et à cet effet je me préparais à dresser au pied d'une de ces fenêtres un établi où il aurait travaillé avec la lime et terminé les objets qu'il avait exécutés en bas ; ainsi, j'aurais toujours eu son ouvrage sous les yeux et pu le corriger aisément. En outre, il aurait appris la langue italienne et aurait été en mesure de la parler avec facilité, sans truchement.

•◆•

[Fragments d'une lettre à Ludovic Sforza.]

[ca. 1497]
C. A. 867 r.

Je ne regrette pas tant d'être

Je regrette beaucoup d'être dans le besoin, mais le déplore d'autant plus que cela m'a empêché de me conformer à mon désir, qui fut toujours d'obéir à Votre Excellence.

Je regrette beaucoup que m'ayant convoqué, vous m'ayez trouvé dans le besoin, et que le fait d'avoir à assurer ma subsistance m'ait été un empêchement.

Je regrette beaucoup que le fait d'avoir à assurer ma subsistance m'ait empêché de continuer l'œuvre que m'a confiée Votre Altesse, mais j'espère avoir bientôt gagné assez pour pouvoir, l'esprit en paix, satisfaire Votre Excellence, à qui je me recommandais. Si Votre Altesse pensait que j'avais de l'argent, vous vous trompiez, car j'ai eu six bouches à nourrir pendant trente-six mois, et, j'avais reçu cinquante ducats.

Il se peut que Votre Excellence, se figurant que j'avais de l'argent, n'ait pas donné de nouvelles instructions à Messer Gualtieri.

•◆•

[ca. 1508]
C. A. 872 r.

Je soupçonne que le trop peu que j'ai pu offrir en retour des grands bienfaits reçus de Votre Excellence[1], vous aura plutôt indisposé à mon égard, et voilà la raison pour laquelle tant de missives que j'ai écrites à Votre Seigneurie sont restées sans réponse. À présent, je vous mande Salai pour expliquer à Votre Seigneurie que je suis presque au terme de mon procès avec mes frères, et que je pense être avec vous pour Pâques et apporter deux tableaux de la Madone, de dimensions différentes, que j'ai exécutés pour notre Roi Très Chrétien, ou pour qui il plaira à Votre Seigneurie ; je serais très heureux de savoir, à mon retour, où je suis appelé à loger, car je ne voudrais plus importuner Votre Seigneurie ; en outre, ayant travaillé pour le Roi Très Chrétien, savoir si je continuerai ou non à recevoir mon salaire.

J'écris au Président au sujet de cette eau dont le Roi m'a accordé le privilège et dont je n'ai pas encore la jouissance, car à l'époque, il y avait dans le canal disette d'eau due à la grande sécheresse et au fait que les orifices d'écoulement n'avaient point été réglés ; mais il m'a promis expressément qu'aussitôt après je serais mis en possession ; je supplie donc Votre Seigneurie, maintenant que les orifices d'écoulement sont réglés, de consentir à rappeler au Président ma requête, à savoir que je désire prendre possession de cette eau, car une fois établi là, je me propose de construire des machines et appareils qui seront une source de grand plaisir pour notre Roi Très Chrétien. Rien d'autre ne m'est arrivé.

1. Selon C. Pedretti, cette lettre serait peut-être adressée à Charles II d'Amboise (1473-1511). (*N.d.É.*)

Toujours à vos commandements.

•◆•

[ca. 1495-1497]
C. A. 887 r.

Plaisance est un lieu de passage comme Florence[1].

Magnifiques fabriciers !

Ayant appris que Vos Excellences ont décidé l'érection de certains grands ouvrages de bronze, je me propose de vous suggérer quelques conseils à cet effet. Tout d'abord prenez garde de ne pas confier la commande avec si grande hâte et précipitation qu'elles vous empêchent de faire un bon choix, tant du sujet que d'un maître, car l'Italie possède beaucoup d'hommes capables. Je veux dire [gardez-vous de choisir], un individu quelconque, dont l'incompétence donnerait plus tard à vos successeurs l'occasion de vous blâmer, vous et votre génération, et de penser que ce temps-ci était pauvre en hommes de jugement ou en bons maîtres, alors que d'autres villes, en particulier la cité des Florentins, s'enrichissaient environ à la même époque, d'œuvres en bronze belles et grandes, parmi lesquelles les portes du baptistère. En effet, Florence, comme Plaisance, est un lieu fréquenté qui attire les visiteurs ; la vue de ces magnifiques et imposantes œuvres d'art leur donne l'impression que les habitants de la ville sont gens de mérite, ainsi que ces ouvrages l'attestent ; mais tout autre est leur sentiment s'ils voient que le métal largement prodigué est d'un si pauvre travail que la cité aurait un moindre sujet de honte si les portes étaient en simple bois, auquel cas la matière peu coûteuse n'eût pas semblé requérir un haut degré d'habileté.

Or, ce qu'on recherche principalement dans les villes, ce sont leurs cathédrales, et, lorsqu'on en approche, les premières choses qui frappent les yeux sont les portes, par où l'on accède à l'église.

Prenez garde, messires les fabriciers, que votre hâte excessive à passer la commande d'une œuvre aussi importante, avec l'empressement que je constate, ne fasse que ce qui est destiné à honorer Dieu et les hommes, devienne une cause de déshonneur pour votre jugement et votre cité, lieu de dis-

1. Selon C. Pedretti, cette lettre, adressée aux commanditaires des travaux de la cathédrale de Plaisance, est bien de la main de Léonard, mais censée être écrite par un autre de la part du maître. (*N.d.É.*)

tinction fréquenté qui attire d'innombrables visiteurs. Cette disgrâce vous écherrait si, par négligence, vous accordiez votre confiance à quelque vantard qui, par ses subterfuges ou par faveur, recevrait de vous une commande qui apporterait honte grande et durable, autant à lui qu'à vous.

Je ne puis me défendre d'un sentiment d'irritation, quand je songe aux individus qui m'ont confié leur désir de s'embarquer dans pareille entreprise sans se préoccuper de savoir s'ils en sont capables, pour ne pas dire davantage.

L'un est fabricant de pots, l'autre d'armures, un troisième fait des cloches et un autre des colliers pour elles, il y a même un bombardier ; tel autre encore appartient à la maison du duc et se vante d'être intime avec Messer Ambrogio Ferrere, qu'il dit assez influent et dont il aurait reçu certaines promesses ; si cela ne vous suffit pas, il enfourchera son cheval et ira trouver le duc, dont il obtiendra des lettres telles que vous ne pourrez jamais lui refuser ce travail.

Mais considérez la détresse des pauvres maîtres à qui leurs études confèrent le savoir nécessaire à l'exécution d'œuvres pareilles, lorsqu'ils doivent entrer en compétition avec une engeance comme celle-là. Quel espoir leur reste-t-il de voir leur talent récompensé !

Ouvrez les yeux et tâchez de vous assurer que votre argent ne sera pas employé à payer votre propre honte. Je puis vous affirmer que, dans cette voie, vous n'aurez rien, sinon les travaux de maîtres durs, avares ou malhabiles. Aucun homme n'est capable, et vous pouvez m'en croire, hormis Léonard le Florentin, qui est en train de faire le cheval de bronze du duc Francesco ; mais inutile de compter sur lui, car il a une œuvre à accomplir qui occupera sa vie entière, et je doute même qu'il l'achève jamais, tant elle est considérable.

·◆·

[ca. 1495-1497]
C. A. 887 v.

Voici quelqu'un que le seigneur a mandé de Florence pour exécuter ce travail, et c'est un maître capable, mais il a tant, oh ! tant à faire, qu'il ne l'achèvera jamais.

Quelle différence y a-t-il entre la vue d'un bel objet et d'un objet laid ? Citer Pline.

·◆·

[Fragment de lettre à Ludovic Sforza[1]*.]*

[ca. 1497]
C. A. 914 r. a

Et si vous me confiez encore quelque autre commande pour [...] la rémunération de mon service que je ne puis [...] certaines esquisses parce qu'ils ont des revenus de [...] qui pourra mieux les ajouter que je ne suis en mesure de le faire [...] par mon art que je veux changer et [...] donné quelques vêtements.

Monseigneur, sachant l'esprit de Votre Excellence occupé [...] à rappeler à Votre Seigneurie mes chétives affaires, et j'aurais gardé le silence [...] que mon silence soit pour Votre Seigneurie cause d'irritation [...] ma vie à votre service, je me tiens toujours prêt à obéir [...]. Du cheval je ne dirai rien parce que je connais les temps [...] à Votre Seigneurie comment à présent mon salaire se trouve en retard de deux années [...] avec deux maîtres dont j'ai toujours payé le salaire et la nourriture [...] enfin j'ai trouvé que j'avais avancé ledit travail pour environ 15 livres [...] œuvres glorieuses par lesquelles je pourrai montrer à ceux qui viendront ce que j'ai été [...] fait partout ; mais je ne sais où je pourrais écouler mon travail afin de [...]. J'ai été occupé à gagner ma vie. N'ayant pas été informé de l'état où je suis comme il [...] vous vous rappelez la commande d'avoir à peindre les *camerini* [...] j'ai transmis à Votre Seigneurie, en vous demandant seulement [...]

[ca. 1515]
C. A. 981 r. c

Parmi les tourbillons des vents, l'on voyait de nombreuses troupes d'oiseaux venus de lointains pays ; ils apparaissaient de telle façon qu'on les discernait à peine, car en leurs mouvements tournoyants, ceux d'une même compagnie étaient tantôt vus de côté, c'est-à-dire montrant le moins possible de leur corps, et tantôt présentant toute l'ampleur de leur poitrine, c'est-à-dire de face ; ils apparurent tout d'abord, sous forme d'un nuage confus, puis les deuxième et troisième bandes se précisèrent graduellement à mesure qu'elles se rapprochaient de l'œil du spectateur.

Parmi ces bandes, les plus rapprochées s'abaissèrent en un mouvement oblique et posées sur les morts que charriaient les vagues de ce déluge, elles en firent leur pâture ; jusqu'à

1. Feuillet déchiré verticalement.

ce que toute légèreté faisant défaut aux cadavres gonflés par une lente descente, ils coulèrent au fond des eaux.

•◆•

Magnifique Président, je vous envoie Salai, mon élève, porteur de ce message, et vous entendrez de sa bouche la raison de ma grande

[ca. 1508]
C. A. 1037 v.

Magnifique Président, m'étant mainte fois rappelé les promesses de Votre Excellence, j'ai souvent pensé à en avoir l'assurance en vous écrivant pour vous remémorer la promesse que vous me fîtes à mon dernier départ, au sujet de ces douze onces d'eau qui me furent accordées par le Roi Très Chrétien. Votre Seigneurie sait que je ne suis point entré en leur possession, car à l'époque où elles me furent octroyées, il y avait pénurie d'eau dans le canal, en partie à cause de la grande sécheresse, et en partie parce que les issues n'avaient pas encore été réglées. Mais Votre Excellence m'a promis que, ce réglage effectué, mon espoir serait réalisé.

Par conséquent, lorsque j'appris que le canal était régularisé, j'écrivis plusieurs fois à Votre Seigneurie et à Messer Girolamo de Cusano, qui conserve l'acte de donation, et j'écrivis aussi à Corigero, mais sans jamais recevoir de réponse.

Je vous envoie comme porteur de cette lettre, Salai, mon élève, à qui Votre Seigneurie pourra dire de vive voix tout ce qui s'est passé à propos de la chose pour laquelle je sollicite Votre Excellence.

Je pense être avec vous à Pâques prochain, étant presque à la fin de mon procès, et j'apporterai avec moi deux tableaux de Madone que j'ai commencés, et que j'ai conduits à bonne fin, si l'on tient compte du peu de temps dont j'ai disposé.

Rien d'autre ne m'est arrivé.

Mon Illustre Seigneur [Antonio Maria] l'affection que m'a toujours témoignée Votre Excellence et les bienfaits que j'en ai reçus me sont continuellement présents à la mémoire.

Je soupçonne que le trop peu que j'ai pu offrir en échange des grands bienfaits reçus de Votre Excellence vous aura quelque peu indisposé à mon égard, ce pourquoi je n'ai jamais eu de réponse aux nombreuses missives que j'adressai à Votre

Excellence. Je vous mande à présent Salai pour expliquer à Votre Seigneurie que je suis presque au terme de mon litige avec les frères, et que je pense être près de vous à Pâques et vous apporter deux Madones de dimensions différentes, commencées pour le Roi Très Chrétien ou pour qui vous voudrez. Je serais très heureux de savoir à mon retour où je logerai, car je ne voudrais plus importuner Votre Seigneurie et en outre – ayant travaillé pour le Roi Très Chrétien – savoir si je continuerai ou non à recevoir mon salaire. J'écris au Président à propos de cette eau dont le Roi m'a fait don ; je n'en ai pas encore la jouissance à cause de la disette du canal, due à la grande sécheresse, et au fait que les bouches n'ont pas été réglées. Il m'a néanmoins promis qu'aussitôt après, j'en prendrais possession ; je vous prie donc, si vous rencontrez le Président, de ne pas juger oiseux – à présent que les bouches sont réglées – de lui faire penser à me mettre en possession de cette eau, car je crois comprendre que cela dépend en grande partie de lui. Rien d'autre ne m'est arrivé.

Toujours à vos commandements.

Bonjour à vous Messer Francesco[1] ; Dieu sait pourquoi alors que je vous ai écrit tant de lettres, vous ne m'avez jamais répondu une fois. Attendez que je vienne à vous, par Dieu, je vous ferai tellement écrire que vous le regretterez peut-être.

Cher Messer Francesco, je vous envoie Salai pour apprendre de Sa Magnificence le Président comment s'est conclue l'affaire de la régularisation de l'eau, puisqu'à mon départ l'ordre relatif aux bouches du canal avait été donné ; en effet, le Magnifique Président m'a promis que mon droit serait établi aussitôt après ce règlement. Il y a déjà beau temps que j'ai appris que le canal avait été mis en état, ainsi que ses vannes, et j'ai aussitôt écrit au Président et à vous, puis réitéré mes lettres, sans jamais obtenir de réponse. Auriez-vous donc la bonté de m'écrire pour m'informer de ce qui s'est passé, et, à moins que la question ne soit sur le point de recevoir une solution, voulez-vous, pour l'amour de moi, avoir la bonté d'exercer une petite pression sur le Président, et sur Messer Girolamo de Cusano à qui je vous prie de me recommander ; et aussi offrir mes respects à Son Excellence.

1. Selon C. Pedretti, il s'agirait de Francesco Melzi. (*N.d.É.*)

•◆•

Il y a quelqu'un qui attendait de moi des choses qu'il ne méritait point, et frustré dans ses présomptueux désirs, il essaya de m'aliéner tous mes amis. Les ayant trouvés sages, et point ductiles à son gré, il me menaça de rendre public certain rapport[1] sur moi qui me priverait de mes bienfaiteurs. Voilà pourquoi j'en informe Votre Seigneurie, afin que, lorsque cet individu essayera de semer ses habituels scandales, il ne trouve pas un terrain fertile pour recevoir les pensées et les actes que lui dicte sa malignité. Donc, s'il cherche à faire de Votre Seigneurie l'instrument de sa nature perverse et mauvaise, qu'il soit frustré dans son désir. *[ca. 1493] C. A. 1079 v.*

•◆•

[Brouillon de lettre à Ludovic Sforza.]

Illustrissime Seigneur, ayant jusqu'ici suffisamment considéré et étudié les expériences de tous ceux qui se disent maîtres et inventeurs de machines de guerre, et trouvant que leurs machines ne diffèrent en rien de celles qui sont ordinairement employées, je m'enhardirai, sans vouloir porter préjudice à personne, jusqu'à m'adresser à Votre Excellence pour lui apprendre mes secrets, et lui offre de démontrer, quand il lui plaira, toutes les choses brièvement énumérées ci-dessous. *[ca. 1482] C. A. 1082 r.*

1° J'ai le moyen de construire des ponts très légers, solides, robustes et d'un transport facile, pour poursuivre, et, au besoin mettre en déroute l'ennemi, et d'autres plus solides qui résistent au feu et à l'assaut, aisés et faciles à enlever et à poser. Et des moyens de brûler et de détruire ceux de l'ennemi.

2° Pour l'investissement d'une place forte, je sais comment chasser l'eau des fossés et construire une infinité de ponts, béliers, et échelles d'escalade et autres engins relatifs à ce genre d'entreprise.

3° *Item*, si une place ne peut être réduite par le bombardement à cause de la hauteur de son glacis, ou de sa forte position, j'ai les moyens de détruire toute citadelle ou autre place forte, dont les fondations ne posent pas sur la pierre.

1. Ms. : *relazione*.

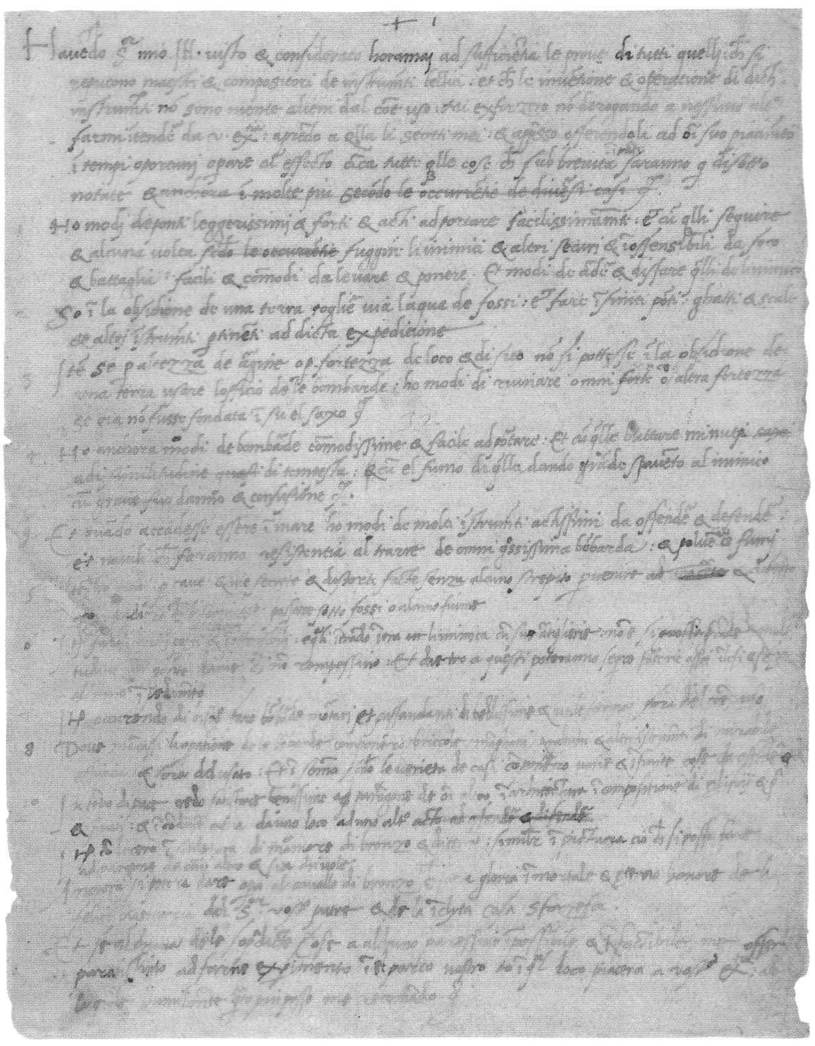

Lettre à Ludovic le More (*C. A.* 1082 r.).

4° J'ai aussi des méthodes pour faire des bombardes, très commodes et faciles à transporter, qui lancent de la pierraille quasiment comme la tempête, causant grande terreur à l'ennemi par leur fumée, et grand dommage et confusion.

5° *Item*, j'ai aussi le moyen, par des souterrains et passages secrets et tortueux, creusés sans bruit, d'arriver à l'endroit déterminé, même s'il fallait passer sous des fossés ou sous un fleuve.

6° *Item*, je ferai des chars[1] couverts, sûrs et inattaquables, qui entreront dans les rangs ennemis, avec leur artillerie et nulle compagnie d'hommes d'armes n'est si grande qu'ils ne puissent l'enfoncer ; l'infanterie pourra les suivre impunément et sans rencontrer d'obstacles.

7° *Item*, au besoin, je ferai des bombardes, mortiers et passe-volants, de formes très belles et utiles, tout à fait différentes de celles que l'on emploie communément.

8° Là où l'emploi du canon n'est pas possible, je fabriquerai des catapultes, mangonneaux, *trabocchi* et autres machines d'une admirable efficacité, peu usités en général. Bref, selon les cas, je fabriquerai un nombre infini d'engins variés, pour l'attaque ou la défense.

9° Et si d'aventure l'engagement avait lieu sur mer, j'ai des plans pour construire des engins très propres à l'attaque ou à la défense, des vaisseaux qui résistent au feu des plus grandes bombardes, à la poudre et à la fumée.

10° En temps de paix, je crois pouvoir vous donner aussi entière satisfaction que quiconque, soit en architecture, pour la construction des édifices publics et privés, soit pour conduire l'eau d'un endroit à l'autre.

Item, je puis exécuter de la sculpture, en marbre, bronze ou terre cuite ; de même en peinture, mon œuvre peut égaler celle de n'importe qui.

En outre, j'entreprendrai l'exécution du cheval de bronze qui sera gloire immortelle, hommage éternel à la bienheureuse mémoire du Seigneur votre père et à l'illustre maison des Sforza.

Et si l'une des choses ci-dessus énumérées semblait impossible ou impraticable, je m'offre à en faire l'essai dans votre parc ou en tout autre lieu qu'il plaira à Votre Excellence, à qui je me recommande en toute humilité.

1. Ms. : *carri coperti.*

[Fragment de lettre.]

[ca. 1494]
H, 137 (6 v.) r.

Tous les maux qui existent ou qui ont jamais existé, déchaînés par cet homme, ne satisferaient pas la convoitise de son esprit malin.

Nulle longueur de temps ne me suffirait pour vous exposer la nature de cet homme, mais j'ai l'absolue conviction que

•◆•

[ca. 1502-1504]
L, 91 r.

Pour récupérer mon salaire, ne pas livrer les œuvres en bloc, mais faire que l'employé supérieur soit celui qui, en adoptant mes instruments, restreigne toutes les inventions superflues et encombrantes dont on se sert.

•◆•

[ca. 1487-1490, et ca. 1493-1497]
Forster III, 62 v.

À mon Très Illustre Seigneur Ludovic
Duc de Bari
Léonard de Vinci, Florentin
Léonard[1]

•◆•

[ca. 1487-1490, et ca. 1493-1497]
Forster III, 68 r.

Puissiez-vous prendre plaisir à regarder un modèle[2] qui pourrait être avantageux pour vous comme pour moi et utile à nos employeurs.

•◆•

[18 septembre 1507]

[3]Au Très Illustre, Très Révérend Seigneur, mon unique maître le Seigneur Hippolyte, Cardinal d'Este, mon Suprême Seigneur, à Ferrare.

Très Illustre et Très Révérend Seigneur,

Je suis arrivé à Milan depuis quelques jours, et trouvant qu'un des aînés parmi mes frères refuse d'exécuter les clauses du testament de mon père rédigé il y a trois ans, à l'époque de sa mort, et aussi parce que je ne voudrais pas commettre

---

1. Mots liminaires d'une lettre vraisemblablement antérieure à septembre 1494, date à laquelle Ludovic fut proclamé duc de Milan.

2. Sans doute la maquette de la statue équestre exposée à Milan à l'occasion du mariage du futur empereur Maximilien avec Bianca Maria Sforza (1493).

3. Texte publié par le marquis G. Campori, *Nuovi Documenti per la Vita di Leonardo da Vinci. Atti e Memorie della R. Deputazione di storia patria di Modena*, Modène, 1865.

de manquement envers moi-même, dans une question que je considère comme très urgente, je ne puis omettre de demander à Votre Très Révérende Seigneurie une lettre de recommandation et de protection pour Ser Raphaello Hieronymo, qui est actuellement un des membres de Notre Illustre Seigneurie devant lesquels mon affaire est pendante ; de plus, elle a été particulièrement confiée par Son Excellence le Gonfalonier audit Ser Raphaello, de sorte que Sa Seigneurie pourra prendre une décision et conclure avant la fête de la Toussaint.

Voilà pourquoi, Monseigneur, de toutes mes forces j'adjure Votre Altesse d'écrire une lettre à Ser Raphaello, de cette façon heureuse et engageante dont vous avez l'art, pour lui recommander Leonardo Vincio, votre très humble serviteur, comme je me dis et entends rester toujours ; demandant et priant qu'il veuille non seulement me rendre justice mais le faire avec une hâte bienveillante ; et je ne doute pas, d'après tous les rapports qui me sont parvenus, que Ser Raphaello étant fort bien disposé envers Votre Altesse, la chose ne tourne *ad votum* ; j'attribuerai ceci à la lettre de Votre Très Révérende Seigneurie, à laquelle je me recommande une fois de plus. *Et bene valeat.*

Florence, 18 septembre 1507.
E. V. R. D.

Votre très humble serviteur,
Leonardus Vincius, *pictor.*

XLVIII

NOTES DATÉES

« Cet hiver de l'an 1510, j'espère finir toute cette “Anatomie”. »

RL 19062 r. Le 2e jour d'avril 1489, le livre intitulé « De la figure humaine ».

•◆•

Leic. 10 v. En [14]89 un tremblement de terre a eu lieu dans la mer de Satalie près de Rhodes.

•◆•

C, 15 v. Le 23e jour d'avril 1490, j'ai commencé ce livre et recommencé le cheval[1].

•◆•

Forster III, 88 v. Le pénultième jour de février.

Jeudi, le 27 septembre.

Le maître Tommaso est revenu, il a travaillé pour mon compte jusqu'à l'avant-dernier jour de février.

Le 18e jour de mars 1493, Jules l'Allemand vint habiter avec moi.

Antonio, Bartolomeo, Lucia, Piero, Lionardo.

Le 6e jour d'octobre.

1. Allusion à la statue équestre de Francesco Sforza. (*N.d.É.*)

Le 16e jour de juillet. *Forster III, 88 r.*
Caterina[1] est arrivée le 16 juillet 1493.

1493.

Le 1er novembre, nous fîmes nos comptes. Jules avait à payer quatre mois et maître Tommaso, neuf. Maître Tommaso a fait ensuite 6 chandeliers : dix jours. Jules, quelques pincettes : quinze jours. Puis Jules a travaillé pour son compte jusqu'au 27 mai, et pour moi, à un cric, jusqu'au 18e jour de juillet, ensuite pour lui jusqu'au 7 août, et, ce mois-ci, un jour pour une dame, puis, pour moi, à deux serrures jusqu'au 20e jour d'août. *H, 106 (37 r.) v.*

[Comptes.]

Le 29e jour de janvier 1494. *H, 64 (16) v.*
Étoffe pour chausses..............4 livres 5 sols
Doublure..............16 sols
Façon..............8 sols
Salai..............8 sols
Anneau de jaspe..............13 sols
Pierre étoilée..............11 sols
Caterina..............10 sols
Caterina..............10 sols

Le 2e jour de février 1494, à la Sforzesca, j'ai dessiné 25 marches, chacune de deux tiers de brasse[2] sur 8 brasses de large. *H, 65 (17) v.*

Le 25e jour d'août, 12 livres de Polyxène. *H, 41 r.*
Le 14e jour de mars 1494, Galeazzo est venu habiter avec

1. Caterina était le nom de sa gouvernante. Voir ci-après la note relative aux dépenses du ménage, du 29 janvier 1494. Une note de *Forster III*, 10 v. se rapporte aux frais d'enterrement de Caterina (voir p. 1353-1354). Caterina était le nom de la mère de Léonard, et les hypothèses peuvent se donner libre cours en se basant sur ces faits.

2. Une brasse équivaut à environ 1,62 m.

moi il a consenti à me payer mensuellement pour son entretien 5 livres à verser le 15 de chaque mois.

Son père m'a donné 2 florins rhénans.

Le 14e jour de juillet, j'ai reçu 2 florins de Galeazzo.

⁂

H, 38 r. Vignes de Vigevano. Le 20e jour de mars 1494. L'hiver, elles sont recouvertes de terre.

⁂

H, 105 (38) r. et v. Le 5e jour de septembre 1494, Jules a commencé la serrure de mon petit cabinet de travail.

⁂

C. A. 874 v. Demain matin, 2e jour de janvier 1496, je ferai la courroie et l'essai.

⁂

[Dépenses de Salai – 1497.]

L, 94 r. Le manteau de Salai, 4e jour d'avril 1497.

4 brasses de drap d'argent	15 livres	4 sols
Velours vert pour la garniture	9 livres	
Rubans		9 sols
Petits anneaux		12 sols
Façon	1 livre	5 sols
Ruban pour le devant		5 sols
Piqûres		
Ici pour ses *grossoni*[1] 13	(26 livres	5 sols)

Salai a volé les sols[2].

⁂

I, 49 (1) v. Lundi, j'ai acheté 46 brasses d'étoffe, 13 livres, 14 sols et demi, le 17e jour d'octobre 1497.

⁂

C. A. 289 r. Le 1er août 1499, j'ai écrit ici sur le mouvement et le poids.

⁂

1. *Grossone* : monnaie toscane ancienne.
2. Écrit à la craie.

Pigeonnier à Urbino, 30 juillet 1402 [1502]. *L, 6 r.*

•◆•

1er jour d'avril 1502. *L, couverture, r.*
À Pesaro, la bibliothèque.

•◆•

Compose une harmonie avec diverses chutes d'eau, comme tu as vu à la fontaine de Rimini, le 8e jour d'août 1502. *L, 78 r.*

•◆•

Le jour de Sainte-Marie, mi-août, à Césène, 1502. *L, 36 v.*

•◆•

Porto Cesenatico, 6e jour de septembre 1502, à 15 heures. *L, 66 v.*

Comment les bastions doivent faire saillie au-delà des remparts des cités, pour pouvoir défendre les talus extérieurs contre les atteintes de l'artillerie.

•◆•

Noter comment, le 8e jour d'avril 1503, moi Lionardo da Vinci[1], j'ai prêté à Vante[2], le miniaturiste, 4 ducats d'or, en or. Salai les lui a portés et remis en mains propres. Il s'est engagé à me rembourser dans quarante jours. *B. M. 229 v.*

Noter comment, le même jour, j'ai donné à Salai 3 ducats d'or dont il disait avoir besoin, pour s'acheter une paire de bas roses avec leurs fournitures.

Je dois en outre lui donner 9 ducats contre lesquels il me doit 20 ducats, à savoir : 17 prêtés à Milan et 3 à Venise.

Noter comment j'ai donné à Salai 21 brasses d'étoffe pour faire des chemises, à 10 sols la brasse, que je lui ai remises le 20e jour d'avril 1503.

•◆•

Le matin du jour de Saint-Pierre, le 29e jour de juin 1504, j'ai pris 10 ducats, dont j'ai remis un à Thomas, mon serviteur, pour la dépense. *C. A. 196 v.*

1. Léonard, comme Shakespeare, orthographiait diversement son nom.
2. Attavante degli Attavanti.

B. M. 272 r. Le 9e jour de juillet 1504, mercredi à 7 heures, mourut au palais du Podestat, ser Piero da Vinci, notaire, mon père, à 7 heures ; il avait 80 ans, il laisse 10 fils et 2 filles.

C. A. 196 v. Mercredi, à 7 heures, mourut ser Piero da Vinci. Le 9e jour de juillet 1504.

Vendredi 9 août, 1504, j'ai retiré 10 ducats de l'armoire.

B. M. 271 v. 1504.

Vendredi, 9e jour d'août 1504, j'ai retiré 10 florins d'or.

Samedi matin, le 3e jour d'août 1504, Jacques l'Allemand est venu habiter chez moi ; il s'est arrangé avec moi pour que je lui donne un carlin[1] par jour pour ses dépenses.

Ai donné, vendredi 9 août 15 *grossoni*, c'est-à-dire 5 florins 5 sols.

M'a donné un florin d'or, le 12e jour d'avril.

Ai donné le 14e jour d'août 3 *grossoni* à Thomas et le 18e jour du même mois, 5 *grossoni* à Salai.

Le 8e jour de septembre, 6 *grossoni* à l'intendant pour la dépense, c'est-à-dire le jour de Notre-Dame.

Le 16e jour de ce même septembre, 4 *grossoni* à Thomas, le dimanche.

Sul Volo (feuillets manquants), 17 (18) v. Ce vent, formant un cône, le poussera en haut avec vélocité, comme c'est le cas pour le *cortona*, oiseau de proie que je vis en allant à Fiesole au-dessus de la place de la Barbiga, en [150]5, le 14e jour de mars.

Sul Volo, 18 v. 1505, le mardi soir 14 avril, Laurent est venu vivre avec moi ; il dit qu'il avait 17 ans.

Et le 15e jour de ce même avril, j'ai reçu 25 florins d'or du trésorier de Sainte-Marie-Nouvelle.

1. Ancienne monnaie italienne. (*N.d.T.*)

Livre intitulé « De la transformation », c'est-à-dire d'un corps en un autre, sans diminution ou accroissement de substance. *Forster I, 3 r.*

•◆•

Commencé par moi, Leonardo da Vinci, le 12e jour de juillet 1505. *Forster I, 3 v.*

•◆•

Commencé à Florence, dans la demeure de Piero di Braccio Martelli, le 22e jour de mars 1508[1]. *B. M. 1 r.*

•◆•

Un jour d'octobre, 1508, ayant 30 couronnes, j'en ai prêté 13 à Salai pour compléter la dot de sa sœur, et il m'en reste 17. *F, couverture, 2 r.*

•◆•

[De la quadrature du cercle.]

1509, 28 avril. *RL 19145 r.*

Ayant longtemps cherché à carrer l'angle de deux côtés courbes, à savoir l'angle *e* qui a deux côtés de courbure égale, autrement dit d'une courbure créée par le même cercle : à présent, en l'an 1509, le soir des calendes de mai, j'ai résolu le problème, à 10 heures dimanche soir. Je sais donc (comme il est montré au verso de cette page A) que la surface *a b*, si on l'ôte de sa position et qu'on lui donne la même valeur par rapport à la portion *c* que le triangle rectiligne *d c*, correspond exactement au triangle curviligne *e c* ; je l'appellerais le triangle curviligne *a b d*. Voilà pourquoi ce carré du triangle se trouvera dans le triangle rectiligne *c d*.

•◆•

[Dessin, lavis vert et sépia représentant des écluses avec l'eau qui s'écoule des vannes.]

Canal de Saint-Christophe, à Milan, fait le 3e jour de mai 1509. *C. A. 1097 r.*

•◆•

1. Mots liminaires du manuscrit. Voir p. 109.

G, couverture, r. 1510 – Le 26e jour de septembre, Antonio s'est cassé la jambe. Il devra rester quarante jours immobile.

⁂

RL 19016 r. Cet hiver de l'an 1510, j'espère finir toute cette « Anatomie ».

⁂

G, 1 v. Monbracco sur Saluces, à un mille au-dessus de la chartreuse, au pied du mont Viso, possède une carrière de pierres stratifiées blanches comme le marbre de Carrare et sans défaut, et aussi dure que le porphyre, si ce n'est davantage. Mon compère, maître Benedetto, le sculpteur, m'a promis de m'envoyer une tablette pour les couleurs ; le 5e jour de janvier 1511.

⁂

RL 12416 Le 10e jour de décembre, à 9 heures du matin, incendie sur la place.

Le 18 décembre 1511, à 9 heures du matin, le second incendie a été déclenché par les suisses à Milan sur la place appelée D. C. C. X.

⁂

[Croquis de plan :
« Chambre pour la tour de Vaneri ».]

RL 19077 v. Le 9e jour de janvier 1513.

⁂

E, 1 r. Je suis parti de Milan pour Rome le 24 septembre 1513 avec Giovan, Francesco Melzi, Salai, Lorenzo et le Fanfoia.

⁂

[Dessins de segments de cercles
et calculs mathématiques.]

C. A. 244 v. Terminé le 7e jour de juillet, à la 23e heure, au belvédère, dans le cabinet de travail à moi donné par le Magnifique, 1514.

⁂

E, 80 r. À la Cloche de Parme, le 25e jour de septembre 1514[1].

1. Le Dr Richter interprète les mots *alla campana* (« à la Cloche ») comme

•◆•

Le Magnifique Julien de Médicis est parti de Rome le 9e jour de janvier 1515, à la pointe du jour pour aller prendre femme en Savoie. *G, couverture, v.*

Ce jour-là arriva la nouvelle de la mort du roi de France[1].

•◆•

Dimensions.

Saint-Paul de Rome a 5 nefs et 8 colonnes, et la largeur intérieure de ses nefs est de 130 brasses ; des marches du maître-autel jusqu'à la porte, on compte 155 brasses, et de ces marches au mur du bout, derrière le maître-autel, 70 brasses ; le porche 130 brasses de long et 17 de large. *C. A. 471 r.*

Fait le [...] jour d'août 1516.

•◆•

Jour de l'Ascension, à Amboise, à Cloux, mai 1517. *C. A. 284 r.*

•◆•

Le 24 juin, jour de la Saint-Jean 1518, à Amboise au palais de Cloux. *C. A. 673 r.*

---

se rapportant à une auberge. Ch. Ravaisson-Mollien pense que *campana* pourrait être une variante de *campagna* et traduit par « À Parme à la campagne ». Dans un passage du manuscrit Leicester, rédigé selon G. Calvi, entre 1504 et 1506, Léonard fait allusion à la grande quantité de coquilles et de coraux attachés aux rochers, qu'on peut voir dans les montagnes de Parme et de Plaisance. Ce passage semble être inspiré par un souvenir personnel. Si la suggestion *campagna* était admise, il se pourrait que Léonard eût visité à nouveau un de ses anciens lieux de prédilection. Toutefois le texte établit simplement sa présence à Parme à la date indiquée et prouve que son séjour à Rome subit des interruptions. Des références datées attestent qu'il y était le 7 juillet 1514 et en août 1516. On pourrait peut-être établir une connexion entre la visite à Parme et ce fait que Parme était une des cités pontificales dont Julien de Médicis, patron de Léonard à Rome, avait été institué gouverneur.

1. Louis XII mourut le 1er janvier 1515.

XLIX

LIVRES

« Acquiers dans ta jeunesse ce qui pourra compenser les privations de la vieillesse ; et si tu te souviens que la vieillesse se nourrit de sapience, tu étudieras dans ta jeunesse, de façon que ta vieillesse ne manque point d'aliment. »

[ca. 1515-1516]
C. A. 266 v.

Voir Aristote, *De Coelo et Mundo.*

[Références à des livres, d'après une liste de notes.]

[ca. 1504,
ou ca. 1506-1507]
C. A. 331 r.

Livre de Pandolfino.
Bibliothèque de San Marco.
Bibliothèque de Santo Spirito.
Lactantius de Daldi.
Livre de maître Palago, surintendant de l'hôpital.
Grammaire de Laurent de Médicis.
Livre de Maso.
Apprends la multiplication d'après les racines de maître Luca.
Ma mappemonde, qu'a Giovanni Benci.
La mappemonde de Giovanni Benci.
Environs de Milan sur une gravure.

[Notes bibliographiques. L'existence de cette liste d'ouvrages sur une page du Codex Atlanticus *nous autorise à supposer*

que Léonard énumérait les livres en sa possession. Les notes suivantes sont dues en grande partie à l'érudition du marquis Girolamo d'Adda, qui dans un opuscule devenu rare, Leonardo da Vinci e la sua Libreria, note di un Bibliofilo, *Milan, 1873, a suggéré que Léonard, en citant les noms des auteurs sous leur forme italienne et non classique, se référait sans doute à des traductions italiennes. Cette assertion ne me semble pas plus fondée qu'elle ne le serait dans le cas de l'écrivain moderne qui, dressant un répertoire bibliographique, s'abstiendrait de citer sous leur forme latine les noms de Virgile et d'Horace. Il existait néanmoins des traductions italiennes de toutes les œuvres classiques mentionnées et n'importe laquelle eût pu se trouver en la possession de Léonard. L'étendue de la science bibliographique d'Adda fait de sa description des divers ouvrages énumérés un véritable « sésame, ouvre-toi » de la bibliothèque de Léonard. Les notes suivantes tombent sous le coup de la critique dont Léonard flétrissait les auteurs d'épitomes :]*

[ca. 1490-1491]
C. A. 559 r.

Livre d'arithmétique[1]	*Fiore di Virtu*[2]
Pline[3]	*Vie des philosophes*[4]
Bible[5]	« Lapidaire »[6]
De Re Militari[7]	Lettre de Filelfo
Première décade[8]	Art de conserver la santé[9]
Troisième décade	Ciecho d'Ascoli[10]

1. Peut-être *La nobel opera de arithmetica ne la qual se tracta tutte cosse e mercantia, pertinente facta per Piero Borgi da Veniesia*, Venise 1484. Le nom de Maître Piero dal Borgo figure dans *B. M.* 190 v. (voir p. 1415-1416.) Les deux notes qui suivent se réfèrent à un livre : « faire relier mon livre » et « montrer le livre à Serigatto ».

2. Un recueil de contes moraux et de fables composé vers 1320. *Fiore di Virtu che tratta di tutti vitii humani et come si deve acquistare la virtu*, Venise, 1474.

3. Pline l'Ancien, *Historia naturale, tradocta di lingua latina in fiorentina per Christoforo Landino*, Venise, 1476.

4. Peut-être *El libro de la vita de philosophi, etc.*, par Diogène Laërce, Venise, 1480.

5. La plus ancienne version italienne : *Biblia volgare historiata*, Venise, 1471.

6. Peut-être une traduction du poème latin d'Albert le Grand, « De lapidibus de Marbodeus », ou du *Mineralium*, V, 1476.

7. Valturio ? Roberti Valturii, *De Re Militari*, XII, Vérone, 1472, Bologne, 1483.

8. De Tite-Live. La plus ancienne version italienne : *Tito Livio volgarizzato*, Rome, 1476.

9. Peut-être d'Arnaldus de Villanova *Regimen Sanitatis*, 1480, ou Ugo Benze di Siena *Tractato utilissimo circa la conservatione de la sanitade*, Milan, 1481.

10. Francesco (diminutif Ciecho) Stabili, brûlé pour hérésie en 1347, auteur de l'« Aserba », poème de philosophie spéculative. « *In questo poema dice trovansi delineate le origini di molti trovati moderni, ed in particolare della circulazione del sangue.* »

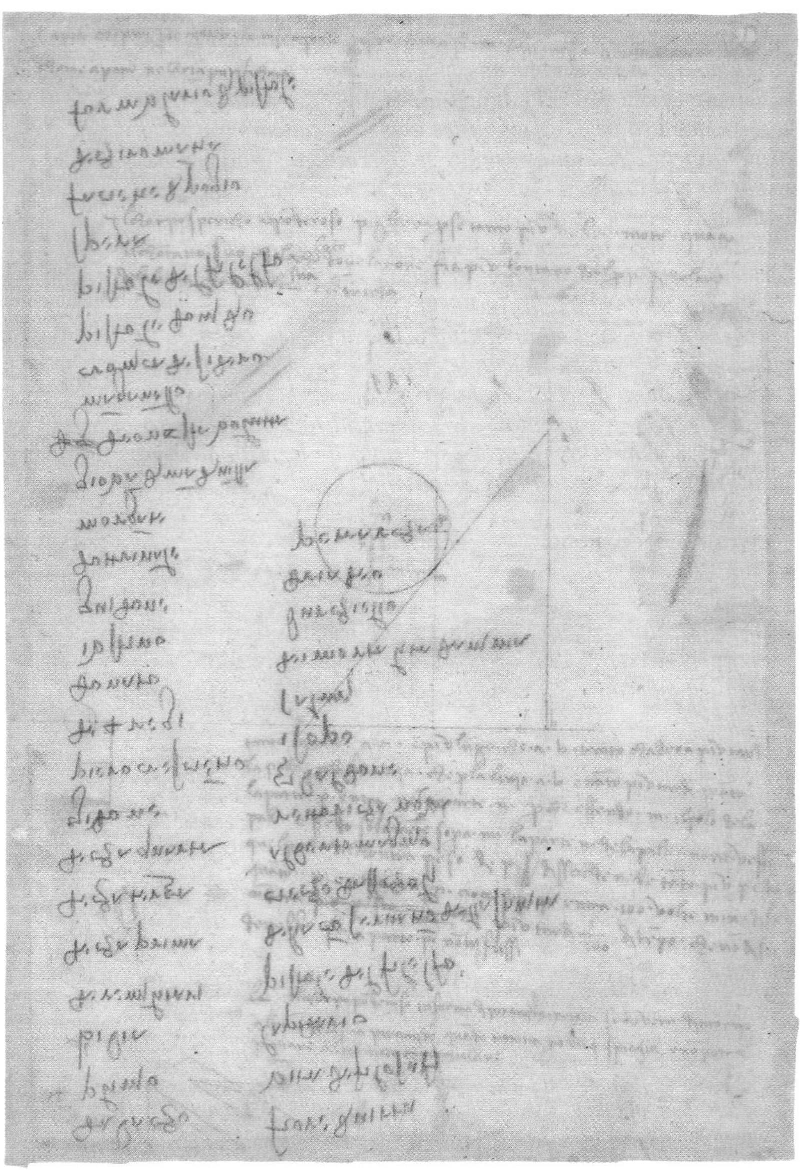

Liste de livres (*C. A.* 559 r.).

Quatrième décade	Albertus Magnus[1]
Guido[2]	*Rhetorica Nova*[3]
Piero Crescentio[4]	Cibaldone[5]
« Il Quadriregio »[6]	Ésope[7]
Donatus[8]	Psaumes[9]
Justin[10]	*De l'immortalité de l'âme*[11]
Guido[12]	Burchiello[13]
Dottrinale[14]	« Il Driadeo »[15]
Morgante[16]	Pétrarque[17]

1. Peut-être l'*Opus de animalibus romae*, 1478, ou le *Liber secretorum de virtutibus herbarum lapidum et animalium*, Bologne, 1478, ou *Incomenza el libro chiamato della vita, etc.*, Naples, 1478.

2. G. d'Adda suggère qu'il s'agit de Guido da Cauliaco, auteur d'un traité sur la chirurgie : *Cyrurgia*, Venise, 1498.

3. Laurencius Guilelmus de Saona : *Rhetorica Nova*, Cambridge, 1478, St Albans, 1480.

4. A écrit sur l'agriculture : *Ruralium Commoderum*, libri XII, 1471 ; *Il Libro della Agricultura*, Florence, 1478.

5. *Opera de lexcellentissimo physico magistro Cibaldone electa fuori de libri autentici di medicina utilissima a conservarsi sano*, fin du XVe siècle (Brunet).

6. « Les Quatre Royaumes : Amour, Satan, Vices, Vertus », poème imité de la *Divine Comédie*, par Federico Frezzi de Foligno, Pérouse, 1481, Florence, sans date.

7. *Fabulae de Esopo historiate*, Venise, 1481, 1490, Brescia, 1487 ; *Aesopi vita et fabulae, latine, cum versione italica et allegoriis Fr. Tuppi*, Naples, 1485.

8. Aelius Donatus, auteur d'une brève syntaxe latine *De octo partibus orationis*, dont il existe de nombreuses éditions au XVe siècle.

9. *El Psalterio de David in lingua volgare*, Venise, 1476.

10. Historien romain qui fit un abrégé de l'histoire générale de Trogue Pompée.

11. Marsile Ficin, *Theologia platonica, sive de animarum immortalitate*, Florence, 1482.

12. Le Dr Richter propose Guido d'Arezzo : moine du Xe siècle, inventeur du système musical tonique *sol-fa*. Plusieurs bibliothèques italiennes possèdent des copies manuscrites de son *Micrologus da disciplina artis musicae.*

13. *Li sonetti del Burchiello fiorentino faceto et eloquente in dire cancione e sonetti sfogiati*, Bologne, 1475.

14. Peut-être *Doctrinal de Sapience*, par Guy de Roye, archevêque de Sens, texte latin, 1388, trad. française, Genève, 1478, et plusieurs autres.

15. Poème en *ottava rima* par Luca Pulci, frère aîné de Luigi, *Il Driadeo composto in rima octava*, Florence, 1478. Une édition imprimée à Florence en 1481 porte : « *Il Driadeo compilato per Luigi Pulci* » et la page de titre de celle de 1489 porte : *Il Driadeo di Luigi Pulci.* L'édition imprimée à Venise en 1491 mentionne : *Il Driadeo d'amore di Luca Pulci.* À la dernière page d'une autre qui fut imprimée à Florence vers 1500, figure la phrase : « *Qui finisce* Il Driadeo *compilate per Luca Pulci, Al Magnifico.* »

16. *Il Morgante Maggiore*, épopée romanesque par Luigi Pulci. *Il Morgante, 23 canti*, per Luca Venetiano stampatore, 1481 ; *Il Morgante Maggiore 28 canti*, Florence, 1482 et plusieurs autres.

17. Plusieurs éditions, notamment *Sonetti*, *Canzoni* et *Trionphi*, Venise, 1470.

John de Mandeville[1]
De Onesta Voluttà[2]
Manganello[3]
Cronica Desidero[4]
Lettres d'Ovide[5]
Lettres de Filelfo[6]
La Sphère[7]
Les Facéties de Pozzio[8]
De la Chiromancie[9]
Formulaire de lettres[10]

[ca. 1490]
C. A. 611 r. a

[Notes relatives à des livres, d'après un feuillet aide-mémoire.]

L'algèbre que possèdent les Marliani, écrite par leur père.

Un livre traitant de Milan et de ses églises. On peut se le procurer chez le dernier libraire, sur le chemin de Corduso.

Fais-toi montrer par messer Fatio [le livre] sur les proportions.

1. Il y eut plusieurs éditions des voyages. Les plus anciennes sont *Le livre appelle Mandeuille,* 1480, et *Tractato delle piu maravigliose cosse e piu notabili, che si trovano in le parte del mondo vedute del cavaler Johanne da Mandavilla,* Milan, 1480.

2. Traité par Il Platina (Bartolomeo Sacchi), *Opusculum de obsoniis ac honesta voluptate,* Rome, vers 1473, Venise, 1475. Trad. Platine, *De Honesta Voluptate è Valetudine*, Frioul, 1480, Venise, 1487.

3. Satire féroce contre les femmes, imitée de la *Sixième Satire* de Juvénal. L'auteur était un Milanais du même nom (Venise, vers 1500).

4. G. d'Adda propose *Cronica d'Isidoro* : « *Comensa la* Cronica de Sancto Isidoro *menore, con alchune additione caciate del texto ed istorie della Biblia e del libro de Paulo Oroso…* » Ascoli, 1477 ?, Frioul, 1480.

5. *Liber epistolarum*, Monteregali, 1473. *Le Pistole di Ovidio tradotte in prosa*, Naples, sans date ; *Epistole volgarizzate*, Bressa, 1489 ; *El libro dele Epistole di Ovidio in rime volgare, per messere Dominico da Monticelli toschano*, Bressa, 1491.

6. François Filelfo, humaniste italien, *Philelphi epistolarum liber primus* (libri XVI), vers 1472 ; *Epistolarum familiarum* (livri XXXVII), Venise, 1500.

7. G. d'Adda suggère une œuvre de Gregorio Dati : *Trattato della sfera, degli elementi e del globo terrestre in ottava rima*, Cosenza, 1478, ou Joannis de Sacrobusto, *Spaera mundi*, Ferrare, 1472.

8. Nombreuses éditions en latin et en italien depuis 1470.

9. A. D. Brunet mentionne : « *Ex divina philosophorum academia coltecta : Chyromantica scientia naturalis ad dei laudem finit,* Venise, vers 1480. *Chyromantica scientia naturalis*, Padoue, 1484. »

10. *Formulario de epistole vulgare missive e responsive e altri fiori de ornati parlamenti al principe Hercule d'Esti duca di Ferrara composto da Bartolomia miniatore suo affectionato e fidelissimo servo*, Bologne, [s. d.], Venise, 1487.

Fais-toi montrer par le frère de la Bréra, *De Ponderibus.*

[Le livre] sur les proportions par Alchino, annoté par Marliano, que détient messer Fatio.

L'ouvrage de Giovanni Taverna que possède messer Fatio.

Un traité sur les corps célestes par Aristote, traduit en italien.

Essaye de voir Vitolone qui est à la bibliothèque de Pavie et traite de mathématiques.

Un neveu de Gian Angelo le peintre possède un livre sur l'eau qui appartint à son père.

⁂

Les lettres de Phalaris[1]. *[ca. 1503-1505 ou ca. 1515] C. A. 968 r. b*

Un Archimenide complet se trouve en la possession du frère de monseigneur de Sant' Agosta, à Rome. On dit que ce dernier le donna à son frère qui vit en Sardaigne. Il figurait précédemment dans la bibliothèque du duc d'Urbino, d'où il fut emporté du temps du duc Valentino[2].

⁂

Ammien Marcellin affirme que 700 000 volumes furent brûlés au siège d'Alexandrie, du temps de Jules César[3]. *[ca. 1487-1490] Tr. 1 v.*

⁂

[ca. 1487-1490] Tr. 2 r.

Donatus
Lapidarius
Pline
Abacus
Morgante

⁂

1. *Epistole de Falaride tradotte dal Latino di Fr. Accolti Aretino in volgare da Bartol*, Fonzio fiorentino, 1471. R. Bentley, dans sa *Dissertation sur Phalaris* (1697), a démontré que ces lettres eurent pour auteur un sophiste ou rhéteur (peut-être Adrien de Tyr) plusieurs siècles après la mort de Phalaris.

2. En 1497, César Borgia, duc de Valentinois, chasse d'Urbino la dynastie de Montefeltro. Le duc Guidobaldo en reprit possession au début d'octobre 1503, dix jours après que la mort subite du pape Alexandre VI eut entraîné l'effondrement de César Borgia.

3. Ammien Marcellin continua l'histoire de l'Empire au point où l'avait laissée Tacite : *A. M, historiarum libri qui extant*, XIII, Rome, 1474.

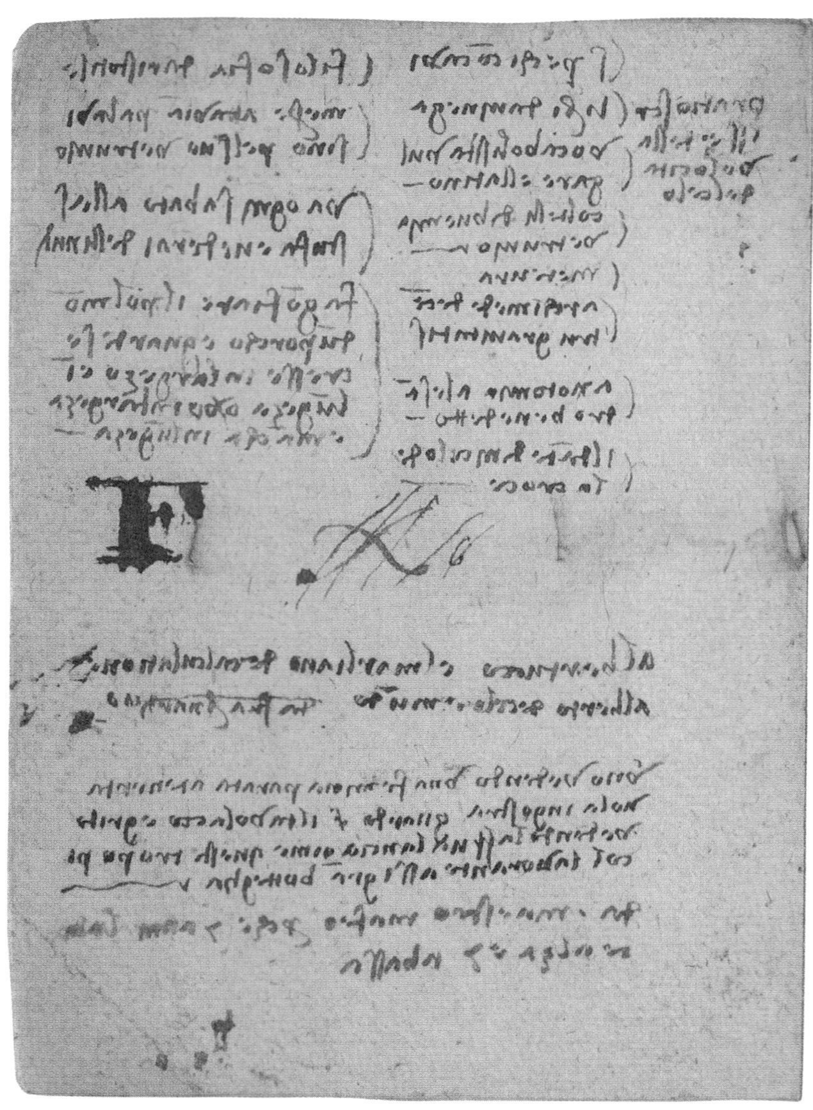

Liste de livres (*F*, couverture, v.).

Horace[1] a écrit sur la rapidité des cieux. *[ca. 1508-1509] F, couverture, 1 v.*
Miroirs concaves.
Livres de Venise.
L'auteur d'un dictionnaire italo-latin.
Couteaux de Bohême.
Vitruve.
Meteora[2].
Archimède : *Du centre de gravité.*
Anatomie : Alexandre Benedetto[3].
Le Dante de Nicolò della Croce.
Philosophie d'Aristote.
Messer Ottaviano Pallavicino pour son Vitruve.
Va tous les samedis à l'étuve, tu y verras des nus. Gonfle un poumon de porc et vois s'il augmente en longueur et en largeur, ou si la largeur l'emporte sur la longueur.
Albertuccio[4] et Marliano[5] *De Calculatione.*
Alberto[6] : *De Coelo et Mundo.* De fra Bernardino.
De messer Mafeo[7] – pourquoi l'Adige monte pendant sept ans et tombe sept ans.

⁂

Avicenne : *Des liquides.* *[ca. 1508-1509] F, couverture, 2 r.*
Posidonius[8], auteur de livres sur la grandeur du soleil.

⁂

Pour Vitruve, s'informer chez le libraire. *[ca. 1503-1505] K, 52 (3) v.*
De la crue du Nil, petit ouvrage par Aristote.

---

1. Selon Ch. Ravaisson-Mollien il s'agit sans doute d'un Italien de ce nom, qui fut secrétaire du pape Nicolas V, écrivit des poèmes et traduisit Homère.
2. Il est fait allusion dans le *Codex Atlanticus* à une traduction italienne du traité d'Aristote. La traduction devait être manuscrite.
3. Auteur d'études approfondies sur la science médicale chez les Grecs. Mort en 1525. (Ch. Ravaisson-Mollien.)
4. Albertuccio, Albert le Petit. Ch. Ravaisson-Mollien suggère qu'il s'agirait de Leon Battista Alberti par opposition à Albert le Grand, mentionné à la ligne suivante.
5. Jean Marliano, médecin de Gian Galeazzo Sforza, mort en 1483, écrivit *De Proportione motuum in velocitate.* (Ch. Ravaisson-Mollien.)
6. Albert le Grand ou Albert de Saxe, tous deux auteurs d'une œuvre portant ce titre.
7. Peut-être Raphaël Maffei de Volterra, auteur d'un essai d'encyclopédie. (Ch. Ravaisson-Mollien.)
8. Philosophe stoïcien, auteur d'ouvrages perdus, eut pour disciple Cicéron. Le Dr Richter dit que Léonard se réfère à Strabon, selon lequel Posidonius expliquait pourquoi le soleil semble plus grand à son coucher et à son lever.

*

[ca. 1503-1505]
K, 75 (27) v.

Alberto da Imola : Algèbre, c'est-à-dire démonstration de la façon dont nombre et chose s'assemblent à la matière.

*

[ca. 1506-1507]
K, 109 (29-30) v.

Messer Vincent Aliprandio qui demeure près de l'auberge du Corso, a le Vitruve de Giacomo Andrea.

*

[ca. 1502-1504]
L, 2 r.

Borges te procurera l'Archimède de l'évêque de Padoue, et Vitellozzo[1] celui de Borgo San Sepolcro.

*

[ca. 1502-1504]
L, 94 v.

L'Archimède de l'évêque de Padoue.

*

[av. 1500]
M, couverture, v.

Hermès le philosophe[2].

*

[av. 1500]
M, 8 r.

Du mouvement local.
Suisset, c'est-à-dire le Calculateur[3].
Tisber.
Ange Fossombrone[4].
Albert[5].

*

[ca. 1488-1489]
Ms. 2184, 7 v.

Pline affirme que la laine bouillie dans le vinaigre est imperméable.

Virgile dit que le bouclier était blanc et sans emblèmes, parce que chez les Athéniens, les vraies louanges, confirmées de vive voix par les témoins, formaient le thème ornemental

1. Condottiere à la solde de César Borgia. (*N.d.T.*)
2. Ceci se réfère à l'auteur des livres Hermétiques, qui constituent un canon complet de la religion, des arts et des sciences de l'ancienne Égypte.
3. Richard Suiseth, cistercien, dit le Calculateur, fut, selon Ch. Ravaisson-Mollien, un mathématicien et astronome anglais du XIVe siècle, qui d'après Leibnitz, introduisit les mathématiques dans la philosophie scolastique.
4. Ange Fossombrone, mathématicien italien du XVe siècle.
5. Alberto, vraisemblablement Albert le Grand.

des peintures des boucliers ; ceux-ci étaient en os de cerf, liés ensemble, placés en croix et polis avec

•◆•

Lucrèce, dans le troisième volume de son *De Rerum Natura* : Les mains, les ongles et les dents étaient les armes de l'homme ancien. On se servait aussi comme étendard, d'une touffe d'herbes liée à une perche.

[ca. 1488-1489]
Ms. 2184, 8 v.

Tryphon d'Alexandrie, qui passa sa vie à Apollonie, ville d'Albanie.

•◆•

Archimède : *De Ponderibus*[1].

[1508]
B. M. 16 r. et 17 r.

•◆•

Euclide[2].

[1508]
B. M. 16 v.

•◆•

Ex ludis rerum mathematicarum[3].

[ca. 1503-1505]
B. M. 66 r.

•◆•

Roger Bacon imprimé.

[ca. 1517-1518]
B. M. 71 v.

•◆•

Vitolone à San Marco.

[ca. 1504-1505]
B. M. 79 r.

•◆•

Le Vespucci veut me donner un livre de géométrie.

[ca. 1503-1505,
et ca. 1506-1507]
B. M. 132 v.

•◆•

Quand je verrai Laurent de Médicis, je m'informerai du *Traité sur l'eau* de l'évêque de Padoue.

[ca. 1500-1505,
peut-être 1503]
B. M. 135 r.

•◆•

Cherche à Florence la Ramondina.

[ca. 1506-1508]
B. M. 192 v.

•◆•

1. Œuvre citée dans ce passage du *Codex Arundel*.
2. Mathématicien cité dans ce passage du *Codex Arundel*.
3. Cité comme titre d'une œuvre de Leon Battista Alberti.

[ca. 1504-1506]
Leic. 2 r.

Prends la Ramondina[1].

[ca. 1487-1490, et ca. 1493-1497]
Forster III, 2 v.

Maître Stefano Caponi, le médecin, habite à la Piscina, il a le *De Ponderibus* d'Euclide.

[ca. 1487-1490, et ca. 1493-1497]
Forster III, 8 v.

Nonius Marcellus, Festus Pompée, Marc Varron[2].

[ca. 1487-1490, et ca. 1493-1497]
Forster III, 37 v.

Maître Giuliano de Marliano a un bel herbier. Il demeure en face des Strami, les charpentiers.

[ca. 1487-1490, et ca. 1493-1497]
Forster III, 86 r.

Les héritiers de maître Giovanni Ghiringallo possèdent les œuvres de Pelacano.

1. Dans l'introduction de son édition du *Codex Leicester*, G. Calvi suggère que ces deux lignes se réfèrent à la recherche et à la possession d'un exemplaire des œuvres de Raymond Lulle. Ceci nous offre une interprétation plausible de certaines lignes qui, par ailleurs, constituaient une énigme. Une édition de l'*Ars Generalis Ultima* de Lulle fut imprimée à Venise en 1480, d'autres œuvres du même auteur publiées à Rome et à Barcelone. Néanmoins, Léonard recherchait peut-être un de ses manuscrits ; « la méthode lullienne », comme on l'appelait, se proposait d'apporter à l'esprit une aide mécanique pour l'acquisition des connaissances scientifiques, par combinaison de cercles en giration ; Francis Bacon en fit justice en deux phrases : « N'importe quel demi-savant peut faire étalage de savoir. Tel fut l'art de Lulle. » Dans l'histoire de la philosophie, « le docteur illuminatus », comme on l'appelait, n'est plus aujourd'hui qu'un nom et il n'y figure plus qu'à titre de poète et de mystique. Son plus récent biographe, le Prof. Peers, consacre un chapitre à chacun de ses romans, *Blanquerna* et *Félix*, et une seule page à son énorme *Ars Generalis.* Mais bien que les combinaisons mécaniques attachées à sa méthode aient suffi à la discréditer, Lulle, en tant que penseur s'affranchit des entraves qui ligotaient les scolastiques. Les titres de certains chapitres de ses traités prouvent que sa curiosité relative aux lois des forces naturelles offre de grandes analogies avec celles de Léonard. Le champ de son activité comprend la géométrie, l'astronomie, la physique, la chimie, l'anthropologie, les causes du vent et de la pluie, les lois de la navigation, la balistique. Par l'extraordinaire envergure de sa curiosité scientifique, il s'apparente assez à Roger Bacon. Les deux lignes où Léonard exprime son désir de posséder une œuvre de Raymond Lulle peuvent être mises en parallèle avec la phrase du *B. M.* 71 v. « Roger Bacon imprimé ». Il est vraisemblable que Léonard s'intéressa tout d'abord à ces deux écrivains du fait qu'il avait pour compagnon d'étude fra Luca Pacioli, franciscain comme Lulle et Bacon, qui devait avoir connaissance de leurs écrits.

2. Nonius Marcellus et Sextus Pompée Festus, grammairiens romains (vers le IVe siècle). A. D. Brunet (*Manuel du Libraire*) mentionne une édition des trois auteurs, imprimée à Parme en 1480.

Speculum du maître Giovanni Francesco.
Galien : *De Utilita.*

[1489 et ca. 1508]
RL 19019 r.

•◆•

Fais traduire Avicenne : *Des utilités.*
Le livre sur la science des machines précède le livre : *Des utilités.*

[ca. 1508-1510]
RL 19070 v.

•◆•

Voir *Des navires* par messer Battista [Alberti] et Frontin : *Des aqueducs*[1].

[ca. 1506-1508]
Leic. 13 v.

•◆•

Théophraste : « Du flux et du reflux ». Des tourbillons d'eau et de l'eau.

[ca. 1506-1508]
Leic. 16 v.

---

1. Leon Battista Alberti, *Incipit de re aedificatoria*, Florence, 1485. Le livre V, chap. XII, traite des navires et de leurs diverses parties. Vitruve, *De Architectura*, et Frontin, *De Aquaeductibus*, Florence, 1513. La première édition du principal ouvrage de Sextus Julius Frontin fut : *De Aquaeductibus urbis Romae commentarius*. Son auteur avait été nommé surintendant des aqueducs à Rome.

L

DIVERS

« Le duc perdit ses états, ses biens personnels et sa liberté, et aucune de ses entreprises n'a été achevée. »

[ca. 1479-1480]
C. A. 80 r.

Pandite iam portas miseri et subducite pontes Nam Federigus adest quem Gebelina sequor Dic quid fulmineis euertis menia bombis ? Stabunt pro muris pectora colligenum. Diruta cesserunt nostris tua menia bombis : Diruta sic cedent pectora pectoribus[1].

[Ouvrez à présent les portes, ô misérables, et levez les ponts-levis, car Frédéric approche, suivi par moi, la Gibeline. Dis, pourquoi avoir abattu les remparts avec des bombes meurtrières ? Les cœurs de la multitude se dresseront pour défendre les murs. Vos remparts renversés ont cédé sous nos bombes ; de même vos cœurs renversés cèdent à nos cœurs.]

•◆•

[ca. 1490]
C. A. 207 r.

L'usage de trancher les naseaux des chevaux mérite d'être tourné en dérision. Les imbéciles observent la coutume quasiment comme s'ils croyaient que la nature manquât du nécessaire et eût besoin d'être corrigée par les hommes.

La nature a fait dans le nez deux trous dont chacun a la

1. Ces lignes d'un distique latin se réfèrent au siège de Colle, pris de vive force aux Florentins, en novembre 1479, par le duc de Calabre et Frédéric, duc d'Urbino. La Gibeline est le nom d'une pièce d'artillerie. Voir G. Calvi, *I manoscritti di Leonardo da Vinci dal punto di vista cronologico storico e biografico*, Bologne, N. Zanichelli, 1925, p. 45.

moitié de la largeur du tuyau par où s'exhale le souffle des poumons ; même si ces trous n'existaient pas, la bouche aurait suffi à l'abondance de souffle.

Si tu me demandes pourquoi la nature a ainsi pourvu les animaux de naseaux, alors qu'il leur suffirait de respirer par la bouche, je te répondrai que les naseaux servent quand la bouche est occupée à mastiquer les aliments.

•◆•

[ca. 1515-1516]
C. A. 213 v.

Se voi star, sano, osserva questa norma :
non mangiar sanza voglia, e cena leve ;
mastica bene, e quel che in te riceve,
sia ben cotto e di semplice forma.
Chi medicina piglia, mal s'informa.
Guarti dall ira e fuggi l'aria greve.
Su diritto sta, quando da mensa leve ;
di mezzogiorno fa che tu non dorma.
El vin sia temprato, poco e spesso ;
non for di pasto ne a stomaco voto ;
non aspectar, ne indugiare il cesso ;
se fai esercizio, sia di picciol moto.
Col ventro, resupino e col capo depresso
non star, e sta coperto ben di notte ;
el capo ti posa e tien la mente lieta
fuggi lussuria e attienti alla dieta.

[Veux-tu rester en bonne santé, suis ce régime : ne mange point sans en avoir l'envie, et soupe légèrement ; mâche bien, et que ce que tu accueilles en toi soit bien cuit et simple. Qui prend médecine se fait du mal. Garde-toi de la colère et évite l'air alourdi ; tiens-toi droit en sortant de table et ne cède pas au sommeil à midi. Sois sobre pour le vin, prends-en fréquemment en petite quantité mais pas en dehors des repas, ni l'estomac vide ; ni ne retarde la visite aux lieux d'aisance.

Si tu prends de l'exercice qu'il soit modéré. Ne te couche à plat ventre ni la tête basse et couvre-toi bien la nuit. Repose ta tête et tiens-toi l'esprit en joie ; fuis la luxure et observe la diète.]

•◆•

Un nu par Pérugin[1]. [ca. 1515-1516]
C. A. 266 r.

1. D'après C. Pedretti, le ms. porte en réalité le nom du peintre Baldassarre Peruzzi (1481-1536), et non celui du Pérugin. (*N.d.É.*)

Pictogrammes en forme de rébus (*RL 12692* r. et v.).
Au recto, la majorité des pictogrammes sont des images – récurrentes chez Léonard – de la campagne : bœufs, ânes, épis de blés, millet, têtes d'ail…

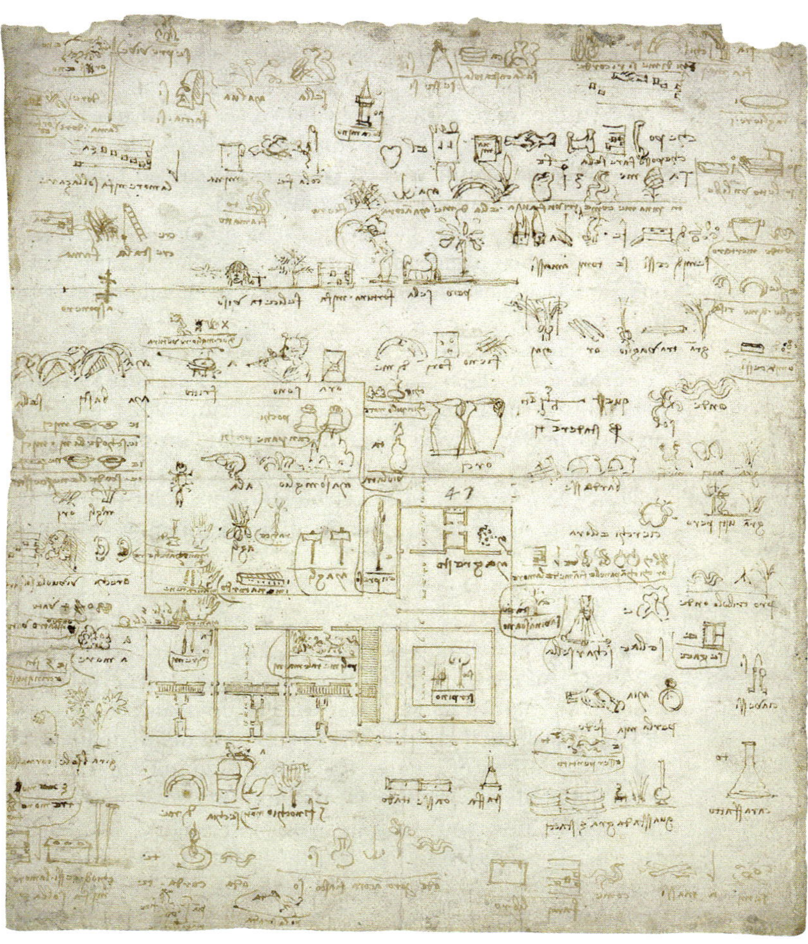

Au verso, on distingue en fond, sous les rébus, un plan architectural qui fut possiblement un projet de modification du Corte Vecchia. Ces rébus sont pour la plupart des déclarations d'amour ou des extraits de classiques de la poésie galante.

·◆·

Pour fondre les perles.

[ca. 1480-1482] C. A. 304 v.

Si tu veux faire une pâte de petites perles, prends le jus de quelques citrons et laisse-les y macérer ; en une nuit, elles seront dissoutes.

Ayant fini, jette le jus de citron, verses-en un nouveau, et recommence deux ou trois fois pour obtenir une pâte très fine. Rince-la ensuite à l'eau claire assez souvent pour qu'il ne subsiste aucune trace du jus de citron.

Ensuite, fais sécher la pâte de façon qu'elle se convertisse en poudre. Puis prends du blanc d'œuf, bats-le bien et après qu'il se sera déposé mouille la poudre pour qu'elle redevienne une pâte.

Avec celle-ci tu feras des perles de la dimension que tu voudras, et les laisseras sécher. Mets-les ensuite dans un petit tour et polis-les, si tu veux, avec une dent de chien, ou si tu préfères, avec un bâton à polir, en cristal ou en calcédoine.

Polis jusqu'à ce qu'elles retrouvent leur éclat primitif. Je crois que la nacre dissoute te donnera le même résultat que les perles.

·◆·

[ca. 1504, ou ca. 1506-1507] C. A. 331 r.

Livre de Pandolfino – couteaux – plume pour régler – pour teindre le manteau – bibliothèque de San Marco – bibliothèque du Saint-Esprit – Lactantius de Daldi – Antonio Covoni – livre de messer Paolo, le superintendant de l'hôpital – bottes, souliers et chausses – vernis – jeune garçon pour servir de modèle – grammaire de Laurent de Médicis – Jean del Sodo – Sansovino – règle – couteau très effilé – lunettes – *rotti fisici* – réparer le labyrinthe[1] – livre de Thomas – la petite chaîne de Michel-Ange – apprendre de messer Luca la multiplication des racines – ma mappemonde qui est chez Giovanni Benci – chaussons – vêtements du gabelou – cuir d'Espagne rouge – mappemonde de Giovanni Benci – gravure des environs de Milan – livres de marché – arc et corde – Tanaglino – Moncatto.

1. Ms. : *l'albernuccio.*

⁂

Prophétie de Léonard de Vinci[1]. *[ca. 1500-1505] C. A. 526 v. a*

⁂

Placer un crucifix dans une pièce. *[ca. 1508-1510] C. A. 551 r.*

⁂

Les Vénitiens se sont vantés de pouvoir dépenser 36 millions d'or en dix ans, dans leur guerre contre l'Empire, l'Église, les rois d'Espagne et de France, à raison de 300 000 ducats par mois. *[ca. 1509] C. A. 584 r.*

⁂

Messer Baptiste de l'Aquilo, chambellan privé du pape, a mon livre entre les mains. *[ca. 1514-1515] C. A. 780 r.*

⁂

POUR FABRIQUER DES PARFUMS

Prends de l'eau de rose fraîche et mouille-t'en les mains ; puis de la fleur de lavande et frotte-la entre les mains, et ce sera bien. *[ca. 1480] C. A. 807 r.*

⁂

Si ton esprit se repaît de plaisir[2]. *[ca. 1478] C. A. 879 r.*

⁂

UN COUP QUI ENGENDRE LE FEU

Si tu bats une grosse barre de fer entre l'enclume et le marteau, à coups répétés, en un même point, tu pourras allumer une allumette à l'endroit percuté. *[ca. 1495-1497 ?] C. A. 973 v.*

⁂

Je dirai un mot, ou deux, ou dix, ou davantage s'il me plaît, et je voudrais que plus de mille personnes répètent la même chose, dans le même temps, en sorte qu'elles la diront *[ca. 1493-1495] C. A. 1062 r.*

1. Ligne écrite verticalement, sur une page de mathématiques pures.
2. Ms. : « *Se di diletto la tua mente pasce.* »

simultanément avec moi. Et elles ne me verront pas, non plus qu'elles ne percevront ce que je dis.

Ce seront les heures que tu énumères, car lorsque tu dis : une, tous ceux qui les comptent comme toi diront le même nombre que toi en même temps.

[Croquis d'oiseaux prenant leur essor[1].]

[ca. 1487-1490]
Tr. 11 v.

Ce stratagème fut employé par les Gaulois contre les Romains, et il s'ensuivit une mortalité si grande que tout Rome prit des habits de deuil.

[ca. 1487-1490]
Tr. 18 v.

L'eau de mer filtrée par la boue ou l'argile y dépose toute sa salure. Les étoffes de laine tendues aux flancs des navires absorbent l'eau douce. Distillée dans une cornue, l'eau de mer devient de première excellence, et au moyen d'un poêle de cuisine, n'importe qui peut, avec le bois qui lui sert à cuisiner, distiller de l'eau en quantité, pour peu que la cornue soit grande.

[ca. 1508-1509]
F, 2 r.

On peut faire avec le bois de minces planches grenues qui ressemblent au camelot et à la soie moirée, avec des dessins déterminés.

[ca. 1510-1516]
G, 11 r.

Un cheval qui remue dans l'eau fait moins d'écume lorsqu'il est plus immergé, et plus d'écume lorsqu'il l'est moins. Cela tient à ce que les jambes qui n'enfoncent pas trop étant moins gênées et plus rapides, elles refoulent davantage l'eau avec leurs grands sabots, que ne le feraient le genou et la cuisse.

[ca. 1510-1516]
G, 84 v.

Rappelle-toi les soudures dont on fit usage pour souder la boule de Sainte-Marie-de-la-Fleur.

1. Cette description du croquis par E. MacCurdy serait erronée. Il s'agirait plus probablement de fumées nocives, engendrées par l'enflammement de plumes et de noix de Galles (voir également *B*, 63 v., p. 1000). (*N.d.É.*)

Pour verrouiller avec une clef une écluse de Vigevano. *[ca. 1494] H, 1 r.*

À la Colombe de Crémone, il y a une religieuse qui sait bien tresser la paille ; et aussi un frère de Saint-François. *[ca. 1494] H, 62 (14) v.*

[Aide-mémoire.]

Aiguille, Niccolò. *[ca. 1494] H, 94 (46) r.*
Fil.
Ferrando.
Iacomo Andrea.
Toile.
Pierre.
Couleurs.
Pinceaux.
Palette.
Éponge.
Panneau du duc.

[Cadran solaire.]

Mesurer les degrés de temps par le soleil. *[ca. 1494] H, 97 (45 r.) v.*

[Viticulture.]

Le paysan ayant constaté l'utilité des produits de la vigne, lui donne plusieurs tuteurs pour maintenir ses rameaux ; le fruit récolté, il enlève les bâtons et les laisse tomber, et avec les supports, fait un feu de joie. *[ca. 1494] H, 112 (31 r.) v.*

[Liste d'ustensiles de ménage.]

Nouveaux ustensiles d'étain. *[ca. 1494] H, 137 (6 r.) v.*
Six petites écuelles.
Six tasses.
Six grands plats.
Deux plats moyens.

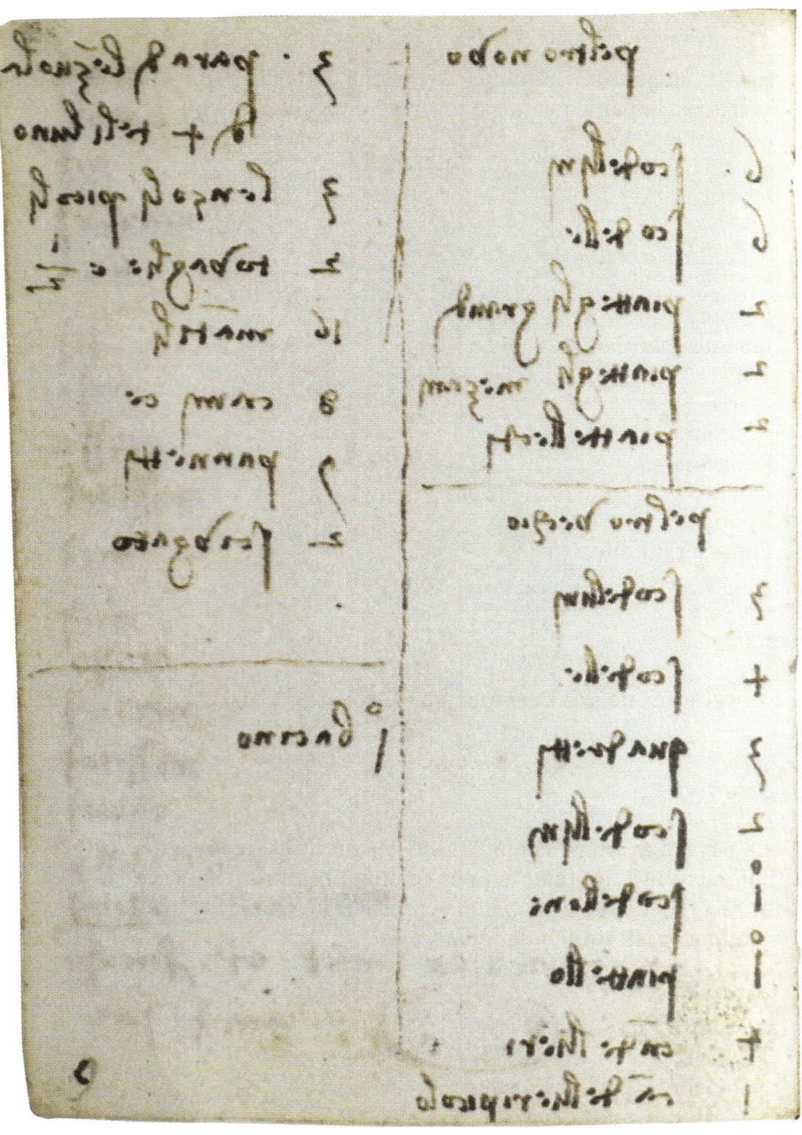

Liste d'ustensiles de ménage (*H*, 137 v.).

Deux petits plats.
Anciens ustensiles d'étain.
Trois petites écuelles.
Quatre écuelles.
Trois carreaux.
Deux petites écuelles.
Une grande écuelle.
Un plat.
Quatre chandeliers.
Un petit chandelier.
Trois paires de draps de quatre lés chacun.
Trois petits draps.
Deux nappes et une demie.
Seize nappes ordinaires.
Huit chemises.
Neuf serviettes.
Deux essuie-mains.
Un bassin.

[Sensibilité du poil de bœuf.]

[ca. 1506-1507] K, 81 (1) r.

Le poil de bœuf, placé en été dans l'eau stagnante, acquiert une sensibilité, une vie et un mouvement propres, ainsi que la notion de la peur et de la fuite, et la perception de la souffrance. La preuve en est que si on le presse, il se tord et se sauve. Remets-le dans l'eau, il prend la fuite comme précédemment et s'écarte du danger.

HUILE DÉSODORISÉE

[ca. 1506-1507] K, 112 (32) v.

Pour désodoriser l'huile :

Mets dans un vase dix pintes d'huile crue. Fais sur le vase une marque à la hauteur de l'huile, ajoute une pinte de vinaigre et laisse bouillir jusqu'à ce que l'huile soit descendue aussi bas que la marque. Ainsi, tu seras certain qu'elle est revenue à sa quantité première et que tout le vinaigre s'est évaporé, emportant avec lui la mauvaise odeur.

Je crois qu'il est possible d'obtenir le même résultat avec de l'huile de noix et avec toute autre huile ayant mauvaise odeur.

[ca. 1506-1507]
K, 118 (38) r.

Si tu as de la colle forte, mi-tiède et mi-froide, et légèrement liquide, et que tu presses dessus de la pâte de vermicelle congelé et solidifié, de la couleur que tu veux, celle-ci formera de très belles sinuosités et ses parties seront pareilles à de minces et étroits rubans.

[ca. 1502-1504]
L, couverture, r.

Decipimur votis et tempore fallimur ; et mos
Deridet curas ; anxia vita nihil.

[Nous sommes déçus dans nos vœux et dupés par le temps ; et l'habitude se rit de nos soucis. La vie anxieuse n'est rien.]

[Événements à Milan en 1500.]

[ca. 1502-1504]
L, couverture, v.

Paul de Vanocco à Sienne.
Domenico Chiavaio.
La petite salle du haut pour les apôtres.
Édifices de Bramante[1].
Le gouverneur du château fait prisonnier.
Visconti entraîné ; puis son fils tué.
Jean della Rosa privé de son argent.
Borgonzo commença et ne voulut pas, et la fortune l'abandonna.
Le duc perdit ses états, ses biens personnels et sa liberté, et aucune de ses entreprises n'a été achevée.

1. La note « édifices de Bramante » – étant donné que les suivantes se réfèrent à des événements consécutifs à l'emprisonnement de Ludovic Sforza – se rapporte sans doute au fait que diverses œuvres dessinées par Bramante restèrent inachevées ; ainsi, selon Amoretti, un côté seul de la Canonica di S. Ambrogio fut construit et les autres colonnes restèrent par terre plus d'un siècle. Selon le même auteur, la référence au gouverneur du château se rapporte au gouverneur français qui au retour des Français fut jeté en prison pour s'être rendu à Ludovic le More lorsque ses troupes réoccupèrent la ville. Il cite les noms de deux Visconti de la chronique d'Arluno, amenés captifs en France pour avoir pris le parti du duc ; il identifie Jean della Rosa avec Giovanni da Rosate, professeur à Pavie, médecin et astrologue du duc ; et Borgonzo avec Bergonzio Botta, administrateur des revenus ducaux dont les partisans français pillèrent la maison lors de sa fuite. Les notes s'achèvent par l'épitaphe laconique de Léonard sur l'écroulement de la fortune de Ludovic Sforza qui, à l'époque où elles furent écrites, était prisonnier à Loches en Touraine où il resta jusqu'à sa mort.

•◆•

[Notes diverses.]

[ca. 1502-1504]
L, 1 v.

Pièce de tapisserie.
Compas.
Livre de Thomas.
Livre de Giovanni Benci.
Caisse en douane.
Pour tailler l'habit.
Ceinturon de l'épée.
Ressemelage des brodequins.
Chaperon léger.
Chaume des maisons en ruine.
La somme due pour la nappe.
Outre pour nager.
Livre de papier blanc pour dessiner.
Fusains.

•◆•

[Diagramme.]

[ca. 1495-1497]
B. M. 33 v.

O se d'un mezo circol far si pote
triangol si ch'un recto non avessi
e che gli altri due un retto non faciessi[1].

•◆•

[ca. 1499-1500]
B. M. 47 v.

Soufre et poix ; soufre et plomb ; soufre et mastic ; soufre et vernis malaxé avec des écorces de pommes de pin, de la sciure de bois de fusain, de la colle de poisson, des noyaux de cerise et des épines noires, des coquilles d'escargot ou des cosses de fèves trempées, puis séchées au soleil de façon qu'elles se ratatinent, et graines de myrte avec ladite colle.

•◆•

[ca. 1504,
et ca. 1506-1508 ?]
B. M. 190 v.

Livre de marché – eaux de la Clonica – eaux du Tanaglino – Moncatto – les bonnets – le miroir de Rosso, regarder comme il le fabrique – [1/3 du nombre 5/6] – le Metaura d'Aristote – caisses de Lorenzo de Pier Francesco – maître Pierre del Borgo – faire relier mon livre – montrer le livre à

1. Les deux premières lignes sont empruntées à Dante (*Paradis*, XIII, 101-102).

Serigatto et obtenir de lui l'anneau de l'horloge[1] – noix muscade – gomme – carré – Giovanni Battista sur la place de Mozzi – Giovanni Benci, mon livre et le jaspe-cuivre pour les lunettes.

[ca. 1504, et ca. 1506-1508 ?] B. M. 191 r.

Caisse – instrument pour observer les niveaux – livre de Pandolfino – petits couteaux – plume pour régler – pour teindre le manteau – bibliothèques – Lactantius de Daldi – livre de messer Paul, le surintendant de l'hôpital – bottes, chausses et brodequins – vernis – jeune garçon pour modèle – grammaire de Laurent de Médicis – Jean del Sodo – [pour physiciens aguerris] – Sansovino – Piero di Cosimo – Philippe et Laurent – une règle – lunettes – réparer le labyrinthe – livre de Thomas – chaîne de Michel-Ange – multiplication de racines – corde et arc – mappemonde des Benci – chaussons – vêtements du gabelou – cuir d'Espagne – cage – pour engraisser l'oiseau – pierre calcaire marquée de l'empreinte de fossiles[2] – la coupe d'Alfieri – le Metaura – aller chez les Pazzi – petite boîte – petite vrille – je me suis procuré deux longs clous des Antellesi – la valeur du taffetas[3] pour les ailes.

[ca. 1500-1505] B. M. 202 v.

Où est Valentinois ?
Bottes.
Caisses en douane.
Carme.
Carrés.
Pierre Martelli.
Salvi Borgherini.
Renvoyer les sacs.
Support pour les lunettes.
Le nu de Sangallo.
Le manteau.
Porphyre.
Nœuds.
Carré.
Pandolfino.

1. Ms. : « *dell' orologio anello* ».
2. Ms. : « *renieri pella pietra stellaria* ».
3. Ms. : « *la valuta del botro* ».

•◆•

Vendredi matin, un florin à Salai pour la dépense : il lui reste 3 sols. Pour du pain, du vin, des œufs, des champignons, des fruits, du son, pour le barbier et pour des brodequins.

[1504]
B. M. 272 v.

•◆•

Si quelqu'un ayant découvert la puissance de portée du canon sous toutes ses formes, avait communiqué ce secret aux Romains, avec quelle rapidité ils auraient conquis chaque pays et subjugué chaque armée ! Quelle récompense eût semblé suffisante pour un tel service ? Encore qu'Archimède eût causé grand dommage aux Romains lors de l'assaut de Syracuse, ceux-ci ne manquèrent pas de lui promettre de grandes récompenses. Pendant le sac de Syracuse, il fut recherché diligemment, et quand on le trouva mort, Sénat et peuple romain se répandirent en lamentations plus vives que s'ils avaient perdu leur armée entière ; et lui rendirent hommage en célébrant ses obsèques et en lui dressant une statue – et leur chef était Marcus Marcellus.

[ca. 1515]
B. M. 279 v.

Après la seconde destruction de Syracuse, Caton ayant retrouvé le tombeau de ce même Archimède parmi les ruines d'un temple, il fit restaurer avec le plus grand soin temple et sépulture ; et il passe pour avoir dit qu'il ne se glorifiait d'aucune de ses actions comme d'avoir rendu ces honneurs à Archimède.

•◆•

Fais la contenance d'une tasse de colle de farine et de millet réduits en gelée, ou de fleur de sureau, ou autres analogues.

[ca. 1495-1497]
Forster II, 2 r.

•◆•

Arrigo doit avoir 11 ducats d'or.
Arrigo devra avoir 4 ducats d'or à la mi-août.

[ca. 1495-1497]
Forster II, 24 v.

•◆•

Vois la lettre à Sainte-Marie. Secret.

[ca. 1495-1497]
Forster II, 28 r.

•◆•

Fais-toi envoyer de Florence de grands épis de blé.

[ca. 1495-1497]
Forster II, 38 v.

•◆•

[ca. 1495-1497]
Forster II, 43 v.

Julien de Maria, le médecin, a un intendant sans mains.

[ca. 1495-1497]
Forster II, 45 v.

Paul fut ravi aux cieux...

[ca. 1495-1497]
Forster II, 52 v.

Julien Trombetta.
Antoine de Ferrare.
Huile d'argile.

[ca. 1495-1497]
Forster II, 57 r.

Comte Francesco Torello.

[ca. 1495-1497]
Forster II, 57 v.

Messer Gian Dominique Mezzabarba et messer Giovanni Francesco Mezzabarba, à côté de messer Piero de Galera sous la galerie couverte, doivent de l'argent pour l'eau.

[ca. 1495-1497]
Forster II, 60 v.

Persil..........10 parts.
Menthe..........1 part.
Thym sauvage..........1 part.
Pain brûlé..........10 parts.
Vinaigre, poivre et sel..........un peu.

Deux torchons pourpre foncé pour Salai.

[ca. 1495-1497]
Forster II, 65 r.

Fèves, maïs blanc, maïs rouge, panis, millet, haricots blancs, grosses fèves, pois.

[ca. 1495-1497]
Forster II, 159 r.

Mardi, tu achèteras le vin pour le matin.
Vendredi, 4e jour de septembre, également.

[Croquis.]

Dis-moi pourquoi la boule de boue projetée contre un mur, laisse une marque si on l'a bien fait sauter.

COMMENT FAIRE DE L'AMBRE DÉPOLI

Dans une peau de boudin, mets du blanc d'œuf et fais bouillir ; une fois durcie recouvre de peinture les taches, puis enduis de nouveau de blanc d'œuf, et remets dans une peau plus grande.

[ca. 1487-1490, et ca. 1493-1497] Forster III, 33 v.

⁂

Ajoute de la pyrite à de l'eau-forte et si elle vire au vert, sache qu'elle contient du cuivre. Fais-en un précipité avec du salpêtre et du savon mou.

[ca. 1487-1490, et ca. 1493-1497] Forster III, 37 v.

⁂

Le 1er jour de février, 1 200 livres.

[ca. 1487-1490, et ca. 1493-1497] Forster III, 45 v.

⁂

EAU-FORTE

Une part de vitriol romain, une de salpêtre, une de cinabre, une de vert-de-gris.

[ca. 1487-1490, et ca. 1493-1497] Forster III, 59 v.

POUR DISSOUDRE LE CUIVRE

Fais dissoudre le cuivre dans ces liquides, laisse évaporer pour qu'il forme une sorte de pâte ou de moutarde, enduis-en la figure, puis polis-la soigneusement avec une brosse et sèche-la ; recouvre-la ensuite d'argile, en plein air, et fais un grand feu pour que le cuivre interposé entre les deux couches d'argile soit lié ; ou mélange-le avec du vif-argent.

⁂

Au moyen de la lessive et de la distillation on compose, avec la chaux et l'orpiment, un dépilatoire qui dissout cheveux, corne, poils et ongles.

[ca. 1487-1490, et ca. 1493-1497] Forster III, 74 r.

⁂

Les ongles longs considérés comme une honte chez les Européens, sont objets de grande vénération chez les Indiens ; ils les oignent de parfums odorants et les ornent de dessins variés ; ils les tiennent pour la marque des gens de qualité et

[ca. 1508] RL 19020 r.

considèrent les ongles courts comme le signe distinctif de la classe ouvrière ou artisane.

[ca. 1513]
RL 19092 v.

Cette puissance s'avère la plus grande, qui s'exerce sur une plus faible, c'est-à-dire une moindre résistance :

Conclusion qui vaut universellement et permet de prouver, dans le cas du flux et reflux que le soleil ou la lune impressionne d'autant plus l'objet à la surface des eaux qu'elles sont moins profondes. Par conséquent les eaux basses des marais subiront la cause du flux et du reflux plus efficacement que les puissantes profondeurs océanes.

[Memorandum[1]*.]*

Aller prendre des arrangements pour mon jardin.

Giordano *De Ponderibus.*

Le réconciliateur du flux et du reflux de la mer.

Faire faire deux caisses pour mettre sur une selle de charge.

Voir le tour de Boltraffio et faire ôter une pierre.

Laisse le livre pour messer André Tedesco.

Sers-toi d'une flèche en guise de balance, pèse la substance chauffée puis repère-la, une fois refroidie.

1. Fait digne de remarque : ce memorandum que l'ordonnance des divers manuscrits nous amène à placer à la fin de l'ouvrage, contient deux phrases qui, à côté de matières relatives au traintrain quotidien, rendent tout à coup un son plus profond qui trouve un écho à travers les siècles. Ces mots « aller prendre des arrangements pour mon jardin » (« *andare in provitione per il mio giardino* ») suggèrent un curieux rapprochement avec la disposition d'esprit qui se traduit dans l'apophtegme de Candide, « il faut cultiver notre jardin ». Peut-être chacune des deux phrases contient-elle la formule de la résignation. Toutefois, l'humeur de Léonard était changeante. La pensée du mouvement de l'eau pouvait le conduire à des considérations pratiques sur la façon d'utiliser sa force pour les besoins publics. La dernière ligne du memorandum est « *ab*, flux et reflux des eaux, démontré au moulin de Vanrio », ces lettres se réfèrent à un petit croquis d'appareil hydraulique en marge de la page. Si Vanrio doit être lu Vaprio, il s'agirait des eaux de l'Adda, du moulin de Vaprio sur l'Adda. Vaprio était la résidence de campagne de la famille Melzi dont un membre – Francesco Melzi – devint pour Léonard une sorte de fils adoptif. Durant les dernières années de son séjour à Milan, Léonard alla fréquemment à Vaprio pour y poursuivre ses recherches dans le calme. Si ces notes étaient les confidentes de ses velléités, le mot *berretta* (béret) sur lequel elles s'achèvent, suivant immédiatement la mention du moulin, laisserait supposer qu'il songeait à s'y rendre.

L. *Divers*

Le miroir de messer Luigi.
Huile de pétrole.

[Figure a b.]

Flux et reflux des eaux, démontrés au moulin de Vanrio.
Béret.

Dossier

Miroirs de Léonard, Léonard en miroir

AUX SOURCES DE LA LÉGENDE

Les contemporains de Léonard de Vinci lui ont reconnu des qualités exceptionnelles. Au service des grands d'Italie et de France, l'homme a voyagé, multiplié les travaux et sa réputation s'est ainsi forgée. Son ami florentin, le poète Giovanni Nesi (1456-1506), vanta très tôt les qualités de dessinateur de l'homme, de très loin supérieures à celles de ses collègues, au point que nul ne pouvait prétendre le dépasser. Si l'homme fascine par ses dons, il intrigue car il est aussi capable d'exécuter des tâches « inhumaines » en pratiquant la dissection afin d'observer et de retranscrire sur feuillets la complexité de l'anatomie au plus proche de la vérité[1]. Paul Jove (1483-1552), médecin de formation devenu évêque, historien de la Renaissance et auteur entre autres de chroniques sur les guerres d'Italie, rencontra probablement Léonard de Vinci à Pavie en 1507. Après le sac de Rome, en 1527, il se réfugia sur l'île d'Ischia pour rédiger *Trois Dialogues*, dont un *Dialogue sur les hommes illustres dans la littérature* auquel il ajouta les *Vies* de Léonard, de Michel-Ange et de Raphaël. Dans ce texte court, il fixe la toute première image de Léonard, une que la légende naissante va reprendre et faire circuler : homme de grand génie, bel homme à l'élégance remarquable, observateur hors pair et dessinateur de talent mais incapable d'honorer les commandes qui lui sont faites, homme de divertissement affable et sociable, sachant s'attirer les bienfaits des plus grands. Plusieurs aspects du portrait brossé par Jove sont repris en partie par l'Anonyme Gaddiano, dont le texte recueilli dans le *Codex Magliabechiano* donne à lire de nombreux détails plus personnels sur la vie du Toscan[2] : son parcours est retracé dans les grandes lignes, depuis sa naissance

1. Sur la poésie de Nesi vantant les qualités de Léonard, voir notre Préface, p. 13-14.

2. Conservé à la Bibliothèque nationale de Florence, le *Codex Magliabechiano* a été rédigé dans les années 1530-1540. Sous forme encyclopédique, réunissant des informations tant sur les artistes, peintres ou écrivains, que sur les œuvres littéraires ou picturales exposées dans les églises et palais

illégitime, la découverte de son talent par son père, son placement dans l'atelier de Verrocchio, le fil de sa carrière déroulé à grands traits jusqu'à sa mort au Clos-Lucé près d'Amboise. Ses œuvres sont quant à elles énumérées avec précision. L'entourage de Léonard apparaît également : ses maîtres, ses élèves et apprentis, ses mécènes, ses rivaux (en particulier Michel-Ange, avec lequel l'Anonyme Gaddiano rapporte un échange houleux). À partir de ces récits relativement documentés, la légende se façonne et porte déjà en elle tous les éléments qui feront de Léonard de Vinci cet être exceptionnel qui, encore au XXIe siècle, continue à alimenter les passions et les imaginations : talents extraordinaires, capacités intellectuelles hors normes, autant d'éléments que l'historien d'art, architecte et peintre de grande renommée Giorgio Vasari (1511-1574) retranscrit et développe dans *Le vite de più eccelenti pittori, sculptori e archittetori*, dont le texte a paru pour la première fois à Florence en 1550, puis dans une seconde version complétée en 1568. Parmi plus de deux cents artistes de la fin du XIIIe siècle au milieu du XVIe, Léonard de Vinci, dans la *Vie* que Vasari lui consacre, trouve un écrin suprême pour la légende qui va le porter pour plusieurs siècles. Cette version assez complète sera relayée très tôt et par de nombreux auteurs et savants. Qu'il aborde la peinture, les arts, l'astronomie, les sciences, la technique ou les mathématiques, Léonard devient une *auctoritas*, au même titre que Pline, Dante ou Michel-Ange. Omniprésent dans l'œuvre de l'écrivain et théoricien milanais Giovanni Paolo Lomazzo (1538-1592), dans ses récits comme dans ses traités métaphysiques sur la peinture, Léonard incarne l'un des sept gouverneurs de la peinture, piliers du temple de l'art, et se voit assigner la figure du lion, aux côtés de Michel-Ange, Raphaël, Polydore de Caravage, Andrea Mantegna, Titien et Gaudenzio Ferrari.

Convoqué par tous, Léonard incarne depuis le XVIe siècle la figure d'un génie universel, image contre laquelle la réalité historique a parfois du mal à s'imposer.

---

de Rome, de Pérouse, d'Assise, etc., ce manuscrit composé de 128 folios de grand format livre une brève histoire artistique au sens large, de l'Antiquité à l'époque moderne. Léonard de Vinci y figure au même titre que Pline, le chroniqueur Giovanni Villani, Dante, les artistes Cimabue, Michel-Ange ou encore, Donatello.

PAUL JOVE[1]
VERS 1527

Léonard, originaire d'un minuscule village de Toscane, jouissait d'une grande notoriété grâce à la peinture et affirmait qu'elle ne pouvait être bien exécutée par ceux qui n'avaient pas acquis les bases solides et les nobles connaissances essentielles, nécessaires piliers de la peinture. Il plaçait la recherche de la plasticité au-dessus des autres exercices du pinceau. C'était le seul moyen d'obtenir un bon rendu des images sur une superficie plane. En optique, il ne se référait à aucune règle existante avant lui. Se fondant sur ces connaissances, il porta la plus grande attention à la puissance de la lumière et à la disposition des ombres. On dit qu'il découpait aussi les cadavres des condamnés, ce qui était un travail désagréable et inhumain jusque dans les salles de médecine, parce qu'il voulait que soient reproduits avec naturel les différentes positions des membres et le mouvement qui dérivait de la force des muscles et des vertèbres. Ainsi, il fut en mesure de représenter avec un admirable talent les images de tous les détails, jusqu'aux veines les plus petites et jusqu'à l'intérieur des os, de manière qu'à partir de cette étude qui a duré plusieurs années au profit de l'art, purent être forgées des figures de bronze.

Mais tandis que son œuvre était réclamée par beaucoup, il acheva très peu

1. Extrait de *Fragmentum Trium Dialogorum Pauli Jovvi episcopi Nucerini. Dialogus de viris litteris illustribus, cui in calce sunt additae Vincii, Michaelis Angeli, Raphaelis Urbinatis Vitae* (« Trois Dialogues de Paul Jove, évêque de Nocera. Écrits sur l'île d'Ischia où il s'était réfugié après le sac de Rome. Dialogue sur les hommes illustres dans la littérature, auxquels sont ajoutées les vies de Léonard, Michel-Ange, Raphaël »), texte latin établi par Girolamo Tiraboschi, *Storia della letteratura italiana*, Modène, Società tipografica, 1781 ; la traduction est nôtre.

d'œuvres, à cause d'un caractère instable et d'une tendance naturelle à se lasser rapidement des œuvres débutées, après avoir renoncé aux travaux initiés.

On peut toutefois admirer à Milan une fresque représentant le Christ à table avec ses disciples, œuvre si appréciée et désirée par le roi Louis [de France] au point de demander à son entourage, tandis qu'il la regardait avec envie, s'il était possible de détacher la peinture de la paroi pour l'emporter en France ou bien si l'on détruirait ainsi l'illustre réfectoire. Un tableau représentant l'enfant Jésus jouant avec la Vierge et sainte Anne mérite qu'on le mentionne, peinture que François, roi de France, a placée, après l'avoir achetée, dans une église. Il reste en outre dans la salle du Conseil de Florence une représentation tout aussi excellente d'une bataille remportée contre les Pisans mais malheureusement, à cause d'un enduit qui ne se liait pas aux couleurs préparées à l'huile de noix, elle demeura inachevée. La douleur éprouvée inhérente à cet événement inattendu semble avoir doté l'œuvre d'une beauté supplémentaire. Léonard modela dans l'argile une grande statue équestre de Ludovic Sforza, afin qu'on puisse couler une statue de bronze de son père, l'illustre général[1] Francesco, à cheval, et cette statue comprend toutes les vertus et les connaissances tant de l'anatomie que de l'art statuaire.

Léonard fut un homme de grand génie, brillant et généreux, de très bel aspect et, grand inventeur et arbitre d'élégance et de toutes sortes de plaisir, en particulier du théâtre, de la musique et du chant, il plut aux puissants toute sa vie durant. Il mourut à 67 ans en France, à la douleur immense de ses amis, plus grande encore du fait que, en dépit du grand nombre d'élèves présents dans son atelier, il n'en laissa après lui aucun d'excellent.

ANONYME GADDIANO[2]
VERS 1530

[*fol. 88 r.*] Léonard de Vinci, citoyen florentin, bien qu'il fût le fils illégitime[3] de ser Piero da Vinci, était par sa mère de bonne famille. Il fut si exceptionnel et universel, un tel miracle que la nature a produit, si l'on peut dire, laquelle non seulement a voulu le doter des beautés du corps qu'elle lui a accordées largement mais aussi de très nombreuses vertus rares, elle voulut également le faire maître en mathématique

1. Le texte porte *imperator*, et désigne celui qui mène les troupes. Francesco, puis son fils Ludovic, furent ducs de Milan.

2. Extraits du *Codice dell'Anonimo Gaddiano (Cod. Magliabechiano XVII, 17) nella Biblioteca nazionale di Firenze*, texte en italien édité par Cornelio De Fabriczy, Florence, A. Cellini, 1893 ; la traduction est nôtre. Les indications entre crochets droits sont d'ordre archivistique (foliotation) ou peuvent indiquer une restitution faite par l'éditeur du texte, également auteur des indications figurant ici en note de bas de page.

3. Le texte porte par erreur : *legittimo* (« légitime »).

comme en perspective et en sculpture, et il surpassa de loin tous les autres en dessin. Il réalisa des inventions magnifiques, mais il ne peignit pas beaucoup, parce qu'il n'était jamais satisfait de lui, c'est pour cela qu'on trouve peu de ses œuvres. Il s'exprimait avec éloquence en paroles, jouait de la lyre de façon exceptionnelle, et il fut le maître d'Atalante Migliorotti en la matière. Attentif et appréciant la simplicité, il fut également très fort en inventions, en édifices pour l'eau et autres gerbiers, mais son esprit ne trouvait jamais de répit et créait sans cesse de nouvelles inventions avec talent. Jeune, il fut employé par Laurent le Magnifique de Médicis qui lui versait un salaire pour travailler dans le jardin sur la place de San Marco à Florence, et[1] il avait 30 ans quand il fut envoyé par le même Laurent le Magnifique auprès du duc de Milan pour lui présenter, accompagné d'Atalante Migliorotti, une lyre, dont il jouait excellemment. Il revint ensuite à Florence où il resta plus longtemps, et puis, par dépit ou pour une toute autre raison, tandis qu'il travaillait dans la salle du Conseil de la Signoria, il partit et s'en retourna à Milan où il fut plusieurs années au service du duc. Par la suite, il travailla pour le duc de Valentinois, puis aussi en France en de différents lieux avant de s'en retourner à Milan[2]. Alors qu'il travaillait au cheval qu'il devait couler en bronze, il rentra à Florence au moment de la révolte de l'État, et logea pendant six mois dans la maison du sculpteur Giovanni Francesco Rustichi, Via de' Martelli. Et il s'en retourna à Milan, de là il gagna la France au service du roi François, où il emporta un grand nombre de dessins en en laissant d'autres à Florence, à l'hôpital de Santa Maria Nuova avec d'autres affaires, ainsi que la très grande partie du carton de la salle du Conseil, dont le dessin du groupe de chevaux qu'on voit aujourd'hui en œuvre, resta [*fol. 88 v.*] au palais. Il mourut près d'Amboise, ville de France, à l'âge de 72 ans dans un lieu appelé Cloux[3], dont il avait fait sa demeure. Et il laissa par testament à messer Francesco de Melzi, gentilhomme milanais, tout son argent et tous ses vêtements, livres, écrits, dessins et instruments, et traités sur la peinture et l'art, et toute sa production, qui se trouvaient là, et fit de lui son exécuteur testamentaire ; et il laissa à Battista de Villani, son serviteur, la moitié du jardin qu'il avait à l'extérieur de Milan, et l'autre moitié à Salai, son élève. Et il laissa 400 [ducats] à ses frères, qu'il avait déposés à Florence à l'hôpital de Santa Maria Nuova, où, à sa mort, on n'en retrouva que 300[4].

[*fol. 90 v.*[5]] Il eut plusieurs disciples, parmi lesquels il y eut Salai[6] milanais, Zoroastro de Peretola, il Riccio florentin de la Porta alla Croce, Ferrando l'Espagnol, quand il travaillait dans la salle du Palazzo della Signoria.

---

1. Deux mots biffés : *da lui* (« par lui »).
2. La chronologie ici établie par l'Anonyme Gaddiano présente quelques erreurs de dates. Voir ici Vie & Œuvre, p. 43 et suiv.
3. Clos-Lucé.
4. La fin du fol. 88 v. et tout le fol. 89 sont blancs. Ce qui figure sur le feuillet 90 n'a pas été transcrit ici car il s'agissait d'ébauches (très similaires) qui ont servi au texte donné au fol. 88 r.
5. Le verso du folio est resté en blanc ; c'est seulement en pied de page que l'on trouve les lignes suivantes.
6. Ms. : Sali.

[*fol. 91 r.*] À Florence il fit le portrait d'après nature de Ginevra d'Amerigo Benci, qu'il acheva si bien que le portrait semblait ne pas en être un mais Ginevra elle-même.

Il réalisa un panneau représentant la Vierge, tout à fait excellent.

Il peignit aussi un saint Jean.

Et encore il peignit Adam et Ève à l'aquarelle[1], aujourd'hui dans la maison de messer Ottaviano de Médicis.

Il fit le portrait de Piero Franceso del Giocondo d'après nature[2].

Il peignit à… une tête de mégère[3] avec d'admirables grappes de serpents, aujourd'hui dans la garde-robe du très Illustre et Excellentissime seigneur, le duc Côme de Médicis.

Il fit pour la grande salle du Conseil du palais de Florence[4] le carton de la guerre des Florentins, quand ils défirent à Anghiari Niccolò Piccin[in]o, capitaine du duc Filippo de Milan. Il en commença l'exécution en ce lieu, où on le voit encore aujourd'hui, utilisant du vernis…

Il commença à peindre un panneau dans le même palais, lequel fut terminé à partir du dessin par Filippo, fils de fra Filippo.

[*fol. 91 v.*] Il peignit un tableau d'autel pour le seigneur Ludovic de Milan dont, pour ceux qui s'y connaissent et qui l'ont vu, il est dit que c'était l'une des choses les plus belles et exceptionnelles qu'il ait été vues en peinture, et qui fut envoyé par ledit seigneur dans la Grande[5] à l'empereur.

Il peignit encore à Milan une Cène, œuvre tout à fait excellente.

Et à Milan, il fit de même un cheval d'une grandeur démesurée représentant le duc Francesco Sforza, un ouvrage très beau, pour être fondu en bronze, mais il fut jugé unanimement que cela était impossible et trop grand pour être coulé en un seul bloc comme il le voulait ; l'œuvre ne fut pas réalisée.

Il fit d'innombrables dessins, des choses merveilleuses, et parmi eux une Vierge, et une sainte Anne qui fut portée en France, et plusieurs planches d'anatomies qu'il avait dessinées à l'hôpital[6] de Santa Maria Nuova de Florence.

[*fol. 121 v.*] De Gav[ina]

Léonard de Vinci vécut à l'époque de Michel-Ange, et suivant Pline, il prépara un enduit avec lequel il peignit, mais ne le maîtrisa pas bien. Et la première fois qu'il l'essaya pour un tableau dans la salle du Pape, où il travaillait, il l'apposa au mur, alluma un grand feu, où la grande chaleur de ces charbons ardents asséchа et sécha

1. Deux mots « *una Leda* » ont été biffés. Au-dessus, a été ajouté *a posteriori* le morceau de phrase « il peignit Adam et Ève à l'aquarelle ».
2. Phrase intercalée.
3. Le mot *Medusa* (« Méduse ») est biffé, au-dessus duquel est écrit *megera*.
4. Les onze derniers mots sont intercalés.
5. Le texte porte *Magna*, peut-être pour Allemagne.
6. Les trois derniers mots ont été intercalés *a posteriori* dans la marge.

le matériau ; et ensuite il voulut placer le tableau dans la salle, non pas en bas où le feu l'atteindrait et le sécherait, mais en hauteur, où, à cause de la grande distance, la chaleur n'atteignit pas le haut et le stuc coula.

C'était une belle personne, proportionnée, gracieuse, et de bel aspect. Il portait un pantalon rose, court jusqu'aux genoux alors qu'on portait des vêtements longs ; il portait jusqu'à la moitié du buste une belle chevelure, ondulée et bien composée.

Et Léonard passant avec G. da Gavine devant la Sainte-Trinité près du banc de' Spini, où des hommes de bien étaient réunis, et où l'on disputait autour d'un passage de Dante, ils appelèrent Léonard, lui demandant de l'expliquer. Au même moment, par hasard, passa Michel-Ange, et appelé par l'un d'eux à les rejoindre, Léonard répondit : « Michel-Ange vous expliquera. » Cela dit, Michel-Ange, pensant qu'il s'agissait là d'une moquerie, lui répondit avec colère : « Tu n'as qu'à l'expliquer toi-même, toi qui dessinas un cheval pour y couler du bronze, et ne pouvant le fondre, tu l'as honteusement abandonné. » Ceci dit, il tourna les talons et s'en alla ; là où Léonard resta, devenu rouge pour les paroles qui venaient d'être prononcées.

GIORGIO VASARI[1]

1550-1568

On voit les influences célestes faire pleuvoir les plus grands dons sur les êtres humains par une opération qui semble parfois moins naturelle que surnaturelle ; alors s'accumulent sans mesure sur un seul homme la beauté, la grâce, le talent de telle sorte que, où qu'il se tourne, chacun de ses gestes est si divin qu'il fait oublier tous les autres hommes et révèle clairement son origine véritable qui est divine et ne doit rien à l'effort humain. C'est ce qu'on a vu en Léonard de Vinci : sa beauté physique était au-delà de tout éloge, il avait une grâce plus qu'infinie dans tous ses gestes, un talent si complet et si fort que toutes les difficultés qu'abordait son esprit, étaient résolues avec aisance. Sa force, immense, était unie à la dextérité ; son cœur et son sentiment toujours d'une royale magnanimité. Sa renommée grandit tellement qu'il ne fut pas seulement tenu en estime de son vivant, mais connut une gloire encore plus grande après sa mort.

Vraiment admirable et céleste fut Léonard fils de ser Piero da Vinci ; il serait allé très loin dans le savoir et l'approfondissement de la culture, s'il n'avait été si capricieux et instable. Car il commença l'étude de beaucoup de choses, et, une fois commencées, les abandonnait. Ainsi, il se mit quelques mois à l'arithmétique et fit

1. *Le vite de più eccelenti pittori, sculptori e archittetori*, Florence, 1550, puis 1568, traduit de l'italien et annoté par André Chastel, *Léonard de Vinci par lui-même, précédé de « La Vie de Léonard » par Vasari*, Nagel-Unesco, 1952, p. 21-37.

tant de progrès qu'il embarrassait souvent l'instituteur en soulevant des problèmes et des difficultés. Il cultiva un peu la musique, et décida bientôt d'apprendre à jouer du luth, en esprit naturellement élevé et gentil qu'il était, et en outre il chantait divinement en improvisant. Malgré tant de curiosités variées, il ne cessa jamais de dessiner et de sculpter ; car c'était ce qui convenait le mieux à son imagination.

Voyant cela et comprenant la hauteur de ce génie, ser Piero prit un jour quelques-uns de ses dessins et les porta à son excellent ami Andrea del Verrocchio, en le priant instamment de lui dire si Léonard aurait intérêt à s'adonner au dessin. Andrea fut émerveillé de ce début et encouragea ser Piero à le faire étudier ; ser Piero tomba d'accord avec Léonard pour l'atelier d'Andrea ; Léonard s'y rendit bien volontiers et n'y pratiqua pas un métier mais tous ceux qui relèvent du dessin. Avec son intelligence divine et merveilleuse, et ses qualités de mathématicien, il ne s'adonna pas seulement à la sculpture, modelant, encore adolescent, des têtes de femmes souriantes, et aussi des têtes d'enfants traitées de main de maître ; il fit encore de nombreux dessins d'architecture, en plan et élévation, et tout jeune, fut le premier à parler de l'Arno pour le canal de Pise à Florence. Il dessina des moulins, des foulons, des machines, fonctionnant par l'action de l'eau. Mais sa vocation était la peinture ; il s'exerça parfaitement à peindre sur nature, et parfois à fabriquer des maquettes en glaise sur lesquelles il plaçait des étoffes mouillées et enduites de terre, qu'il s'appliquait ensuite à peindre patiemment sur des toiles de Reims très fines ou des carrés de lin préparés ; il obtenait alors en noir et blanc à la pointe du pinceau des effets merveilleux, dont témoignent encore certains dessins de ma collection. Il dessina aussi sur papier avec tant de soin et de perfection que nul n'a jamais pu rien ajouter à ces finesses : j'en possède une tête à la pointe (d'argent), en clair-obscur, d'une qualité divine.

Cet esprit orné par Dieu de tant de grâces, possédait une vigueur impérieuse de raisonnement exactement servie par l'intelligence et la mémoire ; et ses mains grâce au dessin, rendaient si bien sa pensée qu'il dominait par ses argumentations et confondait par ses discours les plus vigoureuses intelligences. Il inventait sans cesse des projets et des modèles pour aplanir facilement les montagnes, pour y percer un passage d'une plaine à l'autre, pour soulever, avec leviers, cabestans et engrenages, des poids énormes, des procédés pour curer les ports, des pompes pour faire monter l'eau. Son cerveau ne s'arrêtait jamais de distiller des inventions subtiles : idées et travaux dont beaucoup de dessins se trouvent répandus chez nos confrères, et pour ma part, j'en ai vu un bon nombre. Il perdit même son temps à dessiner des entrelacs de cordes, conduits méthodiquement de façon qu'on puisse les parcourir de bout en bout en garnissant un cercle : il en existe un, fort beau et compliqué, en gravure, avec l'inscription : *Leonardus Vinci Academia*. Parmi ces projets et ces dessins, il y a celui où il exposait à ses concitoyens, gens d'esprit, qui gouvernaient alors Florence, le moyen de soulever le Baptistère Saint-Jean, et de l'exhausser en le laissant intact ; il était si convaincant que cela semblait possible, même si chacun, une fois parti, se rendait compte par lui-même de l'impossibilité de l'affaire.

Léonard de Vinci, *Études*, 1470-1480 (Washington, National Gallery of Art).
Ces études, postérieures de quelques années à l'entrée de Léonard dans l'atelier de Verrocchio, sont probablement proches de celles que son père présenta au maître.

Sa conversation était si agréable qu'il attirait tous les cœurs ; à peu près sans fortune et travaillant irrégulièrement, il eut toujours des serviteurs, des chevaux qu'il aimait beaucoup, et toutes sortes d'animaux dont il s'occupait avec un intérêt et une patience immenses. On raconte que, passant au marché des oiseaux, il les sortait de la cage, payait le prix demandé et les laissait s'envoler pour leur rendre la liberté perdue. La nature le combla de tant de faveurs que partout où il appliqua sa pensée, son intellect, son cœur, il eut quelque chose de divin et se manifesta d'une agilité, d'une vivacité, d'une bonté, d'une beauté, d'une grâce sans égales. Mais, à n'en pas douter, cette intelligence de l'art lui fit commencer beaucoup de choses et n'en finir aucune, comme si la main ne pouvait atteindre à la perfection rêvée ; il concevait des difficultés si subtiles et si étonnantes que ses mains, si habiles qu'elles fussent, n'auraient pu les révéler. Ses recherches capricieuses le conduisirent à la philosophie naturelle, à l'étude des propriétés des plantes, à l'observation assidue des mouvements célestes, des orbites de la lune, de l'évolution du soleil. [Et il forma dans son esprit une doctrine si hérétique qu'il ne dépendait plus d'aucune religion, tenant peut-être davantage à être philosophe que chrétien][1].

S'étant encore enfant, comme on l'a vu, formé aux arts grâce à ser Piero, dans l'atelier d'Andrea del Verrocchio, comme celui-ci travaillait à un baptême du Christ, Léonard peignit un ange porte-vêtement ; bien qu'il fût très jeune, il exécuta cette figure bien supérieure à celles d'Andrea, et ce fut la raison pour laquelle celui-ci ne voulut plus toucher aux couleurs, humilié de voir qu'un enfant en savait plus que lui. On lui confia le carton d'une portière qui devait être tissée en Flandre en or et soie pour envoyer au roi de Portugal : Adam et Ève au Paradis, au moment du péché. Léonard fit en clair-obscur rehaussé de céruse un pré rempli d'herbes avec quelques animaux et, en vérité, aucun génie divinement inspiré n'aurait pu les imiter avec plus de soin et de naturel ; on voit le figuier, avec le raccourci des feuilles et le détail des branches traités avec tant d'amour que l'esprit souffre à l'idée qu'un homme ait pu avoir cette patience ; il y a aussi un palmier où la courbe des palmes est rendue avec l'art merveilleux que seuls permettaient la patience et le génie de Léonard. L'ouvrage ne fut d'ailleurs pas exécuté ; le carton est aujourd'hui à Florence dans l'heureuse maison du magnifique Ottaviano de Médicis, à qui l'a donné, il n'y a pas longtemps, l'oncle de Léonard.

On raconte que ser Piero, un jour, à la campagne, reçut la visite d'un de ses fermiers qui avait façonné une rondache dans un tronc de figuier coupé par lui sur les terres, et lui demandait de la lui faire peindre à Florence ; il y consentit volontiers, le paysan étant très habile à attraper les oiseaux et les poissons et se rendant ainsi très utile à ser Piero. Celui-ci la fit porter à Florence et sans expliquer à Léonard d'où elle venait, le chargea d'y peindre quelque chose. Léonard

1. Version de 1550, supprimée en 1568.

prit un jour cette rondache entre ses mains et la voyant tordue, mal travaillée, grossière, la redressa au feu, la confia au tourneur qui, de rugueuse et grossière la rendit égale et lisse ; il la passa au plâtre, l'arrangea à sa façon, et commença à se demander ce qu'il pourrait y peindre pour faire peur aux ennemis comme faisait l'antique tête de Méduse. Léonard rassembla donc dans une pièce où il était seul à entrer, des lézards, des rapiettes, des criquets, des serpents, des papillons, des sauterelles, des chauves-souris et autres animaux étranges ; en les combinant il tira de cette foule un monstre horrible, épouvantable, au souffle empoisonné qui enflammait l'air autour de lui ; il le fit sortir d'un rocher sombre et brisé, répandant le venin de sa gueule béante, le feu de ses yeux, la vapeur de ses naseaux, avec toutes les apparences singulières d'un monstre affreux.

Pendant tout ce travail, il souffrit beaucoup de l'odeur vraiment infecte de ces cadavres d'animaux, mais son amour de l'art la lui faisait oublier. L'ouvrage terminé, ni le paysan, ni le père ne le réclamaient et Léonard pria ce dernier de venir rechercher à sa convenance la *rotella* terminée. Un matin ser Piero vint donc à la chambre, frappa à la porte ; Léonard lui ouvrit et lui demanda d'attendre un instant. Puis, dans la chambre, il disposa la rondache au jour, sur le chevalet, ouvrit la fenêtre de manière à diriger sur elle une lumière éblouissante, et fit entrer son père pour la voir. Ser Piero éprouva un choc dans la surprise du premier regard, sans penser que ce fût la rondache et, encore moins, une peinture qu'il avait sous les yeux ; il recula et Léonard le retint en disant : « Cette pièce répond à son but ; prenez-la et emportez-la donc, car c'est ce qu'on en attend. » Ce trait parut plus que prodigieux à ser Piero et il loua à n'en plus finir le curieux raisonnement de Léonard. Il se procura en secret une autre rondache ornée d'un cœur percé d'une flèche, et la remit au paysan qui lui en fut reconnaissant pour la vie. Puis il vendit en secret à Florence celle de Léonard cent ducats à des marchands qui la revendirent bientôt au duc de Milan pour trois cents.

Léonard peignit ensuite le tableau d'une madone, tout à fait excellent, qui se trouvait chez le pape Clément VII, et où, entre autres choses, il imita une carafe pleine d'eau avec des fleurs, d'une admirable vivacité de tons, avec la rosée même qui les couvre, plus vraies que la nature même. Pour Antonio Segni, son ami intime, il fit un dessin soigné de Neptune sur feuille, qui semblait la vie même ; on y voyait la mer agitée, le char traîné par les chevaux marins avec les créatures fantastiques, les orques, les vents, et quelques belles têtes de dieux marins. Le dessin fut donné par son fils Fabio à Giovanni Gaddi avec cette épigramme :

Virgile après Homère a su peindre Neptune,
Gouvernant ses chevaux par le chemin des ondes.
Les poètes l'ont vu par les yeux de l'esprit ;
Vinci par ceux du corps, et il les a vaincus.

Il lui prit fantaisie de peindre à l'huile une tête de Méduse avec une coiffure faite de nœuds de serpents, invention la plus étrange et la plus singulière qui soit ; mais l'ouvrage demandait du temps, et, comme presque toujours, resta inachevé. Ce tableau est parmi les excellentes pièces de la collection du duc Côme, avec le buste d'un ange qui lève le bras en l'air en un raccourci de l'épaule au coude, l'autre bras replié sur la poitrine. Il est étonnant de voir comment ce génie, pour donner le plus grand relief aux objets représentés, cherchait les fonds les plus obscurs avec ses ombres et qu'il lui fallait pour l'ombre des noirs plus obscurs que les autres noirs, afin de rendre les clairs plus lumineux. Mais cet assombrissement des tons avait pour résultat de ne laisser aucune partie claire et les formes des objets semblaient plutôt faites pour évoquer la nuit que la fine clarté du jour ; mais tout cela était la conséquence d'une recherche plus poussée du relief, d'un effort vers la fin et la perfection de l'art.

Il aimait tant voir certaines physionomies bizarres, avec des barbes ou des cheveux de sauvages, qu'il aurait suivi un jour entier un homme qui l'aurait intéressé ; il les fixait si bien dans sa tête qu'à la maison, il le dessinait comme s'il l'avait eu sous les yeux. On trouve en ce genre beaucoup de ses têtes d'hommes et de femmes ; je possède quelques-unes de ces études à la plume dans ma collection souvent citée, et en particulier celle d'Améric Vespuce, magnifique tête de vieillard au fusain et celle de Scaramouche, capitaine de gitans, autrefois à messire Donato Valdambrini d'Arezzo, chanoine de Saint-Laurent, qui la tenait de Giambullari.

Il commença un tableau de l'Adoration des Mages, où il y a de grandes beautés, surtout dans les têtes ; il se trouvait chez Amerigo Benci, face à la loggia des Peruzzi, inachevé, comme tant d'autres de ses ouvrages.

Il arriva que Jean Galéas, duc de Milan, étant mort et Ludovic Sforza lui ayant succédé en 1494, Léonard dans toute sa renommée fut amené et présenté à Milan[1] pour jouer de la lyre devant le duc qui aimait beaucoup cet instrument ; Léonard avait apporté un instrument qu'il avait fabriqué lui-même en argent, en forme de crâne de cheval, pour obtenir par ce dessin singulier et nouveau, une harmonie plus puissante, une meilleure sonorité, et il l'emporta sur tous les musiciens qui étaient venus jouer. Il était en outre le meilleur poète improvisateur de son temps. Le duc, écoutant les merveilleux exposés de Léonard, s'éprit de son talent à un degré incroyable. Il lui fit peindre un tableau d'autel avec une Nativité, qui fut envoyé à l'empereur.

Il peignit aussi à Milan pour les Dominicains de Sainte-Marie-des-Grâces une Cène d'une admirable beauté. Il donna aux visages des Apôtres une si majestueuse beauté qu'il laissa inachevé celui du Christ, renonçant à lui donner le caractère divin et céleste qui convient à cette image. L'œuvre, considérée ainsi comme finie, a toujours été vénérée par les Milanais et aussi les étrangers. Car

1. Erreur : 1482.

Léonard voulut et sut exprimer le trouble des Apôtres anxieux de savoir qui a trahi leur maître ; on lit sur leurs visages l'amour, la crainte, l'indignation, ou encore la douleur de ne pouvoir comprendre toute la pensée du Christ, et l'on ne distingue pas avec moins d'émerveillement l'obstination, la haine, la trahison chez Judas. La moindre partie de l'ouvrage est d'un soin incroyable : le tissu de la nappe est peint de telle sorte que la toile même ne serait pas plus vraie.

On raconte que le prieur du couvent insistait fort importunément pour que Léonard achevât l'ouvrage ; il lui paraissait étrange de le voir passer parfois une demi-journée dans le rêve de la contemplation. Il eût voulu que comme les ouvriers qui piochaient le jardin, il n'arrêtât jamais son pinceau. Ce n'était pas assez ; il se plaignit au duc et insista au point de l'obliger à faire appeler Léonard ; le duc réclama adroitement l'achèvement de l'œuvre en faisant bien comprendre qu'il y était obligé par l'importunité du prieur. Léonard connaissait l'acuité et le tact du prince et voulut, ce qu'il n'avait jamais fait avec le prieur, s'expliquer à fond. Il parla de l'art et montra comment c'est au moment où ils travaillent le moins que les esprits élevés en font le plus, car ils cherchent dans leur tête les inventions, et forment les idées parfaites qu'ils expriment ensuite en peignant avec leurs mains d'après leurs conceptions. Il ajouta qu'il ne lui restait plus que deux têtes à faire, celle du Christ qu'il renonçait à chercher sur la terre et dont il n'espérait plus pouvoir imaginer la beauté et la grâce célestes nécessaires à cette image de la divinité incarnée ; il lui manquait aussi celle de Judas, elle lui donnait du souci, car il ne pouvait imaginer un visage apte à exprimer la bassesse de celui qui, après tant de bienfaits reçus, avait eu l'âme assez ignoble pour trahir son Seigneur, le créateur du monde. Il la chercherait toutefois, et, s'il ne trouvait mieux, il aurait toujours celle du prieur, si importun et si indiscret. Ce trait fit rire le duc de façon extraordinaire et il lui donna mille fois raison. Aussi le pauvre prieur, confus, dut-il s'occuper des travaux du jardin et laisser en paix Léonard qui acheva la tête de Judas, véritable portrait de la trahison et de l'ignominie : celle du Christ demeura, on l'a dit, inachevée.

La noble qualité de cette peinture, tant pour sa composition que pour l'incomparable soin de son exécution, fit souhaiter au roi de France[1] de l'emporter dans son royaume ; il chercha à tout prix des architectes qui puissent l'armer de traverses de bois et de fer, pour permettre le transport sans danger ; il n'aurait regardé à aucune dépense, tant il la désirait, mais la peinture adhérait au mur et Sa Majesté resta avec son désir, les Milanais avec l'œuvre. Dans le même réfectoire, où il travaillait à la Cène, à l'extrémité où il y a une Passion à l'ancien style, Léonard peignit Ludovic avec son fils aîné Maximilien, d'un côté, la duchesse Béatrice et François, son second fils, de l'autre ; tous deux furent par la suite ducs de Milan ; les deux portraits sont merveilleux.

Au cours de ce travail, il proposa au duc de faire un cheval de bronze d'une

1. Louis XII.

taille extraordinaire pour conserver le souvenir du duc[1] ; il le commença d'une si grande dimension qu'il ne put jamais l'achever. On a soutenu – les jugements humains sont divers et souvent méchants par envie – que Léonard l'avait commencé comme tant d'autres œuvres sans vouloir le finir, car, avec cette taille, il était incroyablement difficile de le fondre d'une pièce. Ce jugement a été inspiré par l'expérience de tant d'œuvres restées inachevées. Mais, en réalité, son âme était si grande, si élevée, que sa trop haute ambition la paralysait ; la véritable explication est qu'il cherchait toujours excellence après excellence, perfection après perfection, et que « l'œuvre fut retardée par le désir », comme dit Pétrarque. Ceux qui ont connu le grand modèle que Léonard exécuta en terre, affirment n'avoir jamais rien vu de plus beau, de plus superbe ; ce modèle resta jusqu'à l'arrivée des Français à Milan avec le roi Louis XII qui le mirent tout en pièces. On a également perdu un petit modèle en cire, qui passait pour parfait, avec un traité d'anatomie du cheval, rédigé pour son travail.

Il s'appliqua ensuite, mais avec plus d'ardeur encore, à l'anatomie humaine, dans un échange réciproque de bons services avec messire Marcantonio della Torre, excellent savant qui professait alors à Pavie et traitait de ces questions ; il fut, m'a-t-on dit, des premiers à expliquer les problèmes de médecine par Galien et à éclairer l'anatomie jusque-là enveloppée d'épaisses ténèbres d'ignorance ; et il dut beaucoup au génie, à l'œuvre, à la main de Léonard qui composa un traité avec des dessins à la sanguine, relevés de traits de plume, des écorchés qu'il disséqua de sa main et dessina avec le plus grand soin, les os d'abord puis les nerfs dans l'ordre et le revêtement des muscles, les premiers attachés aux os, les seconds qui relient les jointures, les troisièmes qui donnent le mouvement ; au fur et à mesure viennent des commentaires d'une écriture irrégulière, tracée de la main gauche, à rebours, et que, sans habitude, on ne peut comprendre qu'en la déchiffrant au miroir. Un bon nombre de ces feuillets d'anatomie humaine se trouve aux mains de messire Francesco di Melzo, gentilhomme milanais, qui, au temps de Léonard, était un très bel enfant, très aimé du maître, et aujourd'hui un bel et noble vieillard ; il conserve précieusement ces feuillets comme des reliques, avec le portrait de Léonard d'heureuse mémoire. À qui lit ces écrits, il semble impossible que ce divin esprit ait si bien traité d'art, d'anatomie, muscles, nerfs et veines, et de tout avec tant de soin. Il y a encore aux mains d'un peintre milanais des notes de Léonard d'une écriture inversée de gaucher, qui traitent de la peinture, des règles du dessin et de la couleur. Il est venu à Florence, voici peu de temps, me trouver dans le but de publier cet ouvrage ; il l'a emporté à Rome pour le faire paraître, mais j'ignore ce qu'il en est advenu.

Retournons aux ouvrages de Léonard ; pour la venue du roi de France à Milan, on demanda à Léonard quelque invention originale, et il fabriqua un lion qui faisait quelques pas, s'ouvrait la poitrine et la montrait pleine de lis. À Milan, il prit pour élève le Milanais Salai qui était ravissant de grâce et de

1. Son père Francesco Sforza.

beauté, avec ses abondants cheveux bouclés, et que Léonard aimait beaucoup ; il lui enseigna beaucoup de choses de l'art et certains ouvrages qui à Milan sont considérés comme de Salai, ont été retouchés par Léonard.

Il revint à Florence[1] ; les Frères Servites avaient alloué à Filippino le tableau du maître-autel de l'« Annunziata », Léonard dit qu'il aurait fait volontiers un travail de ce genre, et Filippino l'ayant appris, se retira courtoisement. Les Frères, pour permettre à Léonard de peindre le tableau, le prirent chez eux, se chargeant de son entretien et de celui de toute la famille. Il les tint longtemps en haleine sans rien commencer. Finalement, il exécuta un carton où l'on voit Notre-Dame, sainte Anne et le Christ ; il ne fit pas seulement l'admiration de tous les artistes ; on l'exposa dans la pièce, après son achèvement, et il y eut deux jours d'allées et venues d'hommes et de femmes, de jeunes et de vieux, qui s'y rendaient comme aux fêtes solennelles, pour voir les prodiges de Léonard, objet de l'émerveillement populaire. On voyait sur le visage de la Madone toute la beauté et la simplicité qui font la grâce d'une mère de Dieu, avec modestie et cette humilité d'une Vierge ravie de voir la beauté du fils qu'elle soutient tendrement sur son sein, mais en même temps elle jette un regard plein de retenue vers un petit saint Jean qui joue avec un agneau, tandis que sainte Anne sourit, au comble de la joie, en voyant sa descendance terrestre devenue céleste : intentions qui répondent bien à l'esprit et au talent de Léonard. Ce carton, comme on va le voir, passa ensuite en France.

Léonard fit le portrait de Ginevra d'Amerigo Benci, fort bel ouvrage pour lequel il abandonna le travail des Frères, qui le rendirent à Filippino, mais celui-ci fut surpris par la mort et ne put l'achever. Léonard se chargea pour Francesco del Giocondo du portrait de Mona Lisa, son épouse et après quatre ans d'efforts le laissa inachevé : l'ouvrage est actuellement chez le roi de France à Fontainebleau. Qui voulait savoir ce qu'est l'imitation de la nature par l'art, le saisissait fort bien devant ce visage, les moindres détails que permet la subtilité de la peinture y étaient figurés. Les yeux avaient ce brillant et cette humidité que l'on trouve à la vie, avec des cernes aux nuances rougeâtres et plombées, et les cils dont le rendu suppose la plus grande délicatesse. Les sourcils tels qu'ils s'implantaient dans la peau, parfois plus épais ou plus rares, tels qu'ils se courbent selon l'inclinaison des pores, ne pouvaient être plus vrais. Le nez, aux belles ouvertures roses et délicates, était la vie même. La bouche, avec sa fente, le passage fondu du rouge des lèvres à l'incarnat du visage, n'était pas de la couleur peinte, mais de la chair. Au creux de la gorge, le spectateur très attentif saisirait le battement des veines. Il faut reconnaître que l'exécution du tableau est à faire trembler de crainte le plus vigoureux artiste qui soit. Il recourut encore au procédé suivant : Mona Lisa était très belle, il faisait donner de la musique et des chansons, et venir sans interruption des bouffons, qui l'entretenaient dans la gaîté, pour éliminer cet aspect mélancolique que la peinture donne souvent au portrait ; il y a dans celui-ci un sourire si attrayant qu'il donne,

1. Avril 1500.

à le voir, le sentiment d'une chose divine plutôt qu'humaine, et il était considéré comme une merveille, toute pareille à la vie.

L'excellence des ouvrages de cet artiste divin avait tant accru sa gloire, que tous les amateurs d'art, ou pour mieux dire, la cité entière, souhaitaient qu'il leur laissât un souvenir ; on cherchait à lui faire exécuter un grand travail notable, qui ornât et honorât la ville, avec le talent, la grâce, le jugement que l'on savait à Léonard. Le gonfalonier et les notables convinrent, la grande salle du conseil étant refaite depuis peu et son architecture définie d'après son avis et ceux de Giuliano Sangallo, Simone Pollaiuolo dit le Cronaca, Michel-Ange Buonarroti et Baccio d'Agnolo (comme on le verra avec plus de précision dans les chapitres qui les concernent) et, après cet achèvement rapide, un décret officiel ordonna, que Léonard serait chargé d'y peindre un bel ouvrage. Et Piero Soderini, gonfalonier de justice, lui fit allouer cette salle. Léonard, décidé à le mener à bien, commença son carton dans la salle du Pape, à Sainte-Marie-Nouvelle, avec l'épisode de Niccolò Piccinino, capitaine du duc Filippo de Milan, où un groupe de cavaliers lutte pour un étendard : création magnifique d'un grand Maître à cause des admirables intentions qu'il introduisit dans cette déroute. La fureur, la colère, la vengeance ne sont pas moins perceptibles chez les hommes que chez les chevaux dont deux, les pattes avant emmêlées, se combattent avec les dents avec autant de violence que les cavaliers, autour du drapeau. Un soldat qui y accroche ses mains se retourne d'un coup d'épaule, tandis qu'il presse son cheval pour la fuite, et se cramponne à la hampe de l'étendard pour l'arracher aux mains des quatre qui l'entourent ; deux des défenseurs la tiennent d'une main et lèvent l'autre pour tenter de couper le bois, un vieux guerrier, coiffé d'un béret rouge, serre la hampe d'une main en hurlant et de l'autre, levant un sabre, donne un coup furieux pour couper les mains des deux combattants qui luttent en grinçant des dents pour défendre farouchement leur drapeau. Sur le sol, entre les pattes des chevaux, luttent en outre deux figures, vues en raccourci, l'un, à terre est sous un soldat qui lève le bras de toutes ses forces pour lui planter dans la gorge le poignard qui va le tuer, et la victime se débat des jambes et des bras pour échapper à la mort. On ne peut exprimer la variété de Léonard dans le dessin des costumes des soldats, dans les casques et les ornements et surtout l'incroyable maîtrise qu'il montra dans les formes et les lignes des chevaux, dont il rendit avec plus de vigueur qu'aucun maître la musculature et l'élégante beauté. On raconte que pour dessiner ce carton, il fit monter un appareil très compliqué qui s'élevait quand on le rétrécissait, et quand on le déployait, s'abaissait. S'étant mis en tête de peindre à l'huile sur le mur, il élabora une mixture si épaisse pour la préparation à la colle, qu'elle commença à couler pendant l'exécution de la peinture, et au bout de peu de temps il y renonça, la voyant se gâter.

Léonard avait l'esprit très haut et une grande générosité dans toutes ses actions. On raconte qu'allant chercher à la banque le traitement mensuel que lui assurait Piero Soderini, le caissier voulut lui donner des sacs de sous ; il les refusa en disant : « Je ne suis pas un peintre à sous. » Suspect de fourberie à Piero

Soderini, on murmura contre lui, Léonard n'eut de cesse qu'avec ses amis, il n'ait rassemblé et renvoyé la somme ; mais Piero refusa.

Il alla à Rome avec le duc Julien de Médicis après l'élection du pape Léon, qui avait beaucoup d'intérêt pour les sciences et surtout l'alchimie. Au cours du voyage, Léonard, avec une pâte à base de cire, fabriquait des animaux très légers et vides, où il soufflait pour les faire s'envoler, et ils retombaient quand l'air manquait. Sur le dos d'un lézard très curieux trouvé par un vigneron du Belvédère, Léonard fixa des ailes faites d'écailles prises à d'autres lézards au moyen de vif-argent qui les faisait vibrer aux mouvements de l'animal ; il lui ajusta des yeux, une corne, de la barbe, l'apprivoisa et le tenant dans une boîte, il le montrait à ses amis pour les faire fuir de peur. Il se plaisait aussi à dégraisser et à nettoyer minutieusement des boyaux de mouton et à les rendre si minces qu'on les aurait tenus dans le creux de la main ; dans une autre pièce, il y avait une paire de soufflets de forge, auxquels il adaptait une extrémité du boyau : celui-ci, quand on gonflait, remplissait toute la salle, malgré ses grandes dimensions, et les assistants étaient obligés de se réfugier dans un coin. Ces objets transparents et pleins de vent qui occupaient si peu de place au début et une si grande à la fin, il les comparait à la vertu. Il se livra à toutes sortes de folies de ce genre, s'occupa de miroirs, et expérimenta des méthodes très curieuses pour trouver des huiles à peindre et des vernis à conserver l'ouvrage.

Il fit alors pour messer Baldassare Turini da Pescia, notaire de Léon X, un petit tableau de Madone à l'Enfant, avec beaucoup d'art et de soin ; mais par la faute du plâtreur ou par suite de ses mélanges bizarres d'enduits et de couleurs, la toile est aujourd'hui fort abîmée. Sur un autre tableau, il peignit un petit enfant, merveilleusement beau et gracieux. Les deux œuvres sont à Pescia chez messer Giulio Turini. On raconte que le pape lui ayant commandé une œuvre, il commença la distillation d'huiles et d'herbes pour le vernis. Et le pape s'écria : « Hélas ! celui-là n'aboutira à rien, il pense à la fin de l'ouvrage avant le commencement. »

Il y avait une grande inimitié entre Michel-Ange Buonarroti et lui. Michel-Ange quitta Florence, avec la permission du duc Julien, à la demande du pape qui voulait le consulter pour la façade de Saint-Laurent ; Léonard, à cette nouvelle, partit pour la France, dont le roi qui connaissait ses ouvrages, l'aimait beaucoup et voulait lui faire peindre le carton de la Sainte Anne ; mais lui, comme d'ordinaire, l'amusa longtemps par de belles paroles.

Finalement, devenu vieux, il fut malade de longs mois et se voyant près de la mort, [il voulut s'informer scrupuleusement des pratiques catholiques, et de la bonne et sainte religion chrétienne, puis avec bien des larmes il se confessa et repentit][1].

[S'entretenant des pratiques catholiques, et revenant à la bonne voie, il se convertit à la foi chrétienne avec bien des larmes. Puis il se confessa et repentit][2].

1. Version 1568.
2. Version 1550.

Et, bien qu'il ne pût plus se tenir debout, il se fit soutenir par ses amis et serviteurs pour recevoir pieusement le Saint Sacrement hors de son lit. Le roi survint alors, qui avait coutume de lui rendre souvent d'affectueuses visites. Avec déférence, Léonard se redressa sur le lit, expliquant sa maladie et ses manifestations, et déclarant encore combien il avait offensé Dieu et les hommes en ne travaillant pas dans l'art comme il eût fallu. Vint un spasme avant-coureur de la mort ; le roi se dressa et lui prit la tête pour l'aider et lui manifester sa tendresse en soulageant sa souffrance. Et comme si son merveilleux esprit avait compris qu'il ne pouvait recevoir plus grand honneur, il expira dans les bras du roi, à l'âge de 65 ans[1].

La Mort de Léonard de Vinci par Joseph Théodore Richomme, gravure d'après *François Ier reçoit les derniers soupirs de Léonard de Vinci* (1888) de Jean Auguste Dominique Ingres (New York, Metropolitan Museum). On sait que Léonard, venu en France à l'invitation de François Ier, est mort à Amboise en 1519. L'épisode de sa mort en présence du roi est sans doute fictif et dû à Vasari.

1. Erreur : 67 ans.

Sa perte fut immensément ressentie par tous ceux qui l'avaient connu, car nul n'avait jamais fait autant honneur à la peinture. La splendeur de son expression qui était merveilleuse, rassérénait toute âme triste ; il faisait ce qu'il voulait des volontés les plus obstinées. Sa force domptait les plus violentes fureurs ; sa main droite tordait le crampon d'une cloche murale ou un fer à cheval, comme s'ils étaient de plomb. Dans sa libéralité, il accueillait et nourrissait tout ami, riche ou pauvre, qui avait talent et mérite. Chacun de ses actes était l'ornement et l'honneur de la demeure la plus humble et la plus dépourvue. Aussi la naissance de Léonard fut-elle un bienfait immense pour Florence, sa mort une perte infinie.

En peinture, il ajouta à la pratique de l'huile un certain clair-obscur qui a permis aux modernes de donner force et relief aux figures. En sculpture, il fit ses preuves dans les trois figures de bronze qui se trouvent sur la porte nord du baptistère Saint-Jean, ouvrage de Giovan Francesco Rusticci mais conduites sous la direction de Léonard, ce sont, en dessin et perfection, la plus belle fonte qu'on ait vue aux temps modernes. Il reste de Léonard un traité d'anatomie du cheval, et un autre, plus complet, d'anatomie humaine. Devant tant d'aspects divins, bien qu'il ait plus parlé que créé, la gloire de son nom ne s'éteindra jamais. Aussi messer Giovan Battista Strozzi put-il écrire à sa louange :

Vainqueur à lui seul
De tous les autres, de Phidias et d'Apelle,
Et de toute leur troupe victorieuse.

GIOVANNI PAOLO LOMAZZO[1]

1563

PHIDIAS : As-tu jamais joué avec lui [Salai] au jeu de la bête à deux dos que les Florentins aiment tant ?

LÉONARD : Bien des fois ! Il faut que tu saches qu'il s'agissait d'un très beau jeune homme spécialement quand il avait 15 ans.

PHIDIAS : N'as-tu pas honte de l'avouer ?

LÉONARD : Non, de quoi devrais-je avoir honte ? Parmi les hommes de valeur, il n'est pas plus grande cause d'orgueil.

1. Extraits du British Library, Mss. Add. 12196 : *Libro de'Sogni, overo Gli Sogni e Raggionamenti composti da Giovanni Paulo Lomazzo, Milano, con le figure de'spiriti che gli raccontano, da egli dessignate*, Milan, 1563. Traduction inédite en français.

GIOVANNI PAOLO LOMAZZO[1]
1584

Livre I, chap. IX : « De la proportion du corps viril de huit têtes. »

[…] Parmi les modernes, Léonard de Vinci, peintre exceptionnel, lorsqu'il peignit dans le réfectoire de Santa Maria delle Grazie à Milan une cène du Christ avec les apôtres, après avoir peint les autres disciples, il réalisa Jacques le Majeur et Jacques le Mineur avec tant de beauté et de majesté, que voulant faire le Christ, il ne put jamais achever avec perfection ce saint visage, avec tout ce qui lui était si singulier, aussi, ainsi désespéré, il ne put faire autrement que de demander conseil à Bernardo Zenale, qui pour le réconforter lui dit : « Ô Léonard, tu as déjà fait tellement, et cette erreur que tu as commise, il n'y a que Dieu qui puisse la réparer. Parce qu'il n'est pas en ton pouvoir, ni en celui de personne, de donner une plus grande divinité et une plus grande beauté à un visage que celles que tu as données à Jacques le Majeur et Jacques le Mineur, même avec la meilleure volonté du monde, laisse ainsi le Christ imparfait, parce que tu ne le représenteras pas comme le Christ auprès de ses apôtres ». Ainsi fit Léonard, comme on le voit aujourd'hui, même si la peinture est largement détériorée. […]

Livre I, chap. XIX : « Des membres extérieurs du cheval, en particulier, et leurs noms. »

[…] Et toutes ces particularités valent pour le cheval, le plus beau, svelte et agile de chacun de ses membres, et de cela j'entends en décrire la juste et la véritable proportion en imitant Léonard de Vinci, qui a été excellent et unique en modelage et peinture de chevaux, comme on le voit dans son anatomie, ou encore Raphaël et Gaudenzio, tous deux également excellents en la matière […].

Livre II, chap. I : « De la force et efficacité des mouvements. »

[…] Que de merveilles a eu réalisées Léonard de Vinci à notre époque, lui qui, d'après ce que m'en a rapporté messer Francesco Melzi son disciple et très éminent miniaturiste, avait l'habitude d'étudier les oiseaux qui volaient ; et une fois, devant le roi François Ier, roi de France, il fit marcher depuis sa place dans la salle un lion, admirablement construit, puis le fit s'arrêter pour en ouvrir le torse rempli de lis et de fleurs variées. Cela émerveilla tant le roi, et tous ceux qui se trouvaient autour, qu'ils crurent possible de faire voler la colombe de bois d'Archytos de Tarente, qu'un Diomède de bronze auquel renvoie Cassiodore

1. Extraits du *Trattato dell'arte de la pittura, di Giovanni Paolo Lomazzo milanese pittore, diviso in sette libri, ne' quali si contiene tutta la theorica et la pratica d'essa pittura*, Milan, Paolo Gottardo Ponto, 1584. La traduction est nôtre. Les extraits cités figurent dans l'édition originale p. 50-51, 71, 106, 127, 158, 282-283, 483, 614-615.

jouât de la trompette, et que le sifflement d'un serpent du même métal puisse être entendu, que certains oiseaux chantassent, et encore que la tête de bronze d'Albert le Grand parlât à saint Thomas d'Aquin qui pourtant la rompit, croyant que c'était un diable [...]. Mais pour reprendre le fil du raisonnement, je dis que ces mouvements, aussi puissants qu'ils sont à émouvoir les âmes quand ils sont exprimés de manière à sembler naturels pour atteindre un tel niveau d'excellence, doivent être imités ; en particulier ceux de Léonard, dont on raconte qu'il ne représentait pas de mouvement, qu'il voulait d'abord le voir en vrai, accompagné de son atelier, pour n'en tirer rien de plus qu'une vivacité naturelle qui, après y avoir ajouté l'art, faisait voir les hommes peints plus vrais que les vivants. On raconte, d'après des hommes de cette époque, ses domestiques, que voulant une fois faire un tableau de quelques paysans en train de rire (il ne les peignit pas entièrement mais les dessina seulement), il choisit certains hommes qui lui avaient semblé intéressants, et en en faisant ses familiers, avec l'aide de quelques-uns de ses amis, il les convia à un banquet et s'asseyant à leurs côtés, il put leur raconter les choses les plus folles et ridicules du monde, de manière à ce que tous se mirent à rire au point qu'ils ne savaient plus de qui ni de quoi rire. Dès lors, il observa avec une grande diligence leurs gestes, y compris certains ridicules, qui s'imprimèrent dans son esprit, et une fois qu'ils furent partis, il se retira dans sa chambre, où il les dessina parfaitement de telle manière, que riant, ils semblaient bouger autant que lorsqu'ils écoutaient les histoires de Léonard pendant le banquet. Ils dirent encore qu'il aimait beaucoup aller voir les gestes des condamnés, quand ils étaient conduits au supplice pour noter les battements de cils et les mouvements des yeux, et de la vie. [...]

Livre II, chap. VIII : « Comment tous les mouvements peuvent arriver par accident à chacun, même si sous forme différente. »

[...] On dit de lui qu'il fut le premier à exprimer ces perturbations d'âme, et qu'il fut suivi en cela, et imité par tous les autres peintres. Moi aussi, j'ai trouvé une petite tête en terre, d'un Christ enfant, de la main de Léonard de Vinci, dans laquelle on voit la simplicité et la pureté de l'enfant, accompagnée d'un je-ne-sais-quoi qui témoigne d'un savoir, d'un intellect et d'une majesté, et l'air, qui pourtant est celui d'un enfant doux, paraît tenir du vieux sage, une chose véritablement excellente. [...]

Livre II, chap. XIV : « Des mouvements de la prudence, astuce, malice, encouragement, tour, vol, honnêteté, modestie, calme et exercice. »

[...] De cette manière discourt et argumente Léonard de Vinci en un de ses livres que j'ai lus dans les dernières années qu'il écrivit d'une main fatiguée à la demande de Ludovic Sforza, duc de Milan, pour répondre à la question si la peinture est plus noble que la sculpture ; en affirmant que plus un art porte en lui la fatigue du corps et la sueur, plus il est vil et moins il a de valeur. Mais qu'un tel art ne manque pas d'être le sujet des matières grossières comme des plus fines, c'est-à-dire de l'imagination de l'esprit, laquelle ne peut d'aucune manière s'exprimer. [...]

Livre VI, chap. II : « De la nécessité de la pratique. »
[...] Ainsi on trouve que le docte Léonard de Vinci avait l'habitude de faire de la poésie, et parmi ses autres sonnets, qui sont difficiles à retrouver, on lit celui-ci :

Qui ne peut ce qu'il veut, doit vouloir ce qu'il peut :
Car c'est folie de vouloir ce qui ne nous est pas possible.
On doit tenir pour sage
Celui qui distrait sa volonté de ce qu'il ne peut obtenir ;
Car notre peine, ou notre plaisir,
Consistent dans le oui ou non, savoir, vouloir, pouvoir.
Celui-là seul donc peut, qui agit conformément au devoir
Et qui ne déplace jamais la raison de son trône.
Il n'est pas avantageux à l'homme non plus de vouloir tout ce qu'il peut,
Car souvent ce qui nous paraît doux finit par devenir amer,
Et j'ai pleuré parfois sur ce que j'avais désiré, parce que je l'avais obtenu.
Ô toi, lecteur de ces notes, si tu veux être un homme bon et cher aux autres,
Ne veuille jamais que ce qu'il est juste de vouloir.

On en lit encore d'autres grands peintres gymnosophistes, comme furent Buonarotti, Ferrai, Lovino et Bernesco Bronzino. À cette conformité générale que nous disons trouver chez les peintres et les poètes, suit une autre particulière, qu'un peintre a eu naturellement un génie plus conforme à celui d'un poète qu'à un autre ; et dans sa façon de faire il a suivi celui-ci, comme il est facile à chacun de l'observer chez les peintres modernes. Parce qu'on voit que Léonard a exprimé les motifs et les décors d'Homère, Polydore, la grandeur et la furie de Virgile, Buonarotti l'obscurité profonde de Dante, Raphaël la majesté pure de Pétrarque, Andrea Mantegna l'extrême prudence du Sannazaro, Titien la variété de l'Arioste et Gaudenzio la dévotion qui se trouvait exprimée dans les livres de saints. [...]

Livre VI, chap. LXIV : « Composition des formes dans l'idée. »
[...] De cette manière j'ai vu de nombreux dessins d'inventions que Léonard faisait sur des papiers de couleur, ou blancs, qu'il esquissait et touchait à peine avec le lapis rouge ou noir, pour ne pas générer de confusion dans l'esprit en regardant deux couleurs extrêmes qui ensemble s'accordent, comme le fait l'encre noire sur la carte blanche [...].

Livre VII, chap. XXIII : « De la forme du corps humain et de ses artifices. »

[…] Après [Michel-Ange] d'autres ont été excellents comme Léonard de Vinci, duquel ont été retrouvés différents dessins entre les mains de plusieurs personnes, et principalement, dans la maison de Francesco Melzi, gentilhomme milanais son disciple, outre l'anatomie des chevaux qu'il a réalisée […].

GIOVANNI PAOLO LOMAZZO[1]

1590

Chap. IV : « Des écrivains d'art, anciens et modernes. »

[…] Mais au-dessus de tous ces écrivains, est digne de mémoire Léonard de Vinci, qui a enseigné l'anatomie des corps humains et des chevaux, que j'ai vue auprès de Francesco Melzi, divinement dessinée de sa main. Il représenta aussi toutes les proportions des membres du corps humain ; il écrivit sur la perspective des lumières, sur la meilleure façon de créer à partir de la nature, et beaucoup d'autres livres où il enseignait comment prendre en compte les mouvements et les effets en mathématique, et il montra l'art de lever les poids avec facilité, livres que l'on trouve dans toute l'Europe et qui sont tenus en grande estime par les connaisseurs parce qu'ils jugent ne pas pouvoir faire plus que ce qu'il a déjà fait. […]

Chap. IX : « Fabrique du temple de la peinture, et de ses gouverneurs. »

[…] La statue du quatrième est en or, qui témoigne de la splendeur et de l'harmonie des lumières chez Léonard de Vinci, florentin, peintre, statuaire et plasticien très expert des sept arts libéraux, joueur de lyre si excellent qu'il surpassait tous les musiciens de son temps, et poète très doux, qui a laissé de nombreux écrits de mathématique et de peinture, dont j'ai fait mention plus haut. […]

Chap. XII : « Des sept parties, ou genres du mouvement. »

[…] Les mouvements de Léonard sont marqués par la noblesse de l'âme, la facilité et la capacité à imaginer, la nature du savoir, du penser et du faire, du conseil mature conjugué à la beauté des visages, de la justice, de la raison, du jugement, de la séparation des choses injustes de celles correctes, de la hauteur de la lumière, de la bassesse des ténèbres et de l'ignorance, de la gloire profonde de la vérité et de la charité, reine de toutes les vertus. […]

1. Extraits d'*Idea del tempio della pittura*, Milan, Paolo Gottardo Ponto, 1590. Traduction inédite en français. Les extraits cités figurent dans l'édition originale p. 17, 42-43, 46-47, 58.

Chap. xvii : « Des sept parties, ou genres de la forme. »

Reste la seconde partie pratique de la peinture, et dernière des sept qui est la forme que nous avons placée au ciel du temple. Étant différente, il m'est apparu possible de démontrer plus clairement, en donnant à chacun des gouverneurs un animal de nature conforme à la manière dont il a traité la forme, de façon qu'en considérant la nature de l'animal, on sache immédiatement quelle forme a été attribuée au gouverneur. [...] À Vinci j'ai donné le Lion ; parce que cet animal est le plus noble de tous, mais aussi plus noble est la forme de cet illustre peintre qui, semblable au Lion vis-à-vis des autres animaux, les supplante tous, quand on se met à regarder ses créations et à vouloir les imiter. Il eut une grande connaissance des bons arts ; il maîtrise le mélange des uns et des autres, comme on le voit dans les livres qu'il a écrits et dessinés de la main gauche. Il avait le visage avec les cheveux longs, tout comme les cils, et avec une barbe si longue qu'il incarnait la noblesse véritable du savoir, laquelle fut déjà avant lui celle du druide Hermès ou l'antique Prométhée. Il fut enfin si cher à de nombreux princes, en particulier à François de Valois Ier, roi de France, qu'au moment de mourir, celui-ci le tenait dans ses bras, mort véritablement glorieuse, puisqu'elle advint entre les mains d'un si grand roi.

PORTRAITS, IMPRESSIONS ET RÉFLEXIONS

> « *Cette toile m'attire, m'appelle, m'envahit, m'absorbe ; je vais à elle malgré moi, comme l'oiseau va au serpent* »
> JULES MICHELET

Léonard, « homme énigme, prédestiné à vaincre et à séduire » (F. Nietzsche) a continué de fasciner écrivains et penseurs, qui nous ont livré leurs impressions et réflexions en quelques lignes, en longs portraits ou en études aujourd'hui célèbres. Tous sont frappés par son exceptionnel don d'observation des formes et expressions. « Sa force compréhensive et la clarté de son œil » (J. W. Goethe) lui offraient un accès particulier au monde extérieur. Toujours attentif à la nature, la consultant sans cesse, il ne s'imitait jamais lui-même (E. Delacroix). La perfection de la forme ne s'obtient que par soumission aux lois naturelles de l'ombre et de la lumière. Ces lois, Léonard les dominait jusque dans leur essence, par la pensée, au-delà de l'expérience. Ses œuvres expriment une essence de la vie (O. Redon). De la Madone au crâne disséqué, par une étude intime et non réaliste de la nature, Léonard transformait tout en un « réservoir d'effluves vitaux » (B. Berenson). Il approcha probablement de la connaissance des faits qui lient intimement la science des passions, la science des idées et la médecine. Quand la plupart des peintres ne voyaient dans les larmes qu'un signe de la douleur morale, Léonard y décelait la marque du *nécessaire*, la nécessité de ce mouvement, l'effet anatomique de la douleur, la manière dont les diverses pièces de la machine humaine forcent les yeux à répandre des larmes (Stendhal). Lorsqu'il s'intéressa à l'anatomie (dont les premières pages furent transcrites et publiées dans les *Essais* de G. B. Venturi), c'est moins la forme en soi et la position qu'il considérait que la fonction des parties. Connaître les secrets internes, la vie du corps et non le corps en soi, telle fut la quête de Léonard (O. Spengler).

Comme nul autre Léonard sut saisir la lumière. Pour certains cependant il n'aura pas toujours été pas été à la hauteur de son idée (A. Suarès) : trop d'esprit, pas assez de cœur dans *La Cène* où les formes ne révèleraient que l'apparence et non les puissantes passions que l'esprit seul ne peut saisir. D'autres, au contraire, auront vu en Léonard de ces êtres qui mettent en harmonie avec le réel la profondeur mystique, le sérieux et l'élévation du sentiment religieux. Ses personnages d'une réalité parfaitement vivante, libre et humaine ne manquent pas d'élévation spirituelle (G. W. F. Hegel). Aurait-il eu un regard « sur-chrétien » (F. Nietzsche) ? Ayant contemplé une trop grande étendue de bonnes et de mauvaises choses, serait-il parvenu à détruire le christianisme ? L'ombre est aussi le moyen d'expression privilégié d'un mystère dont rien ne peut dévoiler les secrets. Cette ombre, Léonard l'inventait (A. Malraux).

Léonard fut hors de son temps. Tel un « prophète des sciences », un « créateur hardi », il défia la nature en combinant et enfantant comme elle, lui rendant vie pour vie, monde pour monde (J. Michelet). Il inventait à mesure de sa production (T. Gautier), davantage préoccupé par l'élaboration de ses projets que par leur réalisation, comme fasciné par la puissance intellectuelle de l'esprit humain et indifférent à la puissance que ses inventions pourraient procurer (A. Koyré). Son désir du beau et une insatiable curiosité tendaient à lui faire dépasser l'apparence des choses. Dès lors comment traduire ses idées en images (W. Pater) ? Eut-il vraiment ce don ou fut-il simplement l'esclave d'un sourire primitif (S. Freud) ? Lorsqu'on interroge les petites lignes du visage et du corps des modèles de ce « prince de l'art », nous croyons y déceler *son* intelligence du secret des choses et non les pensées licencieuses – ou primitives – de l'artiste (M. Barrès). Et si tout cela n'était qu'« impression » ? Les œuvres d'art ont leur propre existence, autonome, indépendante de l'artiste, que le spectateur enrichit souvent de ses significations et de ses savoirs. « Et c'est ainsi que le tableau [...] nous révèle un secret dont en vérité il ne sait rien » (O. Wilde)...

GIOVANNI BATTISTA VENTURI[1]

1797

Le directoire exécutif a remis à l'Institut national la plupart des manuscrits originaux de Léonard de Vinci qui sont venus de l'Italie. Les écrits d'un homme qui, à la renaissance des lettres, a été un des premiers à s'élancer dans la carrière des sciences exactes en Europe, ne devaient être confiés qu'à une assemblée de Savants du premier ordre, qui en peuvent apprécier le mérite mieux que personne, et qui loin de cacher leurs trésors, s'empressent d'en faire part à ceux qui désirent y puiser. L'Institut m'a accordé la communication de ces manuscrits ; par un retour de gratitude, je viens lui en offrir une notice, et retracer en même temps quelques circonstances de la vie de l'Auteur, que j'ai pu vérifier sur ses écrits mêmes.

Léonard naquit en 1452 ; il était fils naturel d'un notaire dont la famille jouit aujourd'hui même, à Vinci en Toscane, d'une honnête médiocrité. La nature, qui ne consulte pas les naissances, lui prodigua ses dons, la beauté du corps, la gaieté de l'esprit, le talent du génie. Il s'appliqua à la géométrie, à la musique, à la peinture ; et dans chacune de ces occupations il devança bientôt ses maîtres. Il fut appelé à Milan pour y fondre en bronze une statue équestre que Louis Sforza consacrait à son père ; il offrit ses services au Duc pour tout ce qui concernait les machines militaires, la conduite des eaux, la sculpture, la méchanique, la peinture, en défiant, qui que ce fût, de faire mieux que lui ; il avait bien de quoi soutenir son défi. La France ayant pris possession du Milanais à la fin du

1. *Essai sur les ouvrages physico-mathématiques de Léonard de Vinci, avec des fragments tirés de ses manuscrits, apportés de l'Italie*, Paris, Duprat, 1797, p. 3-6.

XVe siècle, il passa quelques années à Florence ; ce n'est pas qu'il fût prévenu contre les Français, comme on l'a dit ; au contraire, Louis XII lui assigna une pension ; il lui fit don de quelques droits sur les canaux du Milanais, où Léonard travailla, même sous le gouvernement français. Étant à Florence, il choisit deux des plus jolies femmes du pays pour en faire les portraits, et les offrir à Louis XII. Il partit de Milan pour Rome, en 1513, après que les Sforza furent rentrés dans le Milanais ; ensuite invité par François Ier, il vint en France, où il mourut, à ce que l'on assure, entre les bras de ce Prince.

Je ne m'arrête pas à considérer les tableaux de Vinci ; Vasari et Mariette nous en ont donné le détail[1] ; d'ailleurs la peinture ne fut qu'une partie des occupations de cet homme extraordinaire. Ses manuscrits contiennent des spéculations sur les branches de la science naturelle, qui tiennent de plus près à la Géométrie ; ce sont de nouvelles vues, des notes d'occasion, l'auteur se proposant toujours d'en faire ensuite des traités complets. Il écrivait de droite à gauche à la manière des Orientaux, peut-être afin que les curieux ne lui dérobassent pas ses découvertes. L'esprit géométrique le guidait partout, soit dans l'art d'analyser un objet, soit dans l'enchaînement du discours, soit dans le soin de généraliser toujours ses idées. Pour ce qui est de la science naturelle, il n'était jamais satisfait sur une proposition, s'il ne l'avait vérifiée par l'expérience. Voici comme il s'exprime lui-même dans quelques endroits : « Je traiterai tel sujet. Mais avant tout je ferai quelques expériences, parce que mon dessein est de citer d'abord l'expérience et de démontrer ensuite pourquoi les corps sont contraints d'agir de telle manière. C'est la méthode qu'on doit observer dans la recherche des phénomènes de la nature. Il est bien vrai que la nature commence par le raisonnement, et finit par l'expérience ; mais n'importe, il nous faut prendre la route opposée : comme j'ai dit, nous devons commencer par l'expérience et tâcher par son moyen, d'en découvrir la raison » (E. 55)[2]. Ainsi parlait Léonard un siècle avant Bacon.

Il ne faut pas le dissimuler, on rencontre dans ses manuscrits quelques conclusions fausses, quelques spéculations inutiles ; peut-être il les aurait retranchées lui-même en rédigeant ses travaux. Cependant il y a de l'or dans ce sable. En Méchanique, Vinci connaissait entre autres choses, 1° La théorie des forces appliquées obliquement au bras du levier. 2° La résistance respective des poutres. 3° Les loix du frottement données ensuite par Amontons. 4° L'influence du centre de gravité sur les corps en repos ou en mouvement. 5° L'application du principe des vitesses virtuelles à plusieurs cas que la sublime Analyse a porté de nos jours à sa plus grande généralité. Dans l'Optique, il décrivit la chambre obscure avant Porta ; il expliqua avant Maurolicus la figure de l'image du Soleil dans un trou de forme anguleuse ; il nous apprend la perspective aérienne, la nature des ombres colorées, les mouvemens de l'iris, les effets de la durée de

1. Vasari, vol. 3, pag. 13 et suiv. – *Raccolta di lettere sulla Pittura*, Rome, 1757, vol. 2, lettera 84.
2. Dans le § I. des additions, j'explique la manière dont je cite les différents manuscrits de Vinci.

l'impression visible, et plusieurs autres phénomènes de l'œil qu'on ne rencontre point dans Vitellion. Enfin non seulement Vinci avait remarqué tout ce que Castelli a dit un siècle après lui sur le mouvement des eaux ; le premier me paraît même dans cette partie supérieur de beaucoup à l'autre, que l'Italie cependant a regardé comme le fondateur de l'Hydraulique.

Il faut donc placer Léonard à la tête de ceux qui se sont occupés des sciences physico-mathématiques et de la vraie méthode d'étudier parmi les Modernes. C'est dommage qu'il n'ait pas publié de son temps ses vues ; les hommes d'esprit se tournèrent alors du côté des beaux-arts, le commun des savants continua à se traîner dans les disputes scolastiques ou religieuses, et l'époque de la vraie interprétation de la nature fut retardée d'un siècle.

J'ai recueilli des écrits de Vinci tout ce qui m'a paru digne de l'être ; il me faut du temps et de la tranquillité pour disposer méthodiquement des pensées jetées au hazard, pour les arranger dans l'ordre que l'auteur même annonce qu'il voulait leur donner. Le C. Lalande, cet astronome si zélé, m'a encouragé à vous en offrir maintenant quelques essais ; dans cette intention, j'ai traduit de l'Italien quelques fragments qui sont la plupart distingués et comme séparés des matières principales ; ce sont des hors-d'œuvre dans les études de Léonard. Je me propose de vous présenter le plus tôt que je pourrai, dans trois Traités complets, tout ce que Vinci a fait sur la Méchanique, l'Hydraulique, et l'Optique.

JOHANN WOLFGANG VON GOETHE[1]

1817

Nous avons à dire quelques mots sur la personne et les talents de Léonard. Les dons variés que lui avait faits la nature se concentraient principalement dans l'œil : de là vient qu'étant capable de tout, il se montra surtout un grand peintre. D'une taille belle et régulière, il semblait un modèle de la figure humaine, et, comme la force compréhensive et la clarté de l'œil se rapportent tout particulièrement à l'intelligence, la clarté et l'intelligence étaient éminemment propres à notre artiste. Il ne se reposait pas sur l'impulsion secrète de son talent naturel, inestimable ; il ne se permettait pas un coup de pinceau arbitraire, accidentel : tout devait être médité deux fois et trois fois. De la proportion pure et constatée jusqu'aux monstres les plus étranges, formés d'un assemblage d'imaginations contradictoires, tout devait être à la fois naturel et rationnel.

C'est à sa vive et intelligente perception du monde extérieur que nous devons aussi le grand détail avec lequel il sait présenter par le langage les mouvements

1. *Œuvres*, X : « Mélanges », trad. Jacques Porchat, Paris, Librairie Hachette, 1863, chap. : « *La Cène* de Léonard de Vinci », p. 418-419.

les plus impétueux d'événements compliqués, absolument comme s'ils pouvaient devenir des tableaux. Qu'on lise la description de la *Bataille*, de la *Tempête*, et l'on reconnaîtra qu'il est difficile de trouver des représentations plus exactes. On ne pourrait les peindre, il est vrai, mais elles indiquent au peintre ce qu'on pourrait exiger de lui.

Nous voyons donc par les écrits que notre Léonard a laissés combien son sentiment délicat et paisible était disposé à recevoir l'impression des phénomènes les plus divers et les plus animés. Ses leçons insistent d'abord sur la beauté générale des formes, puis en même temps sur l'observation attentive de toutes les déviations, jusqu'à la plus affreuse laideur. La transformation visible de l'enfance jusqu'à la vieillesse, par tous les degrés, mais surtout l'expression de la passion, depuis la joie jusqu'à la fureur, doivent être rendues d'une manière fugitive, comme elles se présentent dans la vie. Veut-on dans la suite faire usage d'une pareille représentation, il faut chercher dans la réalité une figure qui en approche, la placer dans la même position, et traiter l'idée générale qu'on a dans l'esprit exactement d'après le vif. Mais, quelques avantages que puisse offrir cette méthode, on sent bien qu'elle ne peut être employée que par le plus grand talent. En effet, comme l'artiste part de l'individuel et s'élève à l'universel, il trouvera toujours devant lui une tâche difficile, surtout s'il faut rendre l'action simultanée de plusieurs figures.

Considérons la Cène, où Léonard a représenté treize personnages, depuis le jeune homme jusqu'au vieillard, l'un paisiblement résigné, l'autre effrayé ; onze, émus et irrités par la pensée d'une trahison domestique. On passe de la tenue la plus douce et la plus modeste jusqu'à la passion la plus violente. S'il fallait prendre tout cela dans la nature, quelle attention de tous les moments, quel temps ne serait pas nécessaire, pour trouver tant de détails et en former un ensemble ! Il n'est donc pas invraisemblable que l'artiste ait travaillé seize ans à cet ouvrage, et qu'il n'ait pu achever ni l'Homme-Dieu ni le traître, qui, n'étant l'un et l'autre que des conceptions idéales, ne s'étaient pas offerts à ses yeux.

GEORG WILHELM FRIEDRICH HEGEL[1]

1840

De cette fusion de la vie réelle, dans toute sa richesse, avec ce que le sentiment religieux renferme de plus intime et de plus profond, naquit un nouveau problème du plus haut intérêt, et dont la solution ne fut parfaitement donnée que par les grands maîtres du XVIe siècle. Il s'agissait, en effet, de mettre en harmonie

---

1. *Esthetik II*, 1840 ; extrait traduit dans *Tout l'œuvre peint de Léonard de Vinci*, Gallimard, coll. « La Galerie de la Pléiade », 1950, p. 164.

la profondeur mystique, le sérieux et l'élévation du sentiment religieux, avec ce sens de la vie extérieure, avec la libre actualité des caractères et des figures ; de faire en sorte, en même temps, que la forme du corps, dans son maintien, ses mouvements et sa couleur, au lieu d'être un simple squelette, fût en soi pleine d'animation et de vitalité ; et, grâce à la parfaite expression de toutes les parties, trahît une égale beauté, au physique et au moral.

Parmi les Maîtres qui marchèrent vers ce but, il faut nommer particulièrement Léonard de Vinci. En effet, avec une justesse de jugement et une finesse de tact qui va presque jusqu'au raffinement, il pénétra plus profondément qu'aucun autre n'avait fait avant lui, le secret des formes du corps humain et l'âme de leur expression ; de même que par une habileté non moins profonde dans la technique de son art, il acquit une grande sûreté dans l'application des moyens que ses études lui avaient mis entre les mains. Il sut, en outre, conserver dans la conception de ses sujets religieux, un sérieux plein de gravité ; de sorte que ses personnages, tout en offrant l'apparence d'une réalité parfaitement vivante et humaine, et l'expression d'une sérénité douce, souriante, dans leur physionomie et leurs mouvements dessinés avec grâce, ne manquent pas cependant de l'élévation qui inspire la vénération pour la dignité et la vérité de la religion.

STENDHAL[1]

1817

Je suis parti de Florence à cheval, à l'aurore d'un beau jour de printemps ; j'ai descendu l'Arno jusqu'auprès du délicieux lac Fucecchio[2] : tout près sont les débris du petit château de Vinci. J'avais dans les fontes de mes pistolets les gravures de ses ouvrages ; je les avais achetées sans les voir ; j'en voulais recevoir la première impression sous les ombrages de ces collines charmantes au milieu desquelles naquit le plus ancien des grands peintres, précisément trois cent quarante ans avant ma visite, en 1452.

Il était fils naturel d'un messer Pietro, notaire de la république, et aimable comme un enfant de l'amour.

Dès sa plus tendre enfance on le trouve l'admiration de ses contemporains. Génie élevé et subtil, curieux d'apprendre de nouvelles choses, ardent à les tenter, on le voit porter ce caractère, non seulement dans les trois arts du dessin, mais aussi en mathématiques, en mécanique, en musique, en poésie, en idéologie, sans parler des arts d'agrément, dans lesquels il excella, l'escrime, la danse, l'équita-

1. *Histoire de la peinture en Italie*, éd. Vittorio Del Litto, Gallimard, 1996, p. 171-173 et 217-218.
2. Voyage imaginaire.

tion ; et ces talents divers il les posséda de telle sorte que, duquel qu'il fît usage pour plaire, il semblait né pour celui-là seul.

Messer Pietro, étonné de cet être singulier, prit quelques-uns de ses dessins, qu'il alla montrer à André Verrocchio, peintre et statuaire alors très renommé. André ne put les croire les essais d'un enfant ; on le lui amena : ses grâces achevèrent de le séduire, et il fut bientôt son élève favori. Peu après, Verrocchio, peignant à Saint-Salvi, pour les moines de Vallombreuse, un tableau de *Saint Jean baptisant Jésus*[1], Léonard y fit cet ange si plein de grâces.

Toutefois la peinture ne prenait pas tous ses moments. On voit, par les récits aveugles de ses biographes, qu'il s'occupait également de chimie et de mécanique. Ils rapportent, avec quelque honte, que Léonard avait des idées extravagantes. Un jour, il cherchait à former, par le mélange de matières inodores, des odeurs détestables. Ces gaz, venant à se développer tout à coup dans l'appartement où la société était rassemblée, mettaient tout le monde en fuite. Une autre fois, des vessies cachées étaient enflées par des soufflets invisibles, et, remplissant peu à peu toute la capacité de la chambre, forçaient les assistants à décamper. Il inventait un mécanisme par lequel, au milieu de la nuit, le fond d'un lit s'élevait tout à coup, au grand détriment du dormeur. Il en trouvait un autre propre à percer les rochers, un autre pour élever de grands poids. Il eut l'idée de soulever l'énorme édifice de Saint-Laurent, pour le placer sur une base plus majestueuse.

On le voyait dans les rues s'arrêter tout à coup pour copier sur un petit livret de papier blanc les figures ridicules qu'il rencontrait. Nous les avons encore, ces charmantes caricatures, et ce sont les meilleures qui existent[2]. Non seulement il cherchait les modèles du *beau* et du *laid*, mais il prétendait saisir l'expression fugitive des affections de l'âme et des idées. Les choses bizarres et altérées avaient un droit particulier à son attention. Il sentit le premier peut-être cette partie des beaux-arts qui n'est pas fondée sur la sympathie, mais sur un retour d'amour-propre[3]. Il amenait dîner chez lui des gens de la campagne, pour les faire rire, à gorge déployée, par les récits les plus étranges et les contes les plus gais. D'autres fois on le voyait suivre les malheureux au supplice.

Une rare beauté, des manières pleines de charme, faisaient trouver admirables ces idées singulières, et il paraît que, comme Raphaël, ce génie heureux fut une exception à la règle si vraie :

Aucun chemin de fleurs ne conduit à la gloire[4].

LA FONTAINE.

1. Il s'agit du *Baptême du Christ* (1475-1480, Musée des Offices).

2. Elles sont trente-huit, dit Mariette, dessinées à la plume ; je les ai vues gravées par… (*N.d.A.*) – Stendhal n'a pas songé à placer ici le nom du graveur qu'il avait oublié en rédigeant.

3. On rit, par une jouissance d'amour-propre, à la vue subite de quelque perfection que la faiblesse d'autrui nous fait voir en nous. (*N.d.A.*)

4. La Fontaine, *Fables*, livre X, fable XIII, « Les deux aventuriers et le talisman ».

[...]

Les idées à la fois exactes et fines ne pouvaient être rendues par le langage du XVe siècle. Pour peu que nous ne voulions pas raisonner comme un faiseur de prose poétique, nous sommes réduits à deviner.

Probablement Léonard approcha d'une partie de la science de l'homme, qui même aujourd'hui est encore vierge : la connaissance des faits qui lient intimement la science des passions, la science des idées, et la médecine. Le vulgaire des peintres ne considère dans les larmes qu'un signe de la douleur morale. Il faut voir que c'en est la marque *nécessaire*. C'est à reconnaître la nécessité de ce mouvement, c'est à suivre l'effet anatomique de la douleur depuis le moment où une femme tendre reçoit la nouvelle de la mort de son amant jusqu'à celui où elle le pleure, c'est à voir bien nettement comment les diverses pièces de la machine humaine forcent les yeux à répandre des larmes, que Léonard s'appliqua. Le curieux qui a étudié la nature sous cet aspect voit souvent les autres peintres faire courir un homme sans lui faire remuer les jambes.

Je ne connais que deux écrivains qui aient approché franchement de la science attaquée par Léonard : Pinel et Cabanis[1]. Leurs ouvrages, pleins du génie d'Hippocrate, c'est-à-dire de faits et de conséquences bien déduites de ces faits, ont commencé la science. Les phrases de Zimmermann[2] et des Allemands ne peuvent qu'en donner le goût.

Lorsque le bon curé Primrose[3] arrive, au milieu de la nuit, après un long voyage, devant sa petite maison, et qu'au moment où il étend le bras pour frapper il l'aperçoit toute en feu, et les flammes sortant de toutes les fenêtres, c'est la physiologie qui apprend au peintre, comme au poète, que la terreur marque la face de l'homme par une pâleur générale, l'œil fixe, la bouche béante, une sensation de froid dans tout le corps, un relâchement des muscles de la face, souvent une interruption dans la chaîne des idées. Elle fait plus, elle donne le pourquoi et la liaison de chacun de ces phénomènes.

1. *Traité de la manie* et *Rapports du moral*. Voir Crichton : *An Inquiry into the Nature and Origin of Mental Derangements*, Londres, 1798. (*N.d.A.*) – Philippe Pinel (1745-1826), médecin aliéniste, auteur du *Traité médico-philosophique sur l'aliénation mentale ou la Manie*, paru en 1796. Pierre-Jean-Georges Cabanis (1757-1808), auteur du *Traité du physique et du moral de l'homme* (1802). – La référence au livre de Crichton est empruntée au traité de Pinel.

2. George Zimmermann, auteur d'un *Traité de l'expérience en général et en particulier dans l'art de guérir*, dont la traduction française a paru en 1800, 3 volumes.

3. *The Vicar of Wakefield*. (*N.d.A.*) – Le docteur Primrose est le protagoniste du roman d'Oliver Goldsmith, *Le Vicaire de Wakefield* (1766).

JULES MICHELET[1]
1855

L'héroïsme encyclopédique qui veut embrasser toute chose semble le génie de Florence sous Brunelleschi. Avant, tout était divisé ; il y avait des peintres, des orfèvres, des sculpteurs, des architectes. L'art est quelque temps général, mêlé et marié de tous les arts. Cela dure un demi-siècle, jusqu'à Vinci, génie vraiment universel de tout art et de toute science. Michel-Ange, qui n'est plus un savant, unira du moins les arts du dessin, sera sculpteur, peintre, architecte ; mais Raphaël et les autres grands maîtres du XVIe siècle se concentreront dans un art.

Ce qui étonne le plus dans le mouvement du XVe, c'est que l'œuvre qui fait l'admiration, la stupeur universelles, celle de Brunelleschi, a peu d'influence, est peu imitée. En présence de cette victoire de la Renaissance, le gothique mourant se survit ; il fait son dernier effort ; il apprend à calculer, et dresse la flèche de Strasbourg. Fatigué dès ce moment, il s'enfonce dans l'impénitence ; loin de songer à s'amender, il devient plus fragile encore, s'entourant de plus en plus de tous les petits arts d'ornement, des mignardises du ciseleur, du brodeur, frisures, guipures. La coquette église de Brou, défaillante à sa naissance, demande tout d'abord des réparations. Saint-Pierre même, œuvre sublime du plus grand disciple de Brunelleschi, rappellera les formes du maître, mais non son robuste génie. Ce dôme admirable sera contrebandé, appuyé du dehors ; il ne se tient pas de lui-même.

La peinture a ses rechutes. Au grand Van Eyck, à l'énergique créateur et générateur, à l'homme succède une femme, Hemling, qui peint au clair de lune, et qui s'est si bien exprimé à l'hospice de Bruges, où on le voit en bonnet de malade.

Ainsi la Flandre retomba. L'Italie retomberait-elle ? Si jamais on dut supposer que l'élan de la Renaissance était décidément donné, c'est lorsqu'au milieu du siècle apparut le grand Italien, l'homme complet, équilibré, tout-puissant en toute chose, qui résumait tout le passé, anticipait l'avenir, qui, par-delà l'universalité florentine, eut celle du Nord, unissant les arts chimiques, mécaniques, à ceux du dessin. On entend bien que je parle de Léonard de Vinci.

« Anatomiste, chimiste, musicien, géologue, mathématicien, improvisateur, poète, ingénieur, physicien, quand il a découvert la machine à vapeur, le mortier à bombe, le thermomètre, le baromètre, précédé Cuvier dans la science des fossiles, Geoffroy Saint-Hilaire dans la théorie de l'unité, il se souvient qu'il est peintre, et il veut appliquer à l'art humain le dessin du créateur dans l'unité des organisations. » (Edgar Quinet, *Les Révolutions d'Italie.*)

Le Moyen Âge s'était tenu dans une timidité tremblante en présence de la nature.

---

1. *Histoire de France au seizième siècle*, t. VII : *Renaissance*, Paris, Chamerot Libraire-Éditeur, 1855, « Introduction », § XI, p. LXXXVI-XCII.

Il n'avait su que maudire, exorciser la grande fée. Ce Vinci, fils de l'amour et lui-même le plus beau des hommes, sent qu'il est aussi la nature ; il n'en a pas peur. Toute nature est comme sienne, aimée de lui. Son point de départ effraya. Des gens de la campagne lui apportant une espèce d'écusson de bois pour y mettre des ornements, il le leur rend paré d'un monde d'animaux repoussants, terribles, combiné en un monstre sublime qui attirait et faisait peur. Même audace dans ses Léda, où l'hymen des deux natures est marqué intrépidement, telle que la science moderne l'a découvert de nos jours, et toute la création retrouvée parente de l'homme.

Entrez au Musée du Louvre, dans la grande galerie, à gauche vous avez l'ancien monde, le nouveau à droite. D'un côté, les défaillantes figures de Fra Angelico, restées aux pieds de la Vierge du Moyen Âge ; leurs regards malades et mourants semblent pourtant chercher, vouloir. En face de ce vieux mysticisme, brille dans les peintures de Vinci le génie de la Renaissance, en sa plus âpre inquiétude, en son plus perçant aiguillon. Entre ces choses contemporaines, il y a plus d'un millier d'années.

Bacchus, saint Jean et la Joconde, dirigent leurs regards vers vous ; vous êtes fascinés et troublés, un infini agit sur vous par un étrange magnétisme. Art, nature, avenir, génie de mystère et de découverte, maître des profondeurs du monde, de l'abîme inconnu des âges, parlez, que voulez-vous de moi ? Cette toile m'attire, m'appelle, m'envahit, m'absorbe ; je vais à elle malgré moi, comme l'oiseau va au serpent.

Bacchus ou saint Jean, n'importe, c'est le même personnage à deux moments différents. « Regardez le jeune Bacchus au milieu de ce paysage des premiers jours. Quel silence ! quelle curiosité ! il épie dans la solitude le premier germe des choses, le bruissement de la nature naissante : il écoute sous l'antre des cyclopes le murmure enivrant des dieux.

Même curiosité du bien et du mal dans son saint Jean précurseur : un regard éblouissant qui porte lui-même la lumière et se rit de l'obscurité des temps et des choses ; l'avidité infinie de l'esprit nouveau qui cherche la science et s'écrie : *Je l'ai trouvée !* » (Quinet). C'est le moment de la révélation du vrai dans une intelligence épanouie, le ravissement de la découverte, avec une ironie légère sur le vieil âge, enfant caduc. Ironie si légitime, que vous reverrez victorieuse, décidément reine du monde, dans les dialogues voltairiens de Galilée.

Il n'y a à dire qu'une chose ; ceux-ci sont des dieux, mais malades. Nous n'en sommes pas à la victoire. Galilée est loin encore. Le Bacchus et le saint Jean, ces âpres prophètes de l'esprit nouveau, en souffrent, en sont consumés. Vous le voyez à leurs regards. Un désert les en sépare, avec cent mirages incertains. Une étrange île d'Alcine est dans les yeux de la Joconde, gracieux et souriant fantôme. Vous la croyiez attentive aux récits légers de Boccace. Prenez garde. Vinci lui-même, le grand maître de l'illusion, fut pris à son piège ; longues années il resta là, sans pouvoir sortir jamais de ce labyrinthe mobile, fluide et changeant, qu'il a peint au fond du dangereux tableau.

Personne ne fut plus admiré que Léonard de Vinci. Personne ne fut moins suivi. Ce surprenant magicien, le frère italien de Faust, étonna et effraya. Il ne fut encouragé ni de Florence ni de Rome. Milan imita ses peintures, faiblement, de loin. Ce fut tout. Il resta seul, comme prophète des sciences, comme le créateur hardi, qui, en face de la nature, enfante et combine comme elle, lui rend vie pour vie, monde pour monde, la défie. Prenez-moi les agréables arabesques du Vatican, faibles représentations de la nature animale, et placez-les à côté du combat où Vinci a mis aux prises ces ardents coursiers qui se mordent, ces guerriers barbares vêtus d'armures monstres, d'écailles de serpents, de scorpions, vous verrez où est la science. Raphaël copie toujours le cheval de Marc-Aurèle, lorsque, depuis tant d'années, Vinci avait peint le cheval avec la savante énergie de Rubens et la spécialité de Géricault.

EUGÈNE DELACROIX[1]

1860

3 avril [1860]. – Fragilité des ouvrages de peinture et autres.

Je lis une *Vie de Léonard de Vinci* d'un M. Clément (*Revue des Deux Mondes*, 1er avril 1860). C'est le pendant à une *Vie de Michel-Ange*, très bonne, du même, publiée l'année dernière. J'y suis frappé surtout de la disparition notée par lui de presque tous ses ouvrages, tableaux, manuscrits, dessins, etc. Il n'y a personne qui ait produit davantage et laissé si peu de chose. Cela me rappelle ce que Longchamps[2] dit de Voltaire : qu'il ne croyait jamais avoir fait assez pour sa réputation. Un peintre, dont chaque ouvrage est unique, et exposé à bien plus de chances de destruction, ou, ce qui est peut-être pis, d'altération, a bien plus de sujet de chercher à produire beaucoup d'ouvrages pour que quelques-uns au moins puissent surnager.

Ce serait un ouvrage curieux qu'un commentaire sur le traité de la peinture de Léonard. Broder sur cette sécheresse donnerait matière à tout ce qu'on voudrait.

Voir dans cette vie de Léonard la lettre qu'il écrit au duc de Milan, où il lui détaille toutes ses inventions. J'y ai trouvé qu'il avait eu une idée qui répond à celle que j'avais à Dieppe, dans un article sur l'art militaire, d'avoir des chariots qui transportent de petits détachements de soldats au milieu de l'ennemi, etc. Il dit : « Je fais des chariots couverts que l'*on ne saurait détruire*, avec lesquels on pénètre dans les rangs de l'ennemi et on détruit son artillerie. Il n'est si grande quantité de gens armés qu'on ne puisse rompre par ce moyen, et derrière ces chariots, l'infanterie peut s'avancer sans obstacles et sans danger[3]. » Il a tout prévu, il dit : « Dans le cas où on serait en mer, je puis employer beaucoup de moyens offensifs et défensifs, et entre autres *construire des vaisseaux à l'épreuve des bombardes*, etc. »

1. *Journal 1822-1863*, préf. de Hubert Damisch, intro. et notes par André Joubin, éd. revue par Régis Labourdette, Plon, 1931-1932-1980 et 1996, p. 775-777.

2. Pierre Charpentier de Longchamps (1740-1817), littérateur, auteur d'un *Tableau historique des gens de lettres*. (*N.d.A.*)

3. Voir le dessin du char d'assaut p. 977.

Giotto, *La Cène*, paroi droite, second registre d'*Histoires de la vie du Christ*, fresque, 1304-1306 (Padoue, Chapelle de l'Arena).

Domenico Ghirlandaio, *La Cène*, fresque, v. 1480 (Florence, Église d'Ognissanti).

L'auteur de l'article parle des divers tableaux de la *Cène* des peintres célèbres qui ont précédé Léonard : le *Cénacle* de Giotto, celui de Ghirlandaio, etc. Ces compositions austères sont raides, les personnages ne marquent ni par leur expression, ni par leur attitude, etc. Plus sévères chez l'un de ces maîtres, déjà plus vivaces chez l'autre, ils ne concourent point à l'action, qui n'a rien de cette unité puissante et de cette prodigieuse variété que Léonard devait mettre dans son chef-d'œuvre. Si l'on se reporte au temps où cet ouvrage fut exécuté, on ne peut qu'être émerveillé du progrès immense que Léonard fit faire à son art. Presque le contemporain de Ghirlandaio, condisciple de Lorenzo di Credi et du Pérugin, qu'il avait rencontré dans l'atelier de Verrocchio, il rompt d'un coup avec la peinture traditionnelle du XVe siècle ; il arrive sans erreurs, sans défaillances, sans exagérations et comme d'un seul bond, à ce naturalisme judicieux et savant, également éloigné de l'imitation servile et d'un idéal vide et chimérique. Chose singulière ! le plus méthodique des hommes, celui qui parmi les maîtres de ce temps s'est le plus occupé des procédés d'exécution, qui les a enseignés avec une telle précision que les ouvrages de ses meilleurs élèves sont tous les jours confondus avec les siens, cet homme, dont la *manière* est si caractérisée, n'a *point de rhétorique*. Toujours attentif à la nature, la consultant sans cesse, *il ne s'imite jamais lui-même* ; le plus savant des maîtres en est aussi le plus naïf, et il s'en faut que ses deux émules, Michel-Ange et Raphaël, méritent au même degré que lui cet éloge.

THÉOPHILE GAUTIER[1]

1864

Les Grecs avaient atteint le beau en toute chose, et le rocher sacré de l'Acropole, chargé de temples et de sculptures, resta debout comme l'autel du génie humain au milieu des solitudes et des ruines qu'avaient faites la barbarie plus que le temps, mais ignoré en quelque sorte, et donnant des leçons perdues.

Sans vouloir être injuste envers les efforts et les tentatives des civilisations postérieures, on peut dire qu'une longue nuit suivit ce jour éclatant, et que le sens du beau disparut pendant bien des siècles dans les cataclysmes d'empires et le chaos du moyen âge.

La sculpture et la peinture, entraînées par la chute du polythéisme, s'éclipsent totalement ; treize siècles s'écoulent depuis l'avènement de Jésus-Christ jusqu'à André Taffi et Cimabuë, qui ne font guère que reproduire les vieux poncifs byzantins ; il faut encore cent ou deux cents ans pour sortir

1. « Léonard de Vinci », *Les Dieux et les Demi-Dieux de la peinture*, avec Arsène Houssaye et Paul de Saint-Victor, Paris, Morizot Libraire-Éditeur, 1864, p. 1-25.

de l'imagerie à fonds d'or, et de la sculpture enfantine, digne des Chinois et des sauvages.

Mais enfin arrive ce merveilleux seizième siècle, où l'esprit de l'homme se réveille en sursaut, comme d'un long rêve, et reprend possession de lui-même. Ce fut un moment plein de grâce et de charme, et qu'exprime on ne peut mieux le mot Renaissance, employé pour désigner cette époque climatérique : après les longues et opaques ténèbres, hantées de cauchemars, de terreurs et d'angoisses, se levait enfin l'aurore nouvelle. La beauté, oubliée si longtemps, apparaissait radieuse et enchantait le monde de son jeune éclat. Quelques manuscrits déchiffrés à travers la gothique écriture des moines, quelques fragments de marbres antiques sortis de terre comme par miracle avaient suffi pour opérer cette révolution.

Ces lampes de la vie, que, suivant le beau vers de Lucrèce, des coureurs se remettent l'un à l'autre, s'étaient rallumées à l'étincelle antique, et brillaient joyeusement dans des mains qui ne devaient plus les laisser éteindre. Un de ceux dont la lampe jeta le plus vif rayon, ce fut Léonard de Vinci. Sa flamme, bien que voilée par la fumée noire du temps, luit encore comme une étoile ; et quand un des tableaux du maître se trouve dans une galerie, quelque sombre et rembruni qu'il soit, elle en est tout éclairée.

Léonard de Vinci, enfant naturel d'un messer Pietro, notaire de la république, naquit en 1452, dans un petit château, dont les ruines existent encore non loin de Florence, près du lac Fucecchio, au milieu d'un horizon charmant. Tout devait être joie, grâce et sourire pour cet enfant de l'amour, qui devint bientôt le plus beau des hommes : la Nature, comme revendiquant pour elle seule son plus parfait ouvrage, ne voulut pas qu'il eût de famille légitime, et sans appeler les fées à son berceau, – elles y vinrent d'elles-mêmes, – le doua de tous les dons imaginables. On eût dit que, par une sorte d'amour-propre, elle se justifiait ainsi de ses avortements et de ses ébauches imparfaites[1].

Contrairement à la loi ordinaire, Léonard de Vinci ne connut ni les luttes, ni les difficultés des commencements : l'admiration le prit tout jeune et ne le quitta plus. Il mourut entre les bras d'un roi, et, si l'érudition moderne a contesté cette légende, elle est tellement vraisemblable comme couronnement de cette vie heureuse et honorée, que tout le monde y dut croire.

Enfant, ses premiers dessins excitèrent la surprise et l'incrédulité. Mis à l'école du Verrocchio, bon sculpteur et bon peintre, il y fit preuve d'une supériorité si précoce, que l'élève fut bientôt le maître : on sait qu'il peignit dans un tableau

1. En publiant ces études sur les dieux de la peinture, notre intention n'est pas d'écrire les biographies des grands maîtres de l'art. Leur vie physique est partout, et nous ne voulons pas copier des anecdotes connues de tout le monde, d'après Vasari, Lomazzo, Baldinucci, l'abbé Lauzi, Felibien, Cochin, de Piles, Decamps, Reynolds ; nous voulons seulement analyser dans leur œuvre ces artistes suprêmes, et retrouver la route par laquelle ils ont cherché le beau. (*N.d.A.*)

de son professeur une tête d'ange si belle, d'un goût si rare et si neuf, qu'elle effaçait tout le reste de l'œuvre, et présageait à l'Italie une gloire sans rivale. En effet, nul n'est supérieur à Léonard, ni Raphaël, ni Michel-Ange, ni Corrège : on a pu s'asseoir à côté de lui sur son sommet, mais qui jamais a monté plus haut ? Notez qu'il est le premier en date, et qu'il mena tout de suite l'art à un degré de perfection qui n'a pas été dépassé depuis.

Cette gloire semble suffisante pour un homme, et pourtant la peinture n'était qu'une des aptitudes du Vinci : également doué dans tous les sens, il eût pu faire aussi bien toute autre chose. C'était un génie universel, encyclopédique ; il possédait toutes les connaissances de son temps, et, qualité plus rare, il voyait directement la nature.

Pour bien se rendre compte du génie de Léonard, il faut se dire qu'il travaillait en quelque sorte sans modèle et inventait à mesure de sa production. C'était même là sa plus grande jouissance ; il ne tenait pas comme certains peintres à multiplier ses œuvres. Il se contentait en toutes choses d'avoir atteint le but, et une fois l'idéal réalisé, il abandonnait ou dédaignait. Il était homme à faire des études immenses pour un seul tableau, sauf à ne plus s'en servir après et à passer à d'autres exercices. Sa curiosité satisfaite, rien ne l'amusait plus. Le modèle fait, l'épreuve tirée, il brisait le moule. Il avait le sens de l'exquis, du rare, de l'absolu. Chaque tableau n'était qu'une expérience heureuse, un *desideratum* accompli qu'il trouvait inutile de renouveler. Dans chaque voie de l'art, il a laissé sa trace ineffaçable, et son pied se voit empreint sur toutes les hautes cimes, mais il semble n'y être monté que pour le plaisir de l'ascension : il en redescend aussitôt et va ailleurs. Il ne paraît pas avoir le dessein de s'illustrer ou de s'enrichir par une supériorité acquise, mais de se prouver seulement à lui-même qu'il est supérieur. Ainsi il a fait le plus beau portrait, le plus beau tableau, la plus belle fresque, le plus beau carton : c'est assez ; et il pense à autre chose, à modeler un cheval gigantesque, à faire le canal du Naviglio, à fortifier des villes, à trouver des engins de guerre, à inventer des scaphandres, des machines à voler, et autres imaginations plus ou moins chimériques. Il soupçonne presque la vapeur, il pressent le ballon, il fabrique des oiseaux qui volent et des animaux qui marchent. Il joue d'une lyre d'argent en forme de tête de cheval dont il est le facteur, et se compose une écriture à rebours, de droite à gauche, qu'on ne peut lire que dans un miroir, chiffre dont tous les secrets n'ont pas encore été pénétrés encore ; il étudie l'anatomie, non pas comme Michel-Ange, pour en faire parade, mais pour la savoir, et dessine d'admirables myologies dont il ne se sert pas, car nulles figures ne sont plus enveloppées que les siennes. Outre l'artiste, il contient un philosophe presque égal à Bacon, ennemi de la scolastique, ne croyant qu'à l'expérience et demandant à la seule nature la solution de ses doutes. Il fait tout, jusqu'à ses enduits et à ses couleurs ; avec cela, vous vous tromperiez étrangement, si vous vous imaginiez une sorte de pédant rogue, ou d'alchimiste hermétique soufflant dans un atelier changé en laboratoire :

personne ne fut plus humain, plus aimable, plus séduisant que Léonard de Vinci ; il avait l'esprit, la grâce, l'adresse, la force à ce point qu'il pliait en deux un fer de cheval, et avec cela une beauté parfaite, une beauté d'Apollon. Il était si doux, si tendre, si sympathique, si lié de cœur à la nature, si compatissant aux moindres souffrances, qu'il achetait des oiseaux en cage pour les rendre à la liberté, tout joyeux de les voir monter éperdument dans l'azur ; qualité rare en ce temps féroce et rude, où, loin d'avoir pitié des animaux, on était presque indifférent pour la vie humaine.

Léonard aimait les chevaux ; il était excellent écuyer, et sur les montures les plus rebelles et les plus fringantes, il se plaisait à des sauts de haies et de fossés, à des voltes et à des courbettes qui remplissaient les spectateurs d'admiration et d'épouvante. Mais ce n'est que de l'artiste que nous avons à nous occuper. Quelque grand qu'il soit, le peintre chez Léonard n'est qu'un des côtés de l'homme. L'art ne l'absorba pas tout entier ; il lutta avec lui et resta le plus fort, sans avoir le jarret desséché, comme Jacob dans son combat contre l'ange.

Quelles furent ses ressources ? On ne le sait, mais on voit jusqu'à trente ans Léonard mener grand train à Florence, il avait chevaux, domestiques, beaux habits, tous les luxes du temps. La fortune, aveugle d'ordinaire, avait ôté son bandeau pour lui, et le favorisait comme s'il en était indigne. Jamais le malheur, comme nous l'avons dit, n'osa approcher cette belle vie et lui faire payer sa gloire.

Tout en menant une existence splendide, il peignait à travers beaucoup d'occupations et de fantaisies, car son esprit multiple se portait partout avec ardeur, ne dédaignant même pas des plaisanteries de physicien, comme de combiner des gaz infects et de gonfler des vessies dont la dilatation forçait les assistants à s'enfuir de la salle. Sa première manière rappelle encore celle du Verrocchio, son maître ; il rend la nature par un moyen emprunté, mais déjà l'accent original est reconnaissable. Cette manière est plus archaïque, plus sèche de dessin, plus claire de ton, moins puissante de modelé que celle qu'il adoptera plus tard, lorsqu'il pourra rendre la nature avec son sentiment propre et sans moyen intermédiaire.

Ce qui caractérise, en effet, Léonard, c'est l'étude constante, attentive, approfondie, intime de la nature, non pas à la façon brutale des réalistes d'aujourd'hui, mais avec une délicatesse, une patience, une compréhension et un choix merveilleux. Il est à la fois vrai et fantasque, exact et visionnaire, il mêle ensemble la réalité et le rêve dans une proportion surprenante. Ses ouvrages vous fascinent par une sorte de pouvoir magique ; ils vivent d'une vie profonde et mystérieuse, presque alarmante, quoique depuis longtemps la carbonisation des couleurs leur ait ôté toute possibilité d'illusion.

On sait l'histoire de ce bouclier demandé par un paysan de Vinci, et sur lequel Léonard devait peindre quelque emblème effrayant.

Pendant plusieurs mois, on vit notre artiste à la chasse de couleuvres, de reptiles, de lézards, de crapauds, de chauves-souris, à l'aide desquels il composa un monstre hybride d'une grande vraisemblance zoologique et d'un effet terrible ;

vous pensez bien que le paysan n'eut pas son bouclier, qui fut vendu trois cents ducats à Galéas, duc de Milan.

Ces études servirent probablement à Léonard pour le masque de Méduse, qu'on voit au musée de Florence : autour de la tête coupée et d'une pâleur exsangue s'entortille hideusement la verte chevelure, dont chaque crin siffle et se tord. Les reptiles ont plus d'importance que le visage, dessiné en raccourci, comme pour dérober à l'œil les convulsions de la mort ; car Léonard n'aimait pas les expressions extrêmes, et partageait là-dessus les idées de l'art antique. Mais cela sans doute l'amusait de faire voir comme il peignait bien les serpents.

L'*Enfant au berceau* qu'on voit à Bologne, les *Saintes Madeleines* des palais Pitti et Aldobrandini, les *Saintes Familles*, *Hérodiades* et *Têtes de saint Jean-Baptiste*, dont s'enorgueillissent quelques galeries, ne sont pas encore tout à fait de Léonard, quoiqu'on ne puisse guère mettre en doute leur authenticité : ce ne fut que plus tard, à sa seconde époque, qu'il trouva sa manière absolue et définitive.

L'idéal du Vinci, quoiqu'il ait la pureté, la grâce et la perfection de l'antique, est tout moderne par le sentiment. Il exprime des finesses, des suavités et des élégances inconnues aux anciens : les belles têtes grecques, dans leur irréprochable correction, sont sereines seulement ; celles du Vinci sont douces, mais d'une douceur particulière, qui vient plutôt d'une indulgente supériorité que d'une faiblesse d'âme ; il semble que des esprits d'une autre nature que la nôtre nous regardent comme à travers les trous d'un masque par ces yeux cerclés d'ombres, avec un air de tendre commisération qui n'est pas sans quelque malice.

Et quel sourire il fait jouer sur ces lèvres flexibles, qui se perdent dans des commissures veloutées, spirituellement tordues par la volupté et l'ironie ! Nul n'a pu encore déchiffrer l'énigme de son expression : il raille et attire, refuse et promet, enivre et rend pensif. A-t-il réellement voltigé sur des bouches humaines, ou est-il pris aux sphinx moqueurs qui gardent le palais du Beau ? Plus tard, Corrège le retrouvera ce sourire ; mais, en lui donnant plus d'amour, il lui ôtera son mystère.

Ludovic le More appela Léonard de Vinci à Milan. Notre artiste réussit beaucoup à cette cour ; sans avoir rien de servile dans l'humeur, il aimait le faste, l'élégance, la politesse. Les palais des rois ou des princes étaient son milieu naturel. Disert, excellent musicien, ordonnateur de fêtes plein d'imagination, recherché dans ses habits, galant, la mode le prit sous son aile, quoique homme de génie, et il obtint là les mêmes succès qu'à Florence.

Il fit le portrait des deux maîtresses du prince, Cécile Galerani et Lucrèce Crivelli, que Stendhal croit reconnaître dans le portrait de femme du Louvre en corsage rouge galonné d'or, et qu'on nomme vulgairement *La Belle Ferronnière*, à cause du diamant qu'elle porte au front. Il commença à modeler pour la statue équestre de Ludovic un cheval aussi grand que le cheval de Troie, et dans la fonte duquel devaient entrer deux cent mille livres de métal ; exécuta ses merveilleux travaux d'hydraulique, et prépara, pour le réfectoire de Sainte-Marie-des-Grâces, le carton de *La Cène,* dont il peignit d'abord les têtes séparément, en manière d'étude, à l'huile et au pastel.

Armé d'un petit album, il parcourait les rues de Milan, les promenades, les marchés, et surtout le Borghetto, espèce de cour des miracles où se rassemblait la canaille, cherchant un type de coquin pour son Judas, dont la tête resta longtemps en blanc sur la muraille, car il ne trouvait pas de physionomie assez perfide, assez basse, assez scélérate, pour l'apôtre apostat qui vendit au prix d'argent son Dieu, son maître, et son ami. Il rencontra enfin ce qu'il voulait, et l'œuvre fut terminée après plusieurs abandons et reprises. Le travail de Léonard était tout intellectuel ; il ne peignait que lorsqu'il voyait son idée bien nette, et ne laissait rien au hasard du pinceau ; on le voyait souvent accourir du bout de la ville, donner deux ou trois touches à sa peinture et se retirer. D'autres fois seulement, il la regardait en silence et n'y touchait pas. Selon lui, ce n'étaient pas les jours où il travaillait le moins. *La Cène* n'est pas une fresque, malheureusement, car elle aurait encore presque tout son éclat, comme celle de Montorfano, placée en face. Elle est peinte avec des couleurs à l'huile, dégraissées par un procédé particulier de l'invention de Léonard, sur un enduit peu solide : aucun outrage ne lui a été épargné, et cependant son ombre seule suffit pour éclipser tous les chefs-d'œuvre.

Nous avons eu le bonheur de voir à Milan *La Cène* de Léonard. Qu'on nous permette de reproduire ici la page écrite dans notre voyage d'Italie, sous l'impression immédiate de l'œuvre divine. Il est inutile d'en varier puérilement les mots, elle contient toute notre pensée sur Léonard.

« *La Cène* de Léonard de Vinci occupe le mur du fond du réfectoire. L'autre paroi est couverte par un Calvaire de Montorfano, daté de 1495. Il y a quelque talent dans cette peinture. Mais qui peut se soutenir devant Léonard de Vinci ?

Certes, l'état de dégradation où se trouve ce chef-d'œuvre du génie humain est à jamais regrettable, pourtant il ne lui nuit pas autant qu'on pourrait croire. Léonard de Vinci est par excellence le peintre du mystérieux, de l'ineffable, du crépusculaire ; sa peinture a l'air d'une musique en mode mineur. Ses ombres sont des voiles qu'il entrouvre ou qu'il épaissit pour faire deviner une pensée secrète. Ses tons s'amortissent comme les couleurs des objets au clair de lune, ses contours s'enveloppent et se noient comme derrière une gaze noire, et le temps, qui ôte aux autres peintres, ajoute à celui-ci en renforçant les harmonieuses ténèbres où il aime à se plonger.

La première impression que fait cette fresque merveilleuse tient du rêve : toute trace d'art a disparu ; elle semble flotter à la surface du mur, qui l'absorbe comme une vapeur légère. C'est l'ombre d'une peinture, le spectre d'un chef-d'œuvre qui revient. L'effet est peut-être plus solennel et plus religieux que si le tableau même était vivant : le corps a disparu, mais l'âme survit tout entière.

Le Christ occupe le milieu de la table, ayant à sa droite saint Jean, l'apôtre bien-aimé. Saint Jean, dans l'attitude d'adoration, l'œil attentif et doux, la bouche entrouverte, le visage silencieux, se penche respectueusement, mais affectueusement, comme le cœur appuyé sur le maître divin. Léonard a fait aux apôtres des figures rudes, fortement accentuées ; car les apôtres étaient tous pêcheurs, manouvriers et gens du peuple. Ils indiquent, par l'énergie de leurs traits, par la puissance de leurs muscles, qu'ils sont l'Église naissante. Jean, avec sa figure féminine, ses traits purs, sa carnation d'un ton fin et délicat, semble plutôt appartenir à l'ange qu'à l'homme ; il est plus aérien que terrestre, plus poétique que dogmatique, plus amoureux encore que croyant ; il symbolise le passage de la nature humaine à la nature divine. Le Christ porte empreinte sur son visage la douceur ineffable de la victime volontaire ; l'azur du paradis luit dans ses yeux, et les paroles de paix et de consolation tombent de ses lèvres comme la manne céleste dans le désert. Le bleu tendre de sa prunelle et la teinte mate de sa peau, dont un reflet semble avoir coloré le pâle Charles Ier de van Dyck, révèlent les souffrances de la croix intérieure portée avec une résignation convaincue. Il accepte résolument son sort, et ne se détourne point de l'éponge de fiel dans ce dernier et libre repas. On sent un héros tout moral et dont l'âme fait la force, dans cette figure d'une incomparable suavité : le port de la tête, la finesse de la peau, les attaches délicatement robustes, le jet pur des doigts, tout dénote une nature aristocratique au milieu des faces plébéiennes et rustiques de ses compagnons. Jésus-Christ est le fils de Dieu ; mais il est aussi de la race des rois de Juda. À une religion toute spirituelle ne fallait-il pas un révélateur doux, élégant et beau, dont les petits enfants pussent s'approcher sans effroi ? À la place de Jésus, assoyez Socrate à cette cène suprême, le caractère changera aussitôt : l'un demandera qu'on sacrifie un coq à Esculape ; l'autre s'offrira lui-même pour hostie, et la beauté de l'art grec serait ici vaincue par la sérénité de l'art chrétien. »

Notre musée du Louvre est riche en peintures de Vinci, ce maître rare à qui un petit nombre de chefs-d'œuvre ont suffi pour conquérir le premier rang. Peu de galeries en réunissent autant et d'une telle authenticité. C'est en vain que le musée de Madrid se flatte de posséder *La Joconde* ; l'original est bien chez nous.

La Vierge aux rochers, dont la gravure est si connue, appartient à la seconde manière de Léonard et peut en être considérée comme le type ; le modelé est poursuivi avec un soin que n'ont pas les peintres auxquels l'ébauchoir n'est pas familier. La rondeur des corps obtenue par la dégradation des teintes, l'exactitude des ombres et la parcimonieuse réserve de la lumière, trahit dans ce tableau sans pareil des habitudes de sculpteur. On sait que Léonard l'était, et il disait souvent : « Ce n'est qu'en modelant que le peintre peut trouver la science des ombres. » On a conservé longtemps des figures de terre dont il s'aidait pour son travail.

L'aspect de *La Vierge aux rochers* est singulier, mystérieux et charmant. Une espèce de grotte basaltique abrite le divin groupe posé sur la rive d'une source qui laisse transparaître à travers son eau limpide les cailloux de son lit. L'arcade de la grotte découvre un paysage rocheux clairsemé d'arbres grêles et que traverse une rivière au bord de laquelle s'élève un village : tout cela d'une couleur indéfinissable comme celle des contrées chimériques que l'on parcourt en rêve, et merveilleusement propre à faire ressortir les figures.

Quel adorable type que celui de la Madone ! Il est tout particulier à Léonard et ne rappelle en rien les vierges de Pérugin ni celles de Raphaël : le haut de la tête est sphérique, le front développé ; l'ovale des joues s'amenuise pour se clore par un menton d'une courbe délicate ; les yeux, aux paupières baissées, se cerclent de pénombres ; le nez, quoique fin, n'est pas rectiligne avec le front, comme celui des statues grecques ; ses narines se découpent et ses ailes frémissent comme si la respiration les faisait palpiter. La bouche, un peu grande, a ce sourire vague, énigmatique et délicieux que le Vinci donne à ses figures de femmes ; une légère malice s'y mêle à l'expression de la pureté et de la bonté. Les cheveux longs, déliés, soyeux, descendent en mèches crespelées sur des joues baignées d'ombres et de demi-teintes et les accompagnent avec une grâce incomparable.

C'est la beauté lombarde idéalisée par une exécution admirable, dont le seul défaut serait peut-être une perfection trop absolue.

Et quelles mains ! surtout celle qui, étendue en avant, présente les doigts en raccourci. M. Ingres seul a pu renouveler ce tour de force dans la figure de la *Musique couronnant Cherubini*[1]. L'ajustement des draperies est de ce goût exquis et précieux qui caractérise le Vinci. Une agrafe en forme de médaillon retient sur la poitrine les bouts du manteau que les bras relèvent en leur imprimant des plis pleints de noblesse et d'élégance.

L'ange qui montre du doigt l'Enfant Jésus au petit saint Jean est la tête la plus suave, la plus fine et la plus fière que jamais le pinceau ait fixée sur la toile. Elle appartient, si l'on peut s'exprimer ainsi, à la plus haute aristocratie céleste. On dirait un page de grande naissance habitué à poser le pied sur les marches du trône.

Une chevelure annelée et bouclée foisonne autour de sa tête, d'un dessin si pur et si délicat qu'il dépasse la beauté féminine et donne l'idée d'un type supérieur à tout ce que l'homme peut rêver ; ses yeux ne sont pas tournés vers le groupe qu'il désigne, car il n'a pas besoin de regarder pour voir, et il n'aurait pas d'ailes aux épaules qu'on ne se tromperait pas sur sa nature. Une indifférence divine se peint sur sa figure charmante, qui daigne à peine sourire du coin des lèvres. Il accomplit la commission donnée par l'Éternel avec une sérénité impassible.

Assurément aucune vierge, aucune femme n'eut un plus beau visage ; mais l'esprit le plus mâle, l'intelligence la plus dominatrice brillent dans ces yeux noirs fixés vaguement sur le spectateur cherchant à pénétrer leur mystère.

On sait combien il est difficile de peindre des enfants. Les formes peu arrêtées du premier âge se prêtent malaisément à l'expression de l'art. Léonard de Vinci, dans le petit saint Jean de *La Vierge aux rochers*, a résolu ce problème avec sa supériorité accoutumée. La position ramassée de l'enfant, qui présente plusieurs portions de son corps en raccourci, est pleine de grâce, d'une grâce cherchée

1. *Le Compositeur Cherubini et la Muse de la poésie lyrique* (1842, Musée du Louvre).

et rare comme tout ce que fait le sublime artiste, mais cependant naturelle. Il est impossible de rien voir de plus finement modelé que cette tête aux joues rebondies trouées de fossettes, que ces petits bras ronds et potelés, que ce torse grassement traversé de plis, et que ces jambes à demi repliées sur le gazon. L'ombre s'avance vers la lumière par des dégradations d'une délicatesse infinie et donne un relief extraordinaire à la figure.

À demi enveloppé d'une gaze claire, le divin Bambino s'agenouille en joignant les mains, comme s'il avait déjà conscience de sa mission et comprenait le geste que le petit saint Jean répète d'après l'ange.

Quant au coloris, si, en s'enfumant, il a perdu sa valeur propre, il a gardé une harmonie préférable, pour les délicats, à la fraîcheur et à l'éclat des nuances. Les tons se sont amortis dans un rapport si parfait, qu'il en résulte une sorte de teinte neutre, abstraite, idéale, mystérieuse, qui revêt les formes comme d'un voile céleste et les éloigne des réalités terrestres.

Nous trouvons un autre aspect de Léonard dans *La Vierge assise sur les genoux de sainte Anne*. Ici l'ombre est moins grise et moins violâtre ; le peintre n'a sans doute pas employé pour ce tableau le noir de son invention qui a tant repoussé dans ses autres peintures. La couleur est restée plus blonde et plus chaude. Au milieu d'un paysage entremêlé de rochers et de petits arbres dont les feuilles se comptent, sainte Anne tient sur ses genoux la Vierge, qui se penche avec un mouvement adorable vers le petit Jésus. L'Enfant lutine son agneau qu'il tire doucement par l'oreille, action puérile et charmante qui ne détruit en rien la noblesse de la composition et lui ôte toute froideur. Quelques jolies rides coupent le front de sainte Anne et rayent ses joues, mais ne lui enlèvent pas sa beauté, car Léonard de Vinci répugne aux idées tristes, et il ne voudrait pas affliger l'œil par le spectacle de la décrépitude. La tête de la Vierge, prise un peu en dessous, a des finesses exquises de lignes ; elle irradie la grâce virginale et la passion maternelle ; les yeux sont presque noyés, et la bouche, demi-souriante, a cette indéfinissable expression dont Léonard a gardé le secret. Elle est peinte, comme le reste du tableau, avec un flou, une morbidezza que l'artiste lui eût peut-être enlevés en la finissant davantage.

Une tradition veut que ce tableau ait été peint d'après le carton de Léonard et sur son dessin par Bernardino Luini. C'est possible ; mais, à coup sûr, le pinceau du maître a passé par là. Nous n'en voulons d'autres preuves que les œuvres de Luini lui-même, quelque charmantes qu'elles soient d'ailleurs.

Puisque nous en sommes aux saintes familles de Léonard, transcrivons ici une page de Henry Beyle sur la *Madone*[1], qui se trouve à Saint-Pétersbourg, la plus fine perle enchâssée dans la galerie de l'Ermitage.

« Ce qui arrête devant ce tableau, c'est la manière de Raphaël employée par un génie tout différent. Ce n'est pas que Léonard ait songé à imiter quelqu'un,

1. La *Madonna Benois* (1478-1482, Musée de l'Ermitage).

tout son caractère s'y oppose ; mais, en cherchant le sublime de la grâce et de la majesté, il se rencontra tout naturellement avec le peintre d'Urbino. S'il avait été en lui de chercher l'expression des passions profondes et d'étudier l'antique, je ne doute pas qu'il n'eût reproduit Raphaël en entier ; seulement il lui eût été supérieur par le clair-obscur. Dans l'état des choses, cette *Sainte Famille* de Saint-Pétersbourg est, à mon sens, ce que Léonard a jamais fait de plus beau. Ce qui la distingue des madones de Raphaël, outre la différence extrême d'expression, c'est que toutes les parties sont trop terminées. Il manque un peu de facilité et d'aménité dans l'exécution matérielle. C'était la faute du temps. Raphaël lui-même a été surpassé par le Corrège.

Il faut que Vinci appréciât lui-même son ouvrage, car il y plaça son chiffre, les trois lettres D. L. V. entrelacées ensemble, signature dont on ne connaît qu'un autre exemple dans le tableau de M. Sanvitali, à Parme.

Quant à la partie morale de la *Madone* de l'Ermitage, ce qui frappe d'abord, c'est la majesté et une beauté sublime ; mais si, dans le style, Léonard s'est rapproché de Raphaël, jamais il ne s'en est éloigné davantage pour l'expression.

Marie est vue de face, elle regarde son fils avec fierté. C'est une des figures les plus grandioses qu'on ait attribuées à la mère du Sauveur. L'enfant, plein de gaieté et de force, joue avec sa mère ; derrière elle, à la gauche du spectateur, est une jeune femme occupée à lire. Dans le tableau, cette figure, pleine de dignité, prend le nom de sainte Catherine, mais c'est probablement le portrait de la belle-sœur de Léon X. Du côté opposé est un saint Joseph, la tête la plus originale du tableau. Saint Joseph sourit à l'enfant et lui fait une petite mine affectée de la grâce la plus parfaite. Cette idée est tout entière à Léonard. Il était bien loin de son siècle de songer à mettre une figure gaie dans un sujet sacré, et c'est en quoi il fut le précurseur du Corrège.

L'expression sublime de ce saint Joseph tempère la majesté du reste, et écarte toute idée de lourdeur et d'ennui. Cette tête singulière se retrouve souvent chez les imitateurs du Vinci : par exemple, dans un tableau de Luini, au musée Bréra. »

Chose bizarre ! Léonard de Vinci, qui possédait une si profonde science anatomique, ne peignit presque jamais de figure nue. Nous n'en connaissons, pour notre part, d'autre exemple que la *Léda*, dont la tête, dessinée par Calamatta et gravée sous sa direction, accompagne cet article. Elle est debout, dans une pose équilibrée avec une eurhythmie digne des plus belles statues grecques, auxquelles cependant elle ne ressemble pas, car le Vinci, original en tout, puisait la beauté à sa source même, dans la nature. Aux pieds de la Léda, nobles et purs comme s'ils étaient taillés dans du marbre de Paros, jouent, parmi les coquilles de leurs œufs brisés, les gracieux enfants du cygne divin ; la jeune femme a cette expression de gaieté railleuse et supérieure qui est comme le cachet de Léonard ; ses yeux pétillants de malice rient entre leurs paupières légèrement bridées ; la bouche se retrousse vers les coins, creusant des fossettes aux joues, avec des sinuosités si molles, si voluptueuses et en même temps si fines, qu'elles en sont presque perfides. M. Baudry a su mettre un reflet de ce sourire dans sa délicieuse petite *Léda*, si remarquée quand elle parut au Salon, et son tableau en était tout illuminé.

Luigi Calamatta, *Léda*, d'après Léonard de Vinci, estampe, publiée dans le journal *L'Artiste*, 1858.

Le seul reproche qu'on puisse adresser à cette charmante figure, c'est une perfection poussée trop loin, un fini de pinceau qui sent encore les premiers efforts de l'art se cherchant lui-même.

Léonard, dans le *Saint Jean-Baptiste* qui se trouve au musée du Louvre, nous semble avoir abusé de ce sourire ; d'un fond d'ombres ténébreuses, la figure du saint se dégage à demi ; un de ses doigts montre le ciel ; mais son masque, efféminé jusqu'à faire douter de son sexe, est si sardonique, si rusé, si plein de réticences et de mystères, qu'il vous inquiète et vous inspire de vagues soupçons sur son orthodoxie. On dirait un de ces dieux déchus de Henri Heine qui, pour vivre, ont pris de l'emploi dans la religion nouvelle. Il montre le ciel, mais il s'en moque, et semble rire de la crédulité des spectateurs. Lui, il sait la doctrine secrète, et ne croit nullement au Christ qu'il annonce ; toutefois il fait pour le vulgaire le geste convenu et met les gens d'esprit dans la confidence par son sourire diabolique.

Nous concevons que l'on ait accusé Léonard d'avoir une religion particulière, une philosophie occulte peu en rapport avec la foi générale. Il suffisait d'une figure comme le *Saint Jean-Baptiste* pour motiver de tels soupçons. Athée ? certes Léonard ne le fut pas ; panthéiste ? peut-être, mais sans le savoir ; il mourut dans les sentiments d'un bon catholique, « avec tous les sacrements de l'Église », comme on le voit par une lettre de François Melzi, son élève, qui l'avait suivi en France[1].

Une sorte de fatalité semble s'être attachée à poursuivre les grandes œuvres de Léonard. Le cheval gigantesque auquel il avait travaillé pendant plus de seize années a été détruit ; de *La Cène* il ne reste plus que l'ombre, mais une telle ombre fait pâlir bien des soleils !

Luini, Salai, Melzi, Beltraffio et d'autres ont peint, dans la manière du Vinci, une foule d'Hérodiades, de madones et de Madeleines qui, sur les catalogues, portent le nom du maître, et parfois ne sont pas indignes d'un tel honneur ; nous-même, à Burgos, dans la sacristie de la cathédrale, nous avons vu une Madeleine inondée de longs cheveux soyeux et fins, ombrée de demi-teintes admirablement ménagées, qu'on attribuait, non sans vraisemblance, à Léonard, mais qui n'était pas de lui, car le sublime paresseux a peu produit. À quoi bon, lorsqu'on a atteint la perfection, se répéter inutilement ?

Comment croire à toutes ces œuvres ? Léonard mit quatre ans à faire le portrait de la Monna Lisa, qu'il ne regarda jamais comme fini ; il se pressait si peu que, pendant son séjour à Rome, ayant reçu une commande de Léon X, il commença par distiller des plantes pour composer un vernis destiné au tableau qu'il devait faire, et ne fit pas, selon son habitude ; il lui suffisait de s'être prouvé à lui-même, par quelques œuvres, qu'il était un grand peintre. Peut-être même

1. Voir ici p. 98.

tirait-il plus vanité de ses talents d'ingénieur, d'hydraulicien et de compositeur de musique.

Qui s'imaginerait que ce beau Léonard, si élégant, si noble, si rare, si exquis, possédât au suprême degré le don de la caricature ? En ce genre, comme en tout autre, il a du premier coup atteint la perfection. Avec quelle force comique, quelle raillerie magistrale, quelle puissance grotesque il découvre l'angle singulier, le détail caractéristique, le côté exorbitant, le tic impérieux de chaque physionomie ! Comme il fait sortir le monstre caché dans tout homme, et comme d'un coup de crayon pareil à un coup de griffe il détache le visage pour laisser voir le masque caché dessous ! Il amène les passions, les vices, les folies, les ridicules à la peau et les fait saillir par quelque prodigieuse exagération anatomique. Ses caricatures, qu'il ramassait dans les rues de Milan sur un calepin, ou qu'il griffonnait de mémoire sur les marges de ses manuscrits, ont été recueillies et gravées par Carlo Giuseppe Gerli : elles ont un caractère bizarre et grandiose, une sorte de jovialité terrible ; un peu plus ces mascarons burlesques seraient effrayants, tant les os, les muscles, les veines s'accentuent avec une puissante difformité, les mâchoires inférieures avancent d'un pied, les nez se courbent comme des becs, les orbites se creusent en voûtes profondes où battent comme des ailes de chauve-souris les paupières flasques, les lèvres se plissent ou se renversent, montrant les gencives édentées ou hérissées de crocs. Les pommettes présentent des anfractuosités de rocher, le profil s'égueule ou s'ébrèche, ouvrant ou diminuant son angle facial avec une incroyable puissance de ridiculisation. Derrière une vague apparence humaine défile la hideuse ménagerie des bestialités et des vices : le mufle, le museau, la hure, le grouin, le bec-de-lièvre prêtent des masques difformes à la méchanceté, à la gourmandise, à la luxure, à la paresse, à l'idiotisme ; mais ce qu'il y a de merveilleux, c'est que chacune de ces têtes si pittoresquement monstrueuses, encadrée de quelque feuillage ou de quelque volute d'ornement, ferait un superbe mascaron crachant l'eau d'une fontaine, mâchant un marteau de porte, ouvrant son rictus à la clef d'une voûte.

Une puissance formidable torture ces contours, creuse ces cavités, fait saillir ces muscles, amène du fond des chairs ces muscles à la peau, accuse le squelette à travers l'enveloppe, exagère les pléthores ou les maigreurs dans un but caricatural ; c'est la jovialité cruelle mais irrésistible d'entraînement d'un dieu jeune et beau qui se moque de la difformité humaine.

On dirait que l'artiste a voulu faire une espèce de cours de tératologie entendu dans le sens large de Geoffroy de Saint-Hilaire, et prouver la beauté par la laideur, la *norme* par le désordre. La caricature, telle que les modernes l'ont entendue, n'a aucun rapport avec ces dessins dont la fantaisie a toujours pour point de départ la plus profonde science et qui sont en quelque sorte une arabesque anatomique ayant des muscles pour rinceaux. Ce sont là des jeux de Titan auxquels ne sauraient s'amuser, malgré toute leur valeur, ni Hogarth, ni Cruikshank, ni Gavarni, ni Daumier, car le Vinci est aussi prodigieux, dans ces croquis faits avec la griffe du lion trempée dans l'encre, que dans ses peintures les plus achevées.

S'il l'eût voulu, Léonard de Vinci eût pu être Michel-Ange, comme il eût été Raphaël ; il fut lui, c'est assez. La grâce le séduisait plus que la force, quoiqu'il fût capable d'être fort : son carton de la bataille d'Anghiera balança celui de Michel-Ange ; malheureusement il disparut dans les troubles de Florence, et il n'en reste qu'un fragment gravé par Edelinck d'après un dessin de Rubens. Assurément Rubens est un grand maître, mais jamais génie ne fut plus contraire à celui de Léonard, et dans l'estampe on sent que le peintre d'Anvers a fait ronfler les contours à la flamande, alourdi les croupes des chevaux, et vulgarisé à sa façon les figures étranges des cavaliers.

Pierre Paul Rubens, *La Lutte pour l'étendard* de *La Bataille d'Anghiari* (Paris, Musée du Louvre), d'après la fresque de Léonard de Vinci. Rubens ne vit pas l'esquisse de *La Bataille*, détruite vers 1560, mais il eut accès aux dessins de Léonard et les étudia.

La douceur, la sérénité, la grâce, une grâce fière et tendre à la fois, telles furent les qualités dominantes de Léonard. Il inventa ou plutôt trouva dans la nature une beauté aussi parfaite que la beauté grecque, mais sans aucun rapport avec elle. C'est le seul artiste qui ait pu être beau sans être antique. En cela consiste son mérite suprême ; car tous ceux qui ont ignoré ces types éternels, ces *canons* de l'idéal, ou qui s'en éloignent, restent entachés de barbarie ou marchent à la décadence. Léonard de Vinci a gardé la finesse gothique en l'animant d'un esprit tout moderne. Comme nous l'avons déjà dit ailleurs, car si Virgile est l'auteur de Dante, Léonard est notre peintre, les figures du Vinci semblent venir des sphères supérieures se mirer dans une glace ou plutôt dans un miroir d'acier bruni où leur reflet reste éternellement fixé par un secret pareil à celui du daguerréotype. On les a déjà vues, mais ce n'est pas sur cette terre, dans quelque existence antérieure peut-être dont elles vous font souvenir vaguement.

Comment expliquer d'une autre manière le charme singulier, presque magique, qu'exerce le portrait de Monna Lisa sur les natures les moins enthousiastes ! Est-ce sa beauté ? bien des figures de Raphaël et d'autres peintres sont plus correctes. Elle n'est même plus jeune, et son âge doit être l'âge aimé de Balzac, trente ans ; à travers les finesses caressantes du modelé on devine déjà quelque fatigue, et le doigt de la vie a laissé son empreinte sur cette joue de pêche mûre. Le costume, par la carbonisation des couleurs, est devenu presque celui d'une veuve : un crêpe descend avec les cheveux le long du visage, mais le regard sagace, profond, velouté, plein de promesse, vous attire irrésistiblement et vous enivre, tandis que la bouche sinueuse, serpentine, retroussée aux coins, sous des pénombres violâtres, se raille de vous avec tant de douceur, de grâce et de supériorité, qu'on se sent tout timide comme un écolier devant une duchesse. Aussi cette tête aux ombres violettes, qu'on entrevoit comme à travers une gaze noire, arrête-t-elle pendant des heures la rêverie accoudée aux garde-fous des musées et poursuit-elle le souvenir comme un motif de symphonie. Sous la forme *exprimée*, on sent une pensée vague, infinie, *inexprimable*, comme une idée musicale ; on est ému, troublé ; des images *déjà vues* vous passent devant les yeux, des voix dont on croit reconnaître le timbre vous chuchotent à l'oreille de langoureuses confidences ; les désirs réprimés, les espérances qui désespéraient s'agitent douloureusement dans une ombre mêlée de rayons, et vous découvrez que vos mélancolies viennent de ce que la Joconde accueillit, il y a trois cents ans, l'aveu de votre amour avec ce sourire railleur qu'elle garde encore aujourd'hui.

Pendant que la Monna Lisa del Giocondo posait, et elle posa longtemps, car Léonard n'était pas homme à se dépêcher avec un tel modèle, des virtuoses exécutaient des concertos dans l'atelier. Le maître par la musique et les joyeux propos voulait retenir sur ces belles lèvres le sourire prêt à s'envoler pour le fixer à jamais sur sa toile. Ne trouvez-vous pas qu'il y a dans le portrait de la Joconde, sans vouloir jouer sur les tons et les notes, comme un écho d'impression musicale ? l'effet est doux, voilé, tendre, plein de mystère et d'harmonie, et le souvenir de cette adorable figure vous poursuit comme un de ces motifs de Mozart que l'âme se chante tout bas pour se consoler d'un malheur inconnu.

Tous ces dieux de la peinture s'emparent ainsi de notre âme et y jouent à tout jamais la divine musique, écho du monde radieux, surhumain où nous voyons apparaître le Beau.

WALTER PATER[1]
1869

Homo minister et interpres naturae[2]

La seconde édition de la « Vie » de Léonard de Vinci par Vasari varie légèrement par rapport à la première[3]. Dans celle-ci, le peintre qui a défini l'apparence extérieure du Christ pour les siècles à venir était un spéculateur audacieux, considérant légèrement les croyances d'autrui et plaçant la philosophie au-dessus du christianisme. Les mots suffisamment tranchants qu'il a dits pour justifier cette impression n'ont pas été conservés, mais ils auraient juré avec un génie dont l'une des caractéristiques est la tendance à se perdre dans un mystère gracieux et raffiné. Le soupçon n'était que le mode traditionnel et reconnu que se réserve le monde pour apprécier tout penseur indépendant, sa haute indifférence, son intolérance aux formes communes des choses ; et dans la seconde édition, l'image est devenue plus indistincte et plus conventionnelle. Mais c'est toujours par un certain mystère dans son œuvre, et par quelque énigme surpassant le degré habituel propre aux grands hommes, que Léonard fascine, ou peut-être dégoûte à moitié. Sa vie est faite de révoltes soudaines, entrecoupée d'intervalles où il cesse de travailler, ou travaille en dehors du champ principal de son œuvre. Par un étrange hasard, les tableaux sur lesquels s'était édifiée sa célébrité populaire disparurent assez tôt, comme c'est le cas de *La Bataille de l'étendard*[4], ou sont obscurément mêlés au travail de mains inférieures, comme *La Cène*. Son modèle de beauté est si exotique qu'il fascine plus d'hommes qu'il n'en charme, et qu'il semble refléter des idées, des vues et quelque modèle du monde intérieur davantage que celui des autres artistes, si bien que Léonard parut posséder quelque sagesse secrète et profane aux yeux de ses contemporains, tandis que pour Michelet[5] et d'autres, il semble avoir anticipé des idées modernes. Jouant négligemment de son génie, Léonard réalise toutes ses principales œuvres en l'espace de quelques années tourmentées à la fin de sa vie, et pourtant, il en est si possédé qu'il traverse les événements les plus tragiques qui accablent ses amis et son pays sans ciller, comme un homme qui les croiserait par hasard en allant accomplir quelque mission secrète.

Sa légende, comme disent les Français, constitue l'un des chapitres des plus brillants des *Vies* de Vasari, avec des anecdotes inoubliables. Les successeurs de ce

1. « Léonard de Vinci », *La Renaissance. Études d'art et de poésie*, trad. et notes de Bénédicte Coste, Classiques Garnier, 2016, p. 119-140.
2. « L'homme, ministre et interprète de la nature », *Instauratio Magna* de Francis Bacon (1620).
3. La première édition paraît en 1550, la seconde en 1558.
4. *La Bataille d'Anghiari* (1503-1505, Palazzo della Signoria).
5. Voir ici p. 1458-1460.

dernier se contentèrent de le copier, jusqu'à ce qu'en 1804, Carlos Amoretti appliquât à Léonard une critique qui n'épargna presque nulle date et nulle anecdote[1]. Depuis, les diverses questions ainsi suscitées sont devenues tour à tour des sujets d'études particulières et la simple recherche historique a cessé d'être pertinente. Pour d'autres auteurs, il reste à publier les treize volumes de ses manuscrits, à séparer par une critique technique ce qui, dans ses œuvres réputées, est vraiment de lui, de ce qui ne l'est qu'à moitié ou qui est l'œuvre de ses élèves. Néanmoins, un amant d'âmes étranges peut encore analyser pour lui-même l'impression que font ces œuvres, et essayer ainsi d'atteindre une définition des principaux éléments du génie de Léonard. Corrigée et agrandie par ses critiques, la légende peut intervenir ici ou là pour soutenir le résultat de cette analyse.

La vie de Léonard se divise en trois parties : il passa trente ans à Florence, presque vingt ans à Milan et puis connut dix-neuf ans d'errance, jusqu'à ce qu'il s'abaissât à se mettre sous la protection de François Ier, au château de Clou[2]. Le déshonneur de l'illégitimité plane sur sa naissance : Piero Antonio, son père, était de la noble maison florentine de Vinci au Val d'Arno, et Léonard, élevé avec délicatesse parmi les enfants légitimes de cette maison, était l'enfant naturel de ses jeunes années, doué de la nature intelligente et puissante qu'ont souvent ces enfants. Nous voyons le jeune Léonard fasciner tous les hommes par sa beauté, improviser de la musique et des poèmes, acheter des oiseaux en cage pour les libérer en parcourant les rues de Florence, et se passionner pour les costumes étrangement brillants et les chevaux fougueux.

Depuis ses plus jeunes années, Léonard concevait et modelait de nombreux objets dont certains en relief, parmi lesquels Vasari mentionne des femmes qui souriaient. Son père, qui songeait aux promesses de l'enfant, l'emmena à l'atelier d'Andrea del Verrocchio qui était alors l'artiste le plus célèbre de Florence et dont l'atelier possédait de beaux objets : reliquaires, ciboires, statues d'argent pour la chapelle du pape à Rome, tandis que d'étranges œuvres médiévales d'imagination voisinaient curieusement avec des fragments antiques que l'on venait alors de découvrir. Il se peut également que Léonard ait vu un autre élève, un jeune garçon dans l'âme duquel étaient passées la lumière égale et les illusions aériennes des crépuscules italiens et qui deviendrait célèbre sous le nom du Pérugin. Verrocchio était un artiste à l'ancienne mode de Florence : sculpteur, peintre, il travaillait aussi les métaux, tout en concevant non seulement des images, mais tous les objets destinés à un usage sacré ou commun, coupes, mobilier d'église, instruments de musique, qu'il embellissait, mettant le reflet de quelque éclat lointain dans les usages communs ; des années de patience avaient raffiné sa main et ses œuvres étaient désormais recherchées par des acheteurs venus de très loin.

Il se trouva que Verrocchio était employé par les frères du monastère de

1. Carlos Amoretti, *Memorie storiche su la vita gli studia e le opera di Leonardo da Vinci* (1804).
2. Aujourd'hui château du Clos-Lucé.

Vallombrosa à peindre un *Baptême* du Christ et que Léonard fut autorisé à finir un ange dans un coin à gauche. Ce fut l'un de ces moments où le progrès d'une grande chose – ici, l'art italien – pèse lourdement sur le bonheur d'un homme à travers le découragement et le déclin qui, chez des individus plus fortunés, permet à l'humanité de faire un pas vers son succès final.

En effet : derrière l'extérieur jovial du simple artisan bien payé, qui enchâssait des broches pour les chapes de la Sainte-Marie-Nouvelle, ou qui recourbait le métal des écrans des tombeaux des Médicis, il y avait chez Verrocchio l'ambitieux désir de donner plus d'envergure au destin de l'art italien par un savoir accru et une pénétration plus profonde des choses, propos non dénué de ressemblance au propos encore inconscient de Léonard ; et souvent, il lui venait quelque chose de la manière libérée et de l'humanité enrichie d'un âge postérieur dans le modelé d'une étoffe, d'un bras levé, d'une chevelure relevée. Mais sur ce *Baptême*, l'élève avait surpassé le maître, et Verrocchio se détourna de l'ange éclatant et animé de la main de Léonard, comme frappé d'étonnement, et comme si son doux travail antérieur lui fût désormais devenu déplaisant.

On peut encore voir cet ange à Florence, comme un rayon de lumière sur une vieille peinture froide et laborieuse ; mais la légende n'est vraie que du point de vue du sentiment, car la peinture avait toujours été l'art qu'estimait le moins Verrocchio. Et tout comme en un certain sens Verrocchio anticipe Léonard, jusqu'à la fin, Léonard rappelle l'atelier de Verrocchio, à travers l'amour des beaux jouets comme la coupe ciselée remplie d'eau en guise de miroir, la charmante broderie qui entoure les mains unies de *Modestie et Vanité*[1], le travail en relief à l'instar de ces camées qui, dans *La Vierge aux balances*, entourent la ceinture de saint Michel, et de ces pierres multicolores et éclatantes, comme les agates de la *Sainte Anne*, tout comme il le rappelle à travers une précision et une grâce hiératiques dignes d'un sanctuaire purifié et orné. Au milieu de toute la ruse et de la complexité de sa manière lombarde, ces éléments ne disparurent jamais et ils semblent avoir constitué une grande part du carton à tapisserie à présent perdu du *Paradis* que Léonard prépara pour les lissiers des Flandres. C'était la perfection de l'ancien style florentin de peinture sur miniature où chaque feuille était patiemment placée sur les arbres et chaque fleur plantée dans l'herbe, là où se tenaient le premier homme et la première femme.

Et parce qu'il s'agissait de la perfection de ce style, elle éveilla en Léonard quelque germe de mécontentement qui se cachait dans les replis secrets de sa nature. Le chemin de la perfection passe en effet par une série de dégoûts, et cette peinture – tout ce qu'il avait réalisé jusqu'alors à Florence – était après tout exécutée selon son ancienne manière dépourvue de signification. S'il devait être quelque chose en ce monde, son art devait recevoir une part accrue de la signification de la nature et du propos de l'humanité. La nature était « la véritable maîtresse des intelligences

1. Attribué à Bernardino Luini (Ajaccio, Palais Fesch).

supérieures[1] », et Léonard se plongea dans son étude, en suivant ainsi la voie des étudiants d'antan. Il médita sur les vertus cachées des plantes et des cristaux, sur les lignes que tracent les étoiles dans leur cours céleste, sur les correspondances qui existent entre les différents ordres du monde vivant à travers lesquels ils s'interprètent mutuellement pour les yeux qui savent voir ; et durant des années, ses proches eurent l'impression qu'il semblait écouter une voix qu'il pouvait seul entendre.

Léonard apprit alors l'art de sonder, de suivre la trace des sources d'expression jusqu'à leurs replis les plus subtils, et de découvrir le pouvoir d'une présence intime dans les objets qu'il maniait. Il n'abandonna pas de suite ou entièrement son art ; simplement, il n'était plus le peintre jovial et objectif dans l'âme de qui, comme à travers un verre pur, passaient les éclatantes figures de la vie florentine pour aller se poser sur le mur nu, simplement rendues plus moelleuses et plus songeuses par ce passage. Il gaspilla bien des jours à concevoir de curieux tours, semblant se perdre dans l'invention de procédés complexes de ligne et de couleur. Il était frappé par l'amour de l'impossible : perforer les montagnes, changer le cours des fleuves, élever de grands bâtiments comme l'église de San Giovanni dans les airs, c'est-à-dire réaliser tous ces exploits dont la magie naturelle prétendait avoir la clé. Des écrivains plus tardifs voient dans cet effort l'anticipation de la mécanique moderne ; chez Léonard, il s'agissait plutôt de rêves issus d'un cerveau que ses travaux mettaient en ébullition. Deux idées s'affirmaient tout particulièrement comme reflets de choses qui avaient touché son cerveau alors qu'il était enfant : le sourire des femmes et le mouvement des grandes eaux.

De telles études produisirent un mélange intime de beauté et de terreur extrêmes qui prit forme dans l'esprit de ce jeune homme gracieux, comme une image qui pouvait être vue et touchée, et qui fut si fixée qu'elle l'accompagna toute sa vie. Comme s'il en attrapait un reflet dans les yeux étranges ou la curieuse chevelure des individus rencontrés au hasard, Léonard la suivait dans les rues de Florence jusqu'au coucher du soleil. Il nous reste bien des esquisses de ces individus ; certains d'entre eux abondent d'une étrange beauté, de cette beauté lointaine que seuls appréhendent ceux qui l'ont soigneusement cherchée et qui ont commencé par des modèles reconnus, avant de les raffiner au degré avec lequel ils raffinent à leur tour le monde des formes communes. Mais inextricablement mêlé à cette beauté, on trouve aussi un élément de moquerie, si bien que par mépris ou par chagrin, Léonard caricature même Dante. Des légions de grotesques naissent sous ses doigts, car la nature n'a-t-elle pas aussi ses grotesques à l'image du rocher fracturé, des lumières déformantes du soir sur des routes solitaires, de la structure révélée de l'homme dans l'embryon ou du squelette ?

Toutes ces fantaisies qui se pressaient chez lui s'unissent dans la *Méduse* du

1. Pater reprend Alexis-François Rio, « Léonard de Vinci », *De l'art chrétien*, Paris, Hachette, 1861-1867, vol. III, p. 37-38, qui cite Léonard sans donner de source.

musée des Offices[1]. L'histoire racontée par Vasari d'une Méduse antérieure, peinte sur un écu en bois, est peut-être une invention, et pourtant, correctement narrée, elle semble plus vraie que toute autre anecdote de toute la légende de Léonard. Car le propos réel de cette Méduse n'est pas l'œuvre sérieuse d'un homme mais l'expérience d'un enfant. Les lézards, les vers luisants et d'autres petites créatures étranges qui hantent une vigne italienne évoquent l'image de la vie d'un enfant dans une demeure toscane – à moitié château, à moitié ferme – et sont plus fidèles à la nature que l'étonnement prétendu d'un père à qui l'enfant a préparé une surprise. Ce fut en revanche très sérieusement que Léonard peignit l'autre Méduse, le grand tableau qu'il laissa derrière lui à Florence. Le sujet a été traité de différentes façons, mais seul Léonard va droit en son cœur, lui seul comprend que Méduse est la tête d'un cadavre exerçant ses pouvoirs à travers toutes les circonstances du trépas. Ce que l'on pourrait appeler la fascination de la corruption pénètre chaque touche de sa beauté exquisément finie. Les chauves-souris volettent librement vers les belles lignes de ses joues, les serpents délicats semblent littéralement s'étrangler dans leur lutte terrifiée pour s'échapper de sa tête. La teinte qu'apporte toujours la mort violente apparaît sur ses traits singulièrement massifs et imposants, que nous apercevons inversés et rétrécis, puisque le sommet de la tête vient au premier plan, comme un grand rocher paisible contre lequel s'écrase la vague serpentine.

La science de cette époque était toute divination, toute voyance, et n'obéissait pas à l'exactitude de nos formules modernes qui cherchent à concentrer mille expériences en un instant de vision. En ne pensant qu'au traité bien ordonné sur la peinture qu'un Français, Raphaël du Fresne[2], compila cent après à partir des manuscrits confus de Léonard, curieusement rédigés selon sa manière, de droite à gauche, certains auteurs ont ensuite imaginé un ordre strict à ses recherches. Cet ordre ne serait guère en harmonie avec l'agitation du caractère de Léonard ; et nous comprendrons à peine l'impression qu'il fit sur son entourage si nous l'imaginons comme un simple raisonneur qui soumet la conception à l'anatomie et la composition aux règles mathématiques. Scrutant ses creusets, faisant des expériences avec la couleur, essayant, par une étrange variante du rêve de l'alchimie, de découvrir le secret non pas d'un élixir destiné à rendre l'homme immortel, mais à conférer l'immortalité aux effets picturaux les plus subtils et les plus délicats, Léonard apparut à ses contemporains plutôt comme un sorcier, un magicien qui possédait d'étranges secrets et une science cachée, et qui vivait dans un monde dont lui seul possédait la clé. Sa philosophie semble avoir eu le plus de ressemblance à celle d'un Paracelse ou d'un Cardan, et elle baigne encore dans

1. La *Méduse* des Offices n'est plus attribuée à Léonard.

2. En 1651, Raphaël Trichet du Fresne publie le *Trattato della pittura di Lionardo da Vinci. Nuovamente dato in luce, con la vita dell'istesso autore, scritta da Rafaelle du Fresne. Si sono giunti i tre libri della pittura, & il trattato della statua di Leon Battista Alberti, con la vita del medesimo*, Paris, Langlois, 1651, qui demeurera jusqu'au XIXe siècle l'une des seules éditions imprimées des écrits de Léonard.

une grande part de l'ancienne alchimie qui croyait ardemment aux raccourcis et aux détours bizarres pour atteindre le savoir. Aux yeux de Léonard, la philosophie devait conférer une rapidité et une seconde vue étranges, deviner l'origine des sources souterraines, se faire voyante des dons occultes qu'ont des objets communs ou extraordinaires, comme le roseau près du ruisseau ou l'étoile qui s'approche de la terre une fois par siècle. C'est obscurément que nous voyons comment le clair propos était ainsi ennuagé et la belle main du ciseleur rendue confuse ; le mystère qui ne se lève jamais vraiment de la vie de Léonard, semble être le plus épais ici ; mais il est certain qu'à une période de sa vie, il avait presque cessé d'être artiste.

On pense qu'en 1483 – année où naquit Raphaël et où Léonard atteignit ses trente-trois ans – ce dernier alla visiter Milan muni d'une lettre où il se recommandait lui-même à Ludovic Sforza en offrant de lui vendre d'étranges secrets dans l'art de la guerre. Il s'agissait de ce Sforza qui assassina son jeune neveu au moyen d'un poison lent, mais qui était d'une si grande susceptibilité aux impressions religieuses qu'il mêlait la simple passion terrestre à une sorte de sentimentalisme religieux. Comme devise, il avait pris le mûrier, symbole par le temps qu'il met à fleurir et à donner des fruits, de la sagesse économisant ses forces pour produire un effet sûr et soudain. La célébrité de Léonard l'avait précédé, et il devait modeler une statue colossale de Francesco, premier duc de Milan. Or, à ses propres yeux, il ne venait pas du tout comme artiste ou comme un homme soucieux de la célébrité des artistes, mais comme un joueur de harpe, d'une étrange harpe d'argent qu'il avait fabriquée lui-même et qui ressemblait curieusement à un crâne de cheval. L'esprit capricieux de Ludovic était également d'une grande susceptibilité au pouvoir de la musique, et la nature de Léonard possédait un certain charme. La fascination est toujours le mot qui le décrit ; il ne reste aucun portrait de sa jeunesse, mais tout tend à nous faire croire que jusqu'alors, sa voix et son apparence dégageaient un charme suffisamment fort pour contrebalancer le désavantage de sa naissance. Sa force physique était grande et on disait qu'il pouvait tordre un fer à cheval comme une feuille de plomb.

Le Dôme de Milan, cet ouvrage d'artistes transalpins, si fantastique aux yeux d'un Florentin habitué aux surfaces lisses et veloutées de Giotto et d'Arnolfo di Cambio, était alors dans toute sa fraîcheur, tandis que dans les rues de Milan, en contrebas, passait une population aussi fantastique, changeante et irréelle. Aux yeux de Léonard plus qu'un autre, il ne pouvait rien y avoir de vénéneux dans les fleurs exotiques de sentiment qui poussaient là : c'était une existence de péchés brillants et de distractions exquises. Il devint organisateur reconnu de spectacles, et cette façon de prendre les choses comme elles se présentaient convenait à son génie composé presque à part égale de curiosité et de désir du beau.

La curiosité et le désir du beau[1] : voici les deux forces élémentaires du génie

1. Pater s'inspire également de la partie « Le portrait » du *Salon de 1859* de Baudelaire (voir *Œuvres complètes*, éd. Claude Pichois, Gallimard, « Bibliothèque de la Pléiade », 1976, t. II, p. 654-659).

de Léonard, la curiosité souvent en conflit avec le désir du beau, mais générant par son union avec celui-ci, une subtile et curieuse grâce.

Le mouvement que connut le xvᵉ siècle fut double : ce fut en partie la Renaissance, en partie la venue de ce qu'on appelle l'« esprit moderne » avec son réalisme et son appel à l'expérience. Il y eut un retour à l'Antiquité et un retour à la nature. Raphaël représente le retour à l'Antiquité, Léonard, le retour à la nature. S'en retournant à celle-ci, Léonard cherchait à satisfaire une curiosité illimitée au moyen des surprises perpétuelles qu'elle offre, de l'impression microscopique de fini à travers sa *finesse*, ou de sa délicatesse d'opération, cette « *subtilitas naturae*[1] » que remarque Bacon. C'est ainsi que nous le trouvons souvent en rapport étroit avec des hommes de science comme le mathématicien Fra Luca Paccioli, et l'anatomiste Marcantonio della Torre. Ses observations et ses expériences remplissent treize volumes manuscrits, et ceux qui peuvent en juger le décrivent comme l'un des premiers précurseurs des idées plus tardives de la science, grâce à la vitesse de son intuition. Il expliqua la lumière atténuée de la partie obscure de la lune, il savait que la mer avait jadis recouvert les montagnes qui contiennent des coquillages et que les eaux équatoriales étaient situées au-dessus des eaux polaires[2].

Lui qui pénétra ainsi les parties les plus secrètes de la nature, préférait toujours ce qui était le plus lointain, et ce qui, par son apparence exceptionnelle, offrait l'exemple d'une loi plus raffinée, ainsi que la construction d'une atmosphère singulière de lumières mêlées autour des choses. Il peint des fleurs avec une félicité si curieuse que des auteurs lui ont attribué une prédilection pour des fleurs particulières – le cyclamen pour Clément[3], le jasmin pour Rio[4] – tandis qu'à Venise, une feuille d'un de ses cartons à dessin est toute parsemée d'études de violettes et d'églantines. C'est chez lui qu'apparaissent pour la première fois le goût du paysage *bizarre* ou *recherché*, des vals où abonde l'ombre verte des rochers d'asphalte, des récifs bordés de basalte qui dessinent sur l'eau d'étranges carrés de lumière – et dont l'anti-type se trouve dans nos mers occidentales – et tous les effets solennels de l'eau en mou-

1. « *Subtilitas naturae subtilitatem sensus et intellectus multis partibus superat* » : « la subtilité de la nature est bien plus grande que la subtilité des sens et de l'entendement » (Bacon, *Novum Organum*, livre I, aphorisme X, *Works*, vol. VIII, p. 8).

2. Pater a rédigé cette phrase en s'inspirant d'Henry Hallam lui-même citant l'*Essai sur les ouvrages physico-mathématiques de Léonard de Vinci* de G. B. Venturi (1797) : « *Vinci had a better notion of geology than most of his contemporaries and saw the sea had covered the mountains which contain shells* : Ces coquillages sont dans le même endroit lorsque l'eau de mer les recouvrait. Les bancs, par la suite des temps, ont été recouverts par d'autres couches de limon de différentes hauteurs ; ainsi les coquilles ont été enclavées sous le bourbier amoncelé au-dessus jusqu'à sortir de l'eau. *He seems even to have had an idea the elevation of the continents though he gives an unintelligible reason for it. He explained the obscure light of the unilluminated part of the moon by the reflection of the earth as Mœstlin did long after. He understood the camera obscura and describes its effect* » (Henry Hallam, *Introduction to the Literature of Europe in the Fifteenth, Sixteenth and Seventeenth Centuries*, Paris, Baudry's European Library, 1839, vol. I, p. 174).

3. Charles Clément, « Léonard de Vinci », *Michel-Ange, Léonard de Vinci, Raphaël, avec une étude sur l'art en Italie avant le* xvɪᵉ *siècle*, Paris, Hetzel, 1881, p. 192.

4. Alexis-François Rio, *De l'art chrétien*, p. 92.

vement. On peut en suivre le cours à partir de sa source lointaine parmi les rochers sur la bruyère qui ornent *La Vierge aux balances*, en passant par la petite chute d'eau d'un calme traître de *La Vierge du lac*, d'une gracieuse rivière coulant aux pieds des falaises de *La Vierge aux rochers*[1], délavant les murs blancs de ses villages lointains et apparaissant discrètement à travers un réseau de ruisseaux dans la *Joconde*, jusqu'à la côte de la *Sainte Anne* – ce lieu délicat où le vent souffle comme la main d'un graveur habile sur la surface tandis que l'épaisse couche des coquillages lisses sur le sable et la crête des rochers toujours épargnés par les vagues, est verdie par une herbe à la finesse de chevelure. Ce n'est pas un paysage issu des rêves ou de l'imagination, mais de ces lieux lointains, de ces heures choisies entre cent, avec un miracle de *finesse*. C'est à travers l'étrange voile visuel de Léonard, que lui arrivent les choses, sous un jour et une nuit surnaturels, comme la lumière affaiblie d'une éclipse, quelque bref intervalle entre deux averses à l'aube, ou à travers une eau profonde.

Léonard ne se plongea pas uniquement dans l'étude de la nature, mais également dans celle de la personnalité humaine, et il devint par-dessus tout portraitiste, peignant des visages d'un modelé d'une habileté à jamais inégalée, incarnés avec une réalité confinant à l'illusion, surgis de nulle part. Il convenait à un homme si curieux en matière d'observation et d'invention de prendre un individu tel qu'il était et d'en sonder délicatement les limites. C'est ainsi qu'il fit le portrait des maîtresses de Ludovic, Lucrezia Crivelli, et la poétesse Cecilia Galerani, de Ludovic lui-même, et de la duchesse Béatrix. Le portrait de Cecilia Galerani est perdu mais celui de Lucrezia Crivelli a été identifié comme celui de *La Belle Ferronnière* du Louvre ; quant au visage pâle et inquiétant de Ludovic[2], il se trouve encore à la Bibliothèque ambrosienne. En face se tient le portrait de Béatrix d'Este, dont Léonard semble avoir eu le pressentiment de la mort précoce, en la peignant précisément et avec un air grave, en lui donnant tout le raffinement des morts, avec un triste vêtement couleur de terre, orné de gemmes pâles.

Parfois, cette curiosité entrait en conflit avec le désir du beau qui l'animait, et tendait à lui faire dépasser l'apparence des choses où l'art commence et finit bien réellement. Cette lutte entre la raison et ses idées, les sens et le désir du beau est la clé de l'existence milanaise de Léonard, de son agitation, de ses retouches infinies et de ses étranges expériences avec la couleur. Il lui fallait laisser tant de choses inachevées pour les recommencer ! Son problème était la transmutation des idées en images. Jusqu'alors Léonard n'avait qu'atteint la maîtrise du premier style florentin avec sa sensualité naïve et limitée : désormais, il devait utiliser ce moyen d'expression limité pour exprimer ce qu'il devinait d'une humanité trop vaste pour lui, de cette vision élargie du monde s'ouvrant devant lui et qui excédait plus que le grand art, l'art irrégulier de Shakespeare ; et partout l'effort est visible dans l'ouvrage

1. *La Vierge du lac* est attribuée à Marco d'Oggiono (*The Virgin and Child*, v. 1520, National Gallery).
2. Il s'agit sans doute du *Musicien* de Léonard de Vinci (v. 1485, Bibliothèque ambrosienne), qui ne représente pas L. Sforza, mais peut-être Atalante Migliorotti.

qui sort de ses mains. Cette agitation, ce retard perpétuel lui donnent un air de lassitude et d'*ennui*. Aux yeux des autres, Léonard semble viser un effet impossible, vouloir faire de l'art pictural ce qu'il ne peut accomplir. Souvent, l'expression de la beauté physique, çà ou là, semble contrainte et gâtée par l'effort, comme sur ces lourds fronts allemands, trop allemands et trop lourds pour être parfaitement beaux.

Il y avait en effet une note allemande dans ce génie qui, comme Goethe l'a écrit « se pensait las », « *müde sich gedacht*[1] ». Quelle anticipation de l'Allemagne moderne, par exemple, dans ce débat sur la question de savoir quel est l'art supérieur, de la sculpture ou de la peinture[2] ! Mais il y a cette différence entre Léonard et l'Allemand qu'avec toute cette curieuse science, ce dernier aurait pensé que rien de plus n'était nécessaire. Le nom de Goethe lui-même rappelle combien le danger d'un excès de science est grand pour l'artiste : dans *Les Affinités électives* et dans le premier *Faust*, Goethe transmute en effet les idées en images et réalise de nombreuses autres transmutations, sans pour autant toujours trouver le mot charmant, tandis que le second *Faust* nous présente une masse de science presque dépourvue de tout caractère scientifique. À l'inverse, Léonard n'œuvre pas tant que n'advient pas cet heureux moment, ce moment de *bien-être* qui, pour les hommes imaginatifs, est un moment d'invention. Il l'attend avec une patience parfaite ; certains moments n'en sont que la préparation, d'autres n'en sont qu'un après-goût. Peu d'hommes les différencient avec autant de zèle que lui. Car pour Léonard, cette différence est absolue : au moment de *bien-être*, l'alchimie est complète : l'idée s'incarne en couleur et en images, un mysticisme vague se voit raffiné en un mystère atténué et gracieux, tandis que la peinture plaît à l'œil tout en satisfaisant l'âme.

Cette beauté curieuse apparaît par-dessus tout sur ses dessins et parmi ceux-là, à travers la grâce abstraite des contours. Prenons le temps d'en examiner quelques-uns[3] en commençant par l'un des dessins florentins qui montre la tête d'une femme et d'un petit enfant, chacun encadré séparément mais disposés côte à côte. Tout d'abord, il y a beaucoup de pathétique dans la réapparition des traits plus nets et plus châtiés du visage plus usé et plus âgé de la mère dans les courbes plus pleines du visage de l'enfant, ce qui confirme qu'il s'agit bien d'un enfant et de sa mère. Le sentiment de la maternité caractérise en effet toujours Léonard et s'indique encore par le pathétique à demi-teinté d'humour des petites épaules arrondies de l'enfant. Un pathétique semblable se remarque sur les dessins d'un jeune homme assis, le dos courbé, tenant son visage dans ses mains, comme en signe de chagrin ; sur le dessin d'un esclave qui s'incline étrangement durant quelque bref intervalle de repos ; sur le dessin d'une Vierge à l'enfant qui regarde à la dérobée, comme à moitié frappée de terreur tandis qu'un énorme griffon

1. J. W. Goethe, « Antike und Modern » (1818), *Werke*, vol. XLIX, t. 1, p. 153.
2. Que la réponse de Léonard est princière et caractéristique : « *Quanto più, un' arte porta seco fatica di corpo, tanto più è vile !* » « Plus un art exige de force physique, plus il est vulgaire. » (*N.d.A.*) – Pater reprend Rio.
3. Ces dessins ne sont plus attribués à Léonard mais à ses élèves milanais.

aux ailes de chauve-souris – l'une des plus belles *inventions* de Léonard – fend soudain l'air pour aller saisir une grande bête sauvage qui errait non loin d'eux. Mais remarquez ce qui relève vraiment de l'art sur ces dessins : le contour de la chevelure du jeune homme, l'équilibre gracieux du bras de l'esclave au-dessus de sa tête, et les courbes de la tête de l'enfant qui épousent celles de son petit crâne aussi mince et délicat qu'un coquillage usé par le vent.

Prenez encore une autre tête, plus empreinte encore de sentiment, mais d'un genre différent, une petite sanguine[1] dont se rappellera quiconque a examiné les dessins des vieux maîtres au Louvre. C'est un visage au sexe douteux, sous l'ombre de sa propre chevelure, tandis que la courbe de sa joue est en pleine lumière, et qui a quelque chose de plein et de voluptueux dans les paupières et dans les lèvres. Un autre dessin pourrait passer pour celui du même visage durant l'enfance, avec ses lèvres sèches et fiévreuses, mais aussi avec beaucoup de douceur dans la tunique lâche s'arrêtant à la taille, dans le collier et la *bulla*[2], ainsi que dans la chevelure joliment attachée. Nous pourrions saisir le fil que nous offrent ces deux dessins, lorsqu'ils sont placés côte à côte, et le suivre sur certains de ceux qui se trouvent à Florence, Venise et Milan, afin de construire une sorte de série qui illustrerait mieux que tout le type léonardien de beauté féminine. Elles ne sont pas de la famille chrétienne ou de celle de Raphaël, ces filles de l'Hérodiade[3] aux fantastiques voiles étrangement plissés et noués pour laisser dégagé l'ovale du visage. Ce sont des voyantes, à travers lesquelles, comme à travers des instruments délicats, advient la conscience des forces plus subtiles de la nature et de leurs modes d'action, de tout ce qui est magnétique, de tous ces états embellis où les choses matérielles s'élèvent à cette subtilité d'opération qui les spiritualise, là où seuls peuvent aller les nerfs terminaux et la touche avivée. C'est comme si à travers certains exemples significatifs, nous voyions ces forces à l'œuvre sur la chair humaine. Nerveux, électriques, toujours prêts à défaillir, d'une faiblesse inexplicable, ces personnages semblent être la proie de circonstances exceptionnelles, ils semblent les seuls à sentir des pouvoirs à l'œuvre dans l'air, et devenir pour ainsi dire leur réceptacle afin de nous les transmettre à travers une chaîne d'influences secrètes.

Parmi ces têtes les plus jeunes, il en est cependant une à Florence que l'Amour fait sienne : c'est la tête d'un jeune homme qui est peut-être le portrait d'Andrea Salaino[4], que Léonard aimait pour sa chevelure bouclée et annelée – « *belli capelli*

1. N° 2252 (Louvre). C'est l'original de la gravure par Jeens qui orne les éditions de *La Renaissance* à partir de 1877. – Voir Lettre de Pater du 13 mars 1877, à A. Macmillan, *Letters of Walter Pater*, éd. Lawrence Evans, Oxford, Oxford University Press, 1970, p. 21-22.

2. La *bulla* est une petite bourse en or contenant des symboles phalliques que les jeunes hommes portaient autour du cou à l'époque romaine.

3. C'est la célèbre Salomé qui exigea la tête de saint Jean-Baptiste en récompense de sa danse. Voir Matthieu XIV, 6-12, et Marc VI, 17-29.

4. Vasari appelle ce jeune homme Salai. Selon K. Clark dans son édition de *The Renaissance*, Pater, après Charles Clément, a confondu Andrea Solario et Giacomo Caprotti dit Salai.

ricci e inanellati[1] » – et qui devint ensuite son élève et son assistant préféré. De tous les intérêts pour des hommes et des femmes bien vivants qu'a pu avoir Léonard, l'histoire n'a gardé que ce seul attachement. Et en retour, Salaino s'est si entièrement identifié à Léonard que la *Sainte Anne* du Louvre lui a été attribuée. Ce cas illustre le choix habituel que faisait Léonard de ses élèves : des hommes ayant quelque charme personnel naturel ou social, comme Salaino, ou encore des hommes bien nés et menant une vie princière, comme Francesco Melzi, ayant suffisamment de génie pour être capables d'initiation au secret qu'il possédait et pour lequel ils étaient prêts à effacer leur propre individualité. C'est parmi eux, faisant souvent retraite à la villa des Melzi à Canonica al Vaprio[2], que Léonard travaillait à ses esquisses et à ses manuscrits occasionnels, œuvrant pour le moment présent et pour quelques-uns d'entre eux seulement, et peut-être avant tout pour lui-même. D'autres artistes ont eux aussi été négligents des applaudissements présents ou futurs, par abnégation, ou parce qu'ils plaçaient les fins morales ou politiques au-dessus des fins de l'art, mais chez Léonard, la culture solitaire de la beauté semble s'être édifiée sur un genre d'amour de soi, et sur un dédain de tout ce qui n'était pas de l'art dans l'œuvre. Des lieux secrets d'un tempérament unique, il tira d'étranges fleurs et des fruits jusqu'alors inconnus ; à ses yeux, l'impression nouvelle, l'effet exquis comptaient comme une fin en soi, comme une parfaite fin.

Et ses élèves acquirent si complètement sa manière que bien que le nombre d'œuvres authentiques de Léonard soit très faible, il existe une multitude de tableaux peints par d'autres à travers lesquels nous le voyons indubitablement et où nous approchons son génie de très près. Parfois, comme sur le petit tableau de *La Vierge aux balances* où le Christ au giron de sa mère pèse les cailloux du ruisseau avec les péchés des hommes, nous trouvons le contraste d'une main insuffisamment douce travaillant à partir de quelque belle allusion ou esquisse de Léonard. Parfois, comme c'est le cas de l'*Hérodiade* et de la tête de *Saint Jean-Baptiste*, les originaux perdus ont trouvé un écho et une variante à plusieurs reprises chez Luini et d'autres peintres.

À d'autres moments, l'original est resté mais n'est qu'un simple thème ou un motif, un modèle dont les accessoires pourraient être modifiés et changés, variations qui n'ont fait que révéler davantage le propos ou l'expression de l'original. C'est le cas du saint Jean-Baptiste, ainsi appelé, l'une des rares figures nues qu'a peintes Léonard, et dont personne n'irait chercher dans le désert la délicate chair mate et la chevelure féminine, tandis que son sourire traître nous ferait comprendre des choses bien au-delà du geste ou de la circonstance extérieure. Mais la longue croix fine comme un roseau dans la main qui suggère qu'il s'agit du Baptiste s'efface sur la copie de la Bibliothèque ambrosienne, avant de disparaître totalement dans une autre version du Palazzo Rosso à Gênes. Passant de ce dernier à l'original, nous ne sommes plus surpris par l'étrange ressemblance de saint Jean

1. « abondants cheveux bouclés » (Vasari).
2. Aujourd'hui Vaprio d'Adda, entre Milan et Bergame.

avec le *Bacchus* qui se trouve à côté de lui, et qui évoqua pour Théophile Gautier[1] la notion des dieux en déclin de Heine, qui, pour se maintenir après la chute du paganisme, prirent un emploi dans la nouvelle religion. Nous reconnaissons l'une de ces inventions symboliques dont le sujet ostensible n'est pas utilisé comme matière d'une réalisation picturale définie, mais comme point de départ d'une série de sentiments aussi subtils et indéfinis qu'un morceau de musique. Nul n'a jamais dominé son sujet plus intégralement ou ne lui a fait servir des fins purement artistiques avec plus d'habileté que Léonard. Et c'est ainsi que tout en traitant continuellement de thèmes sacrés, il est le plus profane des peintres : la personne ou le thème donné – saint Jean dans le désert ou la Vierge qui se tient sur les genoux de sainte Anne – ne sont souvent qu'un simple prétexte pour un genre d'œuvre qui nous transporte au-delà de la gamme de ses associations conventionnelles.

La Cène a suscité toute une littérature concernant sa dégradation et ses restaurations, dont l'esquisse rêveuse de ses tristes fortunes par Goethe[2] est peut-être la meilleure. La mort en couches de la duchesse Béatrix déclencha chez Ludovic l'un de ces paroxysmes du sentiment religieux qui étaient constitutionnels chez lui. La sombre église basse de Sainte-Marie-des-Grâces avait été l'oratoire favori de Béatrix. Elle y avait passé ses derniers jours, emplie de sinistres pressentiments, il avait presque été nécessaire de l'en tirer de force à la fin, et c'était là qu'à présent cent messes par jour étaient dites pour son repos. C'est sur le mur humide de sels minéraux du réfectoire que Léonard peignit *La Cène*. Il existe des anecdotes authentiques concernant l'œuvre, les retouches et les retards de l'artiste[3] ; elles le montrent refusant de travailler en dehors du moment de l'invention, méprisant quiconque supposait que l'art pouvait être le fruit du labeur et de la règle, et traversant souvent tout Milan pour y apporter une seule touche. Léonard peignit *La Cène* non à la fresque où tout doit être *impromptu* mais à l'huile, avec la nouvelle méthode qu'il avait été l'un des premiers à utiliser, car cette technique permettait bien des pensées après coup et bien des raffinements de perfection. Il advint malheureusement que sur le plâtre d'un mur, aucun procédé n'aurait pu être moins durable : en cinquante ans, l'œuvre était en un triste état. Pour la retrouver comme elle fut, il nous reste à nous tourner vers les études de Léonard, et par-dessus tout, vers un dessin de la tête la plus importante, au musée de Brera[4] qui nous rappelle l'œuvre monumentale de Mino da Fiesole, dans l'union de tendresse et de sévérité des lignes du visage.

Il s'agissait là d'un autre effort pour extraire un sujet donné de la gamme de ses

1. L'auteur ne mentionne pas les dieux déchus au sujet du Bacchus mais à propos du *Saint Jean-Baptiste*. Voir Théophile Gautier, « Léonard de Vinci », *Les Dieux et les Demi-Dieux de la peinture*, ici p. 1462-1476, que Pater mentionne à plusieurs reprises dans la première version de son essai en 1869.

2. Pater se réfère au compte rendu de *Del « Cenacolo » di Leonardo da Vinci* de Bossi par Goethe, « Giuseppe Bossi: über Leonardo da Vincis Abendmahl zu Mailand » (1817), *Werke*, vol. XLIX, p. 201-248.

3. Ces anecdotes sont rapportées par Matteo Bandello témoin de la scène (voir ici p. 1540-1544) et reprises par Rio, *De l'art chrétien*, p. 72.

4. Pater emprunte la mention à Rio. – Il s'agirait d'une copie faite par un disciple du maître.

associations traditionnelles. Après tous les développements mystiques du Moyen Âge, il s'agissait d'un étrange effort pour voir le Christ, non comme le pâle Hôte de l'autel, mais comme un homme prenant congé de ses amis. Cinq ans après, le jeune Raphaël peignit une *Cène* au réfectoire de Saint-Onufre à Florence[1] avec un effet plaisant et solennel, mais également avec toute l'irréalité mystique de l'école du Pérugin. Vasari prétend que la tête principale ne fut jamais achevée, mais qu'elle l'ait ou non été, qu'elle doive une partie de son effet à l'adoucissement de la décomposition, la tête de Jésus n'est que le sentiment consommé qui anime toute la compagnie : des fantômes à travers lesquels apparaît le mur, atténués comme les ombres des feuilles que dessinent sur un mur les après-midi d'automne. Cette figure n'est que la plus ténue, la plus spectrale de toutes.

La Cène fut achevée en 1497 et en 1498, les Français entrèrent dans Milan. Que les archers gascons l'ait ou non utilisée comme cible, la statue de Francesco Sforza disparut bien certainement. Nous pouvons juger de l'état qu'un tel ouvrage était capable d'atteindre à cette époque, quelle noblesse et quelle véracité piquante par rapport à la réalité il pouvait avoir, à partir de la statue équestre de bronze de Bartolomeo Colleoni, modelée par Verrocchio, le maître de Léonard (il mourut de chagrin, dit-on, parce que le moule étant accidentellement tombé, il fut incapable de l'achever) qui se tient encore sur la place Saint-Jean-et-Saint-Paul à Venise. On en trouve quelques traces sur certains dessins de Léonard, ainsi semble-t-il que dans une ville lointaine de France par une singulière circonstance, puisque Ludovic fut fait prisonnier et finit ses jours à Loches, en Touraine. Après bien des années de captivité au fond des donjons, où tout semble décati sous le poids de la barbarie féodale, on lui permit à la fin, dit-on, de respirer quelque temps l'air frais dans l'une des pièces de la grande tour, que l'on montre encore, avec ses murs couverts d'étranges arabesques peintes, et que la tradition lui attribue, en guise de distraction partielle à l'ennui des années. Sur ces grands casques, sur ces visages et ces pièces d'armure où apparaît souvent en grandes lettres la devise *Infelix Sum,* il n'est peut-être pas trop irraisonné de voir le fruit d'une rêverie après coup concernant les diverses expériences de Léonard sur la figure en armes du grand duc, qui les avait tous les deux tant occupés aux beaux jours de leur fortune à Milan.

Les dernières années de la vie de Léonard sont plus ou moins des années d'errance. De sa vie brillante à la cour, il n'avait rien gardé, et c'est pauvre qu'il repartit à Florence. Peut-être la nécessité garda-t-elle son esprit animé, car les quatre années suivantes furent un ravissement prolongé ou une extase d'invention. C'est alors qu'il peignit les tableaux tout droit venus du Cabinet de François Ier à Fontainebleau[2] au Louvre et qui sont ses œuvres les plus authentiques. L'une de celles-là, la *Sainte Anne* – non celle du Louvre, mais une esquisse qui se trouve à présent à Londres – fit revivre un temps ce succès auparavant plus

1. Le *Cenacolo di Foligno* (fin du XVe siècle) à Florence est attribué aux élèves du Pérugin.
2. Pater évoquera de nouveau le Cabinet du roi à Fontainebleau dans *Gaston de Latour.*

commun, lorsque les bonnes peintures semblaient miraculeuses. Deux jours durant, une foule d'individus de toutes qualités visita la salle où elle était exposée, avec une excitation naïve et donna à Léonard une idée du « triomphe » de Cimabue. Mais son œuvre traitait moins des saints que des Florentines. Car Léonard vivait toujours au sein de la société accomplie qu'il aimait, et c'est dans les demeures de Florence – peut-être en guise d'amusement pour réjouir ses pensées après la mort de Savonarole, puisque l'on raconte de nos jours que l'on trouva dans un coin oublié de la collection des feus Orléans une Mona Lisa dénudée[1] – qu'il vit Ginevra di Benci et Lisa, la jeune épouse de Francesco del Giocondo en troisièmes noces. Tout comme nous l'avons vu utiliser les événements bibliques non pour eux-mêmes ou comme simples sujets de réalisation picturale, mais comme langage chiffré de fantaisies qui n'appartenaient qu'à lui, il trouva un débouché pour ses pensées en prenant l'une de ces femmes languides pour l'élever au septième ciel de l'expression symbolique, comme il l'avait fait avec Léda ou Pomone[2] sous la forme respective de *La Modestie et la Vanité*[3].

La Joconde est au sens le plus vrai, le chef-d'œuvre de Léonard, l'exemple révélateur de son mode de pensée et de travail. En matière de suggestion, seule la *Mélancolie* de Dürer peut lui être comparée et nul symbolisme grossier n'entache l'effet de son mystère atténué et gracieux. Nous connaissons tous le visage et les mains de la silhouette assise sur un siège de marbre, au milieu du cercle des rochers fantastiques comme sous une lumière sous-marine atténuée. Peut-être de toutes les œuvres du temps passé, c'est celle qu'il a le moins glacée[4]. Comme c'est souvent le cas des œuvres où l'invention semble atteindre ses limites, il y a en elle un élément qui fut donné au maître plutôt qu'inventé car dans l'inestimable carton de dessins qui fut jadis en possession de Vasari, il y avait certains dessins de la main de Verrocchio, des visages d'une beauté si impressionnante que Léonard les copia à de nombreuses reprises durant sa jeunesse. Il est difficile de ne pas rapprocher les dessins du maître passé qui avait été son aîné, du principe germinatif qui se trouve chez son élève, de ce sourire insondable, toujours accompagné d'une note sinistre, qui traverse toute l'œuvre de Léonard. En outre, *La Joconde* est un portrait. Depuis son enfance, nous voyons cette image se définir sur le tissu de ses rêves, et n'eût été le témoignage explicite de l'histoire, nous pourrions croire que c'était sa femme idéale, enfin incarnée et contemplée. Quelle était la relation d'une Florentine à cette créature de ses pensées ? Par quelles étranges affinités la personne et le rêve avaient-ils grandi séparément et pourtant si près l'un de l'autre ? Présente dès l'origine de façon incorporelle, obscu-

1. Respectivement Rio, « Léonard de Vinci », p. 94, et Clément, « Léonard de Vinci », p. 219, ont évoqué ce tableau.

2. Les deux versions de la *Léda* sont perdues, une *Pomone et Vertumne* au Berlin Staatliche Museum a été attribuée à Melzi. – Pater aura pu voir un dessin de la Léda d'après Léonard dans *Les Dieux et les Demi-Dieux de la peinture*.

3. *La Modestie et la Vanité* était à l'époque au palais Sciarra de Rome.

4. Et pourtant pour Vasari, il y avait une magie supplémentaire dans l'incarnat des lèvres et des joues qui est perdue pour nous. (*N.d.A.*)

Albrecht Dürer, *La Mélancolie*, estampe, 1514 (New York, Metropolitan Museum).
La Mélancolie est représentée par la femme tandis que l'Esprit qui l'accompagne est personnifié par l'enfant.

rément repérée sur les modèles dessinés par Verrocchio, elle se trouve à présent enfin dans la demeure d'Il Giocondo. Que le tableau soit surtout un portrait est attesté par la légende selon laquelle cette expression subtile fut maintenue sur son visage par des moyens artificiels, par la présence de mimes et de joueurs de flûte. Fut-ce en quatre années de labeur réitéré et pourtant inachevé, ou en quatre mois, comme par un coup de baguette magique, que l'image fut projetée sur la toile ?

La présence qui s'élève ainsi si curieusement près des eaux exprime ce que les hommes en sont venus à désirer depuis dix siècles. Sa tête est celle sur laquelle toutes « les fins du monde sont venues[1] » et ses paupières sont un peu lasses. C'est une beauté forgée de l'intérieur qui s'imprime sur la chair, c'est le dépôt, cellule par cellule, de pensées étranges, de rêveries fantastiques et de passions exquises. Mettez un instant à ses côtés l'une de ces blanches déesses grecques ou l'une de ces belles femmes de l'Antiquité, et voyez comment elles se troubleraient devant cette beauté où l'âme est passée avec toutes ces maladies ! Toutes les pensées et toute l'expérience du monde se sont gravées et ont modelé ici, dans leur capacité de raffinement et d'expression de la forme extérieure, l'animalité de la Grèce, la licence de Rome, le mysticisme du Moyen Âge avec son ambition spirituelle et ses amours imaginatives, le retour du monde païen, les péchés des Borgia. Elle est plus vieille que les rochers parmi lesquels elle se tient ; comme le vampire, elle est morte bien des fois, et a appris les secrets du tombeau ; elle a plongé dans les mers profondes et en garde l'obscurité autour d'elle ; elle a trafiqué d'étranges étoffes avec des marchands d'Orient ; Léda, elle fut la mère d'Hélène, sainte Anne, celle de Marie ; et tout cela n'a été pour elle que le son des lyres et des flûtes, et vit seulement dans la délicatesse avec laquelle ses traits changeants en ont été modelés et ses paupières et ses mains colorées. La fantaisie d'une vie perpétuelle, qui emporte dix mille expériences avec elle est ancienne ; la philosophie moderne a quant à elle, l'idée d'une humanité forgée par tous les modes de pensée et d'existence et les résumant ; et bien certainement, la Lady Lisa pourrait incarner l'ancienne fantaisie et symboliser l'idée moderne.

Durant ces années florentines, l'histoire de Léonard est celle de son art, et il se perd dans cette brillante nuée. L'histoire extérieure recommence en 1502 par un voyage insensé à travers le centre de l'Italie qu'il accomplit en tant qu'ingénieur en chef de César Borgia. En rassemblant les notes éparses de ses manuscrits, son biographe peut suivre Léonard jour par jour, tendu comme un arc, jusqu'à cette étrange tour à Sienne et aux côtes de Piombino, chaque lieu apparaissant avec le désordre d'un rêve fiévreux. Il restait à Léonard encore une œuvre à accomplir, œuvre dont toute trace disparut rapidement et pour laquelle il eut Michel-Ange pour rival : *La Bataille de l'étendard*[2]. Les citoyens de Florence, qui désiraient décorer les murs de la grand-salle du Conseil, avaient proposé un concours dont le thème était toute guerre

1. I Corinthiens, X, 11.

2. Commencée entre 1503 et 1505 sur le mur de la chambre du Conseil du Palazzo della Signoria de Florence, et inachevée.

florentine du xve siècle. Pour son esquisse, Michel-Ange choisit un événement de la guerre contre Pise où les soldats florentins qui se baignaient dans l'Arno sont surpris par le son des trompettes et courent à leurs armes[1]. Son projet nous est parvenu sous la forme d'une ancienne gravure, qui nous aide peut-être moins que nos souvenirs de l'arrière-plan de sa *Sainte Famille*[2] au musée des Offices, à imaginer sous quelle forme surhumaine et capable de duper le cœur du monde ancien, ces silhouettes sortaient de l'eau. Léonard choisit une anecdote de la bataille d'Anghiari où deux groupes de soldats se disputent un étendard. Comme celui de Michel-Ange, son dessin préparatoire a été perdu et ne nous est parvenu que sous forme d'esquisses et d'un fragment de Rubens. À travers les descriptions qui en ont été faites, on peut discerner le désir ardent de choses terribles, si bien qu'il semble que les chevaux se mordaient entre eux. Mais pourtant, un fragment, sur un dessin de la main de Léonard, à Florence, est tout à fait différent : on y voit un champ ondulant d'armures charmantes avec des bordures ciselées qui l'éclairent comme des rayons de lumière. Michel-Ange avait à l'époque vingt-sept ans et Léonard plus de cinquante ans ; Raphaël qui visitait Florence pour la première fois vint les regarder travailler.

Nous apercevons de nouveau Léonard à Rome en 1514, entouré de miroirs, de fioles et de fourneaux, en train de fabriquer d'étranges jouets qui semblaient vivants, par le biais de cire et de vif-argent. L'hésitation qui l'avait hanté toute sa vie et l'avait transformé en un homme envoûté, pesait de nouveau sur lui avec une force redoublée. Personne n'avait plus que lui poussé l'indifférentisme politique aussi loin ; sa philosophie avait toujours été de « fuir devant l'orage[3] » ; et en fonction de la fortune, il fut pour ou contre les Sforza. Mais à cette époque et au milieu de la société politique de Rome, il vint à être soupçonné de sympathies secrètes pour les Français ; il se sentit paralysé de se trouver au milieu d'ennemis et il se tourna tout à fait vers le pays qui le courtisait depuis longtemps.

La France était sur le point de devenir une Italie plus italienne que l'Italie même. Comme Louis XII avant lui, François Ier était attiré par la *finesse* de l'œuvre de Léonard ; *La Joconde* était déjà dans son cabinet, et il offrit à celui-ci le petit château de Clou, avec ses vignes et ses prairies, dans la plaisante vallée de la Masse, juste à l'extérieur des murs de la ville d'Amboise, là où la cour résidait alors fréquemment, en particulier lors de la saison de chasse. La lettre de François Ier est ainsi adressée : « *À Monsieur Lyonard, peintre du Roy pour Amboyse.* » Elle ouvre une perspective, l'une des plus intéressantes de l'histoire de l'art, où dans une atmosphère particulièrement mêlée, l'art italien meurt sous la forme de l'exotisme de l'art français.

Après des flots d'histoire diligente, il reste deux questions concernant la mort

1. Michel-Ange choisit la bataille de Cascina sur l'Arno en juillet 1364. Il ne reste que des dessins de son projet.

2. Michel-Ange, *L'Adoration des mages* (v. 1481-1482, Musée des Offices).

3. « Fuis les orages » écrit Michelet, que reprend Pater. Voir Michelet, *Histoire de France au seizième siècle*, t. VII : *Renaissance*, p. 218.

de Léonard : la question de la forme exacte de sa religion, et la présence ou non de François Ier à ses côtés[1], mais toutes deux sont aussi dénuées d'importance pour estimer le génie de Léonard. Les directives de son testament concernant les trente messes et les grandes chandelles destinées à l'église de Saint-Florentin sont des questions dont le propos réel est immédiat et d'ordre pratique, et ces offices hâtifs ne pouvaient avoir nulle conséquence sur quelque théorie religieuse que ce soit. Nous les oublions en pensant à la façon dont celui qui avait toujours été si désireux de la beauté, mais la désira toujours sous des formes si définies et si précises – mains, fleurs, chevelure – se préparait désormais à cette terre vague, et comment il fit l'expérience de la dernière curiosité.

OSCAR WILDE[2]
1890

Qui se soucie de savoir si Mr. Pater a introduit dans le portrait de Mona Lisa des pensées qui n'ont jamais effleuré l'esprit de Léonard ? Il se peut fort bien que le peintre ait simplement été l'esclave d'un sourire primitif, comme certains l'ont cru, mais à chaque fois que je passe dans les fraîches galeries du palais du Louvre et m'arrête devant cet étrange personnage « assis sur son siège de marbre, au milieu de ce cirque de roches fantastiques, comme dans une sorte de faible lumière sous-marine[3] », je me dis tout bas : « Elle est plus vieille que les roches qui l'entourent ; tel le vampire, elle a connu plusieurs morts et connaît les secrets de la tombe ; elle a plongé dans des mers profondes et en garde autour d'elle la lumière dégradée ; elle a fait commerce d'étranges tissages avec des marchands orientaux ; sous le nom de Léda elle a été la mère d'Hélène de Troie, sous celui de sainte Anne, la mère de Marie ; et de tout cela elle n'a retenu que le son des lyres et des flûtes et il ne lui en reste d'autre trace que le modelé de ses traits changeants, la couleur des paupières et des mains. » Alors, je dis à mon ami : « Cette présence qui s'est ainsi si étrangement élevée au-dessus des eaux exprime ce que les hommes, au cours d'un millénaire, en étaient venus à désirer. » Et lui de me répondre : « Sa tête est celle sur laquelle "se sont abattues toutes les fins du monde", et les paupières sont un peu marquées. »

Et c'est ainsi que le tableau nous semble alors plus merveilleux qu'il ne l'est en réalité, nous révèle un secret dont en vérité il ne sait rien, et la musique de cette

1. L'anecdote est controuvée et Rio dénonce vigoureusement toute idée de rejet final de la religion (p. 160-161). – Pater connaît peut-être *François Ier reçoit les derniers soupirs de Léonard de Vinci*, de Jean Auguste Dominique Ingres (1818, Petit Palais).

2. « Le Critique comme artiste », *Intentions*, trad. Jean Gattégno ; *Œuvres*, Gallimard, « Bibliothèque de la Pléiade », 1996, p. 856-859.

3. Wilde cite ici l'essai de Pater dont il fut un lecteur assidu. Si familier qu'il ait été avec un texte auquel il emprunta beaucoup, Wilde le cite approximativement. On notera l'allusion, à la fin de ce paragraphe, à la première Épître aux Corinthiens, x, 11.

prose mystique est aussi douce à nos oreilles que l'était celle de la joueuse de flûte qui prêta aux lèvres de la Joconde ces courbes subtiles et maléfiques. Me demandes-tu ce qu'aurait dit Léonard à qui lui aurait déclaré, à propos de ce tableau, que « toutes les pensées, toute l'expérience du monde y avaient gravé et modelé tout le pouvoir qu'elles avaient d'affiner la forme extérieure et de la rendre expressive, l'animalisme grec, la luxure romaine, la rêverie du Moyen Âge, son désir de spiritualité et ses amours romanesques, le retour de l'univers païen, les péchés des Borgia » ? Il aurait probablement répondu qu'il n'avait rien envisagé de tout cela, mais s'était simplement intéressé à des arrangements de lignes et de masses, à de curieuses harmonies nouvelles de bleus et de verts. Et c'est justement pour cette raison que le discours critique que j'ai cité[1] représente la forme supérieure de la critique. Il traite l'œuvre d'art simplement comme le point de départ d'une nouvelle création. Il ne se borne pas – du moins supposons-le pour l'instant – à découvrir l'intention réelle de l'artiste et à s'en satisfaire. Et cela est juste, car la signification de tout bel ouvrage réside au moins autant dans l'âme de celui qui le regarde que dans l'âme de celui qui l'a un jour fabriqué. Je dirai même que c'est plutôt le spectateur qui prête à ce bel ouvrage ses significations infinies, le rend merveilleux à nos yeux et fait ressortir les rapports qu'il a avec l'époque, si bien qu'il devient un élément vital de notre vie et un symbole de ce que nous appelons de nos vœux, ou peut-être de ce que, après l'avoir souhaité, nous craignons de nous voir accordé. Plus j'étudie [...] et plus je vois clairement que la beauté des arts qui touchent la vue est, comme la beauté de la musique, d'abord fondée sur l'impression et qu'un excès d'intention intellectuelle de la part de l'artiste peut gâter cette beauté, que souvent il la gâte. Car lorsque l'ouvrage est achevé il possède, en quelque sorte, sa propre existence autonome et il peut transmettre un message bien différent de celui qu'on avait confié à ses lèvres. Parfois, quand j'écoute l'ouverture de *Tannhäuser*, j'ai effectivement le sentiment de voir ce beau chevalier fouler délicatement l'herbe émaillée de fleurs, et d'entendre la voix de Vénus qui l'appelle de sa montagne caverneuse. Mais il arrive aussi que cette ouverture me parle de mille autres choses, de moi, peut-être, de ma propre existence, de la vie de personnes qu'on a aimées et dont on s'est lassé, de passions que l'homme a connues ou de passions qu'il n'a pas connues et qu'il a donc recherchées. Aujourd'hui, elle peut nous emplir de cet *ἔρως τῶν ἀδυνάτων*, cet *Amour de l'impossible*[*], qui s'abat comme une folie sur tant de gens qui croient vivre en sécurité et hors de portée du mal, si bien que, lorsque le poison du désir illimité les atteint, soudain ils se consument et, dans la quête sans fin de ce qu'ils ne sauraient atteindre, s'affaiblissent, défaillent et chancellent. Demain, comme la musique dont nous parlent Aristote et

1. Wilde écrit plus haut, avant le présent extrait : « Quelqu'un [Matthew Arnold] [...] a déclaré que le véritable but de la critique est de voir l'objet tel qu'il est réellement en soi. Mais c'est là une très grave erreur, un refus de prendre en compte la forme la plus parfaite de la Critique, qui est dans son essence purement subjective et cherche à révéler son secret particulier et non celui d'un autre. Car la Critique supérieure aborde l'art non sous l'aspect de l'expression mais purement sous celui de l'impression » (*Œuvres*, p. 856).

Platon, cette noble musique dorienne des Grecs, il se peut qu'elle remplisse l'office du médecin, apporte un remède à notre douleur, guérisse l'esprit blessé et « accorde l'âme à tout ce qui est juste ». Et ce qui est vrai de la musique l'est de tous les arts. La beauté compte autant de significations que l'homme d'humeurs. La beauté est le symbole des symboles. La beauté révèle tout parce qu'elle n'exprime rien. Quand elle se montre à nous, elle nous montre tout l'univers aux couleurs de feu.

FRIEDRICH NIETZSCHE[1]

1882-1888

Ces hommes énigmes, prédestinés à vaincre et à séduire, dont les plus belles expressions furent Alcibiade et César (à qui j'aimerais joindre ce premier Européen de mon goût, Frédéric II de Hohenstaufen), peut-être Léonard de Vinci parmi les artistes.

*

On veut faire de la foi le signe de la grandeur : mais l'absence de scrupule, le scepticisme, l'amoralité, la permission de se défaire d'une croyance, cela appartient à la grandeur. (César, Frédéric le Grand, Napoléon ; mais aussi Homère, Aristophane, Léonard, Goethe.) On sous-estime toujours l'important : leur liberté de vouloir.

*

Il faut une force et une mobilité toutes différentes pour se maintenir dans un système inachevé, avec des libres perspectives inexplorées, et le faire dans un monde dogmatique. Léonard de Vinci est supérieur à Michel-Ange, Michel-Ange à Raphaël. [...]

Je crois sentir que Socrate avait de la profondeur (son ironie provenait surtout de la nécessité de se faire passer pour superficiel, afin d'entretenir au moins certaines relations avec les hommes) ; que César avait de la profondeur ; de même peut-être Frédéric II de Hohenstaufen ; certainement Léonard de Vinci ; d'une façon non négligeable, Pascal qui mourut trente ans trop tôt pour ricaner, à partir de son âme magnifique et amère, sur le Christianisme, comme il l'avait fait, plus jeune, sur les Jésuites. [...]

Fondamentalement, Michel-Ange aurait dû détruire le Christianisme au nom de son idéal ! Mais il n'était pas assez penseur et philosophe pour cela. Léonard de Vinci, seul peut-être parmi les artistes, a eu un regard réellement « sur-chrétien ». Il connaît « l'Orient », l'intérieur aussi bien que l'extérieur. Il y a quelque

1. *Jenseits von Gut und Böse*, 1886 ; *Der Wille zur Macht*, 1884 ; *Unveröffentliches aus der Umwertungszeit*, 1882-1888 ; extraits traduits dans *Tout l'œuvre peint de Léonard de Vinci*, p. 165.

chose de sur-européen et de secret en lui, comme dans chacun de ceux qui ont contemplé une trop grande étendue de bonnes et de mauvaises choses.

MAURICE BARRÈS[1]

1891

Milan nous touche entre toutes les villes, parce qu'elle fut le lieu d'élection de Léonard de Vinci, et parce que Stendhal l'adora, jusqu'à vouloir que sur sa tombe on écrivît simplement : « Citoyen milanais ». Mais de Stendhal, il faudrait parler depuis ce triste port de Civita-Vecchia, où pendant trente années il s'ennuya, vieux beau apoplectique qui n'avait d'autre distraction qu'une causerie, le soir, entre huit et neuf, dans la boutique de l'unique libraire. Je veux rapporter de Milan une visite que je viens d'y faire à Léonard de Vinci.

Non pas que l'œuvre de Léonard, qui ne fut jamais considérable, soit ici abondante. Des manuscrits, des esquisses, cette admirable fresque de *La Cène* – dont la beauté semble plaire à Dieu même, puisqu'elle n'est pas abolie, en dépit des militaires qui l'écaillèrent et des peintres qui la retouchèrent : voilà tout ce que l'on peut étudier de ce grand artiste à Milan, si l'on y ajoute, témoignages précieux, trésor rare, la plupart des œuvres exécutées sous son influence par ses élèves. Mais cette gloire de Vinci, qui nous offre un des sujets les plus troublants sur lesquels puissent rêver les ambitieux et les esthéticiens, quelques traits de crayon lui suffisent pour l'affirmer.

Nous entrevoyons à peine ce qu'il fit et ce qu'il voulut ; il faut pourtant que nous le saluions comme un des princes de l'art. Ce peintre exceptionnel est compris par la pensée mieux encore que par les yeux. Et c'est à Milan, où il a tant médité, qu'on est le mieux placé pour rêver de lui.

Dans les indications de ses *Livres de dessins*, et sous les repeints de *La Cène*, nous devinons la beauté qu'il cherchait, aujourd'hui envahie d'ombre ; comme sous le génie inférieur de ses disciples nous retrouvons la direction d'art qu'il enseigna.

Intelligence unique par sa puissance et par la largeur de sa curiosité, Vinci apparaît à la fois un grand méditatif et un grand séducteur. Ses études universelles et profondes ne l'accaparaient pas, il fut encore un magnifique cavalier ; d'une psychologie désabusée et fine, il évoluait avec aisance dans la vie décorative de son siècle pittoresque. Que des dons aussi opposés se soient trouvés dans un même homme, et poussés à une telle perfection, voilà qui déconcerte les catégories où nous sommes habitués à ranger les tempéraments ! Et cette dualité éclaire le sourire de toutes les figures qu'il a laissées, ce sourire que le temps emplit chaque jour d'une

1. « Une visite à Léonard de Vinci (Hommage aux analystes du moi) », *Trois stations de psychothérapie*, Paris, Librairie académique Didier Perrin et Cie, Libraires-Éditeurs, 1891, p. 1-14.

nuit plus profonde, mais qui parut, dès son éclosion, inexplicable ! Il y peignait sa propre complexité, son âme habile tout à la fois à la science et à la séduction.

Je ne saurais pas trouver d'épithètes pour vous exprimer ce conflit qui fait le génie mystérieux du Vinci et que tant d'artistes, tant de penseurs et tant d'amants ont interrogé, à l'Ambrosienne et au Bréra, sur les petites lignes du visage de ses femmes. J'aime mieux transcrire ce que me disait, avec une intensité incroyable, une de ces âmes (jeune fille, jeune homme ?) aux cheveux déroulés, âme sensuelle pourtant, avec des lèvres, de grands yeux et toute une joie divine qui montait de son visage – ce que me répétait une autre esquisse, femme adorable, baissant les paupières avec une gravité presque ironique – ce que toutes me firent entendre : « *Parce que nous connaissons les lois de la vie et la marche des passions, aucune de vos agitations ne nous étonne, rien de vos insultes ne nous blesse, rien de vos serments d'éternité ne nous trouble… Et cette clairvoyance ne nous apporte aucune tristesse, car c'est un plaisir parfait que d'être perpétuellement curieux avec méthode… Mais nous sourions de voir la peine que tu prends pour deviner ce qui m'intéresse.* »

Voilà ce que dit, je l'ai bien entendu, le sourire de Léonard. C'est ce que Goethe répétera plus tard. C'est, avec des différences sans nombre de siècle et de race, l'impression que nous laissent les deux *Faust*.

Rien qui soit plus purement intellectuel. Comment Taine a-t-il pu parler, à propos de Léonard, de pensées *épicuriennes, licencieuses* ? « Quelquefois, dit-il, chez le Vinci, on trouve un bel adolescent ambigu, au corps de femme, svelte et tordu avec une coquetterie voluptueuse, pareil aux androgynes de l'époque impériale… Confondant et multipliant, par un singulier mélange, la beauté des deux sexes, il se perd dans les rêveries et dans les recherches des âges de décadence et d'immoralité… » Ici assurément, Taine, comme il lui arrive souvent dans ses études d'art, a détourné ses yeux de l'œuvre de Léonard pour suivre le développement de sa propre pensée. Emporté par cette imagination philosophique et par cette logique qui font sa puissance, ce grand historien des passions intellectuelles a poussé jusqu'aux dernières conséquences possibles la curiosité de Léonard. Sans doute, restreinte à la méthode de Léonard, la divination de Taine a vu juste. Oui, « cette recherche des sensations exquises et profondes », qu'enseignait le Vinci, mènera la plupart des hommes à des rêveries ambiguës. Voyez, dans les musées de Milan, ces figures de Marco d'Oggiono, de Cesare da Sesto ; elles maintiennent avec peine leur sourire ; je sens une polissonnerie, à fleur des lèvres, sous ces jolis visages. Et ce portrait de jeune fille, de petite fille (par un élève du Vinci) ! Cette enfant est trop fine, trop pure, elle en devient provocante ! Mais c'est qu'elle n'est pas de la grande race des femmes du Maître ; sous son front étroit, délicieusement éclairé de perles, elle n'a que des pensées médiocres. Je le sais, qu'une telle âme, mal défendue par son faible cerveau contre les exigences du désir, dut connaître d'étranges troubles, quand Léonard lui enseignait, avec tant d'élégance, la curiosité du nouveau et le dédain de la vie commune. Le pur Luini lui-même, dans le vestibule du Bréra, nous montre une jeune fille aux paupières rougies, d'une lassitude et d'une ardeur

Marco d'Oggiono (attribué à), *Fille aux cerises*, huile sur bois, 1491-1495 (New York, Metropolitan Museum).

où la femme devient effrayante. Mais, M. Taine ne le voit-il pas, chez Léonard comme chez Goethe, ces dangereuses aspirations demeurent intellectuelles.

Ses exigences et ses indépendances se satisfont dans le domaine de la pensée, sans se tourner vers des réalisations voluptueuses. Chez Léonard l'intelligence aurait pu se révolter ; jamais les nerfs. Les contemporains de ce profond penseur le savaient bien. Lomazzo l'appelle un Hermès, un Prométhée : il leur apparaît l'homme qui sait le secret des choses. Il savait les lois de la vie.

Cela éclate dans son chef-d'œuvre. Comme elle aura été étudiée cette figure de Jésus qui est le centre de la *Cène* ! C'est qu'elle est aussi, pour quelques-uns, le centre de la conscience humaine. Je veux dire que cette figure que nous voyons là toute tournée sur soi-même, toute préoccupée de la vie intérieure, est le type parfait de l'analyste du Moi : c'est l'esprit vivant uniquement dans son monde intérieur, indifférent à la vie qui s'agite autour de lui.

Qu'un homme du quinzième siècle, dans une de ces cours sensuelles et débordantes d'Italie, ait pu créer une telle beauté psychique, voilà qui est prodigieux ! Il n'y arriva pas du premier trait. Il faut voir au Bréra l'étude au crayon rouge qu'il fit pour cette tête de Jésus. Là, pas de dédoublement de la personnalité. Bonté triste, pardon, soumission, résignation, sans fierté intérieure, ce me semble.

Ce Jésus de l'esquisse est presque un frère de l'apôtre Jean qu'on voit dans la *Cène*, et qui n'est, lui, qu'une vierge, rien qu'un simple. Mais dans la fresque définitive, Jésus est fortifié : ce haut intellectuel est entouré de sots, de braves gens et de canailles, dont les attitudes violentes synthétisent admirablement les sentiments du commun des hommes, et il leur dit : « *La trahison me viendra de vous, de vous, ô mes amis. Mais cela ne m'offre rien d'étonnant, car je comprends les tentations auxquelles succombera le coupable, et par là même je l'excuse. D'ailleurs, pour que j'aie l'occasion d'être héroïque, ceci était nécessaire ; la grandeur morale étant faite des bas traitements qu'elle surmonte.* »

Cependant les mains de ce héros semblent avouer une certaine lassitude. Un étroit paysage bleuâtre et voluptueux, entrevu dans une fenêtre, derrière la tête de cette haute victime (victime de soi-même, martyr par sa propre volonté), vient nous rappeler que la vie pourtant peut être libre, sensuelle et facile. Ces hommes avec leur passion, ce sage avec sa grandeur surhumaine et dont l'équilibre inquiète, nous attristent également. Ah ! qui donc saura nous faire connaître l'existence comme un rêve léger !

C'est un coloriste lumineux que Léonard, et les créatures qu'il peint sont les plus ravissantes qu'on puisse imaginer. Pourquoi donc, en le quittant, suis-je saisi d'une telle tristesse ? C'est que rien ne nous comprime plus que de suivre le travail secret d'un analyste ; on voit que sa vie est un malaise, un frémissement perpétuel. Les grands peintres de Venise furent heureux, car ils peignaient d'abondance, sans disputer avec eux-mêmes. Mais quelle angoisse, celle de l'artiste qui se divise en deux hommes, de telle sorte qu'à mesure que l'un crée, l'autre est là qui juge l'œuvre en train de naître ! Et chacun d'eux, adorant l'autre, se dit : S'il allait n'être pas satisfait !

Tête du Christ, d'après *La Cène* de Léonard de Vinci (Milan, Musée de Brera).
On sait aujourd'hui que ce portrait n'est pas une étude préparatoire de Léonard, mais une copie de l'un des élèves de son atelier.

J'ai souvent pensé à l'affligeante émotion dont palpitait assurément la Béatrice quand, au Paradis, elle apparut à Dante. On sait que cet illustre poète avait cherché sa maîtresse en Enfer, au Purgatoire ; enfin, il la retrouvait ; il était éperdu de respect, de crainte aussi : car de faible femme n'était-elle pas devenue une bienheureuse et la compagne des personnes divines ? Elle, cependant, dans la gloire qui l'enveloppait, avait sa fraîche poitrine gonflée d'une angoisse plus insupportable encore, car elle pensait : « *S'il allait me trouver moins belle !* »

Cette imagination m'aide assez à comprendre la vie ardente d'un de ces analystes chez qui l'âme, comme nous avons dit, est double. C'est perpétuellement en eux le drame du Dante rencontrant la Béatrice. Leur sourire est lassé et un peu dédaigneux, comme le sourire du Vinci : lassé par ces violentes émotions intérieures ; dédaigneux avec indulgence parce que la vie extérieure leur paraît une petite chose auprès des profondeurs de leur être que sans trêve ils considèrent.

BERNARD BERENSON[1]

1896

Tout ce que Giotto et Masaccio avaient dégagé des valeurs tactiles, tout ce que Fra Angelico et Filippo avaient atteint en expression, tout ce que Pollaiuolo avait fixé de mouvement et tout ce que Verrocchio avait tiré des effets de lumière, fut égalé ou surpassé par Léonard de Vinci sans qu'il parût lui en coûter l'ombre de ces tâtonnements, de cette tension d'esprit qui caractérisent ses précurseurs immédiats. En dehors de Velasquez, et peut-être aussi de Rembrandt et de Degas dans leurs meilleurs jours, nous chercherions en vain des valeurs tactiles aussi éloquentes et aussi convaincantes que celles de sa *Joconde* ; un Degas seul nous montre la magistrale maîtrise du mouvement qui règne dans l'*Épiphanie* inachevée des Offices ; et bien que, comme coloriste, Léonard de Vinci ait été grandement surpassé, aucun peintre n'a pu faire sortir des contrastes de l'ombre et de la lumière une atmosphère plus mystérieuse, plus troublante que celle de sa *Vierge aux rochers*. Ajoutez à tout cela une perception de la beauté et du sens profond des choses dont bien peu d'artistes ont eu le pouvoir d'approcher. Qui a jamais peint une jeunesse si poignante dans sa séduction, une maturité si vigoureuse en son épanouissement, une vieillesse si noble dans sa possession des secrets de ce monde ? Qui a su rendre comme lui les délices d'une mère regardant son enfant sourire à la vie, la fraîcheur d'âme de la jeune fille, sa chaste réserve, sa délicatesse de sentiments, et aussi les ensorcelantes intuitions, l'inépuisable séduction de la femme à son apogée ? Contemplez ses nombreuses esquisses de Madones, le dessin du profil d'Isabelle d'Este, regardez

1. *Les Peintres italiens de la Renaissance*, trad. Louis Gillet, Gallimard, 1935, « Florence, XI : Leonardo da Vinci », p. 129-132.

Léonard de Vinci, *Portrait d'Isabelle d'Este*, dessin, 1499-1500 (Paris, Musée du Louvre).
Portrait exécuté lors du passage de Léonard à Mantoue, après avoir quitté Milan tombé aux mains des Français, entre les derniers mois de 1499 et les premiers mois de 1500.

la *Joconde*, et dites-moi où vous en pourriez trouver l'équivalent. Léonard est le seul artiste dont on puisse dire à la lettre que tout ce qu'il a touché, il en a fait une chose d'une beauté éternelle. Peu importe ce qu'il nous montre, que ce soit une étude de muscles, la dissection d'un crâne, la structure d'une herbe folle, puisque tout ce qu'il dessine, tout ce qu'il éclaire, se transforme en un réservoir intarissable d'effluves vitaux. Et le tout sans préméditation, car la plupart de ces magiques croquis étaient jetés en guise de preuves dans les démonstrations scientifiques où s'absorbaient alors toutes ses facultés cérébrales.

Cette somme inouïe de forces vivifiantes que recèlent les œuvres de Léonard se retrouve dans le rayonnement de sa propre personnalité, car quel homme montra mieux de quoi l'homme est capable ? Rappelez-vous que sa gloire de peintre s'accompagnait de celle du sculpteur, de l'architecte, du musicien et du metteur en scène, et que tout le côté artistique de sa carrière ne représente à peu près que des instants de délassement dérobés à son véritable objectif : la science théorique et pratique. Or la science moderne ne compte guère de branches dont il n'ait eu soit la vision prophétique, soit l'intelligence anticipée. Quels champs d'hypothèses ont mûri en récoltes dont il n'ait travaillé le sol ? Quelles formes d'énergie lui sont restées étrangères ? Et lui, en retour, que demandait-il à la vie ? Des occasions de se rendre utile. N'est-il pas juste de dire qu'un tel homme est l'annonciateur du plus enivrant message : celui qui nous dévoile toutes les merveilleuses possibilités incluses dans la famille humaine dont nous sommes tous des membres.

La peinture était donc si loin d'être par elle-même un objectif pour Léonard, qu'il nous faut considérer ce qu'il nous en a laissé comme un simple mode d'expression adopté momentanément par un génie universel dans ses heures de détente, quand ce mode lui paraissait seul capable d'exprimer par une quintessence visible une quintessence spirituelle. Et si entièrement qu'il possédât cet art, il le sentait à tel point inférieur à ce qu'il éprouvait, qu'il s'attardait sur ses peintures, essayant de reproduire ce que son cerveau ne pouvait transmettre à sa main et se décidant rarement à les achever. Ceci nous a privés d'une quantité d'ouvrages, mais qu'y perdons-nous en qualité ? Un peintre uniquement peintre, un artiste même, uniquement artiste eût-il pu voir et sentir à la façon de Léonard ? J'en doute. Nous sommes trop enclins à considérer un génie universel sous l'aspect de plusieurs cerveaux normaux fusionnant sous le même crâne sans y faire toujours bon ménage. C'est oublier que « génie » est synonyme d'« énergie mentale », et qu'un Léonard, par la raison même qui l'empêche d'être simplement un peintre et qui est faite de la disproportion entre ses richesses et cette manière de les utiliser, disposera, le jour où il se mettra à peindre, de capacités de vision, de sensations et de ressources d'expression aussi supérieures à celles d'un peintre quelconque que l'est *Mona Lisa* au portrait qu'Andrea del Sarto a laissé de sa femme. Non, ne nous joignons pas à ceux qui reprochent à Léonard d'avoir si peu peint. C'est parce qu'il était au-dessus de toute spécialisation qu'il nous a légué quelques-unes des œuvres d'art les plus sublimes qui aient jamais été créées.

Andrea del Sarto, *Lucrezia di Baccio del Fede* (portait de l'épouse de l'artiste), huile sur bois, 1513-1514 (Madrid, Musée du Prado).

SIGMUND FREUD[1]
1910

Si nous considérons la fantaisie du vautour chez Léonard avec l'œil du psychanalyste, elle ne nous apparaît pas longtemps insolite ; nous croyons nous souvenir que nous avons maintes fois, par exemple dans les rêves, trouvé quelque chose de semblable, si bien que nous pouvons nous risquer à traduire cette fantaisie de sa langue propre en des mots communément compréhensibles. La traduction tend alors vers l'érotique. Queue, *coda*, est du nombre des symboles et désignations substitutives les plus connus du membre viril, en italien non moins que dans d'autres langues ; la situation contenue dans la fantaisie – un vautour ouvre la bouche de l'enfant et y fourrage vigoureusement avec la queue – correspond à la représentation d'une fellation, d'un acte sexuel, lors duquel le membre est introduit dans la bouche de la personne impliquée. Il est déjà étrange que cette fantaisie comporte un caractère si généralement passif ; de plus, elle ressemble à certains rêves et fantaisies de femmes ou d'homosexuels passifs (qui dans le commerce sexuel jouent le rôle féminin).

Qu'ici le lecteur veuille bien se modérer et ne pas refuser, dans son indignation enflammée, de suivre la psychanalyse, au motif que dès ses premières applications elle amène à outrager de façon impardonnable la mémoire d'un homme grand et pur. Il est pourtant évident que cette indignation ne pourra jamais nous dire ce que signifie la fantaisie d'enfance de Léonard ; d'autre part, Léonard a reconnu sans ambiguïté avoir eu cette fantaisie et nous ne renonçons pas à l'attente – si l'on veut : au préjugé – qu'une telle fantaisie doive, comme toute création psychique, comme un rêve, une vision, un délire, avoir une quelconque signification. Prêtons donc plutôt pour un instant une oreille équitable au travail analytique qui, de toute façon, n'a pas encore dit son dernier mot.

Le penchant à prendre dans la bouche le membre de l'homme pour le sucer[2], qui dans la société bourgeoise compte parmi les perversions sexuelles abominables, apparaît pourtant très fréquemment chez les femmes de notre époque – et, comme le prouvent d'anciennes œuvres d'art, également chez celles d'époques antérieures – et semble, dans la situation de l'état amoureux, se dépouiller totalement de son caractère choquant. Le médecin rencontre des fantaisies qui se fondent sur cette tendance, même chez des personnes de sexe féminin, qui ne doivent pas à la lecture de la *Psychopathia sexualis* de von Krafft-Ebing, ni à quelque autre information, de connaître la possibilité d'une satisfaction sexuelle

1. Extraits d'*Un souvenir d'enfance de Léonard de Vinci*, trad. Janine Altounian, André et Odile Bourguigon, Pierre Cotet et Alain Rauzy, Gallimard, 1987, p. 94-174.

2. *Saugen* signifie aussi « téter ». C'est ainsi qu'il sera traduit plus loin.

de cette sorte. Il semble qu'il ne soit pas difficile aux femmes de créer, à partir de leur propre fonds, de semblables fantaisies de désir[1]. La poursuite de l'investigation nous apprend du reste aussi que cette situation si sévèrement réprouvée par la moralité révèle la plus innocente des origines. Elle n'est rien d'autre que la réélaboration d'une autre situation dans laquelle autrefois nous ressentions tous du bien-être, lorsque à l'âge de la tétée (« *essendo io in culla*[2] ») nous prenions dans la bouche le mamelon de la mère ou de la nourrice pour le téter. L'impression organique que produisit sur nous cette première jouissance vitale est sans doute restée indestructiblement empreinte ; lorsque plus tard l'enfant fait connaissance avec le pis de la vache qui, de par sa fonction, s'apparente au mamelon du sein, mais, de par sa forme et sa position au bas du ventre, à un pénis, il a atteint le premier degré conduisant à la formation ultérieure de cette fantaisie sexuelle choquante.

Nous comprenons maintenant pourquoi Léonard reporte dans les années où il recevait la tétée le souvenir de l'expérience prétendument vécue avec le vautour. Derrière cette fantaisie ne se cache pourtant rien d'autre qu'une réminiscence du fait de téter le sein de la mère – ou de recevoir la tétée –, scène dont il a, comme tant d'autres artistes, entrepris de rendre, par le pinceau, l'humaine beauté en représentant la mère de Dieu et son enfant. À vrai dire, nous retiendrons aussi – ce que nous ne comprenons pas encore – que cette réminiscence, également significative pour les deux sexes, a été réélaborée par l'homme Léonard en fantaisie homosexuelle passive. Nous laisserons provisoirement de côté la question de savoir quel lien rattache éventuellement l'homosexualité et le fait de téter le sein de sa mère et nous nous rappellerons seulement que la tradition désigne effectivement Léonard comme quelqu'un ayant une sensibilité homosexuelle. Dès lors, il nous est indifférent que l'accusation portée contre l'adolescent Léonard ait été justifiée ou non ; ce n'est pas l'activité réelle, mais la manière de sentir qui nous fait décider si nous devons reconnaître à quelqu'un la particularité de l'inversion[3].

Un autre trait incompris de la fantaisie d'enfance de Léonard requiert tout d'abord notre intérêt. Nous ramenons notre interprétation de cette fantaisie au fait de recevoir la tétée de sa mère et nous trouvons la mère remplacée par un… vautour. D'où vient ce vautour et comment apparaît-il en cet endroit ?

Voici que surgit une idée, si éloignée[4] qu'on serait tenté d'y renoncer. Dans les pictogrammes sacrés des anciens Égyptiens, « mère » s'écrit en effet par

1. Voir à ce sujet « Fragment d'une analyse d'hystérie » [Freud, 1905*l*]. (*N.d.A.*)

2. « étant encore au berceau ».

3. L'édition de 1910 porte « de l'homosexualité ».

4. « *fernab liegend* ». L'indication est vague et nous lui conservons son imprécision. Peut-être faut-il comprendre, ce qui vient d'abord à l'esprit, que l'idée qui se présente (*Einfall*) est éloignée du sujet qu'il est en train de traiter. Peut-être faut-il plutôt comprendre que cette idée est très éloignée dans le temps et l'espace, puisqu'il va être question de l'Égypte antique.

l'image du vautour[1]. Ces Égyptiens vénéraient aussi une divinité maternelle qui fut représentée avec une tête de vautour ou avec plusieurs têtes dont l'une au moins était celle d'un vautour[2].

[...]

Cette divinité maternelle à tête de vautour fut, dans la plupart de ses figurations, dotée[3] par les Égyptiens d'un phallus ; son corps, caractérisé comme féminin par les seins, portait aussi un membre viril en état d'érection.

Ainsi donc nous trouvons, dans la déesse Mout, la même réunion des caractères maternels et masculins que, chez Léonard, dans la fantaisie du vautour...

[...]

Une courte réflexion nous rappelle maintenant que nous ne saurions nous contenter de l'explication relative à la queue du vautour dans la fantaisie d'enfance de Léonard. Elle semble contenir en elle bien d'autres choses que nous ne comprenons pas encore. Son trait le plus frappant n'était-il pas d'avoir transformé le fait de téter le sein maternel en celui d'en recevoir la tétée, donc en passivité et par là en une situation d'un caractère indubitablement homosexuel ? Compte tenu de la vraisemblance historique selon laquelle Léonard se comporta dans la vie en homme de sensibilité homosexuelle, la question s'impose à nous de savoir si cette fantaisie ne renvoie pas à un rapport de causalité entre la relation infantile de Léonard à sa mère et son homosexualité ultérieure, manifeste, bien qu'idéelle. Nous ne nous risquerions pas à inférer un tel rapport à partir de la réminiscence déformée de Léonard, si nous ne savions par les examens psychanalytiques de nos patients homosexuels qu'un tel rapport existe, et même qu'il s'agit d'un rapport essentiel et nécessaire.

Les homosexuels de sexe masculin, qui, de nos jours, ont entrepris une action énergique contre la limitation imposée par la loi à leur activité sexuelle, aiment à se faire présenter, par les porte-parole de leur théorie, comme une variété sexuelle distincte dès le départ, comme des degrés sexuels intermédiaires, comme un « troisième sexe ». Ils seraient des hommes auxquels des conditions organiques auraient, dès le germe, imposé de trouver le plaisir avec l'homme et refusé de le trouver avec la femme. Autant, par considération d'humanité, on souscrit volontiers à leurs revendications, autant on peut à bon droit se montrer réservé à l'égard de leurs théories qui ont été établies sans tenir compte de

1. Horapollo, *Hieroglyphica* I, 11 [Leemans (1835)]. Μητέρα δὲ γράφοντες... γῦπκ ζωγραφοῦσιν. [« Pour écrire “mère”... ils dessinent un vautour. »] (*N.d.A.*)

2. Roscher (1894-1897). Lanzone (1882). (*N.d.A.*)

3. Voir les reproductions chez Lanzone (1882), tabl. CXXXVI-VIII. (*N.d.A.*)

la genèse psychique de l'homosexualité. La psychanalyse offre les moyens de combler cette lacune et de mettre à l'épreuve les affirmations des homosexuels. Elle n'a encore pu s'acquitter de cette tâche qu'auprès d'un nombre restreint de personnes, mais toutes les recherches entreprises jusqu'ici ont donné le même surprenant résultat[1]. Chez tous nos homosexuels masculins, il y eut dans la première enfance, oubliée plus tard par le sujet, un lien érotique très intense à une personne féminine, généralement à la mère, suscité ou favorisé par un surcroît de tendresse de la mère elle-même et renforcé plus tard, dans la vie de l'enfant, par un passage du père à l'arrière-plan. Sadger met en évidence que les mères de ses patients homosexuels étaient fréquemment des viragos, des femmes au caractère énergique, qui pouvaient écarter le père de la position qui lui revient ; il m'est arrivé de faire la même observation, mais j'ai été davantage frappé par les cas où le père manquait dès le début ou disparaissait prématurément, si bien que le garçon était livré à l'influence féminine. Il semblerait donc presque que la présence d'un père fort assurerait au fils, en matière de choix d'objet, la juste décision en faveur du sexe opposé[2].

Après ce stade préliminaire survient une mutation dont le mécanisme nous est connu, dont nous ne saisissons pas encore les forces motrices. L'amour pour la mère ne peut pas suivre le développement ultérieur conscient, il succombe au refoulement. Le garçon refoule l'amour pour la mère, en se mettant lui-même à la place de celle-ci, en s'identifiant à elle et en prenant sa propre personne pour le modèle à la ressemblance duquel il choisira ses nouveaux objets d'amour. Il est ainsi devenu homosexuel ; à vrai dire il y a eu glissement et il est retourné à l'auto-érotisme, étant donné que les garçons que l'adolescent aime désormais ne sont que des personnes substitutives et des renouvellements de sa propre personne enfantine qu'il aime comme sa mère l'a aimé enfant. Nous dirons qu'il trouve ses objets d'amour sur la voie du *narcissisme*, puisque la légende grecque nomme Narcisse un éphèbe à qui rien ne plaisait tant que

1. Il s'agit principalement des recherches de I. Sadger, auxquelles je puis pour l'essentiel apporter la confirmation de ma propre expérience. Je sais en outre que W. Stekel à Vienne et S. Ferenczi à Budapest sont parvenus au même résultat.

2. La recherche psychanalytique a aidé à la compréhension de l'homosexualité en produisant deux faits indubitables, sans croire pour autant avoir expliqué de façon exhaustive la cause de cette aberration sexuelle. Le premier est la fixation à la mère des besoins d'amour, comme nous l'avons ci-dessus mentionné, l'autre affirme que chacun, y compris l'homme le plus normal, est capable du choix d'objet homosexuel, l'a accompli à un moment donné de sa vie et dans son inconscient, ou bien s'y tient encore, ou bien s'en défend par d'énergiques contre-attitudes. Ces deux constatations mettent fin aussi bien à la prétention des homosexuels de se faire reconnaître comme un « troisième sexe », qu'à la distinction tenue pour importante entre homosexualité innée et homosexualité acquise. La présence de traits somatiques de l'autre sexe (le degré d'hermaphrodisme physique) favorise puissamment, mais sans la déterminer, la manifestation du choix d'objet homosexuel. On ne peut qu'exprimer le regret que les défenseurs des homosexuels sur le terrain de la science n'aient rien su comprendre aux découvertes confirmées de la psychanalyse. (*N.d.A. ajoutée en 1919.*)

sa propre image en miroir et qui devint par sa métamorphose la belle fleur du même nom[1].

Des considérations psychologiques allant plus en profondeur justifient l'affirmation selon laquelle celui qui est devenu homosexuel par cette voie reste, dans l'inconscient, fixé à l'image mnésique de sa mère. Par le refoulement de l'amour pour la mère, il conserve celui-ci dans son inconscient et demeure dès lors fidèle à la mère. Quand il est l'amoureux qui semble poursuivre des garçons, il fuit en réalité les autres femmes qui pourraient le rendre infidèle. Nous avons aussi pu prouver par observation individuelle directe que celui qui est apparemment sensible au seul charme masculin subit en vérité, comme un être normal, l'attraction qui émane de la femme ; mais il s'empresse chaque fois de transcrire l'excitation reçue de la femme sur un objet masculin et de cette façon ne cesse de répéter le mécanisme par lequel il a acquis son homosexualité.

Nous n'avons garde d'exagérer l'importance de ces explications relatives à la genèse psychique de l'homosexualité. Il est absolument indéniable qu'elles contredisent diamétralement les théories officielles des porte-parole homosexuels, mais nous savons qu'elles ne sont pas suffisamment amples pour permettre de clarifier définitivement le problème. Ce que, pour des raisons pratiques, on appelle homosexualité peut résulter de processus d'inhibition psychosexuelle divers, et celui que nous avons reconnu n'est peut-être que l'un d'eux entre plusieurs autres et ne se rapporte qu'à un type d'« homosexualité ». Il nous faut également avouer qu'en ce qui concerne notre type homosexuel, le nombre des cas où les conditions requises par nous peuvent être décelées dépasse de beaucoup celui des cas où l'effet qui en dérive se réalise vraiment, de sorte que nous ne pouvons, nous aussi, écarter l'action concomitante de facteurs constitutionnels inconnus dont on a ordinairement coutume de faire dériver l'ensemble de l'homosexualité. Nous n'aurions pas eu la moindre occasion d'explorer la genèse psychique de la forme d'homosexualité étudiée par nous, s'il n'existait une forte présomption que justement Léonard, dont la fantaisie du vautour nous a servi de point de départ, appartient à ce type précis d'homosexuels.

Si peu connu que soit dans ses détails le comportement sexuel de ce grand artiste et chercheur, il nous est bien permis de nous fier à la probabilité que les témoignages de ses contemporains ne furent pas dans l'ensemble erronés. À la lumière de ces documents, il nous apparaît donc comme un homme dont le besoin et l'activité sexuels étaient extraordinairement diminués, comme si une plus haute aspiration l'avait élevé au-dessus de l'ordinaire nécessité animale des

1. Le concept de narcissisme apparaît pour la première fois chez Freud dans une remarque ajoutée quelques mois auparavant à la seconde édition, parue en 1910, des *Trois essais sur la théorie sexuelle* (1905*d*), essai I, peu avant la fin de la section 1 (A). La question trouvera son plein développement dans « Pour introduire le narcissisme » (1914*c*).

hommes. On peut négliger la question de savoir s'il a jamais recherché, et par quelle voie, la satisfaction sexuelle directe ou s'il a pu s'en passer totalement. Mais nous avons le droit de rechercher aussi chez lui ces courants sentimentaux qui en poussent impérieusement d'autres à l'acte sexuel, car nous ne pouvons croire qu'il existe une quelconque vie psychique humaine à l'édification de laquelle le désir sexuel au sens le plus vaste, la libido, n'aurait aucune part, même si celui-ci s'est considérablement écarté de son but originel ou s'est abstenu de toute réalisation.

Nous ne sommes pas en droit d'attendre chez Léonard autre chose que des traces d'une tendance sexuelle non transformée. Mais celles-ci s'orientent dans une seule direction et permettent de le compter encore parmi les homosexuels. On a de tout temps souligné qu'il ne prenait comme élèves que des garçons et des adolescents d'une beauté frappante. Il était bon et indulgent envers eux, se souciait d'eux et les soignait lui-même lorsqu'ils étaient malades, comme une mère soigne ses enfants, comme sa propre mère pouvait l'avoir choyé. Étant donné qu'il les avait choisis en fonction de leur beauté et non de leur talent, aucun d'eux – Cesare da Sesto, G. Boltraffio, Andrea Salaino, Franscesco Melzi et d'autres – ne devint un peintre important. La plupart du temps, ils ne parvinrent pas à conquérir leur autonomie à l'égard du Maître, ils disparurent après sa mort, sans laisser dans l'histoire de l'art de physionomie tant soit peu différenciée. Les autres, qui, de par leur œuvre, pouvaient à bon droit se dire ses élèves, comme Luini et Bazzi, dit Sodoma, il ne les a vraisemblablement pas connus personnellement.

[…]

La fantaisie du vautour de Léonard continue de nous retenir. En des termes qui n'évoquent que trop clairement la description d'un acte sexuel (« et, à plusieurs reprises, a heurté mes lèvres de sa queue »), Léonard souligne l'intensité des relations érotiques entre mère et enfant. À partir de l'association entre l'activité de la mère (du vautour) et l'accent mis sur la zone buccale, il n'est pas difficile de deviner dans la fantaisie un second contenu mnésique. Nous pouvons traduire : ma mère a pressé sur ma bouche d'innombrables baisers passionnés. La fantaisie est composée du souvenir d'avoir reçu de la mère la tétée et les baisers.

Une nature bienveillante a donné à l'artiste le pouvoir de conférer l'expression à ses motions psychiques les plus secrètes, à lui-même cachées, par des créations qui saisissent puissamment les autres, étrangers à l'artiste, sans qu'eux-mêmes soient en mesure d'indiquer d'où vient ce saisissement. N'y aurait-il rien dans l'œuvre de Léonard qui portât témoignage de ce que son souvenir a conservé comme étant la plus forte impression de son enfance ? On devrait s'y attendre. Mais si l'on considère par quelles profondes transformations une impression vitale de l'artiste doit passer avant de pouvoir prétendre fournir sa contribution à l'œuvre d'art, on devra, particulièrement chez Léonard, réduire à une dimension tout à fait modeste l'exigence d'une preuve certaine.

Chez quiconque pense aux tableaux de Léonard, la mémoire évoquera un sourire étrange, ensorceleur et énigmatique dont il a imprimé le charme sur les lèvres de ses figures féminines. Un sourire immobile sur des lèvres étirées, aux commissures relevées ; il est devenu caractéristique de Léonard et c'est lui avant tout qu'on nomme « léonardesque[1] ». C'est dans le visage étrangement beau de la Florentine Monna Lisa del Giocondo qu'il a le plus fortement saisi et troublé ceux qui le contemplent. Ce sourire requérait une interprétation et en trouva des plus diverses, dont aucune n'a été satisfaisante. « *Voilà quatre siècles bientôt que Monna Lisa fait perdre la tête à tous ceux qui parlent d'elle, après l'avoir longtemps regardée**[2]. »

Muther[3] : « Ce qui à vrai dire fascine le spectateur, c'est le charme démonique de ce sourire. Des centaines de poètes et d'écrivains ont écrit sur cette femme, qui semble tantôt nous adresser un sourire séducteur, tantôt, froide et sans âme, fixer le vide, et personne n'a déchiffré son sourire, personne n'a interprété ses pensées. Tout jusqu'au paysage tient mystérieusement du rêve, comme frémissant d'une sensualité étouffante. »

Le pressentiment que dans le sourire de Monna Lisa s'unissent deux éléments différents est né chez plusieurs critiques. Aussi reconnaissent-ils dans l'expression de la belle Florentine la figuration la plus parfaite des oppositions qui régissent la vie amoureuse de la femme, réserve et séduction, tendresse pleine d'abandon et sensualité d'une exigence sans égard, dévorant l'homme comme quelque chose d'étranger. C'est ainsi que Müntz[4] déclare : « *On sait quelle énigme indéchiffrable et passionnante Monna Lisa Gioconda ne cesse depuis bientôt quatre siècles de proposer aux admirateurs pressés devant elle. Jamais artiste (j'emprunte la plume du délicat écrivain qui se cache sous le pseudonyme de Pierre de Corlay) a-t-il traduit ainsi l'essence même de la féminité : tendresse et coquetterie, pudeur et sourde volupté, tout le mystère d'un cœur qui se réserve, d'un cerveau qui réfléchit, d'une personnalité qui se garde et ne livre d'elle-même que son rayonnement**… » L'Italien Angelo Conti[5] voit le tableau du Louvre animé d'un rayon de soleil. « *La donna sorrideva in una calma regale: i suoi istinti di conquista, di ferocia, tutta l'eredità della specie, la volontà della seduzione e dell' agguato, la grazia del inganno, la bontà che cela un proposito*

1. Le connaisseur en art pensera ici à l'étrange sourire figé que présentent les œuvres plastiques de l'art grec archaïque, par ex. celles d'Égine ; il découvrira peut-être même quelque chose d'analogue dans les figures du maître de Léonard, Verrocchio, ce qui le retiendra de suivre sans hésitation les déductions qui vont suivre. (*N.d.A. ajoutée en 1919.*)

2. Gruyer d'après Seidlitz (1909), t. II, 280. (*N.d.A.*)

3. (1909), vol. I, 314. (*N.d.A.*)

4. (1899), 417. (*N.d.A.*)

5. (1910), 93. (*N.d.A.*)

crudele, tutto ciò appariva alternativamente e scompariva dietro il velo ridente e si fondeva nel poema del suo sorriso… Buona e malvagia, crudele e compassionevole, graziosa e felina, ella rideva[1]… »

Léonard travailla quatre ans à peindre ce tableau, peut-être de 1503 à 1507, pendant son second séjour à Florence, alors qu'il avait plus de cinquante ans. À ce que rapporte Vasari, il utilisa les artifices les plus raffinés pour distraire la dame pendant les séances de pose et pour retenir sur ses traits ce fameux sourire. De toutes les finesses de détail que son pinceau rendit autrefois sur la toile, le tableau dans son état actuel n'a conservé que peu de chose ; quand il était en cours d'exécution, il passait pour le summum de ce que l'art pourrait atteindre : il est cependant certain qu'il ne satisfit pas Léonard lui-même, que celui-ci le déclara inachevé, ne le livra pas à celui qui l'avait commandé et l'emporta en France où son protecteur François Ier le lui acheta pour le Louvre.

Laissons l'énigme physionomique de Monna Lisa non résolue et enregistrons le fait indubitable que son sourire n'a pas fasciné l'artiste avec moins de force que tous ceux qui la contemplent depuis quatre cents ans. Ce sourire ensorcelant revient depuis lors sur toutes ses toiles et celles de ses élèves. La Monna Lisa de Léonard étant un portrait, nous ne pouvons supposer qu'il ait, de son propre chef, conféré à son visage une marque si intensément expressive, qu'elle-même n'aurait pas possédée. Apparemment, nous ne pouvons guère éviter de croire qu'il a trouvé ce sourire chez son modèle et a succombé à ce charme, au point d'en parer désormais les libres créations de son imagination. Cette interprétation qui va de soi est celle, par exemple, que donne A. Konstantinowa[2] :

« Au cours de la longue période pendant laquelle le maître travaillait au portrait de Monna Lisa del Giocondo, il s'était pénétré des finesses physionomiques de ce visage de femme, avec une telle implication du sentiment, qu'il transféra ces traits – en particulier le mystérieux sourire et l'étrange regard – sur tous les visages que par la suite il peignit ou dessina. La singularité physionomique de la Joconde peut se percevoir même sur le *Saint Jean-Baptiste* du Louvre ; mais ses traits sont avant tout clairement reconnaissables dans ceux du visage de Marie dans le tableau *Sainte Anne en tierce.* »

Toutefois il peut en avoir été autrement. Le besoin de motiver plus profondément l'attirance par laquelle le sourire de la Joconde s'empara de l'artiste, pour ne plus le lâcher, s'est manifesté chez plus d'un de ses biographes. W. Pater qui voit dans le tableau de Monna Lisa « l'incarnation de toute expérience amoureuse de l'humanité civilisée », et parle très finement de « ce sourire insondable qui,

1. « La dame souriait, calme et royale ; ses instincts de conquête, de férocité, toute l'hérédité de l'espèce, la volonté de séduire et de prendre au piège, la grâce de la tromperie, la bonté qui masque une intention cruelle, tout cela apparaissait alternativement et disparaissait derrière le voile du rire, et se fondait dans le poème de son sourire… Bonne et mauvaise, cruelle et compatissante, gracieuse et féline, elle riait… »

2. (1907), 44.

chez Léonard, semble constamment associé à quelque mauvais augure », nous conduit sur une autre piste quand il déclare[1] :

« D'ailleurs ce tableau est un portrait. Nous pouvons le suivre, se mêlant dès l'enfance à la trame des rêves, de sorte qu'on pourrait croire, si des témoignages formels ne parlaient à l'encontre, qu'il est son idéal féminin enfin trouvé et incarné… »

[…]

Si Léonard parvint à restituer, dans le visage de Monna Lisa, le double sens qu'avait ce sourire, la promesse d'une tendresse sans bornes, ainsi que la menace annonciatrice de malheur (selon les termes de Pater), il resta, en cela aussi, fidèle au contenu de son plus précoce souvenir. Car la tendresse de la mère lui fut fatale, détermina son destin et les privations qui l'attendaient. La violence des caresses qu'évoque sa fantaisie du vautour n'était que trop naturelle ; la pauvre mère abandonnée dut laisser se répandre dans l'amour maternel tous ses souvenirs de tendresses vécues, ainsi que son aspiration à des tendresses nouvelles ; elle fut poussée non seulement à se dédommager elle-même de n'avoir pas eu de mari, mais à dédommager aussi l'enfant de n'avoir pas eu de père qui voulût le caresser. Ainsi, à la façon de toutes les mères insatisfaites, mit-elle son jeune fils à la place de son mari et lui ravit-elle par une maturation trop précoce de son érotisme une part de sa virilité. L'amour de la mère pour son nourrisson qu'elle allaite et soigne est quelque chose qui a une bien plus grande profondeur que son affection ultérieure pour l'enfant adolescent. Cet amour possède la nature d'une relation amoureuse pleinement satisfaisante, qui comble non seulement tous les désirs psychiques mais aussi tous les besoins corporels, et s'il représente l'une des formes du bonheur accessible à l'être humain, cela ne provient pas pour la moindre part de la possibilité de satisfaire sans reproche également des motions de désir depuis longtemps refoulées et qu'il convient de désigner comme perverses[2]. Dans le plus heureux des jeunes ménages, le père a le sentiment que l'enfant, particulièrement le jeune fils, est devenu son rival, et une hostilité, s'enracinant profondément dans l'inconscient, prend dès lors naissance contre le favori.

Lorsque Léonard, au faîte de son existence, rencontra de nouveau le sourire de ravissement bienheureux qui jadis avait animé de ses jeux la bouche de sa mère quand elle le caressait, il se trouvait depuis longtemps sous l'empire d'une inhibition qui lui interdisait de jamais demander de telles tendresses à des lèvres de femmes. Mais il était devenu peintre, et c'est pourquoi il s'efforça de

1. W. Pater (1906), 157. Traduit de l'anglais. Voir ici, p. 1490.
2. Voir *Trois essais sur la théorie sexuelle* (1905*d*). [Notamment Essai III, « La Découverte de l'objet ».]

recréer ce sourire avec son pinceau et il en dota tous ses tableaux – la *Léda*, le *Jean-Baptiste* et le *Bacchus* –, qu'il les exécutât lui-même ou qu'il les fît exécuter sous sa direction par ses élèves. Les deux derniers sont des variantes du même type. Muther affirme : « Du mangeur de sauterelles de la Bible, Léonard a fait un Bacchus, un petit Apollon, qui, un sourire énigmatique sur les lèvres, les cuisses mollement croisées, nous fixe d'un regard troublant. » Ces tableaux respirent une mystique dont on n'ose pas pénétrer le secret ; on peut, tout au plus, tenter d'en établir le lien avec les créations antérieures de Léonard. Ces figures sont de nouveau androgynes, mais non plus au sens de la fantaisie du vautour, ce sont de beaux éphèbes d'une tendre féminité et aux formes efféminées ; ils ne baissent pas les yeux mais ont un regard mystérieusement triomphant, comme s'ils connaissaient le secret d'un grand bonheur accompli qu'il faut taire ; le sourire ensorcelant bien connu fait pressentir que c'est un secret d'amour. Il est possible que dans ces figures Léonard ait dénié le malheur de sa vie amoureuse et l'ait surmonté par l'art en figurant l'accomplissement du désir, chez le garçon fasciné par sa mère, dans cette réunion bienheureuse du masculin et du féminin.

[...]

Partant des vues que nous avons précédemment exposées sur le développement de la vie psychique infantile, nous sommes porté à supposer que, chez Léonard aussi, les premières investigations de l'enfance portaient sur les problèmes de la sexualité. Or lui-même nous le révèle, de façon voilée mais transparente, en rattachant sa poussée d'investigation à la fantaisie du vautour et en insistant sur le vol des oiseaux comme étant un problème sur lequel, par un enchaînement particulier du destin, il lui aurait été imposé de travailler. Un passage vraiment obscur et de ton prophétique de ses notes traitant du vol des oiseaux témoigne au mieux du grand intérêt d'affect qui le liait au désir de pouvoir imiter lui-même l'art du vol : « Il prendra son premier vol ce grand oiseau, depuis le dos de son grand Cygne, remplissant l'univers de stupéfaction, tous les écrits de sa renommée, et il sera la gloire éternelle du nid qui l'a vu naître[1]. » Il espérait vraisemblablement pouvoir lui-même voler un jour et nous savons, par les rêves humains d'accomplissement de désir, quelle félicité on se promet de l'accomplissement de cette espérance.

Pourquoi tant d'hommes rêvent-ils de pouvoir voler ? La psychanalyse donne ici la réponse : parce que voler ou être oiseau n'est que la forme voilée d'un autre désir à la connaissance duquel on accède par plus d'un pont fait de mots et de choses. Si on raconte aux enfants avides de savoir qu'un grand oiseau,

1. D'après M. Herzfeld (1906), 32. « Le grand Cygne » désignerait une colline près de Florence, le Monte Cecero. [Aujourd'hui Monte Ceceri ; *cecero* = cygne en italien ancien.]

comme la cigogne, apporte les bébés, si les Anciens ont figuré le phallus avec des ailes, si la désignation la plus courante de l'activité sexuelle de l'homme est en allemand « *vögeln*[1] », et si le membre viril chez les Italiens s'appelle précisément *l'uccello* (oiseau), ce ne sont là que de petits fragments d'un vaste ensemble qui nous apprend que le désir de pouvoir voler ne signifie rien d'autre en rêve que le désir intense d'être capable d'activités sexuelles[2]. Il s'agit là d'un désir infantile précoce. Lorsque l'adulte se souvient de son enfance, elle lui apparaît comme une période heureuse, où l'on se réjouissait de l'instant et s'en allait sans désir au-devant de l'avenir, et c'est pourquoi il envie les enfants. Mais les enfants eux-mêmes, s'ils pouvaient nous renseigner plus tôt, rapporteraient sans doute les choses tout autrement. Il semble que l'enfance ne soit pas cette idylle bienheureuse dont nous donnons après coup une image déformée, mais que bien plutôt les enfants soient fouaillés tout au long de l'enfance par un désir, celui de devenir grands, de faire comme les adultes. Ce désir est le moteur de tous leurs jeux. Quand les enfants pressentent, au cours de leur investigation sexuelle, que l'adulte, dans ce domaine mystérieux et pourtant si important, est capable d'une chose grandiose qu'il leur est refusé de savoir et de faire, un désir impétueux s'éveille en eux d'être capables de la même chose, et ils en rêvent sous la forme du vol ou confèrent cet habillage de désir à leurs rêves ultérieurs de vol. Ainsi donc, l'aéronautique, qui de nos jours atteint enfin son but, a elle aussi sa racine érotique infantile.

En nous avouant qu'il a senti en lui, dès l'enfance, un rapport personnel et particulier à ce problème du vol, Léonard nous confirme que son investigation infantile était orientée vers le sexuel, comme nous avons dû le supposer d'après nos recherches sur les enfants de notre temps. Ce problème-là au moins s'était soustrait au refoulement qui plus tard rendit Léonard étranger à la sexualité ; depuis ses années d'enfance jusqu'à l'époque de sa maturité intellectuelle la plus accomplie, cette même chose avait gardé pour lui son intérêt, avec une légère modification de sens, et il est fort possible que cette capacité, objet de son désir, se soit affirmée chez lui aussi peu au sens sexuel primaire qu'au sens mécanique, que les deux soient restés pour lui des désirs frustrés.

[...]

Le but de notre travail était l'explication des inhibitions dans la vie sexuelle de Léonard et dans son activité artistique. Il nous est permis de résumer à cette fin ce que nous avons pu deviner du cours de son développement psychique.

La connaissance des conditions de son hérédité nous est refusée, par contre

1. [De *Vogel* : « oiseau. »]

2. D'après les travaux de Paul Federn [1914] et ceux de Mourly Vold (1912), chercheur norvégien étranger à la psychanalyse. (*N.d.A. ajoutée en 1919.*)

nous reconnaissons que les circonstances accidentelles de son enfance exercent une action perturbatrice profonde. Sa naissance illégitime le soustrait, peut-être jusqu'à l'âge de cinq ans, à l'influence de son père, et le livre à la tendre séduction d'une mère dont il est l'unique consolation. Élevé par ses baisers jusqu'à une maturité sexuelle précoce, il a dû certainement entrer dans une phase d'activité sexuelle infantile, dont une seule et unique manifestation est attestée avec certitude, l'intensité de son investigation sexuelle infantile. Pulsions de regarder et de savoir sont le plus fortement excitées par ses impressions infantiles précoces ; la zone érogène de la bouche acquiert une dominance qu'elle n'abandonne plus jamais. Du comportement contraire apparu ultérieurement, comme la pitié excessive envers les animaux, nous pouvons conclure que dans cette période infantile de puissants traits sadiques ne manquaient pas.

Une énergique poussée de refoulement met fin à ce débordement infantile et fixe les dispositions qui feront leur apparition dans les années de puberté. Le résultat le plus frappant de cette transformation est que Léonard se détournera de toute activité grossièrement sensuelle ; il pourra vivre dans l'abstinence et donnera l'impression d'un être asexué. Lorsque les flots de l'excitation pubertaire atteignent le garçon, ils ne le rendront toutefois pas malade, en le contraignant à des formations substitutives coûteuses et nocives ; l'exigence de la pulsion sexuelle pourra en majeure partie, grâce à la préférence précoce pour l'avidité de savoir d'ordre sexuel, se sublimer en poussée de savoir d'ordre général et échapper ainsi au refoulement. Une partie bien moindre de la libido restera orientée vers des buts sexuels et représentera la vie sexuelle atrophiée de l'adulte. Par suite du refoulement de l'amour pour la mère, cette partie sera repoussée sur une position homosexuelle et se manifestera sous la forme d'un amour idéel des garçons. La fixation à la mère et aux souvenirs bienheureux du commerce entretenu avec elle reste conservée dans l'inconscient, mais y demeure provisoirement en état d'inactivité. C'est ainsi que refoulement, fixation et sublimation disposent, chacun selon sa part, des contributions fournies par la pulsion sexuelle à la vie psychique de Léonard.

De l'obscure période de l'enfance, Léonard surgit devant nous artiste, peintre et sculpteur, en vertu d'un don spécifique, qui pourrait bien avoir été renforcé par l'éveil précoce, dans les premières années d'enfance, de la pulsion de regarder. Nous aimerions fort indiquer de quelle manière l'activité artistique se ramène aux pulsions psychiques originaires, si ce n'était justement ici que les moyens nous font défaut. Nous nous contenterons d'insister sur le fait, à peine moins certain, que le travail créateur de l'artiste fournit, lui aussi, une dérivation à son désir sexuel, et de renvoyer, pour Léonard, à l'information transmise par Vasari selon laquelle des têtes de femmes souriantes et de beaux garçons, donc des figurations de ses objets sexuels, attirèrent l'attention parmi ses premiers essais artistiques. Dans la fleur de sa jeunesse, Léonard semble d'abord travailler sans inhibition. De même que, dans la conduite extérieure de sa vie, il prend le père pour modèle, de même il traverse une période de force créatrice virile et de productivité artistique à Milan, où la faveur du destin lui fait trouver dans le duc Ludovic le More un substitut paternel. Mais bientôt se confirme en lui le fait d'expérience que la répression presque totale de la vie sexuelle réelle n'entraîne pas les conditions les plus favorables à l'activité manifeste des tendances sexuelles sublimées. La valeur de modèle de la vie sexuelle s'impose, l'activité et l'aptitude à décider rapidement commencent à se paralyser, le penchant à peser le pour et le contre et à différer se perçoit déjà comme un élément perturbateur dans la *Cène*, et détermine par son influence sur la technique le destin de cette œuvre grandiose. Lentement s'accomplit alors en lui un processus que l'on ne peut ranger que du côté des régressions qui apparaissent chez les névrosés. L'épanouissement de son être à la puberté, qui en fit un artiste, est dépassé par celui, déterminé dans la première enfance, qui en fit un chercheur ; la seconde sublimation de ses pulsions érotiques s'efface devant la sublimation primordiale préparée lors du premier refoulement. Il devient un chercheur ; il reste, au début, encore au service de son art, puis n'en dépend plus et s'en éloigne. Avec la perte de son bienfaiteur, substitut du père, et l'assombrissement croissant de sa vie, cette substitution régressive s'étend toujours davantage. Il devient « *impacientissimo al pennello*[1] », comme le rapporte un correspondant de la marquise Isabelle d'Este qui voudrait absolument posséder encore un tableau de lui[2]. Son passé infantile s'est emparé de lui, mais l'activité de recherche, qui se substitue dès lors chez lui à la création artistique, semble présenter quelques-uns des traits qui caractérisent l'activité de pulsions inconscientes : l'insatiabilité, la rigidité implacable et un manque de capacité à s'adapter aux conditions réelles.

Au faîte de sa vie, au début de la cinquantaine, à une époque où chez la femme les caractères sexuels sont déjà en involution et où il n'est pas rare que chez l'homme la libido tente encore une poussée énergique, une nouvelle transformation affecte Léonard. Des couches encore plus profondes de son psychisme[3] redeviennent actives ; mais cette régression nouvelle profite à son art, qui était en train de dépérir. Il rencontre la femme qui éveille en lui le souvenir du sourire heureux et sensuellement ravi de sa mère, et sous l'influence de ce réveil il retrouve l'impulsion qui l'avait guidé au début de ses essais artistiques, lorsqu'il créait des images de femmes souriantes. Il peint alors *La Joconde*, la *Sainte Anne en tierce* et la série des tableaux mystérieux caractérisés par le sourire énigmatique. À l'aide de ses motions érotiques les plus archaïques, il célèbre son triomphe sur l'inhibition, encore une fois surmontée dans son art. Ce dernier développement se perd pour nous dans la pénombre de l'âge qui s'avance. Auparavant, son intellect s'est encore élancé

1. [« ne pouvant supporter son pinceau ».]
2. Von Seidlitz (1909), vol. 2, 271.
3. [*seines seelischen Inhaltes*, litt. « de son contenu psychique ».]

jusqu'aux plus hautes réalisations d'une conception du monde qui laisse loin derrière elle son époque.

ODILON REDON[1]

1878-1911

[1903.] – Toujours est-il qu'à mes commencements j'ai toujours tendu vers la perfection, et, le croirait-on, la perfection dans la forme. Mais laissez-moi vous dire maintenant que nulle forme plastique, j'entends perçue objectivement, pour elle-même, sous les lois de l'ombre et de la lumière, par les moyens conventionnels du « modelé », ne saurait être trouvée en mes ouvrages. Tout au plus ai-je tenté souvent, au début, et parce qu'il faut autant que possible tout savoir, de reproduire ainsi des objets visibles selon ce mode d'art de l'optique ancienne. Je ne le fis qu'à titre d'exercice. Mais je vous le dis aujourd'hui, en toute maturité consciente, et j'y insiste, tout mon art est limité aux seules ressources du clair-obscur et il doit aussi beaucoup aux effets de la ligne abstraite, cet agent de source profonde, agissant directement sur l'esprit. L'art suggestif ne peut rien fournir sans recourir uniquement aux jeux mystérieux des ombres et du rythme des lignes mentalement conçues. Ah ! eurent-ils jamais plus haut résultat que dans l'œuvre du Vinci ! Il leur doit son mystère et la fertilité des fascinations qu'il exerce sur notre esprit. Ils sont les racines des mots de sa langue. Et c'est aussi par la perfection, l'excellence, la raison, la soumission docile aux lois du naturel que cet admirable et souverain génie domine tout l'art des formes ; il le domine jusque dans leur essence ! « La nature est pleine d'infinies raisons qui ne furent jamais en expérience », écrivait-il. Elle était pour lui, comme assurément pour tous les maîtres, la nécessité évidente et l'axiome. Quel est le peintre qui penserait autrement ?

1903, juin. – Je ne puis dire ce qu'ont été mes sources. J'aime la nature dans ses formes ; je l'aime dans le plus petit brin d'herbe, l'humble fleur, l'arbre, les terrains et les roches, jusqu'aux majestueuses cimes des monts. Toutes choses pour leur caractère en soi, plus que des ensembles. Je tressaille aussi profondément au mystère qui se dégage des solitudes.

J'ai aimé et j'aime toujours les dessins de Léonard : ils sont comme une essence de vie, une vie exprimée par des contours autant que par des reliefs. J'en goûte leur esprit raffiné, civilisé, aristocratique ; j'y sens l'attrait grave qui m'élève à la haute délectation cérébrale.

1. *À soi-même. Journal (1867-1915). Notes sur la vie, l'art et les artistes*, intro. de Jacques Morland, H. Floury Éditeur, 1922, p. 26-27, 100-105, 112-113, 138-139, 168-169, 175-176.

Mais, quant à mes lectures, quel lien trouver avec mon art dans le plaisir que je ressens à goûter si délicieusement les savoureux écrits de nos prosateurs, le tour de leurs pensées, le rythme de leur style, le souffle de leur effusion, le jet concis ou abandonné de leur esprit, leurs nuances ? Je ne sais. Je lis avec fatigue les choses abstraites, difficilement et même indifféremment les traductions.

1906. – Commentaire verbal de la *Mélancolie* de Dürer, par Élémir Bourges : Vous voyez la lettre I qui suit le mot Mélancolia ; ce signe imperceptible en est la clef : il veut dire *va*, en latin. Et la chimère qui s'envole emporte (sans en douter) la souscription de tristesse. Elle part près du soleil levant, sous l'arc-en-ciel libérateur. Tout le reste s'explique aussitôt comme étant une allégorie de la science. Les outils du travail et de la recherche sont là. Cet être ailé, tenant un compas, n'est-il pas l'image de la certitude ? Voici l'amour aussi qui inscrit sur une tablette un accroissement de la connaissance. Vinci a dit : « Plus on connaît, plus on aime. »

Ce commentaire met un arrêt aux suggestives hypothèses et à tout verdict d'incohérence. Et je me souviens, en souriant, que j'ai fait autrefois, ainsi que Dürer, un ange des certitudes : il sourit, vieillot, dans un rai de lumière que domine un ciel noir, où j'ai mis un regard interrogateur. J'étais moins conscient que Dürer.

Cette admirable Mélancolie reste ce qu'elle fut toujours pour moi : une source riche, profonde et toujours nouvelle de belles lignes abstraites, profondes, révélatrices d'amplitude, de vastitude. Je ne connais pas de cadre plus plein, et dont la structure et les plans aient autant de portes sur l'esprit. Lignes serrées, riches de variétés soumises au jeu si grave de l'ensemble. Sans me complaire dans l'audition de la musique de Bach, je suppose ici analogie.

Depuis mon âge mur, j'ai toujours eu cette sorte de fugue linéaire sous les yeux.

1911, septembre. – *La Joconde* est consacrée. J'entends par là qu'elle a reçu, dans la durée du temps, au cours de quatre siècles, l'hommage de l'admiration des maîtres. Ce n'était pas pour son sourire ; mais si la peinture, essentiellement, dans ce qu'elle a de plus strict, a pour but de produire sur une surface plane, à l'aide du clair et de l'obscur, le plus grand relief possible d'un des éléments de la nature, fût-ce un visage humain avec le rayonnement de l'esprit, ce but y est atteint par Léonard, hautement, fortement, jusqu'au prodige.

Millet

La grande originalité de Millet consiste dans le bonheur qu'il eût de développer deux facultés rarement réunies chez le même homme et en apparence contradictoires : il fut peintre et penseur. J'entends peintre proprement dit à la manière des Espagnols, des Hollandais et de quelques artistes français contemporains ; de tous ceux, en un mot, qui sentent la nature directe et la rendent pleinement sensible aux autres par la palette, par le ton. Cette sensualité exquise est un don rare qui procure à l'observateur des phénomènes du dehors des jouissances infinies, mais qui, aussi, a le danger d'entraîner dans la contemplation pure et d'absorber, d'effacer pleinement l'être pensant qui s'y livrerait sans mesure. La prédominance de cette faculté fait le peintre. Velasquez, par exemple, en est la plus haute manifestation. C'est lui qui, par une habileté extrême, j'allais dire par virtuosité, s'est le plus complètement soumis à la reproduction immédiate de l'objet lui-même ; il semble avoir fait de l'artiste un être passif et irresponsable qui laisse à la nature le soin de parler. Il en est de même des Hollandais chez qui le désir de la reproduction simple a produit des ouvriers incomparables, dont les travaux sont des modèles du genre. Il en est de même aussi de quelques peintres contemporains qui s'intitulent après Courbet *intransigeants* ou *impressionnistes* et qui, dans la recherche du *plein jour* et dans le parti pris de ne modeler qu'entre des valeurs extrêmes très rapprochées, ont trouvé dans la couleur des délicatesses imprévues et nouvelles.

Mais les plus beaux ouvrages de ces ouvriers ne vaudront jamais en qualité le moindre griffonnement d'Albert Dürer qui nous a légué sa pensée même, la vie de son âme, tout ce qui n'est pas de la sensualité dont je parlais tout à l'heure, mais qui est cependant très humain, très vivant.

Michel-Ange non plus n'est pas un peintre dans le sens que nous indiquons ici ; le Vinci pas davantage. Ces noms ne sont-ils pas parmi les premiers de l'art ! Rembrandt fut aussi admirablement doué pour donner par le clair-obscur la vie à son rêve. Et Millet tient de ce maître-là.

Comme en lui le poète ne fut jamais absorbé par le peintre, il eut sa vision. Il chercha et trouva dans le *plein air* un monde absolument nouveau. Il donna la vie morale aux nuées. Les arbres et toute la nature inanimée de la campagne vivent de la vie de l'homme. Il y a de lui un beau dessin qui donne pleinement une idée de son idéal : ce sont deux enfants près d'un tertre dont l'un tricote et l'autre regarde très haut dans le ciel lumineux je ne sais quel phénomène, peut-être le vol de quelque oiseau. Il y a dans cette page une poésie vraiment nouvelle.

Si l'on remarque maintenant que durant toute sa vie ce maître a représenté le paysan français, c'est-à-dire le Français dans le travail passif de la vie agricole, on ne saurait le considérer comme un penseur très conscient qui jugea toute sa vie. Il y a dans l'étude de son œuvre matière à beaucoup réfléchir.

(23 avril 1878.)

1878. – Disons-le, sans rien enlever de l'idée que nous faisons de sa haute mission, Delacroix ne devait pas atteindre à la perfection ; mais cela ne nous empêche pas de condamner sans regret le passé des coloristes proprement dits ; que les jeunes élèves émus et enthousiasmés en présence du maître n'aillent au Louvre désormais que pour y chercher la force d'un art purement plastique ayant atteint, il est vrai, par Léonard, le sommet du beau dans son expression la plus essentielle ; mais nos muscles nous font défaut désormais pour reprendre cet art italien et l'exprimer comme cette race éminemment agissante et passionnée. Nous allons vers les sensations nerveuses : tout nous y mène ; la musique, qui désormais est populaire, ne tardera pas à porter aux arts plastiques une atteinte suprême. Point de salut hors de la voie qu'a suivie le grand maître dont nous parlons ici.

S'il nous faut profiter des transformations accomplies par l'école des naturalistes – école qui, à mon avis, ne fait que continuer l'école classique – tâchons au moins de donner à la couleur *vue* la beauté suprême et si pure de la couleur *sentie* ; tout l'art moderne est là ; rien de grand, de beau, de profond, ne peut se traduire dans un autre mode… Je ne crois le retour au passé possible qu'après l'invasion d'une race barbare, des Russes par exemple et Dieu merci, nous ne le verrons pas. […]

Enfin de notre propre *invention personnelle*, de l'intuition originelle qui combine, résume tout, cherche un appui dans le passé et la vie présente pour donner à l'œuvre contemporaine un organisme nouveau, un tempérament qui se rajeunit sans cesse dans le développement continu de la vie humaine, dont le progrès est incontestable et modifie sans cesse les moyens d'exprimer l'art.

Ces trois modes du verbe, du verbe éternel de la beauté, apparaissent pleinement et constamment aux grandes époques, lorsqu'une civilisation librement épanouie peut alors tenter de s'élever sans obstacle vers sa vérité. Exemple : Phidias, Léonard de Vinci, types sacrés qui ont élevé l'art à des hauteurs plastiques inaccessibles, peut-être à jamais perdues et vers lesquels les plus grands esprits se tournent sans cesse pour aimer, prier et se recueillir.

Une œuvre d'art sincère ne paraît qu'à son heure ; pour être bien comprise, il lui faut son moment : tel maître a fait son œuvre trop tôt, tel autre trop tard ; il est rare qu'une gloire heureuse grandisse librement autour du génie, surtout en notre temps, où chaque artiste cherche solitairement sa voie, sans autre initiateur à son rêve que lui-même.

OSWALD SPENGLER[1]

1917

Léonard parle un autre langage que ses contemporains. Pour l'essentiel, son esprit touchait au siècle suivant, et rien ne le liait, comme Michel-Ange, de toutes les fibres de son cœur, à l'idéal formel toscan. Lui seul n'avait ni l'ambition

1. *Der Untergang des Abendlandes*, 1917 ; extrait traduit dans *Tout l'œuvre peint de Léonard de Vinci*, p. 166.

d'être sculpteur, ni celle d'être architecte. Il ne faisait plus ses études anatomiques – étrange égarement de la Renaissance pour se rapprocher du sentiment hellénique de la vie et de son culte du plan corporel extérieur ! – comme Michel-Ange, à cause de la sculpture ; il n'étudiait plus l'anatomie *topographique* des plans antérieurs et de surface, mais la *physiologie* à cause de ses secrets internes. Michel-Ange voulait condenser la signification totale de l'existence humaine dans le langage du corps visible ; les esquisses et les projets de Léonard révèlent le contraire. Son sfumato très admiré est le premier signe d'une négation des limites corporelles en faveur de l'espace. C'est ici l'origine de l'impressionnisme. Léonard commence par le dedans, le mental spatial, non par les lignes du contour bien mesuré, et il finit – quand toutefois il le fait et ne laisse pas ses tableaux inachevés – par répandre la substance colorée comme un souffle sur la conception de l'image incorporelle proprement dite, absolument indescriptible. Les tableaux de Raphaël se décomposent en « plans », où se répartissent des groupes harmonieux, et un arrière-plan limite l'ensemble avec beaucoup de mesure. Léonard ne connaît que l'espace unique, vaste, éternel, dans lequel on voit pour ainsi dire ses figures planer. Le premier donne dans le cadre de l'image une somme d'objets individuels et proches, le second un segment de l'infini.

Léonard a découvert la circulation du sang[1]. Ce qui l'y amena n'est point un sentiment Renaissance. Le cours de ses idées le détache de la sphère entière de ses contemporains. Ni Michel-Ange ni Raphaël n'y auraient abouti, car l'anatomie des peintres ne considérait que la forme et la position, non la fonction des parties. Elle était, mathématiquement parlant, stéréométrique et non analytique. N'a-t-on pas trouvé l'étude des *cadavres* suffisante pour exécuter de grandes scènes picturales ? Mais cela voulait dire une sujétion du devenir en faveur du devenu. On appela les morts au secours pour rendre l'ἀταραξία antique accessible à la force plastique du Nord. Mais Léonard recherche la *vie* du corps comme Rubens, non le corps en soi comme Signorelli. Il y a dans sa découverte une parenté profonde avec la découverte contemporaine de Colomb ; c'est la victoire de l'infini sur la limite matérielle du présent et du tangible. Quand un Grec a jamais trouvé du goût à ces sortes de choses ? il ne se souciait pas plus de l'intérieur de son organisme que des sources du Nil qui eussent l'un et l'autre remis en question la conception euclidienne de son existence. Le baroque est, au contraire, *la véritable époque des grandes découvertes*. Rien que ce mot annonce déjà quelque chose de brusquement non antique. L'homme antique se gardait bien de soulever le voile, le lien corporel, par la main ou par la pensée, avec ce qui est cosmique à un titre quelconque. Mais cela est précisément l'instinct propre d'une nature faustienne. Presque en même temps et, au fond, d'une

1. Le mécanisme de la circulation du sang a été découvert par Harvey en 1628 et publié sous le titre *Exercitatio anatomica de motu cordis et sanguinis in animalibus*, soit cent neuf ans après la mort de Léonard.

signification complètement identique, eurent lieu les découvertes du nouveau monde, de la circulation sanguine et du système cosmique copernicien, un peu plus tôt celle de la poudre à canon, par conséquent, des armes à longue portée, et de l'imprimerie, donc de la télégraphie.

Léonard était inventeur des pieds à la tête. Là s'épuise sa nature. Pinceau, ciseau, scalpel, crayon d'ardoise, compas avaient pour lui une seule et même signification… celle que la boussole avait pour Colomb. Lorsque Raphaël colorait un dessin sur un plan aux contours tranchés, chaque coup de pinceau affirmait le phénomène corporel. Voyez au contraire les esquisses à la sanguine et les arrière-plans chez Léonard : chaque trait y découvre des secrets atmosphériques. Il fut aussi le premier à réfléchir aux problèmes d'aviation. Voler, se libérer de la terre, se perdre dans la vastitude de l'espace cosmique, n'est-ce pas faustien au suprême degré ? Nos rêves mêmes en sont remplis. N'a-t-on jamais remarqué que la légende chrétienne dans la peinture d'Occident devint une merveilleuse transfiguration de ce motif ? Toutes ces ascensions au ciel chez les peintres, ces descentes aux enfers, le planement au-dessus des nuages, le ravissement bienheureux des anges et des saints, la touchante liberté qui délivre de toutes les pesanteurs terrestres sont des symboles du vol de l'âme faustienne entièrement étrangers au style byzantin.

ANDRÉ SUARÈS[1]

1922

La Cène, à Sainte-Marie-des-Grâces.

Qui n'a point grandi dans le culte de Léonard, n'a pas subi la séduction de l'intelligence. Mais qui s'en contente, n'eut pas la force d'aller au-delà. Plus d'un s'arrête sur la route, et ne finit pas sa croissance.

L'intelligence est la passion des jeunes gens. Mais la vie est la passion de l'homme. C'est le cœur seul qui fait vivre. Trois fois, j'ai rendu visite à Léonard : où j'avais cru, d'abord, trouver un dieu, je ne vois plus qu'un prince des esprits ; c'est à lui désormais que je fais des questions, et ce n'est pas à lui que je dois toutes les réponses.

Je fus à Sainte-Marie-des-Grâces, que je ne me souciais pas encore d'être à Milan, tant j'étais porté par le désir. J'y volais, au printemps. Le soleil de Pâques riait comme une petite fille, sur la douce église qui a la couleur de la chair, et dont les pâles briques ressemblent aux pétales des roses, plus qu'aux carreaux

1. *Voyage du condottière. Vers Venise*, Émile-Paul Frères Éditeurs, 1922, chap. XIV : « Léonard à Milan », p. 101-109.

de l'argile. La piété me conduit. Un grave couloir à la porte d'une sacristie ; un cistre aux arcades longues ; enfin le réfectoire où un tel aliment est servi pour les siècles : sur le mur du fond, bas et large, la fresque. Une lumière bleue flotte sous la voûte, et la muraille peinte n'en paraît que plus sombre et plus lointaine. Mais chacun y retrouve ce qu'il connaît déjà, et l'image la plus illustre de l'Italie.

Que d'autres se plaignent de n'y plus rien voir. La beauté de cette fresque est surtout qu'elle s'efface. Elle n'est point sur le mur ; elle est un rêve de l'ombre sur ma propre muraille : une tapisserie que le songe intérieur a tissée. Quand un nuage voile la lumière du jour, *La Cène* de Léonard n'est plus elle-même qu'un voile, tendu par le crépuscule, sur le fond de la nuit. Tout ce qu'on montre dans cette salle, les cartons du Vinci, les copies anciennes, tout ce qui prétend aider l'esprit à ressusciter l'œuvre à demi morte, m'indispose et me blesse. Mais quoi ? les maîtres de la pensée ne sont plus faits, dorénavant, que pour enseigner les passants et leur servir d'école. Voici l'un des lieux du monde où l'on apprend le dégoût de la gloire. On est puni de l'avoir obtenue, voyant à qui elle vous livre en proie. Presque toujours, on reçoit de ceux à qui l'on plaît le juste châtiment d'avoir pu leur plaire. L'admiration de cette foule me pèse. Bavards, et faisant voir, de gestes vers le port de l'enthousiasme, ils s'extasient à ce qu'ils déplorent de ne point voir. J'aime pourtant cette salle étroite et longue, sa voûte aiguë garde bien l'ombre. Je chasse enfin de ma pensée, je chasse de mes yeux la cohue qui l'importune. Je me rends sourd à ce guilleri de moineaux voyageurs ; et je prête l'oreille à la confidence mystérieuse du Vinci.

Heureuse donc, la fresque où Léonard donnait chaque jour un coup de pinceau médité pendant une semaine, heureuse de s'être sitôt évanouie et, peu à peu, de disparaître avec pudeur. La couleur, pour nous, n'en eût pas été belle ; toutes les œuvres de Léonard ont perdu à ce qu'il les achève : elles sont noires, et le noir est le deuil de la vie. Il y a mis trop de science : c'était y insinuer la mort. Si elle ne dure, qu'est-ce que la lumière ? Plus que personne, en Italie, Léonard a poursuivi la lumière ; plus que personne, il a cru la saisir ; et pensant l'avoir prise entre ses mains, elle s'est évanouie.

Léonard a voulu peindre la scène suprême, et capitale en vérité, dans la tragédie d'un dieu. Il fallait qu'une telle heure vint pour le Sauveur du monde ; et il fallait que la pleine intelligence d'un homme choisît cette heure, entre toutes les autres, afin de s'y mesurer. Mais l'intelligence tente en vain une action divine ; elle fait la preuve de sa force en y échouant, sans doute : car jamais elle n'y suffit.

Autour de la table, le grand Léonard a donc assis Jésus et les apôtres. Pour la dernière fois, Celui qui s'offre en sacrifice à tous les hommes rompt le pain avec ses disciples : ils sont tous les Douze, ceux qui l'ont aimé, et l'autre qui n'a point de nom, puisqu'on veut qu'un peuple entier le nomme, et qui n'a point désobéi à son Maître en le trahissant, puisqu'il fallait enfin qu'il le trahît. Or,

Jésus vient de leur révéler l'horrible secret de sa mort, qui est le prix de leur vie. « *En vérité, l'un de vous va me trahir.* » Et c'est comme si Jésus disais qu'« *il le doit* ». Tous alors, qui ne doivent leur salut qu'à ce crime des crimes, s'agitent devant Jésus. Ils s'indignent : tous, ils font des gestes ; ils lèvent tous la main, parfois les deux ; ils montrent, chacun, son âme du doigt, et chacun y met son honnête rhétorique. Mais pas un d'eux n'a peur. Pas un n'a seulement l'air de se douter que Jésus connaît leur innocence, mieux qu'ils ne la connaissent ; et que leur Dieu, l'ayant faite, n'a pas besoin d'en être averti par ceux qu'il en a doués. À pas un de ces heureux le soupçon ne semble poindre que le bonheur de leur innocence a pour rançon la misère inexprimable du crime. Et lui-même l'épouvantable Judas, n'a que le geste de l'avare démasqué ; le recul ignoble du scélérat pris la main dans le sac. Pas un, pas même lui, ne montre la stupeur du précipice : ils ne connaissent pas le vertige ni même la séduction de l'abîme ; pas un d'eux ne s'étonne de n'avoir pas été choisi pour victime ; ils n'ont pas l'épouvante du danger éternel où ils échappent : et chacun d'eux, ne pensant qu'à soi, ne désigne pauvrement que soi.

Je vois pourquoi Léonard de Vinci, pendant des journées entières, et des années durant, épiait les coquins et les fourbes aux carrefours, je dis aussi les honnêtes gens : il y cherchait Judas et les apôtres. Mais il ne les y a pas plus trouvés que le Christ : c'était en lui qu'il fallait les prendre ; et ils n'y étaient pas. Aux faubourgs, il ne rencontrait que des hommes, et médiocres, même les scélérats. Tous les hommes ne sont point propres à une pièce divine. C'est pourquoi Léonard a forcé le trait, pour qu'ils eussent du style. Ils jouent ce qu'ils doivent être : ils ne le sont pas.

Ils gesticulent ; ils n'ont d'âme que le mouvement que le peintre leur donne. Un jeu de deux fois douze mains supplée à la grande tragédie. On dirait de muets assemblés, qui parlent avec leurs doigts et qui grimaçent : la caricature perce sous les visages. L'admirable intelligence de Léonard n'a pas su le défendre d'outrer son propre sentiment ; il cède au goût de sa nation pour le spectacle. La ravissante qualité de son jugement le garde des fausses notes, mais non d'enfler la note juste. Non, ces gens-ci ne sont point les simples héros d'une tragédie divine ; ils y figurent en comparses ; et si beaux soient-ils quelques-uns, ils font du bruit : ils n'ont pas le frémissement silencieux de la passion et de la vie. La scène exigeait un calme sublime, que cette œuvre n'a pas. Elle n'a que des sens, et manque la profondeur, n'ayant pas le silence. La seule œuvre où Léonard ait mis beaucoup d'action, est la seule dont le drame intérieur répugnait à tous les gestes. Ainsi le plus intelligent des artistes ne touche pas le point suprême ni la suprême convenance de l'esprit.

Tout est possible à Léonard, hormis de faire croire qu'il croit. L'amour qui a la force de créer, lui seul en accepte la peine. Le goût, la pensée, la science du Vinci vont parfois au-delà de ce que l'art réclame ; mais l'amoureuse énergie qui donne l'être, à l'instar de la nature et des mères, dans la douleur et la simplicité, Léonard ne l'a pas. Toujours maître de ce qu'il médite, Léonard se regarde faire : il calcule tout ; il a tout essayé. Il assiste au spectacle du monde ; je crains qu'il ne s'y joue. Serait-ce qu'il le domine ? On ne domine sur l'univers qu'en s'y confondant. C'est plutôt que ce grand curieux jouit royalement de ce que la vie lui donne ; mais il n'y ajoute pas ; il ne la soulève point ; il ne la sauve pas. Il contemple l'univers ; il y fait ses choix, il l'orne et le dispose suivant un ordre raffiné ; il s'y promène, comme un prince exquis au milieu de sa cour. Mais la vie languit sous son règne ; et dans le néant qu'il y découvre peut-être, son souffle ne ranime pas ces fleurs suaves du feu, les plus belles, que la nuit éteint et couche. La puissance des puissances fait défaut à ce puissant. C'est le Goethe de Florence, et d'un goût infini ; mais Goethe savait lui-même sa distance à Shakespeare.

Que ce Christ est pauvre ! Que sa beauté est nulle, doucereuse et vraiment faite pour enlever tous les suffrages ! Ni homme ni dieu, il n'est que fade. Léonard de Vinci y fait la confession d'une grandeur et d'une défaite égales : un amour de la perfection beau comme elle ; mais il reste en deçà de la victoire : et c'est, non pas qu'il faut être parfait, mais qu'il faut atteindre la vie.

Léonard était doux, généreux et si noble. Il se retirait de toutes luttes. Le brutal Michel-Ange, son cadet de vingt ans, l'a fait fuir de Rome. Le combat contre la passion lui répugnait ; et sa raison était assez fine pour qu'il ne se souciât pas de l'imposer : c'est bien assez d'avoir raison. Il faisait fi même du succès ; il n'y goûtait sans doute que les moyens d'une vie voluptueuse. On ne lui sait point de femme : il écarte de lui toutes les occasions de trouble ; il n'est à l'aise, en prince, qu'à la cour des princes. En vrai dédaigneux, il était pacifique. La paix du monde et de la ville est nécessaire à ceux qui s'entretiennent avec la nature et qui pensent. Il avait l'indulgence silencieuse, qui est parfois la forme souveraine de l'intelligence, et parfois le manteau impérial du mépris. Mais le Vinci, je le sais, méprisait peu : il y a trop de passion encore dans le mépris. Il ne vivait qu'avec ses amis qui, tous beaucoup plus jeunes, furent plutôt les fils soumis d'un père si magnanime et si admirable. Un grand homme vaut toujours mieux que ce qu'il fait ; mais comme Léonard, je n'en sais pas un autre : je l'aime infiniment plus que son œuvre.

Nul en son temps ne s'est rendu plus libre. Nul ne fut plus exempt de tout zèle fanatique. Rien ne lui était donc moins aisé que la passion d'un dieu. Il lui était plus naturel de la concevoir que d'y entrer, et d'y penser que d'y croire. Supérieur ou égal à tout ce qui s'analyse, il ne l'était pas à une telle action : là, comprendre c'est prendre sa part, et vouloir c'est déjà entreprendre. Mais il devait manquer le cœur de l'entreprise, parce qu'il ne devait seulement pas sentir la nécessité de le chercher. La Cène de Léonard a peu de vie intérieure ; tous y ont trop d'esprit ; ils se donnent trop de mal ; ils parlent à l'intelligence, comme les témoins d'une histoire qui n'a plus rien d'obscur. L'action est dans les gestes, et n'est pas dans les cœurs. De là, l'apprêt de cette œuvre illustre. De là aussi, qu'entre toutes les figures, celle de Jésus est la moins belle. Quant à Judas, c'est une idée commune d'en avoir fait, par la laideur, l'étalon invariable de la scélératesse. Mais cette idée n'est pas digne d'un grand cœur, ni d'une telle tragédie, ni d'un tel poète.

La seule passion trouve les mots que tout l'art de penser ne trouve pas. Plus les passions sont puissantes, et moins, en un certain degré, elles sont accessibles au seul esprit. La peinture, qui ne connaît que les formes, n'en rend presque jamais que l'apparence. Est-ce donc que la peinture ne peut produire au jour les profondeurs de l'âme ? Elle y a pourtant réussi une fois, dans un homme unique à qui nul autre ne se compare. Et Rembrandt[1], ayant fait un dessin, d'après une gravure de *La Cène*, en quelques coups de plume, y a mis plus de vie et plus de vérité que le grand Léonard en dix ans d'études. La vérité profonde, c'est l'émotion.

Rembrandt, *La Cène*, d'après Léonard de Vinci, 1634-1635, sanguine (New York, Metropolitan Museum).

1. Le dessin à la plume de Berlin, et la sanguine du prince Georges de Saxe.

ALEXANDRE KOYRÉ[1]
1953

L'atelier de Verrocchio n'explique pas le miracle de Léonard – rien n'explique le miracle d'un génie ; mais c'est cependant cet atelier qui le forma et donna à son esprit une certaine orientation qui l'entraîna vers la *praxis* et non vers la *théorie* pure. [...]

Léonard [...] est un ingénieur artiste. Un des plus grands, sans aucun doute, que le monde ait jamais vus. Il est un homme de la *praxis*, c'est-à-dire un homme qui ne construit pas de théories mais des objets et des machines et qui, le plus souvent, pense comme tel. De là vient son attitude presque pragmatique envers la science, qui, pour lui, est non pas sujet de contemplation mais instrument d'action.

Même en mathématique, c'est-à-dire en géométrie, bien que nous lui devions quelques découvertes purement théoriques, telles que la détermination du centre de gravité de la pyramide et quelques théorèmes curieux sur les lunules, son attitude est généralement celle d'un ingénieur : ce qu'il cherche, ce sont des solutions pratiques, solutions qui peuvent être accomplies dans *rerum naturae*, au moyen d'instruments mécaniques. Si ceux-ci ne sont pas toujours strictement corrects, mais seulement approximatifs, il pense que cela n'a pas d'importance à condition qu'ils soient le plus proche possible du point de vue de la *praxis* : en effet pourquoi devrions-nous être gênés par des différences théoriques, si celles-ci sont si insignifiantes que ni un œil humain ni un instrument ne peuvent jamais les découvrir ? Ainsi la géométrie de Léonard de Vinci est le plus souvent dynamique et pratique.

Rien n'est plus caractéristique à cet égard que sa manière de traiter ou de résoudre le vieux problème de la quadrature du cercle. Léonard le résout en faisant rouler le cercle sur une ligne droite... solution élégante et facile qui, malheureusement, n'a rien à voir avec le problème posé et traité par les géomètres grecs. Mais, du point de vue de la *praxis*, pourquoi ne pas employer des méthodes non orthodoxes ? Pourquoi devrions-nous limiter nos façons et nos moyens d'agir ? Pourquoi devrait-il être permis de tracer des lignes droites et des cercles et non pas de rouler ces derniers sur ces lignes ? Pourquoi devrions-nous ignorer ou oublier l'existence des roues ? Or, si la géométrie de Léonard est d'ordre *pratique*, elle n'est nullement *empirique*. Léonard n'est pas un empiriste. Malgré sa profonde compréhension du rôle décisif et de l'importance prédominante de l'observation et de l'expérience dans la poursuite de la connaissance scientifique ou peut-être justement *à cause* de cela, il n'a jamais sous-estimé la valeur de la théorie. Au contraire, il la place bien au-dessus de l'expérience dont le mérite principal consiste justement, selon lui, à nous permettre d'élaborer une bonne

1. *Études d'histoire de la pensée scientifique*, Gallimard, 1973, « Léonard de Vinci 500 ans après » (conférence à Madison-Wisconsin, 1953, trad. Dora Koyré), p. 107-116.

théorie. Une fois élaborée, cette théorie (bonne, c'est-à-dire mathématique) absorbe et même remplace l'expérience.

Dans l'œuvre scientifique de Léonard, cette exaltation de la pensée théorique demeure, hélas, quelque peu théorique. Il ne peut la mettre en pratique ; il n'a pas appris à penser d'une manière abstraite. Il a un don merveilleux d'intuition, mais il ne peut faire une déduction correcte à partir des principes qu'il saisit instinctivement, de sorte qu'il ne peut formuler la loi d'accélération de la chute des corps bien qu'il soit capable de comprendre la vraie nature de ce genre de mouvement ; ainsi, il ne peut énoncer, comme principe abstrait, le principe de l'égalité entre l'action et la réaction qu'il applique instinctivement dans son analyse des cas concrets – ou plus exactement semi-concrets – de la percussion des corps qu'il traite avec une précision extraordinaire et qui restera inégalée pendant plus d'un siècle.

Il y a cependant un champ de connaissance dans lequel la manière concrète de penser de Léonard n'était pas un désavantage : c'est celui de la géométrie. En effet, Léonard est un géomètre-né et il possède au plus haut degré le don – don extrêmement rare – de l'intuition de l'espace. Ce don lui permet de surmonter son manque de formation théorique. Non seulement il traite toutes sortes de problèmes concernant les lunules et la transformation des figures et des corps les uns dans les autres, la construction de figures régulières, et la détermination des centres de gravité, fabriquant des compas pour tracer les sections coniques, mais aussi, comme je l'ai déjà dit, il réussit à faire quelques véritables découvertes.

En même temps, et ceci me paraît très important, la géométrie, chez lui, domine la science de l'ingénieur. Ainsi sa géométrie est le plus souvent celle d'un ingénieur et *vice versa* son art d'ingénieur est toujours celui d'un géomètre. C'est précisément pour cette raison qu'il interdit d'exercer cet art et même de l'enseigner à ceux qui ne sont pas des géomètres. « La mécanique, nous dit-il, est le paradis des sciences mathématiques. » La mécanique, c'est-à-dire – le sens de ce terme a changé depuis le XVe siècle – la science des machines, une science – ou un art – dans lequel Léonard, génie technique s'il en fut jamais, déploie une capacité absolument stupéfiante. Que n'a-t-il pas construit ! Machines de guerre et machines pour la paix, chars d'assaut et machines à creuser, armes et grues, bombes et métiers à filer, ponts et turbines, tours pour faire des vis et pour meuler les lentilles, scènes tournantes pour spectacles de théâtre, presses à imprimer et roulements sans friction, véhicules et bateaux se mouvant par eux-mêmes, sous-marins et machines volantes, machines destinées à rendre le travail des hommes plus facile et à augmenter leur bien-être et leur puissance. Cependant, à vrai dire, ces considérations pratiques et utilitaires ne me semblent pas avoir joué un rôle prépondérant dans l'esprit de Léonard ni dans son action. Et, peut-être me suis-je trompé en l'appelant : constructeur de machines ; inventeur serait une désignation plus correcte.

En effet, de toutes ces merveilleuses machines dont les dessins couvrent d'innombrables pages de ses manuscrits, il n'est pas du tout sûr qu'il en ait jamais construit une seule. Il semble avoir été beaucoup plus préoccupé par l'élaboration de ses projets que par leur réalisation; beaucoup plus intéressé par la puissance intellectuelle de l'esprit humain capable de concevoir et d'inventer ces machines, que par la puissance véritable qu'elles auraient pu procurer aux hommes et les réalisations pratiques qu'elles leur auraient permis d'accomplir. C'est, peut-être, la raison profonde pour laquelle il tenta si rarement de faire usage de ses propres inventions, ou même de celles des autres : par exemple, contrairement à Dürer, il ne s'est jamais servi, du moins pas pour lui-même, des deux grandes inventions techniques de son temps, l'imprimerie et la gravure, bien qu'il ait inventé et perfectionné la presse à imprimer, et gravé lui-même les planches représentant les corps géométriques réguliers pour le *De divina proportione* de son ami Luca Pacioli. Et c'est, probablement pour cette même raison que les dessins de Léonard qui incarnent l'imagination du théoricien et non l'expérience du praticien, sont tellement différents des ouvrages et des recueils techniques des XVe et XVIe siècles; tandis que ces derniers sont des croquis ou des peintures, les dessins de Léonard sont des «épures», les premières qui aient été dessinées. [...]

Léonard de Vinci n'a pas développé la science dont il rêvait. Il n'aurait pas pu le faire. C'était trop tôt et il avait très peu d'influence sur la pensée scientifique de ses contemporains et de ses successeurs immédiats; pourtant sa place dans l'histoire de la pensée humaine est très importante : grâce à lui et à travers lui [...] la *technique* est devenue *technologie* et l'esprit humain s'est élevé à l'idéal de connaissance dont, un siècle plus tard, s'inspirèrent Galilée et ses amis, les Membres de l'*Accademia dei Lincei*, qui rejetèrent l'autorité et la tradition et voulurent *voir* les choses telles qu'elles étaient.

ANDRÉ MALRAUX[1]

1951

Le sentiment de création que nous impose l'œuvre capitale est voisin de celui qu'éprouve l'artiste qui la crée : elle est une parcelle du monde qui n'appartient qu'à lui. En elle disparaît le désaccord dont a surgi son génie : il a perdu le sentiment de sa dépendance. De même, elle est pour nous une parcelle du monde orientée par l'homme. L'artiste en a chassé les maîtres, il en a chassé la réalité – pas nécessairement dans son apparence, mais dans son ordre le plus profond, auquel il a substitué le sien : un portrait de génie est un tableau avant d'être le simulacre ou l'analyse d'un visage. La grande œuvre d'art n'est pas tout à fait vérité comme le croit l'artiste : elle *est*. Elle a surgi. Non pas achèvement, mais naissance. Vie en face de la vie, selon sa nature propre ; et animée, au sens éty-

1. *Les Voix du silence* (1951), chap. III : « La Création artistique », VI, *Écrits sur l'art*, I ; *Œuvres complètes*, Jean-Yves Tadié (dir.), Gallimard, « Bibliothèque de la Pléiade », 2004, t. IV, p. 698-702.

mologique, par la coulée du temps des hommes, qui la métamorphose et s'en nourrit. Qu'il s'agisse d'un masque toltèque ou d'une fête galante ; que l'artiste soit Gislebert d'Autun, Grünewald ou Léonard de Vinci.

Ni les querelles d'atelier, ni les styles modernes ne sont venus à bout de *La Joconde*. Il n'est pas si facile d'en faire une œuvre académique : à qui s'apparenterait-elle ? à Bouguereau, peut-être ? L'admiration traditionnelle qui sacre périodiquement ce portrait « le plus beau tableau du monde » repose sur un malentendu que révèle la consternation des touristes, mais qui ne l'atteint pas. De même que *La Vierge à la chaise* prend tout son sens, qui n'est pas celui d'une perfection mais celui d'un monde pictural entièrement conquis, lorsqu'on la suppose anonyme comme lorsqu'on la rapproche de *Vierges* des imitateurs de Raphaël, de même, lorsque nous comparons *La Joconde* aux œuvres séduisantes des disciples de Léonard – *La Colombine* de Melzi, la *Salomé* de Luini – ou lorsque nous voulons préciser ce qui la distingue d'œuvres jadis attribuées au maître, nous découvrons comment elle se sépare de ces suivantes pauvrement enchantées. Les bons disciples de Léonard ne manquent ni de poésie ni de mystère. On a pu soutenir, d'arguments dignes d'attention, l'affirmation que ce tableau ne représentait nullement Monna Lisa, mais Constance d'Avalos. Or, l'expression de la mondaine florentine dont la légende veut que Léonard ait entretenu quatre ans le sourire par la musique et les bouffons, ne fut sans doute pas celle de la combattante qui défendit Ischia contre les troupes du roi de France, et dont la figure du tableau porte le voile de veuve… Qu'importe l'une ou l'autre femme ? L'autonomie est la même. Il suffit d'évoquer les Milanais mineurs pour ressentir la souveraine intelligence, non du modèle incertain, mais du plus subtil hommage que le génie ait rendu à un visage vivant. Il ne va pas sans ironie que cette intelligence *picturale* (et surtout graphique, car Léonard dédaignait la couleur, et tous les tableaux qu'il peignit sans maître, puis sans disciples, sont plus ou moins des camaïeux) dont on ne parle jamais, défende en secret une telle gloire…

Tandis que les derniers bruits du jour s'éteignent dans un Paris menacé qui lui ressemble peut-être, je songe à la phrase de Léonard : « Alors il m'advint de faire une peinture réellement divine… » L'œuvre la plus illustre et la plus insultée appartient à la même haute solitude que les spectres de la *Maison du Sourd*, la *Jeune fille au turban*, les derniers Rembrandt, et ces grands portraits japonais de l'époque de Kamakura que l'Europe n'a pas découverts encore. Et nous distinguons enfin ce qui les unit toutes à tant d'autres : l'artiste, par sa lente conquête, s'y est si puissamment libéré de sa dépendance, qu'elles apportent à tous ceux qui entendent leur langage le plus persuasif écho de sa libération : la postérité, c'est la reconnaissance des hommes pour des victoires qui leur semblent promettre la leur…

Francesco Melzi, *Flora* ou *La Colombine*, huile sur toile, 1517-1521 (Saint-Pétersbourg, Musée de l'Ermitage).
Flora, déesse des fleurs et du printemps, est représentée avec la fleur de jasmin (symbole de la chasteté perdue), une colombe et un sein nu (symbole de fertilité), et des anémones (symbole du renouveau).

ANDRÉ MALRAUX[1]

1974

L'accent d'adolescence, et parfois d'enfantillage, qui fait si bon ménage dans les carnets de Léonard avec « l'opiniâtre rigueur de l'esprit[2] », venait souvent de la recherche d'une féerie mineure. Les costumes et les griffons qu'il dessinait n'étaient pourtant pas destinés à assouvir sa rêverie : comme Raphaël, comme tant d'autres (et jusqu'à Vélasquez…) Léonard avait été un organisateur de fêtes ; il avait étudié leurs machines autant que les machines de guerre, et moins vainement. Il inventa les dernières à Amboise, pour le mariage de Laurent II avec la Française qui devait être la mère de Catherine de Médicis[3]… Que d'heures il avait passées à concevoir et à faire exécuter des travestis et des décors ! « Le lion qui marchait et ouvrait sa poitrine, pleine de lis » (pour le roi de France), « les animaux qui s'envolaient quand on soufflait dedans » (pour Léon X), combien d'autres ! « Il avait acheté un lézard, auquel il ajusta des ailes, des gros yeux, des cornes et de la barbe ; et, l'ayant apprivoisé, il le portait dans une boîte d'où il le faisait sortir pour effrayer ses amis. » Tant d'études du plus grand observateur de la nature, pour inventer la Chimère !…

L'animal fabuleux qui orne le cimier des casques veille sur le monde que Léonard transmet à Giorgione[4]. Sans doute s'accorde-t-il merveilleusement à ce qui remplace le cheval par la barque, Trivulce par Othello, les marchands par les armateurs, et les princes qui prennent charge de leur terre par les doges qui épousent la mer ; à la ville qui exalte « la corporation des organisateurs de fêtes » et où les labours médiévaux deviennent des sillages. La silencieuse musique de Giorgione, le dernier poudroiement de Titien, la touche impétueuse du Tintoret, sont liés au chant de l'ombre par lequel Léonard est le prophète de Venise. Ce que montre assez bien *La Joconde*[5].

1. *L'Irréel* (1974), chap. VII : « Venise », *Écrits sur l'art*, II ; *Œuvres complètes*, Henri Godard (dir.), Gallimard, « Bibliothèque de la Pléiade », 2004, t. V, p. 569-577.

2. Malraux se souvient de « Note et digression (1919) », où Valéry, à propos de Léonard de Vinci, écrit : « Parmi tant d'idoles que nous avons à choisir, puisqu'il faut en adorer au moins une, il a fixé devant son regard cette Rigueur obstinée [*hostinato rigore*], qui se dit elle-même la plus exigeante de toutes » (*Variété* ; *Œuvres*, éd. Jean Hytier, Gallimard, « Bibliothèque de la Pléiade », 1957, t. I, p. 1209).

3. Madeleine de La Tour d'Auvergne, comtesse de Boulogne, épousa Laurent II de Médicis, duc d'Urbino, à Amboise en 1518.

4. Giorgio Barbarelli ou Zorzi da Vedelago ou da Castelfranco, dit Giorgione (1478-1510) est le premier grand peintre vénitien du Cinquecento italien.

5. « L'univers de la *Joconde* n'est pas un univers vénitien, bien entendu. Mais ce qui sera la palette vénitienne n'aurait jamais pu naître s'il n'y avait pas eu la possibilité de faire un contre-chant avec les sons graves […]. Les tons graves sont donnés par des couleurs qui viennent de l'ombre », explique Malraux à Jean-Marie Drot (*Promenades imaginaires dans Venise*).

Léonard de Vinci, *Portrait de soldat*, dessin à la pointe d'argent (Londres, British Museum).

Bellini avait pris des paysages pour fonds ; mais le fond de *La Joconde* est-il tout à fait un paysage ? Tels disciples de Léonard en doutent lorsque, reprenant ses montagnes, ils leur donnent une précision flamande, en distinguent réellement les plans, les ordonnent jusqu'à l'horizon. Monna Lisa n'est nullement peinte sur l'immensité que suggère son cirque de pics, comme le serait une figure de Raphaël. La vallée du coin supérieur droit s'enfonce dans un espace tout différent de celui des plans étagés qu'elle surmonte. Sur l'eau, un léger effet de lumière, peu conciliable avec un ciel sans nuages, permet l'établissement d'une large zone d'ombre (à la hauteur du nez) qui donne à la vallée sa persuasive irréalité, et ne détache pas la figure sur l'immensité, mais la relie à l'infini. La comparaison de *La Joconde* avec sa copie de Rome, où le peintre a cru remplacer le fond de Léonard par un « vrai paysage », en dévoile le secret. Léonard connaissait le lointain, il avait grandement contribué à le découvrir ; mais il ne s'y soumettait pas, il s'en servait. Son fond n'appartient pas moins au domaine de la poésie que celui, bien différent, de la *Simonetta* ; s'il est devenu l'emblème de l'âme de Monna Lisa, c'est qu'il permet au tableau de n'être pas seulement un portrait. Que l'on rétablisse l'illusionnisme en situant réellement dans l'espace les montagnes de Léonard (comme l'a fait le copiste), en éclaircissant le singulier nuage de Piero di Cosimo, les deux tableaux changent de nature, et l'on découvre que ces montagnes sont aussi arbitraires que ce nuage. *La Joconde* est le premier portrait illustre où un fond enveloppe une figure, comme *La Vierge aux rochers* est la première scène religieuse où l'ombre suggère l'infini. Il ne s'agit ni de perfectionnement du clair-obscur, ni de ce que deviendra le sfumato chez Andrea del Sarto, ni de procédés de représentation flamands hérités par Venise : pas de la représentation de l'ombre, mais de son chant.

Pour Léonard, l'ombre était le moyen d'expression privilégié du mystère universel[1]. Il ressentait le monde comme un mystère dont aucune révélation ne livrerait le secret. Ses travaux scientifiques posaient ou résolvaient des problèmes, à l'intérieur d'une énigme fondamentale. La découverte de la circulation du sang ne révélait pas la raison d'être de l'homme ; la peinture non plus. Léonard n'attendait pas de celle-ci qu'elle élucidât le mystère du monde, mais qu'elle le manifestât ; qu'elle en trouvât les symboles, comme Pic de la Mirandole l'attendait de la pensée. Même lorsqu'il parlait de l'ombre comme d'un moyen de fixer des spectacles, elle restait pour lui « ce qui unit l'homme à la nature », c'est-à-dire à l'univers ; souvent elle semblait apporter à son art l'orchestre profond de la nuit – qu'elle ne représentait jamais. Il inventait son ombre, comme son lointain, pour saisir ces spectacles mieux qu'on ne l'avait fait avant lui ; mais aussi pour

1. « Les ombres participent de la nature des choses universelles qui toutes sont plus puissantes à leur principe et s'affaiblissent vers la fin. [...] Les ténèbres sont le premier degré de l'ombre, et la lumière le dernier. Donc, ô peintre, tu feras ton ombre plus obscure près de sa cause, et à la fin, elle se convertira en lumière, de telle sorte qu'elle semblera infinie » (*Carnets*, ici p. 1051).

les contraindre à se révéler songes. Depuis l'*Adoration* monochrome des Offices jusqu'au *Saint Jean-Baptiste*, il l'avait élaborée, en avait fait un moyen d'expression capital. Comme celle de Van Eyck, elle ne représentait ni la couleur des objets, ni celle des surfaces obscures ; ses tons n'existent pas dans la nature. Elle semblait peindre des degrés de profondeur, d'une profondeur hantée qui n'était plus seulement (ou plus du tout) un moyen de spiritualisation chrétienne, et qui livrait la Vierge, comme Monna Lisa, au monde dont il était le démiurge[1]. Elle suggère aux peintres asiatiques qui connaissent l'Europe, les perspectives intérieures de nos cathédrales, mais son recueillement leur semble s'adresser à un Dieu inconnu. Elle est bien moins l'annonciatrice des procédés de représentation qui l'imiteront en ignorant son âme, que des sombres ramages de Venise qui ne représenteront rien – comme les montagnes de Monna Lisa sont les annonciatrices des ramages multicolores qui représenteront tout. La musique de Titien n'orchestre pas celle de Léonard dans l'apparence, mais dans le monde secret où *La Joconde* est la maîtresse d'un doge…

Bellini, Carpaccio, leurs rivaux vénitiens, n'avaient pas ignoré la lumière : leurs crépuscules religieux, leurs navires dans les fenêtres du quai des Esclavons, sont éclairés par la lumière épandue que la peinture connaissait depuis les Flamands. Leurs successeurs ne l'inventent donc point ; ni même sa primauté sur ce qui la reçoit, et qu'elle baigne plutôt qu'elle n'éclaire. Dès Giorgione, ils ajoutent aux « tons graves » et à l'enveloppement de Léonard, une puissance instrumentale qu'il dédaignait sans doute, et en tirent une mélodie de couleur sur un orchestre de lumineuse pénombre, auprès de quoi même *La Joconde* devient un camaïeu. Léonard acceptait la couleur comme un rehaut, à la manière des peintres chinois auxquels l'apparentent de façon singulière ses dessins d'« eaux-et-montagnes » et de dragons ; il écartait le chromatisme comme le fera un autre maître de l'ombre, Rembrandt. Et peut-être, dans son ombre lyrique que le monde n'avait jamais connue, cherchait-il d'abord l'asservissement de la couleur ; Venise va en trouver la royauté.

1. « Le peintre veut voir une beauté qui l'enchante, il est maître de la créer ; et s'il lui plaît d'évoquer des monstres épouvantables ou bien des scènes bouffonnes et risibles ou bien d'autres touchantes, il en est le maître et le dieu » (Léonard de Vinci, *Traité de la peinture,* fragment 53, p. 19).

LÉONARD EN FICTIONS

Idéal personnage de fiction, comment Léonard, qui mêle la réalité et le rêve (Gautier), n'eût-il pas enflammé l'imagination des écrivains ? Ainsi, Matteo Bandello (v. 1484- v. 1561), que, selon Stendhal, François Ier fit évêque parce qu'il contait bien, met-il la cinquante-huitième nouvelle de son recueil dans la bouche de Léonard, narrateur. Trois peintres protagonistes : Léonard de Vinci, Apelle et Filippo Lippi. Il est permis de penser que Bandello a lu et plagié certains passages des *Vies* de Vasari parues peu avant les premières nouvelles de Bandello (v. 1554), tant les textes, sur Lippi notamment, sont voisins. On sait pourtant que le jeune Bandello, contemporain de Léonard, a probablement observé l'artiste sur les échafaudages, travaillant à *La Cène*, à l'époque où il commençait son noviciat au couvent de Santa Maria delle Grazie. Biographie ou fiction, le style n'est pas clairement défini. La même scène ouvre *Le Judas de Léonard*, roman de l'Autrichien Leo Perutz (1882-1957). Lui aussi décrit les heures de travail, de méditation, d'hésitation et le retard pris par Léonard qui met en rage le commanditaire… Perutz était romancier et mathématicien. En double de Léonard, il procède tel un géomètre des passions de l'âme. Outre l'épisode connu de la recherche des modèles susceptibles de livrer enfin le visage du Christ et celui du traître, le premier chapitre, ici donné à lire, expose une préoccupation autre – et toute fictionnelle – de Léonard : quel péché Judas a-t-il commis ? Au terme d'hypothèses écartées, il en conclut que Judas est un criminel de l'amour… La suite de l'ouvrage est une succession d'épisodes romanesques, comme autant de démonstrations d'un théorème. Avec le symboliste russe Dmitri Merejkowski (1865-1941), la fiction est dépassée. Son *Roman de Léonard de Vinci*, très informé avant d'être une vie romancée, parvient à donner corps à toute une série de mythes sur Léonard et son génie créateur, dont une expérience de vol devenue célèbre au point d'être longtemps donnée pour fait réel (voir Préface, p. 12). Les extraits dont la lecture est proposée ici vont du plus fidèle au plus romancé.

Depuis le journal d'un disciple nommé Beltraffio citant abondamment le *Traité de la peinture*, en passant par un dialogue philosophique fictif entre Léonard et Machiavel, jusqu'à l'amour platonique liant Mona Lisa et Léonard, Merejkowski accomplit l'exploit de nourrir à nouveau la légende au moyen d'un entrelacement virtuose de la réalité avec la fiction.

« L'obsession Léonard », selon l'expression de Sophie Chauveau (*L'Obsession Léonard*, 2007), a continué de susciter l'écriture dont, ces dernières années, le *Da Vinci Code* de Dan Brown (2003), *La Cène secrète* de Javier Sierra (*La Cena secreta*, 2004), *Mille cinq cent deux* de Michael Ennis (*1502*, 2014) ou encore la bande dessinée *Léonard et Salaï* de Benjamin Lacombe et Paul Echegoyan (2014) pour ne citer qu'eux…

MATTEO BANDELLO[1]

1554

Bandello à la très illustre et docte héroïne, madame Ginevra Rangone Gonzague[2]

Le talent a toujours été hautement prisé en tout siècle et par tous les peuples du monde, et tous les érudits qui ont excellé dans la science des langues[3] comme dans la philosophie ou dans n'importe quel autre art ont toujours été honorés, estimés, exaltés et largement récompensés par les très grands princes et les républiques bien gouvernées : cela apparaît si clairement, à travers les souvenirs que nous en avons et les exemples que nous voyons chaque jour, que nulle autre preuve n'est nécessaire.

Du temps où Ludovic Sforza-Visconti était duc de Milan, quelques gentilshommes se trouvaient réunis en cette ville, dans le monastère dominicain des Grâces[4], et ils contemplaient silencieusement dans le réfectoire la stupéfiante et très célèbre *Cène* du Christ et de ses disciples que l'excellent peintre florentin

1. *Nouvelles*, présentation et commentaires par Adelin Charles Fiorato, trad. Adelin Charles Fiorato, Marie-José Leroy et Corinne Paul, Imprimerie nationale, 2002, p. 274-279.

2. Ginevra Rangone Gonzague (morte en 1540), sœur de Guido Rangone, capitaine général de François Ier en Italie, et de Costanza Rangone Fregoso. Elle épouse en secondes noces Luigi (Aloise) Gonzague de Castiglione delle Stiviere. Frottée de lettres, elle fut célébrée par plusieurs écrivains de l'époque : Scaliger, l'Arétin, Bandello, qui était très lié avec cette famille.

3. Science des langues : la philologie, les études grecques et latines.

4. Le couvent Sainte-Marie-des-Grâces, dont l'oncle du conteur, Vincenzo, était prieur, fut richement doté par Ludovic le More ; il y fit enterrer son épouse Béatrice d'Este, protectrice, comme lui, des lettres et des arts. Matteo Bandello, après y avoir fait son noviciat, y séjourna jusqu'en 1525.

Léonard de Vinci était en train de peindre[1]. Celui-ci avait très à cœur que chacun, en regardant ses peintures, dît librement ce qu'il en pensait. Il avait coutume aussi – et je l'ai moi-même vu et observé à maintes reprises – de monter de bon matin sur son échafaudage (car la *Cène* s'élève à bonne hauteur du sol), et, disais-je, de ne jamais lâcher son pinceau depuis le lever du soleil jusqu'à la nuit tombée, mais, en perdant le boire et le manger, de peindre continuellement. Puis il demeurait deux ou trois, voire quatre jours sans y toucher, tout en restant parfois une ou deux heures par jour uniquement à contempler, à observer et, s'interrogeant intérieurement, à juger ses figures. Je l'ai vu aussi, quand lui en venait la fantaisie ou le caprice, partir vers midi, alors que le soleil est sous le signe du Lion[2], de la Corte Vecchia où il composait ce superbe cheval de terre cuite[3], et s'en venir tout droit aux Grâces, monter sur l'échafaudage et, saisissant le pinceau, donner une ou deux touches à l'une des figures, puis subitement s'en aller ailleurs[4].

En ce temps-là était hébergé aux Grâces le cardinal de Gurk l'Ancien[5], lequel vint à entrer dans le réfectoire pour voir la *Cène* au moment même où lesdits gentilshommes s'y trouvaient réunis. Lorsque Léonard vit le cardinal, il descendit lui présenter ses respects et fut reçu avec courtoisie et chaleureusement accueilli par celui-ci. On devisa alors de beaucoup de choses et en particulier de l'excellence de la peinture, certains regrettant qu'il ne fût possible de voir certaines peintures antiques tellement glorifiées par les bons écrivains, afin de pouvoir juger si les peintres de notre époque étaient capables d'égaler les Anciens. Le cardinal demanda quel salaire le peintre recevait du duc. Léonard lui répondit qu'il avait une pension régulière de deux mille ducats, sans compter les dons et présents que le duc lui faisait constamment avec grande libéralité. Cela sembla extraordinaire au cardinal, qui sortit du réfectoire et s'en retourna dans sa chambre.

Alors, pour démontrer que les excellents peintres furent toujours honorés, Léonard raconta aux gentilshommes qui se trouvaient là une belle historiette à ce propos. Ayant moi-même assisté à son récit, je l'ai notée en ma mémoire, et comme je l'ai toujours gardée présente à l'esprit, lorsque j'ai entrepris de rédiger mes nouvelles, je l'ai couchée elle aussi sur le papier. Faisant à présent le choix de ces nouvelles et celle-ci m'étant venue sous la main, j'ai voulu qu'elle soit vue et lue sous l'égide de votre valeureux nom. C'est pourquoi je vous l'offre, et la dédie

1. *La Cène* a été peinte sur le mur du réfectoire des Grâces entre 1495 et 1497, probablement à l'époque où le jeune Matteo commençait son noviciat.

2. C'est-à-dire en pleine chaleur estivale : entre le 23 juillet et le 25 août.

3. Modèle en terre cuite de la statue équestre de Francesco Sforza.

4. Bandello met surtout en relief une des conceptions fondamentales de la peinture, considérée par Léonard d'abord comme une « activité mentale ».

5. Probablement Raymond Pérault de Surgères, évêque de Saintes, né en 1435. Il devint évêque de Gurk, en Carinthie, et cardinal en 1493. Selon certains commentateurs (F. Flora), il s'agirait de Mathieu Lang, légat impérial.

et consacre à votre nom[1], en témoignage de mon obligation envers vous et des nombreuses amabilités, soyez-en remerciée, que vous me faites. Portez-vous bien.

*

Nouvelle LVIII
Le peintre florentin Fra Filippo Lippi est capturé par des Maures et réduit en esclavage ; puis, grâce à son art, il est libéré et honoré[2]

Monseigneur le cardinal s'est beaucoup étonné de la libéralité que montre à mon égard notre très excellent et munificent seigneur, le duc Ludovic ; mais quant à moi, je m'étonne bien davantage de lui et, soit dit avec le respect dû à son chapeau rouge, de son ignorance, car il se révèle peu exercé à la lecture des bons auteurs. Passant sous silence l'honneur qui était fait aux hommes éminents des diverses sciences et des autres arts, qui furent de tout temps tenus en très haute estime, je vous parlerai uniquement aujourd'hui de l'honneur et des égards réservés aux peintres. Ne croyez pas que je veuille retenir longuement votre attention et faire le catalogue de tous les peintres célèbres qui fleurirent au bon temps de l'Antiquité, car, si tel était mon dessein, la présente journée n'y suffirait point. Contentons-nous donc, pour les Anciens, du seul exemple d'Alexandre le Grand et du peintre Apelle[3] et, pour les modernes, d'un seul peintre florentin.

Pour en venir au fait, je vous dirai d'Apelle qu'il jouit d'une très grande réputation auprès d'Alexandre le Grand et qu'il y avait entre eux une telle familiarité que bien souvent celui-ci entrait dans l'atelier d'Apelle pour le voir peindre. Or, un beau jour qu'Alexandre discutait avec quelques personnes et émettait maints propos à tort et à travers, Apelle, avec beaucoup de mansuétude, le reprit en ces termes : « Alexandre, tais-toi au lieu de dire de telles inepties, car tu fais rire mes apprentis qui détrempent les couleurs ! » Voyez combien Apelle avait autorité sur Alexandre, bien que ce dernier fût fier, hautain et extrêmement irascible.

Passons sur le fait qu'Alexandre ordonna par un édit public que nul autre qu'Apelle ne le peignît. Un jour, il désira que le peintre fît le portrait de Campaspe, sa superbe concubine, et qu'il la représentât nue. Voyant le corps dénudé et fort bien modelé d'une si belle jeune fille, Apelle tomba éperdument amoureux d'elle ; et Alexandre l'apprenant voulut qu'il l'acceptât en présent. Alexandre était magnanime, et dans cette circonstance il se dépassa tout autant que s'il

1. Nous avons ici une des meilleures expressions du procédé fictif de la dédicace, avec ses diverses phases : audition du récit, mise en mémoire, rédaction ultérieure, sélection des nouvelles, dédicace. En fait, Bandello tire son double récit des *Vite* de Vasari, pour Lippi, et de l'*Historia naturalis* (XXXV) de Pline l'Ancien, pour Apelle.

2. Bandello fait ici de Léonard le narrateur présumé de la nouvelle qui suit.

3. Illustre peintre grec du IVe siècle av. J.-C. Il fut le portraitiste officiel d'Alexandre le Grand.

avait remporté une grande victoire. Il triompha de lui-même, et non seulement il fit don à Apelle du corps de sa bien-aimée Campaspe, mais il reporta sur lui l'affection qu'il avait pour elle, ne se souciant nullement que la jeune fille, d'abord amie d'un si grand roi, devînt l'amie d'un artiste.

Venons-en à présent à notre époque et parlons d'un peintre florentin et d'un corsaire. À Florence, vécut Tomaso Lippi, dont le fils s'appelait Filippo[1]. À l'âge de huit ans, son père étant mort sans lui laisser aucun moyen de subsister, celui-ci fut confié par sa mère aux moines du Carmine[2]. Au lieu d'apprendre les lettres, le moinillon commença à barbouiller sans cesse sur du papier et sur les murs, traçant des esquisses de peinture ; voyant cela et découvrant l'inclination de l'enfant, le prieur lui offrit la possibilité de s'adonner à la peinture. Il y avait au Carmine une chapelle récemment décorée par un excellent peintre[3]. Elle plaisait beaucoup à fra Filippo Lippi (ainsi nommait-on le jeune frère) et il y passait toute la journée à dessiner avec d'autres apprentis ; et il les devançait à ce point par sa dextérité et son savoir que, parmi tous ceux qui le connaissaient, l'opinion était formelle et unanime : il deviendrait à l'âge adulte un peintre émérite.

Or, dès ses jeunes années, et non seulement à l'âge mûr, Fra Filippo fit de tels progrès et atteignit une telle perfection dans son art qu'il peignit une quantité stupéfiante d'œuvres admirables, comme on peut le voir aujourd'hui à Florence, au Carmine et dans d'autres lieux[4]. C'est pourquoi, entendant les nombreuses louanges qui lui étaient adressées et las de la vie religieuse, il quitta l'habit monacal, bien qu'il fût déjà ordonné diacre. Il peignit nombre de beaux tableaux sur bois pour le magnifique seigneur Côme de Médicis[5], qui le tint toujours en grande estime.

Le peintre était excessivement enclin aux plaisirs des sens et amateur de filles, et, lorsqu'il voyait une femme qui lui plaisait, il faisait tout pour l'obtenir et lui donnait tout ce qu'il possédait ; et tant qu'il était en proie à cette humeur, il ne peignait rien ou presque. Fra Filippo composait alors un tableau pour Côme de Médicis qui désirait en faire don au pape vénitien Eugène[6] ; et comme le magnifique seigneur voyait que maintes et maintes fois il abandonnait la peinture pour courir après les femmes, il voulut le faire venir chez lui, afin qu'il n'allât point gaspiller son temps à l'extérieur, et l'enferma dans une vaste chambre. Mais le peintre n'y était pas resté trois jours que, la nuit suivante, muni d'une paire de

1. Fra Filippo Lippi, peintre florentin (1406-1469). Voir plus loin.

2. Couvent florentin de Santa Maria del Carmine, situé sur la rive gauche de l'Arno, où le peintre prononça ses vœux en 1421.

3. Il s'agit de la célèbre chapelle Brancacci, décorée de fresques par Masaccio.

4. Au Carmine, il peint, entre autres œuvres, *La Règle des carmélites* et, à Prato, dans l'abside de la cathédrale, la *Vie de saint Étienne* et la *Vie de saint Jean*.

5. Côme l'Ancien (1389-1464), souche de la lignée des Médicis.

6. Eugène IV (1383-1447), pape à partir de 1431, se fit protecteur des artistes et contribua à promouvoir la renaissance des arts.

ciseaux, il découpa des bandes dans les draps du lit et descendit par une fenêtre, puis s'adonna pendant quelques jours à ses plaisirs. Côme le Magnifique, qui avait coutume de lui rendre visite chaque jour, fut fort mécontent de ne point le trouver ; et, l'ayant fait rechercher, il le laissa ensuite peindre à sa guise. L'artiste se mit promptement à son service, lui disant que ses pairs, esprits sublimes et exceptionnels, étaient des formes célestes et non des ânes de louage[1].

Mais venons-en à ce qui m'a conduit à vous entretenir à son sujet, afin de vous montrer que, même chez les Barbares, le talent est honoré. Fra Filippo se trouvait dans la Marche d'Ancône et, un jour qu'il était allé se promener en mer avec quelques amis dans une petite embarcation, voilà que surgirent les fustes d'Abdul Maumen, alors célèbre corsaire de la région de Barbarie. Le bon fra Filippo fut capturé avec ses compagnons et tous furent retenus comme esclaves, enchaînés et conduits dans ce pays où, durant l'année et demie qu'il furent astreints à cette misérable condition, Lippi dut à contrecœur manier la rame à la place du pinceau. Or, tandis que fra Filippo se trouvait en Barbarie, le temps n'étant pas propice à la navigation, on l'employa à bêcher et à cultiver un jardin. Il fréquentait beaucoup son maître Abdul Maumen, si bien qu'un jour il lui prit la fantaisie de le représenter sur un mur avec des morceaux de charbon : il était si naturel, dans ses vêtements à la mauresque, qu'il semblait bel et bien vivant. La chose parut à tous miraculeuse, car ni le dessin ni la peinture n'étaient en usage dans ces régions. Il en résulta que le corsaire le libéra de ses chaînes et commença à le traiter en ami ; et, par égard pour lui, il fit de même pour ceux qu'il avait capturés en sa compagnie. Par la suite, fra Filippo composa en couleurs plusieurs tableaux magnifiques qu'il offrit à son maître, lequel, par respect pour l'art, lui fit don de nombreux présents et vases d'argent ; puis, avec ses compagnons libres et saufs et ses marchandises, il le fit conduire par mer jusqu'à Naples.

Faut-il que le prestige de l'art soit immense, pour qu'un Barbare, notre ennemi naturel, se prît à récompenser ceux qu'il pouvait garder à jamais comme esclaves ! Et le génie de fra Filippo ne fut pas moins exalté parmi nous. Le peintre trouva le moyen d'obtenir les faveurs d'une fort belle et jeune Florentine prénommée Lucrezia, fille du bourgeois Francesco Buti, et eut de celle-ci un fils appelé lui aussi Filippo[2], qui devint un peintre de premier ordre. Le pape Eugène vit de nombreuses œuvres admirables de fra Filippo, et il l'affectionna, l'estima et le récompensa au point qu'il désira lui concéder, malgré sa condition de diacre, la possibilité de prendre Lucrezia pour épouse. Mais lui ne voulut point s'enchaîner par les liens du mariage, trop épris qu'il était de liberté.

1. Bandello prête ici à Léonard l'idée, très « Renaissance », de la suprême et exceptionnelle dignité de l'artiste.

2. Dit Filippino Lippi (1457-1504), disciple de Botticelli ; il peignit des fresques dans la chapelle Brancacci et à l'église de la Minerva, à Rome. Lucrezia Buti était une jeune nonne du couvent de Santa Margherita de Prato. Le peintre fut autorisé à la prendre comme modèle pour un retable.

LEO PERUTZ[1]

1959

En ce mois de mars de l'année 1498, par une journée qui valut à la plaine lombarde des averses entrecoupées de rafales de vent et de neiges tardives, le prieur du couvent de dominicains Santa Maria delle Grazie se rendait au château de Milan afin de présenter ses hommages au duc Ludovico Maria Sforza, qu'on nommait le More, et d'obtenir l'assistance de ce duc dans une affaire qui depuis longtemps lui causait tourment et contrariété.

Le duc de Milan n'était plus l'homme de guerre et l'homme d'État qu'il avait été, lequel, alliant l'exécution prompte à la hardiesse de pensée, était si souvent parvenu à préserver son duché de la guerre en semant le trouble dans tous les pays voisins, s'ingéniant de la sorte à détourner au profit de son pouvoir les menées ennemies. Pour l'heure, sa fortune et son prestige déclinaient, et de cette fortune, le duc lui-même avait coutume de dire qu'une once est parfois plus précieuse que dix bonnes livres de sagesse. Le temps était révolu où il nommait le pape Alexandre VI son chapelain, le roi de France son fidèle courrier, la « Serenissima » – la République de Venise – son mulet bâté, et l'empereur du Saint Empire son meilleur condottiere. Ce roi de France Charles VIII était mort et son successeur, Louis XII, en sa qualité de descendant d'un Visconti, prétendait au duché de Milan. Maximilien, l'empereur du Saint Empire, était impliqué dans un tel réseau de querelles que lui-même requérait de l'aide ; quant à la « Serenissima », elle s'était avérée un voisin si turbulent que le More l'avait avertie qu'il l'enverrait pêcher au large et ne lui laisserait pas un pied de terre où semer du blé, si l'envie lui prenait de s'unir à la ligue de ses adversaires. Car il possédait encore quelques tonnes d'or, de quoi guerroyer le cas échéant.

Le More accueillit le prieur du couvent Maria delle Grazie dans son vieux château, en la salle des Dieux et des Géants qui devait son nom aux fresques ornant deux de ses murs, et dont le troisième, aux peintures plus qu'estompées et partiellement écaillées, laissait encore apparaître une Vision d'Ézéchiel datant de l'époque des Visconti. C'est là que le duc, durant la matinée, avait coutume de régler une partie des affaires de l'État. Il était rare, ce faisant, qu'on le trouvât seul car à toute heure du jour il avait besoin de visages familiers autour de lui, ne fût-ce qu'à portée de voix. La solitude, dût-elle durer quelques minutes, l'emplissait d'une sourde inquiétude ; il se voyait alors abandonné de tous et un obscur pressentiment l'envahissait qui réduisait à ses yeux la plus vaste salle aux dimensions d'un cachot.

Or ce jour et à cette heure, le duc donnait audience au conseiller d'État

1. *Le Judas de Léonard*, trad. Martine Keyser, Phébus, 1987 ; 10/18, 1988, chap. I, p. 15-36.

Simone di Treio qui achevait de l'entretenir sur la manière de recevoir le grand sénéchal du Royaume de Naples qu'on attendait à la cour. Était également présent un secrétaire de la Chancellerie ducale qui prenait des notes. Dans l'embrasure d'une fenêtre se tenaient le trésorier Landriano et le Grand Capitaine Da Corte dont on disait déjà en ce temps-là qu'il préférait les écus d'or français à toute autre monnaie ; les deux gentilshommes examinaient en connaisseurs deux chevaux, un berbère et un grand napolitain, que des valets d'écurie faisaient aller et venir dans la vieille cour du bas tandis que l'écuyer du duc marchandait avec le maquignon allemand qui en était le propriétaire ; on voyait l'Allemand hocher la tête obstinément. Au fond de la salle, non loin du feu brûlant dans l'âtre, était assise, au pied d'un redoutable géant de fresque gonflant les joues d'un air terrible, dame Lucrezia Crivelli qu'on tenait pour la favorite du duc. Elle était en compagnie de deux gentilshommes : le poète de cour Bellincioli, un homme hâve dont le visage avait la mélancolique expression d'un singe phtisique, et le joueur de lyre Migliorotti que la cour nommait le Fenouil, car à l'instar des entremets et autres friandises à base de fenouil qu'on ne sert qu'en fin de repas, quand tous déjà sont rassasiés, le musicien n'était guère mandé auprès du duc que lorsque ce dernier était las de tout autre divertissement. Ce Fenouil était un homme laconique, et si d'aventure il ouvrait la bouche, ses paroles étaient empreintes de gaucherie. Il avait de surcroît un organe aigu comme une crécelle, aussi préférait-il se taire. Mais il avait l'art consommé d'exprimer toutes ses pensées et opinions au moyen de sa lyre ; et tandis que le More, par des paroles aimables, souhaitait la bienvenue au prieur puis le dirigeait vers un fauteuil, le Fenouil, sur un rythme solennel évoquant un choral, entonna un air de rue milanais dont les paroles commençaient ainsi :

Des larrons dans la nuit rôdent par les venelles.
Prends garde à ton escarcelle !

Car chacun savait à la cour que le prieur s'était fait une règle d'user en toute opportunité de la libéralité du duc. Il avait coutume d'introduire sa requête par des doléances touchant les vignes des deux domaines conventuels, lesquelles, prétendait-il, n'avaient pas donné cette année-là en raison des intempéries, occurrence qui l'avait plongé ou ne tarderait pas à le plonger dans l'embarras le plus grand.

La favorite du duc, qui s'était levée de son siège près de la cheminée pour aller vers le prieur, tourna la tête et lança au Fenouil un regard réprobateur. Elle avait reçu une éducation pieuse, et si elle-même avait cessé de voir en la personne de chaque prêtre ou de chaque moine le représentant de Dieu sur terre, elle avait néanmoins le sentiment que l'argent qui allait à l'Église était de l'argent bien employé, dont on pouvait attendre les plus grands bénéfices.

Le prieur s'était affalé dans le fauteuil en gémissant. À la question du duc touchant son état de santé, il répondit d'un ton dolent qu'il avait perdu l'appétit depuis bien des semaines, prenant Dieu à témoin qu'en deux jours il n'avait pu avaler plus d'un quignon de pain et la moitié d'une aile de perdrix. Si la situation se prolongeait, ajoutait-il, ses forces ne tarderaient pas à l'abandonner complètement.

Or il s'avéra, par extraordinaire, qu'il n'était pas venu requérir une aide financière car il ne fit nulle mention des vignes, bien que celles-ci n'eussent sans doute pas donné plus qu'à l'accoutumée cette année-là. Il s'empressa bien plutôt d'évoquer l'objet auquel il imputait son mauvais état de santé.

— C'est ce Christ avec ses apôtres, commença-t-il en s'éventant. Si c'est bien d'un Christ qu'il s'agit. Car à l'heure qu'il est on ne distingue rien du tout si ce n'est quelques bras et quelques jambes appartenant à je ne sais quel apôtre. J'en ai par-dessus la tête. Cet homme dépasse les bornes. Il ne se montre pas pendant des mois et quand il daigne reparaître, il reste là une demi-journée devant le tableau sans même prendre la peine de toucher son pinceau. Croyez-moi, il n'a entrepris cette peinture que pour me faire enrager à mort.

Le Fenouil avait accompagné tout ce discours d'une nouvelle mélodie, un couplet satirique qu'avaient coutume de chanter les petites gens de Milan lorsqu'elles étaient lassées d'entendre un long prêche morne et ennuyeux ; et ce chant disait :

En route pour la maison ! À Dieu vat !
Ce qu'il dit n'est que vent !

— Vénéré Père, se désola à son tour le duc, vous êtes entré dans une forge et vous me voyez pris entre l'enclume et le marteau ! Car il ne s'écoule pas de jour sans qu'on vienne me présenter telle ou telle doléance au sujet de cet homme auquel je voue, comme chacun sait, l'affection indéfectible d'un frère. Son art, à ce qu'il semble, et dans la plupart des domaines qu'il lui plaît de cultiver, traverse pour l'heure une accalmie ; depuis qu'il s'est tourné vers les expériences et les mathématiques – je ne sais si c'est par défi ou zèle authentique – impossible désormais d'obtenir de lui ne fût-ce qu'une humble et gracieuse madone. Il a coutume de dire que ce domaine concerne Salai, l'élève qui a broyé ses couleurs jusqu'à l'an passé.

— En ce moment, précisément, intervint le poète Bellincioli, je crois que les problèmes picturaux le requièrent plus que jamais. Pas plus tard qu'hier il m'a entretenu, avec cette grande pénétration qui est la sienne, des dix règles imprescriptibles que doit respecter l'œil du peintre, et il me les a énumérées : l'ombre et la lumière, le contour et la couleur, la forme et le fond, le proche et le lointain, le mouvement et le repos. Et il a ajouté avec le plus grand sérieux que la peinture était supérieure à l'art des médecins en ceci qu'elle parvenait à réveiller ceux qui sont morts depuis longtemps et à disputer à la mort ceux qui vivent encore. On ne parle pas ainsi quand on désespère de son art.

— Un rêveur croisé d'un conteur, voilà ce qu'il est devenu, coupa le Grand Capitaine Da Corte en détournant un instant son attention des deux chevaux qui étaient dans la cour du bas. Je ne crois pas que je verrai jamais ailleurs que sur le papier ses ponts mobiles à l'usage des fleuves aux rives hautes et basses. Il nourrit les projets les plus ambitieux et n'achève rien.

Ce que vous daignez nommer accalmie, noble seigneur, provient peut-être de la peur qu'il a de commettre des erreurs, et cette peur grandit d'année en année chez lui, à mesure que croît son savoir et que mûrit son art. Il lui faudrait oublier quelque peu l'un et l'autre pour être à nouveau en mesure de réaliser de belles œuvres.

— C'est possible, convint le prieur d'un air ennuyé. Mais il devrait surtout penser qu'un réfectoire est là pour permettre aux gens de se sustenter posément, non pour offrir à l'homme un lieu où expier ses péchés. Je ne puis supporter plus longtemps la vue de ces passerelles d'échafaudage devant ce mur qu'il a tout juste barbouillé, et encore moins l'odeur du mortier, de l'huile de lin, de la laque et des couleurs que je respire en permanence. Et quand il fait brûler six fois par jour du bois humide et que la fumée épaisse nous irrite les yeux, dans le seul but, comme il dit, d'étudier la couleur que prend cette fumée pour l'œil situé à quelque distance… qu'on me dise un peu ce que vient faire la Cène là-dedans !

— À présent que nous avons entendu trois ou quatre opinions sur la pause observée par messire Léonard, suggéra le duc, il nous appartient de lui laisser la parole en ce domaine qui est le sien. Il est dans ma maison. Mais je vous conseille une chose, vénéré Père : usez de douceur quand vous lui parlez car il n'est pas homme à se laisser contraindre.

Et il manda le maître.

Le secrétaire trouva le peintre dans un coin de la vieille cour, accroupi, tête nue sous la pluie, avec sur les genoux le carnet d'esquisses où il avait croqué au crayon les mouvements du grand napolitain et les proportions de sa jambe postérieure tendue. Dès qu'il sut qu'on le demandait et que le prieur du couvent Santa Maria delle Grazie était auprès du duc, il referma son carnet et, sans un mot, perdu dans ses pensées, traversa la cour et gravit l'escalier à la suite du secrétaire. Devant la porte de la salle il s'arrêta pour ajouter quelques traits au croquis de la jambe du cheval. Puis il entra, mais il était si profondément absorbé dans ses réflexions, qu'oubliant la préséance, il fut sur le point de saluer le Fenouil avant même d'avoir tiré sa révérence au duc et au prieur, cependant qu'il parut, dans un premier temps, ne rien remarquer de la présence des autres personnes.

— Vous êtes, messire Léonard, l'objet de la visite dont le vénéré Père ici présent nous fait fort à propos la surprise à cette heure plus que matinale, le prévint le duc.

Mais quiconque était familier de ses habitudes pouvait deviner au travers de ces paroles que le reproche en elles contenu visait moins messire Léonard que le prieur. Car le More n'aimait point les surprises et pour lui, une visite non annoncée ne venait jamais à propos.

— Je suis venu, messire Léonard, commença le prieur du couvent Santa Maria delle Grazie, en dépit du mauvais temps qui n'est aucunement bénéfique à ma santé, afin que vous me rendiez raison, en présence de Son Excellence le duc, lequel est le protecteur de notre couvent. Car c'est la Sainte Église qui vous a donné, par mon entremise, l'opportunité de montrer votre valeur, et vous m'avez promis d'accomplir, avec l'aide de Dieu, une œuvre qui n'ait point son pareil dans toute la Lombardie ; pour ce qui est de votre promesse, au demeurant, je vous citerai non pas deux ou trois témoins mais une centaine. Or des mois se sont écoulés sans que vous avanciez d'un pouce votre ouvrage, je dirai même que vous n'avez rien fait qui vaille jusqu'à présent.

— Noble seigneur, lui répondit Léonard, vous me voyez surpris car je travaille avec tant de zèle à cette Cène que j'en oublie de manger et de dormir.

— Vous osez me dire pareille chose ! s'écria le prieur empourpré de colère. Trois fois par jour j'entre au réfectoire et vous surprends le nez en l'air – quand je vous trouve – et c'est là ce que vous appelez travailler ! Me prendriez-vous pour un butor ?

— J'ai même, poursuivit messire Léonard sans se troubler, j'ai même mené cette œuvre si avant dans ma tête, et par un travail si intensif, que je pourrais vous donner sans tarder satisfaction et montrer ce que je vaux à ceux qui viendront après moi – si je n'étais encore en quête d'un détail… la tête de cet apôtre qui…

— Il suffit avec ta tête d'apôtre ! l'interrompit le prieur avec colère. La Crucifixion ornant le mur méridional qui est en face montre également quelques apôtres mais elle est terminée depuis longtemps alors que Montorfano l'a entreprise il y a un an à peine.

Dès que fut prononcé le nom de Montorfano, lequel, parmi les artistes de Milan, avait la réputation d'un peintre n'apportant qu'un piètre honneur à la ville, la lyre du Fenouil fit entendre quelques dissonances aiguës ; au même instant le conseiller d'État fit un pas en avant et dit – avec une parfaite bienveillance contredite par un ton légèrement condescendant – que, le noble Seigneur lui pardonne, mais des Montorfano de cette sorte couraient les rues par douzaines.

— Il barbouille tous les murs et vit de cet office, renchérit le poète Bellincioli avec un haussement d'épaules. Les gamins qui lui broient les couleurs se plient de rire devant cette Crucifixion.

— Je la tiens pour un ouvrage exécuté proprement, poursuivit le prieur qui ne démordait jamais d'une opinion qu'il s'était formée. Quoi qu'il en soit, elle est achevée. Ce que j'apprécie tout particulièrement chez ce Montorfano, c'est le don qu'il a de conférer à la surface d'un tableau l'apparence d'un corps sublime, détaché du fond, et cette œuvre témoigne comme les autres de pareille maîtrise.

— Elle serait parfaite si, à la place du Sauveur sur sa croix, il n'avait peint un sac de noix, lui rétorqua Bellincioli.

— Et vous, messire Léonard ? Que pensez-vous de cette Crucifixion ? s'enquit la favorite du duc qui aurait aimé voir dans l'embarras ce maître aux arts nombreux.

Car c'est seulement à son corps défendant que messire Léonard émettait un jugement sur les productions des autres artistes, particulièrement sur celles où il ne parvenait à rien trouver de bon. Et comme elle s'y attendait, il tenta d'éluder cette question que la présence du prieur rendait spécialement importune.

— Votre jugement, noble dame, est assurément plus judicieux en la matière, dit-il avec un sourire et un geste défensif de la main.

— Nenni ! Ne vous dérobez pas. C'est votre opinion que nous voulons entendre, s'écria le More avec une curiosité amusée.

— J'ai souvent pensé, commença messire Léonard après un temps de réflexion, que si la peinture allait déclinant d'âge en âge, c'est parce que les peintres ne prennent d'autre modèle que les peintures déjà existantes au lieu de tirer enseignement de la nature et de partir d'elle.

— Au fait ! l'interrompit le prieur. Ce que nous voulons entendre, c'est votre sentiment sur cette Crucifixion !

— C'est une œuvre agréable à Dieu, lâcha alors messire Léonard en pesant chacun de ses mots. À chaque fois que je la contemple, je ressens toutes les souffrances du Sauveur supplicié…

De la lyre du Fenouil fusèrent quelques sons enjoués qui pouvaient être interprétés comme un éclat de rire insolent.

— … tant elles reproduisent fidèlement la réalité, poursuivit messire Léonard. De Giovanni Montorfano, j'ajouterai qu'il sait admirablement découper un lièvre ou un faisan, ce à quoi on reconnaît l'indéniable habileté de sa main.

Les sons de la lyre exultèrent et, parmi les rires étouffés des courtisans, s'éleva la voix du prieur en colère.

— On sait bien, messire Léonard, et personne ne l'ignore, que vous êtes la langue la plus perfide de tout Milan, s'écria-t-il, quiconque a eu affaire à vous n'a toujours récolté que désagréments et contrariétés. Après tant d'années, les bons frères de San Donato connaissent la chanson. J'aurais dû les écouter !

— Vous voulez parler, dit posément messire Léonard, de cette Adoration des Bergers que j'ai entrepris de peindre sur la commande des moines de San Donato et que je n'ai pas achevée en raison de l'appui que m'octroya, pour ce faire, le Magnifique…

— J'ignore s'il s'agissait d'une Adoration, ainsi que le rôle joué par le Magnifique en la matière, déclara le prieur. Je sais seulement que les moines furent lésés de votre fait. Mais il semblerait, à les en croire, que vous vous êtes fait payer deux fois ce travail, d'abord par les moines, puis par le Magnifique, et que les premiers comme le second en furent pour leurs frais.

— Je serais plutôt enclin à penser qu'une histoire se cache derrière ces paroles, insinua le duc, ou alors je connaîtrais mal mon Léonard. Est-ce le cas, messire Léonard ?… Alors contez-la-nous.

— Une histoire se cache bien là-derrière, confirma messire Léonard, mais elle n'est pas des plus brèves ; néanmoins si vous tenez à l'entendre, noble seigneur, je vous dirai d'abord que, comme vient de le rappeler notre vénéré prieur, je conclus cet arrangement avec les moines de San Donato, à Florence, il y a quinze ans de cela, le jour de la Sainte-Madeleine. Et je leur promis…

— Vous avez toujours été prodigue de promesses… lança le prieur.

— … je leur promis de peindre une Adoration des Bergers et des Rois pour le maître-autel de leur église ; ce même jour je reçus des moines un seau de vin rouge en premier paiement, et je me mis à l'œuvre. Je conçus bientôt que la représentation des Bergers et des Rois – je pensais donner à l'un d'eux les traits du Magnifique – ne me demanderait qu'un minimum d'effort et de réflexion ; car il m'apparut que la partie hautement essentielle de ma tâche consistait à montrer sur le tableau la foule recevant la Bonne Nouvelle au cours de cette nuit. On la porte aux artisans, aux conseillers, aux paysans, aux marchandes des quatre saisons, aux barbiers, aux rouliers, aux portefaix et aux balayeurs ; quelqu'un vient en courant dans les tavernes, les logis, les cours et les venelles et dans tous les lieux de rassemblement où l'on se tient assis ou debout, afin d'annoncer que cette nuit le Sauveur est né, et on ne doit pas oublier de le crier à l'oreille du sourd…

Le Fenouil avait accompagné ces dernières paroles d'une mélodie qui avait la fervente simplicité des chants qu'entonnent les paysans des montagnes lorsqu'ils vont à la messe par les chemins enneigés, la nuit de Noël. Messire Léonard s'interrompit et prêta l'oreille à cette mélodie qui se poursuivit et explosa d'allégresse à la faveur de son silence. Il attendit qu'elle s'achevât sur un accent de discrète exultation, puis il reprit :

— Ce sourd doit recevoir la Bonne Nouvelle au même titre que les autres, et il m'est apparu très important d'observer et de suivre le changement d'expression de son visage, de traduire comment, sur ses traits, la profonde indifférence dont il fait montre à l'égard de tout événement ne le touchant pas de près laisse d'abord la place à l'inquiétude qui ignore encore sa cause, puis au tourment né de l'incompréhension et enfin à la peur que soit survenu un malheur le concernant. Or voici qu'ils pressent, plus qu'il ne comprend, que la Bonne Nouvelle s'adresse également à lui. Son visage cependant ne reflète pas encore la joie émue ; dans un premier temps on y lit simplement l'impatience, parce qu'il aimerait à présent que tout advienne au plus vite. Mais pour consigner tout ceci dans mon carnet, il me fallait fréquenter un sourd pendant quelque temps. Cependant je n'en ai pas trouvé qui…

— Voilà qui est fait ! Ils sont tombés d'accord. L'Allemand a opiné du bonnet, trancha alors la voix de Da Corte près de la fenêtre.

— Tout doux, il s'en faut, le contredit Landriano. Voyez donc le maître d'écurie qui persiste à vouloir le convaincre. Ces Allemands sont aussi récalcitrants que le cuir lorsqu'il s'agit d'argent. Il est plus aisé d'avoir raison d'un juif.

On observa un nouveau silence. Les deux gentilshommes suivaient le déroulement du négoce ; de son fauteuil, le prieur exhalait un souffle calme et régulier. La Crivelli, d'un signe, fit approcher un serviteur d'apparence enfantine qui avait apporté une coupe de fruits et allait s'en retourner sans bruit, et elle lui murmura l'ordre d'attiser le feu qui menaçait de s'éteindre.

— Mais je n'ai pas trouvé de sourd à Florence, poursuivit messire Léonard. Il semblait alors qu'il n'y eût pas un seul homme dans toute la ville qui eût suffisamment perdu l'ouïe pour servir mon étude. Je me rendais chaque jour sur les marchés où je questionnais acheteurs ou vendeurs, je dépêchais mon serviteur dans les villages avoisinants et lorsqu'il revenait le soir, il me parlait d'aveugles, de paralytiques, d'infirmes de toute sorte, mais jamais il n'avait rencontré de sourd. Un jour cependant, au retour du marché, je trouvai dans ma maison un homme qui attendait ; il était sourd comme un pot. C'était un banni qui était revenu à Florence. Des gens de maison l'avaient attrapé alors qu'il marchait au hasard des ruelles et Laurent le Magnifique, dans le but de le punir et l'espoir de m'être agréable, l'avait privé d'ouïe. Songez, seigneurs ! Cet organe subtil, doué d'une acuité extrême et logé dans ce minuscule espace afin de percevoir la diversité des sons et des bruits de l'univers et, quelle qu'en soit la nature, de les rendre tous avec une égale fidélité… cet instrument si fin, une main lourde l'avait détruit, et ceci, pour moi ! Comprenez, seigneurs, que je n'ai point eu le cœur de continuer de peindre ce tableau et de séjourner plus longtemps dans une ville où pareille faveur m'était échue. Aussi est-il vrai que les moines de San Donato ont perdu un seau de vin et, de surcroît, quelque argent qu'ils m'avaient donné pour les couleurs, l'huile et la céruse. Mais qu'est leur perte en regard de celle dont le banni eut à souffrir en raison de cette misérable Adoration des Rois, lesquels reconnaissent Dieu mais ne tiennent pour rien ses œuvres merveilleuses…

À la faveur du silence qui régnait dans la salle on percevait à présent distinctement le souffle du prieur ; celui-ci, harassé par la marche sur de mauvais chemins et les joutes oratoires qui avaient suivi, et aussi parce que tout récit imposé le fatiguait très vite, s'était assoupi dans son fauteuil. Le sommeil, aplanissant ses traits, en avait ôté toute la dureté ; son visage, avec son front barré de rares mèches blanches, était devenu celui d'un vieillard parfaitement serein, détaché des choses de ce monde, et c'est ainsi qu'en dormant, il défendait mieux sa cause, contre messire Léonard, qu'il ne l'avait fait auparavant avec ses brocards et ses accès de colère.

— Messire Léonard, dit le duc après un court silence, c'est avec une rare pénétration que vous venez d'évoquer cette merveilleuse Adoration telle que vous la conceviez et il est regrettable que tous les efforts que vous avez déployés jadis n'aient eu d'autre résultat que cette anecdote qui, pour être triste, n'en est pas moins belle, contée par vous. Mais vous ne nous avez toujours pas expliqué pourquoi vous vous dérobiez avec une telle obstination à la Cène, tâche que ce vieil homme qui est là vous presse d'achever avec une impatience qui ne peut émaner que d'un grand amour pour votre art et votre personne.

— Parce que l'élément essentiel entre tous, répondit messire Léonard, je ne le possède ni ne le vois encore, je veux parler de la tête de Judas… Comprenez-moi bien, messeigneurs ! je ne cherche pas un galopin ou un malfaiteur quelconque, non, je veux trouver l'homme le plus vil de tout Milan afin de donner ses traits à Judas. Je le traque, je le cherche nuit et jour et en tous lieux, dans les rues, dans les auberges, sur les marchés ainsi qu'à votre cour, noble seigneur ; et tant que je ne l'aurai pas, je ne pourrai pas progresser dans ma tâche – à moins que je ne me résolve à représenter Judas de dos, en témoin, au risque d'attirer sur moi le déshonneur. Donnez-moi Judas, noble seigneur, et vous jugerez de mon zèle !

— Mais ne disiez-vous pas hier encore, repartit le conseiller d'État di Treio avec un respect empreint de modestie, que vous aviez trouvé l'homme le plus vil de Milan en la personne d'un Florentin de vieille souche qui, bien que fortuné, contraint sa fille à filer jusqu'à une heure avancée de la nuit et lui compte la nourriture ? Je l'ai croisée dernièrement au marché : pour se procurer de l'argent elle cherchait à vendre l'un de ses rares vêtements.

— Je me suis trompé sur cet homme qui exerce ici l'office d'usurier sous le nom de Bernardo Boccetta, déclara messire Léonard d'une voix où perçait le regret. Il n'est rien d'autre qu'un misérable avare qui, dans sa maison, court derrière les souris avec un bâton pour s'épargner l'entretien d'un chat. Il aurait empoché les trente deniers et n'aurait pas trahi le Christ. Non, le péché de Judas n'était pas l'avarice, et ce n'est pas par cupidité qu'il a donné ce baiser au Seigneur dans les jardins de Gethsemani.

— C'est l'envie et la perfidie qui lui dictèrent ce geste, proclama Bellincioli. Deux sentiments qui dépassaient la mesure humaine.

— Non, rétorqua messire Léonard. Car le Messie lui aurait pardonné et l'envie et la perfidie, qui sont innées chez l'homme. S'est-il jamais trouvé un grand qui n'ait connu l'envie et la perfidie des petits ? C'est ainsi que je veux représenter le Sauveur sur cette Cène : brûlant du désir d'expier, par le sacrifice de sa vie, tous les péchés du monde, y compris l'envie et la perfidie. Or le péché de Judas, il ne l'a pas pardonné.

— Parce que Judas, connaissant le Bien, a néanmoins suivi le Mal, proposa le More.

— Non, dit messire Léonard. Car qui peut vivre en ce monde et servir l'œuvre de Dieu sans être amené à trahir et à commettre le Mal !

Mais avant que le duc ait eu le temps de répondre à ces propos hardis, le maître d'écurie apparut à la porte. On pouvait voir à son expression qu'il était tombé d'accord avec le maquignon allemand sur le prix du berbère et du napolitain. Sur-le-champ, le duc donna ordre qu'on lui présentât les deux chevaux qui devenaient désormais sa propriété, et tous les courtisans descendirent dans la cour à sa suite.

Messire Léonard se retrouva donc seul dans la grande salle des Dieux et des Géants, avec le prieur qui continuait de dormir dans son fauteuil et le serviteur qui tisonnait toujours le feu dans l'âtre. Comme s'il avait attendu cet instant, il tira alors son carnet de sous sa ceinture et, tandis qu'il se remémorait l'attitude et l'expression du prieur le gourmandant, il nota de droite à gauche, en écriture spéculaire, sur une page partiellement couverte d'esquisses, les phrases qui suivent :

« Pierre, l'apôtre qui s'est mis en colère : fais-lui lever le bras gauche de sorte que les doigts recourbés soient à la hauteur de l'épaule. Fais-lui les sourcils bas et froncés, les dents serrées et les commissures des lèvres dessinant un arc. Ce sera juste ainsi. Fais-lui aussi le cou plein de plis. »

Il fit disparaître le carnet sous sa ceinture et, comme il relevait les yeux, il aperçut le serviteur, un adolescent de dix-sept ans à peine, qui se tenait près de l'âtre, une bûche à la main, et qui le regardait sans détour avec une expression de curiosité et d'exaltation indécises. Il lui fit signe d'approcher.

— J'ai l'impression que tu as quelque chose à me dire que tu brûles de me communiquer, dit-il.

Le garçon acquiesça et inspira profondément.

— Je sais bien, commença-t-il, qu'il ne convient pas que je parle en ce lieu. Jusqu'à présent, il faut dire, je n'ai pas eu l'occasion de vous rendre le moindre service. Mais puisqu'il vient d'être question de ce Boccetta…

— Comment t'appelles-tu mon garçon ? l'interrompit messire Léonard.

— Je m'appelle Girolamo, mais ici, dans cette maison, on me nomme Giomino ; je suis le fils du tisseur d'or Ceppo, que vous avez connu. Son atelier se trouvait sur le marché aux poissons près de l'échoppe du barbier qui est toujours là ; je vous ai vu deux ou trois fois dans sa maison.

— Il ne vit plus ? demanda messire Léonard.

— Non, dit le garçon, les yeux baissés sur la bûche qu'il tenait toujours à la main.

Puis il observa un silence et ajouta :

— Il a mis fin à ses jours… Que Dieu lui soit clément ! Il était malade, harcelé par le malheur et pour finir, ce Boccetta dont il était question tout à l'heure l'a spolié du peu qu'il possédait encore. Vous disiez que ce Boccetta n'est qu'un avare. Croyez-moi, il est également fourbe, et sans scrupule de surcroît ; j'aurais tant à dire sur lui que ce feu qui brûle aurait tout le temps de mourir. Mais un Judas, non, il n'en est pas un. Comment pourrait-il être un Judas, lui qui n'aime pas un *seul* être au monde…

— Tu connais le secret et le péché de Judas ? Tu sais pourquoi il a trahi le Christ ? demanda messire Léonard.

— Il l'a trahi lorsqu'il a compris qu'il l'aimait, répondit le garçon. Il a pressenti qu'il ne pourrait s'empêcher de trop l'aimer et son orgueil le lui a interdit.

— Oui, le péché de Judas fut cet orgueil qui le conduisit à trahir l'amour qu'il éprouvait, dit messire Léonard.

Tout en parlant il scrutait le visage du garçon comme s'il cherchait sur ses traits un détail qui eût mérité d'être noté. Puis il lui prit des mains le morceau de bois qu'il examina.

— C'est du frêne, constata-t-il, un bois de fort bonne qualité mais qui ne donne qu'un feu modéré. Il en va de même du bois de pin. Il faudrait alimenter le foyer avec des bûches de chêne, elles donnent la fournaise qui convient…

— Celle de l'enfer ? demanda stupéfait le garçon qui pensait toujours à Judas. Il n'aurait été aucunement surpris d'apprendre que messire Léonard, qui maîtrisait tous les arts et toutes les disciplines et qui avait même conçu pour les cuisines ducales une broche à rôtir qui tournait toute seule, eût entrepris d'amender les dispositifs de l'enfer.

— Non, je parle des fours de fusion que j'ai construits, fit messire Léonard en tournant les talons.

Le maquignon allemand se tenait toujours en bas dans la vieille cour. Il tenait une bourse de cuir à la main car il avait reçu quatre-vingts ducats en espèces, le reste de son argent lui ayant été réglé en lettres de change. C'était un homme d'une quarantaine d'années, de haute stature et d'une beauté remarquable ; il avait les yeux vifs et une barbe noire qu'il portait taillée à la mode levantine. Il était de bonne humeur et en accord avec la création, parce qu'il avait obtenu pour les deux chevaux le prix qu'il escomptait.

Lorsqu'il vit un homme d'allure plus que vénérable traverser la cour et se diriger vers lui, il pensa aussitôt que le duc lui envoyait quelqu'un pour lui signaler que les chevaux présentaient un vice. Mais il vit que cet homme, absorbé par ses pensées, allait sans but précis. Il fit donc un pas sur le côté afin de lui laisser le passage ; ce faisant, il se mit en devoir de glisser la bourse contenant l'argent dans la poche de son manteau, tout en renversant légèrement la tête avec l'expression interrogative d'un homme disposé à recevoir des excuses et à faire connaissance le cas échéant.

Mais messire Léonard, tout au Judas de sa Sainte-Cène, ne lui accorda pas un regard.

DMITRI MEREJKOWSKI[1]

1900

Chap. VI : « Le journal de Giovanni Beltraffio »

Je suis entré comme élève chez le maître florentin Leonardo da Vinci le 25 mars 1494.

1. *Le Roman de Léonard de Vinci*, trad. Michel Dumesnil de Gramont, Éditions Gallimard, 1958, p. 133-167, 356-372, 436-441 et 453-455.

Voici l'ordre de l'enseignement : la perspective, les dimensions et les proportions du corps humain, le dessin d'après les modèles des meilleurs maîtres, le dessin d'après la nature.

⁂

Aujourd'hui mon condisciple Marco d'Oggione m'a donné un livre sur la perspective, rédigé d'après les paroles du maître. Il commence ainsi :

« Le corps est surtout réjoui par la lumière du soleil ; l'esprit est surtout réjoui par la clarté de la vérité mathématique. Voilà pourquoi la science de la perspective où la contemplation d'une ligne lumineuse – suprême joie des yeux – s'unit à la clarté de la mathématique – suprême joie de l'esprit – doit être préférée à toutes les investigations humaines et à toutes les sciences. Que je sois donc éclairé par Celui qui a dit de lui-même : "Je suis la vraie Lumière." Qu'il m'aide à exposer la science de la perspective, la science de la lumière. Je divise ce livre en trois parties : – la première traite de la diminution dans le lointain du volume des objets ; – la seconde, de la diminution de la netteté de la couleur ; – la troisième de la diminution de la netteté des contours. »

⁂

Le maître s'occupe de moi comme d'un de ses proches ; ayant appris que j'étais pauvre, il n'a pas voulu recevoir le prix mensuel convenu.

⁂

Le maître a dit :

« Lorsque tu connaîtras la perspective et sauras par cœur les proportions du corps humain, observe attentivement au cours de tes promenades les attitudes des gens lorsqu'ils sont debout, marchent, parlent, se disputent, rient et se battent ; considère à ce moment leurs visages et les visages des spectateurs qui veulent les séparer ou qui les regardent silencieusement. Note tout cela en le dessinant au crayon, aussi vite que possible, dans un carnet en papier de couleur que tu dois constamment porter avec toi ; lorsqu'il sera rempli remplace-le par un autre ; mets de côté et conserve l'ancien. Rappelle-toi qu'il ne faut pas détruire ni effacer ces dessins, mais les garder. Car les mouvements des corps sont si nombreux dans la nature qu'aucune mémoire humaine ne peut les retenir. Considère donc ces croquis comme tes meilleurs professeurs et maîtres. »

J'ai un carnet de cette sorte et tous les soirs, j'y inscris les paroles remarquables que le maître a dites pendant la journée.

⁂

Aujourd'hui j'ai rencontré près de la cathédrale, dans la ruelle des chiffonnières, mon oncle le maître verrier Oswald Ingrim. Il m'a dit qu'il me reniait et que j'avais perdu mon âme en entrant dans la maison de l'impie et hérétique Leonardo. Maintenant je suis tout à fait seul : je n'ai plus personne au monde, ni parents, ni amis, hormis le maître. Et je répète la sublime prière de Leonardo : « Que le Seigneur, Lumière du monde, m'éclaire et m'aide à connaître la perspective, science de Sa lumière. » Est-il possible que ce soient là les paroles d'un impie ?

•◆•

Si chagrin que je sois, il me suffit de regarder son visage pour que mon âme devienne plus légère et plus joyeuse. Quels yeux il a ! Clairs, bleu pâle et froids comme la glace ; quelle douce et agréable voix, quel sourire ! Les plus mauvais et les plus endurcis ne peuvent résister à la séduction de ses paroles quand il veut les convaincre ou les dissuader de quelque chose. Souvent je le regarde longuement, assis à sa table de travail, plongé dans ses méditations, caresser d'un geste familier et lent de ses doigts fins sa longue barbe dorée, ondulée et douce comme les boucles soyeuses des jeunes filles. Lorsqu'il s'entretient avec quelqu'un il ferme à demi un œil avec une expression malicieuse, moqueuse et bienveillante ; il semble alors que de dessous ses sourcils épais son regard pénètre au fond de l'âme.

Il s'habille simplement ; il déteste les couleurs bariolées des vêtements et des modes nouvelles. Il n'aime aucun parfum, mais son linge est de la plus fine toile de Rennes et toujours blanc comme la neige. Il porte un béret de velours noir, sans aucun ornement, médaille, ni plume, et par-dessus sa veste noire qui tombe jusqu'à ses genoux, un manteau rouge sombre aux plis droits selon l'antique coupe florentine. Ses mouvements sont harmonieux et calmes. Malgré la simplicité de ses vêtements, en quelque lieu qu'il se trouve, parmi les grands seigneurs ou au milieu du peuple, son air est tel qu'on ne peut pas ne pas le remarquer : il ne ressemble à personne.

•◆•

Il sait tout, connaît tout : il tire parfaitement à l'arc et à l'arbalète. Il est excellent cavalier, nageur, escrimeur. Je l'ai vu un jour concourir avec les premiers athlètes du peuple : le jeu consistait à lancer une pièce de monnaie jusqu'au milieu de la coupole d'une église. Messer Leonardo les surpassa tous en force et en adresse.

Il est gaucher. Mais sa main gauche, fine et douce comme celle d'une jeune femme, plie les fers à cheval et tord le battant d'une cloche de bronze. Et cette même main, lorsqu'il dessine le visage d'une belle jeune fille, pose des ombres transparentes par touches de fusain ou de crayon aussi légères que la palpitation des ailes d'un papillon.

Aujourd'hui, après dîner, il a terminé devant moi le dessin de la tête inclinée de la Vierge Marie écoutant l'annonciation de l'Archange. Du bandeau qui ceint la tête, orné de perles et de deux ailes de colombe, s'échappent, jouant pudiquement au vent des ailes angéliques, des mèches tressées, à la manière des jeunes filles florentines, en une coiffure négligée en apparence mais en réalité savante. La beauté de ces boucles ondoyantes charme comme une musique étrange. Et le mystère des yeux qui transparaissent à travers les paupières baissées et l'ombre épaisse des cils ressemble au mystère des fleurs sous-marines, visibles, à travers les eaux limpides, mais inaccessibles.

Soudain le petit serviteur Jacopo est entré dans l'atelier en sautant et battant des mains et criant :

— Des monstres ! Des monstres ! Vite, messer Leonardo, allez à la cuisine. Vous serez content des merveilles que je vous ai amenées.

— D'où ? demanda le Maître.

— Du parvis de San Ambrogio. Ce sont des mendiants de Bergamo. Je leur ai dit que vous leur donneriez à souper, s'ils vous laissent faire leur portrait.

— Qu'ils attendent un peu ! Je vais finir ce dessin.

— Non, maître, ils n'attendront pas. Ils se dépêchent de retourner à Bergamo avant la nuit. Allez seulement les regarder, vous ne le regretterez pas ! Cela vaut la peine, vraiment ! Vous ne pouvez vous imaginer comme ils sont horribles !

Laissant inachevé le dessin de la Vierge Marie, le maître est allé à la cuisine. Je l'ai suivi.

Nous vîmes là deux vieillards, deux frères, assis gravement sur un banc. Ils étaient gros, comme gonflés par l'hydropisie, avec d'énormes goitres horriblement enflés et pendants, maladie fréquente chez les habitants des montagnes de Bergamo. L'un d'eux avait avec lui sa femme, petite vieille ratatinée et desséchée, nommée Aragne et tout à fait digne de ce nom.

La figure de Jacopo brillait d'orgueil.

— Vous voyez bien, disait-il, je vous avais bien dit qu'ils vous plairaient ! Je sais ce qu'il vous faut…

Leonardo s'assit près des monstres, leur fit apporter du vin, les régala, les interrogea aimablement, les amusa en racontant d'absurdes historiettes. D'abord ils avaient peur et jetaient des regards de défiance, ne comprenant point sans doute pourquoi on les avait amenés là. Mais il leur raconta l'anecdote populaire d'un Juif mort, qu'un de ses coreligionnaires avait coupé en petits morceaux pour tourner la loi qui défend d'inhumer les Juifs dans la terre de Bologne ; le Juif fut mis dans un tonneau de miel et d'aromates, transporté à Venise par bateau avec d'autres marchandises et mangé par mégarde par un voyageur chrétien de Florence. Alors Aragne éclata de rire. Bientôt tous les trois, ivres, s'esclaffèrent avec d'affreuses grimaces. Déconcerté, j'ai baissé les yeux et détourné la tête pour ne pas les voir. Mais Leonardo les regardait avec la curiosité profonde et avide d'un savant qui fait une expérience. Lorsque leur laideur fut à son comble, il prit du papier et dessina leurs abominables faces avec ce même crayon qui venait de dessiner le divin sourire de la Vierge Marie.

Le soir il me montra quantité de caricatures, non seulement d'hommes, mais d'animaux, d'horribles figures pareilles à celles qui tourmentent les malades en délire.

L'humain apparaît derrière le bestial ; le bestial derrière l'humain. On passe de l'un à l'autre si facilement, si naturellement, que c'en est effroyable ! Je me souviens de la face d'un porc-épic, aux aiguilles hérissées et piquantes, dont la lèvre inférieure, tombante, tremblante, molle et mince comme un chiffon, découvrait dans un hideux sourire humain des dents blanches allongées comme des amandes. Je n'oublierai jamais non plus la figure d'une vieille femme, dont la chevelure s'élevait en une coiffure sauvage et démente ; une maigre tresse pendait derrière sa tête, son front gigantesque était chauve, son nez écrasé et minuscule ressemblait à une verrue, et ses lèvres d'une grosseur monstrueuse faisaient penser aux champignons poreux et gluants qui poussent sur les souches pourries. Et le plus terrible c'est que ces monstres semblent familiers : on croirait les avoir déjà vus quelque part. Il y a en eux quelque chose de fascinant qui repousse et attire à la fois comme un gouffre. On regarde, on est pris d'effroi, mais l'on ne peut en détacher ses yeux, pas plus que du divin sourire de la Vierge Marie.

Et là comme ici, on reste étonné comme en présence d'un miracle.

Cesare da Cesto raconte que Leonardo, lorsqu'il rencontre dans la foule des rues quelque personne d'une laideur singulière, est capable de la suivre durant toute une journée et de l'observer en s'efforçant de retenir ses traits. Une grande laideur, dit le maître, est aussi rare chez les hommes qu'une grande beauté : la médiocrité seule est fréquente.

Il a inventé un curieux moyen de se rappeler les visages humains. Il estime qu'il y a chez les gens trois catégories de nez : ou droits, ou avec une petite bosse, ou avec un creux. Les nez droits peuvent être courts ou longs, pointus ou camus. La petite bosse se trouve en haut ou en bas ou au milieu, et ainsi de suite pour chaque partie du visage. Ces innombrables subdivisions, genres et espèces, indiquées par des chiffres, sont notées dans un carnet spécial divisé en colonnes. Lorsque l'artiste rencontre, au cours d'une promenade, un visage qu'il désire retenir, il lui suffit de noter d'un signe le genre correspondant de nez, de front, d'yeux, de menton. Ainsi, au moyen d'une série de chiffres, se fixe dans la mémoire une copie instantanée du visage vivant. Revenu à la maison, il a le loisir d'unir ces indications en une seule image.

Il a aussi inventé une petite cuiller pour doser avec une exactitude mathématique la quantité de couleur nécessaire pour rendre les graduations à peine saisissables du passage de la lumière à l'ombre et de l'ombre à la lumière. Si, par exemple, il faut pour obtenir une certaine épaisseur d'ombre prendre dix cuillers de couleur noire, il faut, pour obtenir le degré suivant, en prendre onze, puis douze, treize et ainsi de suite. Chaque fois que l'on a puisé la couleur on en égalise la surface avec une spatule de verre : ainsi, au marché, on égalise le grain qui remplit une mesure.

Marco d'Oggione est le plus appliqué et le plus consciencieux des élèves de Leonardo. Il travaille comme un bœuf et se conforme scrupuleusement aux préceptes du maître, mais visiblement plus il s'applique et moins il réussit.

Marco est obstiné ; ce qu'il s'est mis dans la tête, rien ne saurait l'en arracher. Il est convaincu que patience et travail viennent à bout de tout et ne perd pas l'espoir de devenir un grand peintre. Il se réjouit plus que nous tous des inventions du maître qui réduisent l'art à la mécanique. L'autre jour il avait emporté le carnet chiffré pour la notation des visages. Il se rendit sur la place Bioleto, choisit dans la foule certaines figures et les nota en chiffres. Mais, de retour à la maison, il n'arrivait pas, malgré tous ses efforts, à réunir en un visage vivant ces traits dispersés. La même mésaventure lui arriva avec la cuiller à mesurer la couleur noire. Il a beau observer dans son travail toute la précision mathématique, les ombres manquent de transparence et de naturel, de même que les visages restent de bois et privés de tout charme. Marco attribue cela à ce qu'il n'a point exécuté toutes les prescriptions du maître et il redouble de zèle. Quant à Cesare da Sesto, le malheur d'autrui fait sa joie.

— Cet excellent Marco, dit-il, est un vrai martyr de l'art ! Son exemple prouve que ces fameux préceptes, ces cuillers, ces tables à mesurer les nez ne servent à rien. Il ne suffit pas de savoir comment naissent les enfants pour en avoir. Leonardo se trompe et trompe les autres : il dit une chose, en fait une autre ; lorsqu'il peint il ne pense à aucune règle ; il suit seulement son inspiration. Mais il ne lui suffit pas d'être un grand artiste, il veut aussi être un grand savant ; il veut concilier l'art et la science, l'inspiration et la mathématique. Et j'ai bien peur qu'en courant deux lièvres, il n'en attrape aucun !

Il y a peut-être, dans les paroles de Cesare, une part de vérité. Mais pourquoi aime-t-il si peu le maître ? Leonardo lui pardonne tout, écoute volontiers ses propos méchants et moqueurs, apprécie son intelligence et jamais ne se fâche.

•◆•

Je le regarde travailler à la Sainte Cène. De bon matin, comme le soleil vient seulement de se lever, il sort de la maison pour aller au réfectoire du couvent, et là, pendant toute une journée, tant qu'il fait clair, il peint sans lâcher le pinceau, oubliant de boire et de manger. En revanche, il passe des semaines sans toucher aux pinceaux, mais debout pendant deux ou trois heures sur l'estrade, devant le tableau, il examine et étudie ce qui est déjà fait ; parfois à midi, au plus fort de la chaleur, abandonnant la tâche commencée, il court au couvent, comme entraîné par une force secrète, à travers les rues désertes et sans chercher le côté de l'ombre ; il grimpe sur les échafaudages, pose deux ou trois touches et s'en va aussitôt.

•◆•

Il a travaillé tous ces jours-ci à la tête de l'apôtre Jean. Il devait la terminer aujourd'hui, mais, à ma grande surprise, il est resté à la maison où depuis ce matin, en compagnie du petit Jacopo, il étudie le vol des frelons, des guêpes et des mouches. Il s'est plongé dans l'étude de la structure de leurs corps et de leurs ailes aussi profondément que si les destinées du monde en dépendaient. Dieu sait comme il s'est réjoui lorsqu'il eut découvert que les mouches se servaient de leurs pattes de derrière comme d'un gouvernail ! Ceci est, de l'avis du maître, extrêmement utile et important pour la construction de la machine à voler.

Peut-être. Mais il est cependant dommage qu'il ait abandonné la tête de l'apôtre Jean pour l'étude des pattes de mouches.

•◆•

Aujourd'hui, nouveau malheur. Les mouches sont oubliées comme la Sainte Cène. Il compose un dessin fin et compliqué pour l'écusson de l'Académie milanaise de peinture encore inexistante, mais que le duc projette de créer : un carré de nœuds de cordes entrelacées sans commencement ni fin entourant cette inscription latine : *Leonardi Vinci Achademia*. L'achèvement de ce dessin l'absorbe si profondément que rien n'existe plus au monde hormis ce jeu difficile et vain. Il semble qu'aucune force ne pourrait l'en arracher. Je n'ai pu me contenir et me suis décidé à lui rappeler la tête inachevée de l'apôtre saint Jean. Il a haussé les épaules, et sans lever les yeux du réseau de cordes, a murmuré entre ses dents :

— Il ne s'envolera pas. On a le temps.

Je comprends parfois la fureur de Cesare.

•◆•

Le duc Moro l'a chargé d'installer dans son palais des tubes acoustiques, dissimulés dans l'épaisseur des murs. C'est là ce qu'on appelle : l'oreille de Denys, qui permet au souverain, lorsqu'il est dans une pièce, de surprendre ce qui se dit dans une autre. Le maître entreprit d'abord avec un grand enthousiasme l'installation de ces tuyaux. Mais bientôt, comme à l'ordinaire, il se refroidit et, sous divers prétextes, différa ces travaux. Le duc le presse et se fâche. Ce matin on est venu plusieurs fois du palais. Mais le maître est occupé d'une nouvelle affaire qui ne lui semble pas moins importante que l'oreille de Denys ; il fait des expériences sur les plantes. Il a coupé toutes les racines d'une citrouille en ne laissant qu'une seule radicelle et l'arrose d'une eau abondante ; à sa grande satisfaction, la citrouille ne s'est pas desséchée et la Mère, comme il dit, a heureusement nourri tous ses enfants, c'est-à-dire près de soixante citrouilles allongées. Avec quelle patience, quelle sollicitude il a suivi la croissance de cette plante ! Aujourd'hui encore, il est resté jusqu'à l'aube dans le potager, observant les larges feuilles qui s'abreuvaient de la rosée nocturne. « La terre, dit-il, abreuve les plantes d'humidité, le ciel de rosée, et le soleil leur donne l'âme », car il pense que non seulement les hommes, mais les animaux et même les plantes ont une âme – opinion que fra Benedetto tient pour notablement hérétique.

•◆•

Il aime tous les animaux. Parfois, pendant des journées entières, il observe et dessine les chats, étudie leurs mœurs et leurs habitudes ; il les regarde jouer, se battre, dormir, laver leurs museaux avec leurs pattes, attraper les souris, faire le gros dos, jurer contre les chiens. Ou bien il observe, avec la même curiosité, à travers les parois d'un grand bocal de verre, les poissons, les mollusques, les vers marins, les seiches et autres animaux aquatiques. Son visage exprime une douce et profonde satisfaction lorsqu'ils se battent et se dévorent les uns les autres.

•◆•

Il mène de front mille affaires. L'une n'est pas achevée qu'il en commence une autre. Au reste, chacun de ses travaux ressemble à un jeu et chacun de ses jeux à un travail. Il est divers et inconstant. Cesare dit qu'on verra plutôt les fleuves remonter à leur source que Leonardo s'appliquer à une œuvre unique et la mener à bien. Il appelle le maître : le plus grand des hommes désordonnés, assurant que rien ne sortira de tous ses immenses travaux. On prétend que Leonardo aurait écrit cent vingt volumes sur la nature – *delle Cose Naturali*. Mais ce ne sont que des fragments, des notes éparses, des feuilles volantes, en tout plus de cinq mille feuillets dans un si terrible désordre que parfois il ne peut lui même s'y reconnaître et cherche, sans pouvoir la trouver, une note dont il a besoin.

•◆•

Quelle insatiable curiosité ! Quel œil perspicace et pénétrant dans les choses de la nature ! Comme il sait apercevoir l'inaperçu ! Il s'étonne de tout, joyeusement, avidement, comme les enfants, comme les premiers hommes au Paradis.

Il prononce parfois, à propos du fait le plus banal, une parole telle que, vivrait-on cent ans, on ne saurait l'oublier : elle se plante dans la mémoire et n'en sort plus.

L'autre jour, en entrant dans ma chambre, le maître m'a dit : « Giovanni, as-tu remarqué que les petites pièces concentrent l'esprit et que les grandes stimulent son activité ? » Et encore : « As-tu observé qu'à travers la pluie le contour des objets parait plus net à l'ombre qu'au soleil ? »

Et voici ce qu'il disait, hier, au cours d'un important entretien avec un maître fondeur à propos des engins de guerre que le duc a commandés : « La déflagration de la poudre serrée entre la culasse de la bombarde et le boulet agit à la façon d'un homme qui, le dos appuyé contre un mur, pousse de toutes ses forces un fardeau devant lui. »

Un jour, parlant de la mécanique abstraite, il a dit : « La Force tend toujours à vaincre sa cause et à mourir lorsqu'elle l'a vaincue. Le Coup est fils du Mouvement, petit-fils de la Force, et leur commun aïeul est le Poids. »

Lors d'une discussion avec un architecte, il s'écria, impatienté : « Comment ne comprenez-vous pas, messer ? C'est clair comme le jour. Qu'est-ce que l'arc sinon une force engendrée par deux faiblesses unies et opposées ? » L'architecte en resta bouche bée de surprise, mais pour moi tout dans leurs propos s'éclaira d'un seul coup comme si l'on avait apporté une lumière dans une pièce obscure.

•◆•

Il a de nouveau travaillé pendant deux jours à la tête de l'apôtre Jean. Mais, hélas ! quelque chose s'est perdu parmi cette perpétuelle agitation : les ailes de mouches, la citrouille, les chats, l'oreille de Denys, le dessin du réseau de cordes, et autres occupations de même importance. Et de nouveau il n'a pas terminé, il a abandonné le travail et, suivant l'expression de Cesare, s'est plongé tout entier dans la géométrie comme un escargot dans sa coquille, plein de dégoût pour la peinture. Il dit que l'odeur même des couleurs, la vue des pinceaux et de la toile lui sont odieuses.

Nous vivons ainsi, selon les hasards capricieux des jours, en nous abandonnant à la volonté de Dieu. Nous restons sur le rivage, en attendant un temps meilleur.

Fort heureusement, le tour de la machine à voler n'est pas encore venu. Sinon ce sera la fin. Il s'absorbera tellement dans la mécanique que nous ne le verrons plus.

⁂

Chaque fois qu'après une longue période de tergiversations, de doutes, d'hésitations, il commence enfin à travailler et reprend le pinceau, j'ai constaté qu'un sentiment pareil à la peur s'empare de lui. Il est toujours mécontent de ce qu'il a fait. Il remarque des défauts dans ses œuvres qui, pour les autres, atteignent à la perfection. Il aspire toujours à ce qu'il y a de plus haut, d'inaccessible, à ce que la main de l'homme, si infini que soit son art, ne saurait exprimer. Voilà pourquoi il laisse presque toujours ses œuvres inachevées.

⁂

Aujourd'hui un maquignon juif est venu vendre des chevaux. Le maître voulait acheter un poulain bai. Le juif a voulu le persuader d'acheter la jument en même temps que le poulain. Il s'est si bien démené, avec tant de supplications et de serments, que Leonardo, qui aime les chevaux et les connaît bien, a fini par éclater de rire, a acheté la jument et s'est laissé duper afin d'être débarrassé du juif. J'observais, j'écoutais et ne comprenais pas.

— De quoi t'étonnes-tu ? m'a dit Cesare. C'est toujours comme cela. Le premier venu fait de lui ce qu'il veut. On ne peut jamais compter sur lui. Il ne sait prendre aucune décision ferme. Toujours ambigu : pour vous, pour nous, et oui et non. Il va où le vent le pousse. Aucune fermeté, aucun courage. Il est mou, vacillant, faible : on dirait qu'il est débile et qu'il n'a pas d'os malgré toute sa vigueur. Il plie en se jouant un fer à cheval, il invente des leviers pour soulever comme un nid d'oiseau le baptistère de San Giovanni, mais s'il s'agit d'une affaire vraiment sérieuse qui exige de la volonté, il ne soulèvera pas un fétu de paille et n'osera pas faire de mal à une bête à bon Dieu !

Cesare a grogné longtemps encore : c'était évidemment de l'exagération et de la calomnie, mais je sentais que dans ses paroles le mensonge était mêlé de vérité.

⁂

Andrea Salaino est tombé malade. Le maître le soigne, ne dort pas de la nuit et veille à son chevet. Mais il ne veut pas entendre parler de remèdes. Marco d'Oggione a secrètement apporté au malade des pilules. Leonardo les a trouvées et jetées par la fenêtre.

Et lorsque Andrea lui-même insinua qu'il serait bon qu'on le saignât – il connaît un barbier qui s'entend parfaitement à ouvrir les veines – le maître s'est fâché très fort, se répandant en invectives contre les médecins et disant notamment :

— Je te conseille de penser à conserver ta santé plutôt qu'à te guérir. Tu y parviendras d'autant mieux que tu te garderas des médecins dont les remèdes sont pareils aux compositions absurdes des alchimistes.

Et il ajouta avec un bon sourire naïvement malicieux :

— Comment ne s'enrichiraient-ils pas, les charlatans, alors que chacun ne s'applique à amasser de l'argent que pour le donner aux médecins, ces destructeurs de la vie humaine !

•◆•

Le maître amuse le malade par des historiettes comiques, des fables, des devinettes, dont Salaino est grand amateur. Je regarde et j'écoute le maître avec surprise. Comme il est gai !

Voici, à titre d'exemple, quelques-unes de ces devinettes :

« Les hommes battent cruellement ce qui leur donne la vie – le battage du blé. »

« Les forêts engendrent des enfants qui détruiront leurs parents – les manches des cognées. »

« Grâce aux peaux des bêtes les hommes sortiront de leur silence, jureront et crieront – le jeu de paume avec des balles de cuir. »

Après avoir consacré de longues heures à des engins de guerre, à des calculs mathématiques ou à la Sainte Cène, il s'amuse de ces devinettes comme un enfant. Il les note dans son carnet à côté des esquisses de ses futures grandes œuvres ou des lois de la nature qu'il vient de découvrir.

•◆•

Il a, pour célébrer la générosité du duc, composé et dessiné une allégorie étrange et compliquée qui lui a coûté passablement de travail. Moro, sous l'image de la Fortune, prend sous sa protection un adolescent qui fuit devant la hideuse Pauvreté, laquelle a le visage de la vieille Aragne. Il le couvre de son manteau et menace de son sceptre d'or la monstrueuse déesse. Le duc est content de ce dessin et veut que Leonardo le reproduise en couleurs sur l'un des murs du palais. Ces allégories sont devenues de mode à la Cour. Elles ont, semble-t-il, plus de succès que toutes les autres œuvres du maître. Dames, cavaliers, courtisans s'efforcent d'obtenir de lui quelque dessin allégorique et ingénieux.

Il a composé pour la comtesse Cecilia Bergamini, l'une des deux principales maîtresses du duc, l'allégorie de l'Envie : une vieille femme décrépite aux seins tombants, couverte d'une peau de léopard, un carquois de langues venimeuses derrière l'épaule, chevauche un squelette humain, tenant à la main une coupe pleine de serpents[1].

Pour que Lucrezia Crivelli, l'autre maîtresse du duc, ne fût point jalouse, il a fallu imaginer à son intention une autre allégorie de l'Envie : on gaule et on secoue une branche de noisetier au moment même où ses fruits atteignent leur parfaite maturité. À côté cette inscription : « Pour ses bienfaits. »

Enfin il fallut encore imaginer pour l'épouse du duc, la sérénissime madonna Béatrice, l'allégorie de l'Ingratitude : l'homme au lever du soleil souffle la chandelle qui l'éclaira pendant la nuit.

Maintenant, notre pauvre maître n'a de repos ni nuit ni jour. Il est submergé de commandes, de sollicitations, de petits billets de dames et ne sait comment s'en défaire.

Cesare s'irrite : « Toutes ces sottes devises de chevaliers, toutes ces fades allégories conviennent tout au plus à un pique-assiette de cour, mais non à un artiste tel que Leonardo. Quelle honte ! » Je ne crois pas qu'il ait raison. Le maître n'a aucun souci des honneurs. Il s'amuse de ces allégories tout comme des devinettes, des axiomes mathématiques, du divin sourire de la Vierge Marie et du réseau de cordes tressées.

Il a, depuis longtemps déjà, conçu et commencé un livre sur la peinture : *Trattato sulla pittura*, mais, selon son habitude, il ne l'a point achevé et Dieu sait quand il le terminera ! Ces derniers temps, comme il s'est beaucoup occupé avec moi de la perspective aérienne et lunaire, de la lumière et de l'ombre, il m'a cité des fragments de ce livre et des pensées détachées sur l'art. J'inscris ici ce que j'ai retenu.

Que le Seigneur récompense le maître pour l'amour et la sagesse avec lesquels il me guide sur les chemins élevés de la plus noble des sciences ! Que ceux entre les mains de qui tomberont ces feuillets recommandent à Dieu, dans leurs prières, l'âme de l'humble serviteur de Dieu, de l'élève indigne Giovanni Beltraffio et l'âme du grand maître florentin, Leonardo da Vinci.

·◆·

Le maître dit : « Tout ce qui est beau meurt dans l'homme et non dans l'art. »

·◆·

« Celui qui méprise la peinture méprise la contemplation philosophique et raffinée du monde, car la peinture est la fille légitime, ou, pour mieux dire, la petite fille de la nature. Tout ce qui existe est sorti de la nature et a engendré à son tour la science de la peinture. Voilà pourquoi je dis que la peinture est petite-fille de la nature et parente de Dieu. Celui qui dénigre la peinture, dénigre la nature. »

1. Voir ici p. 1315.

⁂

« Le peintre doit être universel. Ô artiste, que ta variété soit aussi infinie que les phénomènes de la nature ! En continuant ce que Dieu a commencé, aspire à multiplier non point les œuvres des mains humaines, mais les créations éternelles de Dieu ! N'imite jamais personne. Que chacune de tes œuvres soit comme un nouveau phénomène de la nature. »

⁂

« Pour celui qui possède les lois fondamentales des phénomènes naturels, pour celui qui *sait*, il est facile d'être universel, car tous les corps, depuis les hommes jusqu'aux animaux, sont semblables dans leur structure. »

⁂

« Prends garde que la cupidité de l'or n'étouffe en toi l'amour de l'art. Souviens-toi que la conquête de la gloire vaut mieux que la gloire de la conquête. Le souvenir des riches disparaîtra avec eux ; le souvenir des sages ne disparaîtra jamais, car la sagesse et la science sont les enfants légitimes de leurs parents et non des bâtards comme l'argent. Aime la gloire et ne crains pas la pauvreté. Songe à tous les grands philosophes qui, nés dans la richesse, se sont voués bénévolement à la pauvreté afin que la fortune ne souillât point leurs âmes. »

⁂

« La science rajeunit l'âme et adoucit l'amertume de la vieillesse. Amasse donc de la sagesse, amasse pour ta vieillesse la douce nourriture. »

⁂

« Je connais des peintres qui, pour plaire à la populace, barbouillent impudemment leurs tableaux d'or et d'azur en affirmant avec une insolente hauteur qu'ils pourraient travailler aussi bien que les autres peintres si on les payait davantage. Oh ! les sots ! Qui les empêche donc de faire quelque belle œuvre et de déclarer : “Ce tableau-ci vaut tel prix, celui-là est moins cher et cet autre est tout à fait bon marché.” Ils prouveraient ainsi qu'ils savent travailler pour tous les prix. »

⁂

« Fréquemment, l'amour de l'argent rabaisse l'art, même des bons maîtres, au niveau d'un métier. C'est ainsi que mon ami et compatriote Perugino est parvenu à une telle célérité dans l'exécution des commandes qu'un jour il répondit du haut de son échafaudage à sa femme qui le conviait à dîner : "Sers la soupe : je vais en attendant peindre encore un saint." »

.•.

« L'artiste qui ne doute pas réussit peu. Tant mieux pour toi si ton œuvre est au-dessus du prix que tu lui donnes, tant pis si elle est au même niveau, mais c'est un grand malheur si elle est au-dessous – ce qui arrive à ceux qui admirent que Dieu les ait aidés à faire si bien. »

.•.

« Écoute patiemment tous les avis que l'on émet à propos de ton tableau ; pèse et juge si ceux qui te critiquent et trouvent des erreurs ont raison. Si oui, corrige ton œuvre, sinon aie l'air de n'avoir pas entendu. Ne démontre leur erreur qu'aux personnes dignes d'attention.

« Le jugement d'un ennemi est souvent plus juste et plus utile que celui d'un ami. La haine, chez les hommes, est presque toujours plus profonde que l'amour. Le regard de celui qui hait est plus pénétrant que le regard de celui qui aime. Un véritable ami est la même chose que soi-même. Ton ennemi ne te ressemble pas. C'est ce qui fait sa force. La haine éclaire beaucoup de choses cachées à l'amour. Souviens-t'en et ne méprise pas les critiques de tes ennemis. »

.•.

« Les couleurs vives charment la foule, mais le véritable artiste veut plaire à l'élite et non point à la foule. Son orgueil et son but ne sont pas dans les couleurs brillantes, mais dans une sorte de miracle qui s'accomplit dans le tableau : la lumière et l'ombre donnent du relief à ce qui est plat. Celui qui, dédaigneux de l'ombre, la sacrifie aux couleurs, ressemble au bavard qui sacrifie le sens du discours à de vaines et sonores paroles. »

.•.

« Évitez surtout la dureté des contours. Que les bords des ombres sur un corps jeune et tendre ne soient pas mortes, ne soient pas de pierre, mais légères, insaisissables et transparentes comme l'air, car le corps humain lui-même est transparent : tu peux t'en convaincre en regardant le soleil à travers tes doigts. Une lumière trop vive ne donne pas de belles ombres. Crains la lumière vive.

Remarque, à l'heure du crépuscule ou par les journées brumeuses, lorsque les nuages cachent le soleil, remarque quel charme et quelle douceur offrent les visages des hommes et des femmes qui vont par les rues ombreuses entre les murs sombres des maisons. C'est la plus parfaite des lumières. Que tes ombres, se fondant peu à peu dans la lumière, se dissipent comme la fumée, comme les sons d'une douce musique. Rappelle-toi qu'il y a entre la lumière et l'obscurité quelque chose d'intermédiaire, de double, qui participe également de l'une et de l'autre – une sorte d'ombre claire ou de lumière sombre. C'est là, artiste, ce qu'il te faut chercher ; c'est là le mystère du charme qui séduit ! »

Il parla ainsi et, levant la main, comme pour graver ces paroles dans notre mémoire, il répéta avec une indicible expression :

— Redoutez la sécheresse et la grossièreté. Que vos ombres se dissipent comme la fumée, comme les sons d'une musique lointaine.

Cesare, qui écoutait avec attention, sourit ironiquement, leva les yeux sur Leonardo, voulut répondre, mais ne dit rien.

⁂

Peu de temps après, parlant d'un autre sujet, le maître dit :

— Le mensonge est si vil qu'en exaltant la grandeur de Dieu il L'humilie ; la vérité est si belle qu'en louant les plus humbles choses elle les ennoblit. Il y a entre la vérité et le mensonge la même différence qu'entre les ténèbres et la lumière.

Cesare, se souvenant de ses paroles précédentes, considéra le maître d'un regard scrutateur.

— La même différence qu'entre l'obscurité et la lumière ? Mais n'est-ce pas vous qui affirmiez tout à l'heure qu'entre l'obscurité et la lumière il y a quelque chose d'intermédiaire, de double, participant de l'une et de l'autre, une sorte d'obscurité claire ou de lumière sombre ? Donc entre le mensonge et la vérité également ?… Mais non, cela ne saurait être. Vraiment, maître, votre comparaison engendre dans mon esprit une grande tentation, car l'artiste qui cherche dans l'union de l'ombre et de la lumière le secret de la séduction se demandera peut-être si la vérité et le mensonge ne se confondent point de la même façon que la lumière et l'ombre…

Leonardo fronça d'abord les sourcils, comme surpris et même irrité par les paroles de son élève, mais ensuite il rit et répondit :

— Ne me tente pas ! Arrière, Satan !

J'attendais une autre réponse. Je pense que les paroles de Cesare méritaient mieux qu'une plaisanterie frivole. Elles ont, tout au moins, réveillé en moi beaucoup de pensées douloureuses.

⁂

Ce soir je l'ai vu debout, sous la pluie, dans une ruelle étroite, sale et puante, considérer attentivement un mur de pierre, taché par l'humidité, et qui en apparence n'avait rien de curieux. Cela dura longtemps. Les gamins se le montraient du doigt et riaient. Je lui demandai ce qu'il avait trouvé dans ce mur.

— Regarde, Giovanni, quel monstre splendide, une chimère à la gueule béante ! Et voici, à côté, un ange au doux visage et les boucles au vent qui fuit devant ce monstre. Le caprice du hasard a créé ici des images dignes d'un grand maître.

Il suivit du doigt le contour des taches et je fus, en effet, fort surpris d'y voir ce dont il parlait.

— Peut-être bien des gens trouveront-ils ces imaginations absurdes, continuait le maître, mais je sais par ma propre expérience combien elles sont utiles pour exciter l'esprit à découvrir et à créer. Fréquemment, sur les murs, dans le mélange des différentes pierres, dans les fissures, dans les dessins de la moisissure, sur les eaux stagnantes, dans les charbons qui se consument sous les cendres, dans les contours des nuages, il m'est arrivé de retrouver des beaux sites, des montagnes, des rochers, des fleuves, des plaines et des arbres, et aussi de merveilleuses batailles, d'étranges visages pleins d'un charme inexprimable, des démons curieux, des monstres et maintes autres images surprenantes. Je choisissais parmi elles celle dont j'avais besoin et je la parachevais. C'est ainsi qu'en écoutant le son lointain des cloches tu peux, dans leur rumeur confuse, trouver suivant ton désir tel nom ou tel mot auquel tu penses.

•◆•

Il compare les rides que forment les muscles du visage pendant les pleurs ou le rire. Il n'y a dans les yeux, la bouche et les joues aucune différence. Mais celui qui pleure hausse et assemble les sourcils, plisse le front et abaisse les coins de la bouche, alors que celui qui rit écarte largement les sourcils et relève les coins des lèvres.

Et pour conclure il a dit :

— Efforce-toi de considérer avec calme comment les hommes pleurent et rient, aiment et haïssent, pâlissent d'effroi et crient de douleur. Regarde, instruis-toi, étudie, observe pour connaître l'expression de tous les sentiments humains.

Cesare racontait que le maître aimait à accompagner les condamnés à mort en observant sur leurs visages tous les degrés de la souffrance et de la terreur ; les bourreaux eux-mêmes sont étonnés de la curiosité avec laquelle il surveille les dernières contractions des muscles lorsque ces malheureux meurent.

— Tu ne peux même pas t'imaginer, Giovanni, quel homme c'est ! ajouta Cesare avec un sourire amer. Il ramassera un ver sur le chemin et le posera sur une feuille pour ne pas l'écraser, mais, lorsque cela le prend, il semble que si sa propre mère se mettait à pleurer, il se contenterait d'observer comment se froncent ses sourcils, se plisse la peau de son front et s'abaissent les coins de sa bouche.

•◆•

Le maître a dit : « Apprends chez les sourds-muets les mouvements expressifs. Lorsque tu observes les hommes, tâche qu'ils ne remarquent pas que tu les regardes. Ainsi leurs attitudes, leurs rires et leurs pleurs sont plus naturels. »

*

« La variété des mouvements humains est aussi illimitée que la variété des sentiments humains. Le but suprême de l'artiste est d'exprimer par le visage et les mouvements du corps les passions de l'âme.

Souviens-toi qu'il doit y avoir dans les visages que tu peins une telle force de sentiments que le spectateur ait l'impression que ton tableau pourrait faire rire ou pleurer les morts.

Lorsque l'artiste représente quelque sujet effrayant, douloureux ou comique, l'impression que ressent le spectateur doit l'amener à faire de tels gestes qu'il semble participer lui-même aux actions représentées ; si ce résultat n'est pas atteint, alors sache bien, artiste, que tous tes efforts furent vains ! »

•◆•

« Un maître dont les mains sont osseuses et noueuses représente volontiers des hommes aux mains osseuses et noueuses, et cela se répète pour chaque partie du corps, car tout homme aime les visages et les corps qui ressemblent aux siens. Voilà pourquoi l'artiste, s'il n'est pas beau, choisit pour les peindre des visages qui ne sont pas beaux et réciproquement. Prends garde que les hommes et les femmes que tu représentes ne semblent être frères ou sœurs jumeaux par la beauté ou la laideur – défaut propre à beaucoup d'artistes italiens. Car il n'y a pas pour un peintre d'erreur plus dangereuse et plus fallacieuse que l'imitation de son propre corps. Cela tient je pense à ce que l'âme est l'artiste de son corps : elle l'a jadis créé et modelé à son image et à sa ressemblance. Et lorsqu'il faut, à l'aide de pinceaux et de couleurs, créer un corps nouveau, elle répète volontiers celui dans lequel elle s'est, une fois déjà, incarnée. »

•◆•

« Prends souci que ton œuvre n'éloigne pas le spectateur comme l'air froid de l'hiver éloigne l'homme qui vient de sortir du lit, mais attire et captive son âme comme l'agréable fraîcheur d'une matinée d'été invite à se lever celui qui est couché. »

Voici l'histoire de la peinture telle qu'en peu de mots le maître l'a racontée :

« Après les Romains, lorsque les peintres commencèrent à s'imiter les uns les autres, l'art tomba dans une décadence qui dura de longs siècles. Mais parut le Florentin Giotto, qui ne se borna point à imiter son maître Cimabué. Né dans les montagnes et les déserts habités seulement par les chèvres et autres animaux de même espèce, et incité à l'art par la nature, il se mit à dessiner sur des pierres les attitudes des chèvres qui paissaient et des animaux qui hantaient sa contrée ; enfin, aidé par une longue expérience, il surpassa tous les maîtres non seulement de son temps mais des siècles passés. Après Giotto, l'art de peindre retomba en décadence parce que chacun imita les modèles existants. Cela dura des siècles entiers, jusqu'au jour où le Florentin Tomaso, dit Masaccio, prouva par ses œuvres parfaites combien vraiment dépensent leurs efforts ceux qui prennent tout autre modèle que la nature, maîtresse de tous les maîtres. »

•◆•

« La première œuvre de peinture fut la ligne tracée autour de l'ombre humaine projetée sur un mur par le soleil. »

•◆•

En nous parlant de la manière dont l'artiste doit composer le plan de ses tableaux, le maître nous donna comme exemple la représentation du déluge telle qu'il l'a conçue :

« Des abîmes et des remous illuminés par les éclairs. D'énormes branches de chêne, chargées de gens, emportées par l'ouragan. Les eaux jonchées de débris d'objets familiers après lesquels les gens s'accrochent pour se sauver. Sur de hauts plateaux entourés d'eau, des troupeaux d'animaux posant leurs pieds sur le dos les uns des autres, s'écrasant, se piétinant. Parmi la foule des hommes qui, les armes à la main, défendent contre les bêtes fauves les derniers lambeaux de terre, les uns se tordent les bras et se rongent les poings si cruellement que le sang coule, les autres se bouchent les oreilles pour ne pas entendre le roulement du tonnerre, ou, ne se contentant point de fermer les yeux, pressent contre leurs paupières leurs mains serrées pour ne pas voir la mort qui les menace. D'autres se tuent en s'étranglant, en se perçant de leurs glaives, en se jetant dans le gouffre du haut des rochers, et les mères, maudissant Dieu, saisissent leurs enfants pour leur briser la tête contre les pierres. Les cadavres décomposés surnagent et, comme des balles gonflées d'air, se heurtent et se repoussent. Les oiseaux se perchent sur eux ou, exténués, s'abattent sur les hommes et les bêtes vivantes, ne trouvant point d'autre place pour se reposer. »

Salaino et Marco m'ont appris que, depuis de longues années, Leonardo interroge les voyageurs et tous ceux qui ont pu voir des typhons, des inondations, des ouragans, des avalanches, des tremblements de terre ; – il acquiert ainsi des détails précis et amasse, avec la patience d'un savant, trait sur trait, observation sur observation, pour établir le plan d'un tableau qu'il n'exécutera peut-être jamais. Je me souviens qu'en l'entendant parler du déluge, j'éprouvais le même sentiment qu'à voir dans ses dessins des faces diaboliques ou des monstres – un effroi qui attire.

Et ce qui me surprit encore, c'est qu'en exposant son terrible plan, l'artiste restait calme et indifférent.

À propos du reflet des éclairs dans l'eau, il fit remarquer : « L'éclat doit en être plus grand sur les vagues éloignées du spectateur que sur celles qui sont près de lui : ainsi l'exige la loi de la réverbération de la lumière par les surfaces planes. »

En décrivant les cadavres se heurtant dans les remous, il ajouta : « En peignant ces heurts et ces coups, n'oublie pas la loi mécanique selon laquelle l'angle de réflexion est égal à l'angle d'incidence. »

Je souris malgré moi et pensai : « Il est tout entier dans ce rappel. »

•◆•

Le maître a dit :

— Ce n'est pas l'expérience, mère de tous les arts et de toutes les sciences, qui trompe les hommes, mais bien l'imagination qui leur promet ce que l'expérience ne peut donner. L'expérience est innocente, mais nos désirs insensés et vains sont criminels. En séparant le mensonge de la vérité, l'expérience nous enseigne à aspirer vers le possible et à ne pas rechercher, par ignorance, l'inaccessible, afin de n'être point déçus dans nos illusions et réduits au désespoir.

Lorsque nous restâmes seuls, Cesare me rappela ces paroles et me dit, avec une grimace de dégoût :

— Encore du mensonge et de l'hypocrisie !

— En quoi a-t-il donc encore menti, Cesare ? demandai-je surpris. Il me semble que le maître…

— Ne pas aspirer à l'impossible, ne pas rechercher l'inaccessible ! continuait-il, sans m'écouter. Peut-être se trouvera-t-il quelqu'un pour le croire sur parole. Mais il n'est point tombé sur de tels imbéciles ! Ce n'est pas à lui de parler, ni à moi d'écouter. J'y vois clair.

— Que vois-tu donc, Cesare ?

— Mais que lui n'a fait toute sa vie qu'aspirer à l'impossible, rechercher l'inaccessible. Dis-moi, de grâce, inventer des machines pour que les hommes volent en l'air comme les oiseaux et nagent sous l'eau comme les poissons, n'est-ce pas aspirer à l'impossible ? Et l'horreur du déluge, les monstres imaginaires dans les taches d'humidité et dans les nuages, le charme ineffable des visages divins, pareils à d'angéliques visions, où prend-il tout cela ? Est-ce dans l'expérience, dans le répertoire des nez, dans la cuiller à mesurer les couleurs ? Pourquoi se trompe-t-il et trompe-t-il les autres ? Pourquoi ment-il ? Il a besoin de la mécanique pour faire un miracle, pour s'envoler vers les nuages, pour maîtriser les forces naturelles et les lancer vers ce qui dépasse et contrarie les facultés humaines et les lois de la nature, vers Dieu ou le diable, peu importe, pourvu que ce soit vers l'inconnu, vers l'impossible ! Car il n'est peut-être pas croyant, mais il est curieux ; moins il est croyant, plus il est curieux. C'est en lui comme un appétit inextinguible, comme un charbon ardent que rien, ni connaissance, ni expérience, ne peut éteindre.

Les paroles de Cesare ont rempli mon âme de trouble et de crainte. J'y ai pensé tous ces jours derniers. Je voudrais les oublier, mais je n'y parviens pas.

Aujourd'hui, comme s'il répondait à mes doutes, le maître a dit :

— Peu de savoir rend les hommes présomptueux, beaucoup de savoir les rend humbles : ainsi les épis vides lèvent vers le ciel leurs têtes arrogantes, tandis que les épis chargés de grains s'inclinent vers la terre, leur mère.

— Alors pourquoi, maître, répliqua Cesare avec son habituel sourire sarcastique et scrutateur, pourquoi dit-on que son grand savoir inspira à Lucifer, le plus illustre des chérubins, non pas l'humilité, mais l'orgueil qui lui valut d'être justement précipité dans l'enfer ?

Leonardo ne répondit rien, mais après un court silence il nous raconta cette fable :

« Un jour une goutte d'eau voulut monter vers le ciel. À l'aide du feu elle s'éleva en légère vapeur. Mais, lorsqu'elle atteignit les hauteurs, elle rencontra l'air froid et raréfié, elle se condensa, s'alourdit et son orgueil devint de la terreur. La goutte retomba en pluie. La terre desséchée la but. Et longtemps l'eau capturée dans sa prison souterraine fit pénitence de sa faute. »

•◆•

Plus on vit avec lui et moins, semble-t-il, on le connaît. Voici que de nouveau il s'est amusé aujourd'hui comme un enfant. Et quelles plaisanteries ! J'étais assis le soir chez moi, en haut de la maison, et lisais avant de m'endormir mon livre préféré : *Les Petites Fleurs* de saint François d'Assise. Tout à coup retentirent à travers toute la maison les clameurs de notre cuisinière Maturina :

— Au feu ! Au feu ! Au secours ! Nous brûlons !

Je me précipitai en bas et fus tout épouvanté par une épaisse fumée qui remplissait l'atelier. Éclairé par le reflet d'une flamme bleue, pareille à un éclair, le maître se tenait parmi les nuages de fumée comme un antique mage et regardait avec un doux sourire Maturina qui gesticulait, pâle d'effroi, et Marco accouru avec deux seaux d'eau qu'il aurait versés sur la table sans épargner dessins ni manuscrits, si le maître ne l'avait arrêté en criant que tout cela était une plaisanterie. Alors nous vîmes que la fumée et la flamme s'élevaient d'une poudre blanche faite d'encens et de colophane, répandue sur une poêle de cuivre surchauffée – c'était la composition qu'il avait inventée pour les feux d'artifice. Et je ne sais lequel était le plus enchanté de cette plaisanterie, Leonardo lui-même ou le compagnon fidèle de tous ses jeux, ce petit polisson de Jacopo. Et comme il riait de la peur de Maturina et des seaux providentiels de Marco ! Dieu m'est témoin qu'un homme riant ainsi ne peut être un méchant homme.

Mais la gaieté et les rires ne l'empêchent point d'observer le visage de Maturina et de noter les plis de la peau et les rides que la terreur forme sur le visage humain.

•◆•

Il ne parle presque jamais des femmes. Une fois seulement il a dit que les hommes les traitaient aussi mal que les animaux. Pourtant il se moque de l'amour platonique qui est de mode aujourd'hui. À un jeune homme amoureux qui lui lisait un sonnet larmoyant dans le goût de Pétrarque, il répondit par ces trois vers, les seuls sans doute qu'il ait jamais composés, car il est très médiocre poète :

Sel Petrarca amô si forte il lauro
E perché gli è buon fra la salsiccia el tordo.
I'non posso di lor ciancie far tesauro.

Si Pétrarque aima tant le laurier, c'est sans doute
Qu'il assaisonne bien grives et saucissons.
Mais je n'ai point de goût pour ces fades chansons.

Cesare affirme que Leonardo fut pendant toute sa vie si occupé de mécanique et de géométrie qu'il n'eut pas le temps d'aimer ; il est néanmoins peu probable qu'il soit vierge. Certainement il a dû s'unir une fois au moins à une femme, non pour rechercher la volupté comme le commun des mortels, mais par curiosité, pour faire des observations d'anatomie et scruter les mystères de l'amour comme les autres phénomènes de la nature, avec la même impassibilité et la même précision mathématique.

•◆•

Il me semble parfois que jamais je ne devrais parler de lui avec Cesare. Nous avons l'air de l'écouter, de le surveiller comme des espions. Cesare éprouve une joie mauvaise chaque fois qu'il réussit à jeter une nouvelle ombre sur le maître. Que veut-il donc de moi ? Pourquoi empoisonne-t-il mon âme ? Maintenant nous fréquentons un mauvais petit cabaret, près de la douane fluviale, derrière la porte Vercellina. Pendant des heures entières, devant un demi-broc de vin aigre et bon marché, nous nous entretenons parmi les jurons des bateliers qui jouent avec des cartes graisseuses, et nous conspirons comme des traîtres.

·◆·

Aujourd'hui Cesare m'a demandé si je savais qu'à Florence Leonardo avait été accusé de sodomie. Je n'en crus pas mes oreilles, pensant que Cesare était ivre ou pris de délire, mais il m'expliqua tout avec des détails précis.

En mil quatre cent soixante-seize – Leonardo avait à ce moment-là vingt-quatre ans et son maître, l'illustre peintre florentin Andrea Verrocchio en avait quarante – une dénonciation anonyme accusant Leonardo et Verrocchio de sodomie fut déposée dans une de ces boîtes rondes appelées « tambours » que l'on accrochait aux piliers des églises de Florence et principalement de la cathédrale Santa Maria del Fiore. Le neuf avril de cette même année, les inspecteurs des nuits et des couvents – *Ufficiali di notte et monasteri* – jugèrent l'affaire et acquittèrent les accusés, mais à la condition que la dénonciation serait renouvelée, *absoluti cum conditione ut retamburentur*. Et, sur une seconde dénonciation, Leonardo et Verrocchio furent définitivement acquittés. Personne n'en sait davantage. Peu de temps après, Leonardo quitta pour toujours l'atelier de Verrocchio et Florence et s'installa à Milan.

— Oh ! bien entendu, c'est une infâme calomnie ! ajouta Cesare avec une étincelle ironique dans les yeux. Pourtant tu ne sais pas encore, ami Giovanni, de quelles contradictions son cœur est plein. Vois-tu, c'est un labyrinthe où le diable lui-même se romprait les jambes. Des énigmes et des mystères sans fin ! D'un côté on pourrait le croire vierge, de l'autre...

J'ai soudain senti tout mon sang affluer à mon cœur... Je me suis levé et j'ai crié :

— Comment oses-tu, coquin !...

— Voyons ! Qu'as-tu ?... Bien, bien, je ne dirai plus rien. Calme-toi. Je ne pensais pas vraiment que tu attachais à cela tant d'importance...

— Quelle importance ? À quoi ? Dis, dis tout ! Ne ruse pas, ne biaise pas !...

— Allons, ce sont des bêtises ! Pourquoi t'emporter ? Est-ce que des amis comme nous vont se disputer pour des vétilles ? Buvons plutôt à ta santé ! *In vino veritas* !

Et nous avons bu et continué notre conversation.

Non, non, assez ! N'y pensons plus. C'est fini. Jamais plus je ne parlerai du maître avec Cesare. C'est un ennemi non seulement pour Leonardo, mais aussi pour moi. C'est un mauvais homme.

Je suis écœuré. Je ne sais si c'est le vin que nous avons bu dans ce maudit cabaret ou ce que nous y disions. On a honte quand on songe à l'infâme joie qu'éprouvent les gens à rabaisser un grand homme.

•◆•

Le maître a dit :

« Artiste, ta force est dans la solitude. Lorsque tu es seul tu t'appartiens tout entier, mais n'aurais-tu avec toi qu'un seul compagnon, tu ne t'appartiens qu'à moitié ou moins encore, selon l'indiscrétion de ton ami. Si tu as plusieurs amis, ta disgrâce sera plus profonde encore. Et si tu dis : "Je vais m'éloigner de vous et resterai seul pour me consacrer plus librement à la contemplation de la nature", je te répondrai : "Il est peu probable que tu y réussisses, car tu n'auras pas la force de ne pas te distraire et de ne pas prêter l'oreille aux bavardages. Tu seras un mauvais camarade et un OUVRIER plus mauvais encore, car nul ne peut servir deux maîtres." Si tu répliques : "Je m'en irai assez loin pour ne pas entendre leur conversation", je te dirai : "Ils te prendront pour un fou et, quand même tu resteras seul. Mais si tu veux absolument avoir des amis, que ce soient des peintres et des élèves de ton atelier. Toute autre amitié est dangereuse. Souviens-toi, artiste, que ta force est dans la solitude." »

•◆•

Je comprends maintenant pourquoi Leonardo vit loin des femmes : il lui faut beaucoup de liberté pour pouvoir se bien recueillir.

•◆•

Andrea Salaino se plaint parfois avec amertume de l'ennui et de notre existence monotone et retirée, affirmant que les élèves des autres ateliers mènent une vie beaucoup plus gaie. Il aime comme une jeune fille les parures neuves et se chagrine de n'avoir personne à qui les montrer. Il aimerait les fêtes, le bruit, l'éclat, la foule et les tendres regards.

Aujourd'hui le maître, ayant écouté les reproches et les doléances de son préféré, caressa d'un geste familier ses longues boucles soyeuses et lui répondit avec un bon sourire :

— Ne te chagrine pas, mon enfant. Je te promets de t'emmener à la prochaine fête du château. Et maintenant veux-tu que je te raconte une petite fable ?

— Racontez, maître, répondit joyeusement Andrea en s'asseyant aux pieds de Leonardo.

— Sur une hauteur, au-dessus de la grande route, près de la clôture du jardin, il y avait une pierre entourée d'arbres, de mousse, de fleurs et d'herbes. Un jour, apercevant en bas sur la grande route une multitude d'autres pierres, elle eut envie de les rejoindre et se dit : « Quel plaisir me donnent ces fleurs et ces herbes tendres et périssables ? Je voudrais vivre parmi mes proches et mes sœurs, parmi les pierres, mes pareilles ! » Et elle roula jusqu'à la grande route vers celles qu'elle appelait ses proches et ses sœurs. Mais là les roues des chariots pesants l'écrasèrent, les sabots des ânes et des mules et les bottes ferrées des hommes la piétinèrent. Et lorsque parfois elle réussissait à se soulever un peu et rêvait de respirer librement, la boue gluante et le fumier des animaux la recouvraient. Elle regardait tristement son ancienne place, son refuge solitaire dans le jardin, et il lui semblait que c'était là le paradis. Et c'est ce qu'il advient, Andrea, de ceux qui, délaissant la douce contemplation, se plongent dans les passions de la foule pleines d'un mal éternel.

•◆•

Le maître ne permet pas qu'on fasse aucun mal aux êtres vivants, ni même aux plantes. Le mécanicien Zoroastro m'a raconté que depuis son jeune âge Leonardo ne mange pas de viande et affirme qu'un jour viendra où tous les hommes se contenteront comme lui d'une nourriture végétale et tiendront le meurtre d'un animal aussi criminel que celui d'un homme.

Passant une fois devant une boucherie du Marché Neuf, et me montrant avec dégoût les veaux, les moutons, les bœufs et les porcs pendus à des crocs, il me dit :

— Oui, en vérité, l'homme est le roi des animaux ou pour mieux dire le roi des bêtes, car il les passe toutes en férocité.

Et après un silence, il ajouta avec une douce tristesse :

— Nous faisons notre vie de la mort des autres. Les hommes et les bêtes sont d'éternelles auberges de morts, des tombeaux les uns pour les autres…

— Telle est la loi de la nature dont vous louez si hautement la clémence et la sagesse, répliqua Cesare. Je me demande pourquoi vous violez, en vous abstenant de viande, cette loi naturelle qui ordonne à toutes les créatures de se dévorer les unes les autres.

Leonardo le regarda et répondit avec calme :

— La nature trouve une joie infinie à inventer de nouvelles formes et créer de nouvelles vies. Et comme elle les crée plus vite que le temps ne peut les détruire, elle a fait en sorte que les créatures, se nourrissant d'autres créatures, laissent ainsi la place aux générations futures. C'est pourquoi elle envoie souvent des contagions et des épidémies, là où les créatures se sont multipliées outre mesure et surtout chez les hommes pour qui l'excédent des naissances n'est pas compensé par les morts, car les autres bêtes ne les dévorent pas.

Ainsi Leonardo explique en toute sérénité d'esprit, sans s'indigner et sans se plaindre, les lois naturelles, mais il agit lui-même selon une autre loi en s'abstenant d'user pour sa nourriture de tout ce qui est vivant.

Hier, pendant la nuit, j'ai lu longuement le livre dont je ne me sépare jamais, *Les Petites Fleurs* de saint François. François, comme Leonardo, aimait les animaux. Parfois, au lieu de prier, il célébrait la Sagesse Divine en observant durant des heures les ruchers où les abeilles modelaient leurs cellules de cire et les remplissaient de miel. Un jour, sur une montagne déserte, il prêcha aux oiseaux la parole divine ; ils étaient rangés à ses pieds et écoutaient ; lorsqu'il eut fini, ils battirent des ailes, gazouillèrent, ouvrant leurs becs et caressant de leurs petites têtes la tunique du saint comme pour montrer qu'ils avaient compris le sermon ; il les bénit et ils s'envolèrent avec des cris de joie.

J'ai lu longtemps, puis me suis endormi. Il me semblait que mon sommeil était plein d'un doux frémissement d'ailes de colombes.

Je me suis réveillé de bonne heure. Le soleil venait de se lever et dans la maison tout le monde dormait encore. Je descendis dans la cour pour me laver à l'eau froide du puits. Tout était calme. Le son des cloches lointaines ressemblait au bourdonnement des abeilles et l'on respirait une fraîcheur fumeuse. Soudain, j'entendis, comme dans mon sommeil, un frémissement d'ailes innombrables. Je levai les yeux et vis messer Leonardo sur l'échelle d'un haut pigeonnier.

La tête auréolée de ses cheveux que traversait le soleil, il se dressait dans le ciel, solitaire et joyeux. Une bande roucoulante de pigeons blancs se pressait à ses pieds. Ils voltigeaient autour de lui, se posaient avec confiance sur ses épaules, ses bras, sa tête. Il les caressait et leur offrait à manger sur ses lèvres. Puis il leva les mains comme pour les bénir ; les pigeons s'envolèrent avec un bruissement d'ailes soyeux et se fondirent comme des flocons de neige dans l'azur du ciel. Il les suivit avec un tendre sourire.

Et je pensai que Leonardo ressemblait à saint François, ami de toutes les créatures, qui nommait le vent son frère, l'eau sa sœur et la terre sa mère.

•◆•

Que le Seigneur me pardonne ! Je n'ai pu résister et je suis retourné avec Cesare à ce maudit cabaret. J'ai parlé de la bonté du maître.

— Voudrais-tu dire, Giovanni, que messer Leonardo ne mange pas de viande et ne se nourrit que des herbes que Dieu fait pousser ?

— Et si c'était cela, Cesare ? Je sais…

— Tu ne sais rien du tout ! Messer Leonardo ne le fait nullement par bonté ; c'est, comme pour tout le reste, de l'amusement, de l'extravagance…

— Comment cela, de l'extravagance ? Que dis-tu ?

Il rit avec une gaieté forcée.

— Bon, bon ! Ne discutons pas. Attends plutôt que nous soyons à la maison. Je te montrerai certains petits dessins du maître, assez curieux.

Au retour nous nous glissâmes doucement comme des voleurs dans l'atelier du maître. Il était absent. Cesare chercha sous une pile de livres, sur la table de travail, et tira un cahier de dessins qu'il me montra. Je savais que je faisais mal, mais je n'avais pas la force de résister et je regardai avec curiosité.

C'étaient d'énormes bombardes, des boulets explosifs, des canons aux multiples bouches, et autres engins de guerre, dessinés avec la même délicatesse aérienne d'ombre et de lumière que les visages des plus belles de ses Madones. Je me rappelle une bombe d'un demi-coude de diamètre et dont Cesare m'expliqua la construction : elle est coulée en bronze ; l'intérieur en est rempli d'étoupe, de plâtre, de colle de poisson, de flocons de laine, de goudron, de soufre et, comme un labyrinthe, s'y entre-croisent des tubes de cuivre entourés des nerfs de bœuf les plus solides et bourrés de poudre et de balles. Les orifices des tubes sont disposés en spirale à la surface de la bombe et lancent des flammes tandis que la bombe tournoie avec une rapidité incroyable comme une gigantesque toupie en crachant des gerbes de feu. En marge Leonardo avait écrit de sa main : « Cette bombe est parfaitement construite et grandement efficace. Elle n'explose après le coup de canon qu'après autant de temps qu'il en faut pour réciter un *Ave.* »

— Un Ave, répéta Cesare. Qu'en penses-tu, ami ? Voilà un usage inattendu de la prière chrétienne. Quel homme singulier que messer Leonardo ! L'Ave Maria à côté d'une semblable horreur ! Que n'irait-il pas inventer… Et à propos, sais-tu comment il appelle la guerre ?

— Comment ?

— La plus bestiale des bêtises. Belle parole, n'est-ce pas, dans la bouche de celui qui a imaginé de tels engins !

Il a tourné la page et m'a montré le dessin d'un char de guerre armé d'énormes faux. À chaque bond il fait brèche dans l'armée ennemie. Les formidables lames d'acier en forme de faucille, aiguisées comme des rasoirs et pareilles aux pattes d'une gigantesque araignée, tournoient dans l'air avec un sifflement aigu et un grincement de roues dentelées, éparpillent des lambeaux de chair et des éclaboussures de sang, et coupent les hommes en deux. Tout alentour gisent des jambes, des bras, des têtes tranchées, des corps déchiquetés.

Je me souviens encore d'un autre dessin dans la cour de l'arsenal un essaim d'ouvriers nus, semblables à des démons, leurs muscles puissants tendus dans un incroyable effort, s'accrochant des pieds et des mains après les leviers d'un gigantesque cabestan, soulèvent un énorme canon à la gueule redoutable et béante. D'autres roulent un essieu sur deux roues. Ces grappes de corps humains suspendus dans l'air m'ont inspiré de l'effroi. Je croyais voir l'arsenal des démons, les forges infernales.

— Eh bien, t'ai-je dit vrai, Giovanni ? De petits dessins bien curieux, n'est-ce pas ? Le voilà l'homme charitable qui aime les animaux ne mange pas de viande et ramasse sur la route un ver de terre pour que les passants ne l'écrasent pas ! C'est l'un et l'autre, tout ensemble ! Un démon aujourd'hui et demain un saint. Janus aux deux visages, tournés l'un vers le Christ, l'autre vers l'Antéchrist. Va, devine quel est le vrai, quel est le faux ! À moins qu'ils ne soient vrais tous deux ?… Et il fait tout cela d'un cœur léger, avec un charme séducteur, comme en plaisantant et en se jouant !

J'écoutais silencieusement : un mortel frisson pénétrait jusqu'au fond de mon cœur.

— Qu'as-tu, Giovanni ? observa Cesare. Tu n'as plus de figure, mon pauvre ami. Tu prends tout cela trop à cœur… Attends, tu t'y feras. Tu t'habitueras, tu ne t'étonneras plus de rien, comme moi. Et maintenant retournons boire au cabaret de la Tortue d'Or.

Et dum vinum potamus
Célébrons le Dieu Bacchus.
O te Deum laudamus !

Je ne répondis rien, cachai ma figure entre mes mains et m'enfuis.

*

Comment ? Un même homme, celui qui, comme saint François, bénit les pigeons avec un sourire innocent et celui des forges infernales, l'inventeur du monstre de fer aux pattes d'araignée ensanglantées, un seul et même homme ? Non, c'est impossible, c'est intolérable ! Tout, mais pas cela ! Mieux vaut être un impie que servir en même temps Dieu et le diable, que créer à la fois le visage du Christ et le visage de Sforza l'oppresseur !

*

Aujourd'hui Marco d'Oggione a dit :

— Messer Leonardo, beaucoup de gens nous reprochent à toi et à nous, tes élèves, d'aller trop rarement à l'église et de travailler les jours de fête comme aux jours ordinaires.

— Laissez les bigots parler à leur aise, répondit Leonardo. Que votre cœur ne soit pas troublé, mes amis ! Étudier les phénomèmes de la nature est une occupation agréable au Seigneur. C'est la même chose que de prier. En pénétrant les lois naturelles nous glorifions le premier Inventeur, l'Artiste de l'univers, nous apprenons à l'aimer, car de la grande science naît le grand amour pour Dieu. Celui qui sait peu aime peu. Si tu aimes le Créateur pour les faveurs passagères que tu attends de Lui et non pour Sa bonté et Sa force éternelles, tu ressembles au chien qui remue la queue et lèche la main de son maître dans l'espoir d'un bon morceau. Songe combien le chien aurait plus profondément aimé son maître s'il avait COMPRIS son âme et son esprit. Souvenez-vous, mes amis, que l'amour est fils de la connaissance ; il est d'autant plus ardent que la connaissance est plus précise. Il est dit aussi dans l'Évangile : « Soyez sages comme les serpents et simples comme les colombes. »

— Peut-on unir la sagesse du serpent à la simplicité de la colombe ? repartit Cesare. Il me semble qu'il faut choisir l'une ou l'autre…

— Non, les deux ensemble ! fit Leonardo. Ensemble ! L'une ne peut être sans l'autre : la connaissance parfaite et l'amour parfait sont une même chose.

⁂

Aujourd'hui, en lisant l'apôtre saint Paul, j'ai trouvé, au chapitre VIII de la première Épitre aux Corinthiens, les paroles suivantes : « La connaissance enorgueillit et l'amour édifie. Et si quelqu'un présume de savoir quelque chose, il n'a encore rien connu comme il faut le connaître. Mais si quelqu'un aime Dieu, Dieu est connu de lui. »

L'apôtre affirme que la connaissance vient de l'amour, et Leonardo que l'amour vient de la connaissance. Qui a raison ? Je ne puis décider et je ne peux vivre si je ne décide point.

⁂

J'ai la sensation de m'être égaré dans les méandres d'un terrible labyrinthe. Je crie, j'appelle et personne ne me répond. Plus je m'avance et plus je m'égare. Où suis-je ? Que vais-je devenir si Toi aussi, Seigneur, tu m'abandonnes ?

⁂

Ô fra Benedetto, comme j'aurais voulu retourner dans ta paisible cellule, te raconter mes tourments, me serrer contre ta poitrine pour que tu me réconfortes et délivres mon âme de ce fardeau, ô père bien-aimé, humble agneau qui as suivi le précepte divin : bienheureux les simples d'esprit !

⁂

Aujourd'hui, nouveau malheur.

L'historiographe de la Cour, messer Giorgio Merula, et son vieil ami le poète Bernardo Bellincioni s'entretenaient seul à seul dans une salle solitaire du palais. Cela se passait après souper. Merula était légèrement ivre et en se vantant, selon son habitude, de son esprit indépendant et du mépris où il tenait les vils princes de notre siècle, il prononça à l'endroit du duc Moro des paroles irrévérencieuses, et, critiquant un des sonnets où Bellincioni célébrait les prétendus bienfaits dont le duc aurait comblé Gian Galeazzo, il traita Moro d'assassin et d'empoisonneur du souverain légitime. Les tubes de l'oreille de Denys ont été si habilement disposés que d'une pièce lointaine le duc entendit la conversation. Il fit saisir Merula et le fit incarcérer dans un cachot situé sous le fossé principal dont le château est entouré.

Qu'en pense Leonardo qui, sans souci du mal ni du bien, a construit l'oreille de Denys, en étudiant des lois curieuses, « EN PLAISANTANT ET EN SE JOUANT », suivant l'expression de Cesare, tout comme il invente des engins monstrueux, des bombes explosives, des araignées de fer qui, d'un seul coup de leurs formidables pattes, pourfendent un demi-cent d'hommes ?

•◆•

L'apôtre a dit : « Ta Science sera cause de la mort de ton faible frère pour qui le Christ est déjà mort. »

Est-ce de cette Science que naît l'amour ? Ou la Science et l'amour ne sont-ils point une même chose ?

•◆•

Parfois le visage du maître est si serein, si innocent, empreint d'une si candide pureté que je suis prêt à tout pardonner, à tout croire et à lui redonner mon âme. Mais soudain, dans les plis mystérieux de ses lèvres fines, passe une expression qui m'effraye comme si mes regards, traversant la profondeur transparente, sondaient les abîmes sous-marins. Et il me semble de nouveau qu'il y a dans son âme une énigme et je me rappelle une de ses devinettes :

« Les plus grands fleuves coulent sous terre. »

•◆•

Le duc Gian Galeazzo est mort.

On dit – oh ! Dieu m'est témoin que ma main a peine à se lever pour écrire ces mots et que je n'y crois pas ! – on dit que Leonardo l'a tué : il aurait empoisonné le duc avec les fruits de l'arbre vénéneux.

Je me souviens du mécanicien Zoroastro de Peretola, montrant à monna Cassandra cet arbre maudit. Mieux aurait valu que je ne l'eusse jamais vu ! Maintenant encore il me semble le voir tel qu'il était cette nuit-là dans le brouillard lunaire et vert trouble, avec des gouttes de poison sur ses feuilles humides et ses fruits mûrissant doucement, entourés de mort et d'effroi. Et de nouveau résonnent à mes oreilles les paroles de l'Écriture : « Ne mange pas des fruits de l'arbre de la Science du Bien et du Mal, car le jour où tu y goûteras tu mourras de mort. »

Oh ! malheur, malheur à moi, maudit ! Jadis, dans la bienheureuse cellule de mon Père Benedetto, dans mon innocente simplicité, j'étais comme le premier homme au paradis. Mais j'ai péché, j'ai livré mon âme aux tentations du subtil serpent, j'ai goûté à l'arbre de la Science et mes yeux se sont ouverts. J'ai vu le bien et le mal, la lumière et l'ombre, Dieu et le Démon, et j'ai vu encore que je suis nu, seul et misérable, et mon âme se meurt de la mort.

·◆·

Du profond de l'enfer, je crie vers Toi, Seigneur, prête l'oreille à mes supplications, écoute-moi, aie pitié de moi ! Comme le larron sur la croix je confesse Ton nom ; ne m'oublie pas, Seigneur, lorsque tu seras dans Ton Royaume.

·◆·

Leonardo a recommencé à travailler au visage du Christ.

·◆·

Le duc l'a chargé de construire une machine pour élever le Clou Sacré.

Avec une précision mathématique, il a pesé sur ses balances l'instrument de la Passion du Seigneur, comme il aurait pesé un morceau de ferraille – tant d'onces, tant de grains. La relique elle-même n'est pour lui qu'un chiffre entre des chiffres, une pièce parmi les pièces de la machine, parmi les cordes, les roues, les leviers, les poulies.

·◆·

L'apôtre a dit : « Mes fils, le dernier temps est venu et comme vous avez ouï dire que l'Antéchrist doit venir, aussi y a-t-il déjà plusieurs antéchrists, par où nous connaissons que le dernier temps est venu. »

·◆·

La nuit dernière, la populace a entouré notre maison en réclamant le Clou Sacré et en criant : « Sorcier, impie, empoisonneur du duc, Antéchrist ! »

Leonardo écoutait sans colère les clameurs de la foule. Quand Marco voulut tirer de l'arquebuse il le lui défendit. Le visage du maître était comme toujours impénétrable et calme.

Je suis tombé à ses pieds et l'ai supplié de me dire ne fût-ce qu'un mot pour dissiper mes doutes. Je l'aurais cru, j'en atteste le Dieu vivant ! Mais il ne voulut ou ne put rien me dire.

Le petit Jacopo, se glissant hors de la maison, fit le tour de la foule et rencontra, quelques rues plus loin, les gardes du capitaine de justice. Il les conduisit jusqu'à la maison et les soldats chargèrent la foule au moment où, sous ses efforts, les portes brisées s'effondraient déjà. Les séditieux s'enfuirent. Jacopo, blessé à la tête par une pierre, faillit être tué.

*

Aujourd'hui j'ai été assister dans la cathédrale à la fête du Clou Sacré.

On l'éleva à l'instant déterminé par les astrologues.

La machine de Leonardo fonctionna on ne peut mieux. On ne voyait ni cordes ni poulies. Le vase rond, aux parois de cristal et aux rayons d'or, où le Clou était enfermé, semblait monter seul dans un nuage d'encens pareil au soleil levant : c'était le prodige de la mécanique ! Le chœur entonna :

Confixa Clavis viscera
Tendens manus vestigia
Redemptionis gratia
Hic immolata est Hostia.

Et le reliquaire s'arrêta dans la voûte obscure au-dessus du maître-autel de la cathédrale, entouré de cinq lampes perpétuelles.

Alors l'archevêque proclama :

— *O crux benedicta quœ sola fuisti digna portare Regem cœlorum et Dominum, Alleluia !*

Le peuple tomba à genoux en répétant : *Alleluia !*

Et l'usurpateur du trône, Moro, l'assassin, leva, les yeux pleins de larmes, les bras vers le Clou Sacré.

Ensuite on régala le peuple de vin et de viande, on lui distribua cinq mille mesures de pois et sept mille livres de lard. La populace, oublieuse du duc assassiné, se gavait et s'enivrait, en hurlant : « Vive Moro ! Vive le Clou ! »

Bellincioni composa des hexamètres où il dit que, sous la douce domination d'Auguste, de Moro aimé de Dieu, l'antique Clou de fer ferait luire sur le monde un nouvel Age d'or.

En sortant de la cathédrale, le duc s'est approché de Leonardo et l'a embrassé en l'appelant son Archimède. Il le remercia d'avoir construit cette machine merveilleuse et promit de lui faire présent d'une cavale berbère, venant des haras de la villa Sforzesca, et de deux mille ducats impériaux. Après quoi, frappant avec condescendance sur l'épaule du maître, il lui dit qu'il pouvait désormais terminer à loisir le visage du Christ dans la Sainte Cène.

*

J'ai compris la parole de l'Écriture : « L'homme aux pensées doubles n'est point ferme dans ses voies. »

Je suis à bout de forces ! Je me perds ; je deviens fou devant ces pensées doubles et devant la face de l'Antéchrist qui transparaît sous le visage du Christ. Seigneur, pourquoi m'as-Tu abandonné ?

•◆•

Il faut fuir avant qu'il soit trop tard.

•◆•

Cette nuit je me suis levé, j'ai fait un paquet de mes vêtements, de mon linge et de mes livres, j'ai pris mon bâton de voyage et, à tâtons, dans l'obscurité, je suis descendu dans l'atelier où j'ai posé sur la table trente florins, prix de mes six derniers mois d'études – j'ai vendu pour me les procurer la bague avec une émeraude que ma mère m'avait donnée – et, sans dire adieu à personne, pendant que tous dormaient encore, je suis sorti pour toujours de la maison de Leonardo.

•◆•

Fra Benedetto m'a dit que depuis le jour où je l'ai quitté, il a chaque nuit prié pour moi. Il a eu une vision annonçant que Dieu me ramènerait sur le chemin du salut.

Fra Benedetto se rend à Florence pour revoir son frère malade qui est au couvent des dominicains de San Marco dont Gerolamo Savonarola est le supérieur.

•◆•

Louange et gratitude à Toi, Seigneur ! Tu m'as retiré de l'ombre mortelle, de la gueule de l'Enfer.

Aujourd'hui je renonce à la sagesse du siècle, scellée du sceau du Serpent à sept têtes, de la Bête qui vient dans les ténèbres et que l'on nomme Antéchrist.

Je renonce aux fruits de l'arbre vénéneux de la Science, à l'orgueil de la vaine raison, à la science impie qui a pour père le démon.

Je renonce à toute la séduction de la beauté païenne.

Je renonce à tout ce qui n'est pas Ta volonté, Ta gloire, Ta sagesse, Christ, mon Dieu !

Éclaire mon âme de Ton unique lumière, délivre-moi de la malédiction des pensées doubles, affermis mes pas sur Tes voies afin que je ne chancelle point, cache-moi à l'ombre de Tes ailes !

Que mon âme loue le Seigneur ! Je louerai le Seigneur tant que je serai vivant, je chanterai mon Dieu, tant que j'existerai !

•◆•

Dans deux jours, nous partons, fra Benedetto et moi, pour Florence. Avec la bénédiction de mon Père, je veux entrer comme novice au couvent de San Marco, chez le grand élu du Seigneur, fra Gerolamo Savonarola. Dieu m'a sauvé !

Ainsi se terminait le journal de Giovanni Beltraffio.

Chap. XII : « Ou César, ou rien ! » [Extrait.]

Nous, Cesare Borgia de Francia, par la grâce de Dieu, duc de Romagne, comte d'Andria, seigneur de Piombino et autres lieux, Gonfalonier de la Sainte Église et Capitaine général.

« À tous nos lieutenants, gouverneurs, capitaines, condottieres, officiers, soldats et sujets ordonnons d'accueillir amicalement et de laisser passer sans exiger aucune taxe le porteur des présentes, notre très illustre et très aimé architecte et premier ingénieur, attaché à notre personne, Leonardo da Vinci, et tous ceux qui l'accompagnent, de le laisser mesurer, examiner, inspecter, selon son désir, tout objet se trouvant dans nos forteresses et châteaux, de lui fournir immédiatement les hommes nécessaires, de lui prêter avec zèle aide et assistance, et ordonnons à tous nos autres architectes de se mettre d'accord en toutes choses avec le susdit Leonardo, à qui nous confions la surveillance des forteresses et châteaux de nos possessions.

Fait à Pavie, le dix-huit août de l'an mil cinq cent deuxième de la naissance du Christ, le deuxième de notre règne en Romagne. Cesare, *dux Romandiolae.* »

Tel était le laissez-passer remis à Leonardo, en vue d'une prochaine visite des forteresses.

À cette époque, grâce à ses fourberies et à ses crimes, commis sous la haute protection du pontife romain et du roi de France très chrétien, Cesare avait conquis les antiques États de l'Église que les papes prétendaient avoir reçus en présent de l'Empereur Constantin, Égal aux apôtres. Ayant enlevé la ville de Faënza à son souverain légitime, Astorre Manfredi, âgé de dix-huit ans, et la ville de Forli à Caterina Sforza, Cesare fit jeter dans la prison Saint-Ange, à Rome, la femme et l'enfant qui s'étaient confiés à son honneur de chevalier. Il conclut une alliance avec le duc d'Urbino afin de pouvoir, après l'avoir désarmé, l'attaquer traîtreusement, à la manière des brigands de grand chemin, et le dépouiller.

À l'automne mil cinq cent deux, il projetait d'entrer en campagne contre Bentivoglio, seigneur de Bologne, afin de conquérir cette ville et en faire la capitale de son nouvel État. La terreur s'empara des princes voisins. Ils avaient compris que, tôt ou tard, chacun d'eux serait à son tour la victime de Cesare, et que celui-ci rêvait d'anéantir ses rivaux et de se proclamer l'unique souverain de l'Italie.

Le vingt-huit septembre, les ennemis du duc de Valentinois, le cardinal

Pagolo, le duc Gravina Orsini, Vittellozzo Vitelli, Oliveretto da Fermo, Gian Paolo Baglioni, seigneur de Perugia, et Antonio Giordani da Venafro, ambassadeur de Pandolfo Petrucci, seigneur de Sienne, se réunirent à Magione, sur le plateau de Carpie, et conclurent contre Cesare une alliance secrète. À cette réunion, Vittellozzo jura, comme Annibal, que l'année ne s'écoulerait pas qu'il n'eût mis à mort, emprisonné ou chassé d'Italie l'ennemi commun.

Dès que se fut répandu le bruit de la conspiration de Magione, de nombreux princes, offensés par Cesare, y adhérèrent. Le duché d'Urbino se révolta et se sépara de Cesare. Celui-ci était trahi par ses propres troupes et le roi de France tardait à venir à son secours. Cesare touchait à sa perte. Mais trahi, abandonné, presque désarmé, il était encore redoutable. Ses ennemis laissèrent passer en disputes et en hésitations pusillanimes le moment propice à l'anéantir : ils entrèrent en pourparlers avec lui et consentirent une trêve. Par la ruse, la menace et la promesse, il les captiva, les trompa et les désunit. Grâce à sa science profonde de l'hypocrisie, il séduisit par ses amabilités ses nouveaux amis et les invita à se rendre dans la ville de Sinigaglia qui venait de capituler, afin, disait-il, de prouver sa loyauté non plus par des paroles mais par des actes.

Leonardo était un des familiers de Cesare Borgia. Le duc l'avait chargé d'orner les villes conquises de magnifiques édifices, palais, écoles, librairies, de construire pour ses armées de vastes casernes sur l'emplacement de la forteresse détruite de Castel Bolognese, de creuser le havre du port « Cesenatico », le meilleur de toute la côte occidentale de l'Adriatique, et de l'unir par un canal avec Cesena. Il jetait les fondements de la puissante forteresse de Piombino, construisait des machines de guerre, dessinait des cartes militaires et, accompagnant le duc partout où s'accomplissaient les sanglants exploits de Cesare – à Urbino, Pesaro, Imola, Faënza, Cesena, Forli, – il tenait, selon son habitude, un journal exact et bref. Mais il faisait à peine mention de Cesare, comme s'il ne voyait pas ou ne voulait pas voir ce qui se passait autour de lui. Il notait dans les moindres détails ce qu'il rencontrait en route : comment les laboureurs de Cesena réunissaient par des vignes les arbres fruitiers, comment étaient construits les leviers qui mettaient en mouvement les cloches de la cathédrale de Sienne, avec quelle étrange et douce musique coulaient les eaux de la fontaine de Rimini. Il dessinait le pigeonnier et la tour avec un escalier en colimaçon du château d'Urbino d'où l'infortuné duc Guidobaldo, dépouillé par Cesare, venait, selon l'expression de ses contemporains, de s'enfuir « en chemise de nuit ». Il observait qu'en Romagne, aux pieds des Apennins, les bergers, pour augmenter la sonorité des cors, en introduisaient le pavillon dans l'ouverture étroite d'une caverne profonde : le son, pareil au tonnerre, remplissait la vallée et, répété par l'écho, devenait si fort que les troupeaux paissant sur les montagnes les plus lointaines le pouvaient entendre. Seul sur la plage déserte de Piombino, il suivait pendant des journées entières la succession des vagues qui tantôt rejetaient et tantôt engloutissaient le gravier, les débris de bois, les pierres et les algues. « Ainsi combattent les vagues pour leur proie qui reste au pouvoir du vainqueur », écrivait Leonardo. Et, cependant qu'autour de lui toutes les lois de la justice humaine étaient violées, sans condamner ni justifier, il contemplait dans le mouvement des vagues, accidentel et capricieux en apparence, mais en réalité immuable et régulier, les lois inviolables de la justice divine – de la mécanique établie par le Premier Moteur.

Le neuf juin mil cinq cent deux furent trouvés, dans le Tibre, près de Rome, les corps du jeune seigneur de Faënza, Astorre, et de son frère, étranglés, des cordes et des pierres au cou, et jetés dans le fleuve du haut de la prison de Saint-Ange. Ces corps qui, aux dires des contemporains, étaient si beaux que « l'on n'en aurait pu trouver de semblables entre mille », portaient encore la marque de honteuses violences. La rumeur publique accusa Cesare de ce crime.

À cette époque Leonardo notait dans son journal :

« En Romagne, on emploie des chariots à quatre roues ; les deux roues de devant sont petites, celles de derrière plus grandes. Construction absurde car, suivant les lois de la physique – voir paragraphe V de mes Éléments – tout le poids repose sur les roues de devant. »

Ainsi, en passant sous silence les pires violations des lois de l'équilibre spirituel, il s'indignait de voir violer dans la construction des voitures de la Romagne les lois de la mécanique.

·◆·

Dans la seconde moitié de l'année mil cinq cent deux, le duc de Valentinois avec toute sa cour et son armée se transporta de Cesena à Fano, petite ville au bord de l'Adriatique sur la rivière Arcilla, à une vingtaine de milles de Sinigaglia, où il avait fixé rendez-vous aux anciens conspirateurs Oliveretto da Fermo, Orsini et Vitelli. À la fin du même mois, Leonardo quitta Pesaro pour rejoindre Cesare.

Parti dès le matin, il pensait être rendu au crépuscule. Mais une tempête s'éleva. Les montagnes étaient couvertes d'infranchissables neiges. Les mules butaient à tout instant. Les sabots glissaient sur la pierre couverte de glace. En bas, à gauche de l'étroit sentier qui côtoyait le précipice, les vagues noires de l'Adriatique se brisaient contre le blanc rivage neigeux. À la grande terreur du guide sa mule fit un écart : elle avait senti le cadavre d'un pendu qui se balançait à la branche d'un tremble.

Le jour était tombé. On allait au hasard, les rênes lâchées, en se confiant à l'instinct des animaux. Au loin une lumière brilla. Le muletier reconnut une grande auberge près de Novilara, petit bourg qui se trouvait juste à mi-chemin de Fano et Pesaro.

Il fallut frapper longtemps à l'énorme porte garnie de clous de fer qui ressemblait à une porte de forteresse. Enfin, un palefrenier somnolent sortit, une lanterne à la main, suivi du maître de l'auberge. Celui-ci refusa de recevoir les voyageurs, déclarant que toutes les chambres et même les écuries étaient bondées et qu'il n'y avait pas un seul lit où cette nuit-là ne fussent couchées trois ou quatre personnes – tous gens de qualité, militaires ou courtisans de la suite du duc.

Leonardo se nomma et montra le laissez-passer portant le sceau et la signature du duc ; alors l'aubergiste se confondit en excuses et lui offrit sa propre chambre qui était provisoirement occupée par trois capitaines du détachement français commandé par Yves d'Allègre et qui s'étant enivrés dormaient d'un sommeil de mort. Quant à l'aubergiste, il irait avec sa femme coucher dans un réduit à côté de la forge.

Leonardo entra dans la pièce qui servait de salle à manger et de cuisine. C'était, comme dans toutes les auberges de la Romagne, une salle enfumée et malpropre ; les murs décrépis étaient tachés par l'humidité ; des poules et des pintades dormaient sur un perchoir, des pourceaux grognaient derrière un grillage, des chapelets d'oignons dorés, des saucissons au sang et des jambons étaient suspendus au plafond. Le feu flambait dans l'énorme foyer d'une cheminée de briques où pétillait un cochon embroché. Dans le reflet rouge de la flamme, les hôtes, assis à de longues tables, mangeaient, buvaient, criaient, discutaient et jouaient aux dés, aux dames et aux cartes. Leonardo s'assit près du feu, dans l'attente du souper commandé.

À la table voisine, où l'artiste reconnut le vieux capitaine des lanciers du duc, Baldassare Scipione, le premier trésorier de la cour, Alexandre Spanocchia, et l'ambassadeur de Ferrare, Pandolfo Collenuccio, un homme inconnu, agitant les bras avec une animation extraordinaire, disait d'une voix grêle et perçante :

— Je puis, signori, vous le démontrer avec une exactitude mathématique, par des exemples tirés de l'histoire ancienne et moderne. Rappelez-vous seulement les peuples qui se sont acquis la gloire militaire – les Romains, les Lacédémoniens, les Athéniens, les Étoliens, les Achéens, et maints autres peuples d'au-delà des Alpes. Tous les grands conquérants ont recruté leurs armées parmi les citoyens de leur propre pays : Ninus parmi les Assyriens, Cyrus parmi les Perses, Alexandre parmi les Macédoniens. Pyrrhus, il est vrai, et Annibal remportèrent des victoires avec des mercenaires, mais là, tout résidait dans le talent extraordinaire des chefs qui avaient su inspirer à des soldats étrangers le courage et la bravoure des troupes nationales. N'oubliez pas au surplus le principe essentiel, la pierre angulaire de l'art militaire : c'est dans l'infanterie, dis-je, et dans l'infanterie seule que consiste la force décisive des armées et non point dans la cavalerie ni dans les armes à feu, ni dans la poudre, cette invention absurde des temps modernes !...

— Vous allez trop loin, messer Nicolo, répliqua avec un sourire poli le capitaine des lanciers, les armes à feu prennent chaque jour une importance plus grande. Quoi que vous disiez des Spartiates et des Romains, j'ose penser que les troupes de nos jours sont beaucoup mieux armées que celles d'autrefois. Soit dit sans offenser Votre Grâce, mais un escadron de chevaliers français ou de l'artillerie avec trente bombardes culbuterait non seulement un détachement de votre infanterie romaine, mais un véritable rocher.

— Sophismes ! Sophismes ! s'écria messer Nicolo avec emportement. Je reconnais dans vos paroles la funeste erreur par laquelle les meilleurs hommes de guerre de notre temps défigurent la vérité. Attendez : un jour les hordes de barbares du Nord ouvriront les yeux aux Italiens et ceux-ci verront l'impuissance lamentable des mercenaires et pourront se convaincre qu'au regard de la solidité de l'infanterie régulière, la cavalerie et l'artillerie ne valent pas une coquille d'œuf, mais il sera trop tard. Comment les gens peuvent-ils seulement discuter devant l'évidence ? Ils devraient au moins se souvenir qu'avec un infime détachement d'infanterie Lucullus battit les cent cinquante mille cavaliers de Tigrane, parmi lesquels il y avait des cohortes exactement pareilles aux escadrons actuels des cavaliers français.

Leonardo regardait avec curiosité cet homme qui parlait des victoires de Lucullus comme s'il les avait vues de ses propres yeux.

L'inconnu avait un long vêtement de drap rouge aux plis droits et à la coupe majestueuse comme en avaient les hommes d'État notables de la République florentine et notamment les secrétaires d'ambassade. Mais ce vêtement semblait avoir été longtemps porté ; il était taché de place en place, aux endroits les moins visibles, il est vrai ; les manches étaient lustrées. À en juger par le bord de sa chemise, qui, selon l'usage, dépassait légèrement le col complètement fermé, le linge de cet homme était d'une fraîcheur douteuse. Ses grandes mains noueuses avec un durillon au doigt du milieu, comme chez les gens qui écrivent beaucoup, étaient tachées d'encre. Il n'y avait rien d'imposant ni qui inspirât le respect dans l'extérieur de cet homme d'une quarantaine d'années, maigre et étroit d'épaules, dont les traits animés, prononcés et anguleux étaient étranges jusqu'à l'extraordinaire. Parfois, au cours de la conversation, il relevait son nez, long et plat comme celui d'un canard, rejetait en arrière sa petite tête et, les yeux mi-clos, avançant sa lèvre inférieure pendante, il avait l'air de regarder au loin par-dessus la tête de son interlocuteur ; il ressemblait alors à un oiseau attentif qui, regardant avec circonspection un objet très éloigné, allonge un cou long et fin. Ses mouvements inquiets, l'éclat fiévreux de ses larges pommettes, saillant au-dessus de ses joues creuses, brunes et rasées, et surtout ses grands yeux gris au regard fixe et pesant, laissaient deviner un feu intérieur ; ces yeux voulaient être méchants mais parfois, à travers leur expression de froide amertume et de raillerie caustique, passait quelque chose de timide et de pitoyable.

Messer Nicolo continuait de développer sa pensée sur la puissance militaire de l'infanterie, et Leonardo était surpris de trouver dans les paroles de cet homme ce mélange de vérité et de mensonge, d'infinie audace et d'imitation servile des anciens. En démontrant l'inefficacité des armes à feu, il fit entre autres choses remarquer combien il était difficile de pointer les canons de gros calibre dont les boulets passent ou trop haut au-dessus de la tête des ennemis, ou trop bas sans arriver jusqu'à eux. L'artiste apprécia la justesse de cette observation, connaissant lui-même par expérience les imperfections des bombardes alors en usage. Mais, aussitôt après, ayant émis l'opinion que les forteresses ne pouvaient défendre les États, Nicolo se référa aux Romains qui ne construisaient pas de citadelles et aux habitants de Lacédémone qui ne permettaient point qu'on fortifiât leur ville afin de n'avoir d'autre protection que le courage des citoyens et, comme si tout ce que faisaient et pensaient les anciens était une vérité irréfutable, il cita la sentence du Spartiate sur les murailles d'Athènes, sentence célèbre dans les écoles : « Elles auraient été utiles si la ville n'était habitée que par des femmes. »

Leonardo n'entendit pas la fin de la discussion, car l'aubergiste l'emmena en haut dans la chambre qu'on lui avait préparée pour la nuit.

*

Vers le matin la tempête redoubla. Le guide refusa de partir, assurant que par un pareil temps un honnête homme ne mettrait pas un chien dehors. L'artiste dut rester à l'auberge pendant une journée encore.

Par désœuvrement, il entreprit d'adapter au foyer de la cuisine une broche de son invention qui tournait toute seule : c'était une grande roue aux rayons obliques, mise en mouvement par l'air chaud de la cheminée et qui à son tour faisait tourner la broche.

— Avec cet appareil, expliqua Leonardo aux spectateurs étonnés, le cuisinier n'a pas à craindre que le rôti brûle, car la chaleur reste égale : si elle augmente la broche tourne plus vite, si elle diminue la broche ralentit.

L'artiste disposait cette broche parfaite avec autant de soin et d'amour que les ailes humaines.

Dans la même pièce, messer Nicolo expliquait aux jeunes sergents de l'artillerie française, joueurs finis, une règle qu'il prétendait avoir trouvée dans la mathématique abstraite et qui permettait de gagner aux dés à coup sûr en triomphant, selon son expression, des caprices de « cette catin de fortune ». Il exposait cette règle avec intelligence et éloquence, mais chaque fois qu'il essayait de la mettre en pratique, il perdait, à sa grande surprise et à la satisfaction perfide des spectateurs ; il se consolait d'ailleurs en pensant qu'il avait commis quelque faute dans l'application d'une règle juste. Le jeu se termina par une explication désagréable pour messer Nicolo : lorsque vint le moment de payer, il se trouva que sa bourse était vide et qu'il jouait sur parole.

Tard dans la soirée arriva, accompagnée d'une quantité de ballots et de caisses, suivie d'un grand nombre de serviteurs, pages, palefreniers, bouffons, négresses, et de divers animaux grotesques, la noble courtisane vénitienne, la « prostituée magnifique », Lena Griffa, celle-là même qu'avait failli attaquer à Florence l'armée sacrée des petits inquisiteurs de fra Gerolamo Savonarola.

Deux ans plus tôt, à l'exemple de beaucoup de ses amies, monna Lena, se retirant du monde, s'était transformée en Madeleine repentie et s'était faite religieuse afin de pouvoir, par la suite, augmenter son prix dans le célèbre « Tarif des courtisanes ou Réflexions d'un noble étranger où sont indiqués les prix et les qualités de toutes les courtisanes de Venise avec les noms de leurs entremetteuses ». D'un sombre cocon religieux sortit un brillant papillon. Lena Griffa s'éleva vite : selon l'usage des courtisanes de haut vol, la « mammola » des rues de Venise se composa un arbre généalogique pompeux d'où il résultait qu'elle n'était ni plus ni moins que la fille illégitime du frère du duc de Milan, le cardinal Ascanio Sforza. Elle devint en même temps la maîtresse en titre d'un vieux cardinal, immensément riche et presque en enfance. C'était précisément pour le retrouver que Lena Griffa se rendait de Venise à Fano où Monseigneur l'attendait à la cour de Cesare Borgia.

L'aubergiste était embarrassé : il n'osait refuser de loger une personne aussi illustre que « Sa Révérence » la maîtresse du cardinal mais il n'avait pas de chambre libre. Il réussit enfin à s'entendre avec des marchands d'Ancona qui, contre la promesse d'une réduction dans leur note, allèrent passer la nuit dans la forge, cédant leur chambre à la suite de la noble courtisane. Pour celle-ci il réclama la chambre de messer Nicolo et de ses compagnons, les chevaliers français d'Yves d'Allègre, et leur offrit d'aller également coucher dans la forge avec les marchands.

Nicolo se fâcha et s'emporta en demandant à l'aubergiste s'il comprenait à qui il avait affaire et s'il avait bien toute sa raison pour se permettre, à cause de la première « traînée » venue, de semblables impertinences à l'égard d'honnêtes gens. Mais alors l'hôtesse intervint : c'était une femme loquace et belliqueuse « qui n'avait pas mis sa langue en gage chez un juif ». Elle fit remarquer à messer Nicolo qu'au lieu de jurer et de faire du bruit, il ferait mieux de payer sa nourriture et celle de son domestique et de ses trois chevaux et, en même temps, de rendre les quatre ducats que son mari lui avait prêtés par bonté d'âme ce dernier vendredi. Et comme se parlant à elle-même, mais à voix assez haute pour que les assistants puissent l'entendre, elle souhaita mauvaises Pâques à ces filous, à ces vauriens qui errent sur les grands chemins, se donnent pour des seigneurs d'importance, mais vivent sans payer un sol et osent encore redresser le nez devant les honnêtes gens.

Il y avait sans doute dans les paroles de cette femme une part de vérité : du moins messer Nicolo se calma soudain, baissa les yeux sous le regard accusateur de l'hôtesse, cherchant visiblement comment battre honorablement en retraite.

Déjà, les domestiques sortaient de la chambre ses bagages, et l'affreux singe, favori de monna Lena, qui, ayant été à moitié gelé pendant le voyage, faisait de piteuses grimaces, sautait sur la table de messer Nicolo chargée de papiers, de plumes et de livres parmi lesquels se trouvaient les *Décades* de Tite-Live et les *Vies des hommes illustres* de Plutarque.

— Messer, dit Leonardo en s'adressant à lui avec un gracieux sourire, s'il vous plaisait de partager mon gîte, je tiendrai pour un grand honneur de rendre à Votre Grâce ce service insignifiant.

Nicolo se tourna vers lui avec quelque étonnement et se troubla plus encore, mais aussitôt il se remit et remercia avec dignité.

Ils passèrent dans la chambre de Leonardo où l'artiste prit soin de réserver à son nouveau compagnon la meilleure place.

Plus il observait cet homme et plus il le trouvait attrayant et curieux.

Celui-ci déclina son nom et ses titres : Nicolo Machiavelli, secrétaire du Conseil des Dix de la République Florentine.

Il y avait environ trois mois, la prudente rusée Seigneurie avait dépêché Machiavelli pour entrer en pourparlers avec Cesare Borgia qu'elle espérait surpasser en fourberie, en répondant à toutes ses propositions d'alliance défensive contre leurs ennemis communs, Bentivoglio, Orsini et Vitelli, par des protestations d'amitié platoniques et ambiguës. En réalité, la République, craignant le duc, ne désirait l'avoir ni pour ami ni pour ennemi. Messer Nicolo Machiavelli, privé de tout mandat réel, n'était chargé que d'obtenir pour les marchands florentins libre accès à la mer Adriatique à travers les possessions du duc – affaire qui n'était point sans importance pour le commerce, « cette nourrice de la République », selon l'expression employée dans la lettre de la Seigneurie.

Leonardo se nomma aussi et fit part de l'office qu'il remplissait à la cour du duc de Valentinois. Ils s'entretinrent avec cette aisance et cette confiance propres aux gens solitaires et méditatifs quoique de caractère opposé.

— Messer, avoua aussitôt Nicolo, et cette franchise plut à l'artiste, j'ai, évidemment, ouï dire que vous êtes un grand maître. Mais je dois vous prévenir que je n'entends rien à la peinture et que, même, je ne l'aime pas ; il est vrai que cet art pourrait me répondre la même chose que Dante à un mauvais plaisant qui, dans la rue, lui montrait une figue : Je ne donnerais pas l'une des miennes pour cent des tiennes. Mais j'ai aussi entendu dire que le duc de Valentinois vous considère comme profondément versé dans les sciences militaires et c'est de cela que j'aurais bien voulu m'entretenir un jour avec Votre Grâce. Il m'a toujours semblé que ce sujet est d'autant plus important et digne d'attention que la grandeur civile des peuples repose sur leur puissance militaire, sur la quantité et la qualité de leurs armées permanentes, comme je le démontrerai dans mon livre sur les monarchies et les républiques où les lois naturelles qui régissent la vie, la croissance, la décadence et la mort de tout État seront déterminées avec autant de précision qu'en apportent les mathématiciens à déterminer les lois des nombres, et les naturalistes les lois de la physique et de la mécanique. Car il faut vous dire que jusqu'ici, tous ceux qui ont écrit sur l'État…

Mais il s'arrêta et s'interrompit avec un bon sourire.

— Pardon, messer ! Il me semble que j'abuse de votre amabilité : peut-être la politique vous intéresse-t-elle aussi peu que m'intéresse la peinture ?

— Non, non, au contraire, fit l'artiste. Ou plutôt, je vous parlerai aussi franchement que vous, messer Nicolo. En effet, je n'aime pas les conversations habituelles sur la guerre et les affaires d'État, parce que ces conversations sont généralement vaines et mensongères. Mais vos opinions sont si dissemblables de l'opinion commune, elles sont si neuves et si peu ordinaires que vous écoute, croyez-le, avec grand plaisir.

— Aïe, prenez garde, messer Leonardo, dit Nicolo en riant avec plus de bonhomie encore, prenez garde de n'être pas obligé de vous repentir. Vous ne me connaissez pas encore : c'est mon dada. Si je l'enfourche, je n'en descendrai plus que vous ne n'ayez ordonné de me taire. Je me passerais de pain pour pouvoir parler politique avec un homme intelligent. Mais voilà le malheur, où prendre les gens intelligents ? Nos magnifiques seigneurs ne veulent rien connaître d'autre que les cours de la laine et de la soie, et moi, ajouta-t-il avec un fier et amer sourire, la volonté du destin m'a sans doute ainsi fait que, ne sachant disserter ni des pertes, ni des gains, ni de l'industrie de la laine, ni de celle de la soie, il me faut choisir entre ces deux partis : ou me taire, ou parler des affaires de l'État.

L'artiste le rassura une fois encore et, pour renouer l'entretien qui réellement lui semblait intéressant, il demanda :

— Vous venez de me dire, messer, que la politique doit être une science exacte au même titre que les sciences naturelles basées sur les mathématiques et qui tirent leur véridicité de l'expérience et de l'observation de la nature. Vous ai-je bien compris ?

— C'est cela, c'est cela, prononça Machiavelli ; il regardait par-dessus la tête de Leonardo, les sourcils froncés, les yeux mi-clos et attentifs, pareil à un oiseau vigilant qui regarde avec circonspection un objet très éloigné en allongeant son cou long et mince.

— Peut-être n'en serai-je point capable, continuait-il, mais je veux dire aux hommes ce que personne encore n'a jamais dit sur les affaires humaines. Platon dans sa *République*, Aristote dans sa *Politique*, saint Augustin dans sa *Cité de Dieu*, ni aucun de ceux qui ont traité de l'État n'ont vu le principal : les lois naturelles qui régissent la vie de tout peuple et qui se trouvent en dehors de la volonté humaine, en dehors du bien et du mal. Tous ont parlé de ce qui paraît être bon ou mauvais, noble ou vil, en imaginant des gouvernements tels qu'ils devraient être et tels que dans la réalité il n'en existe pas et n'en peut exister. Mais moi je ne veux ni ce qui *doit* exister, ni ce qui *semble* exister, je veux seulement ce qui existe vraiment. Je veux étudier la nature de ces grands corps que l'on nomme républiques et monarchies, sans amour ni haine, sans louange ni blâme, comme le mathématicien étudie la nature des nombres et l'anatomiste la structure du corps. Je sais que c'est difficile et dangereux car nulle part autant qu'en politique les hommes ne redoutent la vérité et ne s'en vengent, mais je leur dirai pourtant la vérité, quand bien même ils devraient me brûler sur le bûcher comme le frère Gerolamo.

Avec un sourire involontaire, Leonardo observait sur le visage de Machiavelli et dans ses yeux qui brillaient d'un éclat étrange et presque dément une expression de hardiesse prophétique et en même temps d'espièglerie enfantine et pensait :

« Avec quelle émotion il parle du calme et avec quelle passion de l'impassibilité ! »

— Messer Nicolo, dit l'artiste, si vous réussissez à mettre votre projet à exécution, vos découvertes auront une importance non moins grande que la géométrie d'Euclide et les recherches d'Archimède sur la mécanique.

Leonardo était réellement surpris de la nouveauté de ce que disait messer Nicolo. Il se rappela que, treize ans auparavant, terminant un album de dessins qui représentaient les organes du corps humain, il avait ajouté en marge :

« Que le Très-Haut m'aide à étudier la nature des hommes, de leurs mœurs et de leurs coutumes comme j'étudie le structure interne du corps humain. »

*

Ils s'entretinrent longuement. Leonardo demanda, entre autres choses, comment Nicolo avait pu, la veille, au cours de sa conversation avec le capitaine des lanciers, dénier toute efficacité combative aux forteresses, à la poudre, aux armes à feu ; n'était-ce point une simple boutade ?

— Les Spartiates et les anciens Romains, répliqua Nicolo, les maîtres infaillibles de l'art militaire, ne connaissaient pas la poudre.

— Mais, s'écria l'artiste, l'expérience et la connaissance de la nature ne nous ont-elles pas révélé et ne nous révèlent-elles pas chaque jour encore des choses dont les anciens n'osaient même pas rêver ?

Machiavelli s'obstinait :

— Je pense, répétait-il, que dans les affaires militaires et politiques, les peuples modernes tombent dans l'erreur en s'écartant de l'imitation des anciens.

— Pareille imitation est-elle possible messer Nicolo ?

— Pourquoi pas ? Les hommes, les éléments célestes et le soleil ont-ils changé leurs mouvements, leur ordre, leurs forces ; sont-ils devenus autres que dans l'antiquité ?

Et aucun argument ne put le dissuader. Leonardo voyait que, hardi en tout le reste jusqu'à la témérité, il devenait soudain, dès qu'il s'agissait de l'antiquité, superstitieux et timide comme un pédant d'école.

« Il a de grandes conceptions, pensait l'artiste, mais comment les réalisera-t-il ? » Leonardo se rappelait malgré lui la partie de dés au cours de laquelle Machiavelli exposait si spirituellement les règles abstraites, perdant chaque fois qu'il tentait de les prouver par la pratique.

— Savez-vous, messer, s'écria Nicolo au milieu de la discussion, avec, dans les yeux, une étincelle de gaieté irrésistible, que plus je vous écoute, plus je suis étonné : je n'en puis croire mes oreilles ! Songez donc quelle rare conjonction d'étoiles il a fallu pour que nous nous rencontrions ! Les esprits humains sont, je vous le dis, de trois espèces : les premiers voient et devinent tout d'eux-mêmes, les seconds voient lorsqu'on leur montre, les troisièmes ne voient rien d'eux-mêmes et ne comprennent pas ce qu'on leur montre. Les premiers sont les meilleurs et les plus rares ; les seconds sont bons, moyens ; les derniers sont communs et ne valent rien. Parmi la première espèce d'hommes je range Votre Grâce… et moi-même, peut-être, pour ne pas être soupçonné d'une modestie excessive. Pourquoi riez-vous ? N'est-ce pas la vérité ? Pensez ce qu'il vous plaira, mais je suis convaincu que ce n'est pas par un pur hasard que nous nous sommes rencontrés, que c'est l'accomplissement de la volonté des destins supérieurs et que ce n'est pas de sitôt que se répétera pour moi une rencontre comme celle d'aujourd'hui, car je sais combien il y a peu d'hommes intelligents de par le monde. Et pour couronner dignement notre entretien, permettez-moi de vous lire un très beau passage de Tite-Live et daignez écouter mes commentaires.

Il prit un livre sur la table, approcha la chandelle, mit des lunettes aux grands verres ronds et aux branches de fer cassées, soigneusement raccommodées avec du fil, et donna à son visage une expression d'austérité et de piété comme pendant une prière ou un office divin.

Il haussa les sourcils et leva l'index, cherchant le chapitre d'où il appert que les victoires et les conquêtes mènent les États mal organisés à leur perte plutôt qu'à la grandeur, mais à peine eut-il prononcé les premiers mots, sonores comme le cuivre, du solennel Tite-Live, que la porte s'ouvrit doucement et qu'une petite vieille courbée et ridée se glissa dans la pièce.

— Messeigneurs, mâchonna-t-elle en saluant bas, excusez-moi de vous déranger. La petite bête préférée de ma maîtresse, la sérénissime madonna Lena Griffa – un lapin blanc avec un ruban bleu au cou – s'est échappée. Nous le cherchons, nous le cherchons partout, nous avons retourné toute la maison. Nous avons les jambes rompues ; nous nous demandons où il a bien pu se nicher.

— Il n'y a pas de lapin ici ! interrompit Nicolo d'un ton irrité. Va-t'en !

Il se leva pour éconduire la vieille, mais, soudain, il la regarda attentivement à travers ses lunettes, puis les abaissant sur le bout de son nez, il la regarda encore une fois par-dessus les verres, leva les bras au ciel et s'exclama :

— Monna Alvigia ! C'est toi, vieille sorcière ! Et moi qui croyais que depuis longtemps les crochets du diable avaient jeté ta charogne dans la fournaise !

La vieille cligna ses petits yeux malicieux, répondant à ces imprécations affectueuses par un sourire qui découvrit sa bouche édentée et la rendit plus laide encore.

— Messer Nicolo, que d'ans et que d'hivers ! Je ne m'attendais vraiment pas à vous rencontrer.

Machiavelli, s'excusant auprès de Leonardo, invita monna Alvigia à venir à la cuisine bavarder un peu et évoquer les souvenirs du bon vieux temps. Mais l'artiste, l'assurant qu'ils ne le gênaient pas, prit un livre et s'assit à l'écart. Nicolo appela le domestique et lui commanda du vin sur un tel ton qu'on l'aurait pris pour l'hôte le plus considéré de la maison.

— Va dire, mon ami, à ce coquin d'aubergiste qu'il se garde bien de m'offrir de cette piquette qu'il m'a servie l'autre jour, car monna Alvigia et moi n'aimons que le bon vin, tout comme le prêtre Arletto qui, à ce que l'on raconte, ne se serait pour rien au monde agenouillé devant un calice de mauvais vin, estimant qu'une telle boisson ne pouvait se transformer en sang du Seigneur.

Monna Alvigia et Nicolo oublièrent, l'une le lapin, l'autre Tite-Live, et devant un broc de vin ils se mirent à causer comme de vieux amis.

D'après cet entretien, Leonardo comprit que la vieille avait jadis été elle-même courtisane, puis tenancière d'une maison de tolérance à Florence, entremetteuse à Venise et qu'elle était maintenant la principale intendante de madonna Lena Griffa et veillait sur sa garde-robe. Machiavelli l'interrogeait sur leurs connaissances communes : sur Atalante, une fillette de quinze ans, aux yeux bleus, qui, parlant un jour du péché d'amour, s'écria avec un sourire innocent : « Est-ce une offense au Saint-Esprit ? Les moines et les prêtres peuvent bien prêcher ce qui leur plaît. Jamais je ne croirai que faire plaisir aux pauvres gens est un péché mortel ! » – sur la délicieuse madonna Rida, dont le mari faisait observer avec l'indifférence d'un philosophe, lorsqu'on lui parlait des infidélités de son épouse : « La femme dans la maison c'est comme le feu dans le foyer. Donnes-en aux voisins tant que tu voudras, il en restera toujours autant. » Ils se rappelèrent aussi la grosse et rousse Marmilia, qui, chaque fois qu'elle se rendait aux prières de ses adorateurs, tirait dévotement le rideau devant la Sainte Image « afin que la Madone ne le vît pas ».

Il était visible que Nicolo se complaisait parmi ces ragots et ces obscénités comme un poisson dans l'eau. Leonardo était surpris de voir son calme et sage interlocuteur, le secrétaire de la République florentine, se transformer en un libertin éhonté, habitué des mauvais lieux. Au reste, il n'y avait point chez Machiavelli de véritable gaieté et dans son rire cynique l'artiste devinait une secrète amertume.

— C'est ainsi, messer, le jeune grandit, le vieux vieillit, conclut Alvigia, qui tombait dans la sensiblerie et hochait la tête comme une vieille Parque de l'amour. Aujourd'hui les temps sont bien changés…

— Tu mens, vieille sorcière, servante du diable, dit Nicolo en clignant malicieusement de l'œil. N'irrite pas Dieu, commère. D'autres peuvent se plaindre, mais pour vous c'est le bon temps. Aujourd'hui les jolies femmes n'ont plus de maris pauvres et jaloux, et en se liant d'amitié avec des gaillardes de ton espèce elles vivent à l'aise. Les plus fières signoras se donnent volontiers pour de l'argent et par toute l'Italie ce n'est plus que débauche et fornication. On ne distingue une femme de mauvaise vie d'une honnête femme que par le signe jaune.

Ce signe jaune était une coiffure particulière de couleur safran que la loi avait imposée aux courtisanes, pour qu'on ne les confondît point dans la foule avec les honnêtes femmes.

— Oh ! ne dites pas cela, messer, soupira tristement la vieille. Notre siècle ne peut se comparer au siècle passé. Quand ce ne serait que le mal français : il n'y a pas si longtemps personne en Italie n'en avait encore entendu parler et l'on vivait comme dans le giron du Christ. Et ce signe jaune aussi, mais c'est une vraie calamité ! Croiriez-vous qu'au dernier carnaval on a failli mettre ma maîtresse en prison. Voyons, jugez vous-même si c'est l'affaire de madonna Lena de porter le signe jaune ?

— Et pourquoi ne le porterait-elle pas ?

— Mais, voyons, est-ce possible ? La sérénissime madonna est-elle une de ces filles des rues qui traînent avec n'importe quelle canaille ? Mais Votre Grâce sait-elle que la couverture de son lit est plus magnifique que les habits du Pape, le jour de la Sainte Pâque ? Pour ce qui est de son esprit et de son érudition, je pense qu'elle en remontrerait aux docteurs de l'Université de Bologne eux-mêmes. Si vous l'aviez seulement entendue disserter sur Pétrarque, sur Laure, sur l'infini de l'amour céleste…

— Bien sûr, dit Nicolo en souriant, qui donc, si ce n'est elle, connaîtrait l'infini de l'amour ?

— Riez, riez, messer ! Mais Dieu m'en est témoin : elle lisait l'autre jour une épître en vers à un pauvre jeune homme à qui elle conseillait de se tourner vers la pratique de la vertu ; j'écoutais, j'écoutais et voilà que je me suis mise à pleurer. Cela vous prenait au cœur tout comme jadis à Santa Maria del Fiore les sermons de fra Gerolamo dont Dieu ait l'âme ! En vérité elle est un nouveau Cicéron. Il faut dire aussi que les plus illustres seigneurs la payent pour une seule conversation sur les mystères de l'amour platonique presque autant que les autres pour une nuit entière. Et vous allez parler de signe jaune !

Pour terminer, monna Alvigia raconta sa propre jeunesse : elle aussi avait été belle et courtisée ; on exauçait tous ses caprices. Que n'avait-elle pas fait ! Une fois, dans la sacristie de la cathédrale de Padoue, elle avait enlevé la mitre de l'évêque et en avait coiffé son esclave. Mais avec les années sa beauté s'était fanée, ses adorateurs s'étaient dispersés et il lui avait fallu pour vivre louer des chambres et blanchir le linge. Et voici qu'elle était tombée malade et avait été réduite à une telle misère qu'elle songeait à aller mendier sur le parvis de l'église pour pouvoir s'acheter du poison et s'empoisonner. La Sainte Vierge seule la sauva de la mort : grâce à la main légère d'un vieil abbé amoureux de la femme du forgeron, sa voisine, monna Alvigia entra dans la bonne voie en se consacrant à un métier plus lucratif que le blanchissage du linge.

Le récit de la miraculeuse intervention de la Mère de Dieu, sa protectrice particulière, fut interrompu par une servante de madonna Lena qui, de la part de sa maîtresse venait demander à l'intendante un pot d'onguent pour la guenon à la patte gelée et le *Décaméron* de Boccaccio que la noble courtisane lisait avant de s'endormir et cachait sous son oreiller à côté de son missel.

Lorsque la vieille fut partie, Nicolo prit du papier et se mit en devoir de rédiger un rapport aux magnifiques seigneurs de Florence sur les faits et projets du duc de Valentinois, rapport plein de sagesse politique malgré son style léger et badin.

— Messer, fit-il soudain en levant les yeux de son travail et regardant l'artiste, avouez que vous avez été surpris de me voir passer si brusquement d'un entretien sur les sujets les plus hauts et les plus graves, sur les vertus des Spartiates et des anciens Romains, à des commérages sur les filles en compagnie d'une entremetteuse. Pourtant, ne me jugez pas trop sévèrement et rappelez-vous que cette diversité, la nature elle-même nous l'enseigne dans ses métamorphoses et ses contrastes continuels. Et l'essentiel, n'est-ce pas de suivre intrépidement la nature ? Et puis, à quoi bon feindre ? Nous sommes tous des hommes. Vous connaissez la vieille fable du philosophe Aristote qui, en présence de son élève, Alexandre le Grand, se mit à quatre pattes pour satisfaire au caprice d'une femme de mauvaise vie dont il était éperdument amoureux, la prit sur son dos, tandis qu'impudique et nue elle se promenait à califourchon sur le philosophe comme sur un mulet. Bien sûr ce n'est qu'une fable, mais le sens en est profond. Si Aristote lui-même osa pareille sottise pour une belle fille, comment pourrions-nous résister nous autres pécheurs ?

Il était tard. Tout le monde dormait depuis longtemps. Seul un grillon chantait dans un coin et, derrière la cloison de bois, on entendait dans la pièce voisine monna Alvigia bredouiller, marmotter quelque chose en frictionnant avec un onguent médicinal la patte gelée du singe.

Leonardo se coucha, mais pendant longtemps il ne put s'endormir. Il regardait Machiavelli penché avec application sur son travail, une plume d'oie rongée entre les doigts. La flamme de la chandelle projetait sur le mur blanc l'ombre énorme d'une tête aux contours anguleux et tranchants, à la lèvre inférieure saillante, au cou démesurément mince et long et au grand nez d'oiseau. Lorsqu'il eut terminé son rapport sur la politique de Cesare, scellé le pli à la cire et inscrit dessus la mention particulière aux envois pressés : *cito*, *citissime*, *celerrime*, il ouvrit le livre de Tite-Live et se plongea dans son œuvre favorite à laquelle il travaillait depuis de longues années : la rédaction de commentaires sur les *Décades*.

« Junius Brutus, en se faisant passer pour un sot, écrivait-il, a acquis plus de gloire que les gens les plus intelligents. En examinant toute sa vie j'en arrive à cette conclusion qu'il agissait ainsi pour éviter les soupçons et pouvoir de la sorte renverser plus facilement le tyran, exemple digne d'imitation pour tous les régicides. Une rébellion ouverte est évidemment plus noble. Mais lorsqu'on n'est pas assez fort pour lutter au grand jour, il convient d'agir secrètement en se glissant dans la faveur du prince, en ne répugnant à rien pour la mériter, en partageant les vices du monarque et en se faisant complice de ses débauches, car un tel rapprochement sauvera d'abord la vie du rebelle et lui permettra ensuite de saisir l'occasion propice pour perdre le souverain. Je dis donc qu'il faut simuler la sottise, comme Junius Brutus, louer, blâmer et dire le contraire de ce que l'on pense afin d'entraîner le tyran à sa perte et rendre la liberté à sa patrie. »

Leonardo regardait, à la lueur de la chandelle qui s'éteignait, l'étrange ombre noire danser sur le mur blanc avec de hideuses grimaces, tandis que le visage du secrétaire de la République florentine gardait un calme solennel, comme un reflet de la grandeur de l'antique Rome. Parfois, cependant, tout au fond de ses yeux et aux coins de ses lèvres sinueuses apparaissait une expression ambiguë, malicieuse et amèrement railleuse, presque aussi cynique qu'au cours de l'entretien avec l'entremetteuse sur les filles.

Chap. XIV : « Monna Lisa Gioconda » [Extraits.]

Leonardo écrivait dans son *Traité de la Peinture* :

« Aie, pour faire les portraits, un atelier spécial – une cour rectangulaire large de dix coudées et longue de vingt, aux murs peints de couleur noire, avec un auvent le long de la muraille et un velum de toile disposé de façon que, plié ou déployé selon les besoins, il puisse garantir du soleil. Ne peins, sans tendre de toile, qu'au crépuscule ou par les temps nuageux et brumeux. C'est alors la lumière parfaite. »

Leonardo avait aménagé une cour de ce genre dans la maison de son propriétaire, notable citoyen florentin, commissaire de la Seigneurie, un certain ser Piero Basto-Martelli, amateur de mathématiques, homme intelligent et bien disposé à l'égard de l'artiste. C'était dans la deuxième maison à gauche de la rue Martelli, en allant de la place San Giovanni au Palais des Médicis.

À la fin du printemps de l'an quinze cent cinq, par une calme, tiède et brumeuse journée, le soleil versait à travers le voile humide des nuages une lumière terne, presque sous-marine avec des ombres tendres fondant comme la fumée. C'était la lumière que Leonardo préférait parce qu'elle donnait, affirmait-il, un charme particulier aux visages féminins.

« Elle ne viendra donc pas ? » se disait-il pensant à celle dont, depuis trois ans, il faisait le portrait avec une constance et une ardeur inaccoutumées.

Il préparait l'atelier pour la recevoir. Giovanni, qui l'observait à la dérobée s'étonnait de son attente inquiète – presque de l'impatience – si peu naturelle chez le maître toujours calme.

Leonardo disposa sur la planche les pinceaux, les palettes, les godets de couleurs qui en se refroidissant s'étaient couverts d'une claire couche de colle ; il enleva le rideau de toile qui cachait le portrait placé sur un chevalet à trois pieds ; il fit jouer la fontaine qu'il avait pour *son* amusement construite au milieu de la cour et dont le jet d'eau, frappant des hémisphères de cristal, les faisait tourner et produisait une douce et étrange musique. Autour de la fontaine croissaient des iris, *ses* fleurs préférées, plantées par Leonardo et qu'il soignait de ses mains ; il avait apporté dans un panier du pain coupé pour la biche apprivoisée qui errait dans la cour et à laquelle elle donnait à manger ; il arrangea le tapis moelleux devant le fauteuil de chêne sombre et poli au dossier et aux accoudoirs sculptés. Sur ce tapis – sa place habituelle – s'était déjà couché en boule en ronronnant un chat blanc d'une rare espèce, amené d'Asie et acheté aussi pour *son* amusement ; les yeux de ce chat étaient de couleurs différentes : le droit jaune comme une topaze, le gauche bleu comme un saphir.

Andrea Salaino apporta de la musique et se mit à accorder la viole ; un autre musicien, Atalante, arriva également. Leonardo l'avait connu à Milan, à la cour de Moro. Il excellait à jouer de ce luth d'argent, inventé par l'artiste, qui avait la forme d'un crâne de cheval.

Leonardo invitait dans son atelier les meilleurs musiciens, les chanteurs, les poètes, les conteurs, les causeurs les plus spirituels, pour *la* distraire et *lui* éviter cet ennui naturel aux personnes dont on fait le portrait. Il étudiait sur *son* visage le jeu des pensées et des sentiments que provoquaient en elle les conversations, les récits et la musique.

Par la suite, ces réunions étaient devenues plus rares ; il savait qu'elles n'étaient plus nécessaires et qu'elle ne s'ennuierait plus. Seule la musique n'avait pas été interrompue ; elle les aidait tous deux à travailler, car elle aussi prenait part à l'œuvre de son portrait.

Tout était prêt et elle n'arrivait toujours pas.

« Elle ne viendra donc pas ? pensait-il. Aujourd'hui la lumière et les ombres semblent faites pour elle. Si je l'envoyais chercher ? Mais elle sait bien que je l'attends. Elle doit venir. »

Et Giovanni voyait grandir son inquiétude impatiente.

Soudain un léger souffle de vent inclina le jet de la fontaine, le cristal tinta, les pétales d'iris blanc tressaillirent sous la poussière d'eau. La biche à l'ouïe subtile tendit le cou et dressa les oreilles. Leonardo écouta. Et Giovanni, bien qu'il n'entendît encore rien lui-même, comprit d'après le visage de son maître que c'était *elle*.

D'abord entra avec un humble salut la sœur Camilla, une religieuse qui vivait chez elle et l'accompagnait à chacune de ses visites à l'atelier de l'artiste. Sœur Camilla avait le don de s'effacer et de se rendre invisible : modestement assise dans un coin, un livre de prières entre les mains, elle ne levait pas les yeux et ne prononçait pas une parole, si bien que depuis trois ans que duraient les visites, Leonardo avait à peine entendu le son de sa voix.

Derrière Camilla entra celle qu'ici tout le monde attendait – une femme d'une trentaine d'années, habillée d'une robe simple et foncée, un léger voile transparent et sombre baissé jusqu'au milieu du front, monna Lisa Gioconda.

Beltraffio savait qu'elle appartenait à une ancienne famille napolitaine. Fille d'Antonio Gerardini, seigneur jadis riche, mais ruiné par l'invasion des Français en mil quatre cent quatre-vingt-quinze, elle était femme du citoyen florentin

Francesco di Giocondo. Celui-ci avait en mil quatre cent quatre-vingt-un épousé la fille de Mariano Rucellan. Deux ans plus tard elle mourut. Il épousa Tomasa Villani et lorsqu'elle mourut à son tour, il se maria, pour la troisième fois, avec monna Lisa. À l'époque où Leonardo peignit son portrait, l'artiste avait dépassé la cinquantaine et l'époux de monna Lisa, messer Giocondo, avait quarante-cinq ans. Il avait été élu l'un des douze *buonomini*, et devait sous peu devenir prieur. C'était un homme ordinaire, comme il s'en rencontre beaucoup en tous temps et en tous lieux, ni très bon, ni très mauvais, posé, économe, absorbé par les affaires de l'État et ses exploitations agricoles. Une jeune femme élégante lui paraissait être pour une maison l'ornement le plus convenable. Mais le charme de monna Lisa le touchait moins que la qualité de la nouvelle race des taureaux siciliens ou les taxes douanières sur les peaux de mouton brutes. On racontait que monna Lisa s'était mariée non par amour, mais uniquement par la volonté de son père, et que son premier fiancé avait trouvé une mort volontaire sur le champ de bataille. On parlait aussi, et ce n'était peut-être que des racontars, d'autres adorateurs passionnés, tenaces mais sans espoir. Au reste, les mauvaises langues, et il y en avait beaucoup à Florence, ne pouvaient médire de Gioconda. Douce, modeste, pieuse, observant ponctuellement les rites de l'Église, charitable aux pauvres, elle était une bonne maîtresse de maison, une femme fidèle et plutôt une tendre mère qu'une marâtre pour Dionora, sa belle-fille de douze ans.

C'était là tout ce que Giovanni savait d'elle. Mais monna Lisa qui venait dans l'atelier de Leonardo lui semblait une tout autre femme.

Depuis trois ans, – et le temps n'atténuait pas mais au contraire approfondissait ce sentiment étrange – il éprouvait à chacune de ses apparitions un étonnement pareil à de l'effroi, comme en présence d'un fantôme. Il expliquait parfois cette impression par ce fait qu'il était habitué à voir son portrait : si grand était l'art du maître que la vivante monna Lisa lui paraissait moins réelle que celle représentée sur la toile. Mais il y avait là quelque chose d'autre et de plus mystérieux.

Il savait que Leonardo n'avait l'occasion de la voir que pendant le travail, en présence d'autres gens – parfois de nombreux invités, parfois seulement de son inséparable sœur Camilla. Il ne la voyait jamais seul à seule et cependant Giovanni sentait qu'il y avait entre eux un mystère qui les rapprochait et les isolait. Il savait également que ce n'était pas le mystère de l'amour, ou tout au moins de ce que les hommes appellent l'amour.

Il avait entendu dire par Leonardo que tous les artistes ont une tendance à représenter dans les corps et les visages qu'ils peignent leur propre corps et leur propre visage. La cause en était, selon le maître, que l'âme humaine étant créatrice de son corps incline, chaque fois qu'il lui faut inventer un corps nouveau, à répéter ce qu'elle a jadis créé. Et ce penchant est si fort que parfois même dans les portraits, à travers leur ressemblance extérieure avec le modèle, apparaît sinon le visage, tout au moins l'âme de l'artiste.

Ce qui se passait alors sous les yeux de Giovanni était plus surprenant encore ; il lui semblait que ce n'était pas seulement la monna Lisa du portrait, mais la vivante monna Lisa elle-même qui ressemblait de plus en plus à Leonardo, comme il arrive souvent entre personnes vivant ensemble pendant de longues années. D'ailleurs l'essentiel de cette ressemblance grandissante résidait moins dans les traits du visage eux-mêmes – bien que dans les derniers temps elle le surprît parfois – que dans l'expression des yeux et dans le sourire. Il se rappelait avec un indicible étonnement qu'il avait vu ce même sourire chez Thomas l'Incrédule mettant ses doigts dans les plaies du Seigneur, dans cette statue de Verrocchio pour laquelle le jeune Leonardo avait servi de modèle, et chez Ève, notre aïeule, au pied de l'arbre de la Science, dans le premier tableau du maître, et chez l'ange de *La Vierge aux rochers* et chez la *Léda au cygne*, et dans bien d'autres visages féminins que le maître avait peints, dessinés ou sculptés alors qu'il ne connaissait pas encore monna Lisa, comme si toute sa vie, dans toutes ses créations, il eût cherché le reflet de son propre charme et l'eût enfin trouvé dans le visage de Gioconda.

Parfois Giovanni, lorsqu'il regardait longtemps ce sourire qui leur était commun, ressentait de la crainte et presque cet effroi qu'inspire un miracle : la réalité lui paraissait un rêve et le rêve une réalité comme si monna Lisa n'était pas un être vivant, l'épouse du citoyen florentin messer Giocondo, le plus ordinaire des hommes, mais un être fantastique évoqué par la volonté du maître – le double féminin de Leonardo lui-même.

Gioconda caressait sa favorite, la chatte blanche, qui avait sauté sur ses genoux ; sous ses doigts fins et délicats d'invisibles étincelles couraient sur la fourrure avec un crépitement imperceptible.

Leonardo commença de travailler, mais soudain il posa ses pinceaux et regarda attentivement monna Lisa : le moindre changement, la moindre ombre dans ce visage n'échappait pas à ses regards.

— Madonna, dit-il, quelque chose aujourd'hui vous inquiète ?

Giovanni sentait lui aussi qu'elle ressemblait moins à son portrait que les autres jours.

Lisa leva sur Leonardo un regard paisible.

— Oui un peu, répondit-elle, Dionora est souffrante. Je n'ai pas dormi de la nuit.

— Peut-être êtes-vous fatiguée et ne vous souciez-vous pas aujourd'hui de votre portrait ? Ne vaudrait-il pas mieux remettre ?...

— Non, ce n'est rien. Vous ne regretterez pas une pareille journée ? Regardez quelles ombres délicates, quel soleil mouillé : c'est un jour fait pour moi. Je savais, ajouta-t-elle après un silence, que vous m'attendiez. Je serais venue plus tôt mais j'ai été retenue. Madona Sofonisba...

— Qui est-ce donc ? Ah ! oui, je sais... Elle a la voix d'une marchande des rues et l'odeur d'une boutique de parfumeur...

Gioconda sourit.

— Elle avait absolument besoin de me raconter la fête d'hier au Palais-Vieux chez la sérénissime signora Argentina, la femme du gonfalonier ; elle m'a dit par le menu ce qu'on avait servi à souper, et quels étaient les costumes et quelles intrigues amoureuses…

— J'en étais sûr. Ce n'est pas l'indisposition de Dionora, mais le bavardage de cette crécelle qui vous a agacée. Comme c'est étrange ! Avez-vous remarqué madonna, que parfois le bavardage des étrangers qui ne nous intéresse nullement, la sottise ou la trivialité ordinaires aux hommes, obscurcissent l'âme et nous affectent plus qu'un grand chagrin ?

Elle inclina silencieusement la tête : il était visible qu'ils étaient depuis longtemps habitués à se comprendre presque sans parler par simples allusions.

Il essaya de se remettre au travail.

— Racontez quelque chose, demanda monna Lisa.

— Quoi ?

Après avoir réfléchi un peu, elle dit :

— Parlez-moi du royaume de Vénus.

Il connaissait plusieurs récits qu'elle aimait, histoires tirées pour la plupart de ses souvenirs ou de ceux d'autrui, récits de voyages, observations sur la nature, projets de tableau. Il les racontait presque toujours dans les mêmes termes, simples, presque enfantins, au son d'une douce musique.

Leonardo fit un signe. Et lorsque Andrea Salaino sur la viole et Atalante sur le luth d'argent en forme de crâne de cheval commencèrent de jouer de la musique, choisie à l'avance, qui accompagnait invariablement le récit du Royaume de Vénus, le maître, de sa grêle voix de femme, commença, comme un vieux conte ou une berceuse :

— Les navigateurs qui vivent sur les rivages de Cilicie affirment qu'il arrive parfois à ceux qui sont destinés à périr dans les flots d'apercevoir pendant les plus terribles tempêtes l'île de Cypris, le royaume de la déesse de l'amour. Alentour grondent les vagues, les tourbillons, les typhons et beaucoup de marins séduits par la beauté de l'île ont jeté leurs vaisseaux contre ses récifs entourés de remous. Oh ! combien de navires se sont brisés, combien de navires ont coulé ! Là, sur la plage, on voit encore leurs pauvres squelettes à demi recouverts de sable, enlacés par les herbes marines ; les uns montrent leur proue, d'autres leur poupe, d'autres les planches de leurs carènes pareilles aux côtes d'un cadavre à demi desséché, d'autres encore les débris de leur gouvernail. Et ils sont si nombreux que l'on croirait être au Jour de la Résurrection, alors que la mer rendra tous les navires qu'elle a engloutis. Mais, au-dessus de l'île même, le ciel est éternellement bleu, l'éclat du soleil resplendit sur les collines couvertes de fleurs et l'air est si calme que la longue flamme des cassolettes, brûlant sur les marches du temple, monte vers le ciel aussi droite et aussi immobile que les blanches colonnes et les noirs cyprès reflétés par le miroir lisse du lac. Seul, le flot des jets d'eau se déversant par-dessus bord et coulant dans les vases de porphyre, murmure mélodieusement. Et les naufragés voient ce lac calme et proche, le vent leur apporte l'arôme des bois de myrtes et plus terrible est la tempête, plus profond est le calme du royaume de Cypris.

Il s'était tu ; les cordes de la viole et du luth s'éteignirent et il y eut ce silence plus beau que tous les sons – le silence qui suit la musique. Seules les eaux de la fontaine murmuraient en frappant les sphères de cristal.

Et, comme bercée par la musique, séparée par le silence de la vie réelle, sereine, étrangère à tout, sauf à la volonté de l'artiste, monna Lisa le regardait droit dans les yeux avec un sourire plein de mystère, pareil à quelque eau douce parfaitement transparente mais si profonde que le regard, si loin qu'il y plonge et y pénètre, n'en peut voir le fond – le sourire de Leonardo.

Et il semblait à Giovanni que Leonardo et monna Lisa étaient alors pareils à deux miroirs qui, se reflétant mutuellement, s'approfondissent jusqu'à l'infini. [...]

[...] Il ne connaissait guère plus sa vie que Giovanni. La pensée qu'elle avait un mari, messer Francesco, homme long et maigre avec une verrue sur la joue gauche et des sourcils épais, personnage posé qui se plaisait à disserter des avantages de la race des taureaux siciliens et de la nouvelle taxe douanière sur les peaux de mouton, ne l'offusquait pas, mais l'étonnait. À certains instants il se réjouissait de son charme spectral, lointain, étranger, inexistant et plus réel pourtant que tout ce qui existait, mais à d'autres moments il était sensible à sa beauté vivante.

Monna Lisa n'était point une de ces femmes que l'on appelait alors des « héroïnes savantes ». Elle ne faisait jamais étalage de ses connaissances. C'était incidemment qu'il avait appris qu'elle savait le latin et le grec. Son attitude et son langage étaient si simples que beaucoup de gens la croyaient inintelligente. En réalité, elle possédait, semblait-il à Leonardo, ce qui est plus profond que l'intelligence féminine – la sagesse innée. Elle avait des paroles qui soudainement la lui rendaient proche, plus proche qu'aucun de ses amis, des paroles qui faisaient d'elle son unique, son éternelle amie et sœur. Il était tenté, à ces instants, de franchir le cercle enchanté qui sépare la contemplation de la vie, mais aussitôt il étouffait en lui ce désir et, chaque fois qu'il immolait le charme vivant de monna Lisa, la vision évoquée par lui sur son tableau devenait de plus en plus vivante, de plus en plus réelle.

Et il lui semblait que, le sachant, elle se résignait et venait à son aide, se sacrifiait à son propre fantôme, lui donnait son âme et s'en réjouissait.

Ce qui les unissait, était-ce l'amour ?

Les fadaises platoniques du temps, les soupirs langoureux des amants célestes, les sonnets douceâtres dans le goût de Pétrarque ne provoquaient en lui que l'ennui ou le rire. Ce que la plupart des gens appellent l'amour ne lui était pas moins étranger. De même qu'il ne mangeait pas de viande, non parce qu'il la croyait interdite, mais par dégoût, de même il n'approchait pas des femmes parce que toute possession physique, dans le mariage comme dans l'adultère, lui paraissait non pas coupable, mais grossière. « L'accouplement, écrivait-il dans ses notes anatomiques, et les membres qui l'accomplissent se distinguent par une telle laideur que sans le charme des visages, sans la parure des acteurs et la force du désir, le genre humain serait éteint. » Et il s'éloignait de cette « laideur », du combat voluptueux des mâles et des femelles comme de la sanglante tuerie des dévorants et des dévorés, sans s'indigner, sans blâmer ni approuver, reconnaissant dans les luttes de l'amour et de la faim la loi de la nécessité naturelle, mais ne voulant pas y prendre part et se soumettant à une autre loi, celle de l'amour et de la chasteté.

Mais, si même il l'aimait, pouvait-il désirer avec sa bien-aimée une union plus parfaite que ces profondes et mystiques caresses, cette création d'un être immortel qui se concevait, naissait d'eux comme un enfant de son père et de sa mère, qui était lui et elle à la fois ?

Et cependant il sentait que même dans cette union si pure il y avait un danger, plus grand peut-être que dans l'union du vulgaire amour charnel. Ils marchaient tous deux au bord d'un abîme, là où personne encore n'avait jamais marché, en surmontant la tentation et l'attraction du gouffre. Il y avait entre eux des mots glissants et diaphanes à travers lesquels le mystère transparaissait comme le soleil à travers le brouillard humide. Et parfois il pensait : et si ce brouillard se dissipait, laissant briller ce soleil aveuglant où meurent le mystère et les fantômes ? Si lui ou elle ne pouvait se retenir, franchissait la limite – si la contemplation devenait vie ? L'âme vivante, l'âme de son éternelle amie et sœur, la seule qui fût proche de la sienne, avait-il le droit de la scruter avec la même curiosité impassible que les lois de la mécanique ou de la mathématique, la vie d'une plante empoisonnée par les toxiques, la structure d'un corps disséqué ? Monna Lisa n'allait-elle point se révolter, le repousser avec haine et mépris comme l'aurait repoussé toute autre femme.

Il lui semblait parfois qu'il lui faisait subir un terrible et lent supplice. Et il était effrayé par la soumission de Gioconda, aussi illimitée que sa tendre et impitoyable curiosité.

C'était seulement dans les derniers temps qu'il avait pris conscience de cette limite et compris que tôt ou tard il lui faudrait décider de ce que cette femme était pour lui : un rêve vivant ou une simple vision, le reflet de sa propre âme dans le miroir du charme féminin. Il espérait encore que la séparation reculerait pour un temps cette inévitable décision et il se réjouissait presque de quitter Florence. Mais, maintenant que l'instant de la séparation approchait, il comprenait qu'il s'était trompé, que non seulement elle n'éloignerait pas la décision, mais au contraire l'avancerait.

Bibliographie, index et tables

BIBLIOGRAPHIE SÉLECTIVE

Il est impossible ici de recenser l'intégralité de la bibliographie relative à Léonard de Vinci, ses écrits et ses œuvres, ou encore l'ensemble des expositions qui lui sont consacrées. La présente liste n'a donc pas vocation à être exhaustive. Pour les éditions des textes et des dessins, ne sont indiquées ici que les plus récentes éditions de référence.

Éditions des textes de Léonard de Vinci

Codex Hammer of Leonardo da Vinci (The), éd. Carlo Pedretti, Florence, Giunti, 1987.

Codice Arundel 263 nel Museo britannico (Il), éd. Carlo Pedretti et Carlo Vecce, Florence, Giunti, « Edizione nazionale dei manoscritti e dei disegni di Leonardo da Vinci », 1998.

Codice Atlantico della Biblioteca ambrosiana di Milano (I), éd. Augusto Marinoni, Florence, Giunti, « Edizione nazionale dei manoscritti e dei disegni di Leonardo da Vinci », 1973-1975 (12 vol. de planches), 1975-1980 (12 vol. de transcriptions).

Codice di Leonardo da Vinci nella Biblioteca trivulziana di Milano (Il), éd. Anna-Maria Brizio, Florence, Giunti, « Edizione nazionale dei manoscritti e dei disegni di Leonardo da Vinci », 1980.

Codice sul volo degli uccelli nella Biblioteca reale di Torino (Il), éd. Augusto Marinoni, Florence, Giunti, 1976.

Codici di Madrid (I), éd. Ladislao Reti, Florence, Giunti, 1974.

Codici Forster del Victoria and Albert Museum di Londra (I), éd. Augusto Marinoni, Florence, Giunti, « Edizione nazionale dei manoscritti e dei disegni di Leonardo da Vinci », 3 vol., 1992.

Libro di pittura. Codice Urbinate lat. 1270 nella Biblioteca apostolica vaticana, Carlo Pedretti (dir.), Florence, Giunti, « Edizione nazionale dei manoscritti e dei disegni di Leonardo da Vinci », 1995.

Manoscritti dell'Institut de France (I), éd. Augusto Marinoni, Florence, Giunti, 1986-1990, 12 vol.

Traité de la peinture / Trattato della pittura, trad. de l'italien par Roland Fréard de Chambray, éd. Anna Sconza, Les Belles Lettres, 2012.

Dessins

Corpus of the Anatomical Studies in the Collection fo Her Majesty the Queen at Windsor Castle, éd. Kenneth David Keele et Carlo Pedretti, Londres, Johnston Reprint, 1978-1980.

Disegni di Leonardo da Vinci e delle sua cerchia nel Gabinetto Disegni e Stampe della Galleria degli Uffizi a Firenze (I), éd. G. Dalli Regoli, préface de Carlo Pedretti, Florence, Giunti, 1985.

Disegni di Leonardo e della sua cerchia alle Biblioteca ambrosiana di Milano, éd. Luisa Cogliati Arano, Milan, Arcada Electa, 1981.

Disegni di Leonardo e della sua cerchia alle Biblioteca reale di Torino, éd. Carlo Pedretti, Milan, Arcada Electa, 1981.

Disegni di Leonardo e della sua cerchia alle Gallerie dell'Accademia di Venezia, éd. Luisa Cogliati Arano, Milan, Arcada Electa, 1980.

Disegni e dipinti leonardeschi dalle collezioni milanesi, éd. Giulio Bora, Luisa Cogliati Arano, Maria Teresa Fiorio, Pietro C. Marani, Milan, Electa, 1987.

Drawings and Miscellaneous Papers of Leonardo da Vinci in the Collection of Her Majesty the Queen at Windsor Castle (The), éd. Carlo Pedretti, Londres-New York, Johnson Reprint, 1982-1987, 2 vol.

Catalogues d'expositions

Ambrosiana e Leonardo (L'), cat. de l'exposition de Milan (Biblioteca ambrosiana, 1er décembre 1998-30 avril 1999), Pietro C. Marani, Marco Rossi, Alessandro Rovetta (dir.), Milan, Bibliothèque ambrosienne, et Novare, Interlinea, 1998.

Codice Leicester di Leonardo da Vinci. L'acqua microscopio della natura, cat. de l'exposition de Florence (Galerie des Offices, 28 octobre 2018-20 janvier 2019), Paolo Galluzzo (dir.), Florence, Giunti, 2018.

Documenti e memorie riguardanti Leonardo da Vinci a Bologna e in Emilia, cat. de l'exposition de Bologne (1953), Carlo Pedretti (dir.), Bologne, Editoriale Fiammenghi, 1953.

Ingénieurs de la Renaissance de Brunelleschi à Léonard de Vinci (Les), cat. de l'exposition de Paris (Cité des sciences et de l'industrie, 1995), Paolo Galluzzi (dir.), Paris, Cité des sciences et de l'industrie, et Florence, Giunti, 1995.

Léonard de Vinci. Anatomie de l'homme : dessins de la collection de la reine Elizabeth II, cat. de l'exposition de Houston-Philadelphie-Boston (Museum of Fine Arts of Houston, juin 1992-février 1993), Martin Clayton et Ron Philo (dir.), trad. de l'anglais par Caroline Rivolier, Éditions du Seuil, 1992.

Léonard de Vinci : dessins et manuscrits, cat. de l'exposition de Paris (Musée du Louvre, 5 mai-14 juillet 2003), Françoise Viatte et Varena Forcione (dir.), RMN, 2003.

Léonard de Vinci, ingénieur et architecte, cat. de l'exposition de Montréal (Musée des Beaux-Arts de Montréal, 22 mai-8 novembre 1987), Pierre Théberge (dir.), Montréal, Musée des Beaux-Arts, 1987.

Léonard de Vinci et la France, cat. de l'exposition d'Amboise (Clos-Lucé, 24 juin 2009-31 janvier 2010), Carlo Pedretti (dir.), Florence, Cartei & Bianchi éditions, 2010.

Léonard en France. Le Maître et ses élèves 500 ans après la traversée des Alpes, 1516-2016 / Leonardo in Francia. Il maestro e gli allievi 500 anni dopo la traversata degli Alpi, cat. de l'exposition de Paris (Ambassade d'Italie en France, 20 septembre-20 novembre 2016), Stefania Tullio Cataldi (dir.), Skira, 2016.

Leonardo da Vinci, 1452-1519: il disegno del mondo, cat. de l'exposition de Milan (Palazzo reale, 16 avril-19 juillet 2015), Pietro C. Marani et Maria Teresa Fiorio (dir.), Milan, Skira, 2015.

Leonardo da Vinci. La vera immagine. Documenti e testimonianze sulla vita e sull'opera, cat. de l'exposition de Florence (Archivio di Stato, 19 octobre 2005-28 janvier 2006), Edoardo Villata, Vanna Arrighi et Anna Bellinazzi (dir.), Florence, Giunti, 2005.

Leonardo da Vinci, l'uomo universale, cat. de l'exposition de Venise (Galleria dell'Accademia, 1er septembre-1er décembre 2013), Annalisa Perissa Torrini (dir.), préf. de Carlo Pedretti, Florence, Giunti, 2013.

Leonardo genio e cartografo. La rapprezentazione del territorio tra scienza e arte, cat. de l'exposition d'Arezzo (Palazzo communale, 2003), Andrea Cantile (dir.), Florence, Istituto Geografico Militare, 2003.

Leonardo da Vinci Master Draftsman, cat. de l'exposition de New York (Metropolitan Museum, 22 janvier-30 mars 2003), Carmen C. Bambach (dir.), New York, The Metropolitan Museum of Art, et New Haven-Londres, The Yale University Press, 2003.

Mente di Leonardo (La). Nel laboratorio del Genio universale, cat. de l'exposition de Florence (Galerie des Offices, 28 mars 2006-7 janvier 2007), Paolo Galluzzi (dir.), Florence, Giunti, 2006.

Études sur Léonard de Vinci

Arasse (Daniel), *Léonard de Vinci. Le rythme du monde*, Hazan, 1997.

Bagni (Giorgio T.) et D'Amore (Bruno), *Leonardo e la matematica*, Florence, Giunti, 2006.

BELTRAMI (Luca), *Documenti e memorie riguardanti la vita e le opere di Leonardo da Vinci*, Milan, Fratelli Treves, 1919.

BOUCHERON (Patrick), *Léonard et Machiavel*, Verdier, 2008.

BOUCHERON (Patrick) et GIORGIONE (Claudio), *Léonard de Vinci. La Nature et l'Invention*, Éditions de la Martinière, 2012.

BRAMLY (Serge), *Léonard de Vinci*, Livre de Poche, 1988 ; nouv. éd., J.-C. Lattès, 2018.

BRIOIST (Pascal), *Audaces de Léonard (Les)*, Stock, 2019.

—, *Léonard de Vinci, homme de guerre*, Alma, 2013.

—, « Leonardo da Vinci e la scienza della dinamica del suo tempo », dans *Scienze e rappresentazioni. Saggi in onore di Pierre Souffrin*, Pierre Caye, Romano Nanni, Pier Daniele Napolitani (dir.), Florence, Leo S. Olschki, 2016.

—, « Les Savoirs scientifiques à la Renaissance », *Revue d'histoire moderne et contemporaine*, n° 49-49bis, 2002-5, p. 52-80.

BROWN (David Alan), *Legacy of Leonardo (The): Painters in Lombardy 1490-1530*, Londres, Thames & Hudson, 1999.

—, *Leonardo da Vinci: Origins of a Genius*, New Haven-Londres, Yale University Press, 1998.

CHASTEL (André), *Art et humanisme à Florence au temps de Laurent le Magnifique. Études sur la Renaissance et l'humanisme platonicien*, PUF, 1959 ; nouv. éd. 1982.

—, *Léonard de Vinci par lui-même*, textes choisis, traduits et présentés, précédés par *La Vie de Léonard par Vasari*, Nagel, « Collection UNESCO d'œuvres représentatives », 1952.

—, *Léonard ou les sciences de la peinture*, textes réunis par Christiane Lorgues-Lapouge, Liana Levi, 2002.

CLARK (Kenneth), *Leonardo da Vinci. An Account of his Development as an Artist*, New York, MacMillan et Cambridge, Cambridge University Press, 1939 ; nouv. éd. avec préf. de Martin Kemp, Londres-New York, Penguin, 1989 ; trad. de l'anglais par Eleanor Levieux et Françoise-Marie Rosset, Librairie générale française, 1967 ; Livre de poche, 2005.

DUHEM (Pierre), *Études sur Léonard de Vinci. Ceux qu'il a lus et ceux qui l'ont lu*, Paris, Librairie Scientifique, A. Hermann et fils, 1906-1913.

FAGNART (Laure), *Léonard de Vinci à la cour de France*, Rennes, Presses universitaires de Rennes, 2019.

FUMAGALLI (Giuseppina), *Eros di Leonardo*, Milan, Garzanti, 1952.

—, *Leonardo. Omo sanza lettere*, Florence, Sansoni, 1938.

ISAACSON (Walter), *Leonardo da Vinci*, New York, Simon & Schuster, New York, 2018.

KEMP (Martin), *Leonardo da Vinci: the Marvelous Works of Nature and Man*, Londres,

J. M. Dent and Sons, Cambridge (Mass.), Harvard University Press, 1981 ; nouv. éd. avec nouv. préface, Oxford, Oxford University Press, 2006.

—, *Leonardo da Vinci: Experience, Experiment and Design*, Princeton, Princeton University Press, 2006.

Léonard de Vinci entre France et Italie « miroir profond et sombre », actes du colloque de Caen (3-4 octobre 1996), Silvia Fabrizio Costa et Jean-Pierre Le Goff (dir.), Presses universitaires de Caen, Caen, 1999.

Léonard de Vinci et l'expérience scientifique au XVIe siècle, actes du colloque de Paris (CNRS, 4-7 juillet 1952), Alexandre Koyré et Lucien Febvre (dir.), PUF, 1953.

Leonardo da Vinci: letto e commentato da Marinoni et al. (Letture vinciane I-XII, 1960-1972), Florence, Giunti-Barbèra, 1974.

Leonardo da Vinci and Optics: Theory and Pictorial Practice, Francesca Fiorani et Alessandro Nova (dir.), Venise, Marsilio Editori, 2013.

Leonardo da Vinci on Nature: Knowledge and Representation, Fabio Frosini et Alessandro Nova (dir.), Venise, Marsilio Editori, 2015.

Leonardo e l'Arno, Roberta Barsanti (dir.), Pise, Pacini Editore, 2015.

Leonardo e l'età della ragione, Enrico Bellone et Paolo Rossi (dir.), Milan, Sciencia, 1982.

Leonardo e gli spettacoli del suo tempo, Mariangela Mazzocchi Doglio (dir.), introd. d'Augusto Marinoni, Milan, Electa, 1983.

LUPERINI (Linda), *L'ottica di Leonardo tra Alhazen e Keplero. Catalogo della sala di ottica del museo*, Florence, Skira, 2008.

MARANI (Pietro C.), *L'architettura fortificata negli studi di Leonardo da Vinci, con il catalogo completo dei disegni*, Florence, Leo S. Olschki, 1984.

—, *Léonard de Vinci*, trad. de l'italien par Françoise Liffran, Gallimard-Electa, 1996.

—, *Leonardo e i Leonardeschi a Brera*, Florence, Cantini, 1987.

MARINONI (Augusto), *Appunti grammaticali e lessicali di Leonardo da Vinci (Gli). 1. L'educazione letteraria di Leonardo*, Milan, Castello Sforzesco, 1944.

—, *Essere del nulla (L'): I. Lettura Vinciana*, Florence, G. Barbèra, 1960.

—, « Le Operazioni aritmetiche nei manoscritti vinciani », *Raccolta vinciana*, XIX, 1962, p. 1-60.

Mondi di Leonardo (I). Arte, Scienza, Filosofia, actes du colloque de Milan (2002), Carlo Vecce (dir.), Milan, IULM Edizioni Università di Milano, 2005.

NANNI (Romano), *Leonardo e le arti meccaniche*, Milan, Skira, 2013.

PEDRETTI (Carlo), *Léonard architecte*, trad. de l'italien par Marie-Anne Caizzi, Electa, 1983.

—, *Leonardo da Vinci: l'angelo incarnato & Salai*, Florence, Cartei & Bianchi éditions, 2009.

—, *Leonardo e io. Un grande studioso racconta mezzo secolo di ricerche tra Europa e Stati Uniti*, Milan, Mondadori Editore, 2008.

—, *Leonardo da Vinci. The Royal Palace at Romorantin*, Cambridge (Mass.), Harvard University Press, 1972.

Quaglino (Margherita), *Glossario Leonardiano. Nomenclatura dell'ottica e della prospettiva nei codici di Francia*, Florence, Leo S. Olschki Editore, 2014.

Radke (Gary M.), *Leonardo da Vinci and the Art of Sculpture*, New Haven-Londres, Yale University Press, 2009.

Starnazzi (Carlo), *Léonard de la Toscane à la Loire*, présentation de Carlo Pedretti, trad. de l'italien par Colin Lemoine et Émilie Passignat, Florence, Cartei & Bianchi éditions, 2008.

Vecce (Carlo), *La biblioteca perduta: i libri di Leonardo*, Rome, Salerno Editrice, 2017.

—, *Léonard de Vinci*, trad. de l'italien par Michael Fusaro, Flammarion, 1998 ; nouv. éd. 2019.

Versiero (Marco), *Il Dono della libertà e l'ambizione dei tiranni. L'arte della politica nel pensiero di Leonardo da Vinci*, Naples, Istituto italiano per gli studi filosofici, 2012.

Zammattio (Carlo), *La Visione scientifica di Leonardo da Vinci*, Milan, Museo nazionale della scienza e della tecnica, 1953.

Zammattio (Carlo), Marinoni (Augusto), Brizio (Anna Maria), *Leonardo scienziato*, Florence, Giunti-Barbèra, 1981.

Outils bibliographiques

Guerrini (M.), *Bibliotheca leonardiana, 1493-1989. Importante bibliografia sulle opere a stampa di Leonardo da Vinci*, Milan, Editrice bibliografica, 1990, 3 vol.

—, « Bibliotheca leonardiana, 1997-1999 », *Raccolta vinciana*, XXVIII, 1999, p. 281-400.

« Leonardo Bibliography (1930-1939) », *Raccolta vinciana*, XIV-XVI, 1940.

« Leonardo Bibliography (1939-1952) », *Zeitschrift für Kunstwissenschaft*, XV, 1952.

Lorenzi (Alberto) et Marani (Pietro C.), *Bibliografia vinciana (1964-1979)*, Florence, Giunti-Barbèra, 1982.

Verga (Ettore), *Bibliografia vinciana (1493-1930)*, Bologne, Zanichelli, 1931, 2 vol.

Sites Internet de référence

Aujourd'hui, sont consultables en ligne plusieurs manuscrits de Léonard de Vinci. Nous indiquons ici les principales ressources pour ces consultations. À noter que seul le projet *E-Leo, archivio digitale di storia della tecnica e della scienza*, porté par la Biblioteca leonardiana à Vinci (www.leonardodigitale.com), permet une vue d'ensemble, puisqu'il réunit tous les manuscrits de Léonard conservés à ce jour, proposant à la fois une numérisation des pages (fonctionnalités poussées : zoom, effet miroir) ainsi qu'une transcription complète des textes manuscrits de Léonard de Vinci. Les sites des institutions de conservation (bibliothèques, musées) proposent également la consultation des manuscrits, parfois accompagnée de pages consacrées à la vie et l'œuvre de Léonard de Vinci.

— Biblioteca ambrosiana di Milano, pour le *Codex Atlanticus* : www.codexatlanticus.it

— Biblioteca leonardiana di Vinci, pour l'ensemble des manuscrits : www.leonardodigitale.com

— Biblioteca nacional de España, pour les deux volumes du *Codex de Madrid* : www.leonardo.bne.es/index.html

— British Library, pour le *Codex Arundel* : http://www.bl.uk/manuscripts/

— Réunion des musées nationaux, pour les *Manuscrits* de l'Institut de France : www.photo.rmn.fr

— Victoria & Albert Museum, pour les trois carnets du *Codex Forster* : https://www.vam.ac.uk/articles/leonardo-da-vincis-notebooks

Enfin, indiquons la prochaine mise en ligne du site porté par le Musée Galilée de Florence, sous la direction de Carlo Vecce, qui proposera la reconstruction virtuelle de la bibliothèque de Léonard, avec numérisation des manuscrits et des éditions imprimées identifiées comme ayant probablement appartenu à Léonard. Chaque titre sera présenté par une équipe de spécialistes et sont prévus des liens hypertextes renvoyant aux feuillets des manuscrits de Léonard.

— Museo Galileo, pour la bibliothèque de Léonard : www.museogalileo.it

INDEX DES NOMS PROPRES

Nous nous sommes efforcés, chaque fois que cela était possible, d'identifier les personnages auxquels Léonard de Vinci faisait référence uniquement par leur prénom ou de façon imprécise. Pour les lieux, c'est la graphie contemporaine qui a d'abord été retenue, suivie de celle employée par l'auteur ; si elles sont fort éloignées l'une de l'autre, un renvoi a été ajouté. Lorsque Léonard utilise l'appellation ancienne du lieu, nous avons tenté de trouver sa correspondance aujourd'hui et inclus cette indication entre parenthèses.

INDEX DES NOTIONS

CRÉDITS PHOTOGRAPHIQUES

COUVERTURE

Léonard de Vinci, Étude de la tête d'un soldat
pour *La Bataille d'Anghiari*, 1504-1504.
Szepmuveszeti Muzeum, Budapest. Photo © FineArtImages / Leemage.

DOS DE COUVERTURE

Francesco Melzi, *Portrait de Léonard de profil*, vers 1515.
Royal Collection Trust © Her Majesty Queen Elizabeth II, 2019.
Photo © Bridgeman Images.

INTÉRIEUR

Bayonne, Musée Bonnat : p. 1311, Photo © RMN-Grand Palais / René-Gabriel Ojéda. • Bergame, Galleria dell' Accademia Carrara : p. 75, Photo © De Agostini Picture Library / A. Dagli Orti / Bridgeman Images. • Budapest, Szépművészeti Múzeum : p. 1167. • Chantilly, Musée Condé : p. 91, Photo © RMN-Grand Palais (domaine de Chantilly) / Harry Bréjat. • Cracovie, Muzeum Czartoryskich : p. 61, Photo © Bridgeman Images. • Florence, Chiesa di Ognissanti : p. 1461 (bas), Photo Wikimedia Commons. • Florence, Galleria degli Uffizi : p. 52, Photo Wikimedia Commons ; p. 53, 78, 1188-1189, Photos © Bridgeman Images ; p. 56, Photo © Archives Alinari, Florence, Dist. RMN-Grand Palais / Nicola Lorusso ; p. 1110, Photo © Luisa Ricciarini / Bridgeman Images. • Florence, Musei del Bargello : p. 48, Photo © Bridgeman Images. • Florence, Museo de Firenze Com'era : p. 46 (bas), Photo © Alinari / Bridgeman Images. • Florence, Museo de San Marco : p. 50, Photo © Bridgeman Images. • Florence, Palazzo Vecchio : p. 71, Photo © Bridgeman Images ; p. 76, Photo © Alinari / Bridgeman Images. • Coll. B. et M. Gates : p. 375, Photo © Boltin Picture Library / Bridgeman Images ; p. 379, 415, 452, Photo © Seth Joel/Corbis/VCG via Getty Images • Coll. part. : p. 1472. • Londres, British Museum : p. 500, 943, 1235, 1262, Photos © British Library Board. All Rights Reserved / Bridgeman Images ; p. 977, 1065, 1535, Photos © The British Museum, Londres, Dist.

RMN-Grand Palais / The Trustees of the British Museum. • Londres, Victoria & Albert Museum : p. 915, Photo © Victoria and Albert Museum, London. • Madrid, Biblioteca Nacional de España : p. 472-473, 948, 1205. • Madrid, Museo del Prado : p. 1505, Photo © Bridgeman Images. • Milan, Archivio Storico e Biblioteca Trivulzana : p. 57, Photo © Luisa Ricciarini / Bridgeman Images. • Milan, Couvent Santa Maria della Grazie : p. 66, Photo © Archives Alinari, Florence, Dist. RMN-Grand Palais / Mauro Ranzani. • Milan, Pinacoteca di Brera : p. 1501, Photo © De Agostini Picture Library / G. Cigolini / Bridgeman Images. • Milan, Veneranda Biblioteca Ambrosiana : p. 546, 746, 917, 919, 922, 923, 959, 964, 970, 1005, 1101, 1137, 1183, 1233, 1242, 1261, 1365, 1369, 1380, 1394, Photos © Veneranda Biblioteca Ambrosiana/Metis e Mida Informatica/Mondadori Portfolio / Bridgeman Images. • New York, The Metropolitan Museum of Art : p. 49, Frederick C. Hewitt Fund, 1917 ; p. 58, Rogers Fund, 1917 ; p. 83, Harris Brisbane Dick Fund, 1951 ; p. 90, Rogers Fund, Transferred from the Library, 1941 ; p. 1442, Gift of Leo Steinberg, 1998 ; p. 1491, Harris Brisbane Dick Fund, 1943 ; p. 1499, Marquand Collection, Gift of Henry G. Marquand, 1890 ; p. 1528, Robert Lehman Collection, 1975. • Oxford, Christ Church Picture Gallery : p. 1315, By permission of the Governing Body of Christ Church, Oxford. • Padoue, Cappella degli Scrovegni : p. 1461 (haut), Photo Wikimedia Commons. • Paris, Bridgeman Images : p. 45, Photos © Tallandier / Bridgeman Images. • Paris, Bibliothèque de l'Institut de France : p. 293, 295, 345-1146, 349, 397-398, 406-407, 469, 496-590, 613, 615, 617-607, 664, 694, 793-795, 913-912, 937, 939-619, 945-951, 947-995, 980-982, 985-1026, 992-1250, 1008, 1022, 1035, 1120-390, 1140, 1159, 1237, 1246, 1248, 1264, 1286, 1349, 1398, 1412, Photos © RMN-Grand Palais (Institut de France) / René-Gabriel Ojéda ; p. 765, Photo © RMN-Grand Palais (Institut de France) / Gérard Blot. • Paris, Bibliothèque numérique de l'INHA : p. 92, Service des collections de l'École Nationale Supérieure des Beaux-Arts. • Paris, Musée du Louvre : p. 68, 94, 1313, 1475, Photos © RMN-Grand Palais (musée du Louvre) / Michel Urtado ; p. 59, Photo © Musée du Louvre, Dist. RMN-Grand Palais / Angèle Dequier ; p. 81, Photo © RMN-Grand Palais (musée du Louvre) / Franck Raux ; p. 84, Photo © RMN-Grand Palais (musée du Louvre) / René-Gabriel Ojéda ; p. 97, Photo © RMN-Grand Palais (musée du Louvre) / Hervé Lewandowski ; p. 1503, Photo © RMN-Grand Palais (musée du Louvre) / Thierry Le Mage. • Saint-Pétersbourg, Musée de l'Ermitage : p. 1533, Photo Wikimedia Commons. • Turin, Biblioteca Reale : p. 515, 517, 528, Photos © Musei Reali di Torino / Bridgeman Images. • Venise, Galleria dell'Accademia : p. 65, Photo © Bridgeman Images. • Washington, Library of Congress : p. 43, 46 (haut). • Washington, National Gallery of Art : p. 54, Ailsa Mellon Bruce Fund ; p. 89, Samuel H. Kress Collection ; p. 1433, The Armand Hammer Collection. • Windsor Castle, Royal Collection Trust : p. 9, 93, 152, 161, 178, 219, 224, 258, 262, 269, 271, 279, 285, 387, 394, 403, 464-465, 826, 1031, 1122, 1124, 1156, 1213, 1308, 1319, 1324, 1351, 1406, 1407, Photos © Her Majesty Queen Elizabeth II, 2019 / Bridgeman Images.

TABLE DES COPYRIGHTS

REMERCIEMENTS

Les Éditeurs remercient :
M. Martin Clayton, responsable des collections de peintures et de dessins à la Royal Library de Windsor, pour avoir permis de rendre complet le travail sur la foliotation des manuscrits.

Et pour l'aide apportée à l'établissement de ce volume :
Pascal Brioist remercie Mme Monica Taddei-Nanni, directrice de la Biblioteca leonardiana de Vinci, pour lui avoir facilité l'accès à distance aux ouvrages de sa collection, Mme Françoise Bérard, directrice de la bibliothèque de l'Institut, pour son aide précieuse ; ainsi qu'Emmanuelle Garcia et Léocadie Handke pour leur remarquable travail sur l'ouvrage.

TABLE DES MATIÈRES

CARNETS

DIRECTION ÉDITORIALE

Aude Cirier

ÉDITION

Géraldine Blanc • Aurélie Gadras •
Emmanuelle Garcia • Léocadie Handke

CORRECTION

David Mac Dougall • Perrine Felix • Romain Giroux

MAQUETTE

NordCompo

Achevé d'imprimer
par Rotolito S.p.a. en septembre 2019
Dépôt légal : octobre 2019
N° d'édition : 349011
ISBN : 978-2-07-284486-7 / Imprimé en Italie